高效轧制国家工程研究中心先进技术丛书

汽车用先进高强板带钢

唐 荻　赵征志　米振莉　刘 强　编著

北 京
冶 金 工 业 出 版 社
2024

序言一

高效轧制国家工程研究中心（以下简称轧制中心）自1996年成立起，坚持机制创新与技术创新并举，采用跨学科的团队化科研队伍进行科研组织，努力打破高校科研体制中以单个团队与企业开展短期项目为主的科研合作模式。自成立之初，轧制中心坚持核心关键技术立足于自主研发的发展理念，在轧钢自动化、控轧控冷、钢种开发、质量检测等多项重要的核心技术上实现自主研发，拥有自主知识产权。

在立足于核心技术自主开发的前提下，借鉴国际上先进的成熟技术、器件、装备，进行集成创新，大大降低了国内企业在项目建设过程的风险与投资。以宽带钢热连轧电气自动化与计算机控制技术为例，先后实现了从无到有、从有到精的跨越，已经先后承担了国内几十条新建或改造升级的热连轧计算机系统，彻底改变了我国在这些关键技术方面完全依赖于国外引进的局面。

针对首都钢铁公司在搬迁重建后产品结构调整的需求，特别是对于高品质汽车用钢的迫切需求，轧制中心及时组织多学科研发力量，在2005年9月23日与首钢总公司共同成立了汽车用钢联合研发中心，积极探索该联合研发中心的运行与管理机制，建组同一个研发团队，采用同一个考核机制，完成同一项研发任务，使首钢在短时间内迅速成为国内主要的汽车板生产企业，这种崭新的合作模式也成为体制机制创新的典范。相关汽车钢的开发成果迅速实现在国内各大钢铁公司的应用推广，为企业创造了巨大的经济效益。

实践证明，轧制中心的科研组织模式有力地提升了学校在技术创新与服务创新方面的能力。回首轧制中心二十年的成长历程，有艰辛更有成绩。值此轧制中心成立二十周年之际，我衷心希望轧制中心在未来的发展中，着眼长远、立足优势，聚焦高端技术自主研发和集成创新，在国家技术创新体系中发挥应有的更大作用。

高效轧制国家工程研究中心创始人

 教授

2016年9月

序言二

高效轧制国家工程研究中心成立二十年了。如今她已经走过了一段艰苦创新的历程，取得了骄人的业绩。作为当初的参与者和见证人，回忆这段创业史，对启示后人也是有益的。

时间追溯到1992年。当时原国家计委为了尽快把科研成果转化为生产力（当时转化率不到30%），决定在全国成立30个工程中心。分配方案是中科院、部属研究院和高校各10个。于是，原国家教委组成了评审小组，组员单位有北京大学、清华大学、西安交通大学、天津大学、华中理工大学和北京科技大学。前5个单位均为教委直属，北京科技大学是唯一部属院校。经过两年的认真评审，最初评出9个，评审小组中前5个教委高校当然名列其中。最终北京科技大学凭借获得多项国家科技进步奖的实力和大家坚持不懈的努力，换来了评审的通过。这就是北京科技大学高效轧制国家工程研究中心的由来。

二十年来，在各级领导的支持和关怀下，轧制中心各任领导呕心沥血，带领全体员工，克服各种困难，不断创新，取得了预期的效果，并为科研成果转化做出了突出贡献。我认为取得这些成绩的原因主要有以下几点：

（1）有一只过硬的团队，他们在中心领导的精心指挥下，不怕苦，连续工作在现场，有不完成任务不罢休的顽强精神，也赢得了企业的信任。

（2）与北科大设计研究院（甲级设计资质）合为一体，在市场竞争中有资格参与投标并与北科大科研成果打包，有明显优势。

（3）有自己的特色并有明显企业认知度。在某种意义上讲，生产关系也是生产力。

总之，二十年过去了，展望未来，竞争仍很激烈，只有总结经验，围绕国民经济主战场各阶段的关键问题，不断创新、攻关，才能取得更大成绩。

高效轧制国家工程研究中心轧机成套设备领域创始人

教授

2016年9月

序言三

高效轧制国家工程研究中心走过了二十年的历程，在行业中取得了令人瞩目的业绩，在国内外具有较高的认知度。轧制中心起步于消化、吸收国外先进技术，发展到结合我国轧制生产过程的实际情况，研究、开发、集成出许多先进的、实用的、具有自主知识产权的技术成果，通过将相关核心技术成果在行业里推广和转移，实现了工程化和产业化，从而产生了巨大的经济效益和社会效益。

以热连轧自动化、高端金属材料研发、成套轧制工艺装备、先进检测与控制为代表的多项核心技术已取得了突出成果，得到冶金行业内的一致认可，同时也培养、锻炼了一支过硬的科技成果研发、转移转化队伍。

在中心成立二十周年的日子里，决定编辑出版一套技术丛书，这套书是二十年中心技术研发、技术推广工作的总结，有非常好的使用价值，也有较高的技术水准，相信对于企业技术人员的工作，对于推动企业技术进步是会有作用的。参加本丛书编写的人员，除了具有扎实的理论基础以外，更重要的是长期深入到生产第一线，发现问题、解决问题、提升技术、实施项目、服务企业，他们中的很多人以及他们所做的工作都可以称为是理论联系实际的典范。

高效轧制国家工程研究中心轧钢自动化领域创始人

孙一康 教授

2016 年 9 月

序言四

我国在“八五”初期，借鉴美国工程研究中心的建设经验，由原国家计委牵头提出了建立国家级工程研究中心的计划，旨在加强工业界与学术界的合作，促进科技为生产服务。我从 1989 年开始，参与了高效轧制国家工程研究中心的申报准备工作，1989～1990 年访问美国俄亥俄州立大学的工程中心、德国蒂森的研究中心，了解国外工程转化情况。后来几年时间里参加了多次专家论证、现场考察和答辩。1996 年高效轧制国家工程研究中心终于获得正式批准。时隔二十年，回顾高效轧制国家工程研究中心从筹建到现在的发展之路，有几点感想：

（1）轧制中心建设初期就确定的发展方向是正确的，而且具有前瞻性。以汽车板为例，北京科技大学不仅与鞍钢、武钢、宝钢等钢铁公司联合开发，而且与一汽、二汽等汽车厂密切联系，做到了科研、生产与应用的结合，促进了我国汽车板国产化进程。另外需要指出的是，把科学技术发展要适应社会和改善环境写入中心的发展思路，这个观点即使到了现在也具有一定的先进性。

（2）轧制中心的发展需要平衡经济性与公益性。与其他国家直接投资的科研机构不同，轧制中心初期的主要建设资金来自于世行贷款，因此每年必须偿还 100 万元的本金和利息，这进一步促进轧制中心的科研开发不能停留在高校里，不能以出论文为最终目标，而是要加快推广，要出成果、出效益。但是同时作为国家级的研究机构，还要担负起一定的社会责任，不能以盈利作为唯一目的。

（3）创新是轧制中心可持续发展的灵魂。在轧制中心建设初期，国内钢铁行业无论是在发展规模上还是技术水平上，普遍落后于发达国家，轧制中心的创新重点在于跟踪国际前沿技术，提高精品钢材的国产化率。经过了近二十年的发展，创新的中心要放在发挥多学科交叉优势、开发原创技术上面。

轧制中心成立二十年以来，不仅在科研和工程应用领域取得丰硕成果，而且培养了一批具有丰富实践经验的科研工作者，祝他们在未来继续运用新的机制和新的理念不断取得辉煌的成绩。

高效轧制国家工程研究中心汽车用钢研发领域创始人

王先进 教授

2016 年 9 月

序言五

1993 年末，当时自己正在德国斯图加特大学作访问学者，北京科技大学压力加工系主任、自己的研究生导师王先进教授来信，希望我完成研究工作后返校，参加高效轧制国家工程研究中心的工作。那时正是改革开放初期，国家希望科研院所不要把写论文、获奖作为科技人员工作的终极目标，而是把科技成果转移和科研工作进入国家经济建设的主战场为己任，因此，国家在一些大学、科研院所和企业成立“国家工程研究中心”，通过机制创新，将科研成果经过进一步集成、工程化，转化为生产力。

二十多年过去了，中国钢铁工业有了天翻地覆的变化，粗钢产量从 1993 年的 8900 万吨发展到 2014 年的 8.2 亿吨；钢铁装备从全部国外引进，变成了完全自主建造，还能出口。中国的钢材品种从许多高性能钢材不能生产到几乎所有产品都能自给。

记得高效轧制国家工程研究中心创建时，我国热连轧宽带钢控制系统的技术完全掌握在德国的西门子，日本的东芝、三菱，美国的 GE 公司手里，一套热连轧带钢生产线要 90 亿元人民币，现在，国产化的热连轧带钢生产线仅十几亿元人民币，这几大国际厂商在中国只能成立一个合资公司，继续与我们竞争。那时国内中厚板生产线只有一套带有进口的控制冷却设备，而今 80 余套中厚板轧机上控制冷却设备已经是标准配置，并且几乎全部是国产化的。那时中国生产的汽车用钢板仅仅能用在卡车上，而且卡车上的几大难冲件用国外钢板才能制造，今天我国的汽车钢可满足几乎所有商用车、乘用车的需要……这次编写的 7 本技术丛书，就是我们二十年技术研发的总结，应当说工程中心成立二十年的历程，我们交出了一份合格的答卷。

总结二十年的经验，首先，科技发展一定要与生产实践密切结合，与国家经济建设密切结合，这些年我们坚持这一点才有今天的成绩；其次，机制创新是成功的保证，好的机制才能保证技术人员将技术转化为己任，国家二十年前提出的“工程中心”建设的思路和政策今天依然有非常重要的意义；第三，坚持团队建设是取得成功的基础，对于大工业的技术服务，必须要有队伍才能有成果。二十多年来自己也从一个创业者到了将要离开技术研发第一线的年纪了，自己真诚地希望，轧制中心的事业、轧制中心的模式能够继续发展，再创辉煌。

高效轧制国家工程研究中心原主任

[签名] 教授

2016 年 9 月

教授（第3、7章）、孙蓟泉教授（第11章）、崔衡副教授（第2章）、江海涛副教授（第8章）、陈银莉副教授（第9章）、刘强博士（第10章）、苏岚博士（第11章）、段晓鸽博士（第8章）。参加本书实验和文字编辑工作的还有轧制中心的研究生：杨鸿铭、梁驹华、孙绍恒、李震、何青、徐梅、郭辉、杨永刚、梁江涛、李枫、薛建忠、喻智晨和苏晓伟等。

仅以此书献给我的恩师王先进教授！

唐　荻

2016年9月

目 录

1 现代汽车产业发展和先进高强度板带钢

1.1 现代汽车产业发展及其对车身用钢的要求

1886 年 1 月 29 日，卡尔·本茨为他的第一辆汽车申请了专利。人们将这一天作为世界上第一辆车的诞生。总体来说，汽车的发展经历了蒸汽汽车的诞生、内燃机汽车、汽车量产化、汽车产品多样化和汽车产品低价格时期以及向发展中国家转移几个阶段。汽车诞生于德国，成长于法国，成熟于美国，兴旺于欧洲，挑战于日本[1]。

汽车出现以后，各国政府纷纷立法管理。当时在欧洲立法基本上是对汽车发展不利的，只有在法国汽车才能自由发展，初期汽车技术的发展都是在法国。1889 年法国的别儒研制成功齿轮变速器、差速器；1891 年首次采用前置发动机后轮驱动，开发出摩擦片式离合器；1902 年法国的狄第安采用了流传至今的狄第安后桥半独立悬挂。汽车文明从欧洲传到美国后，进入到了大量生产时期。这一时期主要集中在 20 世纪初至 20 世纪 50 年代。以美国福特公司为代表实行大批量生产的方式代替订单生产的方式极大地降低了汽车生产的成本，使得美国汽车称雄世界 50 年之久。然而，到了 20 世纪 50 年代和 60 年代，欧洲的关税崩溃后，汽车业的多样化却一下子转变成最大的优势。当每一个汽车制造商都能在市场上出售各具特色的产品时，规模经济的优势一下子显示出来，从此，欧洲汽车步入世界前列。1950 年，欧洲汽车产量达 200 万辆。1973 年，欧洲汽车产量提高到 1500 万辆。1973 年以后，由于受两次世界石油危机的影响，同时西欧国家已基本普及汽车，随后东欧经济又出现停滞状态，汽车需求增长锐减，之后的 20 余年，欧洲汽车产量波动在 1500 万 ~800 万辆之间。20 世纪 70 年代至今汽车产品迎来低价格时期。由于当时石油危机所致，日本车商以省油耐用的低价格小汽车赢得当时消费者的青睐。至此，世界汽车形成了美、日、欧并存的格局。

大约在 19 世纪末 20 世纪初，在金属板材以及将它们加工成复杂形状的制造工业出现以后，早期汽车大量的木材逐渐被钢板取代。20 世纪初期，钢和铝金属板材开始用于车身制造，随着 1908 年福特 T 型车的推出，开始进入了钢车身汽车大批量生产的时代，汽车工业进入快速发展轨道[2]。

钢的使用实际上影响了汽车车身的设计 100 多年。早期汽车使用的是软钢，或者按照更标准的称呼为低碳钢。按照当时的需求，这些钢为世界发达地区提供了工业需求的几乎完美的强度、可成型性、成本、设计柔性方面的平衡。直到 20 世纪 70 年代初期第一次石油危机以及美国颁布油耗标准以后，汽车制造厂才开始将目光投向高强度钢，以减轻汽车重量，从而改善燃油经济性。从那时起，汽车的结构设计以及用于汽车的各种钢材就进入了一个持续发展的阶段，这一发展不仅是为了满足用户需求，而且也为了满足燃油经济性、排放以及碰撞安全性等一系列法规的要求。这些法规是现代汽车工业领域在它们的产品设计中必须达到的标准。

1.1.1 汽车车身的典型构造及各类成型件的特点

汽车车身一般分为非承载式车身和承载式车身两种。非承载式车身的汽车有刚性车架，车身本体悬置于车架上，用弹性元件连接。车架的振动通过弹性元件传到车身上，大部分振动被减弱或消除，在路况较差的路面行驶时对车身起到保护作用，因此车厢变小，平稳性好。车辆发生碰撞时车架能吸收大部分冲击能量，因而安全性好。但非承载式车身较笨重，质量大、强度高。承载式车身的汽车没有刚性车架，只是对前舱、侧围、车尾和底板等部位进行了加强，使车身本体组成了刚性空间结构。承载式车身除了其固有的承载驾乘人员的功能外，还要直接承受各种负荷，具有较大的抗弯曲和抗扭转的刚度。近年来，承载式车身不论在安全性和舒适性方面都有了很大提高，它具有质量小、高度低、装配容易等优点。图 1-1 所示为典型轿车承载式车身的框架结构[3]。

汽车车身的结构件是指在车身上起主要支撑及承载作用的构件，是车身零部件的安装基础，常见于纵梁、横梁、门柱及下边梁等部位，其结构多为封闭式的盒形截面。乘用车车身结构件包括车身前部结构件、驾乘人员舱、车身后部结构件以及其他结构件等。汽车车身基本典型结构如图 1-2 所示。

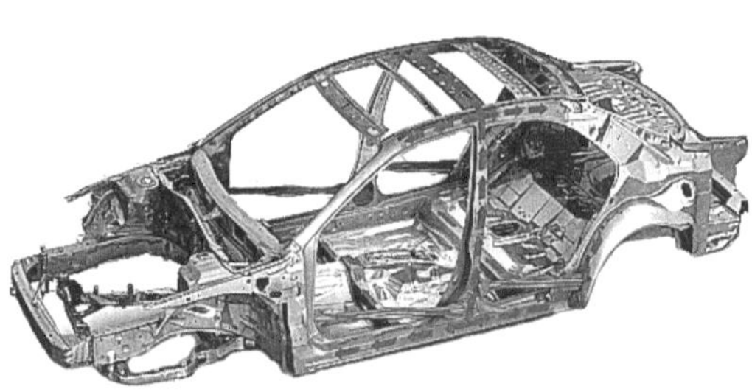

图 1-1 典型轿车承载式车身的框架结构

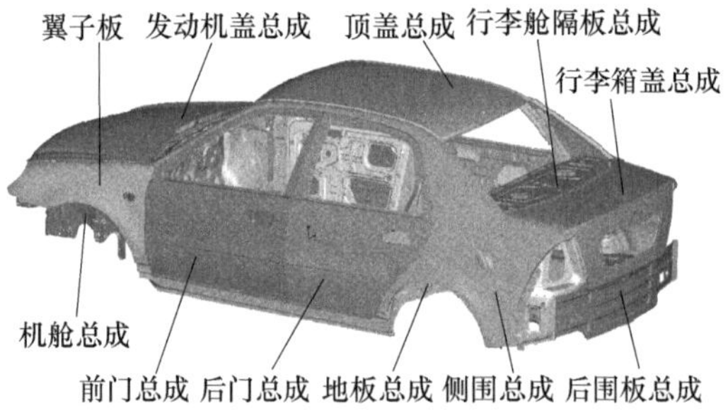

图 1-2 汽车车身基本典型结构

(1) 发动机机舱总成[4]：发动机机舱总成的作用是来安置汽车的发动机、变速器、转向、制动等重要总成，其作用越来越重要，肩负着被动安全性的重要使命，即当汽车发生意外的正面碰撞时，发动机机舱会折曲变形以吸收碰撞产生的巨大能量，减少碰撞对车内外人员的猛烈冲击，起到保护车内乘员的作用。机舱总成由左前挡泥板总成、右前挡泥板总成、前围挡板总成、散热器前横梁总成四部分构成，如图 1-3 所示。

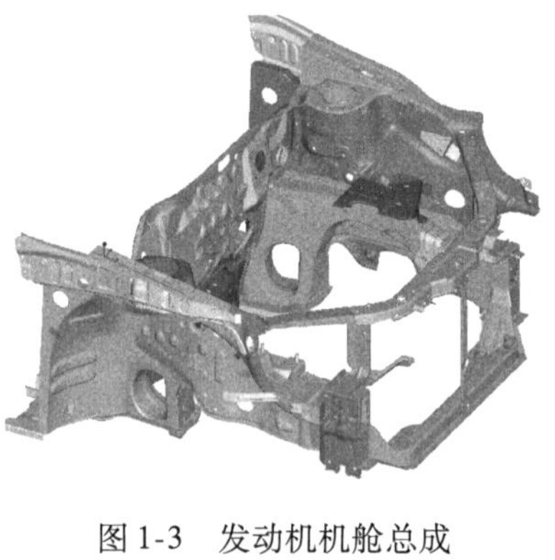

图 1-3 发动机机舱总成

(2) 前地板总成：前地板总成是车身下部非常重要的部件，主要承载前排座椅兼有承重的任务，因此地板结构保持足够的刚度和强度是至关重要的。前地板承重部位应力变化复杂，零部件安装部位等多处加横梁、加强板等，并在前地板主板上压制加强筋和凸凹平台，从而提高地板的强度。前地板总成由前地板、左下后加强梁、右下后加强梁、驻车制动操纵机构加强板、前地板上横梁、前地板左边梁、前地板右边梁等组件构成，如图 1-4 所示。

（3）后地板总成：后地板总成的主要作用是承载后排座椅、备胎、油箱。其强度和刚度是在主板上压制加强筋、凸凹平台和后车架总成保证的。后地板部分同时还影响到整车的四轮定位的尺寸，所以后地板的装配精度要求比较高。后地板总成由后地板、后地板左纵梁总成、后地板右纵梁总成、后地板第二横梁分总成、后地板第一横梁分总成等组件构成，如图 1-5 所示。

图 1-4　前地板总成

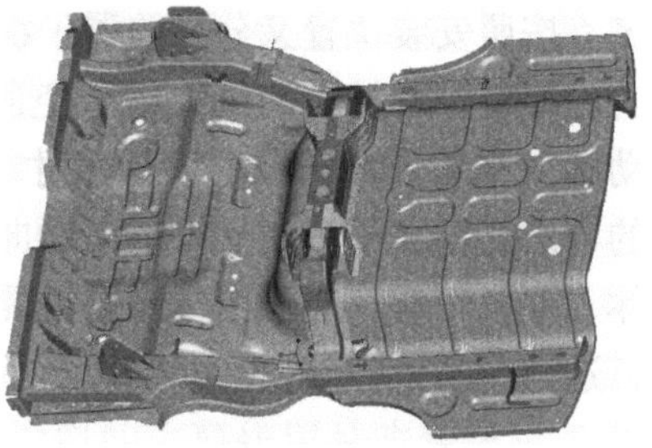

图 1-5　后地板总成

（4）前围上部总成：前围上部的主要作用是装配仪表板及转向座等总成，由前围上部内板总成、前围上部外板总成、转向管柱安装支座总成、仪表板左/右侧端内板构成，如图 1-6 所示。

（5）左右侧围总成：侧围总成是形成轿车左右侧壁、组成座舱的重要结构，主要由侧围焊接总成组成，是支撑顶盖、连接车身前后部分的侧围面构件，是固定前后风窗玻璃，并用来安装侧门，保证车身受到侧面撞击安全性的承载框架，具有较大的抗弯、抗扭的刚性和强度。侧围总成由侧围外板总成、前柱内板、中立柱内板、轮罩总成四部分构成，如图 1-7 所示。

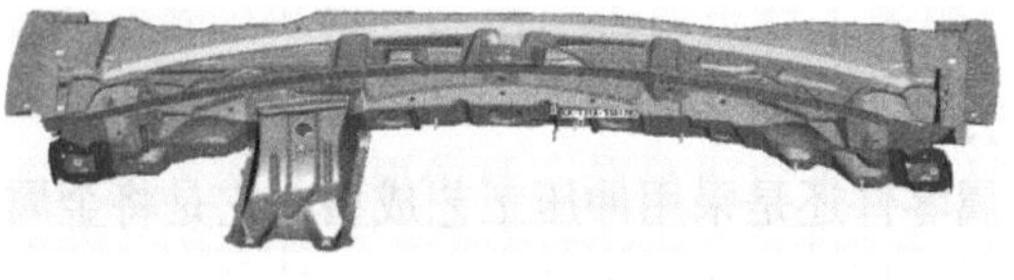

图 1-6　前围上部总成

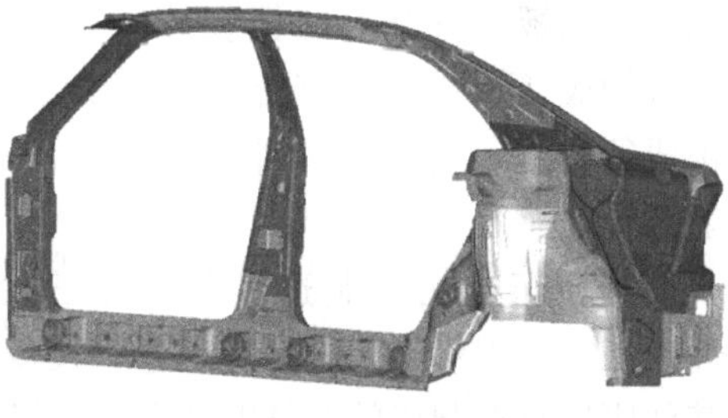

图 1-7　左右侧围总成

（6）四门总成：四门总成分为左前门总成、右前门总成、左后门总成、右后门总成。四门总成由内板、外板、防撞梁、铰链及螺栓构成（图 1-8），四门总成与侧围总成组成座舱。四门各有一根防撞梁，可大大增强抵抗前方、横向碰撞能力。

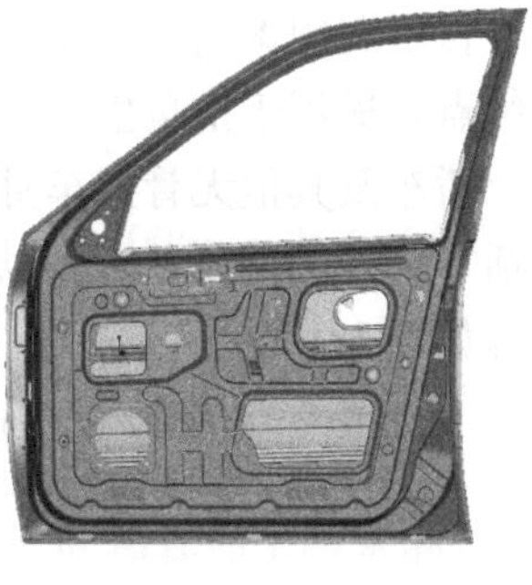

图 1-8　四门总成

（7）行李箱盖总成：行李箱盖要求有良好的刚性，结构上基本与发动机盖相同，也有外板和内板，内板有加强筋。一些被称为“二厢半”的轿车，其行李箱向上延伸，包括后挡风玻璃在内，使开启面积增加，形成一个门，因此又称为

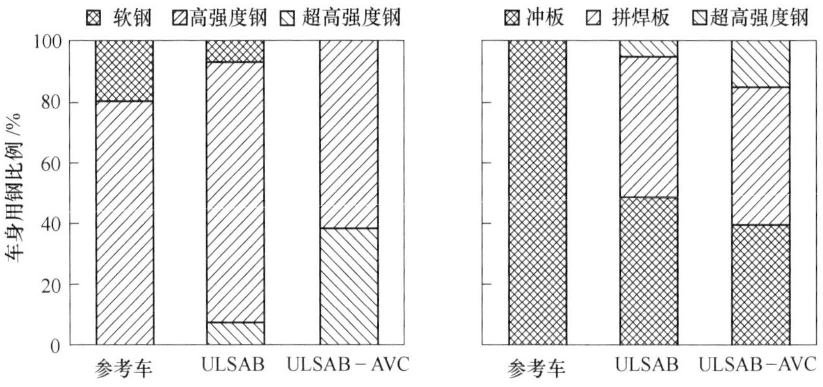

a　　　　b

图 1-13　ULSAB-AVC 项目中采用的材料强度和加工工艺[11]

a—材料强度；b—材料加工工艺

这一设计项目的完成，表明新的设计、更好的制造技术和高强度钢的使用可有效抵抗轻金属在车身材料上的竞争。ULSAB-AVC 项目的研究成果得到了汽车业界的极大关注和认同，从一定程度上引导了汽车生产制造企业采用钢板进行轻量化的工作，加快了高强度钢板在汽车上的使用进程。据预测，高强度钢板在汽车上的使用份额，将由现在每年的 14%~45%（100~294kg）提高到将来每车 30%~70%，其中高强度钢板中约 70% 为镀锌钢板。

图 1-14 中显示了 ULSAB-AVC 项目中使用的各种高强度钢板的细分情况。由图可见双相钢的比例高达 74%。

在实际车体制造中，高强度钢的使用量也在不断增加。在近几年面市的轿车中，高强度钢、超高强度钢的使用量所占比例达到了 50%~70%，甚至更高[12]。日本三菱公司推出的 SUV 型车的车身约 70% 的构件采用高强度钢板制成。韩国现代公司的 SONATA 车身结构也采用高强度钢板进行了加强，其横梁和立柱全部使用 800MPa 的高强度钢。奔驰公司在 SLK 车身骨架中也大量使用了高强度钢，在大幅提高扭转刚度和安全性的同时也减轻了车身重量[13]。越来越多的汽车制造厂商将高强度钢应用到汽车整车及零部件的制造过程中，图 1-15 显示的是北美轿车高强度钢的应用趋势[12]。

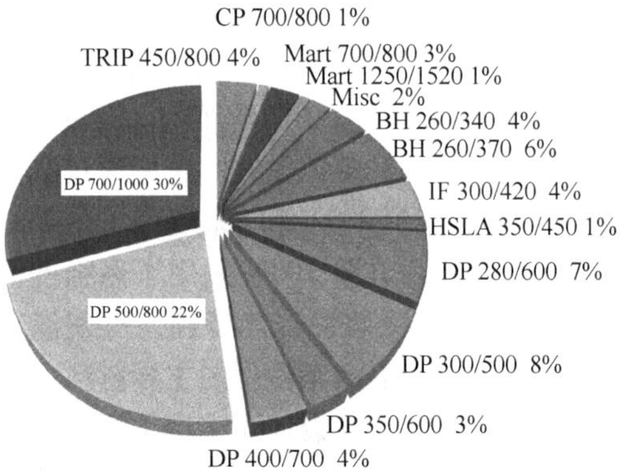

图 1-14　ULSAB-AVC 项目中采用的各种高强度钢板

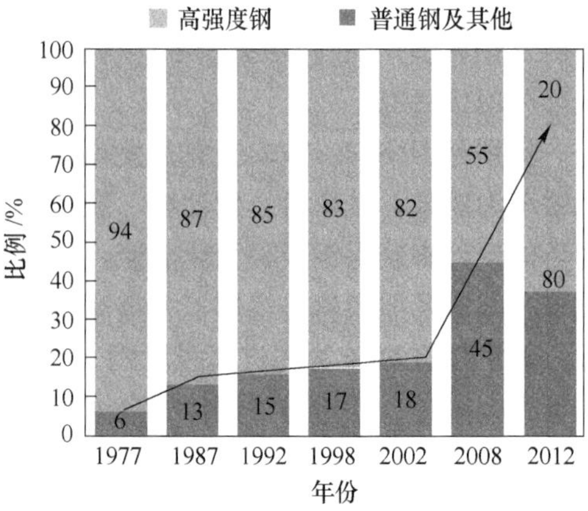

图 1-15　北美轿车高强度钢的应用趋势

1.1.3 汽车安全标准对新型汽车用钢的要求

一种现代的汽车车身必须符合很多的要求，而最重要的就是给乘坐者提供舒适而又安全的内部空间，因此车架结构的设计和选材都必须首先从结构力学和材料力学的角度予以考虑。此外，发动机和传动装置都要坚实地悬固在车身上面，整个车的重量全集中在车身结构的四个点上，对车身有很高的承受静力和动力的要求。

1.1.3.1 合理的车架结构

过去在对汽车安全的认识上有一个误区，即认为钢板厚的汽车更安全，而现在广为接受的安全车身设计理念则重点强调车身的结构，强调 3H 车身和碰撞吸能技术。事实上车身的结构设计是安全性能的决定因素。汽车的设计思想均为“前后碰撞变性区 + 高强度乘员舱”的车身结构，属于被动安全。前后碰撞变形区若刚性过大则在发生碰撞时会直接将冲击力传给乘员，导致产生较大的伤害。因此，车身前后区域应设置成为吸能区，从而能在碰撞中尽量吸收能量，而吸能区除吸收碰撞能量外，还能将剩余能量进行合理分流，使传给乘员的撞击力大幅减小。而高强度的乘员舱可以在发生碰撞时将变形控制在有限的范围内，从而有效保证了乘员的生存空间[14]。

对于典型的由发动机舱、驾驶舱、行李舱组成的三厢结构，要保护车内人员的安全，车身结构必须满足以下条件：

（1）碰撞过程中保持驾驶舱的完整性，保证生存空间。

（2）发动机舱及行李舱等吸能区的结构以可控制的方式发生弹塑性变形。

（3）为防止车内乘员与内饰件发生二次碰撞，外部结构应使变形能与冲击动能相平衡，使乘员受到的碰撞能量降低到最小。

（4）保证车身刚度，防止因门框变形导致碰撞后车门无法打开，尽量防止因车窗变形使玻璃破碎而伤害乘员[15]。

各大汽车制造厂商基于安全性考虑，为保证驾驶舱的完整性与人员安全，从车身结构和材料上做了很多工作。基本上都是采用前后结构“软”、中间车身相对“硬”的三明治结构，以便车身能够达到既有足够的吸能空间又有足够的刚度的目的。以本田的代表车型雅阁为例，雅阁前、后保险杠横梁采用了高张力钢筒状保险杠芯，前围板下加强板则根据碰撞时的负荷对材料和板厚进行了优化，它们与前纵梁组成了一个完善的能量吸收和分散结构，将碰撞力均匀地分散并传递到指定的区域。这样在实际的碰撞事故中，即使是对于相互重叠很少而导致局部负荷很大的偏置碰撞，这种结构也能将车身变形限制在很小的程度，从而向乘员提供最佳的保护。雅阁的车架结构如图 1-16 所示。

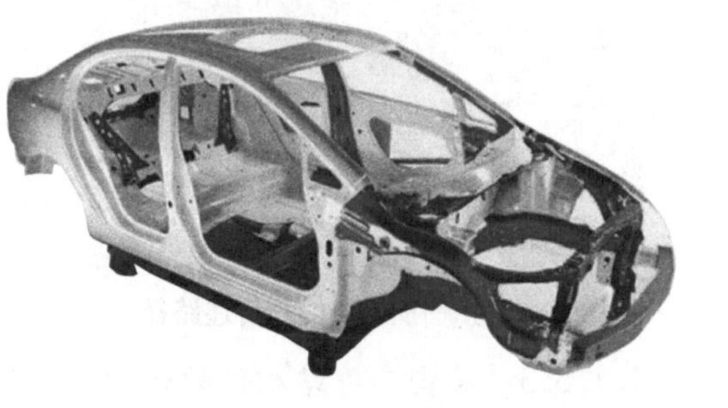

图 1-16 雅阁车架结构

此外，雅阁还采用了滑移式副车架结构。在一般的正面碰撞中，发动机舱吸收碰撞能量，并可通过前立柱及车身地板向后分散；车辆发生严重正面碰撞时，副车架会吸收一部分能量，并与车身分离，防止发动机舱整体向后移，侵占乘员舱的空间，如图 1-17 所示。

1.1.3.2　碰撞时的力传递路径

正面碰撞时的力传递路径：如图1-18所示，正面碰撞时力通过保险杠支架传递到车辆内；固定在保险杠支架上的防撞元件继续将力传递到发动机支架内。前桥架梁与弹簧支座共同作用的结果可有目的地实现变形吸能性能。即使车辆的碰撞接触面很小，碰撞力也能通过保险杠横连杆、侧面防撞梁、前围和前桥架梁分散到车辆左右两侧。同时碰撞力通过发动机支架继续分散到底板总成、通过发动机至前隔板加强件传递到变速箱传动轴盖板、通过车轮传递到轮罩内车门槛加长件的变形吸能区以及A柱加强区域和侧框架。碰撞力通过弹簧支座和轮罩上的支架传递到侧框架也很重要。通过弹簧支座后的支架变形吸能区可以限制传递到A柱内的力，同时可以降低A柱附近车厢的负荷。

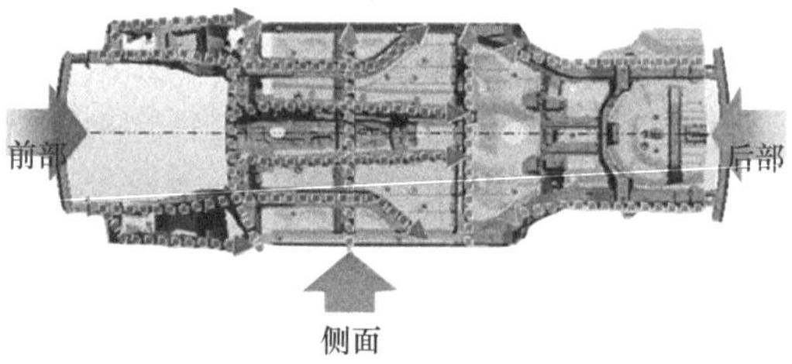

图1-17　吸能效果示意图

在侧面碰撞时受力的传导：如图1-19所示，首先是碰撞力传到车门加固板和门锁上面，然后传到A柱、B柱和C柱上进行分担；在继续变形时再传到B柱和C柱的车门加固板的保险挂钩。此外由于构件已经相互挤压也使车门内板压到门槛上，侧面车身面板被压死。这就使框架的座舱内受力变形。如果这种挤压变形继续加大，门槛上的力就继续传给座位下横梁板，再传给连接板梁，变速箱支撑座和底板板梁直到车身的另外一侧，同时对顶棚也加力了。对于不带天窗的车身来讲顶棚向另外一侧传力，对于带天窗的车身则是由很高强度的天窗分担了很大一部分力量。如果B柱靠在座椅旁，则高刚度的座椅框架会将力传到车的另外一侧。

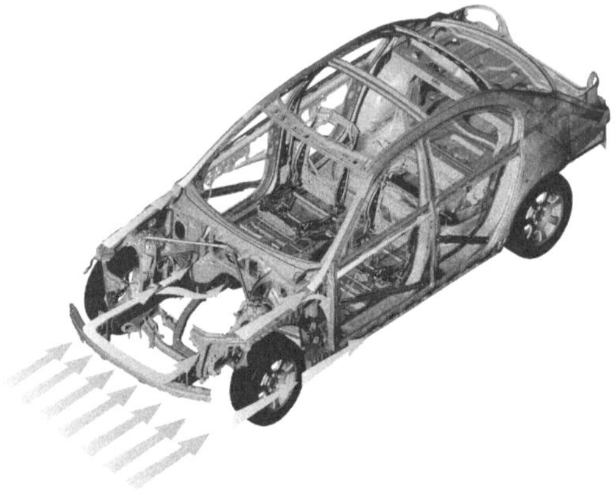

图1-18　正面撞击时的力传递路径

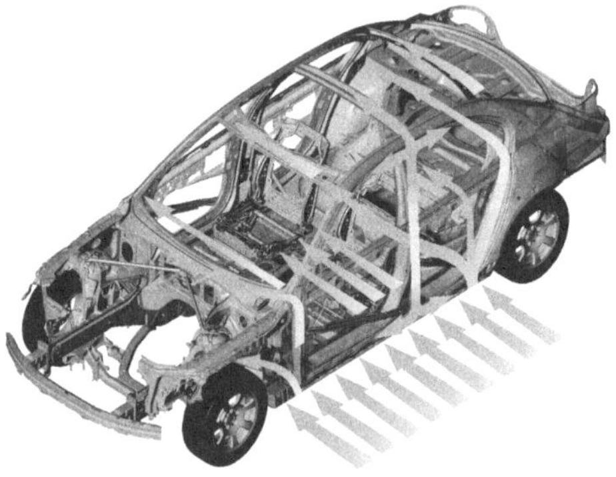

图1-19　侧面撞击时的力传递路径

1.1.3.3　典型车身结构件的选材

目前普通应用于车身的高强度钢板都是等厚钢板，例如，车顶、车门、行李箱等部件要求具有抗变形刚度和抗凹陷性，主要使用抗拉强度为340～390MPa的BH钢板。BH钢板的屈服强度在烘烤涂漆时升高，可在不损失成型性的前提下，提高抗凹性，减薄钢板。随着正面碰撞、侧面碰撞的安全性标准的提高，结构件、加强件等主要使用590MPa的高强度钢板，也有一些使用780MPa或980MPa的高强度钢板。下面简单介绍一下其典型车身结构件的选材要求。

（1）车底板、行李箱底板和车顶棚外板：现代汽车的车底板、行李箱底板和车顶棚外板常使用深冲成型板（如DC04、SPCE、St14、St15、08Al等）制作。车底板、行李箱底板等构件在使用时对强度没有特别要求，但它们几何形状复杂，要求材料本身具有较高的成型度，不能使用高强度的钢。而汽车的顶棚结构简单，成型量也不大，之所以也不能采用高强度钢，是因为其边角部位是成型的关键，这些边角部位的成型存在复杂的细节。深冲成型材料屈服强度范围是120～140MPa，最大的抗拉强度是450MPa，断裂伸长率A_{80}是40%。在车身制造中使用普通方法和工装可以很容易对这种材料进行焊接。图1-20为车顶棚外板示意图。

（2）侧面框架：轿车侧面框架常选用IF类钢板（例如H220Y）。轿车侧面框架属于非常复杂造型的零部件，不但要求深冲也需要拉延，而且各部位的冲延深度也是不同的，因而要使用这种IF类的材料。由于IF钢具有非常低的碳和氮的含量，表现出非常好的成型能力和可焊性，适应了这种零部件的要求。这种钢的屈服强度是180～260MPa，最大抗拉强度是440MPa，断裂伸长率A_{80}是32%。IF钢的典型使用场合是深冲拉延件。图1-21为轿车侧面框架示意图。

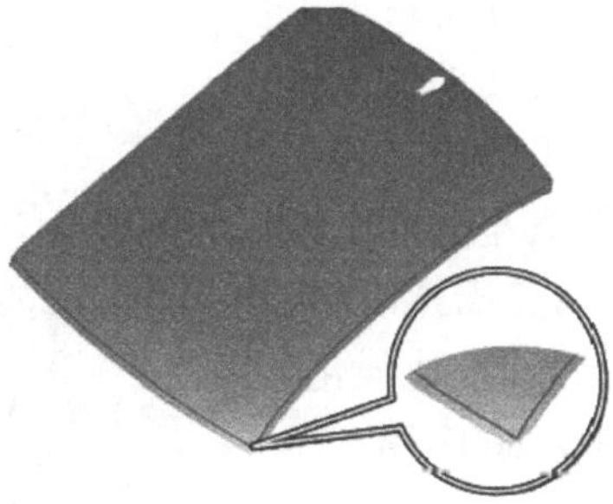

图1-20 车顶棚外板

图1-21 轿车侧面框架

（3）C柱加强件：某些车型上的C柱加强件采用了各向同性钢（如H220I）制作。实际上，大多数用拉延法制成的车身构件都选用了各向同性钢。各向同性钢在拉延的各个方向上的流变特性完全一致，在深冲的各个方位上的厚度减少量也基本一致。和其他钢种不一样的是，这种钢不是在其宽度上流变，而是在其厚度上。它的屈服强度范围是220～300MPa，最大抗拉强度是440MPa，断裂伸长率A_{80}是36%。这种钢的加工方法比较普通，可以焊接和钎焊。图1-22为C柱加强件示意图。

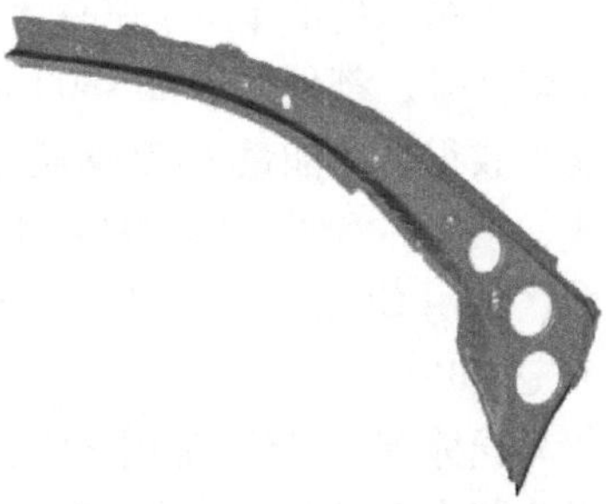

图1-22 C柱加强件

（4）车身外板：车身外板具有面积大、强度要求高、成型难度大的特点，目前流行的选材主要有两种：烘烤硬化（BH）钢和双相（DP）钢。烘烤硬化钢最常用的是H220B，DP钢最常用的是B340/590DP钢。

车门外板是车身外板的典型部件之一，如图1-23所示。车门外板成型难度较高而又需要较高的强度，选用BH钢可以适应这个要求。BH钢不但能够在冷加工过程中强化，而且在车身通过油漆烘干炉的流程中，在20min和170℃的温度下，还可以提高强度大约40MPa。通过在合金成分内加上磷以及使碳成分老化来实施这种效果。BH钢本身的屈服强度是180～300MPa，最大抗拉强度是500MPa，拉伸伸长率A_{80}为30%。BH钢在使用气体保护焊和电阻焊的焊接设备时可以实施良好的焊接。实际上，凡是需要较高强度而又难以成型的结构件，都可以考虑选用BH钢，例如顶棚弓条、后窗框、尾部饰板、行李箱上部隔板、行李箱隔板横梁、转向柱支撑托架、后部底横梁等。

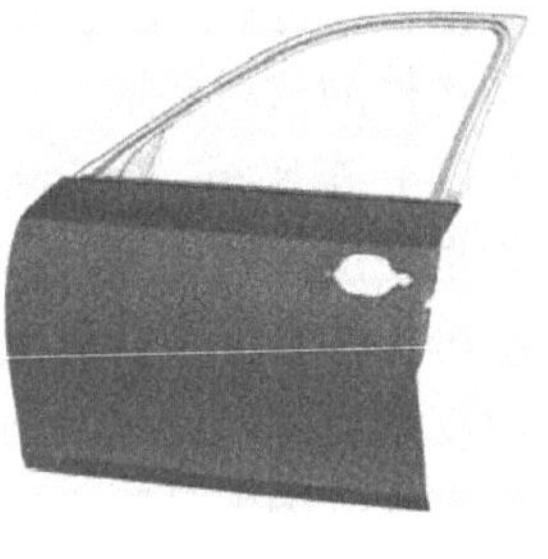

图1-23　车门外板

此外，在现代车型上大面积的车身板件也越来越多地使用双相（DP）钢薄板。凡是在碰撞时要接受大量能量的高强度结构件或者是高抗压强度的车身外板，如车盖板、车顶内板、门外部面板、行李箱盖板等都常常选择DP钢，以改善冲压成型性和压痕能力。DP钢是低碳低合金钢通过特殊的热处理工艺获得的，金相组织是以软的铁素体为基体，还有大约20%的硬马氏体。大面积板件车上最常用的DP钢的屈服强度是300～340MPa，抗拉强度可达600MPa，断裂伸长率A_{80}可达20%以上。DP钢在使用气体保护焊和电阻焊进行焊接时会淬火变硬。

（5）内柱：某些车型（如宝马E60）的车身A柱内柱采用了TRIP钢。TRIP钢是Transformation Induced Plasticity的英文缩写，也被称为RA钢，即残余奥氏体钢。TRIP钢和上面讲的DP钢一样多用于结构件，常用于制造具有高强度和高防碰撞能力的汽车构件。在TRIP钢的铁素体和贝氏体的基本晶格矩阵内含有残余奥氏体组织，残余奥氏体组织在成型加工时变成硬化马氏体，使材料明显地强化。TRIP钢的屈服强度是380～450MPa，最大抗拉强度可达800MPa，断裂伸长率A_{80}可达25%以上。图1-24为A柱内柱示意图。

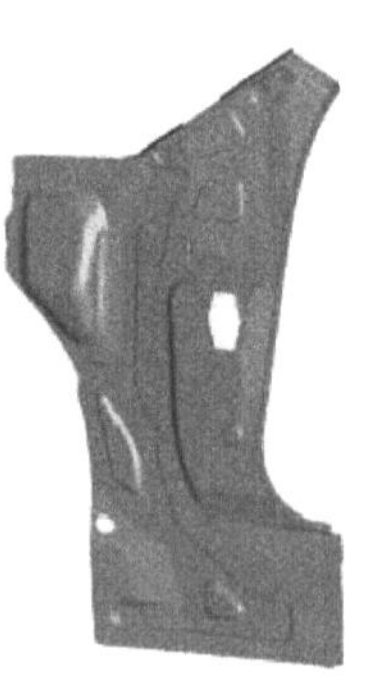

图1-24　A柱内柱

（6）车身加强件：车身加强件的主要目的是强化车身板件和柱件，其选材着重于材料的强度和刚度。最常用的材料有复相钢（CP）、马氏体钢（MS）和硼钢。

欧美系车型的车身加强件大量地使用了复相钢（CP），如发动机支撑架后加强板、B柱加强件等，都使用了CP-800钢材。这种钢材制造的结构件具有非常高的强度，在碰撞时能吸收很高的能量。CP钢通过某些合金元素以及特殊的冶炼方法获得了非常精细的铁素体、马氏体和贝氏体的复合微观结构。CP钢的特点是具有较高的加工硬化性和烘烤硬化性。常用CP钢的屈服强度为680～720MPa，最大抗拉强度可达1150MPa，断裂伸长率A_{80}可达10%。

马氏体钢（MS）常用于制造车门内侧防撞的加强件。车身上某些要求具备很高的碰撞吸收能力而且变形很小的部位常常使用马氏体钢。和CP钢一样，马氏体钢也具有精细的金相组织。通过马氏体和铁素体成分的合适配比可获得非常高的强度。马氏体钢在加大变形量的时候也具有烘烤硬化钢的效应。马氏体钢的屈服强度是750～1100MPa，最大抗拉强度可达1400MPa，断裂伸长率A_{80}为5%以上。马氏体钢制成的结构件大多是用于螺栓固定的构件，在损坏时必须全套更换。图1-25中深色条状物为车门内侧的加强件。

（7）硼钢（例）：宝马 E60 的 B 柱上段加强件上使用了硼钢（BTR165）。对车身构造而言，当结构件不但需要很高的强度而且需要很好的成型能力时，就要使用硼钢。硼钢可以使部件质量极大地减轻。硼钢内含有极少量的硼，能使钢的硬度明显提高。硼钢原始钢料的强度和微晶合金钢是一个等级的，但它在温度大约为 900°C 时成型，然后在封闭的水冷压力机内通过压力淬火使钢的强度获得极大的提高。目前硼钢成品件的屈服强度可达到 1500MPa 以上。图 1-26 为 B 柱加强件示意图。

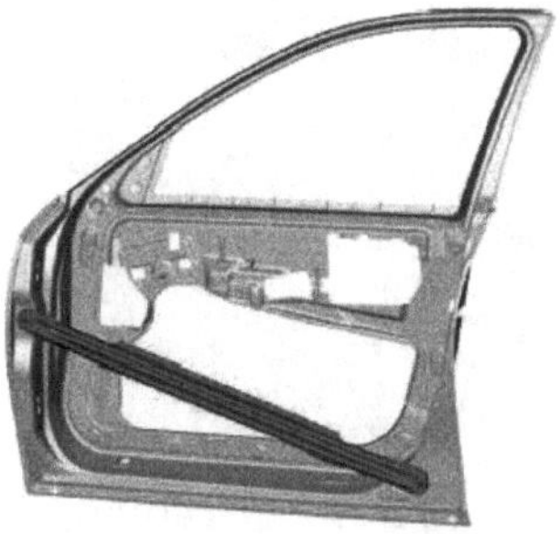

图 1-25 车门内侧加强件

图 1-26 B 柱加强件

1.2 汽车用先进高强度板带钢的特点和发展现状

现代汽车工业的发展趋势是在保证安全性能不变的前提下尽可能轻量化以降低油耗和排放。综合考虑成本、回收和维护，汽车轻量化的首选材料就是高强度钢。世界各国钢铁企业经过多年的摸索，在低强度钢的基础上陆续开发出了各种高强度钢和先进高强度钢，并在汽车工业中得到日益广泛的应用[16]。

对于抗拉强度大于 800MPa 的高强度钢，其比强度与中等强度铝合金的比强度相当。从比强度角度看，高强度钢也是一种“轻质材料”。汽车减重的一个重要途径是采用高强度钢板来代替低碳钢板（抗拉强度 270MPa 以下）。

近年来，日本汽车工业高强度钢板的使用率超过 40%。国际钢铁协会等研发的一些超强概念车的白车身全部使用了高强度钢板，其中抗拉强度大于 1000MPa 的高强度钢用量接近 50%，从而使汽车白身减重 20%，不仅成本显著降低，而且符合更严格的安全法规[17]。

传统汽车制造中最常使用的是低碳钢，其抗拉强度小于 270MPa，有良好的成型性，生产成本较低。而与最高抗拉强度为 700MPa 的普通高强度钢相比，先进高强度钢 AHSS（Advanced High Strength Steel）具有较低的屈服比、较好的应变分布能力、较高的应变硬化特性，其抗拉强度可达到 1500MPa。同时先进高强度钢具有良好的碰撞吸收能、较高的疲劳强度、低的平面各向异性和更高的疲劳寿命等优点。

1.2.1 先进高强度钢的种类

先进高强度钢和普通高强度钢之间的基本区别在于不同的显微结构。先进高强度钢主要是含有不同百分比的马氏体、贝氏体及残余奥氏体的铁素体钢，这类钢具有较低的屈服比和较高的加工硬化能力。先进高强度钢的这一特点使其在高强度下保持了良好的塑性或成型性。纵观现阶段所有高强度钢的研发工作，其思路都趋于一个方向，即生成高强度的基体组织和足够多的奥氏体，同时控制保证奥氏体组织的稳定性。

先进高强度钢主要包括双相钢（DP）、相变诱发塑性钢（TRIP）、马氏体钢（MS）、复相钢（CP）、热成型钢（HF）、孪晶诱发塑性钢（TWIP）和成型后热处理钢（PFHT）。

1.2.1.1　双相钢（DP）

DP 钢由铁素体基体和呈孤岛状分布的第二相马氏体构成，其示意图见图 1-27[18]。马氏体含量（体积分数）一般在 5%～30% 之间。其生产控制要点在于控制层流冷却（对于热轧产品）或控制两相区（铁素体 + 奥氏体）的冷却（对于冷轧卷的连续退火和热镀锌产品），从而使部分奥氏体相变为铁素体，残余奥氏体转变为马氏体。因在铁素体基体上含有硬的马氏体第二相，所以增加马氏体相的比例可以提高其强度。DP 钢是 20 世纪 70 年代中期发展起来的一类典型的具有高强度和高成型性的先进高强度钢。

图 1-27　显微组织示意图

在屈服强度基本相同的条件下，双相钢（DP）比低合金高强度钢（HSLA）具有更高的加工硬化能力、更高的抗拉强度和更低的屈强比，这些都是因基体和第二相的互相作用，即软的铁素体赋予双相钢优良的塑性，而硬的马氏体则赋予其更高的强度，所以，双相钢（DP）具有优越的冲压成型性能，主要表现在伸长率大、屈强比低。但与低合金高强度钢不同，双相钢（DP）的初始加工硬化指数大，随着应变的加剧则有所下降，这主要是岛状的马氏体逐渐减少的缘故。DP 钢基本解决了低合金高强度钢不易冲压成型的难题。由于其制造工艺和方法简单，DP 钢在汽车车身以及汽车零件，如车轮、保险杠、悬挂系统以及加强件等方面得到了广泛应用。

1.2.1.2　相变诱发塑性钢（TRIP）

相变诱发塑性钢（TRIP）是指在铁素体基体上含有残余奥氏体相（最小体积分数为 5%）以及少量的马氏体、贝氏体，如图 1-28 所示[18]。所谓 TRIP 现象，即相变诱发塑性效应：在变形过程中，随着应变的增加，稳定存在的残余奥氏体转变为马氏体，产生了相变强化，继而变形不再集中于局部，使相变均匀扩散到整个材料中，延迟了颈缩的出现，这样就使材料的塑性得以提高。TRIP 钢的强度范围为 600～1000MPa[19]。

图 1-28　TRIP 钢显微组织示意图

TRIP 钢的主要优点：与双相钢相比 TRIP 钢具有较好的成型性能，这种高成型性能归结于其极高的加工硬化率和基体中的奥氏体在一定应变下转变成马氏体现象。TRIP 钢具有高的屈服强度和抗拉强度，塑性高，冲压成型性能好，用作汽车钢板可减轻车重、降低油耗，同时能量吸收能力强，能够抵御撞击时的塑性变形，显著提高汽车安全等级，具有明显的优越性。TRIP 钢特别适于制造碰撞吸收能要求高的零件。

1.2.1.3 复相钢

复相钢（CP）是指在铁素体上含有少量的马氏体、残余奥氏体及贝氏体。在实际生产中，通过微合金化元素钛和铌的析出阻止再结晶，得到极细晶粒。CP钢与TRIP钢的冷却模式相同，但是需要对化学成分进行调整以形成强化马氏体和贝氏体的析出相，因而CP钢具有极高的抗拉强度。与DP钢相比，CP钢在同等级别800MPa及其以上的抗拉强度中显示出更高的屈服强度。CP钢还具有高的能量吸收和高的残余变形能力的特点。

在汽车工业中，复相钢以其良好的抗冲击性能和能量吸收能力，被广泛应用在车门防撞杆、保险杠等零件中。

1.2.1.4 马氏体钢

马氏体钢（MS）是通过将高温奥氏体组织快速淬火转变为板条状马氏体组织而获得的。马氏体钢的特点是在以马氏体为基体的显微组织中含有少量的铁素体或贝氏体，在界面上无碳化物。马氏体钢通常借助淬火后回火以改善其延展性，锰、硅、铬、钼、硼、钒、镍也可以增强淬透性[20]。在各种多相钢中，马氏体钢抗拉强度最高。马氏体钢的抗拉强度高达1700MPa，是目前商业化高强度钢板中强度级别最高的钢种。马氏体钢（MS）的成型性较差，主要用于成型车门防撞杆等零件。

针对汽车工业，马氏体钢由几种不同的方法生产。冷轧板卷产品是在连续退火线以高冷却速率产生的，而热轧板卷产品是在热轧机输出辊道由水淬火产生的。

1.2.1.5 铁素体-贝氏体钢（FB）

铁素体-贝氏体钢（FB）也称为拉伸翻边钢/高扩孔钢，其显微组织是过冷奥氏体在中温区域内（介于珠光体转变区与马氏体转变区之间）发生转变而成。FB钢由细晶铁素体+贝氏体组成，其中贝氏体是硬化第二相。

铁素体-贝氏体钢（FB）的主要优点是改善了由扩孔翻边试验所测定的修平凸缘或翻边所形成的边缘性能，在这方面，它优于低合金高强度钢和双相钢（DP）。与低合金高强度钢相比，FB钢在同等屈服强度情况下，也具有较高的加工硬化系数，且增加了总的边缘延伸量。此外由于铁素体-贝氏体钢（FB）具有良好的焊接性能，它总是被用来冲压大中型车身覆盖件的激光拼焊板，而且，FB钢钎具有良好的抗撞击和耐疲劳特性，适合应用在汽车工业的冲切加工领域。

1.2.1.6 孪晶诱发塑性钢（TWIP）

孪晶诱发塑性钢（TWIP）和轻质诱发塑性钢（L-IP）是汽车市场开发的最新一代先进高强度钢。这类钢既可以提供非常高的抗拉强度，又具有良好的塑性，其塑性远比普通先进高强度钢高。

孪晶诱发塑性钢的高强度和塑性来自形变过程中孪晶的形成而不是TRIP钢中的相变，其Mn含量高达17%~24%、Si含量为2%~4%、Al含量为2%~4%，图1-29是历年来开发的部分钢种及其工艺。TWIP钢室温组织为完全的奥氏体组织，主要变形方式是晶内孪晶。这种钢具有极高的伸长率（大于80%）、较高的抗拉强度（600~800MPa）和加工硬化指数（应变为30%~50%时，硬化指数$n=0.4$），且对冲击能量的吸收程度是其他高强度钢的两倍[21~23]。这种钢的独特性能来自它室温下的奥氏体不仅通过传统的层间相互滑移和位错运动过程产生变形，而且通过晶内孪晶的生成产生形变。至于它们的限制位错运动的能力，孪晶界和晶粒边界起作用的方式是相同的。

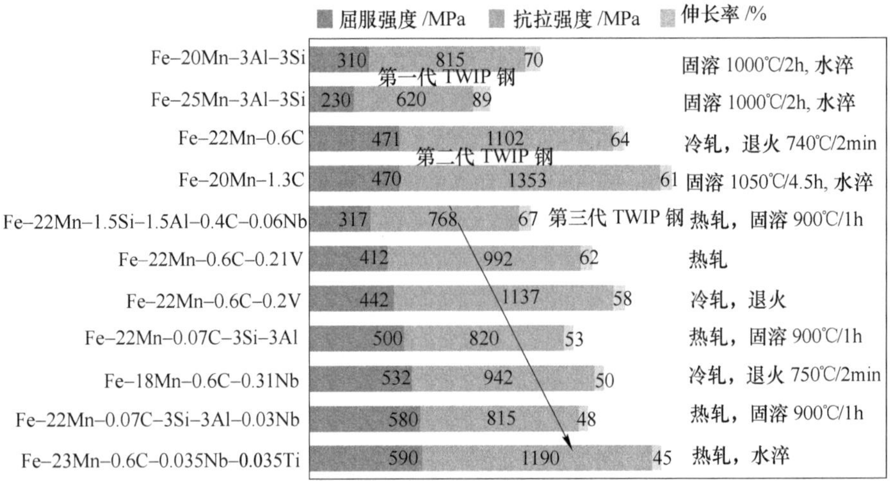

图1-29 近年来TWIP钢研究近况

TWIP钢可大大减轻车体质量，增强车体抵抗撞击的能力，减小车身钢板变形程度，提高汽车运行的安全性。但是，这类钢的合金元素含量高、处理工艺复杂，虽然具有优良的高强度和高韧性，目前在汽车中的应用还是很有限的。

1.2.1.7 热成型钢（HF）

热成型钢是一类新钢种。HF钢不但进一步提高了强度，而且能够获得复杂的几何形状而不会产生反弹。这类钢的主要组织为自回火马氏体，热成型后的零件可获得1300MPa级以上的强度。热成型钢通过在奥氏体温度区间（900~950℃）完成冲压，而后使零件在模具中冷却强化。在整个热成型的工艺中，既完成了成型加工又同时完成了热处理强化。目前热成型钢是汽车工业中安全结构件上最广泛使用的高强度钢。

1.2.2 高强度钢板发展方向和使用面临的挑战

中国汽车工业正处于高速发展时期，还有较大的发展空间。高强度钢汽车板将是今后汽车板发展的主流，大量使用高强度钢是解决汽车减重、节能、安全、环保的重要途径。高强度钢板经过多年的进步，我国发展高强度钢汽车板的对策及近年来的发展方向如下[24]：

（1）加强钢铁厂与汽车厂的合作研究开发。新一代性能更优的汽车设计制造需要有新的先进高强度钢材料的支持。因此，钢铁厂与汽车制造厂之间应加强合作，在汽车设计、模具设计和零件选材与用材方面多进行研讨磋商。现在，自主创新是新的国家战略，提高自主创新能力已成为汽车行业发展规划的核心理念。同样，在技术含量较高的汽车用高强度钢生产工艺技术与设备研究开发和高强度钢使用技术研究方面，钢铁厂也有大量的技术创新工作要做，这都为将来钢铁厂与汽车制造厂的合作研究开发带来契机。

（2）高强度钢生产工艺设备的自主研发。目前，商业用高强度钢生产冶金原理近几年并没有新的发现，但在1200MPa以上超高强度钢工艺方面，国际上出现了两条途径：其一，钢铁厂通过热处理方法获得1500MPa左右超高强度钢，而后通过滚压等成型方法加工成保险杠、防撞杆等汽车零件；其二，钢铁厂只提供强度只有800MPa左右但化学成分能满足进一步热处理要求的板卷，由零部件厂或汽车厂通过热冲压成型而获得1500MPa左右超高强度钢零部件。在高强度钢的炼钢、热轧、酸洗和冷连轧等工序中必须对现存的生产工艺技术问题进行研究，以优化其生产工艺。对于某些设备，还要进行技改或改善。对于热处理和涂镀工序，国内各钢厂在高强度钢特别是超高强度钢的生产工艺设备的能力方面还有较大差距，随着采用越来越薄的高强度钢，对钢板耐腐蚀性能的要求也同时提高。由于提高强度需要添加Mn、Si等合金元素，这些元素在退火加热过程中容易富集在表面，影响了钢板的可镀性[25]。所以，其中最突出的问题是连续热处理机组的冷却速率太低，热镀锌机组缺乏改进高强度钢可镀性的手段。围绕连退和镀锌的核心技术——快冷技术，必须开发出具有自主知识产权的快冷关键技术，为更经济、更合理地开发先进高强度钢和超高强度钢创造条件。针对高强度钢特别是超高强度钢合金元素含量高、焊接性能差的问题，酸轧及连续热处理机组都宜配备激光焊机。针对超高强度钢可镀性差的问题，热处理线宜采用直火加热和高氢快冷技术。

（3）加快先进超高强度钢新产品的研究开发。以相变强化机理为主的各种强度等级的双相钢、相变诱发塑性钢、马氏体钢和复相钢等先进高强度钢将在未来的新车型中大量使用，为此，需加快这些新产品开发的速度。如进一步提高钢板的抗拉强度和伸长率，目前商业化使用的冷轧钢板的最高强度为1500MPa，热冲压钢板为1800MPa。第二代和第三代钢的开发均是按照在提高钢板强度的前提下，以如何提高伸长率这一性能路线为目标，开发性能均衡的先进高强度钢。超高强度钢板的成型主要以弯曲、辊压等方式进行。研究表明，伸长率高的材料，其扩孔性能不一定高。怎样平衡这些性能的关系是目前的开发重点。高强度钢成品性能与生产工艺参数，特别是热处理工艺参数的关系密切，因此，新品开发一定要结合工艺流程和生产线进行。在新产品开发中，除进行大量必要的模拟试验外，还要摸索出各工序关键性的工艺技术参数范围，最好还有一条功能强大的中试机组，以便通过中试机组验证规定的生产工艺参数范围是否合理，新产品材质性能及其他质量能否满足用户需求。目前国内非常缺乏这种中试机组，特别是连续热处理中试机组尤为突出。

（4）高强度钢产线的专业化。在大型钢铁联合企业中，产线都是比较多的，每条产线都有其自身特点。为了最大限度地发挥各条产线优势，就必须对各产线进行分工。高强度钢，特别是超高强度钢主要用于制造汽车安全件和内部结构件，对材质性能要求很高，但对表面质量要求不高。机组生产超高强度钢之后，对辊面质量和炉况均有不良影响。因此，较理想的产线分工是生产汽车外板的机组与生产超高强度钢的机组分开，高强度钢与超高强度钢在专用线上集中生产便于连续过渡。在生产高强度钢的机组中，由于不同钢种对机组各段的温度、时间和冷却速率的要求不同，在设计新的机组时，应根据其主要目标产品特点进行设计。对于已有的机组，则可根据其能力进行分工。一般而言，TRIP钢对冷却速率要求不高，但却要求有较高的过时效温度和较长的时效时间，DP钢和MS钢则要求过时效的温度低，过时效时间短。因此，必须尽可能把上述两类钢分开生产，以免机组设计不合理以及实际生产时工艺过渡时间长。

高强度钢板特别是先进超高强度钢板在国外已经被使用了很多，且使用技术日益完善。但在国内，有关对超高强度钢板使用技术的研究相对滞后，影响了超高强度钢板在国内的使用，其主要问题有高强度钢的成型问题、焊接问题以及高强度钢的涂装问题。

（1）高强钢的成型问题。由于高强度钢的塑性较差，变形时易开裂，变形抗力大，成型后的回弹也大，零件尺寸精度不良。因此，在对冲压和滚压模具进行设计时，要充分考虑到高强度钢变形能力小、变形抗力大及回弹较大的特点。另外，高强度钢对模具的磨损也较大，因此，需对模具表面进行涂镀（如 TiN）处理。为了解决其成型困难问题，研发了高强度钢板的激光拼焊板，使变形较大的部位由软钢或成型性较好的高强度钢来承受，而变形量较小或需要承受较大负荷的部位则使用强度等级较高的高强度钢。另外，通过模拟仿真手段研究超高强度钢冲压成型本构模型和冲压仿真技术，建立典型超高强度钢冲压工序、工序型面的设计及回弹补偿方法，优化冲压模具及其工艺，缩短模具开发周期。除此之外，还需研发新的成型技术，如液压成型、温成型和热冲压成型等。

（2）高强度钢的焊接问题。高强度钢的焊接性能一直是影响高强度钢冷轧生产和使用的非常核心的问题。由于生产工艺技术不同，特别是热处理冷却速率不同，若要获得用户需要的强度等级，其合金元素的添加量也要有所不同。当冷却速率较低时，必须添加较多的合金元素，但由此也会引起焊接性能恶化。除了冷却速率外，其他生产工艺及设备条件也影响材料设计时合金元素的添加量，影响高强度钢的焊接性能。所以在焊接技术方面，应加强高强度钢的可焊性研究，特别是电阻点焊性能。加工制造中焊接方法的发展方向为：电阻电焊由传统的工频点焊向中频点焊发展；激光焊由初始的激光熔化焊向激光复合焊方向发展；电弧钎焊是为了解决镀锌汽车板电弧焊（CO_2焊、MIG 焊）效率低、缺陷多的问题而逐步发展起来的，尤其在镀锌高强度钢焊接中，得到快速发展；胶焊是为了改善点焊结构的疲劳性能，提高胶接接头的可靠性应运而生的，即将电阻电焊和胶接复合起来的新工艺。

（3）高强度钢的涂装问题。高强度钢合金元素的表面富集和氧化影响着其磷化等涂装性能。就涂镀产品而言，涂镀层化学成分及镀层表面形貌等也影响材料的涂装性能。改善高强度钢涂装性能的方法有：通过热处理过程中炉内气氛来控制高强度钢合金元素的表面富集和氧化；采用酸洗方法将扩散到镀层表面的合金元素清洗干净，有的经过酸洗之后，还需进一步电镀一层极薄的镍，以改善其涂装性能。

参考文献

[1] 包丕利，邢艳云，温立志．汽车文化［M］. 北京：清华大学出版社，2014.

[2] 迈利克 P K. 汽车轻量化——材料、设计与制造［M］. 北京：机械工业出版社，2012.

[3] 吴兴敏，王立刚．汽车车身结构［M］. 北京：人民邮电出版社，2010.

[4] 王世震．汽车构造［M］. 北京：机械工业出版社，2014.

[5] 李雅．汽车覆盖件冲压成形技术［M］. 北京：机械工业出版社，2012.

[6] 张理扬，左良，李俊，等．冷轧和镀锌汽车板的发展［J］. 特殊钢，2004，25（6）：1 ~ 6.

[7] Senuma T. Physical Metallurgy of Modern High Strength Steel Sheets［J］. ISIJ International，2001，41（6）：520 ~ 532.

[8] 康永林．汽车轻量化先进高强钢与节能减排［J］. 钢铁，2008，43（6）：1 ~ 7.

[9] 陈宗荣．钢制超轻量汽车开发计划的发展现状［J］. 技术与训练，1999，24（5）：93 ~ 101.

[10] 孙永飞，景作军．汽车轻量化技术及其应用［J］．汽车与配件，2010（23）：32～35.

[11] 王宏雁，陈君毅．汽车车身——轻量化结构与轻质材料［M］．北京：北京大学出版社，2009.

[12] 韩宁，乔广明．汽车车身材料的轻量化［J］．林业机械与木工设备，2010，38（1）：50～52.

[13] 李桂华，熊飞，龙江启．车身材料轻量化及其新技术的应用［J］．材料开发与应用，2009，24（2）：87～93.

[14] 周洪岩，姜明．安全车身和车身轻量化设计［J］．现代制造，2010（12）：241～242.

[15] 孙凌玉．车身结构轻量化设计［M］．北京：国防工业出版社，2011.

[16] 马鸣图．先进汽车用钢［M］．北京：化学工业出版社，2007：31.

[17] Kim H，Han S，Yan Q，et al. Evaluation of tool materials，coatings and lubricants in forming galvanized advanced high strength steels（AHSS）［J］. CIRP Annals-Manufacturing Technology，2008，57（1）：299～304.

[18] International Iron & Steel Institute Committee on Automotive Applications［R］. Advanced High Strength Steel Application Guidelines，2006. 9 V3.

[19] Keeler S. Increased Use of Higher Strength Steels［R］. PMA Metal forming magazine，2002.

[20] 康永林．现代汽车板的质量控制与成形性［M］．北京：冶金工业出版社，1999.

[21] Takahashi M. Development of High Strength Steels For Automobiles［R］. Nippon Steel Technical Report，2003：88.

[22] Liu S D. ASP HSS Load Beam Springback Measurement Data Analysis［R］. Generalety Project Report，2004.

[23] Katayama T，et al. Effect of Material Properties on Shape-Fixability and Shape Control Techniques in Hat-shaped Forming［C］. Proceedings of the 22nd IDDRG Congress，2002.

[24] 李俊．影响高强钢汽车板发展的主要问题及对策措施［C］. 2006 中国金属学会青年学术年会论文集，2006.

[25] 中国汽车工程学会．世界汽车技术发展跟踪研究［M］．北京：北京理工大学出版社．

2 先进高强度钢的冶金材料学基础

2.1 先进高强度板带钢的材料设计原理

2.1.1 先进高强度板带钢的设计准则

材料设计中讲究成分、组织结构、性能和加工工艺的四面体原则，从材料最终的使用性能出发，设计合适的组织结构，从而进行相应的成分设计及加工工艺选取。

单轴拉伸条件下，钢的总伸长率主要由两部分构成，一部分是颈缩前的均匀伸长阶段，另一部分是颈缩后的非均匀伸长阶段。均匀伸长阶段主要由钢的加工硬化行为控制，加工硬化能力越强，钢的均匀伸长率越大，当加工硬化造成承载能力增加不能抵偿试样面积减小所导致的承载能力下降时，材料将发生塑性失稳，产生颈缩；非均匀伸长阶段主要由裂纹的形成和扩展机制控制[1]。图 2-1 为几种典型的高强度和高塑性钢的单轴拉伸应力-应变曲线，由单相马氏体组织构成的马氏体钢以及由马氏体和奥氏体组织构成的 Q&P 钢具有较高的抗拉强度。由单相铁素体构成的 IF 钢以及单相奥氏体构成的 TWIP 钢和双相不锈钢等具有较高的塑性。

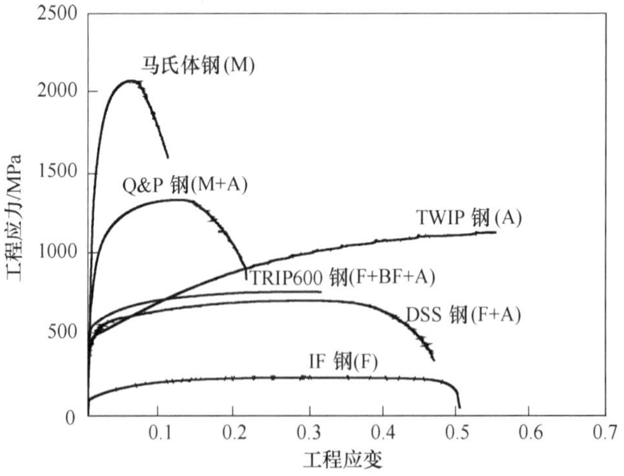

图 2-1 不同钢种的单轴拉伸曲线

几种典型材料的加工硬化率和真应力-真应变曲线的关系如图 2-2 所示。根据塑性失稳的康西德判据[2]可知，当钢的加工硬化率（$d\sigma/d\varepsilon$）等于真应变，即 σ-ε（真应力-真应变）曲线与 $d\sigma/d\varepsilon$-ε（加工硬化率-真应变）曲线相交时，材料将会产生颈缩，交点所对应的应变为均匀伸长率，对应的应力为抗拉强度。因此，钢只有在很大的应变范围内具有较高加工硬化率，才能在获得较高强度的同时获得较高的均匀伸长率。

目前工业化大生产的汽车用高强度钢主要有含 P 固溶强化的单一铁素体钢（即高强

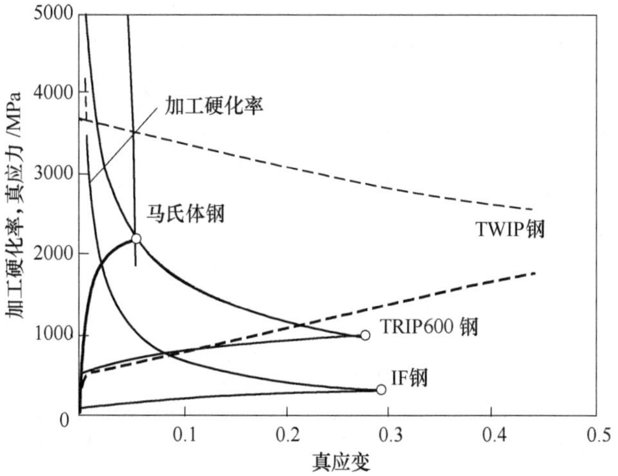

图 2-2　加工硬化率和真应力-真应变曲线的关系

度 IF 钢)，微合金化钢，铁素体和马氏体（或贝氏体）双相钢，贝氏体、马氏体和残余奥氏体混合组织的复相钢，铁素体、贝氏体和残余奥氏体组织构成的 TRIP 钢以及超高强度马氏体钢等。但是这些钢种的强塑积处于相对较低的水平（10～20GPa·%），已经不能满足汽车工业未来发展对轻量化和高安全性的双重要求。为了适应汽车轻量化和提高安全性的需求，近年来人们相继开发了超高级别强塑积（60GPa·%）的 TWIP 钢和奥氏体不锈钢等，其抗拉强度可达 800～1000MPa，伸长率可达 60%～95%。然而由于大量的 Cr、Ni、Mn、Si 和 Al 等合金元素的添加，其成本大幅度提升，同时工艺性能变差，冶金生产难度增大，生产与应用受到极大限制。为了适应节约资源、降低成本、汽车轻量化和提高安全性的要求，需要研发具有综合成本优势的新一代高强塑积的超高强度汽车用钢[3~5]。在高强度高塑性材料的设计追求中，势必需要综合考虑材料成本控制与工艺可行性，采用低合金元素的成分设计及先进的轧制与热处理工艺是先进高强度钢设计的优先理念。

2.1.2　先进高强度板带钢的基体组织及强韧化手段

钢铁材料中的组织可分为铁素体、珠光体、贝氏体、马氏体以及奥氏体，其中一般情况下奥氏体组织为高温稳定相，钢铁材料经过高温奥氏体化后，过冷奥氏体可以在不同温度阶段发生转变，即置换型原子与碳原子均能充分扩散的高温转变——珠光体转变，置换型原子难以扩散而碳原子尚能扩散的中温转变——贝氏体转变，置换型原子和碳原子均不能扩散的低温转变——马氏体转变三大类。

图 2-3 中列举了几种常见的基体组织，其中铁素体组织拥有极高的塑性，图 2-3a 中 DC04 钢屈服强度为 131MPa，抗拉强度达到 276MPa，断后伸长率达到 52%。图 2-3b 中为 30MnB5 在 890℃终轧后，经过 660℃模拟卷取 1h 炉冷得到的热轧组织，其屈服强度达到 650MPa，抗拉强度为 940MPa，伸长率约为 16.9%。图 2-3c 中组织为大量的贝氏体组织及少量等温淬火后形成的马氏体组织。图 2-3d 中为 0.28C-1.42Si-4.08Mn 钢热轧 850℃终轧后，水冷至 400℃保温 1h 后空冷得到的全马氏体组织，其屈服强度为 988MPa，抗拉强

度高达1919MPa，但由于马氏体内部的高密度位错，其伸长率仅为5.2%。当材料中仅存在单一相时，材料的整体性能呈现强度和塑性的线性变化且相互牺牲，而通过适当的组织匹配强度和塑性可以得到一定程度的折中加强，从而最大限度地发挥组织间的相互协调变形。如图2-4所示为0.25C-1.5Si-3.08Mn-0.054Nb钢经过850℃终轧后在650℃模拟卷取1h后炉冷得到了铁素体、珠光体、贝氏体、马氏体等多相复合组织，其屈服强度可以达到646MPa，抗拉强度达到1221MPa，断后伸长率为13.5%。

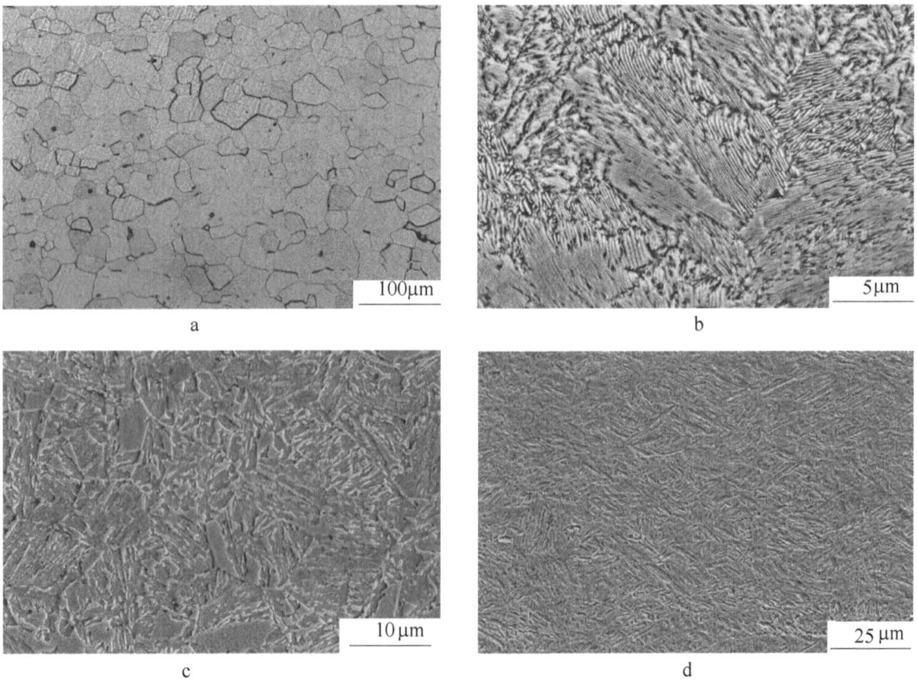

图2-3　钢中的基体组织

a—光学显微镜下的铁素体组织（DC04碳含量18ppm）；
b—扫描电子显微镜下的珠光体组织（30MnB5热轧660℃卷取炉冷）；
c—贝氏体组织（0.29C-2.03Si-3.81Mn-0.4Al钢850℃奥氏体化后350℃等温淬火）；
d—马氏体组织（0.28C-1.42Si-4.08Mn钢热轧空冷）

塑性变形的本质是位错沿滑移面的滑移，金属材料内的滑移系越多，位错的滑移越容易，其塑性就越好。强度是度量材料抵抗塑性变形和断裂的能力，越难于变形的金属材料，其强度越高，位错滑移的难易程度决定了材料强度的高低。几种金属材料强化的方法都与约束和钉扎位错的滑移有关[6,7]。

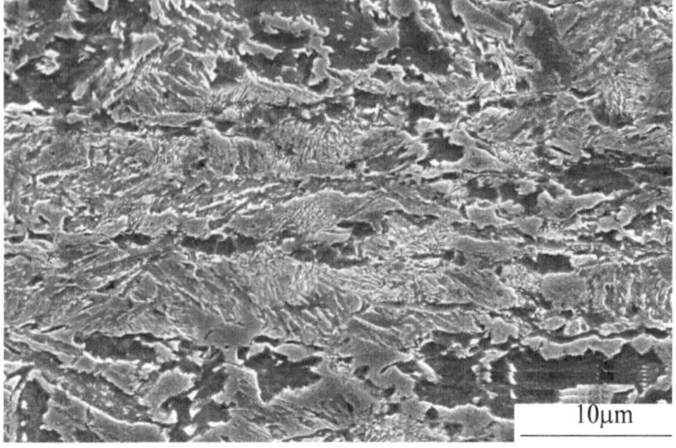

图2-4　扫描电子显微镜下的复相组织
（0.25C-1.5Si-3.08Mn-0.054Nb）

(1) 固溶强化：即形成固溶体而强化，也就是合金化，融入固溶体中的溶质原子造成晶格畸变，晶格畸变增大了位错运动的阻力，使滑移难以进行，从而使合金固溶体的强度与硬度增加，这种通过融入某种溶质元素来形成固溶体而使金属强化的现象称为固溶强化，在溶质原子浓度适当时，可提高材料的强度和硬度，而其韧性和塑性却有所下降。

（2）加工硬化：表现为增加位错和亚结构细化形变强化，随着塑性变形量增加，金属的流变强度也增加，这种现象称为形变强化或加工硬化。形变强化是金属强化的重要方法之一，它能为金属材料的应用提供安全保证，也是某些金属塑性加工工艺所必须具备的条件（如拔制）。

（3）细晶强化：通常金属是由许多晶粒组成的多晶体，晶粒的大小可以用单位体积内晶粒的数目来表示，数目越多，晶粒越细。研究表明，在常温下的细晶粒金属比粗晶粒金属具有更高的强度、硬度、塑性和韧性。这是因为细晶粒受到外力发生塑性变形可分散在更多的晶粒内进行，塑性变形较均匀，应力集中较小；此外，晶粒越细，晶界面积越大，晶界越曲折，越不利于裂纹的扩展。晶粒细化是唯一一种能够同时提高材料强度和韧性的方法。普碳钢中晶粒细化对强度的贡献约为总强度值的二分之一，可见晶粒细化是钢中最为重要的强化方式之一。多年来人们通过多种手段致力于晶粒细化的研究，现在的钢铁材料晶粒已经细化到微米或亚微米级范围内，强度和晶粒度仍然服从 Hall-Petch 公式。钢铁材料从传统晶粒尺寸（10μm 或稍大）细化到 1μm，强度将提高一倍。

（4）相变强化：钢的性能取决于钢的组织结构，而组织结构的主导是由相变决定的。通过相变而产生强化效应也是常见的金属强化方法。最简单的例子是低碳钢在轧后随着冷却条件的变化，有铁素体 + 珠光体、铁素体 + 贝氏体等几种结构，钢的力学性能也随之有很大的变化，从而生产出不同强度等级的钢材，用于各种用途，这种情况就归属于相变强化。相变的种类很多，比如马氏体相变是一种以剪切方式进行的非扩散型相变，相变产物与基体间保持共格或半共格联系，在其周围也存在很大的内应力，甚至使周围的奥氏体发生形变而出现形变强化[8]。

（5）析出强化（沉淀强化）：材料通过基体中分布有细小弥散的第二相质点而产生强化的方法称为析出强化或沉淀强化。一般有两种强化机制：位错绕过第二相粒子并形成位错环的 Orowan[9~12] 机制；位错切过微合金元素第二相的切过机制。Orowan 机制中的第二相粒子称为不可变形粒子，而切过机制中的第二相粒子被称为可变形粒子。

滑移位错以 Orowan 机制绕过不可变形颗粒时，由于位错弯曲增大了位错的线张力，因而需要更大的外加应力才能使位错越过第二相颗粒而继续滑移，由此导致材料的强化，其强度增量 YS_{po} 与第二相的体积分数 f 和颗粒尺寸直径 d 之间大致的关系如下：

$$YS_{po} \propto f^{1/2} d^{-1} \ln d \tag{2-1}$$

滑移位错以切过机制通过可变形颗粒时，第二相颗粒将主要通过共格应变强化、化学强化、层错强化、模量强化、有序化强化等方式阻碍滑移位错的运动而产生强化作用，其强度增量 YS_{pc} 与第二相的体积分数 f 和颗粒尺寸 d 之间存在下述关系：

$$YS_{pc} \propto f^{1/2} d^{1/2} \tag{2-2}$$

由上式可以看出，微合金元素第二相强化作用效果在切过机制起作用时与第二相粒子尺寸的二分之一次方成正比，粒子尺寸越大，强化效果越大；在 Orowan 机制起作用时与微合金元素第二相粒子尺寸成反比，粒子尺寸越小，强化作用越大。由此就存在一尺寸 d_c，在此尺寸时微合金元素第二相强化机制在切过机制和 Orowan 机制之间发生转换，且在此尺寸附近可获得最大的第二相强化效果，如图 2-5 所示。

一般钢铁材料中绝大部分第二相的尺寸均大于临界转换尺寸，又由于第二相硬度比较高，一般位错不能切过这些粒子，因此第二相强化机制主要是 Orowan 机制，于是细化第二相粒子的尺寸对强化作用的提高尤其显著，尺寸细化一个数量级的作用大致相当于提高体积分数两个数量级的作用。因此，钢铁材料第二相强化的主要发展方向是有效细化第二相粒子尺寸。

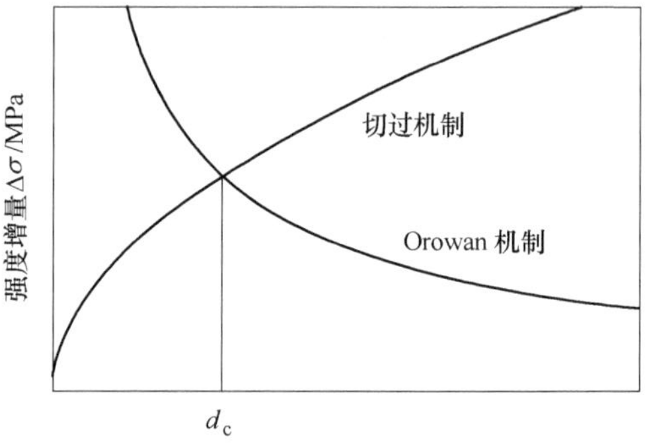

图 2-5　钢铁材料屈服强度与第二相粒子尺寸的关系

2.1.3　极具潜力的组织——亚稳残余奥氏体

在添加适当合金元素的情况下，可以将奥氏体稳定到室温，成为亚稳态的残余奥氏体，这种亚稳态的残余奥氏体组织在一定应变作用下可以转化为马氏体组织，起到相变增塑的作用。残余奥氏体的 M_s 点低于室温，在室温条件下能稳定存在，当施加一定载荷后，由于外加力场的作用，在高于 M_s 温度下可以获得马氏体临界形核功。残余奥氏体在高于 M_s 点发生马氏体相变，产生形变马氏体，如图 2-6 所示。

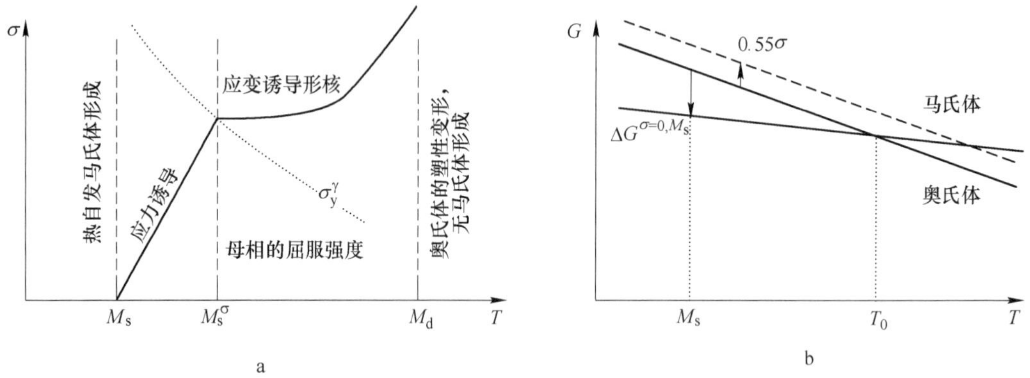

图 2-6　诱发马氏体形成的临界应力示意图（a）和应力对马氏体相变驱动力的影响（b）

在室温下，当钢板组织中存在一定量、比较稳定的残余奥氏体时，受塑性变形的作用，残余奥氏体逐渐增大产生应变硬化，诱发了马氏体的形核，产生相变而转变为马氏体，使局部的硬度得到提高，继续变形较困难，同时变形进一步向周围组织转移，颈缩的产生被延迟，随着相变的不断发展，材料获得了很高的塑性。残余奥氏体相变时体积增大，压迫周围的基体，使其发生塑性变形，引起位错密度的增加，产生位错强化，同时相变产生的马氏体为硬相，致使材料的强度也有所提高。钢板经相变后的塑性和强度都有所提高，这种现象就被称为相变诱发塑性，简称 TRIP 效应[13]。由于相变诱发塑性，TRIP 效应可以使钢种具有高的均匀伸长率，如图 2-7 所示。

残余奥氏体的化学成分通常是残余奥氏体稳定性的重要决定因素。事实上，相当多的奥氏体稳定性元素的存在，特别是碳的存在，再结合合适的热处理，可以在室温获得较多

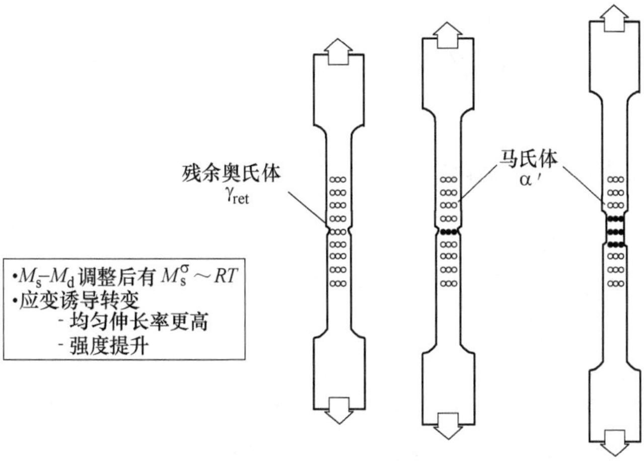

图 2-7 TRIP 效应示意图

的残余奥氏体。

残余奥氏体的尺寸和形貌对于它的稳定性也有重要的影响。小尺寸的奥氏体晶粒比大尺寸的更稳定[14]。薄膜状的奥氏体较岛状的奥氏体有更高的稳定性[15]。图2-8是成分和奥氏体尺寸对M_s的影响：合适的成分和处理，可以使M_s低于室温。M_s温度可以用化学成分来计算，如公式（2-3）所示，锰、硅、铝、磷等元素均有影响[16]。图2-9是用不同经验公式计算的几种TRIP钢的M_s温度，Wang的公式更接近实际[17]。

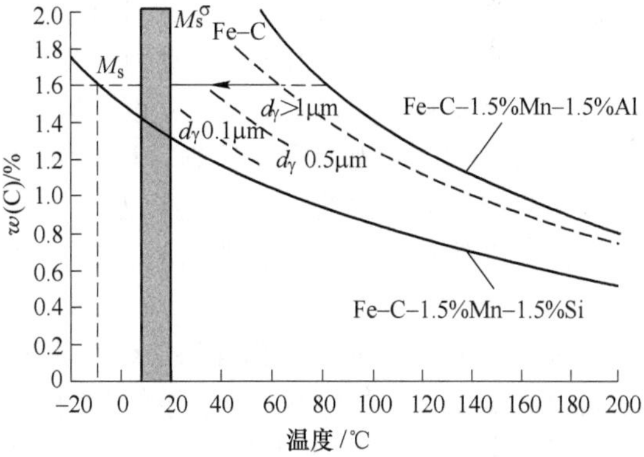

图 2-8 M_s温度与奥氏体晶粒尺寸关系的示意图

$$M_s = 545.8\exp(-1.362w(\mathrm{C}) - 30.4w(\mathrm{Mn}) - 7.5w(\mathrm{Si}) + 30w(\mathrm{Al}) - 59.9w(\mathrm{P})) \tag{2-3}$$

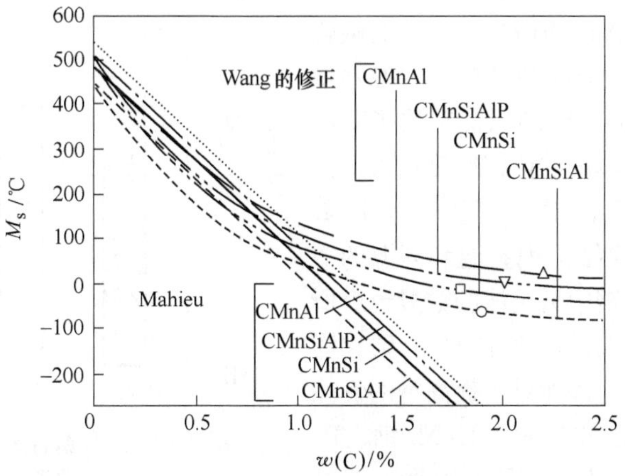

图 2-9 M_s点温度与残余奥氏体中碳浓度曲线

残余奥氏体的稳定性受控制轧制和控制冷却工艺的影响，轧制后的热处理制度不同则残余奥氏体的形态和数量等不一样，这些都会影响 TRIP 效应。双相区热轧对残余奥氏体的稳定性有影响[18]。

2.1.4　合金元素在不同钢中的作用

2.1.4.1　铁素体微合金钢中 Nb、V、Ti、Mo 的析出强化作用[19]

微合金化是在普通 C-Mn 钢中添加微量（质量分数通常小于 0.1%，有些微合金钢研究中有适当升高微合金元素含量的趋势，但一般仍低于 0.25%）强碳氮化物元素进行合金化。微合金钢的添加元素主要是 Nb、V、Ti，这些元素在高温下能与 C、N 结合成微合金元素第二相，这些第二相在高温下溶解于基体中，并在低温下析出。微合金元素存在方式不同，其作用也不同，高温下未溶解的微合金元素第二相能够阻止奥氏体晶粒长大。

在合金元素中，Nb 晶粒细化作用显著，沉淀强化作用居于中等。钢中 Nb 含量在较低水平下就有显著效果，再增加其含量，强韧效果增量不明显。为了在低温下使 Nb 能尽可能多地增加固溶量，必须将 C 含量降至 0.03%~0.05%，以减少固溶度积，同时必须通过添加其他合金元素（如 V、Mn、Ti 等）加以补偿[20]。

V 对奥氏体晶粒细化和再结晶动力学几乎不起作用，主要通过在铁素体中碳化物、氮化物或碳氮化物的沉淀强化来提高强度。V 能产生沉淀强化作用来提高强度，但带来韧脆转变温度的提高，一般 V 含量控制在 0.10% 以下。

Ti 也具有较高的沉淀强化作用以及一定的细晶强化作用。Ti 能提高钢材屈服强度，但对韧性的贡献不大。Ti 也能提高晶粒粗化温度，对改善焊接热影响区的性能也有较好的作用。

Mo 是重要的合金元素，其与 Fe、C 以及其他合金元素之间在原子结构、尺寸及晶体点阵之间的差异与相互作用可以提高钢的强度和韧性，Mo 对钢的淬透性能提高有很大的作用，并能对钢韧性和热强性有较大提高，并能防止回火脆性的发生。Mo 对钢硬化后的常温和高温强度有一定程度的提高。含 Mo 钢高温下强度和抗蠕变性能都很好，并能较好地经受热处理。Mo 还能提高钢对某些介质的抗腐蚀性能，使之不易产生点蚀。铸铁中加入 Mo 对铸铁的强度和耐磨性均有提高[21,22]。Mo 对于第二相粒子析出规律的影响主要有以下几点：

首先，Mo 可以细化第二相粒子。Mo-Nb 微合金钢中随着 Mo 含量的增加，析出的碳化物越来越细小，这些细小的碳化物主要在铁素体区的位错线上析出，Mo 的添加阻碍了高温时位错的消失，使基体内的位错密度增大，为碳化物的形核提供了更多的位置[23,24]。随着 Mo 含量的增加，耐火结构钢室温和高温的力学性能都有所提高，钢中贝氏体的数量也有所增加，而且 Mo 的加入促进钢中 Nb 的碳化物均匀析出，铌钼的复合添加对于提高钢的性能有更好的效果[25]。对比 Ti 钢、Ti-Nb 钢、Ti-Mo 钢第二相粒子的尺寸，如图 2-10 所示，可

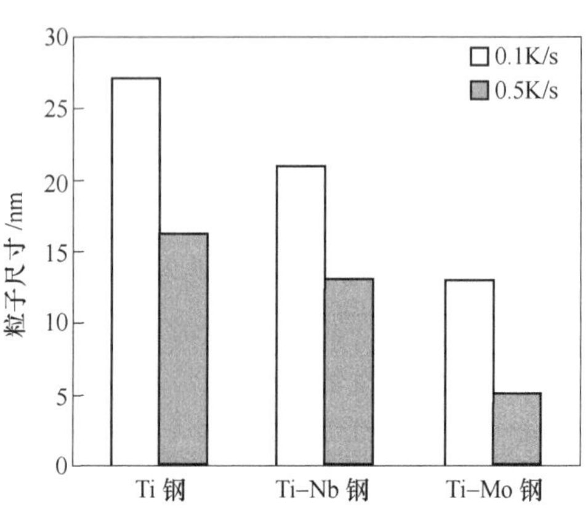

图 2-10　三种微合金钢在不同冷速下第二相粒子的平均尺寸

以看出 Mo 的加入使第二相粒子得到了细化[26]。

其次，Mo 可以推迟第二相粒子的析出时间。Mo 使 Nb（C，N）在奥氏体中析出的 PTT 曲线的鼻子点温度降低，并且使沉淀反应推迟，这是由于 Mo 降低了 C 和 N 的活度，从而抑制了相关第二相粒子的析出[27]。

此外，Mo 还可以降低第二相粒子的粗化速率；可以偏聚到基体晶界，钉扎晶界阻止基体晶粒长大；同时 Mo 还具有促进针状铁素体和贝氏体形成的重要作用。而当 Mo 单独作为微合金元素添加在钢铁中时，其力学性能并不理想，而 Mo 与 Nb、V、Ti 的混合添加则成为提高材料力学性能的主要方向。

2.1.4.2 高强度 Q&P 钢中 C、Si、Mn、Al 的作用[28]

在 Fe-C 合金中保证高强度性能的最经济有效方法是碳的固溶强化[29,30]。碳在奥氏体中的溶解度要远远大于在铁素体中的溶解度，它可有效地延长奥氏体转变前的孕育期，增加奥氏体的稳定性。但是，碳含量过高会降低塑性与韧性，当碳含量升到 1.3% 时，钢的韧性几乎为零，这是由于碳含量的增加，铸态组织中的碳化物含量增加，甚至形成晶界连续分布网状碳化物，大大降低了晶间强度和钢的塑、韧性。因此，选取的碳含量一般为 0.1% ~0.2%。此外，碳含量升高可降低 M_s 温度，因此可稳定奥氏体，室温下得到的残余奥氏体量增加，经计算室温下获得的残余奥氏体中碳含量要大于 1.2%。但是，当钢中碳含量大于 0.3% 时，钢在淬火后不可避免地出现较多的孪晶亚结构[31]，有可能增加淬火裂纹的倾向并有损韧性[32]。由于强化机制受碳含量的限制，因此须借助其他合金元素的强化手段。研究表明，Si、Mn 不仅对铁素体有较大的置换固溶强化效应，且对韧性的损害不像碳原子那么剧烈，因而它们是试验钢首先考虑的元素[33]。

为了充分发挥 Q&P 钢中残余奥氏体的 TRIP 效应，需要通过添加合适的合金成分设计来稳定一定量的残余奥氏体，Q&P 钢中常见的合金元素如下：

（1）Mn 元素。Mn 能增强奥氏体稳定性，延长其转变孕育期，同时降低马氏体开始转变温度（M_s）点，形成一定体积分数的富碳残余奥氏体。Mn 也能够降低碳在铁素体和奥氏体中的活性，增加铁素体中碳的稳定性。Mn 还可以溶于渗碳体。但是，Mn 加入过多（>2.5%），会使冶炼和轧制过程中出现白点的几率增大，出现带状组织、晶粒粗化的趋势增强，降低钢的塑性和韧性，并且引起焊接性能恶化。

（2）Si 元素。作为非碳化物形成元素，Si[34,35] 可以抑制回火阶段渗碳体的形成，同时提高铁素体中碳的化学位，使碳进一步积聚于未转变的奥氏体中，促使 M_s 点降至室温以下，形成富碳的残余奥氏体。与锰相比，硅对残余奥氏体量的影响更大，并且随硅、锰量比的增加，残余奥氏体量增加。要想抑制渗碳体的形成，最少的 Si 含量是 0.8%。高含量的硅元素会使钢板的热轧性能降低，在钢板表面形成稳定的氧化物 Mn_2SiO_4，在热镀锌生产线中隔断锌液和钢板表面的反应，降低钢板的润湿性能，使钢板表面质量下降，工件覆镀性差。

（3）Al 元素。Al 能提高抗拉强度和伸长率，抑制渗碳体的析出[36]。C-Mn-Si 系 TRIP 钢里的高 Al 含量导致高的 C 富集在残余奥氏体中[37]。Al 的晶体结构与奥氏体相似，是面心立方晶体，它固溶于 Fe 中，使奥氏体相区强烈缩小，提高 M_s 点温度[38]，形成 γ 相圈。Al 能增加层错能，并抑制 γ 到 ε 转变，可起到稳定奥氏体的作用。Al 和 C、N 等元素形成的细小弥散分布的难溶质点，可起到细化晶粒的作用。但是 Al 的固溶强化效果比 Si

弱，而且稳定奥氏体的能力也较 Si 弱[39]，所以可用 Al 代替部分 Si，以解决高 Si 带来的表面质量问题。

2.1.4.3 其他合金元素的作用

Cu：铜作为强化元素越来越多地加入到钢中。钢中加入一定量的铜不会对焊接热影响区硬化性及韧性产生不良影响，并且低碳贝氏体钢在回火时会有 ε-Cu 析出，产生明显的强化效应，大大提高了钢的强度。另外，Cu 对钢的耐蚀性、改善焊接性、低温韧性、成型性与机加工性能等都非常有益[40]。但另一方面，Cu 含量较高时连铸钢坯加热或热轧时易产生裂纹，恶化钢板表面性能，必须添加适量的 Ni 来阻止这种裂纹的产生。根据强度级别和钢板厚度的不同，来调整铜和镍的含量。铜能稳定奥氏体，增加热变形效果。

B：硼的主要作用是提高钢的淬透性，钢中只需加入极微量的 B 即可起到明显的作用。硼作为表面活性元素，很容易在奥氏体晶界偏聚，延缓奥氏体向铁素体的转变，抑制了先共析铁素体的形成，保证得到中温转变的贝氏体组织。通常 B 的添加量在 0.0005%~0.0030% 的范围内。硼钢淬透性变化与冷却时 B 向奥氏体晶界偏聚的发展状况密切相关[41]。硼向晶界偏聚速度过快或过慢都不利于提高淬透性的效应，只有当晶界硼偏聚的发展速度与基体成分相变孕育期相配合时，硼才能发挥最大效应。

考虑到合金成本的限定，材料组织与工艺的设计显得尤为重要。充分利用包含固溶强化、位错强化（加工硬化、形变强化）、析出强化（沉淀强化）、相变强化、晶粒细化以及亚稳态残余奥氏体等强韧化手段是设计生产先进高强度板带钢的重要手段。

2.2 先进高强度钢的冶炼工艺控制

2.2.1 成分控制

汽车用高强度钢从冶炼角度主要分两类：一类是超低碳、氮钢，如含 P 高强度 IF 钢、BH 钢；另一类是低碳铝镇静钢，如 DP 钢、TRIP 钢、TWIP 钢等，这类钢添加了锰、硅、铝等合金化元素。本节就添加不同合金化元素的特点，分别对高强度 IF 钢（高 P）、TRIP 钢（高铝、高锰）、TWIP 钢（高锰、高硅、高铝）展开论述。

2.2.1.1 高强度 IF 钢的冶炼

高强度 IF 钢是以 IF 为基础发展而来的，已被广泛应用于汽车生产中，其基体中的 C、N 原子被 Ti、Nb 完全固定，没有间隙原子存在，有利于织构在退火过程中优先生长，因此其具有良好的深冲性能，又通过添加 P、Mn 和 Si 等元素达到固溶强化，强度得到提高的同时又不影响其延展性和塑性变形比 r 值。

根据含 P 高强度 IF 钢的成分特点，其冶炼难点主要是超低碳、氮的控制，一般企业高强度 IF 钢的生产工艺为转炉（BOF）—真空循环脱气精炼炉（RH）—连铸（CC），关键在于转炉和 RH 精炼工序脱碳与脱氮工艺，以及控制 RH 加铝脱氧后至连铸过程的钢水增碳与增氮。

A 超低碳钢冶炼

超低碳钢中碳含量的控制主要包括三个环节：转炉冶炼终点碳氧含量的控制、RH 真空精炼强化脱碳以及防止 RH 精炼加铝脱氧后的增碳。

a 转炉冶炼终点碳氧含量的控制

在高强度 IF 钢的生产过程中，转炉冶炼终点钢液中碳、氧含量的控制非常重要。低的碳含量可以缩短 RH 精炼的处理时间，但并不是碳含量越低越好，碳含量太低会导致钢液氧含量比较高，在 RH 处理的初期钢水在真空室易发生喷溅而形成冷钢，而且导致脱碳结束后钢水自由氧偏高，增加后序去除夹杂物的压力。不同企业控制转炉终点碳、氧含量的策略不同，但核心是要控制低的转炉终点碳氧积，因为钢液中自由氧除了脱碳消耗的量外都最终以结合氧的形式存在于钢液中，如果在后序工序中没有上浮到渣中，就以夹杂物的形式留在钢中，从而影响热轧、冷轧板的表面质量。

因此，温度一定的情况下，控制合理的转炉冶炼终点的碳含量和低的碳氧积是高强度 IF 钢整个工序中脱碳效率和夹杂物控制的基础。

b RH 真空精炼强化脱碳

RH 脱碳是生产 IF 钢的关键工序，为保证在较短的时间内把碳脱至钢种要求范围，其关键是对 RH 真空室内壁残留物的清除和提高脱碳效率，主要措施包括：

(1) 清除真空室内壁残留物。冶炼超低碳钢之前，采用顶枪烘烤熔化黏附在真空壁上的残钢、残渣，安排高温低碳铝镇静钢清洗真空室，防止 RH 真空室冷钢、残渣对净化的钢液产生污染。

(2) 预抽真空。预抽真空可以消除初始阶段脱碳速率的滞止，使脱碳速率在 RH 开始处理后迅速达到高的水平[42]。

(3) 提高压降速率。RH 处理所能达到的最终碳含量几乎完全取决于压降制度[43]，压降速率对最终碳含量的影响远大于极限真空度的影响。

(4) 提高循环流量。提高钢水的循环流量是加速 RH 脱碳的主要手段。提高提升气体流量，增大浸渍管直径，提高真空度，均能增大循环流量，加快脱碳反应，其中浸渍管直径变化的影响最大[44]。

(5) 吹氧强制脱碳。由于在脱碳反应的前半期，脱碳反应受传氧速率的限制，通过顶枪吹氧供给氧气，不仅可以提高氧的供给速率，还可以增加反应界面面积，能够明显促进脱碳反应的进行。脱碳处理初始阶段采用 KTB 吹氧可以明显提高 RH 的表观脱碳速率常数，采用 KTB 吹氧不仅提高了脱碳速率，而且使脱碳处理时间缩短了 3min[45]。

c 防止 RH 精炼加铝脱氧后的增碳

经过 RH 真空脱碳后的钢水中碳含量一般为 $15\times10^{-4}\%$ 以下甚至 $10\times10^{-4}\%$ 以下，但钢水凝固成铸坯前还要与钢包包衬、中包包衬、中包覆盖剂、结晶器保护渣以及钢包水口、滑板、长水口、塞棒、浸入式水口等耐火材料接触反应，因此，RH 精炼加铝脱氧后钢水的增碳现象是不可避免的，而最大限度地控制此过程增碳对生产合格成分的铸坯十分重要。

主要采取的措施有：严格控制加铝脱氧后加入合金的碳含量；采用无碳钢包，无碳钢包可比微碳钢包平均减少增碳 $7\times10^{-4}\%$；中包覆盖剂的碳含量稳定控制在 0.5% 以下；减少结晶器保护渣中游离态碳含量，适当提高结晶器保护渣黏度，控制液面波动在 ±3mm。

B 超低氮钢冶炼

氮在钢液中的溶解度大，液态钢温度下很难利用化学反应脱氮，在生产超低碳氮钢时很难在 RH 精炼工序进一步脱氮，RH 上升腿氩气喷管密封性不好的话还可能导致钢液增氮。因此，高强度 IF 钢的生产过程中，转炉冶炼工序中最大限度的脱氮和严格控制后序过程中的增氮是关键。

a　转炉冶炼工序氮含量的控制

转炉是最高效的脱氮反应器。转炉工序降低钢水氮含量的主要措施有：提高铁水比，增加熔剂量，形成较厚的渣层，隔离大气；提高氧气纯度，控制转炉炉内为正压；吹炼后期采用低枪位操作，提高搅拌强度；提高转炉冶炼终点控制的命中率和精度；转炉冶炼结束前，向炉内加白云石，阻止钢液从大气中吸氮；做好出钢口维护，保证出钢时间，不脱氧出钢。

b　RH 精炼工序氮含量的控制

RH 真空精炼处理前钢水氮含量一般在 $20\times10^{-4}\%$ 以下，甚至在 $15\times10^{-4}\%$ 以下，这么低的氮含量在 RH 加铝脱除钢中自由氧后很难再进一步降低。因此，RH 精炼工序控制氮含量的任务是控制增氮，主要措施有：加强 RH 浸渍管的密封性，控制真空室漏气；减少合金和废钢带入的氮，采用海绵钛替代钛铁合金。

c　连铸工序氮含量的控制

连铸工序控制钢水氮含量主要是做好保护浇铸，措施有：中间包使用前进行 Ar 清扫；提高钢包滑动水口自开率；加强大包—长水口之间密封，改进长水口机构、操作、密封材料、氩封方式和控制合理的吹氩量；连浇换包时采用长水口浸入式开浇；中间包液面覆盖碱性中间包渣，确保中间包液面不暴露；保证中间包钢水液面高于临界高度。

2.2.1.2　TRIP 钢的冶炼

TRIP（Transformation Induced Plasticity）钢实现了高强度和高韧性的良好匹配，已经成为先进高强度钢中重要一族，被广泛应用于汽车行业。高铝含量（0.5%~2.0%）类 TRIP 钢作为其中的重要分支，受到各汽车板制造企业的广泛关注。

高铝 TRIP 钢冶炼的成分控制难度不大，主要难点在连铸工序，由于铝含量高，渣钢反应强烈[46]，尤其是保护渣成分改变影响了润滑性能，铸坯浇铸困难，铸坯表面容易出现凹陷、纵裂等缺陷[47]。尽管国内也开展了很多机理性的研究工作[48~51]，浇铸高铝 TRIP 钢板坯结晶器黏结报警与保护渣性能、板坯宽度、拉速等工艺参数高度敏感，实际生产中的问题仍然难以解决。

首钢京唐公司 2013 年采用“铁水全三脱—LF 精炼—RH 精炼—板坯连铸”工艺路线开展了三个浇次的高铝 TRIP 钢冶炼进行对比[52]。对浇铸过程不同时间保护渣成分的分析，发现高铝钢浇铸过程液态渣中 SiO_2 含量逐渐降低、Al_2O_3 含量逐渐升高，并在渣金反应、保护渣添加和消耗稳定之后，各组元含量达到平衡。在所有其他工艺参数不变的条件下，高铝钢保护渣浇铸过程液渣成分达到平衡的时间与结晶器宽度有关，结晶器宽度越大达到平衡所用的时间越长。综合浇铸板坯表面质量和黏结报警情况分析，浇铸 1900mm 宽断面板坯，宜采用低黏度和低熔点的保护渣，浇黏 1200mm 窄断面板坯，宜采用稍高碱度、黏度和熔点的保护渣。

目前，高铝钢保护渣的研究分为两类，即反应性渣和非反应性渣。

反应性渣一般为低碱度 $CaO-SiO_2$ 系渣，通过熔剂调节钢-渣反应后保护渣理化性能满足连铸要求，优点是组成与传统保护渣接近，熔剂种类对性能影响研究较多，但仅适用于含铝较低钢种，当铝含量较高时，浇铸时渣中 Al_2O_3 增加和碱度变化超出可控范围。

非反应性渣中 Al_2O_3 较高或达到饱和，渣对 Al_2O_3 显惰性，渣中 SiO_2 含量很低，碱度较高，不利熔化和润滑，需加熔剂调整保护渣初始物性，达到顺行要求。优点是渣-钢不反应或反应轻微，浇铸时组成基本不变，熔渣性能稳定；缺点是与常规保护渣组成上差异较大，从相图分析，CaO-Al_2O_3 渣系低熔点区域较小。

2.2.1.3 TWIP 钢的冶炼

TWIP 钢也称为孪晶诱导塑性钢（Twinning Induced Plasticity）[53,54]，是一种集高强度、高塑性和高应变硬化性能于一体的理想汽车用安全、减重、节能结构材料。

TWIP 钢按成分体系可分为 Fe-Mn-Al-Si 系、Fe-Mn-C 系和 Fe-Mn-Al-C 系，Fe-25Mn-3Al-3Si 的伸长率高，强塑积达到 60000MPa·% 以上，具有良好的高强度、高塑性特点[55]。

钢中 Al 含量较高，易形成 Al_2O_3 夹杂，该夹杂与钢水润湿性差，容易黏附在耐材上；同时，钢水 Al 含量高，钢水流动性也较差。因此，如采用连铸工艺生产 Fe-25Mn-3Al-3Si TWIP 钢，连铸顺行将是比较难以克服的困难。

高锰钢热导率较低，如国内经常生产的 Mn13 钢热导率仅为中碳钢的 1/4 ~ 1/2[56]。热导率低，钢液凝固缓慢，连铸时如果速度过快，凝壳强度低，容易出现拉漏的现象。同时，高锰钢自由线收缩值（2.4%~3.0%）比碳素钢的线收缩值大得多；再加上热导率低，铸坯凝固组织粗大，柱状晶异常发达，易产生热裂纹[57]。因此，国内 Mn13 生产大都采用模铸生产。Fe-25Mn-3Al-3Si TWIP 钢锰含量远大于 Mn13 钢，因此连铸生产的困难要远大于 Mn13 钢。另外，Fe-25Mn-3Al-3Si TWIP 钢的碳含量较低，要求低于0.05%，而锰含量较高，这也为该钢生产制造了困难。如采用价格较低的中高锰铁作为锰合金原料生产，将必须采用保锰降碳工艺；如采用低碳锰铁，由于锰含量较高，也很容易引起碳超标。同时，Fe-25Mn-3Al-3Si 系 TWIP 钢合金含量达到 31%，为高合金钢，生产过程中温度控制也是难点之一。

鉴于 Fe-25Mn-3Al-3Si TWIP 钢铝、锰及硅含量较高，连铸较困难的情况，通过感应炉和 AOD 冶炼、模铸、电渣重熔精炼工艺流程，成功制备得到 3000mm × 1060mm × 340mm 的低碳 Fe-Mn-Si-Al 系 TWIP 钢坯料[58]。发现在 AOD 精炼中完全采用脱碳保锰工艺冶炼低碳高锰 TWIP 钢难度较大，但结合脱碳保锰工艺及后期金属锰合金化冶炼低碳高锰 TWIP 可行；采用模铸生产 TWIP 钢铸锭凝固组织主要为粗长柱状晶组成的柱状晶和中心区域杂乱取向的枝晶组织，组织不均匀；通过电渣重熔显著改善了 TWIP 钢的凝固组织，同时钢中夹杂物也得到较好控制，电渣锭中夹杂物主要为尺寸细小的 AlN 夹杂和 Al_2O_3 夹杂。

2.2.2 铸坯（锭）质量控制

2.2.2.1 高温力学性能

A 高强度 IF 钢的高温力学性能[59]

某厂高强度 IF 钢生产工艺为：BOF—RH—CC，其试样主要化学成分如表 2-1 所示。

表 2-1　试样的化学成分（质量分数）　　　　（%）

C	Si	Mn	P	S	Alt	N	Nb	Ti
0.002	0.726	0.549	0.089	0.01	0.036	0.002	0.033	0.023

a　高温抗拉强度

应用 Gleeble3500 热模拟试验机研究高强度 IF 钢的高温力学性能。高温拉伸温度制度（下文 DP 和 TRIP 钢的拉伸温度制度也相同）如图 2-11 所示。

钢的最大抗拉强度是指钢材抵抗均匀塑性变形的最大应力。在连铸过程中，铸坯上的某一点受力超过 σ_{max} 时，铸坯会产生裂纹。高强度 IF 钢铸坯 σ_{max} 随温度变化趋势如图 2-12 所示，随着拉伸温度的升高，σ_{max} 逐渐减小，线性拟合后得到高强度 IF 钢的零强度温度（ZST）为 1445℃。

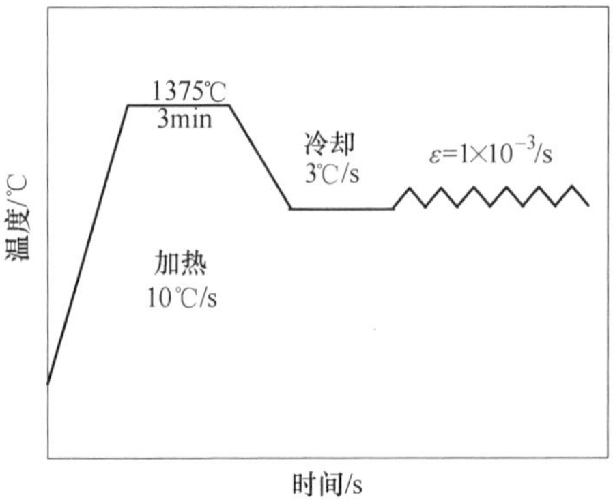

图 2-11　高温拉伸温度制度示意图

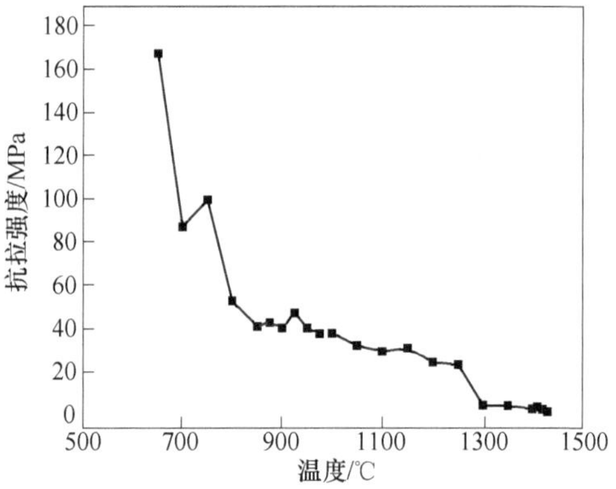

图 2-12　高强度 IF 钢最大抗拉强度随温度的变化

拉伸温度超过 1300℃ 后高强度 IF 钢的 σ_{max} 均小于 5.3MPa，说明该钢种在 1300℃ 以上抗拉强度较差，如果连铸坯在 1300℃ 以上时受到较大应力，铸坯很容易产生裂纹缺陷。生产过程中应该保证连铸机精度，避免铸坯在高温段受到不均匀应力而产生裂纹。

b　高温热塑性

断面收缩率 ψ 值是试样在拉伸断裂之后，断口截面缩小面积与原试样横截面积的百分比，是衡量铸坯塑性好坏的重要指标，ψ 值越大，铸坯抵抗外力而不产生裂纹的可能性就越大。

高强度 IF 钢铸坯高温拉伸试样的 ψ 值随拉伸温度的变化趋势如图 2-13 所示。若以 $\psi=40\%$ 作为判断塑性好坏的临界点，得到该钢种的第Ⅰ脆性温度区间为 1400℃ ~ 熔点。在 900 ~ 1000℃ 范围内塑性有所降低，950℃ 时 ψ 值达到最小值 61.7%，但远大于 40%，说明该钢种不存在第Ⅲ脆性温度区间，铸坯表面横裂纹不是在矫直过程中形成的。该钢种零塑性温度为 1420℃。零强度温度与零塑性温度差值为 25℃，凝固前沿脆化温度区间

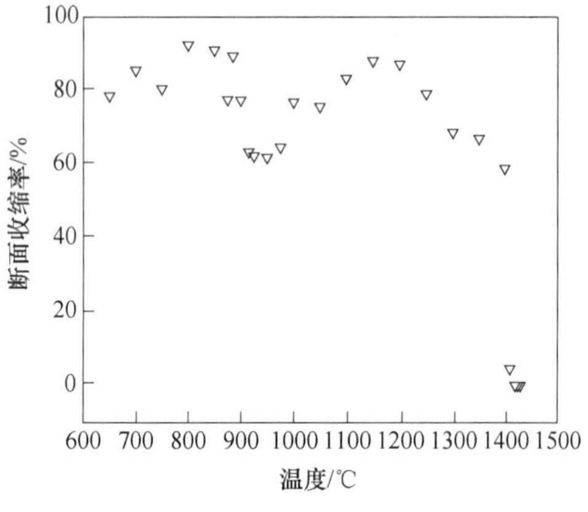

图 2-13　高强度 IF 钢断面收缩率随温度的变化

较小，该钢种铸坯有较好的抗高温裂纹特性。

c Thermo-Calc 计算结果

利用 Thermo-Calc 软件计算获得高强度 IF 钢平衡相图（多元体系性质图），并通过绘制各相中元素的分布曲线图，从而判别相图中各相的成分，如图 2-14 所示。在 1350℃左右，该钢种晶体结构由体心立方向面心立方转变，即由 δ 铁素体向奥氏体转变；1000～900℃范围内，该钢种晶体结构又由面心立方向体心立方转变，即由奥氏体转变为 α 铁素体，说明该钢种在 900～1000℃范围内塑性相对较差的原因是基体由奥氏体向 α 铁素体转变。

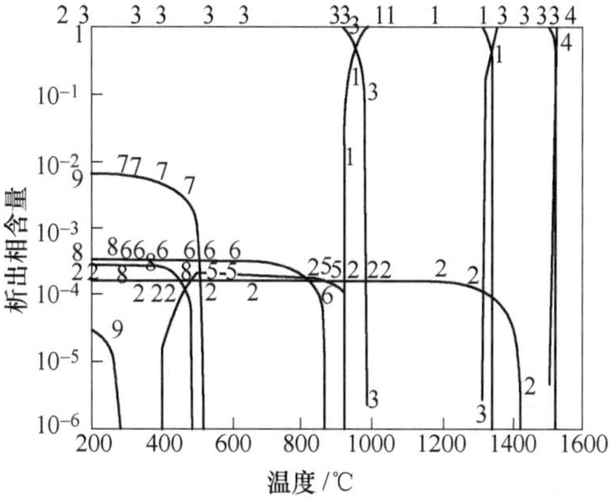

图 2-14 高强度 IF 钢平衡相图

1—奥氏体；2—TiN；3—α 铁素体；4—液相；5—NbN；6—磁黄铁矿；7—Fe_3P；8—NbC；9—LAVES 相

由图 2-14 可知，在 1420℃左右基体中开始析出 TiN，在 1200℃左右析出基本结束，析出量在 2×10^{-4} 左右；在 900℃左右，基体中开始析出 NbN，而到 500℃附近时由面心立方的 NbN 转化为密堆六方结构的 NbC，400℃时转化基本完成，NbC 的析出量在 5×10^{-4} 左右。根据 NbN 和 NbC 在 α 铁素体中的平衡固溶度积公式（2-4）和公式（2-5）估算[60]，二者的平衡固溶温度分别为 658℃和 532℃，说明在该钢种中 NbC 比 NbN 更稳定，因此发生由 NbN 到 NbC 的转化：

$$\lg\{[Nb][N]\}_{\alpha}=4.96-12230/T \tag{2-4}$$

$$\lg\{[Nb][C]\}_{\alpha}=5.43-10960/T \tag{2-5}$$

TiN 和 NbC 的析出说明 Ti 和 Nb 能够很好地固定间隙原子 C、N，从而提高铸坯塑性，且绝大部分 N 原子在高温阶段即被 Ti 固定，而 C 原子则在 500℃左右被固定。

铸坯冷却至 500℃附近，基体开始析出含 P 析出相 Fe_3P，通过计算可得，200℃时 Fe_3P 析出量达到 0.63%。

文献［61］指出，磷在晶界偏聚浓度较低时，磷以固溶体存在于晶界；当磷偏聚浓度高时，晶界形成类似 Fe_3P 的结构。本研究用钢 P 含量高达 0.089%，基体在 500～200℃析出的 M_3P 应为 Fe_3P，通过绘制该相中元素的分布曲线图同样确定为 Fe_3P。研究[62,63]表明，Fe_3P 硬度高，且沿晶界分布，与基体 α-Fe 之间存在较大的应力，强化效果显著，使钢的韧性、塑性明显降低。本研究所用钢种冷却至 200℃时 Fe_3P 析出量达到 0.63%，基体中大量析出 Fe_3P 可能导致铸坯冷脆而出现表面裂纹。因此，建议该厂采用热装工艺，要求高强度 IF 钢铸坯热装时温度保持在 500℃以上，防止铸坯中析出 Fe_3P。

B DP 钢的高温力学性能[64]

某厂 DP 钢生产工艺为：BOF—LF—RH—CC。双相钢的化学成分如表 2-2 所示。

表 2-2 双相钢的化学成分（质量分数） （%）

C	Si	Mn	P	S	Cr	N	Alt	Fe
0.079	0.45	1.80	0.012	0.001	0.034	0.0037	0.054	Bal.

a　高温抗拉强度

所测抗拉强度随温度变化如图 2-15 所示，σ 随温度的降低呈增大的趋势。将 σ-T 曲线外推，双相钢的零强度温度为 1450℃。

b　高温热塑性

试样断面收缩率随温度的变化趋势如图 2-16 所示。双相钢存在三个温度区：Ⅰ区，高温脆性区（1415～1440℃）；Ⅱ区，高温塑性区（870～1415℃）；Ⅲ区，低温脆性区（690～870℃）。该钢种的零塑性温度为 1440℃。ZDT 和 ZST 仅相差 10℃，说明该钢种具有很好的抗高温裂纹特性。

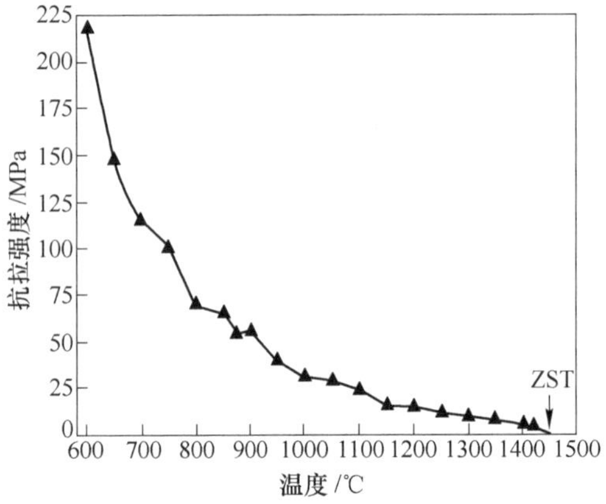

图 2-15　双相钢抗拉强度随温度的变化

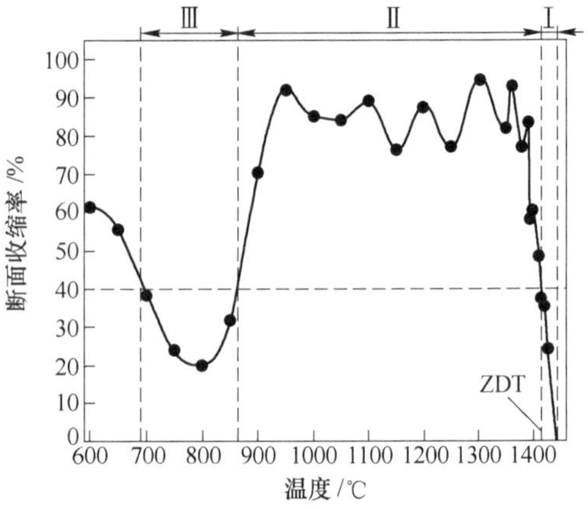

图 2-16　双相钢断面收缩率随温度的变化

c　Thermo-Calc 析出相计算

利用 Thermo-Calc 软件计算得到双相钢平衡相图，如图 2-17 所示。在 1460～1425℃内，双相钢由 δ 铁素体转变为奥氏体，晶体结构由体心立方向面心立方转变。而在 850～690℃范围内，该钢种由奥氏体转变为 α 铁素体，晶体结构由面心立方向体心立方转变。面心立方晶体强度大于体心立方，说明该双相钢在脆性区内塑性相对较差的原因是基体由奥氏体向铁素体转变。

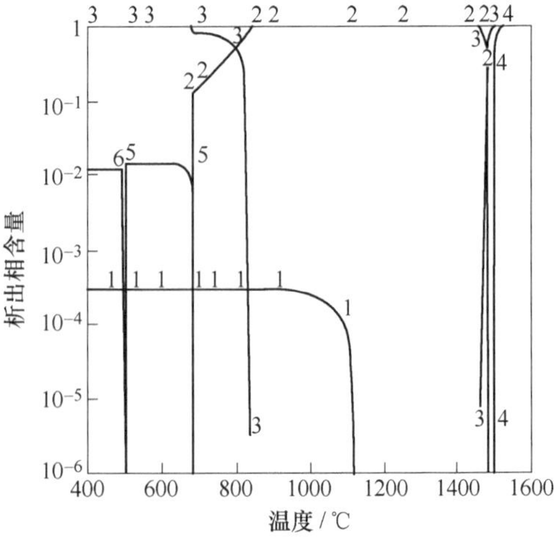

图 2-17　双相钢平衡相图

1—AlN；2—奥氏体；3—铁素体；4—液相；
5—渗碳体；6—M_7C_3 型碳化物

d　DSC 相变分析

图 2-18 为双相钢的 DSC 分析测试结果，可以看出在 832℃、885℃、1063℃、1337℃和 1385℃处存在明显的放热峰，说明这些温度下存在相变。对比 Thermo-Calc 计算结果与热塑性曲线可知：当温度为 1385℃时，发生液相和 δ 铁素体向奥氏体转变，而拉伸温度超过 1390℃之后，铸坯热塑性急剧下降，说明双相钢的高温脆性区处于液相 + δ 铁素体相区内；试样在 885℃时发生奥氏体向 α 铁素体转变，说明基体由奥氏体向 α 铁素体转变导致了双相钢的低温脆性区塑性变差。

e 断口纵剖组织分析

图 2-19a 为 800℃断口纵剖的组织电镜照片。从图中可以看出，试样的金相组织为马氏体 + α 铁素体，由于试样拉断后立即采取对断口喷吹压缩空气的方式进行冷却，所以 800℃下试样组织为奥氏体 + α 铁素体。800℃断口纵剖的金相组织光镜照片如图 2-19b所示，从图中可以发现，断口处有巨大奥氏体晶粒，在晶界分布的 α 铁素体相中有裂纹产生。断口纵剖金相组织分析说明，双相钢的低温脆性区处于奥氏体 + α 铁素体两相区，α 铁素体沿奥氏体晶界析出，在拉应力作用下晶界处有裂纹产生。

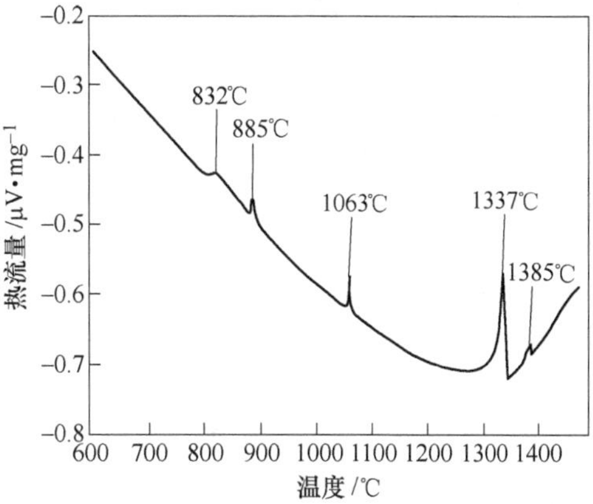

图 2-18 双相钢的 DSC 分析曲线

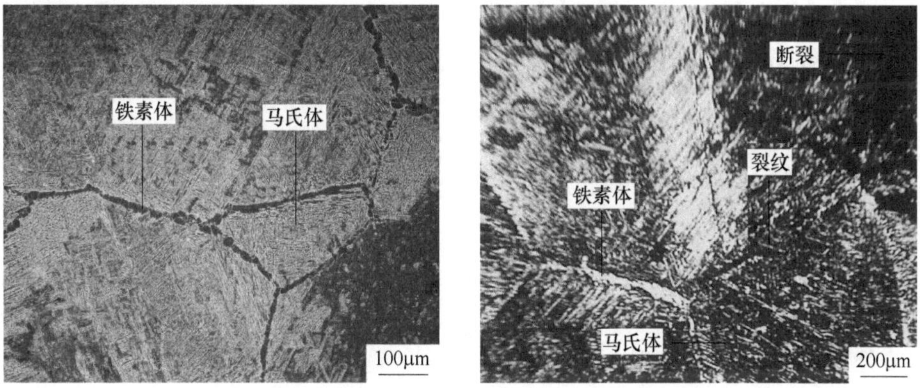

a　　b

图 2-19 800℃下的断口纵剖组织

a—电镜；b—光镜

低温脆性区脆化原因是 α 铁素体沿奥氏体晶界析出。铁素体相强度大约只有奥氏体相的 1/4[65]，相变初期 α 铁素体含量较少，在拉应力作用下，变形主要集中在沿奥氏体晶界分布的网状铁素体相中，当应力超过铁素体相所能承受的范围时，在铁素体相中便生成小的空隙，空隙聚集长大最后形成裂纹，导致试样断裂。随着 α 铁素体含量增加，铁素体相应力集中下降，塑性逐渐升高。

C TRIP 钢的高温力学性能[66]

某厂高铝 TRIP 钢生产工艺为：BOF—LF—RH—CC，其试样主要化学成分如表 2-3 所示。

表 2-3 试样的化学成分（质量分数） (%)

C	Si	Mn	P	S	Al	N
0.16	0.16	1.49	0.008	0.001	1.35	0.0016

a 零强度温度的测定

1350 ~ 1430℃温度区间内试样最大抗拉强度随温度变化趋势如图 2-20 所示，随着拉伸温度的升高，试样的 σ_{max} 值逐渐减小，该钢种的零强度温度（ZST）为 1430℃。

b 高温热塑性

试样的断面收缩率随温度的变化趋势如图 2-21 所示。该钢种的零塑性温度为 1425℃，具有很好的抗高温裂纹特性，第Ⅰ脆性温度区间为 1400℃ ~ 熔点，第Ⅲ脆性温度区间为 800 ~ 925℃。

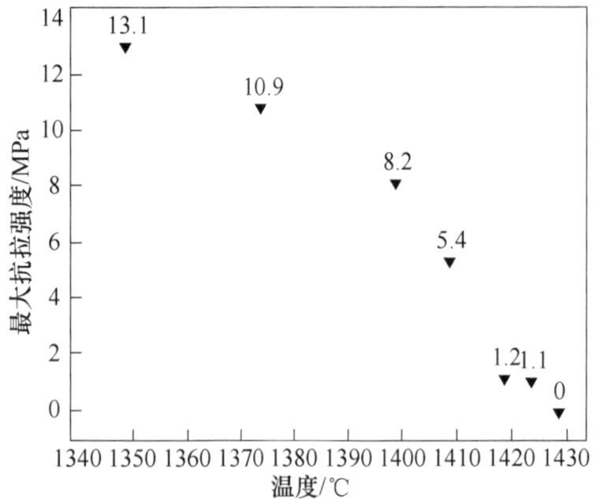

图 2-20 TRIP 钢抗拉强度随温度（1350℃以上）的变化

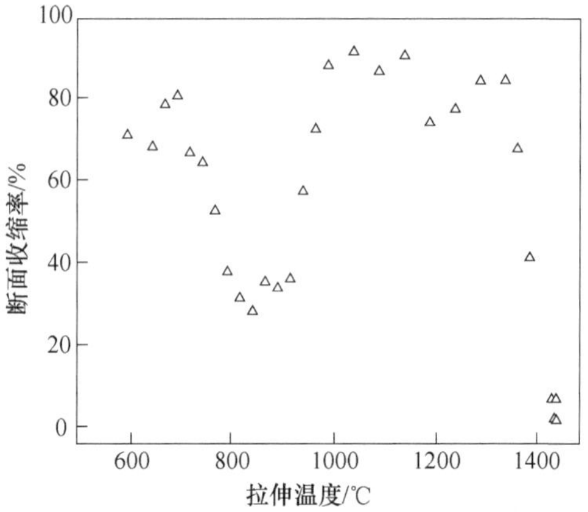

图 2-21 TRIP 钢断面收缩率随温度的变化

c 差示扫描量热分析

图 2-22 所示为差示扫描量热分析结果，测试曲线在 749.5℃、969.8℃ 和 1375.4℃处存在明显的吸热峰，说明该钢种在 1375.4℃时由 δ 铁素体完全转化为奥氏体（γ），969.8℃时基体开始由 γ 向 α 铁素体转变，749.5℃时相变结束。由图 2-21、图 2-22 可知，铸坯塑性相对较差的温度区间与其相变区间比较一致，1375℃时钢完全转化为 γ，ψ 值由拉伸温度为 1400℃时的 42% 升高至 68%，说明钢的第Ⅰ脆性温度区处于 δ 铁素体区内；试样在 975℃时塑性开始降低，而 ψ 值在 750℃时恢复到 65%，说明基体由 γ 向 α 铁素体转变使钢的塑性变差。

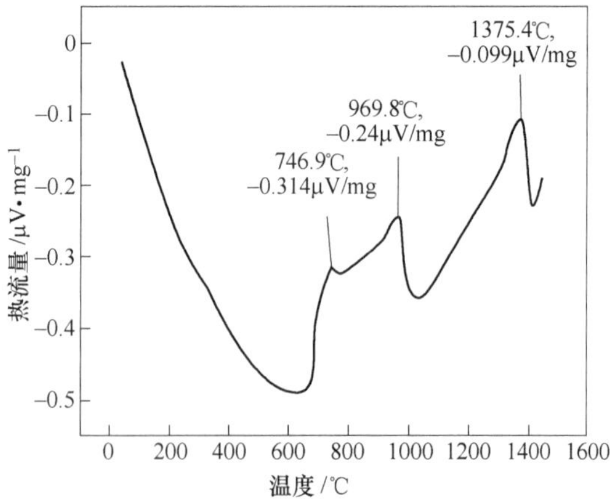

图 2-22 TRIP 钢的 DSC 分析曲线

d AlN 对脆化区间的影响

相关研究[67]指出，微细的 AlN 在晶界析出，其钉扎作用会阻挠晶界移动，抑制钢的动态再结晶，恶化钢的塑性。钢在应力作用下发生形变过程中，微细的 AlN 还会作为应力集中源点，与晶界脱离而形成微孔，微孔连接长大后形成裂纹。

钢液中 AlN 析出的化学反应用式（2-6）[68]来表示，其中温度单位为 K：

$$[\mathrm{Al}] + [\mathrm{N}] = \mathrm{AlN(s)}$$

$$\Delta G^{\ominus} = -247000 + 107.5T = -RT\ln K \tag{2-6}$$

式中，$\Delta G^{\ominus}$为反应式（2-6）的标准吉布斯自由能；R为摩尔气体常数；T为反应温度；K为平衡常数。

反应平衡常数K可表示为：

$$K = \frac{\alpha_{AlN(s)}}{\alpha_{[Al]}\alpha_{[N]}} = \frac{1}{f_{Al}[\%Al]f_N[\%N]} \tag{2-7}$$

$$\lg K = -\frac{\Delta G^{\ominus}}{2.3RT} = \frac{12900}{T} - 5.62 \tag{2-8}$$

式中，$\alpha_{AlN(s)}$、$\alpha_{[Al]}$、$\alpha_{[N]}$分别为AlN、钢液中Al及钢液中N的活度；f_{Al}、f_N分别为钢液中Al、N的活度系数；[%Al]、[%N] 分别为钢液中Al、N的质量分数。

由于钢中各组元的含量较低，且温度变化对活度相互作用系数$e(i,j)$的影响较小，因此计算中使用的各组元活度相互作用系数均采用1873K时钢液中组元的活度相互作用系数，如表2-4所示。组元i的活度系数通过式（2-9）进行计算：

$$\lg f_i = e_i^i[\%i] + e_i^j[\%j] + e_i^k[\%k] + \cdots \tag{2-9}$$

式中，e_i^i、e_i^j、e_i^k分别为钢液中组元i、j、k对i的活度相互作用系数；[%i]、[%j]、[%k] 分别为组元i、j、k的质量分数。

计算得：$f_N = 0.91$，$f_{Al} = 1.19$。

表2-4 钢液组元活度相互作用系数（1873K）

$e(i,j)$	C	Si	Mn	P	S	Al	N
N	0.13	0.047	-0.021	0.045	0.007	-0.028	0
Al	0.091	0.0056	0	0	0.03	0.045	-0.053

由式（2-7）、式（2-8）可得出AlN析出物在钢液中的平衡浓度积为：

$$\lg([\%Al]\cdot[\%N]) = -\frac{12900}{T} + 5.66 \tag{2-10}$$

将本研究中钢种氮含量和铝含量代入式（2-10）计算得AlN的析出温度为1275.6℃，而该钢种在975～1350℃温度区间内塑性都在73%以上，说明AlN的析出不是该钢种塑性变差的原因。Su H等人[69]研究了铝含量对TRIP钢高温力学性能的影响，发现铝的质量分数为0.87%的条件下，钢中生成粗大的AlN颗粒，对晶界的钉扎作用很小，对钢的高温热塑性没有影响。本研究所用钢中Al的质量分数高达1.35%，应用扫描电镜观察拉伸温度为850℃、975℃及1200℃时断口附近的组织，发现基体中都存在少量粗大的AlN颗粒，直径在5～10μm之间，如图2-23所示，AlN颗粒的成分如表2-5所示。

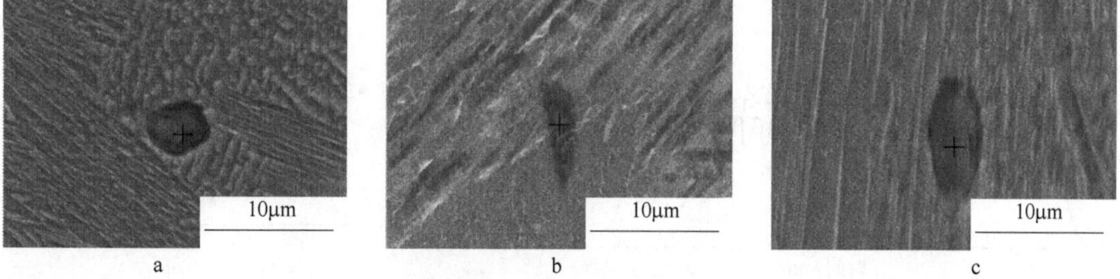

图2-23 典型AlN颗粒的扫描电镜图

a—850℃；b—975℃；c—1200℃

表 2-5　图 2-23 中 AlN 颗粒的成分

图片序号	成分（质量分数）/%						
	C	N	O	Al	Fe	Mg	Mn
a	14.99	16.83	8.35	39.11	19.23	1.04	0.46
b	—	13.93	—	33.52	49.37	1.77	1.41
c	8.1	23.34	—	35.87	32.17	—	0.52

由图 2-23 和表 2-5 可知，拉伸温度为 850℃、975℃及 1200℃时对应的断口附近组织中 AlN 颗粒的尺寸、成分相似，拉伸温度为 850℃时钢的塑性很差，而拉伸温度为 975℃、1200℃时 ψ 值都在 73% 以上，进一步说明 AlN 的析出不是导致高铝 TRIP 钢第Ⅲ脆性温度区间脆化的原因。

另外，有关研究[69]指出，Al 含量的增加会使 C-Mn-Al 系 TRIP 钢平衡相图中 γ 相区减小并向高温区移动，即 γ 开始向 α 铁素体转变的温度升高。而本研究表明，高铝 TRIP 钢的塑性在 γ 向 α 铁素体转变的初始阶段开始恶化，说明 Al 含量的增加会使钢的第Ⅲ脆性温度区间向高温区移动。因此，适当提高矫直过程中高铝 TRIP 钢铸坯的表面温度可以有效降低铸坯产生横裂纹的可能性。

D　TWIP 钢的高温力学性能[70]

某钢厂采用感应炉冶炼—AOD 冶炼—模铸—电渣重熔精炼（ESR）的工艺流程生产 Fe-25Mn-3Si-3Al TWIP 钢，高温拉伸试样取自于电渣重熔后 ϕ1080mm × 1400mm 的圆柱形铸锭，其主要化学成分如表 2-6 所示。

表 2-6　试样的化学成分（质量分数）　（%）

C	Si	Mn	Al	S	P
0.035	2.60	24.20	3.08	0.0006	0.013

应用 Gleeble3500 热模拟试验机研究 TWIP 钢的高温力学性能。采用的加热和拉伸变形制度如图 2-24 所示。

a　抗拉强度与断面收缩率的变化

图 2-25 为 650 ~ 1250℃温度区间内不同温度下试样的抗拉强度（R_m）和断面收缩率（ψ）的变化情况。该钢种第Ⅰ脆性区间为 1250℃ ~ 熔点，第Ⅲ脆性区间为 650 ~ 800℃。

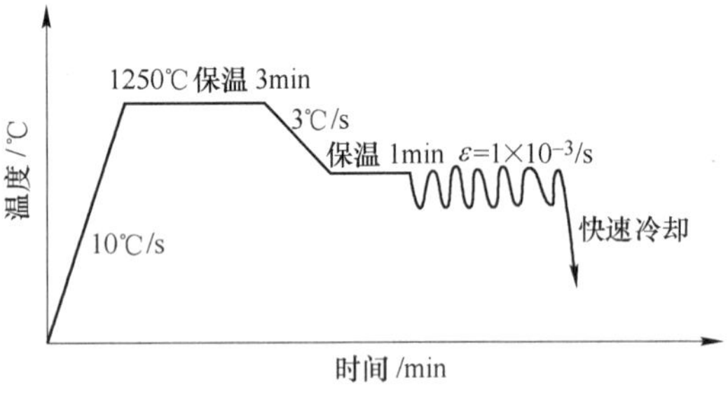

图 2-24　高温拉伸的温度及变形制度示意图

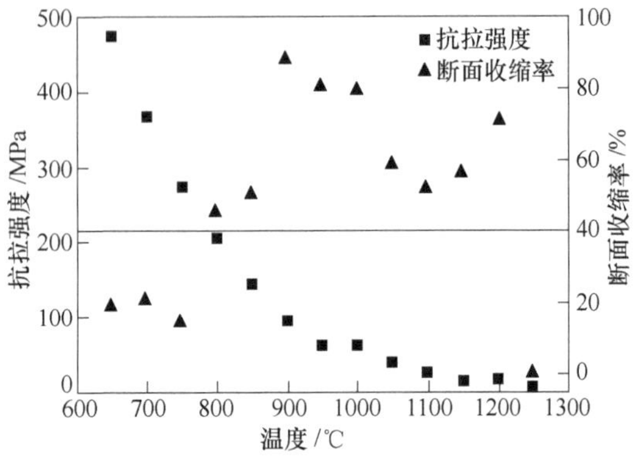

图 2-25　TWIP 钢试样抗拉强度和断面收缩率随温度的变化

b 铁素体析出对脆性断裂的影响

Fe-25Mn-3Si-3Al TWIP 钢在室温下为单一奥氏体组织。在本研究中，拉伸温度 850℃以下时，在拉伸断口处发现了少量细小铁素体的析出，如图 2-26 所示，深色部分为奥氏体，浅色部分为铁素体，且含量都在 1% 左右。由于铁素体含量少并且非常细小，所以在光镜下和 XRD 检测均未发现相变。

在该温度区间，形变使得位错密度升高，提高了奥氏体向铁素体转变的相变驱动力，从而诱导出了细小铁素体的析出，通常认为形变中析出的铁素体比奥氏体软，是材料形变中发生晶间断裂的原因之一[71]，所以铁素体弱化了析出区域的强度，并且较少的含量也更容易使得该区域应力集中。TWIP 钢具有强烈的加工硬化[72]，由图 2-25 可知，在第Ⅲ脆性温度区间内，抗拉强度在 200MPa 以上，在该温度区间内强大的应力集中使其沿弱化部位开裂，最终导致了脆性断裂。由此可得出铁素体的析出是导致该 TWIP 钢在第Ⅲ脆性温度区间内脆性断裂的一个主要原因。

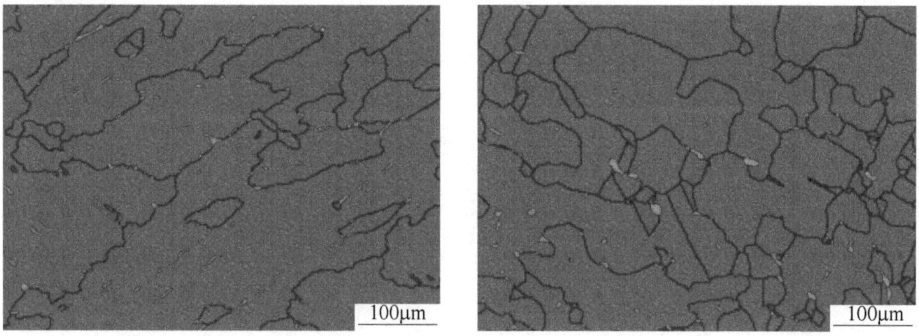

a　　　　　　b

图 2-26 试样在不同拉伸温度下的相组成 EBSD 图片

a—700℃；b—800℃

c 显微偏析对脆性断裂的影响

由于 TWIP 钢中 Mn 含量（质量分数）高达 25%，虽然 Mn 不是易偏析元素，但在 TWIP 钢中仍有很强的偏析倾向。国外学者在对 Fe-Mn-C 系 TWIP 钢的研究中发现，Mn 的最大显微偏析（质量分数）高达 7.0%~9.0%[73,74]。在本研究中，Mn 和 Al 元素的显微偏析非常严重，如图 2-27b 所示，其中 Mn 的最大偏析量高达 6.4%，Al 的最大偏析量为

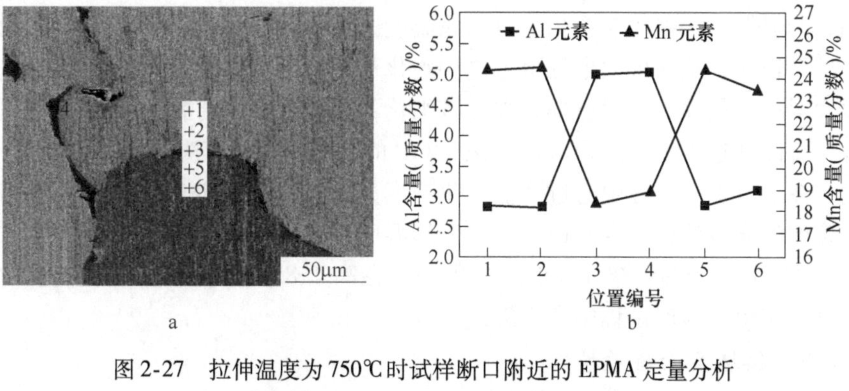

a　　　　　　b

图 2-27 拉伸温度为 750℃时试样断口附近的 EPMA 定量分析

a—元素偏析图片；b—不同位置的 Mn、Al 元素含量

2.4%，晶界处的黑色部分均为偏析区域，如图 2-27a 中 3、4 位置处所示。晶界处的元素偏析极大地增加了试验钢的热裂倾向，使得试验钢的脆性增加。严重的晶界偏析是试验钢在拉伸温度低于 800℃时产生沿晶脆性断裂并且 ψ 值小于 20% 的一个重要原因。

d　动态再结晶对塑性的影响

动态再结晶过程是通过再结晶的形核与长大完成的，由于拉伸是在较低的应变速率和较高的温度下进行，所以位错密度增加的速率比较小，动态再结晶后必须有进一步的加工硬化，才能再一次进行再结晶形核，软化与硬化作用的不同步使其发生了不连续的动态再结晶。因此，如图 2-28b 所示，800℃应力-应变曲线出现抖动并有几个峰值，发生了明显的动态再结晶过程。由图 2-28a 可知，在 750℃时并未有再结晶现象发生。由图 2-13 已知，当拉伸温度高于 800℃时，断面收缩率得到显著提高，在 750℃时，面缩率仅为 14.2%，而在 800℃时，面缩率值提升为 44.6%。

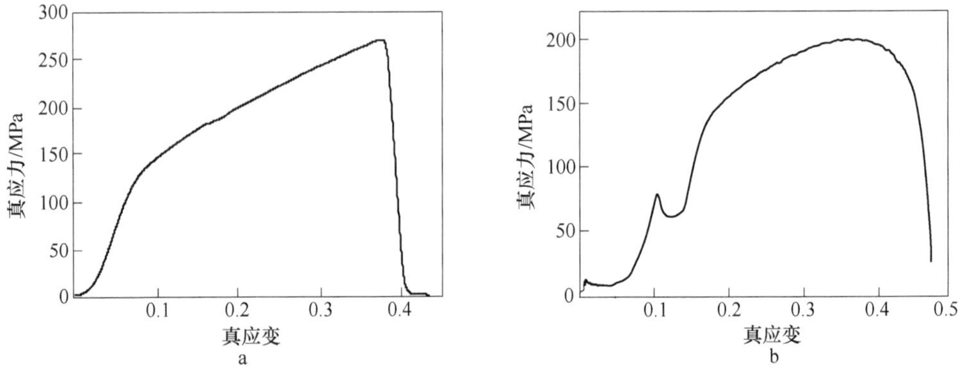

图 2-28　试样在不同拉伸温度下的应力-应变曲线

a—750℃；b—800℃

再结晶过程具有软化作用，再结晶过程中其晶粒长大的本质是晶界在晶体组织中的迁移，所以随着动态再结晶过程的进行，晶界不断发生迁移。在塑性温度区间内，晶界迁移的速率超过了晶界滑移的速率，使得已经形成的微裂纹不能在晶界上聚集和长大，从而这些微裂纹只能被限制在晶粒内。但是随着微裂纹的聚合长大，其尖端应力集中使得裂纹能够贯穿晶粒得以相互连接，最终发生断裂。已知 TWIP 钢在 900 ~ 1000℃具有良好的塑性，通过 EBSD（统计取向差大于 15°的晶界）得出的平均晶粒尺寸，在 900 ~ 1000℃时为 35μm 左右，与图 2-26 中的晶粒相比可知该温度区间内的再结晶程度很高，说明该温度区间有利于晶界迁移，从而极大地延阻了这种脆化作用。再结晶使得晶粒有效细化，因此晶界数量大大增加，晶界处的偏析部分被分散细化，从而使得再结晶区域内的晶界偏析得到明显改善。所以动态再结晶过程对提高该 TWIP 的高温塑性具有决定性的影响。

因此，在电渣重熔过程中通过降低熔化速度、加快局部冷却速度以及优化熔池深度降低电渣重熔锭的显微偏析程度。通过优化变形温度和变形速率减少由于形变诱导的铁素体析出，提高 TWIP 钢的高温塑性。锻压过程中应在高于 850℃时进行，同时应减小每次锻压的压下量，避免在生产过程中产生裂纹。

2.2.2.2　铸坯表面质量控制

铸坯的表面质量除与钢种的高温力学性能有关之外，与连铸工艺以及钢种特性也有很大的关系，如钢种成分、结晶器保护渣传热润滑、二冷制度等。高铝 TRIP 钢在连铸过程中易形成凹陷、纵裂等铸坯表面缺陷。王征[75]对该钢种铸坯进行取样，并采用盐酸酸洗除去表面氧化铁皮，得到如图 2-29 所示形貌。

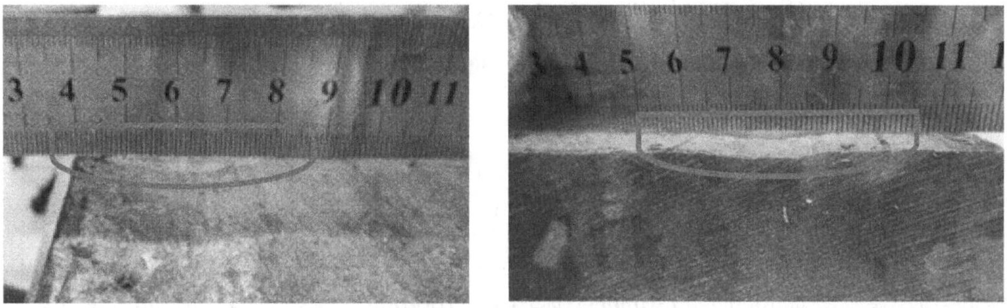

a　　　　b

图 2-29　酸洗后铸坯凹陷状况

a—铸坯宽度 1/4 处凹陷；b—铸坯宽度 1/2 处凹陷

从图 2-29 中可知，铸坯内弧表面靠近角部较为平整，而中部则凹陷不规则，凹陷深度约为 5mm，凹陷内部可以清晰地观察到振痕，铸坯窄面表面振痕规则，无明显凹陷。

在凹陷处取样，对上表面酸洗后采用扫描电镜观察，发现如图 2-30 所示的微裂纹。裂纹长度在几百微米至几毫米，裂纹缝隙宽度在几十微米，主要为线条状微裂纹（横裂纹）及延晶界微裂纹（星形状）。

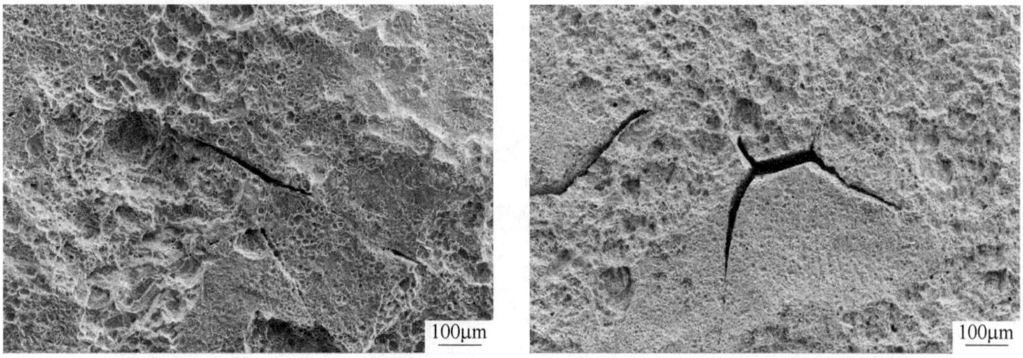

a　　　　b

图 2-30　凹陷处表面微裂纹形貌

a—横裂纹形貌；b—星形裂纹形貌

1.35% Al-TRIP 钢是典型的包晶钢。对于包晶钢来说，钢液在凝固过程中由于发生包晶反应 $L+\delta\rightarrow\gamma$ 的相转变并伴随较大体积收缩，结晶器内坯壳刚刚形成时，因凝固收缩大，产生横向气隙，热流值最低，不利于热量传出，导致回温，进一步降低坯壳厚度。此种状态下坯壳受力向下运动时，形成横向凹陷[76]。

此次 TRIP 钢试验时采用的是包晶钢专用结晶器保护渣，但属于反应性渣。保护渣在高铝 TRIP 钢浇铸过程中成分变化较大，物性参数恶化，导致渣膜不均匀，引起结晶器传热不均匀，容易使初生坯壳厚度不均而产生凹陷。

对于成分已定的高铝 TRIP 钢来说，铸坯凹陷的改善措施有：

（1）控制中间包钢水过热度，实现低过热度浇铸，稳定拉速，使凝固坯壳均匀生长。

（2）控制结晶器冷却强度，采用弱冷方式，降低弯月面区热流密度，减少坯壳线收缩，从而减轻凝固坯壳激冷层厚度的不均匀性，减少凹陷出现。

（3）采用非反应性保护渣，选择合适熔点和黏度的保护渣，适当提高保护渣黏度、熔化速度，以改善结晶器内坯壳的传热条件，促进坯壳均匀生长。

2.2.2.3　铸坯成分偏析控制

汽车用高强度钢中，含 P 高强度 IF 钢中由于 P 含量较高易产生中心偏析。闫永其等[77]研究了含 P 高强度 IF 钢铸坯中 P、S、Mn 中心偏析情况。

某钢厂生产含 P 高强度 IF 钢的工艺流程为：铁水预处理—210t 顶底复吹转炉冶炼—RH 精炼—连铸。铸坯尺寸为 230mm（坯厚）×1600mm（坯宽）×140mm（拉坯方向）；生产实际过热度为 33℃；主要化学成分为（质量分数/%）：C 0.0018，N 0.0017，Si 0.667，Mn 0.583，P 0.0981，S 0.0058，Ti 0.025，Nb 0.035，Fe 余量。

热酸浸蚀结果如图 2-31 所示（以下图片中左侧为内弧，右侧为外弧）。由图 2-31 可知，铸坯宽度 1/2 处（图 2-31b）不存在明显的中心偏析情况，铸坯内部质量较好，而宽度 1/4 处（图 2-31a）中心偏析明显，偏析带呈断续状，并且伴有疏松、缩孔。热酸侵蚀可以定性分析铸坯宏观偏析程度，但不能对宏观偏析进行定量分析。

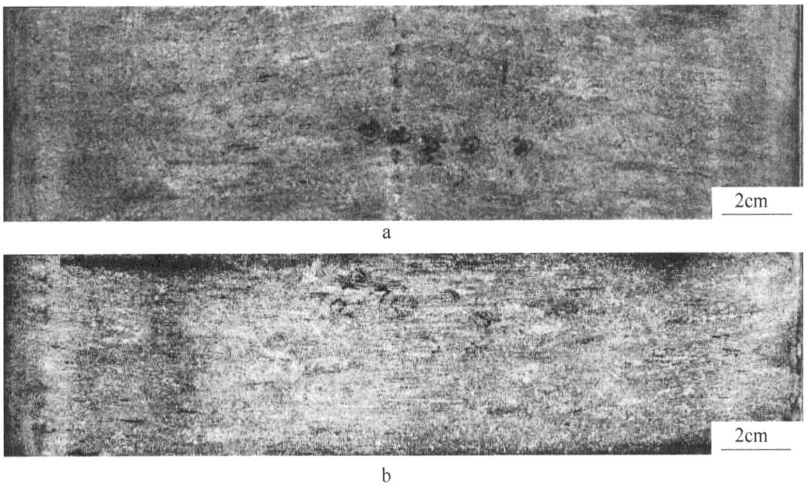

图 2-31　低倍酸蚀结果
a—宽度 1/4 处；b—宽度 1/2 处

应用金属原位分析仪（OPA-100）研究铸坯宽度 1/2 处、1/4 处试样 P、S、Mn 含量的宏观偏析情况。扫描的面积为 90mm（厚度）×45mm（宽度）。扫描结束后应用 OPA 软件处理，获得 P、S、Mn 元素在扫描截面上的二维浓度分布图，如图 2-32 所示。试样中 Mn 在铸坯厚度方向上分布比较均匀，铸坯宽度 1/4 处偏析情况明显严重于宽度 1/2 处。宽度 1/4 处 P、S 偏析情况较为明显，且 S 比 P 的偏析情况严重，正偏析带周围伴有明显的负偏析带，且负偏析带宽于正偏析带；宽度 1/2 处 S 存在明显的中心偏析，P 分布较为均匀。

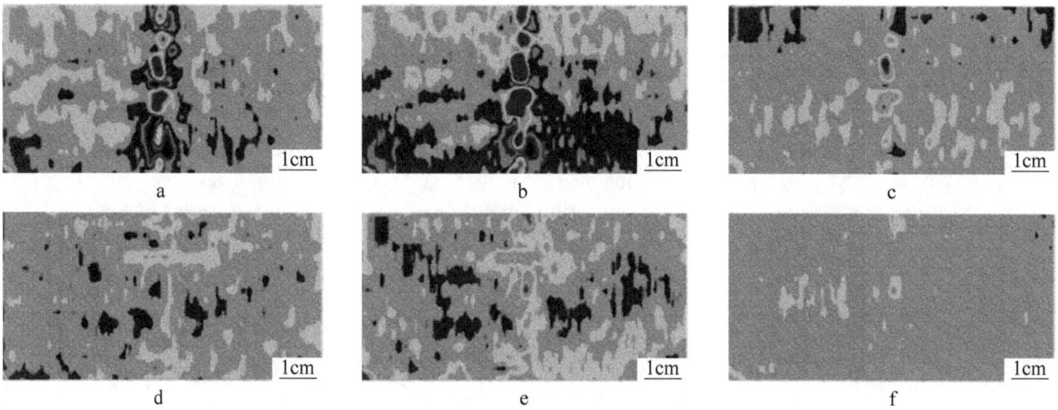

图 2-32 铸坯中 P、S、Mn 二维分布等高图
a—P 元素（宽度 1/4 处）；b—S 元素（宽度 1/4 处）；c—Mn 元素（宽度 1/4 处）；
d—P 元素（宽度 1/2 处）；e—S 元素（宽度 1/2 处）；f—Mn 元素（宽度 1/2 处）

在铸坯宽度 1/2 处、1/4 处沿厚度方向刨取钢屑样，试样厚度 0.5mm，研究 P、S、Mn 在铸坯厚度方向上的分布情况。根据化学分析结果，计算 P、S、Mn 在铸坯厚度方向的偏析度[78]，其计算公式如下：

$$D = \frac{C_i}{\overline{C}} \tag{2-11}$$

$$\overline{C} = \frac{\sum_{i=1}^{n} C_i}{n} \tag{2-12}$$

式中，D 为试样中元素的偏析度；C_i 为元素 i 的含量；$\overline{C}$ 为试样中该元素含量的平均值；n 为试样分析的数据个数。

铸坯不同位置处 P、S、Mn 元素偏析度情况如图 2-33 所示。

化学成分分析表明，Mn 元素沿铸坯厚度方向均匀分布；铸坯宽度 1/4 处 P、S 都存在明显的偏析，偏析带宽 20mm 左右，由正偏析带（5mm）和负偏析带（15mm）组成。P 在中心处偏析度达到 1.09，最大负偏析度达 0.94；S 最大偏析度达到 1.19，最大负偏析度达到 0.86。铸坯宽度 1/2 处，P 不存在明显偏析，S 中心偏析度达到 1.08，且偏析带较宽，达到 30mm 左右。

中心偏析可能导致板坯后续轧制、冲压成品率降低，需采取相应措施，改善中心偏析情况。文献［79］指出，正偏析带与负偏析带组成的区域为宏观偏析形成最终决定区域。所研究含 P 高强度 IF 钢铸坯中心偏析最终决定区域宽 30mm，此区域内枝晶间流体的流动决定了中心偏析度。中心偏析最终决定区域边界对应的固相率为 1 - 30/230 = 0.869，可在凝固末端（f_s = 0.8 ~ 1）进行电磁搅拌操作，从而减轻中心偏析程度。此外，适当降低浇铸过热度及在凝固末端适当进行轻压下操作，均可以有效控制铸坯中心偏析。

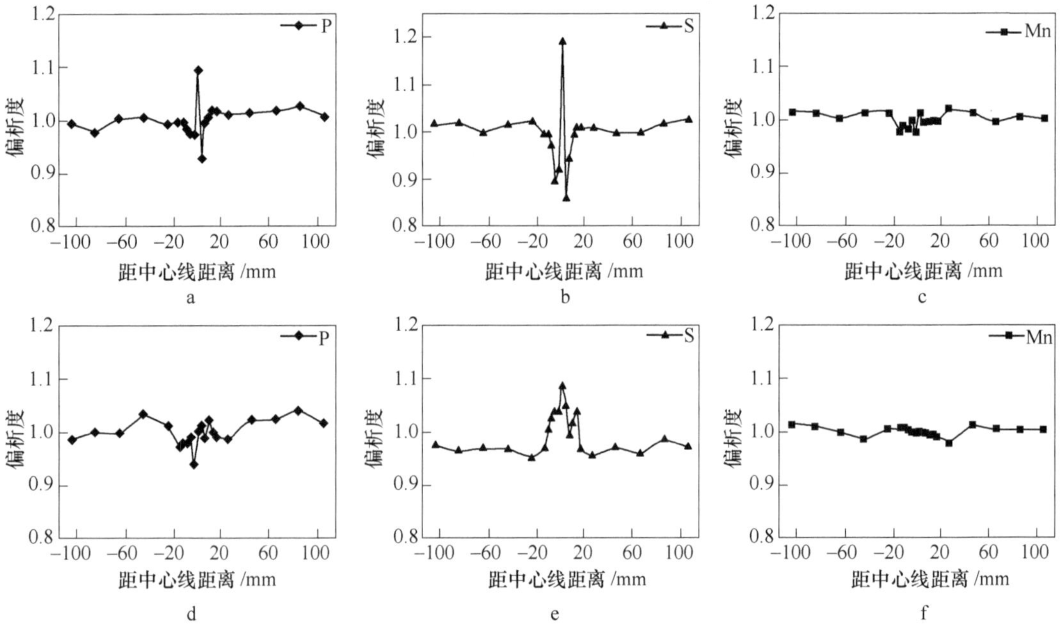

图 2-33　铸坯厚度方向上 P、S、Mn 偏析度

a ~ c—1/4 处；d ~ f—1/2 处

2.2.3　全流程洁净度控制

2.2.3.1　夹杂物在汽车用钢中的危害[80]

A　非金属夹杂物引起的冷轧板表面缺陷

随着各行业的发展，对冷轧薄板表面质量要求越来越高，高品质汽车面板要求使用无表面缺陷的 O5 板。铸坯中的非金属夹杂物对板材的表面缺陷及成型性能有重要的影响，对于深冲钢板，当铸坯表面附近有夹杂物时，在轧制成薄板后，这些夹杂物就会暴露出来，形成表面缺陷。冶炼过程应严格控制夹杂物的数量、尺寸和分布。可能与非金属夹杂物相关的典型表面缺陷主要有三类：起皮缺陷、孔洞缺陷和线形缺陷。

a　起皮缺陷

典型起皮缺陷如图 2-34 所示，沿轧制方向长约 200mm，表层厚度约 0.5mm，薄层与基体产生明显分层。

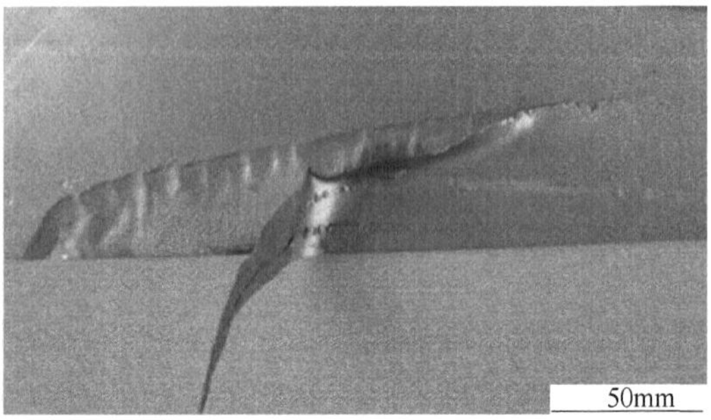

图 2-34　起皮缺陷的宏观形貌

将图 2-34 中起皮缺陷板的起皮部位掀起之后，起皮下面并不光滑，可见一些颗粒状物质，对起皮的皮下板块进行取样。利用超声波清洗仪将样品放置酒精中进行清洗，然后在扫描电镜下观察皮下微观组织。

起皮缺陷下非金属夹杂物形貌如图 2-35 Ⅰ 和 Ⅱ 所示，基体横截面中夹杂物形貌如图 2-35 Ⅲ 所示。

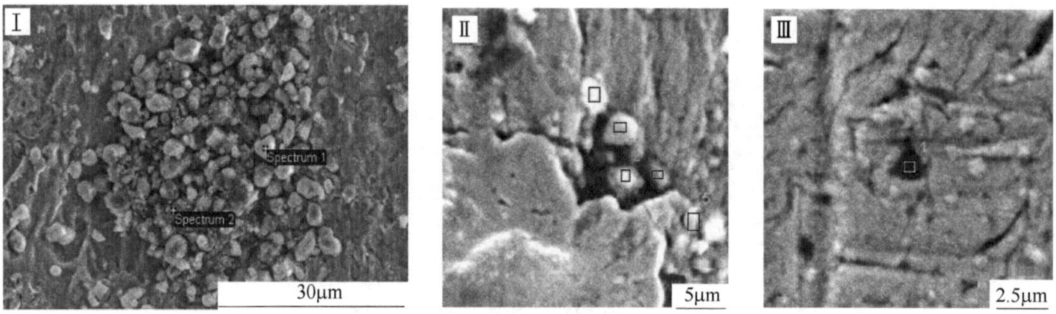

图 2-35 起皮缺陷下的夹杂物形貌

利用能谱仪分析图 2-35 中所示夹杂物成分，发现夹杂物主要为 Al_2O_3 夹杂物、硅铝酸盐类夹杂和 SiO_2 夹杂物。各类夹杂物的化学成分如表 2-7 所示。

表 2-7 Ⅰ～Ⅸ缺陷中夹杂物的化学成分（质量分数） （%）

缺陷	C	O	F	Na	Mg	Al	Si	P	S	K	Ca	Ti	Fe
Ⅰ-1		50.66	—	—	—	49.34	—	—	—	—	—	—	—
Ⅱ-1	4.36	25.33	—	—	—	11.68	11.32	—	0.28	—	—	—	47.03
Ⅲ		21.76	—	—	—	—	16.96	—	—	—	—	—	61.28
Ⅳ	15.99	5.88	—	—	—	15.21	—	—	—	—	—	—	62.58
Ⅴ	7.27	46.44	—	6.98	0.60	9.73	21.71	0.39	—	0.20	1.09	—	5.58
Ⅵ	19.54	48.27	—	—	10.92	—	—	—	—	—	17.64	—	3.53
Ⅸ-1	—	42.15	—	3.05	0.46	27.78	6.71	—	—	—	10.19	3.81	5.85
Ⅸ-2	—	41.82	2.81	—	0.69	34.36	3.14	—	—	—	6.85	5.01	5.33
Ⅸ-3	—	44.6	—	—	—	39.96	0.78	—	—	—	5.71	5.3	3.65

起皮缺陷主要是由于各种夹杂物聚集，尤其是硅铝酸盐类夹杂物和 Al_2O_3 夹杂物的数量较多。钢中不同厚度位置的夹杂物经过轧制后逐渐接近表层，并使得夹杂物之间更加靠近、聚集；部分团聚的夹杂物沿轧制方向破碎后集中，夹杂物与基体之间存在着变形差异和空洞，当轧制到一定厚度时，夹杂物和基体之间的应力超过其承受能力使得表层与基体分离形成尺寸较大的起皮、分层缺陷。而且缺陷中 SiO_2、Al_2O_3 夹杂物硬度高，变形能力差，容易对基体造成划伤和降低轧板的变形能力，因此起皮下方常伴有划痕。

b 孔洞缺陷

冷轧板上孔洞缺陷的宏观形貌如 2-36 所示。

图 2-36 中冷轧板孔洞缺陷周围没有明显的机械擦伤，且正反两面差别不大，孔洞刃口部倾角 30°左右。对孔洞断口的边缘进行 SEM/EDS 分析，夹杂物形貌如图 2-37 所示。

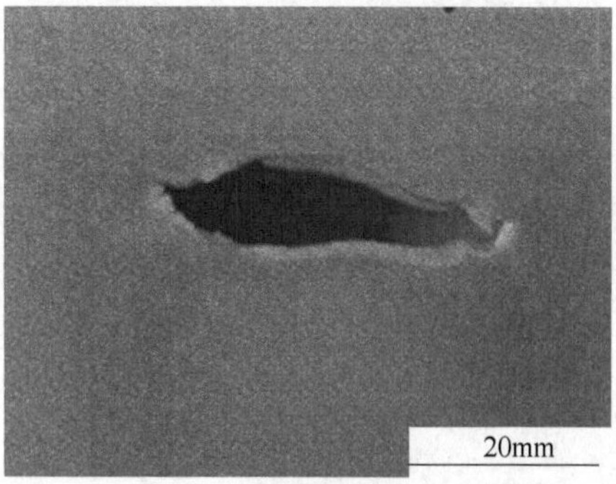

图 2-36 孔洞缺陷的宏观形貌

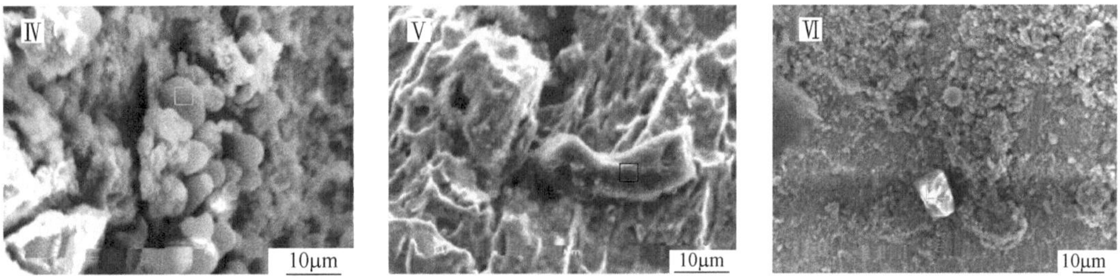

图 2-37　孔洞缺陷边缘的夹杂物形貌

在断口边沿发现的夹杂物主要有三类：（1）大量的球形的 Al_2O_3 夹杂物，尺寸在 5～20μm，聚集在断部刃口；（2）不规则形状的硅铝酸盐夹杂物，且成分中含有 Na、K、Mg 成分；（3）不规则的 MgO · CaO 夹杂物，尺寸在 20μm 左右，但此类夹杂物的数量相对其他两类较少出现。三类夹杂物成分分别如表 2-7Ⅳ～Ⅵ所示。

孔洞刃口部位观测到的夹杂物中，存在有聚集状的 Al_2O_3 夹杂，此类夹杂物是铸坯中大的团簇状 Al_2O_3 经过轧制后破碎形成的[81]。脱氧产物经过二次精炼和中间包上浮去除后，大的团簇 Al_2O_3 已经非常稀少，判断该夹杂物主要来源于脱落的水口结瘤物[82]。同时在对该钢厂发生套眼的浸入式水口结瘤物进行观察时也发现有大量珊瑚状的 Al_2O_3 夹杂[83]。刃口处另一种为块状的硅铝酸盐夹杂物，尺寸在 20～40μm，常含有少量 K、Na 元素，主要来源于结晶器保护渣的卷入。第三类夹杂为不规则的 CaO · xMgO 类夹杂物，尺寸较大（一般大于 20μm），此类夹杂物可能来源于 RH 浸渍管的喷涂料。

c　线形缺陷

对于线形缺陷，因为有许多线形缺陷的内部夹杂物并没有暴露在冷轧薄板的外面，所以主要是观测线形缺陷的横截面的微观形貌，如图 2-38 所示。

图 2-38　线形缺陷的宏观形貌

在冷轧板的线形缺陷部位选取截面试样，镶样之后，对截面进行抛磨处理，在扫描电镜下观测其形貌，如图 2-39 所示。

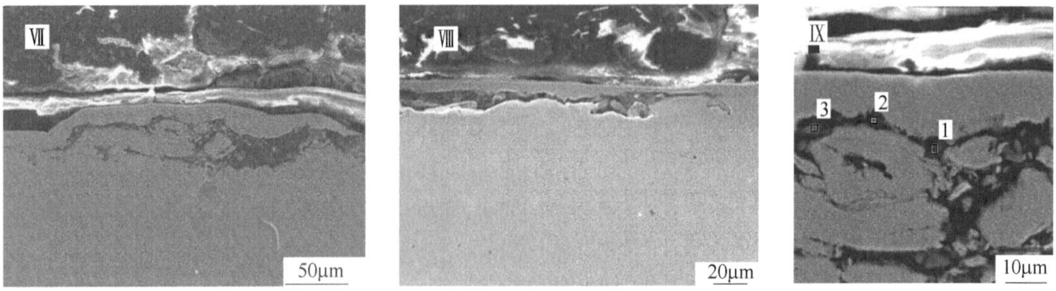

图 2-39　线形缺陷横截面的夹杂物形貌

利用能谱仪（EDS）检测黑色分层中间夹层的成分，在冷轧板表层以下几十微米之下，在分层的间隙中存在有大量颗粒的夹杂物，夹杂物的能谱成分主要为含有 Na_2O 或 CaF_2 的 Al_2O_3-SiO_2-CaO-TiO_x 类夹杂物，各夹杂物的成分如表 2-7 所示，判断来源可能为结晶器卷渣。

B 热轧板表面缺陷模拟

为了验证冶炼过程中形成的非金属夹杂物与冷轧表面缺陷的关系，采用 MIDAS（Mannesmann Inclusion Detection by Analyzing Surfboards）方法[84]分别对夹杂物含量较高的头坯和同炉正常坯试样进行热轧模拟，试验用钢化学成分（质量分数/%）为：0.002C、0.01Si、0.13Mn、0.008P、0.006S、0.030Als 和 0.065Ti，其连铸坯断面尺寸为 1600mm × 230mm，在连铸坯中切割尺寸为 230mm × 100mm × 60mm 的试样两块，用于做 MIDAS 检测，切割方法如图 2-40 所示。

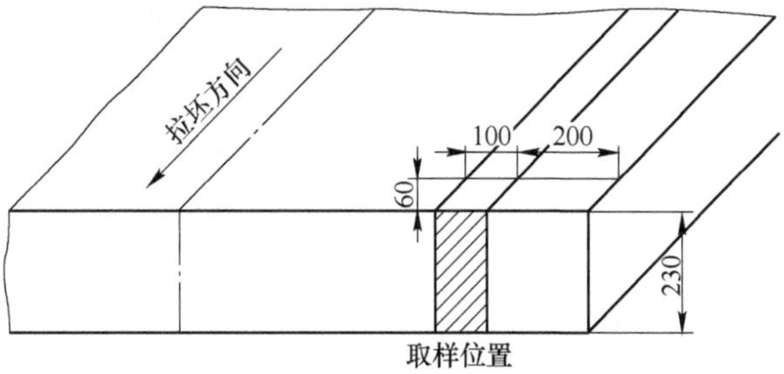

图 2-40 连铸坯 MIDAS 试验取样示意图

将所取的铸坯试样加热到 1200℃，保温 30min 后按照 MIDAS 方法要求热轧，试样热轧方法的示意图如图 2-41 所示，两次轧制的宽度比分别是2:1和 5:1，轧制之后两块热轧板的尺寸分别为 910mm × 205mm × 7mm、1050mm × 190mm × 7mm，分别依次记录为 1 号板、2 号板，如图 2-42 所示。

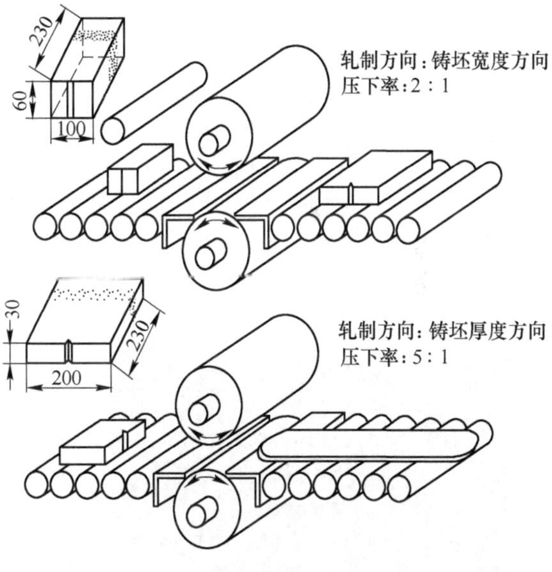

图 2-41 连铸坯热轧方法示意图

超声波检测采用 Omniscan16/128 的相控阵功能的超声数据采集成像设备，对垂直钢板压延方向全部扫查，采用频率为 10MHz 的相控阵超声波探头，探头声束有效覆盖范围为 25mm，考虑到声束覆盖，以每 20mm 划平行线，在平行线内依次进行扫查，利用超声波数据采集成像设备收集信息，检测到热轧板内部的缺陷。对 1 号板和 2 号板进行 MIDAS 检测之后，热轧钢板内部夹杂物的分布状况如图 2-43 所示。

两块热轧板超声波检测结果显示在靠近内弧侧和外弧侧 1/8 的区域内，存在夹杂物聚集带。为了进一步确认热轧板的超声波检测的夹杂物结果对 1 号板 A 试样、2 号板 E 试样（见图 2-42）的夹杂物聚集带线切割试样进行 SEM/EDS 观测，在夹杂物聚集带主要存在大量的 Al_2O_3 夹杂，金相试样中夹杂物形貌及其能谱图如图 2-44 所示。

图 2-42　热轧后的试样形貌
1 号板—正常坯轧制所得；2 号板—头坯轧制所得

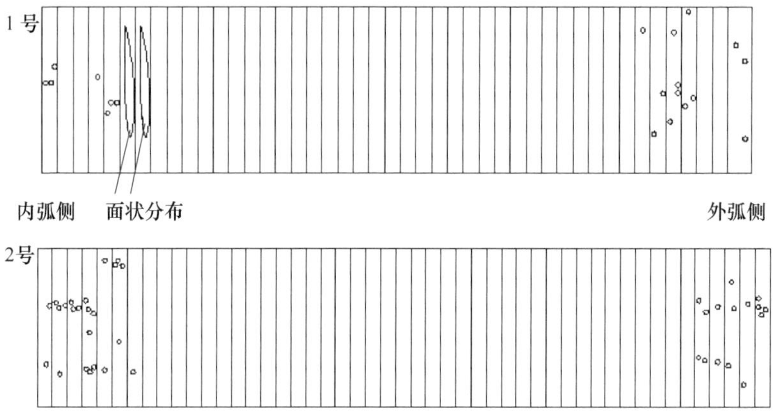

图 2-43　大型夹杂物在热轧板中的分布

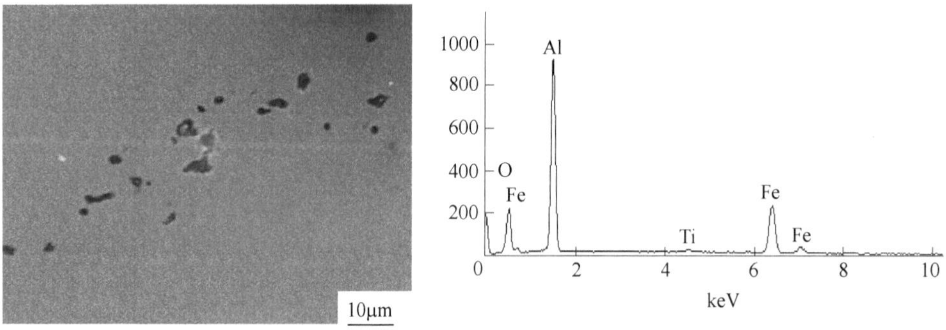

图 2-44　夹杂物聚集带中团簇状 Al_2O_3 形貌及能谱图

C　冷轧板表面缺陷模拟

为了观测夹杂物在热轧-冷轧过程中的演变情况以及钢板内夹杂物对冷轧产品的危害，对热轧板超声波检测的夹杂物聚集带的热轧板进行取样，并进行冷轧模拟试验。在 1 号热轧板的夹杂物带取一块试样 C，如图 2-42 中 C 处试样，在超声波检测无夹杂的区域取一块试样 B，如图 2-42 中的 B 处试样；在 2 号热轧板的夹杂物带取一块试样 D，如图 2-42 中的 D 处试样。

对热轧板进行酸洗处理，除去表面的氧化铁皮，B 板为非缺陷带处所取的试样，经过四个道次的轧制，终轧厚度为 0.75mm；C 板和 D 板为缺陷带所取试样，最终轧制厚度为 0.7mm。

经过冷轧之后，C 板表面出现了 8 处轻微点坑状缺陷，没有发生起皮、孔洞等缺陷；B 板无缺陷产生；D 板表面出现明显的点坑状缺陷，还出现了起皮缺陷。因此，头坯中大型夹杂物比正常坯的更有危害。

冷轧模拟试验中典型的起皮缺陷如图 2-45a 所示，典型的点坑状缺陷如图 2-45b、c 所示。起皮缺陷中夹杂物形貌和化学成分分别如图 2-46 和表 2-8 所示。点坑状缺陷中的夹杂物形貌和化学成分分别如图 2-47 和表 2-8 所示。

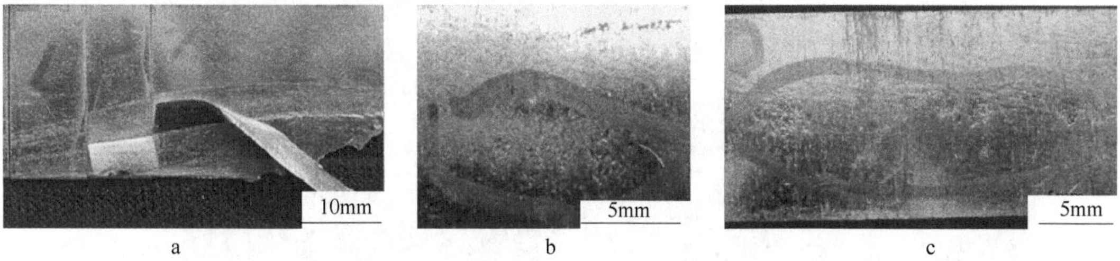

图 2-45 冷轧模拟试验中典型表面缺陷形貌

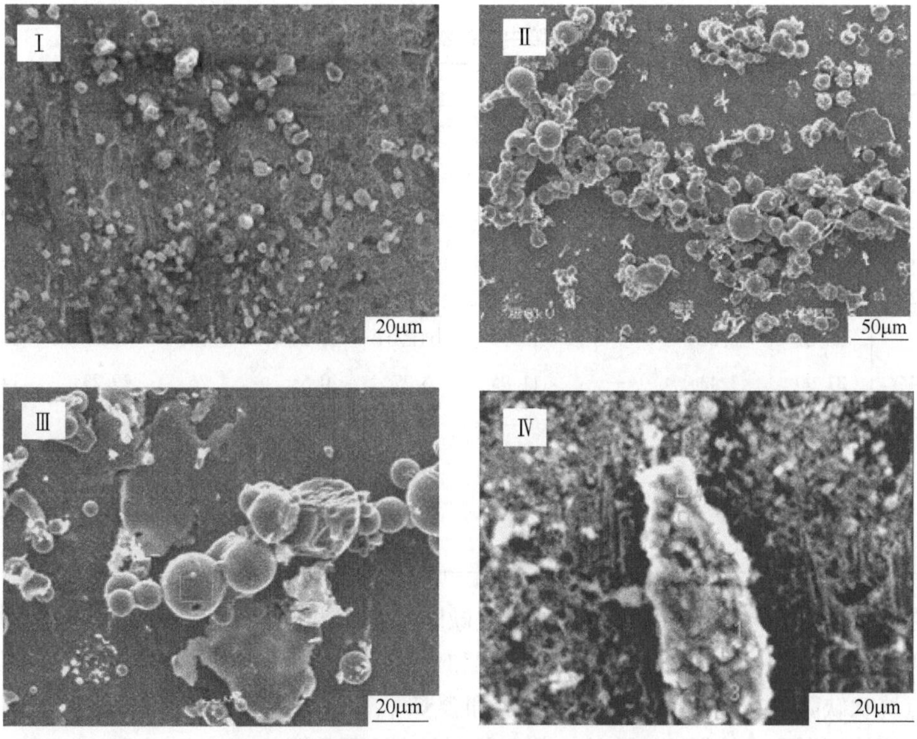

图 2-46 冷轧模拟试验中起皮缺陷夹杂物形貌

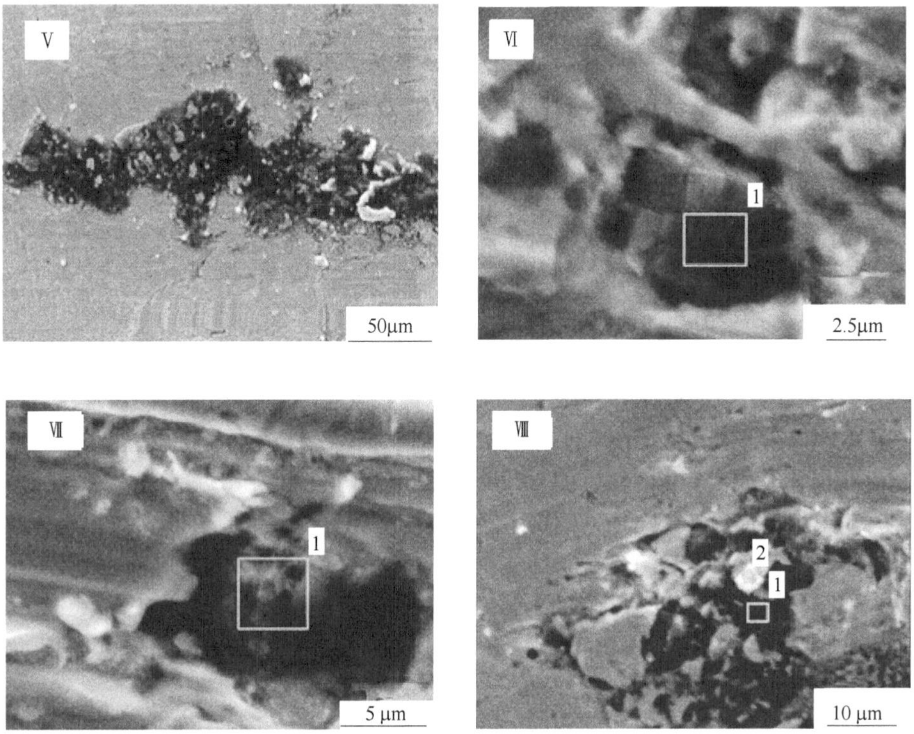

图 2-47　冷轧模拟试验中点坑状缺陷夹杂物形貌

表 2-8　Ⅰ～Ⅷ 缺陷中夹杂物的化学成分（质量分数）　（%）

缺陷	O	Na	Mg	Al	Si	K	Ca	Ti	Fe
Ⅰ	43.47	—	—	50.47	—	—	—	—	4.94
Ⅱ	—	—	—	—	—	—	—	—	100.00
Ⅲ	32.46	—	—	1.51	—	—	—	—	66.04
Ⅳ-1	38.26	2.89	—	40.24	4.15	—	1.49	5.61	7.36
Ⅳ-2	37.78	5.33	—	15.71	8.48	0.75	1.73	6.36	23.86
Ⅳ-3	38.67	8.61	—	15.94	11.70	1.24	2.14	8.28	13.43
Ⅳ-4	31.90	3.43	—	11.95	6.77	0.55	1.76	29.23	14.41
Ⅵ	45.70	—	—	—	44.35	—	—	—	9.94
Ⅶ	25.18	—	—	—	6.88	—	6.47	0.79	60.68
Ⅷ-1	31.05	—	—	—	31.82	1.03	1.03	—	34.49
Ⅷ-2	23.68	—	—	—	4.00	—	—	17.87	54.44

在起皮缺陷中，除了在现场冷轧板起皮缺陷中发现的 Al_2O_3 夹杂物、硅铝酸盐类夹杂和 SiO_2 夹杂物之外，还发现了 Fe/FeO 颗粒和含 Na 与 K 的硅铝酸盐类夹杂物。

点坑状缺陷中夹杂物主要成分为 SiO_2 和含 Ca、Ti 或 K、Ca 的夹杂物。

从冷轧厂所取冷轧板，缺陷处的非金属夹杂物主要是簇状 Al_2O_3，含 K、Na 的硅铝酸盐等脆性夹杂物，这两类夹杂物分别由水口结瘤物脱落和结晶器卷渣形成。防止措施主要是控制全流程钢水洁净度，减少进入结晶器钢液的夹杂物含量，另外要控制好结晶器钢液流场，避免结晶器卷渣。

2.2.3.2 洁净度控制

研究者往往用钢中全氧含量和夹杂物的尺寸、种类、分布等信息来评价钢的洁净度。钢中夹杂物控制是系统工程，需全流程精细控制。

A 转炉工序

转炉终点钢水自由氧含量是钢中内生夹杂物的源头，和脱氧剂反应后如果没有上浮到渣中就以非金属夹杂物的形式存在于钢中；转炉出钢后期会有一部分转炉渣流入钢包，后期可能会向钢水传氧。因此，转炉工序控制汽车用钢洁净度的策略是降低转炉终点钢水自由氧含量和终渣氧化性以及进入钢包的顶渣氧化性。主要措施有：

（1）采用顶底复吹转炉进行冶炼，强化底吹，降低转炉冶炼终点钢水碳氧积。

（2）实现转炉动态冶炼模型控制，提高冶炼终点钢液碳含量和温度双命中率，杜绝补吹。

（3）提高转炉终渣碱度，转炉冶炼结束前，向炉内加白云石，使终渣稠化减少下渣量。

（4）采用出钢挡渣技术，减少下渣量。近年来转炉滑板挡渣技术得到推广，结合红外下渣监测技术，可大大减少下渣量，钢包顶渣平均厚度小于40mm，挡渣成功率为100%。

（5）采用钢包顶渣改质技术。对于只经过RH精炼工序的超低碳高强度汽车用钢来说，顶渣改质技术可有效降低钢包顶渣的氧化性。冶炼IF钢时，RH真空处理结束后钢液中T[O]与钢包顶渣中T(Fe)有明显关系，当渣中T(Fe)在10%以下时，钢液平均T[O]为16×10^{-6}，T(Fe)大于15%炉次，T[O]量在20×10^{-6}以上[85]。

B 精炼工序

精炼工序控制汽车用钢洁净度的策略是尽可能地去除内生夹杂物（脱氧产物）和减少渣及耐火材料等外来夹杂物进入钢水。主要措施有：

（1）LF精炼工艺控制。对于转炉-精炼-连铸流程生产的汽车用高强度钢来说，精炼工序主要是RH单联或LF+RH双联两种精炼方式，LF炉的主要冶金任务是加热升温、合金化以及均匀成分；控制合理的钢包底吹强度，避免空气二次氧化；控制高碱度、低氧化性钢包顶渣，钙铝比（CaO/Al_2O_3）在1.2~1.8范围内，流动性好，以利于吸收夹杂物。

（2）RH精炼工艺控制。RH真空精炼工艺在控制洁净度方面要注意：合理控制RH到站的温度和钢液自由氧含量（主要是RH单联工艺），避免加铝化学升温，减少脱氧生成的Al_2O_3夹杂物；降低钢包顶渣氧化性，加强RH浸渍管的密封性，防止酸溶铝被炉渣和空气二次氧化，生成Al_2O_3夹杂物。

在防止Al_2O_3夹杂物生成的基础上，更重要的是要最大限度地去除已生成的Al_2O_3夹杂物，RH精炼工艺可以通过适当延长纯循环时间和镇静时间达到此目的。

1）纯循环时间：纯循环时间是指RH精炼过程中最后一批料加完到RH破空的时间间隔。为了研究纯循环时间对IF钢洁净度的影响，崔衡等[86]将RH工序加完TiFe后的纯循环时间延长至 20min，从加 Al 脱氧后到 RH 破空后每隔 2min 取一个真空针式样，研究 IF 钢在 RH 加 Al 后精炼过程中的钢液洁净度变化，从而确定最优纯循环时间。RH 加 Al 后钢液循环过程中钢液 T[O] 和 [N] 含量变化如图 2-48 所示。

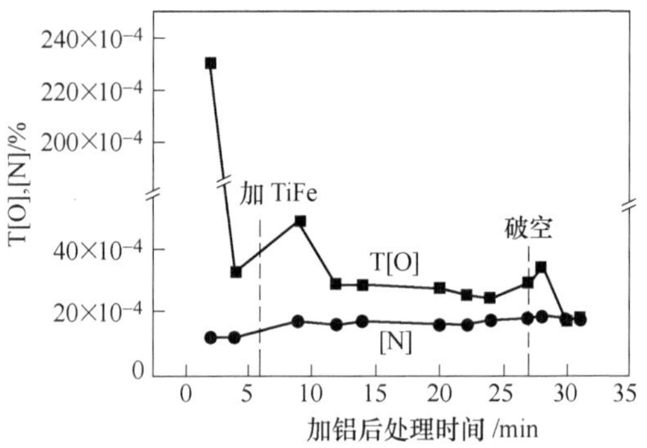

图 2-48　RH 加 Al 后钢液 T［O］和［N］含量的变化

如图 2-48 所示，RH 加 Al 后，除加 TiFe 和破空时 T[O] 有所增加外，T[O] 含量整体呈下降趋势。加 Al 后 2min 内钢液中 T[O] 迅速降低到 $230\times10^{-4}\%$，4min 内降低到 $32\times10^{-4}\%$，加入 TiFe 后，由于生成 TiO_x、$Al_2O_3\cdot TiO_x$ 等氧化物使得钢液中的 T[O] 上升到 $48\times10^{-4}\%$；纯循环 6 ~ 8min 后降低到 $28\times10^{-4}\%$，此后 T[O] 降低缓慢，纯循环 20min 后 T[O] 降低到 $24\times10^{-4}\%$，在 RH 破空时钢液增氧最高达到 $10\times10^{-4}\%$，这主要是由于真空室钢液回落至钢包时造成渣/钢界面波动，导致空气卷入，并且由于界面波动加大了顶渣向钢液传氧的速度，使钢包顶层钢液的 T[O] 含量有所上升；渣/钢界面随着时间延长趋于平稳，钢液中 T[O] 最低达到 $18\times10^{-4}\%$。由图 2-48 可知，加 TiFe 后会使钢液 T[O] 升高，保证纯循环时间 6 ~ 8min 以上可使钢液 T[O] 降至 $30\times10^{-4}\%$ 以下，如钢液温度和现场生产调度允许，适当延长纯循环时间有利于钢液洁净度的提高。

精炼过程中 [N] 由加 TiFe 前的 $12\times10^{-4}\%$ 增至破空后的 $19\times10^{-4}\%$。加 TiFe 后钢液增 [N] 幅度较大，为 $5\times10^{-4}\%$；破空后增 [N] 约 $2\times10^{-4}\%$；纯循环过程中，[N] 含量基本保持不变。

另外，对比图 2-48 中破空时的 T[O] 和 [N] 含量的变化可知，破空时钢液 T[O] 含量的升高主要源于渣/钢界面波动时顶渣向钢液传氧。因此，降低顶渣氧化性有利于减少 RH 破空时 T[O] 含量的升高。

2）镇静时间：RH 真空处理后的镇静时间是指 RH 真空处理结束至连铸开浇的时间间隔。这段时间内渣/钢界面相对平稳，Al_2O_3 夹杂通过上浮被顶渣吸收得以进一步去除。根据 Stocks 定律，在静止钢液中脱氧产物上浮到渣/钢界面所需的时间与脱氧产物尺寸成反比，延长镇静时间可使更多、更小尺寸的夹杂物得以去除。对 RH 处理工艺参数相同的不同镇静时间的炉次，崔衡[87]用提桶取样器在中间包浇铸稳定后取中间包钢水样分析 T[O]，研究了镇静时间对 IF 钢洁净度的影响。选取 RH 脱碳结束后钢液溶解氧含量相近的 72 炉次的分析数据，不同炉次中间包钢液的 T[O] 含量（质量分数）与镇静时间的关系如图 2-49 所示。

由图 2-49 可知，随着镇静时间的延长，中间包内钢液测得的 T[O] 含量总体呈先下降后回升的趋势。RH 精炼过程结束后的镇静时间在 30min 之内，中间包钢液洁净度水平随镇静时间的延长而呈上升趋势，该时段内，T[O] 的快速下降尤其显著，从 $46\times10^{-4}\%$ 下降至 $30\times10^{-4}\%$。该时段内，钢液中未在 RH 处理过程中去除的夹杂物断续长大，并通过集聚来降低表面能，以脱氧产物 Al_2O_3 为主的夹杂物在钢液中不断上浮至渣/钢界面并被吸附。根据 Stocks 定律，在静止钢液中脱氧产物上浮到渣/钢界面所需的时间与脱氧产物尺寸成反比，延长镇静时间可使更多、更小尺寸的夹杂物得以去除。

镇静时间在 30 ~ 40min 的区间里，中间包内钢液试样 T[O] 基本稳定，21 炉钢液 T[O] 平均含量是 $27.5\times10^{-4}\%$，只有 40min 时的 1 炉 T[O] 含量超过 $30\times10^{-4}\%$，达到 $32\times10^{-4}\%$，占所分析炉次的 4.76%。从生产数据中得知，该炉 RH 顶渣 T、Fe 含量略高于其他炉次，因此，在考虑 RH 镇静工艺时要注意控制合适的顶渣氧化性。该镇静时段内，钢包钢液中夹杂物上浮去除速率基本与钢渣氧化钢液的速率相等，接近平衡状态。因此，在该时段内，中间包钢液的洁净度水平趋于稳定，较适于浇铸。

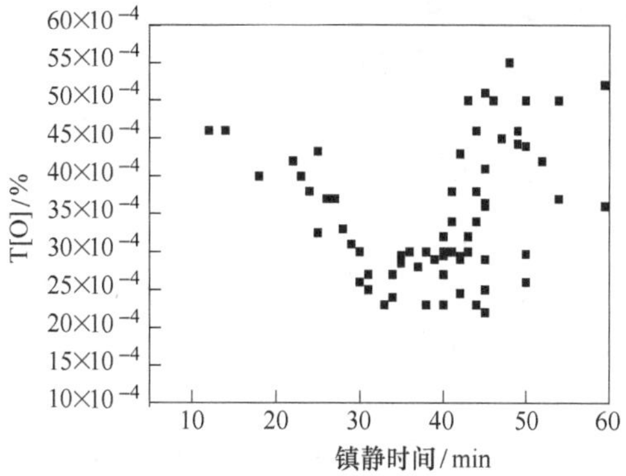

图 2-49　中间包钢液 T[O] 含量（质量分数）与镇静时间的关系

从镇静 40min 后试样的 T[O] 含量数据可明显看出，中间包内钢液 T[O] 随镇静时间的延长呈上升趋势。该镇静时段内，钢液与钢渣和钢包耐火材料的反应对钢液洁净度的影响开始显现，造成钢液 T[O] 含量的上升，致使中间包钢液洁净度水平下降。此外，镇静时间延长会导致钢液温度下降，要保证连铸浇铸温度需提高转炉出钢温度，此举会影响转炉炉衬寿命；而且经过一定的镇静时间，大尺寸的 Al_2O_3 夹杂物得到有效去除，且钢液温度下降过程中，其黏度不断增大，Al_2O_3 夹杂物的去除效率亦不断下降。因此，在该厂现行操作工艺下，镇静时间不宜超过 40min。

不同镇静时间下的夹杂物统计分析结果如图 2-50 所示。

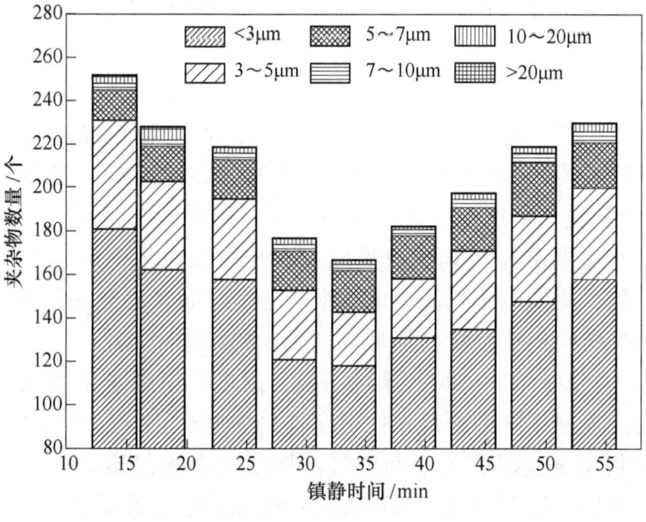

图 2-50　不同镇静时间下的夹杂物尺寸分布

由图 2-50 可知，钢中夹杂物尺寸大部分小于 3μm，占总数的 70%。夹杂物数量随着镇静时间的增加呈先减小后增大的趋势，夹杂物总数在镇静 34min 时最少。除了 5 ~ 7μm

与 10～20μm 两个范围，镇静 34min 时的夹杂物数量在其他尺寸范围内都是最小值，10～20μm 范围内，镇静 39min 时最少，34min 次之。

从钢中全氧含量和夹杂物水平来看，该厂工艺条件下镇静时间在 30～40min 时段内的钢液洁净度水平较高。

C 连铸工序

经过精炼工序钢水已经很洁净了，连铸工序控制汽车用钢洁净度的策略是防止洁净的钢液被再次污染；同时在中间包和结晶器中进一步去除夹杂物。防止钢液再次污染的主要措施有：

（1）连铸中间包使用之前采用氩气清扫，提高开浇炉钢水洁净度。

（2）采用钢包下渣自动监测技术，防止钢包顶渣在浇铸末期进入中间包。

（3）提高钢包滑动水口自开率，避免因烧氧造成的二次氧化。

（4）加强大包-长水口之间的密封，防止空气二次氧化生成的 Al_2O_3 夹杂物。

（5）采用中间包长水口浸入式开浇，减少空气二次氧化以及中间包冲击区的中间包渣卷入钢水几率，提高换包炉次的钢水洁净度。

（6）采用高碱度中间包覆盖剂。

（7）保证连铸中间包内钢液液面相对稳定，且高于临界高度，避免中间包渣卷入结晶器内。

（8）采用合适理化性能的连铸结晶器保护渣，针对高强度 IF 钢和 BH 钢，采用适当高黏度的保护渣可以减少结晶器卷渣几率，针对高铝 TRIP 钢，采用非反应性保护渣可以较好地维持保护渣理化性能。

促进中间包和结晶器中进一步去除夹杂物的措施有：

（1）中间包冶金。随着对钢材质量的要求越来越严格，人们已经不再把中间包作为一个简单的缓冲和分配钢液的容器使用，而是要求中间包内的钢液合理流动，使夹杂物进一步上浮去除。

1）大容量中间包：一般认为增大中间包容量可以使钢液在中间包内有较长的平均停留时间，有利于夹杂物的上浮去除。在容量一定的条件下适当增加中间包浇铸区熔池深度，有利于换包顺利浇铸，减少中间包渣卷入钢中，从而改善非稳态浇铸时的铸坯质量。

2）中间包控流装置：常用控流装置包括挡墙、挡坝、导流隔墙、过滤器、湍流控制器等。物理模拟（水模型试验）和数值模拟方法常用来优化中间包流场。通过不同控流装置的组合优化试验，达到减小死区、增加平均停留时间、促进夹杂物上浮的目的。在此基础上也可兼顾减少中间包注余量、降低生产成本的作用[86]。

3）气幕挡墙：吹氩是常用的炉外精炼手段，通过吹氩来净化钢液的方法在钢包精炼中得到充分的运用。根据相同的原理，也可在连铸中间包内通过吹氩促进夹杂物的去除。文献［88］采用水模型试验研究了中间包气幕挡墙对中间包流场的影响。试验结果表明吹气试验方案的流场特征值明显优于原中间包挡墙和挡坝的流场特征值。在挡墙、吹气装置配合使用条件下，适当延长吹气位置到大包长水口的距离，可以提高中间包的平均停留时间，有利于夹杂物的上浮。工业试验结果表明：中间包采用气幕挡墙后，中间包长水口处到铸坯的全氧质量分数降幅提高 60.62%；每 10kg 试样夹杂物总含量由 3.85mg 降至 2.88mg，去除大型夹杂物效果明显，尤其是尺寸小于 140μm 的夹杂物。同时发现施加气幕挡墙的 4 炉钢的铸坯中，大型夹杂物中的 53.33% 是由结晶器卷渣造成的，说明要提高铸坯质量，不仅要提高中间包去除夹杂物的能力，还要控制好结晶器流场，这样才能发挥好中间包气幕挡墙的作用。

（2）结晶器冶金。结晶器环节关键是要控制好结晶器钢水的流动行为。一般认为，板坯结晶器内钢水有适宜的双辊流动时，产品表面缺陷最小。合适的上辊流可以促进非金属夹杂物的碰撞凝集和上浮去除，但如果结晶器钢水液面波动过大、表面流速过快会造成卷渣，卷入钢水的渣若没有上浮到渣面而被凝固坯壳捕获的话，就会形成铸坯中的大型夹杂物，影响后序热轧、冷轧板表面质量。

在连铸机设备一定的条件下，结晶器内钢液流场的控制主要取决于拉速、断面尺寸、吹氩量、浸入式水口（SEN）浸入深度以及水口结构。另外，结晶器采用电磁制动技术（EMBr）或 FC 结晶器都可使结晶器弯月面流动平稳，防止结晶器卷渣。

（3）非稳态浇铸。非稳态浇铸条件包括开浇、换包、停浇、拉速变化、结晶器液面波动超过临界值、浸入式水口堵塞及更换等因素，这些因素都会造成钢中夹杂物增加，恶化铸坯质量，增加冷轧板缺陷率。

一个浇次多炉连浇的话，开浇、换包、停浇都属于正常的非稳态浇铸工况，研究头坯、交接坯、尾坯洁净度的变化规律，并与正常坯洁净度水平进行对比，可以掌握非稳态浇铸水平，对评价和改善非稳态操作工艺水平和铸坯定尺切割有一定的指导意义。

图 2-51 给出沿头坯拉坯方向各试样 T[O] 和 [N] 含量。由图 2-51 可以看出沿拉坯方向头坯 T[O] 和 [N] 含量明显下降，且南北两侧吻合较好。在头坯 9.4m 处 [N] 为 $19\times10^{-4}\%$，达到正常坯平均水平，说明此时保护浇铸水平已达到正常坯稳态浇铸水平[89]。

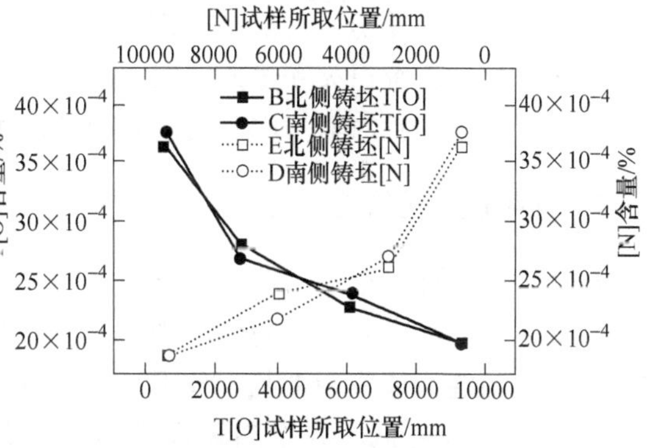

图 2-51　头坯拉坯方向 T[O]、[N] 含量变化

不同位置试样大型夹杂物含量指数如图 2-52 所示。由图 2-52 可以看出，头坯大型夹杂物含量明显高于正常坯水平，平均含量为正常坯的 3.68 倍。沿拉坯方向头坯中大型夹杂物含量总体呈减少趋势。此次试验头坯 4.4m 后铸坯大型夹杂物含量总体趋于平稳，甚至在 5.1m 处接近正常坯大型夹杂物含量水平。说明此时中间包和结晶器液面控制水平已接近正常坯稳态浇铸水平。但头坯大型夹杂物含量易出现波动，如在 9.4m 处大型夹杂物含量突然上升[89]。

采用金属原位分析仪对不同表层夹杂物含量进行分析，如图 2-53 所示，表层 3.5mm 内 Al 系夹杂物波动较大，3.5 ~ 5.5mm 范围内趋于平稳，3.5mm 后不同等级铸坯 Al 系夹杂物含量依次是：头坯 > 尾坯 > 过渡坯 > 正常坯。头坯、尾坯 3.5mm 后 Al 夹杂物含量仍高于正常坯和过渡坯，过渡坯在 3.5mm 之后夹杂物含量与正常坯相当[90]。

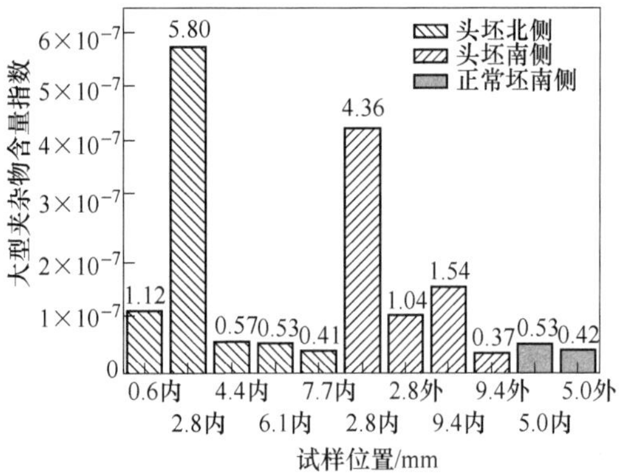

图 2-52　不同位置试样的大型夹杂物分布情况

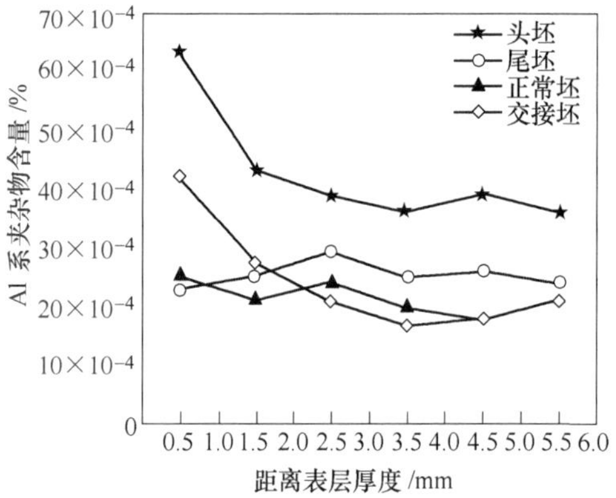

图 2-53　不同位置非金属夹杂物含量

2.3　板带轧制工艺及先进热处理技术

钢铁材料作为人类社会文明的基础材料，对人类进步和经济的发展起着不可取代的作用，但是，在当前产能过剩的大背景下，随着生产经营形势日益恶化和环保倒逼压力不断加大，绿色化、减量化和差异化是钢铁企业持续发展的必然选择。这就促使钢铁行业要不断推进产业结构的升级转型，积极推广应用节能减排低碳新技术、新工艺，从而提高能源和资源利用效率和产品综合质量，达到优质、高产和低耗的目的，实现钢铁行业的“绿色化”发展。以下将分别针对板带钢的热送热装技术、热轧温度控制、热轧冷轧轧制规程优化设计以及连续退火和热镀锌技术进行相应的介绍，其中连续退火和热镀锌技术的控制将在后续章节中针对典型汽车用钢品种进行详细分析。

2.3.1　连铸坯热送热装工艺

加热炉的能耗占钢铁企业生产能耗中很大一部分，因此降低加热炉能耗是钢铁企业节能降耗的重中之重。连铸坯的热送热装工艺可以明显提高钢坯的入炉温度，有效降低加热炉的能耗。与连铸坯冷装工艺（CCR，铸坯装炉温度为 20℃）相比，热送热装工艺的铸坯加热能耗大大降低。假设连铸坯冷装工艺的相对加热能耗为 100%，则热装工艺为 66.7%~44.5%，直接热装工艺为 44.5%~33.4%，直接轧制工艺更低。因此，采用连铸坯热送热装工艺是重要的节能措施，且装炉温度越高效果越好，但是，热送热装工艺对连铸与热轧一体生产的要求较高，特别是直接轧制工艺过程的要求就更高，实现的难度也更大。

2.3.1.1　热送热装和直接轧制技术

从冶金学特点并考虑工艺流程来对连铸坯热送热装和直接轧制技术进行分类[91]，如表 2-9、表 2-10 及图 2-54 所示。

表 2-9　连铸坯热送热装和直接轧制的分类

形式	名　称	热送热装温度	工艺流程特征
I	连铸坯直接轧制（CC-DR）	1100℃	输送过程中边角补热和均热后直接轧制

续表 2-9

形式	名　称	热送热装温度	工艺流程特征
Ⅱ	连铸坯热直接轧制（CC-HDR）	A_3 ~1100℃	输送过程中补热和均热后直接轧制
Ⅲ	连铸坯直接热装轧制（CC-DHCR）	A_1 ~ A_3	热坯直接装加热炉加热后轧制
Ⅳ	连铸坯热装轧制（CC-HCR）	400℃ ~ A_1	热坯经保温缓冲加热炉加热后轧制
Ⅴ	连铸坯冷装炉加热后轧制（CC-CCR）	室温	

表 2-10　铸坯热送热装和直接轧制工艺流程特征

形式	名称	工　艺　流　程					
		连铸	冷却、板坯库	补热均热	保温缓冲	加热炉	轧制
Ⅰ	CC-DR	○	—	○	—	—	○
Ⅱ	CC-HDR	○	—	○	—	—	○
Ⅲ	CC-DHCR	○	—	—	—	○	○
Ⅳ	CC-HCR	○	—	—	—	○	○
Ⅴ	CC-CCR	○	○	—	—	○	○

注：○代表包含该流程；—代表不包含该流程。

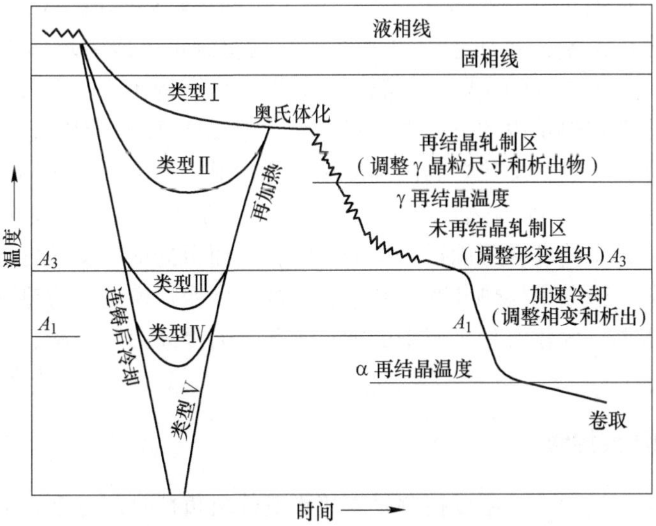

图 2-54　连铸坯热送热装和直接轧制分类示意图

（1）连铸坯直接轧制：简称 CC-DR（Continuous Casting-Direct Rolling），分类为Ⅰ型。连铸坯在 1100℃条件下不经过加热炉，在输送过程中通过边角补热装置直接轧制。从金属学角度看，连铸坯轧前没有经过 γ→α→γ 相变再结晶过程，仍然保留着铸态粗大的奥氏体晶粒，微量元素 Nb、V、Ti 等没有常规冷装炉的析出、再溶解过程，因此需要新的轧制工艺来细化晶粒和充分发挥 Nb、V 等微合金元素的作用。

(2) 连铸坯热直接轧制：简称 CC-HDR（Continuous Casting-Hot Direct Rolling），分类为Ⅱ型。连铸坯温度在 1100℃以下、A_3 以上，连铸坯不经加热炉，在输送过程中通过补热和均热，使钢坯达到开轧温度，直接送轧机轧制。铸坯的金属学特征基本与Ⅰ型相同，只有一些微量元素有少量析出和再溶解。

(3) 连铸坯的直接热装轧制：简称 CC-DHCR（Continuous Casting-Direct Hot Charging Rolling），分类为Ⅲ型。连铸坯温度在 A_3 以下、A_1 以上，直接送加热炉内加热后轧制。金属学特征为，连铸坯处于（$\gamma+\alpha$）两相区，铸坯内部组织部分经过 $\gamma \rightarrow \alpha \rightarrow \gamma$ 相变，铸坯组织既有原始粗大的奥氏体晶粒，又有经相变的细化奥氏体晶粒，这样经加热后的铸坯是混晶组织，微量元素的析出和溶解程度不同。

(4) 连铸坯热装轧制：简称 CC-HCR（Continuous Casting-Hot Charging Rolling），分类为Ⅳ型。连铸坯在 A_1 以下、400℃以上，铸坯不放冷即送保温设备中保温，然后再送加热炉加热后轧制。从金属学角度看其铸坯组织状态与常规冷装炉铸坯基本状态相同，但对一些低合金钢，中、高碳钢易在冷却过程中产生裂纹，而在热装时可能导致表面变坏。

(5) 连铸坯冷装炉加热后轧制：简称 CC-CCR（Continuous Casting-Cold Charging Rolling），分类为Ⅴ型。一般将铸坯温度达 400℃以下作为热装的低温界限，400℃以下热装的节能效果较差，且表面已不再氧化。连铸坯冷却到室温后，装加热炉加热后轧制，这是没有热送热装工艺时的常规轧制方式。

2.3.1.2　连铸坯在热装热送中的温度场研究

以某公司 2160mm 热轧生产线为对象，采用计算机模拟方法，研究了铸坯从凝固到出连铸机空冷，以及在加热炉内的温度变化情况[92]。利用红外热成像仪和红外测温仪对钢坯空冷过程进行温度测量，并且通过“黑匣子”试验测量了冷装坯 SS400 加热过程中的温度变化，得出加热炉内部的实际炉气温度，并以此作为钢坯的边界条件和初始条件，建立钢坯热装过程中在加热炉内的三维温度场模型。借助于 Marc 有限元模拟软件和 Fortran 语言编程计算钢坯在步进式加热炉内的温度场变化情况，得出了不同热装温度的钢坯在加热炉内的温度变化，图 2-55 为热装坯在加热炉内出各加热段时的温度分布云图。在此基础上，可以进一步计算铸坯在凝固过程中的温降，进而根据钢厂实际可行的轧制节奏来制定合适的热装工艺，建立钢坯热装和直装过程中的温度变化模型，为热轧生产线的热装温度控制提供理论依据，优化实际生产中的加热工艺，为提高工厂效率、节约能源起到指导作用。

2.3.2　热轧带钢温度控制

板带热连轧生产过程中，温度控制是直接影响轧机负荷合理分配、最终产品尺寸精度及组织性能的重要因素。在整个轧制生产线上准确控制轧件在不同工艺位置上的温度变化，是有效提高最终产品质量的基础，是生产高附加值、高深冲性能板带材产品的关键。

2.3.2.1　热轧过程中的温度变化及热卷箱技术

热轧过程中的温度主要包括开轧温度、终轧温度和卷取温度等。这些温度对金属材料在各个机架中的变形抗力、轧制压力、成品的显微组织、晶粒度、力学性能以及带钢的表面状态等都有直接的影响[93]。

温度的变化过程由钢坯的加热和板坯的不断冷却所组成。钢坯在室温状态下装入加热

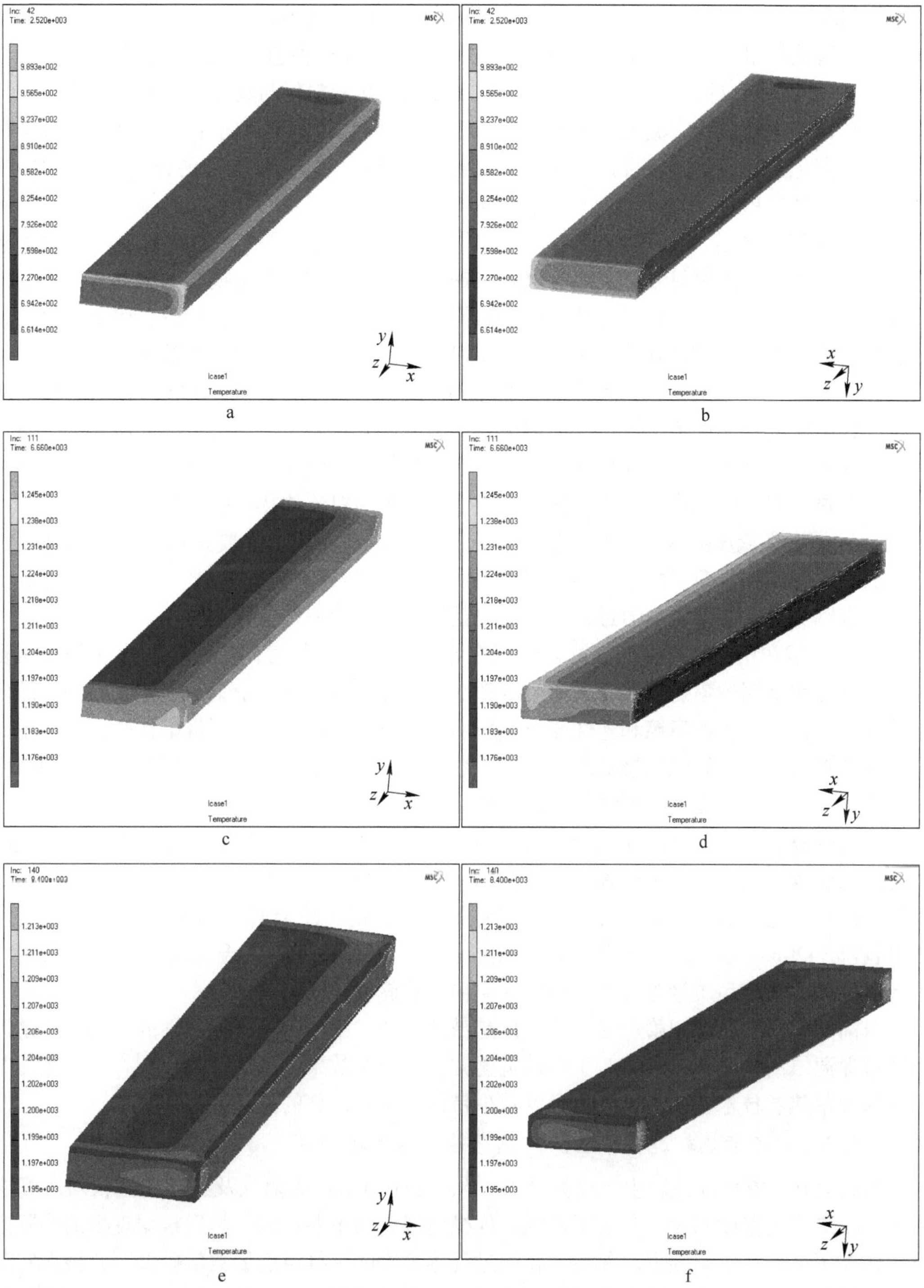

图 2-55 热装坯出加热炉的温度云图

a，b—预热段；c，d—加热段；e，f—均热段

炉中，经过 2h 左右的加热（预热段—加热段—均热段完成钢坯加热过程），温度达到 1180 ~ 1250℃出炉，此后随着钢坯厚度不断轧薄，板坯的温度通过各种形式的温降逐渐变

低，在粗轧机组出口处为 1080 ~ 1100℃，通过中间辊道的冷却到精轧入口降到 1000 ~ 1050℃，精轧机组末架终轧温度一般为 830 ~ 930℃，输出辊道上经过层流冷却段冷却到 600 ~ 750℃后卷取成钢卷。轧制过程中的温度变化及热量损耗与具体的生产过程有关。

热轧带钢生产过程中温度制度是一个十分重要的因素，准确地计算（预估）各个环节的温度变化是实现热连轧机计算控制的重要前提。根据轧制过程中的设备及工艺特点，热轧阶段温降过程可以归纳为以下几个方面：

（1）带钢在辊道上传送时的温降。带钢在辊道上运送时，高温的带钢要向外辐射热量，因而带钢会产生辐射温降，同时也有带钢与周围空气进行对流换热的问题，因而会引起带钢的对流温降。由于高温时的辐射热量损失远远超过了对流热量损失，因此，可以只考虑辐射热量损失，而把其他影响都包括在根据实测数据确定的辐射系数中[94~96]。

（2）高压水除鳞时的温降。在带钢的轧制过程中，为了将板坯或带钢表面的炉生氧化铁皮或二次氧化铁皮清除掉，一般都用高压水冲击轧件的表面。大量的高压冷却水流与高温轧件表面相接触，将一部分热量带走，使得轧件产生温降。在这种情况下，虽然也存在辐射散热，但辐射散热占的比重很小，故在此仅考虑对流传热所引起的温降[97]。

（3）带钢在低压喷水冷却时的温降。低压喷水冷却实质上主要是指带钢在精轧机组之后的层流冷却和机架间的喷水冷却[98]。虽然低压喷水冷却的工作压力较小，但是流量较大，带钢又是在层流水中通过，所以它也是强迫对流的一种形式。

（4）带钢在精轧机组中的温降。带钢在精轧机组中轧制时，热交换的形式是相当复杂的，既存在带钢的辐射散热、带钢与冷却水之间的对流散热、带钢与轧辊相接触时的传导散热，又伴随有接触摩擦和塑性变形热所引起的热量增加。考虑到带钢在轧机中产生的塑性变形热与带钢和轧辊相接触时的热传导热损基本可以互相抵消，而把机架间的辐射换热和喷水冷却合并作为一个当量的冷却系统。

热轧生产过程中，高附加值产品的生产对热轧产品的温度控制和尺寸精度控制都提出了更高的要求。因此，减小进入精轧阶段的中间坯头尾温差已成为一个不容忽视的问题。为解决这一问题，加拿大钢铁公司发明和研制了热卷箱，并于 1978 年首先使用在该公司希尔顿厂 1420mm 热连轧机上[99]，由于热卷箱具有保持中间带坯温度均匀性、降低精轧机组能耗、改善产品质量等特点而被广泛应用于热轧生产线上。

目前热卷箱已发展到第三代，第一代是带芯轴的，第二代是不带芯轴的，第三代是无芯轴带保温罩的，三代热卷箱对于带钢宽度方向的保温效果如图 2-56 所示[100]。采用无芯轴带保温罩热卷技术在一定程度上可以减少带钢内圈和边部的温降。

2.3.2.2　板带热轧过程中温降及热卷箱内温度场研究

以某公司 2160mm 热轧生产线为对象[101]，首先利用热成像仪及红外测温仪对现场主要工艺段进行了温度测量，分析了影响轧件横向温差的主要原因。然后根据现场的实际工况，建立了板坯在输出辊道、除鳞、轧制过程等工序的一维温度场数学模型，并根据实际测温结果回归每一工序的热交换系数，编制计算机求解程序，实现了轧制过程中温度的逐点计算，分析出影响轧线上一维温降的主要原因，图 2-57 为某成品厚度为 4.5mm 热轧带钢从加热炉出口到精轧出口的温降模拟值与实测值对比情况，图中的“ * ”表示每一个计算点的温度，“ + ”为测温仪所在位置的实测温度，1 ~5 点分别为定宽压力机前、粗轧机 R2 前、热卷箱前、飞剪前及精轧出口测温仪处的温度。由图中可以看出，模拟温度与

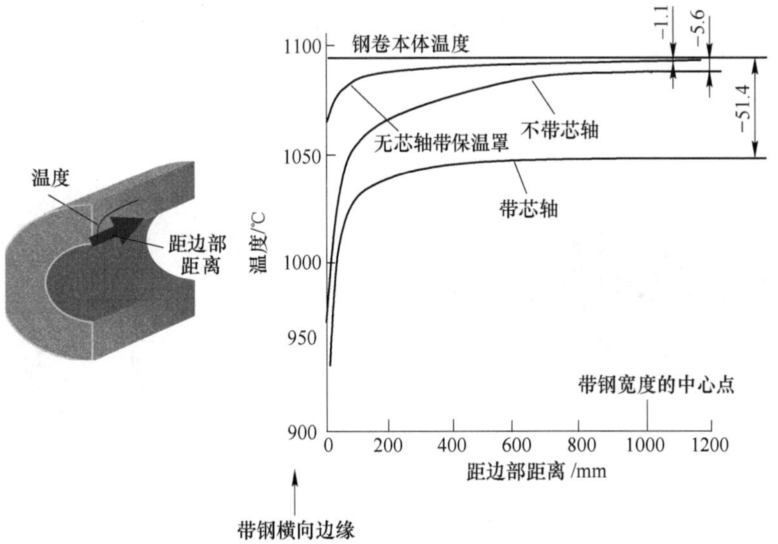

图 2-56 三代热卷箱对于带钢宽度方向的保温效果示意图

实测温度之间温差在 20～30℃。

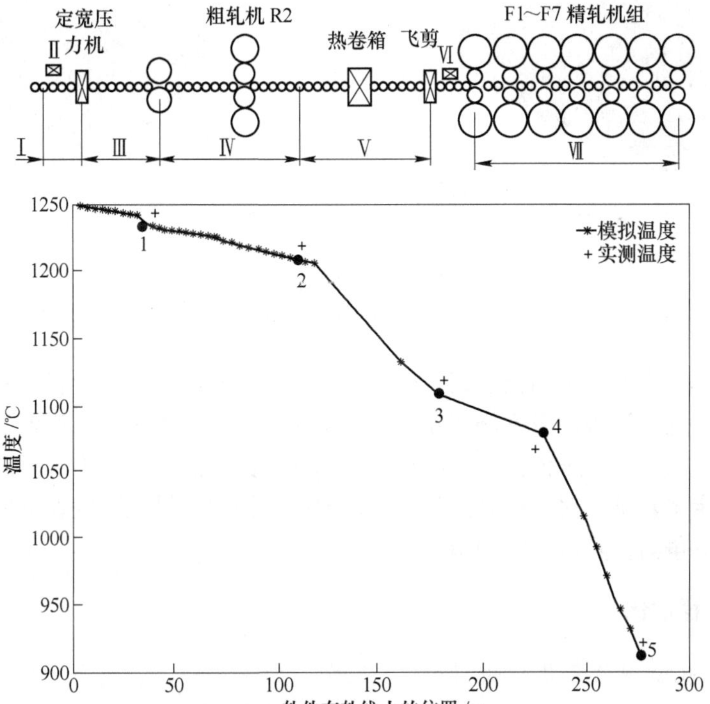

图 2-57 某热轧带钢温降模拟值与实测值

同时，对该热轧生产线所特有的中间坯热卷箱内温度场进行了系统的分析研究，建立了中间坯在热卷箱内的二维及三维温度场的数学模型，分析了影响中间坯温度的主要工艺参数，以及保温罩、钢卷紧实度及中间坯厚度等因素对钢卷内温度场变化的影响，通过

Marc 有限元分析软件，实现了对中间坯在卷取、保温及开卷过程中温度变化的计算机模拟，如图 2-58 所示。

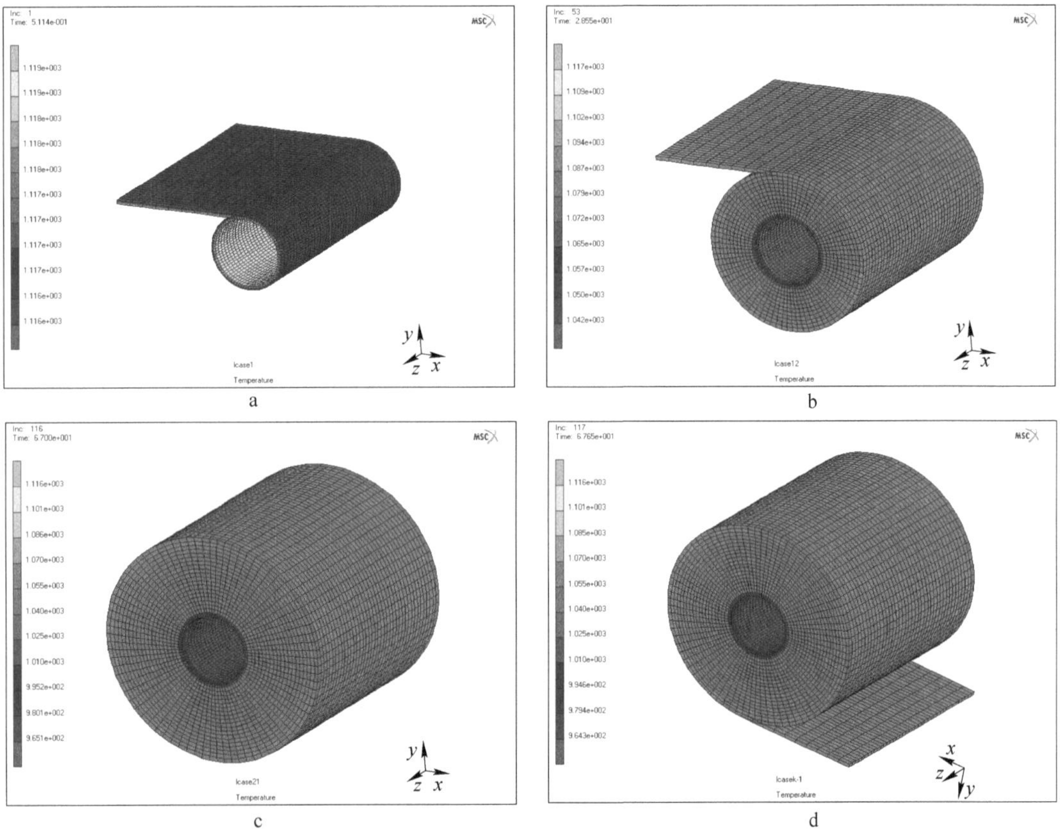

图 2-58　中间坯的温度云图

a—开始卷取时；b—卷取时第 53 步；c—卷取完成并保温 5s 后；d—开卷时第 117 步

通过对汽车用深冲钢和高强度钢在热轧过程中温度制度进行分析，尤其是对出加热炉至精轧机组出口这一过程的温度场变化进行分析模拟，最终为热轧生产各工序工艺制度的制定提供了理论指导和参考依据。中间坯温度场的计算为热轧过程中的轧制负荷分配、板形控制研究奠定了基础，对于提高产品质量及成品合格率，最大限度地降低生产成本、增强产品的市场竞争力，具有一定的指导意义。

2.3.3　轧制规程优化

2.3.3.1　轧制规程及优化设计

轧制规程，对于板带钢轧机主要指压下规程、速度制度、温度制度、张力制度和辊型制度等。轧机从给定厚度的坯料轧出某一规格的产品时，轧制规程可以不同，即中间各机架的出口板厚的选择不是唯一的，这可以称为路径不唯一，如图 2-59 所示[102]。在制定轧件轧制规程时，总是希望所制定的轧制规程，在单位时间内轧制产品的产量最高、产品的质量最好，各种消耗（包括电耗、燃料消耗、金属消耗、轧辊消耗等）最少，产品的经济效益最好[103]。

一般在生产中制定的轧制规程是以经验法为主。虽然经验法所确定的轧制规程能够满足生产要求，但不一定是最好的。以最好的生产工艺，优质、高产、低消耗地进行生产为目的，才能使产品有更强的市场竞争能力。在确定轧制规程时，涉及的方案很多，近年来，计算机在该领域得到了广泛的应用。

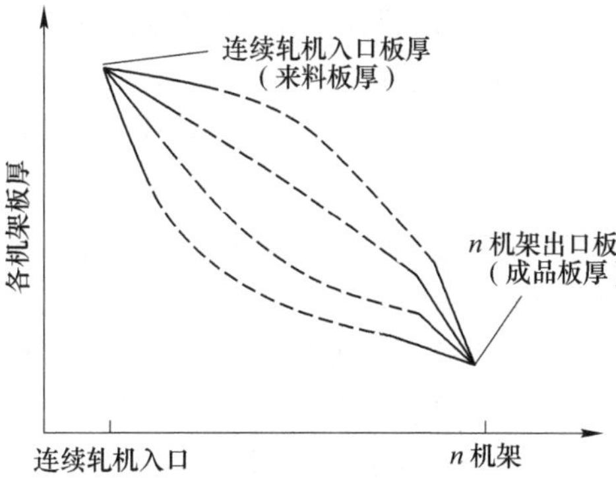

图2-59 连轧机板厚减薄过程

确定最优的轧制规程，称为轧制规程的优化设计。轧制规程的优化设计，是根据实际生产条件，由设计者选择优化目标并归纳成最优化的数学模型，然后通过优化计算求解而得出目标函数的极值。根据具体优化的问题及目标函数的形式，可以采取不同的优化方法求得目标函数的极值。

在一般的生产条件下，所追求的目标常常受到某些方面的限制。如轧辊强度、主电机能力的限制。在寻求目标函数极值的过程中，必须保证在允许的限制条件之内，这就是约束条件。

在实际生产中，有时所追求的目标往往不是单一的，而是多个目标的综合。希望能够使生产过程在各个方面都达到最优，这就是多目标规划问题。

轧制规程的优化设计，可以概括如下：

（1）根据实际生产条件，确定轧制规程的目标函数。

（2）根据实际生产条件，确定约束条件。

（3）选择合适的优化方法。

（4）求目标函数的极值。

（5）确定目标函数最优条件下的工艺参数。

按目标函数的极值所确定的轧制规程各参数，则为寻求的该目标最优的轧制规程。由于实际生产条件的复杂化，在确定目标函数时应考虑到影响轧制规程的主要因素，并根据生产条件适当简化处理，以便计算和收敛得到优化结果。

2.3.3.2 热连轧轧制特点及规程优化

热连轧轧制规程的优化，首先要确定热轧精轧机组数学模型，主要包括轧制力模型、温降模型、板形良好模型等。

（1）轧制压力是轧钢生产中最为重要的一个工艺参数，它与轧制过程中的众多工艺现象有关。如轧制压力与负荷分配的计算紧密相关，其计算的精度将直接影响到负荷分配的优劣；轧制力预报也是热连轧精轧机组设定模型的核心，其预报精度直接影响辊缝的设定，并影响穿带的稳定性。

（2）在带钢热连轧生产过程中，温度是一个非常重要的因素。一方面，变形温度的高低显著影响着变形抗力值的大小，进而影响着轧制力的大小，而轧制力的大小又与轧制成品的尺寸精度、板形好坏以及负荷分配是否合理等密切相关；另一方面，轧制温度的高低对成品的组织性能等也有着重要影响。在实际轧制的时候，影响轧制温度的因素很多。但是考虑到精轧机组具有连续性特点，前面均有测温仪，所以一般采用“卡两头分配中间”的方法，即利用两头的测温仪的实测温度不断地校正，用比较简单的温降公式来分配精轧机组的总温降，从而确定各机架的轧制温度。

（3）轧制生产是带钢在轧辊作用下经过一系列塑性变形过程轧制成所需要的板材。在轧制过程中，由于轧机的弹跳现象、轧辊的弯曲变形等因素致使辊缝沿宽度方向不均，使板材在轧制过程中沿宽度方向不均匀压缩，使轧出成品断面形状不规则，而板材横向受力不均又使内部金属产生纵向流动，引起带钢翘曲。通常，板形是指成品带钢断面形状和平直度两项指标，断面形状在实际中常以凸度（也称绝对凸度）来衡量。平直度是指带钢的翘曲，常用波形表示法和残余应力来表示。影响板形的因素是多方面的，除了受金属本身的物理性能（钢种、碳含量、锰含量等）、金属几何特性（板材的宽厚比、原料凸度）影响外，板形在很大程度上受轧制过程中轧制条件的影响，凡是能影响轧制力及轧辊凸度的因素（如摩擦条件、轧辊直径、张力、轧制速度、弯辊力、磨损等）和能改变轧辊间接触压力分布的因素（如轧辊外形、初始轧辊凸度）都可以影响板形。

建立好相应的模型后，需要设定合适的目标函数，根据实际情况可以采用单目标负荷分配优化及综合多目标负荷分配原则，同时需要进行相应的约束条件限制。

（1）单目标负荷分配优化：热连轧带钢轧机精轧机组各机架主电机功率最小时，轧制能耗最低，以各机架轧制功率最低为寻优目标，目标函数可取“各机架主电机轧制功率和最小”的单目标负荷分配优化原则。各轧制道次间的轧制功率之和达到最小时，则表明轧制能耗最低，由此确定的轧制规程为能耗最低的轧制规程。

（2）综合多目标负荷分配原则：热连轧生产过程具有其固有特点，精轧机组各机架的工艺条件和要求完成的任务都不相同，对于各部分需要进行综合多目标负荷分配。以某公司热连轧生产线为例，其精轧机组共由 6 机架组成，按精轧机组轧制过程目标函数的不同可将轧制规程模型分为三个部分：第一部分（1 ~ 2 机架）：这个阶段需要考虑中间坯由于厚度的波动和穿带速度的变化而引起的带钢咬入困难等因素，因此第一机架压下量要求比设备的能力稍小以满足带钢咬入顺利，第一机架的压下要求小于第二机架一定比例；第二部分（2 ~ 3 机架）：这个阶段要求设备的能力充分利用，尽可能地以最大压下量充分压下，以完成带钢的主要厚度变化；第三阶段（4 ~ 6 机架）：该阶段产品厚度变形要求已基本接近成型，主要是以板形良好为目标，该阶段任务就是要合理分配这几个机架的压下量，保证良好的相对凸度，从而保证成品具有良好的板形。

合理分配各机架的压下量，制定最优的轧制规程，除了考虑提高生产力、保证产品质量等因素外，还要考虑设备的零件强度、电机容量、工艺等方面的限制和板形要求。需要设定包括咬入条件、轧辊强度条件、电机能力条件、板形良好限制条件、速度限制等约束条件。其中咬入条件保证带钢的顺利咬入，一般带钢坯的厚度较薄，穿带的速度又较低，所以可以顺利咬入，尤其是在精轧阶段，咬入条件一般可以不作为约束条件来考虑。当轧制压力过大时，轧辊某部分可能发生破坏。为保证轧辊强度，应对最大轧制压力和轧制力矩加以限制；轧制压力、轧制力矩及轧制速度应满足轧机主电机的负荷条件，即保证主电机在轧制周期内不过载和发热；为了保持良好的板形，除了正确设计辊型外，还应合理安排后几机架的压下量，使其相应的轧制力之间有一定的比例；在综合多目标负荷分配优化时，板形限制是作为目标函数来处理的。在分配各机架厚度时，必须注意各机架的速度不应超出调速范围，其速度一般受第一机架调速范围和末机架低速的限制。

2.3.3.3 热轧轧制规程优化实例

以某公司轧制的 X80 钢、D32 钢以及 SPHC 钢为研究对象[104]，在 Gleeble-3500 热模拟机上分别进行单道次热压缩和多道次热压缩试验。根据试验所得数据，分析变形温度、变形程度、变形速率以及道次间隔时间等因素对各钢种在高温下的变形抗力和道次间隔时间内的静态软化的影响。采用管克智等人依据我国钢铁的实际情况所建立的变形抗力数学模型，用 Matlab 语言编写程序。变形抗力模拟程序是以试验数据和对应的变形条件为输入参数，根据高斯-牛顿非线性回归法，回归出模型中的参数，程序输出数据为模型中的各回归参数值。依据多道次热模拟试验所得到的数据，对静态软化率模型进行回归，然后将此软化率模型转化成残余应变后去修正对应的单道次变形抗力数学模型。结果表明，在实际轧制过程中，尤其是精轧阶段道次间隔时间相对较短的情况下，修正后的变形抗力数学模型更加符合实际连轧生产。

另外，针对实际轧制过程中出现的轧制规程单一、压下分配不合理等情况，以上述所建立的变形抗力数学模型为基础，对压下规程进行优化。在对压下规程进行优化的过程中，以能耗最低和板形最佳为主要考虑的对象，通过单目标规划、多目标规划和遗传算法等几种优化方法进行计算，比较几种方法所得优化结果，然后选出最佳的压下规程。三种优化分配方案所消耗的轧制功耗比原始分配都有极大的降低，即达到了降低能耗的目的。轧制压力对比曲线如图 2-60 所示。在板形控制方面也较原始分配方案明显改善，其中以遗传算法所得压下规程板形最好，多目标规划法其次，单目标优化法稍差，如图 2-61 所示。

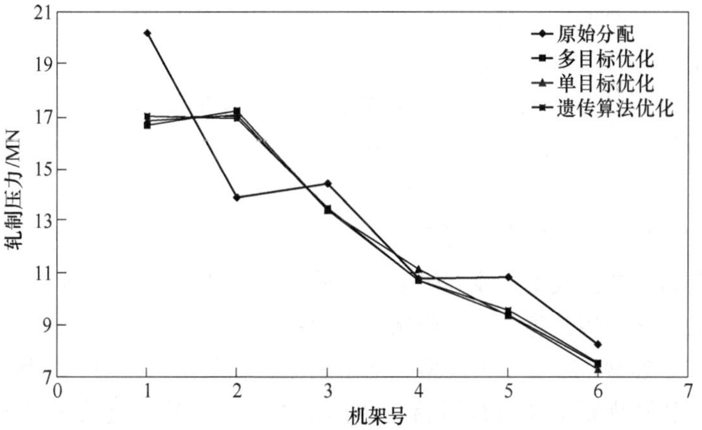

图 2-60 轧制压力对比曲线

2.3.3.4 冷轧轧制力特点

冷轧轧制规程中，轧制力扮演着重要的角色，直接关系到板厚精度、板卷平直度、板带力学性能的好坏。冷轧轧制力特点如下：

（1）轧件几何形状更接近推导理论公式的假设，即宽度比厚度大得多，宽展很小，可认为是平面变形问题。轧件厚度小，平断面假设和滑动摩擦理论较符合实际，轧件内部不均匀变形可以忽略。因此，根据力平衡关系推导出的微分方程式比较接近冷轧实际。

（2）冷轧时一般需采用乳化剂，这是因为冷轧时轧辊和轧件接触面上的摩擦力对轧

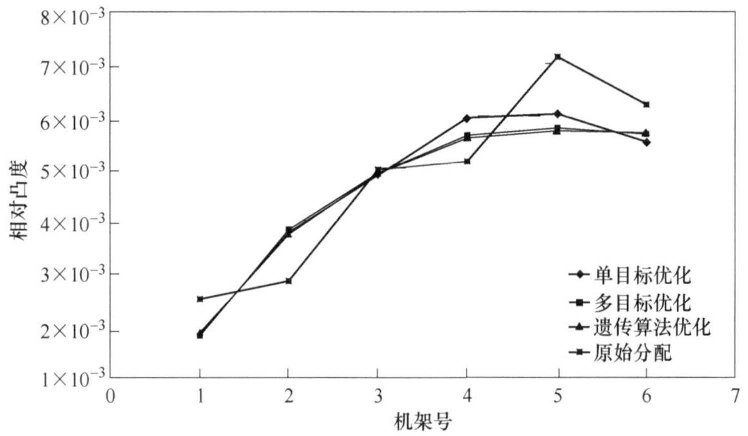

图 2-61　出口相对凸度对比曲线

制力等工艺参数的影响较大，当采用不同的润滑剂及轧制条件不同时（如轧制速度、轧件和轧辊的材质及表面状态等）摩擦系数不同，这同时也增大了轧制力理论计算的难度。如何正确地计算摩擦系数，对轧制力的精确计算至关重要。

(3) 冷轧板带材的一个重要条件是采用较大的前后张力，轧件越薄，张力的作用越大。张力可减小轧制力，有利于冷轧的进行。当板形不好时，通过横断面上张力分配的作用，可在一定程度上改善板形。

(4) 冷轧时，由于轧件较薄较硬，因此接触弧长中单位压力较大，使轧辊在接触弧处产生压扁现象，因而增加了接触弧的实际长度。因此冷轧时，轧辊的压扁现象不容忽视，在计算轧制力时必须加以考虑。

(5) 轧件的变形抗力有加工硬化的影响，故各机架的变形抗力往往和前面各机架的加工率相关，而且对一机架来说，它也是沿着接触弧变化的，出口处比入口处要硬，计算时应取平均值，一般按照平均累积压下率来计算平均变形抗力。

2.3.3.5　冷轧轧制规程优化实例

研究了某公司冷轧薄板生产线五机架冷连轧轧制规程的相关数学模型[105]，结合部分现场规程采用的数学模型，建立了适合该五机架冷连轧生产的比较理想的轧制工艺数学模型，包括变形抗力模型、摩擦系数模型、前滑模型、轧制压力模型、轧制力矩模型、轧制功率模型等。对轧制规程优化设计进行系统的学习研究，确定优化设计的变量、目标函数、约束条件以及优化方法，运用 Matlab 语言编制轧制规程优化程序。结合实际轧制数据，对现场 SPCC 钢的轧制规程进行了以等相对负荷、能耗最小、预防打滑为目标的优化设计研究。

考虑到现场五机架冷连轧轧制规程压下值的确定方法为：第 5 机架采用绝对轧制力方式，作为平整机架使用，用于控制带钢板形和表面粗糙度，其仅有微小变形量，因此只对前四机架轧制规程进行优化，末机架采用现场规程。分析了现场 SPCC 钢的轧制规程，其中来料厚度 2.94mm，成品厚度 0.68mm，带钢宽度 1255mm，机组出口速度 18.1m/s，根据等相对负荷优化设计方法，SPCC 钢优化前后各机架出口厚度、轧制力、轧制力矩、轧制功率、压下率、负荷系数计算结果如表 2-11 和图 2-62 所示。优化前，2 号机架负荷较大，优化后 1 号、4 号机架压下率增加，机架负荷也增大，前四机架负荷系数几近一致，基本上保证了前四机架等相对负荷运行状态。经计算，优化后规程，当机组的轧制速度提高到 21m/s 时，前四机架负荷系数依次为：0.932、0.935、0.931、0.933。而原规程当机组出口速度提高到 20m/s 时，2 号机架已满负荷运行。可见，采用等相对负荷优化设计能够提高机组的轧制速度，从而提高生产效率。

表 2-11 各机架压下率和负荷系数

机架号		1	2	3	4
压下率/%	优化前	31.94	34.78	29.04	25.92
	优化后	34.05	31.92	28.41	27.41
负荷系数	优化前	0.717	0.906	0.837	0.755
	优化后	0.809	0.811	0.808	0.810

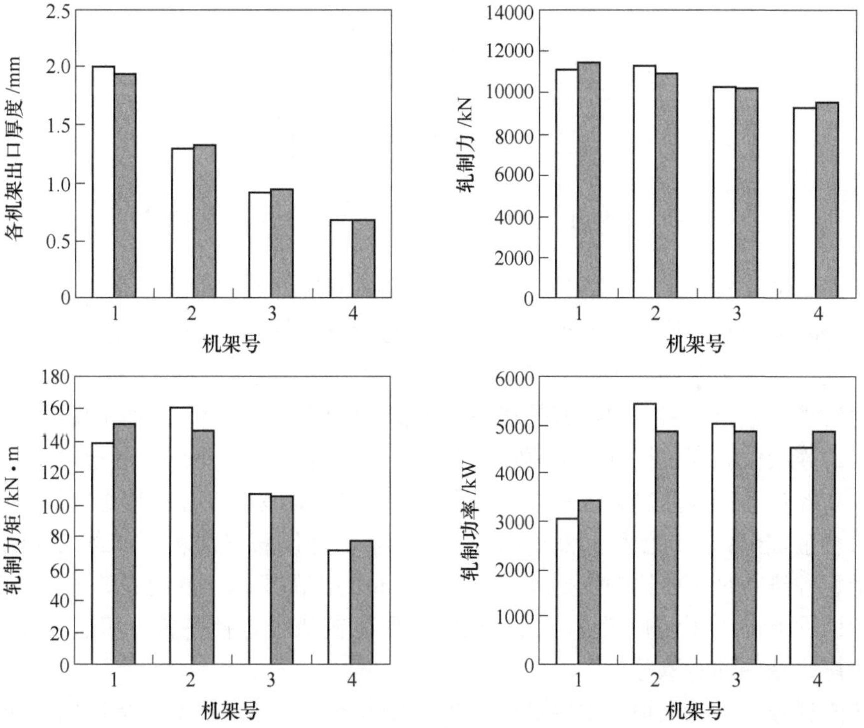

图 2-62 轧制规程优化前后结果对比
□—优化前；■—优化后

2.3.4 连续退火及热镀锌技术

汽车用钢不断朝着高强度高塑性方向发展，以满足日益增长的减重节能及安全性要求。另外，汽车用钢在不同环境状态下的耐腐蚀性能也需要不断提高。连续退火技术的发展可以满足汽车用钢的高强化发展需求，而镀锌技术则在一定程度上可以很好地保护汽车用钢的使用寿命。

近年来，随着汽车用先进高强度钢的不断发展，热处理方式趋于复杂化，在加热、等温、冷却过程中对于温度、速度的精确控制显得越来越重要。这些热处理工艺往往是传统罩式退火无法完成的。图 2-63 所示为 DP 钢、TRIP 钢、QP 钢的常见热处理曲线示意图，为了满足所设计钢种最终的组织，需要对该钢种不同相变点参数进行很好的把握，同时需要精确控制加热保温温度、冷却速度等参数。在现代连续退火技术中，随着退火炉设备的不断完善，连退技术得以不断发展。

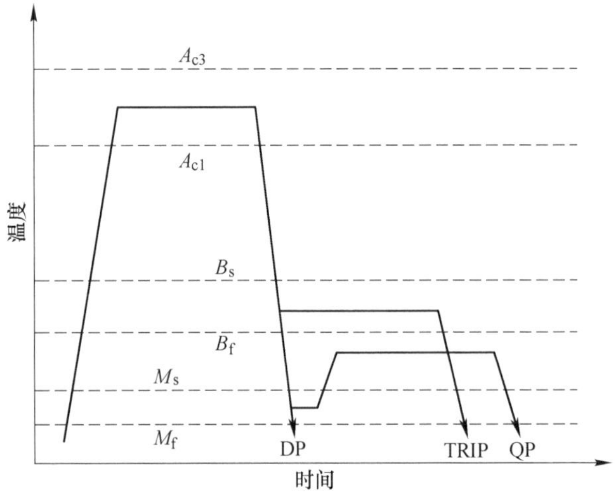

图 2-63　DP 钢、TRIP 钢、QP 钢的常见热处理曲线示意图

一般连续退火机组工艺主要包括开卷→焊接→清洗（物理、化学和电解清洗）→退火→平整→表面检查→涂油→卷取→精整（分卷检查和横切）→成品包装等工序。开卷是保证全线生产工艺顺利进行的关键环节，要求操作者首先对原料进行质量检查，同时严格按照生产计划进行上料。焊接就是把头尾两卷带钢焊接在一起，从而实现连续退火机组生产操作的连续性。焊机按其焊接原理不同可分为激光焊、闪光焊、对接焊、搭接焊等。带钢必须要经过清洗去除冷轧乳化液等表面污染物以保证退火产品的质量。退火就是把固态金属或合金加热到一定温度，然后以一定的速度冷却以获得需求的状态或性能的过程，根据各个钢种进行带钢合适的热处理技术是获得最终产品组织性能的关键。在带钢经过连续退火炉以后就进入了出口段，在出口段的主要工艺流程包括平整、切边、去毛刺、检查、切头尾、涂油和卷取等。

现代连退技术对退火炉的主要要求包括：加热技术、冷却技术及高速稳定通板技术。目前连退技术的加热方式主要采用辐射管辐射加热，其他加热方式如电阻加热和感应加热多用于连续退火炉的辅助加热以及快冷后的再加热和合金化加热等。带钢均热后的冷却至关重要，也是连退技术的核心所在，它的基本要求应该是冷却速度尽可能要快，但不能影响带钢质量，能源消耗和设备投资也尽可能减小。目前已开发使用或正在使用的冷却方法有：气体喷射冷却、冷水淬火、辊式冷却、高速气体喷射冷却、气-水加速冷却、热水冷却、水淬与辊冷、气体喷射和辊冷复合冷却以及目前比较流行的高氢闪冷技术等。加热炉内的稳定通板技术是在既定的工艺条件下设备和控制系统的综合能力的体现，也体现了退火炉提供厂家的设计水准。稳定通板的基本工艺要求是：在该品种带钢的工艺速度下运行；加热和冷却均匀，并且温度控制要求精确，可以根据原料和设备情况较方便地调整退火曲线；对板形有所改善，至少不扩大板形缺陷；尽可能减少炉内拉窄量；张力波动控制在很小范围内；尽可能避免热瓢曲、冷瓢曲和跑偏现象；带钢运行中基本无抖动现象等。

热镀锌生产线实际上是将连续退火生产线和镀锌系统进行有效结合。钢板通过加热、保温和冷却等一系列热处理使钢板具有一定的力学性能，并且使表面有一个镀锌所必须的清洁的表面；然后钢板经锌锅镀锌、气刀控制锌层厚度、合金化处理（生产合金化热镀锌钢板时用）、光整、表面后处理（钝化或磷化）和涂油等工序完成生产过程。带钢的热镀锌工艺主要包括：开卷→焊接→清洗→退火→镀锌→镀后冷却→光整拉矫→钝化→涂油→卷取。

按照镀前处理方法可以将热镀锌工艺分为线外退火和线内退火两大类。根据基板类型可以将热镀锌钢板分为热轧镀锌板和冷轧镀锌板两大类。其中汽车用钢主要为冷轧热镀锌钢板，其覆盖面已经遍及各类汽车用钢，如深冲用 IF 钢、烘烤硬化钢、高强度 IF 钢、微合金钢、双相钢、TRIP 钢和 QP 钢等。

宝钢于 2009 年开发建成了中国第一条、世界第四条高水平的冷轧超高强度钢板生产研发专用线，在同一条线上可以完成连续退火和热镀锌功能，其主要特点是：

（1）多种先进高强度钢产品生产模式（冷轧氮氢冷却、高氢冷却、水淬、热镀锌氮氢冷却、高氢冷却）的快速切换，能以较少的投入满足多品种、小批量的市场需求。

（2）开发了三种生产先进高强度薄带钢的快冷技术。高氢高速喷气冷却技术平均冷却速度达到 155℃/s；新型水淬技术冷速达到 1000℃/s；在气刀上方 4m 高度内实现热镀锌镀后超细气雾冷却。

（3）产能规模达到 20 万吨，其中冷轧板 11 万吨，最高强度达到 1500MPa；热镀锌板 9 万吨，最高强度达到 1180MPa。其产品覆盖马氏体钢、DP 钢、TRIP 钢以及 QP 钢等，其工艺路线如图 2-64 所示。

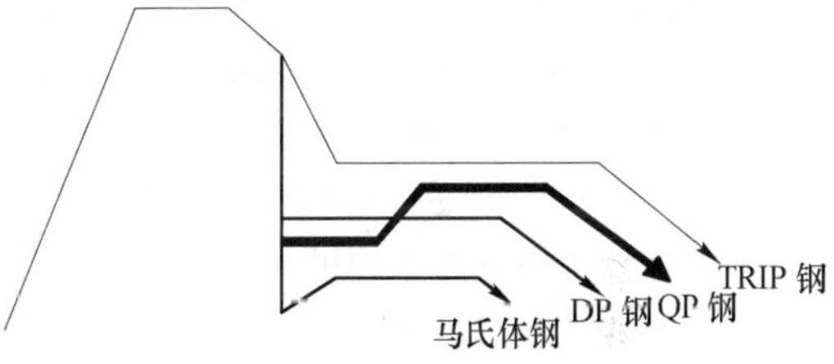

图 2-64 宝钢 AHSS 专用生产线工艺路线

参 考 文 献

[1] 李振．低碳中锰 TRIP 钢组织演变与锰配分规律［D］．北京：北京科技大学，2012.

[2] Hutchinson J W，Obrecht H. Tensile instabilities in strain-rate dependent materials［J］. Fracture，1977（1）：101～116.

[3] 董瀚，王毛球，翁宇庆．高性能钢的 M3 组织调控理论与技术［J］．钢铁，2010，45（7）：1～6.

[4] Matlock D K，Speer J G. Design Considerations for the Next Generation of Advanced High Strength Sheet Steels［C］. Proc. of the 3rd Int. Conf. on Advanced Structural Steels（ICASS），Geongju，Korea，2006：774～781.

[5] Wagoner R H. Report：Advanced High-Strength Steel Workshop［C］. Arlington，Virginaia，USA，2006.

[6] Matsuda H，Mizuno R，Funakawa Y，et al. Effects of auto-tempering behaviour of martensite on mechanical properties of ultra high strength steel sheets［J］. Journal of Alloys and Compounds，2013，577（S1），661～668.

[7] 魏兴，付立铭，刘世昌，等．双相钢组成相的变形行为及其影响因素［J］．材料研究学报，2013，27（6）：665～762.

[8] 佟婷婷．1470MPa 级超高强双相钢的组织性能研究［D］．北京：北京科技大学，2015.

[9] 雍岐龙，马鸣图，吴宝榕．微合金钢-物理与力学冶金［M］．北京：机械工业出版社，1989.

[10] Ustinovshchikov Y I. Secondary hardening mechanism of alloy steels［J］. Metal Science，1984，18（7）：337～344.

[11] 雍岐龙．微合金碳氮化物在铁素体中的沉淀强化机制的理论分析［J］．科学通报，1989（9）：707～709.

[12] 雍岐龙，郑鲁．微合金化钢中 NbC 在铁素体中的沉淀和沉淀强化［J］．金属学报，1984，20（1）：A9～A16.

[13] Fischer F D，Reisner G，Werner E，et al. A new view on transformation induced plasticity（TRIP）［J］. International Journal of Plasticity，2000，16（7）：724～748.

[14] Chen H C，Era H，Shimizu M. Effect of phosphorus on the formation ofretained austenite and mechanical properties in silicon- containing low- carbon steel Sheet［J］. Metall Trans A，1989，20A（3）：437～445.

[15] Sugimoto K I，Misu M，Kobayashi M，et al. Effects of second phase morphology on retained austenite morphology and tensile properties in a TRIP-Aided dual-phase steel sheet［J］. ISIJ International，1993，33（7）：775～782.

[16] Wang J，Van D，Zwaag S. Stabilization mechanisms of retained austenite in transformation-induced plasticity steel［J］. Metallurgical and Materials Transactions A，2001，32（6）：1527～1539.

[17] Mahieu J，Maki J，Cooman B C D，et al. Phase transformation and mechanical properties of Si-free CMnAl transformation-induced plasticity-aided steel［J］. Metallurgical and Materials Transactions A，2002，33A（8）：2573～2580.

[18] Godet S，Harlet P，Delannay F，et al. Effect of hot-rolling conditions on the tensile properties of multiphase steels exhibiting a TRIP effect［J］. Steel Research，2002，73（6）：280～286.

[19] 段修刚．铁素体 Ti-Mo 微合金钢纳米粒子析出规律研究［D］．北京：北京科技大学，2012.

[20] Ming-Chun Zhao，Ke Yang，Yiying Shan. The effects of thermo-mechanical control process on microstructures and mechanical properties of a commercial pipeline steel［J］. Materials Science and Engineering，2002（A335）：14～20.

[21]《稀有金属应用》编写组．稀有金属应用［M］．北京：冶金工业出版社，1983.

[22] 董瀚，马党参，郎宇平，等．钼在合金钢中的特性与应用［J］．世界有色金属，2010（11）：66～69.

[23] Lee W B，Hong S G，Park C G，et al. Influence of Mo on precipitation hardening in hot rolled HSLA steels containing Nb［J］. Scripta Mater，2000（43）：319～324.

[24] Lee W B，Hong S G，Park C G，et al. Carbide precipitation and high-temperature strength of hot-rolled high-strength，low-alloy steels containing Nb and Mo［J］. Metallurgical and Materials Transactions A，2002，33A（1）：1689～1698.

[25] 童明伟，袁泽喜，卜勇，等．钼、铌含量对耐火结构钢组织与性能的影响［J］．机械工程材料，2010，34（7）：57～61.

[26] Chen C Y，Yen H W，Kao F H，et al. Precipitation hardening of high-strength low-alloy steels by nanometer-sized carbides［J］. Materials Science and Engineering A，2009（499）：162～166.

[27] 曹建春．铌钼复合微合金钢中碳氮化物沉淀析出研究［D］．昆明：昆明理工大学，2006.

[28] 蒯振．高强 Q&P 钢的生产工艺及组织性能研究［D］．北京：北京科技大学，2012.

[29] Annika Borgenstam, Lars Höglund, John Ågren. DICTRA, a tool for simulation of diffusional transformations in alloys [J]. Journal of Phase Equilibria, 2000, 21 (3): 269 ~ 280.

[30] Andersson J O, Helander T, Höglund L . Thermo-Calc& DICTRA, computational tools for materials science [J]. Calphad, 2002, 26 (2): 273 ~ 312.

[31] Rizzo F C, Edmonds D V, He K. In Carbon Enrichment of Austenite and Carbide Precipitation During the Quenching and Partition (Q&P) Process [C]. Proceedings of International Conference on Solid-Solid Phase Transformations in Inorganic Materials, 2005: 535 ~ 544.

[32] Clarke A, Speer J G, Matlock D K. Microstructure and carbon partitioning in a 0.19% C-1.59% Mn-1.63% Si trip sheet steel subjected to quenching and partitioning (Q&P) [C]. Proceedings of an International Conference on Solid-Solid Phase Transformations in Inorganic Materials, 2005, 2: 99 ~ 108.

[33] 侯增寿. 晶体缺陷与金属材料热处理 [M]. 北京: 机械工业出版社, 1998: 143 ~ 173.

[34] Covarrubias O, Guerrero M P. Transformation behavior of Si and Mn bearing low carbon steels. International Conference On TRIP-Aided High Strength Ferrous Alloys [C]. Aachen: WMG, 2001: 220 ~ 222.

[35] Sung-Joon Kim, Chang Gjl Lee, Ildong Choi. Effects of heat treatment and alloying elements on the microstructures and mechanical properties of 0.15 wtpct C transformation-induced plasticity-aided cold-rolled steel sheets [J]. Metallurgical and Materials Transactions A, 2001, 32 (3): 505 ~ 514.

[36] Gallagher M F, Speer J G, Matlock D K. Microstructure development in TRIP sheet steels containing Si, Al and P [C]. 44th Mechanical Working and Steel Processing Conference and the 8th International Rolling Conference and International Symposium on Zinc-Coated Steels, 2002: 153 ~ 172.

[37] Maki J, Mahieu J, De Cooman B C. Galvanisability of Silicon Free C-Mn-Si TRIP Steels [J]. Materials Science and Technology, 2003, 19 (1): 125 ~ 131.

[38] Mahieu J. Contribution to the physical metallurgy of crash-resistant galvanized TRIP-assisted steel for automotive structures [D]. PHD thesis, Ghent University, Belgium, 2004.

[39] Moor E D, Lacroix S, Samek L . Dilatometric Study of the Quench and Partitioning Process [C]. The 3rd International Conference on Advanced Structural Steels, 2006: 873.

[40] Ghosh A, Mishra B, Das S, Chatterjee S. An ultra-low carbon Cu bearing steel: influence of thermomechanical processing and aging heat treatment on structure and properties [J]. Materials Science and Engineering A, 2004, 374 (1 ~ 2): 43 ~ 55.

[41] 贺信莱, 褚幼义, 柯俊. 硼钢淬透性与硼向奥氏体晶界的偏聚 [J]. 金属学报, 1983, 19 (6): 459 ~ 469.

[42] Kunitake O, Imai T, Mukawa S, et al. High Speed Decarburization by Meodernized RH-OB and New Decarburization Technology Under Reduce Pressure by CAS-OB [C]. In: 2001 Steelmaking Conference Proceedings, Baltimore. Warrendale: Iron and Steel Society, 2001: 625 ~ 633.

[43] Govan G, Rushe J, Piday C. The development and Operation of a Oxygen Lance for the RH Degassing Unit at Corus Strip Product [C]. In: 3rd European Oxygen Steelmaking Conference, Birmingham, Great-Britain. Port Talbot: Port Talbot Works, 2000: 221 ~ 240.

[44] Kunitake O, Imai T, Mukawa S, et al. Improvement of RH Operation by Increase of Snorkel Diameter [J]. CAMP-ISIJ, 1996, 9 (4): 702.

[45] Kameyama K, Nishikawa H, Aratani M, et al. Mass Production of Ultra-low Carbon Steel by KTB Method Using Oxygen Top Blowing In Vacuum Vessel [J]. Kawasaki Steel Technical Report, 1992, 26 (6): 92 ~ 99.

[46] Jeffrey J Becker, Maureen A Madden, Thinium T Natarajan, et al. Liquid/Solid Interactions During Continuous Casting of High-Al Advanced High-strength Steels [C]. AISTech 2005 Proceedings, Volume 2:

99 ~ 105.

[47] Stuart Street, Keegan James, Nicole Minoretal. Production of High- Aluminum Steel Slabs [J]. Iron & Steel Technology, 2008 (7): 38 ~ 49.

[48] 杨波，唐萍，文光华，等. 高铝 TRIP 钢连铸过程中保护渣中 Al_2O_3 含量的变化对渣膜传热的影响 [J]. 中国有色金属学报，2011，21 (4)：913 ~ 918.

[49] 王欢，唐萍，文光华，等. Li_2O 对高铝钢保护渣结晶行为及渣膜传热的影响 [J]. 北京科技大学学报，2011，33 (5)：544 ~ 549.

[50] 于雄，文光华，唐萍，等. B_2O_3 对高铝钢连铸保护渣理化性能的影响 [J]. 重庆大学学报，2011，34 (1)：66 ~ 71.

[51] 何生平，王谦，谢兵，等. 高铝钢连铸保护渣性能的控制 [J]. 钢铁研究学报，2009，21 (12)：59.

[52] 季晨曦，曾智，赵长亮，等. 首钢京唐公司高铝 TRIP 钢板坯浇铸实践 [C]. 第十八届全国炼钢学术会议论文集，2014：1 ~ 6.

[53] Zhuang C, Liu J, Jiang H, et al. Non-Metallic Inclusion in TWIP Steel [J]. Steel Research, 2013, 85 (4).

[54] Grassel O, Kruger L, Frommeyer G, et al. High strength Fe-Mn-(Al, Si) TRIP TWIP steels development properties application [J]. International Journal of Plasticity, 2000, 16: 1391 ~ 1409.

[55] 马凤仓. TWIP 钢的研究现状 [J]. 宝钢技术，2008 (6)：62 ~ 66.

[56] 张增志. 耐磨高锰钢 [M]. 北京：冶金工业出版社，2002.

[57] 傅排先，李殿中，李依依. 厚断面高锰钢铸件凝固组织模拟与控制 [J]. 铸造，2009，58 (10)：1030 ~ 1037.

[58] 刘建华，庄昌凌，李世琪，等. 低碳 FeMnSiAl 系 TWIP 冶炼技术研究 [C]. 第十八届全国炼钢学术会议论文集，2014 (S08)：1 ~ 6.

[59] 闫永其，崔衡，王征，等. 含 P 高强 IF 钢的高温力学性能 [J]. 材料研究学报，2015，29 (8)：602 ~ 606.

[60] 雍岐龙. 钢铁材料中的第二相 [M]. 北京：冶金工业出版社，2006.

[61] 张东彬，吴承建，杨让. Fe-P 与 Fe-P-Ce 合金中的晶界磷偏聚及其对脆性的影响 [J]. 金属学报，1991，27 (2)：111.

[62] 尹桂丽，周立岱，林成. 钢中磷化物的相价电子结构及其对冷脆的影响 [J]. 兵器材料科学与工程，2009，32 (3)：11.

[63] 照日格图，王忠伟，李海刚. 82MnA 钢连铸坯中的磷化物 Fe_3P 分析 [J]. 理化检验-物理分册，2011，47 (6)：340.

[64] 刘洋，王征，崔衡，等. 高强度双相钢的高温力学性能 [J]. 材料热处理学报，2016，37 (5)：133 ~ 137.

[65] 邸洪双，康向东，王国栋，等. 低碳钢的高温力学性能 [J]. 东北大学学报，2004，25 (1)：40 ~ 43.

[66] 闫永其，崔衡，王征，等. 高铝 TRIP 钢高温力学性能 [J]. 工程科学学报，2015，37 (8)：1017 ~ 1022.

[67] 王新华，朱国森，于会香，等. 高碳钢连铸板坯高温力学性能 [J]. 北京科技大学学报，2005，27 (5)：545.

[68] 陈家祥. 炼钢常用图表数据手册 [M]. 2 版. 北京：冶金工业出版社，2010.

[69] Su H, Gunawadarna W D, Tuling A, et al. Influence of Al and P additions on hot ductility of steel [J]. Materials Science and Technology, 2003, 23 (11): 1357.

[70] 李世琪，刘建华，庄昌凌，等. Fe-25Mn-3Si-3Al TWIP 钢凝固特性研究 [J]. 炼钢，2015，31

(12): 29.
[71] 杨忠民，赵燕，王瑞珍，等．低温变形低碳钢超细铁素体的形成［J］．金属学报，2000，36 (10): 1061～1066.
[72] Khosravifard A, Hamada A S, Moshksar M M, et al. High temperature deformation behavior of two as-cast high-manganese TWIP steels [J]. Materials Science and Engineering, 2013, 582 (10): 15～21.
[73] Wietbrock B, Bambach M, Seuren S, et al. Homogenization stragy and material characterization of high-manganese TRIP and TWIP steels [J]. Materials Science Forum, 2010, 634～642: 3134～3139.
[74] Reitz J, Wietbrock B, Richter S, et al. Enhanced homogenization strategy by electroslag remelting of high manganese TRIP and TWIP steels [J]. Advanced Engineering Materials, 2011, 13 (5): 395～399.
[75] 王征．高铝 TRIP 钢铸坯质量控制［D］．北京：北京科技大学，2015.
[76] Thomas B G, Storkman W R. Mathematical models of continuous slab casting to optimize mold taper [C]. Modeling and Control of Casting and Welding Processes, 1988: 287～297.
[77] 闫永其，崔衡，王征，等．含磷高强 IF 钢中心偏析研究．铸造技术，2015，36 (7): 1627～1630.
[78] 蔡开科．连铸坯质量控制［M］．冶金工业出版社，2010: 284.
[79] 侯自兵，成国光，饶添荣．连铸板坯中心线偏析形成机制与轻压下技术［J］．钢铁，2011，46 (11): 45～60.
[80] Cui Heng, Wu Huajie, Yue Feng, et al. Surface defects of cold-rolled Ti-IF steel sheets due to non-metallic inclusions [C]. Journal of Iron and Steel Research, International (Suppl.), The 2nd International Symposiumon Steel (ISCS2011): 335～340.
[81] 张维维，李晓伟，吕春风．IF 钢冷轧板表面条状缺陷［J］．钢铁研究学报，2009，21 (7): 59～62.
[82] Choudhary S K, Khan A J. Nozzle clogging during continuous slab casting at Tata steel [J]. Steel Times International, 2000, 7 (5): 21～28.
[83] Cui Heng, Bao Yanping, Wang Min, et al. Clogging behavior of submerged entry nozzles for Ti-bearing IF steel [J]. International Journal of Minerals Metallurgy and Materials, 2010, 17 (2): 154～158.
[84] Jacobi H, Wûnnenberg K. Improving oxide cleanness on basis of MIDAS method [J]. Ironmaking & Steelmaking, 2003, 30 (2): 130～141.
[85] 崔衡，陈斌，王敏，等．RH 精炼过程中 IF 钢洁净度的控制［J］．北京科技大学学报，2011，33 (suppl. 1): 147～150.
[86] 崔衡，田恩华，陈斌，等．RH 真空精炼后 IF 钢镇静工艺的洁净度研究［J］．北京科技大学学报，2014，36 (suppl. 1): 32～35.
[87] 苑品，包燕平，崔衡，等．高品质 IF 钢连铸中间包降低浇注余水模型研究［J］．北京科技大学学报，2011，33 (suppl. 1): 1～5.
[88] 崔衡，包燕平，刘建华．中间包气幕挡墙水模型实验与工业试验研究［J］．炼钢，2010，26 (2): 45～48.
[89] 崔衡，岳峰，包燕平，等．IF 钢连铸头坯洁净度研究［J］．钢铁，2010，45 (3): 38～41.
[90] Wang M, Bao Y P, Cui H, et al. Surface cleanliness evaluation in Ti stabilised ultralow carbon (Ti-IF) steel [J]. Ironmaking & Steelmaking, 2011, 38, (5): 386～390.
[91] 张树堂．连铸坯热送产装系统优化技术［J］．连铸，1999 (1): 12～16.
[92] 许望炎．连铸坯在热装热送中的温度场研究［D］．北京：北京科技大学，2009.
[93] 孙一康．带钢热连轧的模型与控制［M］．北京：冶金工业出版社，2002.
[94] 刘玠，孙一康．带钢热连轧计算机控制［M］．北京：机械工业出版社，1997.
[95] 许云波，郑晖，刘相华，等．400MPa 级超级钢热连轧过程中温度及 MFS 的预测［J］．东北大学学

报（自然科学版），2002，23（6）：569～572.

[96] James F E，Lain D R，Howard R W. Numerical Modeling of Hot Strip Mill Runout Table Cooling [J]. Iron and Steel Engineer，1993（1）：50～54.

[97] Ahel C A. Interstand Cooling during the Processing of Controlled Rolled Plates to Improve Mill Productivity [C]. Iron & Steel Soc of AIME，1997：545～554.

[98] 王廷溥．板带材生产原理与工艺［M］．北京：冶金工业出版社，1995.

[99] 张年春，程良键，丁永生，等．热卷箱技术及其在热带钢轧机上的应用［J］．钢铁，1999，34（8）：63～65.

[100] 黄波．常规热轧带钢轧机减少中间带坯温度差的措施［C］.2005 年中国钢铁年会论文集：139～142.

[101] 杨铁博．板带热轧过程中温降及热卷箱内温度场研究［D］．北京：北京科技大学，2009.

[102] 镰田正诚．板带连续轧制［M］．北京：冶金工业出版社，2002：911.

[103] 刘占英．轧制变形规程优化设计［M］．北京：冶金工业出版社，1996：1～149.

[104] 张金旺．热连轧过程中板带变形抗力及压下规程优化的研究［D］．北京：北京科技大学，2004.

[105] 刘玉金．1850 五机架冷连轧轧制规程的优化［D］．北京：北京科技大学，2008.

3 高强度 IF 钢及烘烤硬化钢

3.1 高强度 IF 钢

汽车制造所使用的钢铁材料中用量最大的是薄钢板，为了适应现代汽车对薄板品质的要求，原材料生产工业也逐步形成了具有不同特点的发展方向：（1）以减重节能为目标的高强度钢板；（2）以提高成型性能为目标的超深冲钢板；（3）以提高汽车防腐能力为目标的表面处理钢板；（4）以发展高性能汽车为目标的减振消音用的复合钢板和改善外观质量、提高反光性能的镜面钢板等[1]。IF 钢作为目前深冲性能最好的钢板，在汽车工业中有着重要的作用。

在低碳钢中加入足够数量的 Ti 或 Nb，使得钢中 C、N 原子完全被固定成碳氮化合物 Ti(CN) 或 Nb(CN) 而清除间隙固溶原子，这种钢称为“无间隙原子钢”，即 Interstitial-Free Steel，简称“IF 钢”。

以 IF 钢为代表的超低碳钢，是当今第三代深冲钢。在超低碳钢中，严重危害深冲性的间隙原子（C、N）和杂质元素被控制在最低水平，并通过 Ti、Nb 合金化清扫固溶体中的间隙原子[2]。由于 IF 钢没有间隙原子，因此具有优异的深冲性能和非时效性，在以汽车（尤其是轿车）工业为代表的现代工业中得到了大量的应用。目前主要用于汽车极深冲级（EDDQ）和超深冲级（SEDDQ）冲压件（轿车覆盖件）的生产。

众所周知，由于强度和成型性是一对矛盾，随着强度的提高，成型性能下降，这给加工带来困难。对要求兼有高强度和高 r 值的零件，如汽车外覆盖件等，传统的以铝镇静钢为基的固溶强化钢系列很难满足要求[3]。高强度 IF 钢既保持了超深冲 IF 钢的优良的冲压性能又具有高的强度，适于多种汽车覆盖件的冲压生产。采用高强度 IF 钢可以减小车身自重，实现轻量化、节能化的目的。高强度 IF 钢板在汽车行业中将得到越来越多的应用。

高强度 IF 钢板的开发顺应了汽车工业减重、节能的发展趋势，同时也继承了 IF 钢的成分、工艺、组织和性能特点，可以满足汽车制造对高强度和良好成型性的要求，广泛应用于汽车制造业，尤其是汽车外板、内板。

3.1.1 高强度 IF 钢的发展

3.1.1.1 国外高强度 IF 钢系列产品的发展

世界许多大钢铁公司都对 IF 钢进行了研究和开发[4,5]，如日本的川崎、新日铁，美国的 Armco、Inland，德国 Thyssen、Hoesch 等。研究的主要内容有：钢化学成分、轧制工艺、退火制度对深冲性能的影响，织构形成机理、强化机理、析出物形态、加工脆性、相变机理等，计算机模拟钢加工过程的性能及织构，这些研究工作对 IF 钢生产具有重要的指导作用。

目前，国内外对高强度 IF 钢的生产主要有两个系列，一个是以抗拉强度命名的 340MPa、390MPa、440MPa 三个强度级别的高强度 IF 钢；另外一个是以屈服强度命名的 180MPa、220MPa、260MPa、300MPa 四个强度级别的高强度 IF 钢。

高强度 IF 钢生产在日本发展很快，在 1999 ~ 2001 年，日本每年生产 600 万 ~ 700 万吨 IF 钢。冶炼技术的发展，使 C 含量减少到 $10 \times 10^{-4}\%$，为 IF 钢生产创造了条件。日本生产的高强度 IF 钢，屈服强度达 237MPa，抗拉强度达 370MPa，伸长率达 38%，r 值达 2.0。

据最近报道，日本 NKK 钢铁公司利用细晶强化和细小碳化物弥散强化（析出强化）相结合的技术，开发了一种 440MPa 级别的超细晶高强合金化热镀锌 IF 钢 SFG440-GA。通过减少固溶元素含量、热轧板织构控制和晶粒细化使 GA 钢板的 r 值达到 1.7，且通过显微组织的晶粒细化而改善了二次加工脆性。

2005 年，韩国浦项 IF 钢年产量达 300 万吨，并且生产了 340 ~ 440MPa 级的高强度 IF 钢。为减少冲压成型高强度钢的难度，对烘烤硬化 IF 钢也投入生产。另外，韩国汽车研究所还进行了汽车用高强度合金化镀锌板表面缺陷特征研究[6]。

德国蒂森钢铁公司开发出抗拉强度为 450MPa 级、具有优异冷成型性的含 Nb 高强度合金化热镀锌板[7]。NKK 成功地开发了一种牌号为 SFG340 的 340MPa 级热镀锌高强度 IF 钢板，其性能指标为：$R_{eL} = 197\text{MPa}$，$R_m = 345\text{MPa}$，$A > 42\%$，$r = 1.7$；另开发了汽车板用抗拉强度为 390 ~ 440MPa、含 2.0% Mn 和 Ti 合金、具有优异成型性的 IF 钢镀锌板和具有高 r 值、含 Ti 或含 Ti + Nb 的热镀锌高强度 IF 钢[8]。奥钢联开发出了具有非常好的深冲性能和高的 r 值且延展性均匀的高强度 IF 钢。美国国家钢铁公司开发出了一种含 Mn 高强度热镀锌 IF 钢[9]。

在欧洲，汽车工业由 1980 ~ 2001 年产量增加了 44%，IF 钢的产量也是逐年增加。至今 IF 钢是用于汽车制造的最好材料。为追求舒适，欧洲的汽车车体在增大，为保证安全性，汽车重量约增加 25%。然而由于汽车结构和高效的驱动装置改进，燃料平均减少 14%。由于欧洲对汽车废气的排放标准要求高，因此必须要考虑采用高强度板以减少车重，所以在欧洲大力发展高强度 IF 钢。

近年来，比利时冶金研究中心（CRM）和国际铅锌协会组织（ILZRO）共同开发的一种在 Ti + Nb-IF 钢中添加锰生产高强度 IF 钢的方法，钢板经热镀锌和合金化处理后的力学性能显著提高：$R_{eL} = 200 \sim 400\text{MPa}$，$R_m = 500\text{MPa}$，$A = 20\%$，Lankford 系数大于 2，应变硬化系数大于 0.2。

Fusato KITANO 等采用细晶强化和固溶强化的复合方式开发出了一种新型的高强度 IF 钢，新钢种与传统 IF 钢的冶金学特征比较如图 3-1 所示，晶粒细化是通过碳化物的弥散分布来实现的，这种碳化物是由含量较高的碳（大约 $60 \times 10^{-4}\%$）和与碳适宜生成碳化物的元素通过适当的结合而生成的。而这种钢有细的晶粒结构，另外由于形成含有 PFZ 的独特的显微结构以及 γ 织构的充分发展，屈服强度几乎没有增加。运用此种方式生产的高强度 IF 钢与常规高强度 IF 钢相比，不仅具有更高的 r 值，而且具有优良的抗二次加工脆性和良好的镀锌表面外观。

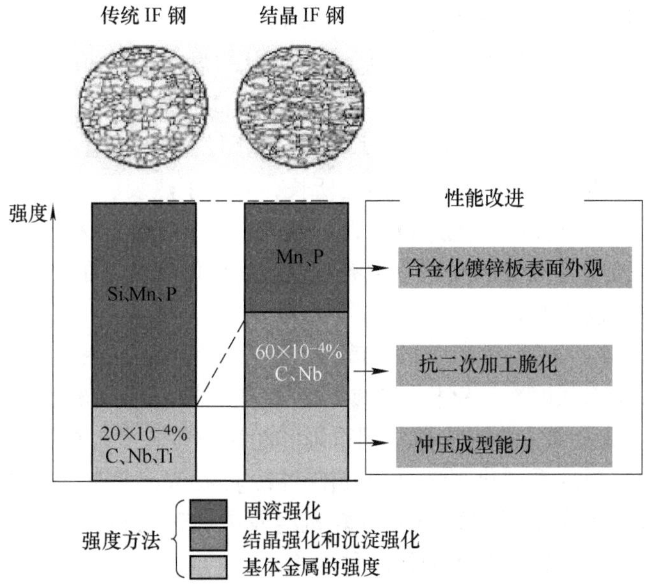

图3-1 新型IF钢与传统IF钢冶金原理示意图

为适应汽车工业对更高强度级别钢板的使用要求，国外又开发了含Cu高强度IF钢板，通过添加Cu并采取合适的退火制度，获得了高r值的590MPa级的高强度深冲钢板。

3.1.1.2 国内高强度IF钢系列产品的发展

我国的汽车钢板生产，在经历了约50年的发展后已经初具规模。已经能够生产全部普通强度$\sigma_s < 180$MPa的CQ级、冲压DQ级和深DDQ级钢板，并试制了超深冲EDDQ级、SEDDQ级IF钢汽车板以及一些高强度BH钢、含磷RP钢等，生产的汽车钢板基本上可以满足生产货车的需要，并且可部分用于对钢板的成型性能、表面质量、涂饰性能和耐蚀性能等要求更高的轿车生产[10]。

经过多年的努力，随着冶金技术的不断发展，目前我国主要的汽车用钢生产企业不仅掌握了所有级别的IF钢生产技术，还成功开发出在IF钢基础上发展起来的深冲热镀锌钢板、深冲高强度烘烤硬板，高强度IF钢已成为我国汽车用钢板的主要品种之一。

高强度IF板可以满足用户对高的强度和良好的成型性的要求，它是通过在IF钢基体上适当添加P、Si和Mn元素进行固溶强化以保证强度。其中P是强化效果最好而价格又最低廉的添加元素，但其含量较高时超低碳钢有发生冷加工脆性的倾向，原因是P易在晶界偏析使晶界脆化，解决的方法是加入适量的B（$20\times10^{-4}\%$），它将在晶界处快速偏析而起到强化作用，同时抑制P的晶界偏析。

由于高强度钢板的采用，汽车用钢板的厚度减薄，从而对钢板的防腐蚀性提出了更高的要求，促进了高强度表面处理钢板的发展，特别是热镀锌钢板。在高强度IF冷轧钢板的基础上又开发了一系列热镀锌高强度IF钢板，其中多为合金化热镀锌钢板，将IF钢的超深冲、合金元素（P、Mn、Si等）的固溶强化性和热镀锌的高耐蚀性三者融于一体，使强度-深冲性-耐蚀性达到较好匹配。但由于热镀锌合金化工艺的特殊性，将造成成型性能的下降，因此要获得高n值、高r值的合金化热镀锌钢板，必须对钢的成分和生产工艺进一步优化。

鞍钢是我国最早生产汽车钢板的企业，1998 年鞍钢与第一汽车制造厂共同研制出了 A220BH 烘烤硬化板，具有良好的成型性能及适中的烘烤硬化值[11]。2000 年 5 月鞍钢 1780mm 热带钢机组竣工投产[12]，具有年产 350 万吨高质量热轧板卷的生产能力，并预留了热轧无头轧制设备建设场地。引进了日本三菱集团的轧机成套技术，集纳了美国、德国、加拿大等在计算机、液压、仪表方面之所长，采用了热装、大侧压、全液压带自动跳步控制系统卷取机和板形控制等先进技术，为其进一步研究生产无锌花热镀锌钢板、厚镀层电镀锌钢板、高强度镀锌板和烘烤硬化镀锌板等尚属国内空白的汽车用镀层钢板的热轧原料卷做好了充分的硬件准备。

武钢自 1700mm 轧机工程投产以来，就致力于汽车钢板开发和生产，成功生产了 08Al 系列冷轧钢板、含磷高强度冷轧钢板、含钛高强度热轧钢板等汽车钢板品种。“九五”期间成功开发了 320～540MPa 的热轧专用钢系列和超深冲冷轧板、烘烤硬化钢板等 22 个产品，实现了汽车用钢板的系列化[12]。其中超深冲冷轧板 WIF 实物性能指标达到国外同类产品先进水平[13]。现计划兴建 2250mm 冷轧机组及配套镀层机组，届时将形成 100 万吨汽车钢板生产能力，并且以轿车用钢板品种为主。

宝钢是 20 世纪 80 年代从国外成套引进装备和技术的现代化钢铁企业，具有较好的生产汽车钢板的条件，是目前国内生产汽车钢板数量最大、品种最多的企业。自 1988 年热、冷轧厂相继投产以来，十分重视汽车钢板生产和开发，1991 年成功地生产出第一炉合格的 IF 钢，性能不逊色于日本 IF 钢商业板 KTUX，从而填补了我国在 IF 钢生产方面的空白。宝钢生产的冷轧汽车钢板主要品种有：CQ、DQ、DDQ、不同冲压低碳软钢以及 St37-2G、St44-3G、B320LW、B360LW 冷轧结构钢板。近年来，为满足轿车用钢的需要，相继开发了 BP340 和 BP390 加磷高强度钢板、BH340 烘烤硬化钢板、St16 高成型性 IF 钢板和具有高级精整表面的钢板，并已具备开发含 Cu 高强度 IF 冷轧钢板的条件[14]。

2000 年攀钢钢研所、炼钢厂、热轧板厂和冷轧板厂联合进行了首轮 IF 钢冶炼及轧制试验[14]，在 LD-LF-RH-CC 流程炼钢试验中攻克了成品钢成分尤其是 C 含量不易控制的难点，使 6 炉成品钢中 C 含量均低于 $30\times10^{-4}\%$，满足了试验要求；成品冷轧板各项性能与国内“龙头”钢厂同类产品水平相当。

3.1.2　高强度 IF 钢的特点及强化机制

3.1.2.1　高强度 IF 钢的成分特点

成分是钢板性能优劣的基础，对高强度 IF 钢成型用钢更是如此。IF 钢的成分特点是：超低碳、微合金化、钢质纯净。因此在生产冲压用钢时对成分的严格控制和对不同成分在成型中作用的了解至关重要。高强度 IF 钢中各元素的作用如下：

（1）碳（C）元素：碳是钢中最一般的强化元素，碳使强度增加，塑性下降。但是对于成型用钢而言，需要的是低的屈服强度、高的均匀伸长率和总伸长率。因此深冲钢需要低的碳含量，对于超深冲高强度 IF 钢的碳含量不超过 0.005%。随着钢中固溶碳含量的增加，垂直于板法向的 <111> 取向织构的密度降低，产品时效问题明显。随着碳含量的降低，钢的重要成型性指标 r 值和总伸长率 A_t 得到改善，尤其是当钢中的碳含量约低于 0.01% 时，r 值和 A 值急剧上升。

（2）氮（N）元素：氮在钢中一般使屈服强度和抗拉强度增加，硬度上升，r 值下降并引起时效。对于冲压用钢，氮的作用和碳元素一样，主要是造成屈服效应和应变时效。另外，如果工艺控制不当，氮和钛、铝等形成带棱角的夹杂物，对冲压有不利影响。对于深冲用钢，要尽量降低氮的含量，氮含量不超过 0.003%。

(3) 氧 (O) 元素：氧是炼钢中不可缺少的元素，但是氧与其他许多元素的亲和力强，易在钢中形成各种夹杂物，这些夹杂物对钢的性能有不利影响。另外，氧含量过高也会影响其他元素的效果。如向钢中添加 Ti 以固定碳和氮时，如果氧含量不大于 0.015%，则钢的 {111} 织构强而 {100} 织构弱，r 值较高；但是当氧含量大于 0.015% 时，则 {111} 织构强度突然下降，r 值也突然下降。

(4) 铝 (Al) 元素：铝在优质冲压钢中一般是作为脱氧剂加入的，主要用于去除吹氧冶炼时溶在钢液中的氧。同时铝作为定氧剂，抑制氮在铁素体内的固溶，消除应变时效，提高低温塑性。

(5) 磷 (P) 元素：P 是一种价格便宜而且强化效果强的元素，每添加 0.1% 的 P，强度可提高 77MPa（Si 提高 10MPa，Mn 提高 5MPa）。抗拉强度 340 ~ 400MPa 级的超深冲高强度钢板都离不开 P，其含量通常在 0.04% ~ 0.09% 之间。然而在 IF 钢中由于 C、N 被固定，晶界清洁，P 向晶界偏析容易引起二次加工脆化，晶界处 P 的含量通常比基体中的 P 含量高 10 倍。为了防止 P 的晶界偏析，常采取的措施是加 B，B 迁移到晶界，强化晶界并防止 P 的偏析，从而使脆性转变温度降低。加 P 的 IF 钢的析出行为与不含 P 的 IF 钢有很大差别，这主要是由于稳定的 FeTiP 相的析出所致，FeTiP 相的析出对 r 值的影响很大，具体影响机制有待进一步研究。

(6) 硼 (B) 元素：在 IF 钢中由于 C、N 被固定，晶界清洁，P 向晶界偏析容易引起二次加工脆化，晶界处的 P 含量可比基体中的 P 含量高 10 倍。为了防止 P 的晶界偏析，常采取的措施是加 B，B 迁移到晶界，强化晶界并防止 P 的偏析，从而使脆性转变温度降低，如图 3-2 所示，但 B 有降低 r 值、提高再结晶温度的倾向，因此 B 的含量不宜过高，一般在 $10 \times 10^{-4}\% \sim 20 \times 10^{-4}\%$ 之间[15]。

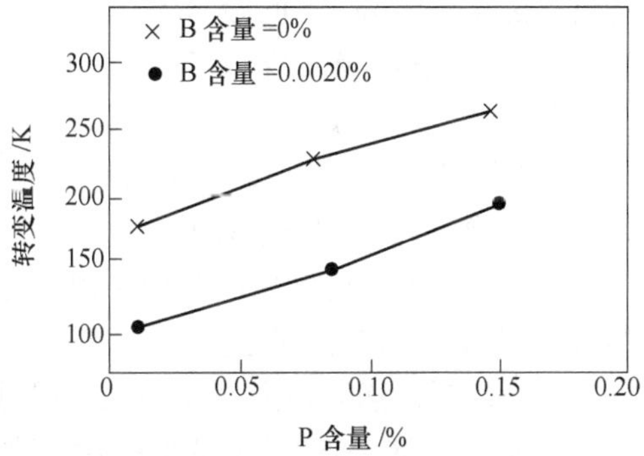

图 3-2 加 B 与不加 B 时脆性转变温度和 P 含量的关系

(7) 硅 (Si) 元素：Si 作为一种固溶强化元素，在高强度 IF 钢中可以提高强度，但是对 n 值有一定的不利影响。例如，在钢中 Si 只存在于铁素体中，当铁素体中固溶的 Si 含量达到 15% 的时候，就会降低 0.06 的 n 值。Si 能提高铁素体的化学位，因而它能促使碳原子从铁素体中析出，从而得到“干净”的铁素体组织。但 Si 在浸镀性方面存在着许多问题，故很少用于镀层钢。这主要是由于 Si 比 Fe 活泼，在热镀锌退火炉的直接燃烧加热段中，很容易在钢的表面形成一层 Si 的氧化物，在还原段中又不能彻底还原，从而形成了随机分布的岛状 Si 的氧化物，成为柱状组织的形核地，影响了镀层的附着力。当钢中的 Si 含量大于 0.3% 时，镀层的附着力就会明显下降。

(8) 锰 (Mn) 元素：Mn 和 P 相比强化效果低，提高同样的强度需要的量大，其加入量通常在 0.2%~1.6% 之间，不能再高，否则会产生针状铁素体，使伸长率和 r 值急剧下降，但是用 Mn 强化的 IF 钢对深冲脆性较不敏感。当 Mn 的含量降到 0.04% 以下时，钢的性能会变坏。这是由于 Mn 含量的降低会发生由于 S 引起的钢的热脆。根据理想化学配比要求 Mn/S 大于 10。Mn 作为一个固溶强化元素加入时，必须有其他元素的配合加入，才能在不降低 r 值的同时，提高强度。强度级别在 390MPa 以上的多用 P、Mn 复合添加的方式，添加 P 的 IF 钢中，Mn 使再结晶开始温度降低。

在含有 0.03% P 的含锰 Ti-IF 钢和 Ti + Nb-IF 钢中，抗拉强度 σ_b、r 值与退火温度的相关性在图 3-3 中表示出了 A_{c3} 相变点。随着退火温度的升高，σ_b 会逐渐降低，Mn 添加量超过 2.5% 的钢，当退火温度超过 A_{c3} 相变点时，σ_b 会显著提高，这是因为 $\alpha \to \gamma \to \alpha$ 相变，导致 TiC、(Ti、Nb)C 发生再溶解，以及钢的组织由多边形铁素体变为微细粗厚铁素体所致。因此用 Mn 进行强化时，随其添加量的增加，要限制退火温度的上限。关于 r 值，随着退火温度的升高，r 值会增大。但如果 Mn 的添加量高于 2.5%，则 r 值将不再增大。

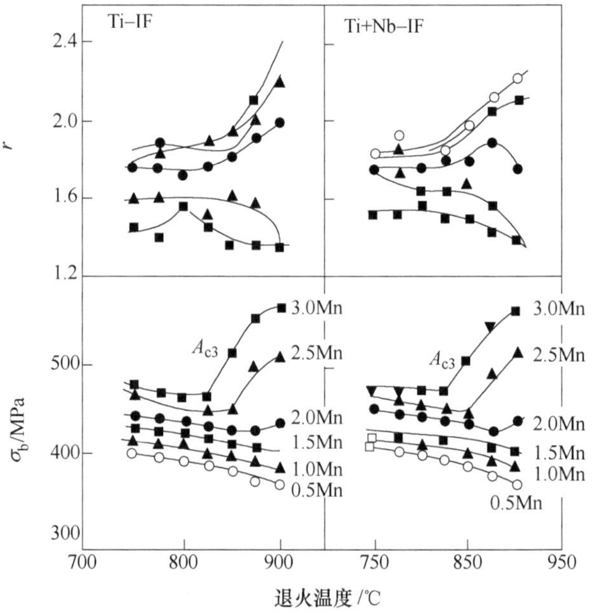

图 3-3　Mn 含量和退火温度对 Ti-IF 和 Ti + Nb-IF 钢 σ_b、r 值的影响

(9) 铌 (Nb) 元素：铌 (Nb) 作为一种有效的元素用来控制广泛应用于汽车部件的热轧钢板以及冷轧钢板的微观组织。利用 Nb 溶质拖拽以及 NbC 细小沉淀的钉扎作用，使得在热轧过程中晶粒湮灭以及再结晶过程推迟，从而细化热轧板显微结构，为在冷轧后的连续退火处理中，对促进 γ-纤维织构 <111>//ND 的形核与生长起到积极的作用。IF 钢中添加 Nb 的另一优点在于，从外板的均匀表面外观角度而言，Nb 相比较于 Ti 几乎不降低钢板的热浸镀锌能力。

(10) 钛 (Ti) 元素：对于 Nb、Ti 复合添加的高强度 IF 钢板，研究表明，随着钛含量的提高，材料的强度和 r 值发生了明显的变化：当钢中钛含量极低的时候，材料的强度最高，随着钛含量的提高，材料的强度不断下降。当材料中钛含量过低和过高时，r 值均较低，当钛含量为中间某一值时，钢板最容易再结晶，r 值最高，此时材料中钛元素与氮元素的原子百分比接近 1[16]。

这是由于：在含磷高强度 IF 钢中，当 Ti、N 原子比小于 1 时，由于细小弥散的 AlN 相的析出阻碍了晶界的迁移，导致材料的再结晶温度提高和 r 值的恶化。当 Ti、N 原子比为 1 时，钢中的 N 原子主要被钛所固定，生成稳定的 TiN 相，此时钢中不含有 FeTiP 相，材料的 r 值最高，伸长率最大，综合力学性能最优[17]。FeTiP 的析出随着 Ti 含量的增加而增加。当 Ti、N 原子比高于 1 时，钢中生成 FeTiP 相，FeTiP 的析出弱化了 P 元素的固溶强化效果，使得材料的强度值降低，同时 FeTiP 相的析出还阻碍了再结晶过程中晶界的迁移，提高了材料的再结晶温度，降低了 r 值[18]。钛对高强度 IF 钢力学性能的影响见图 3-4。

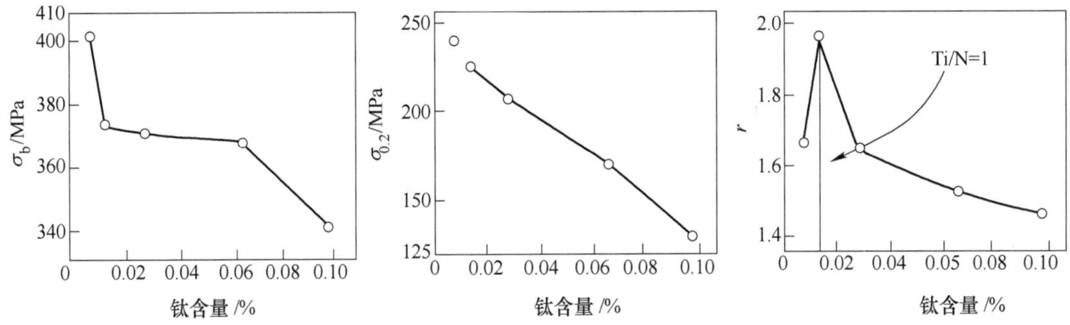

图 3-4 钛对高强度 IF 钢力学性能的影响

由此可见，在 Nb、Ti 复合添加的 IF 钢中钛的作用是非常复杂的，它的加入量直接影响了材料中第二相粒子的析出规律，并最终影响材料的力学性能，因此为了获得最优的成品性能，在高强度 IF 钢成分设计时，须将钛的加入量严格控制在 Ti、N 原子比为 1，即：$Ti \approx 3.34N$，$Nb \geqslant 7.75C$[19]。

（11）硫（S）元素：硫在深冲钢中是有害元素，应尽可能地降低 IF 钢中硫的含量。硫通常在钢中形成硫化物如 MnS、TiS、Ti、NbS 等。根据国外对 IF 钢的分析结果，IF 钢的硫含量均控制在 0.008% 以下。硫在铁水预处理后其含量可降至 0.01% 左右，然后经转炉吹炼降硫 30%～50% 时，IF 钢中的硫含量可降至 0.005%～0.007% 的水平。随着硫含量的增加，Ti-IF 钢的抗磷斑特性和搪瓷黏附特性都有明显提高[20]。

钢中主要元素对力学性能指标的影响见表 3-1[21]。

表 3-1 高强度 IF 钢中主要固溶元素对力学性能指标影响的回归结果

固溶元素	质量分数/%	屈服强度/MPa	抗拉强度/MPa	均匀伸长率/%	总伸长率/%
C	0.1	230	190	-25	-26
P	0.1	35	71	-3.8	-1.2
B	0.1	800	420	-442	
Si	0.1	9.7	13.3	-0.52	-0.85
Mn	0.1	2.7	3.4	-0.28	-0.34

3.1.2.2 高强度 IF 钢深冲性及二次加工脆性

r 值是衡量钢板深冲性能的重要指标。r 值的大小和钢板的晶体取向密度函数（织构）密切相关。前人研究[22]表明 {111}//ND 的织构组分越多，其 r 值越高，即冲压成型性越好。因为 {111} 晶面是主滑移面，而 $<110>$ 方向是主滑移方向，由此构成的滑移系平行于板面，则板在成型时抗厚度减薄能力强，所以深冲性能好。而 {100} 晶粒比例高，对钢板的 r 值不利。$\bar{r}$ 值与 {111}/{100} 比值有关，{111}/{100} 越高，$\bar{r}$ 值越高，深冲性能越好。

根据张倩[23]等人的研究表明，在实验室条件下严格控制化学成分和工艺参数，促进强的γ纤维织构的发展是获得优良深冲性能的关键。织构 ODF 分析能定量描述工艺阶段织构的特征。IF 钢的热轧织构较散漫，以{001}<110>为主，冷轧织构为强的α-<110>//RD 纤维和弱的γ-<110>//ND 纤维，连续退火织构为强的γ-<110>//ND 纤维织构，强点位于{111}<112>和{554}<225>。表 3-2 为各类织构与 *r* 值的关系。

表 3-2 各类织构与 *r* 值的关系

织构类型	*r* 值
{001}<110>	0.4
{112}<110>	2.1
{111}<110>	2.6
{111}<112>	2.6
{554}<225>	2.5
{110}<001>	1.1

IF 钢再结晶织构受化学成分、热轧工艺参数、冷轧压下量、退火工艺条件等因素影响[24]，而且经过长期的研究，人们发现热轧板晶粒尺寸、析出物形态以及 C、N 间隙原子和 Ti、Nb、P、Si 固溶量是影响退火过程{111}织构形成的三个重要因素。一般认为，均匀细小的热轧晶粒、粗大稀疏的二相粒子和极低的 C、N 固溶量均有利于退火过程中<111>//ND 织构的形成，且抑制不利织构的形成，提高 *r* 值，改善深冲性能。

热轧晶粒尺寸增大，退火织构中的{554}<225>等有利组分减弱，{001}<110>、{221}<110>等不利组分增强。钢中固溶 C、N 原子增加，{111}织构急剧减弱，{001}织构增强，*r* 值下降。固溶 Ti 原子含量增加，再结晶温度提高，*r* 值下降[25]。弥散、细小的析出物阻碍晶界的移动，抑制{111}取向再结晶晶粒的生长。

表 3-3 中示出了 Ti+Nb-IF 钢冷轧板以及罩式退火过程中，随着加热温度、保温时间的增加，退火板中析出物的变化规律[26]。冷轧板中以 TiS、TiN 等粗大粒子为主，并且有少量中等尺寸的 Ti（CS）颗粒存在，其尺寸大小分别为 200~300nm、50~100nm。进行退火再结晶处理时，随着加热温度的升高，钢板中较大的相粒子逐渐分解，微细颗粒也相应逐步增加。

表 3-3 不同退火工艺条件下处理的退火板析出物尺寸、大小及分布

工艺条件	析出物种类	尺寸/nm	数量或分布
冷轧板	TiS、TiN、$Ti_4C_2S_2$	200~500	占多数
650℃×2h	$Ti_4C_2S_2$	100~200	占多数
	TiN	200~300	少量
720℃×0h	TiS	80~100	占少数
	Ti(CN)①	<50	少量
720℃×2h	TiC	<50	弥散分布
	FeTi(CN)①	20~30	
	TiS	80~100	一部分
720℃×4h	TiC	20~30	弥散分布
	FeTiP①	100	一部分
	TiS	80~100	少量

续表3-3

工艺条件	析出物种类	尺寸/nm	数量或分布
750℃ ×2h	TiC	20~30	弥散分布
	FeTi(CN)①	20	弥散分布
	$Ti_4C_2S_2$	100	少量

①该表达式为元素组成，而非分子组成。

高强度IF钢既保持了超深冲IF钢的优良的冲压性能又具有高的强度，适于多种汽车覆盖件的冲压生产。采用高强度IF钢可以减少车身自重，实现轻量化、节能化的目的。但是高强度IF钢板性能的缺点是：由于强度增高而导致成型性能、塑性和焊接性能较IF钢降低，并且加磷引起一定程度的二次冷加工脆性。

IF钢中的C、N原子与Ti和Nb形成碳氮化合物后，由于晶界处缺乏C和N原子，致使晶界结合力减弱，从而使深冲钢板在低温高速时发生晶界断裂现象。另外，为了生产固溶强化高强度IF钢常采用加磷的方法，磷在晶界的偏析使晶界断裂更容易发生。据研究，P在晶界处含量比在基体中的含量高10倍[27]。由于以上原因IF钢汽车板在冲压成型后的使用过程中存在受低温冲击而断裂的危险，即二次加工脆性。

微量的B可以有效地提高IF钢抗二次加工脆化的能力。B的加入可以使高强度IF钢的脆性转变温度降低20~40℃，这种效果在Nb、Ti复合添加的IF钢中更为明显。

在添加B的IF钢中，P在晶界的富集则大为减弱。这是因为游离态的B原子会迅速地在晶界富集，不仅提高了晶界的强度，同时也有效抑制了P的聚集。

此外，相同含量的B元素在不同的钢中所起的效果也是不同的。在Nb-IF钢中，大部分的B元素以BN的形式被固定，而很难在晶界处集聚。在Nb+Ti复合添加的IF钢中，N被Ti所固定，B大部分以游离的形式存在，由于B、Nb、C三种元素同时在晶界处富集，有效地阻止了P的集聚，所以强化效果最为明显。但是，如果B的加入量过多，就会恶化r值和提高再结晶温度。一般在Nb+Ti-IF钢中，B含量应控制在$10\times10^{-4}\%$左右[28]。

Nb-IF钢和Nb+Ti-IF钢的脆性转变温度要比Ti-IF钢低20~30℃。对此，主要两方面的原因：一方面是适当的生产工艺可以使有Nb存在的IF钢中保留极少量的自由C原子，提高了晶界的强度；另一方面是Nb原子本身可以在晶界富集，提高晶界的强度。

3.1.2.3 高强度IF钢的强化机制

高强度钢板按轧制产品分为热轧高强度钢板和冷轧高强度钢板，主要强化机制有：固溶强化、析出强化、组织强化（相变强化）、细晶强化、形变强化（冷加工硬化、位错强化）。

固溶强化是通过添加P、Si、Mn等置换型固溶元素或C、N等间隙型固溶元素强化基体。C、N还具有涂漆烘烤时产生硬化的特性（BH性）。

析出强化是使Ti、Nb、V等碳化物和氮化物成为微析出物分散于马氏体中，从而提高钢的强度。

组织强化是使珠光体、贝氏体、马氏体等硬质相分散于钢的基体中并产生强化作用。

细晶强化和形变强化可提高强度，但塑性成型性会降低，在汽车用高强度钢板生产上基本不用。

就目前国际研究现状来看，高强度 IF 钢按强化机理可以分为三大类，分别是固溶强化 IF 钢、烘烤硬化（BH）IF 钢和析出强化 IF 钢。主要通过钢中添加 P、Si、Mn、Cu、Ti、Nb、Mo、V 等元素和钢中的 C、N 元素，并配合必要的热、冷轧及工艺控制，来生产具有高强度和良好成型性能的高强度钢板。表 3-4 为三种钢种的力学性能对比表。

表 3-4　固溶强化、烘烤硬化、析出强化 IF 钢力学性能对比表

强化机理	抗拉强度/MPa	伸长率/%	r 值	BH 值/MPa
固溶强化	约 340	约 40	约 1.9	—
	约 390	约 38	约 1.8	—
	约 440	约 36	约 1.7	—
烘烤硬化	约 300	40 ~ 50	≥2.0	30 ~ 50
析出强化	约 500	25 ~ 30	约 1.8	—

固溶强化：针对高强度 IF 钢来说，其强化机理就是在普通的 IF 钢中加入适量的 P、Si、Mn 元素，通过添加 P、Si、Mn 等置换型固溶元素或 C、N 等间隙型固溶元素强化基体，在保证力学性能的同时，提高钢板的强度。而且固溶强化 IF 钢的综合力学性能远优于双相钢和含 P 板。

因为固溶强化的高强度 IF 钢性能优异，生产工艺与普通 IF 钢基本相同，加上 P、Si、Mn 合金元素成本低廉，所以它是高强度 IF 钢的主要发展趋势。近十几年来，日本和欧洲许多国家在这方面的研究取得了长足的进步，其中以住友公司在 1993 年开发的 440MPa、490MPa 高强度 IF 钢最引人注目，目前一些国外汽车公司已将 340MPa 的热镀锌高强度 IF 钢成批量地应用于轿车生产上。

当 IF 钢用大量的固溶强化元素来强化时，屈服强度和屈强比增加，造成 r 值、n 值的降低，以及外板表面反射度的恶化，这时可以通过人为地向含碳 0.006% 的超低碳钢添加 Nb，综合利用铌碳化合物的析出强化、固溶强化以及细晶强化机理，削弱这些不良影响，开发出了强度级别为 390 ~ 440MPa 的新型冷轧高强度 IF 钢，有效地改善了冲压成型性能和抗二次加工脆化能力[29,30]。

这种新型 IF 钢含有相对高的 C 含量（$60 \times 10^{-4}\%$）及与之相对应的碳化物形成元素，并且具有细小的粒状组织，织构得到充分发展。与普通 IF 钢相比，这种高强度 IF 钢具有高的 r 值和好的抗二次加工脆性，受到研究人员的高度重视。

析出强化：在超低碳钢中添加 1%~ 1.2% 的铜，利用铜相的沉淀析出强化，获得高强度和优良成型性兼备的冷轧和热轧薄板。经时效热处理使铜析出，产生强烈的沉淀强化，钢的抗拉强度在原基础上提高 200MPa 以上。该钢的优点是具有 400MPa 级钢板的成型性，而抗拉强度可达 600MPa。含铜冷轧薄板在保持 IF 钢优良的深冲性能的基础之上，其强度超过 IF 钢的强度上限，r 值高达 1.9，抗拉强度可达 590MPa[31,32]。

3.1.3　几种高强度 IF 钢的生产工艺及组织性能

3.1.3.1　含 P 高强度 IF 钢

实验用含磷高强度 IF 钢 1-1 ~ 1-4 是以 P 含量呈递增变化进行设计的，其化学成分

（质量分数/%）为0.003C-0.3Mn-0.03Si-0.05Al-0.12Ti-0.03Nb-0.0012B-(0.04～0.116) P。

选取工艺相近的冷轧退火板分析 P 含量对性能和组织的影响，热轧终轧温度为920℃，模拟卷取温度为750℃，冷轧压下率为80%，连续退火温度和时间为870℃、120s。表3-5为拉伸实验力学性能检测结果。

表 3-5 P 含量依次递增的高强度 IF 钢性能检测结果

成分编号	P 含量/%	σ_s/MPa	σ_b/MPa	δ/%	n	r
1-1	0.044	197	323	44.56	0.287	2.342
1-2	0.072	208	358	41.22	0.282	2.069
1-3	0.096	246	393	40.08	0.262	1.967
1-4	0.116	283	422	35.26	0.258	1.694

从表3-5可以看出，随着 P 含量的增加，r 值、n 值和总伸长率 δ 降低；钢中由于 P 的加入，使屈服强度 σ_s 和抗拉强度 σ_b 提高，原因是钢中加入 P 后，形成置换型固溶原子，由于 P 原子半径与 Fe 原子相差较大，在 P 原子周围造成晶格畸变，在塑性变形过程中，位错运动受到阻碍，产生了强化作用。P 含量越高，强化作用越明显。每加入0.01%的 P，σ_b 提高 10MPa 左右。可见，对于含 P 高强度 IF 钢，P 的加入提高了钢的强度，但也使成型性能下降。

图3-5为相同加工工艺条件下，随着 P 含量的增加，金相显微组织变化情况。可以看

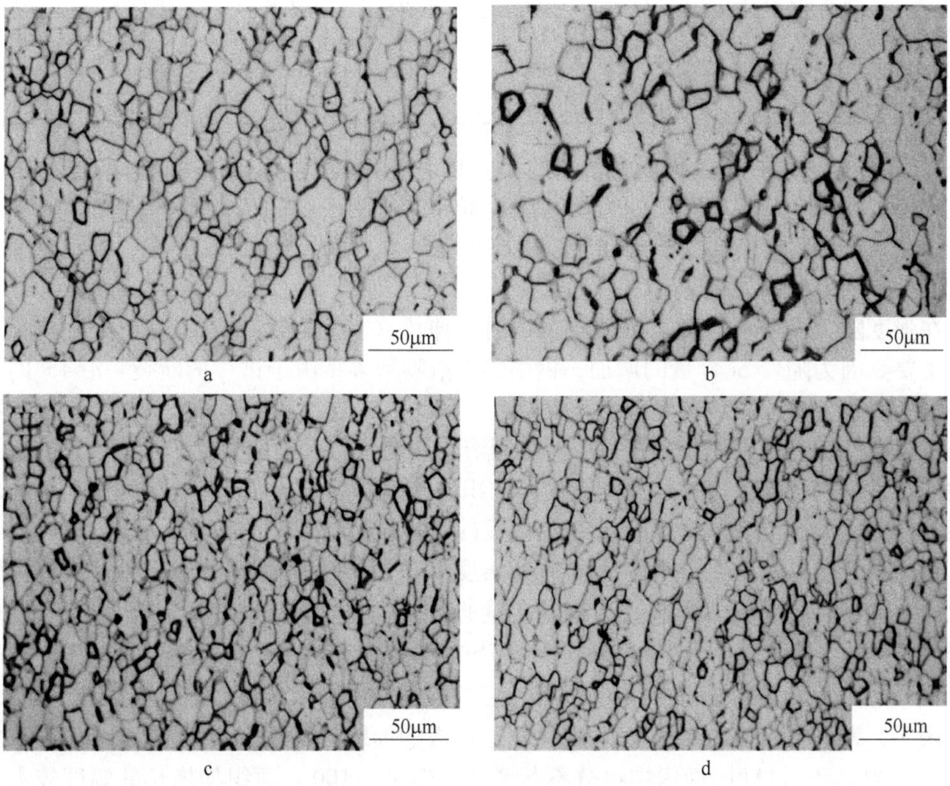

图3-5 不同 P 含量的冷轧退火板金相组织

a—1-1；b—1-2；c—1-3；d—1-4

出，随着 P 含量的增加，晶粒总体上变得细小，可见 P 对再结晶有一定的抑制作用，P 对再结晶晶粒的进一步充分长大有阻碍作用。但是 1-2 的晶粒比 1-1 的要粗大，分析其原因，可以解释为成分 1-2 的 Ti、N 原子比大于 1-1 的 Ti、N 原子比，Ti 对再结晶晶粒长大有促进作用，Ti 含量较高使得晶粒尺寸较大。

对于高强度 IF 钢，钢中加入 P 后，导致 {111} 取向织构密度降低，*r* 值与 IF 钢相比下降。Ohashi 等人报道，钢中间隙固溶原子很小时，{111} 组分最强，而 P 是以固溶间隙原子形式存在而起到强化作用的，在此条件下加 P，则使 {111} 组分减弱[33]。

另外，在含 P 高强度 IF 钢中，当 Ti 含量较高时，固溶强化元素 P 会以 P 化物的形式 FeTiP 析出，而 FeTiP 相对 {111} 织构的形成和发展影响很大，原因是热轧卷取时析出的细小 FeTiP 相在退火过程中抑制了 {111} 织构的优先形核和织构进一步发展[34]。

3.1.3.2 含 Si 高强度 IF 钢

实验用含 Si 高强度 IF 钢是以 Si 含量呈递增变化进行设计的，其化学成分（质量分数/%）为 0.003C-0.58Mn-0.005P-0.03Ti-0.03Nb-0.001B-(0.51/0.70/0.88) Si。选取的加工工艺为：热轧终轧温度为 930℃，模拟卷取温度为 680℃，冷轧压下率为 80%，连续退火温度和时间为 840℃、80s。

表 3-6 为不同 Si 含量的高强度 IF 钢经该工艺处理后，所得的力学性能检测结果。

表 3-6 Si 体系高强度 IF 钢力学性能

成 分	Si 含量/%	σ_s/MPa	σ_b/MPa	σ_s/σ_b	δ/%	*n* 值	*r* 值
5Si	0.51	291	439	0.66	37.2	0.286	1.743
7Si	0.70	321	466	0.69	34.8	0.267	1.649
9Si	0.88	337	475	0.71	31.2	0.267	1.553

在高强度 IF 钢中添加 Si 元素的目的，主要是利用其固溶强化作用，提高 IF 钢的抗拉强度和屈服强度。从实验得出的力学性能数据和对比图中我们可以看出，随着 Si 含量的不断提高，抗拉强度、屈服强度和屈强比都有所增加，每增加 0.1% 的 Si，抗拉强度和屈服强度都有约 10MPa 的提高。

在强度随 Si 含量的增加不断提高的同时，伸长率、*n* 值和 *r* 值都有所下降。伸长率的降低主要是因为随着 Si 含量的增加，钢中的固溶物增多，由于试样的断裂是沿 45°的微孔聚集型断裂，较多的固溶物更容易产生微孔，因此最终导致伸长率降低。另外，固溶物的增加将阻碍冷轧过程中位错的迁移，导致固溶物周围位错大量堆积并产生缠结，造成晶粒转动困难，这也将导致退火后有利织构 γ 的织构密度降低，从而影响 *r* 值，使钢板的成型性能下降。随着 Si 含量的增加，冷轧退火板的金相显微组织如图 3-6 所示。

从图 3-6 中可以看出，不同成分的高强度 IF 钢退火后晶粒均为细小的铁素体晶粒，晶粒尺寸均匀，晶界较为清晰。随着 Si 含量的增加，平均晶粒尺寸变得细小。经过测量，成分 5Si 的平均晶粒直径为 10.8μm，成分 7Si 的平均晶粒直径为 9.8μm，成分 9Si 的平均晶粒直径为 9.2μm，可见 Si 对再结晶有一定的抑制作用，阻碍再结晶晶粒的进一步长大。

表 3-7 为不同成分的高强度 IF 钢冷轧退火板的面织构比例。可以看出，随着 Si 含量增加，{100} 和 {111} 面织构组分不断增强，但是 {100} 面织构增长的幅度较大，使得 {111}/{100} 的比值随 Si 含量的增加而不断减小，所以反映到力学测量数据中，*r* 值不断减小。

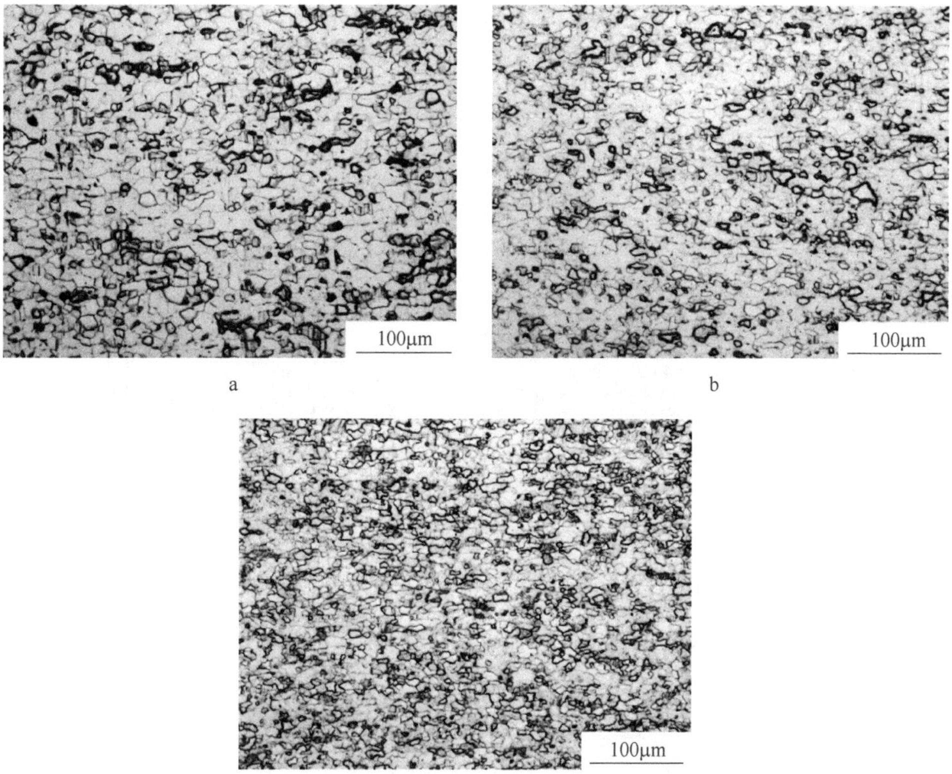

图 3-6 不同 Si 含量冷轧退火板的金相显微组织图
a—5Si；b—7Si；c—9Si

表 3-7 不同成分的高强度 IF 钢冷轧退火板的面织构比例

成 分	r 值	{100} 面织构含量/%	{111} 面织构含量/%	{111}/{100}
5Si	1.743	6.87	33.77	4.92
7Si	1.649	7.34	35.43	4.85
9Si	1.553	7.97	34.79	4.37

图 3-7 为不同成分的高强度 IF 钢试样的 ODF（$\varphi_2=45°$）截面图，图 3-8 为对应的高强度 IF 钢薄板 α、γ 取向线。

从 ODF 截面图（$\varphi_2=45°$）可以看出，不同成分的高强度 IF 钢退火板织构特征基本相似，均表现为较强的 γ 纤维织构和较弱的 α 纤维织构，取向密度最强点均在 {111}<112>处。另外，在旋转立方织构 {100}<011>和高斯织构 {011}<100>等处也出现了小高峰。

γ 取向线密度图中，三种成分的高强度 IF 钢从 {111}<110>到 {111}<112>的织构取向线逐渐上升，三种成分中 5Si 在 {111}<110>处取向密度值最高，达到 12.6；而在 {111}<112>处，成分 7Si 取向密度值最高，达到 15.4。成分 9Si 从 {111}<110>到 {111}<112>的织构取向密度虽也一直呈上升趋势，但是却一直是三个成分对比中密度最低的。而在 α 取向线上，成分 5Si 的有利织构 {111}<110>取向密度值是三个成分中

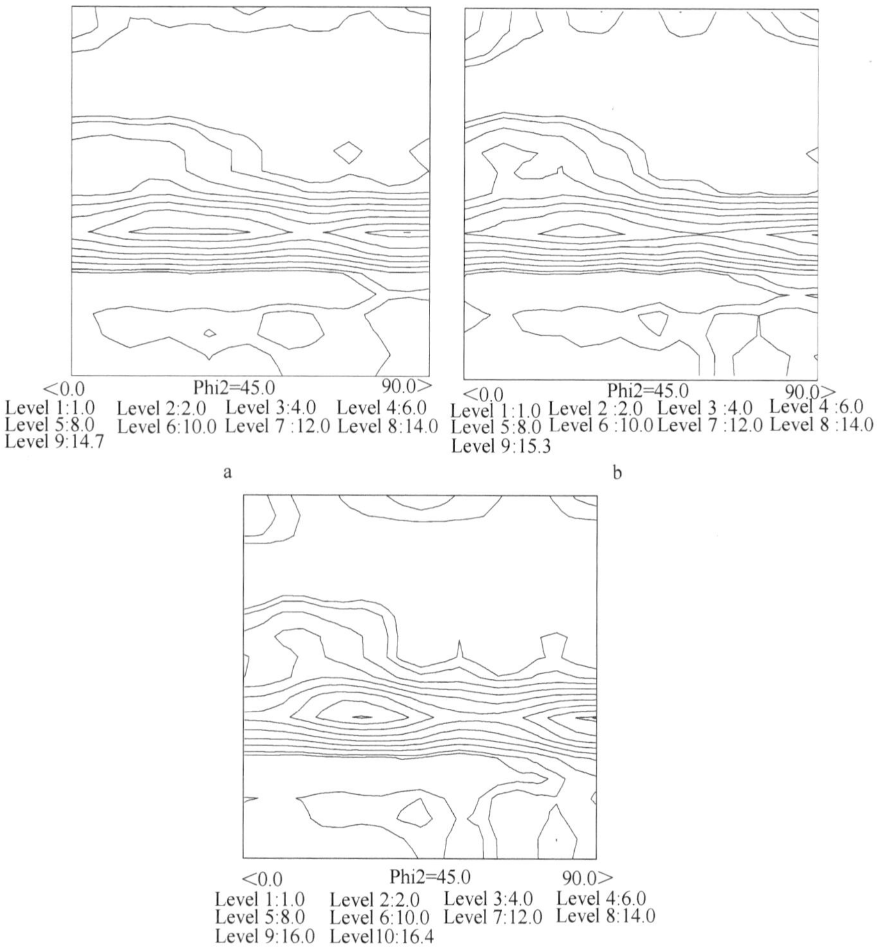

图 3-7　不同成分的高强度 IF 钢试样的 ODF（$\varphi_2=45°$）截面图

a—5Si；b—7Si；c—9Si

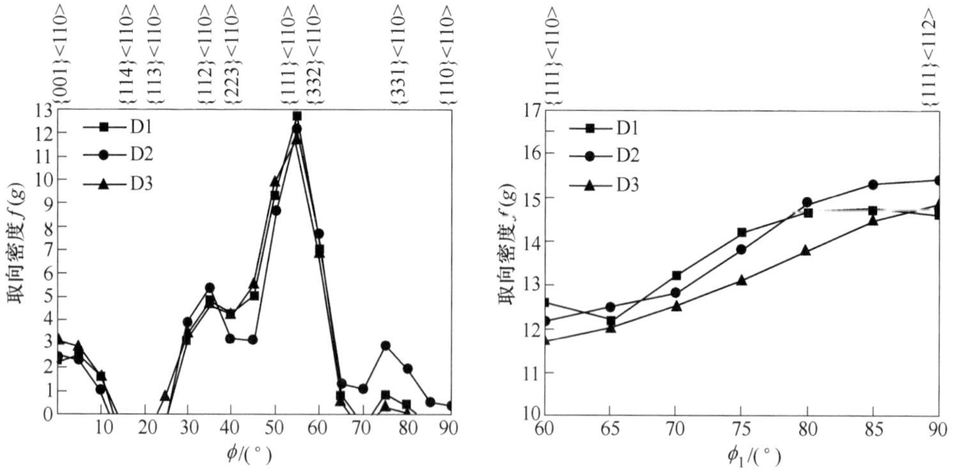

图 3-8　不同成分高强度 IF 钢薄板 α、γ 取向线

a—α 取向线；b—γ 取向线

最高的，达到 12.6 左右，还有较弱的｛001｝<110>和｛112｝<110>及其邻域内的织构组分。成分 7Si 和 9Si 的 α 取向线变化规律与此相似，但有利织构｛111｝<110>取向密度值略低，分别为 12.2 和 11.7 左右。

3.1.3.3 含 Nb 高强度 IF 钢

利用两次冷轧两次退火新工艺，对 440MPa 高强度 IF 钢组织和性能进行了研究，以提高其深冲性能。经过热轧后的钢板，在 850℃的箱式炉中保温 10min 左右。两次冷轧退火工艺的处理方法是：铸坯经过热轧后厚度为 4.0mm，总的冷轧压下率为 80%，第一次冷轧为总压下量的 30% 左右，即冷轧后厚度为 2.8mm，在 850℃的箱式炉中保温 10min，随炉冷却；第二次冷轧为总压下量的 70% 左右，即冷轧后厚度为 0.8mm，在 850℃的盐浴炉中保温 2min。

选取成分如表 3-8 所示的 S4、S5 号两种 P、Mn 复合添加的含 Nb 高强度 IF 钢，终轧温度 920℃，卷取温度 720℃，热轧后层流冷却至卷取温度，箱式炉保温 1h 后随炉冷却，以模拟现场卷取。经 80% 总压下率冷轧后，在 850℃退火，保温时间为 120s。42、44 号钢板为传统工艺。242、244 号第一次冷轧压下量为总压下量的 24%，箱式加热炉中退火处理，加热温度 850℃，保温 10min，酸洗后冷轧压下量为总压下量的 76%，盐浴退火 850℃ ×2min。力学性能数据如表 3-9 所示。

表 3-8 实验钢的主要化学成分（%）和 Nb/C 原子比率

编号	C	Si	Mn	P	Nb	Ti	Nb/C
S4	0.005	0.12	0.98	0.080	0.05	0.02	1.29
S5	0.005	0.12	1.66	0.076	0.091	0.033	2.35

表 3-9 不同工艺条件下的力学性能检测结果

编号	成分	FT/℃	σ_s/MPa	σ_b/MPa	σ_s/σ_b	δ/%	n 值	r 值
42	S4	925	258	421	0.61	34.5	0.28	1.40
242		925	252	400	0.63	36.4	0.26	2.04
44	S5	923	235	441	0.53	33.0	0.26	1.42
244		923	217	413	0.52	33.3	0.26	1.74

从表 3-9 可以看出成分为 S4 钢板的力学性能，屈服强度较高，屈强比在 0.6 左右，因为 Nb/C 原子比率较低，钢中的 Nb 不足以完全固定 C、N 原子形成 Nb（C，N），固溶的 C、N 原子提高了其屈服强度。具有较好的伸长率，n 值均在 0.26 以上，具有优异的抵抗不均匀变形的能力。常规工艺处理的 r 值仅为 1.40，而采用织构预处理工艺和两次冷轧退火 r 值分别为 2.22 和 2.04，深冲性能优良。从图 3-9 所示金相组织可知，采用新工艺处理后晶粒组织粗大，再结晶进行的最充分，有利织构｛111｝充分发展，具有较高的 r 值。由霍尔-佩奇公式：$\sigma_s = \sigma_0 + K_y d - 1/2$ 可知，晶粒尺寸粗大，导致其强度比其他常规工艺处理的强度低。

成分为 S5 钢板，屈强比在 0.55 左右，伸长率略大于 33%，n 值均在 0.26 左右。常规工艺处理条件下强度达到 440MPa，但 r 值仅为 1.42，采用新工艺处理后强度下降到 413MPa，随强度的降低，r 值增大，由 1.42 增大到 1.73 和 1.74。从金相组织也可以看到，新工艺处理后，晶粒尺寸粗大，有利｛111｝织构充分发展使深冲性能提高。

如表 3-9 所示，两种不同成分的含 Nb 高强度 IF 钢力学性能变化规律基本相似，不同工艺处理条件下，均表现出良好的屈强比，伸长率较高，n 值普遍大于 0.252，具有高的抵抗不均匀变形的能力。而采用新工艺获得的钢板组织的晶粒平均尺寸增大，强度略有降低，而伸长率略有增加。尤其是 r 值变化明显，传统工艺处理的 r 值较低，仅为 1.40 左右，而经过新工艺处理后，r 值均在 1.73 以上，最高达到 2.22，深冲性能较好。

a　　　　b

图 3-9　S5 不同工艺处理后的金相组织

a—常规工艺；b—两次冷轧退火工艺

如图 3-10 所示，两种工艺所得到的退火织构均为较强的 γ 纤维织构，但两次冷轧退火工艺所获得的 γ 纤维织构更加强烈。两次冷轧退火工艺处理取向密度最高为 5.3，织构预处理后取向密度最达高 5.5。

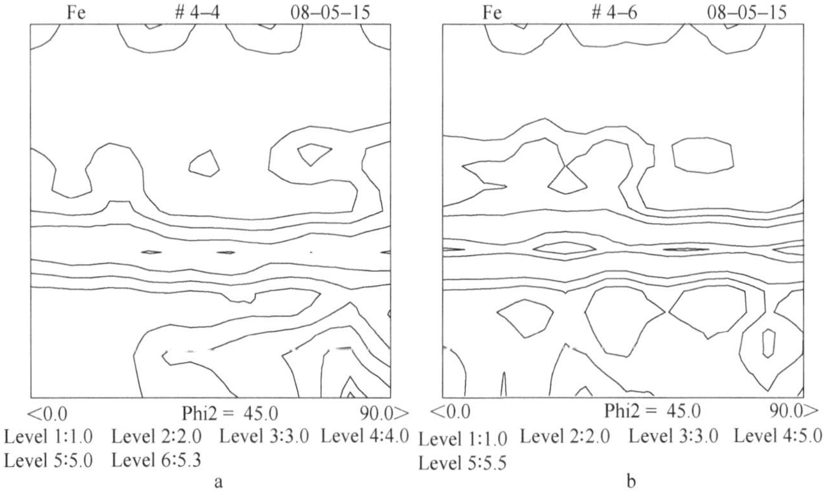

a　　　　b

图 3-10　S5 不同工艺处理后 ODF 截面图（$\varphi_2 = 45°$）

a—常规工艺；b—两次冷轧退火处理

图 3-11 为退火后 α、γ 织构取向密度变化，在 α 线上的｛001｝<110>、｛112｝<110>、｛111｝<110>取向及其邻域内，两次冷轧退火工艺所对应的取向密度值均大于常规工艺，

尤其是对深冲性能有利的{111}<110>取向密度值增加明显。γ取向线上，两次冷轧退火工艺所对应的取向密度值普遍远大于常规工艺。两次冷轧退火工艺处理后，从{111}<110>到{111}<112>织构强度逐渐增加，取向密度值在5.5左右。而常规工艺处理后，从{111}<110>到{111}<112>织构强度也逐渐增加，取向密度值在4.0左右。

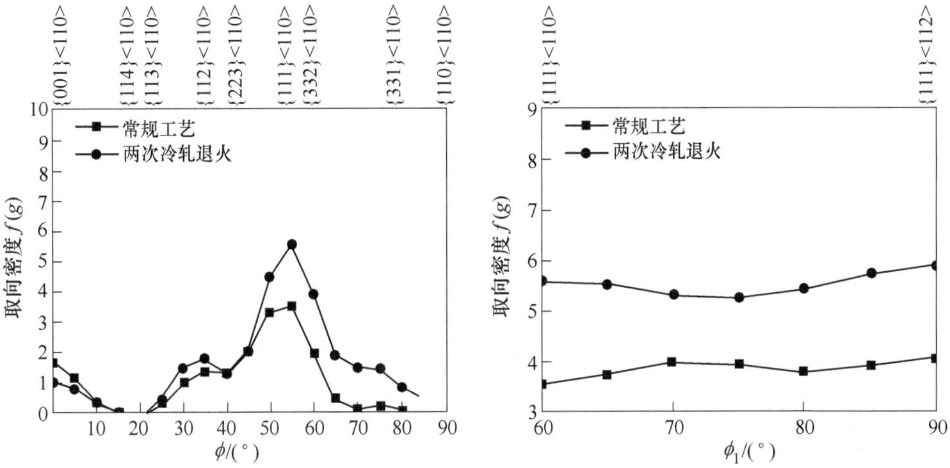

a b

图3-11 S5不同工艺处理后α、γ织构取向密度变化

a—α织构；b—γ织构

图3-12所示为成分S4钢板经过常规工艺和两次冷轧退火后金相组织和织构变化情况。预处理退火后金相组织更粗大，再结晶充分。α纤维织构变化不大，γ纤维织构明显增强，从{111}<110>到{111}<112>取向密度值保持在5.5左右。

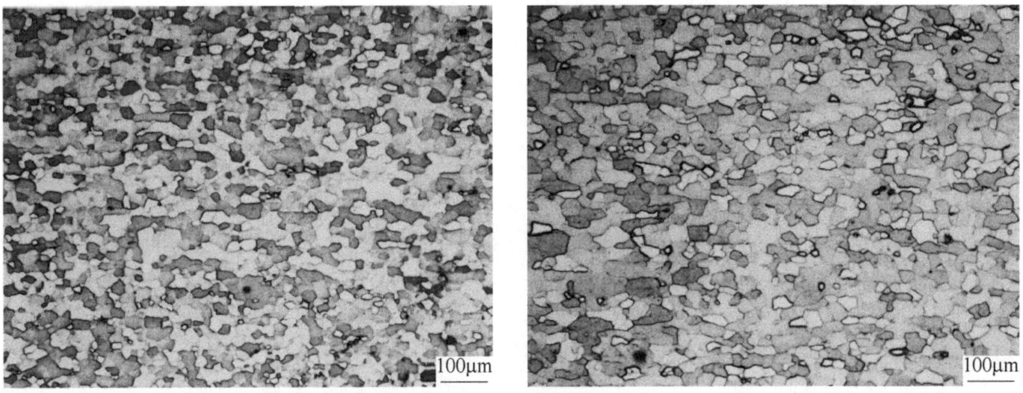

a b

图3-12 S4不同工艺处理后金相组织

a—常规工艺；b—两次冷轧退火工艺

图3-13所示为S4不同工艺下的织构，两种工艺所得到的退火织构均为较强的γ纤维织构，但两次冷轧退火工艺所获得的γ纤维织构更加强烈。两次冷轧退火工艺处理取向密度最高为6.5，织构预处理后取向密度最高达9.6。

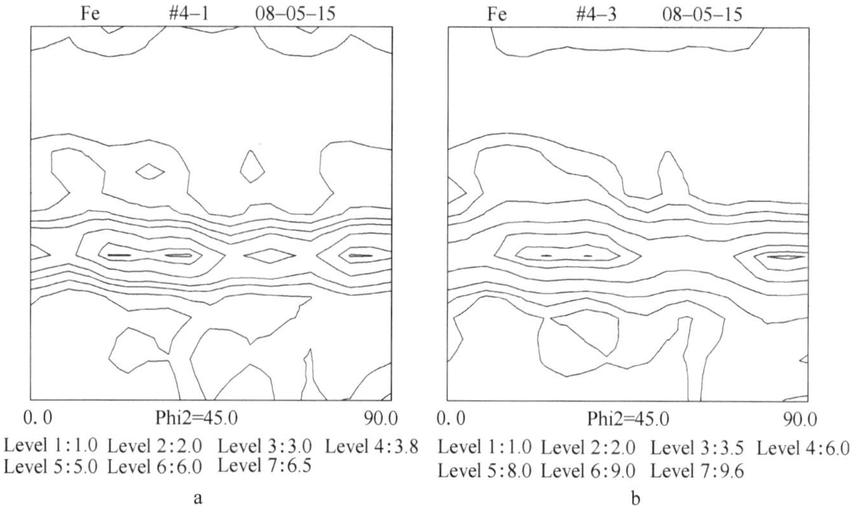

图 3-13　S4 不同工艺织构 ODF 截面图（$\varphi_2=45°$）

a—常规工艺；b—两次冷轧退火处理

图 3-14 为退火后 α、γ 织构取向密度变化，在 α 线上的{111}<110>取向及其邻域内，两次冷轧退火工艺所对应的取向密度值均大于常规工艺，而{001}<110>、{112}<110>略低。γ 取向线上，两次冷轧退火工艺所对应的取向密度值普遍远大于常规工艺。两次冷轧退火工艺处理后，从{111}<110>到{111}<112>织构强度逐渐增加，密度值从 7.5 上升到 9.6。常规工艺处理后，从{111}<110>到{111}<112>织构强度变化较平缓，取向密度值保持在 5.5 左右。r 值由 1.40 增加到 2.02。

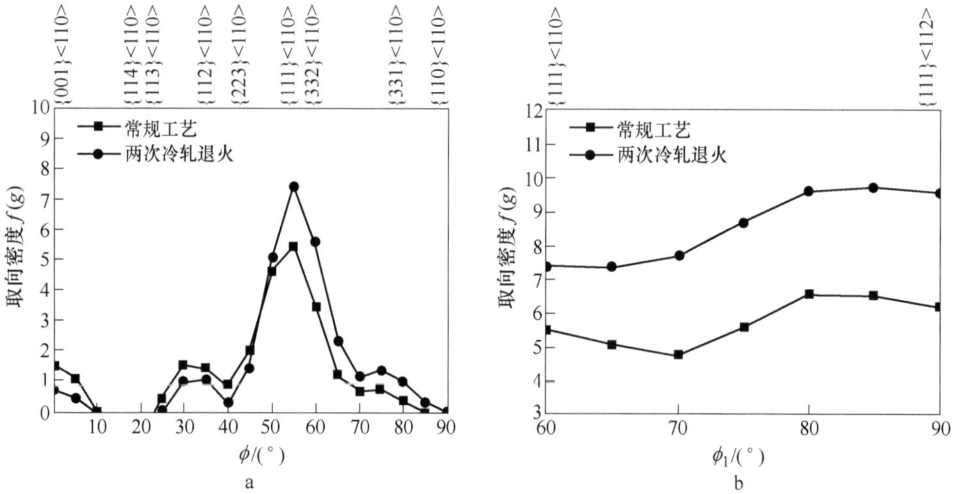

图 3-14　S4 不同工艺处理后 α、γ 织构取向密度变化

a—α 织构；b—γ 织构

通过上述实验结果可知，对含 Nb 高强度 IF 钢进行不同工艺处理，即常规工艺和两次冷轧退火工艺，采用新工艺处理后，含 Nb 高强度 IF 钢抗拉强度、屈服强度均下降，抗拉强度最大下降幅度达 49MPa，最小下降幅度达 16MPa；具有较高的伸长率，n 值都在 0.26

左右，r 值均有较大的提升。成分 S4 的钢板 r 值由 1.40 增加到 2.0 以上，增加幅度最大，成分 S5 钢板 r 值增加幅度相对小些。这可能与不同成分钢的成分配比有关。

常规工艺中增加两次冷轧退火工艺可使含 Nb 高强度 IF 钢板获得非常强烈的 {111} 退火织构和极高的 r 值。采用新工艺处理之所以能提高 r 值，就是因为在两次冷轧退火过程中 IF 钢中有利织构获得良性遗传的结果。但冷轧 IF 钢，在总压下率一定的情况下，二次冷轧压下率的分配对深冲性能有重要影响。一次冷轧压下率较低，二次冷轧压下率较高，对深冲性能有利。当总压下率提高时，也对深冲性能有利。

相对传统的高强度 IF 钢板而言，含 Nb 高强度 IF 钢采用新工艺处理后获得非常强烈的 {111} 退火织构和极高的 r 值。这种较高 r 值的高强度 IF 钢板是以增加生产成本和降低生产效率为代价而获得的。但是，它具有的超深冲性能是传统工艺无法实现的。这种钢板的获得为进一步改善高强度 IF 钢板的超深冲性能指出了新途径，因此新工艺开创了一条提高材料深冲性能的新途径。

3.2 烘烤硬化钢

3.2.1 烘烤硬化钢的特点

烘烤硬化性能（BH 性，Bake Hardening Ability）是指钢板在退火、平整后的供货状态下有较低的屈服强度，经过冲压成型、喷漆烘烤后屈服强度得到一定程度增加的性能。BH 性用 BH 值来评价。用常温时效指数 AI 值来衡量烘烤硬化钢板的常温时效性。

3.2.1.1 烘烤硬化钢的发展

早在 20 世纪 40 年代，人们就发现了钢的应变时效现象，并对此进行了大量的试验研究，揭示了这一现象产生的物理机制是钢中固溶 C、N 原子钉扎位错的结果。但是，对于具有 BH 性的汽车薄钢板的研究和开发却是从 20 世纪 60 年代开始的，且主要是围绕含有一定数量 N 原子的沸腾钢板展开的。由于较多的 N 原子和其他杂质元素的存在严重阻碍了该板中有利织构组分的形成，冲压性能不高。因此，这种钢板不能用于汽车零件的冲压成型。

1969 年，人们开始使用罩式退火工艺生产的铝镇静钢板。这种工艺生产的铝镇静钢板具有 BH 性，同时也不会导致较大的常温时效性。这就为开发用于制造汽车冲压零件的 BH 钢板创造了条件。但是，这种铝镇静钢板的 BH 值较低，并且强度较低，加之生产工艺复杂，因而未能被汽车工业接受而投入批量生产。

20 世纪 70 年代以后，随着汽车工业减重、节能的发展趋势，BH 钢板研究和开发的步伐加快。这一时期人们通过在铝镇静钢中加入磷元素产生的固溶强化而获得高强度钢板，可以满足减小板厚，且具有一定冲压成型性、强度和抗凹陷性的要求。但是，冲压性能和抗二次冷加工脆性比加磷的铝镇静钢板降低，使得它的应用受到限制。

20 世纪 80 年代以来，随着冶金工业生产技术的不断发展，以 IF 钢为代表的超低碳钢系列产品的开发，使进一步提高薄钢板深冲性能成为现实。具有超深冲性的 BH 钢板的研究取得了突破性的进展，超低碳烘烤硬化钢板和超低碳高强度烘烤硬化钢板相继开发，深冲级或超深冲级的 BH 钢板已广泛用于制作汽车车身外覆盖件，已有取代铝镇静高强度钢板的趋势[35]。

进入 20 世纪 90 年代，超低碳高强度烘烤硬化钢板的研究势头不减，新品种、新工艺等不断涌现，呈现出更广阔的应用前景。

3.2.1.2 烘烤硬化钢的分类

从宏观来讲，烘烤硬化钢板包括氮化钢板、双相钢板、铝镇静高强度烘烤硬化钢板和超低碳烘烤硬化钢板，一般人们所讲的烘烤硬化钢板是指铝镇静高强度烘烤硬化钢板和超低碳烘烤硬化钢板。我国烘烤硬化钢板的开发经历了三个阶段，也可以说是用三种方法来生产。第一阶段采用加磷的铝镇静钢生产；第二阶段采用超低碳铝镇静钢生产；第三阶段是由 IF 钢来生产烘烤硬化钢板。由于超低碳烘烤硬化钢板碳含量较低，具有超深冲性和良好的塑性，可以完全取代铝镇静钢板用于汽车零件的冲压成型，尤其是形状更复杂、成型难度更大的零件。

烘烤硬化钢板的本质是高温时效强化使钢板经过冲压成型和涂漆烘烤后钢板的强度增加。钢板中具有一定的位错和固溶原子是钢板获得烘烤硬化性的必要条件，这也是制定烘烤硬化钢生产工艺的根据。对于超低碳烘烤硬化钢板而言，固溶原子的数量通过微合金元素与 C、N 和 S 等原子的比例来控制。根据微合金元素的不同，通常的超低碳烘烤硬化钢板可分为 Ti 处理、Nb 处理和 Ti + Nb 复合处理三种，其中 Ti + Nb 复合处理的超低碳烘烤硬化钢板用的最为广泛。

目前，BH 钢板主要分为四种，即氮化钢板、双相钢板、铝镇静高强度 BH 钢板和超低碳高强度 BH 钢板。习惯上人们把双相钢板和超低碳高强度 BH 钢板分别视为单独的种类，通常所说的烘烤硬化钢，是指加磷的铝镇静钢，亦即 BH 钢[36]。

氮化钢板常温时效性能差，不能长期储存且冲压时钢板表面易产生滑移线，$\bar{r}$ 值、$\bar{n}$ 值和塑性低，冲压成型性能差，不适用于冲压零件的成型。

双相钢板强度高，抗凹陷性能好，但是冲压成型性能差且价格较贵，一般只用于制作结构件。

铝镇静高强度 BH 钢板的 $\bar{r}$ 值、$\bar{n}$ 值和 δ 值较高，冲压成型性能和塑性较好，具有较高的强度和抗凹陷性，适于汽车零件的冲压成型，特别是汽车车身外覆盖件。

超低碳高强度 BH 钢板的 $\bar{r}$ 值、$\bar{n}$ 值和 δ 值较高，具有超深冲性和良好的塑性，还具有更高的强度和抗凹陷性。它可以完全取代铝镇静高强度 BH 钢板用于汽车零件的冲压成型，尤其是形状更复杂、成型难度更大的零件，更适合于制作轿车车身外覆盖件。超低碳烘烤硬化钢板能够在连续涂镀线上生产热镀锌和电镀锌钢板而不需要过时效阶段[37]。

3.2.1.3 最新研究进展

A 应变时效高强度热轧钢板（BHT 板）

BHT 钢板在成型时强度低，加工性能优良，涂漆烘烤后，不仅屈服强度增加，抗拉强度也明显增加，而且具有优良的耐常温时效性，这可使汽车质量减轻约 10%，而以前的烘烤硬化钢板涂漆烘烤后只是屈服强度增高。BHT 钢板应变时效后的应力-应变曲线关系如图 3-15 所示，其中 BHT 值为烘烤后抗拉强度的增加值[38]。

对于 BHT 钢板，首先通过单向拉伸给予 0 ~ 15% 的预应变，而后进行 170℃ ×20min

的烘烤处理，使得钢板的屈服强度以及抗拉强度均得到增加。与以前的普通烘烤硬化钢板相比，BHT 钢板给予 2% 的预变形量后 BH 值可高达约 100MPa，而且抗拉强度也明显增加。BHT 值随着预应变量的增加而增加，当预应变量为 10% 时，BHT 值约为 60MPa。日本川崎制铁公司开发的 440MPa 级 BHT 钢板（SAPH440BHT），成型后抗拉强度从 440MPa 提高到 500MPa[39]。

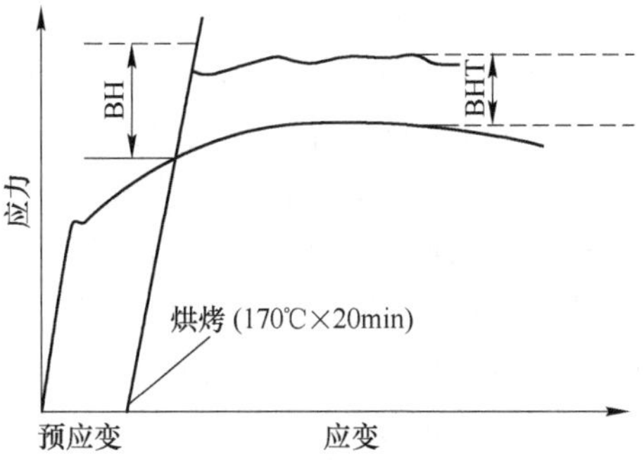

图 3-15 BHT 钢应变时效后的应力-应变曲线

B 镀锌 BH 钢板

传统的 ELC-BH 钢板不能作为热镀锌基板，因为热镀锌过程损害了烘烤硬化性，这同该板中固溶 C 原子产生的机理相关。1989 年以来，日本已经研制和生产出一种 Ti 处理的热镀锌 ELC-BH 钢板。通过所控制的微合金化学元素在一定范围之内，使得 Ti 不能与 C 结合而析出 TiC，只能与 N 和 S 结合而析出 TiN 或 TiS，从而使钢锭中的固溶 C 原子数量不仅等于钢中总的 C 原子含量，而且遗传到退火板中。因此，该板的烘烤硬化性在炼钢过程中就受到控制，而与轧制工艺和退火工艺无关，既可采用罩式炉退火，也可通过连续退火生产基板，并通过下道工序的热镀锌处理获得产品。通常都是采用连续退火、在线热镀锌的方式进行生产。为了防止过大的常温时效性，该板中总的 C 含量（质量分数）应控制在 $(15 \sim 25) \times 10^{-6}\%$ 之间，这对炼钢的质量提出了更高的要求[40]。

由于热镀锌产品成本比电镀锌产品低，目前已具有替代电镀锌产品的趋势[41]。因此，国内外对镀锌 BH 钢板尤其是热镀锌 BH 钢板不断进行开发和研究。结果表明，固溶碳的含量极大地影响着 BH 值。在连续退火条件下，可以通过冷却和过时效条件来调整所需的固溶碳含量。生产碳含量为 0.02% 的热镀锌 BH 钢板时，过时效时间与固溶碳含量和抗拉强度的关系如图 3-16 所示[42]。解决以往 Nb 或 Nb + Ti 处理的 ELC-BH 钢板在进行涂层时烘烤硬化性能受到严重损害的矛盾，可在连续热镀锌扩散退火生产线上采用一种"二次分段快冷"特殊的退火制度，从而获得具有优异烘烤硬化性能的镀锌钢板。日本川崎制铁公司以传统 ELC-BH 钢板作为基板开发出一种 ELC-BH 热镀锌扩散退火钢板后[41]，又通过对原有镀锌技术进行改进，包括防止镀锌层皱纹的发生、获得细小的锌花、减少渣滓附着等，开发出了新型热镀锌 BH 钢板，*r* 和 BH 值分别达到了 1.9 和 42MPa。

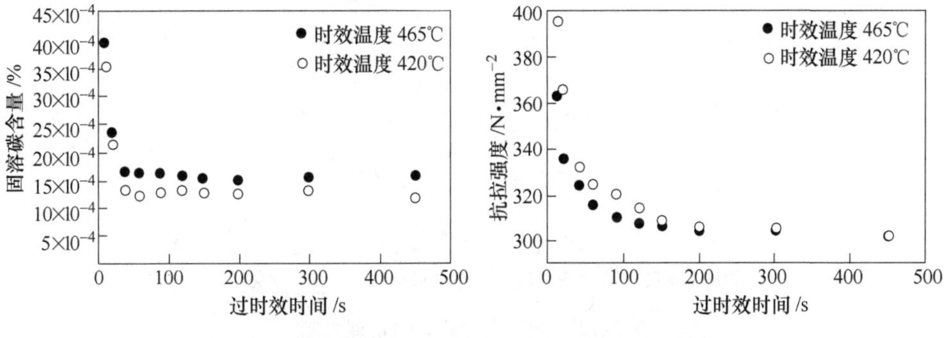

图 3-16 过时效时间对 BH 钢板固溶碳含量和抗拉强度的影响

C　耐候 BH 钢板

武钢采用低碳型铝镇静烘烤硬化基板，开发了一种新型耐蚀汽车覆盖件用钢板。这种耐候低碳型 BH 钢板在保持低碳钢板有效碳当量基本不变的前提下，适当添加微量的 Cu、P 等耐蚀元素，以提高钢板在高寒地区耐盐雾、大气腐蚀性能。对轧制工艺进行研究表明，热轧卷取温度对耐候低碳烘烤硬化钢板的深冲性能和烘烤硬化性能产生较大的影响，如图 3-17 所示。采用 0.8 ~ 1.0mm 厚的这种 BH 板可以代替原使用的 1.0 ~ 1.1mm 厚的 HF 级以上级别的 St13、St14 钢板，用于冲制 EQ140-2、BJ212 等车型的门外板、顶盖板、后翼子板、侧围板等[43]。

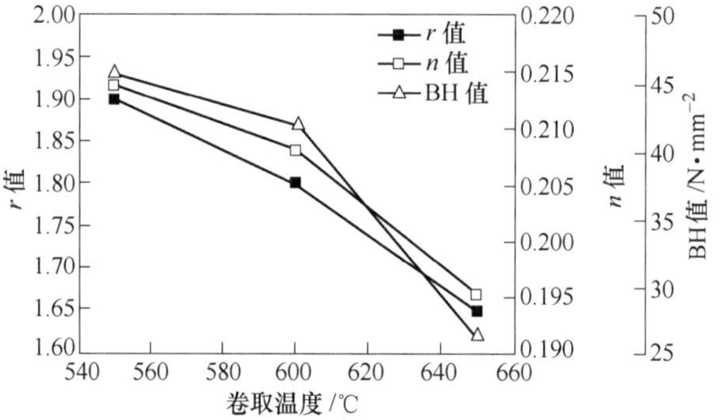

图 3-17　卷取温度对耐候低碳 BH 钢板 r 值、n 值和 BH 值的影响

3.2.2　烘烤硬化钢机理

3.2.2.1　烘烤机理

BH 钢板产生烘烤硬化的物理机制如图 3-18 所示。BH 钢板经过热轧、冷轧、退火平整后，基体内位错密度很低，给其施加一定的预变形后，基体内位错密度增加，使间隙固溶原子 C、N 向位错扩散的距离缩短，当高温烘烤时效处理时它们的热激活能增加，促使其向位错的扩散速度加快，使得 C、N 原子钉扎位错，从而使得 BH 钢板再次加工时屈服强度得到提高。因此，烘烤硬化性实质上同常温时效性一样都属于应变时效机理，但 BH

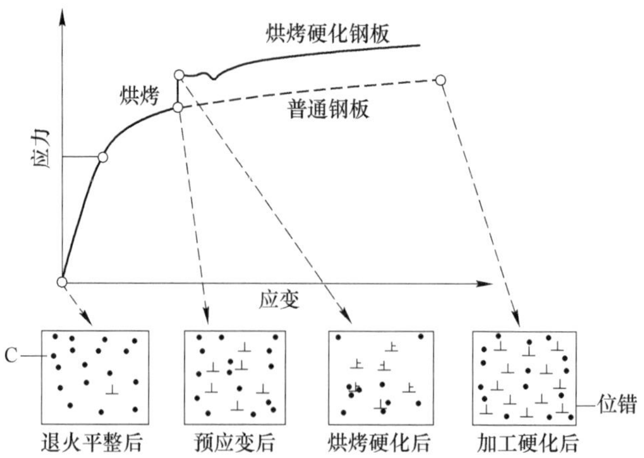

图 3-18　产生烘烤硬化的物理机制

值反映的是由钢中的间隙固溶原子 C、N 所产生的高温应变时效现象。烘烤硬化钢板的 BH 值通常约为 40MPa。获得烘烤硬化的关键是最后成品板中存在一定的固溶 C 原子[44]，退火工艺的效果同样受到微合金元素与基体中固溶 C 原子之比的影响[45]，从而影响 BH 值。

3.2.2.2 化学元素的作用

C：对于超低碳钢板来说 C 是一个最重要的组分，一般 BH 钢的硬化特性是因钢中残留的 C、N 越多，BH 性也越大，但往往也会引起常温时效性不好。因此一定要控制 BH 钢的碳含量。钢的烘烤硬化现象的物理实质是钢中固溶碳及其析出物在位错处的集结，使预变形产生的可动位错被钉扎的结果。因此冷轧成品板烘烤硬化值的大小取决于钢中固溶碳原子的数量。在相同退火工艺条件下，由于碳含量低，比较难以析出。所以退火后具有较高的固溶碳量，获得较高的 BH 值。

为了提高钢板的总伸长率（E1）和 r 值，C 含量越少越好，含 0.0035% C 的伸长率就比 0.0050% C 的好。因为，若 C 量增加由残留的固溶 C 虽然能增强钢板的 BH 性，但也有易引起应变时效性恶化的不利作用，因此，C 含量应控制在 0.0050% 以下。

对于微碳 BH 钢板来说，将 C 的上限定为 0.1%。因为 C 含量超过 0.1% 时，深冲性恶化。如果 C 含量低于 0.01% 时，将对冶炼设备提出更高的要求，影响经济性能。

Si：添加 Si 对提高深冲用高强度钢板的强度是有利的，应根据所需要的强度来添加。但是，其添加量超过 1.0% 会使钢板的焊接性变差且深冲性降低，为此，确定了添加 Si 的上限量为 1.0%。为了保证更高的深冲性，最好限定在 0.5% 以下。

Mn：与添加 Si 同样的理由，可以起到提高钢的强度的作用。但是添加量超过 3.0% 时，深冲性降低，为了确保更高的深冲性，确定加 Mn 量的上限为 1.5%。

S：S 是对深冲性产生不利影响的元素，应尽量降低其含量，通常可以允许在 0.05% 以下。为了确保更高的深冲性，S 的含量最好在 0.02% 以下。此外，为了确保高于 40MPa 的 BH 值和低于 20MPa 的 AI 值，S 的含量最好是在 0.001% 以上。

N：和 S 一样，N 在热轧前就被 Ti 固定，N 单独存在也无害，但是，添加量太多形成的 TiN 会使钢板的总伸长率和 r 值下降，所以，也确定了它的上限为 0.0050%。

Al：Al 是为了脱氧和提高碳氮化物形成元素收得率而添加的，其含量低于 0.010%，添加效果不明显，反之超过 0.20% 时，得不到与添加量相适应的效果。

P：P 能提供固溶强化作用而且不使 r 值降低，是提高强度的最有效元素，但添加量过大会有损钢板的焊接性，所以将其上限确定为 0.20%。

Nb 和 Ti：在 BH 钢板中，Nb 具有细化热轧板组织、提高冷轧退火板 r 值的作用；此外，还可以细化冷轧退火后的晶粒，具有提高溶质 C 在晶界上存在的比例的效果，这样的效果在添加 0.001% 以上时才能产生，添加量超过 0.2% 时，不能得到更高的效果，而且往往引起深冲性的恶化。Nb/C 原子比接近 1 的添加 Nb 的超低碳钢，首先经过热轧，然后在 600℃ 以上卷取，结果导致几乎所有的 C 和 N 分别以 NbC 和 AlN 的形态固定。经过冷轧和高于再结晶温度（大约 750℃）加热之后，发展了强 {111} 再结晶织构。NbC 和 AlN 再结晶温度范围内热处理时是稳定的，进一步加热到 850℃ 以上导致 NbC 溶解，因而形成一定数量的固溶碳。在这个阶段，固溶碳对织构发展的影响可以忽略，因为这个阶段正是再结晶晶粒长大阶段。另外，从 830 ~ 900℃ 高温均热过程中，AlN 溶解很少。为了不让 C 再析出，通过快冷保存少量的固溶碳是可能的。这样就能产生具有烘烤硬化性和超深冲性能兼备的薄钢板。Ti 与钢中的 C 结合形成碳化物析出，具有防止因溶质 C 引起的深冲性恶化的效果。Ti 的添加量低于 0.001 时，得不到应有的添加效果，反之，添加量超过 0.2% 时，不能得到与添加量相对应的结果，而且常常导致深冲性恶化。因此，将 Ti 的含量限定为 0.001%~0.2% 范围之内。

3.2.3　烘烤硬化钢的工艺性能和应用

对于钢铁公司而言，生产烘烤硬化钢板重要的是能够保证最小的烘烤硬化水平，大约 40MPa。烘烤硬化值的获得主要依靠固溶体中自由碳原子的数目、位错密度和碳原子的移动性[46]。

3.2.3.1　轧制工艺对 BH390 钢板组织和性能的影响

A　热轧终轧温度对 BH390 钢板组织和性能的影响

ELC-BH 钢板的热轧通常在奥氏体区进行，终轧温度的高低不仅决定终轧前几道次间隔时间和轧制温度，而且决定了终轧是在高温奥氏体区或低温奥氏体区进行，甚至可能在奥氏体和铁素体两相区进行。可见，热轧终轧温度是影响热轧终轧变形组织的重要工艺参数。热轧终轧变形组织与热轧卷取板组织结构有着密切联系，并通过热轧卷取板组织结构影响成品板组织结构及性能。因此，研究热轧终轧温度对 ELC-BH 钢板组织结构和性能的影响规律，对深入认识热轧终轧温度导致性能变化规律的形成机理，在实际生产中有意识地控制热轧终轧温度，以确保热轧工艺和成品板质量的稳定有重要意义。

热轧工艺参数主要包括板坯加热温度、开轧温度、终轧变形量、终轧变形速率、压下率、终轧温度、卷取温度等。其中，热轧温度的高低对热轧板的晶粒尺寸以及形状有很大的影响。图 3-19 表明，FT = 890℃ 和 FT = 930℃ 时金相的组织组成均为铁素体，但 FT = 930℃ 时所对应的组织晶粒较大。由此可见，奥氏体区终轧时，随着终轧温度降低晶粒变小归因于变形抗力增加导致 γ 晶粒破碎形成更多的具有大角度晶界的亚晶粒的缘故，在随后的卷取过程中，这种热轧变形组织未发生动态和静态再结晶，同时 α 相在 γ 相基体上形核、长大。因此，奥氏体区低温终轧所产生的细小且具有大量变形带和位错的 γ 晶粒经相变后依然保持均匀、细小的 α 晶粒组织。

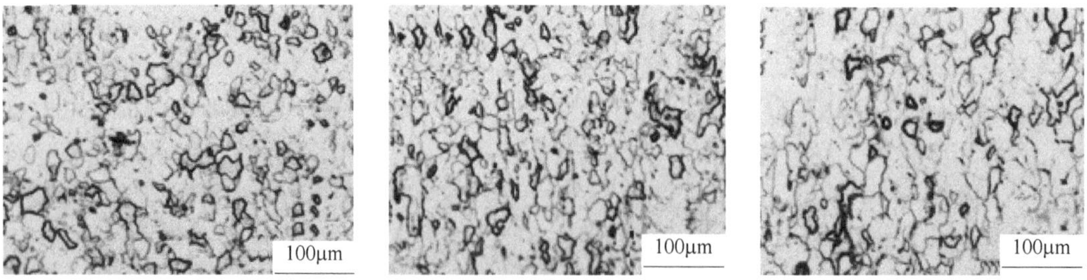

a　　　　b　　　　c

图 3-19　不同热轧终轧温度下的热轧卷取板组织

a—FT = 890℃；b—FT = 910℃；c—FT = 930℃

从图 3-20 可以看出，奥氏体区在不同终轧温度下的变形组织的晶粒差别在退火板中消除，退火板金相组织的晶粒大小基本相同。奥氏体区终轧时，终轧温度对再结晶规律影响不大，故退火组织大小没有多大差别。表3-10列出了热轧卷取板和退火板的晶粒度。

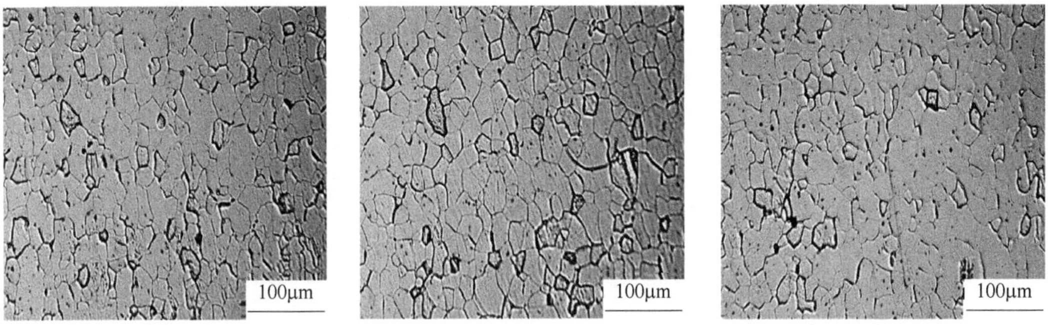

a b c

图3-20 不同终轧温度对退火板组织的影响

a—FT=890℃；b—FT=910℃；c—FT=930℃

表3-10 热轧卷取板和退火板的晶粒度

终轧温度/℃	热轧卷取板晶粒度（ASTM）/级	退火板晶粒度（ASTM）/级
890	8.3	8.9
910	8.0	8.6
930	7.5	8.6

在超低碳烘烤硬化钢板的生产工艺中，热轧终轧温度通过影响轧制过程或轧制后晶粒的生长、再结晶和第二相粒子析出等，从而对钢板的组织和性能产生一定的影响。低的终轧温度会加强微合金元素的析出及晶粒细化。在冷轧过程中，析出物对变形有阻碍作用，增加金属的畸变能，这相对于高的热轧终轧温度条件下热轧板晶粒尺寸的粗大而引起的畸变能的增加来说，前者应该更大一些。

不同热轧终轧温度下各实验钢的力学性能数据列于表3-11，由图3-21可知，随着终轧温度的升高，屈服强度升高，从270MPa增大到280MPa；抗拉强度升高，从395MPa增大到412MPa；910℃终轧时r值最高1.9，n值最高0.27，成型性能最佳；强度和伸长率变化不大；890℃终轧退火板的BH最高，为58MPa。

表3-11 不同终轧温度钢板的力学性能

终轧温度/℃	屈服强度/MPa	抗拉强度/MPa	伸长率/%	n值	r值	BH值/MPa
890	270	397	37.9	0.27	1.65	58
910	281	406	40.1	0.27	1.92	12
930	278	410	37.8	0.26	1.61	29

随着终轧温度升高，热轧卷取板组织的晶粒较大且NbC未能充分析出而使一些固溶C原子存在，因而阻碍了{111}退火织构的发展，造成r值和n值减小，强度值增加。

B 热轧卷取温度对BH390钢板组织和性能的影响

热轧卷取板的组织形态不仅与热轧终轧温度、热轧变形制度有关，还与热轧卷取温度

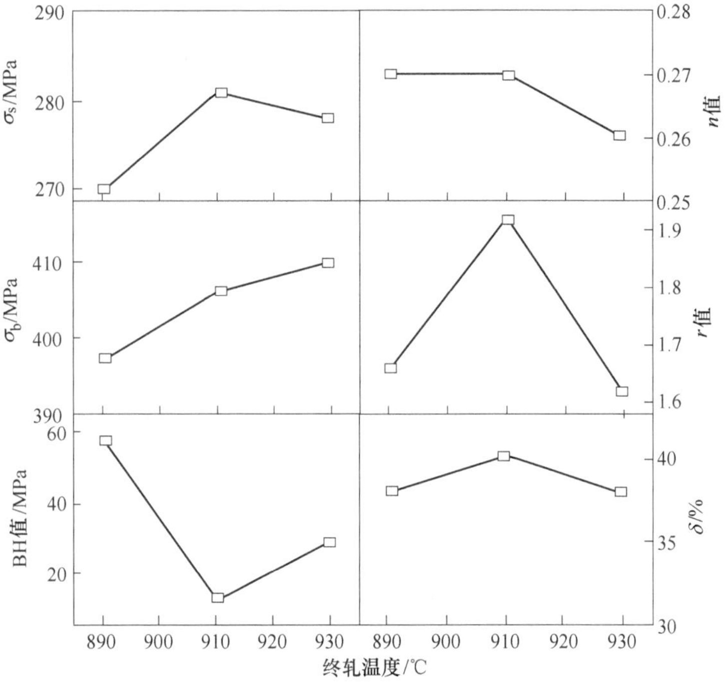

图 3-21　热轧终轧温度对退火板性能的影响

有关。卷取温度的变化决定了冷却后卷取、保温过程的长短，不仅影响到热轧卷取板组织结构状态，而且影响到热轧之后各工序过程中钢板的组织结构状态，并且最终对成品板组织结构及性能产生一定的影响。通过对三种不同卷取温度而其他工艺参数完全相同的同一炉号实验钢进行的研究，揭示了这些组织结构和性能变化的规律及其形成机理。同时，卷取温度不宜选取的过高，原因是：随着卷取温度的提高至一定温度时，可能晶粒粗化导致深冲性能降低；另外，提高卷取温度使得钢板表面氧化铁皮增厚，酸洗效率降低，使除鳞成本增加[27]。

图 3-22 分别为 750℃卷取、680℃卷取的热轧卷取板金相组织，卷取温度对热轧卷取

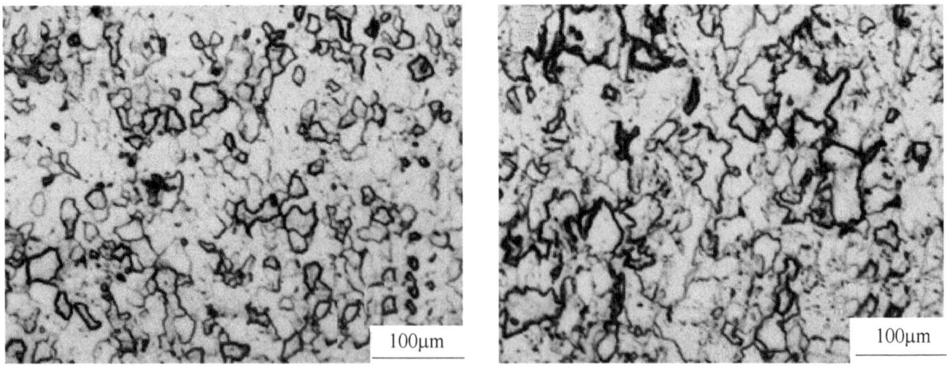

a　　　　b

图 3-22　卷取温度对组织的影响金相图

a—750℃卷取；b—680℃卷取

板组织结构的影响，具体反映在晶粒大小上。随着卷取温度的升高，热轧卷取板的铁素体组织变为近似等轴状，且晶粒分布和形状更加均匀，这种差异与高温卷取热激活条件好、有利于铁素体晶粒长大有关。不同卷取温度退火板力学性能数据列入表3-12中，退火板力学性能随卷取温度升高的变化规律如图3-23所示。

表3-12 不同卷取温度退火板的力学性能

卷取温度/℃	屈服强度/MPa	抗拉强度/MPa	伸长率/%	r值	n值	BH值/MPa
710	308	420	36.2	1.6	0.25	35
730	318	422	34.8	1.6	0.26	73
750	268	402	38.6	2.2	0.26	21

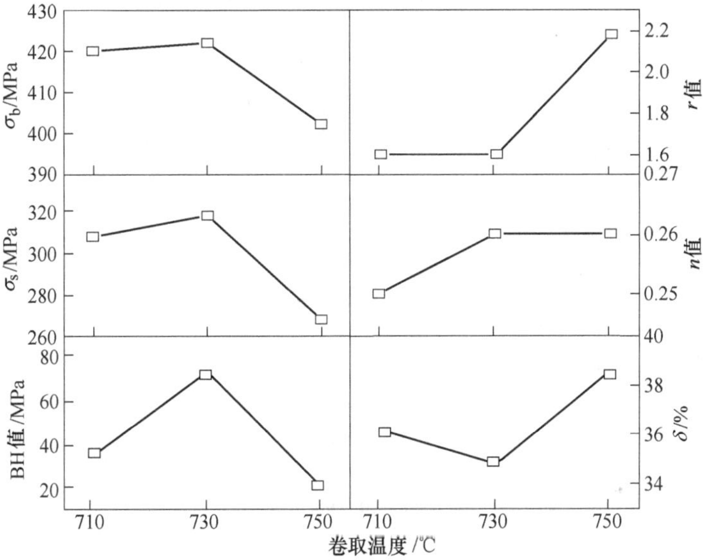

图3-23 卷取温度对退火板性能的影响

随着卷取温度的升高，晶粒的大小更为均匀，因此变形时能够较为均匀的变形，因此伸长率随着卷取温度的升高而升高，750℃卷取伸长率最高为39%。同时卷取温度的升高也使得晶粒更为粗大，因此强度随着卷取温度升高而降低，750℃卷取的强度最低，屈服强度为268MPa，抗拉强度为402MPa。γ织构也有一定程度的发展，因此从图3-23中反映出的是r值增大、伸长率增大，r值最高达到2.2；BH值变化与强度变化趋势相似，n值变化不明显。

卷取温度的升高，使γ织构充分发展，有利于深冲性能的改善。显然，这种性能的变化取决于卷取温度不同所引起的组织结构变化。一般来说，高温卷取有利于碳化物的析出和粗化，且在晶内稀疏分布，其周围缠结的位错较少，这就导致位错运动的阻碍作用减弱。图3-24为不同卷取温度热轧板45° ODF极图。图3-25为不同卷取温度条件下，热轧织构α取向和γ取向线密度变化。

卷取温度对于ECL-BH钢板退火织构的发展也有影响：其一，卷取温度增高，产生晶粒较粗大的热轧卷取板组织，既不利于冷轧变形过程中{111}织构组分的形成，也会导致变形储存能的减少，再结晶推迟发生且{111}取向晶粒的形核率降低，同样退火条件

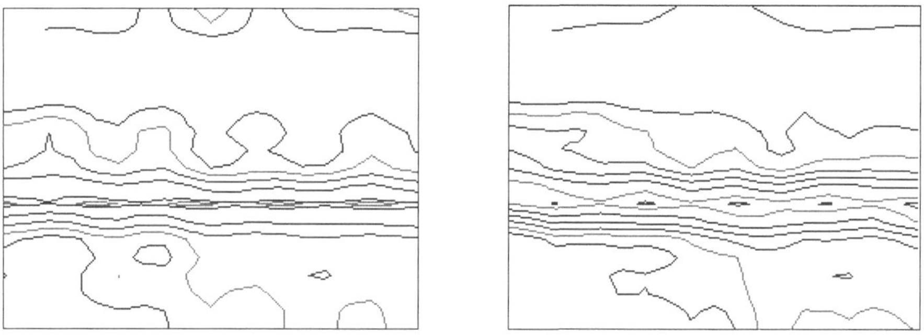

a　　　　b

图 3-24　不同卷取温度热轧板 45°ODF 极图

a—680℃卷取；b—750℃卷取

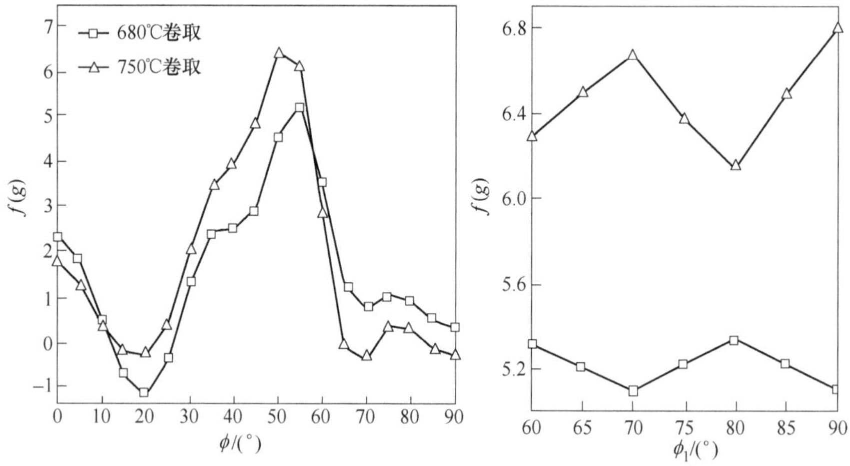

a　　　　b

图 3-25　不同卷取温度热轧板 α 和 γ 织构取向线密度变化

a—α 取向；b—γ 取向

下，{111} 再结晶织构的继续发展受到限制，其他再结晶织构组分的发展相对增强；其次，二相粒子的粗化和稀疏分布使其对位错和晶界运动的阻碍作用减弱，有利于热激活条件下位错组态的重排和再结晶晶粒形核、长大，以致再结晶过程提前发生和完成、晶粒长大容易进行且其过程相对延长，从而促进了 {111} 取向晶粒的有限形核和继续长大[59]。因此，图 3-25 中所反映的 750℃热轧卷取板比 680℃卷取的热轧板 γ 织构强，是第二个原因占据主导因素所导致的结果。并且在第一个原因的影响下，高温卷取热轧板比低温卷取热轧板的 α 取向织构具有较高的取向密度，取向密度函数值分别为 6.6 和 5.2。

C　冷轧压下率对超低碳 BH390 钢板组织性能的影响

冷轧工艺参数主要包括冷轧压下率、带张力、润滑条件等。其中对 BH390 钢板的最终性能影响较大的是冷轧压下率。本书在其他工艺条件相同的情况下，给出了冷轧压下率分别为 70%、75% 和 80% 时连续退火生产的 BH390 钢板的组织和性能。

图 3-26 所示为两种不同冷轧压下率下退火板组织比较，冷轧压下率为 80% 时，所对

应的组织较冷轧压下率为70%时的组织晶粒稍大，晶粒度分别为7.7和8.1。大压下率退火板的组织大小更为均匀。

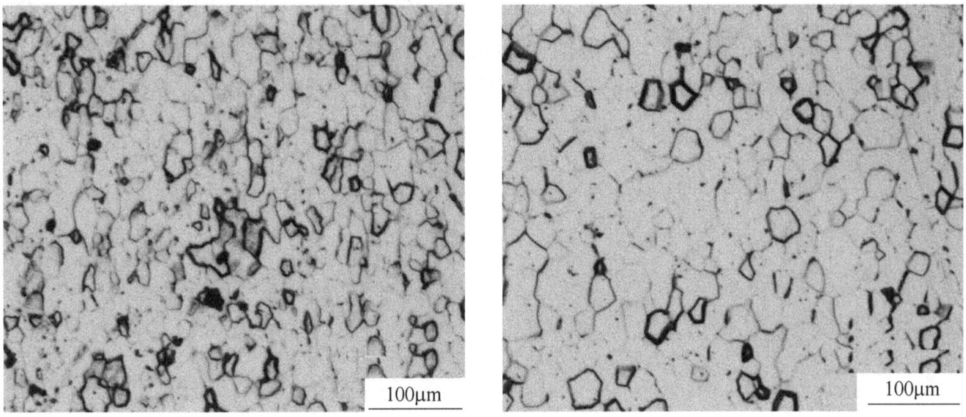

a　　　　　　b

图3-26　不同冷轧压下率下的退火板组织

a—70%冷轧压下率；b—80%冷轧压下率

冷轧压下率越大退火板组织晶粒越大的原因是：冷轧变形储存能增大，再结晶驱动力增强，使得再结晶提前发生且再结晶的形核率升高和晶粒长大速度加快，再结晶完成后的晶粒长大过程相对延长。冷轧压下率为70%、75%和80%的退火板力学性能列于表3-13。

表3-13　不同冷轧压下率退火板的力学性能

冷轧压下率/%	屈服强度/MPa	抗拉强度/MPa	伸长率/%	*n*值	*r*值	BH值/MPa
70	317	424	37.6	0.25	1.5	17
75	335	419	34.8	0.26	1.6	25
80	274	396	38.9	0.28	1.8	36

钢板再结晶退火过程是再结晶形核、长大和大角度晶界迁移的过程，它伴随着晶粒取向或取向分布的变化，该过程的驱动力来自冷轧钢板的变形储存能。而冷轧压下率的大小直接决定了钢板变形储存能的大小。变形储存能对于再结晶过程中的晶粒形核和长大有很大的影响。变形储存能大，再结晶时晶粒形核率高，长大速度较快，再结晶完成时间相对缩短。冷轧压下率增加对形核率的影响大于晶粒长大速度，再结晶完成后的晶粒尺寸相应变小，但是再结晶完成的时间相应缩短，这样就导致了晶粒长大过程相对延长，以致退火板组织的晶粒增大。同时，冷轧压下率增大钢板变薄，在退火过程中，薄的钢板加热速度快，提前达到再结晶温度，退火过程提前完成，保温时间相对延长，也导致晶粒继续长大。

图3-27为冷轧压下率对性能的影响。在其他工艺相同的情况下，随着冷轧压下率的提高强度降低，80%冷轧压下率的抗拉强度最低为396MPa，屈服强度最低为274MPa；伸长率随着冷轧压下率的提高而增大，80%冷轧压下率所对应的伸长率为38.9%；组织晶粒变大，使强度随冷轧压下率增大而稍有降低，是伸长率提高的根本原因。*r*值随着冷轧

压下率的提高而增大，最高为 1.8，这是因为冷轧压下率的增高，增加了畸变能。在随后的退火过程中，大的冷轧压下率促使 γ 有利退火织构的充分发展；冷轧压下率增加，畸变能和位错密度增加，原子的扩散能力增加，从而增加了第二相粒子的析出动力。在同样的退火工艺下，冷轧压下率较大的钢板第二相析出物也会首先达到很大，溶解量也较多，而在冷却过程中残留在基体中的固溶碳、氮原子也较多。因此，80% 左右的冷轧压下率使退火板具有较高的烘烤硬化值。n 值变化不大。

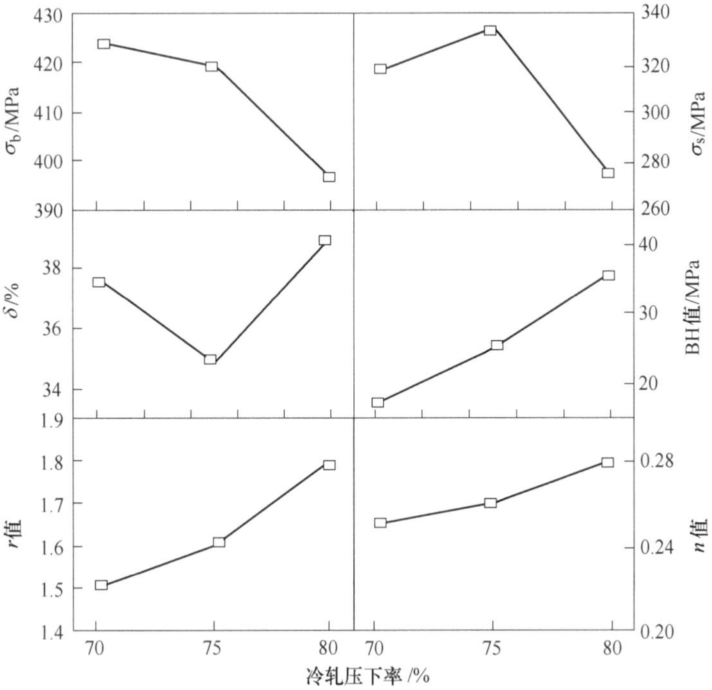

图 3-27　冷轧压下率对退火板性能的影响

3.2.3.2　生产 BH 钢板的退火工艺

烘烤硬化钢板根据生产工艺的不同，可分为冷轧普板、电镀锌板和热镀锌板三大类产品，相应的工艺设计有罩式退火的微碳设计和连续退火的超低碳设计两种。对于超低碳烘烤硬化钢板要求高温退火，使碳化物分解；随后进行快速冷却从而形成有利的 {111} 再结晶织构，提高产品的深冲性和烘烤硬化性[47]。生产冷轧烘烤硬化钢板可通过罩式退火、连续退火和热镀锌退火等不同的途径，不同的生产工艺，使烘烤硬化钢板的力学性能也不同，其优缺点如表 3-14 所示。E. Hoggan 等人对采用罩式退火生产低碳铝镇静钢板和 Ti 处理的超低碳烘烤硬化钢板进行了详细的研究，认为罩式退火基本能满足两种钢种的生产要求[60]。R. P. Foley 等人认为用连续退火生产低碳烘烤硬化钢板要求过时效行为；而生产 Nb 处理的超低碳烘烤硬化钢板不需要过时效阶段，但是，BH 值受退火保温时间和冷却速度的影响比较大[61]。在生产 BH 钢板过程中，采用如图 3-28 所示的退火工艺，即在达到再结晶退火温度前，使 C 形成稳定的碳化物而固定下来，在再结晶后的高温加热及均热下，使一部分碳化物分解形成固溶 C[48]。

表 3-14 不同工艺生产的烘烤硬化钢板的性能比较

退火方式	力学性能
罩式退火	r 值高，很难获得最好的烘烤硬化值
连续退火	r 值略低，烘烤硬化值最好
LC 热镀锌	r 值低，各向异性严重
ULC 热镀锌	力学性能好，但对炼钢工艺的要求特别高

平整对 BH 钢板力学性能和自然时效性能有很大的影响，研究者认为[49]，平整对 BH 钢的 BH 性有显著影响，平整伸长率在 1.0%～2.0% 之间时 BH 值有最大值；平整使得 BH 钢的屈服强度先下降而后上升，最低屈服强度时的平整伸长率消除了钢板单向拉伸时的屈服点延伸现象；足够的平整伸长率是 BH 钢板抗自然时效性能的有效保证，对于罩式退火 BH 钢，平整伸长率大于 1.2% 能够保证 1 年不发生自然时效。

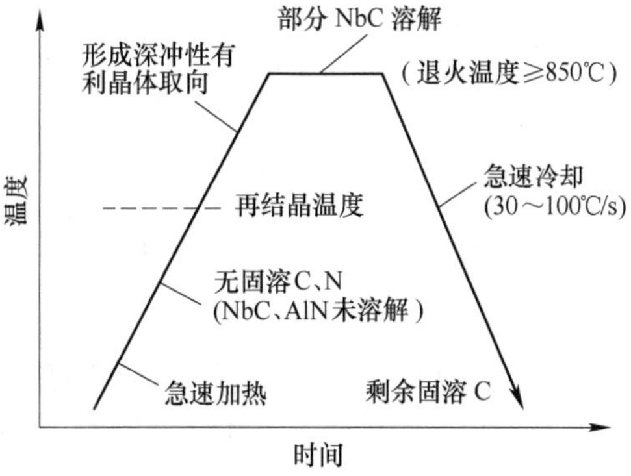

图 3-28 高强度 ELC-BH 钢板的制造原理

3.2.3.3 BH 钢板的应用现状

BH 钢板的最大特点是解决了成型性和抗凹陷的矛盾，具有很好的综合性能。BH 钢板主要用在汽车防卫板、门板、侧围、挡泥板及大的覆盖件[50]。在夏利轿车中共有 10 种板件用了烘烤硬化钢板，净重为 28kg，约占车身钢板的 20%[51]。烘烤硬化钢板还具有很好的焊接性能，Fumiaki Matsui 等人认为，采用激光焊接烘烤硬化钢板，焊接后经塑性变形和紧接其后的热处理，焊缝金属和基体金属都显示出了烘烤硬化性，当塑性变形达到 5% 或更高时，BH 值达到最大[52]。

德国大众公司向中国一汽-大众公司提供的 Audi C5 轿车用料一览表中有门栏加强板、顶盖横梁内板、左/右门外板和发动机罩等 5 种零件采用烘烤硬化钢板，采用的牌号为 ZSTE260BH70SB、ZSTE260BH70MB、ZSTE180BHZE75/75-05 等。在德国蒂森钢铁公司发表的文章中也列出了 3 种正式生产和 2 种试生产的镀锌 BH 钢板，它们的化学成分和力学性能如表 3-15 所示[53]。

表 3-15 德国的镀锌烘烤硬化钢板的化学成分和力学性能

钢号	退火工艺	化学成分/%							力学性能						
		C	Mn	Si	P	S	N	Al	R_{eL} /MPa	R_m /MPa	A /%	BH 值 /MPa	(WH + BH) 值 /MPa	r_m	n
ZSTE 180BH	BA	5×10^{-3}	200×10^{-3}	20×10^{-3}	35×10^{-3}	9×10^{-3}	3.5×10^{-3}	40×10^{-3}	210	320	40	48	>70	1.6	0.22
ZSTE 220BH	BA	5×10^{-3}	200×10^{-3}	20×10^{-3}	60×10^{-3}	9×10^{-3}	3.5×10^{-3}	40×10^{-3}	240	360	37	45	>70	1.5	0.18

续表 3-15

钢号	退火工艺	化学成分/%							力学性能						
		C	Mn	Si	P	S	N	Al	R_{eL} /MPa	R_m /MPa	A /%	BH 值 /MPa	(WH + BH) 值 /MPa	r_m	n
ZSTE 260BH	CA	30×10^{-3}	220×10^{-3}	20×10^{-3}	7×10^{-3}	9×10^{-3}	3.0×10^{-3}	40×10^{-3}	270	360	38	54	>60	1.3	0.18
ZSTE 300BH①	CA	30×10^{-3}	220×10^{-3}	20×10^{-3}	35×10^{-3}	9×10^{-3}	3.0×10^{-3}	40×10^{-3}	330	440	25	55		1.3	0.18
ZSTE 180BH①	HDG	2×10^{-3}	220×10^{-3}	20×10^{-3}	7×10^{-3}	9×10^{-3}	2.0×10^{-3}	40×10^{-3}	190	300	40	40		1.5	0.19

注：BA—罩式退火；CA—连续退火；HDG—热浸镀锌；BH—预应变 2%、17℃烘烤 20min 屈服强度增加值。
①试生产。

法国阿塞勒集团 BH 钢板的生产及研发现状如表 3-16 所示[54]。新日铁能够为用户提供强度级别为 340MPa、390MPa 和 440MPa 的冷轧普板烘烤硬化钢板和电镀锌板以及 340MPa 级的冷轧热镀锌烘烤硬化钢板[55]。

表 3-16 法国阿塞勒集团 BH 钢板的生产及研发现状

主要牌号	可生产的涂镀层产品			
	裸板	电镀板	热镀板	合金化
Arcelor160 BH	Q、CP	Q、CP	CQ、CT	Q、CP
Arcelor180 BH	Q、CP	Q、CP	Q、CP	CQ、CT
Arcelor220 BH	Q、CP	Q、CP	Q、CP	Q、CP
Arcelor260 BH	CP	CP	CQ、CT	
Arcelor300 BH	CP	CP	CT	

注：CP—已商业化；CQ—用户采用外观表面质量板试验；CT—用户试验；Q—可获得外观敏感的表面质量。

宝钢目前能够生产 180MPa、210MPa、240MPa、270MPa 和 300MPa 等五种强度级别的冷轧普板、电镀锌和热镀锌烘烤硬化钢板。目前国内新一代轿车的外板多采用这一系列的电镀锌烘烤硬化钢板，屈服强度的级别主要是 180MPa 和 220MPa，如上海大众 Passat、一汽 Audi A6 和上海通用 BUICK 等[56]。

鞍钢成功开发出了 BH340 和 A220BH 烘烤硬化冷轧钢板，其中，A220BH 具有良好的成型性能及适中的烘烤硬化值，能够满足汽车生产工艺的要求[57,58]。

参考文献

[1] 康永林. 现代汽车板工艺及成型理论与技术 [M]. 北京：冶金工业出版社，2009.
[2] 焦四海. 热轧温度和压下量对加 Ti 超低碳钢热轧薄板力学性能的影响 [J]. 世界钢铁，2001，1 (5)：29 ~ 35.

[3] 崔德理，王先进．超低碳钢的历史与发展［J］．钢铁研究，1994（5）：50～60.

[4] 张自新，张丕付．汽车车身用钢板的现状与发展［J］．中南汽车运输，1998（3）：1～4.

[5] 李文彬．高强度汽车用钢板的生产和研究［J］．重型汽车，2005（4）：20～22.

[6] Hong M H. Characterization of surface defects in high strength galvannealed steels［J］. Praktische Metallographie，2004，41（3）：111～125.

[7] Bleek W. Galvanized High Strength Steels With Good Cold-Formability［J］. IND. ANZ. 1990，112（19）：26～27.

[8] Hosoya Y. Super formable steel sheet with tensile strength of 390～440 N/mm^2［J］. NKK TEGH. REV. 1995，72：1～9.

[9] Sperle J-O. High-strength automotive sheet steels for weight reduction and safety applications［C］. Conference：High-strength Sheet Steels for the Automotive Industry. USA，1994：65～78.

[10] 王利，杨雄飞，陆匠心．汽车轻量化用高强度钢板的发展［J］．钢铁，2006，41（9）：1～8.

[11] 马衍伟，王先进．超深冲 IF 钢研究的最新进展［J］．钢铁，1998，33（4）：65～69.

[12] 马衍伟．超深冲 IF 钢的生产工艺及其技术要点［J］．轧钢，1998（2）：6～9.

[13] 崔令江．汽车冲压件用 IF 钢［J］．重型汽车，1997（3）：7.

[14] 李文彬，官军．深冲钢（IF 钢）的研究与发展概况［J］．冶金设备，2006（3）：29～34.

[15] 大泽一典．析出物对超低碳 IF. 钢板再结晶及晶粒长大行为的影响［J］．国外钢铁钒钛，1997，10（1）：28～32.

[16] Hertveldt I，袁明生．退火条件对 Mn 和 P 强化的 IF 钢可镀锌性及合金化性能的影响［J］．世界钢铁，2003（2）：4.

[17] Hutchinson B，Artymowicz D. Mechanisms and modelling of microstructure/texture evolution in interstitial-free steel sheets［J］. ISIJ international，2001，41（6）：533～541.

[18] 王利，赵子苏．钛对高强度 Nb + Ti-IF 冷轧罩式炉退火钢板性能的影响［J］．钢铁，1998，33（9）：42～44.

[19] 孙全社，承建．Ti、Nb 复合添加 IF 钢热模拟过程中的析出行为［J］．宝钢技术，1995（4）：43～47.

[20] Yoon J B. Proceeding of the 38th Metal Working and Steel Processing［C］. Conference：ISS-AIME. 1996.

[21] 雍岐龙．钢铁材料中的第二相［M］．北京：冶金工业出版社，2006：37.

[22] Hashimota O. On Advamies in Physlical Metallurgy and Application of steel［C］. Procof int Conf The Metal Society of Great Britain，1981：95～104.

[23] 张倩，何崇智．超深冲无间隙原子钢的织构与成型性［J］．钢铁研究学报，1996，8（11）：15～19.

[24] Ray R K. International Materials Reviews，1994，39：278～290.

[25] 初元璋，潘岩．IF 钢的二次加工脆性及其评定方法［J］．特殊钢，2000，21（1）：36～39.

[26] Urabe，Toshiaki，Jonas，et al. Modeling texture change during recrystallization of an IF steel［J］. ISIJ Int，1994，34（5）：435～442.

[27] Fekete R James. Advanced sheet steels for Automotive Applications［J］. Jom，1992：17.

[28] Ohashi N，Irie T，Satoh S. SAE Paper，1981，No. 8120027.

[29] 郝晓东，程东姝，张启富．超轻汽车车体用钢热镀锌的研究及应用现状［J］．中国冶金，2006（12）：5～8.

[30] 王宝景．340 高强度 IF 钢冷轧薄板罩式退火工艺研究［D］．北京：北京科技大学，2004：1～67.

[31] 杨才福，张永权．汽车用含铜高强度薄钢板［J］．钢铁研究学报，1997，9（3）：63～66.

[32] 罗石念．含铜 IF 钢成分、工艺与性能相关规律研究 [D]. 北京：北京科技大学，2000：2 ~ 55.

[33] Slavov V I, Naumova O M, Kuznetsov V V, et al. Sharp {111} texture in the industrial Ti-bearing interstitial free steel sheet [J]. Journal of Guangdong Non-ferrous Metals, 2005.

[34] 李小杰，周大庆．超低碳钢的取样和制样方法 [J]. 武钢技术，2000，38 (2)：17 ~ 19.

[35] M L S. Ultralow-Carbon Steels for automotive Industry with the Effect of Hardening upon Drying of completed part [J]. Metallovedeniei Termicheskaya Obrabotaka METALLOV, 2000 (9)：9 ~ 18.

[36] 唐荻，王先进，傅晨光．烘烤硬化型冷轧汽车板的生产 [J]. 钢铁，1992 (2)：65 ~ 69.

[37] De A K, Blauwe K D, Vandeputte S, et al. Effect of dislocation density on the low temperature aging behavior of an ultra low carbon bake hardening steel [J]. Journal of Alloys & Compounds, 2000, 310 (1 ~ 2)：405 ~ 410.

[38] 江海涛，康永林，于浩．烘烤硬化汽车钢板的开发与研究进展 [J]. 汽车工艺与材料，2005 (3)：1 ~ 4.

[39] Kaneko S, Matsuoka S, Sakata K, et al. Strengthening Mechanism in Hot-rolled High Strength Sheet Steel with Increase in Tensile Strength Induced by Bake Hardening [J]. Tetsu-to-Hagane, 2003, 89 (383)：757 ~ 769.

[40] 关小军．超低碳高强度烘烤硬化钢板研究的新进展 [J]. 汽车技术，1996 (12)：32 ~ 36.

[41] 康永林．汽车板的研究开发现状及发展趋势 [J]. 鞍钢技术，2003 (6)：1 ~ 7.

[42] Pichler A, Traint S, Arnoldner G, et al. High-strength hot-dip galvanized steel grades：a critical comparison of alloy design, line configuration and properties [C]. Mechanical Working and Steel Processing Conference, 2002.

[43] 罗石念．武钢低碳耐候型烘烤硬化汽车板开发 [C]. 中国金属学会 2003 中国钢铁年会论文集 (4), 2003.

[44] Kozeschnik E, Buchmayr B. A contribution to the increase in yield strength during the bake hardening process [J]. Steel Research, 1997, 68 (5)：224 ~ 230.

[45] Lips K, Yang X, Mols K. The effect of coiling temperature and continuous annealing on the properties of bake hardenable IF steels [J]. Steel Research, 1996, 67：357 ~ 363.

[46] Hubert R A, Vandeputte S, Van Snick A, et al. Towards a controlled bake hardening by numerical calculation of the precipitate behaviour during continuous annealing of TiNb and Nb alloyed IF BH steels [C]. Proceedings of the international conference on microalloying in steels, 1998.

[47] Satoh S, Okada S, Kato T. Development of bake hardening high strength cold rolled sheet steels for automobile exposed panels [J]. 1992.

[48] 康永林．现代汽车板的质量控制与成型性 [J]. 1999.

[49] 程国平，王利．平整对罩式退火生产 BH 钢板力学性能和自然时效性能的影响 [J]. 天津冶金，2003，38 (9)：45.

[50] 由剑．法国汽车用钢技术介绍 [J]. 汽车工艺与材料，1997 (6)：42 ~ 45.

[51] 焦铁民．浅析日本夏利轿车中的烘烤硬化钢板 [J]. 汽车情报，1989.

[52] Matsui F, Shibao M, Yoshida N, et al. Property of Laser Welded Bake-Hardening Steel in Tailored Blanks for Automobile [C]. Materials Science Forum, 2004.

[53] 姚贵升．采用烘烤硬化钢板（BH 钢）改善汽车车身外表零件的抗凹陷性能 [J]. 宝钢技术，2000 (4)：1 ~ 7.

[54] 江海涛，康永林，于浩．烘烤硬化汽车钢板的开发与研究进展 [J]. 汽车工艺与材料，2005 (3)：1 ~ 4.

[55] 康永林．汽车板的研究开发现状及发展趋势 [J]. 鞍钢技术，2003 (6)：1 ~ 7.

[56] 王利，陆匠心．宝钢冷轧汽车板品种开发、应用及发展［J］. China Metallurgy，2003（8）：23～25.
[57] 郝森，刘仁东，时晓光，等．烘烤硬化高强深冲冷轧汽车板 BH340 的研制开发［J］. 鞍钢技术，2002（5）：38～41.
[58] 宋浩，刘仁东．鞍钢 A220BH 烘烤硬化冷轧钢板的开发［J］. 鞍钢技术，1999（8）：13～15.
[59] 关小军．超低碳高强度烘烤硬化钢板［M］. 济南：山东科技出版社，2000.
[60] Hoggan E，Mu Sung G. Cold Rolled Batch Annealed Bake Hardening Steel for the Automotive Industry [C]. 39th MWSP Conf. Proc，ISS，1998，XXXV：17～29.
[61] Foley R P，Fine M E，Bhat S K. Bake Hardening Steels：Toward Improve Formability and Strength [C]. 39th MWSP Conf. Proc，ISS，1998，XXXV：653～666.

4 双相钢

4.1 双相钢的概述

先进高强钢最突出的优点就是强度和塑性能够很好配合，同时在较高的强度下又具有优异的成型性能，尤其是具有很高的初始加工硬化指数，使其在冲撞过程中能较大幅度地吸收能量，这在减重的同时对保证安全性十分有利。AHSS 钢在新一代轿车上的使用量接近 80%，其中又以双相钢为最多，它的出现为发展和生产高强度、高延性钢板开辟出了一条新的途径。

双相钢是在一种较软的铁素体相上均匀分布着硬质马氏体相，通过两相的强度和塑性的协调从而改善综合性能。双相钢早在 30 年前就开始了商业化生产，其中包括热轧、冷轧、热镀锌等产品，低强度双相钢显微组织中的马氏体含量一般在 5%~20%，随着马氏体含量的增加，强度范围为 500 ~ 1200MPa。双相钢具有初始加工硬化率高、屈服强度低、均匀伸长率和总伸长率高等优点，一般用于需高强度、高的抗撞吸收能且成型性要求比较严格的汽车零件，如车轮、保险杠、悬挂系统及其加强件等，应用如表 4-1 所示。随着钢种性能和成型技术的进步，双相钢也开始被用在汽车内、外板上。如图 4-1 所示，在 ULSAB-AVC 计划中，双相钢占整个车身结构的 74% 左右[1,2]。

表 4-1　各强度级别的双相钢在汽车主要材料中的应用（ULSAB-AVC）

应用范围	类　型	屈服强度/MPa	抗拉强度/MPa	伸长率/%	n	r
附件	DP 350/600	350	600	24 ~ 30	0.14	1.1
	DP 400/700	400	700	19 ~ 25	0.14	1.0
	DP 500/800	500	800	14 ~ 20	0.14	1.0
车身结构	DP 280/600	280	600	30 ~ 34	0.21	1.0
	DP 300/500	300	500	30 ~ 34	0.16	1.0
	DP350/600	350	600	24 ~ 30	0.14	1.1
	DP400/700	400	700	19 ~ 25	0.14	1.0
	DP 500/800	500	800	14 ~ 20	0.14	1.0
	DP 700/1000	700	1000	12 ~ 17	0.09	0.9
覆盖件	DP 500/800	500	800	14 ~ 20	0.14	1.0
	DP 350/600	350	600	24 ~ 30	0.14	1.1
悬挂件/底盘	DP 350/600	350	600	24 ~ 30	0.14	1.1
车轮	DP 350/600	350	600	24 ~ 30	0.14	1.1
	DP 500/800	500	800	14 ~ 20	0.14	1.0

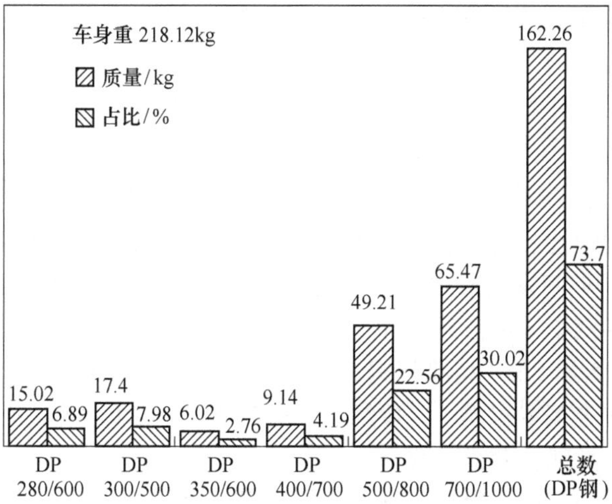

图 4-1 各强度级别双相钢在 C-Class 系列车身结构中的应用概况

4.1.1 国内外双相钢的研发概况

1968 年，美国人申请了双相钢的第一个专利，但是由于当时钢铁冶炼设备和控制手段的限制，在实际生产中双相钢的应用较少。直到 1975 年，Hayami 和 Furukawa 对这类钢进行了系统性的研究，对其显微组织、化学成分、力学性能和成型性能都做了完整的描述，人们才开始对双相钢的作用越来越关注。1978 年，Coldren 和 Tither 提出了轧制双相钢的概念，他们通过控制终轧温度和卷取前冷速就能得到双相组织，因此命名为热轧双相钢。随着热轧双相钢的出现，关于它的物理冶金原理、材料工艺和应用技术等方面的探索和开发也都取得了很大进展，双相钢作为高强低合金钢的一种，它的研究一直处于前沿领域，在作为先进汽车用钢的开发领域，双相钢为汽车减轻自重、生产高强度冲压构件以及简化冲压工艺，都带来了很大帮助。目前，工业生产的热轧双相钢和冷轧双相钢的抗拉强度已分别达到 500 ~ 800MPa 和 400 ~ 1200MPa，这为高强汽车用钢的开发开辟了一条新途径。

4.1.1.1 国外双相钢的研发情况与应用

国外双相钢的发展起步较早，其中北美和加拿大在该方面的研究较为突出，他们对双相钢的成分设计、热处理工艺控制等方面都做了大量的研究。美国在早期由于工业计算机水平的限制，尚未采用连续退火生产线生产双相钢。但是，他们通过成分设计中添加一定的合金元素来提高双相钢的淬透性，如 Mo、V 等元素。经过铁素体和奥氏体两相区加热后，保温一定时间空冷到室温形成热处理双相钢。最具代表性的有含 Mo 热处理双相钢和含 V 热处理双相钢。加拿大的麦克马斯特大学和底法斯科钢公司也进行了双相钢的研究和工业试制工作[3]。他们研究的双相钢包括热处理双相钢和热轧双相钢，热处理工艺也是在临界区退火后进行淬火，而热轧双相钢是以 Mn-Si-Cr-Mo 系为主要成分，基本的轧制工艺和冷却工艺与美国相同。日本以生产热处理双相钢为主，在 1978 年前后，随着计算技术的发展，一些钢铁公司建成并投产了由计算机控制的水淬连续退火生产线。热处理双相钢具有一定的优势，炼钢中合金元素含量少，节约了冶炼成本，同时热处理双相钢的产品具有良好的成型性和力学性能、高的烘烤硬化特性、室温抗时效稳定性等优点，其钢种多属于低碳钢或低碳锰钢。英国的部分钢铁公司和剑桥大学也开展了双相钢的研究工作，主要研究方向集中在冶炼时的化学成分对双相钢组织性能的影响上。

4.1.1.2 国内双相钢的研发情况与应用

我国在双相钢产品的研发和研究上起步较晚，相关科研、教学和生产单位从1978年开始对双相钢的断裂特性、轧制变形模式[4]、强化原理[5]及变形特性进行研究。

鞍钢在“七五”期间采用罩式退火工艺开发并研制出了540MPa级冷轧双相钢薄板，最后冲制不同型号的汽车零件三万余件，合格率为100%，全部装车使用。

武钢生产了RS55和RS50型双相钢，生产工艺与日本同类钢类似，且力学性能包括强度、塑性、屈强比也基本相当，主要用于CA141型5t载重汽车上的零件，现场的试冲结果表明，各项冲压性能符合指标要求[6]。

宝钢在汽车板产品方面的研发一直处于国内领先地位，他们在1992年试轧了第一炉双相钢，利用2050热连轧机组，生产了两种厚度规格（2.75mm和4.00mm）的热轧双相钢，主要供应于北京吉普车的车轮。表4-2给出了宝钢目前可以提供的规格的双相钢。经过多年的发展，宝钢生产的冷轧双相钢的抗拉强度最高可以达到1200MPa。

表4-2 宝钢双相钢产品目录

产品种类	牌号	强度/MPa		用途
		屈服强度	最小抗拉强度	
冷轧退火	B240/390DP	240~380	390	结构件
	B280/440DP	280~420	440	结构件、加强件
	B340/590DP	340~500	590	结构件、加强件
	B400/780DP	400~590	780	加强件、防撞件
电镀锌	B240/390DPE+Z，B240/390DPE+ZN			结构件
	B280/440DPE+Z，B280/440DPE+ZN			结构件、加强件
	B340/590DPE+Z，B340/590DPE+ZN			结构件、加强件
	B400/780DPE+Z，B400/780DPE+ZN			加强件、防撞件

4.1.2 双相钢的化学成分及合金化原理

双相钢属于高强低合金系列的一种。主要的强化元素以Si、Mn为主，另外可以根据生产工艺及使用要求不同，加入适量的Cr、Mo、V元素，组成了以Si-Mn系、Mn-Mo系、Mn-Si-Cr-Mo系、Si-Mn-Cr-V系为主的双相钢系列。

合金元素对双相钢性能的影响，主要表现在临界区热处理时它们对奥氏体淬透性、马氏体体积分数和铁素体形态的影响上。双相钢中大部分是Si-Mn系，高硅系及微合金化的Mn-V、Mn-Nb系。不同元素在热轧和热处理双相钢中发挥着不同的作用。

碳：碳在常规低碳微合金钢中是以固溶强化为主，而在双相钢中不再以固溶强化为主，主要是对相变强化起作用，并控制最终材料的组织和力学性能。钢中的碳含量对热镀锌有显著的影响，含碳量越高，铁-锌反应就越剧烈，铁损就越大，同时铁锌合金镀层越厚，这将导致镀锌层的黏附性变坏并易造成锌表面出现锌瘤等缺陷。

硅：硅一般不形成碳化物，在低碳钢中，Si 能提高过冷奥氏体向铁素体转变的温度，从而促进铁素体析出，提高获得相同量铁素体所需的冷却速度[7]，同时使得铁素体中碳向奥氏体富集程度增加，对铁素体起到了净化作用，有利于扩大铁素体转变和贝氏体转变之间的卷取窗口[8]。如果 Si 添加过量，临界区退火时易在钢带表面氧化，降低了镀锌浸润性，造成漏镀点等镀层缺陷，并且会恶化镀锌板的点焊性[9]，因此，Si 含量的添加有一定的限制，但是可以通过同时添加 P、S、C 等非金属元素来改善，它们的表面吸附可以抑制 Si 在钢带表面的氧化[10]。

锰：锰是双相钢中常见的合金元素，是扩大奥氏体区的元素，且在过冷奥氏体冷却过程中会推迟珠光体和贝氏体的转变，从而提高钢的淬透性，促进在缓冷结束后的快速冷却过程中形成马氏体。当锰含量过高时，Mn 在退火过程中会在钢带表面被氧化或沉积，这将会恶化镀锌浸润性，所以往往需要添加其他元素，如 B、Nb 等。

铌：铌对晶粒细化、相变行为、奥氏体中 C 富集发挥显著作用。固溶状态的 Nb 延迟热变形过程中静态和动态再结晶及奥氏体向铁素体的相变，从而扩大再结晶温度和 A_{c3} 之间的温度范围，为在未再结晶区确定精轧温度提供了便利。Nb 与 C 和 N 结合形成小的碳氮化物也可延迟再结晶，阻止晶粒长大，并有明显强化效果。Nb 的碳化物稳定，临界区加热时其长大或溶解困难。在合适的冷却速度下，含 Nb 双相钢会出现取向附生铁素体，这改善了双相钢的延性。

钒：钒可以提高临界区加热下所形成的奥氏体岛的淬透性，将含钒钢从临界区加热温度空冷或吹风冷却可获得满意的双相组织和力学性能。钒是强碳化物形成元素，它对免除铁素体间隙固溶强化、细化晶粒、产生高延性的铁素体、消除屈服点伸长均有好处。同时钒还可以提高双相钢的抗时效稳定性。因此在美国早期开发的双相钢中（主要是热处理双相钢）都包含有少量钒。

4.1.3 双相钢的组织特征

双相钢是在纯净的铁素体晶界或晶内弥散分布着较硬的马氏体相，其马氏体体积分数一般不超过 20%，由于冷却速率不够或冷却不均匀，有可能会形成第二相，一般为少量贝氏体或残余奥氏体。马氏体或第二相的强化相赋予材料强度，较软的铁素体基体赋予材料塑性和韧性，使得双相钢拥有较好的综合力学性能。

(1) 弥散分布型组织。在塑性良好的软的多边形铁素体基体上，弥散分布着具有高强度的马氏体或贝氏体相，有时会有未分解的残余奥氏体，其中铁素体体积占 75%~85%，强化相体积占 15%~25%。主要的强化机制是第二相的弥散强化。

(2) 纤维状双相混合型组织。平行针状马氏体与铁素体相互交错而形成纤维状双相混合组织，这种混合组织的最大特征是拥有较高密度的位错亚晶结构，这对材料的性能提高非常有利。

(3) 高密度位错亚晶结构型组织。马氏体呈网状或群落状分布于铁素体晶界上，马氏体的体积分数在 20% 左右，而且具有高密度位错亚晶结构。在该双相组织中，位错难以通过晶界，在马氏体与铁素体相界面塞积，从而造成了马氏体形变所需的应力。由于马氏体的强度高，故能承受一定量的形变而不断裂，因此在这种双相组织中，位于晶界上的马氏体发挥着晶界强化的作用。

4.1.4 双相钢的性能特点

在单轴拉伸下双相钢的变形特性包括屈服强度、均匀延伸、加工硬化指数等。双相钢拥有特殊的组织结构特点，使得它具有较好的综合力学性能[11]。

双相钢在强化过程中，主要由细晶强化、第二相弥散强化、亚晶结构及残余奥氏体等强韧化手段来控制，而使得双相钢具有优良的综合力学性能，宏观表现为既具有高的强度又具有良好的塑韧性，具体表现在如下几点：

（1）双相钢具有高强度、高韧性，即具有很好的强度和韧性的配合。双相钢屈强比（σ_s/σ_b）较低，具有较高的伸长率和初始加工硬化率，而且在承受外界载荷时，常常表现出连续屈服的特征。

（2）双相钢板材具有平面各向异性小的特点，这避免了由冲压不均匀而造成的缺陷。

（3）双相钢具有良好的抗疲劳性能和抗应力腐蚀性能，主要是因为存在基体中的马氏体具有较高的硬度，从而阻止了裂纹的扩展，这样就提高了双相钢的冲击韧性。

（4）双相钢具有良好的焊接性能。

双相钢除具有以上特性外，还具有良好的烘烤硬化性。该性能保证了在后续的烘烤涂漆工序中成型零件的屈服强度得到提高，从而保证了构件在使用中具有较高的抗压痕能力或较高的帽形结构压溃吸能，这一点是一般 HSLA 钢所不具有的。

4.2 冷轧双相钢

4.2.1 合金元素及工艺参数对冷轧双相钢组织性能的影响

4.2.1.1 钒对双相钢组织和性能的影响

对含钒钢和不含钒钢相变规律的对比研究发现，含钒钢中 0.13% 钒的加入使钢的临界区温度范围扩大了 44℃，并且大大提高了钢的淬透性。两种双相钢的性能比较如图 4-2 所示，从中可以看出含钒钢的强度比不含钒钢的强度高出 100～200MPa，但是不含钒钢的伸长率明显高于含钒钢的伸长率。含钒钢的组织为铁素体＋马氏体双相组织，如图 4-3 所

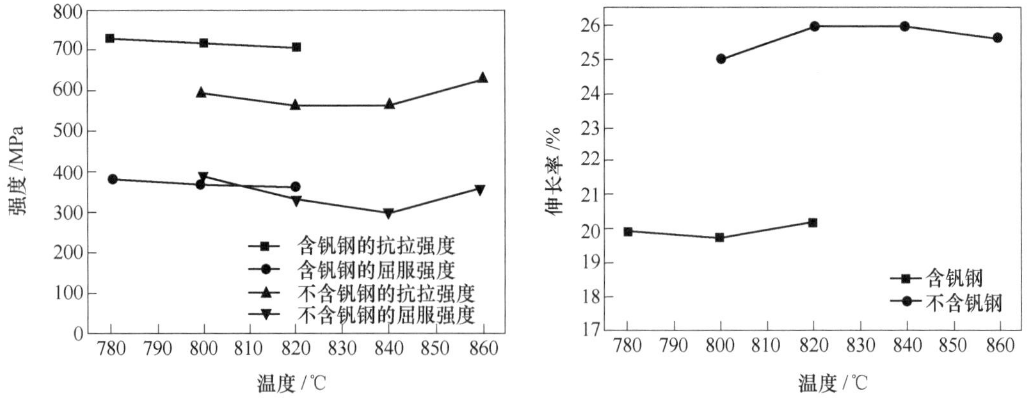

图 4-2 含钒和不含钒双相钢热处理后的性能比较

a—强度；b—伸长率

示。不含钒钢在840℃热处理得到的双相钢中的马氏体含量较少，而860℃热处理得到的双相钢中的马氏体含量较多，如图4-4所示，这使得860℃退火时双相钢的强度明显高于较低温度退火时双相钢的强度[12]。

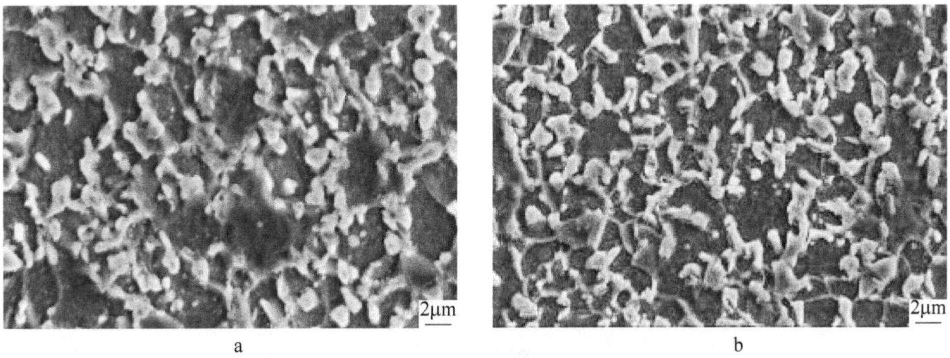

图4-3 含钒钢不同退火温度时的显微组织

a—780℃；b—820℃

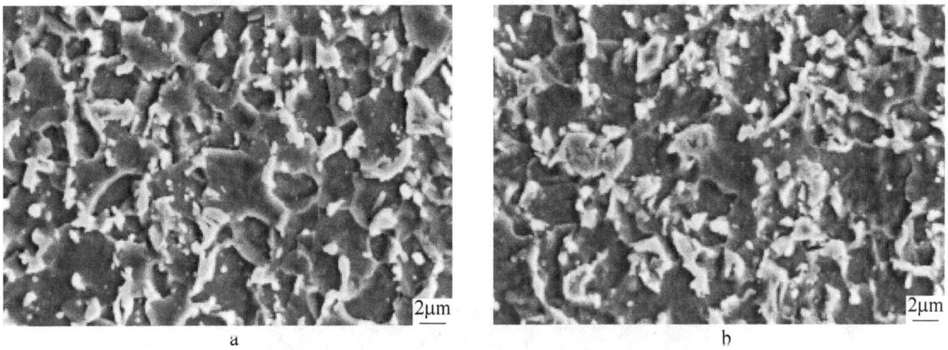

图4-4 不含钒钢不同退火温度时的显微组织

a—840℃；b—860℃

4.2.1.2 碳对双相钢组织和性能的影响

通过对比发现，0.1%的碳含量使得双相钢的两相区温度范围缩小了23℃，但钢的淬透性得到了很大提高。基础成分钢试样两相区退火温度为780℃时，只有冷速达到50℃/s才有马氏体出现，820℃时冷速需要达到80℃/s才有马氏体出现，而高碳含量试样退火温度为780℃时，冷速为15℃/s就开始有马氏体出现，可见0.1%的碳含量提高了钢的淬透性[12]。

高碳含量钢和低碳含量钢的性能比较如图4-5所示，高碳含量钢的抗拉强度与低碳含量钢的抗拉强度之间的差值大于300MPa，屈服强度的差值大于100MPa，不同退火温度时得到的钢的显微组织如图4-6所示，随保温温度的增加，铁素体的含量随之减少，并且马氏体均发生了明显的分解。

4.2.1.3 冷轧压下率对双相钢性能的影响

冷轧压下率对钢的最终组织性能有很大的影响，增大冷轧压下率，在变形区内位错密度变大，能量储存增多，可以提高金属变形晶粒的畸变能，再结晶得到热动力刺激，因而

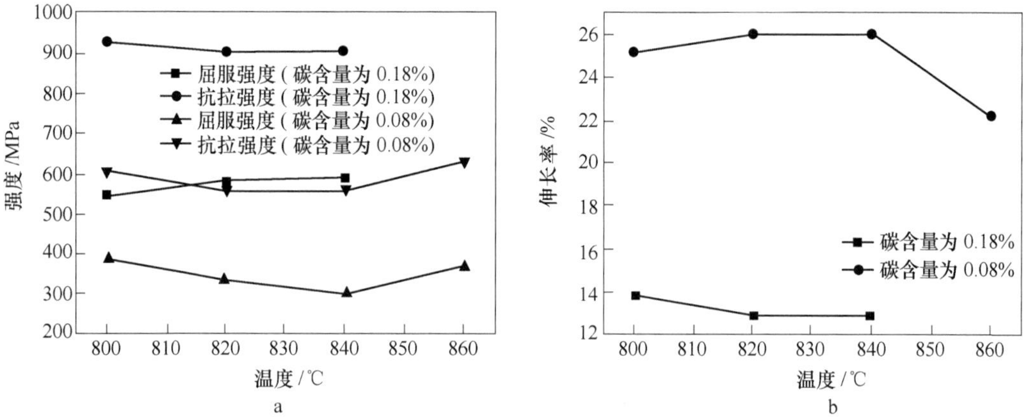

图 4-5　不同碳含量对双相钢性能的影响

a—强度；b—伸长率

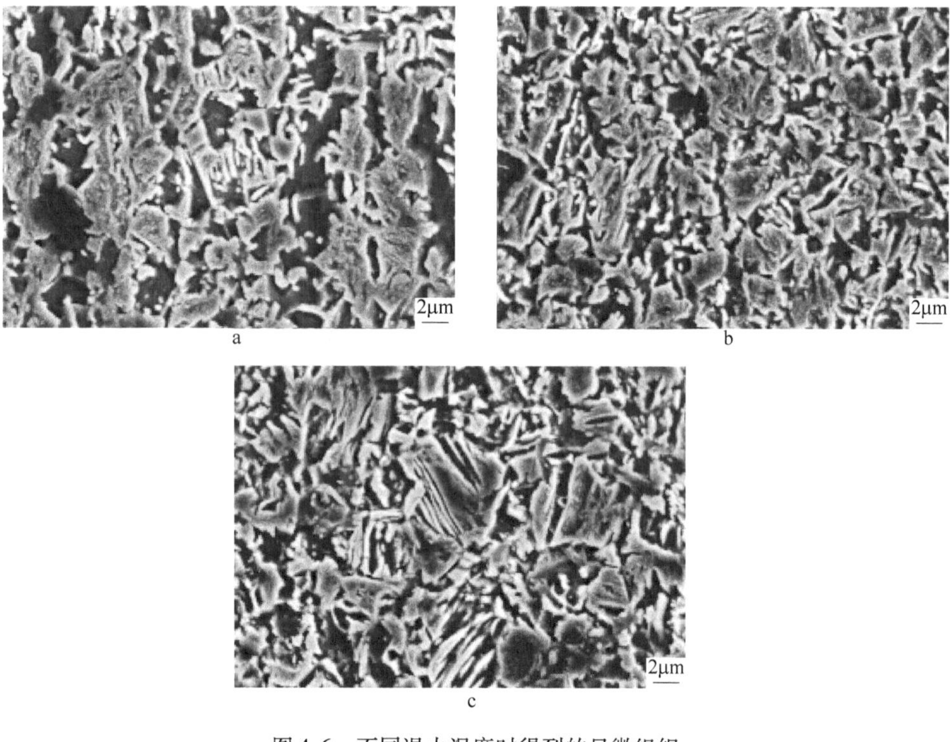

图 4-6　不同退火温度时得到的显微组织

a—800℃；b—820℃；c—840℃

降低再结晶温度，此外变形程度增加，会使空位浓度升高，从而在较低温度下促使再结晶核心形成，也会降低再结晶温度，这些都会对钢的组织性能造成很大的影响[12]。

冷轧压下率对 0.15C-0.36Si-1.67Mn-0.08V 双相钢的力学性能的影响如图 4-7 所示，双相钢的抗拉强度随冷轧压下率的增加基本上呈上升的趋势。如图 4-8 所示，晶粒细小和高的马氏体含量是造成强度增加的主要原因；由于钢中添加了钒元素，铁素体中产生沉淀强化，铁素体沉淀强化的水平随着马氏体含量的增加而降低，导致了屈服强度的下降；当冷轧压下率为 63.2% 时，n 值达到最优值。

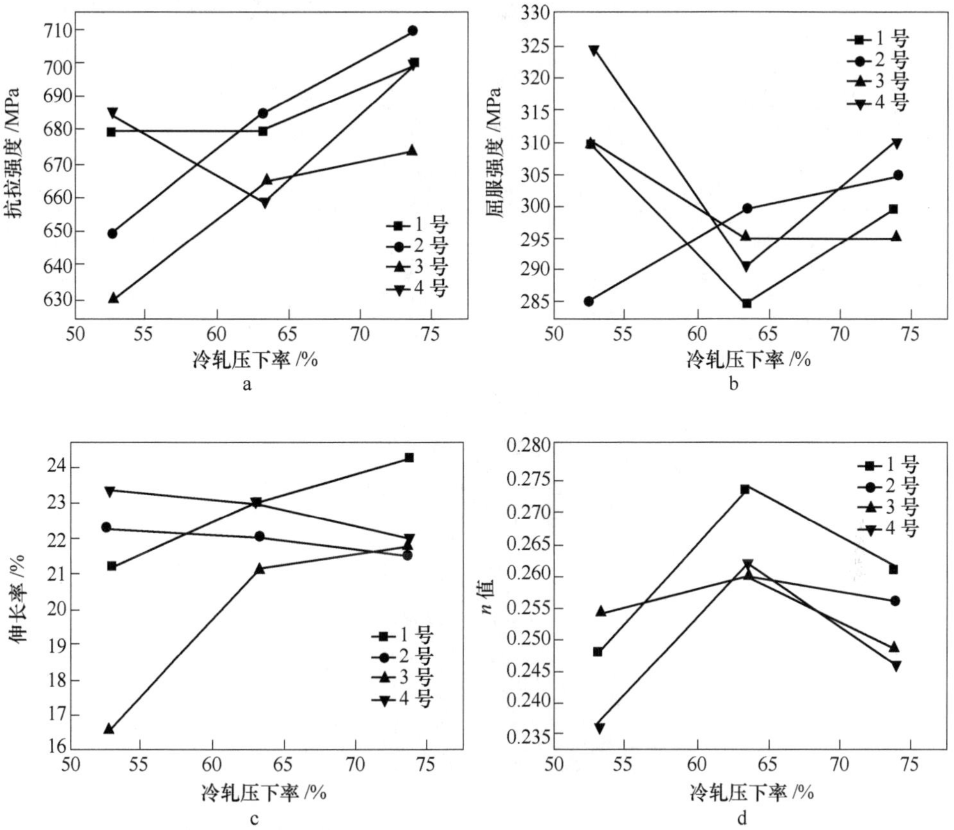

图 4-7 冷轧压下率对双相钢性能的影响

a—抗拉强度；b—屈服强度；c—伸长率；d—n 值

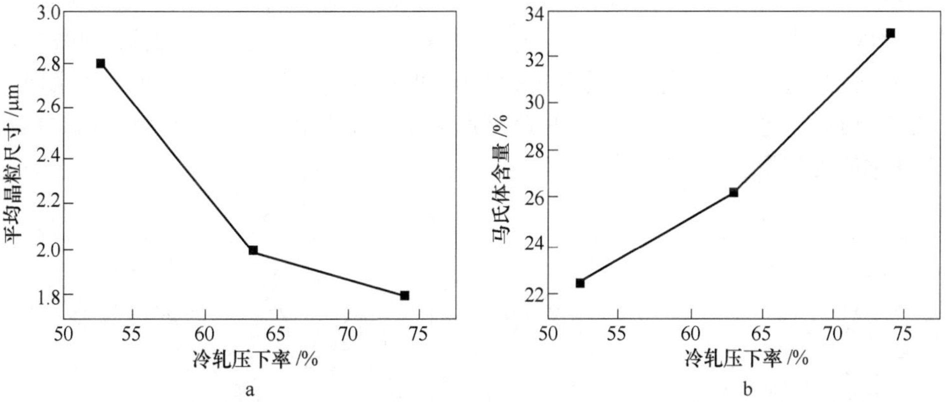

图 4-8 不同冷轧压下率下得到的双相钢的平均晶粒尺寸（a）及马氏体含量（b）

随着冷轧压下率的增加，马氏体含量在增加，并且晶粒尺寸在减小，冷轧压下率为 52.6% 时双相钢中的马氏体明显粗大，且发生了明显的分解，如图 4-9a 所示。随着压下率的增加和晶粒尺寸的减小，马氏体的分解变得越来越不明显。

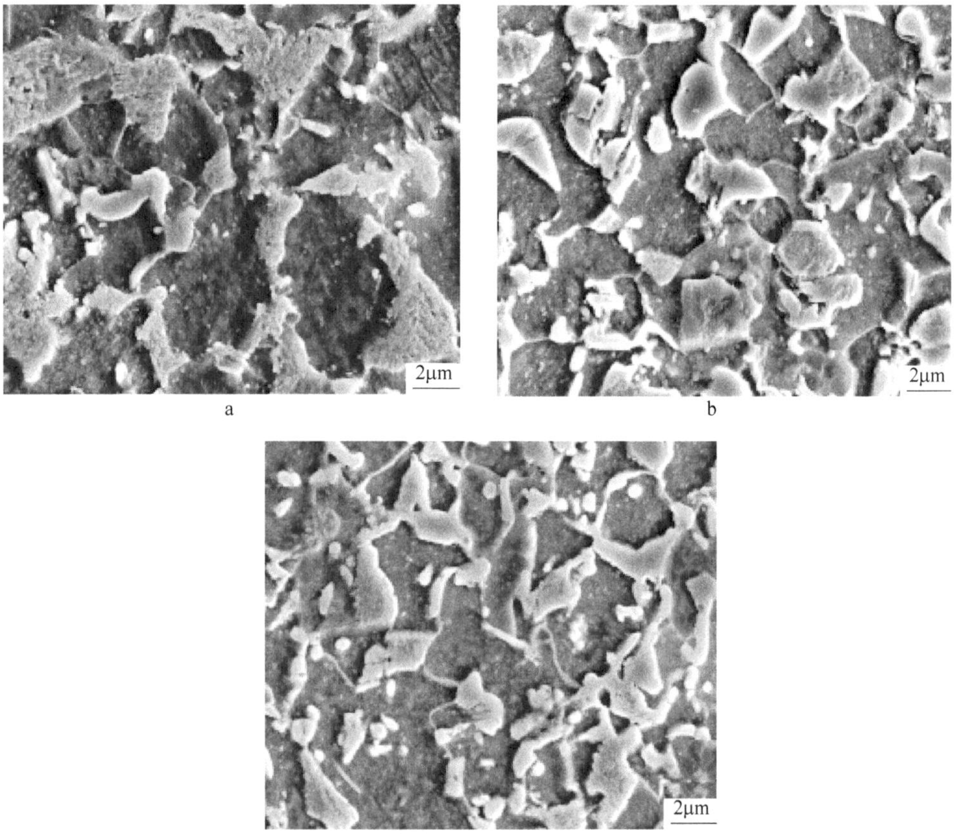

图 4-9　相同退火工艺条件下不同冷轧压下率时的显微组织

a—52.6%；b—63.2%；c—73.7%

通过对不同冷轧压下率下双相钢的织构研究发现，随着冷轧压下率的增加，最终得到的双相钢的织构中趋于均匀的｛111｝面织构在逐步加强，并且其他织构逐渐减弱；退火温度为800℃时得到的γ织构分布优于退火温度为820℃时得到的γ织构，快冷温度为650℃时得到的γ织构分布优于快冷温度为680℃时得到的γ织构，如图4-10和图4-11所示。因此，可以通过提高冷轧压下率并调整退火工艺使双相钢中得到γ织构，可以有效提高双相钢的可成型性。

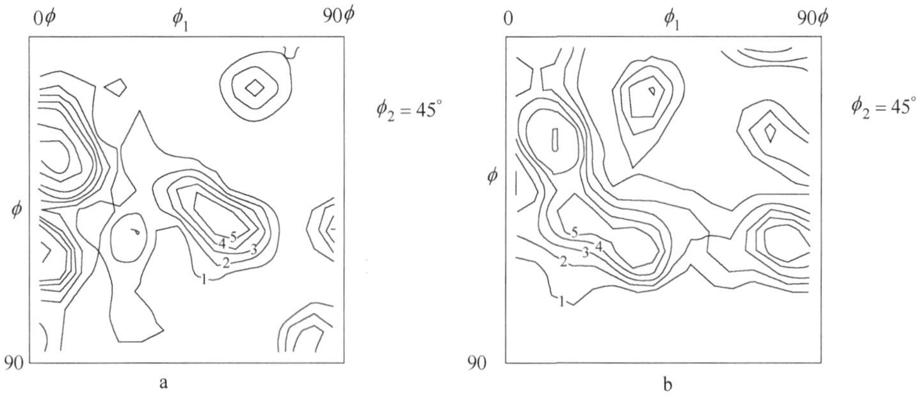

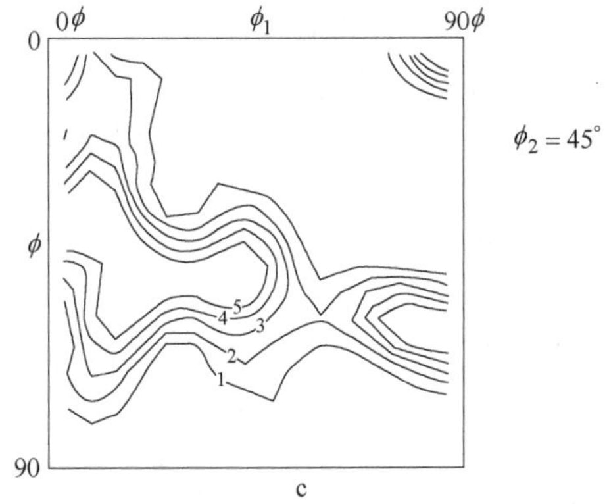

图4-10 800℃保温650℃快冷时不同冷轧压下率下双相钢的织构分布

a—52.6%；b—63.2%；c—73.7%

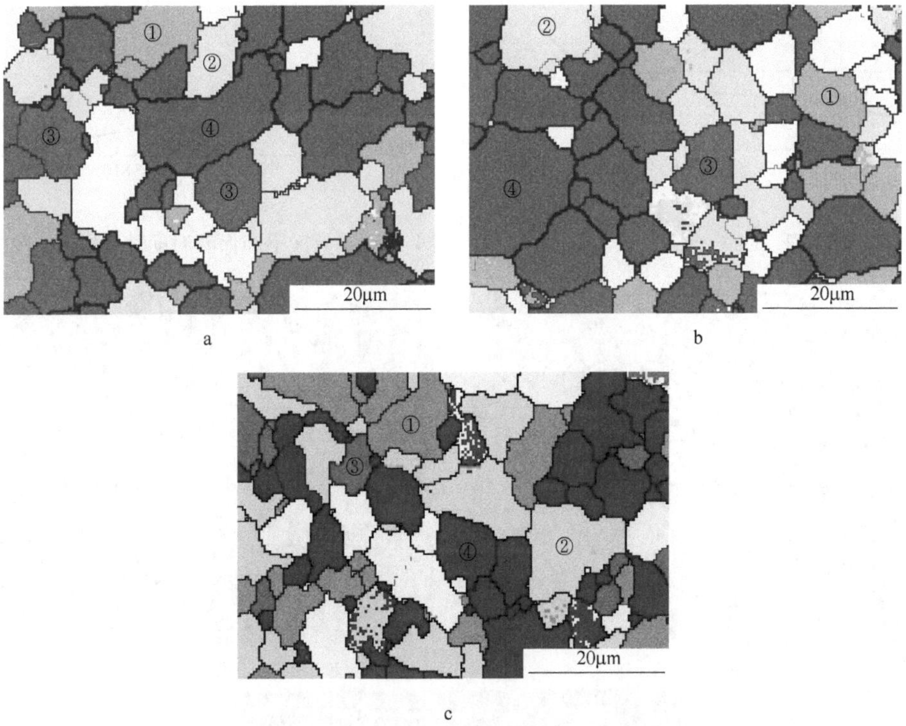

图4-11 800℃保温650℃快冷时不同冷轧压下率下双相钢的取向成像图

a—52.6%；b—63.2%；c—73.7%

(①<110>//RD；②{111}⊥ND；③<100>//RD；④<110>//TD)

4.2.1.4 两相区保温温度对双相钢性能的影响

双相钢在两相区加热时奥氏体的形成会影响马氏体的体积分数、成分及铁素体成分，进而决定着双相钢的性能，因此两相区加热时奥氏体的形成动力学一直备受关注。钢的化学成分一定时，低碳系钢组织中各相的相对组成将取决于热处理工艺参数尤其是两相区加热温度。两相区加热时，奥氏体的形成和长大是扩散过程，在Fe-C合金中，碳的扩散将控制奥氏体的长大过程；同时合金元素在铁素体和奥氏体中的扩散和分配，也将影响和控制奥氏体的长大过程。

图 4-12 是 Fe-C 合金相图，从图中可以看出，对于给定碳含量的钢，随着两相区加热温度的升高，奥氏体的体积分数增加，奥氏体中碳含量下降。在随后冷却过程中保证两相区温度下形成的一部分奥氏体转变为马氏体的同时，双相钢中马氏体的体积分数和碳含量也同样发生变化。

临界区不同保温温度时双相钢的性能比较如图 4-13 所示，其他条件相同的情况下，双相钢的力学性能随保温温度的增加而降低，可以看出 780℃时双相钢的抗拉强度比 820℃时高出 95MPa。图 4-14 给出了临界区不同保温温度时得到的双相钢的显微组织，通

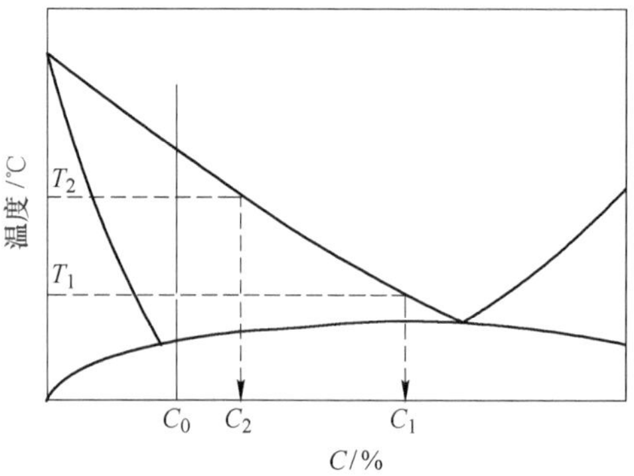

图 4-12 Fe-C 合金相图

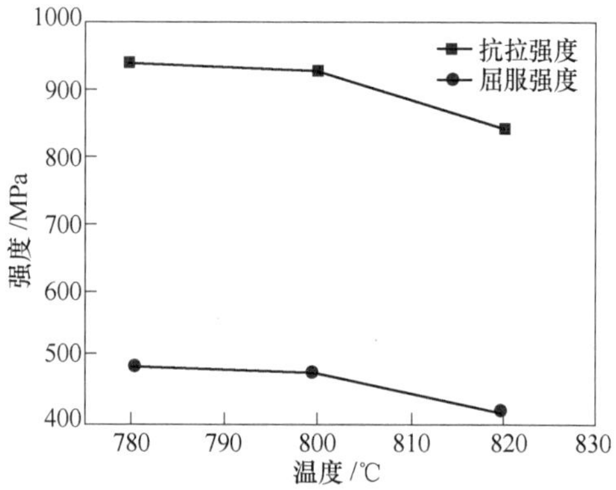

图 4-13 临界区不同保温温度时双相钢的性能比较

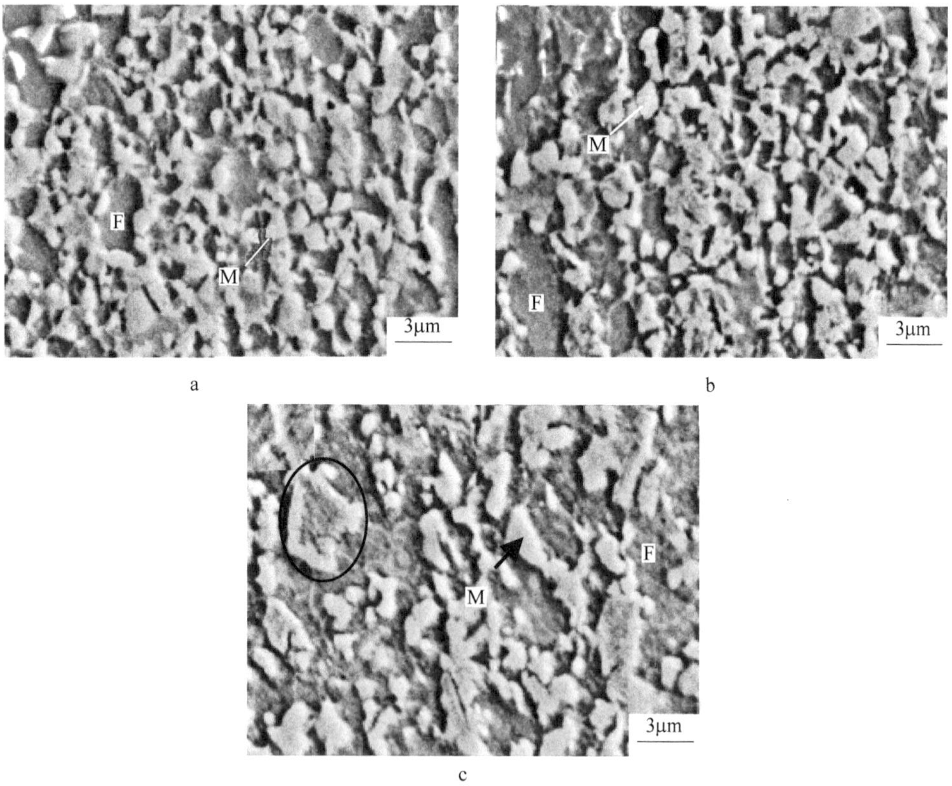

图 4-14 不同保温温度时得到的双相钢的显微组织

a—780℃；b—800℃；c—820℃

过测量可以看出，随着保温温度的增加，第二相含量在减少，马氏体平均晶粒尺寸增大，820℃时的第二相分布比较分散，而且有部分奥氏体转化成贝氏体，从而使得双相钢的强度降低。图 4-15 为冷轧双相钢的 TEM 显微组织形貌。

如图 4-16 所示，从测得的马氏体中锰元素含量可以看出，马氏体边部的锰元素含量为 3.27%，而心部的锰元素含量为 2.44%，这与以往的研究[14]中得出的马氏体中锰的含量边部高中间低是一致的。

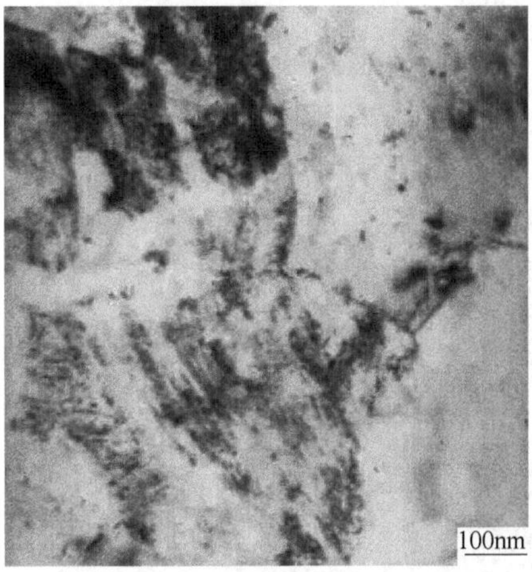

图 4-15　冷轧双相钢的 TEM 显微组织形貌

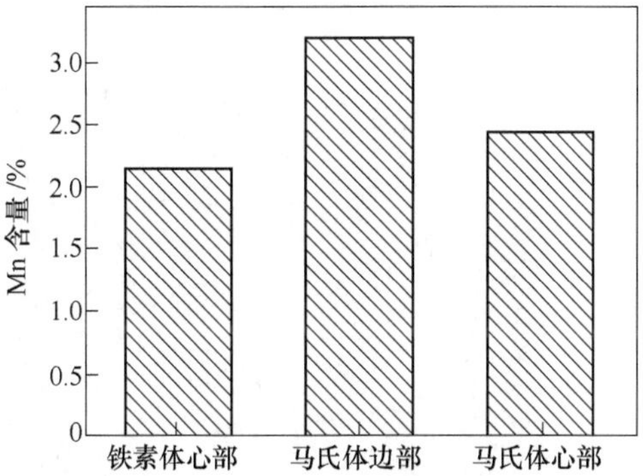

图 4-16　双相钢中锰元素在不同相中的浓度对比

4.2.1.5　保温时间对双相钢组织性能的影响

两相区退火时奥氏体的形成量除与加热温度有关外，还与保温时间有关，不同的保温时间对双相钢性能的影响如图 4-17 所示，显微组织如图 4-18 所示，钢中马氏体含量如图 4-19 所示。

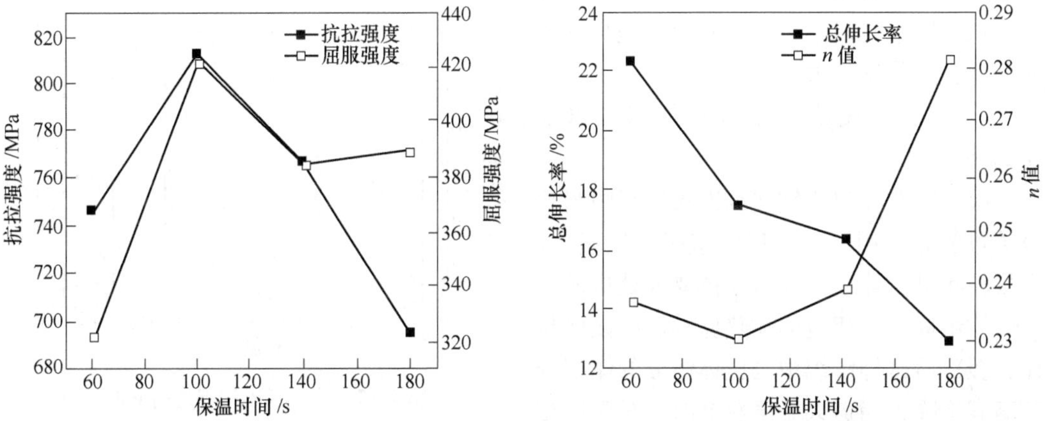

图 4-17　两相区保温时间对双相钢性能的影响

从图 4-17 可以看出，随着两相区保温时间的增加，双相钢的强度先升高然后降低。伸长率随着保温时间的增加、马氏体含量的增加而降低。n 值受铁素体含量的影响较大，加工硬化指数随铁素体含量的减少快速增加。结果表明，双相钢的强度并不是完全随着马

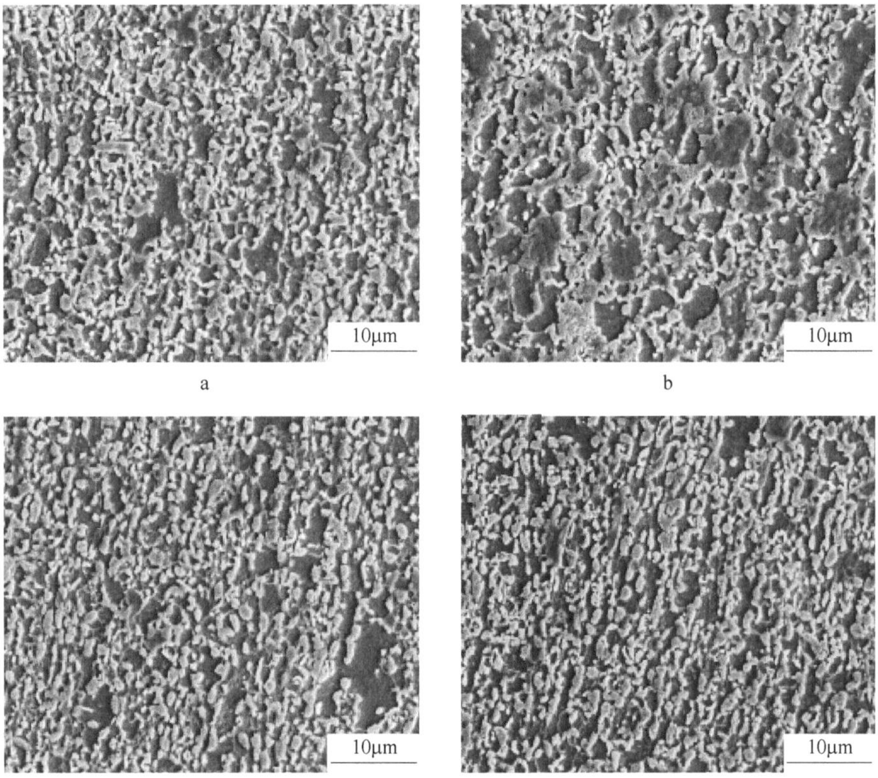

图 4-18　两相区不同保温时间时得到的显微组织
a—60s；b—100s；c—140s；d—180s

氏体含量的增加而增加，当马氏体孤立的分布在铁素体中时，不仅不能有效地提高钢的强度还会恶化钢的塑性[12]。

4.2.1.6　缓冷速度对双相钢组织性能的影响

缓冷工艺在双相钢连续退火过程中起着至关重要的作用，缓冷后的组织由铁素体、少量粒状贝氏体以及在铁素体晶界处形成的马氏体组成。与相应的均热保温后的试样相比，缓冷后试样组织中马氏体组分的体积分数略有下降，当退火温度较低时，马氏体相的组分较高。冷却时，铁素体的形成影响第二相组分的体积分数。缓冷时间越长（缓冷温度越低），则有更多的奥氏体转变为铁素体，从而使淬火时形成的马氏体量减少。缓冷工艺中缓冷速度是一个很重要的工艺参数，在缓冷起止温度相同的情况下，缓冷速度决定了缓冷时间的长短。

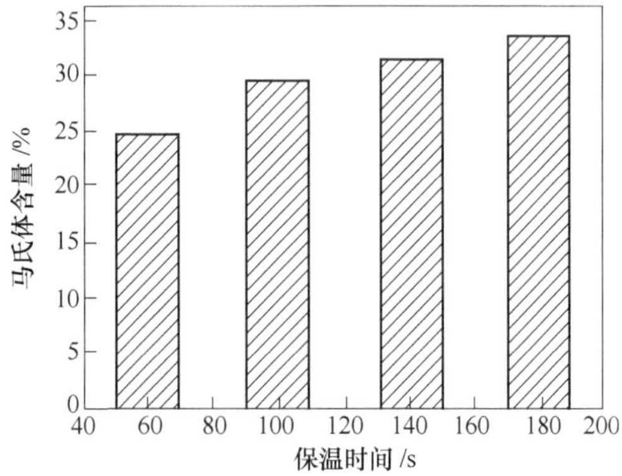

图 4-19　临界区不同保温时间时
双相钢中的马氏体含量

不同缓冷速度下双相钢的力学性能对比如图 4-20 所示，显微组织如图 4-21 所示，不同缓冷速度下得到的双相钢中的马氏体含量如图4-22所示。

随着缓冷速度的增加，冷却过程中所经过铁素体区的时间越短，奥氏体向铁素体转变的越少，形成的铁素体越少，转变的马氏体越多，得到的双相钢的强度也越高。

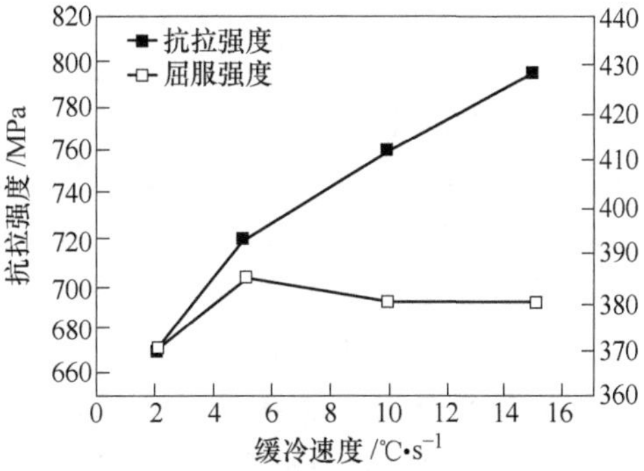

图4-20 缓冷速度对双相钢性能的影响

4.2.1.7 快冷开始温度对双相钢组织性能的影响

快冷开始温度一般处于 A_{r3} 温度左右（冷却速度为10℃/s时铁素体开始转变点为690℃，20℃/s时铁素体开始转变点为

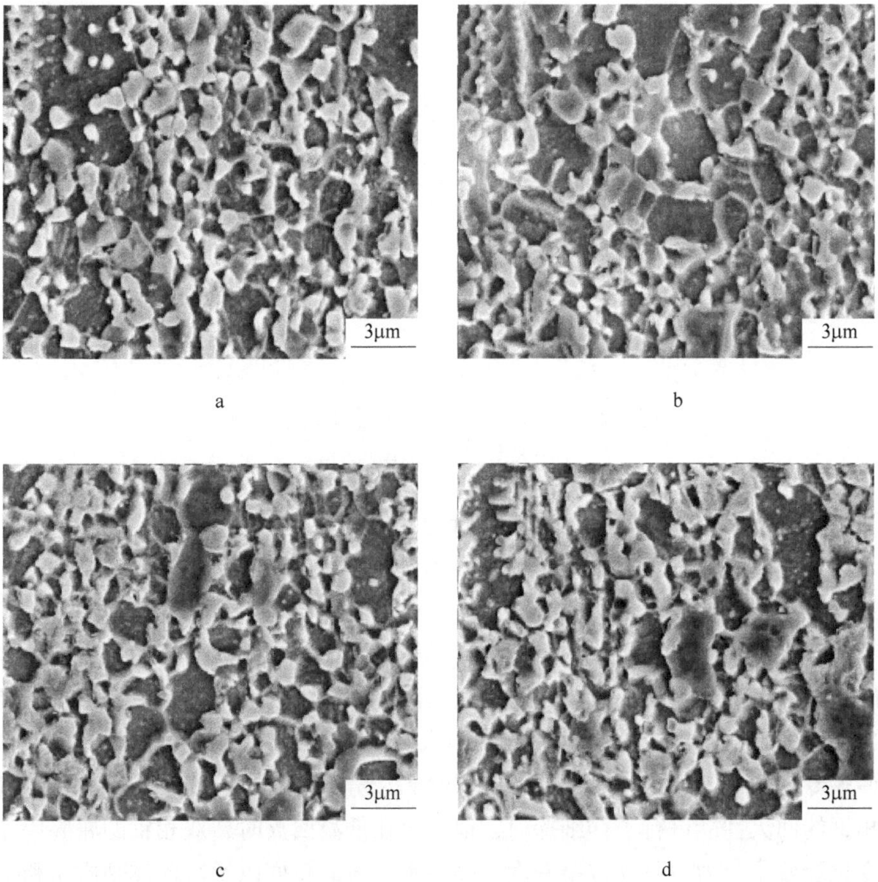

图4-21 不同缓冷速度下得到的显微组织
a—2℃/s；b—5℃/s；c—10℃/s；d—15℃/s

687℃），快冷开始温度可以有效调节双相钢的强度和塑性，当快冷开始温度处于 A_{r3} 以上时，在足够的冷却速度下，两相区中转变的奥氏体将全部转变为马氏体，提高双相钢的强度，当快冷开始温度处于 A_{r3} 以下时，将有一部分奥氏体转变为铁素体，提高双相钢的塑

性。如图4-23所示，采用不同的快冷开始温度对屈服强度造成的影响不大，在快冷开始温度为650℃和680℃之间得到的抗拉强度变化不大，700℃和720℃之间同样变化不大，从680℃到700℃时抗拉强度有一个明显的涨幅，使抗拉强度的变化趋势出现了“台阶”状[12]。显微组织如图4-24所示。如图4-25所示，双相钢中马氏体含量的变化趋势同样出现了“台阶”状，不同快冷开始温度造成了最终双相钢显微组织中马氏体含量的不同，而伸长率和 n 值的变化不明显。

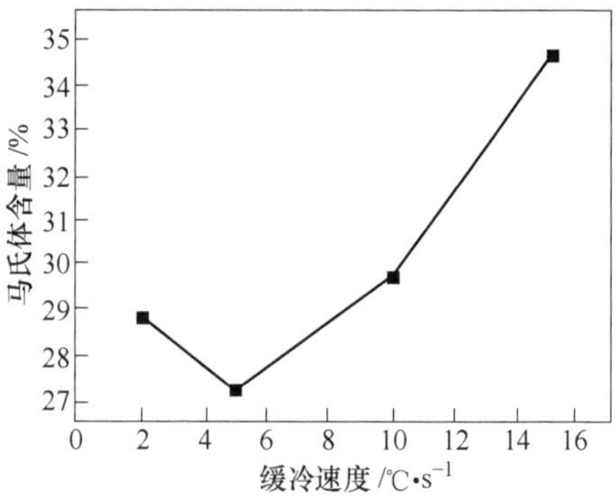

图4-22　不同缓冷速度下得到的双相钢中的马氏体含量

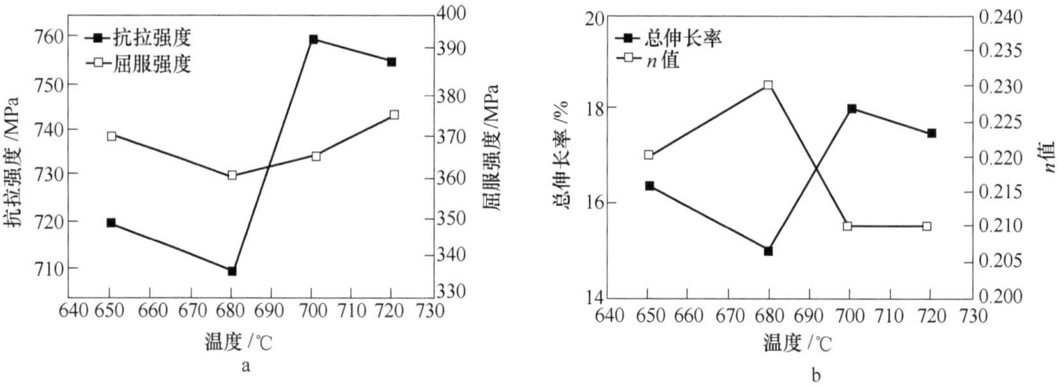

图4-23　快冷开始温度对双相钢性能的影响

a—强度；b—伸长率和 n 值

4.2.1.8　过时效温度对双相钢组织性能的影响

过时效处理的目的是减小最终组织中铁素体和马氏体之间的硬度差别[15]。马氏体回火转变过程有4个发展阶段：先驱阶段，在碳化物析出以前，预先在马氏体原点阵内部，间隙原子发生平面调幅结构方式的重新分布；第一阶段，马氏体分解为低碳马氏体，以及过渡型碳化物共格沉淀；第二阶段，未转变奥氏体分解；第三阶段，带有缺陷的碳化物形成，正方度消失，以及内应力松弛。整个回火转变主要寄托于间隙原子的扩散位移[16]。国内外许多专家学者对双相钢的回火或时效特性做了深入的研究，马鸣图在文献［17］中对双相钢的回火性能进行了详细探讨，他提出在低温回火时，双相钢的屈服特性和屈服强度的变化受残留应力、可动位错密度、残余奥氏体的转变以及马氏体硬质相和铁素体软质相的塑性应变不相容等因素的影响。而中低温回火处理一般可提高双相钢的屈服强度，改善塑性，但普遍降低均匀伸长率和抗拉强度。他还对双相钢的回火组织变化做了详细的总结，200℃回火后，马氏体和铁素体在交界面上的残留应力发生松弛，铁素体中高度不均匀的位错分布重新排列为均匀组态。在马氏体岛的孪晶界上渗碳体以薄膜形式析出。300℃回火后，在残余铁素体中出现具有较高密度的细小沉淀。400℃回火后组织变化更为明显，铁素体沉淀明显增加，一些位错被沉淀钉扎，马氏体中沉淀相更加明显，并且出现

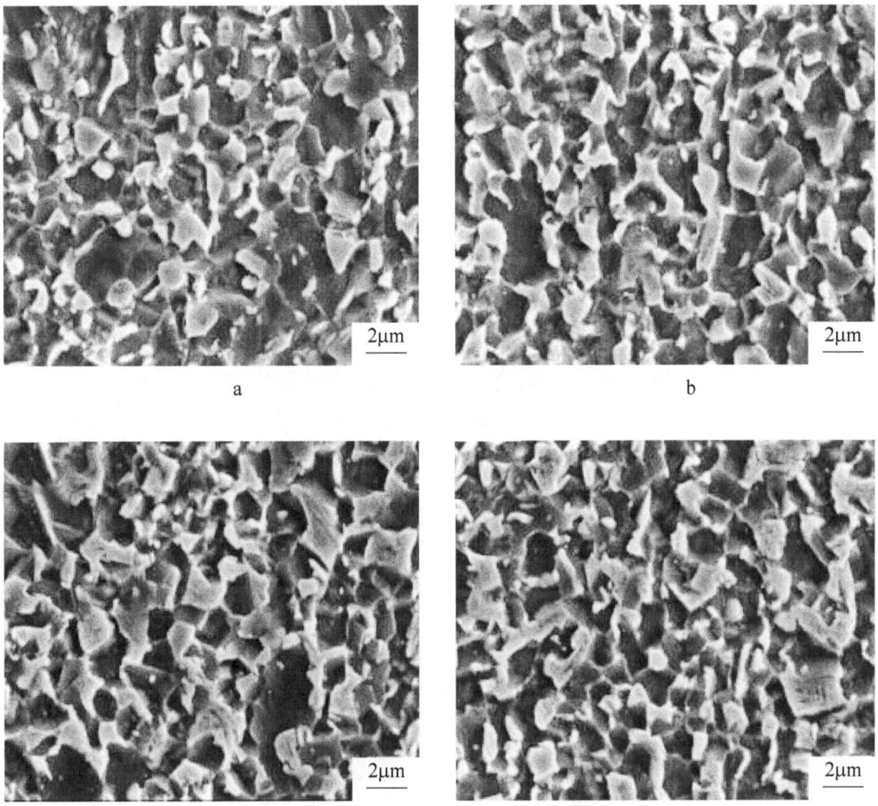

图 4-24 不同快冷开始温度时得到的显微组织

a—650℃；b—680℃；c—700℃；d—720℃

一定的粗化。而在 500℃ 回火后，铁素体中碳氮化物沉淀已经开始粗化，在晶界上出现一些大的渗碳体片，马氏体中碳化物粒子变粗并部分开始球化。

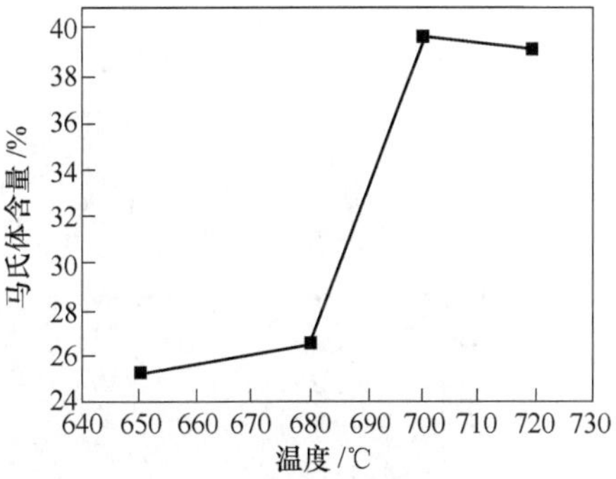

图 4-25 不同快冷开始温度对双相钢中马氏体含量的影响

过时效温度对连退双相钢力学性能的影响如图 4-26 所示，从图中可以得出，随着过时效温度的升高，双相钢抗拉强度呈下降趋势，在过时效低温阶段（室温～325℃），其抗拉强度呈平缓趋势，在过时效高温阶段（325～500℃），双相钢抗拉强度下降趋势比较明显；在其他条件相同的情况下，随着过时效温度升高，马氏体进一步分解，马氏体的强度降低，使双相钢的抗拉强度也随之下降。随着过时效温度的升高，双相钢屈服强度呈现先上升后下降的趋势，保温温度为 780℃ 的试样进行过时效处理时，屈服强度在 345℃ 时出现最高点。随着过时效温度的增加，渗碳体颗粒不断长大，强度随着渗碳体粒子的长大而减小，如图 4-27 所示[12]。

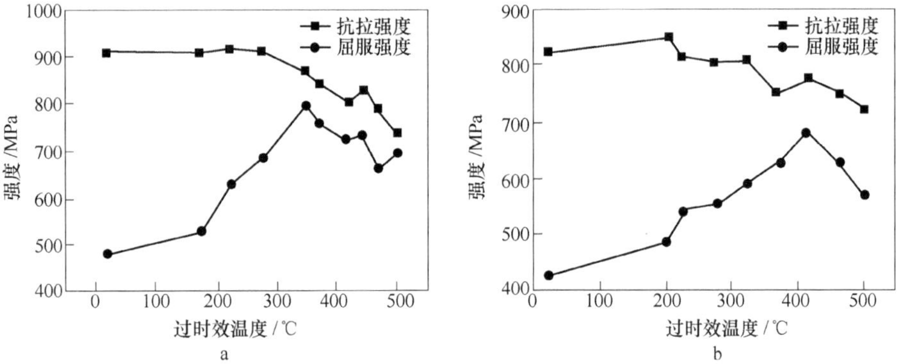

图 4-26　过时效温度对双相钢力学性能的影响

a—780℃；b—820℃

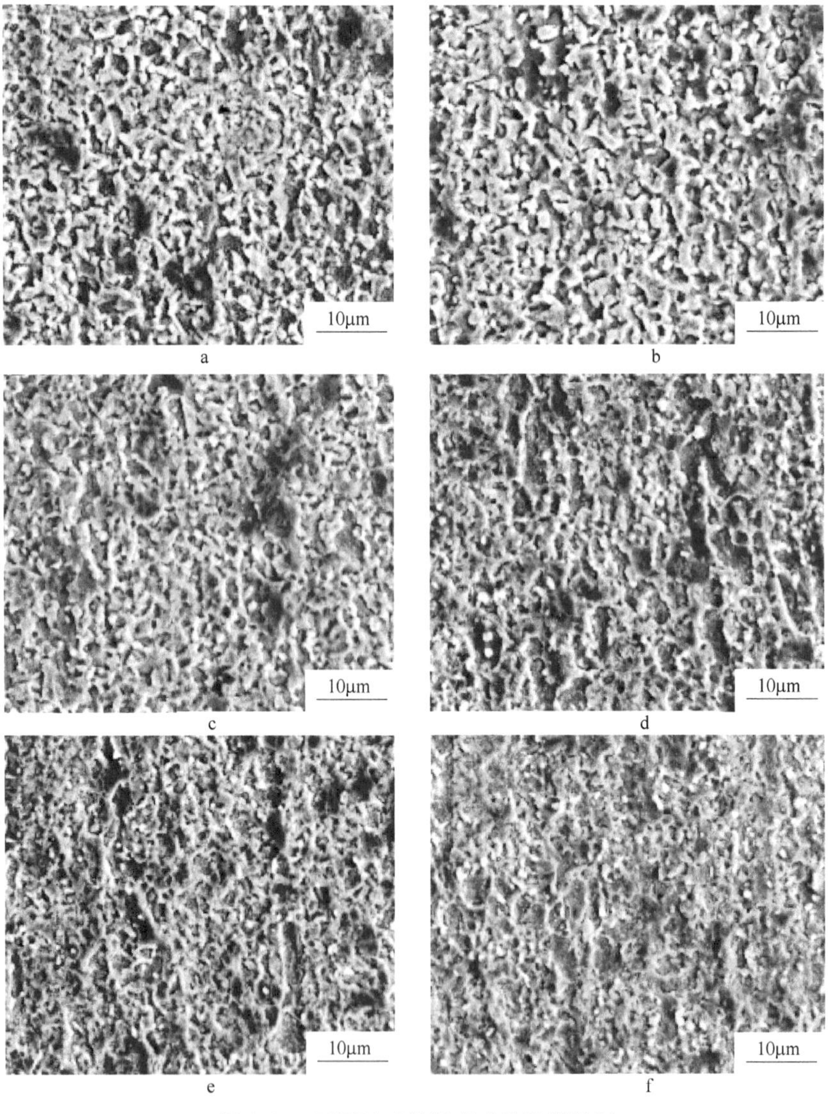

图 4-27　不同过时效温度时的显微组织

a—室温；b—200℃；c—325℃；d—415℃；e—465℃；f—500℃

4.2.2 冷轧双相钢退火过程中的相变规律

4.2.2.1 钒对双相钢相变规律的影响

含钒双相钢的相变规律如图4-28所示，马氏体转变温度随着临界区保温温度的增加而增加，保温温度为780℃冷速为40℃/s时临界区中所形成的奥氏体完全转化成马氏体的温度为365℃，保温温度为800℃冷速为40℃/s时，完全转化的温度为372℃。820℃时临界区中所形成的奥氏体在40℃/s时未能完全转变为马氏体，在冷却的过程中有铁素体和贝氏体生成，马氏体的转变温度为389℃，但是当冷速达到50℃/s时，转变组织中依然有贝氏体存在，临界区中所形成的奥氏体没有完全转变成马氏体[12]。

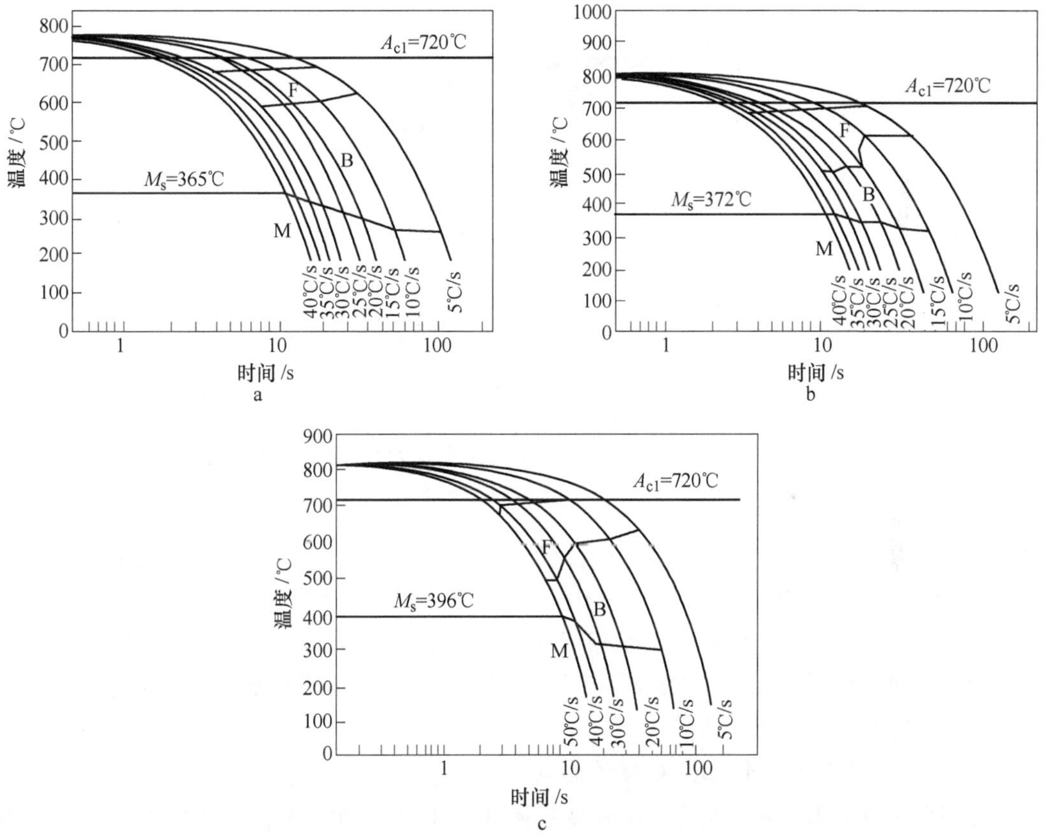

图4-28 含钒双相钢临界区不同保温温度时的静态CCT曲线

a—780℃；b—800℃；c—820℃

不含钒双相钢的相变规律如图4-29所示，当临界区保温温度为780℃时，冷速达到50℃/s时才开始发生马氏体转变；当临界区保温温度为800℃时，即使冷速达到50℃/s，也没有发生马氏体转变；当临界区保温温度为820℃时，冷速达到80℃/s时才开始发生马氏体转变。

对比含钒和不含钒双相钢的相变规律可以发现，钢中0.13%的钒使得临界区温度范围扩大了44℃，有效地提高了钢在临界区热处理时的工艺稳定性。对于含钒双相钢

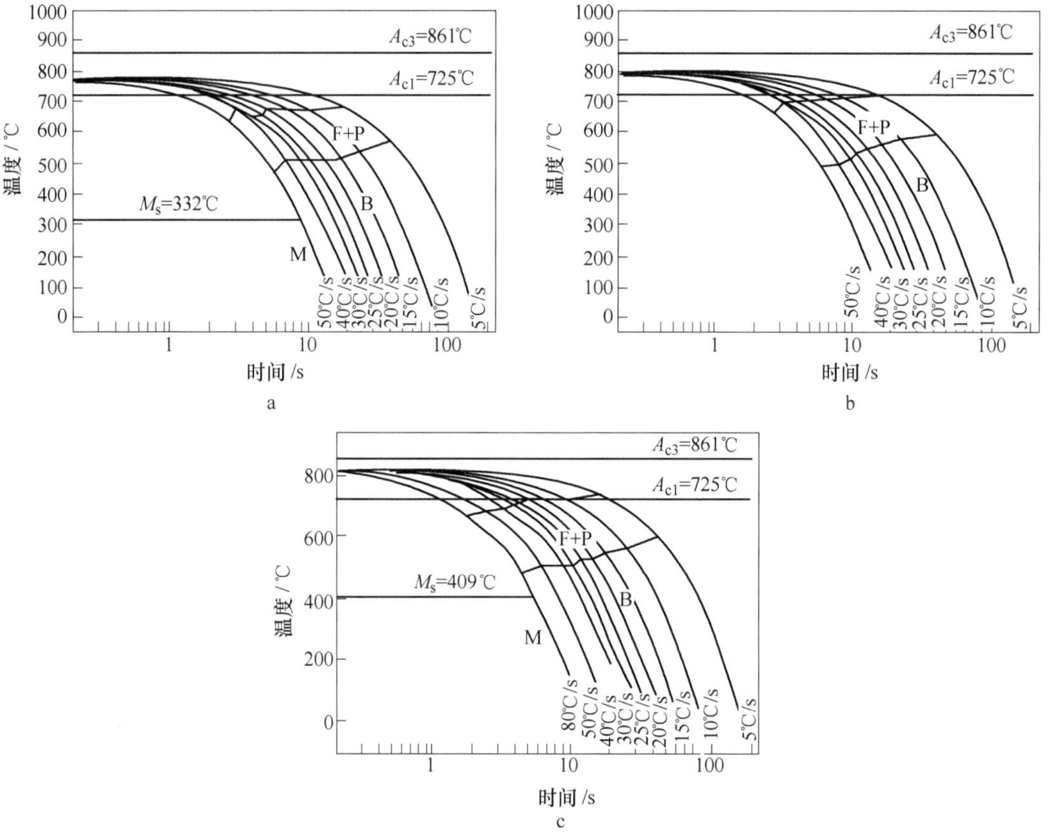

图 4-29　不含钒双相钢临界区不同保温温度时的静态 CCT 曲线

a—780℃；b—800℃；c—820℃

780℃、800℃时奥氏体完全转化成马氏体的临界冷速分别介于 25 ~ 30℃/s 和 30 ~ 35℃/s 之间，820℃时虽然冷速达到 50℃/s，奥氏体也没有完全转化成马氏体，但是在 10℃/s 时就开始有马氏体的出现；而不含钒双相钢在冷速小于 50℃/s 时均未发生马氏体转变。这充分说明含钒钢中钒的加入大大提高了钢的淬透性，为实现临界区热处理时快速冷却段奥氏体向马氏体的转变提供了条件。

4.2.2.2　碳对双相钢相变规律的影响

高碳含量钢临界区不同温度下的相变规律如图 4-30 所示。从图中可以看出，当两相区保温温度为 760℃和 780℃时，冷速达到 15℃/s 时均有马氏体生成，显微组织如图 4-31 和图 4-32 所示，并且马氏体转变点随两相区保温温度的增加而增加，760℃保温，冷速为 50℃/s 时的马氏体转变点为 336℃，780℃保温冷速为 45℃/s 时的马氏体转变点为 365℃，从显微组织中可以看出，10℃/s 时的组织基本为铁素体和贝氏体，15℃/s 时开始有马氏体产生，随着冷速的增加，钢中贝氏体的含量减少，马氏体的含量增加，在 5 ~ 50℃/s 的冷速范围内均有铁素体生成[12]。

4.2.2.3　不同初始组织对退火加热过程中组织转变规律的影响

研究发现，F + B + M 和 F + P 两种初始显微组织的试样加热到 650℃时基本未发生再结晶，如图 4-33a、b 所示。900℃已经完全奥氏体化。从图 4-33c、d 可以看出，当温度

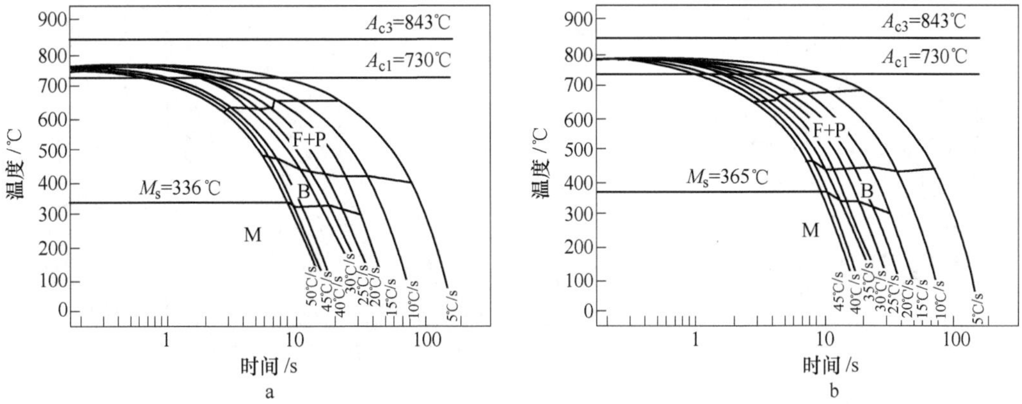

图 4-30 高碳含量双相钢两相区的静态 CCT 曲线

a—760℃；b—780℃

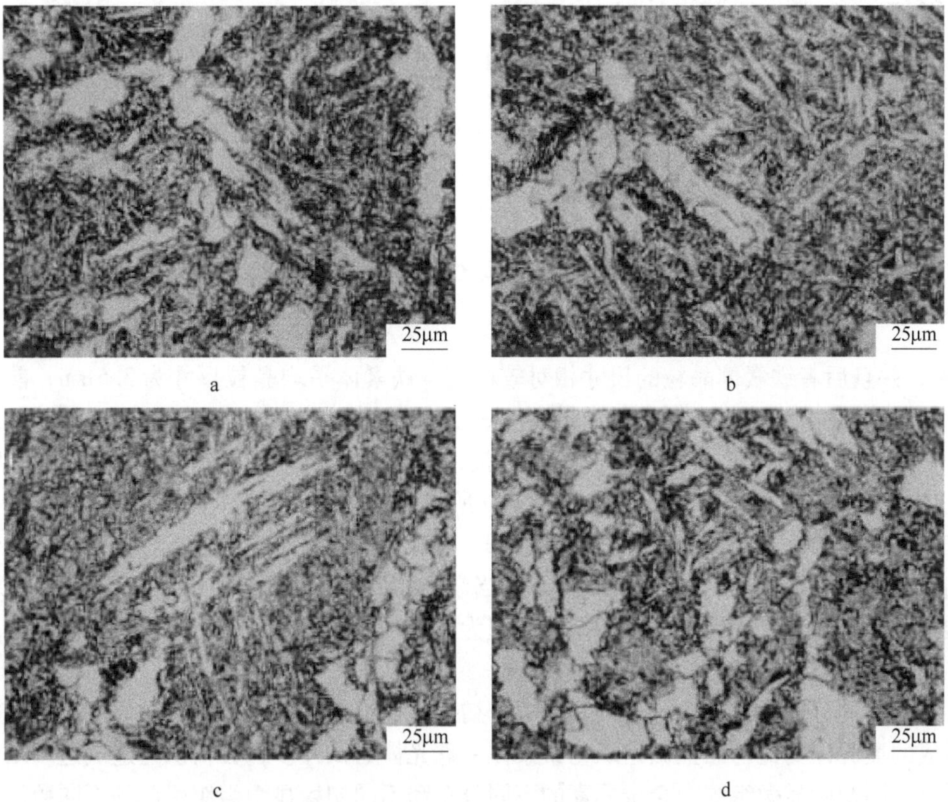

图 4-31 临界区温度为 760℃时不同冷速下的显微组织

a—10℃/s；b—15℃/s；c—20℃/s；d—50℃/s

达到 700℃时，初始组织为 F + B + M 的试样已经发生完全再结晶，而初始组织为 F + P 的试样还有的地方没有发生再结晶，如图 4-33d 箭头所指区域。随着温度的进一步升高，温度达到 750℃时，初始组织为 F + B + M 的试样中已经有大量的马氏体生成，马氏体百分含量达到 24.7%，初始组织为 F + P 的试样中有微量马氏体生成，马氏体百分含量仅为

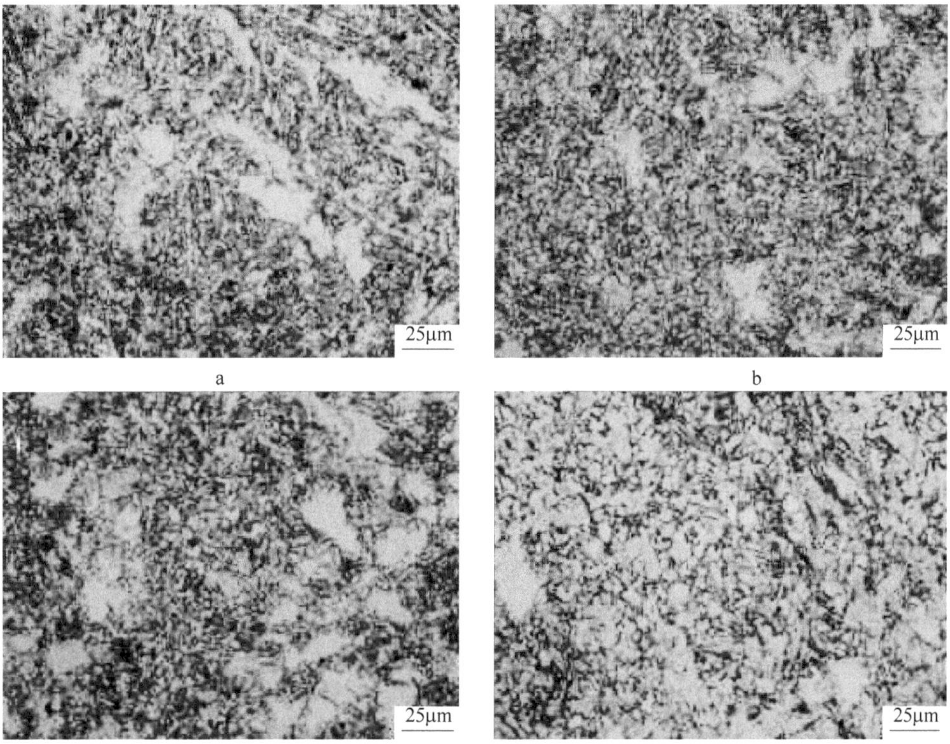

a　b　c　d

图 4-32　临界区温度为 780℃时不同冷速下的显微组织

a—10℃/s；b—15℃/s；c—20℃/s；d—45℃/s

5.2%，并且后者铁素体晶粒的尺寸相对较粗大，铁素体平均晶粒尺寸为 3.5μm，前者的铁素体平均晶粒尺寸仅为 1.6μm，如图 4-33e、f 所示。当温度达到 800℃时，初始组织为 F + B + M 的试样中大量马氏体已经发生连接，马氏体含量增加近一倍，达到了 48.8%，马氏体平均晶粒尺寸为 1.67μm，如图 4-33g 所示，初始组织为 F + P 试样中的马氏体含量也有一定的增加，马氏体含量达到了 19.6%，铁素体平均晶粒尺寸为 2.18μm，马氏体平均晶粒尺寸为 1.18μm，如图 4-33h 所示。当温度达到 850℃时，初始组织为 F + B + M 的试样中几乎全部转变成马氏体，而初始组织为 F + P 的试样中还有一部分铁素体存在，如图 4-33i、j 所示。

从上面的分析可以看出，相同温度下，初始显微组织为铁素体 + 贝氏体 + 马氏体的试样形成的奥氏体要比初始显微组织为铁素体 + 珠光体的试样多，分析认为造成这一结果的原因是不同初始显微组织中合金元素的不同分布和不同初始显微组织引起的不同数量的形核点[12]。

4.2.2.4　铁素体回复再结晶过程中显微组织的变化

冷轧双相钢退火过程中主要发生铁素体的回复再结晶、珠光体的溶解以及奥氏体的形核与长大过程。当加热温度为 550℃时，其显微组织与冷轧组织相比无明显变化，为沿拉伸方向被拉长的大变形铁素体，以及同样呈条带状分布的片层状珠光体，如图 4-34a 所示，可以认为此阶段仍处于回复阶段[18]；当加热温度升高至 630℃时，试样内开始出现

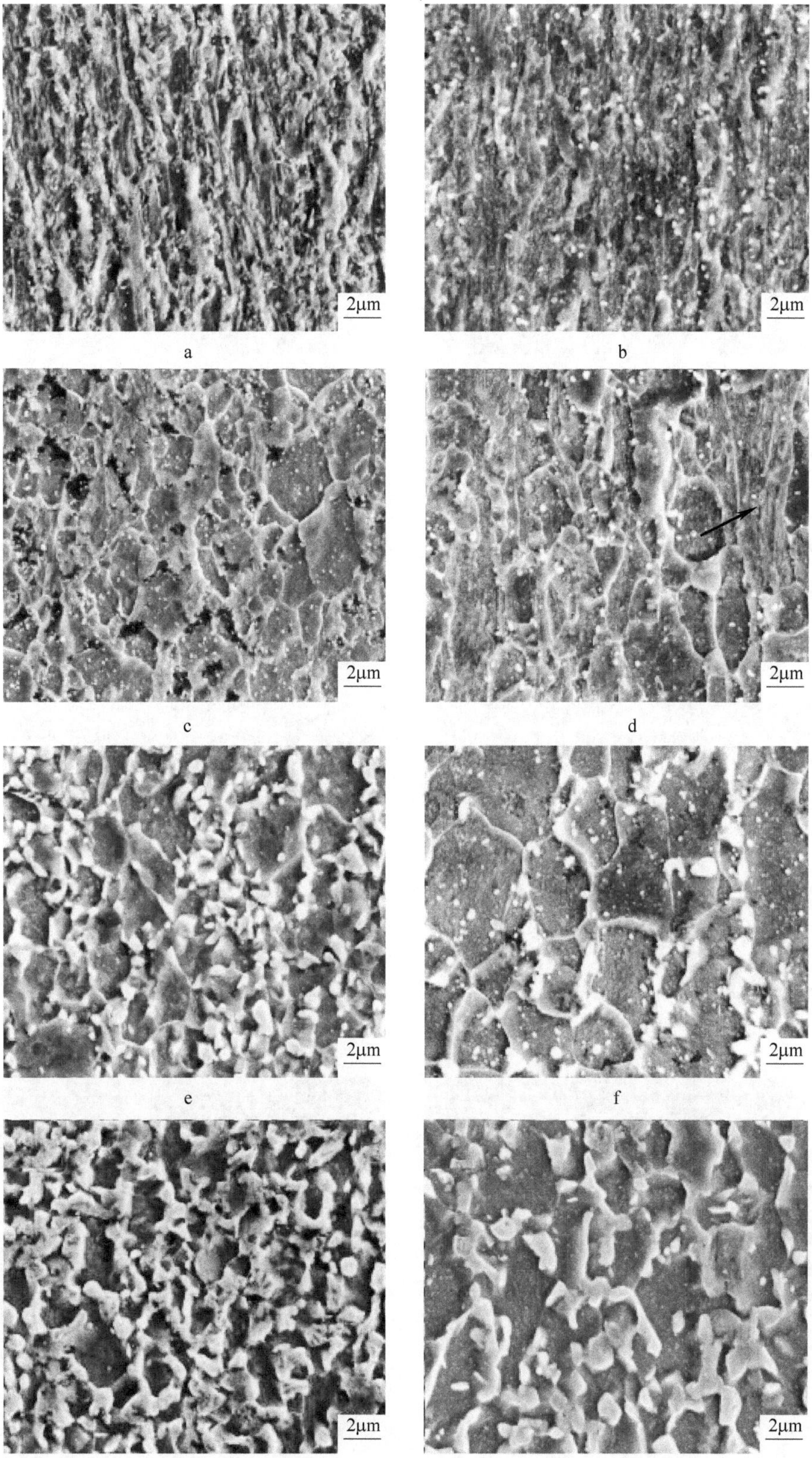

a b c d e f g h

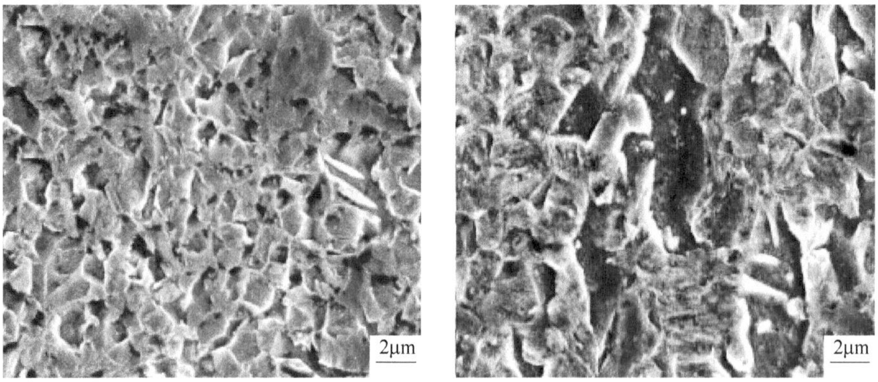

i　　j

图 4-33　不同组织加热过程中组织变化规律比较

a，c，e，g，i—初始组织为 F + B + M 试样在 650℃、700℃、750℃、800℃、850℃时的淬火显微组织；
b，d，f，h，j—初始组织为 F + P 试样在 650℃、700℃、750℃、800℃、850℃时的淬火显微组织

再结晶核心，再结晶核心主要是在大变形铁素体附近处形核，如图 4-34b 所示。随着退火温度的继续升高，再结晶晶粒数量越来越多，当温度升高到 710℃时，整个再结晶过程完成，形变铁素体完全被等轴铁素体所取代；再结晶过程中，随着退火温度的升高，珠光体逐渐由片层状转化为粒状，如图 4-34d 所示。

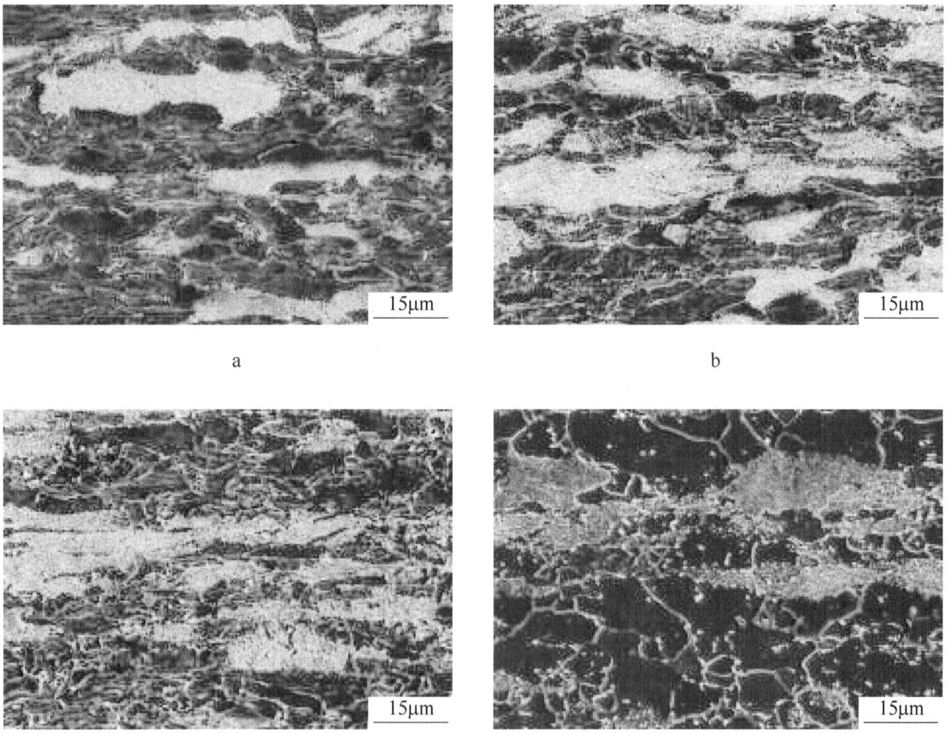

a　　b

c　　d

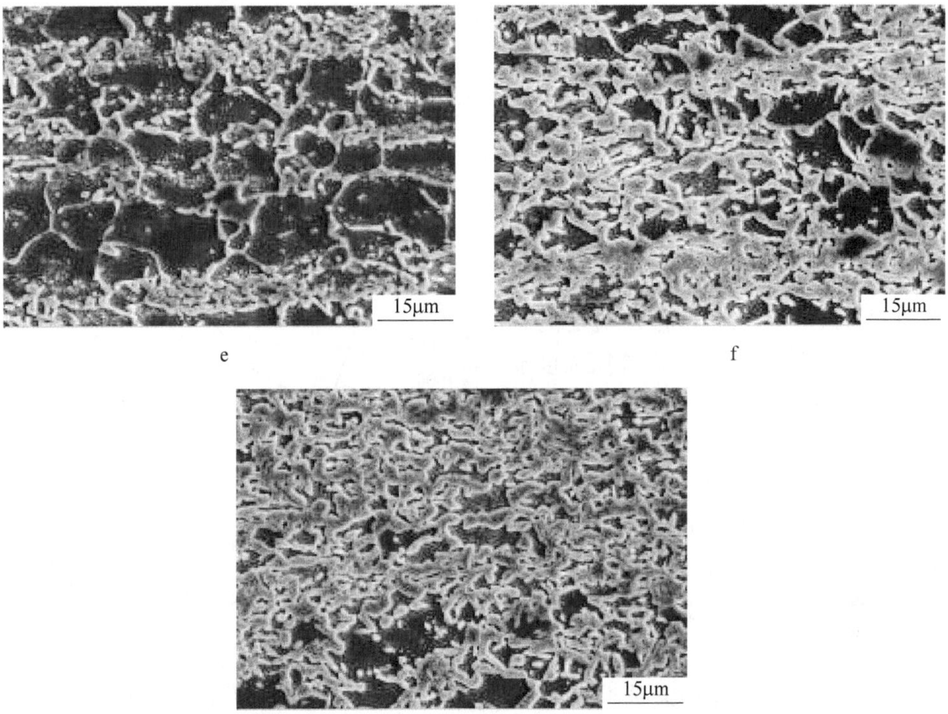

图 4-34 连续加热过程中显微组织的演变
a—550℃；b—630℃；c—670℃；d—710℃；e—730℃；f—750℃；g—780℃

一般认为显微硬度的大幅度降低对应着再结晶的开始，而硬度基本不再变化则对应着再结晶过程的结束。

再结晶过程中，试样的显微硬度也相应发生变化，再结晶开始阶段（高于 630℃，尤其是从 670～710℃），试样的显微硬度值大幅度降低，再结晶完成阶段（710～730℃），硬度值逐渐趋于平缓，如图 4-35 所示。当加热温度升至 730℃时，组织中开始出现奥氏体晶核，奥氏体主要在原始珠光体区形核，优先在铁素体和珠光体晶界处形核，也有一部分奥氏体在铁素体晶粒内的碳化物颗粒上形核，如图 4-34e 所示。当加热温度升高至 750℃和 780℃时，珠光体完全溶解，奥氏体不断长大，其长大方向主要是平行于晶界长大，如图 4-34f、g 所示。

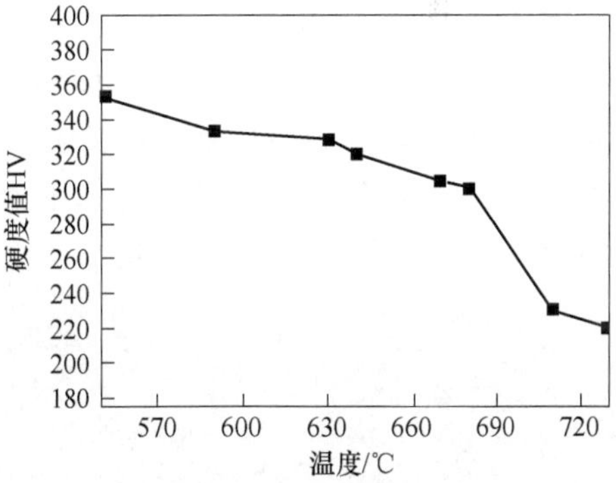

图 4-35 连续加热过程试样中铁素体的硬度值

4.2.3 超高强度冷轧 DP 钢

传统双相钢的显微组织主要是在软相铁素体基体上分布着岛状的硬质马氏体相。马氏体为强化相，DP 钢的强度通常随着马氏体含量的增加而增加。对于超高强 DP 钢，其马氏体体积分数可以到 70% 以上，抗拉强度可以达到 1600MPa 以上。这类钢板具有高的减重潜力、高的碰撞吸收能、高的疲劳强度、高的成型性和低的平面各向异性等优点。

4.2.3.1　退火温度对组织性能的影响

图 4-36 为不同退火温度下 0.15C-2Si-2.5Mn-Cr 系 1600MPa 级超高强冷轧 DP 钢的力学性能对比[19]。随着退火温度的升高，屈服强度先下降后上升，抗拉强度显著升高，伸长率先下降，到 780℃ 时达到最低值，之后开始上升，820℃ 时伸长率升高至 10%。当退火温度从 720℃ 升高至 740℃时，屈服强度出现下降，抗拉强度变化不大，伸长率出现大幅下降，这是由于在双相钢中，铁素体是软韧相，马氏体是硬脆相，在拉伸过程中，变形首先发生在铁素体中，马氏体比例过小，使得在变形过程当中，呈岛状分布在铁素体基体上的马氏体相互之间不能连接，马氏体和铁素体相界面协调性变差，应力集中得不到缓解，裂纹易于首先在马氏体和铁素体的相界面处扩展，导致伸长率大幅下降。退火温度高于 740℃ 时，屈强比变化不大，说明随着退火温度的提高，马氏体含量的升高使得抗拉强度与屈服强度都升高，并且升高幅度一致。当退火温度从 800℃ 升高至 820℃时，屈服强度明显提高，抗拉强度与伸长率小幅变化。这是由于随着退火温度的提高，铁素体比例下降，最终形成的回火马氏体比例不断增加，位错密度降低使得位错强化作用减弱，降低了马氏体增多引起的强化作用。

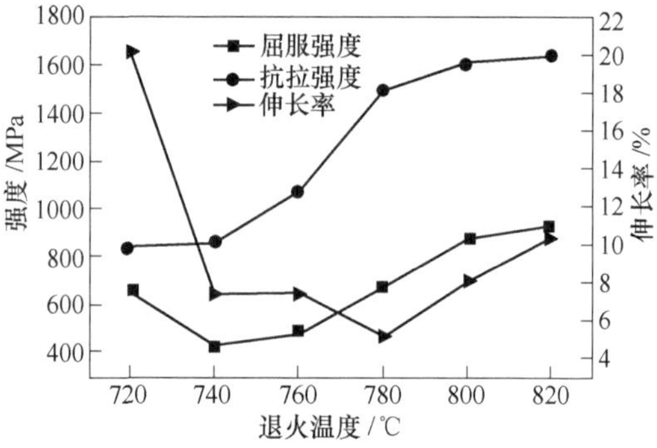

图 4-36　不同退火温度的力学性能对比

图 4-37 为 0.15C-2Si-2.5Mn-Cr 系 1600MPa 级超高强冷轧 DP 钢在不同退火温度下的显微组织照片。其中，720℃时，由于退火温度过低，主要为铁素体和碳化物，马氏体含量很少。740℃时，生成少量的马氏体，碳化物明显减少。随着退火温度的升高，铁素体比例下降，形貌呈不规则多边形，马氏体比例升高，形貌及分布状况变化较大，碳化物逐渐溶解。当退火温度高于 740℃时，淬火态马氏体呈岛链状分布在原奥氏体晶界。

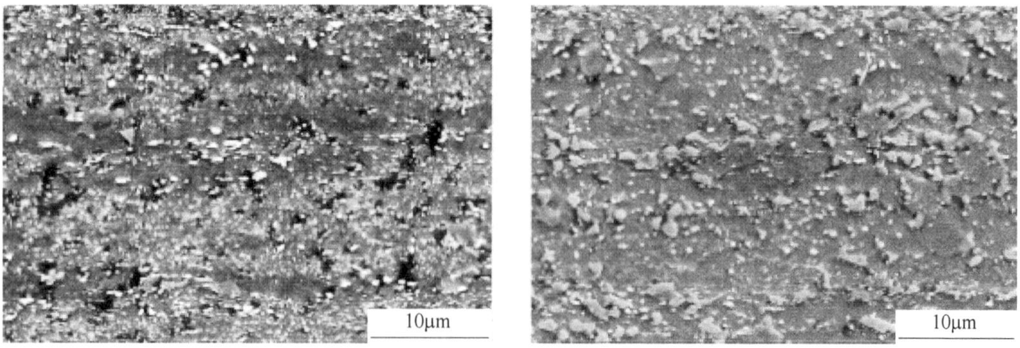

a　　　　　　　　　　b

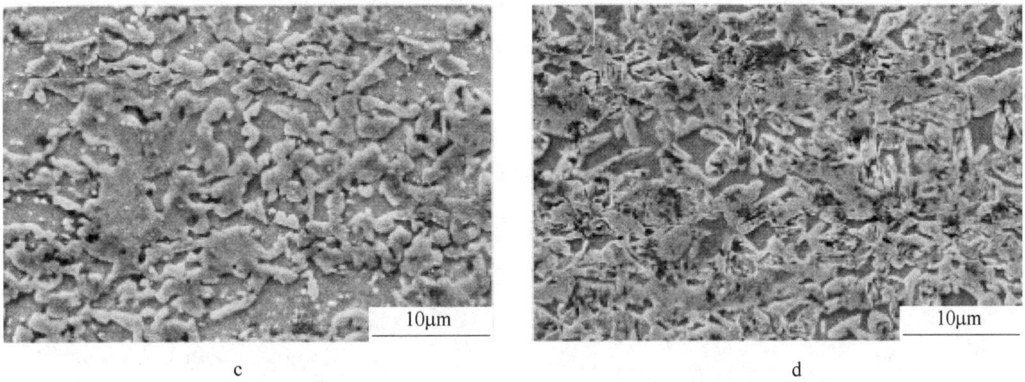

图 4-37 试样在不同退火温度下的 SEM 照片
a—720℃；b—740℃；c—760℃；d—820℃

图 4-38 为经不同退火温度退火后试样的透射电镜组织照片，可以看出，组织中板条边界清晰，且在铁素体基体上分布有大量的位错。820℃退火后的马氏体板条更加细小。

图 4-38 退火后试样的透射电镜照片
a—760℃；b—820℃

4.2.3.2 退火时间对组织性能的影响

表 4-3 为不同退火时间下 0.15C-2Si-2.5Mn-Cr 系 1600MPa 级超高强冷轧 DP 钢的力学性能。可以发现，在同一退火温度下，退火时间从 100s 增加至 180s 时，冷轧双相钢的屈服强度和抗拉强度均提高，伸长率同样上升，这与随着保温时间的延长，碳化物能够充分溶解有关[18]。

表 4-3 不同退火时间下的力学性能

工 艺	屈服强度/MPa	抗拉强度/MPa	屈强比	伸长率/%
720-100	608	814	0.75	14.06
720-180	653	844	0.77	20.30
820-100	877	1658	0.53	8.58
820-180	931	1646	0.57	10.38

0.15C-2Si-2.5Mn-Cr 系 1600MPa 级超高强冷轧 DP 钢连续退火后的显微组织如图 4-39 和图 4-40 所示。退火温度为 720℃，退火时间为 100s 和 180s 时，均有大量的碳化物析出，析出物尺寸较大，经测量与统计分析其尺寸在 200nm 左右。退火温度为 820℃时，退火时间对碳化物的析出影响减弱，分布在铁素体基体上的碳化物基本完全溶解，显微组织除马氏体外，还包括一定比例的铁素体。当退火温度为 720℃和 820℃时，随着退火时间从 100s 延长到 180s，大尺寸的碳化物颗粒逐渐溶解，这对力学性能的提升至关重要。

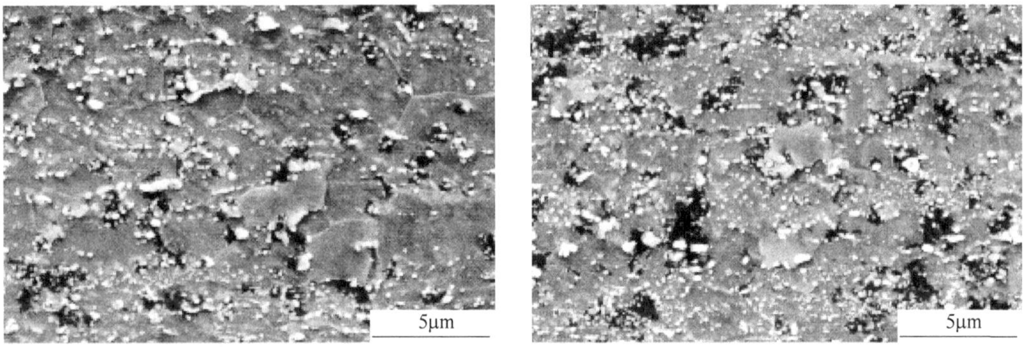

a　　　　　　b

图 4-39　720℃不同退火时间下的显微组织

a—退火时间为 100s；b—退火时间为 180s

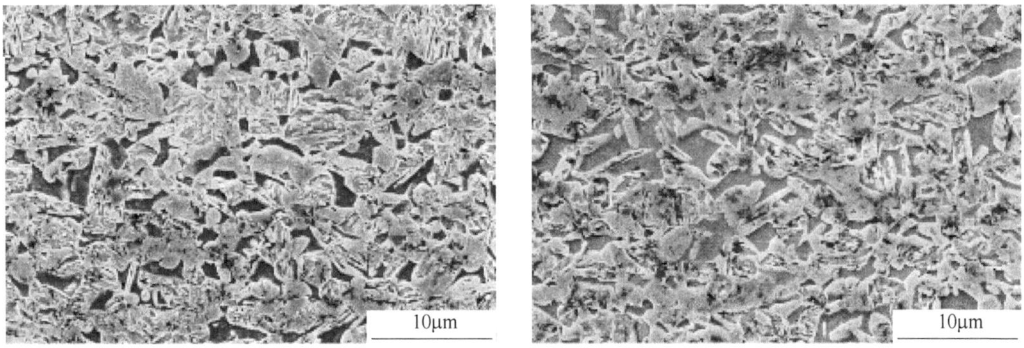

a　　　　　　b

图 4-40　820℃不同退火时间下的显微组织

a—退火时间为 100s；b—退火时间为 180s

4.2.3.3　缓冷段对双相钢组织性能的影响

图 4-41 为 0.15C-2Si-2.5Mn-Cr 系 1700MPa 级超高强冷轧 DP 钢有无缓冷段热处理工艺下力学性能的对比。可以看出退火温度为 780℃和 800℃时，有缓冷段热处理工艺条件下，抗拉强度和屈服强度要高于无缓冷段热处理工艺条件下的抗拉强度和屈服强度，退火温度为 820℃时，两者基本相同，伸长率在两种热处理工艺下则变化不大[18]。

图 4-42 为不同热处理工艺下的显微组织照片，其中图 4-42a、b、c 分别对应于无缓冷段 780℃、800℃、820℃的热处理工艺，图 4-42d、e、f 对应于有缓冷段热处理工艺。

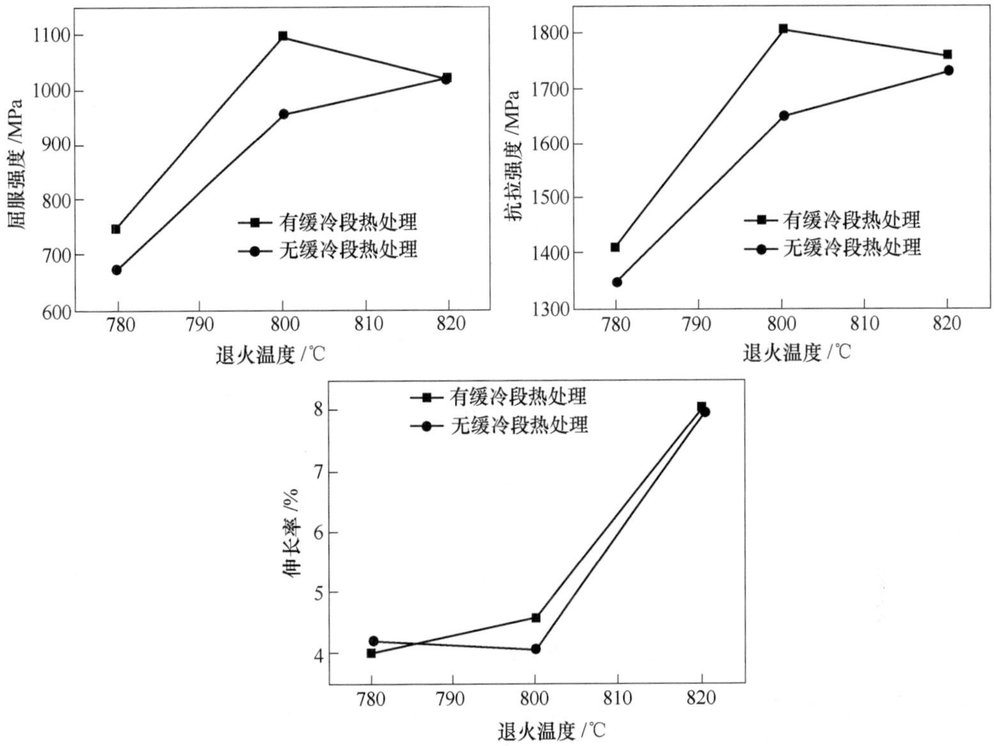

图 4-41 有无缓冷段热处理工艺下主要力学性能的对比

a—屈服强度；b—抗拉强度；c—伸长率

可以看出退火温度为 800℃时，有缓冷段工艺下生成的马氏体含量明显要多。

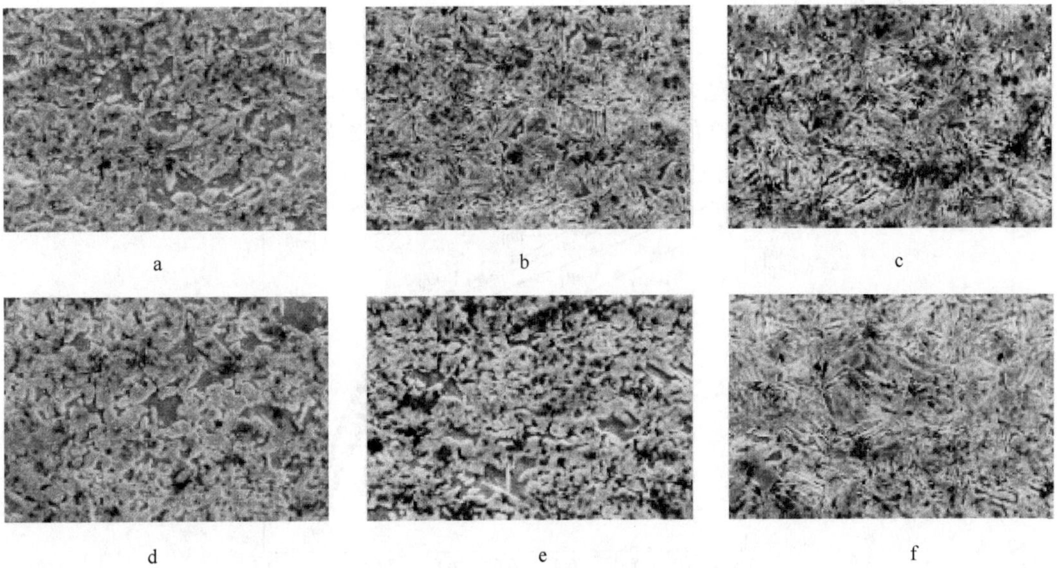

图 4-42 不同热处理工艺下的显微组织

4.2.3.4　加工硬化行为

A　瞬时 n 值

图 4-43 为 0.15C-1.3Si-2.8Mn 系 1300MPa 级超高强双相钢 760～820℃退火后得到的 n 与 ε 的关系[20]。

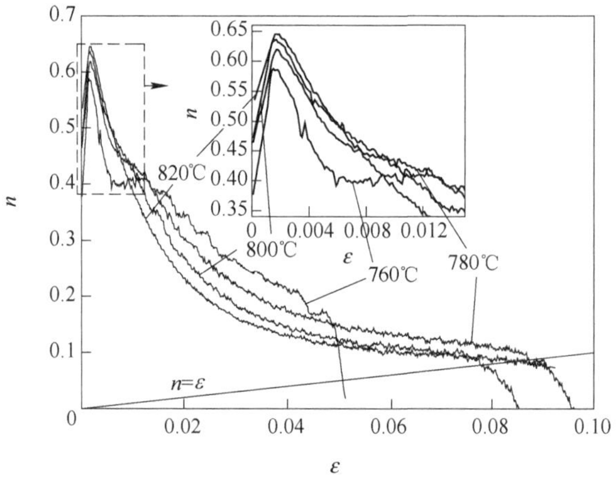

图 4-43　不同退火温度下冷轧双相钢的瞬时 n 值与 ε 的关系

可以看出，760℃、780℃、800℃ 和 820℃ 退火的冷轧双相钢分别在 ε = 0.051、0.087、0.078 和 0.084 处发生颈缩。不同温度退火后，钢板在颈缩前 n 随 ε 增加的变化趋势不同。在刚开始阶段，n 均是迅速上升至最高值后便迅速下降。当 ε 大于 0.006 左右时，760℃退火时的 n 略有上升；780℃退火时的 n 下降幅度明显减弱；800℃退火时的 n 下降幅度略有减弱；而 820℃退火时的 n 下降幅度没有变化。当 ε 大于 0.012 左右时，n 均随 ε 增加呈下降趋势。

B　多阶段加工硬化行为

图 4-44 给出了利用修正后的 C-J 法对加工硬化行为分析结果，m_{I}、m_{II}、m_{III} 分别表示不同阶段的应力指数。可见，马氏体体积分数较低的 760℃ 和 780℃ 退火时存在 3 个线性阶段，马氏体体积分数较高的 800℃ 和 820℃ 退火时存在 2 个线性阶段[19]。

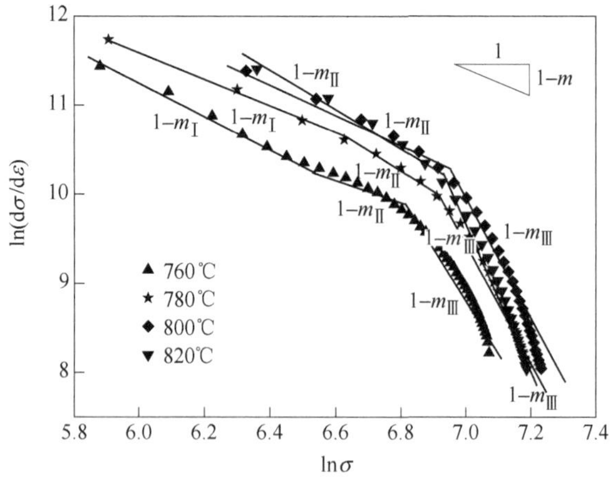

图 4-44　加工硬化行为的 C-J 改进

结合图4-44与表4-4的数据分析可得，在760℃退火，当$\varepsilon \leqslant 0.009$时，为第一阶段，变形主要发生在铁素体中，在外力作用下铁素体内位错密度迅速增加，发生位错塞积，瞬间使双相钢形变抗力增加，n快速上升，随应变增加，基体中可动位错密度增加，导致变形阻力减小，加工硬化效果减弱，n又快速下降。当$0.009 < \varepsilon < 0.018$时，为第二阶段，此时$n$不降反升，说明这阶段的加工硬化效果增强，与760℃时的$1/m_{\mathrm{II}} > 1/m_{\mathrm{I}}$对应，这可能是由于低温退火时，铁素体体积分数较大，内部可动位错较多。当$0.018 < \varepsilon < 0.051$时，为第三阶段，该阶段为铁素体马氏体共同塑性变形阶段，n逐渐下降，在阶段后期快速下降，加工硬化显著减弱，这可能与760℃退火后的马氏体体积分数较少，共同作用协调性差有关，这也与760℃时的$1/m_{\mathrm{III}}$最小对应。同理，780℃退火时加工硬化效果在第一阶段最高，是铁素体的均匀变形作用，第二阶段次之，与760℃有所差别的原因在于铁素体与马氏体的比例，影响外力传递，第三阶段最弱。800℃和820℃退火时由于马氏体体积分数较高，第一阶段被第二阶段代替，直接进入第二阶段，第二阶段的加工硬化效果整体强于第三阶段。从图4-44还可看出，在第三阶段时，随退火温度升高，马氏体体积分数增多，马氏体块增大，应力传递相对容易，使n迅速下降，并且退火温度越高，时效过程中马氏体回火明显，位错密度降低，抵抗变形能力弱，也使n降低。

表4-4 不同硬化阶段的应力指数 m 及转变点的应变

T/℃	m_{I}	m_{II}	m_{III}	$\varepsilon_{tr1}(m_{\mathrm{I}} \to m_{\mathrm{II}})$/%	$\varepsilon_{tr2}(m_{\mathrm{II}} \to m_{\mathrm{III}})$/%
760	2.9	2.0	6.7	0.9	1.8
780	2.6	3.0	8.0	0.8	1.6
800	—	2.8	8.0	—	1.3
820	—	3.3	8.7	—	1.3

C 组织结构的影响

图4-45给出了马氏体与铁素体共同塑性变形的应变范围$\Delta\varepsilon$（对应于C-J中第二、三阶段转折点应变值到发生颈缩时应变值区间的大小）与铁素体体积分数的关系。由修正后的C-J法分析可知，软相铁素体不仅本身延性好，增加了材料的均匀伸长率，而且还提高了马氏体塑性变形的延展范围。由图4-45可见，在760℃退火时，铁素体体积分数过大，且此时马氏体为淬火马氏体，变形过程中应力几乎传递不到马氏体中，马氏体和铁素体共同作用时塑性变形量很小。当退火温度为780～820℃时，铁素体体积分数逐渐减少，马氏体形态逐渐由淬火态变为回火态，两相共同塑性变形的应变范围显著增大。还可看出，在较高温度退火时，铁素体体积分数对两相共同塑性变形范围的影响基本稳定。依此分析，当铁素体体积分数很小时，铁素体中可动位错很少，应力还没来得及传递，铁素体已经塑性变形，很可能导致这部分共同的塑性变形又会减小，如图4-45中虚线所示。

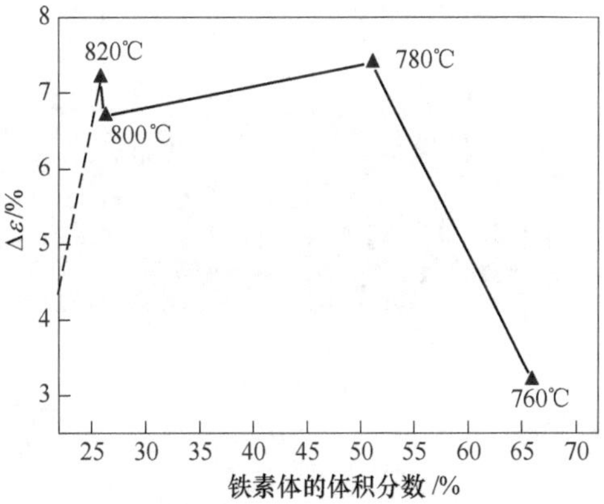

图4-45 铁素体的体积分数对塑性变形的影响

4.2.3.5　超高强 DP 钢的晶粒细化

以 1400MPa 级超高强双相钢为例，通过铁素体和马氏体板条束有效晶粒尺寸的统计来研究超高强 DP 钢的晶粒细化。图 4-46 为冷轧超高强双相钢退火板的晶粒分布，能够反映出马氏体板条束的分布情况，图 4-47 为马氏体板条束有效晶粒尺寸的统计。可以看出，马氏体板条束的有效晶粒尺寸主要分布在 0.2 ~ 1.5μm 之间[19]。

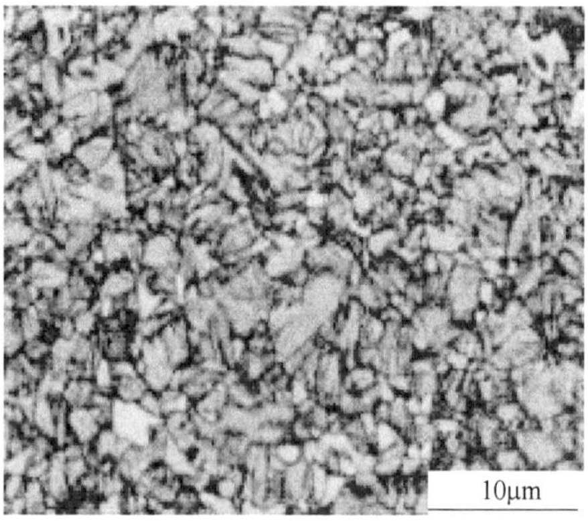

图 4-46　超高强双相钢退火板的晶粒分布

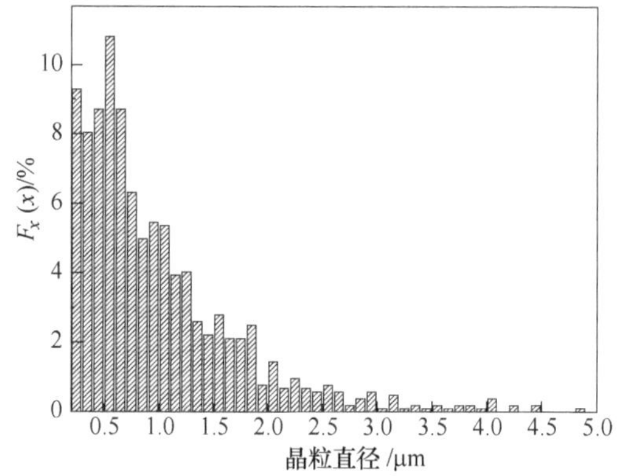

图 4-47　双相钢中马氏体板条束有效晶粒尺寸统计

图 4-48 为 3.2% Mn 试样热轧和冷轧后的显微组织，从图 4-48a 可以看出，与低强度双相钢相比，热轧组织明显细小且较为复杂，主要由贝氏体和马氏体组成，存在很少量的多边形铁素体，晶粒十分细小，仅为 1 ~ 2μm。贝氏体的形态多样化，呈粒状、板条状分布，细小的马氏体块尺寸为 2 ~ 4μm。

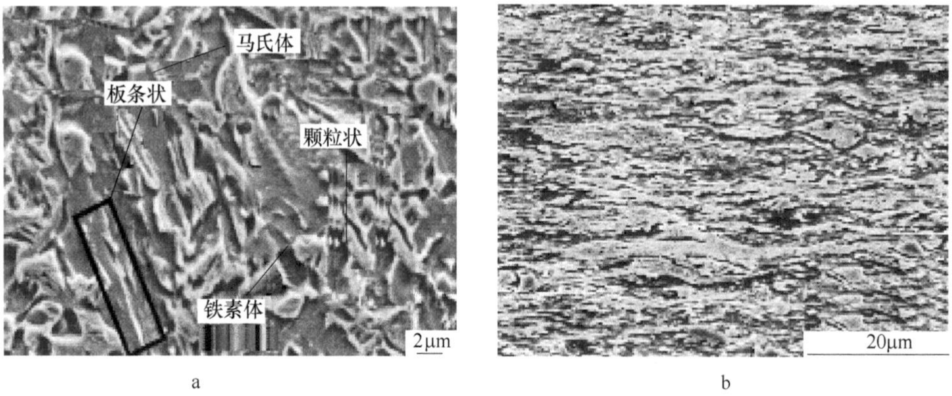

图 4-48　显微组织
a—热轧；b—冷轧

冷轧过程中，较大的压下率是晶粒细化的原因之一。低温下的大变形使得硬质相破碎和韧性相拉长，晶粒内部产生大量的位错和形变带，有利于退火过程中奥氏体的形核和细化，并且组织复杂的塑性流动性，导致硬相和软相之间的应力场增加，这种分布在软硬相组织间的应力场是获得细晶组织的关键。

晶粒尺寸与材料的塑性和韧性之间也有着密切的关系，从图 4-49 中可以看出，拉伸后组织表现了大的变形，这也表现出超高强冷轧 DP 钢的塑韧性较好。

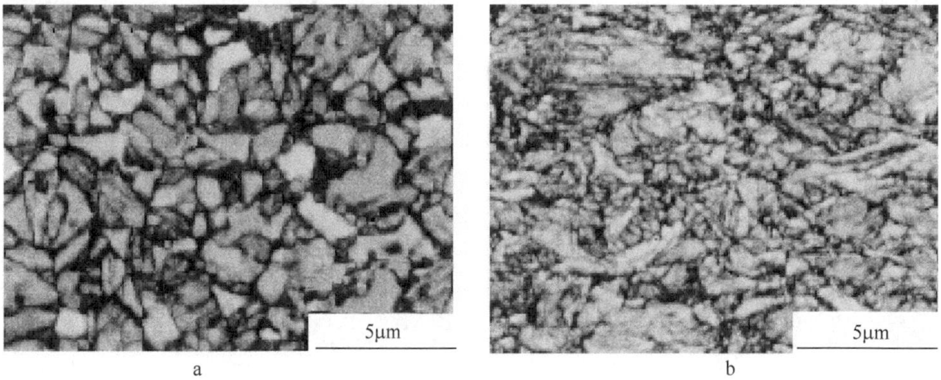

图 4-49 退火板菊池线质量图
a—拉伸前；b—拉伸后

4.2.4 冷轧双相钢的形变特点及断裂机制

4.2.4.1 双相钢的形变特点

A 冷轧双相钢的拉伸特性

图 4-50 是 800MPa 级 C-Si-Mn-V 系冷轧双相钢的应力-应变曲线，从图中可以看出拉伸曲线符合典型双相钢的应力-应变曲线特点，表现出连续屈服现象，没有明显的屈服平台，抗拉强度较高，曲线平滑[21]。

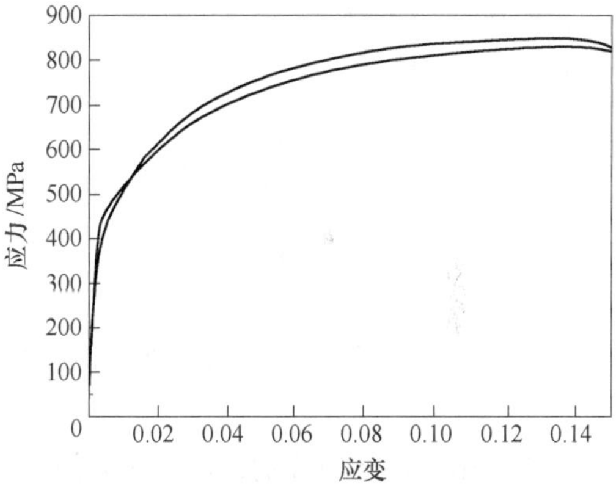

图 4-50 DP800 的应力-应变曲线

B 变形量对铁素体晶粒形态的影响

在双相钢的单向拉伸过程中，晶粒的形貌发生变化，沿着拉伸方向会被拉长。不同变形量下的金相照片和扫描电镜照片如图 4-51 所示，铁素体晶粒的长宽比分布如图 4-52 所示。

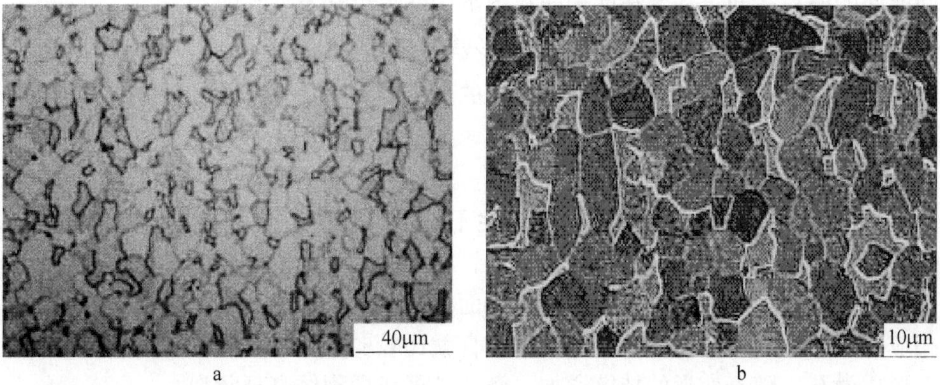

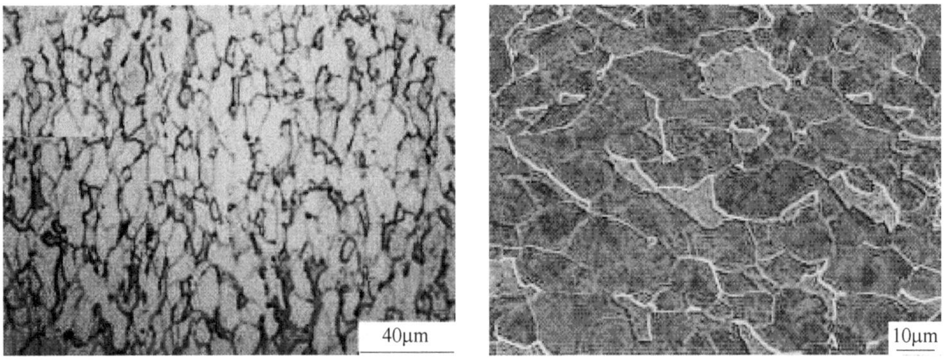

图 4-51　不同变形量下的显微组织

a—未变形（金相照片）；b—未变形（扫描照片）；
c—变形 25%（拉断）（金相照片）；d—变形 25%（拉断）（扫描照片）

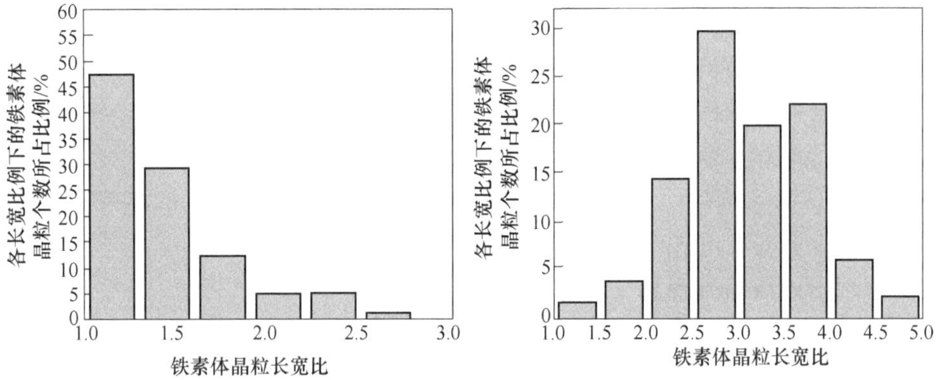

图 4-52　铁素体晶粒长宽比分布图

a—未变形；b—变形 25%（拉断）

金属是由多晶体组成的，而多晶体的晶体取向是不同的，不同取向的晶粒变形能力和变形抗力不同。因此，在外加应力作用下，它们由弹性状态过渡到塑性状态也不可能同时发生，而是先在最有利于滑移的晶粒和应力集中的晶粒中开始，并且在显微组织中铁素体的不同取向的晶粒之间，甚至在同一晶粒内部，变形也是不均匀的。

C　不同变形量下的铁素体和马氏体形貌

在双相钢的单向拉伸过程中，不但晶粒的形貌要发生变化，同时会引起晶粒取向的变化以及晶体内的结构缺陷的增加。

在外应力的作用下，铁素体由于强度低、塑性好，能够随着外应力的增加产生相应的塑性变形，而马氏体则由于强度较高、塑性不好，不能产生与铁素体相协同的塑性变形（微观形貌如图 4-53 和图 4-54 所示）。所以，在铁素体和马氏体两相界面处就会产生变形不协调的现象，这种变形不协调会使得相界面处产生应力集中，当相界面处的应力集中达到两相应变不相容的程度时，就会使原本结合就比较弱的两相界面发生分离，导致在两相界面上形成微孔，随着变形的持续增加，微孔扩展成微裂纹直至断裂。

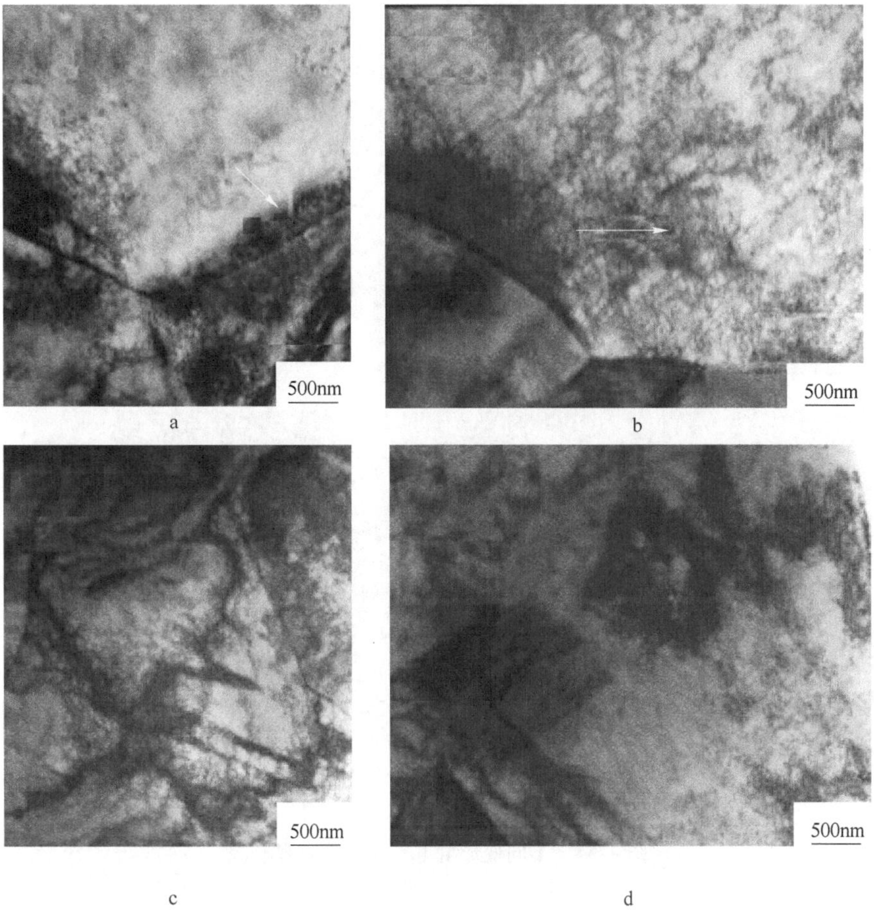

图 4-53 不同变形量下铁素体及其位错组态

a—变形 5%；b—变形 10%；c—变形 18%；d—变形 25%（拉断）

4.2.4.2 双相钢的断裂机制

A 双相钢的拉伸断口形貌

C-Si-Mn 系双相钢拉伸试样的低倍和高倍断口形貌如图 4-55 所示。

从断口的扫描照片可以看出，双相钢在拉伸过程中微孔的形核与扩展主要发生在铁素体中或者在铁素体和马氏体界面，断口为韧窝及少量解理小平面的混合型断口。在单向拉伸变形中，铁素体-马氏体界面的微裂纹或者微孔的形成与聚合是断裂的主要机制。

B 裂纹的萌生与扩展行为

拉伸过程中，裂纹最初的扩展方向是与轧制方向，也就是拉伸方向成 45°角的方向，随着真应变的增加，由图 4-56 可以看出，裂纹沿着与原始裂纹垂直的方向进行扩展。图 4-57 为原位拉伸断裂后的形貌。其中图 4-57a 是试样的宏观形貌，从图 4-57b 中可以看到，断口边缘沿断口有一排较大且较深的韧窝存在，表现出边缘与内部的不同特征，图 4-57c 为断口周围不同特征的组织，可以看到有一部分马氏体变形量较大，也有部分马

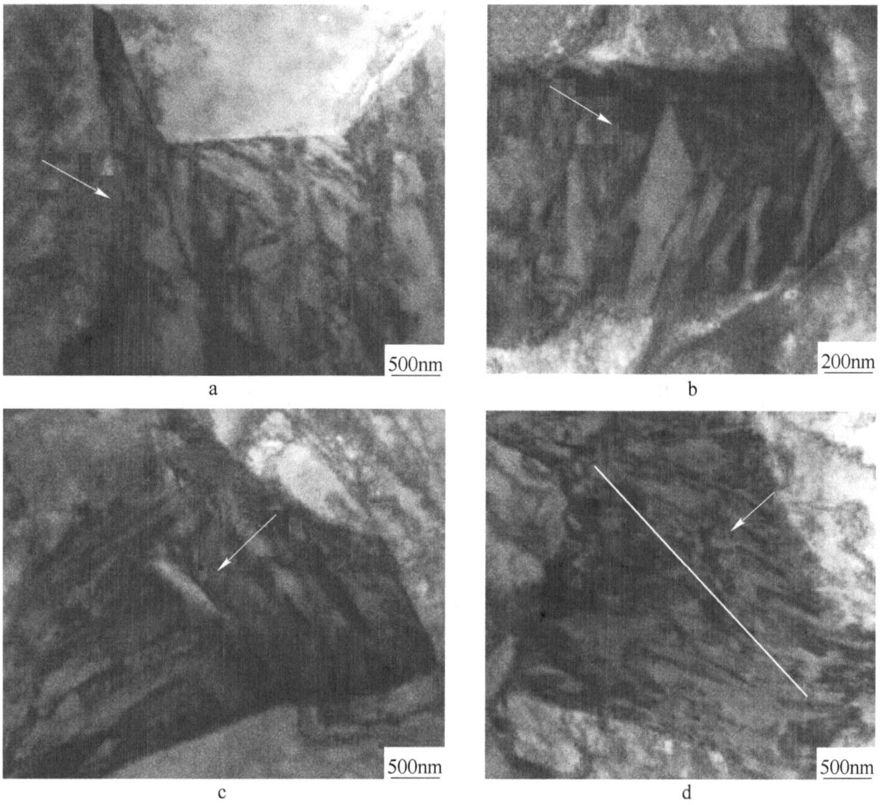

图 4-54 不同变形量下马氏体的微观形貌

a—变形 5%；b—变形 10%；c—变形 18%；d—变形 25%（拉断）

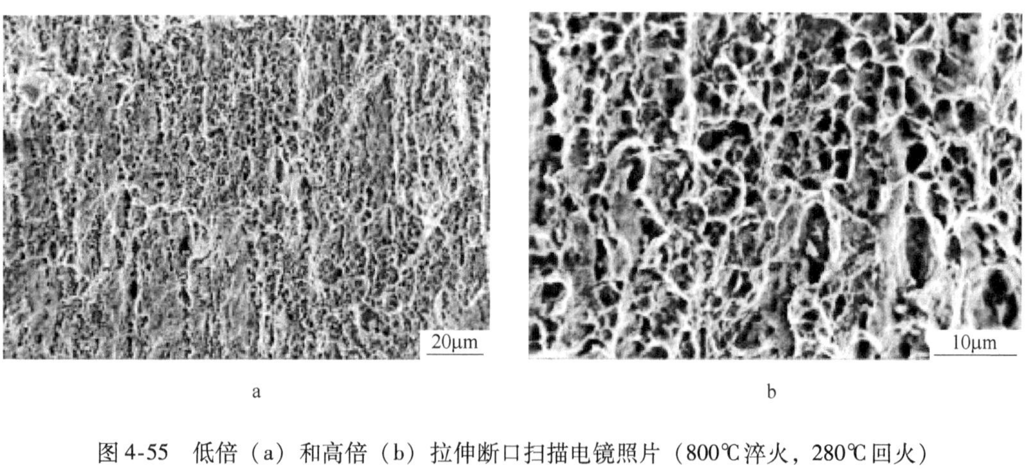

图 4-55 低倍（a）和高倍（b）拉伸断口扫描电镜照片（800℃淬火，280℃回火）

氏体变形量很小，如图中箭头所示。变形量较大的可能是铁素体周围的马氏体，而变形量较小的则为马氏体块内部部分，这也体现了铁素体和马氏体双相组织间的协调变形[22]。

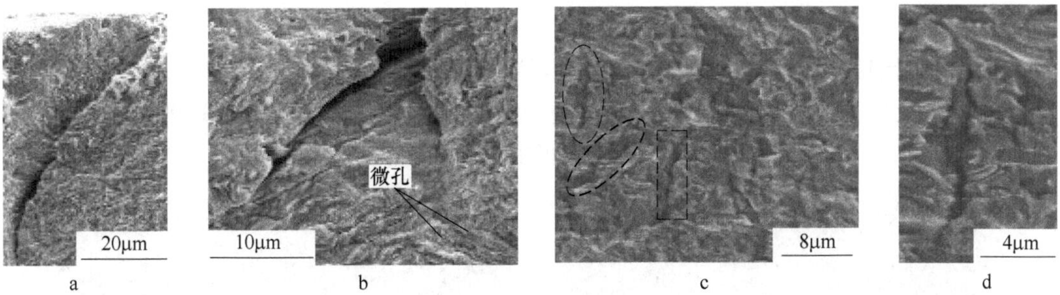

图 4-56 双相钢原位拉伸过程中裂纹的扩展

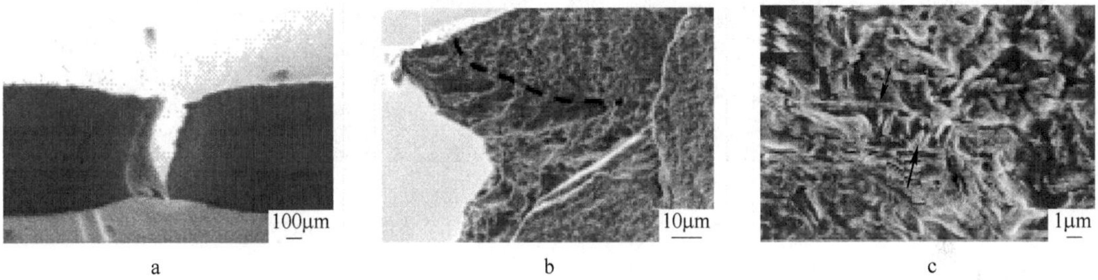

图 4-57 双相钢原位拉伸断后的宏观与微观形貌

4.3 热镀锌双相钢

镀锌钢板能保证汽车具有良好的耐锈蚀穿孔能力，近十年来，汽车车身镀锌钢板的使用量大幅度增加。部分车型汽车内、外板和结构件大量地使用了镀锌钢板，其使用量平均占80%以上，不少车型百分之百地使用镀锌板。由于镀锌工艺的特殊性，双相钢在成分设计的时候往往会添加 Cr、Mo 等合金元素以提高淬透性和净化铁素体，保证热镀锌冷却后能获得稳定的双相组织[23]。

4.3.1 热镀锌双相钢的简介

4.3.1.1 典型热镀锌双相钢的成分及力学性能

590MPa 级冷轧连续退火（DP590-A）和连续热镀锌（DP590-B）双相钢的化学成分如表 4-5 所示，力学性能如表 4-6 所示[24]。

表 4-5 连续退火和连续热镀锌 DP590 化学成分（质量分数） （%）

钢 种	C	Mn	P	S	Cr + Mo	Fe
DP590-A	0.10	1.6	0.01	0.003	—	平衡
DP590-B	0.06	1.7	0.02	0.002	添加	平衡

表 4-6 连续退火和连续热镀锌 DP590 的力学性能

钢 种	屈服强度/MPa	抗拉强度/MPa	总伸长率 A_{80}/%	马氏体含量/%
DP590-A	390	668	24.0	14.8
DP590-B	406	619	22.5	8.6

4.3.1.2 热镀锌镀层的典型组织

两种双相钢的显微组织均为典型的铁素体 + 马氏体组织，其中 DP590-A 中的马氏体除了形成块状马氏体岛外，部分马氏体还包裹在铁素体晶界处，但是 DP590-B 中马氏体岛则比较弥散，而且马氏体岛尺寸较小，如图 4-58 所示。

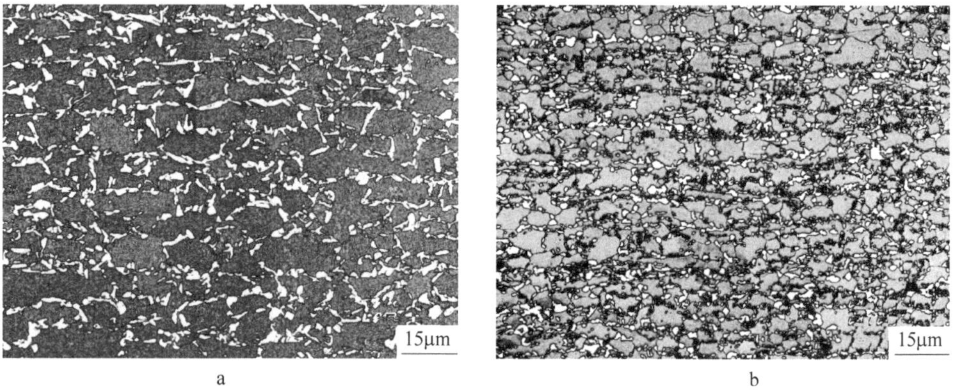

图 4-58 DP590-A（a）与 DP590-B（b）的微观组织形貌

4.3.1.3 抑制层的作用

在热镀锌中，锌液中的有效铝与基体中的铁原子首先反应，形成 Fe-Al 金属间化合物，Fe-Al 颗粒如果衔接连续且紧密，则会形成一层 100nm 左右的薄膜，覆盖于基体上，能够抑制脆性的 Fe-Zn 金属间化合物形成。如果衔接不连续或不紧密，这层薄膜不能充分阻止 Fe、Zn 接触反应，导致生成脆性的 Fe-Zn 金属间化合物。通常把 Fe-Al 颗粒衔接成的薄膜称为抑制层[25]。在镀层中所有界面的黏附功中，Fe/Fe_2Al_5 界面的黏附功最大[26]，表明了抑制层 Fe-Al 相的附着性在镀层中最强。所以 Fe-Al 相颗粒连接而形成的膜越致密，镀层的附着性能越好。抑制层形貌如图 4-59 所示。

图 4-59 热镀锌双相钢的抑制层形貌

a—抑制层中无裂纹；b—Fe-Al 颗粒细小而紧密

4.3.2 合金元素及热镀锌工艺对双相钢组织性能的影响

4.3.2.1 Al 含量对热镀锌双相钢组织性能的影响

不同 Al 含量的 C-Si-Mn-Cr-Mo-Al 系热镀锌双相钢的性能对比如图 4-60 所示。Al 含量为 0.7% 的双相钢退火后力学性能基本处于 800MPa 级别，抗拉强度偏高，塑性偏低。Al 含量为 1.0% 的双相钢退火后力学性能基本处于 1000MPa 级别，伸长率也都基本保持在 11% 以上，从图 4-61 的显微组织中可以看出，岛状马氏体细小均匀地分布在铁素体基体上，含量在 35%~40%，而且退火窗口较宽。Al 含量为 1.3% 的双相钢退火后抗拉强度达到了 1221MPa，屈服强度最高达到 611MPa，但是伸长率明显降低，只有 8% 左右，从图 4-61b 的显微组织可以看出，马氏体大部分连成片状分布，含量过高，割离了铁素体基体，因此导致塑性严重下降。综上所述，Al 含量为 1.0% 的热镀锌双相钢的综合力学性能较好[27]。

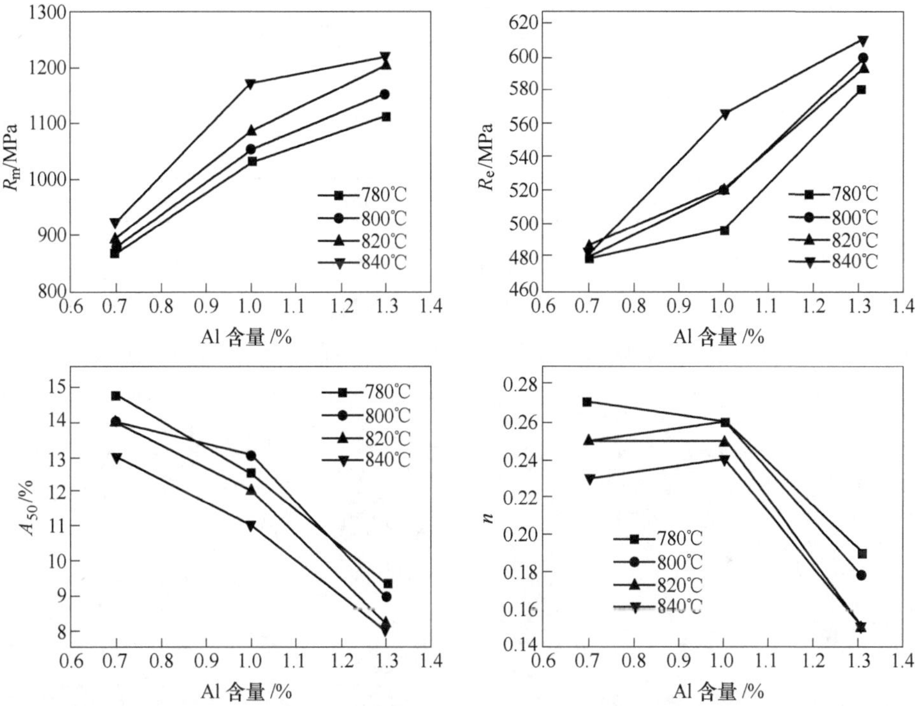

图 4-60 不同 Al 含量的热镀锌双相钢退火后的力学性能

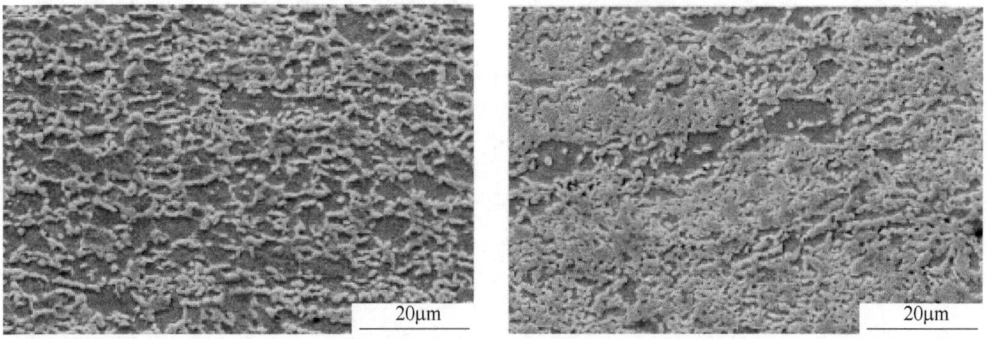

a b

图 4-61 不同 Al 含量的热镀锌双相钢退火后的显微组织

a—1.0%；b—1.3%

4.3.2.2　Mo含量对热镀锌双相钢组织性能的影响

表4-7所示为C-Mn-Cr-Mo系与C-Mn-Cr系双相钢退火后的力学性能。退火温度为800℃时含Mo钢的抗拉强度比无Mo钢高185MPa，屈服强度要高233MPa；退火温度为820℃时，含Mo钢的抗拉强度比无Mo钢要高144MPa，屈服强度要高201MPa。由此可以看出Mo的添加可以显著提高热镀锌双相钢的强度，但Mo对屈服强度的影响要大于对抗拉强度的影响，因此随着Mo含量的增加，屈强比会有一定程度的上升。随着退火温度的升高，Mo对强度的影响略有降低，即强度增加的幅度会比低温时稍微小一些[28]。

表4-7　高强度热镀锌双相钢的力学性能

成　分	退火温度/℃	保温时间/s	屈服强度/MPa	抗拉强度/MPa	伸长率/%	屈强比	卷取温度/℃
C-Mn-Cr	800	80	462	958	13.3	0.48	650
	820	80	536	1013	15.0	0.53	
C-Mn-Cr-Mo	800	80	695	1143	8.6	0.61	650
	820	80	737	1157	9.2	0.64	

图4-62为退火温度为800℃和820℃时，两种成分双相钢显微组织的对比。由图中对可以看出，C-Mn-Cr系热镀锌双相钢的马氏体体积分数比C-Mn-Cr-Mo系要少一些，马氏体岛的尺寸比C-Mn-Cr-Mo系要细小很多，并且马氏体在铁素体基体上的分布更加均匀，

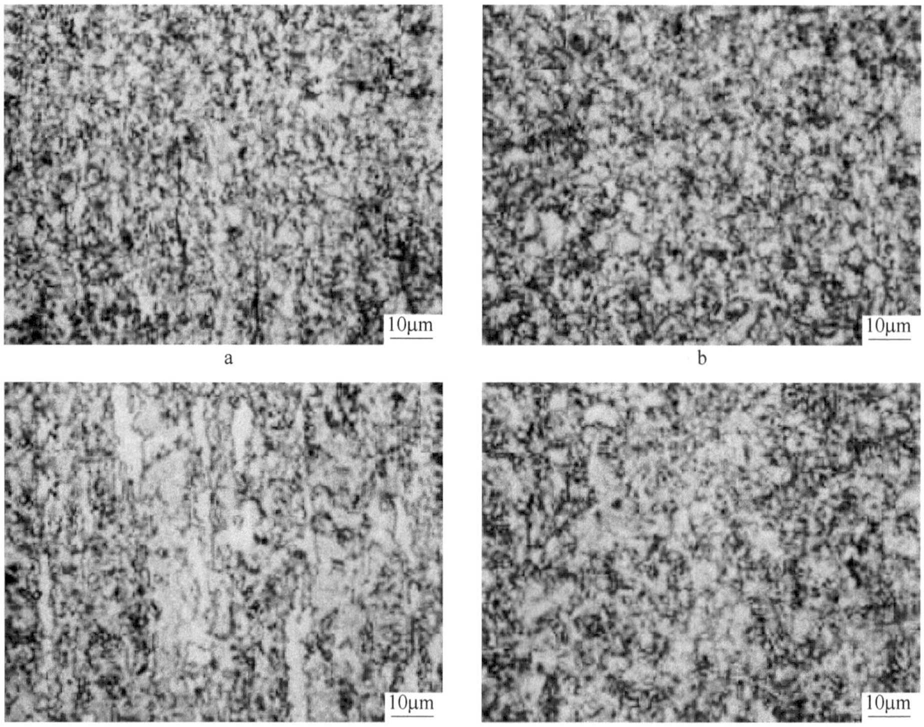

图4-62　不同退火温度下两种成分组织对比（1000×）
a—C-Mn-Cr系800℃；b—C-Mn-Cr系820℃；
c—C-Mn-Cr-Mo系800℃；d—C-Mn-Cr-Mo系820℃

而含 Mo 热镀锌双相钢中马氏体的尺寸比较粗大，因此 C-Mn-Cr 系热镀锌双相钢的延性要优于含 Mo 热镀锌双相钢。

4.3.2.3 热轧卷取温度对热镀锌双相钢组织性能的影响

图 4-63 为 C-Mn-Cr-Nb-Ti 系双相钢在不同卷取温度下的热轧组织。由图中可以看出，卷取温度为 610℃时的热轧组织主要为铁素体和贝氏体；卷取温度为 650℃和 690℃时，热轧组织主要由铁素体和珠光体组成，650℃卷取时铁素体尺寸要粗大一些[27]。

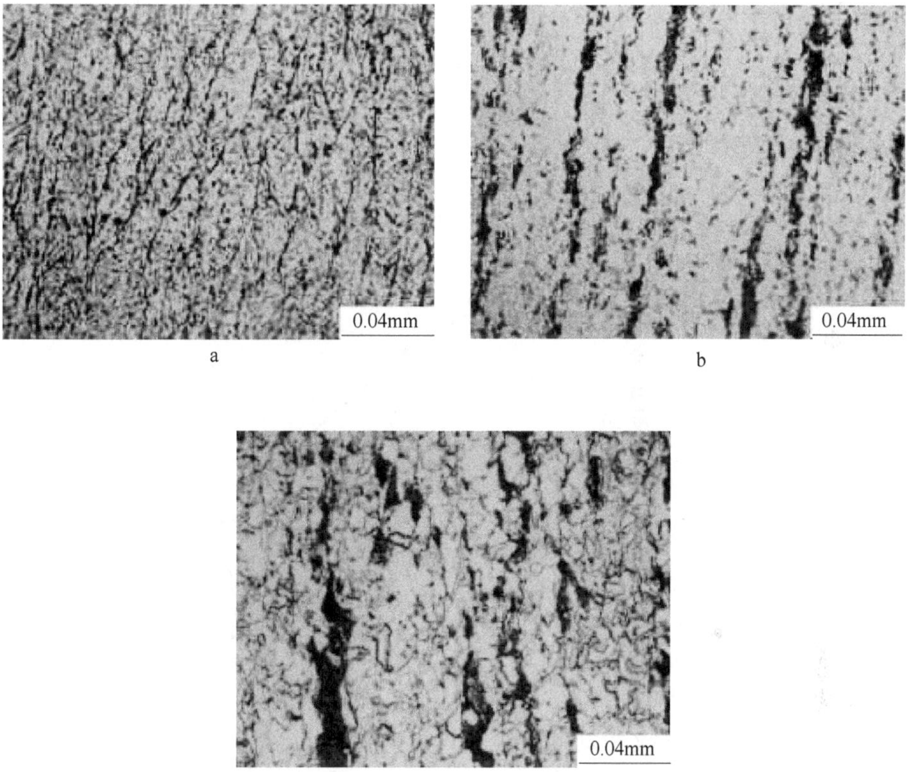

a b c

图 4-63 不同热轧卷取温度下 C-Mn-Cr-Nb-Ti 双相钢的热轧组织

a—610℃；b—650℃；c—690℃

C-Mn-Cr-Nb-Ti 双相钢退火后的力学性能如图 4-64 所示。随着卷取温度的升高，退火后其屈服强度和抗拉强度都显著下降，屈强比有所降低，而伸长率则随着卷取温度的升高而有所提高。

图 4-65 为不同卷取温度下 C-Mn-Cr-Nb-Ti 系双相钢经热镀锌退火后的扫描电镜组织照片。热镀锌退火后的组织为典型的铁素体 + 马氏体双相组织，铁素体呈灰黑色，马氏体呈亮白色，马氏体呈岛状分布于铁素体基体上。

在退火加热过程中，贝氏体转变为奥氏体的速率要大于珠光体向奥氏体转化的速率，因此在加热时间和退火保温时间相同的情况下，原始组织为铁素体 + 贝氏体时，转化为奥氏体的体积分数要多于铁素体 + 珠光体组织。因此 610℃卷取时退火组织中马氏体的体积分数较高，从而导致随着卷取温度的升高，退火后双相钢的强度下降。

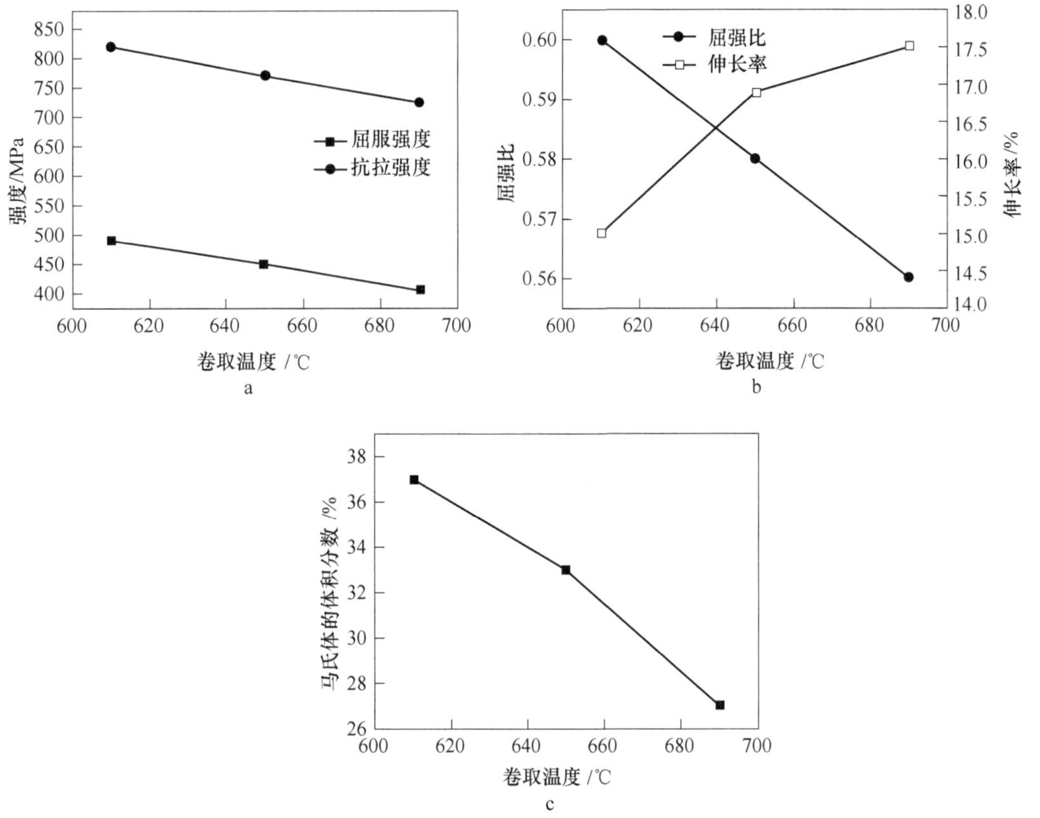

图 4-64 不同热轧卷取温度下 C-Mn-Cr-Nb-Ti 系热镀锌双相钢退火后的力学性能

a—强度；b—伸长率和屈强比；c—马氏体的体积分数

4.3.2.4 退火工艺参数对热镀锌双相钢组织性能的影响

图 4-66 所示为不同退火温度下 C-Mn-Cr-Mo-Nb 双相钢的力学性能。可以看出，随着退火温度的升高，抗拉强度和屈服强度都有所提高。820℃退火时双相钢的伸长率最高，综合性能最好[27]。

图 4-67 为不同温度下热镀锌双相钢退火后的显微组织。马氏体岛大部分位于铁素体晶界上，也有少量的马氏体颗粒分布于铁素体晶粒内。大部分马氏体岛的周围都具有高锰的边圈，并且在一部分马氏体中心存在非马氏体组织（铁素体加渗碳体的聚合物）。

图 4-68a 为热镀锌双相钢中的板条马氏体，岛内由几个取向差很小的板条构成。图 4-68b 中可以观察到在铁素体基体内存在大量的位错，在两相区退火过程中，奥氏体向马氏体转变时，马氏体相变产生的体积膨胀，会诱发与马氏体相邻的铁素体内产生大量的可动位错[29]。

不同保温时间对热镀锌双相钢力学性能的影响如图 4-69 所示。当保温时间由 70s 增加到 100s 时，抗拉强度增加 49MPa，而屈服强度和 n 值变化不大，伸长率略有降低。保温时间继续增加，抗拉强度和屈服强度增加的幅度都减小，进入到一个平台区。

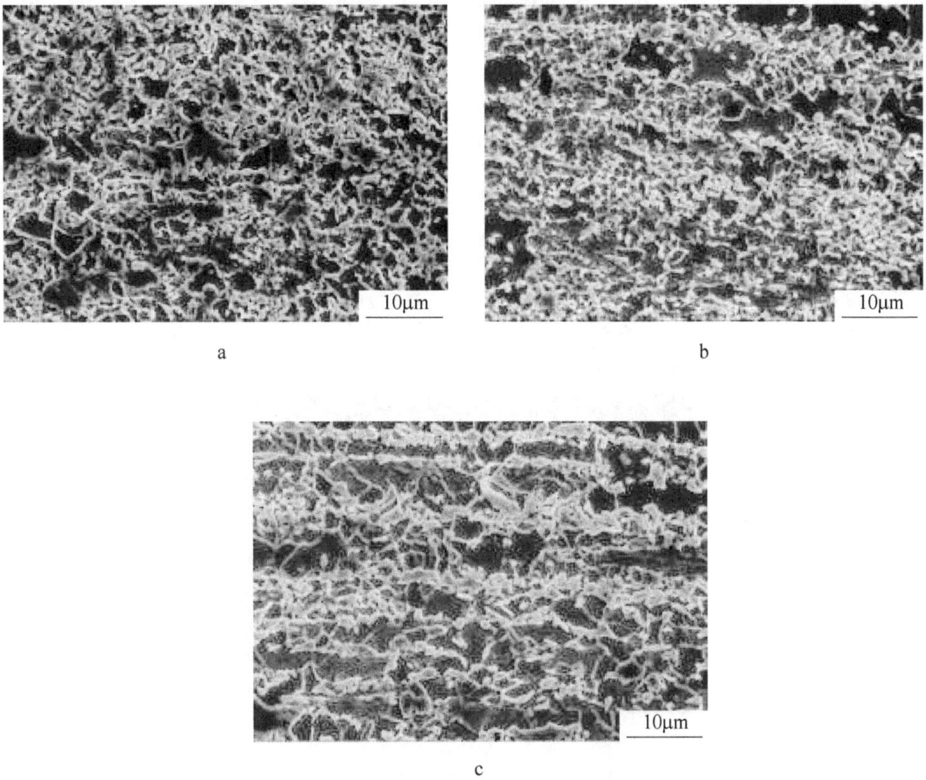

图 4-65 不同卷取温度下 C-Mn-Cr-Nb-Ti 系双相钢退火后的扫描组织照片

a—610℃；b—650℃；c—690℃

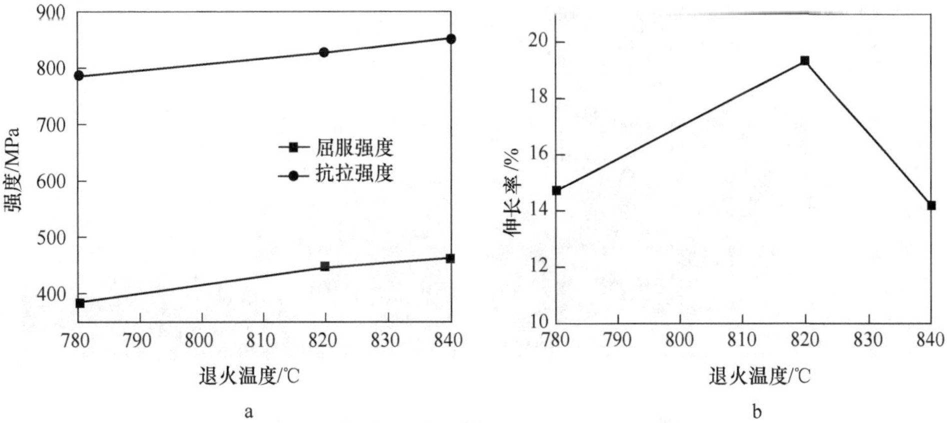

图 4-66 不同退火温度下 C-Mn-Cr-Mo-Nb 钢的力学性能

a—强度；b—伸长率

图 4-70 为 820℃退火时，不同保温时间下热镀锌双相钢的扫描电镜组织。由图中可以看出，保温时间由 80s 延长至 100s，马氏体含量明显增加，当保温时间继续延长时，则马氏体含量增加的幅度不是很大，与其力学性能相对应。

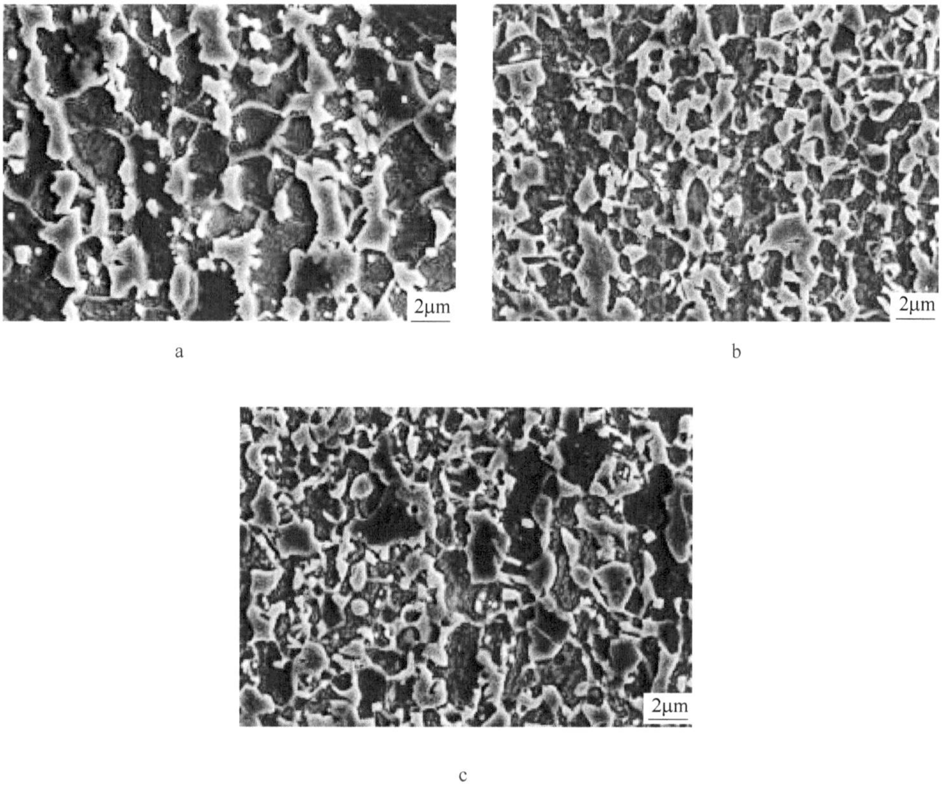

图 4-67 不同退火温度下双相钢的扫描电镜组织照片

a—780℃；b—820℃；c—840℃

图 4-68 双相钢 820℃退火后的透射组织

a—板条马氏体；b—铁素体中的位错

4.3.3 退火过程中铁素体再结晶与奥氏体形成的演变规律

4.3.3.1 再结晶过程中组织的变化

图 4-71 为退火加热过程中显微组织的变化情况。当加热温度升至 610℃时，组织内部

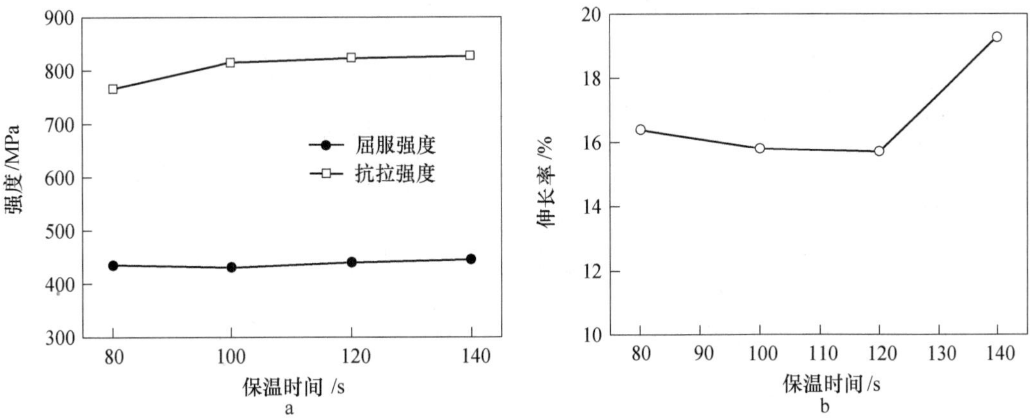

图 4-69　不同保温时间对热镀锌双相钢力学性能的影响

a—强度；b—伸长率和屈强比

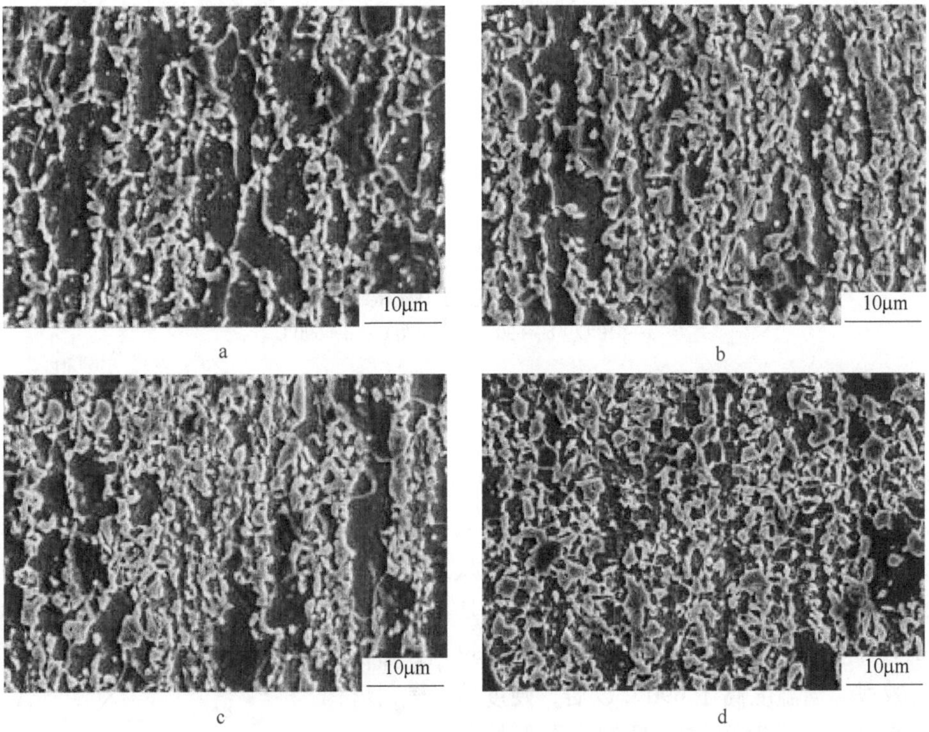

图 4-70　不同保温时间下热镀锌双相钢的扫描组织

a—80s；b—100s；c—120s；d—140s

并没有发现再结晶晶粒，从室温加热到 610℃时，试样一直处于回复阶段。当温度升高到 630℃时，此时再结晶已经开始，试样内开始出现少量的再结晶晶核，且形核部位主要出现在形变铁素体的晶界附近，当加热温度为 670℃时，仍存在形变组织。当加热温度升高至 690℃时，试样内已经形成大量的再结晶晶粒，并且变形组织已基本消失，再结晶过程基本完成，晶粒形状基本呈等轴状，大小基本均匀，但也存在较少数量的细小等轴晶。在铁素体再结晶过程中，珠光体也逐渐由片层状变为粒状[27]。

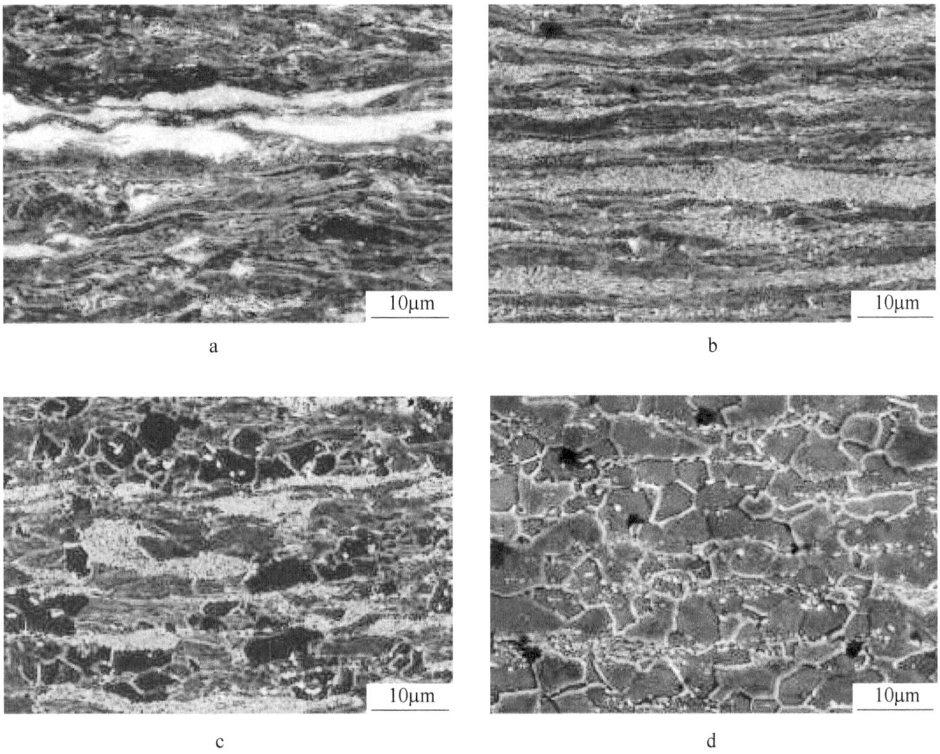

图 4-71 退火加热过程中显微组织的变化

a—610℃；b—630℃；c—670℃；d—690℃

4.3.3.2 铁素体再结晶形成动力学

A 再结晶过程中硬度的变化

如图 4-72 中所示，加热温度在 610～650℃之间，试样的硬度值变化幅度很小，属于回复阶段，并未发生明显的再结晶。从 650℃开始，硬度值开始快速下降，从 276.6HV 降至 690℃时的 218.1HV，再结晶过程最为激烈。当温度高于 690℃以后，硬度值变化幅度很小，说明再结晶晶粒大量形核并长大[27]。

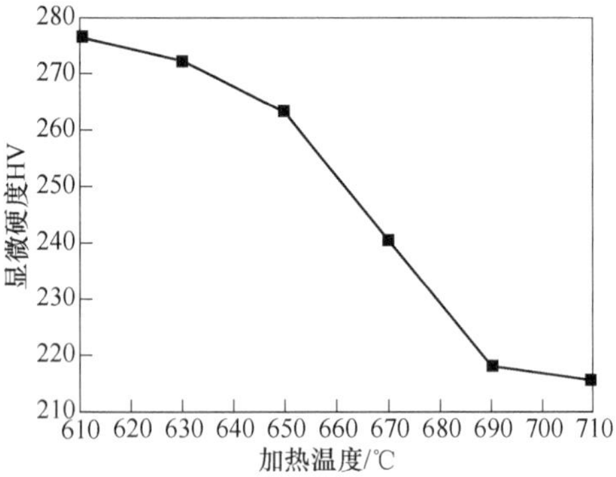

图 4-72 试样硬度值随温度的变化

B 再结晶形成动力学

铁素体再结晶体积分数 X_S 与软化的铁素体量相一致，假设在研究温度范围内可忽略回复对组织和显微硬度的影响，则铁素体再结晶体积分数 X_S 可由下式求得：

$$X_S = \frac{H_0 - H}{H_0 - H_R} \tag{4-1}$$

式中，H_0为冷轧板中铁素体的最初显微硬度；H为铁素体在不同温度和时间等参数下退火后的显微硬度；H_R是铁素体再结晶完全结束后的显微硬度。

将图4-72中的数值代入公式（4-1）中，即可求出各个再结晶温度下，再结晶体积百分数，如图4-73所示。

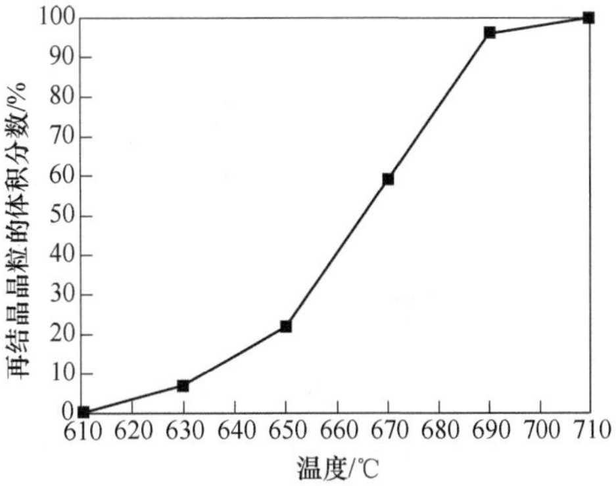

图4-73 再结晶动力学曲线

4.3.3.3 奥氏体的形核与长大

当加热温度升高到730℃时，就进入了两相区，理论上铁素体晶粒长大的同时，会发生奥氏体转变。由图4-74a中可以看到少量的奥氏体优先在原始珠光体区域形成。这些奥氏体主要在原始珠光体区域中铁素体晶界上的碳化物处形核及长大（黑色实心箭头所指），也有一部分奥氏体在铁素体三岔晶界形成（黑色空心箭头所指），也有一些在铁素体晶内的碳化物颗粒上形核（白色实心箭头所指）。

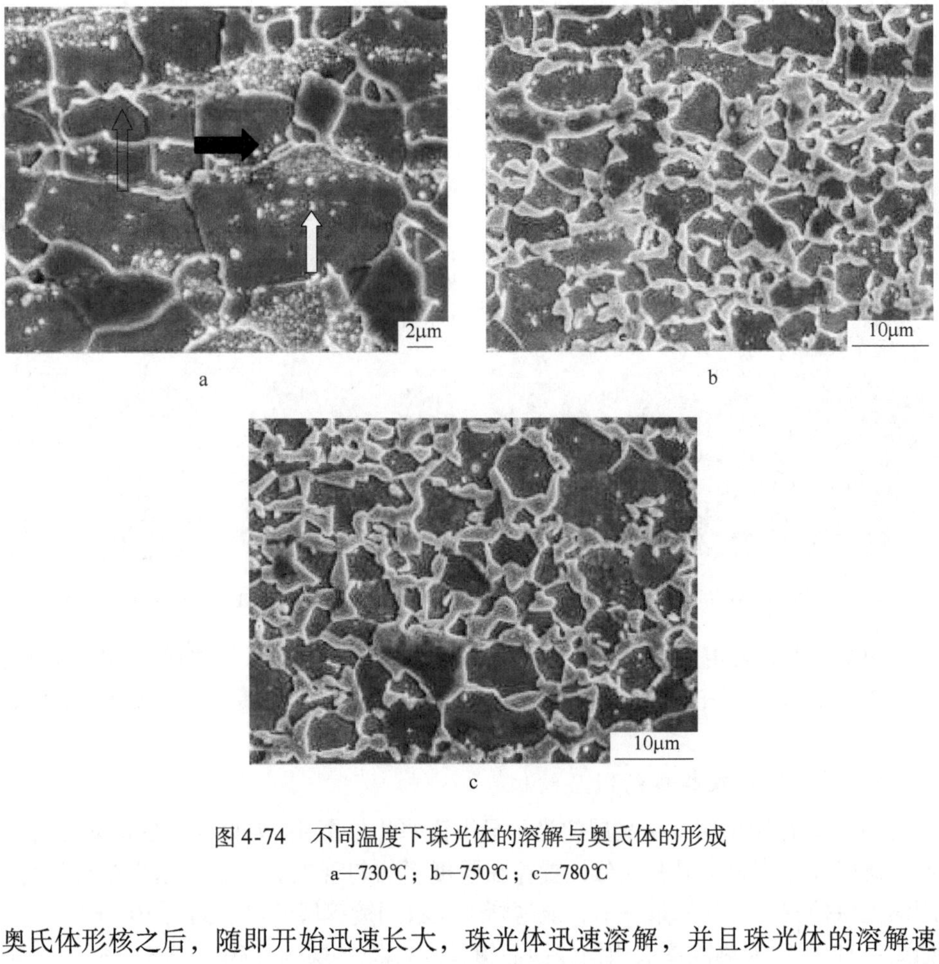

a b c

图4-74 不同温度下珠光体的溶解与奥氏体的形成

a—730℃；b—750℃；c—780℃

奥氏体形核之后，随即开始迅速长大，珠光体迅速溶解，并且珠光体的溶解速度很快，当温度达到750℃时，奥氏体转变明显，由图4-74b看出，分布在铁素体基体上带亮白色边圈的组织即为由奥氏体在快冷过程中转变而成的马氏体岛组织，在铁素体晶内也可以观察到少量的马氏体，同时，在铁素体基体上仍存在一些未溶解的碳化物颗粒。退火温度为780℃时，奥氏体含量明显增多，碳化物颗粒的数量也逐渐减少，只有极少量的碳化物颗粒分布在铁素体基体内。

4.3.4　典型热镀锌双相钢的镀层结构

4.3.4.1　HDGDP590双相钢的力学性能与显微组织

工业生产的热镀锌双相钢HDGDP590的拉伸曲线如图4-75所示。拉伸曲线无屈服点延伸，应力-应变曲线呈平滑的拱形[30]。双相钢低的屈服强度使双相钢在冲压时易于成型，回弹小，无屈服点延伸，可以避免成型零件表面起皱。

图4-76所示为工业生产的热镀锌双相钢HDGDP590的显微组织，亮白色的岛状马氏体均匀地分布在铁素体基体上，马氏体平均含量为10%~15%。图4-77为热镀锌双相钢HDGDP590的扫描电镜照片。

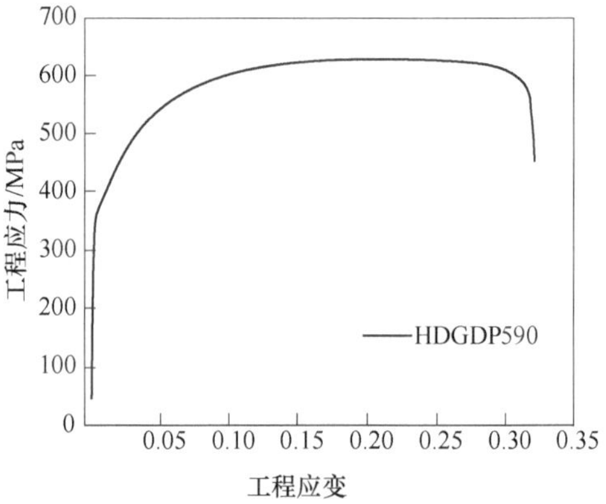

图4-75　热镀锌双相钢HDGDP590的拉伸曲线

图4-76　HDGDP590的光学显微组织

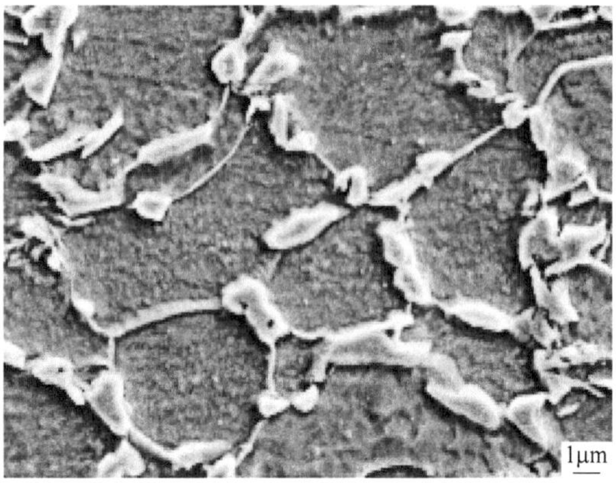

图4-77　HDGDP590的扫描电镜照片

HDGDP590的透射电镜照片如图4-78所示。由于600MPa级热镀锌双相钢的强度级别较低，双相钢显微组织中的马氏体含量较低，因此，马氏体转变诱发的位错密度也要略低。

4.3.4.2　热镀锌双相钢的镀层结构

热镀锌双相钢HDGDP590镀层的光学显微镜照片如图4-79所示。在光学显微镜下观察发现，镀层较为均匀，只有部分位置存在厚度不均匀现象。镀层与基板结合较为紧密，在利用铜板保护镶嵌制样的条件下，能清晰地观察到镀锌层的厚度约为10μm。

如图4-80所示为热镀锌双相钢侵蚀后镀锌层和抑制层的形貌，EDS分析的元素分布

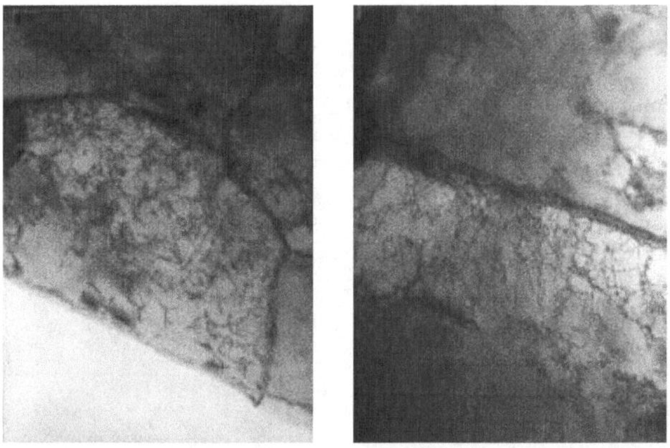

图 4-78 HDGDP590 的透射电镜照片

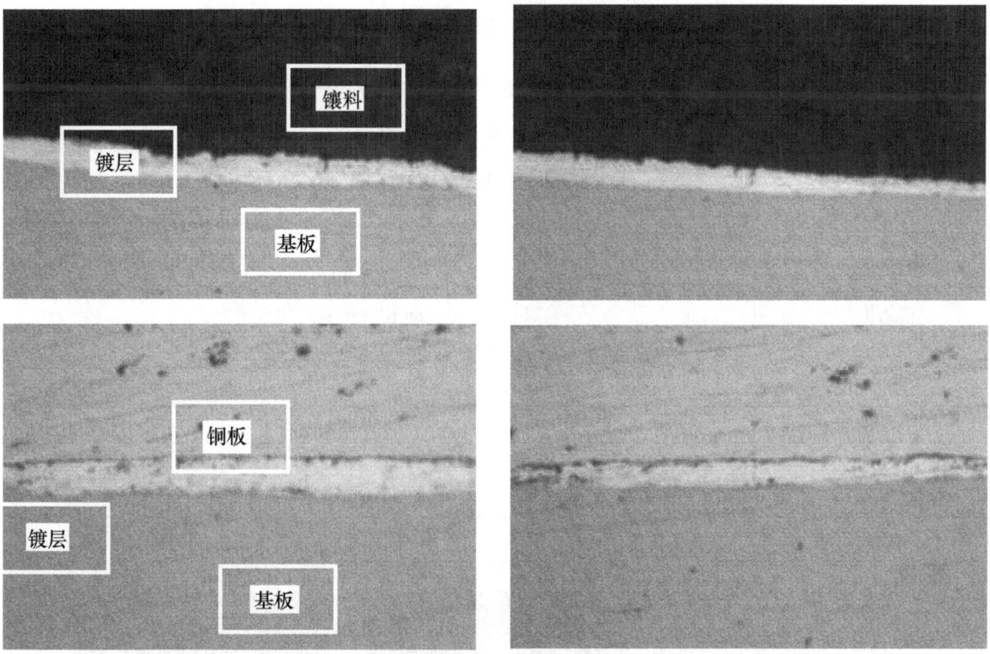

图 4-79 HDGDP590 镀层的光学显微镜照片

如表 4-8 所示。研究表明，镀层与基板结合处没有形成柱齿状的 ζ 相，通过能谱发现，抑制层主要为 Fe、Al、Zn 三元素构成的金属间化合物。从距离抑制层不同位置的镀层上的能谱结果发现，Fe 元素的扩散非常少，抑制层阻碍了 Zn、Fe 的完全扩散。

由镀层黏附机理可知，只有通过 Fe_2Al_5 中间黏附层的黏附作用，镀层才能紧紧地黏附在钢板表面。为了确定镀层到基体范围内 Fe、Al、Zn、Si 等元素的分布规律，利用电子探针对镀层进行形貌观察，并利用能谱仪对各元素进行了面分布和线分布研究，如图 4-81 和图 4-82 所示。可以看出，镀层与基板之间形成了一层约 1μm 的 Fe、Al、Zn 金属间化合物抑制层，该抑制层阻碍了 Fe、Zn 的充分反应，从而阻碍了脆性的 Γ 相形成，改善了镀层与基板的结合情况。

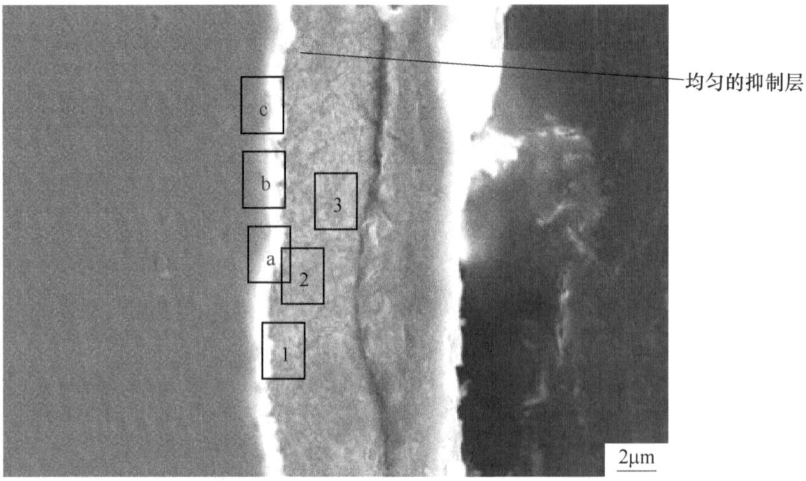

图 4-80　HDGDP590 镀层扫描电镜分析

表 4-8　HDGDP590 镀锌层能谱分析

抑 制 层 能 谱 分 析			
元素/%	a	b	c
Al	2.04	3.34	2.19
Fe	6.76	75.77	90.04
Zn	91.20	20.89	5.62
相结构	以 Fe、Al、Zn 构成金属间化合物为主		
镀层能谱分析			
元素/%	1	2	3
Fe	3.46	2.47	1.97
Zn	96.54	97.53	98.03
相结构	无明显 δ、ζ、Γ		

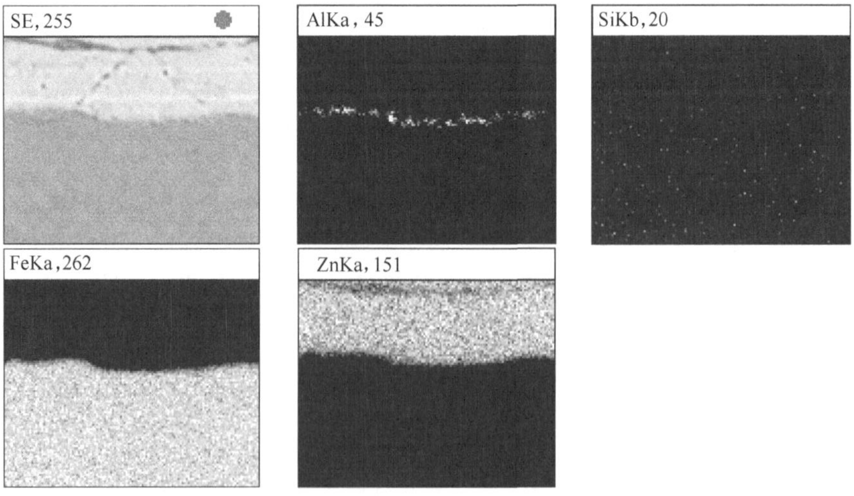

图 4-81　元素的面分布

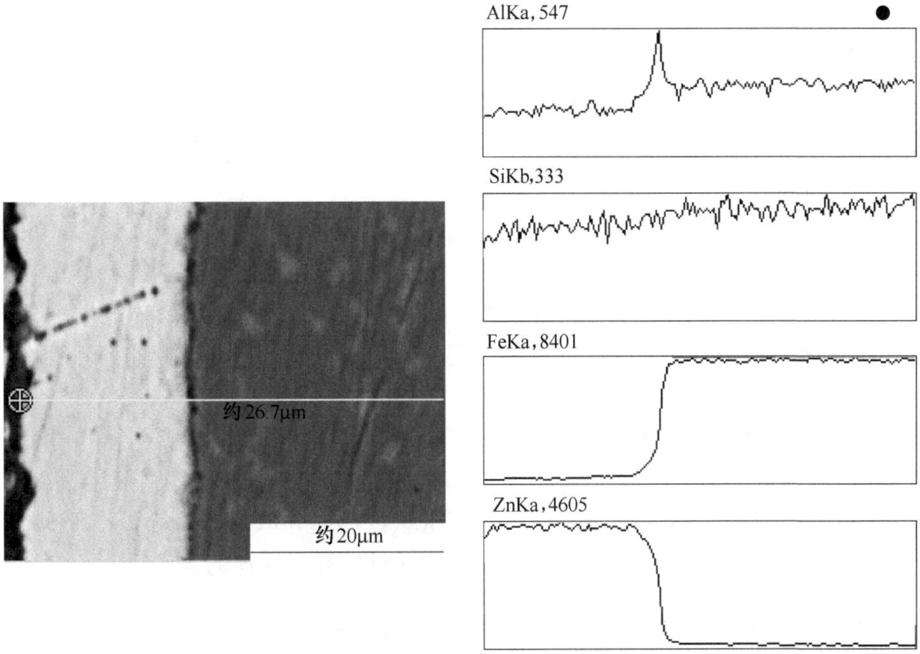

图 4-82 镀层到基体各元素的线分布

利用杯突试验测量了热镀锌双相钢在胀形条件下镀层的脱落情况，其结果如图 4-83 所示。其中，图 4-83a 所示的镀层轻度脱落，图 4-83b 所示的镀层结合良好。

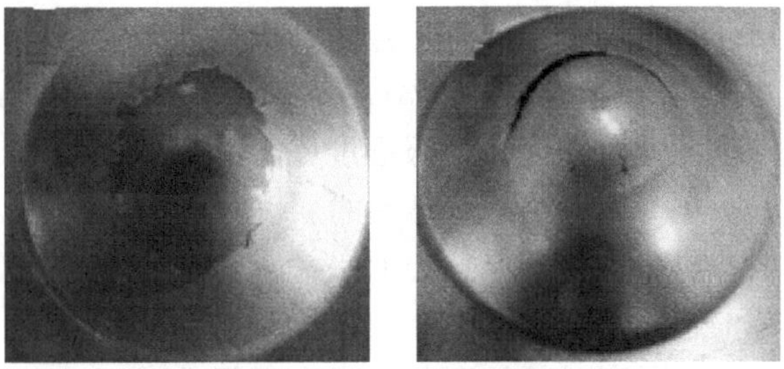

a　　b

图 4-83 HDGDP590 杯突实验后形貌

通过冷弯实验进一步测试了热镀锌双相钢镀层与基板的结合情况，基板在 180°弯曲时镀层的脱落情况如图 4-84 所示。观察发现，镀层在弯曲部位有轻微破裂，没有出现镀层的明显脱落现象。

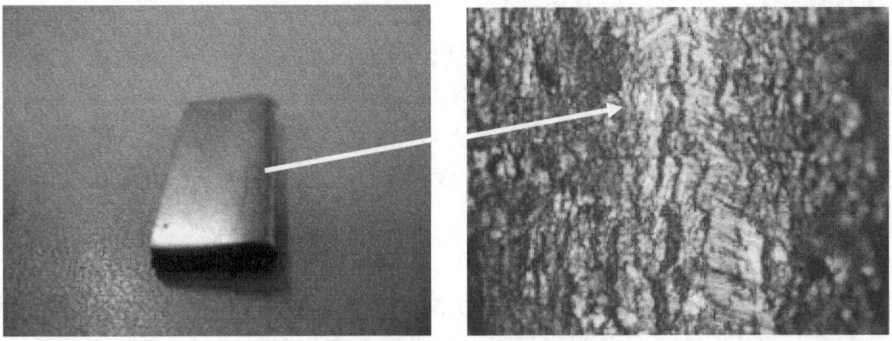

图 4-84 HDGDP590 冷弯实验结果

4.4 热轧双相钢

制定合适的化学成分，并采用控制轧制和控制冷却工艺，在合适的温度进行卷取就可以直接热轧成双相钢，根据卷取温度不同可以将热轧双相钢分为两大类，即分为中温卷取型热轧双相钢和低温卷取型热轧双相钢两类。

中温卷取热轧双相钢主要是在成分设计时适当添加 Cr、Mo 和 Mn 等元素，在终轧后的冷却工艺中控制奥氏体在连续冷却转变过程中先析出一定数量的铁素体，然后在介于 A→F 和 A→B 转变之间的“窗口”模拟卷取，最后再快冷到室温使奥氏体能发生马氏体相变以获得铁素体加马氏体两相组织。这种工艺对合金成分设计以及后续的控轧控冷工艺制度的制定要求较高。

低温卷取热轧双相钢是在热轧阶段采用控制轧制，在热轧后的冷却过程中控制冷却使铁素体从奥氏体中充分析出，然后在输出辊道上采用快速冷却，将热钢带迅速冷却到 M_s 温度以下卷取，最终获得铁素体加马氏体双相组织。热轧卷取温度一般要小于 300℃，这样既可以避免贝氏体的形成，还可以避免铁素体的时效和马氏体的自回火。

4.4.1 生产工艺对中温卷取型热轧双相钢组织性能的影响

4.4.1.1 终轧温度对组织性能的影响

终轧温度对 0.1C-1.2Si-1.6Mn-0.6Cr-0.5Mo 系热轧双相钢力学性能的影响如图 4-85 所示，随着终轧温度升高，抗拉强度先上升后下降，屈服强度先下降后上升，在 820℃ 终轧时得到的屈服强度最低，屈强比最低。伸长率呈先上升后下降的趋势[31]。

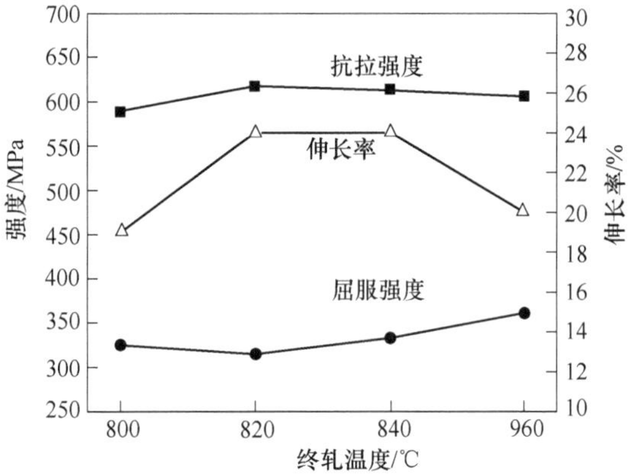

图 4-85　终轧温度对力学性能的影响

终轧温度对热轧双相钢显微组织的影响如图 4-86 所示。终轧温度为 960℃ 时，铁素体晶界不太明显，只有少量的铁素体晶粒为多边形铁素体，多数铁素体为类针状铁素体，出现了混晶组织。终轧温度为 840℃时，铁素体晶界明显，主要由等轴状和多边形铁素体构成，在晶界处有一些较小的等轴状铁素体。终轧温度为 820℃时，细小的等轴状铁素体数量明显增多，当终轧温度为 800℃时，铁素体晶界明显且彼此咬合，只有少数的等轴状铁素体，多数铁素体晶粒与轧向平行，呈扁平状或者多边形，铁素体晶粒尺寸进一步细化。终轧温度对铁素体晶粒尺寸的影响如图 4-87 所示。

4.4.1.2 卷取温度对组织性能的影响

卷取温度对 0.1C-1.2Si-1.6Mn-0.6Cr-0.5Mo 系热轧双相钢力学性能的影响如图 4-88 所示，随着卷取温度升高，抗拉强度下降，屈服强度变化不大，但是伸长率明显提高。卷取温度对组织的影响如图 4-89 所示。

不同卷取温度下热轧双相钢组织中两相的比例和形态不同，卷取温度为 650℃时，马

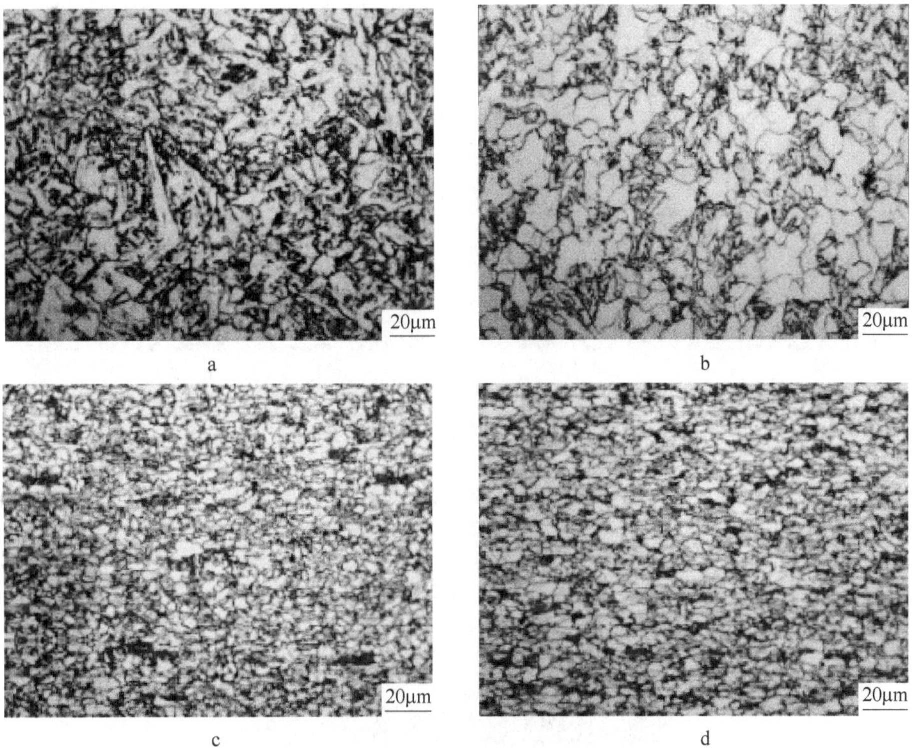

图 4-86 不同终轧温度下组织的对比

a—960℃；b—840℃；c—820℃；d—800℃

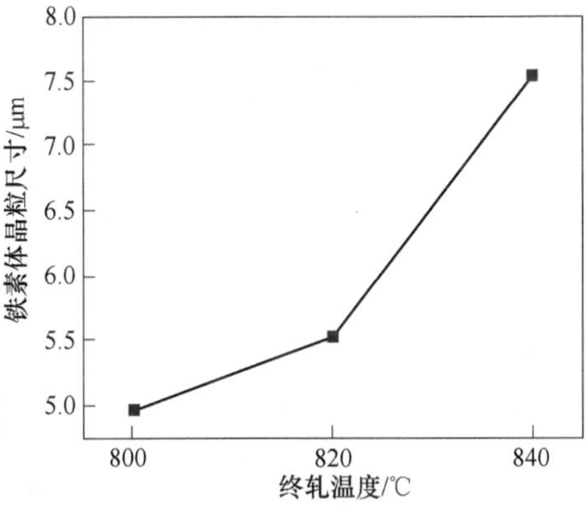

图 4-87 终轧温度对铁素体晶粒尺寸的影响

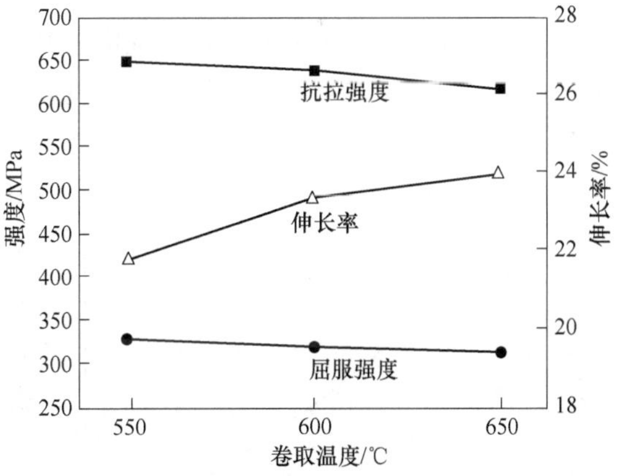

图 4-88 卷取温度对力学性能的影响

氏体尺寸较小，较小的岛状马氏体弥散分布于铁素体晶界上，卷取温度降低到 600℃时，马氏体变大，多呈扁平状，卷取温度为 550℃时，出现了大块状的马氏体。如图 4-90 所示，随着卷取温度的升高，马氏体的体积分数下降，这主要是卷取温度越低，马氏体相变越完全，马氏体含量越高[30]。

4.4.1.3 快冷温度对组织性能的影响

快冷温度对 0.1C-1.2Si-1.6Mn-0.6Cr-0.5Mo 系热轧双相钢力学性能的影响如图 4-91

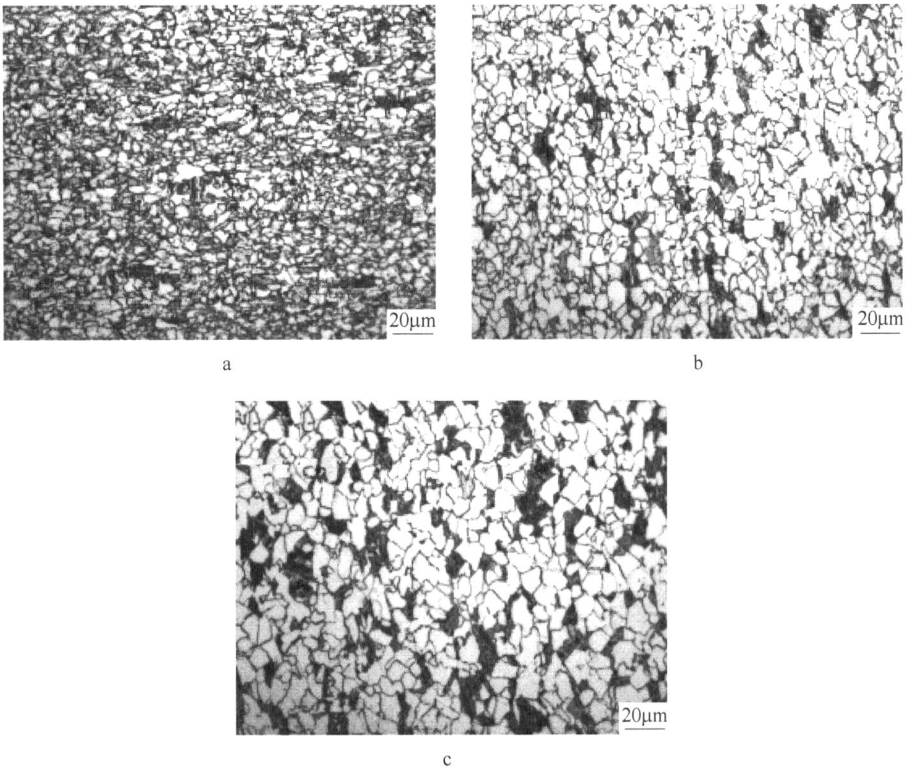

图 4-89　不同卷取温度的组织
a—650℃；b—600℃；c—550℃

所示，随着快冷温度的升高，抗拉强度上升，屈服强度相应提高，但是伸长率下降。这与不同快冷温度下两相比例有关，快冷温度越高，马氏体含量越高，使抗拉强度升高，造成伸长率下降[30]。

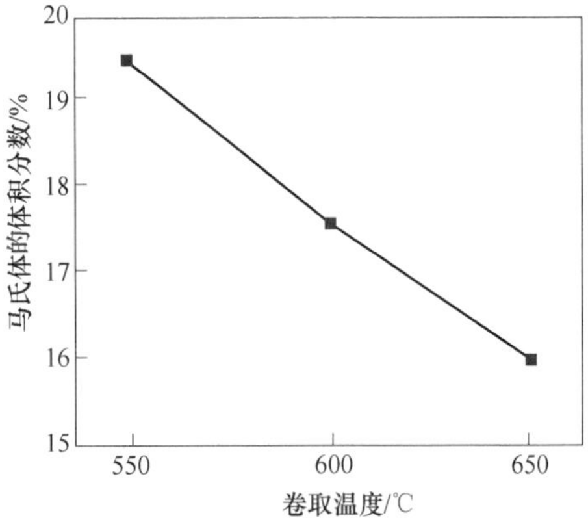

图 4-90　卷取温度对马氏体体积分数的影响

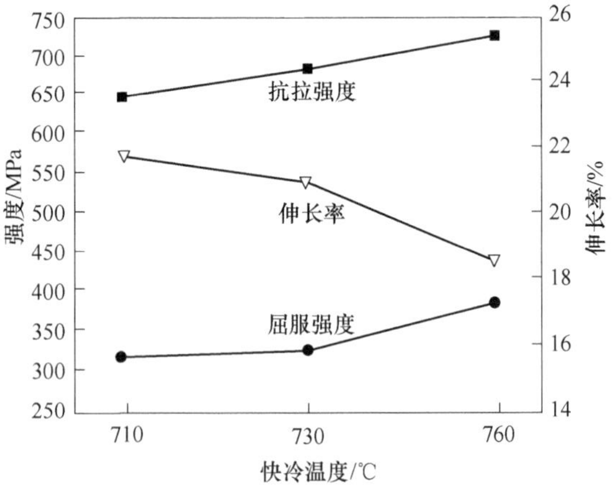

图 4-91　快冷温度对力学性能的影响

如图 4-92 所示，在快冷温度为 710℃时，马氏体相对较少，随着快冷温度的升高，马氏体含量逐渐增多，快冷温度为 760℃时，大块的马氏体镶嵌在铁素体晶界上。从图 4-93

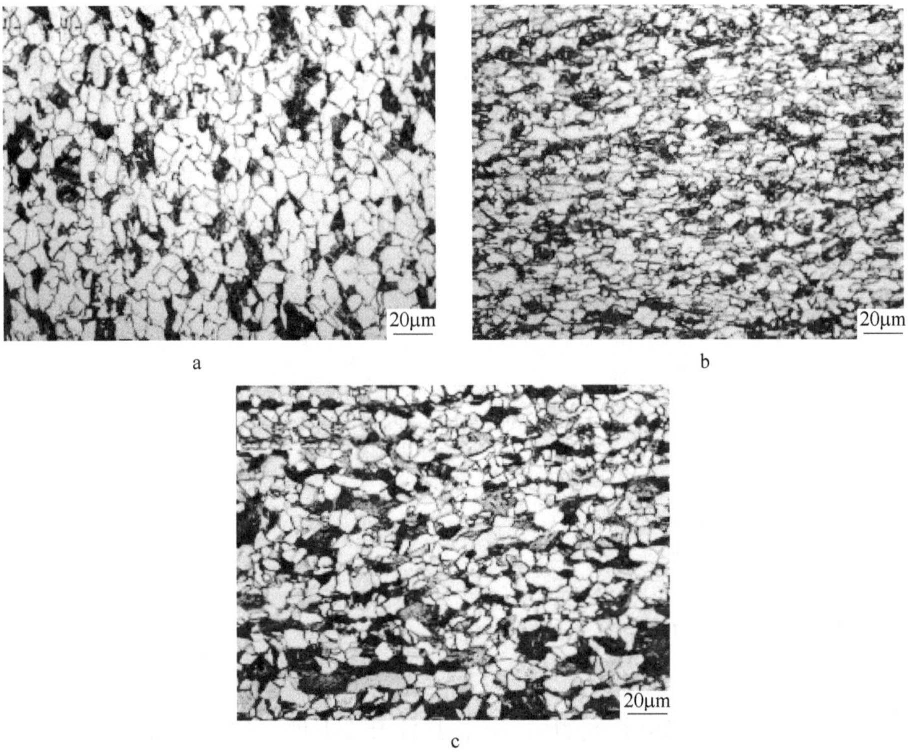

图 4-92 不同快冷温度下双相钢的显微组织

a—710℃；b—730℃；c—760℃

可以看出，快冷温度对两相的比例影响很大，主要是快冷温度高使得空冷时间变短，铁素体的生长受限制，更多的奥氏体残留，在 M_s 点转变为马氏体组织。

4.4.2 冷却工艺对低温卷取型热轧双相钢组织性能的影响

4.4.2.1 轧后两段式冷却工艺对组织性能的影响

C-Si-Mn 系高 Si 热轧 DP 钢的两段式冷却工艺为轧后先空冷至相应的温度（710～770℃），再水冷至所需的卷取温度（100～200℃）卷取。具体工艺如图 4-94 所示。

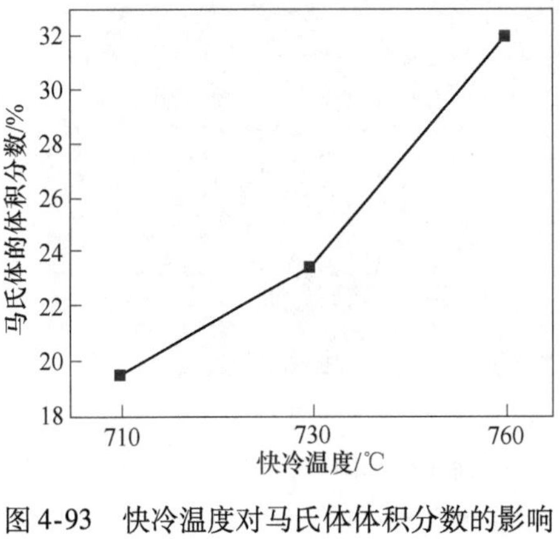

图 4-93 快冷温度对马氏体体积分数的影响

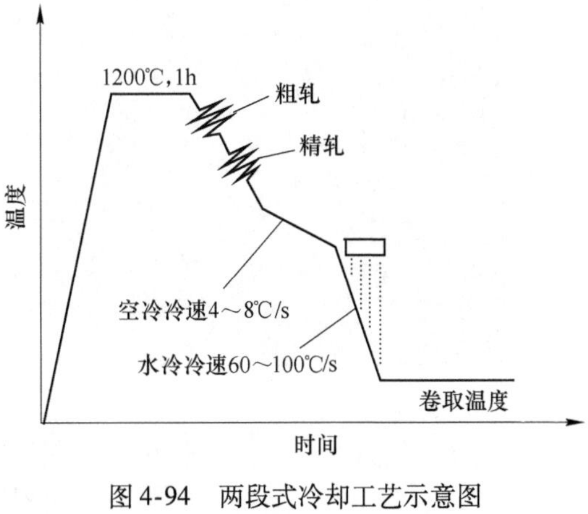

图 4-94 两段式冷却工艺示意图

由图 4-95a 可知，随着层流开冷温度从 720℃升高到 770℃，抗拉强度从 629MPa 逐渐升高到 657MPa。屈服强度变化不大，在层流开冷温度为 740℃时达到最大值 349MPa，随后屈服强度开始降低。层流冷却段开冷温度的变化对伸长率影响不大[32]。

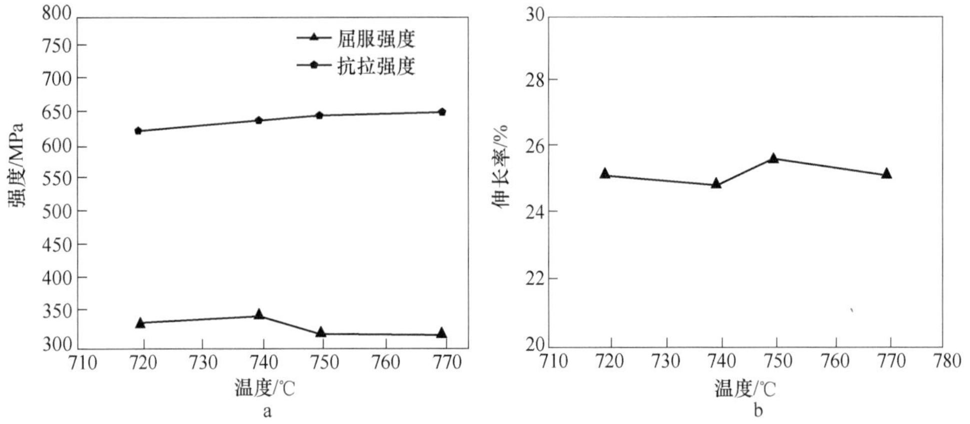

图 4-95　层流开冷温度对力学性能的影响

a—层流开冷温度对强度的影响；b—层流开冷温度对韧性的影响

C-Si-Mn 系高 Si 热轧 DP 钢轧制后，不同层流开冷温度下的显微组织如图 4-96 所示。

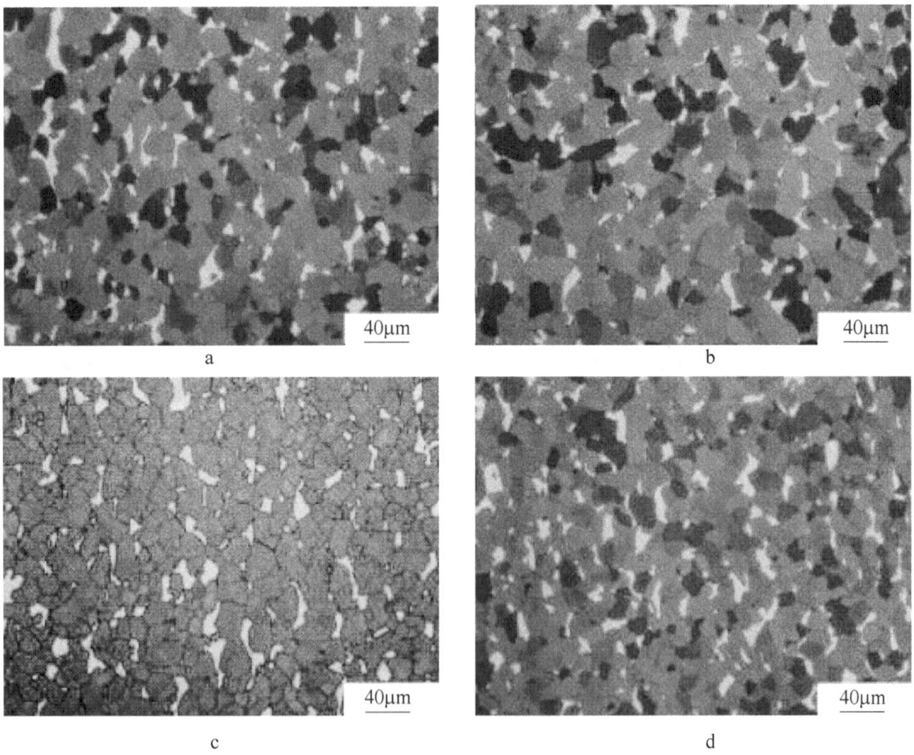

图 4-96　不同层流开冷温度下的显微组织

a—720℃；b—740℃；c—750℃；d—770℃

可以看出，马氏体随着层流开冷温度的降低而越来越细小弥散。层流开冷温度从720℃升高到770℃，铁素体的体积分数逐渐降低，从89.8%下降到87.5%，而晶粒尺寸也略有减小，从7.2μm减小到6.5μm。显然，铁素体的体积分数和晶粒尺寸的变化并不明显，这主要是由于Si含量较高，而Si是铁素体形成元素并净化铁素体，终轧后即进入铁素体转变区，使双相钢在轧制后很短的时间内即可完成大部分铁素体的形核和长大，因此，对铁素体体积分数和晶粒尺寸的影响并不大。

4.4.2.2 轧后三段式冷却工艺对组织性能的影响

C-Si-Mn系高Si热轧DP钢轧后直接水冷至目标温度（710～760℃），然后空冷，空冷结束温度为650～720℃，再水冷至所需的目标卷取温度（100～200℃）。具体工艺如图4-97所示。

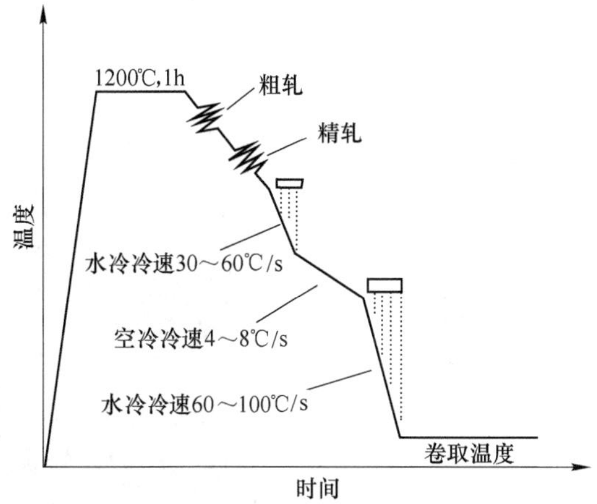

图4-97 三段式冷却工艺示意图

由图4-98可知，随着空冷开冷温度从720℃升高到750℃，抗拉强度变化不大，屈服强度则先略有升高后下降，而伸长率则呈现逐渐降低的趋势。当空冷温度控制在690～720℃之间时，得到的综合力学性能最优，屈服强度为335MPa，抗拉强度为630MPa，伸长率为26.6%，屈强比仅为0.53，初始加工硬化率达到了0.22。

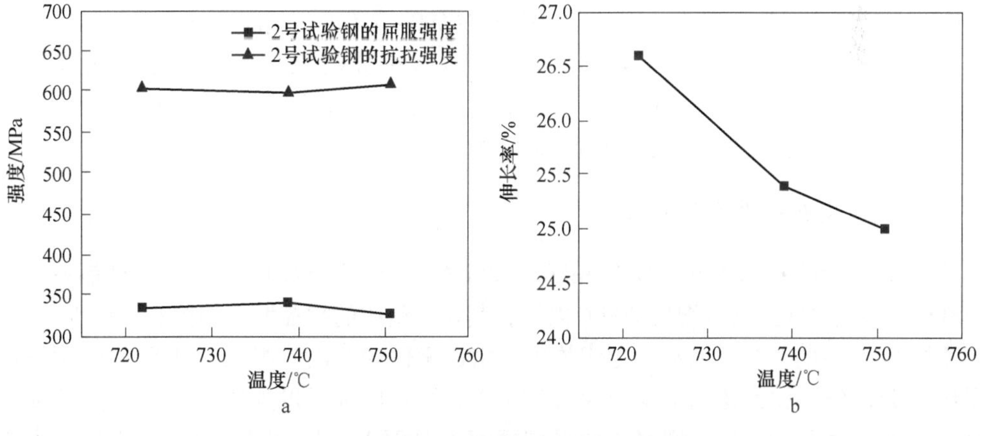

图4-98 空冷开冷温度对力学性能的影响

a—空冷开冷温度对强度的影响；b—空冷开冷温度对伸长率的影响

C-Si-Mn系高Si热轧DP钢轧后，不同三段式冷却工艺下的显微组织如图4-99所示，其中，空冷工艺分别为720℃→690℃（图4-99a）、735℃→700℃（图4-99b）、750℃→720℃（图4-99c）。

由图4-99可知，马氏体随着层流开冷温度的升高而越来越粗大。随着层流开冷温度

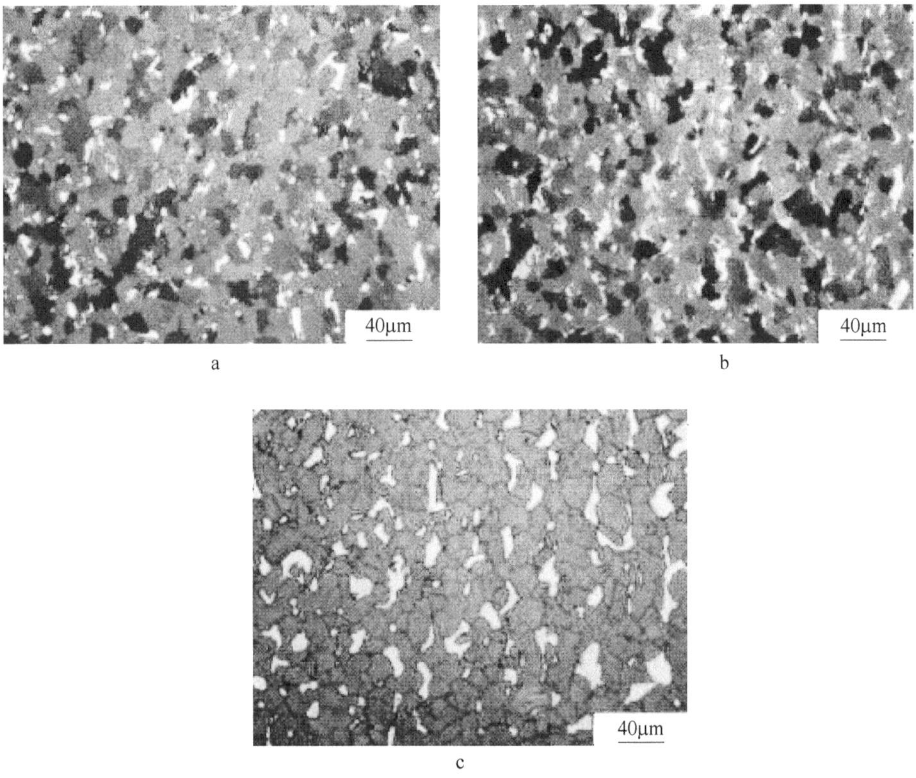

图 4-99 不同空冷开冷温度的显微组织

从690℃升高到720℃，铁素体体积分数略有降低，从90.7%（图4-99a）降低到87.3%（图4-99b），这说明当两段水冷间的空冷温度在690～720℃之间时，在铁素体转变过程中形核率较大，但长大速度并不高，所以铁素体体积分数比较大，且晶粒较细小，为6.4μm。当空冷温度在720～750℃时，在铁素体转变过程中形核率相对减小，长大速度较大，铁素体形核后迅速长大，铁素体晶粒平均尺寸达到9.7μm。

4.4.3 Si 含量对组织性能的影响

不同Si含量的C-0.65Si-Mn-Cr和C-1.2Si-Mn-Cr系双相钢经相同工艺轧制后，空冷至700℃，再经水冷至卷取温度200℃以下，其显微组织的扫描照片如图4-100所示[31]。

不同Si含量的双相钢的显微组织均主要由铁素体和马氏体组成。低Si组织中马氏体含量约为13.5%，铁素体的平均硬度为170HV，并且出现了极少量的珠光体；高Si组织中马氏体含量约为10.5%，铁素体的平均硬度为190HV，两种双相钢中铁素体的平均晶粒尺寸均约为8μm。高Si钢中增加了0.55%的Si，使铁素体的硬度增加了20HV。在奥氏体化过程中，Si使奥氏体的稳定性得到提高，便于获得马氏体组织。同时Si元素是铁素体形成元素，高Si双相钢铁素体的比例要比低Si钢的高出3%。在轧制后采取连续冷却的方式（空冷+水冷），空冷到700℃已经比较接近珠光体转变，低Si钢的组织中出现了极少量的珠光体，而高Si钢却没有出现珠光体，原因在于Si有效促进碳向未转变的奥氏体中富集，而亚稳奥氏体中碳含量增加会抑制珠光体转变。

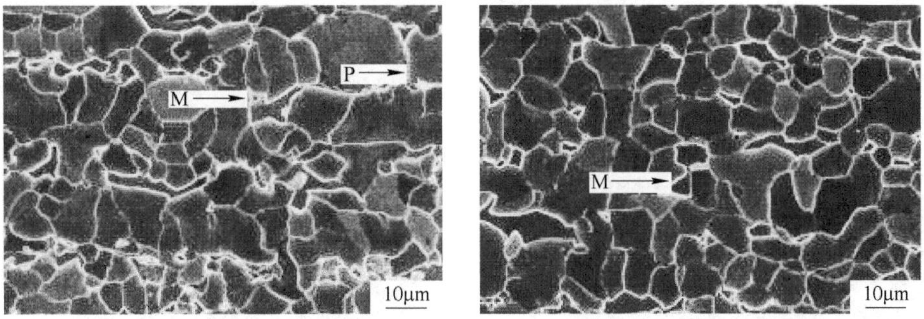

a b

图 4-100 Si 含量对显微组织的影响

a—0.65%；b—1.2%

由图 4-101 可知，Si 含量增加，屈服强度由 330MPa 升高到 338MPa，增加了 8MPa；抗拉强度由 570MPa 升高到 611MPa，增加了 41MPa；伸长率由 20% 升高到 28%，增加了 8%；加工硬化率均为 0.23；屈强比均低于 0.6。此外，Si 元素加速 C 向奥氏体区富集，使铁素体得到净化，免除间隙固溶强化并可避免冷却时粗大碳化物的生成，提高铁素体的延性，同时由于铁素体的含量也增加了 3%，而低 Si 双相钢出现了极少量珠光体影响了韧性，所以 Si 元素的增加改善了延伸性能。

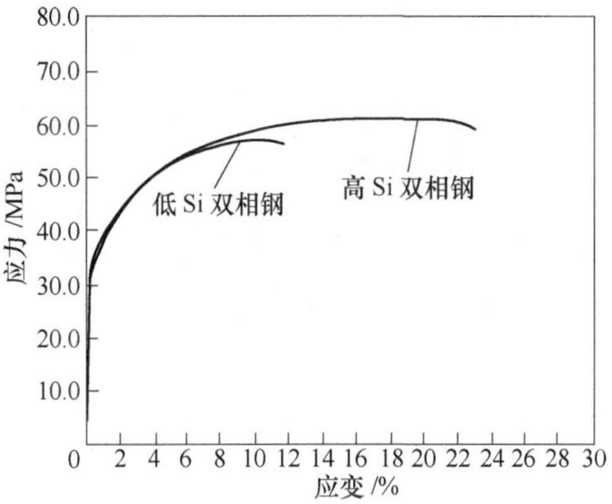

图 4-101 不同 Si 含量热轧双相钢的应力-应变曲线

4.4.4 控轧控冷工艺参数对组织演变的影响

4.4.4.1 精轧变形温度对组织演变的影响

图 4-102 所示为 C-1.2Si-Mn-Cr 系双相钢在不同温度变形后的显微组织。800℃变形

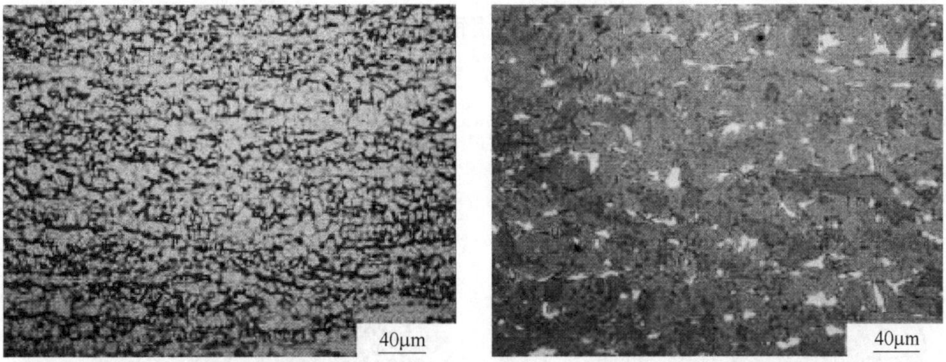

a b

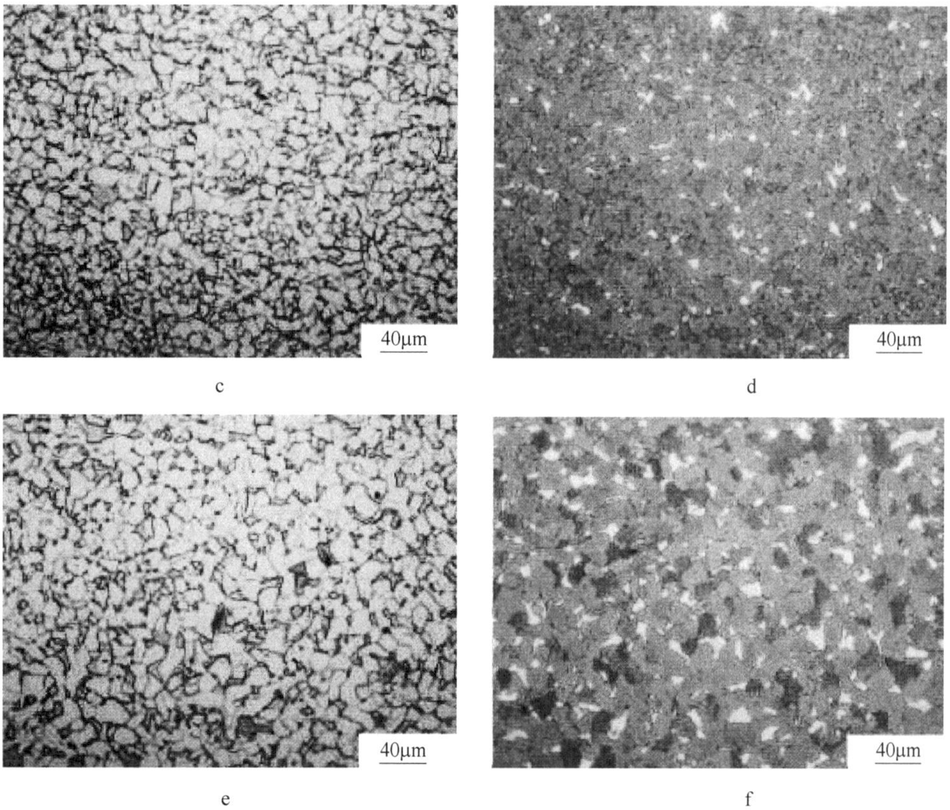

图 4-102　不同温度变形后的显微组织

a，b—800℃；c，d—830℃；e，f—850℃

后，铁素体的体积分数为 91.7%，晶粒尺寸为 2.5 ~ 5μm，晶粒大小不均匀，沿着轧制方向晶粒被拉长；830℃ 变形后，铁素体的体积分数为 87.2%，晶粒尺寸为 3.3 ~ 6.7μm，晶粒大小相对均匀。850℃ 变形后，铁素体的体积分数为 84.9%，晶粒尺寸为 5 ~ 6.7μm，多边形铁素体的晶粒大小比较均匀[31]。马氏体岛的尺寸随着变形温度的升高先细化后增大，当变形温度为 830℃ 时，多边形铁素体分布较均匀，细小马氏体岛的体积分数约为 11.8%，弥散分布在铁素体周围。

4.4.4.2　两段水冷间隔保温温度和时间对组织演变的影响

如图 4-103 所示，C-1.2Si-Mn-Cr 系双相钢在不同温度保温和不同保温时间水淬后均

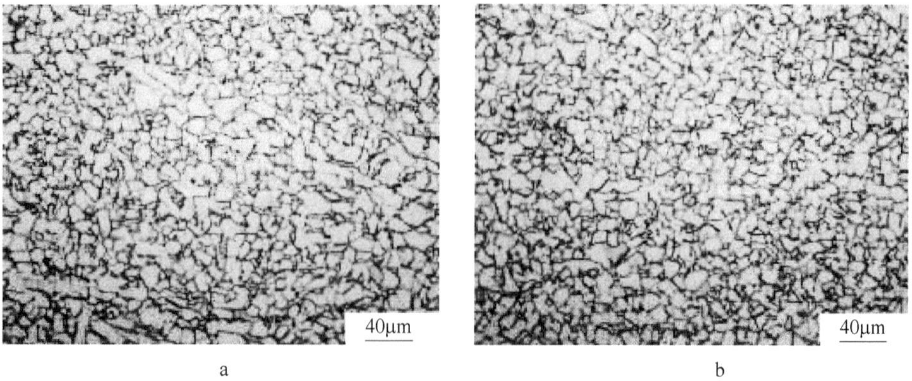

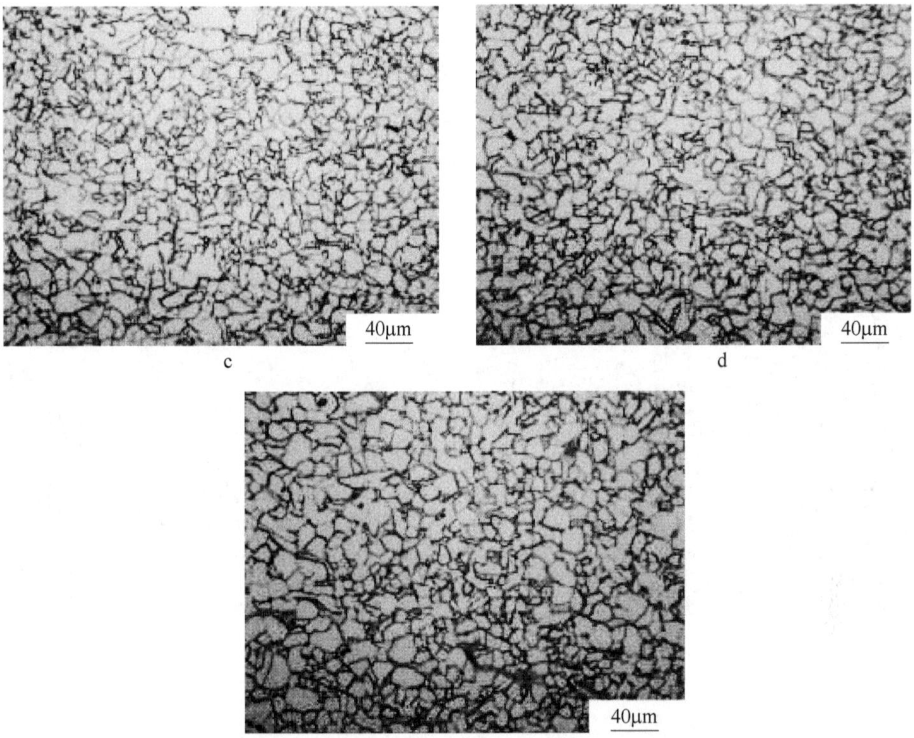

图 4-103 两段水冷间隔不同保温温度和保温时间后的显微组织

a—690℃ ×5s；b—690℃ ×8s；c—690℃ ×12s；d—710℃ ×12s；e—740℃ ×12s

获得细小的多边形铁素体加马氏体的双相组织。随着在 690℃保温时间从 5s 延长到 8s 和 12s，铁素体的体积分数由 86.3% 增加到 88.3%、92.1%，铁素体的平均晶粒尺寸由 4.6μm 增大为 5.1μm、5.8μm；当保温温度从 690℃升高到 710℃和 740℃时，铁素体的体积分数由 92.1% 减少到 90.8%、88.2%，铁素体平均晶粒尺寸由 5.8μm 增大为 5.9μm 和 6.3μm[31]。

由图 4-104 可知，随着保温温度的增加，在相同保温时间内，铁素体的体积分数逐渐降低，铁素体的晶粒尺寸则略有增加。

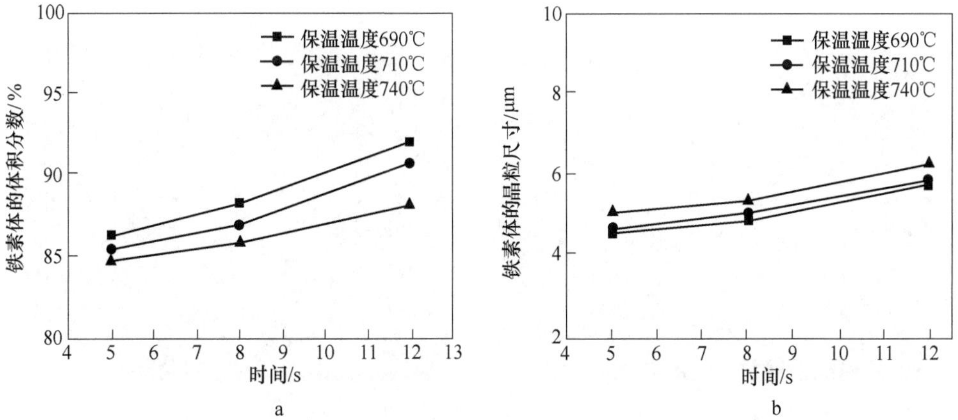

图 4-104 不同保温温度和保温时间对铁素体体积分数和晶粒大小的影响

a—温度和时间对体积分数的影响；b—温度和时间对晶粒尺寸的影响

4.4.4.3　卷取温度对组织演变的影响

如图 4-105 所示，C-1.2Si-Mn-Cr 系双相钢在 80℃和 200℃保温后水淬，组织为多边形铁素体和弥散分布的马氏体，晶粒尺寸较为均匀。当在 250℃和 350℃保温后水淬，组织为多边形铁素体、弥散分布的马氏体以及部分贝氏体，贝氏体的体积分数分别约为 3.1% 和 11.3%。因此，当卷取温度不超过 200℃时，则可避开贝氏体转变，得到铁素体和马氏体的双相组织。

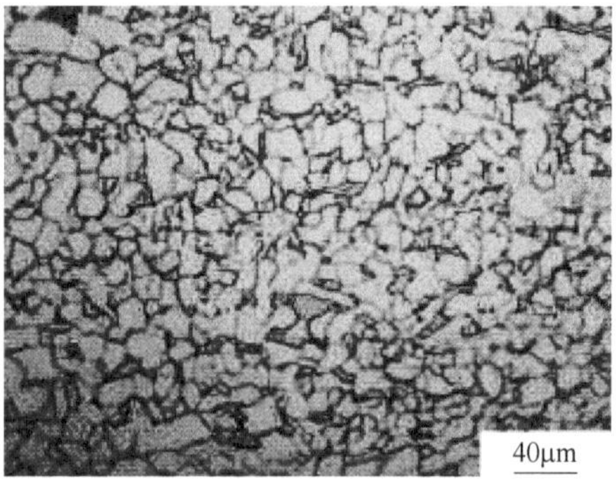

a

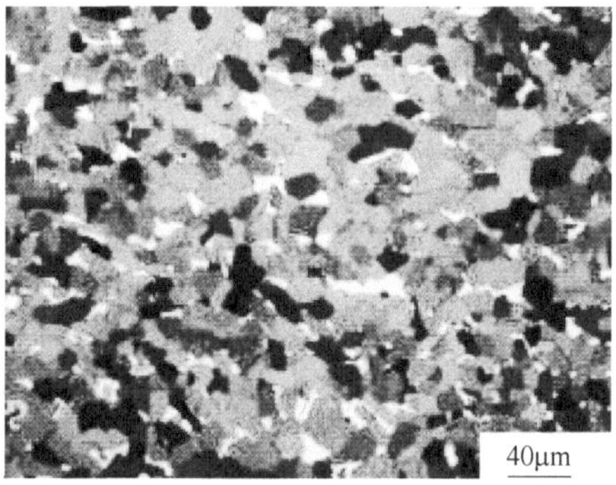

b

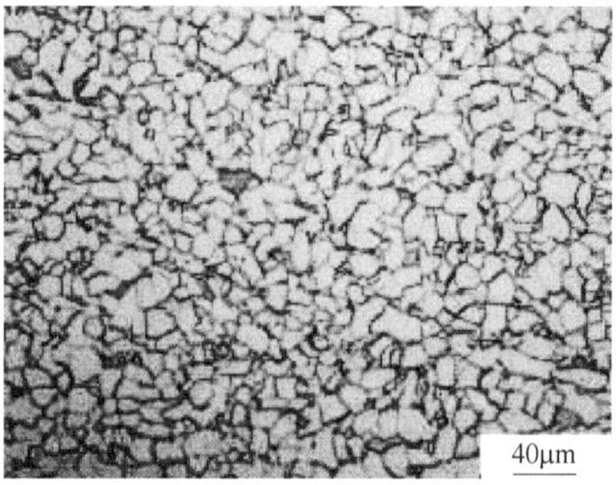

c

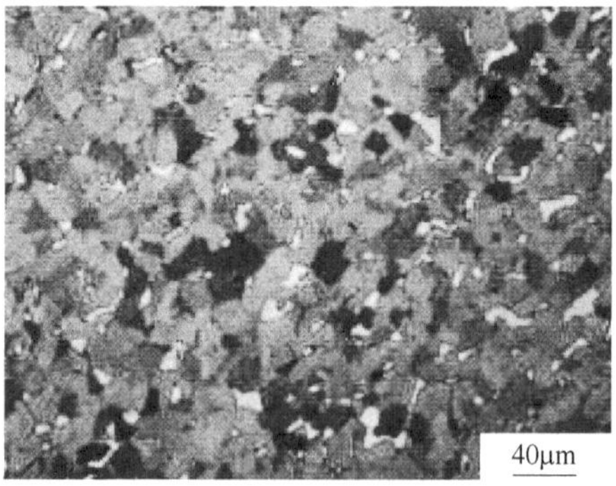

d

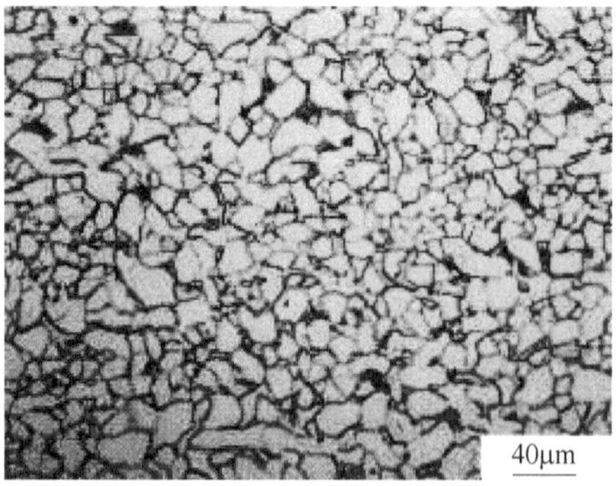

e

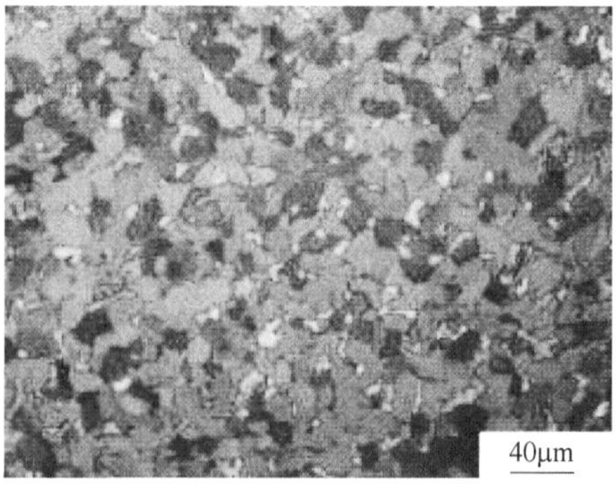

f

g

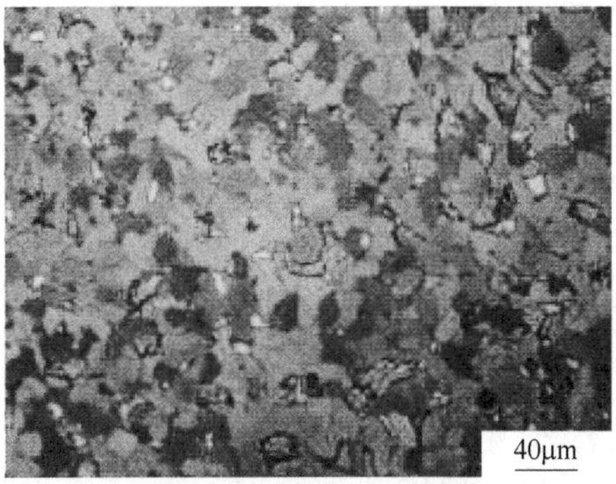

h

图 4-105 不同卷取温度下的显微组织
a，b—80℃；c，d—200℃；e，f—250℃；g，h—350℃

4.5 深冲双相钢

为了满足抗拉强度与 r 值之间的良好匹配，近年来，具有一定深冲性能的双相钢得以快速发展。在传统 DP 钢的成分设计与制备工艺的基础上，充分发展其深冲织构，而又不恶化其原有的优良力学特性，使得双相钢具备了优良的深冲性能。因此，将双相钢强度上的优点与 IF 钢的优异成型性能结合起来，使得双相钢产品可以被用在汽车的内外板等对深冲性能要求较高的零件上。

4.5.1 工艺参数对深冲双相钢组织性能的影响

4.5.1.1 热轧卷取温度的影响

以 L_NbTi 钢为研究对象，卷取温度设计为 600℃、650℃和 700℃。表 4-9 给出了不同卷取温度下的热轧板的力学性能。随着卷取温度的升高，抗拉强度逐渐降低，伸长率逐渐升高。热轧板的 n 值普遍较低，且屈强比较高[33]。

表 4-9 不同卷取温度下 L_NbTi 热轧板的力学性能

CT/℃	R_m/MPa	R_{eL}/MPa	A_{50}/%	n	R_{eL}/R_m
600	634	565	19.20	0.09	0.89
650	631	580	24.64	0.14	0.92
700	595	520	28.82	0.17	0.87

不同卷取温度下热轧板的组织形貌如图 4-106 所示，不同卷取温度下得到的组织形貌均为铁素体加贝氏体组织，铁素体晶界模糊，600℃和 650℃时，以低碳贝氏体组织为主，同时晶界上有少量的渗碳体组织，如图 4-106a 中右上角方框所示，当卷取温度升到 700℃时，低碳贝氏体组织含量减少，铁素体含量增加，因此，抗拉强度下降，而伸长率上升。

不同卷取温度的热轧板经冷轧退火后的力学性能有一定的差异。表 4-10 给出了退火板的力学性能结果，可以看出，600℃和 650℃卷取时试样退火后的抗拉强度和伸长率均优于 700℃卷取，而且 650℃卷取时的伸长率又要略优于 600℃。退火板的 n 值均高于 0.21，r 值均高于 1.0，与热轧板相比有明显改善。650℃卷取时得到的退火板抗拉强度达到 480MPa，伸长率超过 30%，880℃退火时 r 值达到了 1.3。

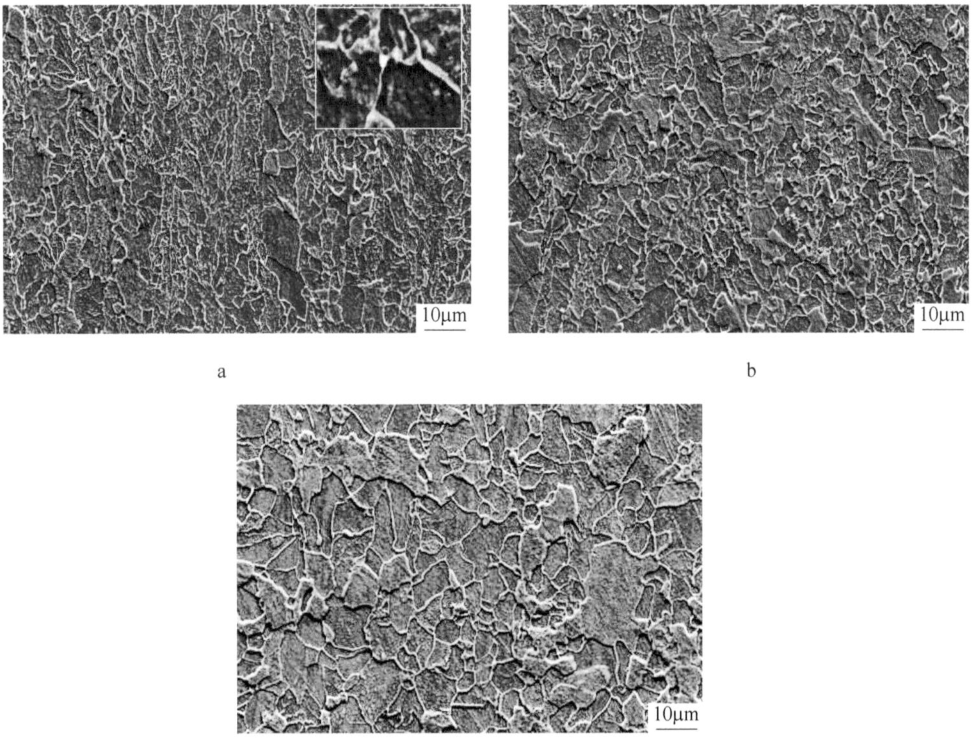

a　b　c

图 4-106　L_NbTi 钢不同卷取温度的热轧板的组织形貌（SEM）

a—600℃；b—650℃；c—700℃

表 4-10　不同卷取温度下 L_NbTi 钢的退火板的力学性能

退火温度/℃	卷取温度/℃	R_m/MPa	R_e/MPa	A_{50}/%	n	r
860	600	488	352	25.2	0.21	1.0
880		506	339	26.6	0.21	1.1
860	650	492	300	32.5	0.21	1.2
880		485	300	33.0	0.21	1.3
860	700	447	327	25.0	0.22	1.0
880		469	325	24.8	0.21	1.2

从图 4-107 给出的不同卷取温度下的退火板组织形貌来看，退火后的组织主要为铁素体基体以及晶界上附着的马氏体或碳化物。600℃卷取时，铁素体晶粒大小不均匀，晶界上的第二相体积分数较低，大多为颗粒状碳化物，而较大尺寸的马氏体相很少。卷取温度为 650℃时，无论在 860℃退火还是 880℃退火，马氏体量显著增多，且晶粒的多边形化更明显，铁素体晶粒均匀性上升，尤其是在 880℃，这是该温度下伸长率好于 600℃卷取的主要原因。700℃卷取时，铁素体晶粒边缘模糊，且大小分布均匀，同时晶界上的第二相又开始减少，导致抗拉强度和伸长率下降。700℃卷取的钢板在 880℃退火时，组织形态

有向低碳贝氏体组织发展的趋势，说明奥氏体化温度不能过高，过高易降低过冷奥氏体的淬透性，从而难以确保双相组织的产生。

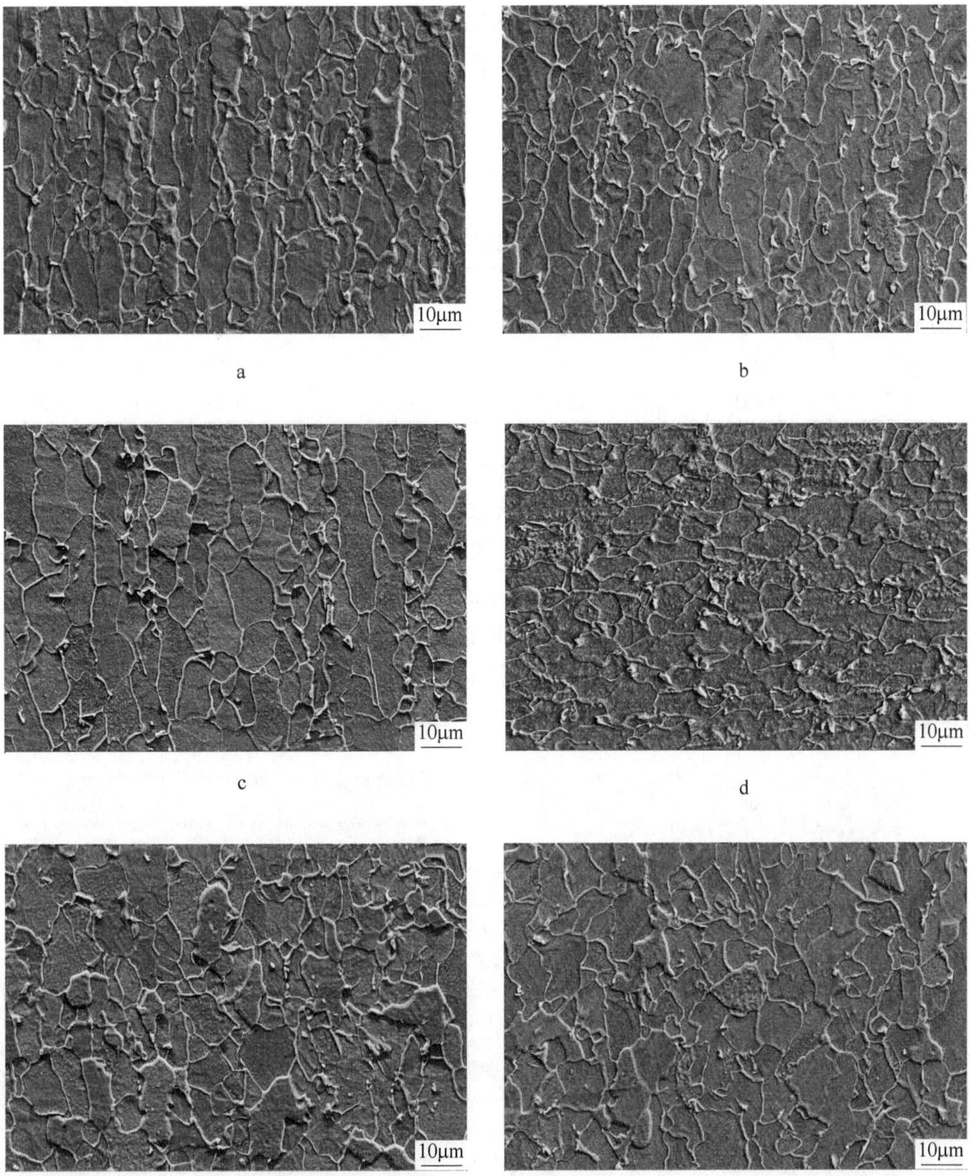

a b c d e f

图 4-107 不同卷取温度下低 L_NbTi 钢的退火板的组织形貌
a，b—600℃；c，d—650℃；e，f—700℃

以 H_Mo 钢为研究对象，表 4-11 和表 4-12 分别给出了不同卷取温度下 H_Mo 钢热轧板和退火板的力学性能结果。从表 4-11 可以看出，随着卷取温度的上升，热轧板的伸长率逐渐增加，而抗拉强度和屈服强度没有明显变化。表 4-12 表明不同卷取温度下的热轧板经冷轧退火后各项力学性能均有所增加，其中 n 值和 r 值分别超过了 0.22 和 1.2，已达到或超过传统 DP 钢的性能。从表 4-12 还可看出，高温卷取（700℃和 750℃）时的强度和伸长率明显增加，且在 700℃卷取时各项力学性能均达到最优。

表 4-11　H_ Mo 钢热轧板的力学性能

CT/℃	R_m/MPa	R_{eL}/MPa	A_{50}/%	n 值	R_{eL}/R_m
600	394	300	27.4	0.14	0.76
700	395	310	36.6	0.14	0.79
750	392	295	41.9	0.16	0.75

表 4-12　H_ Mo 钢退火板的力学性能

CT/℃	R_m/MPa	$R_{p0.2}$/MPa	A_{50}/%	n 值	r 值
600	413	199	31.4	0.24	1.1
700	455	215	35.7	0.25	1.5
750	451	220	34.3	0.23	1.2

图 4-108 给出了热轧板和退火板的组织形貌，其中退火板采用了彩色金相技术染色，亮白色为马氏体相，基体为黄色或褐色的铁素体相。图 4-108a、c、e 表明热轧板主要为铁素体基体上分布着少量的珠光体（黑色块状）组织，以及晶界上的少量颗粒状碳化物。随着卷取温度的提高，珠光体的体积分数明显降低，铁素体晶粒有长大的趋势，尤其在 750℃卷取时，这是高温卷取热轧板伸长率增加的主要原因。退火板表现为典型双相组织特征，如图 4-108b、d、f 所示，多边形铁素体基体上分布着亮白色的马氏体组织，利用 Image-Pro-Plus 软件统计得出，600℃、700℃和 750℃时马氏体的体积分数分别为 2.9%，

600℃

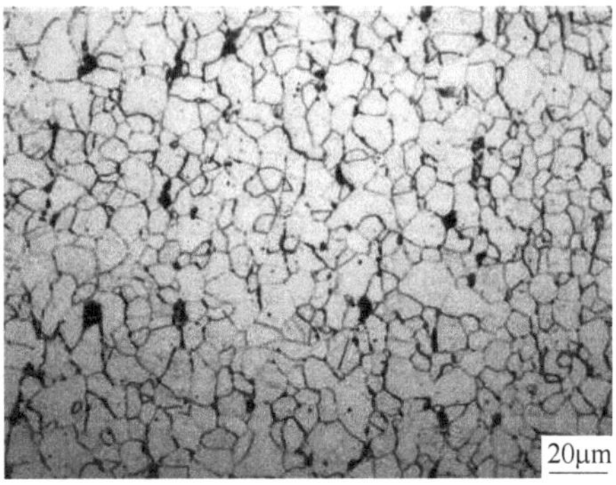

a

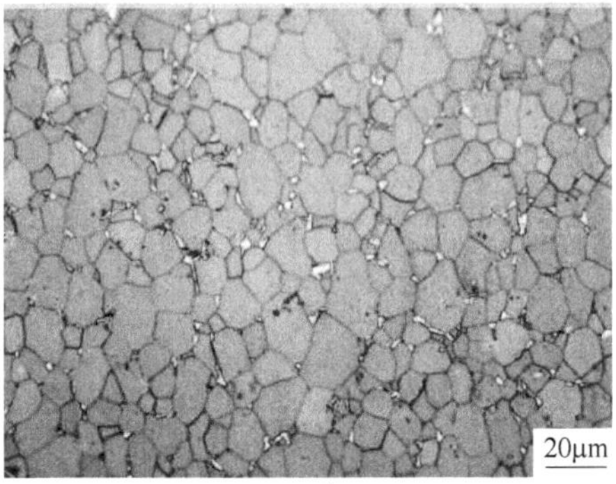

b

700℃

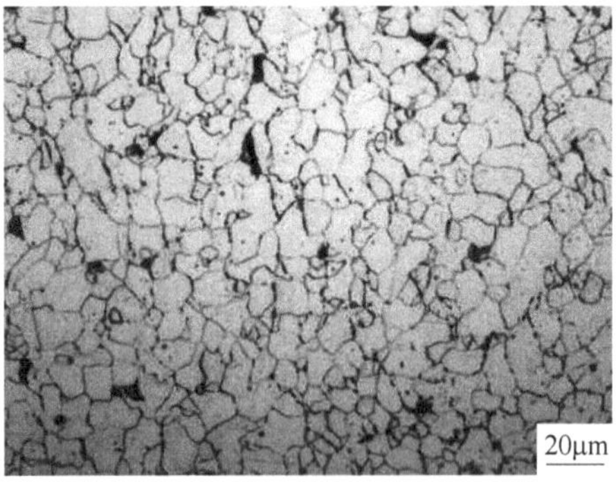

c

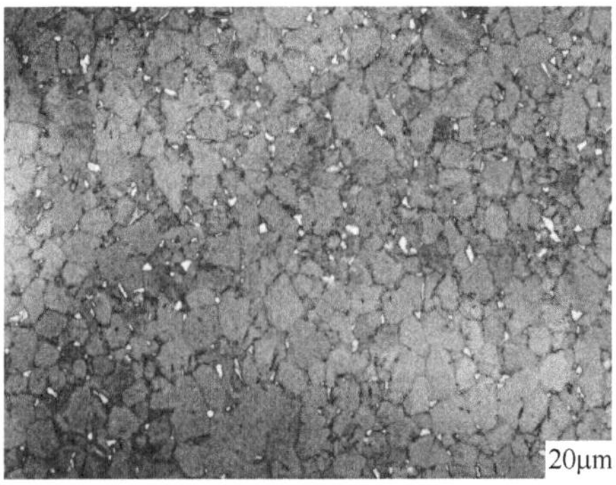

d

750℃

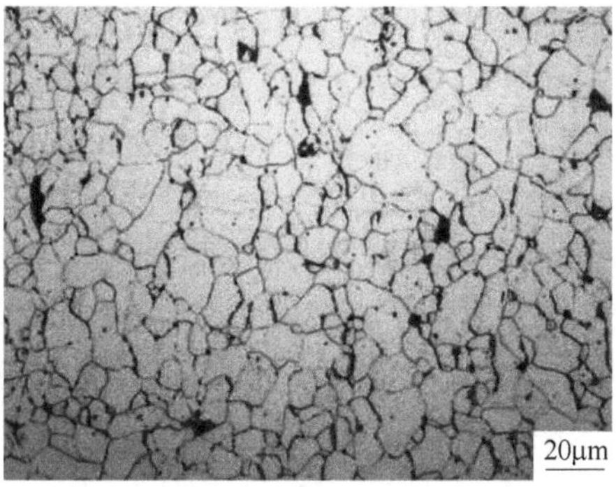

e

f

图 4-108 不同卷取温度下 H_Mo 钢的热轧板和退火板的组织形貌

a，c，e—热轧板；b，d，f—退火板

4.0%和2.4%，铁素体的平均晶粒尺寸分别为 13.2μm、11.7μm 和 13.6μm。对比发现，700℃具有较高体积分数的马氏体以及较小尺寸的铁素体，使其表现出最优的力学性能。不均匀的铁素体晶粒尺寸以及较低体积分数的组织特征不利于 DQ-DP 钢组织性能的改善。

4.5.1.2 加热速率的影响

不同加热速率的连续退火工艺路线如图 4-109 所示。

表 4-13 给出了不同加热速率下退火板的力学性能结果，可以看出，一段式加热时得到的抗拉强度要略高于两段式加热，伸长率要低于两段式加热约 10%，r 值要明显低于两段式加热工艺，且屈强比也要高于两段式加热工艺。从各项力学性能数据来看，一段式加热较两段式加热要差。图 4-110 给出的拉伸曲线反映出，无论是一段式加热还是两段式加热，退火板在拉伸过程中几乎表现为连续屈服，使得 DQ-DP 钢具备了传统 DP 钢的力学性能特点。与热轧板性能相比，退火板强度有所降低，而伸长率、n 值、屈强比均有明显改善[32]。

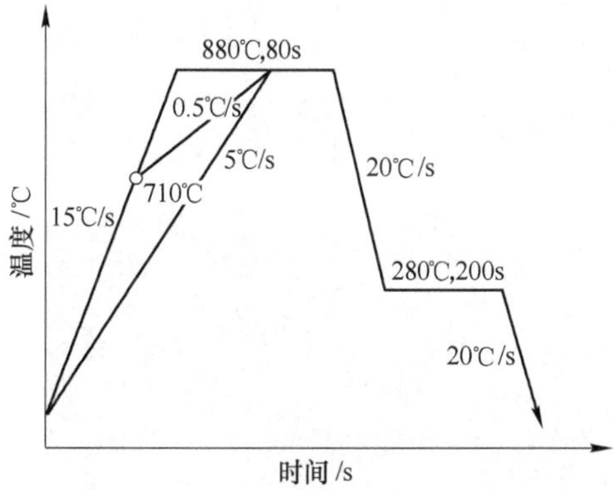

图 4-109 不同加热速率的连续退火工艺路线

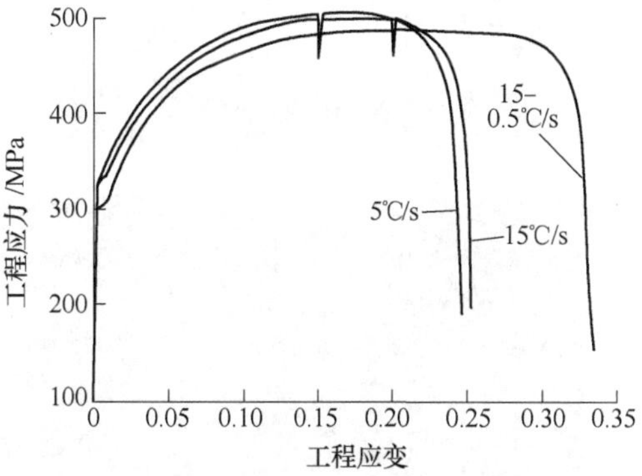

图 4-110 不同加热速率下退火板的拉伸曲线

表 4-13 L_NbTi 钢在不同加热速率下退火板的力学性能

加热速率/℃·s^{-1}	R_m/MPa	$R_{p0.2}$/MPa	A_{50}/%	n 值	r 值	$R_{p0.2}/R_m$
5	505	335	22.7	0.19	1.0	0.66
15	500	330	23.5	0.20	1.1	0.66
15-0.5	485	300	33.0	0.21	1.3	0.61

图4-111给出了不同加热制度下退火板的扫描电镜照片以及彩色金相照片。各加热制度下退火板的组织形貌均为铁素体基体以及晶界上附着的第二相，包括马氏体和渗碳体。以5℃/s和15℃/s一段式加热时，铁素体晶界比较模糊，渗碳体含量较高，而马氏体量相对较少。从彩色金相结果来看，5℃/s时的渗碳体（黑色颗粒）明显多于15℃/s，铁素体纯净度也要低于15℃/s和两段式加热。对于两段式加热，从扫描和彩色金相照片来看，铁素体晶内和晶界较为纯净，渗碳体明显减少，而出现了一定量的块状或岛状马氏体组织（亮白色），相比于15℃/s加热，两段式加热的马氏体含量有所增加，说明在慢速加热阶段，部分渗碳体会溶解，提高了奥氏体的淬透性，在随后的快速冷却过程中形成了更多的

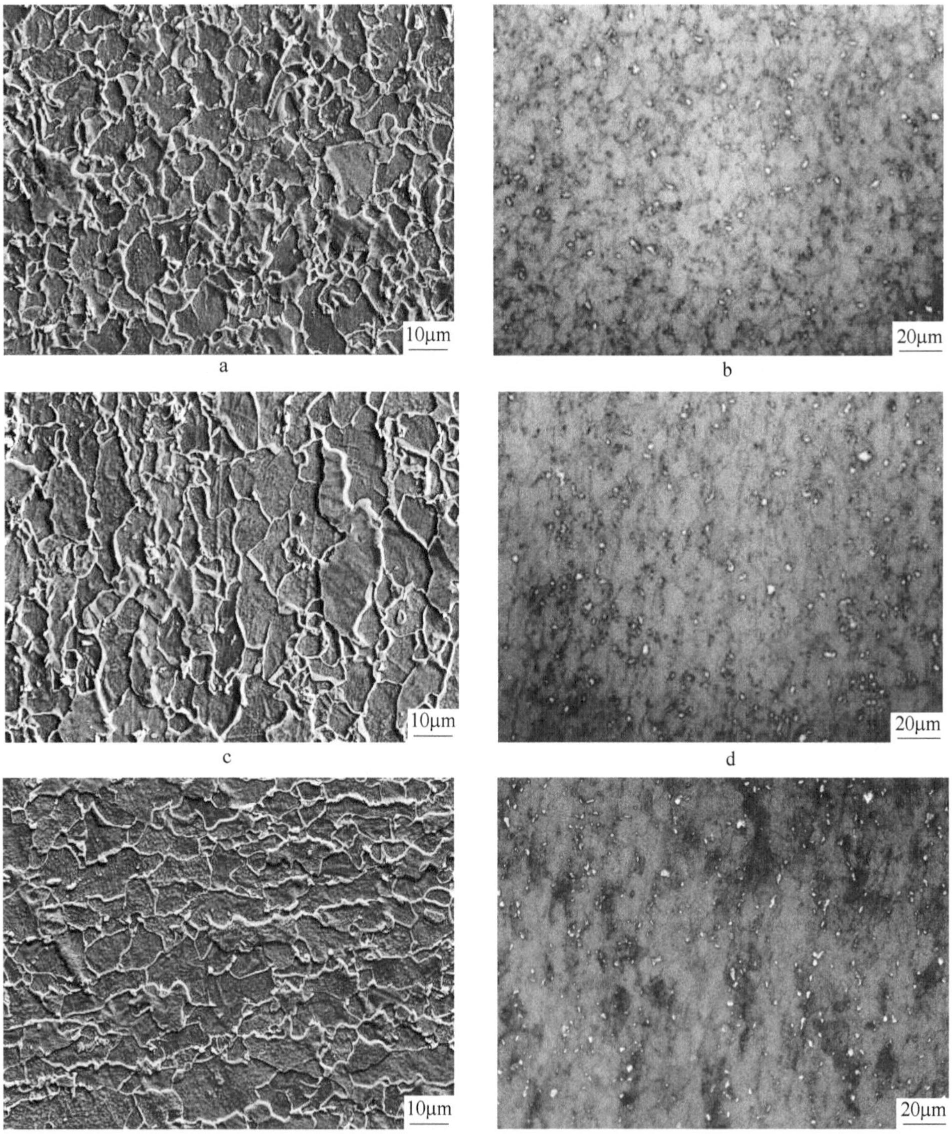

图4-111 L_NbTi钢不同加热速率下退火板的组织形貌

a，b—5℃/s；c，d—15℃/s；e，f—15-0.5℃/s（两段式加热）

马氏体相。马氏体相的形成，作为硬质相可以与铁素体在变形过程中进行协调和传递，从而延迟缩颈的产生，提高伸长率。

4.5.1.3 退火温度的影响

表4-14给出了不同退火温度下L_NbTi钢的力学性能。与传统DP450钢不同的是，退火温度对DQ-DP的强度影响非常小，而对伸长率有明显的影响，中间温度退火时（860℃和880℃），伸长率较高，r值和屈强比均达到最优，过高温度和过低温度退火均不利于DQ-DP钢力学性能的改善。相比之下，880℃退火能使得L_NbTi钢获得最优的力学性能[32]。

表4-14 不同退火温度下L_NbTi钢退火板的力学性能

退火温度/℃	R_m/MPa	$R_{p0.2}$/MPa	A_{50}/%	n值	r值	$R_{p0.2}/R_m$
840	485	320	27.8	0.22	0.9	0.66
860	492	300	32.5	0.21	1.2	0.61
880	485	300	33.0	0.21	1.3	0.62
900	485	315	21.8	0.19	1.1	0.65

如图4-112所示，840℃退火时观察到晶粒沿轧向呈扁平状分布，说明在退火温度较低的条件下，晶粒沿轧向生长的驱动力较大，一方面与第二相粒子析出阻碍晶界迁移有关，另一方面，温度过低，完全再结晶程度不是很充分。这样的组织形貌不利于伸长率和r值的改善。从彩色金相组织来看（图4-112b），尽管该温度下，铁素体晶界附着了一定量的马氏体组织，与高温退火组织相比，马氏体尺寸较小，含量较少，这种少量的细小的

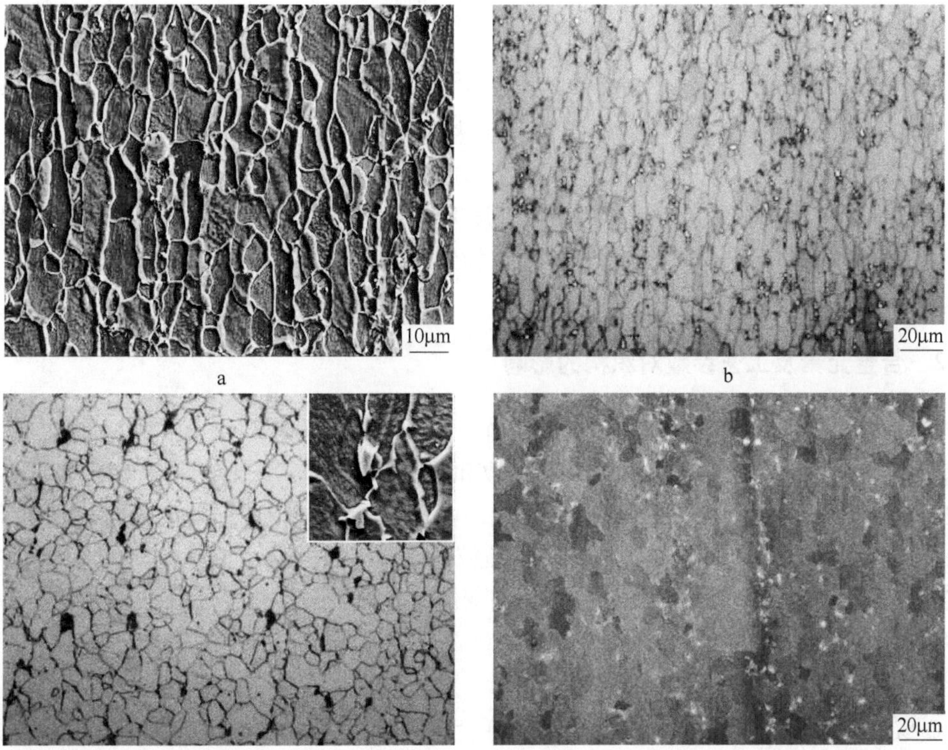

a b
c d

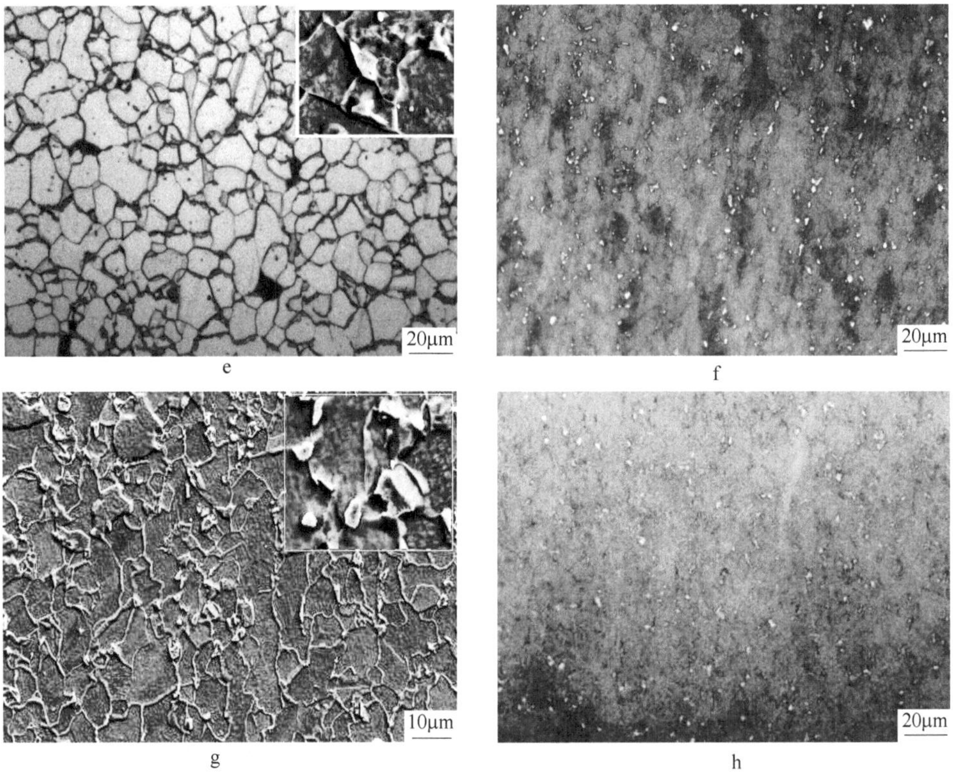

图 4-112 不同退火温度下 L_NbTi 钢的退火板的扫描照片和彩色金相照片

a，b—840℃；c，d—860℃；e，f—880℃；g，h—900℃

马氏体相并没有对 DP 钢的强度和伸长率有明显的贡献，此时的相变强化并不占主导地位。随着退火温度的升高，铁素体晶粒开始多边形化，尤其在 880℃时，铁素体较为纯净，且铁素体晶界上有明显的岛状马氏体相形成，如图 4-112e 右上角的局部放大图所示，此时马氏体的体积分数约为 5%。当退火温度升高到 900℃时，铁素体晶粒的均匀性明显下降，且岛状马氏体的体积分数增加，尺寸和分布都不均匀，因此其伸长率和 r 值都有明显降低。

4.5.2 合金元素及工艺参数对织构的影响

4.5.2.1 热轧卷取温度对织构的影响

图 4-113 给出了 L_NbTi 钢在 650℃卷取和 700℃卷取时的宏观织构（ODF 图）。高温卷取时，γ 纤维织构强度的最大值有所降低，由 10.2 降为 9.3，同时发现，700℃卷取时有明显立方织构出现。高温卷取时铁素体晶粒的不均匀性加大，且大量的 C 以碳化物的形式存在于钢中，这些因素均易导致不均匀变形或者再结晶不充分，且容易成为立方织构的形核点。

4.5.2.2 加热速率对织构的影响

C-Si-Mn-Nb-Ti 系 L_NbTi 钢加热制度采用的是两段式加热，即先以 15℃/s 快速加热到 710℃，再以 0.5℃/s 慢速加热到退火温度进行连续退火，与传统 DP 钢相比，两段式

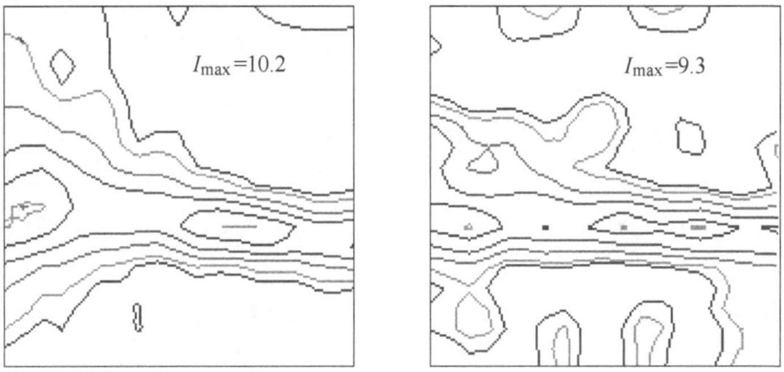

a b

图 4-113 不同卷取温度下的 L_NbTi 钢的退火板宏观织构

a—650℃；b—700℃

加热制度使得组织性能与织构取得了很大程度的改善[32]。

图 4-114 给出了利用 XRD 技术测得 3 种不同加热制度下的宏观织构，总体来看，3 种加热制度得到的织构特征均以 γ 纤维织构为主，且织构强度均集中在 {111} <110> 和 {111} <112> 取向上，除了少量的 {223} <110> 织构外，几乎没有不利于深冲性能的织构。

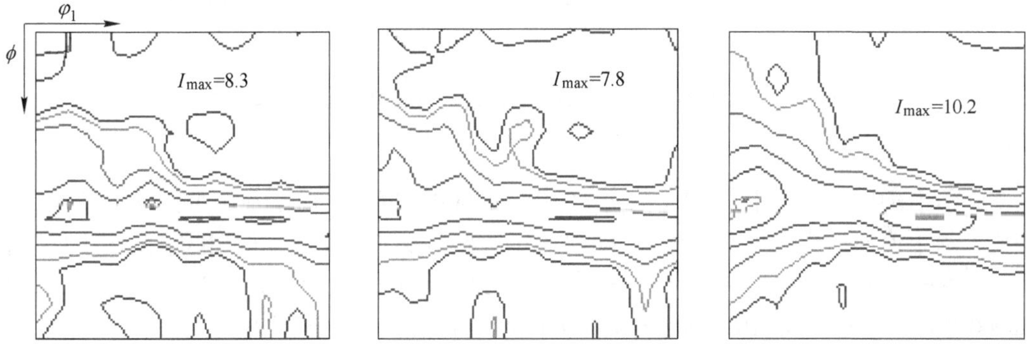

a b c

图 4-114 不同加热速率下的退火板的宏观织构 ODF 图（φ_2 = 45°）

a—5℃/s；b—15℃/s；c—先 15℃/s 再 0.5℃/s

图 4-115 给出了两种加热制度得出的退火板的取向成像图以及晶粒取向差分布图。对比图 4-115a 和 b 发现，两段加热时 <111>//ND 纤维织构明显增强。另外，从图 4-115 还可以看出，一段式加热时形成的 <101>//ND 织构的体积分数也要高于两段式加热，这与其亚晶界有关。图 4-115c、d 表明，直接加热时的小角度晶界（<10°）所占比例明显高于分段加热，从而不利于深冲织构的发展。

4.5.2.3 退火温度对织构的影响

如图 4-116 所示，3 种不同退火温度下 L_NbTi 钢的织构特征均以 γ 纤维织构为主，且织构密度的最大值均比较接近，880℃时 γ 纤维织构的强点集中在 {111} <110> 取向，

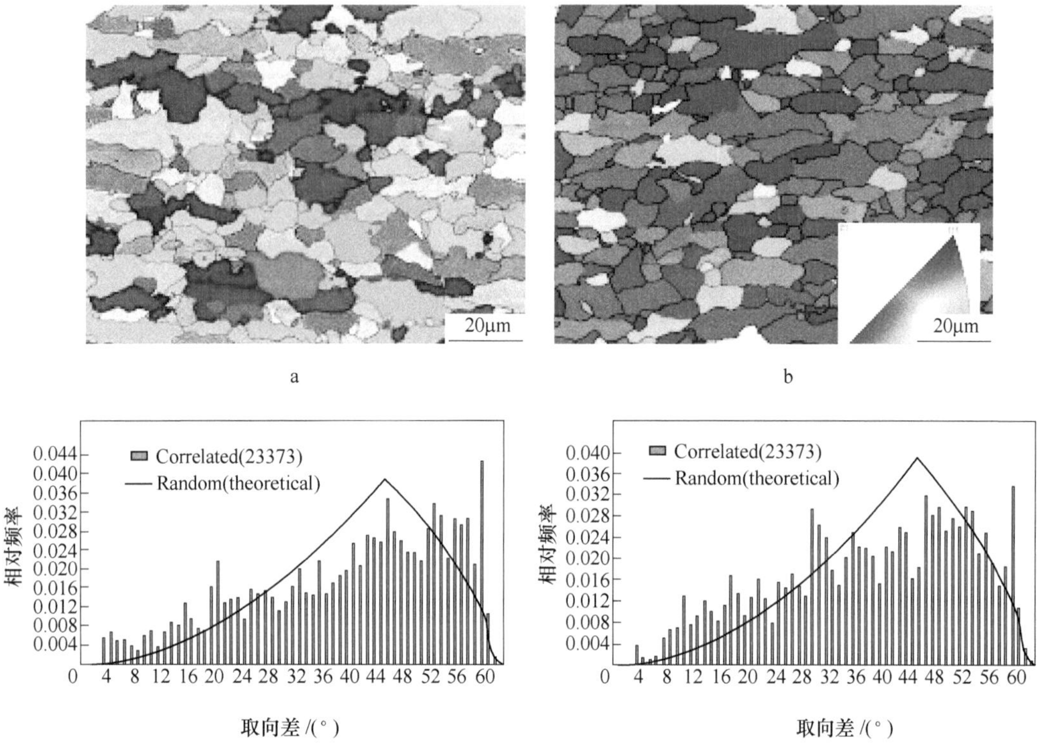

c　　d

图 4-115　不同加热速率下的退火板的取向成像图与晶粒取向差图

a，c—15℃/s；b，d—15-0.5℃/s

而900℃时集中在{111}<112>取向。840℃和900℃退火时均出现了少许立方织构，该织构不利于深冲性能的提高。图 4-117 给出了 3 种温度下的 α 和 γ 取向线。从图中可以看出，α 取向线上表现较为突出的是 880℃的{223}<110>及{111}<110>取向，840℃和900℃时的{112}<110>和{113}<110>及{111}<110>取向。

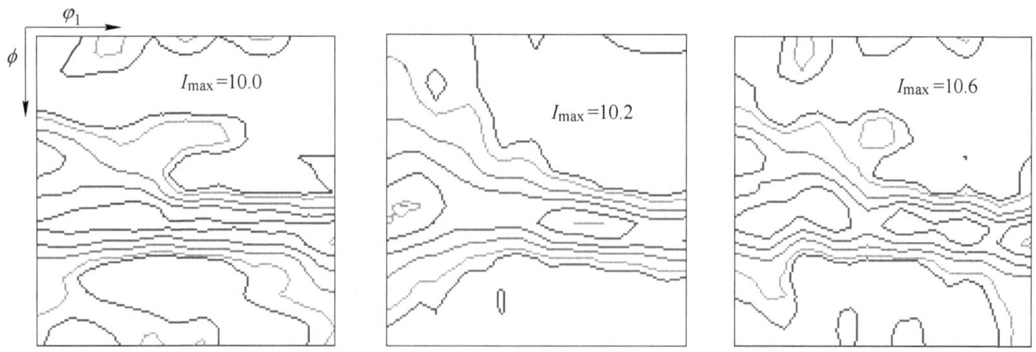

a　　b　　c

图 4-116　不同退火温度下的 L_NbTi 钢的织构 ODF 图（$\varphi_2=45°$）

a—840℃；b—880℃；c—900℃

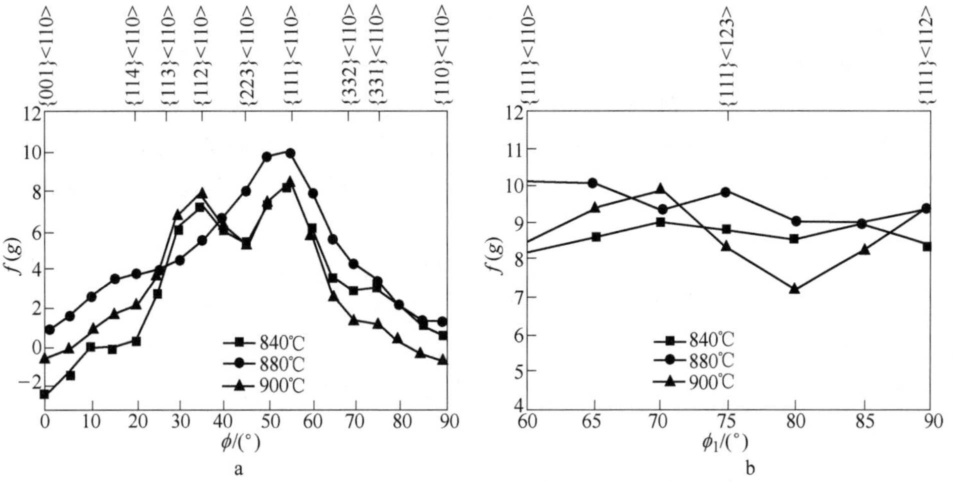

图 4-117 不同退火温度下的 L_NbTi 钢的取向线分布

a—α 取向线；b—γ 取向线

4.5.2.4 Nb 和 Ti 元素对织构的影响

图 4-118 分别给出了 L_NbTi 钢（低 Nb、Ti 含量）和 H_NbTi 钢（高）的 α 取向线

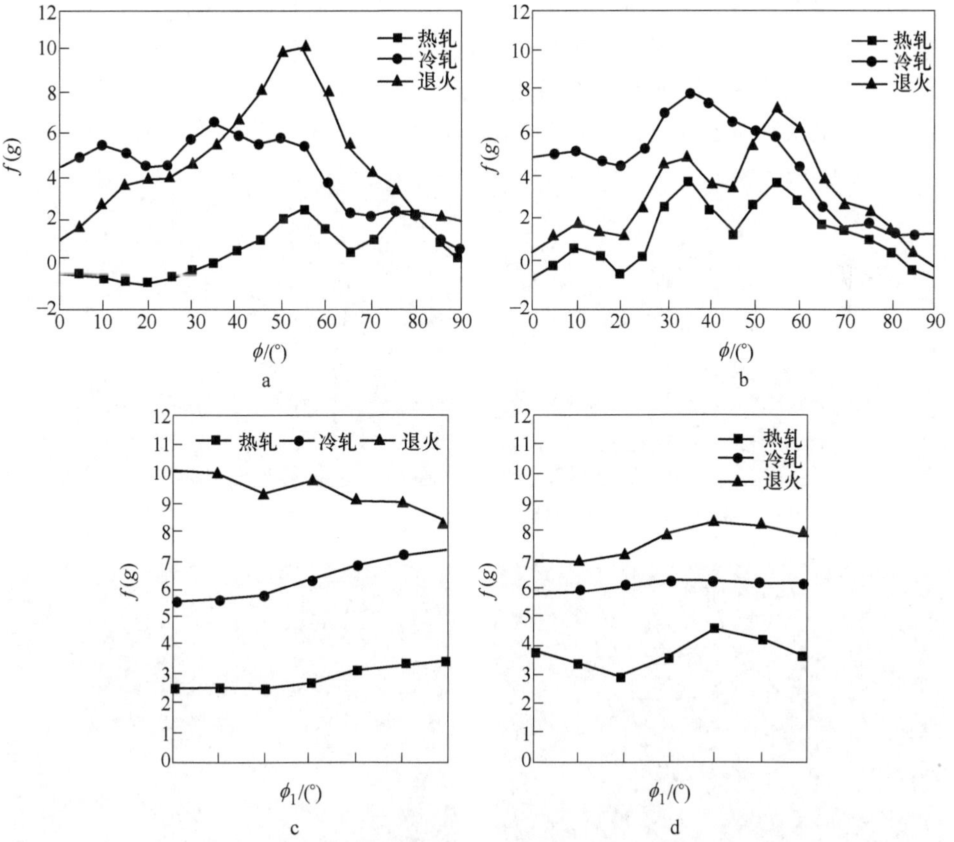

图 4-118 C-Si-Mn-Nb-Ti 系深冲 DP 钢织构演变的取向线分布图

a—L_NbTi 钢 α 取向线；b—H_NbTi 钢 α 取向线；

c—L_NbTi 钢 γ 取向线；d—H_NbTi 钢 γ 取向线

和 γ 取向线分布图。从 α 取向线上来看，两钢差异较大体现在退火板上，L_NbTi 钢中的 {223}<110>织构经退火后猛烈增加，远远超过冷轧与热轧板，其强度几乎与 γ 纤维中的 {111}<110>齐平，而 H_NbTi 钢经退火后织构强度要低于冷轧板，如图 4-118b 所示。从 γ 取向线上来看，同样差异最大的是退火板织构，L_NbTi 钢经退火后，γ 纤维织构明显增加，尤其是 {111}<110>取向，且织构强度要大于 H_NbTi 钢，这是其 *r* 值高于 H_NbTi 钢的主要原因。

C-Si-Mn-Nb-Ti 系深冲 DP 钢中添加的 Nb 和 Ti 元素固然可以起到明显的固碳作用，发展深冲织构，然而，Nb、Ti 含量过高容易导致铁素体中固溶 C 含量不足，从而难以得到双相组织结构，同时，退火板在拉伸过程中容易产生较长（3%）的屈服平台，失去了 DP 钢本身的固有特性。另外，过多的弥散析出粒子对织构的发展也是不利的，因此，控制好 Nb、Ti 含量尤为重要。

4.5.3　连续退火过程中的组织与织构演变规律

4.5.3.1　组织演变过程

将 C-Si-Mn-Nb-Ti 系中的 L_NbTi 钢加热到不同温度再快冷到室温的组织形貌，如图 4-119 所示。可以看出，710℃退火时 L_NbTi 钢处于回复状态，组织形貌与冷轧态很相似，沿轧向呈扁平状被拉长。当温度升到 740℃时，组织形貌并未出现太大的变化，只有少量再结晶的晶核形成，如图 4-119b 中白色框所示。当温度升到 770℃时，再结晶体积分数达到 77.1%，仍有一部分形变组织沿轧向分布。当温度升到 800℃时，铁素体已基本完成再结晶，少量铁素体还表现有轻微的沿轧向呈纤维状分布。当温度升到 880℃时，铁素

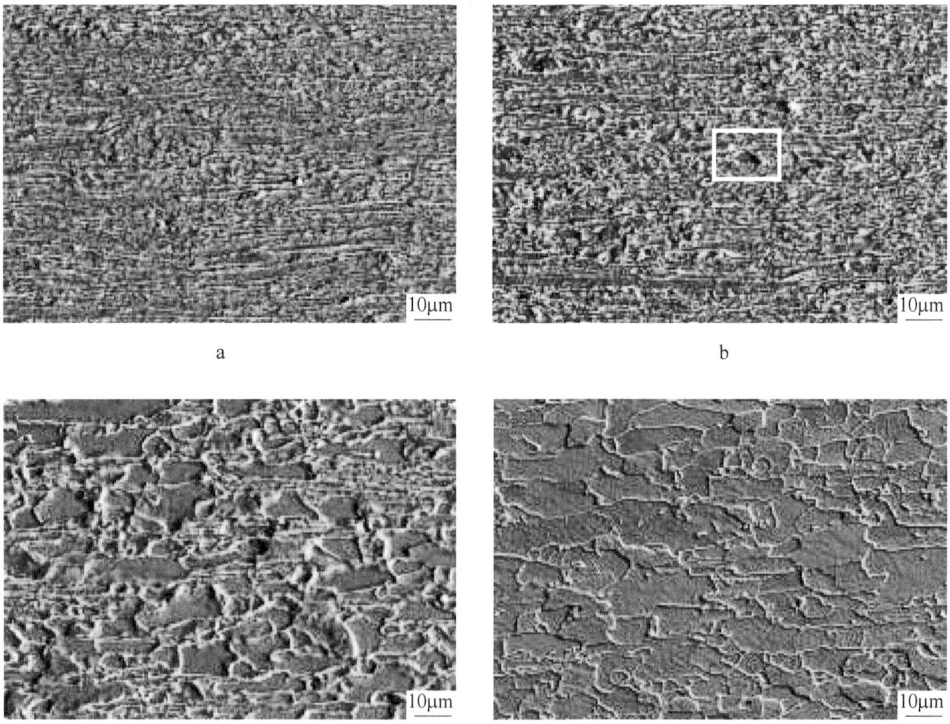

a　　b

c　　d

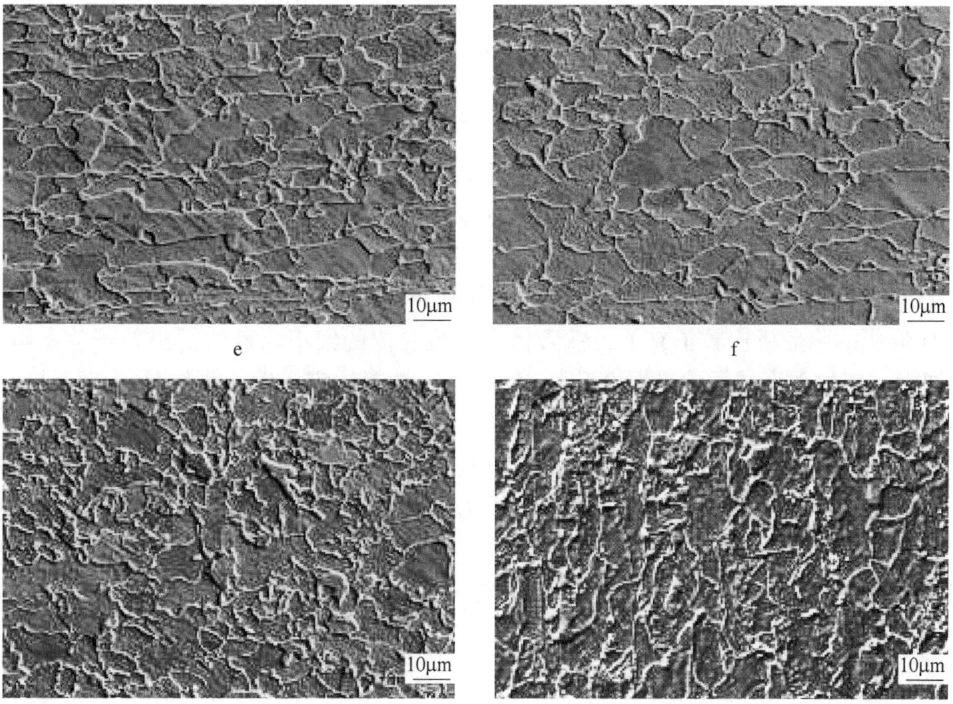

g　　　　h

图 4-119　L_NbTi 钢加热到不同温度快冷到室温的组织形貌

a—710℃；b—740℃；c—770℃；d—800℃；

e—830℃；f—860℃；g—880℃；h—880℃保温 80s

体晶界变得模糊，有向贝氏体组织转变的趋势。然而，当在 880℃保温 80s 时，C 又会重新扩散与分配，过冷奥氏体又重新富碳，从而淬透性提升，最终又出现马氏体相[32]。

图 4-120 表明，从 740℃到 770℃，温度升高 30℃，维氏硬度下降 85.5HV，从组织形貌演变过程来看，再结晶体积分数达到 77.1%，再结晶初期的硬度下降以及再结晶体积分数的增加的幅度均比再结晶后期大很多。740℃之前被认为是回复期，组织形态与冷轧态相似。770℃到 860℃为再结晶后期，该阶段硬度下降较为缓慢，一方面是在再结晶初期遗留下的形变晶粒发生再结晶，另一方面已经发生再结晶的晶粒又开始长大。到 860℃，铁素体基本完成再结晶，晶粒多边形化很明显，同时由于已达到了 L_NbTi 钢的相变点温度，冷却过程中伴有少量相变的产生。

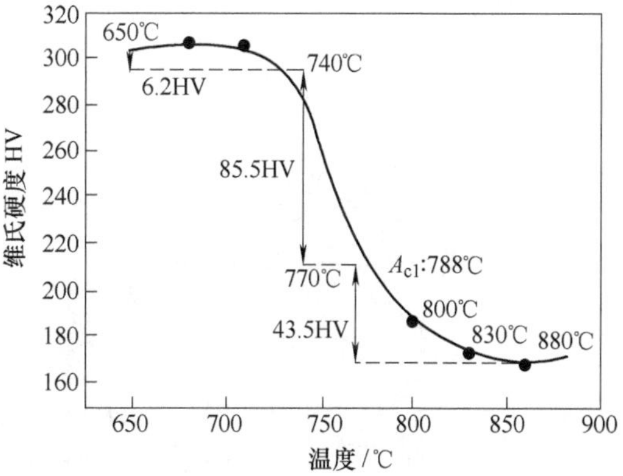

图 4-120　不同退火温度下的 L_NbTi 钢维氏硬度随温度变化曲线

4.5.3.2　织构演变过程

如图 4-121 所示，L_NbTi 钢在加热到不同温度快冷到室温的组织均以 γ 纤维织构为主，α 纤维织构中主要集中在 {112} <110> 和 {223} <110> 取向。然而，在不同温度快速退火，织构强弱和类型存在一定的区别。图 4-121a 和 b 分别为 680℃ 和 740℃ 退火，由前可知，该阶段铁素体仍处于回复期，其织构特征与 L_NbTi 钢冷轧态非常接近，织构强点主要集中在 α 纤维织构的 {223} <110> 取向。{223} <110> 是体心金属冷轧过程中最为稳定的织构，除此之外，还有少量的旋转立方织构。当温度从 740℃ 升到 770℃ 时，该阶段为再结晶的初始期，再结晶晶粒的体积分数明显增加，具有形变储能优势的 {111} 晶粒强度应有明显增加，然而，图 4-121c 的结果表明，γ 纤维织构的最高强度从 8.0 降到了 6.0。该阶段 γ 纤维织构的强度伴随再结晶的激烈进行而出现下降的原因与 Nb、Ti 形成的弥散析出粒子有关，铁素体晶界或晶内的细小弥散的析出粒子使得再结晶难度加大，织构强度减弱。当温度升到 860℃ 时，铁素体完全发生再结晶，γ 纤维织构逐渐吞噬 α 纤维织构而成为织构强点，最高值能达到 10.8，该阶段温度跨度范围大，再结晶后期速度缓慢，形变晶粒逐渐消失，γ 纤维织构逐渐增强。另外，随着退火温度的升高，少量的 Nb 基碳化物会回溶，削弱了弥散粒子对织构的负面作用。860℃ 时仍出现一定量的旋转立方织构，该织构是 DP 钢需要避免而又很难避免的织构。然而，基体 γ 纤维织构的增强并不会受此影响。当温度升到 880℃ 时，γ 纤维织构的强度降低，归因于基体

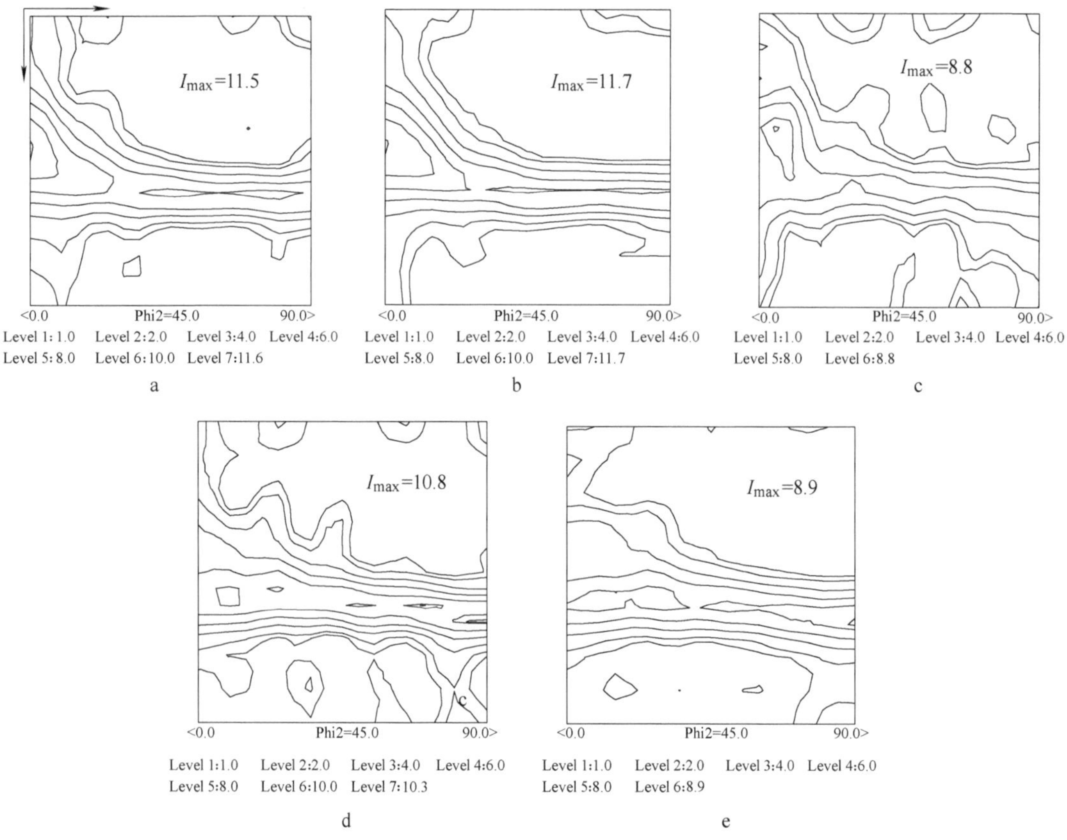

图 4-121 L_NbTi 钢在不同加热温度下的退火板 ODF 恒 $\varphi=45°$ 截面图

a—680℃；b—740℃；c—770℃；d—860℃；e—880℃

中的固溶 C 含量增加，在更高温退火，复合析出粒子的回溶量更高，从而也增加了基体中的固溶 C，导致 γ 纤维织构的强度减弱[32]。

从图 4-122a 和 b 给出的不同加热温度下的 α 和 γ 取向线的结果也可以看出，回复阶段（740℃以前）的 α 纤维织构强度较高，且织构强点集中在 {223} <110> 及其附近取向上。740℃和 770℃时，{331} ~ {110} <110> 组分强度要高于其他温度，在低温退火时，不利织构仍然存在。从 γ 取向线来看，770℃时 γ 纤维织构强度集中在 6.5，860℃集中在 10 附近，除此之外都集中在 8 附近。770℃时织构较弱，可以认为当温度较低时，随着再结晶的迅速发展，{111} 面的晶粒取向受到第二相粒子析出的影响而减弱，随着温度的升高，析出粒子的部分回溶，以及铁素体的充分再结晶，使其 {111} 面的织构强度得以迅速提升，因此，860℃织构强度最高，当到 880℃时，基体中固溶 C 增加，导致 γ 纤维织构强度又有所降低。

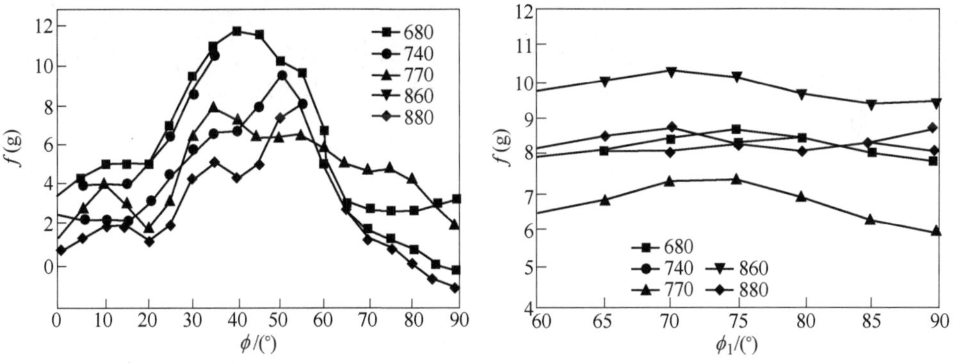

图 4-122 L_NbTi 钢在不同加热温度下的取向线分布图及典型织构密度随温度变化曲线图

a α 取向线；b—γ 取向线

4.5.3.3 再结晶机制

图 4-123 给出了影响 DP 钢深冲性能的几种典型织构的取向密度随温度的变化曲线。在再结晶初期的时候，所有取向的密度值均出现了不同程度的下降，最后要低于回复期的织构强度，换句话说，冷轧过程中形成了强烈的 γ 和 α 纤维形变织构，在退火初期阶段，被较弱的再结晶织构所替代。说明该阶段，晶粒取向的有序化被打乱，唯一的解释在于弥散析出的第二相粒子。在回复阶段（740℃前）并未对织构发展产生不利影响，

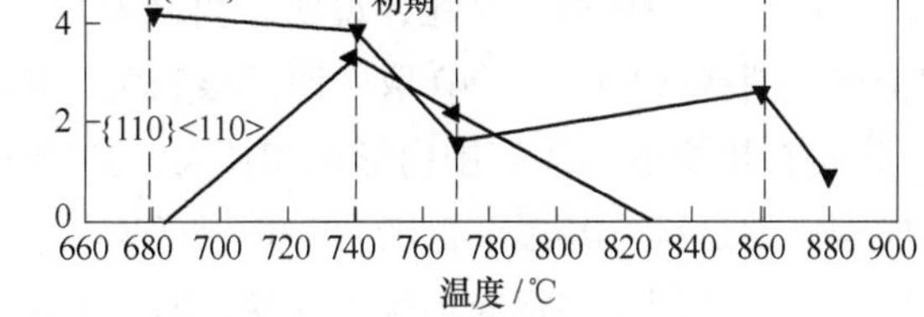

图 4-123 L_NbTi 钢的典型织构强度随温度的变化曲线

因为不涉及晶粒形核或长大，一旦发生再结晶，第二相粒子抑制再结晶的作用变得很明显。

图4-124给出了710℃变形带组织上观察到的Nb、Ti析出粒子，且从能谱结果中看出，以（TiNb)(CN）复合析出粒子居多，粒子尺寸较小的（Spectrum1）多为NbC析出，粒子较大的（Spectrum2）多为TiN为析出，同时还有TiSN（Spectrum3）。细小弥散的析出粒子会对再结晶的发展起到一定的抑制作用，是深冲钢织构发展所需要避免的[34]。

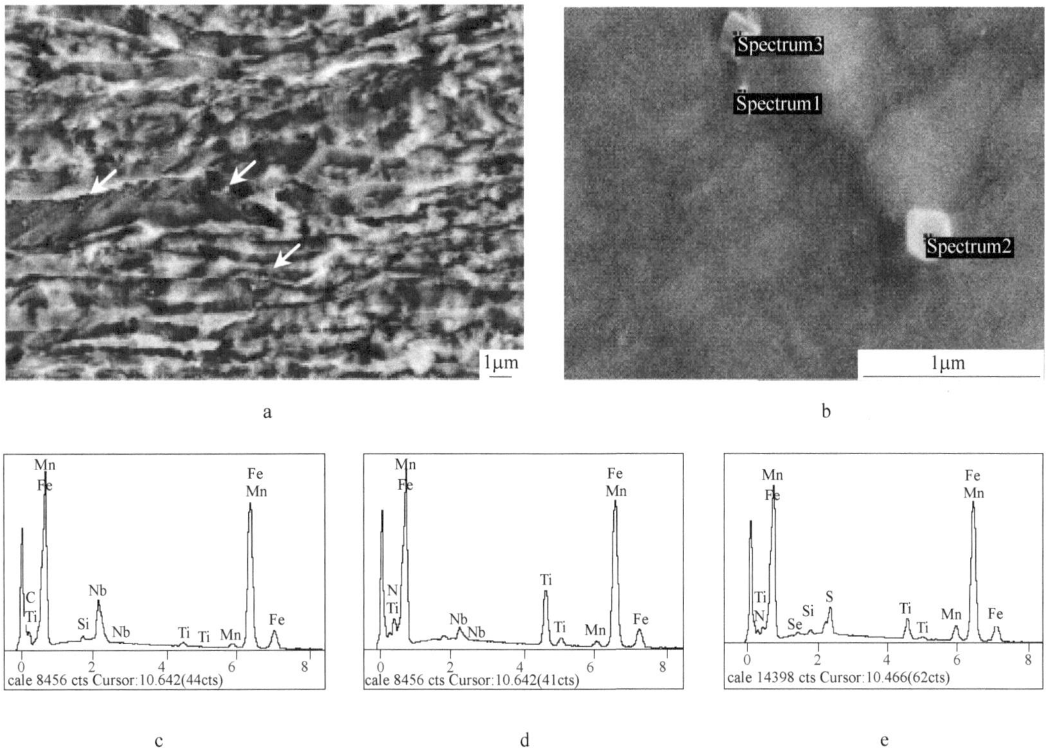

图4-124 710℃退火的析出粒子观察

a—析出粒子分布位置；b—析出粒子形貌；c～e—Spectrum1～3能谱

L_NbTi钢中由于添加了Nb和Ti，使得再结晶开始温度被提高，也就意味着，再结晶后期有可能在两相区完成，部分形变晶粒仍有可能保留到两相区，形变晶粒往往为<100>//ND取向，或者非常接近该取向，如图4-125所示为770℃退火时的取向成像图，可以看出形变带处的晶粒多为红色的<001>//ND取向晶粒，而形变带附近晶粒多为蓝色的<111>//ND取向晶粒，说明在再结晶后期，或两相区退火阶段，<111>//ND织构仍通过消耗<100>//ND取向而形核长大。因此，Nb和Ti的添加还有利于<111>//ND织构在更宽的温度范围内形核和长大，如图4-123所示，再结晶后期相对于初期是一个较缓慢的过程，其温度范围为770～860℃。可以看出，L_NbTi钢的再结晶机制主要以<111>//ND织构的定向形核为主导，图4-126给出了740℃、770℃和860℃退火板的晶界取向差分布结果，从中也能看出随着温度的上升，大角度晶界逐渐增多，而小角度晶界逐渐减小。尽管在不同阶段<111>//ND纤维织构的发展程度有差异，但是，当回复晶粒经历再结晶过程后，有利织构还是最终占优势。

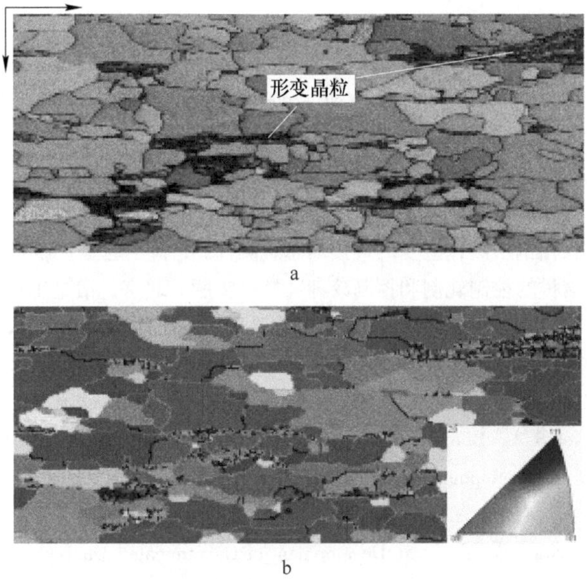

图 4-125 L_NbTi 钢 770℃退火时的 EBSD 分析结果

a—衬度图；b—IPF 图

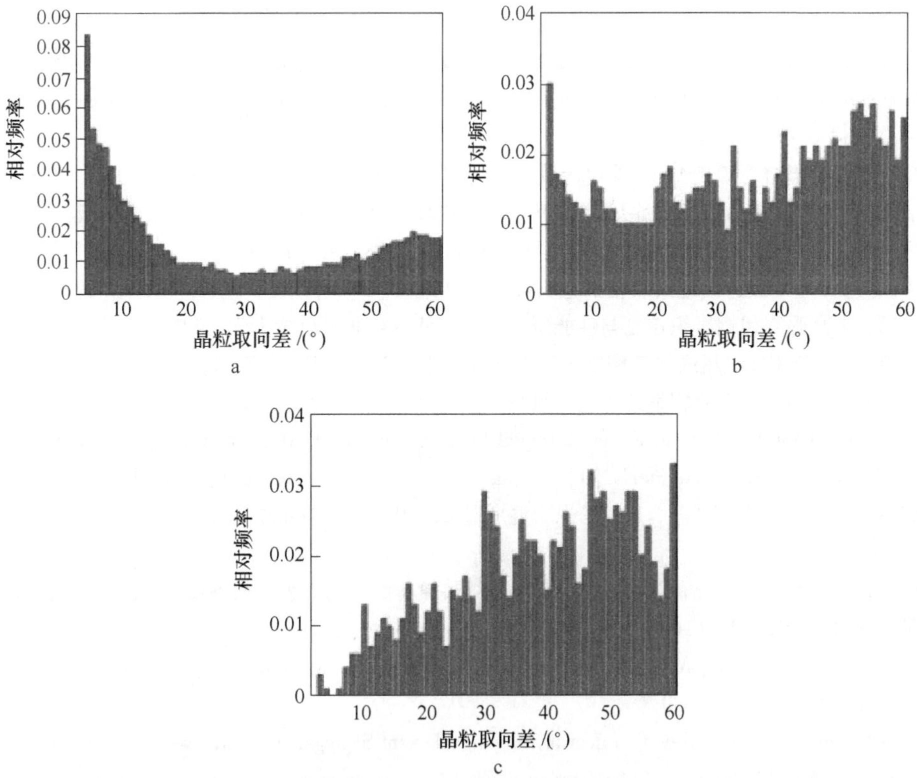

图 4-126 不同温度下 L_NbTi 钢的晶粒晶界取向差分布

a—740℃；b—770℃；c—860℃

参 考 文 献

[1] Sarkar P P, Kumar P, Chakraborti P C, et al. Microstructural Influence on the Electrochemical Corrosion Behaviour of Dual Phase Steels in 3.5% NaCl Solution [J]. Materials Letters, 2005 (59): 2488 ~ 2491.

[2] 张译中，邱伍华. 汽车零部件用高强度钢材的进展 [J]. 上海金属，2000，22 (4)：8 ~ 15.

[3] 马鸣图. 先进的高强度钢及其在汽车工业中的应用 [J]. 钢铁，2004，39 (7)：68 ~ 72.

[4] 沈显璞，雷廷权. 双相钢中两相应变的直接动态观测 [J]. 科学通报，1986，15 (1)：23 ~ 26.

[5] 王有铭，李曼云. 钢材的控制轧制和控制冷却 [M]. 2 版. 北京：冶金工业出版社，2010.

[6] GraÈssel O. High Strength Fe-Mn-(Al, Si) TRIP/TWIP Steels Development Properties Application [J]. International Journal of Plasticity, 2000, 16: 1391 ~ 1409.

[7] Kato T, Hashiguchi K. Development of As-Hot-Rolled Dual-phase Steel Sheet, in Fundamental of Dual-phase Steels [M]. Kot R A, Bramfitt B L. Warrendale: TMS-AIME, 1981: 199 ~ 220.

[8] Coldren A P, Tither G. Development of a Mn-Si-Cr-Mo as rolled dual phase steel [J]. J. Metals, 1978, 30: 6 ~ 9.

[9] Iwama T, Kitano F, Nagataki Y, et al. Development of Galvannealed Dual-phase Ultra-high Strength Steel Sheets with Superior Formability and Spot-weldability [A]. Chicago: A-sociation for Iron and Steel Technology (AIST), 2004, 539 ~ 545.

[10] Parezanovic I, Spiegel M. Influence of B, S, P, Si and C Segregation on the Selective Oxidation of Dual Phase and Interstitial Free Steels [A]. GALVATECH'04 [C]. Chicago: Association for Iron and Steel Technology (AIST), 2004: 401 ~ 410.

[11] Ma M T. Mechanical Behaviour of Materials-Ⅳ [M]. Oxford: Pergamon Press, 1983, 1067.

[12] 田志强. 高强度双相钢的退火工艺及强塑性机理研究 [D]. 北京：北京科技大学，2009.

[13] Masanori Ohmura. Solute Partitioning and Microstructural Development in Dual Phase Steels [D]. Berkeley: Univ. of California, 1986.

[14] 马鸣图，吴宝榕. 双相钢——物理和力学冶金 [M]. 2 版. 北京：冶金工业出版社，2009.

[15] 俞德钢. 铁基马氏体时效-回火转变理论及其强韧性 [M]. 上海：上海交通大学出版社，2008.

[16] 马鸣图. 双相钢的时效和回火 [J]. 国外金属材料，1985，2：1 ~ 9.

[17] 牛枫. 1000MPa 级连续退火双相钢组织与性能的研究 [D]. 北京：北京科技大学，2009.

[18] 闫远. 超高强双相钢组织控制与性能研究 [D]. 北京：北京科技大学，2016.

[19] 佟婷婷. 1470MPa 级超高强双相钢的组织性能研究 [D]. 北京：北京科技大学，2015.

[20] 张增良. 高强度冷轧双相钢的工艺、组织及性能研究 [D]. 北京：北京科技大学，2008.

[21] Jidong K, Yuriy O, J David E, et al. Digital Image Correlation Studies for Microscopic Strain Distribution and Damage in Dual Phase Steels [J]. Scripta Materialia, 2007, 56 (11): 999 ~ 1002.

[22] 陈杰，唐荻，赵征志，等. 热镀锌退火温度对 DP780 组织和性能的影响 [J]. 热加工工艺，2010：155 ~ 158.

[23] 刘华赛，邝霜，滕华湘，等. 连续退火与连续热镀锌 590 MPa 级双相钢疲劳性能的研究 [J]. 钢铁研究学报，2015，27 (10)：50 ~ 54.

[24] Tang Naiyong. Modeling Al enrichment in Galvanized Coatings [J]. Metallurgical and Materials Transactions A, 1995 (26): 1699.

[25] Song Guiming, Sloof Willem G. Effect of Alloying Element Segregation on the work of Adhesion of Metallic Coating on Metallic Substrate: Application to Zinc Coating on Steel Substrates [J]. Surface and Coatings Technology, 2011 (205): 4632.

[26] 卢琳. 超高强高铝双相钢的热镀锌工艺及镀层结构研究 [D]. 北京：北京科技大学，2014.

[27] 金光灿.800MPa 级热镀锌双相钢热处理工艺及其断裂行为的研究 [D]. 北京: 北京科技大学, 2009.
[28] 张继诚, 符仁钰, 张梅, 等. 相同成分 DP 钢和 TRIP 钢部分力学性能的比较 [J]. 热加工工艺, 2006, 35 (22): 13~16.
[29] 李国彬. 高强度热镀锌双相钢生产工艺控制技术研究 [D]. 北京: 北京科技大学, 2010.
[30] 牛见青. 600MPa 级热轧双相钢生产工艺与组织性能的研究 [D]. 北京: 北京科技大学, 2011.
[31] 祝志峰. 590MPa 级热轧双相钢组织控制工艺及性能研究 [D]. 北京: 北京科技大学, 2010.
[32] 汪志刚. 微碳深冲 DP 钢的组织性能研究与织构控制 [D]. 北京: 北京科技大学, 2013.
[33] 景财年, 王作成, 韩福涛. IF 钢中的析出物 [J]. 材料导报, 2005, 19 (5): 50~53.

5 相变诱导塑性钢

5.1 相变诱导塑性钢概述

5.1.1 相变诱导塑性钢的特点与发展历程

TRIP（Transformation Induced Plasticity——相变诱导塑性）钢是为满足汽车工业对高强度、高塑性新型钢板的需求而开发的一种先进高强度钢。现代 TRIP 钢的常温组织大致由 50%~60% 的铁素体、25%~40% 的贝氏体（或少量马氏体）及 5%~15% 的残余奥氏体组成[1]。在加工变形过程中，TRIP 钢中的残余奥氏体逐渐向马氏体转变，从而引入了相变强化和塑性增长机制，使钢获得良好的强度和塑性匹配。

现代汽车用低碳低合金 TRIP 钢的抗拉强度范围为 600 ~ 1000MPa，国内工业化生产供应的 TRIP 钢主要有 590MPa、690MPa、780MPa、980MPa 4 个强度级别。TRIP 钢具有优越的综合力学性能、良好的成型性能和能量吸收能力，同时具有良好的可焊接性，在汽车制造中具有广泛的用途，如制作汽车的挡板、底盘部件、车轮轮辋、车门冲击梁等[1]。

TRIP 钢的发展基本上经历了 3 个阶段[2~7]：

第一阶段，镍铬系 TRIP 钢的出现。TRIP 钢板最先是由 V. F. Zackay 在 1967 年发现并命名的，其成分大致为 8Ni-9Cr-2Mn-4Mo-2Si。经多种工艺对比发现，未经变形直接淬火的上述 Cr-Ni-Mn-Si 钢，不但强度不高（约 560MPa），伸长率也不大（约 35%）；经 450℃形变 20%，淬火后在强度升高（约 1180MPa）的同时，塑性也大为增长，伸长率高达 81%；若在 450℃形变 80%，淬火后可达很高强度（约 1780MPa），而塑性仍达 41% 左右，成为具有良好韧性的超高强度钢。在 20 世纪六七十年代的相变塑性钢仅限于高合金钢，价格昂贵且实现相变塑性所必需的中温形变热处理不能应用于大件和焊接件，这大大限制了其应用范围。

第二阶段，中碳 TRIP 钢的出现。1987 年日本的 Matsumura 和 Takichi 等利用低成本的 C-Si-Mn 系列钢研究出了具有 TRIP 效应的高强度冷轧薄板，TRIP 钢才得到了人们的重视。但在 20 世纪 80 年代，为了提高残余奥氏体的含量，多采用较高的碳含量设计(0.4% 左右质量分数)，由于高的碳含量给冷加工和焊接带来一系列问题，因此实用价值仍然不大。

第三阶段，低碳 TRIP 钢的研发生产。2000 年以后，低碳 TRIP 钢的研究取得了极大进展。降 C 增 Si(Al、P) 是这一阶段 TRIP 钢研发的主要手段。Si(Al、P) 元素在贝氏体等温转变阶段能够抑制渗碳体的析出，促进无碳化物贝氏体的生成和碳元素往残余奥氏体中的积聚，提高了残余奥氏体的稳定性。低碳 TRIP 钢的出现克服了中碳 TRIP 钢的焊接和冷加工困难，最终使 TRIP 钢的大规模生产和应用成为现实。

5.1.2 相变诱导塑性钢的化学成分及其合金化原理

C、Si、Mn、Al、Nb 等几种合金元素构成了现代 TRIP 钢的基本成分，其内在的合金化原理的发现和应用使得现代低碳低合金 TRIP 钢最终实现了产业化[8~11]。其中 C、Si、Mn 元素是一般热轧产品或者连续退火产品的基本合金元素，而 Al、P 元素则是为了取代钢中的 Si 元素、解决钢的热涂镀问题而需要添加的，Nb 作为常用的微合金化元素在 TRIP 钢中也有很多有意义的作用，主要是细化晶粒、提高强度等。

表 5-1 汇总了近年来人们发展低碳系列 TRIP 钢产品的常用成分、所获得的残余奥氏体含量及其基本力学性能。

表 5-1 TRIP 钢的成分体系

组别	序号	化学成分/%					残余奥氏体含量/%	力学性质			
		C	Mn	Si	Al	P		YS/MPa	TS/MPa	El/%	n
低碳高硅	1	0.20	1.20	1.20			15		700	34	
	2	0.12	1.20	1.20			9		580	33	
	3	0.20	1~2.5	1~2.5			6~14	约 500	700~900	25~31	
	4	0.14	1.57	1.21			12	450	680	33	
	5	0.11	1.50	1.20			6	330	514	35	0.24
	6	0.10	1.04	2.07			4~11	470	690	30	0.20
	7	0.14	1.66	1.94			13	570	810	32	
	8	0.12	1.50	1.10	0.40		15	460	645	33	0.20
低碳中硅	9	0.19	1.42	0.55	0.92		21	421	620	35~36	
	10	0.12	1.58	0.53		0.07	9	470	730	33	
	11	0.15	1.50	0.60		0.10	0~10	470~500	725~790	19~26	
	12	0.3	1.50	0.30	1.20						
低碳低硅	13	0.20	1.49		1.99		11	约 363	658	33	0.27
	14	0.21	1.50		1.00		8.5	370	654	27	0.23
	15	0.2	1.50	0.10	1.80						

5.1.2.1 C、Si 和 Mn

C 含量在成分设计中扮演最关键的角色。它分布在 TRIP 钢的主要微观结构中，决定着材料的基本属性：它要尽可能地富集在残余奥氏体中，使得残余奥氏体的 M_s 温度在 15~25℃之间，以获得最好的力学性能。早期的 TRIP 钢的 C 含量高达 0.4%[12~15]，目前 TRIP 钢的碳含量在 0.11%~0.25%[16-20]。

Si 同时增加了 C 在铁素体和奥氏体中的活度，在一定时间下，Si 也提高渗碳体开始在铁素体中析出的温度，亦即抑制回火阶段渗碳体的析出。这经常被解释为 Si 几乎不溶解于渗碳体中。在渗碳体核心周围堆积 Si 可以局部增加 C 的活性，阻止 C 元素扩散到核心[21]。要想抑制渗碳体形成，最少的 Si 含量是 0.8%。

典型 TRIP 钢的 Mn 含量大约为 1.5%。Mn 作为奥氏体的稳定元素，降低了渗碳体开始析出的温度。Mn 也降低了碳在铁素体和奥氏体中的活性，增加了铁素体中碳的稳定性。Mn 可以溶于渗碳体。高 Mn（高于 2.5%）含量是不好的，因为会导致带状组织和奥氏体过于稳定[22]。

5.1.2.2 Al 和 P

CMnSi 系列的 TRIP 钢存在一个明显的缺点：高 Si 含量导致了钢板表面形成一层氧化薄膜，从而阻碍热镀锌性能[23,24]。经过多年的研究，人们普遍地采用了 Al 元素代替一部分 Si 的方案来发展热镀锌 TRIP 钢[25~29]。Al 和 Si 同样都不溶于渗碳体，能够抑制渗碳体的形成，促进碳元素往残余奥氏体中的积聚。更重要的是 Al 加速了贝氏体相变进行速度[30]，这对于 TRIP 钢适应了热镀锌工艺是非常有利的。因为大部分生产汽车板的连续镀锌线都是以 IF 钢来设计的，没有很长的过时效区域来让回火过程进行。

P 元素的添加也有助于增加最终组织中的残余奥氏体量[31]。P 和 Si、Al 一样，也不溶于渗碳体，抑制渗碳体生成，使更多的碳存在于残余奥氏体中，并使残余奥氏体稳定。P 元素的添加并没有使奥氏体获得更高的化学稳定性，但是 P 元素所产生的“基体约束”现象抑制了奥氏体发生马氏体相变：因为 P 是一种很强的固溶强化元素，它的存在增加了基体的“约束”能力，使残余奥氏体稳定性增加。尽管在低碳和超低碳钢中，P 会导致冷脆，但是在 TRIP 钢中 P 的这种副作用不会体现出来，因为 TRIP 钢中的碳含量一般在 0.1%（质量分数）以上[25,32]。

5.1.2.3 Nb 元素

当采用 Al 元素代替部分 Si 元素来发展热镀锌 TRIP 钢时，由于 Al 元素几乎不具有固溶强化的作用，钢的强度往往产生明显的降低。此时添加 Nb、V 等微合金元素就成为一个可选的方案。

Nb 在 TRIP 钢中的作用已经有详细的研究[33~35]。Nb 的加入可以显著细化晶粒，提高 TRIP 钢的屈服强度，每增加 0.04% Nb（质量分数）约可提高强度 15MPa；更重要的是，由于 Nb 含量的增加，残余奥氏体的体积分数也得到了增加，其原因在于 Nb 元素跟 Si、Al 元素一样，也能抑制含碳贝氏体的形成，使钢在贝氏体区得到更宽的退火条件来获得较高的残余奥氏体体积分数。实验表明，在含 NbTRIP 钢中残余奥氏体的体积分数为 9.9%，而不含 Nb 的钢仅为 4.3%。

5.1.3 相变诱导塑性钢的制备工艺及其组织特征

TRIP 钢的制备工艺主要是围绕获得 5%~15% 体积分数的残余奥氏体而进行的。按照制备工艺的不同，TRIP 钢可以分为冷轧 TRIP 钢和热轧 TRIP 钢。

冷轧 TRIP 钢是采用临界区加热、贝氏体区等温淬火的工艺方法来获取 TRIP 所需的大量残余奥氏体，而热轧型 TRIP 钢是通过控制轧制和控制冷却来获得残余奥氏体。两种工艺的生产工艺原理如图 5-1 所示[36,37]。

热轧 TRIP 钢的制备工艺过程。在热连轧生产线上，经过奥氏体区或奥氏体和铁素体两相区热轧的带钢缓冷至 A_1 附近，获得一定体积的铁素体后，再快冷至贝氏体开始转变温度处进行卷取、保温停留，随后缓冷至室温。热轧 TRIP 钢的组织演变过程及原理与冷轧 TRIP 钢完全一致。

冷轧 TRIP 钢的制备工艺过程。在连续退火炉中，将冷轧带钢加热至铁素体/奥氏体临界区某一温度加热一段时间，以形成一定体积的奥氏体；然后以大于珠光体临界冷速的冷却速度快冷至贝氏体转变温度区域，保温停留，使部分奥氏体转变为贝氏体。在贝氏体转变过程中，在 Si（或 Al、P）元素的作用下，钢中的 C 原子进一步积聚于未发生相变的残余奥氏体中；最后，随着钢板缓冷到室温，钢中形成了铁素体、无碳化物贝氏体和残余奥氏体共存的多相组织。

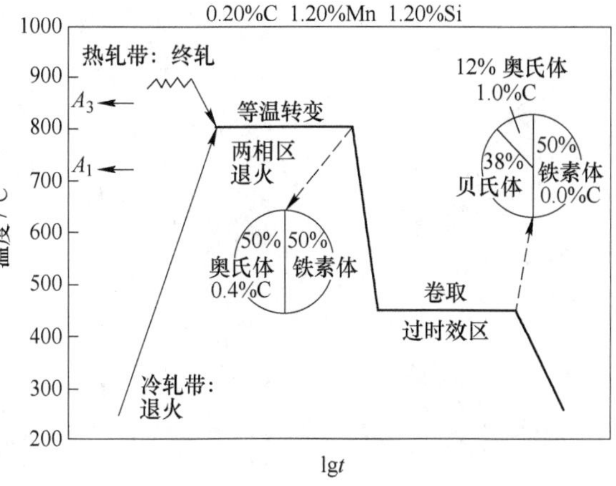

图 5-1 TRIP 钢的制备工艺及其组织演变示意图

TRIP 钢中一般含有铁素体、无碳化物贝氏体和残余奥氏体 3 种组织，各相组织之间的区分一度是 TRIP 钢研究的难点之一。图 5-2 为 TRIP600 钢的微观组织。如采用金相显微镜或者扫描电子显微镜往往只能判定出大晶粒的铁素体（F）组织，而对混在一起的贝氏体（B）、残余奥氏体（Ar）组织则很难区分，如图 5-2a 所示。后来，人们采用 Lepera 试剂（苦味酸偏重亚硫酸钠）制取了彩色金相，TRIP 钢的三相组织形态及其分布规律才得以清晰地显现出来。在 Lepera 试剂浸蚀过的 TRIP 钢金相中，占主体地位的多边形铁素体会呈现浅蓝色和浅棕色（铁素体取向和浸蚀上的差异会造成染色不同），"筋络状"贝氏体组织会呈现深褐色，而残余奥氏体则会呈现亮白色。TRIP 钢中三相组织在光镜下的形态如图 5-2b 所示。

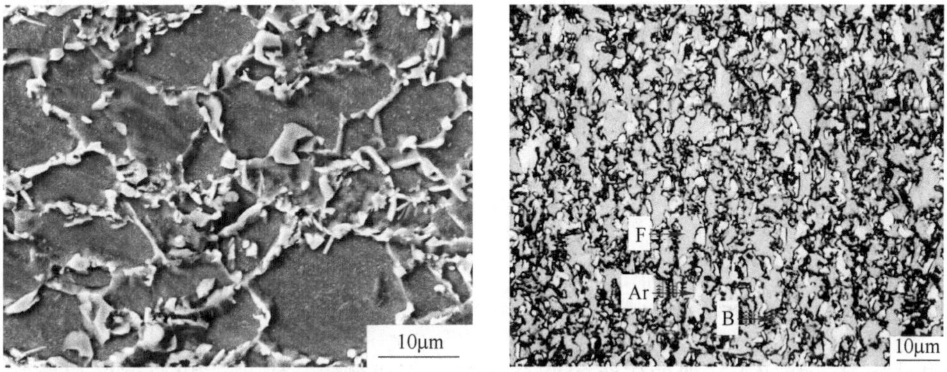

a b

图 5-2 TRIP600 钢的微观组织
a—扫描电镜照片；b—彩色金相照片

实际上，在光镜下的那些环绕着铁素体晶粒的"筋络状"贝氏体组织，在透射电镜下显示为纳米级的板条状亚结构。进一步的研究证实，在贝氏体板条间以及板条端部，还存在着残余奥氏体薄膜和块状微粒，如图 5-3 所示。

5.1.4 相变诱导塑性钢的性能特点

图 5-4 和图 5-5 粗略表示了 TRIP 钢相对于其他常见的汽车用钢在基本力学性能上的

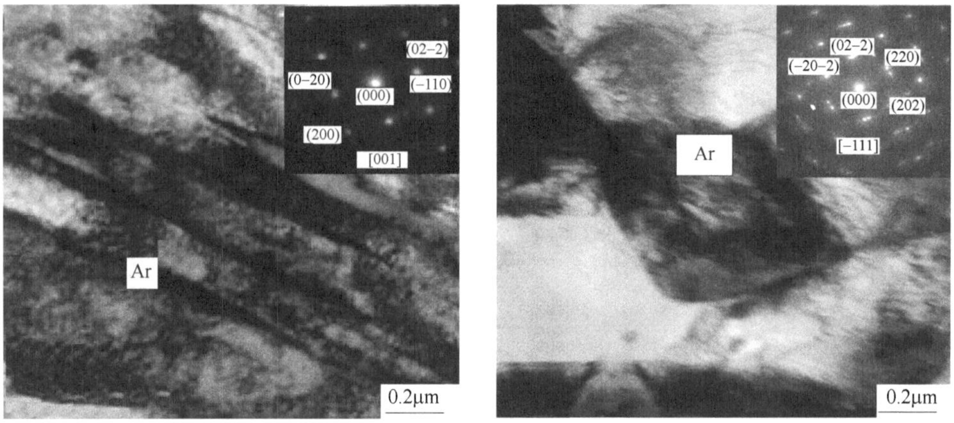

a　　　　　　　　b

图 5-3　TRIP 钢中的贝氏体板条及其间的残余奥氏体薄膜和微粒

a—贝氏体板条及板条间的奥氏体薄膜；b—贝氏体板条端部的奥氏体微粒

优势。显然，在屈服强度大致相同的情况下，TRIP 钢具有更高的抗拉强度、均匀伸长率和相对低的缩颈伸长率。而在应变硬化率上 TRIP700 钢较之双相钢（H300X）和低合金钢（H320LA）更具有显著的优势。

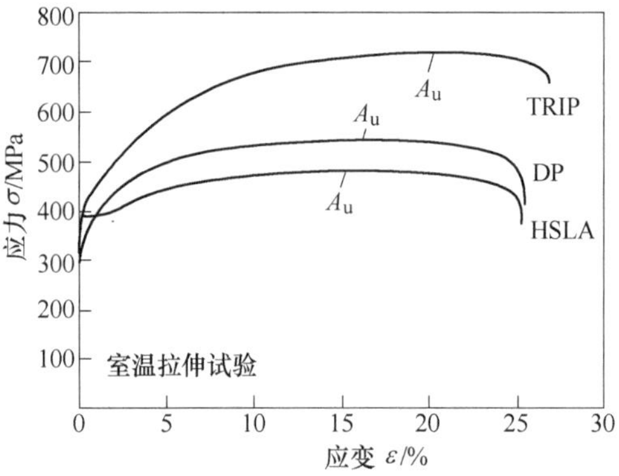

图 5-4　屈服强度大致相同的情况下 3 种典型汽车用钢板的流变行为

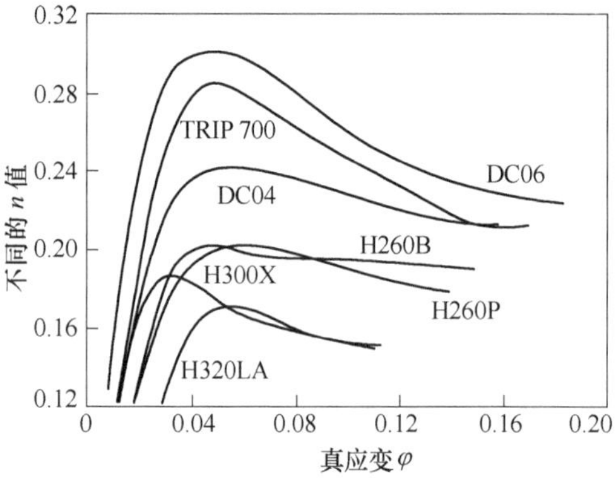

图 5-5　TRIP 钢与其他不同冷轧钢的 n 值比较

具体而言，相比于一般的传统的低合金高强度成型钢，由于“相变诱导塑性”效应的存在，TRIP 钢具有以下性能上的特点[38,39]：

（1）强度高，延性大。TRIP 钢具有高的强塑积（TS × EL），较好地解决了强度和塑性的矛盾。TRIP 钢的强塑积一般均大于 20000，而一般钢的强塑积约为 15000，因此 TRIP 钢可用作形状较为复杂的零件。

（2）加工硬化指数 n 值较高。TRIP 钢的加工硬化指数均在 0.2 以上，而析出强化钢则在 0.2 以下。n 值越大，材料变形越均匀。

（3）平面各向异性较低（Δr 小），在深冲时制耳很小。

（4）屈强比（YS/TS）低，加工容易。TRIP 钢的屈强比略高于双相钢，为 0.6 ~ 0.8，而析出强化钢为 0.8 ~ 0.9。屈强比高会使冲压时产生回弹，影响冲压件的形状。

（5）具有高的成型极限高度和拉胀性能，特别适合于胀形的零件。

（6）冲撞时吸收能量较高，提高了安全性。

（7）疲劳强度高。TRIP 钢因加工硬化指数高，在应力循环作用下，会发生循环硬化，故可提高其疲劳强度。

5.2 冷轧相变诱导塑性钢

5.2.1 TRIP 钢的组织演变过程及碳原子的积聚

如前所述，低碳 TRIP 钢的工艺制定以获得一定量的能在室温下稳定存在的残余奥氏体为中心，而这一问题的本质是控制相变过程并使残余奥氏体中的碳原子成功积聚到一定的量。一般来说，残余奥氏体中碳含量较高时，残余奥氏体的稳定性较高，反之亦然。但另一方面碳含量过高会使残余奥氏体的稳定性过高，马氏体相变难以发生，这反而不利于 TRIP 效应的发生，且钢的焊接性和伸长率也会因此变差。目前冷轧 TRIP 钢的碳含量通常为 0.1%~0.25%（质量分数）之间。

图 5-6 表示了冷轧 TRIP 钢的组织演变以及奥氏体中碳含量的积聚过程。显然，冷轧 TRIP 钢的热处理基本上可以分为 5 个阶段：（1）加热阶段；（2）临界区退火阶段；（3）快冷阶段；（4）贝氏体区等温相变阶段；（5）终冷阶段。每个阶段都有其冶金学的意义，组成一个连贯的组织演变控制过程，最终实现了 C 原子在残余奥氏体中的积聚，并使其在室温下稳定下来。

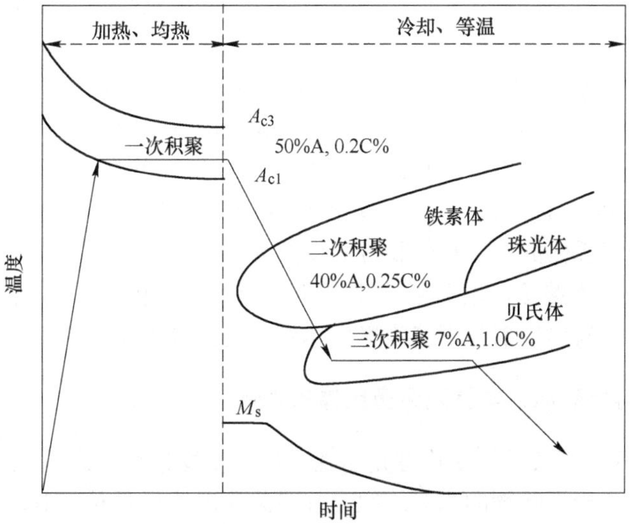

图 5-6 TRIR 钢的组织演变及碳原子的积聚过程
（以 0.1%C 含量的冷轧钢为例）

（1）加热阶段。这一阶段的主要变化有：冷轧硬化铁素体组织的再结晶—渗碳体开始溶解—当温度高于 A_{c1} 温度时奥氏体的产生。此时奥氏体化过程很快，渗碳体来不及全部溶解[40]。影响钢中组织变化的因素有[41]：1）渗碳体的形状（粒状或片层状）；2）奥氏体遗传的珠光体中的 Mn 含量；3）钢的过热度。而其中的 1）、2）两点又与热轧工艺过程中层流冷却模式和卷取温度以及冷轧压下率有关，在保证全部渗碳体能够全部溶解的前提下，低温终轧和大的冷轧压下率是有利的。此外，加热速度对 TRIP 钢铁素体再结晶和奥氏体形成也有着直接的影响，王等人[42]在研究关于加热速率对再结晶完全程度和奥氏体形态的影响时发现，如果铁素体发生完全再结晶，即加热速率适中，奥氏体将会弥散分布在铁素体的晶粒周围，而如果铁素体发生不完全再结晶，即加热速率过快，奥氏体将会容易形成带状组织，降低 TRIP 钢的力学性能。

（2）临界区退火阶段。临界区退火阶段基本可以使铁素体和奥氏体形成 50:50 的体积比例，同时大幅度提高奥氏体中的碳含量（基本达到钢平均碳含量的 2 倍）。在很短的退火时间内，碳在铁素体和奥氏体中的分配就可以达到平衡。研究表明，在奥氏体形成的早期阶段，奥氏体相变速率主要由碳的扩散速度决定，而后再由扩散速度慢很多的硅和锰等元素控制。当然在实际生产中，由于时间因素的限制，锰、硅等置换元素不会达到完全的平衡分配，本阶段结束时在铁素体和奥氏体的界面上可能还有稳定铁素体的元素在铁素体一边富集，稳定奥氏体的元素在奥氏体一边富集。

（3）快速冷却阶段。在本阶段完成的组织演变主要是此生铁素体的形成和碳原子的第二次积聚。由图 5-6 可见，钢从临界区快速冷却到贝氏体区必将经过铁素体区，因此将在这一阶段再次生成新的铁素体组织，这种新的铁素体组织实际是已有铁素体晶粒的继续长大（在 Lepera 试剂下的彩色金相中与旧铁素体表现出不同的颜色）。有研究者认为这基本上属于旧铁素体的近平衡生长。在此期间可以获得铁素体量的大量增加，铁素体与奥氏体的体积可达 60:40 的比例。此时相界面奥氏体侧将再次富碳。本阶段的快速冷却是必要的，因为在这一阶段必须避免珠光体的产生，珠光体的出现必将导致奥氏体中碳浓度的下降，并最终降低奥氏体的稳定性。

（4）贝氏体区等温转变阶段。中温区等温处理即为贝氏体区等温转变阶段，时间为 4 ~ 8min，这期间钢中的部分奥氏体会转变为无碳化物贝氏体，即贝氏体中的碳原子向残余奥氏体中转移积聚，直至剩余奥氏体中的碳含量足以保证在其在室温下的稳定（即不会转变为马氏体）。从很多方面来说，这一阶段是最关键的，因为它决定着残余奥氏体的 3 个最重要的量：残余奥氏体的碳含量体积分数以及大小。

（5）终冷阶段。在终冷阶段可能会出现不稳定的奥氏体发生马氏体相变，尤其是采用热镀锌工艺时，容易出现部分不稳定奥氏体发生马氏体相变。

5.2.2 合金元素对相变动力学及残余奥氏体的影响

合金元素对 TRIP 钢效用的影响首先体现在其对相变过程的影响上。在加热和冷却过程中，钢的成分将直接影响钢的相变组织，并最终影响力学性能。在研发 TRIP 钢的过程中，对合金元素的选择上一个很重要的因素就是考虑其对奥氏体相变的动力学影响。尤其在退火设备的冷却能力不足的情况下，就更需要依靠调整钢的化学成分，利用成分差异来调整 TRIP 钢的相变过程，生产性能合格的产品。

各种常见合金元素对奥氏体相变动力学的影响规律如图 5-7 所示。

5.2.2.1 Si、Mn 元素对相变动力学的影响

从目前的实际生产来看，TRIP 钢板中的合金元素主要是 C、Si(Al)、Mn，可以说这 4 种元素是 TRIP 钢的基本合金元素。其他几种合金元素可以在某些特殊的性能需要和环

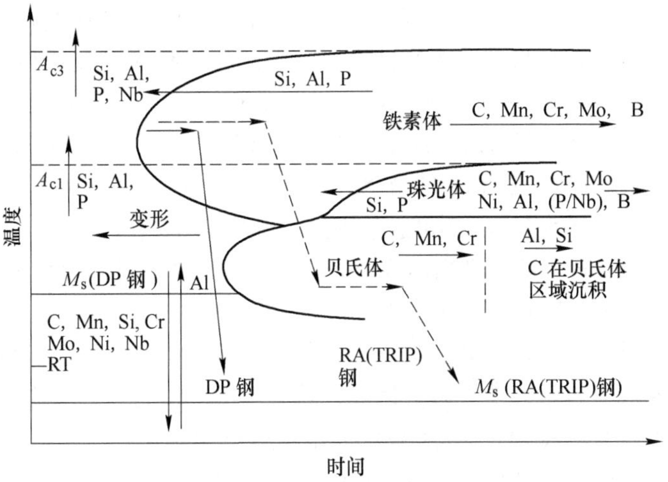

图 5-7 合金元素对 TRIP 钢的相变效用分析图

境条件下添加使用。图 5-8 所示为 Si、Mn 元素的含量对 0.2C 钢 CCT 曲线的影响。

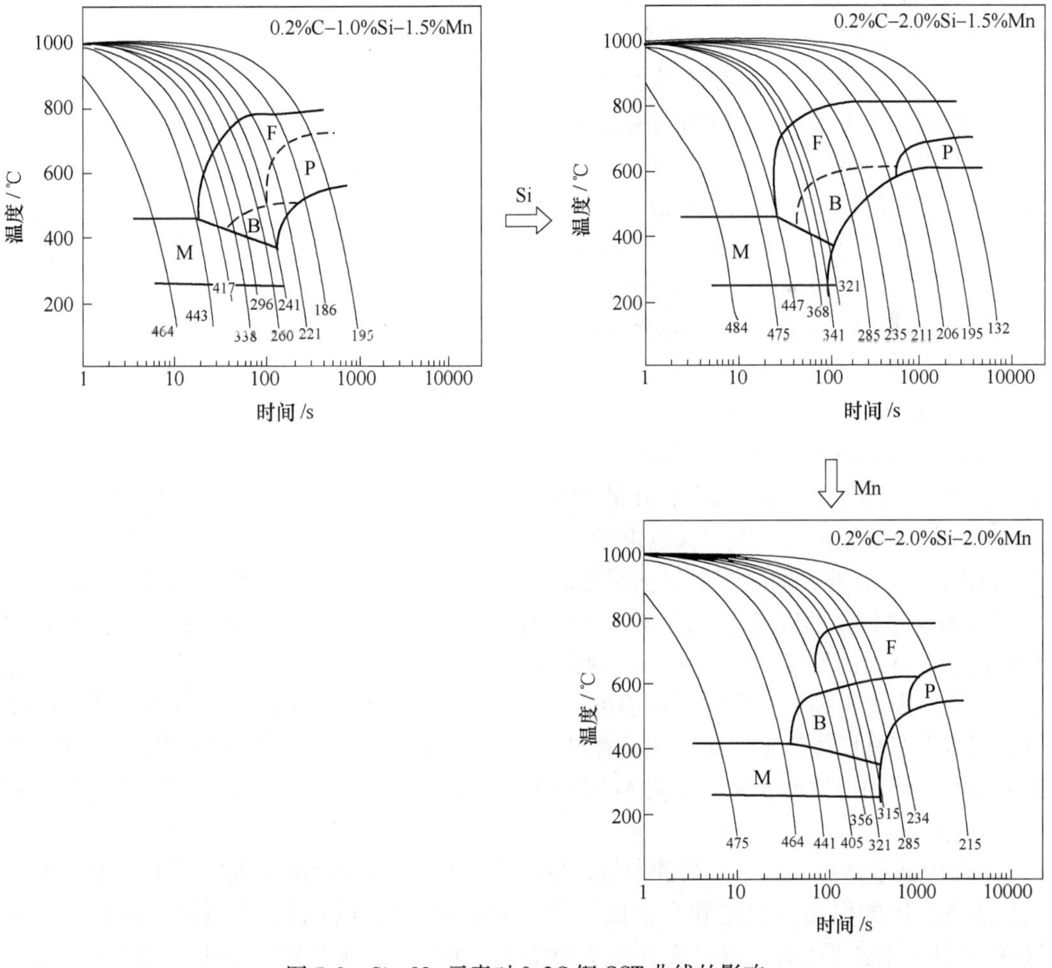

图 5-8 Si、Mn 元素对 0.2C 钢 CCT 曲线的影响

Si 是铁素体形成元素，也是固溶强化元素，可促进在退火冷却过程中铁素体的形成，可抑制等温过程中碳化物的形成，提高铁素体中碳的化学势来使奥氏体中的碳含量升高，使奥氏体更加稳定。而过多的 Si 元素会降低钢板的热镀性能，降低钢板表面质量，使焊接性变差等。因此，在热镀锌 TRIP 钢降低 Si 含量或用 Al 替代 Si 是现在的趋势。

Mn 是奥氏体稳定元素，有利于残余奥氏体的形成，延迟珠光体形成，即使产生珠光体的临界冷却速率得以增大。Mn 还可通过固溶强化提高钢的基体强度。室温时，残余奥氏体的稳定性会随着 Mn 含量的升高而逐渐升高，但 Mn 含量过高会使残余奥氏体过于稳定，不利于 TRIP 效应的发生。另外，Mn 可以促进钢板中带状组织的形成，并使带状组织在随后的热处理过程被保留下来，贝氏体、马氏体等硬相聚集于带状组织中，使得钢的脆性增加、塑性降低、力学性能下降。因此，TRIP 钢的 Mn 含量一般在 1%~1.8% 之间。

5.2.2.2　Al 和 P 元素对 C 活度和残余奥氏体的影响

TRIP 钢中的高硅含量可使钢产生许多缺陷，如坚硬的氧化层以及使钢的涂镀效果很差等。各发达工业国家为了解决这一问题开展了许多实验研究，并取得了一些成果。陆续发现了其他元素如 P、Al 等低成本元素都能在贝氏体相变过程中抑制渗碳体的形成，使奥氏体富碳，提高残余奥氏体的稳定性。

根据 De Cooman 教授等的研究，Al、P 的作用方式与 Si 相同，都是强铁素体形成元素，都能提高 C 在渗碳体中的活度系数，并且都不溶于渗碳体，在贝氏体转变时强烈地阻碍碳化物的析出，有利于形成无碳化物贝氏体，并在等温过程中使碳由贝氏体扩散进入奥氏体中，使残余奥氏体富碳而在室温下能稳定存在，获得相变诱发塑性效应，如图 5-9 所示。

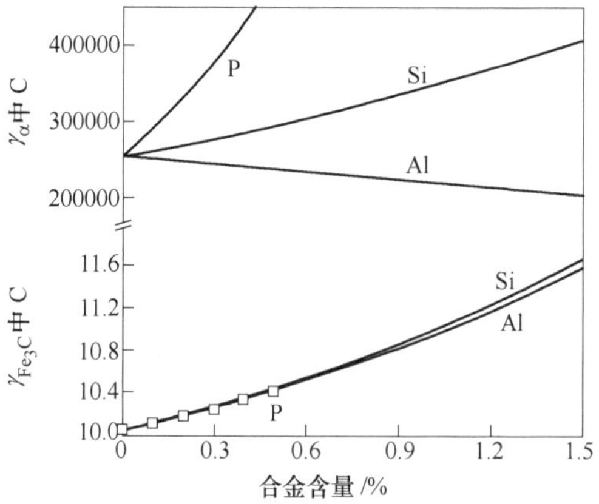

图 5-9　Si、Al 和 P 对铁素体和渗碳体中 C 的活度系数的影响

由于很多钢板的镀锌生产线没有足够的等温淬火区域，不能满足含 SiTRIP 钢贝氏体转变所要求的等温时间，而含 Al 的 TRIP 钢适应了镀锌线较短的等温淬火温度段。但与 Si 相比，Al 是非常弱的固溶强化元素，用 Al 代替 Si 会引起 TRIP 钢的强度下降，所以 Al 经常与含量较高的碳或磷相结合，一方面降低渗碳体析出的动力学，另一方面又是固溶强化非常有效的元素。Al 的另一个缺点是提高了相变温度，扩大了临界区，不能全部奥氏体化，因此提高了马氏体开始温度，使残余奥氏体的稳定性降低，当 Al 含量为 2% 时，钢板中有马氏体产生，使硬度显著提高，相变过程中有铁素体的预屈服现象出现，马氏体的产生使冲击性能下降。因此 Al 对残余奥氏体的稳定性具有双重作用，应适当控制 Al 的含量。

P 作为铁素体形成元素，与硅类似，也能固溶强化铁素体和奥氏体，而且 P 也有利于亚稳态奥氏体的保留，能使残余奥氏体的应变诱发相变维持到高应变区，因此可以在 TRIP 钢中添加适当的磷，以提高其强度和塑性，钢中加入少量磷（$w(P)<0.1\%$）能有效阻止铁的碳化物的析出。但加入量不能超过一定量，否则会导致钢出现冷脆倾向，对焊

接性能不利。

Liesbeth Barbé 针对 C-Mn-Si-Al-P 系 TRIP 钢的研究表明，与不添加 P 的钢相比，含 P TRIP 钢在更长的贝氏体相变时间下，能获得更多的残余奥氏体，如图 5-10 所示。P 只有和 Si 或者 Al 一起添加才能产生作用。当 Si 和 Al 均比较高的时候，添加 P 能起到很好的效果，作者论文中的 Si 和 Al 的含量分别为 0.48% 和 0.86%，即 Si + Al 含量约 1.3%，而当 Si 和 Al 比较低的时候，添加 P 的效果不显著，甚至还不如不含 P 而 Si、Al 比较高的时候。

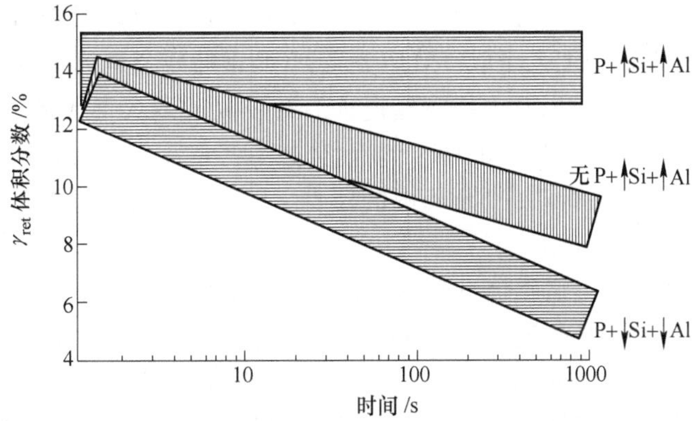

图 5-10 P、Si、Al 对残余奥氏体量的影响随贝氏体等温时间的变化

5.2.2.3 其他几种合金元素的影响

Mo 元素。Mo 元素通过再结晶和在钢板中析出时很强的溶解牵制作用来影响相变，重要的是，Mo 可提高碳在奥氏体中的溶解度，降低碳化物沉积时的驱动力，使其沉积扩散作用明显减弱。同时，Mo 可抑制多边形铁素体形成，促使单一针状铁素体形成[43]。含 Mo 的 TRIP 钢板的抗拉强度高达 1020MPa，而伸长率有所降低。

Cr 元素。Sung-Joon Kim 在针对 0.15C-1.5Mn-1.5Si-0.5Cu 添加 0.4% Cr 的 TRIP 钢进行研究时发现[44]，含 Cr 的 TRIP 钢能达到很高的强度（1000 ~ 1100MPa），伸长率在 20% 左右，表明添加 0.4% Cr 能有效地提高抗拉强度，仅仅轻微的损害伸长率。他认为 Cr 的作用是增加奥氏体的淬透性，阻碍冷却过程中铁素体的相变，同时延迟贝氏体相变进程，使最终组织中获得一定量的马氏体。含 Cr 钢的拉伸应力应变曲线中没有屈服平台，与双相钢很相似，但是伸长率则远高于同等强度级别的双相钢，原因在于钢中残余奥氏体的作用。此外 Cr 的加入还可以抑制 TRIP 钢的屈服平台[45]，这可能与 Cr 元素与铁素体中 C 元素的结合有关（Cr_7C_3 和 $Cr_{23}C_6$）。

Cu 元素。Cu 元素有很强的固溶强化作用，是残余奥氏体的稳定元素。1% 的 Cu 可提高 50MPa 的强度，但铜的溶解仅在高温时发生，室温下几乎为零，铜还通过细化晶粒来提高强度。在铁素体冷却的过程中，铜的溶解度迅速降低，产生析出硬化。含 Cu 的 TRIP 钢在贝氏体相变过程中阻碍碳化物的形成，使残余奥氏体的稳定性得到提高[46]。Lucas[46] 的研究显示含 Cu 的 TRIP 钢避免了贝氏体相变过程中碳化物的形成，使残余奥氏体的含量和稳定性都得到提高，而且具有降低等温温度和缩短等温时间的作用。在一些特殊的应用场合，含 Cu 的 TRIP 钢能有良好的工业应用前景。

Ni 元素。Ni 元素加入 TRIP 钢中，主要起到扩大奥氏体稳定区，降低 M_s，有利于获得残余奥氏体的作用。Ni 的作用与 Mn 相似，但其影响程度较小，仅为 Mn 的一半[48]。

Nb 元素。Nb 元素具有显著的细化晶粒的作用。在贝氏体等温过程中，Nb 抑制渗碳体的析出，提高残余奥氏体含量以及残余奥氏体的碳含量[49]。Nb 的加入提高了 TRIP 钢强度和奥氏体的再结晶温度，并且 Nb 的加入对于未变形的 TRIP 钢推迟了 $\gamma \rightarrow \alpha$ 的转变，而对于热变形钢则加速了 $\gamma \rightarrow \alpha$ 的转变。Nb 的加入抑制了钢的珠光体转变，使铁素体数量增加，铁素体晶粒得到细化[50]。

V 元素。李麟和史文等人对 0.11C-0.60Si-1.50Mn-(0-0.12) VTRIP 钢中 V 的作用进行了研究[51~54]，发现钒的加入可以有效地提高 TRIP 钢的残余奥氏体相对量，这主要是由于碳化钒在退火时发生溶解以及含钒钢经退火后有更高的退火奥氏体碳含量。同时 V 还能够有效地提高 TRIP 钢的强度，0.1%（质量分数）V 的添加，可以使 TRIP 钢的强度提高 60MPa。但是钒的添加损害了 TRIP 钢的塑性，0.1%（质量分数）V 的添加可以使 TRIP 钢的均匀伸长率下降 0.1。

N 元素。N 元素可以影响残余奥氏体的含量和钢板的力学性能。通过对比实验得出，N 元素的添加使钢板的抗拉强度和伸长率都得到提高，强塑积也大幅提高，用 EBSD 观察到添加氮元素使 AlN 的析出密度增大，AlN 阻碍了奥氏体在冷却和保温过程中的相变，于是残余奥氏体的数量较不添加 N 元素的试样多，同时 AlN 阻碍了铁素体和贝氏体的晶粒长大，使其平均晶粒尺寸变小，更重要的是 N 元素使残余奥氏体在变形过程中发生相变的数量大大增加，可以获得高的强度和伸长率[55]。

5.2.3　冷轧相变诱导塑性钢组织性能的优化

冷轧 TRIP 钢作为一种热处理薄板钢，其生产流程较长。实践证明，为了保证给定成分的 TRIP 钢获得最理想的组织与性能，在生产的所有过程和环节都必须实施严格的工艺控制。而微合金元素的加入，对几个冶金过程都有影响，如影响奥氏体铁素体相变、再结晶动力学、晶粒尺寸变化以及析出行为。要获得最优的性能就必须通过调整带钢生产的不同工艺阶段参数对组织演变流程进行精细的调控。为了系统说明工艺参数与最终的冶金工艺之间交互作用的关联，图 5-11 给出了不同工艺阶段的最重要的特征[49]。不同的组织工艺如相变、晶粒长大、析出和再结晶在整个工艺过程中都是至关重要的。若希望 TRIP 钢获得较细的晶粒，就不能仅调整冷轧和退火工艺，而必须对包括铸造和热轧工艺在内的全工艺过程进行控制。

5.2.3.1　退火前的组织准备与工艺控制

本节依据实际生产中的工艺顺序，分别讨论 TRIP 钢退火前的连铸、加热、热轧和冷轧 4 个阶段的控制要点。冷作硬化钢作为先进高强度钢的一种，虽然连续退火仍然是 TRIP 钢组织控制和性能实现的主要环节，但是相对于软钢系列，TRIP 钢在退火前的组织准备也是一个极为重要的技术关键。

A　连铸阶段的控制

对材料高温热塑性的分析是 TRIP 钢连铸阶段控制的关键，它为连铸和热轧生产 TRIP 钢的顺利进行提供理论依据。本节利用 Gleeble-1500 热模拟试验机对含 Nb 和不含 Nb 两

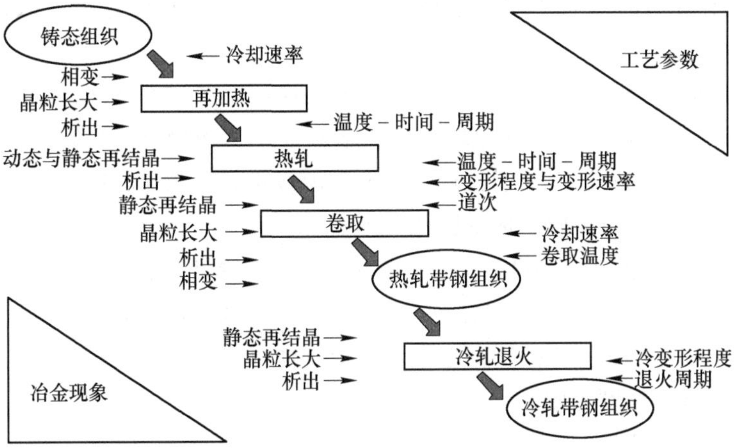

图 5-11 冷轧 TRIP 钢生产中的冶金现象和组织演变流程

种 TRIP 钢的高温热塑性进行测定，在不同的高温区间进行拉伸试验（拉断），测得各温度下的材料塑性和强度值，通过对高温热塑性曲线的分析，对连铸工艺、矫直温度和热轧温度提出建议。两种钢的成分如表 5-2 所示。

表 5-2 试验钢的化学成分（质量分数） （%）

样品编号	C	Si	Mn	P	S	N	Nb	其他
含 Nb 钢	0.18～0.24	1.32	1.54	0.055	0.0073	≤0.004	0.065	≤0.03
不含 Nb 钢	0.18～0.24	1.32	1.54	0.055	0.0073	≤0.004		≤0.03

本试验采用热拉伸法测定 TRIP 钢的高温热塑性曲线。试验工艺峰值温度的选择按日本学者铃木的研究方法，将零强度温度减去 50℃ 作为峰值温度。变形温度范围在 750～1350℃之间，每 50℃测一个试样，降温速度为 1℃/s。在测试温度下加热 60s 后拉伸，变形速率为 4×10^{-3}/s（与连铸过程中板坯的弯曲、矫直以及鼓肚等的变形速率相近）。试样断裂后淬火冷却，以保存断口原貌作进一步分析。所有温度点的试验结束后，绘制温度与断面收缩率的关系曲线图。本试验试样取自 160mm×150mm 铸坯。试验样品关系到测量数据的真实性、准确性，样品要求较高的表面光洁度和较小的公差范围。尺寸规格为 ϕ10mm×120mm。

根据试验所得数据，制得高温热塑性曲线，如图 5-12 所示。从图 5-12 中可以找出一个最佳塑性区间。定义 1200～1350℃为第Ⅰ温度脆性区，并且含 Nb 和不含 Nb 钢都有着较窄的热脆区，在 1250℃时热塑性急剧下降，1350℃时几乎是零塑性。1250℃时含 Nb 钢的塑性远低于不含 Nb 钢，这是因为 Nb 元素易产生氮化物沿晶界析出，使晶界脆化。该

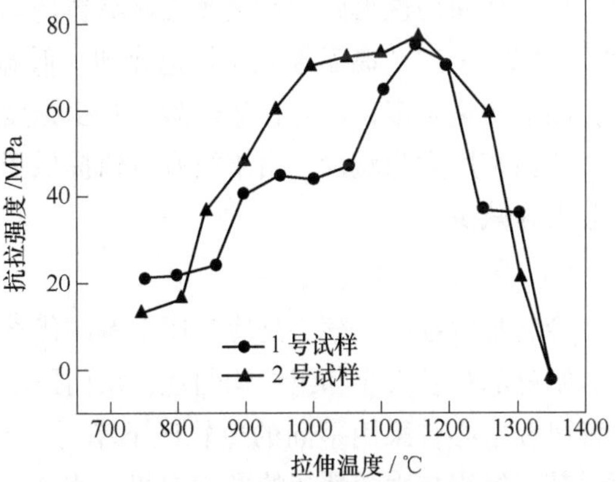

图 5-12 TRIP 钢的高温热塑性图

区断裂主要是沿枝晶的晶界扩展。连铸二冷区和矫直时应避免这个区域，减少裂纹的产生。

第Ⅱ温度区间为900～1200℃，这个区域为最佳塑性区，不含Nb钢的热塑性较之含Nb钢明显为好，高于60%，无脆化现象。这是因为含Nb钢中的Nb的析出在提高强度的同时，相对降低了钢的塑性。所以其连铸坯矫直温度最好不低于900℃，以防止裂纹的产生。缓冷和保温处理可以减轻该区的脆化程度。

第Ⅲ脆性温度区为750～900℃，两种的塑性均大幅降低，且含Nb钢的塑性明显比不含Nb钢差，这是由于Nb、Al元素在γ晶界析出。在700～800℃时，在γ晶界上先共析铁素体薄膜的形成加剧了晶界的局部变形，造成基体强化，引起钢的脆化，所以热轧和连铸矫直都应避免这个温度区域。

B　加热阶段的控制

TRIP钢热轧阶段的组织控制要点在于细化组织、抑制沉淀。当TRIP钢的强度要求较高时，往往需要考虑加入某些微合金元素，这一特点就显得尤为重要。对TRIP钢本身而言，无论600MPa还是800MPa等级，连续退火都是其组织控制和性能实现的主要环节和关键环节。由于我国大部分冷连轧设备只能处理屈服强度低于700MPa的板料，这种轧机能力对600MPa冷轧TRIP钢的生产来说是可以胜任的，但对800MPa冷轧TRIP钢来说却往往存在困难。总之，冷轧TRIP800钢热轧阶段组织控制的难点表现在以下两个相互对立的要求上：（1）从改善冷轧工艺性考虑，热轧板应控制获得较大的晶粒组织，以降低冷轧抗力；（2）从提高退火板材的强度而言，热轧板应控制获得细晶组织。

北京科技大学高效轧制国家工程研究中心曾以（0.18～0.22）C-1.32Si-1.54Mn-0.65Nb成分的钢为实验对象，研究TRIP钢热轧工艺的优化，发现采用“高温控轧（870～890℃）+快速冷却（25～30℃/s）+低温卷取（580～600℃）”的方案较之“低温控轧（850～870℃）+缓慢冷却（15～20℃/s）+高温卷取（650℃）”的方案更容易获得组织细小均匀的热轧组织，而两种工艺所获得的强度并没有明显差别[56,57]。

他们认为：（1）“高温控轧+快速冷却+低温卷取”弱化了控轧力度，可以显著降低材料的各向异性；（2）“高温控轧+快速冷却+低温卷取”可使大量渗碳体在铁素体晶粒内析出，从而使退火后的残余奥氏体晶粒均匀细密分布，总体含量较高，容易获得较好的TRIP效应；（3）“高温控轧+快速冷却+低温卷取”可使Nb元素碳化物析出数量受到限制，固溶数量增多，使之在热轧阶段减少强度贡献。从理论上看，低的控轧强度，使得奥氏体位错密度大为减少，由于没有位错提供形核点，那么在奥氏体阶段形核的Nb碳化物也会大为减少。

C　冷轧阶段的控制

冷轧阶段控制的核心是冷轧压下率的优选。退火前冷轧组织的变形量，将直接影响退火后钢材的晶粒大小和组织均匀性，从而影响最终力学性能。北京科技大学高效轧制国家工程研究中心曾采用不同的冷轧压下率对TRIP600钢（0.12C-1.2Si-1.5Mn）进行研究，探讨其对组织与力学性能的影响规律：将4.5mm的热轧板，按不同的冷轧压下率分别轧至0.6mm、0.8mm、1mm、1.2mm和1.4mm厚，然后按相同的退火工艺进行盐浴退火[56,57]。两相区退火（800℃）在氯化盐浴中进行，中温区等温（400℃）在硝酸盐浴中进行，等温时间5min。

图5-13显示了冷轧压下率对TRIP钢的力学性能的影响。可以看出，随着冷轧压下率的增加，抗拉强度先增大后减小；伸长率和强塑积基本都是先上升后下降。在冷轧压下率达到73%左右时所获得的残余奥氏体具有最适当的量与稳定性。

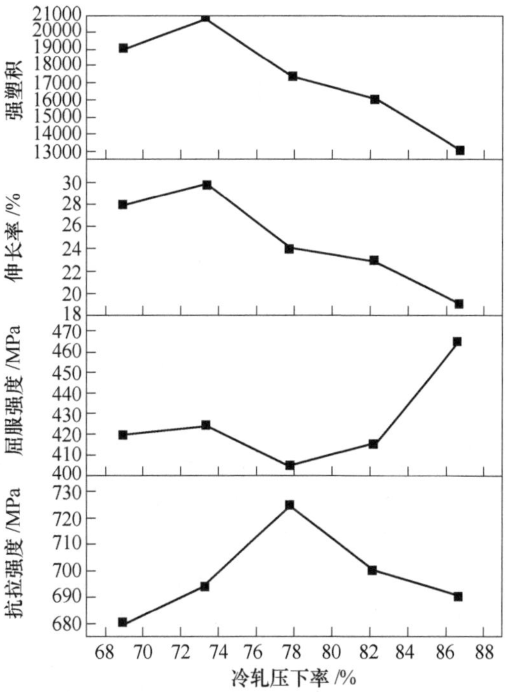

图5-13　不同冷轧压下率下试验钢的力学性能

退火板材的强塑积往往被视为TRIP钢组织内部残余奥氏体数量与碳含量的综合表现，同时由于大的冷轧压下率意味着退火后更加细小的组织构成，因此在本次试验中，材料的强塑积先升后降，表明当组织细化到一定程度后，残余奥氏体的数量并非随着组织的持续细化而不断升高。TRIP钢的组织中可能生成了渗碳体或者马氏体。实际上，退火板材的抗拉强度升高，而屈服强度和塑性降低，这正是钢中被引入了双相钢效应的表现。双相钢的一个鲜明特征就是其具有较低的屈强比。分析认为，当冷轧压下率达到一定数值时，残余奥氏体晶粒变得过于细小，在同样的贝氏体等温时间下，其碳含量更加容易达到饱和。晶粒越小，达到饱和所需要的时间就越短。当碳原子饱和以后，继续等温将发生渗碳体的析出，从而引发马氏体形成。当钢中的强化相以马氏体为主时，其性能将表现“双相效应”，当钢中的强化相以贝氏体为主时，其力学性能就将表现出屈服强度上升、抗拉强度和塑性下降的特征。

5.2.3.2　临界区组织演变及两相比例的控制

临界区退火是TRIP钢热处理的第一步，其主要控制目的是调整奥氏体与铁素体的体积比例（A/F），并使钢中奥氏体的碳含量达到平均含量的2倍。

目前已经能够利用相关软件系统直接计算得出一般成分的钢在两相区某一温度的平衡比例，这为选择试验参数提供了比较可靠的预期范围。图5-14为利用THERMAL-CAL商业软件为0.15C-1.3Si-1.5Mn钢所计算的临界区两相（A/F）在平衡状态下的比例随温度的变化。

对以Al代Si的热镀锌TRIP钢而言，临界区的控制更加关键，因为Al的加入对临界区的影响较之Si元素为剧。如图5-15所示，Al是强铁素体形成元素，随Al元素的加入，A_{c1}与A_{c3}温度点升高，奥氏体区缩小并右移，铁素体区扩大。当Al元素达到一定的含量时，高温铁素体区与低温铁素体区连通，碳含量较低的钢种在轧制时无法完全奥氏体化，需要提高碳含量才能实现完全奥氏体化。而且由于Al元素的加入，钢液变得黏稠，容易堵塞出水口，因此在实际生产中Al含量一般控制在1.4%以下。

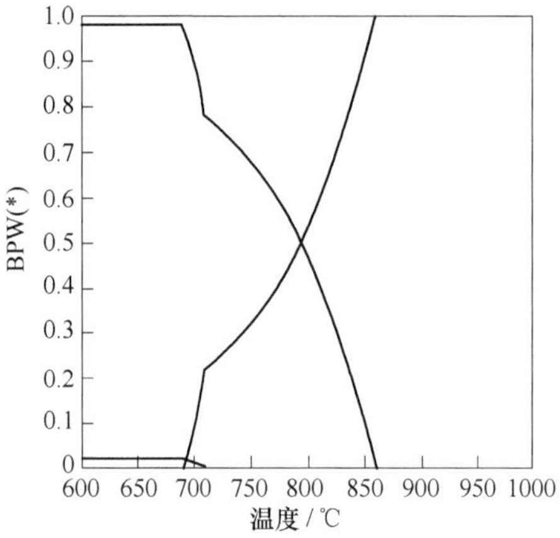

图 5-14 温度对 0.15C-1.3Si-1.5Mn 钢在临界区两相（A/F）的影响

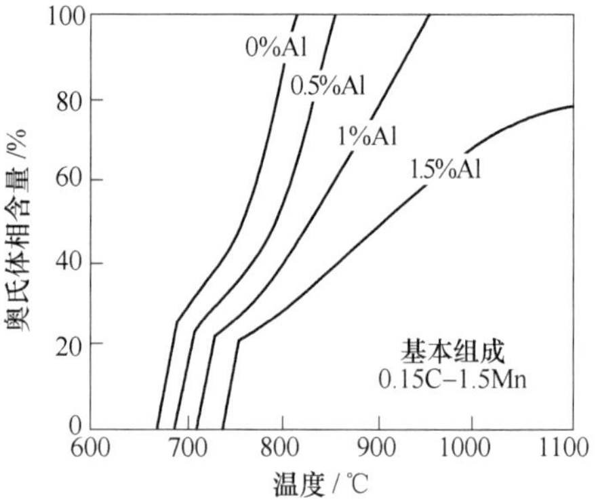

图 5-15 不同 Al 含量对 0.15C-1.5Mn 钢在临界区相比例的影响

但在实际生产中，连续退火或者热镀锌生产线高温加热时间一般不会超过 5min，此时由置换元素 Si、Al、Mn 等元素所控制的相变尚未平衡，因此对奥氏体和铁素体的体积比例的控制还需要依赖于具体温度下的动力学研究加以确定。图 5-16 为 Fe-0.18C-1.2Si-1.5Mn 试验钢在 780℃分别加热 30s、120s、200s、600s，然后喷水淬冷后的金相图。由于奥氏体基本上全部转变为马氏体，因此通过衡量铁素体和马氏体之间的体积，就可以确定

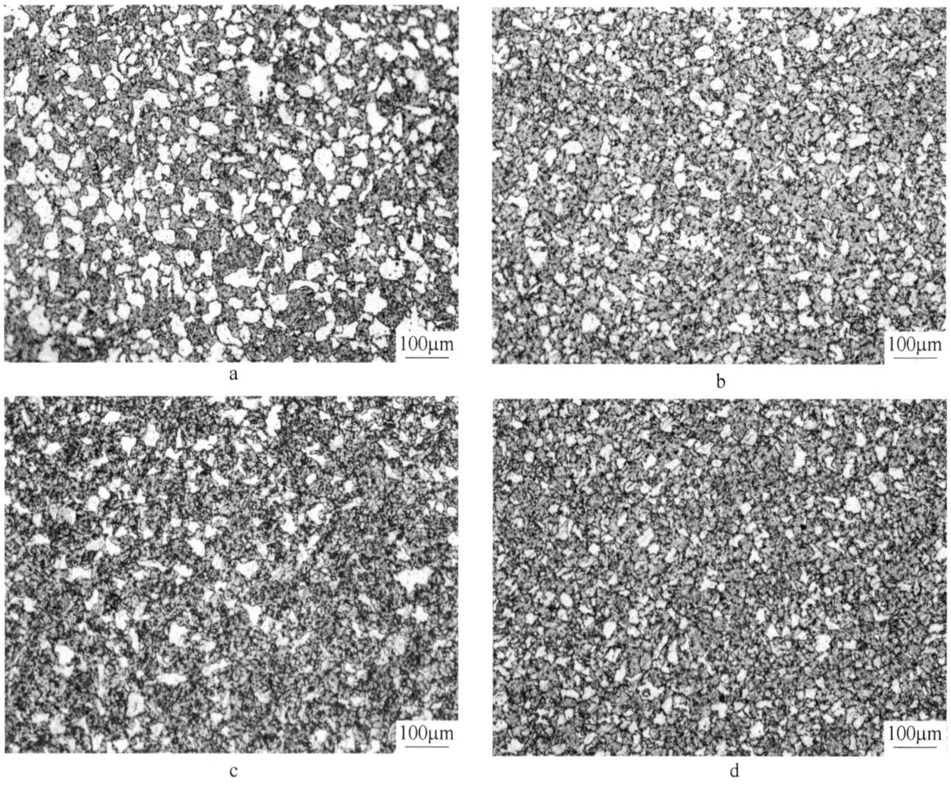

图 5-16 780℃加热后淬火所得到的两相组织

a—加热 30s，50% A；b—加热 120s，60% A；c—加热 200s，70% A；d—加热 600s，80% A

钢在临界区加热不同时间所获得的奥氏体/铁素体比例。利用德产 Axio Imager 显微镜所附带的 VNT Quantlab-MG 相分析系统对图 5-16 进行分析，可以精确测定奥氏体和铁素体的体积比例，从而实现对 TRIP 钢临界区组织演变的精确控制。

5.2.3.3 TRIP 钢连续冷却相变动力学研究

正确选定 TRIP 钢在连续退火阶段的各个参数，必须预先对钢在连续冷却过程中的相变规律有一个基本的认识。实际上，TRIP 钢的工业生产是属于典型的临界区退火热处理，其相变规律与完全奥氏体化冷却所获得的 CCT 曲线可能存在较大差异，因此有必要有针对性地测定两相区退火 CCT 曲线，以便对工业生产作更直接的指导。特别是各种相变组织出现的临界温度和临界冷速，包括珠光体相变的临界冷速以及贝氏体区域所对应的温度范围等。

北京科技大学高效轧制国家工程研究中心以具体钢种为例，以 CCT 曲线的测定和分析为手段，研究探索 TRIP 钢连续冷却相变动力学的普遍规律[57]。鉴于 TRIP 钢临界区不同加热温度所产生的重要影响，本节对实验钢采用 3 个不同的奥氏体化温度：920℃、840℃、780℃。920℃为完全奥氏体化温度，840℃和 780℃为部分奥氏体化温度。

A 试验条件和试验过程

试验采用的试验设备为 Formaster 膨胀仪。试验钢为真空感应冶炼炉冶炼而成。根据设备要求，将试样加工成 $\phi 2\text{mm} \times 13\text{mm}$ 的圆柱形热模拟试样，将两头磨成 45°的倒角，并将表面进行电解抛光以去除氧化铁皮。TRIP 钢的实验成分见表 5-3。

表 5-3 TRIP 钢的实验成分（质量分数）

合金成分	C	Si	Mn	P	S	Als	Nb
含量/%	0.18～0.24	1.3～1.5	1.3～1.5	<0.01	<0.01	<0.003	0.06

静态 CCT 曲线的测定过程。静态 CCT 曲线的测定分 3 种奥氏体化温度：（1）将试样以 30℃/s 速度升温到 920℃保温 5min，使其完全奥氏体化；（2）将试样以 30℃/s 分别加热到 840℃保温 4min，使其部分奥氏体化；（3）将试样以 30℃/s 分别加热到 780℃保温 4min，使其部分奥氏体化。然后均按照 0.5℃/s、1℃/s、7℃/s、15℃/s、30℃/s、45℃/s、60℃/s、80℃/s、100℃/s 和 150℃/s 的冷却速度连续冷却至室温，采集温度、膨胀量和时间数据绘制 CCT 曲线图。

B 试验结果及其分析

图 5-17～图 5-19 分别为在 3 种奥氏体化温度 920℃、840℃、780℃下连续冷却所测得的 CCT 曲线。

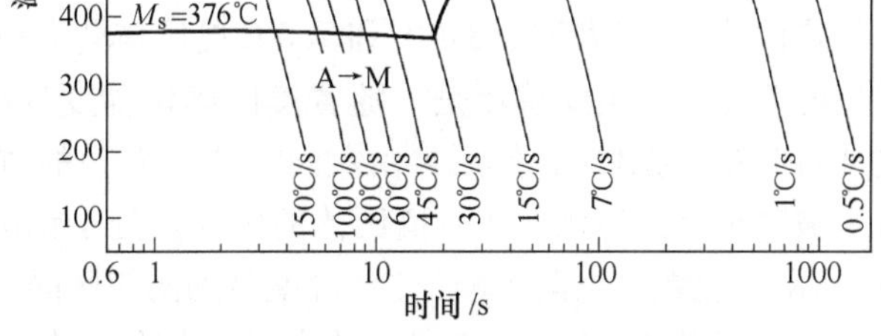

图 5-17 试验钢完全奥氏体化（920℃加热）条件下的静态 CCT 曲线

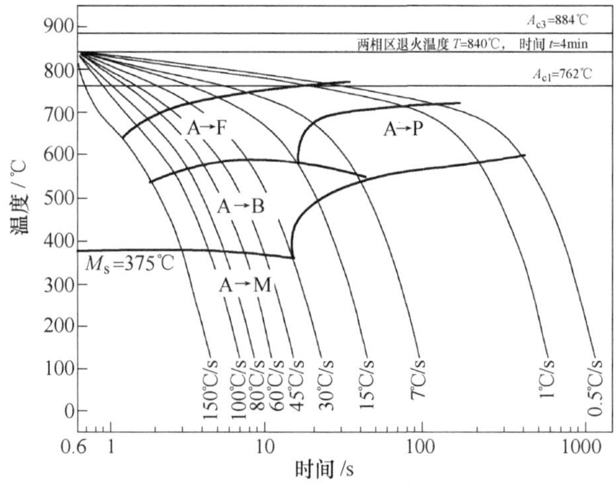

图 5-18　试验钢两相区部分奥氏体化（840℃加热）条件下的静态 CCT 曲线

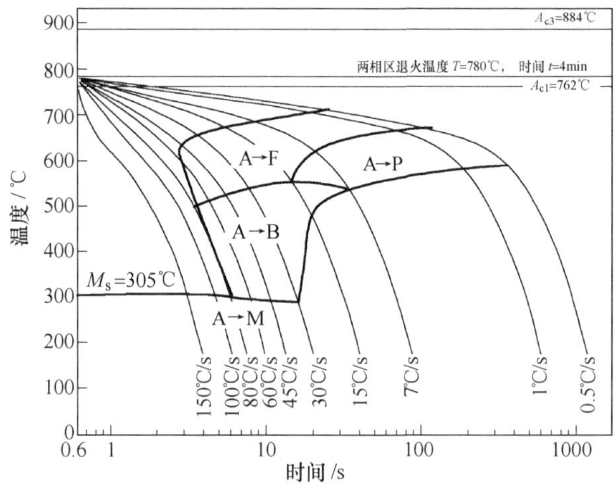

图 5-19　试验钢两相区部分奥氏体化（780℃加热）条件下的静态 CCT 曲线

由图 5-17 可以看出，试验钢在 920℃ 奥氏体化条件下，生成贝氏体的最小冷速为 7℃/s，当小于此冷速时，连续冷却后的组织为铁素体与珠光体组织，生成珠光体的最大冷速是 15℃/s，当大于此冷速时，将不再有珠光体生成；当冷速增大到 30℃/s 时，开始出现马氏体。生成铁素体的最大冷速为 100℃/s，大于 100℃/s 时，其室温组织为贝氏体与马氏体。

将试验钢在 920℃、840℃和 780℃奥氏体化条件下的 CCT 曲线进行比较，三者具有明显的差异。其主要特点是，随着奥氏体化温度从高到低的变化，CCT 曲线经历了一个先从右向左“拉伸”，然后再由左向右“压缩”的过程。比如，当钢在 920℃加热时，钢组织被完全奥氏体化，此时奥氏体的碳含量处于钢的平均水平，其 CCT 曲线处在如图 5-17 所示的位置；但是当奥氏体化温度降到两相区的上部区域 840℃时，虽然此时奥氏体的碳含量有所增长，但由于钢中先共析铁素体的存在，对随后冷却过程中的附生铁素体产生诱导效应，所以这时的 CCT 曲线并没有向右移动，而只是表现出铁素体区域的“向左拉伸”，如图 5-18 所示；当加热温度继续下降时（840℃→780℃），其 CCT 曲线又转而向右下部位转移和“压缩”，如图5-19所示。显然，在两相区的较低区域，奥氏体的富碳稳定成为决定奥氏体相变的主导因素，而两相区旧铁素体对新生铁素体的“附生诱导”作用则居弱势地位[58]。

图5-20为试验钢在920℃保温冷却的不同冷速下的光学显微组织。由图可见，0.5℃/s和1℃/s冷速下的显微组织均为铁素体+珠光体；当冷速为7℃/s时，珠光体已明显减少，并出现极少量的贝氏体；冷速为15℃/s时，组织中几乎看不到珠光体，贝氏体量明显增加；当冷速增大到30℃/s时，组织中出现了马氏体，并随着冷速的增加，贝氏体和马氏体逐渐增加。贝氏体主要是以板条贝氏体为主，当冷速为150℃/s时，组织几乎全部为马氏体。这与CCT曲线是相一致的。

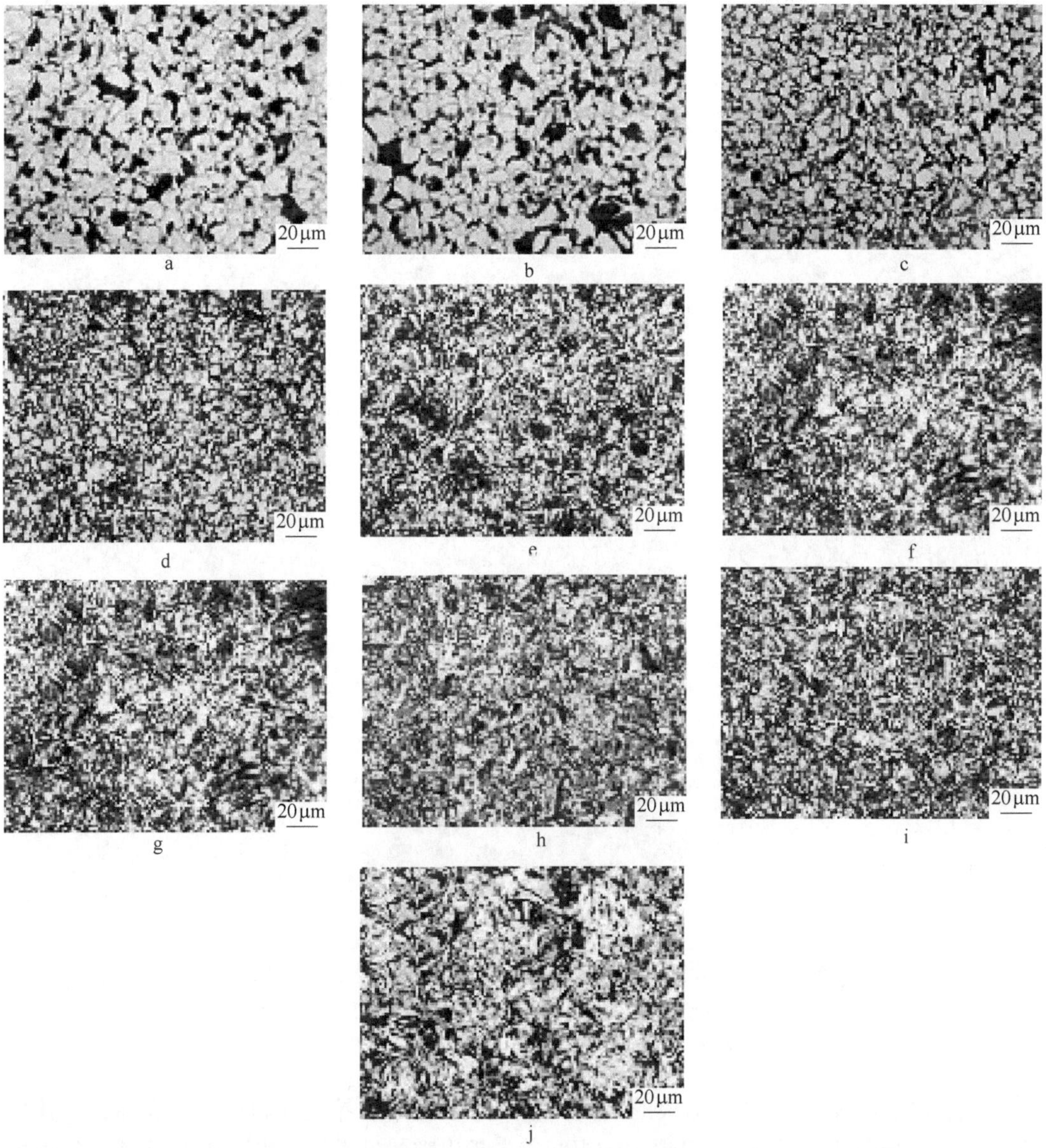

图5-20 试验钢（920℃加热4min）在不同冷速下的显微组织

a—0.5℃/s；b—1℃/s；c—7℃/s；d—15℃/s；e—30℃/s；f—45℃/s；g—60℃/s；h—80℃/s；i—100℃/s；j—150℃/s

图5-21和图5-22分别为在840℃和780℃退火冷却的显微组织。可以看出，冷速为0.5℃/s和1℃/s时，试验钢在两种不同退火温度下的显微组织均由铁素体和珠光体组成，所不同的是，在840℃退火的组织中珠光体和铁素体形状非常不规则且不均匀，而780℃退火的组织明显比780℃退火的组织细小且相对均匀。

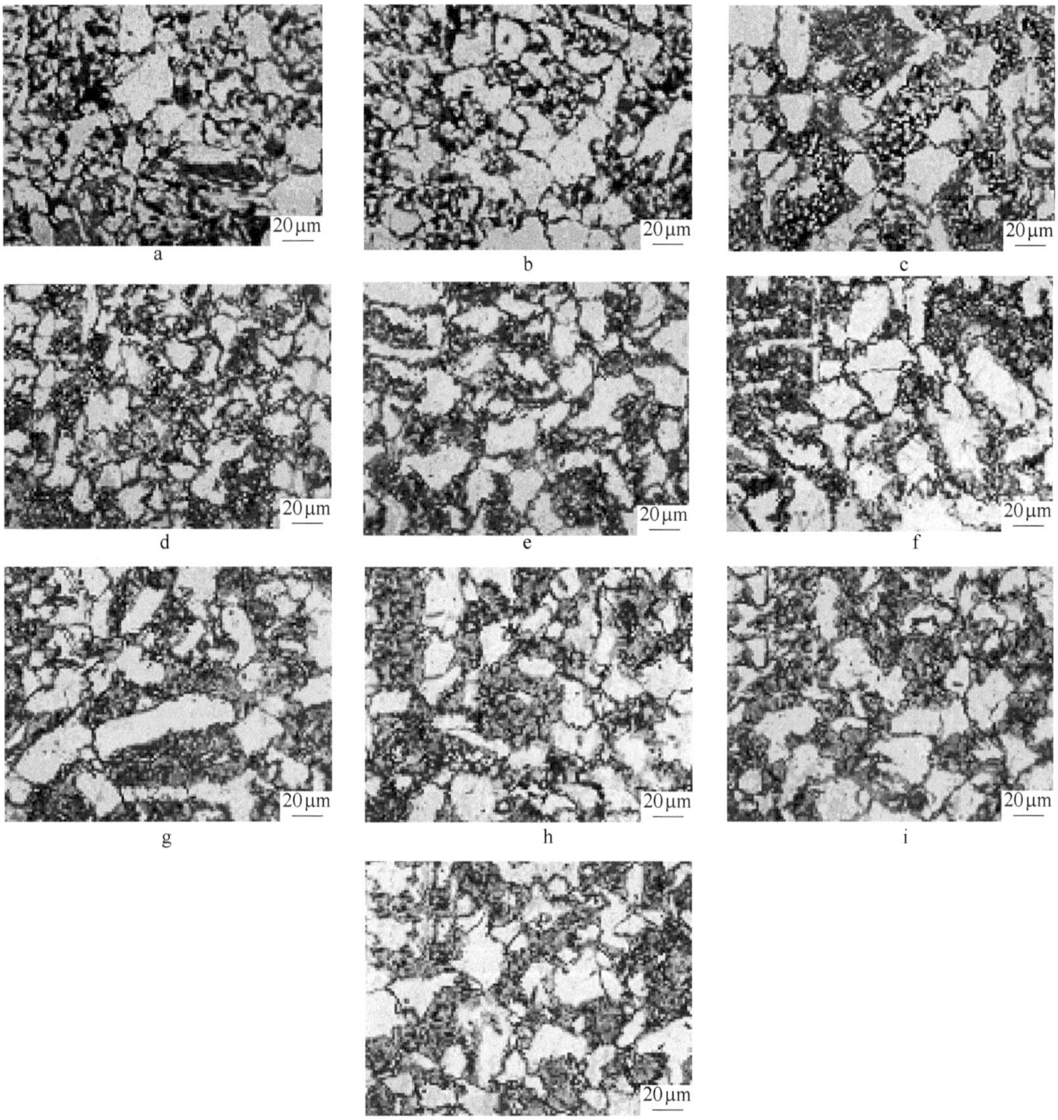

图5-21　试验钢（840℃加热4min）在不同冷速下的显微组织

a—0.5℃/s；b—1℃/s；c—7℃/s；d—15℃/s；e—30℃/s；f—45℃/s；g—60℃/s；h—80℃/s；i—100℃/s；j—150℃/s

随着冷速的加大，840℃退火的组织，在未溶铁素体晶界处开始析出贝氏体，且其形态大部分为板条状，而在780℃退火的组织首先析出粒状贝氏体，当冷速大于15℃/s时才开始出现板条贝氏体。对比两图可以发现，840℃退火的组织中铁素体偏多，且较粗大，

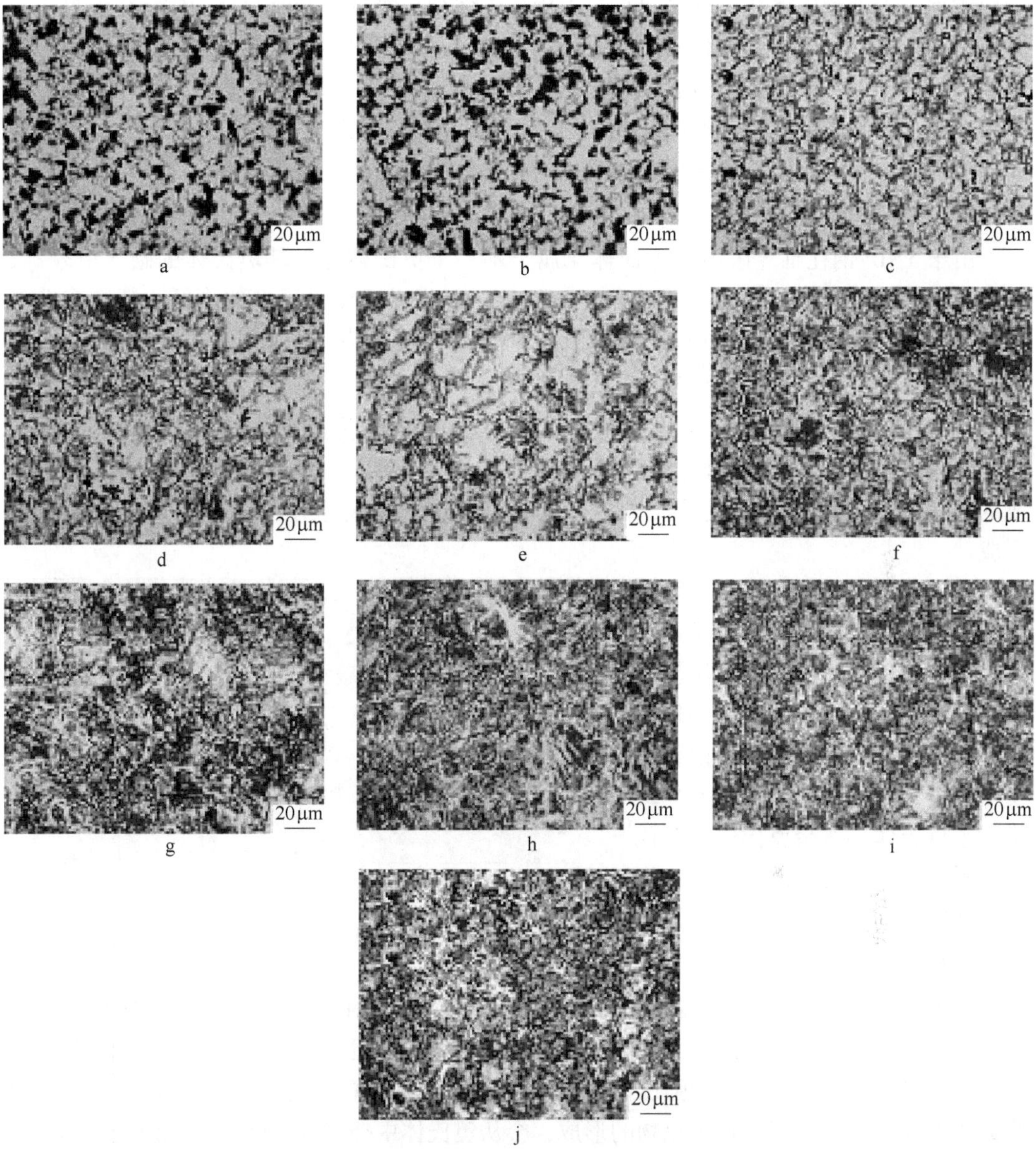

图 5-22 试验钢（780℃加热）在不同冷速下的显微组织

a—0.5℃/s；b—1℃/s；c—7℃/s；d—15℃/s；e—30℃/s；f—45℃/s；
g—60℃/s；h—80℃/s；i—100℃/s；j—150℃/s

分布很不均匀；而 780℃退火的组织铁素体相对较少，整个组织十分细小均匀。

从图 5-21 和图 5-22 还可以看出，冷速从 80℃/s 增大到 150℃/s 的过程中，780℃退火的组织中铁素体含量基本不变了，这说明冷速从 80℃/s 开始，780℃退火的组织中不再有铁素体生成，由此确定生成铁素体的最大冷速为 80℃/s；而 840℃退火的铁素体含量随着冷速的增大一直在减少，只是减少的幅度越来越小，这说明 840℃退火时，当冷速小于 150℃/s 时，一直有铁素体生成。

图 5-17 ~ 图 5-19 三组 CCT 曲线所表示出的一些相变临界值对于热模拟试验具有直接

指导作用。无论奥氏体化温度是多少，发生珠光体相变的最大冷速和马氏体相变的最小冷速都是15℃/s和30℃/s，这一结果预示着，在退火模拟试验中，缓冷段和快冷段的冷速应分别不小于15℃/s和30℃/s，以避免珠光体的生成或生成过量贝氏体。另外，图5-18显示，在临界区较高温度（840℃）退火时，马氏体相变的温度也较高（375℃），为避免冷却过程中生成马氏体，退火模拟试验中的贝氏体等温温度应高于380℃。

C 试验结论

由于TRIP钢在临界区内的奥氏体化属于不完全奥氏体化，其奥氏体的碳含量较高，在随后的冷却过程中将表现得更为稳定。而且随着临界区加热温度的降低，其稳定性加剧，相变过程更为迟缓。其CCT曲线表现出向右下转移的特征。

5.2.3.4 贝氏体等温处理工艺对组织性能的影响

TRIP钢在贝氏体区等温保持过程中，部分奥氏体转变为贝氏体，剩下的奥氏体进一步富碳，因此马氏体相变开始温度降到室温以下。这一阶段，残余奥氏体主要存在于新形成的铁素体和贝氏体附近或贝氏体中，也有极少量的奥氏体会在大的铁素体晶粒内部形成。

这一阶段的温度范围一般为450~350℃。为获得足够数量和足够稳定性的残余奥氏体，保温温度和时间都是非常重要的，准确地控制温度与时间因素是TRIP钢获得良好力学性能的关键之一。图5-23描述了贝氏体、残余奥氏体和马氏体含量作为保温时间的函数，在一个不变的温度下相分布的发展过程（因为铁素体数量不变，在这个示意图中没有列出）。太短的保温时间导致形成极少量的贝氏体，抑制了碳的富集程度。当贝氏体形成进行时，在达到最大值前残余奥氏体的数量稳定增长。贝氏体含量提高和残余奥氏体含量的减少将直接导致强度值的提高和伸长率的下降。保温时间不是越长越好，因为过长的保温时间可能导致碳化物的形成，会从奥氏体中夺走碳而降低了残余奥氏体的体积分数。在实际生产中，在符合与其性能的前提下，应尽量考虑控制较高的保温温度以便缩短保温时间，降低工艺成本。

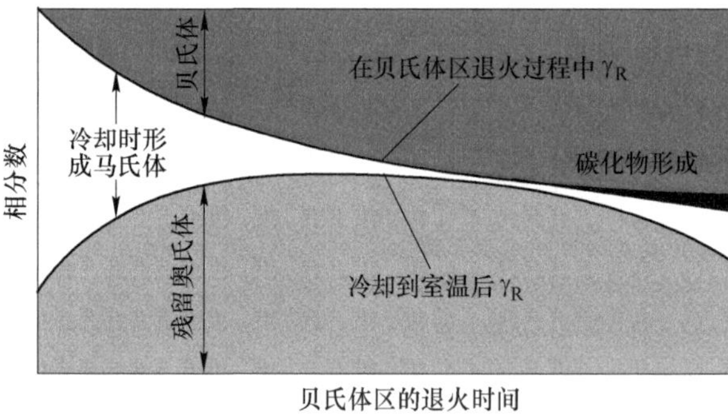

图5-23 贝氏体区等温时间与相变的关系示意图

在这一阶段，不同的合金组合能够造成不同热处理窗口宽度，能够抑制碳化物和马氏体形核的元素以及细化晶粒的元素均有利于扩大残余奥氏体形成的工艺窗口。如图5-24所示，当在0.17C-1.5Si-1.4Mn（质量分数）TRIP钢中加入一定量的Nb元素时，在一定的等温时间下，有利于形成更多含量的残余奥氏体。

5.2.3.5 TRIP钢的烘烤硬化性能

TRIP钢作为汽车车身覆盖件用钢板，在冲压成型后要经过喷漆和烤漆处理，与铝镇静钢和IF钢相比，由于TRIP钢中含有处于亚稳态的残余奥氏体、铁素体基体、贝氏体以及相变诱发生成的马氏体组织，因此在烘烤过程中其组织性能的变化很复杂。北京科技大

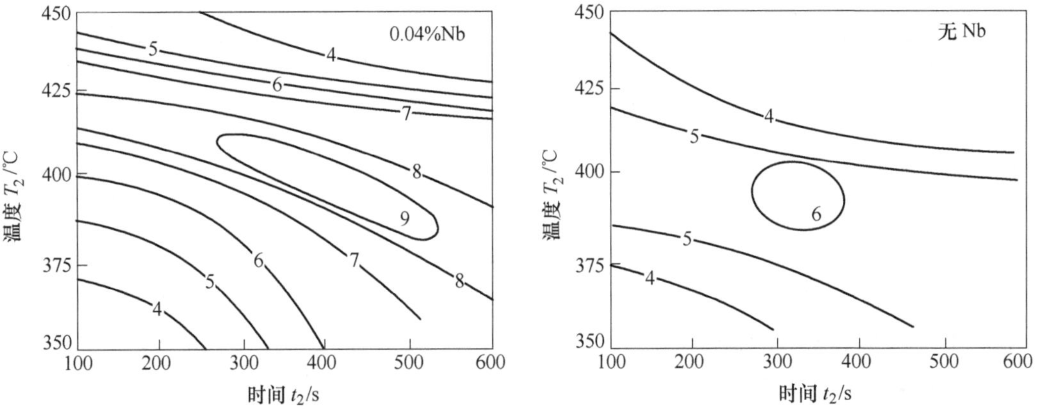

图 5-24 不同工艺参数下 Nb 对 TRIP 钢中残余奥氏体体积分数的影响

学高效轧制国家工程研究中心对 TRIP600（0.13C-1.2Si-1.5Mn，质量分数）做了烘烤硬化处理，研究了其组织与力学性能的变化[56,57]。

原材料经真空冶炼炉冶炼而成，铸造成锭并锻压成方坯。将方坯依次经过高温扩散退火、热轧、酸洗、冷轧制成 1.2mm 厚规格的薄板，然后在 Gleeble 3800 热模拟试验机上进行连续退火模拟试验，退火工艺制度为：两相区加热温度 800℃；两相区保温时间 120s；中温区保温温度 400℃；中温区保温时间 300s；将退火后的试样采用钼线切割加工成 $L_0=50$mm 的非标拉伸试样。

首先对试样进行预拉伸，再将预拉伸后的试样在退火炉中进行烘烤处理，最后将烘烤后的试样加载至拉断。预拉伸与烘烤后的拉伸速率相同，均是在室温条件下进行的。预拉伸试验和烘烤试验的工艺参数如表 5-4 所示。表 5-5 为 TRIP600 试验钢经烘烤后的力学性能。可知，经过烘烤后的所有试样的抗拉强度均在 690MPa 以上，伸长率大都在 30% 左右，唯有 f 试样的伸长率较低，只有 21%。

表 5-4 预拉伸与烘烤工艺参数

编 号	预拉伸量/%	拉伸速率/mm · s^{-1}	烘烤温度/℃	时效时间/min
a	1.5	0.1	170	20
b	2.0	0.1	170	20
c	2.0	0.1	120	20
d	2.0	0.1	200	20
e	2.0	0.1	170	10
f	2.0	0.1	170	30
g	2.5	0.1	170	20

表 5-5 烘烤后的试验钢的力学性能

编 号	抗拉强度/MPa	屈服强度/MPa	断后伸长率/%
a	700	525	30.5
b	695	550	30.5

续表 5-5

编　号	抗拉强度/MPa	屈服强度/MPa	断后伸长率/%
c	695	540	32.0
d	705	555	30.0
e	710	555	28.0
f	690	550	21.0
g	710	580	29.0

图 5-25 为烘烤前后屈服强度对比图，从图 5-25 可以看出，TRIP 钢经烘烤后，除了 a 试样的 BH 值相对较低外（仅为 85MPa），其他试样的 BH 值均在 100MPa 以上，最高的 e 试样的 BH 值达到 145MPa，表现出较强的烘烤硬化性能。

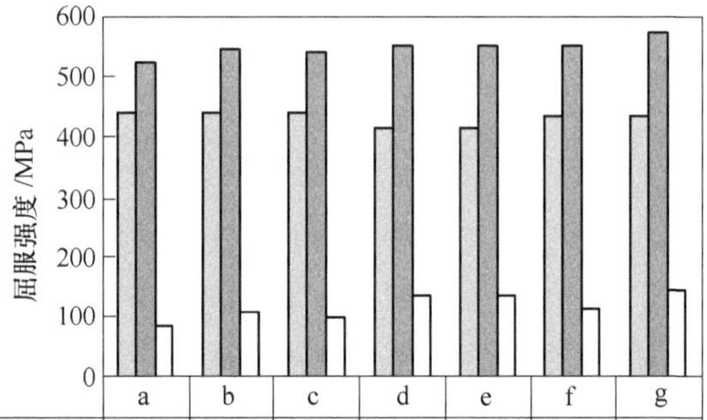

	a	b	c	d	e	f	g
烘烤前	440	445	440	420	420	435	435
烘烤后	525	550	540	555	555	550	580
烘烤前后差	85	105	100	135	135	115	145

图 5-25　烘烤前后屈服强度对比图

为了更好地分析烘烤条件对 TRIP 钢力学性能的影响，对各条件分别作图统计：预拉伸量对屈服平台和力学性能的影响曲线如图 5-26a 所示；力学性能和屈服平台随烘烤温度的变化曲线如图 5-26b 所示；力学性能和屈服平台随烘烤时间的变化曲线如图 5-26c 所示。

从图 5-26a 可以看出，随着预拉伸量的增加，材料的屈服强度呈上升趋势，而抗拉强度先下降后上升，伸长率先不变后下降；随着烘烤温度的上升，材料的抗拉强度和屈服强度先下降后升高，伸长率和屈服平台在降低；随着烘烤时间的延长，材料的抗拉强度和屈服强度呈下降趋势，伸长率先升高后显著降低。

TRIP 钢板的烘烤硬化行为主要是时效过程影响奥氏体固溶 w(C) 以及贝氏体铁素体比例不同而引起的。一方面，铁素体在烘烤过程中，基体内的固溶原子被热激活而在位错周围扩散形成气团，从而限制了位错运动，导致了屈服强度的提高；另一方面，在时效过程中残余奥氏体内固溶碳含量进一步增加，导致了强度的进一步升高。

综上所述，TRIP 钢经烘烤处理后，表现出较强的烘烤硬化效应。TRIP600 钢的预拉伸量在 1.5%~2.5% 变化时，其 BH 值在 85MPa 以上。随着烘烤温度的上升，材料的抗拉强度和屈服强度先下降后升高，伸长率和屈服平台逐渐降低；随着烘烤时间的延长，材料的抗拉强度和屈服强度呈下降趋势，伸长率先升高后显著下降。

5.2.4　冷轧相变诱导塑性钢形变特点与断裂机制

5.2.4.1　应变诱导马氏体相变的热力学原理

相变的热力学条件[59]。相变热力学指出，系统内相状态的稳定性决定其自由能的高低，自由能最低的状态是该条件下最稳定的状态。一切系统都有降低自由能以达到稳定状

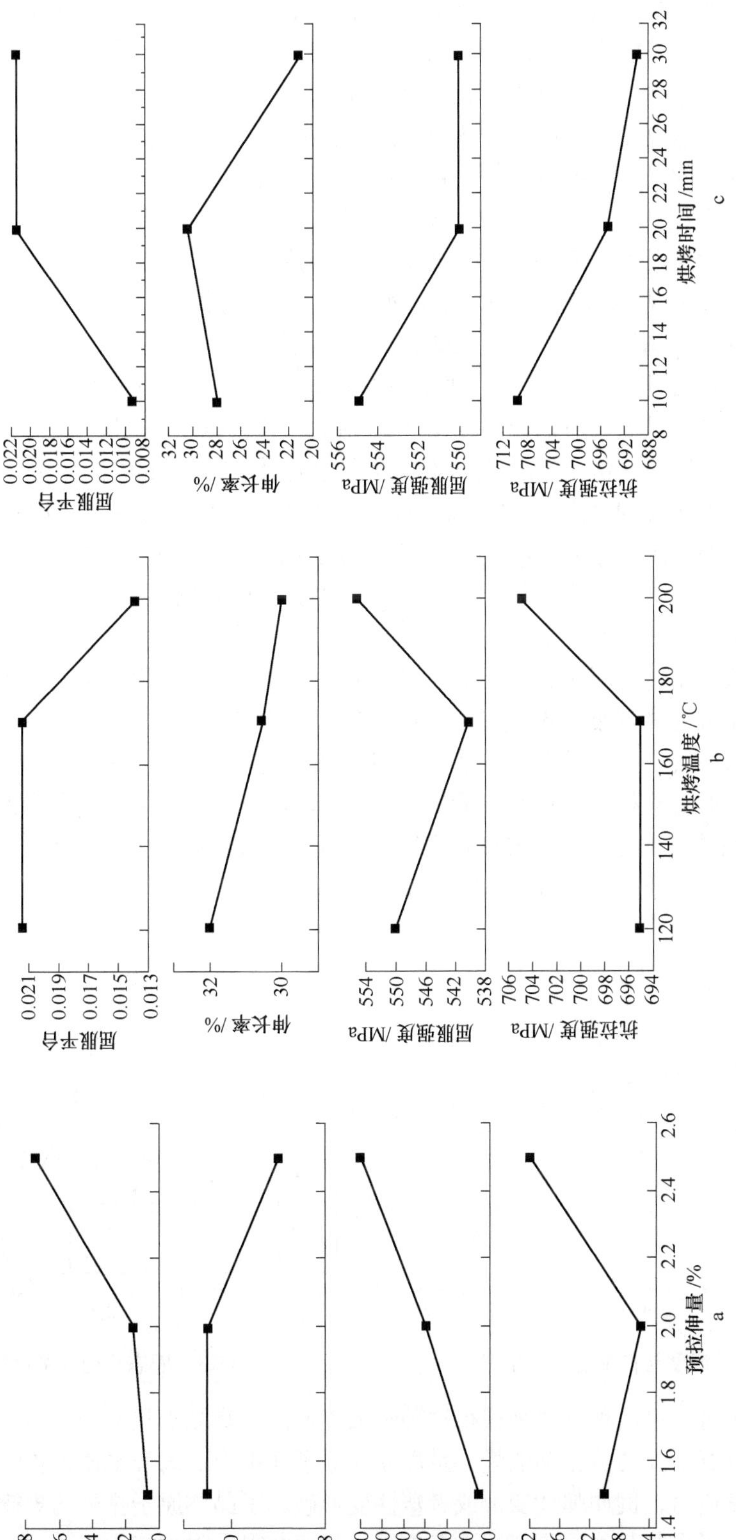

图 5-26 试验钢力学性能随烘烤条件变化曲线

a—力学性能随预拉伸量的变化曲线；b—力学性能随烘烤温度的变化曲线；c—力学性能随烘烤时间的变化曲线

态的自发趋势。如果具备引起自由能降低的条件，系统将自发地由高能状态向低能状态转变，这种转变称为自发转变。金属固态相变就属于这种自发转变，因此只有当新相自由能低于旧相自由能时相变才可能发生。新旧两相自由能差和新相自由能较低是旧相自发转变为新相的驱动力，这就是所谓的相变热力学条件。可见为了发生固态相变，必须在系统中造成新旧相之间负的自由能差的条件，否则相变是不可能发生的。

自由能 G 是系统的一个特征参数，设 H 为焓，S 为熵，T 为绝对温数，则有 $G=H-TS$。任何相的自由能都是温度的函数，通过改变温度是可以获得相变热力学条件的。图 5-27 表示某材料中 α 相与 γ 相的自由能 G 随温度 T 的变化曲线，自由能均随温度升高而降低，但由于两相的熵值大小以及熵值随温度的变化程度不同，两相的自由能曲线可能相交于一点，如 T_0。在 T 处，$G_\alpha=G_\gamma$，两相趋于平衡状态，T_0 称为理论转变温度。由于系统趋向于自由能减至最低，所以当温度低于 T_0 时，G_α 低于 G_γ，γ 相应该转变为 α 相；反之当温度高于 T_0 时，α 相应该转变为 γ 相。但是这种转变并不发生在 T_0 处。只有通过冷却或者加热，产生必要的过冷（$\Delta T=T_0-T_1$）或者过热（$\Delta T=T_2-T_0$）以获得相变所需要的相变自由能差（$\Delta G_{\gamma\to\alpha}$或 $\Delta G_{\alpha\to\gamma}$），即满足热力学的能量条件，才能发生 γ→α 或 α→γ 相变。显然随着过冷度或过热度（ΔT）增大，相变驱动力也增大，有利于相变的进行，而相变总是朝着自由能降低的方向进行。

要使系统从旧相转变新相，除了要有相变驱动力以外，还必须克服相变势垒。所谓相变势垒（或能垒）是指相变时改组晶格所必须克服的原子间引力。在图 5-28 中，状态Ⅰ代表不稳定的旧相（γ），自由能较高；状态Ⅱ代表稳定的新相（α），自由能较低。根据热力学条件，α 相比 γ 相自由能低，存在自由能差 $\Delta G_{\gamma\to\alpha}=G_\alpha\to G_\gamma$，并且 $\Delta G_{\gamma\to\alpha}<0$，γ 相有转变为 α 相的自发趋势。但要使相变得以进行，不仅要有自由能差 $\Delta G_{\gamma\to\alpha}$，而且还要有克服原子间引力而产生相变势垒 ΔG 的附加能量。

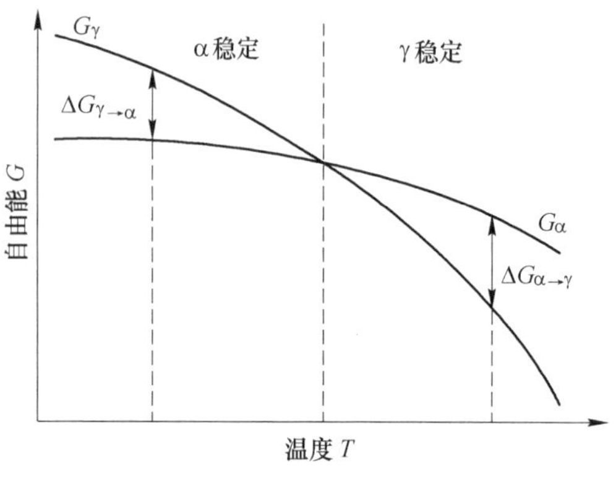

图 5-27　温度与自由能的关系

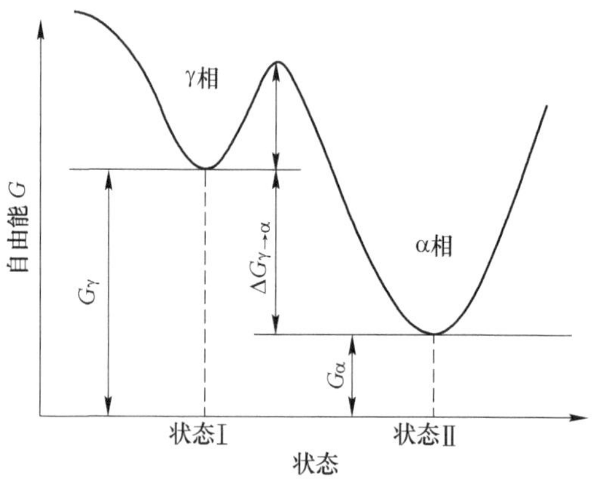

图 5-28　固态相变势垒示意图

晶体中原子可通过两种方式来获得这种附加能量。一是原子热振动的不均匀性，它是个别原子可能具有很高的热振动能量，足以克服原子间引力而离开平衡位置，即获得附加能量。二是机械应力，例如弹性变形或者塑性变形破坏了晶体原子排列的规律性，在晶体中产生内应力，可强制某些原子离开平衡位置，从而获得了附加能力。

势垒的高低可以近似地用激活能 Q 来表示。所谓激活能就是使晶体原子离开平衡位置迁移到另一个新的平衡位置或非平衡位置所需的能量。显然，激活能越大，相变势垒就越高。激活能的大小与温度有关，温度越高激活能就越小，这是由于原子间距离增大，引力减少。所以温度越高相变越容易进行。但在更多的情况下，势垒的大小是用晶体原子的自扩散系数 D 来表示的，自扩散系数随温度下降呈指数关系下降，如：

$$D = D_0\exp\left(-\frac{Q}{RT}\right) \tag{5-1}$$

式中，D_0 为系数（频率因子）；R 为气体常数；T 为绝对温度；Q 为激活能。可见，自扩散系数越大，克服势垒的能力越强，相变越容易进行。

马氏体相变也符合一般的相变规律，遵循相变的热力学条件。马氏体相变的相变驱动力是新相马氏体（α'）与母相奥氏体（γ）之间的化学自由能差（$\Delta G_{\gamma\to\alpha'} = G_{\alpha'} - G_{\gamma}$）。相同成分的马氏体与奥氏体的化学自由能和温度的关系可以根据图 5-29 来分析，显然，马氏体相变开始点 M_s 必定在 T_0 以下，即 $\Delta G_{\gamma\to\alpha'} < 0$，由过冷提供相变所需的化学驱动力。

M_s 点的物理意义即为奥氏体和马氏体两相自由能差达到相变所需最小驱动力值时的温度。显然，若 T_0 点一定，M_s 点越低，则相变所需的驱动力就越大。反之，M_s 点越高时，相变所需的驱动力则减少。所以，马氏体相变驱动力 $\Delta G_{\gamma\to\alpha'}$ 与（$T_0 - M_s$）成比例，即：

$$\Delta G_{\gamma\to\alpha'} = \Delta S(T_0 - M_s) \tag{5-2}$$

式中，ΔS 为 $\gamma\to\alpha'$ 相变时的熵变。

试验证明，M_s 和 T_0 之间的温度差，可因引入塑性变形而减少。即在 M_s 以上对奥氏体进行塑性变形会诱发马氏体相变而使 M_s 点上升至 M_d 点。M_d 为形变诱发马氏体相变开始点，即可获得形变马氏体的最高温度。显然，按照马氏体相变的热力学条件，M_d 的上限温度为 T_0。

按照上述马氏体相变热力学的观点，在 M_s 点以上、M_d 以下对奥氏体进行塑性变形将会诱发马氏体相变，如图 5-29 所示。在 T_0 点至 M_s 点之间，随着温度的下降马氏体相变的化学驱动力增大，当温度为 M_s 点时，相变的驱动力正好等于 $\Delta G_{\gamma\to\alpha'}$，可以发生马氏体相变。图中 ab 线代表在化学驱动力上叠加的机械驱动力。设在 T_1 温度下，化学驱动力为 mn 线段，若此时能提供 pm 线段的机械驱动力，则 $pm + mn$ 刚好等于 $\Delta G_{\gamma\to\alpha'}$。而且 $T_1 < T_0$，即在马氏体热力学稳定区内，能够发生马氏体相变。若机械驱动力全部代替化学驱动力，则 M_d 点应上升到 T_0。但在大多数材料中，因塑性变形引起应力松弛，M_d 点通常都低于 T_0 点。

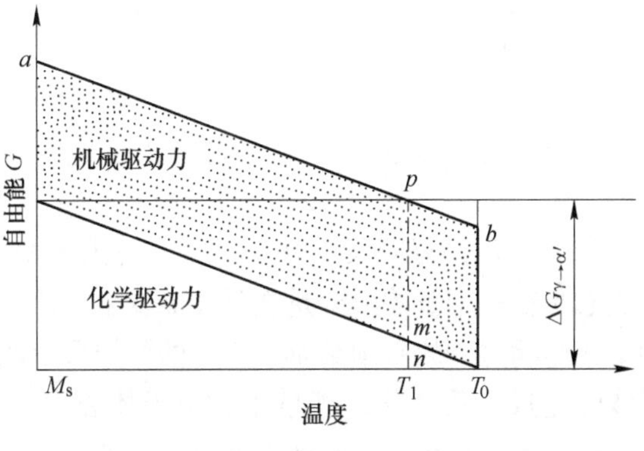

图 5-29 应变诱导相变的热力学条件

上述发生在 $M_d \sim M_s$ 之间的“应变诱导相变”的效应，同样也可以发生在 $M_s \sim M_f$ 温度区间。M_f 为马氏体相变终了温度。一般来说，形变量越大，形变温度越低，则形变诱发马氏体转变量就越多。

马氏体相变行为与温度的关系[60~63]。

目前，人们对钢在连续冷却过程中奥氏体向马氏体转变的方式及种类和各自所基于的成分、热力学、动力学条件已经具备相当的了解。TRIP 钢中奥氏体的稳定性与形变温度的关系如图 5-30 所示。显然，随着形变温度的升高，马氏体转变量减少，当升到一定温度时，即使进行塑性变形也不发生马氏体相变，这个临界温度叫做 M_d 点。

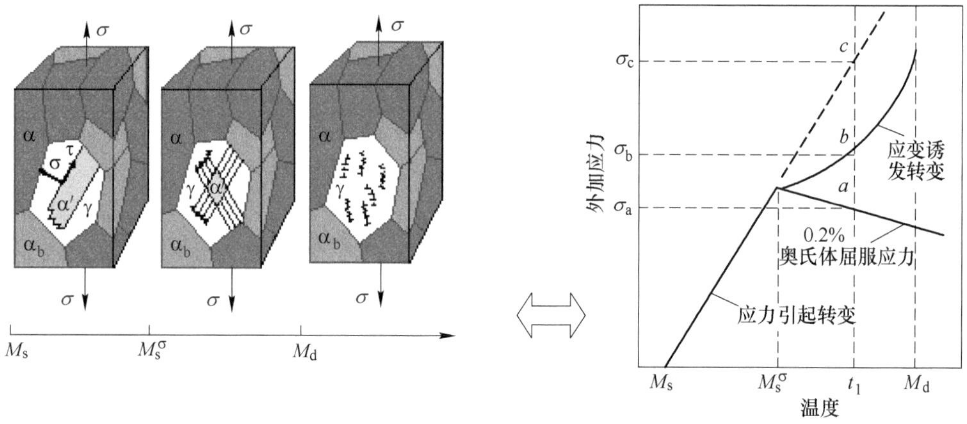

图 5-30　奥氏体的稳定性与形变温度的关系

研究表明，在 $M_s \sim M_d$ 的温度区间，钢中残余奥氏体的屈服强度随温度的提高，呈现出一个先递增后递减的变化趋势。转折点为 $M_s^σ$，如图 5-30 所示。根据这一特点，TRIP 钢残余奥氏体的诱导相变行为，会随温度的变化表现出 4 个阶段性特点。

（1）在低温阶段（$\sim M_s$），在 M_s 以下温度发生形变过程，属于“应力诱发相变”，马氏体生成速度过快，透镜片状马氏体在生成过程中相互碰撞，会产生“碰撞裂纹”，这会加速钢的脆裂。

（2）在较低温阶段（$M_s \sim M_s^σ$），相变在外加应力应变下同步发生和发展。由于这一阶段奥氏体的相变能总是低于材料产生塑变所需的能量，因此其相变特点是应力诱发相变。

（3）在较高温阶段（$M_s^σ \sim M_d$），马氏体相变的发生总是滞后于外加的应力应变，即相变总是在一定量的形变量之后才能发生。此时残余奥氏体的畸变能尚不能满足相变所需的最小驱动力，故必须给予一定量的外加形变能。在这一阶段，奥氏体的屈服强度与温度呈线性递减关系。设 t_1 温度下，奥氏体屈服时的强度为 $σ_a$，应变硬化时应力为 $σ_b$，按 $σ_s(M_s)$ 与 $σ_s(M_s^σ)$ 的线性递增关系外推，出现马氏体转变的相变点应是 $σ_c$，$σ_b$低于 $σ_c$。

（4）在高温阶段（$M_d \sim$），残余奥氏体过于稳定，钢在形变过程中，将不会发生 A→M 相变，而只是迫使残余奥氏体变形，发生位错强化。没有相变诱导塑性效应。

最高的伸长率发生在 M_s 和 M_d 点之间（特别是在 $M_s^σ$ 温度下），随着对合金缓慢加载，奥氏体因塑性变形而逐渐增大应变硬化。由此诱发了马氏体形核，并缓慢持续地生成马氏体，避免了因马氏体急剧形成而造成的应力集中，从而得到大的变形。另外，当残余奥氏体完全转化为马氏体时，材料的强度由马氏体决定，因此，材料也具有高的强度。

在实际生产中，对 TRIP 钢的使用一般是在常温下（20℃）冲压，因此必须对钢中残余奥氏体的稳定性进行合理的控制。而要想发生理想的“相变诱发塑性”效应，必须保证奥氏体的碳含量及其晶粒大小均在合适的范围内。

5.2.4.2 TRIP 钢的组织特性对力学性能的影响

A 残余奥氏体的稳定性对力学性能的影响

本节主要针对残余奥氏体的机械稳定性进行研究。首先选取成分相同，由不同热处理工艺获得的两种力学性能不同的试样，通过预拉伸试验研究这两种试样的残余奥氏体随应变的变化规律，采用式（5-3）来计算不同应变量下残余奥氏体的 K 值，利用 K 值来表征残余奥氏体的机械稳定性[64]：

$$\lg f_{r\varepsilon} = \lg f_{r0} - K\varepsilon \tag{5-3}$$

式中 $f_{r\varepsilon}$——应变量为 ε 时，试样中的残余奥氏体量；

f_{r0}——变形之前，试样中的残余奥氏体量；

ε——应变量，在这里为工程应变。

由式（5-3）可知，K 值越小，残余奥氏体的稳定性越好。

在计算 K 值的基础上，分析试样的加工硬化性能，建立 K 值与加工硬化性能之间的联系。加工硬化指数 n 值采用式（5-4）来计算：

$$n = \frac{\mathrm{d}(\ln\sigma)}{\mathrm{d}(\ln\varepsilon)} \tag{5-4}$$

式中 σ——应力，在该式中为真应力；

ε——应变，在该式中为真应变。

通过分析 K 值和 n 值之间的内在联系，在此基础上讨论残余奥氏体在变形过程中的稳定性能。

选取 TRIP01CA 的试样，采用不同的热处理工艺，来获得不同力学性能的两试样，分别命名为试样 1 和试样 2。两试样的力学性能总结在表 5-6 中。

表 5-6 两试样的力学性能

试 样	屈服强度/MPa	抗拉强度/MPa	伸长率/%	强塑积/MPa·%	屈强比
试样 1	465.00	885.00	25.20	22302.00	0.53
试样 2	526.00	815.00	28.44	23178.60	0.66

对试样 1 和 2 采用不同应变量的预拉伸，然后测量预变形后残余奥氏体的体积分数和碳含量。所采用的预变形量分别是：0%、2.5%、5%、10%、15% 以及断后。两试样的残余奥氏体随应变的变化如图 5-31 所示，K 值变化趋势如图 5-32 所示，n 值变化趋势如图 5-33 所示。

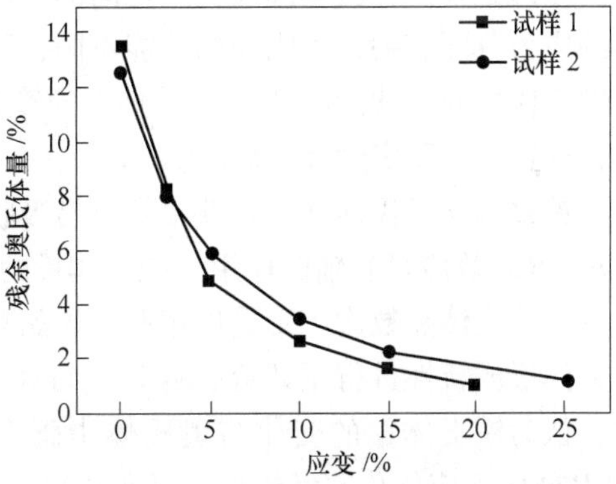

图 5-31 变形过程中残余奥氏体的变化

由图 5-31 可知，随着拉伸变形的进行，残余奥氏体量逐渐减少。在变形的开始阶段，残余奥氏体减少速度很快，试样 1 和试样 2 在 5% 的应变时，残余奥氏体量分别减少了

63.70%和53.01%。随着变形的深入，残余奥氏体减少速度变缓。这说明残余奥氏体的稳定性随着变形的深入而增加。图5-32中K值也反映了这个特点，由图可知随着应变量的增加，K值逐渐下降，K值越小，表明残余奥氏体稳定性越高。由图可知，试样1的K值高于试样2的K值，这表明试样2的残余奥氏体在变形过程中的稳定性要高于试样1。

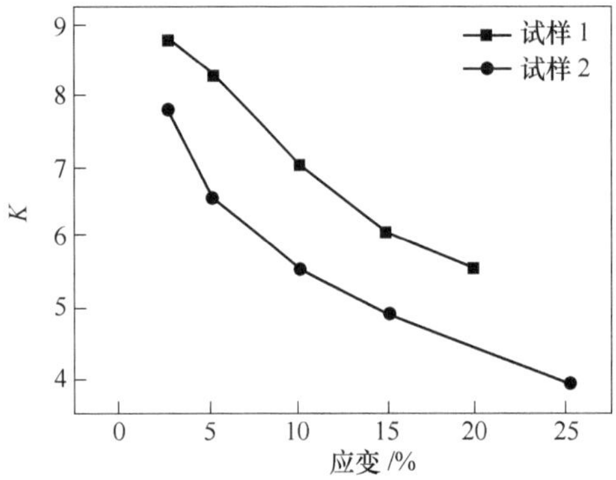

图5-32 两试样的K值随应变的变化

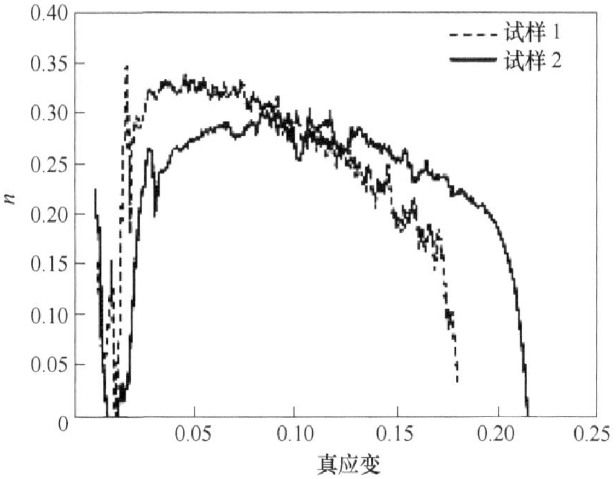

图5-33 两试样的n值随真应变的变化

残余奥氏体的稳定性决定了试样2的伸长率以及n值要优于试样1。由表5-6可知，试样2的伸长率高达28.44%，远高于试样1 25.20%的伸长率，从图5-33中所反映的两试样n值的变化趋势可知，试样1在开始阶段有高的n值，随着变形的深入，n值逐渐下降，与此对应的试样2，虽然在开始阶段n值没有试样1高，但是随着变形的深入，其n值在一定变形范围内保持稳定，并逐渐高于试样1，在变形的最终阶段（颈缩发生前），当n值开始下降的时候，其n值下降速度也低于试样1。

残余奥氏体是TRIP钢拥有良好加工硬化值的源泉，而其在变形过程中的稳定性决定了TRIP钢的n值在变形过程中的变化趋势。在变形过程中稳定的n值，对应着稳定的残余奥氏体。TRIP钢的n值变化趋势可以反映TRIP钢变形过程中残余奥氏体的稳定性。

B 铁素体组织对力学性能的影响

即使残余奥氏体体积含量和尺寸相近的TRIP钢板，它们的力学性能也可能截然不同，原因是残余奥氏体同周围相之间的作用不同。残余奥氏体的应力诱发相变与周围相之间的应力分配有关，周围相的性能不同，则应力分配不同，导致了相变转化率的差异。处于铁素体之间的薄片状残余奥氏体在应变时不易发生相变，薄片状残余奥氏体的尺寸较小，这正是它稳定性高的原因。

铁素体比贝氏体软，延性较好，易吸收残余奥氏体向马氏体转变引起的体积膨胀，因而对TRIP效应具有辅助作用。铁素体量的控制主要通过两相区等温转变及随后的冷却来实现，铁素体晶粒大小则受母相奥氏体晶粒尺寸及形变热处理工艺的影响。A. Zarei等对铁素体形成特性进行了研究，探讨了母相奥氏体的晶粒度、铁素体量对残余奥氏体的影响，认为铁素体量的变化与奥氏体中碳含量和合金元素有直接的关系。为取得较好的TRIP效应，应优化铁素体量，以便获得最大量稳定的残余奥氏体。铁素体是热处理中最先形成的组织，它直接影响最终组织中残余奥氏体的成分和形貌，因而影响残余奥氏体

TRIP 效应的发挥。图 5-34 示出了钢的力学性能随铁素体量的变化。可见钢的延性不仅受残余奥氏体的影响，也受其他显微组织的影响。

铁素体晶粒细化增加了铁素体与奥氏体的界面面积，使组织中位错密度提高（更细的亚晶），促进 Mn 的扩散，导致合金化元素的快速分配。但 Minote 对两相区等温转变后界面附近锰含量变化的计算和试验结果与上述结论不符[66]。Girault 等认为 TRIP 钢的良好塑性应是残余奥氏体的应变诱发相变和铁素体基体相共同作用的结果[67]。因而合适的铁素体量及大量的残余奥氏体是使钢获得良好塑性的前提条件。

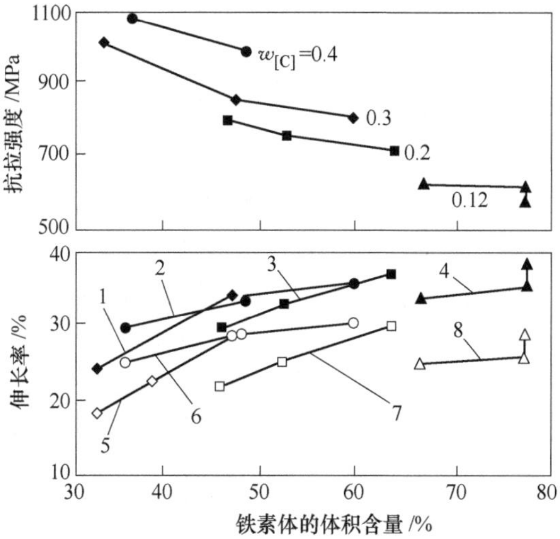

图 5-34　铁素体含量对 TRIP 钢力学性能的影响

1～4—总伸长率，5～8—平均伸长率；

1，6—0.4%；2，5—0.3%；3，7—0.2%；4，8—0.12%

Pichler[65] 等观察出现连续屈服的试样时发现，连续屈服特性和奥氏体向马氏体的转变与铁素体中产生的位错有关。在铁素体基体中引入高密度的位错有利于增加应变硬化率提高强度。

C　贝氏体组织对力学性能的影响

高强度低合金 TRIP 钢中，铁素体和残余奥氏体主要对塑性有影响，而贝氏体主要对强度有影响[66],[68～74]。在贝氏体铁素体的生长过程中，由于置换型原子的扩散系数比碳原子低 10^7～10^9 倍，所以置换型合金元素没有再分配现象。尽管研究人员对贝氏体铁素体与奥氏体界面上的合金元素是否存在再分配现象尚有争议，但对 TRIP 钢在贝氏体转变温度范围不存在置换型合金元素的再分配则是比较肯定的。两相区退火是决定贝氏体铁素体成分的关键，因此只有通过调节母相的合金含量才能改变贝氏体铁素体的成分。大量试验结果证实，在 TRIP 钢的贝氏体转变区等温加热，碳仍会向未转变的奥氏体中扩散，使奥氏体表层富碳，从而进一步提高奥氏体中的碳浓度，阻碍贝氏体铁素体晶粒进一步长大。如果转变温度过高，碳向奥氏体中大量扩散，使得贝氏体铁素体晶粒过度长大，残余奥氏体量减少，钢的强度降低；转变温度过低，尽管碳大部分固溶于贝氏体铁素体中，贝氏体铁素体晶粒较小，钢的强度较高，但残余奥氏体量降低，使钢的塑性不足。细化母相奥氏体晶粒，亦可减小贝氏体铁素体晶粒尺寸，在提高贝氏体铁素体强度的同时，增加了残余奥氏体的稳定性。

Garcia 等[74] 对影响贝氏体强度的因素进行了系统分析：（1）贝氏体铁素体的晶粒尺寸；（2）板条或片内位错亚结构；（3）Si、Mn 等置换型元素和碳等间隙型元素的固溶强化；（4）碳化物的弥散强化。此外还给出了一些定性的关系，如位错密度达到 $10^{14}m^{-2}$ 时，强度大约可提高 145MPa；贝氏体铁素体中过饱和的碳向其位错处迁移所产生的作用与位错强化作用相当，对强度有贡献。

5.2.4.3　TRIP 钢的形变过程与断裂机制

北京科技大学高效轧制国家工程研究中心以 TRIP600 钢为试验原料，采用分阶段拉伸试验（分别拉伸10%、20%、30%），并利用EBSD和X射线衍射定量相测定技术，观察分析了微区内残余奥氏体在应力应变下的相变行为；最后通过SEM原位拉伸试验，考察分析了钢在外力拉伸下的最终断裂机制[56,57]。

A 形变过程

图5-35为TRIP钢分阶段拉伸变形后微观组织的EBSD照片。观察面为平行于轧向的纵截面。图5-35中，白色为基体铁素体和贝氏体（fcc结构），黑色的粗界线表示初始的大角晶界，灰色的细折线表示大于10°和5°的亚晶界，而分散在晶界处的灰色小方块则表示残余奥氏体（bcc结构）。可以发现：

（1）EBSD观察下的亚晶界扩展路径实际上表征了钢在变形时应力应变的扩展路径。如图5-35a～d所示，很明显，钢总是沿旧有的晶界缺陷扩展新的晶界缺陷，这是其应力

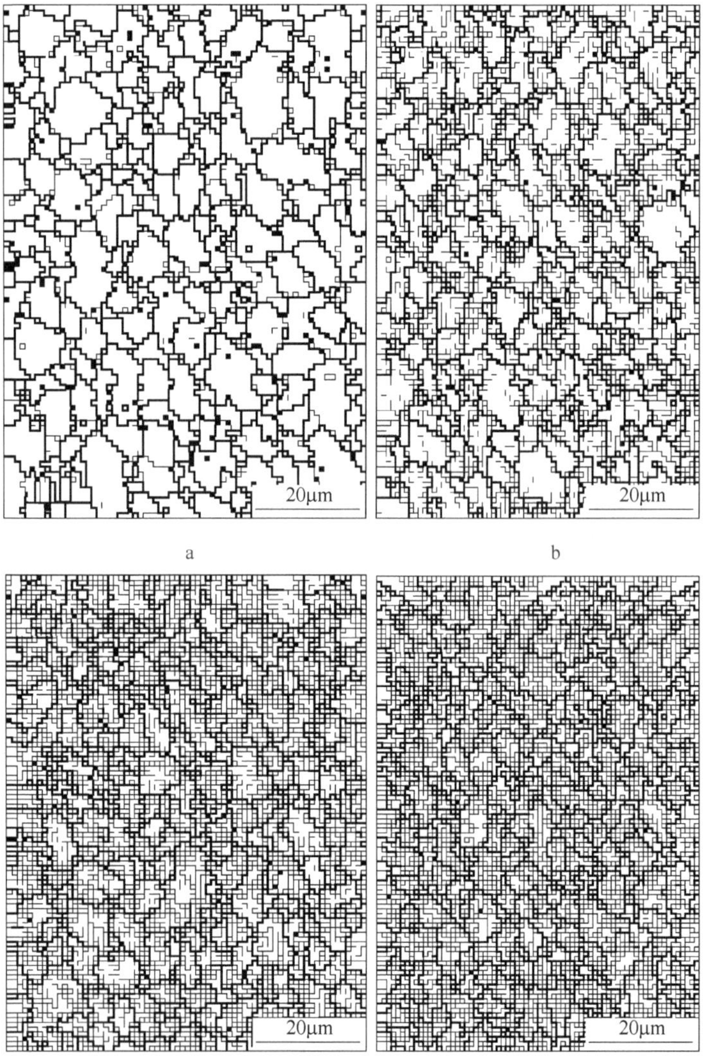

a b c d

图5-35 TRIP钢形变过程中的应变路径及残余奥氏体的相变顺序

应变发展的一个总规则。在这一规则支配下，凡是原始组织晶界缺陷密集的地方，如贝氏体区和小晶粒铁素体区域，总是较早地被亚晶界充满，形成应力集中；而在大晶粒区域，缺陷的扩展相对缓慢，应力集中受到抑制。由于残余奥氏体的相变是在应力应变作用下发生的，因此其转变顺序也基本上与亚晶界的扩展趋势相一致。

（2）继贝氏体板条内的奥氏体发生转变之后，贝氏体和小晶粒铁素体附近区域的较大的奥氏体也发生了转变。至拉伸10%时，5μm以下的晶粒均被亚晶界充满，其附近的残余奥氏体基本消失，见图5-35b。X射线衍射结果表明，此时钢中仍有大部分的残余奥氏体（约7.5%）没有转变。如前所述，由于钢中5μm以上的铁素体晶粒在基体中占主体地位，因此大量邻近奥氏体受到较为完全的保护，确保了大变形段奥氏体的持续转变。

（3）随着应力应变的进一步增加和扩展，大晶粒铁素体晶界处的奥氏体也发生了转变。但是这一阶段的应力扩展和奥氏体的转变均也表现出细微的选择性，即应力应变的扩展以及奥氏体转变的先后，与所在晶界的曲率有很大关系。如图5-35b～c所示，晶界曲率大的地方，应力应变容易集中，位于其间的残余奥氏体总是先期发生转变，而在晶界曲率小的地方，应力应变较小，残余奥氏体相对稳定。至拉伸达到25%时，钢中约有3.0%的残余奥氏体。此时钢中的残余奥氏体基本上分为两类：一类是位于与拉应力方向平行的大面积晶界处的奥氏体，另一类是位于大的铁素体晶粒内部，完全避免了应力作用的残余奥氏体，见图5-35c。可见，晶界曲率对奥氏体稳定性的影响，不但意味着铁素体晶粒越大，其多边形性越完全，奥氏体就越稳定，而且意味着在对板材进行加工成型时，必须考虑带状组织的方向。当钢中存在明显的带状组织时，平行轧向的晶界面积不但比例较大，奥氏体含量多，而且由于界面曲率较低，这些奥氏体的稳定性也相对较强，其转变将相对延后。

（4）EBSD和X射线衍射试验都表明，TRIP380/600钢中奥氏体的转变大部分集中在25%的工程应变之前。25%的变形后奥氏体含量较少，且转变趋势明显减缓，见图5-35d。由于汽车用钢的成型加工主要集中在5%的变形阶段，这种奥氏体稳定性设计，既能够保证板材在成型阶段具有较高的n值，提高成型稳定性，又有利于保证成型后钢中仍保留相当量的残余奥氏体，提高汽车的主动安全性。

（5）当拉伸达到30%时，钢中残余的奥氏体含量极其有限（1.2%），且大部分处于大的铁素体晶粒内部。由于受到比较完全的应力保护，这部分奥氏体直至试样拉伸断裂仍然残存于钢中，见图5-35d。显然，这一部分残余奥氏体没有对钢的力学性能作出贡献。这一事实的物理本质是：当裂纹已经在钢的硬质相中产生时，仍有部分软质相未被亚晶界所“渗透”，也即钢的基体组织仍不够均匀。解决的突破口应是力求钢中软质相的均匀，或降低软质相与硬质相的尺寸比。

可以发现亚晶界扩展路径实际上表征了钢在变形时应力应变的扩展路径。钢总是沿旧有的晶界缺陷扩展新的晶界缺陷，这是其应力应变发展的一个总规则。在这一规则支配下，凡是原始组织晶界缺陷密集的地方，如贝氏体区和小晶粒铁素体区域，总是较早地被亚晶界充满，形成应力集中；而在大晶粒区域，缺陷的扩展相对缓慢，应力集中受到抑制。由于残余奥氏体的相变是在应力应变作用下发生的，因此其转变顺序也基本上与亚晶界的扩展趋势相一致。

B　断裂机制

图 5-36 为试验钢在动态拉伸过程中的扫描电镜照片，其中图 5-36c、d 为反色图。观察发现 TRIP 钢的断裂主要有 4 个特点。

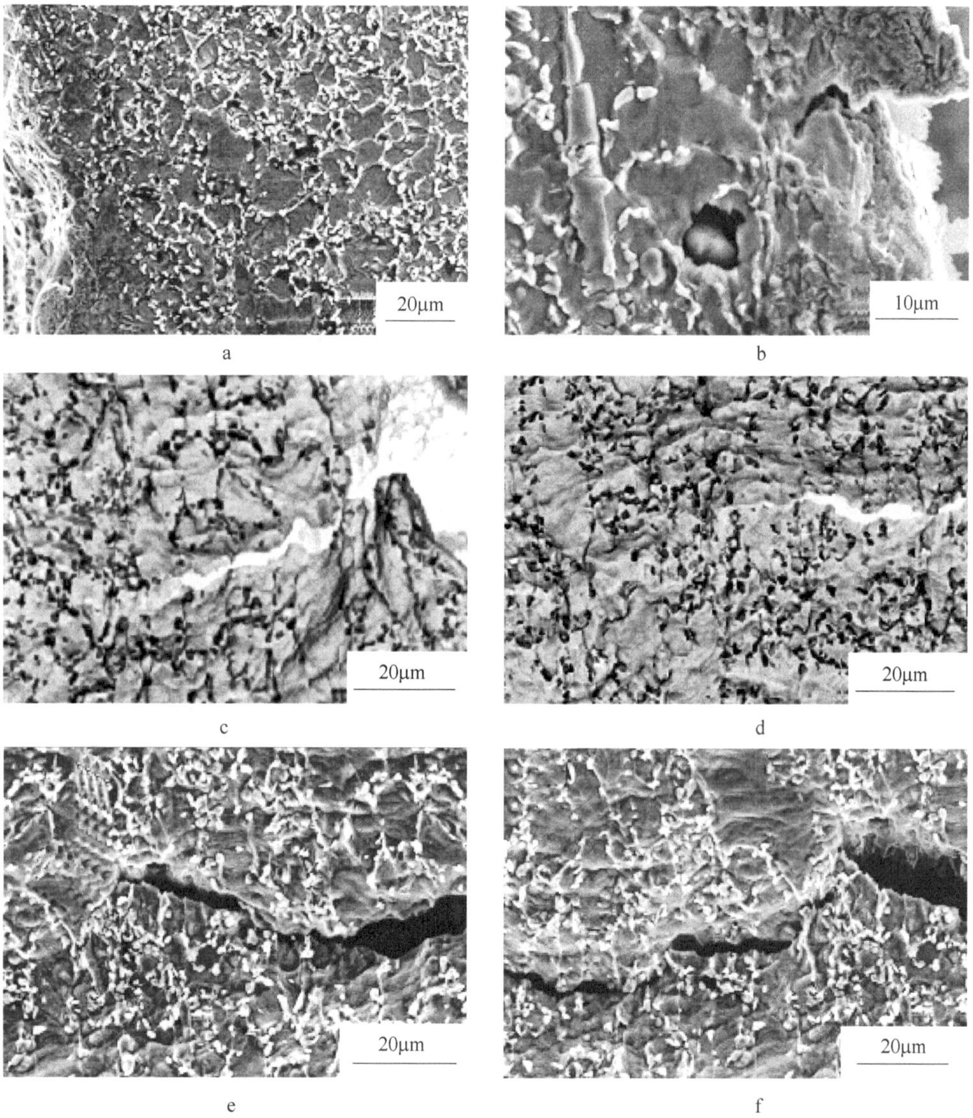

图 5-36　TRIP 钢的延性断裂过程

a—微孔群出现；b—夹杂物与孔洞；c—大裂纹形成；d—大裂纹穿晶扩展；
e—裂纹扩展遇到大铁素体晶粒发生钝化；f—裂纹沿晶界发生转折

（1）微孔群的出现。如图 5-36a、b 所示，在塑性变形末期，钢中某些部位出现微孔群，这些微孔往往出现在硬质相（贝氏体）密集区域，而其形核点则为夹杂物。虽然硬质相的群集是造成应力集中的基础，但是其内部的夹杂物才是导致微孔形核的直接诱因。因此从裂纹的萌生机制上分类，TRIP 钢的断裂属于微孔聚集型断裂。分析认为，相变马氏体作为晶界处的硬质点，之所以没有成为裂纹源，造成钢的解理断裂，一是因为马氏体相变本身释放了应力，抑制了裂纹产生；二是因为马氏体与钢基体的结合力较之夹杂物仍然为大。

（2）大裂纹的形成。如图 5-36b、c 所示，某些大型夹杂物的存在，造成了某些微孔的优势发展，并最终导致大裂纹形成。在塑性变形过程中，围绕大型夹杂物的孔洞较早生成，随着变形的逐渐增大，这些孔洞的周围组织中产生了大量的滑移累积，并最终汇总成垂直于拉应力的较大裂纹。大裂纹的生成与发展产生两方面的作用：一方面由于应力释放的作用，抑制了与其平行的横断面上的微孔与裂纹的扩展；另一方面又能加剧同一断面上的微孔和裂纹的扩展，即对其前进方向上的微孔与裂纹具有激发和加速的作用。裂纹的这一作用最终使钢形成了一个统一的断面。显然，试验钢的这一断裂形式，具有“撕断”的特点[75,76]。

（3）裂纹的穿晶扩展。图 5-36c、d 为扫描电镜照片的反色图。反色图能够更清晰地显示 TRIP 钢的裂纹扩展形式：TRIP 钢的裂纹扩展路径不是沿晶界而是穿过晶粒内部向前发展，表现出典型的穿晶断裂迹象。如前所述，由于在基体铁素体晶粒内部，还有小部分奥氏体晶粒的存在，当裂纹穿过这样的晶粒时，其内部的奥氏体将会发生相变，对裂纹的扩展起到阻抑作用。

（4）裂纹尖端的钝化与转折：如图 5-36d、e 所示，当裂纹以近于垂直的角度与大块铁素体晶界相遇时，其扩展受到明显阻碍，发生钝化和转折。这一方面说明较大的基体铁素体晶粒能够有效地抑制 TRIP 钢裂纹的扩展，另一方面也表示裂纹的扩展在某些情况下也能够以撕裂晶界的形式进行，使钢表现出局部的晶面断口形貌。

总之，试验 TRIP 钢的断裂从裂纹萌机制上看，属于微孔聚集型断裂。但在扩展方式上却并不是各处微孔同时扩大并最后形成连接，而是先形成大裂纹，由大裂纹诱导和加剧其前进方向上的小微孔和小裂纹的产生和扩展，同时抑制其他位置上的微孔和裂纹的发展，从而最终形成一个统一的断面；从裂纹的扩展路径看，TRIP 钢的断裂为穿晶断裂，只是在某些晶粒上，有沿晶界发生转折，形成结晶断口的可能。

试验钢的断口形貌如图 5-37 所示，钢的断口布满了韧窝，属于韧性断裂。其中图 5-37a 存在大孔洞痕迹，附近韧窝尺寸也较大，且均为等轴韧窝，说明此处可能为大裂纹源。由于大型夹杂物的群集状，此处裂纹优先萌生和发展，同时由于正应力垂直于微孔的表面，因此此处的孔坑呈等轴状。能谱分析表明，图 5-37a 中 A 处的球形夹杂物为 MnS；图 5-37b 为裂纹扩展区域，韧窝大小近似，均呈拉长的抛物线状。这是因为在大裂纹产生后，其他部位的断口均为“撕裂”而成，拉应力与断口相对取向的变化，使得断面孔坑呈抛物线形状。在图 5-37b 中，B 处表现为整齐的晶面断口形貌。如前所述，这是由于裂纹扩展过程中遇到大的铁素体晶粒，沿晶界发生了转折，因此表现出局部的沿晶断裂形貌。

对图 5-37 中观察到的夹杂物进行能谱分析，如图 5-38 所示。可以看出，能谱中 Mn 和 S 峰值较高，说明夹杂物中 Mn 和 S 的含量偏高，故可判定该夹杂物为 MnS。通过对试验钢断裂过程和断口形貌的分析可以发现，试验钢在拉应力下的断裂为典型的延性断裂，钢中的夹杂物仍是裂纹产生的主要影响因素。当夹杂物尺寸大小相差较大时，大裂纹优先生成并扩展，钢的断裂将以“撕断”的方式快速发展，造成大面积的抛物线状韧窝。这显然不利于提高钢的塑性。

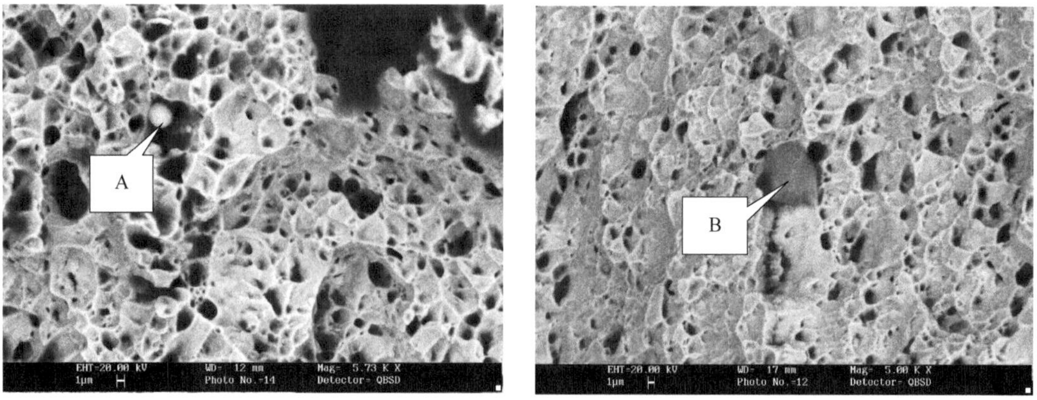

a b

图 5-37 试验钢的断口形貌

a—裂纹起始部位；b—裂纹扩展部位

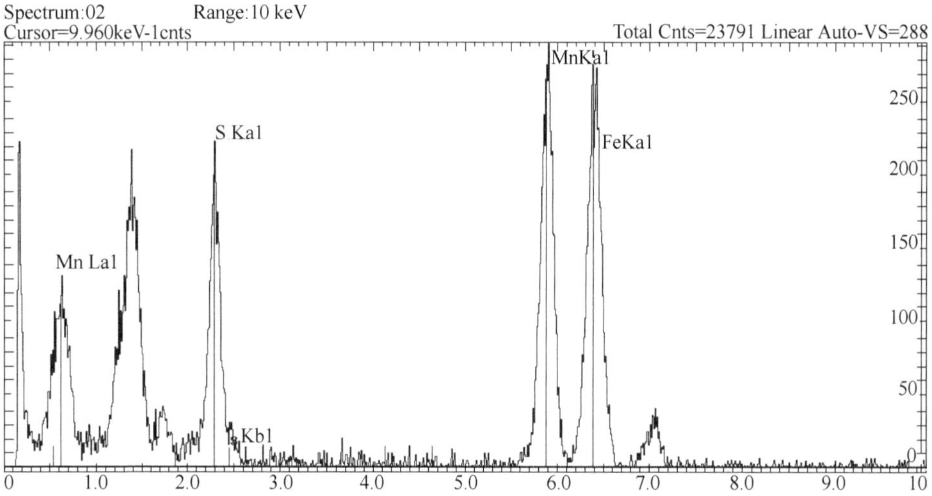

图 5-38 夹杂物能谱图

5.3 热镀锌相变诱导塑性钢

热镀锌钢板具有耐大气腐蚀、生产成本低、镀层可控性高等优点，被广泛应用和研究，尤其是随着汽车工业不断发展，导致对热镀锌钢板的需求日益增加。研发生产热镀锌 TRIP 钢必须针对热镀锌的特殊性，要综合考虑钢板的力学性能要求和钢板表层的可镀性两个问题。

从力学性能的角度来看，发展热镀锌 TRIP 钢的困难在于热镀锌线本身的特点。镀锌线一般没有过时效区，主要适用于生产热镀锌 IF 钢等。常规的含硅冷轧 TRIP 钢由于需要较长时间的中温贝氏体区等温处理，因此无法在连续镀锌线上生产，另一个问题是，一般的锌液温度不能低于 420℃（锌的点），且通常钢板浸入锌液的温度要比锌液温度高 10℃。实际上，在生产中钢板的温度一般要在 460～480℃之间。这一温度将可能导致冷轧 TRIP 钢无法获得所希望的显微组织，因为较高的贝氏体等温时效温度可能会导致 TRIP 钢贝氏体组织的变化。

从钢板表层的涂镀性能来看，一般的 CMnSi-TRIP 钢因 Si 含量较高（1.5Si），在退火过程中，易在表面偏析并形成很不稳定的 Mn_2SiO_4 氧化膜。这种氧化膜在浸镀锌液过程中抑制了钢与 Zn 液中 Al 之间的反应，不能形成 $Fe_2Al_{5-x}Zn_x$ 抑制层，从而使镀锌层质量变差。

5.3.1 热镀锌 TRIP 钢的成分与工艺参数优化

北京科技大学高效轧制国家工程研究中心，结合实际要求设计了一种高 Al（大于 1.0%）低 Si（小于 0.3%）的 TRIP 钢（TRIP02 钢），其冶金成分如表 5-7 所示[56,57]。该成分设计处于可以热镀锌的范围[52]，并对其工艺、组织和性能进行了研究。

表 5-7 试验用钢的冶金成分（质量分数） （%）

试验用钢编号	合金元素					
	C	Mn	Si	Al	P	Nb、V
TRIP01	0.19～0.22	1.40～1.60	0.50～0.60	1.10～1.30	—	0.13～0.15
TRIP02	0.19～0.22	1.40～1.60	0.25～0.30	1.10～1.30	—	0.13～0.15
TRIP03	0.19～0.22	1.40～1.60	余量	1.10～1.30	0.068	—

试验钢种经过真空炉冶炼后锻造成钢锭，经过热轧、酸洗、冷轧，在 Gleeble3500 上进行热镀锌工艺模拟退火试验。热处理过程中，两相区退火温度范围在 820～880℃之间变化，两相区保温时间为 60s，贝氏体等温温度在 440～480℃之间变化，贝氏体等温时间在 20～60s 之间变化。热处理后的试样经过拉伸后的力学性能分布如图 5-39 所示。

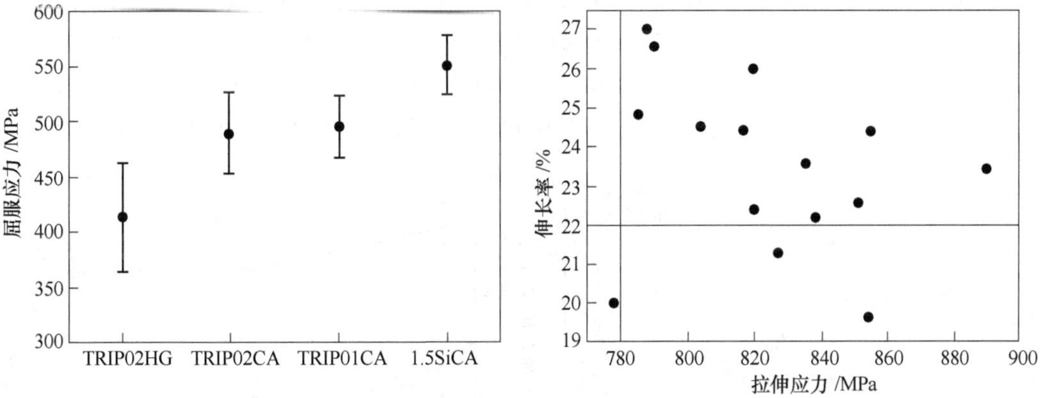

图 5-39 热镀锌 TRIP 钢的抗拉强度和伸长率

从图 5-39 中力学性能分布可以看出，TRIP02 钢系列试样整体性能良好，15 种不同工艺中有 14 种工艺条件下试样的强度在 780MPa 以上，伸长率分布在 24% 以上的有 7 种，TRIP02 钢采用热镀锌工艺能够获得良好的力学性能，与连续退火 TRIP 钢相比，热镀锌 TRIP 钢的力学性能存在一些差异。

图 5-40 是热镀锌 TRIP 钢（TRIP02HG，贝氏体相变时间 30s）和连续退火 TRIP 钢

（TRIP01CA）的拉伸应力-应变曲线。由图可知，热镀锌 TRIP 钢在拉伸过程中出现了屈服现象，但是没有出现屈服平台，而连续退火 TRIP 钢则出现了屈服平台。热镀锌 TRIP 钢的 n 值在变形过程中的变化趋势是先增加而后减少，而连续退火 TRIP 钢的 n 值在变形过程中的变化趋势是先增加而后在最高值附近保持一段时间，之后随着变形的深入，才开始下降，连续退火 TRIP 钢 n 值下降的速度要小于热镀锌 TRIP 钢。

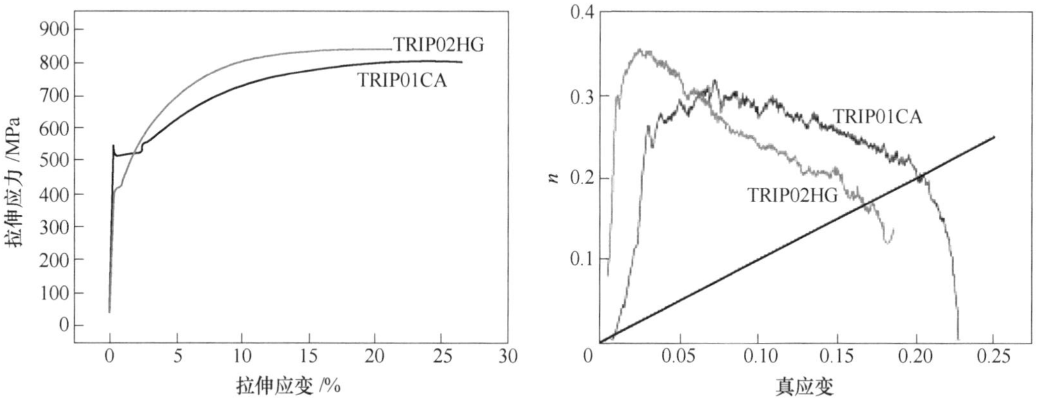

图 5-40 热镀锌 TRIP 钢和连续退火 TRIP 钢的拉伸应力-应变曲线

从试验结果来看，当两相区退火温度在 820℃时，无论是抗拉强度还是伸长率，试验钢都拥有最佳的数据，这个结论与 TRIP01 钢基本一致，在 820℃保温拥有最佳的力学性能。

利用热膨胀仪分析了 TRIP02 钢在特定加热速度下的奥氏体化进程，如图 5-41 所示。由图 5-41a 可以发现，TRIP02 钢两相区的特点：两相区的范围很大，尤其是 A_{c3} 的温度高达 980℃，远高出高 Si 不含 Al 的 TRIP 钢的 A_{c3} 温度[78]。依据两相区内的热膨胀曲线变化，同时得到了不同加热温度下奥氏体和铁素体的含量，如图 5-41b 所示。由图 5-41b 可以看出，当两相区加热温度分别为 820℃、850℃、880℃时，奥氏体量分别为 38.69%、51.56%、68.82%。按照传统观点[77]，当两相区加热后，奥氏体化 50% 后 TRIP 钢具有最

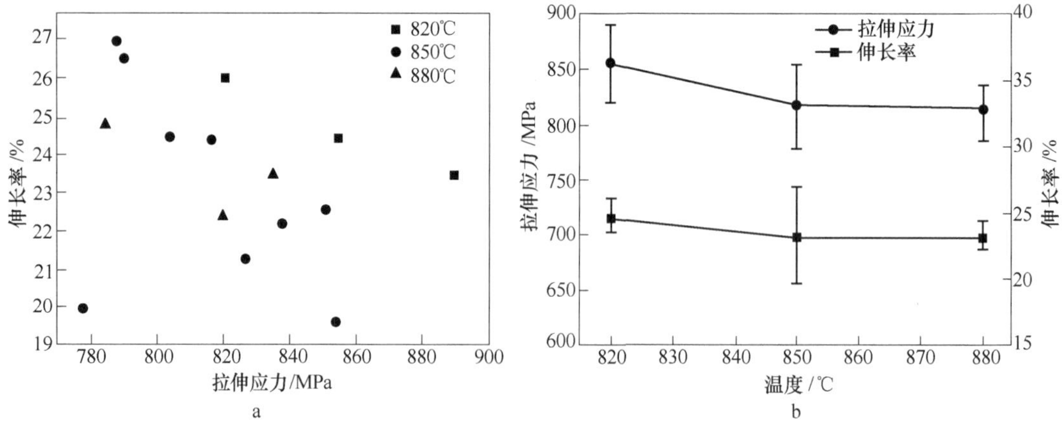

图 5-41 两相区加热温度对力学性能的影响

a—整体分布；b—趋势分析

佳的综合力学性能，这与本实验所得到的结论相矛盾。其原因在于本实验所研究的TRIP02钢的成分设计中添加了微合金元素V，这将导致两相区加热温度变化不仅仅影响着奥氏体量，还影响着析出物的回溶。因为V与钢中的C结合，其在加热过程中的回溶温度刚好处在两相区退火温度范围内。

贝氏体等温温度对各试样抗拉强度与伸长率的影响如图5-42所示。从图中可知，在不同的贝氏体等温温度范围内均能得到良好的性能，当贝氏体等温温度在440～480℃范围变化时，贝氏体等温温度对性能没有显著的影响。

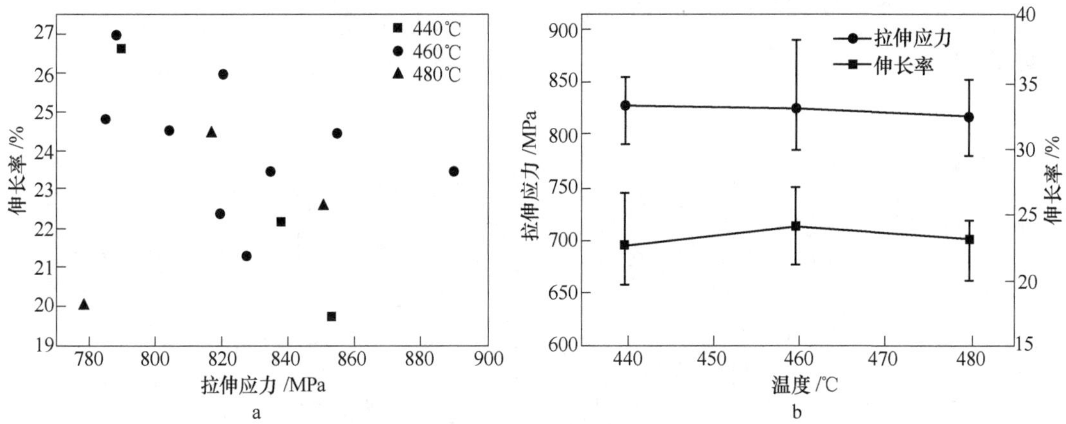

图5-42 贝氏体等温温度对性能的影响

a—整体分布；b—趋势分析

5.3.2 热镀锌TRIP钢的组织特征

以表5-7中的TRIP02为实验成分，研究低Si热镀锌TRIP钢的微观组织。如图5-43所示，选取了两种工艺下的微观组织，分别选用彩色金相照片（弥散的白色块为残余奥氏体，面积最大的浅灰色部分表示铁素体基体，而黑褐色部分则表示贝氏体）和扫描电镜图片。由图5-43可知，热镀锌TRIP钢的组织由铁素体、贝氏体、残余奥氏体和马氏体所组成。残余奥氏体的存在保证了TRIP02钢在热镀锌工艺条件下能获得780MPa以上的抗拉强度。

5.3.3 热镀锌TRIP钢的涂镀性与镀层控制

有许多因素会影响到钢板的热镀锌能力。钢板的成分是影响钢板热镀锌能力的一个重要因素，特别是成分中的碳和硅。当钢板浸入锌液时，首先发生的是铁锌反应，导致铁的溶解。高的碳含量会加速铁锌反应，使得镀层增厚，并使得镀锌层的力学性能下降。

5.3.3.1 *硅元素是损害TRIP钢板热镀锌能力的主要元素*

一般认为，硅易在钢板表面形成SiO_2，在镀锌时降低了钢板在锌液的浸润性，导致钢板的可镀锌能力下降。另外，有研究发现，当硅含量超过0.3%（质量分数）时，在钢板表面形成的镀层是疏松的，导致镀层质量下降。对于TRIP钢来讲，为了获得好的强韧性，总是希望含有高于0.3%（质量分数）的硅，这将导致可镀锌能力下降。钢中的铝对

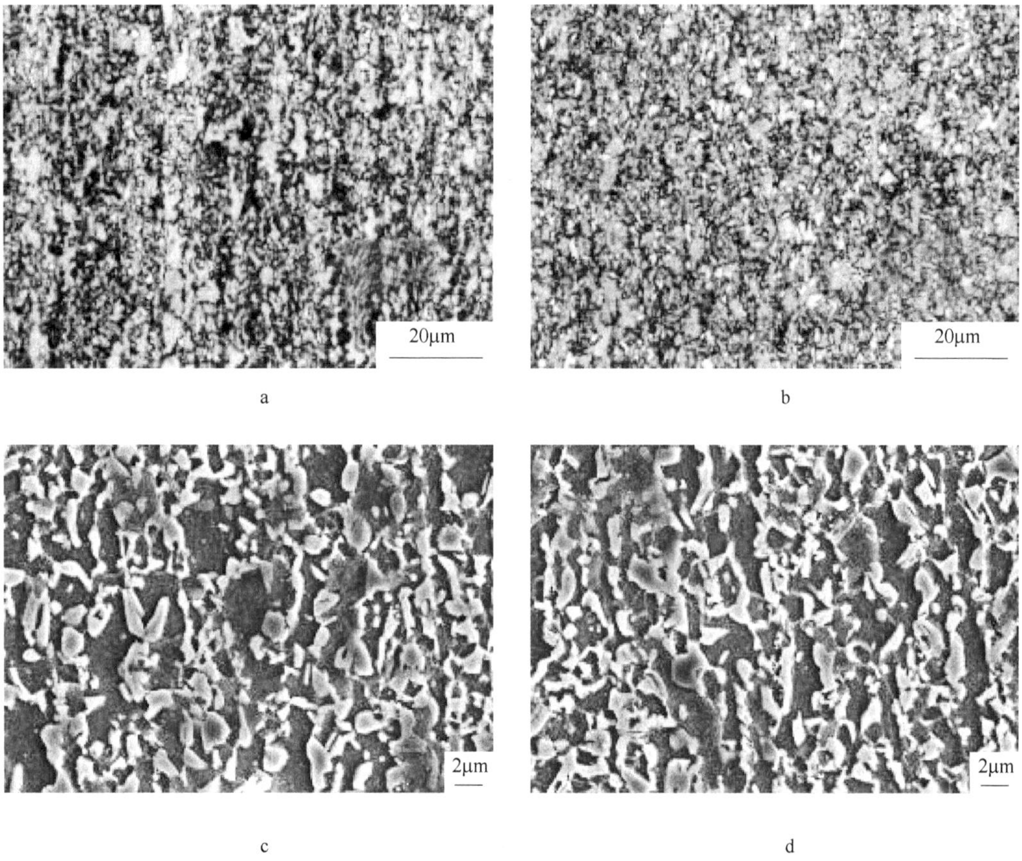

图 5-43 低 Si 热镀锌 TRIP 钢的微观组织

a，c—850℃（60s）+460℃（10s）；b，d—850℃（60s）+460℃（30s）

其镀锌性能的影响目前暂不明确，据现有的文献，没有关于铝对热镀锌性能的不良影响的报道。

锌液成分也是影响钢板可镀锌能力的一个重要因素。当锌液中含有铝时，将改变锌层的形成机理。当钢浸入含铝锌液时，最先发生的也是铁在钢板表面的溶解。这将导致钢板附近的锌液中存在铁的富集层。在这一层中，铁和铝将达到平衡，并在钢板和锌液之间形成 Fe_2Al_5 的沉淀。同样的还会在钢板和锌层间形成 $Fe_2Al_5\text{-}xZn_x$ 金属化合物的阻挡层。这样防止了 FeZn 脆性金属化合物的形成，并保证了好的镀层在钢板的表面的形成。

5.3.3.2 预氧化/还原退火对 TRIP 钢可镀性的改善

Norden 等详细研究了预氧化工艺对 TRIP 钢热镀锌的影响，所研究 TRIP 钢板的成分见表 5-8[79]。

表 5-8 不同 TRIP 钢板的化学成分 （%）

TRIP 钢板	C	Mn	Si	Al	Fe
Fe-Mn-Al	0.24	1.7	0.1	1.5	余量
Fe-Mn-Si	0.16	1.6	1.5	<0.05	余量

Norden 等对比了 Fe-1.7% Mn-1.6% Al TRIP 钢未预氧化直接退火并热镀锌和预氧化后退火并热镀锌的情况，预氧化是在 600℃ 的 1.8% O_2 + N_2 气氛中预氧化 10s，退火是在温度为 800℃、露点为 -25℃的 5% H_2 + N_2 气氛下退火 60s。无预氧化时，合金元素发生外氧化，氧化物层由较大的岛状 Mn-Al-Si 复合氧化物和较小的 Mn 氧化物区域组成，表面也可观察到一些由金属 Fe 和 Mn 组成的颗粒。而加入预氧化工艺后，基板表面主要被含有金属 Fe 的氧化/还原层覆盖，氧化/还原层被一些孔洞分割，这些孔洞中含有 Mn、Si 和 Al 的氧化物的混合物。合金元素氧化发生在距表层 80nm 处，这说明形成的氧化物在氧化/还原层下面。将前面两种条件下的退火试样在含有 0.14% Al 的锌液中热镀锌，之后在 550℃退火 15s。研究发现：无预氧化的试样，镀层主要由 δ 相组成，表面有一些 ζ 相，Γ/Γ1 相不连续分布；而预氧化的试样，镀层主要由 δ 相组成，无 ζ 相出现，镀层 Γ/Γ1 相连续分布。这说明预氧化有利于 Fe 和 Zn 互相扩散反应。研究还发现，无预氧化的试样，基板表面较光滑平整；而预氧化的试样基板表面较粗糙，有典型的凸出狭长形状结构出现。

Norden[79]还研究了预氧化和露点对 Fe-1.6% Mn-1.5% Si TRIP 钢热镀锌的影响。无预氧化，直接在温度为 800℃、露点分别为 -5℃和 -25℃的 5% H_2 + N_2 气氛中退火 60s，之后热镀锌。露点为 -5℃时，可以明显看到 Mn 和 Si 在距表层 2 ~ 3μm 处沿晶界发生了内氧化，有部分氧化物向晶粒内部生长；而低露点（-25℃）条件下，沿晶界的 Mn 和 Si 的氧化物大大减少。随着露点降低，氧分压减小，基板中合金元素的选择性氧化从内氧化（露点为 -5℃）转变为外氧化（露点为 -25℃）。在 -25℃露点下只有少量 Fe_2Al_5 晶体形成；而 -5℃露点下有大量 Fe_2Al_5 晶体形成，但不够致密且很分散。对预氧化试样的截面、表面形貌及 Fe_2Al_5 抑制层形貌进行研究，发现如果仅仅改变露点，在露点为 -25℃时，由于 Fe_2Al_5 抑制层的形成受到限制，镀层的结合力差；而同时加入预氧化和改变露点，在 -25℃露点时也能得到理想的镀层结合力；但是在露点为 -40℃时，即使进行预氧化，形成理想的 Fe_2Al_5 抑制层，镀层的结合力还是很差。因此该研究指出，要获得良好的镀层结合力，预氧化工艺需与合适的露点匹配控制。

5.3.3.3 内氧化退火对 TRIP 钢可镀性的改善

Bellhouse[80]等研究了 TRIP 钢在露点为 -30℃的 5% H_2-95% N_2 和露点为 -53℃的 20% H_2-80% N_2 气氛中退火后的表面组织，发现在第二种气氛中退火后，表面氧化层厚度减小，氧化物分布改变，浸润性提高。Lee[22]等将成分为 0.15% C，2.0% Mn，0.3% Si，0.8% Al，0.05% P，伸长率为 20%~30%，抗拉强度为 700 ~ 800MPa 的 TRIP 钢在 10% H_2 + 90% N_2（露点为 -25℃）的气氛中进行退火，而后研究了合金元素的选择性氧化和氧化物在钢板表面及内部的分布，发现：退火气氛中的氮引起钢板内部的氮化反应，AlN 沉淀物在距表面大约 1μm 处析出；内氧化生成了 MnO 颗粒、xMnO · Al_2O_3尖晶石和 xMnO · SiO_2混合氧化物；钢板表面没有非晶态的 SiO_2形成，浸镀性好，热镀锌后无漏镀点。

Staudte[81]发现工业生产的含 1.7% Mn 和 1.7% Si 的 TRIP 钢在露点为 -35℃的 N_2 - 5% H_2气氛中退火后，基板的可镀性非常差；但若在标准退火工序前先在露点为 +10℃的 N_2 -5% H_2气氛中预退火，则基板的可镀性可大大提高。研究表明，-35℃的低露点使 Mn 和 Si 的氧化物沉积在基体表面，阻止了 Fe 和锌液的浸润反应，从而造成基板可镀性差；而预退火使 Mn 和 Si 的氧化物向基体次表面推移，从而基板可镀性提高。根据在低露点、无预退火条件下制备的试样的 TEM 照片可判断，基板表面被连续的氧化物所覆盖。而加入预退火工序后，基板表面完全被 Fe_2Al_5层覆盖，表明锌液浸润性良好，球冲实验显示镀层结合力也很好。

Eynde[82]等通过控制露点，研究了热镀锌 TRIP 钢板在连续退火过程中选择性氧化的演变和外氧化向内氧化的微观转变。低露点（-60℃）条件下，表面氧化物的演变过程如下：（1）加热到 650℃，锰沿着晶界扩散到表面形成氧化物，硅有形成薄膜状氧化物的趋势；（2）加热到 820℃，临界退火开始，在表面一些区域出现富锰氧化物，富锰氧化物从晶界开始形成和生长；（3）820℃保温时，硅大量地向表面扩散，在整个表面形成薄膜状氧化物层，表层分别形成富锰氧化物和富硅氧化物；（4）冷却到 400℃保温，在等温贝氏体转变温度，当足够多的硅扩散到表面时，锰与硅反应形成透镜状锰硅复合氧化物 $x\mathrm{MnO}\cdot\mathrm{SiO_2}$（$x<0.9$）。高露点（5℃）条件下，氧化物的演变过程如下：（1）加热到 650℃，内氧化不完全，锰氧化物在表面晶界处形成，富硅氧化物薄层在表面形成；（2）从 650℃加热到 820℃，随温度升高，氧分压足够大，使得锰和硅在次表层晶界处氧化；（3）在 820℃短时保温，内氧化占优，内氧化物扩展到距表面 1μm 处；（4）在冷却和等温贝氏体转变过程中，随着温度降低，氧分压降低和合金元素扩散速率降低，没有氧化发生。在露点分别为 -60℃、-30℃、-10℃、0℃、+5℃的气氛中对试样进行退火，临界退火温度下合金元素的氧化情况为：低露点（-60℃、-30℃）条件下，只在表面形成外氧化物层；露点为 -10℃时，可以明显地观察到由外氧化向内氧化转变，分别形成外氧化物和内氧化物，当内氧化物形成较多时，外氧化物层变薄，内氧化物深度为 400～600nm；在高露点（+5℃）气氛条件下，氧化物扩展到距表面 1～1.2μm 处，高露点气氛使锰和硅的外氧化物层变薄，内氧化物距表面的深度增加。

5.3.3.4 热镀锌工艺对 TRIP 钢可镀性的影响

为改善含硅 TRIP 钢的可镀性，国外研究者对镀锌工艺方面进行了改进研究[83]：首先在低氢气氛中进行表面氧化物长大和碳自还原反应，而后在氮氢气氛中终冷，再进行预热处理。该工艺可以导致硅氧化物的剥离，在退火后形成纯铁的表面，获得了比较满意的镀层性能，并对不同 TRIP 钢的镀层性能都有明显改善。

Gao 等深入研究了锌锅中铝含量对 TRIP 钢可镀性的影响，表 5-9 为所研究试样的主要成分[84]。基板退火气氛是露点为 -30℃的 $N_2+5\%\,H_2$。对于 590TRIP1 钢，当锌锅中铝的质量分数为 0.12% 时，热镀锌后镀层质量良好；而当铝的质量分数由 0.17% 升高到 0.23% 时，镀层质量明显恶化，有漏镀点和其他缺陷出现。对于 780TRIP1 钢，铝的质量分数为 0.13% 时，热镀锌后镀层表面出现大量漏镀点；铝的质量分数提高到 0.17% 时，镀层质量明显改善，基本无缺陷；当铝的质量分数增加到 0.23% 时，基板镀锌基本良好，在部分区域出现少量漏镀点。对于 780TRIP2 钢，铝的质量分数为 0.13% 时，镀层表面有一半区域出现了针孔状漏镀点；铝的质量分数为 0.17% 时，镀层表面几乎全部区域都出现了针孔状缺陷，造成“橘皮”镀层缺陷；铝的质量分数为 0.23% 时，镀层质量有轻微改善，漏镀点尺寸减小，但数量却有所增加。研究指出：为了改善 CMnSiTRIP 钢的可镀性，锌液中铝含量的优化确定需要综合考虑基板中 Si、Mn 的含量之比和表层氧化物的类型。

表 5-9 基板主要合金元素含量

试样编号	C 含量/%	Mn 含量/%	Si 含量/%	Si、Mn 含量之比
590TRIP1	0.096	1.50	1.00	0.7
780TRIP1	0.147	2.56	0.49	0.2
780TRIP2	0.148	1.84	1.49	0.8

5.4 热轧相变诱导塑性钢

5.4.1 热轧 TRIP 钢的一般生产工艺

这种生产热轧 TRIP 钢的 TMP（Thermo Mechanical Processing 变形热处理或热机械工艺）工艺过程如图 5-44 所示。TMP 工艺过程为：第一步，将钢坯加热到一个恰能使其初始显微组织中存在的 Nb(C，N)、AlN 析出物溶解的温度；第二步，轧制变形，即在未再结晶温度之上终止变形；第三步，以 3℃/s 的冷却速率将钢冷却到 A_{r3} ~ A_{r1} 温度之间；第四步，在 A_{r3} ~ A_{r1} 温度间等温，析出要求数量的先共析铁素体；第五步，采用层流冷却将钢快速冷却到卷取温度（通常为 400℃ 左右），在此温度下，一部分奥氏体等温转变成贝氏体。

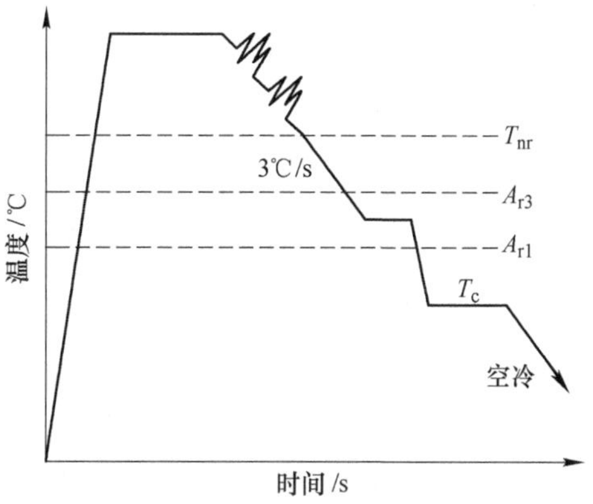

图 5-44 热轧 TRIP 钢生产工艺示意图

T_{nr}—未再结晶温度；T_c—卷取温度

Ichiro Tsukatani 等[68]和 Sung-Joon Kim 等[86]建议在未再结晶温度之下终止变形，之后快速冷却到卷取温度等温一段时间，然后空冷到室温，而 Jeong[19]等却建议应在终止变形后空冷到卷取温度。在实验室轧制条件下，一般在未再结晶温度之上终止变形，然后空冷到 A_{r3} ~ A_{r1} 之间某一温度时，再水冷到卷取温度。

5.4.2 热轧 TRIP 钢组织性能的优化

5.4.2.1 Nb、Mo 对热轧 TRIP 钢的作用

众所周知，TRIP 钢的成型性能主要取决于残余奥氏体的数量和稳定性。但是，C、Mn 等合金含量较高的 TRIP 钢，相应的焊接性能和表面质量较差，生产成本也较高，其实用性不大。因此，碳含量通常控制在 0.2%（质量分数，下同）以下，硅、锰、铝等含量分别控制在 2% 以下。但是，这种成分又无法满足 780MPa 和 980MPa 强度级别的要求。许多研究结果显示，复合添加 Nb 或 Mo 可获得较高的强度和韧性[87]。

试验钢的化学成分如表 5-10 所示，其对强塑积、残余奥氏体含量以及碳含量的影响如图 5-45 和图 5-46 所示。含 0.05% Nb 钢和含 0.05Nb + 0.2% Mo 钢的强塑积高达 26000MPa · %，而其他的强塑积仅为 21000MPa · % 左右。这一结果显示，添加 0.05Nb 可获得较高的抗拉强度和伸长率，而添加 0.2% Mo + 0.05% Nb 则与添加 0.05% Nb 的 D 钢一样，也可获得较高的强塑积值，同时，可以显著增加抗拉强度。

表 5-10　试验钢的成分　（%）

序号	C	Si	Mn	P	S	Al	Nb	Mo	N
A	0.21	1.49	1.45	0.005	0.003	0.032			0.0068
B	0.21	1.48	1.48	0.005	0.003	0.021	0.016		0.0061
C	0.21	1.49	1.49	0.005	0.002	0.028	0.017	0.10	0.0065
D	0.21	1.60	1.53	0.005	0.003	0.031	0.048		0.0073
E	0.20	1.47	1.51	0.004	0.003	0.028	0.047	0.20	0.0065

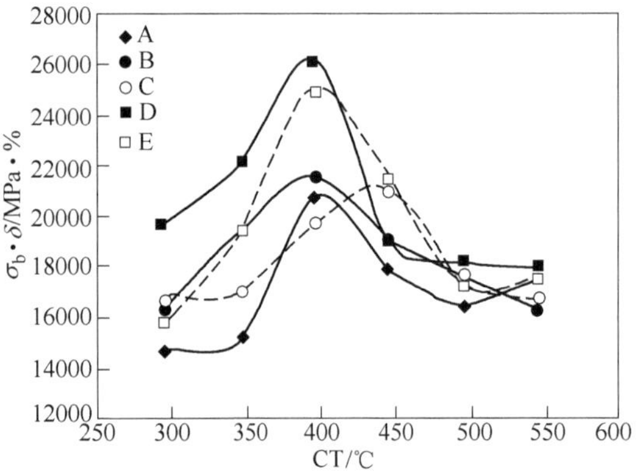

图 5-45　合金元素与卷取温度对强塑积的影响

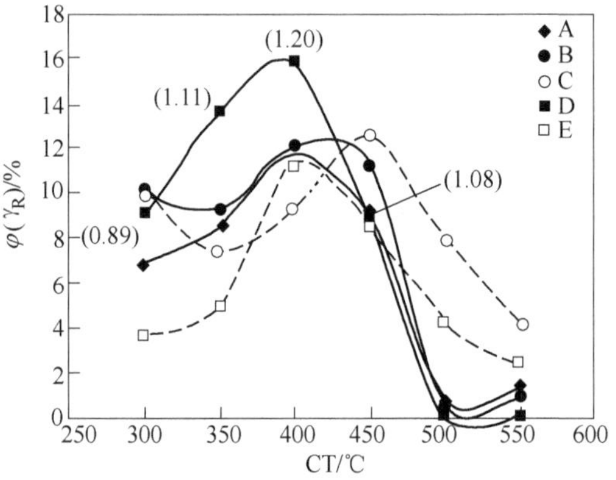

图 5-46　合金元素与卷取温度对残余奥氏体体积和碳含量的影响

残余奥氏体随卷取温度及合金元素的变化关系与图 5-45 所显示的强塑积随卷取温度和合金元素的变化关系基本相同。随着卷取温度的升高，残余奥氏体的体积分数首先增加，并在 400℃出现峰值，随后开始降低。在 500 ~ 550℃的高温卷取范围内，Mo 钢与其他的钢相比显示了较高的残余奥氏体体积分数。D 钢的残余奥氏体体积分数达到了最高值 16%，比其他钢种高出 4%，除 Mo 钢以外，当卷取温度高于 500℃时，所有试样的残余奥氏体的体积分数几乎都为 0。相应地，D 钢的残余奥氏体含量在 400℃卷取温度时也达到了最高值 1.2%。

如图 5-47 所示，不含 Nb 的 A 钢的显微组织由等轴铁素体与第二相组成。含 Nb 的 D 钢的第二相形态略有伸长。为了分析残余奥氏体的形态和分布，采用 EBSP 技术对比观察了 A 钢和 D 钢的组织。图 5-47 中 γ 相为白色，α 相为灰色，黑色区域为未解析区，可能包含 γ 相或 α 相，其组织为贝氏体。分析结果显示，含 Nb 钢残余奥氏体尺寸细小，沿贝氏铁素体板条分布。相反，不含 Nb 钢的残余奥氏体尺寸较大，残余奥氏体主要沿铁素体晶界分布，与含 Nb 钢沿贝氏铁素体板条分布不同。

TRIP 钢的伸长率主要取决于残余奥氏体的体积分数及与碳含量相关的残余奥氏体的稳定性。另外 TRIP 钢的伸长率还取决于残余奥氏体的形态、残余奥氏体内细微粒子间距和铁素体基体形态。图 5-47 分析结果表明，Nb 元素对残余奥氏体形态具有显著影响。

在复相钢中，组织细化对成型性能具有重要影响。Regsbee 等人[88]的研究结果显示，细小的残余奥氏体有利于获得较高的加工硬化指数和较高的 n 值，即使残余奥氏体数量保持不变也具有同样的效果。尽管无法精确测量残余奥氏体内颗粒间距，但观察结果也清楚

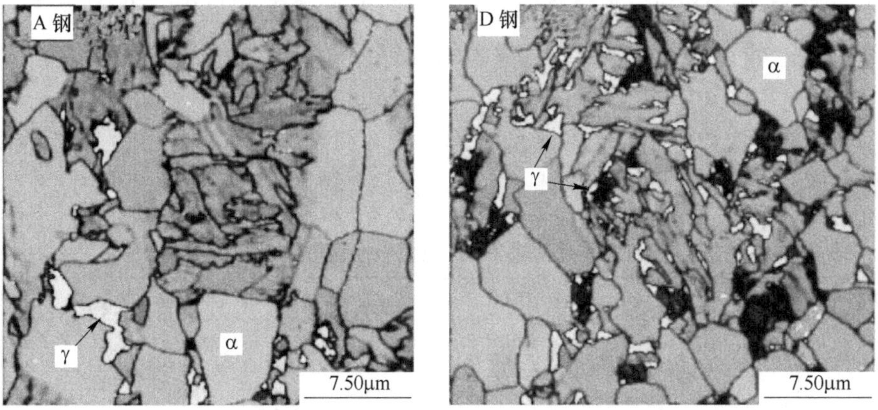

图 5-47 Nb 对分布影响的 EBSP 分析（白区为 γ 相，灰区为 α 相）

地显示了 D 钢中较小的颗粒间距。根据 Regsbee 等人的试验结果和 Ashby 的理论[89]，细小分布的残余奥氏体的组织特性有利于获得较高的加工硬化指数。分析结果显示，含 Nb 钢具有均匀细小的残余奥氏体组织结构。

对含 Nb 钢在不同热轧阶段的 Nb 固溶状态进行了化学分析，结果如图 5-48 所示。当试样在加热保温时，大约有一半的 Nb 析出。在轧制过程中，大约有 20% 的 Nb 析出，其中，10% 的 Nb 在冷却卷取阶段析出。而成品试样中，大约有 20% 处于固溶状态。固溶态的 Nb 对 0.05% Nb 钢的组织有明显影响，析出的 Nb 对奥氏体的尺寸和形态有一定的影响。

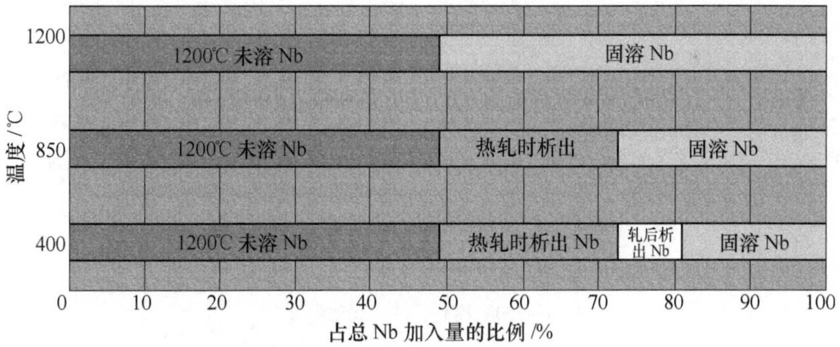

图 5-48 不同热轧工艺过程中 Nb 固溶和析出的化学分析结果

5.4.2.2 终轧温度对组织性能的影响

北京科技大学高效轧制国家工程研究中心设计了 3 种化学成分的实验钢（见表 5-11），开展热轧工艺试验，研究终轧温度和卷取温度对材料组织性能的影响[90]。

表 5-11 热轧 TRIP 钢化学成分（质量分数） （%）

No.	C	Si	Mn	Nb	Mo	V	P	S
LC#	0.17	1.40	1.50	0.048	—	—	0.008	0.0049
HC#	0.25	1.60	1.57	0.053	—	—	0.007	0.0036
MNC#	0.21	1.48	1.46	0.044	0.16	—	0.010	0.0097

采用表 5-11 中 MNC#作为试验钢成分，通过实验确定了 850℃（S_H）和 750℃（S_L）两种终轧温度，研究其对热轧 TRIP 钢组织性能的影响。两种试验方案的卷取温度为 400℃。

高温终轧和低温终轧工艺所获得的力学性能和残余奥氏体体积分数如表 5-12 所示。显然，低温终轧工艺获得了较高的残余奥氏体体积分数和强塑积。

表 5-12　终轧温度（FT）对热轧 TRIP 钢力学性能与残余奥氏体体积分数的影响

FT	YS/MPa	TS/MPa	TEL/%	TS×TEL/GPa·%	Ar（体积分数）/%
S_L	584	780	34.0	26.5	8.84
S_H	533	758	33.4	25.3	6.44

图 5-49 为两种终轧温度下所获得的微观组织的扫描电镜照片。热轧 TRIP 钢的组织特征与奥氏体的形变程度（或再结晶程度）有着直接的关系：对于热轧 TRIP 钢来说，在两相区温度以上的奥氏体区轧制既有再结晶区的轧制，也有未再结晶区的轧制，形变累积程度的不同将直接影响在后续两相区和贝氏体的相变过程。正是在这一理论基础上，750℃终轧比 850℃终轧获得了更好的性能结果。

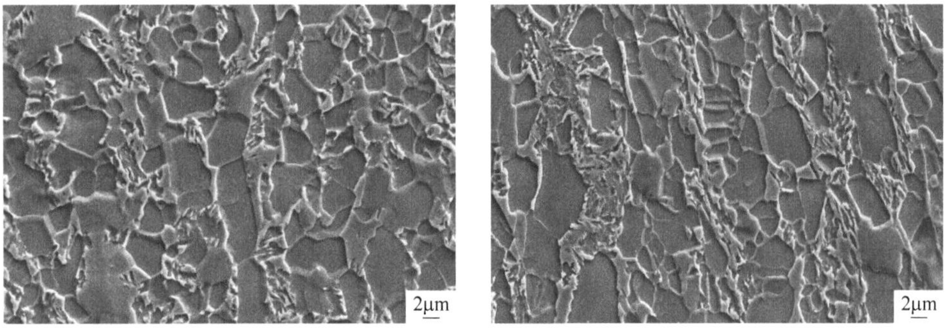

a　　　　　　　　b

图 5-49　热轧 TRIP 钢的微观组织的扫描电镜照片

a—750℃终轧；b—850℃终轧

奥氏体的再结晶程度不但会影响铁素体的形貌及大小，其对贝氏体的形貌及大小情况的影响也是显著的。由图 5-49 可见，低温终轧所得的贝氏体晶粒明显要细小分散得多，而高温终轧所获得的贝氏体组织较大而且集中。进一步的 EBSD 实验提供了更丰富的信息，见图 5-50。

图 5-50 为高温终轧和低温终轧所获得的常温组织的 EBSD 照片，其中大粒度的白色组织为铁素体，内部带有层片状痕迹的麻灰色部分为贝氏体，其余多个深浅不同的灰黑色块均为残余奥氏体组织。观察发现：（1）低温轧制所获得的组织带状特征较轻，高温轧制所获得的带状组织特征较强；（2）低温轧制所获得的铁素体组织的体积含量较大，而且多边形特征较强；（3）在低温轧制下出现了更多的大尺寸残余奥氏体晶粒，这些大尺寸的残余奥氏体晶粒往往只出现在铁素体与铁素体晶粒之间的边界上，并未受到贝氏体的

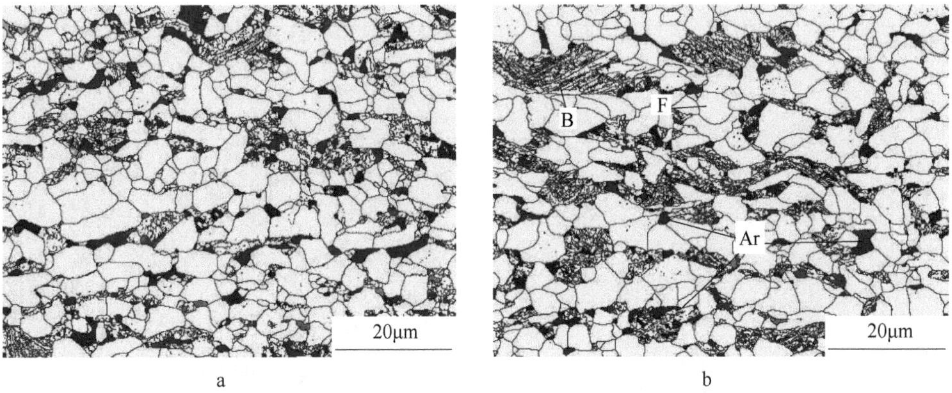

图 5-50 热轧 TRIP 钢的微观组织 EBSD 分析

a—750℃终轧；b—850℃终轧

“侵入”；（4）低温轧制所获得的贝氏体组织的分布更为分散而且其总体积含量也相对较小；（5）低温轧制下，在贝氏体组织内部残留了更多弥散分布的块状残余奥氏体。所有这些现象的合理解释就是：在低温轧制条件下，高温奥氏体获得更高的形变累积，在后续的先共析铁素体相变和贝氏体相变中获得了更多的形核点和更大的成长动力，因此最终获得了更加均匀的三相组织分布。

关于两种轧制工艺所获得残余奥氏体含量上的差异，其原因也在于高温奥氏体形变量的不同：形变量大，后续 fcc 结构（铁素体和贝氏体）发展得就比较充分，就会有更多的残余奥氏体获得足够的碳量积聚，从而在室温下保留下来。反之，fcc 结构发展不充分，残余奥氏体碳积聚不足，就会最终转变为马氏体或者析出渗碳体。这就是高温轧制下残余奥氏体含量相对较少的原因。

5.4.2.3 卷取温度对组织性能的影响

以表 5-11 中的 LC#、HC#、MNC#三种成分的试验钢为基础，探究卷取温度对热轧 TRIP 钢组织及性能的影响规律。3 种钢的终轧温度均采用 750℃（低温终轧方案）。两相区待温后分别快冷到 350℃、400℃、450℃模拟卷取。其力学性能如图 5-51 所示。

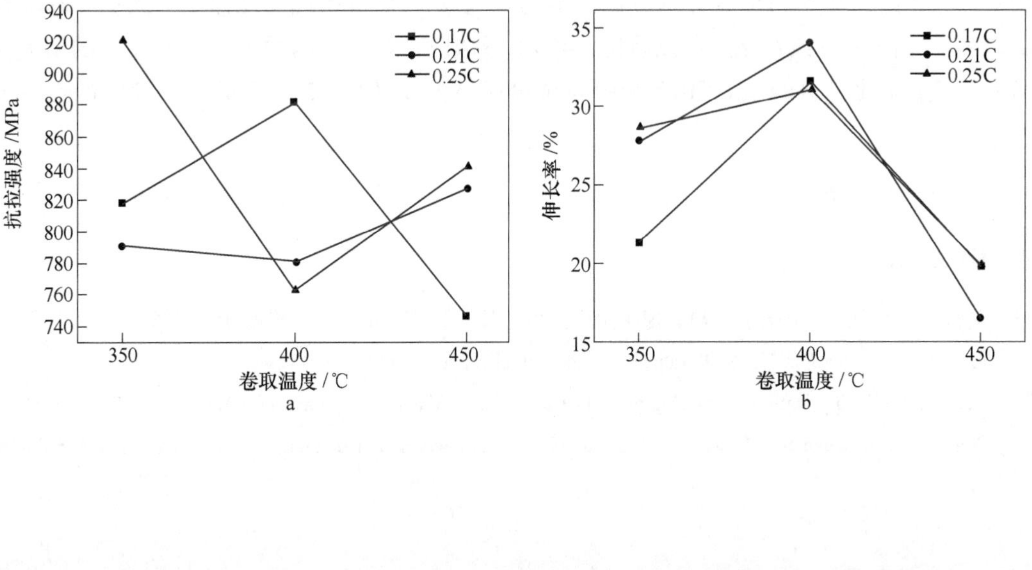

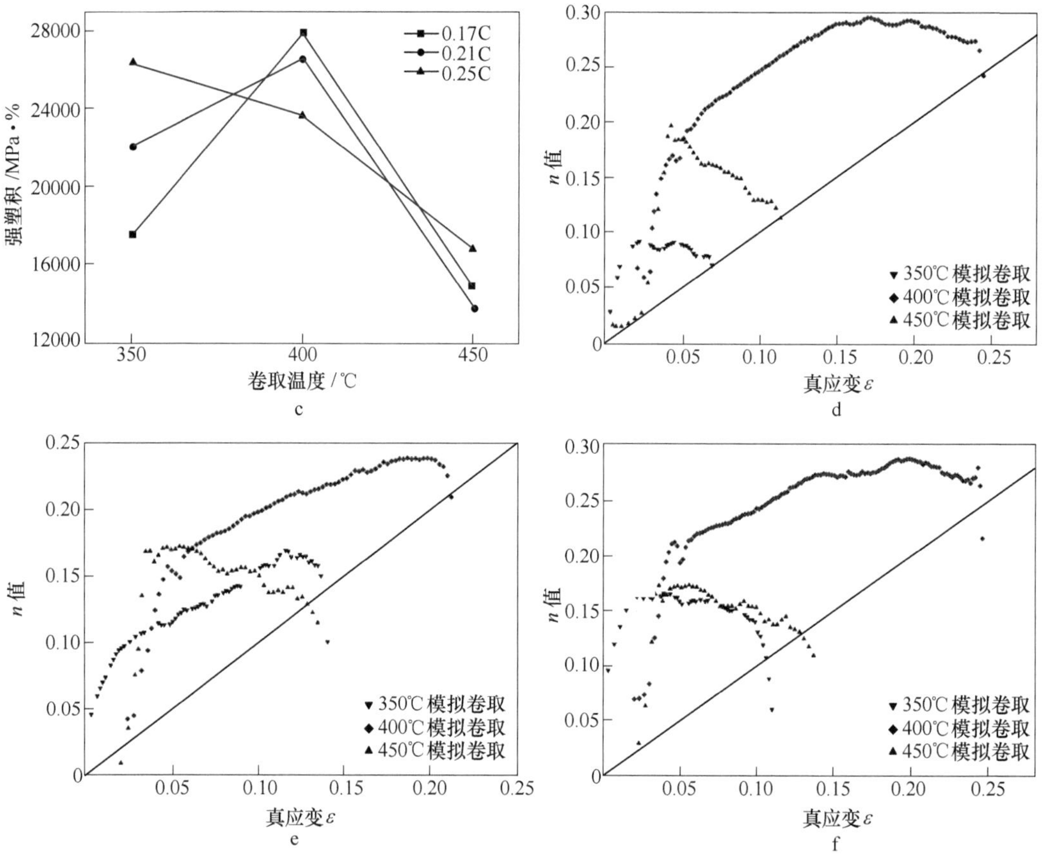

图 5-51 卷取温度对热轧 TRIP 钢力学性能的影响

a—抗拉强度；b—伸长率；c—强塑积；d—LC#（0.17C）的 n 值-ε 曲线；

e—HC#（0.25C）的 n 值-ε 曲线；f—MNC#（0.21C）的 n 值-ε 曲线

在图 5-51a～c 中，很明显地看到，卷取温度对抗拉强度的影响情况较为复杂，没有一个一致性的规律，但卷取温度对低温终轧热轧 TRIP 钢的伸长率的影响规律是一致的，即在 400℃卷取时各试验钢的伸长率最好，350℃卷取时次之，450℃卷取时，试验钢的伸长率最差，这与图 5-51d～f 各成分试验钢的 n 值-ε 曲线所体现的规律是一致的。在 3 种试验钢的 n 值-ε 曲线对比中可以看出，400℃卷取时，各试验钢的瞬时 n 值随 ε 的增大而增大，且在后期达到峰值。TRIP 钢中残余奥氏体的 TRIP 效应，促成了试验钢的良好伸长率。

参 考 文 献

[1] 陈连生，朱红一，任吉堂．热轧薄板生产技术［M］．北京：冶金工业出版社，2006.

[2] Uenishi A，Kuriyama Y，M Takahashi. Nippon steel report，1999，18：371.

[3] Scott R. Stationary National Gas Engine Lubrication［J］. Machinery Lubrication Magazine，2004，9.

[4] Minote T，Torizuka S，Ogawa A，et al. Modeling of Transformation Behavior and Compositional Partitioning

in TRIP Steel [J]. ISIJ Inter, 1996, 36 (2): 201 ~ 207.

[5] Jeanneau M, Pichant P. The Trends of Steel Products in the European Automotive Industry. La Revue De metallurgies 2CIT, November, 2000: 1399 ~ 1408.

[6] Hanzaki Z A, Hodgson P D, Yue S. Retained Austenite Characteristics in Thermo-Mechanically Processed Si-Mn Transformation Induced Plasticity Steels [J]. Metall Trans, 1997, 28A (11): 2405 ~ 2411.

[7] Senuma T. Physical Metallurgy of Modern High Strength Steel Sheets [J]. ISIJ International, 2001; 41 (6): 520 ~ 532.

[8] Reisner G, Werner E A, Kerschbaummayr P, et al. The Modeling of Retained Austenite in Low-alloyed TRIP Steels [J]. Journal of the Minerals, Metals and Materials Society, 1997, 49 (9): 62 ~ 65.

[9] Liesbeth Barbé. Physical Metallurgy of P-alloyed TRIP Steels [D]. Belgium: Ghent University, 2006.

[10] Sakuma Y, Matlock D K, Krauss G. Intercritically Annealed and Isothermally Transformed 0.15 Pct C Steels Containing 1.2 Pct Si-1.5 Pct Mn and 4 Pct Ni: Part Ⅰ. Transformation, Microstructure, and Room-temperature Mechanical Properties [J]. Metallurgical and Materials Transactions A, 1992, 23 (4): 1221 ~ 1232.

[11] Bouet M, Root J, Es-Sadiqi E, et al. The Effect of Mo in Si-Mn Nb Bearing TRIP Steels [J]. Materials Science Forum, 1998, 284 ~ 286: 319 ~ 326.

[12] Matsumura O, Sakuma Y, Ishii Y, et al. Effect of Retained Austenite on Formability of High Strength Sheet Steels [J]. ISIJ International, 1992, 32 (10): 1110 ~ 1116.

[13] Sugimoto K, Kobayashi M, Hashimoto S. Ductility and Strain-induced Transformation in a High-strength Transformation-induced Plasticity-aided Dual-phase Steel [J]. Metallurgical and Materials Transactions A, 1992, 23 (11): 3085 ~ 3091.

[14] Sakuma Y, Matsumura O, Akisue O. Influence of C Content and Annealing Temperature on Microstructure and Mechanical Properties of 400°C Transformed [J]. ISIJ International, 1991, 31 (11): 1348 ~ 1353.

[15] Sakaki T, Sugimoto K, Fukuzato T. Role of Internal Stress for Continuous Yielding of Dual-phase Steels [J]. Acta Metallurgica, 1983, 31 (10): 1737 ~ 1746.

[16] Sugimoto K, Usui N, Kobayashi M, et al. Effects of Volume Fraction and Stability of Retained Austenite on Ductility of TRIP-aided Dual-phase Steels [J]. ISIJ International, 1992, 32 (12): 1311 ~ 1318.

[17] Itami A, Takahashi M, Ushioda K. Plastic Stability of Retained Austenite in the Cold-rolled 0.14% C-1.9% Si-1.7% Mn Sheet Steel [J]. ISIJ International, 1995, 35 (9): 1121 ~ 1127.

[18] Huang H, Matsumura O, Furukawa T. Retained Austenite in Low Carbon, Manganese Steel after Intercritical Heat Treatment [J]. Materials Science and Technology (UK), 1994, 10 (7): 621 ~ 626.

[19] Jeong W C, Matlock D K, Krauss G. Observation of Deformation and Transformation Behavior of Retained Austenite in a 0.14C-1.2Si-1.5Mn Steel with Ferrite-bainite-austenite Structure [J]. Materials Science and Engineering A, 1993, 165 (1): 1 ~ 8.

[20] Jeong W C, Matlock D K, Krauss G. Effects of Tensile-testing Temperature on Deformation and Transformation Behavior of Retained Austenite in a 0.14C-1.2Si-1.5Mn Steel with Ferrite-bainite-austenite Structure [J]. Materials Science and Engineering A, 1993, 165 (1): 9 ~ 18.

[21] Bhadeshia K D H, Edmonds D V. The Bainite Transformation in a Silicon Steel [J]. Metallurgical and Materials Transactions A, 1979, 10 (7): 895 ~ 907.

[22] Kim S J, Lee C G, Choi I, et al. Effects of Heat Treatment and Alloying Elements on the Microstructures and Mechanical Properties of 0.15 wt pct C Transformation-induced Plasticity-aided Cold-rolled Steel Sheets

[J]. Metallurgical and Materials Transactions A, 2001, 32 (3): 505 ~ 514.

[23] Mahieu J. Contribution to the Physical Metallurgy of Crash-resistant Galvanized TRIP-assisted Steel for Automotive Structures [D]. Belgium: Ghent University, 2004.

[24] Mahieu J, Claessens S, De Cooman B C. Galvanizability of High-strength Steels for Automotive Applications [J]. Metallurgical and Materials Transactions A, 2001, 32 (11): 2905 ~ 2908.

[25] De Meyer M, Vanderschueren D, De Cooman B C. Influence of Al on the Properties of Cold Rolled C-Mn-Si TRIP Steels [J]. ISIJ International, 1999, 39 (8): 813 ~ 822.

[26] Parish Chad. Fundamental Study of Phase Transformations in Si-Al TRIP Steels [D]. Pittsburgh: University of Pittsburgh, 2003.

[27] 尹云洋，杨王玥，李龙飞. Al 部分代替 Si 对基于动态相变热轧 TRIP 钢组织控制的影响 [J]. 金属学报，2008，44 (11): 1292 ~ 1298.

[28] Suh D, Park S, Oh C, et al. Influence of Partial Replacement of Si by Al on the Change of Phase Fraction during Heat Treatment of TRIP Steels [J]. Scripta Materialia, 2007, 57 (12): 1097 ~ 1100.

[29] Maki J, Mahieu J, De Cooman B C, et al. Galvanisability of Silicon Free C-Mn-Al TRIP Steels [J]. Materials Science and Technology, 2003, 19 (1): 125 ~ 131.

[30] Chen H C, Era H, Shimizu M. Effect of Phosphorus on the Formation of Retained Austenite and Mechanical Properties in Si-containing Low-carbon Steel Sheet [J]. Metallurgical and Materials Transactions A, 1989, 20 (3): 437 ~ 445.

[31] Mintz B. Hot Dip Galvanizing of Transformation Induced Plasticity and Other Intercritically Annealed Steels [J]. International Materials Reviews, 2001, 46: 169 ~ 197.

[32] Bleck W. Using the TRIP Effect—The Dawn of a Promising New Group of Cold Formable Sheets [A]. BC De Cooman. Int. Conf. on TRIP-Aided High Strength Ferrous Alloys [C]. GRIPS, Ghent, 2002, 13 ~ 23.

[33] Hanzaki A, Hodgson P. The Influence of Bainite on Retained Austenite Characteristics in Si-Mn TRIP Steels [J]. ISIJ International, 1995, 35 (1): 79 ~ 85.

[34] Jha B K, Jha S. Retention and Deformation Characteristic of Austenite in a TRIP Aided Hot-Rolled Steel [C]. 44th MWSP Conf. Proc, Iss, 2002: 179 ~ 185.

[35] Shi W, Li L, Yang C, et al. Strain-induced Transformation of Retained Austenite in low-carbon Low-silicon TRIP Steel Containing Aluminum and Vanadium [J]. Materials Science and Engineering A, 2006, 429 (1 ~ 2): 247 ~ 251.

[36] 王利，金蕾，厦启. 宝钢汽车用冷轧 TRIP 钢板的开发和应用 [C]. 2003 中国钢铁年会论文集，710 ~ 713.

[37] 田村今男. 关于变塑（TRIP 钢）（形变诱发相变和相变诱发塑性）[J]. 铁と钢，1970，56 (3)，429 ~ 445.

[38] Zackay V F, Parker E R, Fahr D, et al. The Enhancement of Ductility in High-Strength Steels [J]. ASM Trans Quart, 1967, 60 (2): 252 ~ 259.

[39] Sakuma Y, Matsumura O, Takechi H. Mechanical Properties and Retained Austenite in Intercritically Heat-treated Bainite-transformed Steel and Their Variation with Si and Mn Addition [J]. Metallurgical and Materials Transactions A, 1991, 22 (2): 489 ~ 498.

[40] 韦习成，李麟，符仁钰. TRIP 钢显微组织与性能关系的评述 [J]. 钢铁研究学报，2001，13 (5): 71 ~ 76.

[41] 李麟，符仁任，张梅．相变诱发塑性钢的进展［J］．上海金属，2000（2）：3～5.
[42] 王晓东，王利，戎咏华．TRIP 钢研究的现状与发展［J］．热处理，2008，23（6）：8～19.
[43] 吴承建，陈国良，强文江，等．金属材料学［M］．北京：冶金工业出版社，2000.
[44] Sung-Joon Kim，Chang Gil Lee，Tae-Ho Lee，et al. Effect of Cu，Cr and Ni on Mechanical Properties of 0.15 wt. % C TRIP-aided Cold Rolled Steels［J］. Scripta Materialia，2003，48（5）539～544.
[45] Fletcher H A，Aaronson H I. A STEM Method for Investigating Alloying Element Accumulation at Austenite-ferrite Boundaries in a Fe-C-Mo Alloy［J］. Scripta Materialia，2001，45（5）：561～567.
[46] Lucas A，Herman J C，Schmitz A. Cu Containing TRIP Steels［A］. De Cooman B C. Int. Conf. on TRIP Aided High Strength Ferrous Alloys［C］. Aachen：WMG，2001：231～236.
[47] Sugimoto K I，Muramatsu T，Hashimoto S I，et al. Formability of Nb Bearing Ultra High-strength TRIP-aided Sheet Steels［J］. Journal of Materials Processing Technology，2006，177（3）：390～395.
[48] Mahieu J，Dooren D V，Barbe L，et al. Influence of Al，Si and P on the Kinetics of Intercritical Annealing of TRIP Aided Steels：Thermodynamical Prediction and Experimental Verification［A］. De Cooman B C. Int. Conf. on TRIP Aided High Strength Ferrous Alloys［C］. Aachen：WMG，2001：159～164.
[49] 唐正友，李龙，韩会全，等．含 Nb 低碳 Si-Mn 系 TRIP 钢的连续冷却转变［J］．材料与冶金学报，2004，3（4）：298～302.
[50] 王祖滨，东涛．低合金高强钢［M］．北京：原子能出版社，1996.
[51] Yang C，Shi W，Li L，et al. Static and Dynamic Mechanical Properties of Low Carbon Low Silicon TRIP Steel Containing Aluminum and Vanadium［J］. Iron and steel，2005，40：749～753.
[52] 田蓉，李麟，符仁钰，等．含钒 TRIP 钢的组织与力学性能研究［J］．金属热处理，2004，29（6）：33～36.
[53] Shi W，Li L，De Cooman B C，et al. Thermal Stability of Retained Austenite in TRIP Steel after Different Treatments［J］. Journal of iron and steel research，international，2008，15（1）：64～68.
[54] Mishra S，Jha B K. A Low-carbon TRIP-aided Formable Hot Rolled Steel［A］. Modern LC and ULC Sheet Steels for Cold Forming：Processing and Properties［C］. W Bleck，Verlag Mainz，Aachen，1998，109～120.
[55] 徐祖耀，低锰钢的锰偏析［M］．北京：冶金工业出版社．1983.
[56] 定巍．低硅含铝和无硅含磷 TRIP 钢的组织性能研究［D］．北京：北京科技大学，2010.
[57] 刘强．冷轧 TRIP 钢的组织性能控制技术研究［D］．北京：北京科技大学，2008.
[58] Hanzaki A Z，Hodgson P D，Yue S. Ferrite Formation Characteristics in Si-Mn TRIP Steels［J］. ISIJ Inter，1997，37（6）：583～589.
[59] Tamula I. Deformation-inducted Transformation and Transformation Induced Plasticity in Steels［J］. Met Sci，1982，16：245～253.
[60] Maxwell P C，Goldberg A，Shyne J G. Stress-Assisted and Strain induced Martensites in Fe-Ni-C Alloys［J］. Met Trans，1974，4：1305～1317.
[61] Handarkar D B. et al. Stability and Mechanical Properties of some Metastable Austenitic Steels［J］. Met Trans，1972，3：2619～2631.
[62] Olson G B，Cohen M. A Mechanism for the Strain Induced Nucleation of Martensitic Transformation［J］. Less-Common Met，1972，28：107～118.
[63] Onodern H，Tamura I. Us-Japan Semina on Mechanical Behavior of Metal Alloys Associated with Displacive Transformation，24，1979［C］. Troy，NY，USA：Rensselaer Polytechnic Institute.
[64] Tomita Y，Harada H，Iwamoto T. Numerical simulation of deformation behavior of TRIP steels Trans［C］.

JSME (in Japanese), 1994, 60: 1652 ~ 1659.
[65] Pichler A, Stiaszny P. TRIP Steel With Reduced Silicon Content [J]. Steel Research, 1999, 70 (11): 459 ~ 465.
[66] Baik S, Kim S. Effects of Alloying Elements on Mechanical Properties and Phase Transformations of Cold Rolled TRIP Steel Sheets [J]. ISIJ International, 2001, 41 (3): 290 ~ 297.
[67] Girault E, Mertens A, Jacques P. Comparison of the Effects of Silicon and Aluminium on the Tensile Behaviour of Multiphase TRIP-assisted Steels [J]. Scripta Materialia, 2001, 44 (6): 885 ~ 892.
[68] Tsukatani I, Hashimoto S. Effects of Silicon and Manganese Addition on Mechanical Properties of High-strength Hot Rolled Sheet Steel Containing Retained Austenite [J]. ISIJ International, 1991, 31 (9): 992 ~ 1000.
[69] DeMeyer M, Vanderschueren D. The Influence of Al on the Properties of Cold Rolled C-Mn-Si-TRIP steels [J]. Iron and Steel Making, 2000, 27 (2): 55 ~ 63.
[70] 卡恩 R W, 哈森 P, 克雷默 E J. 钢的组织与性能（材料科学与技术丛书第七卷）[M]. 北京：科学出版社, 1999: 180 ~ 182.
[71] 陈家祥. 炼钢常用图标手册 [M]. 北京：冶金工业出版社, 1984: 300 ~ 320.
[72] 秋末治, 羽田隆司 [J]. 新日铁技报, 1994, 354: 1 ~ 5.
[73] Tersner G, Werne E A. Modelling of Retained Austenite in Low-alloyed TRIP Steels [J]. Journal of the Minerals Metals and Materials Society, 1997, 49 (9): 62 ~ 72.
[74] Garcia-Mateo C, Caballero F G, Bhadeshia H K D H. Acceleration of Low-temperature Bainite [J]. ISIJ International, 2003, 43 (11): 1821-1825.
[75] 江利, 崔永丽, 邵志杰. 高碳硅锰 TRIP 钢低应变速率下的拉伸性能 [J]. 华中科技大学学报, 2002, 30 (8): 52 ~ 55.
[76] 景财年, 王作成. TRIP-相变诱发塑性新进展 [J]. 特殊钢, 2004, 25 (4): 1 ~ 4.
[77] 唐代明. TRIP 钢 TMP 和热处理过程中的组织演变 [J]. 特殊钢, 2007, 28 (2): 36 ~ 38.
[78] 李玉兰. 真应力-真应变的定义及其力学特征 [J]. 重庆大学学报（自然科学版）, 2001, 24 (3): 58 ~ 60.
[79] Norden M. Thesis, RWTH Aachen. ISEN978-3-8322-965-20. Aachen, 2010.
[80] Bellhouse E M, Mertens A I M, Mcdermid J R. Development of the Surface Structure of TRIP Steels Prior to Hot-dip Galvanizing [J]. Materials Science and Engineering, 2007, 463 (1/2): 147 ~ 156.
[81] Staudte J. Galvanizability of High Mn Grades Versus Mixed Mn-AI and Mn-Si Grades [C] //Galvatech, 2011. Genova, Italy, AIM, 2011.
[82] Eynde X V, Servais T P, Lameerigts M. Surface Oxide Maturation and Self-reduction: a New Process to Ensure TRIP Steel Hot Dip Galvanizing [C] //Galvatech 2004. ISS, Chicago, USA: AIST. 2004: 361 ~ 372.
[83] Bhadeshla H K D H, Edmonds D V. The Bainite Transformation in a Silicon Steel [J]. Met. Trans, 1970, 10 (7): 895 ~ 907.
[84] Gao N, Liu D Y H, Park R, et al. Optimizing Bath Al Level for Improved Galvanizability of Advanced High Strength Steels [C] //Galvatech'2011. Genova. Italy: AIM. 2011.
[85] 韦习成, 李麟, 符仁钰. TRIP 钢显微组织与性能关系的评述 [J]. 钢铁研究学报, 2001, 13 (5): 71 ~ 75.
[86] Sung-Joon Kim, Chang Gil Lee, Tae-Ho Lee, et al. Effects of Coiling Temperature on Microstructure and Mechanical Properties of High-strength Hot-rolled Steel Plates Containing Cu, Cr and Ni [J]. ISIJ International, 2000, 40 (7): 692 ~ 698.

[87] Kenji Saito, Shuashi Lkeda, Shunichi Hashmoto. et al. 汽车用铌微合金化钢板：Nb 和 Mo 对热轧 TRIP 钢板力学性能的影响. 北京：冶金工业出版社，2006.
[88] Regsbee M, Van der Arend, P. J. : Proc. Of "Formable HSLA and Dual-phase HSLA steels", ed. by Darvenport, A. T. AIME, New York (1979), 56.
[89] Ashby M F. Philos. Mag. , 1996, 14: 1157.
[90] 陈美芳. 高强热轧 TRIP 钢的显微组织控制及织构分析 [D]. 北京：北京科技大学，2011.

6 孪晶诱导塑性钢及其发展

6.1 TWIP 钢的发展情况

孪晶诱导塑性钢，简称 TWIP（Twinning induced plasticity）钢，是国内外目前正在积极研发中的一种新一代高强度交通用钢。TWIP 钢具有高强度（600～1100MPa）、高塑性（伸长率可达 95%）、高应变硬化能力（加工硬化指数 $n>0.3$，瞬时加工硬化指数可达 0.7 以上）、高强塑积（60～100GPa·%）、高能量吸收能力（20℃时吸收能达到 0.5J/mm^3）等显著优点，并且具有良好的加工性能。

TWIP 钢在室温无载荷状态下的组织是稳定的奥氏体，在一定应变量下产生机械孪晶，通过无颈缩延伸，产生非常优异的力学性能，具有较高的应变硬化能力和很高的强度[1]。TWIP 钢是以 Fe、Mn 为主的纯奥氏体碳钢，采用 Mn 可以扩大奥氏体相区，添加 C 不仅可以稳定奥氏体，而且可以利用 C 的固溶强化奥氏体。随着对其机理的研究发现，由于添加的成分不同，其室温组织可以是残余奥氏体和铁素体或全部的奥氏体，全部为奥氏体的钢在室温形变过程时会发生机械孪生，宏观上表现出极大的塑性变形和高的强度[2]。

国内 TWIP 钢的研究工作已经广泛开展，北京科技大学、宝钢、钢铁研究总院、东北大学、上海大学和上海交通大学等单位先后投入大量物力人力进行了材料制备和应用技术研究，成功开发出与国外性能相当的 TWIP 钢。北京科技大学米振莉[3]从 2003 年开始 TWIP 钢的研究，并对 TWIP 钢的主要成分体系进行了优化。详细研究了以 Fe-Mn-Si-Al 为代表的第一代 TWIP 钢成分体系，并明确了以热轧—冷轧—高温退火 + 快冷（水韧化处理）为基本流程的生产工艺。代永娟[2]通过大量的实验优化，使第二代 Fe-Mn-C 系 TWIP 钢的退火温度可以从 1000℃降低到 700℃，能够获得抗拉强度为 1140MPa、屈服强度 473MPa、伸长率达 57.3% 的良好力学性能。

TWIP 钢在国际上目前正处于实验室研究向产业应用的转化阶段，目前 TWIP 钢的工业试制在阿塞勒米塔尔和浦项等钢厂取得了初步的成功，其他一些生产厂家及科研院所也加强了对该钢种的研究和开发，特别是在成分优化设计、生产工艺和 TWIP 效应机制等方面正在开展广泛深入的研究。

德国马普钢铁研究所研制和开发了 Fe-Mn-Si-Al 系高锰奥氏体 TRIP/TWIP 钢，并命名为“HSD”（High strength and ductile）钢[4]。汽车用钢主要的欧洲供应商 Arcelor 公司和 Thyssen Krupp Stahl（TKS）公司的研发部门从 2005 年开始共同研制了一系列的 Fe-Mn-C 系以及 Fe-Mn-Al-C 系 TWIP 钢，命名为“X-IP”（Xtremely formable + Xtremely high strength-steels with induced plasticity）钢[5]，目前已能向客户提供 X-IP1000 TWIP 钢，并应用在 B 型门柱上，以增加汽车侧面受冲击时的安全性，今后两家公司将会继续扩大 TWIP 钢的等级范围。对 X-IP1000、DC06 和 TRIP800 的成型性能进行测试发现，与 DC06 和

TRIP800 钢相比，X-IP1000 具有更好的成型性能。此外，X-IP1000 钢具有高的加工硬化率，使其具有很强的能量吸收能力。但是，作为非常有前途的汽车用结构材料，许多研究者认为钢材的延迟断裂、缺口敏感性、可涂镀性能及可焊接性能都将是阻碍 TWIP 钢得到广泛应用道路上的生产技术难题。

6.2 合金元素在 TWIP 钢中的作用

第一代 TWIP 钢为 Fe-Mn-Al-Si 系列钢，其主要的合金元素为 Mn、Al、Si 以及含有少量的 C、S、N、O。

锰是稳定奥氏体的主要元素，在钢中有扩大 γ 相区的作用。锰和碳都能使奥氏体的稳定性提高。在碳含量一定时，随着锰含量的增加，钢的组织逐渐由珠光体型变为马氏体型并进一步转为奥氏体型。锰在钢中大部分固溶于奥氏体中，形成代位固溶体，使基体得到强化。但是由于锰原子和铁原子半径差别不大，因此强化作用较小[6]。当 Mn 含量大于 12% 时，在通常的冷却条件下，上临界点降低到室温以下时，钢能够保持单一的奥氏体组织。锰能够降低层错能，所以与普通碳钢相比，高锰钢中出现大量层错和晶内孪晶的机会较大[7]。另外，锰能促进奥氏体枝晶生长，有粗晶倾向，使得液态高锰钢趋于糊状凝固，在冷收缩过程中，极易产生热裂。锰含量较高的钢，浇铸时容易发生二次氧化，一般采用保护浇注。Mn 和 S 有较大的亲和力，易形成 MnS 夹杂。对高锰钢性能有较大的影响[8]。

铝的晶体结构与奥氏体相似，是面心立方晶体，它固溶于铁中，使奥氏体相区强烈缩小。铝在钢中用作炼钢时的脱氧定氧剂，并且能细化晶粒，提高钢在低温下的韧性。相变与奥氏体的堆垛层错能有关。在 TWIP 钢中加入 Al 会增加堆垛层错能，而抑制 $\gamma \rightarrow \varepsilon$ 相变，有稳定奥氏体的作用[9]。

硅是钢中常见元素之一，在钢中不形成碳化物。硅在高锰钢中可以固溶于奥氏体，起固溶强化作用。它提高钢中固溶体的强度和冷加工变形硬化率的作用极强，但同时也在一定程度上降低钢的韧性和塑性。在 TWIP 钢中加入 Si 会降低堆垛层错能，有利于孪生变形[10]。

对于 Fe-Mn-C 合金，碳的加入可以扩大奥氏体相区。当碳含量为 1.0%~1.3% 时，锰含量只需 9%~15%，就可以得到单相奥氏体。碳原子半径小于铁和锰的原子半径，会在位错周围的压应力区域内富集，与位错交互作用构成柯氏气团，使位错运动的阻力增加，表现为强度的增加和塑性的某种程度的降低。

氮对高锰钢强度的影响比碳大。氮溶于奥氏体中形成间隙固溶体，使钢得到强化。氮的加入起到细化晶粒的作用，使高锰钢的强度和塑性都有所提高。高锰钢中硫大部分与锰结合生成高熔点 MnS，MnS 夹杂存在的形态，对钢的性能影响很大[11]。

稀土与碳、氮、氢及铌、钒、钛等微合金元素有交互作用，影响钢的相变点及组织，抑制钢的氢脆，促进铌、钒、钛沉淀相在铁素体中细化，弥散析出，增强沉淀强化效果。铜是一种强烈的强化元素，能扩大奥氏体区，降低层错能。镍能稳定奥氏体，在奥氏体钢中随着镍的增加，残余的铁素体可以完全消失，且镍可以显著降低 σ 相的形成。另外，在 Fe-Mn 合金中加入 Cr、Mo、Ni 可以进一步提高层错能[12]。

6.3 TWIP 钢中的层错能

在金属冷变形过程中，当完整位错扩展成若干部分位错后，其扩展宽度与金属的层错能密切相关。一方面，层错能较低的金属，其位错的扩展宽度较大，因而造成冷变形过程中不易发生交滑移，而且位错的滑移距离也比较短；另一方面，对于高层错能的金属，其位错在冷变形过程中易于交滑移。分析表明，这种差别造成了在冷变形状态下，金属的位错密度以及相应的储存能随层错能的降低而升高。正是由于这种原因，高层错能金属冷变形时借助大量的位错交滑移可以形成鲜明的胞状结构，其胞壁厚度随层错能的升高而降低，直至生成很薄的亚晶界。而对于低层错能的金属，则其胞状结构不明显。层错能的另一个明显作用是对孪生变形的影响。奥氏体金属的层错能很低，不仅会阻止位错的交滑移，使滑移变形变得困难，同时也降低了孪晶界的界面能，促使在位错开动之前金属所受应力达到孪生变形所需应力。因此，低层错能金属很容易发生孪生变形。而且，与位错滑移相比，随着层错能的降低，孪生变形所承担的冷变形量逐渐增多，同时也会造成剪切带的大量出现。当层错能极低的面心立方金属冷变形时，新的剪切带会不断出现，以致在整个变形金属中剪切带结构可以达到80%[13]。

研究发现，奥氏体高锰钢在低温拉伸时的应力-应变曲线呈 S 形特征，早期认为是应变诱发马氏体转变所致，但通过 X 射线衍射、透射电镜观察研究发现，高锰钢在变形过程中并没有应变诱发马氏体产生，只有层错、孪晶出现。该结果说明硬化特征与层错、孪晶有关，而与应变诱发马氏体相变无关。随后提出比较合理的硬化机制有孪晶硬化、动态应变时效、准孪晶硬化。高锰钢在 -80 ~ 40℃ 的真应力-应变曲线硬化阶段的早期也呈现上凹形，对曲线接近直线部分用 $\sigma = k\varepsilon + b$ 逼近，其相关系数在 0.99 以上，研究认为，孪生变形行为具有类似于相变诱发塑性的特征，孪生变形行为本身可以提供软化效应，称作孪生诱发塑性[14]。

同理，孪生变形行为软化效应及孪晶结构硬化效应也与孪晶的体积分数有关，应力-应变曲线也可由 3 部分组成，即基体硬化、孪生行为软化及孪晶结构硬化。

6.4　TWIP 钢的强化效应与孪生诱导塑性

6.4.1　TWIP 钢的强化效应

应变硬化是奥氏体高锰钢的重要特征。铸态高锰钢经水韧处理后形成单相奥氏体组织，经过形变后的奥氏体高锰钢表现出显著的应变硬化效应。高锰钢的加工硬化机理是多年来一直争论的话题，至今人们对其仍有争议。其中高密度位错缠结、动态应变时效、形变孪晶和形变马氏体等 4 种强化机理成为主要的假说。近年来大量的试验报道人们普遍接受的是高密度位错缠结和形变孪晶这两种机制。位错硬化假说认为，高锰钢加工硬化的机制是由于奥氏体高锰钢在形变时产生高的位错密度，大量位错形成高密度位错区，这些高密度位错区阻碍位错运动而产生强化效应，从而导致高锰钢的加工硬化。孪晶（TWIP）硬化假说认为，高锰钢加工硬化是由于在高锰钢形变时，按照“孪生”机制进行塑性变形而形成孪晶，钢在塑性形变初期，产生大量的层错，随着形变量的增加，不全位错在{111}面上的运动可以在层错的基础上形成孪晶[15]。形变孪晶不是在奥氏体高锰钢形变的初期产生的，而是随着应变量的增大，位错密度增加到极限并且奥氏体高锰钢获得高流变应力后才出现的，随应变增大，堆垛层错浓度增加，孪晶界强化效应加大，使高锰钢在形变时最终出现硬化效应。

6.4.2 TWIP 钢的孪生诱导塑性机理

孪生作为不同于滑移的第二种变形机制，会对材料的塑性产生影响。TWIP 钢的塑性与孪生变形及其孪晶之间存在着必然的联系。面心立方结构中孪生变形究竟能产生多大的变形量，是非常重要的问题。Schmid 和 Boas 给出了拉伸时转变为孪晶产生的应变理论值[16]：

$$\varepsilon_t = \sqrt{1 + 2s\sin\theta_0\cos\lambda_0 + s^2\sin^2\theta_0} - 1 \tag{6-1}$$

式中，ε_t 为孪生引起的拉伸应变；s 为孪生切应变；λ_0 为拉伸应力轴与孪生切应变方向之间的夹角；θ_0 是孪晶面与拉伸轴之间的夹角。

如果变形条件正好是 $\theta_0 = \lambda_0 = 45°$，上式简化为：

$$\varepsilon_t = \sqrt{1 + s + 0.5s^2} - 1 \tag{6-2}$$

式（6-2）给出了孪生变形可获得的最大拉伸变形量，对于面心立方金属或合金，孪生面为 {111}，孪生方向为〈112〉，其 s 值为 0.707，代入式（6-2）得 $\varepsilon_t = 0.40$，即孪生变形从理论上可以产生超过 40% 的应变量。如果发生二次孪生或多次孪生，则应变量会更大。这一结果说明，面心立方结构 TWIP 钢中的孪生变形可以产生显著的变形量。

6.5 Fe-Mn-3Si-3Al 系 TWIP 钢的生产工艺及相关技术研究

6.5.1 化学成分对 Fe-Mn-3Si-3Al 系 TWIP 钢的影响

TWIP 钢的化学成分决定了其在冷、热加工和热处理过程中的组织状态，进而影响材料的力学性能。因而成分是钢获得优良性能的关键，不同的化学成分对应着不同的生产工艺。TWIP 钢是孪晶诱导塑性钢，其优异的力学性能源于应变引发的孪晶。孪生的发生主要取决于奥氏体钢的层错能，而层错能的大小又取决于钢的合金化成分。因而为了得到 TWIP 钢的基本合金成分，对各合金元素的作用及含量进行了试验研究[3]。

6.5.1.1 锰含量的影响

试验钢按锰含量的不同分为 4 组，分别为 15%、20%、25%、30%，在各组中都添加 $w(\mathrm{Si}) = 3\%$，$w(\mathrm{Al}) = 3\%$，其他为 Fe，记为 Fe-15Mn-3Si-3Al、Fe-20Mn-3Si-3Al、Fe-25Mn-3Si-3Al、Fe-30Mn-3Si-3Al，化学成分如表 6-1 所示。

表 6-1 试验用钢的化学成分（质量分数） （%）

名 称	Mn	Si	Al	C	P	S	Fe
Fe-15Mn-3Si-3Al	15.98	2.96	2.99	0.037	0.010	0.069	余量
Fe-20Mn-3Si-3Al	19.08	2.87	2.97	0.055	0.016	0.085	余量
Fe-25Mn-3Si-3Al	23.20	2.46	3.06	0.050	0.016	0.018	余量
Fe-30Mn-3Si-3Al	27.56	2.93	2.96	0.026	0.019	0.012	余量

加工工艺：热锻至 ϕ20mm 后，加热到 1100℃ 保温 2h，水韧处理，最后加工成尺寸为 ϕ12mm × 110mm 的拉伸试样，以 $10^{-3}\mathrm{s}^{-1}$ 速率进行室温拉伸试验，力学性能见表 6-2。

表 6-2 不同化学成分钢板的力学性能

编 号	成 分	σ_b/MPa	δ/%
1	Fe-15Mn-3Si-3Al	1060	25
2	Fe-20Mn-3Si-3Al	827	64.3
3	Fe-25Mn-3Si-3Al	651	70.1
4	Fe-30Mn-3Si-3Al	637	81.4

由表 6-2 知，锰的质量分数不同，导致了试样具有不同的力学性能及微观组织。随着锰的质量分数由 15% 增加到 30%，抗拉强度逐步降低，由 1060MPa 下降到 637MPa；总伸长率则从 25% 增加到 81% 以上。

图 6-1 是 4 种成分的 TWIP 钢塑性变形前后试样的微观组织结构。如图 6-1a 所示，Mn 含量为 15% 时，钢的原始组织由铁素体、ε-马氏体和残余奥氏体组成，变形过程中残余奥氏体发生形变诱导相变，拉伸后组织主要由铁素体和马氏体组成，如图 6-1b 所示。如图 6-1c 所示，Mn 含量为 20% 试样的原始组织为残余奥氏体和铁素体及 ε 马氏体，当应变增加时，奥氏体的体积分数减少，而 ε 马氏体的体积分数基本保持不变。当变形大于 5% 时，α 马氏体的体积分数开始增加，发生了应变诱发马氏体转变，从而增加塑性指标。如图 6-1e 所示，Mn 含量为 25% 试样的原始组织，经过拉伸后晶粒内产生大量的形变孪晶，如图 6-1f 所示。研究表明[17]，伸长率的增加促进了应变诱发孪生，而发生了机械孪

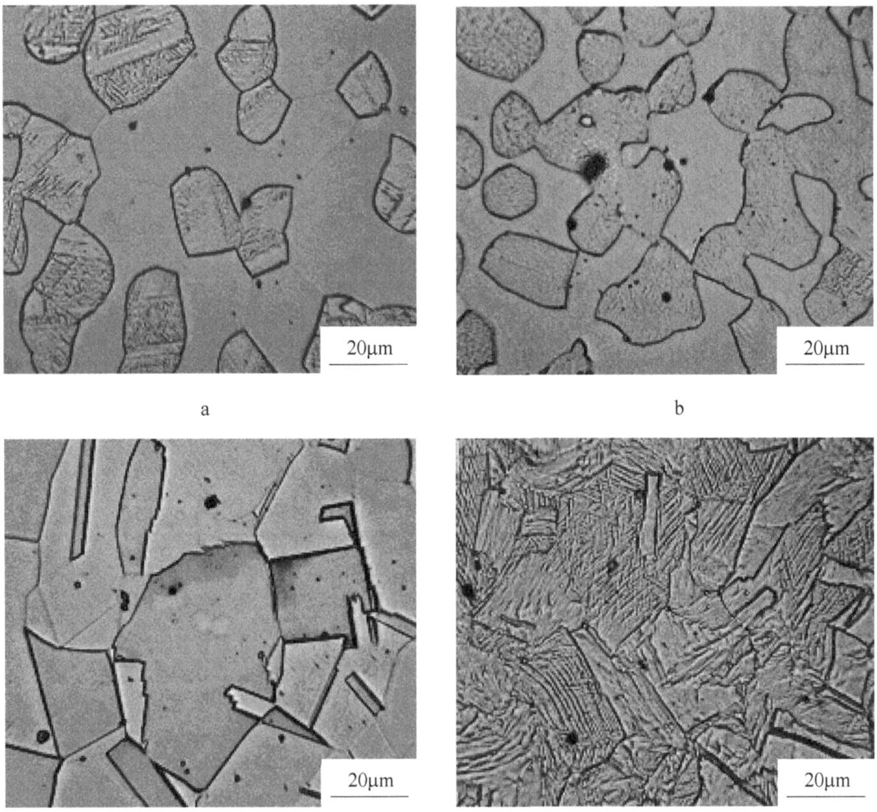

a b

c d

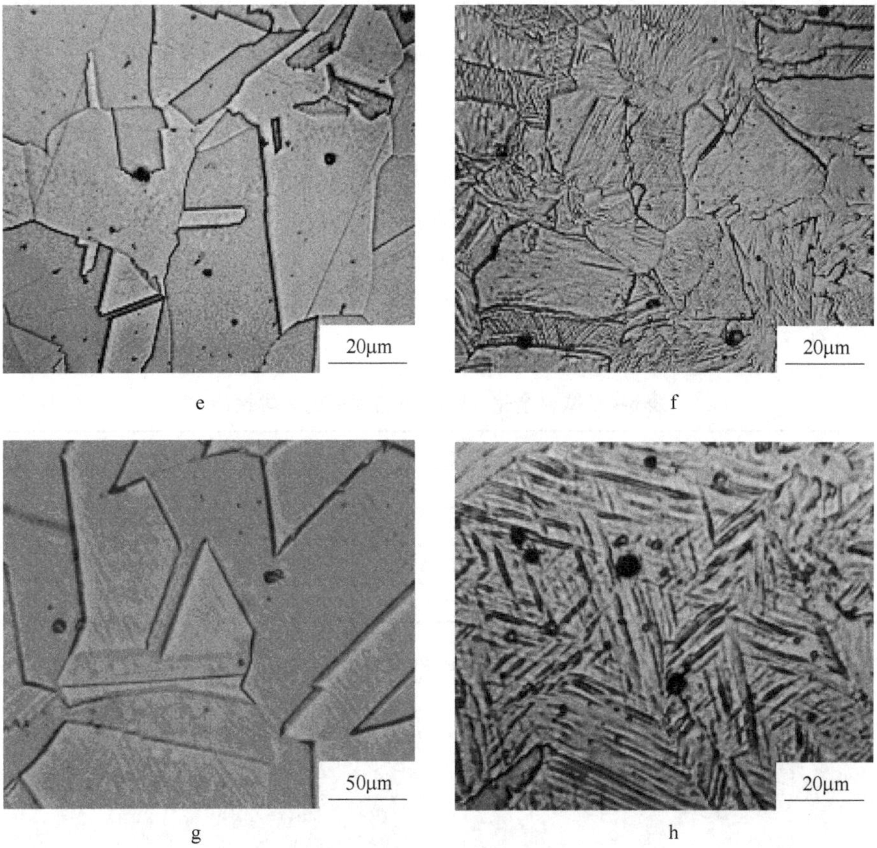

图 6-1 不同 Mn 含量的 4 种试样在塑性变形前后的组织

a—1 号试样拉伸前；b—1 号试样拉伸后；c—2 号试样拉伸前；d—2 号试样拉伸后；
e—3 号试样拉伸前；f—3 号试样拉伸后；g—4 号试样拉伸前；h—4 号试样拉伸后

晶诱导塑性，即为 TWIP 效应，导致了良好的塑性。图 6-1g 表明，Mn 含量为 30% 的钢种与 Fe-25Mn-3Si-3Al 钢具有相同的室温组织，变形前后均为奥氏体，变形前表现为大块的退火孪晶，在变形后表现为大量细小的形变孪晶，如图 6-1h 所示，4 号比 3 号的形变孪晶组织更加细密，也具有更大的伸长率。

6.5.1.2 微合金元素 Nb、V、Ti 的影响

在 Fe-25Mn-3Si-3Al 的 TWIP 钢基础上，分别添加适量的微合金化元素 Nb、V、Ti 和稀土，实际成分如表 6-3 所示。

表 6-3 TWIP 钢的化学成分（质量分数） （%）

编号	C	Si	Mn	P	S	Al	Ti	V	Nb	RE	Fe
1	0.0175	2.92	24.01	0.0267	0.015	2.52					余量
2	0.019	2.97	23.62	0.023	0.019	2.58	0.21			0.036	余量
3	0.018	2.97	23.45	0.023	0.019	2.52	0.054	0.11		0.037	余量
4	0.020	3.03	23.52	0.021	0.013	2.52	0.12		0.025	0.036	余量
5	0.015	2.92	24.33	0.021	0.015	2.43	0.062		0.061	0.036	余量

热轧工艺：先将板坯在炉中加热到1150℃，保温40min。钢板经5道次轧至3.5mm，总变形量85%。开轧温度为1100℃，终轧温度为900℃。热轧完成后将钢板加热到1000℃保温20min退火后取出水冷。

不同微合金化钢板的力学性能见表6-4。加入合金元素的2号、3号和4号试验钢的力学性能与未添加合金元素的1号相比，抗拉强度均有所提高，提高10~20MPa。其中加入V微合金元素的3号试验钢，其各项性能指标高于其他各钢种，抗拉强度较高并且具有最大的伸长率达到66.2%。4号试验钢的伸长率与1号试验钢基本相当，而2号试验钢的伸长率最低，只有56.7%。即在TWIP中添加微合金元素，并不能得到具有明显优势的综合力学性能。

表6-4　微合金化TWIP试验钢板的力学性能

编号	微合金化成分	σ_b/MPa	δ/%
1	无微合金化元素	715	61.2
2	Ti=0.21%，RE=0.036%	724	56.8
3	V=0.11%，RE=0.037%，Ti=0.054%	731	66.2
4	Nb=0.025%，RE=0.036%，Ti=0.12%	733	61.1

从图6-2可以看出，4个不同成分的试样塑性变形后的微观组织基本相同，均为大量

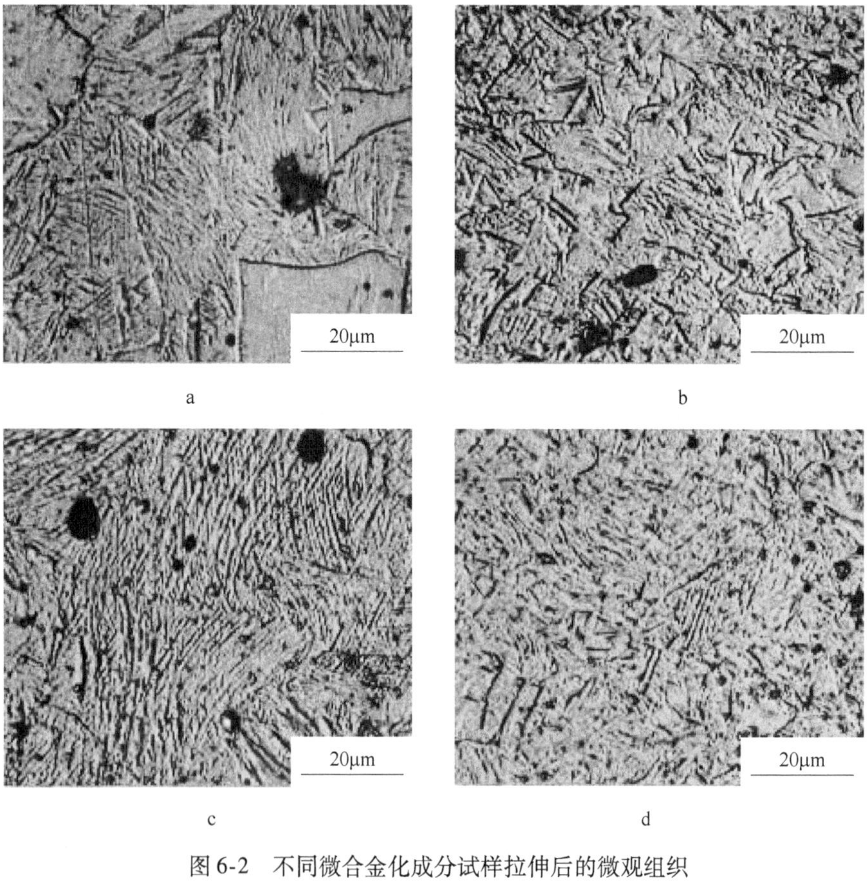

图6-2　不同微合金化成分试样拉伸后的微观组织

a—1号试样；b—2号试样；c—3号试样；d—4号试样

的形变孪晶及少量的未变形退火孪晶。其中，1 号试样中形变孪晶较为细碎，未变形退火孪晶较大；2 号的显微组织显示，形变孪晶没有 1 号试样细碎，未变形的退火孪晶较小；3 号试样组织中几乎没有未变形的退火孪晶组织。

6.5.1.3 磷元素的影响

在 Fe-25Mn-3Si-3Al 的 TWIP 钢基础上，分别添加 0.04%、0.06%、0.08%、0.10% 和 0.12% 的磷元素，实际成分见表 6-5。

表 6-5 TWIP 钢的化学成分（质量分数） （%）

编 号	P	C	S	Mn	Si	Al	Fe
1	0.112	0.013	0.0016	24.86	3.06	2.98	余量
2	0.106	0.013	0.0013	25.06	3.01	2.98	余量
3	0.084	0.021	0.0017	24.92	2.96	2.96	余量
4	0.063	0.022	0.0017	24.98	2.96	2.96	余量
5	0.059	0.013	0.0010	25.10	3.06	2.99	余量
6	0.036	0.058	0.0079	24.96	3.06	2.89	余量

加工工艺：加热温度 1150℃，保温 40min，经 6 ~ 8 道次轧至 3mm，总变形量 80% ~ 90%，其开轧和终轧温度分别为 1100℃ 和 850℃。再将钢板冷轧至 1.80mm，将冷轧薄板在 1000℃ 保温 15min 后空冷。

表 6-6 是不同磷含量的 TWIP 钢的力学性能，当 $w(P) < 0.06\%$ 时，强度随磷含量的提高而增强，当 $w(P) > 0.06\%$ 时，强度随磷含量的增加而降低，强度在 $w(P) = 0.06\%$ 时出现了峰值。此时抗拉强度为 750MPa，屈服强度为 390MPa。由伸长率变化曲线来看，当磷含量高于 0.10% 时，材料的伸长率下降，塑性降低。

表 6-6 不同磷含量的 TWIP 试验钢板的力学性能

编号	磷含量（质量分数）/%	屈服强度/MPa	抗拉强度/MPa	伸长率/%
1	0.112	340	700	54.6
2	0.106	325	705	57.9
3	0.084	355	710	62.1
4	0.063	395	750	59.5
5	0.059	315	745	58.7
6	0.036	315	730	60.7

图 6-3 是 $w(P) = 0.106\%$ 的试验钢拉伸变形前后的微观组织。钢板退火后即拉伸变形前为边界平直的退火孪晶，试验钢板拉伸变形后出现了形变孪晶和未变形的退火孪晶，说明变形进行得不均匀。其中变形前沿晶界分布的偏聚物未参与变形。这些都影响试验钢板的力学性能。图 6-4 所示为 $w(P) = 0.063\%$ 的试验钢板拉伸变形前后的微观组织，拉伸变形前为 20 ~ 30μm 的退火孪晶，变形后为均匀的变形孪晶，没有偏聚物的存在。

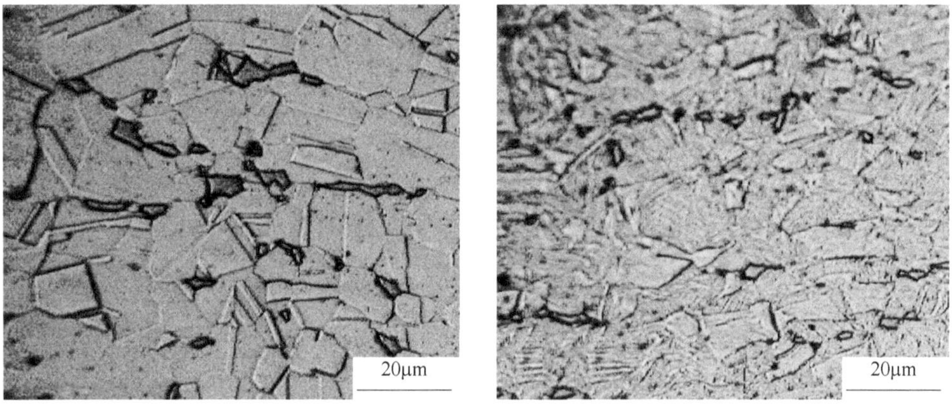

a　　　　　　　　　　b

图 6-3　$w(P)=0.106\%$ 的试验钢板拉伸变形前后的微观组织

a—拉伸前；b—拉伸后

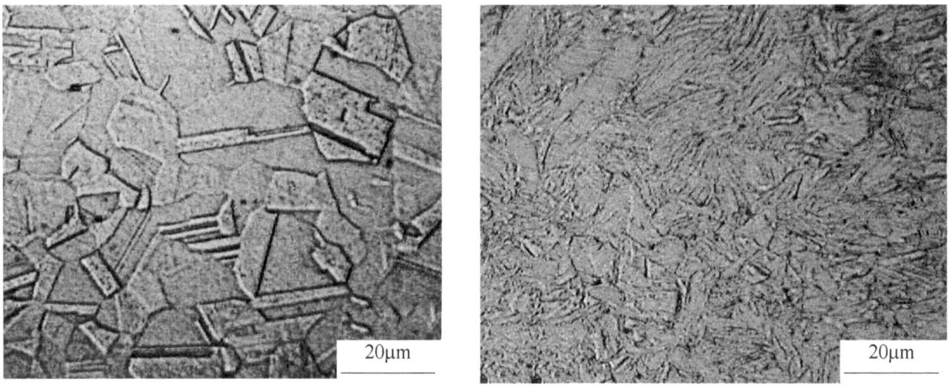

a　　　　　　　　　　b

图 6-4　$w(P)=0.063\%$ 的试验钢板拉伸变形前后的微观组织

a—拉伸前；b—拉伸后

通过观察微观组织发现，拉伸变形前的组织在奥氏体基体上存在着退火孪晶，拉伸变形后，退火孪晶在外力作用下，发生形变成为变形孪晶，得到了较好的塑性，即发生了 TWIP 效应。当磷含量高于 0.010% 时，试验钢的强度降低，塑性下降。当磷含量低于 0.06% 时，强度随磷含量的提高而提高，塑性有所提高。由试验结果可知，TWIP 钢中 0.05%~0.08% P 可使试验钢的性能达到最优。

6.5.1.4　铜和镍的影响

在 Fe-25Mn-3Si-3Al 的 TWIP 钢的基础上，添加适量的铜、镍元素，实际化学成分见表 6-7。

表 6-7　TWIP 钢化学成分（质量分数）　　（%）

元素	C	S	Si	Mn	P	Al	Cu	Ni	Fe
含量	0.034	0.0048	2.15	23.79	0.014	2.93	0.23	0.41	BAL.

加工工艺为：加热温度 1150℃，保温 40min。6 道次轧至 3.7mm，总变形量 80%~90%，其开轧和终轧温度分别为 1100℃和 850℃，然后冷轧至 1.1mm，冷轧变形量为 70.2%，最后退火温度分别采用 750℃、800℃、850℃、900℃、950℃和 1000℃6 种不同的温度进行退火，保温 10min 后水冷。表 6-8 是不同加工条件下的力学性能。

表 6-8 含铜、镍 TWIP 钢在不同加工条件的性能

退火工艺	屈服强度 $R_{p0.2}$/MPa	抗拉强度 R_m/MPa	断裂总伸长率 A/%
750℃退火	460	900	58.9
750℃退火	520	895	57.8
800℃退火	455	860	60.5
800℃退火	440	865	58.7
850℃退火	295	790	73.5
850℃退火	370	800	69.1
900℃退火	345	770	70.7
900℃退火	345	785	76.7
950℃退火	290	760	71.4
950℃退火	330	755	74.7
1000℃退火，保温 5min	325	740	79.5
1000℃退火，保温 5min	330	760	77.1
1000℃退火，保温 5min	235	735	78.5
1000℃退火，保温 5min	300	735	83.3

从表 6-8 中可以看出，随着退火温度的升高，屈服强度和抗拉强度都逐渐降低，屈服强度从最高的 520MPa，降低到 235MPa，抗拉强度从 900MPa 降低到 735MPa。而伸长率随着退火温度的升高而升高，伸长率从最低的 60%，到最高的 83.3%。Cu、Ni 的加入，对高温退火后的性能影响不大，但是对于低温退火后的性能，特别是塑性和强度有一定影响。退火温度为 1000℃，保温 10min，强度指标不很突出，但塑性指标突出，可以得到传统 TWIP 钢的性能指标，即塑性 80% 以上，强度 600MPa；而当退火温度为 750℃时，保温 5min，则抗拉强度可达到 900MPa，屈服强度 460MPa，伸长率约 60%，综合性能比较优越。采用一种成分，仅改变最终的退火工艺就可以得到性能不同级别的钢材，这些钢材包括超塑性型（伸长率 80%，强度 700MPa）、超高强度和高塑性综合型（强度 900MPa，伸长率 60%）。所以最终认为采用铜、镍复合添加的 TWIP 钢是比较成功的，并且性能优越。

6.5.2 生产工艺对 Fe-Mn-3Si-3Al 系 TWIP 钢的影响

TWIP 钢是一种高强度超高塑性的汽车板，而汽车板通常以高精度和高表面质量的冷轧钢板为主，因此探讨轧制工艺和轧后的热处理方式等生产工艺对钢板力学性能及组织的影响就更有意义，也是 TWIP 钢研究的重要方面。现研究热轧、冷轧及退火工艺对 Fe-Mn-3Si-3Al 系 TWIP 钢组织和性能的影响[3]，化学成分如表 6-9 所示。

表 6-9 TWIP 钢的化学成分（质量分数） （%）

成 分	C	Si	Mn	S	Al
Fe-25Mn-3Si-3Al	0.10	3.16	23.56	0.0072	2.38

6.5.2.1 热轧工艺的影响

Fe-Mn-3Si-3Al 体系的 TWIP 钢经过 1150℃均匀奥氏体化 1h，开轧温度 1100℃，终轧温度 860℃，4～6 道次轧至 3.0mm，工程应变 85%。随后热处理采用空冷、淬水、退火（1000℃，20min）—空冷 3 种处理工艺，得到的试验钢的力学性能如表 6-10 所示，金相组织照片如图 6-5～图 6-7 所示。

表 6-10 不同处理工艺下热轧钢板的力学性能

试样号	工 艺 制 度	σ_b/MPa	$R_{p0.2}$/MPa	δ/%
1	空冷	880	630	35.53
2	淬水	875	625	36.0
3	1000℃（20min）退火，空冷	735	470	61.13

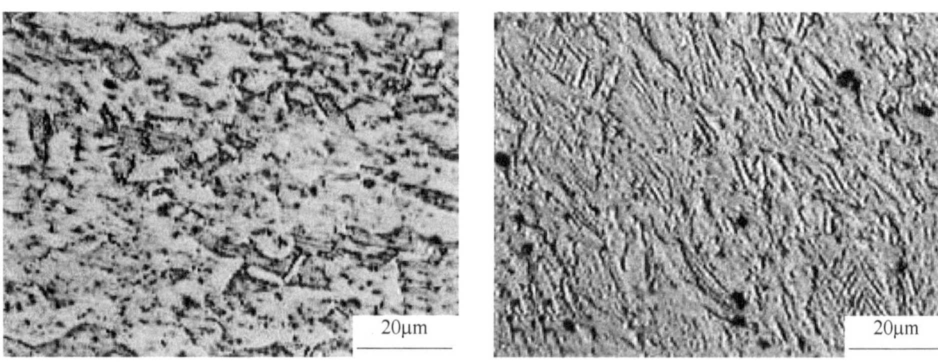

a b

图 6-5 轧后空冷钢板拉伸变形前后的金相组织照片

a—变形前；b—变形后

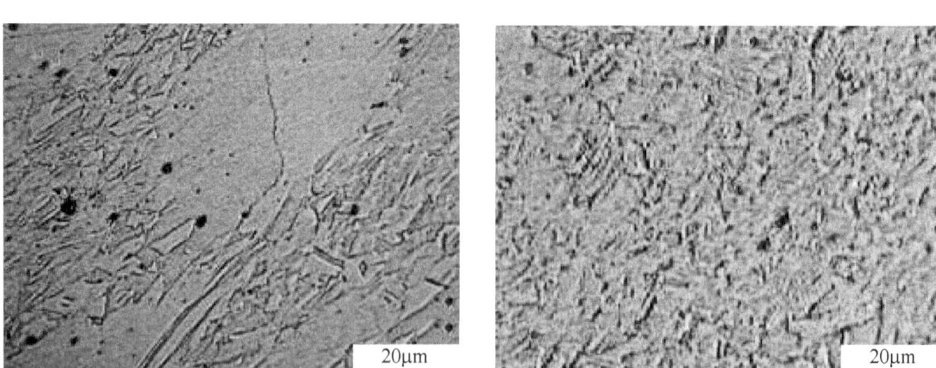

a b

图 6-6 轧后淬水钢板拉伸变形前后的金相组织照片

a—变形前；b—变形后

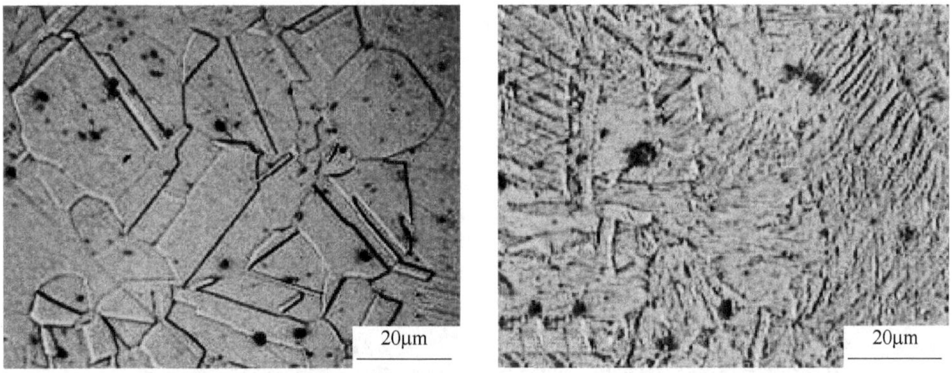

a　　　　　　　　b

图 6-7　轧后退火 + 空冷钢板拉伸变形前后的金相组织照片

a—变形前；b—变形后

由表 6-10 所示的性能可见，热轧后空冷和淬水试样的强度很高，但塑性较低；而热轧后进行 1000℃退火并空冷处理的试样，其强度略低于前两种冷却方式，但塑性明显提高，伸长率达到 60%，比前两种冷却方式下的塑性提高了将近 70%。

观察空冷、淬水及退火这 3 种不同工艺的试样金相组织发现，在前两种工艺下生产钢板的组织呈现出微细的浮凸状结构，均为过冷奥氏体组织。热轧退火后生产的钢板与前两种工艺下的组织截然不同，退火后的钢板在奥氏体基体中出现了大量的退火孪晶。

6.5.2.2　冷轧工艺的影响

将模铸后的 Fe-Mn-3Si-3Al 体系的 TWIP 钢坯加热至 1150℃保温 40min 进行奥氏体化均匀处理，热轧开轧温度 1100℃，终轧温度 860℃，轧制 6～8 道次，总变形量 90%，随后采用 30%、50%、60% 不同压下率继续冷轧，将冷轧后的钢板加热到 1000℃，保温 20min 空冷至室温。表 6-11 为不同冷轧压下率钢板的力学性能，图 6-8 是不同冷轧压下率拉伸后钢板的金相显微组织。

表 6-11　不同冷轧压下率钢板的力学性能

试样号	压下率/%	钢板厚度/mm	σ_b/MPa	$R_{p0.2}$/MPa	屈强比	δ/%
1	30.0	2.00	620.39	264.98	0.427	52.07
2	51.7	1.38	639.78	259.62	0.406	75.04
3	62.9	1.06	665	270	0.406	79.2

从表 6-11 可知，当压下率达到 30% 时，钢板的抗拉强度达到 620MPa 的高强度，伸长率也较高，在 50% 以上；当压下率进一步增大到 50% 时，抗拉强度提高了近 20MPa，屈服强度基本相同，伸长率也大幅度提高到 75%；再增大压下率至 60% 后，抗拉强度再次提高达到 665MPa 的高强度，屈服强度基本维持不变，伸长率只提高了 4%。

从图 6-8 可以看出，3 块钢板的显微组织全部以形变孪晶形貌存在，但形变孪晶的比例有所不同，随着压下率的增加，钢板中的形变孪晶越密集。且随着压下率的提高，晶粒平均尺寸更为细小。当钢板的压下率只有 30% 时，晶粒平均尺寸为 50μm；当压下率增大到 50% 时，平均晶粒尺寸为 30μm；当压下率达到最大值 60% 时，平均晶粒尺寸为 20μm。

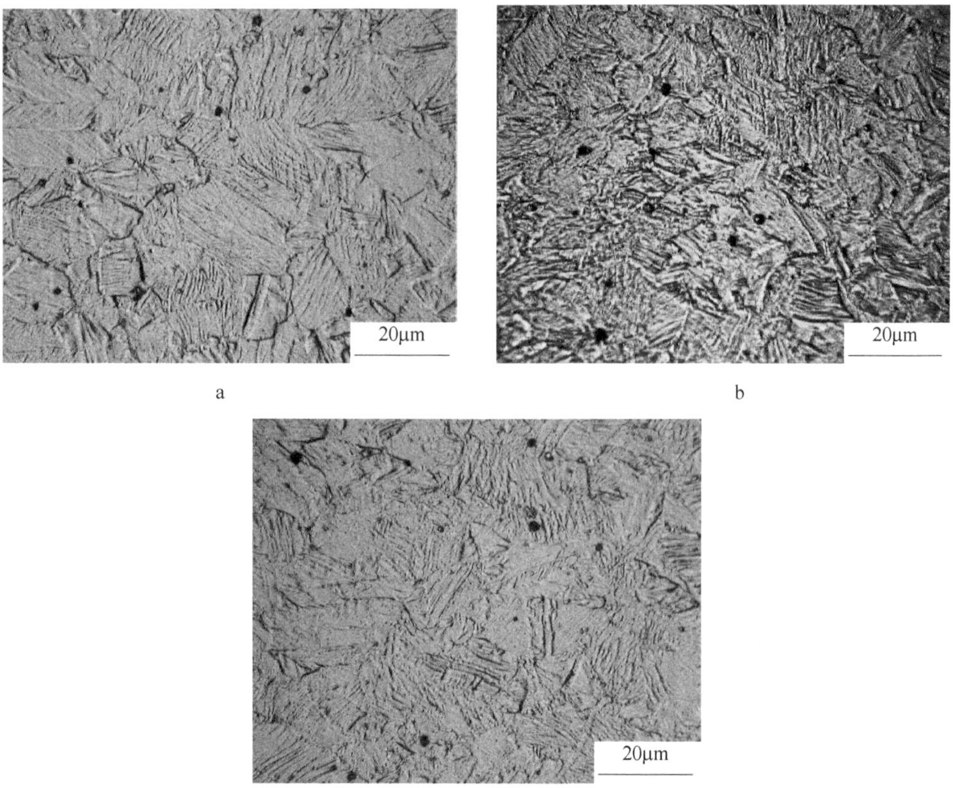

a　b　c

图 6-8　不同冷轧压下率拉伸后钢板的金相显微组织

a—冷轧变形 30% 的试样拉伸后的组织；b—冷轧变形 51.7% 的试样拉伸后的组织；
c—冷轧变形 62.9% 的试样拉伸后的组织

6.5.2.3　退火工艺的影响

沿用前两章节的 TWIP 钢成分体系及其加工工艺，热轧后分别空冷、退火。其中空冷钢板热轧厚度为 3.2mm，冷轧完成时厚度为 1.07mm，压下率为 66.56%，将钢板进行退火热处理，加热温度 1000℃，保温 20min 后取出室温空冷，钢板编号为 1 号；退火后的钢板冷轧前厚度为 3.5mm，冷轧完成时钢板成品厚度 1.07mm，压下率 69%，然后将钢板分成两部分，一部分进行退火热处理，退火工艺同 1 号，编号为 2 号，另一部分直接空冷，编号为 3 号。表 6-12 是不同加工工艺钢板的力学性能，图 6-9 为不同加工工艺拉伸后钢板的断口形貌图。

从表 6-12 可知，冷轧后不进行退火热处理的 3 号钢板具有超高的抗拉强度，但塑性极差，室温下伸长率只有 2.33%，对其断口使用扫描电镜观察分析为脆性断口。进行了退火处理后的 2 号钢板，强度下降但仍有 684.92MPa 的高强度，并且伸长率有了显著提高。与 2 号钢板对比，1 号钢板只在冷轧完成后才进行退火热处理，取消了热轧后冷轧前的一次退火热处理工序。室温下拉伸试验结果表明抗拉强度比 2 号钢板提高了 80MPa 左右，伸长率稍有下降，幅度在 2% 左右，考虑到 1 号钢板的压下率稍小于 2 号钢板，故认为在热轧后取消退火热处理，只在冷轧后进行退火热处理，不降低钢板的伸长率同时还有效提高了抗拉强度。

表 6-12 不同加工工艺钢板的力学性能

编号	工 艺	H/mm	h/mm	压下率/%	σ_b/MPa	δ/%
1	热轧—冷轧—退火	3.2	1.07	66.56	766.83	52.17
2	热轧—退火—冷轧—退火	3.5	1.07	69.42	684.92	54.3
3	热轧—退火—冷轧	3.5	1.06	69.71	1421.91	2.33

1 号和 2 号钢板的断口差别不大，如图 6-9a、b 所示，均表现出韧窝断裂，韧窝呈等轴状，尺寸约为 50μm。图 6-9c 所示的 3 号钢板，为带有浅韧窝的准解理断口，表现出河流走向。

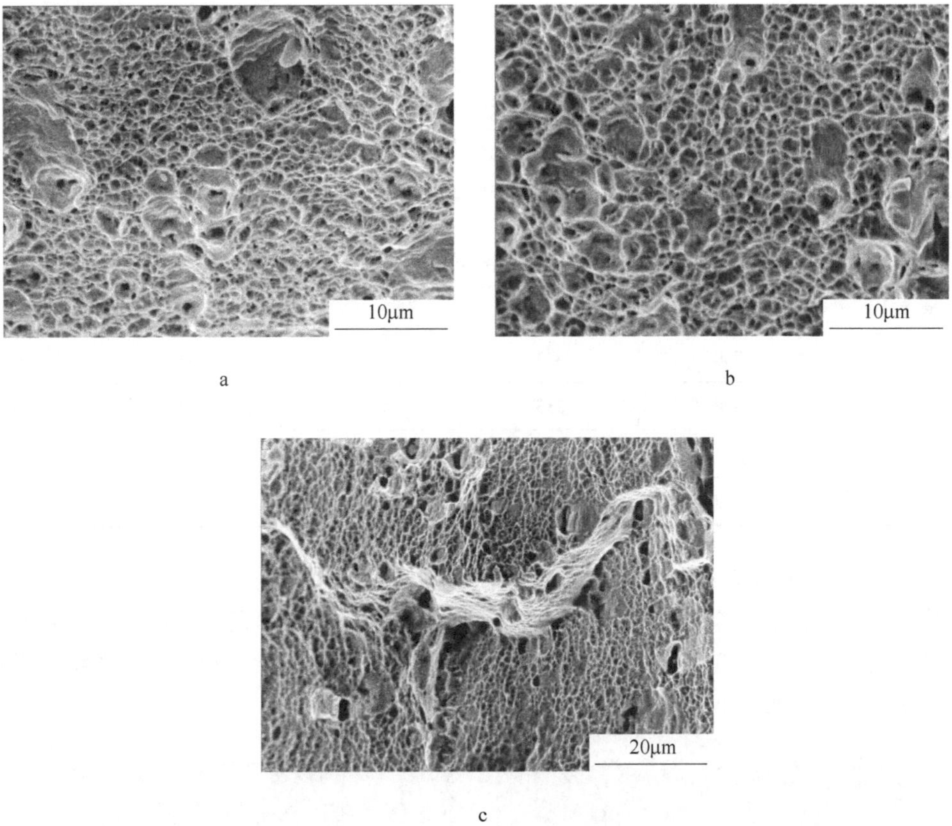

图 6-9 拉伸后断口扫描图
a—1 号；b—2 号；c—3 号

6.6 Fe-Mn-C 系 TWIP 钢的生产工艺及相关技术研究

6.6.1 生产工艺对 Fe-Mn-C 系 TWIP 钢组织和性能的影响

6.6.1.1 热轧工艺的影响

Fe-Mn-C 系 TWIP 钢具有高强度、高塑性和良好的冲击韧性，可以提高汽车的安全性，减轻车身重量，满足高性能汽车用钢的要求。本研究所用的 Fe-Mn-C 系钢[2]的化学成分见表 6-13。

表 6-13 试验钢的成分（质量分数） （%）

元素成分	C	Si	Mn	P	S	Al	Fe
成分含量	0.54	0.10	22.1	0.001	0.0085	0.04	余量

热轧工艺为：加热温度 1200℃，保温 40min，开轧温度 1100℃，经 4～6 道次轧至 3mm，工程应变 85%，终轧温度分别为 950℃、850℃、800℃、750℃，记为 1 号、2 号、3 号、4 号，终轧后空冷至室温；然后以终轧温度 950℃ 为例，研究不同的冷却方式对其组织和性能的影响，记为 6 号、7 号、8 号、9 号；最后研究终轧温度为 950℃时，空冷至不同的卷取温度，记为 10 号、11 号、12 号。

从表 6-14 终轧温度对力学性能影响趋势可见，终轧温度对试验钢板的力学性能影响很大，随终轧温度的降低，抗拉强度明显提高，由 950MPa 提高到了 1030MPa，提高了 80MPa，屈服强度变化了 165MPa，由 410MPa 提高到了 575MPa，而伸长率变化不大。因此终轧温度对试验钢的强度尤其是屈服强度影响较大，对伸长率影响不大。

表 6-14 不同终轧温度下热轧钢板的力学性能

试样号	抗拉强度/MPa	屈服强度/MPa	伸长率/%	强塑积/MPa·%	终轧温度/℃
1	950	473	61.0	57950	950
2	998	535	59.8	59680	850
3	1010	558	56.6	57166	800
4	1020	565	57.0	58140	750

图 6-10 是不同终轧温度的 TWIP 钢的金相组织。当终轧温度在 950℃时，组织中是等轴的晶粒，看不到变形组织（图 6-10a），此温度下单相奥氏体完成了再结晶。随着终轧温度的降低，变形组织越来越明显（图 6-10b、c）。终轧温度为 750℃时，再结晶晶粒很少，存在大量的变形组织（图 6-10d）。

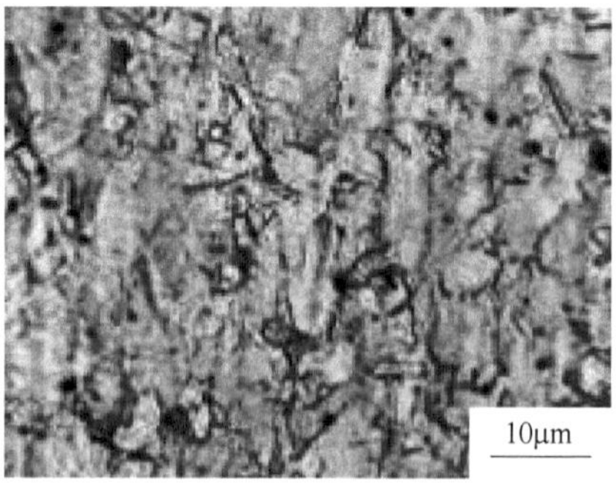

a

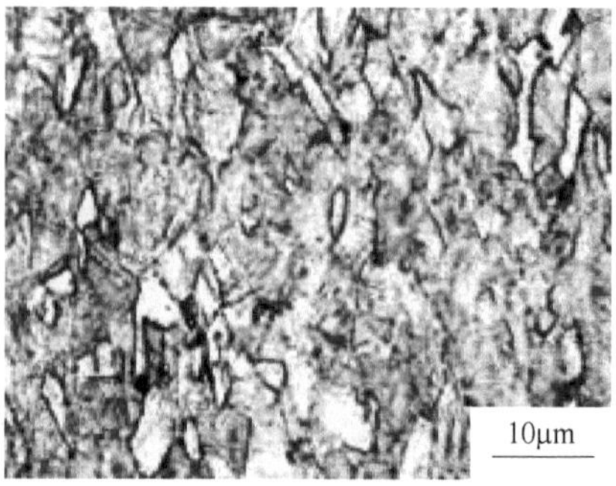

b

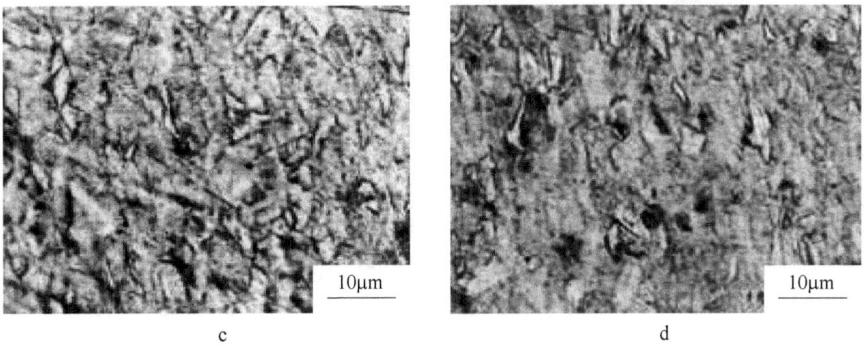

图 6-10 不同终轧温度下 TWIP 钢的金相组织
a—950℃；b—850℃；c—800℃；d—750℃

由表 6-15 可见，热轧后空冷试样的强度和塑性较高；而热轧后固溶处理过的试样，其强度低于前 3 种冷却方式，但塑性明显提高，伸长率达到 68.5%，与前 3 种冷却方式处理的热轧板的塑性相比有所提高。空冷和水冷试样的强度分别为 960MPa、965MPa，伸长率也分别达到了 53.2% 和 53.0%，但是空冷后的屈服强度要比水冷后的要高（空冷后 465MPa，水冷后 420MPa）；层流冷却后的钢板的强度和塑性都要比空冷和水冷的低；而热轧后经过固溶处理（热轧后空冷 +1000℃ 加热、保温 15min 后水冷）的 TWIP 钢板，其强度仅为 840MPa，但塑性明显提高，伸长率达到了 68.5%。

表 6-15 不同处理工艺下热轧钢板的力学性能

试样号	抗拉强度/MPa	屈服强度/MPa	伸长率/%	强塑积/MPa · %	冷却方式
5	975	465	54.2	52845	空冷
6	965	425	52.5	50662	层流冷却
7	960	420	53.0	50880	水冷
8	840	275	68.5	57540	固溶处理

图 6-11 是热轧后不同冷速的 SEM 微观组织。由于 Fe-Mn-C 系 TWIP 钢在室温下全部是奥氏体组织，因此在冷却过程中不存在相变，冷速对晶粒的影响很小。只有固溶处理的试样晶粒粗大，存在明显的退火孪晶。

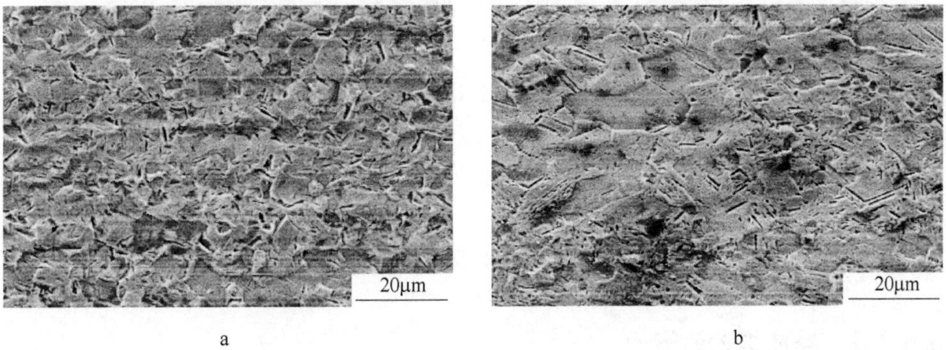

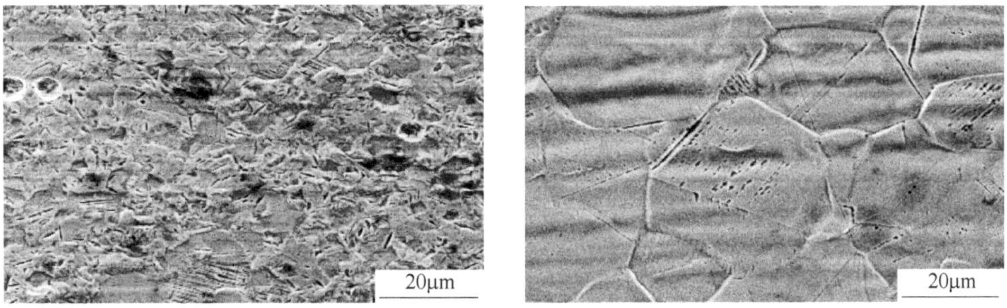

c d

图 6-11 热轧后不同冷速的 SEM 微观组织

a—水冷；b—层流冷却；c—空冷；d—固溶处理

由表 6-16 的不同卷取温度下热轧板的力学性能可见，随着卷取温度的提高，抗拉强度有小幅度的提高，伸长率基本不变，其屈服强度对卷取温度不敏感。

表 6-16 不同卷取温度下热轧钢板的力学性能

试样号	抗拉强度/MPa	屈服强度/MPa	伸长率/%	强塑积/MPa·%	卷取温度/℃
9	955	480	53.0	50615	600
10	962	475	53.2	51178	550
11	970	485	51.0	49470	450

从图 6-12 不同卷取温度下的微观组织可见，热轧后不同温度卷取后的微观组织中都存在再结晶的等轴晶粒和少量的变形组织。由于卷取温度较低，在卷取温度下会发生回复现象，只能改变位错密度的大小[7]，卷取温度不同，则钢中的位错密度会有所不同，因此引起性能很小的波动。

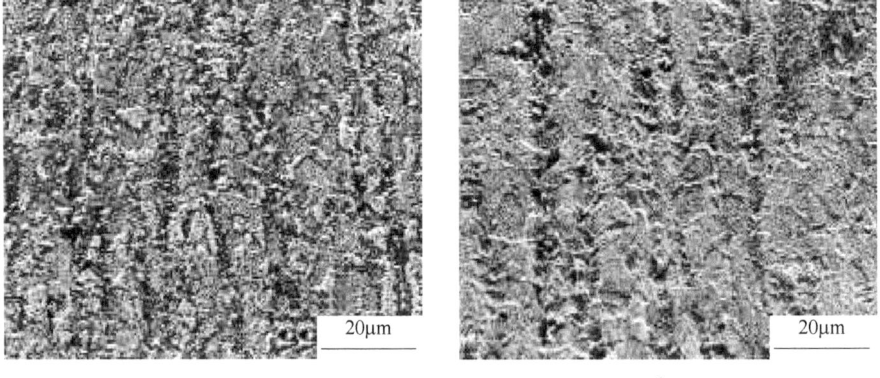

a b

图 6-12 不同卷取温度下的微观组织

a—450℃；b—600℃

6.6.1.2 冷轧工艺的影响

汽车用钢大多以高精度和高表面质量的冷轧钢板为主，因此探讨高强度、高塑性 Fe-

Mn-C 系 TWIP 钢冷轧工艺对钢板力学性能及组织的影响是很有必要的[2]，研究所用的合金的成分见表 6-17。

表 6-17 试验钢的成分（质量分数） （%）

元素成分	C	Si	Mn	P	S	Al	Fe
成分含量	0.65	0.20	24.5	0.001	0.0089	0.06	余量

热轧工艺为：加热温度 1200℃，保温 40min，开轧温度 1100℃，经 5 道次轧制成 3.5mm 厚钢板，总变形量 80%~90%，终轧温度分别为 900℃。为了获得更全面的试验数据，采取不同的冷轧压下率 30%、50%、65%、75%、80%，对冷轧后的薄板进行退火处理。选择退火温度分别为 700℃、750℃、800℃，退火时间 10min，采用空冷。

不同冷轧压下率钢板经过相同工艺的热处理后的力学性能见表 6-18。试验结果表明，随着冷轧压下率的增大，TWIP 钢的屈服强度和抗拉强度逐渐增大，当压下率高于 65% 时，增速减缓，在试验的温度范围内，试验钢的抗拉强度都能保持在 1000MPa 以上，同时伸长率在 55% 以上，强塑积在 58000MPa · % 以上。在压下率为 80% 时，经过 700℃ 退火 10min 水冷后达到 1010MPa，伸长率最高达到了 72.4%。随着压下率的增大，塑性也提高，但是在高压下率时，则增速不明显。Fe-Mn-C 系 TWIP 钢高的应变硬化率，给其现有的冷轧设备带来了挑战。由表 6-8 可见，在压下率为 50% 时，TWIP 钢的抗拉强度能接近甚至超过 1000MPa，同时塑性接近 50%。当压下率为 30% 时，试验钢的力学性能较差。因此 Fe-Mn-C 系 TWIP 钢冷轧时的压下率至少保证在 50% 以上，才能获得良好的力学性能。

表 6-18 不同冷轧压下率的力学性能

冷轧压下率/%	退火温度/℃	屈服强度/MPa	抗拉强度/MPa	伸长率/%	强塑积/MPa · %
30	700	405	960	31.6	30336
	750	395	940	31.5	29610
	800	355	915	33.4	30561
50	700	450	1000	43.8	43800
	750	440	980	45.7	44786
	800	375	930	48.4	45012
65	700	483	1052	55.4	58281
	750	450	1050	59.0	61950
	800	377	992	63.5	62992
70	700	480	1029	54.9	56492
	750	453	1017	58.5	59494
	800	381	990	64.1	63459
80	700	478	1040	53.2	55328
	750	455	1010	57.6	58176
	800	383	1000	62.4	62400

图 6-13 和图 6-14 是经过不同冷轧压下率在不同温度退火的金相组织。随着退火温度

的提高，晶粒尺寸增大；随着压下率的提高，TWIP 钢的晶粒尺寸也在增大，分析认为钢中储存的畸变能提高，在加热状态下，其再结晶的驱动力就大[18]，因此在同等的退火工艺制度下，80% 压下率的试验钢晶粒尺寸大于 50% 压下率的试验钢的晶粒尺寸。

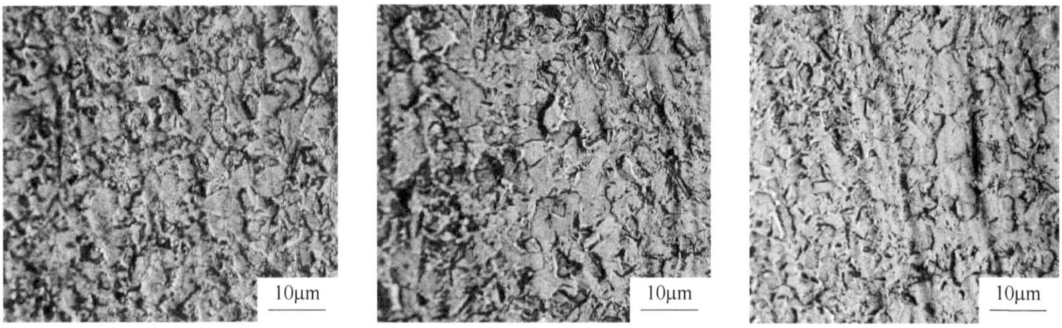

a　　b　　c

图 6-13　冷轧压下率为 50% 退火 10min 的微观组织

a—700℃；b—750℃；c—800℃

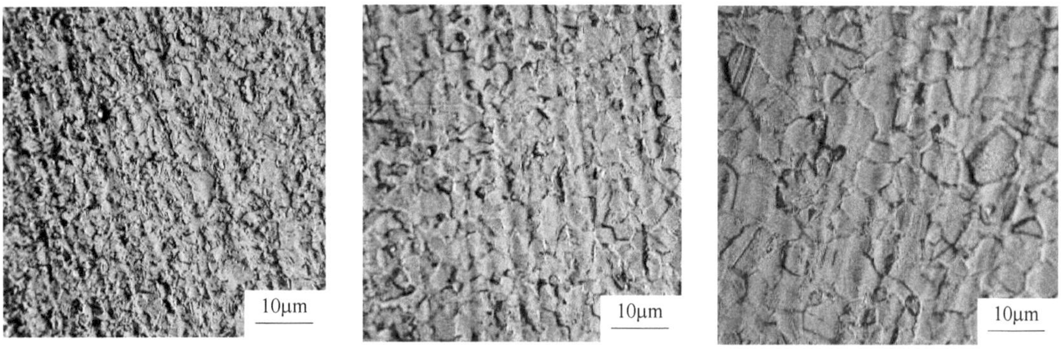

a　　b　　c

图 6-14　冷轧压下率为 80% 退火 10min 的微观组织

a—700℃；b—750℃；c—800℃

6.6.1.3　退火工艺的影响

冷加工变形后会引起金属的加工硬化，导致变形抗力增大，塑性、韧性降低；同时在晶间和晶粒内产生很多微观裂纹、空隙和点阵缺陷等，会对后续加工工艺产生影响。因此，冷轧后必须对钢板进行退火处理[2]。所用试验钢的化学成分见表 6-19，加工工艺如同 6.6.1.2 节部分，冷轧过程的压下率选用 65%，冷轧薄板为 1.0mm。退火温度分别为：650℃、700℃、750℃、800℃、900℃、1000℃，在每个退火温度进行不同退火时间的试验，退火时间：5min、10min、15min、20min，随后的冷却方式是空冷。然后再采用优化的退火温度和时间，进行不同冷速的试验研究（水冷速度约为 100℃/s，油冷速度为 20℃/s，空冷速度为 10℃/s，缓冷速度 54℃/min，炉冷速度为 5℃/min），其中缓冷方式是将试样从加热炉中取出后放在石棉中冷却，炉冷方式是加热完成后在炉中断电冷却。

表 6-19 试验钢的成分（质量分数） （%）

元素成分	C	Si	Mn	P	S	Al	Fe
成分含量	0.51	0.50	21.3	0.009	0.0078	0.08	余量

从表 6-20 可以看出，退火工艺参数（退火温度、退火时间）对 TWIP 钢的力学性能影响很大，即使在相同的退火温度下，也都有一个最佳的退火时间使其性能达到最优，退火时间太短或太长时，性能都有所降低。在各个退火温度下，退火时间控制在 10min 左右；随着退火温度的提高，钢板的强度急剧降低，抗拉强度从 1140MPa（700℃ 退火 10min）下降到 780MPa（1000℃ 退火 10min），伸长率达到最高值 68.5%（750℃ 退火 10min），最佳退火温度应该控制在 700～750℃；此外，在 700℃退火，退火 10min 时，综合力学性能达到最优（抗拉强度为 1140MPa，屈服强度为 473MPa，伸长率达到了 57.3%，此时的强塑积达到 65322MPa · %）。

表 6-20 不同退火温度和退火时间下钢板的力学性能

退火温度/℃	退火时间/min	屈服强度/MPa	抗拉强度/MPa	伸长率/%	强塑积/MPa · %
650	5	500	1130	39.3	44409
650	10	575	1190	42.4	50456
700	5	473	1010	48.6	49086
700	10	485	1140	57.3	65322
700	15	480	1100	52.4	57640
700	20	479	1060	40.3	42718
750	5	385	985	56.3	55455
750	10	430	1080	58.5	63180
750	15	398	1040	60.5	62920
750	20	380	987	59.7	58924
800	5	335	950	44.5	42275
800	10	330	1020	49.0	49980
800	20	305	935	45.1	42168
900	5	270	900	49.0	54000
900	10	290	935	55.5	61710
900	20	230	810	50.6	43335
1000	5	245	765	60.0	37485
1000	10	235	780	63.0	43290
1000	20	210	750	53.5	37950

图 6-15 为在 750～1000℃的退火温度范围内的组织变化，退火孪晶的大小随退火温度的升高和晶粒的长大而长大，其孪晶宽度随之而变大。晶粒大小随着退火温度的升高而明显增大，在 750℃退火，晶粒尺寸为 2～5μm，800℃退火后，晶粒尺寸大小为 5～6μm，当退火温度升高到 900℃后，晶粒尺寸要比 700℃退火时大得多，达到 10μm 左右，1000℃退火后晶粒尺寸已经很大，达到 20μm 以上。

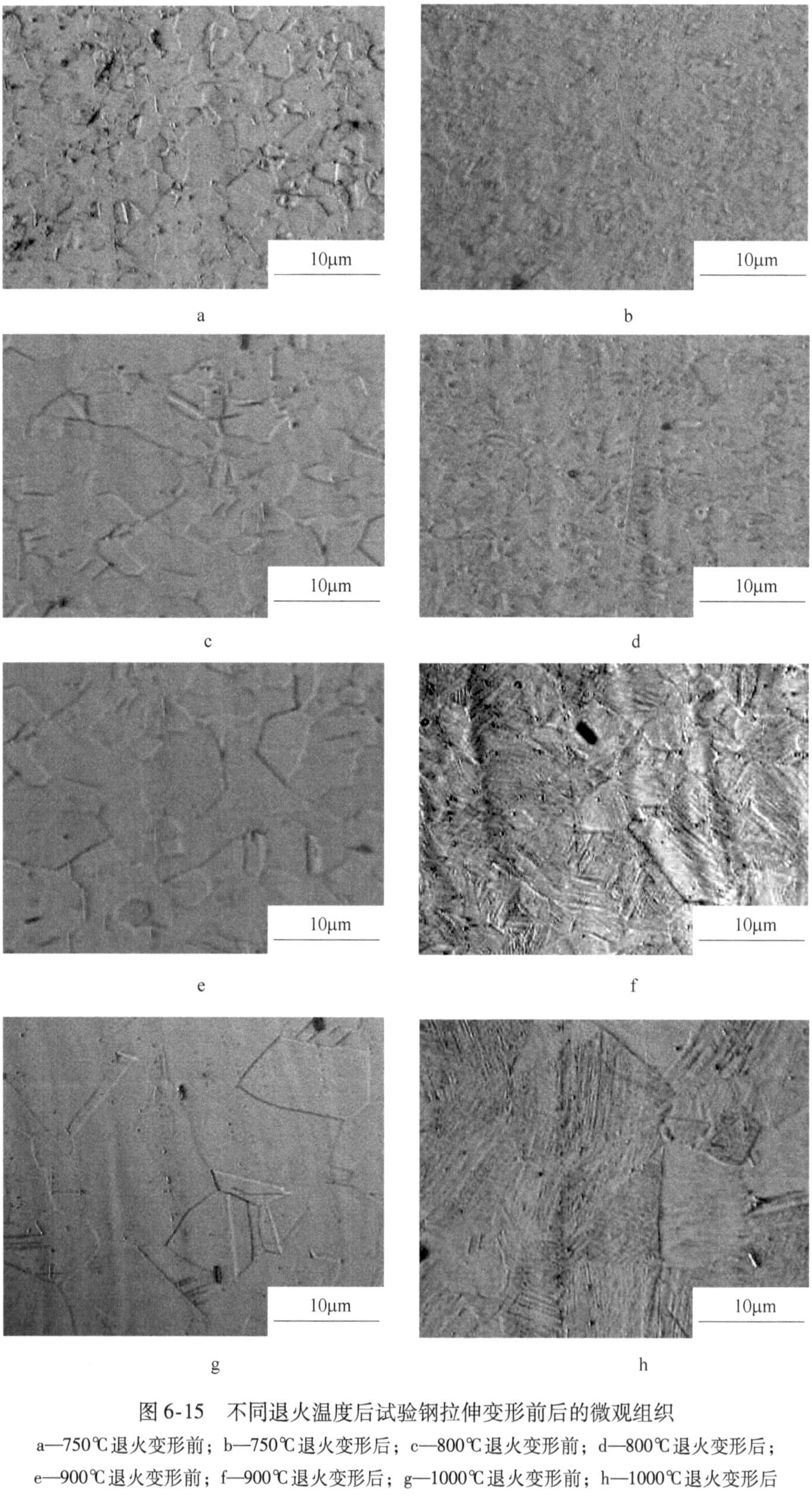

图 6-15　不同退火温度后试验钢拉伸变形前后的微观组织

a—750℃退火变形前；b—750℃退火变形后；c—800℃退火变形前；d—800℃退火变形后；
e—900℃退火变形前；f—900℃退火变形后；g—1000℃退火变形前；h—1000℃退火变形后

6.6.2 Fe-Mn-C 系 TWIP 钢的用户技术研究

6.6.2.1 延迟断裂机理研究现状及机制

延迟断裂是在静止应力作用下，材料经过一定时间后突然脆性破坏的一种现象。这种现象是材料-环境-应力相互作用而发生的一种环境脆化，是氢致材质恶化的一种形态。延迟断裂是妨碍机械制造用钢高强度化的一个主要因素。

A 稀土对 TWIP 钢延迟开裂的影响

高强度钢的延迟断裂受到许多因素的影响，目前尚无通用的评价标准。现以 Fe-24Mn-0.6C[19]加入不同稀土的成分体系为例，将添加不同稀土元素后的试样与未添加稀土元素的 TWIP 钢凸耳试样在相同条件下进行对比观察，放置 30 天后，试样的外观情况如图 6-16 所示。

图 6-16 30 天后不同稀土元素含量的凸耳试样

对同一批次的每组多个冲杯的裂纹进行统计，结果如表 6-21 所示。

表 6-21 30 天后不同稀土元素含量的凸耳试样断裂情况

Ce 含量/%	裂纹数量	平均裂纹数量
0	3、4、1	2.6
0.0028	5、4	4.5
0.02	1、1、0	0.6
0.12	0、0、0	0

从表 6-21 可知，稀土元素 Ce 的添加对延迟断裂的发生有显著影响，微量 Ce 的添加促进了延迟断裂的发生，而添加量达到 0.12% 时，试样 30 天内未发生断裂。但随着观察时间的继续增加，不同 Ce 含量的冲杯试样均发生了断裂。含 Ce 0.12% 的冲杯平均在 80 天左右才产生了第一条裂纹。

由此可以说明，添加适量的稀土元素可以改善 TWIP 钢的延迟断裂。但对试验变形条件下的凸耳冲杯，稀土元素的添加仅能推迟而不能避免其延迟断裂。

对不含稀土元素的试样的延迟断裂的断口进行扫描电镜观察，如图 6-17 所示。

从图 6-17 中看出，裂纹萌生处即杯口处的断口不仅包含穿晶断裂（图 6-17b），还存在一部分沿晶界的脆性断裂（图 6-17a），而后续的裂纹扩展则为韧性撕裂（图 6-17d）。这说明延迟断裂是在一定的晶界弱化机制作用下发生的，其可能存在的机制包括元素在晶界的偏聚、析出物的晶界偏析、氢致断裂等。

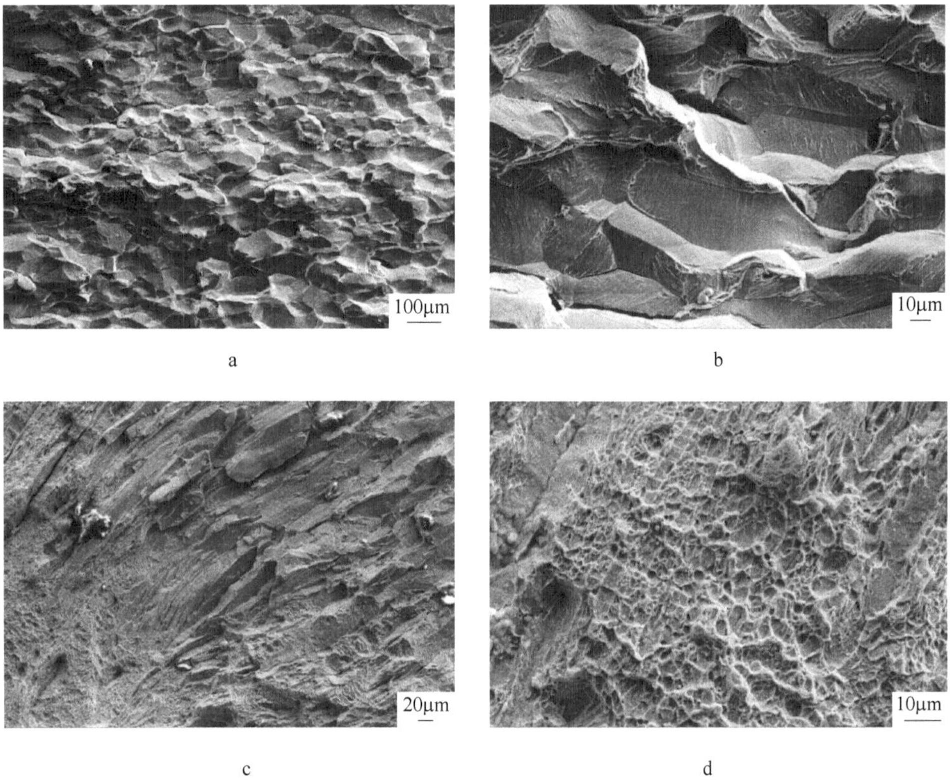

图 6-17　TWIP 钢凸耳冲杯试样延迟断裂
a，b—裂纹萌生处；c，d—裂纹扩展区的断口形貌

B　TWIP 钢的氢致强塑性损失

经成分检测，TWIP 钢冷轧退火板中的氢含量为 2.65×10^{-6}，而铸锭中的氢含量为 2.61×10^{-6}。这说明，TWIP 钢中的原始氢含量较高，且主要来源是冶炼，后续的酸洗等加工工艺并未对其氢含量产生大的影响。实验室条件下，该数量级的氢在冶炼环节难以控制，因此不能从成分设计及控制上制备不同氢含量的 TWIP 钢。图 6-18 为 TWIP 钢充氢不同时间后的拉伸断口形貌。

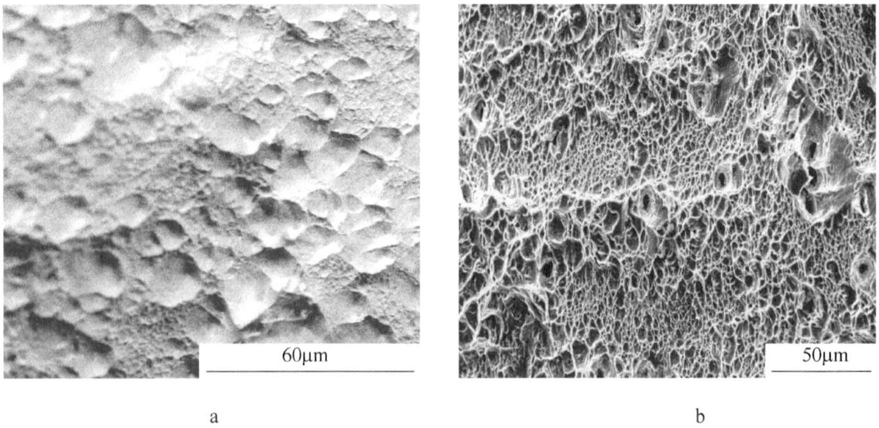

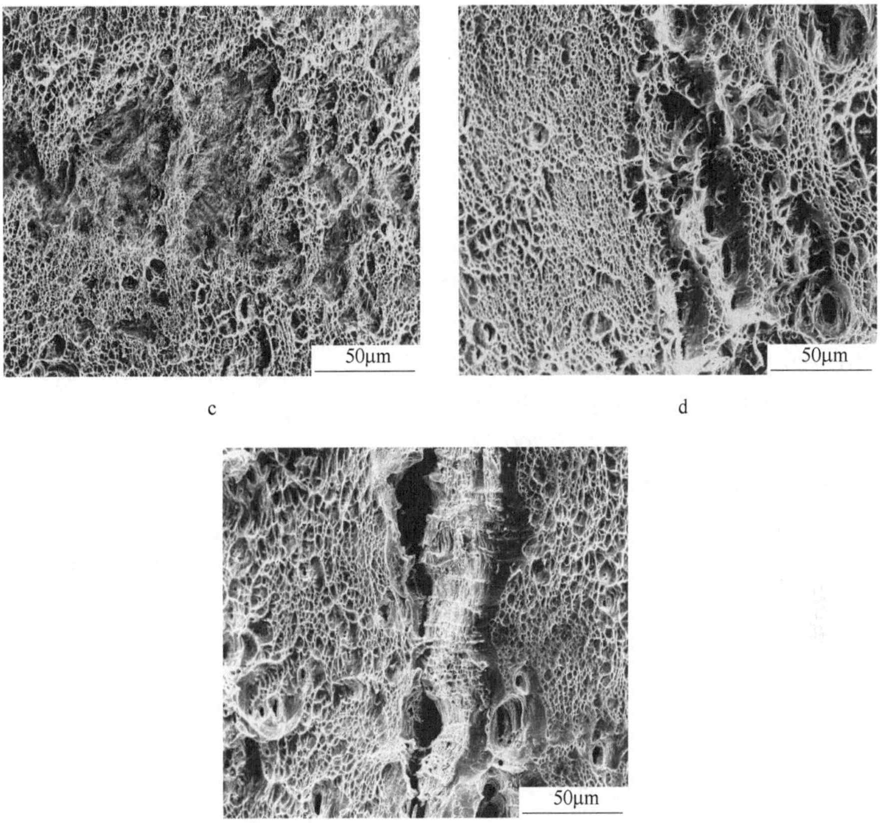

图 6-18 TWIP 钢充氢后拉伸断口形貌

a—0h；b—2h；c—4h；d—6h；e—8h

从图 6-18 中可以看出，未充氢试样断口表面全由韧窝组成，且韧窝大小分布不均匀，大韧窝之间布满小韧窝，为延性断裂，如图 6-18a 所示；充氢 2h 试样的断口如图 6-18b 所示，其断口表面基本上也由韧窝组成，且韧窝大小分布相对均匀，但是在部分位置已经成了少量孔洞；图 6-18c 与 d 分别为充氢 4h、6h 的断口表面，从图中可以看出，断口表面大部分区域由韧窝组成，且韧窝大小分布均匀，为延性断裂，但是有部分区域存在孔洞；图 6-18e 为充氢 8h 后的断口表面，从图中可以看出，其表面已经形成了由孔洞连接产生的微裂纹，而这种微裂纹的形成方向与拉伸导致的试样开裂方向并不一致，这说明这部分裂纹在拉伸之前，也就是充氢过程中就已经产生。由于氢的析出一般附着于一定的形核点，例如夹杂物、晶界、偏析带等，这些形核点一般沿与轧制面平行的层状分布。氢在这些形核点析出，形成氢压孔洞，并与附近的孔洞相连，形成如图 6-18e 所示的微裂纹，造成强塑性的严重损失。

6.6.2.2 TWIP 钢的低周疲劳行为研究

奥氏体钢的疲劳研究已经有了一定基础，但对 TWIP 钢的低周疲劳行为研究还比较少，尤其是含稀土 TWIP 钢的疲劳行为及破坏机理尚没有形成理论，北京科技大学以 Fe-Mn-C 系 TWIP 钢为基础研究了 TWIP 钢的低周疲劳行为[21]。

A 应变-寿命曲线

图 6-19 是 Fe-Mn-C 系 TWIP 钢及 HSLA800、316L、TRIP780、DP780 五种钢的应变-疲劳寿命曲线。

由图 6-19 可以看出，TWIP 钢具有远高于 800MPa 级别的高强钢（包括 TRIP 钢、DP 钢及 HSLA 钢）的疲劳寿命。在 0.4% 的应变幅下，TWIP 钢的疲劳寿命约为 15000 周，而 TRIP780 仅为 1800 周。在 0.6% 的应变幅下，TWIP 钢的疲劳寿命约为 4500 周，而 HSLA800 和 TRIP780 都仅仅有约 700 周。

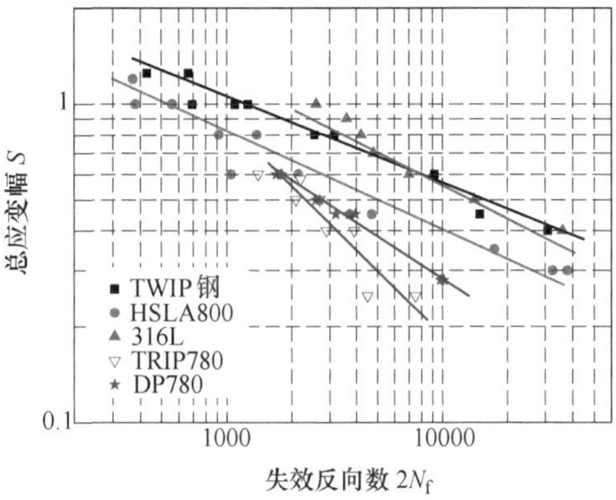

图 6-19 5 种钢的应变-疲劳寿命曲线

与目前已经成熟应用的 316L 奥氏体不锈钢相比，TWIP 钢在较低的应变幅下的疲劳寿命与其基本相当，但应变幅增加到 0.8% 以上后，TWIP 钢的疲劳寿命相对较差。但值得注意的是，316L 不锈钢的抗拉强度和总伸长率分别约为 600MPa 和 30%，而 TWIP 钢的强度和塑性都远大于 316L。因此，TWIP 钢具有非常良好的强塑性与疲劳的综合性能。

B 低周疲劳循环特性

图 6-20 给出了 TWIP 钢在 5 种应变幅 ±0.4%、±0.6%、±0.8%、±1.0% 和 ±1.25% 控制下的循环迟滞回线。

由图 6-20 可以看出，随着应变幅的增大，TWIP 钢的迟滞回线的面积逐渐增加。迟滞回线的面积代表一个变形周次中材料吸收的塑性应变能，面积越大，则表明在外加载荷的作用下，材料的塑性变形越大，进而积聚的塑性变形功越多，材料就越容易发生损伤，所以常常把塑性应变能当做材料损伤判据的一个重要指标。由图 6-20 可以总结出，随着应变幅的增加，TWIP 钢的塑性应变能逐渐增加，其受损情况就越来越严重。

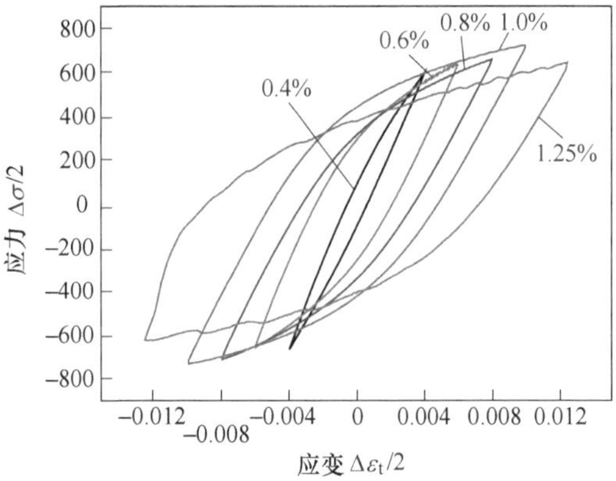

图 6-20 TWIP 钢在不同应变幅下的循环迟滞回线

对断口利用扫描电镜进行观察，如图 6-21 所示。裂纹扩展区的断口表面比较光滑，这是由于裂纹萌生初期，试样上下两个部分会在压缩载荷的半周次发生挤压，导致在裂纹源附近形成平滑光亮的平台。在裂纹扩展区，可以观察到明显的塑性疲劳条带（疲劳辉纹）。疲劳辉纹的形态为近似的平行同心圆，圆心为裂纹源。瞬断区则存在大量韧窝，韧窝是金属韧性断裂的主要微观特征，它是材料在微区范围内由于塑性变形产生的微空洞，经形核、长大和聚集，最终相互连接导致断裂后，在断口表面上留下的痕迹，这表明 TWIP 钢在经历疲劳变形后，最终的拉伸断裂仍为韧性断裂。

图 6-21 TWIP 钢低周疲劳微观断口形貌（应变幅为 0.8%）
a—裂纹萌生区；b—裂纹扩展区；c—瞬断区

C 疲劳断裂机制分析

经过多种腐蚀剂的尝试，发现采用冰醋酸∶硝酸 = 3∶1 的腐蚀剂虽然不能很好地显示晶界，但能够更清晰地表征微条带的形态。图 6-22 为对疲劳裂纹附近的微条带进一步的观察结果。

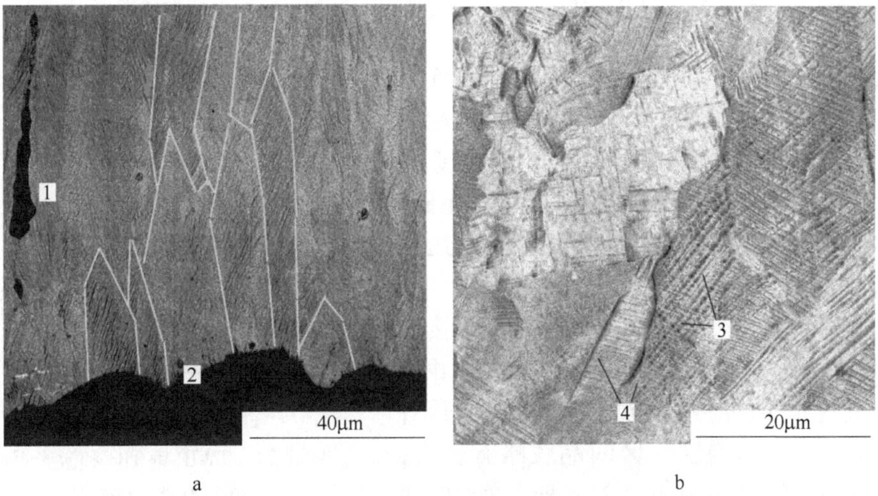

图 6-22 TWIP 钢疲劳特征裂纹的扫描电镜照片
a—断口侧面；b—微孔洞

从图 6-22a 来看，临近断口的组织密集地分布着大量由微孪晶片层和驻留滑移带组成的微条带。从位置 1 可以观察到断口附近存在由夹杂物引起的孔洞，但孔洞的两端均较圆滑，并没有发展为裂纹的趋势。根据微条带的走向可以描绘出晶界的位置，从位置 2 可以观察到疲劳断口是穿过晶界扩展的。

从图 6-22b 中可以观察到，平行的微条带直接彼此相交（位置 3），或者是与晶界、孪晶界碰撞（位置 4）的位置均可能形成微孔洞。并且这些孔洞成串分布，沿着微条带的延伸方向拉长，有连接成裂纹的趋势。位置 4 的微裂纹已经成型，在交变应力作用下可以进一步扩展，成为整个疲劳试样的断裂主裂纹。如果有已经成形的裂纹扩展经过此处时，裂纹可优先从这些微裂纹处扩展，降低裂纹扩展所需的能量。

6.6.2.3　TWIP 钢钨极氩弧焊及激光焊研究

目前针对 TWIP 钢的焊接问题的研究还不够深入，应立足于 TWIP 钢的焊接性研究，分析焊后组织及力学性能的特点，总结出 TWIP 钢在焊接过程中可能出现的问题，并探讨出适用于 TWIP 钢焊接的方法及相关工艺参数。本节所用 Fe-26Mn-0.45C 系 TWIP 钢[20]是经过初轧温度 1050℃、终轧温度 950℃、热轧至 3.5mm 空冷、热轧板酸洗后、冷轧至 1.2mm、真空退火温度 950℃保温 30min 工艺所得的。图 6-23 是 TWIP 钢钨极氩弧焊 TIG（上）和激光（下）焊后未拉伸标准试样，图 6-24 为 TWIP 钢 TIG 和激光焊后拉伸力学性能对比。

图 6-23　TWIP 钢 TIG（上）和激光（下）焊后未拉伸标准试样

如图 6-24 所示，激光焊后 TWIP 钢的抗拉强度为 894MPa，屈服强度为 317MPa，力学性能与母材（抗拉强度为 915MPa，屈服强度为 315MPa）接近；TIG 焊后抗拉强度明显降低，降到了 815MPa，而屈服强度却有所增加，达到了 363MPa。

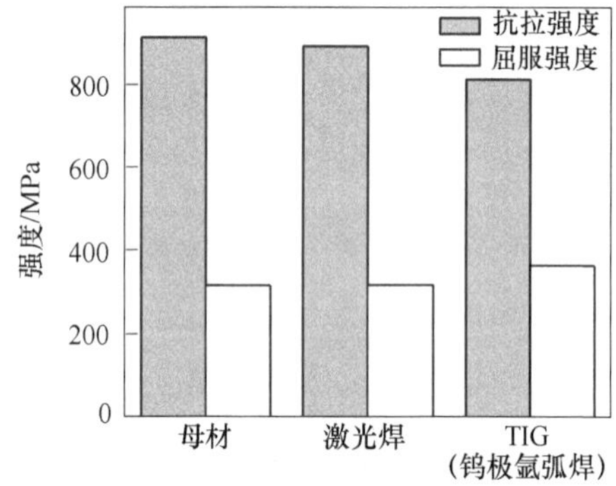

图 6-24　TWIP 钢 TIG 和激光焊后拉伸力学性能对比

对于激光焊而言，如图 6-25a 所示，焊接接头从母材基体到焊缝，由于能量密度极大，并且 TWIP 钢具有很小的导热系数，故 HAZ 区很小，虽然在 HAZ（热影响区）区间晶粒略有长大，但是由于晶粒长大程度很小，对各种力学性能的影响不大，这一点可由上述拉伸试验中激光焊接接头的抗拉强度（894MPa）与母材的抗拉强度（915MPa）几乎保持不变看出。焊缝区为典型的铸态树枝晶，组织细密无裂纹，并且 HAZ 和焊缝过渡相对平缓，所以激光焊甚至可以忽略对母材整体性能的影响。

对于 TIG 焊接而言，如图 6-25b 所示，虽然线能量也很小，但由于热源的能量密度较为分散，焊接接头存在较为明显的 HAZ 区，整个母材到 HAZ 再过渡到焊缝区，依次出现了回复、再结晶、晶粒长大及经历熔化后再凝固的现象，冷却速度相对于激光焊较慢，故奥氏体晶粒有足够的时间长大，导致了 TIG 焊接后 HAZ 区间大，晶粒粗大导致更多缺陷的存在，如成分偏析和裂纹，应力也比较集中，这些与在应力应变曲线中所表现出的试样过早断裂及断前的硬化现象相符。并且屈服强度达到了 363MPa，也要大于母材的

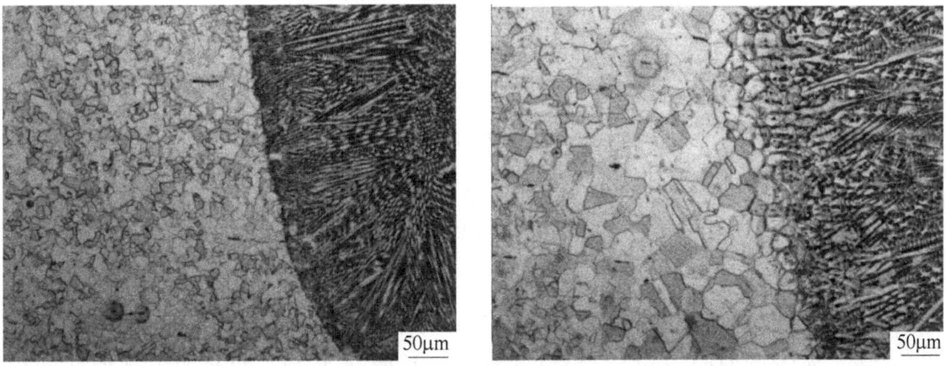

a b

图 6-25 TWIP 钢试样激光焊（a）和 TIG 焊（b）后金相组织

315MPa。另外，如图 6-26 所示，激光焊后焊缝区的树枝晶也比 TIG 焊后更细，分布也更均匀。

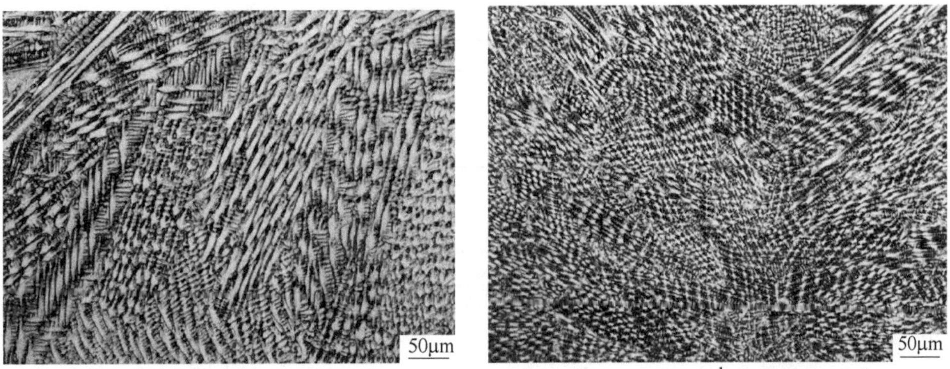

a b

图 6-26 TWIP 钢试样 TIG 焊（a）和激光焊（b）后焊缝的微观组织

由上述分析可知，激光焊后拉伸试验断裂的主要因素为气孔等焊接缺陷的存在，形变过程中孔洞容易相互连接而发生断裂，焊缝部分的塑性不及母材，拉伸过程中焊接缺陷引发裂纹而失效，最终断口发生在焊缝。

6.7 TWIP 钢的变形和强韧化机理研究

6.7.1 TWIP 钢变形织构的形成及演变规律

以 Fe-Mn-3Si-3Al 体系为例，研究 TWIP 钢再结晶过程中织构的演变规律[3]。化学成分如表 6-9 所示。1150℃开轧，892℃终轧，压下率 70%，热轧成 3mm 厚的钢板，按照不同的变形量冷轧为成品钢板，工程应变量分别为 10%、30%、50% 和 75%。冷轧后的钢板进行相同的退火处理，退火温度 1000℃，保温 20min。采用 EBSD 分析各试样的纤维织构演变情况，如图 6-27 所示，表 6-22 为不同变形量下 TWIP 钢立方织构的占有率。

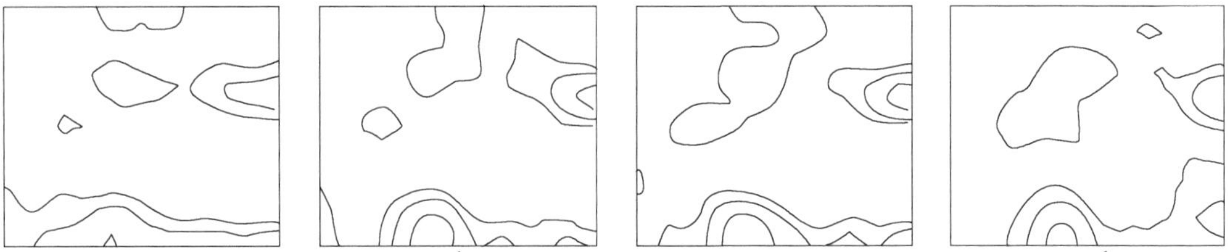

a　　b　　c　　d

图 6-27　不同变形量钢板在 1000℃退火 20min 后的 ODF 图

a—e = 10%；b—e = 30%；c—e = 50%；d—e = 75%

图 6-27 表明随着变形量的增加，黄铜 Brass 取向 {011} <211>和 Goss 取向 {011} <100>增强，而铜型取向 {112} <111>减弱。从整体上看，孪晶的出现使轧制织构中 {112} <111>分量减少，{011} <211>分量增多，逐渐形成较强的 {011} <211>特征。由于取向 {011} <211>的特殊对称位置，有取向 {011} <211>的晶粒孪晶后的取向或在取向 {011} <211>的另一个对称位置，或落入其他不稳的位置，但最终都会回到取向 {011} <211>上来。因此从整体上看，孪晶的出现使轧制织构中 {112} <111>分量减少，{011} <211>分量增多，逐渐形成较强的 {011} <211>特征。

表 6-22　不同变形量下 TWIP 钢立方织构的占有率

试　样　号	变形量/%	半角宽度/（°）	面织构含量/%	立方织构含量/%
1	10	3.500	0.391	0.003
2	30	3.500	0.424	0.003
3	50	3.500	0.446	0.004
4	75	3.500	0.473	0.004

由表 6-22 可见，随着变形量的增加，面织构的含量增加，而立方织构的比率增加幅度很小。

6.7.2　孪晶诱导强塑性机制

孪生的发生首先需要满足位向条件，即要求孪生面在孪生方向上受到足够大的切应力，另外，拉伸时几乎完全是先发生位错滑移，后发生晶体孪生。在金属变形的初期首先发生滑移[3]，局部区域位错塞积形成位错墙（图 6-28a），随着变形的进行，局部的位错运动受阻应力增加达到孪生的切应力，开始孪生形成形变孪晶（图 6-28b）。同时在孪晶前方产生位错塞积，位错塞积产生的应力可排除障碍，这可为孪晶的快速生长提供可能。

图 6-29a 是形变孪晶的 SEM 形貌，孪生改变了晶粒内部的取向，从而以孪晶界为对称面产生切变，取向发生了变化，表现出晶粒内部整体的凹凸立体感。

图 6-30 是孪晶 T1 和孪晶 T2 相遇时的形貌。Reed-Hill 认为[15]晶间的相互作用除了成为相互运动的障碍外，还能促进变形。当一个孪晶被另一个孪晶撞击时，第一个孪晶里发生二次孪生，使第一个孪晶与第二个孪晶更容易相交，此时当孪晶相遇时能互相穿过继续生长，塑性变形能力提高。此外 TWIP 钢中发生孪生甚至二次或多次孪生，使孪晶切割基体，增加运动的障碍，起到了细化晶粒的作用。

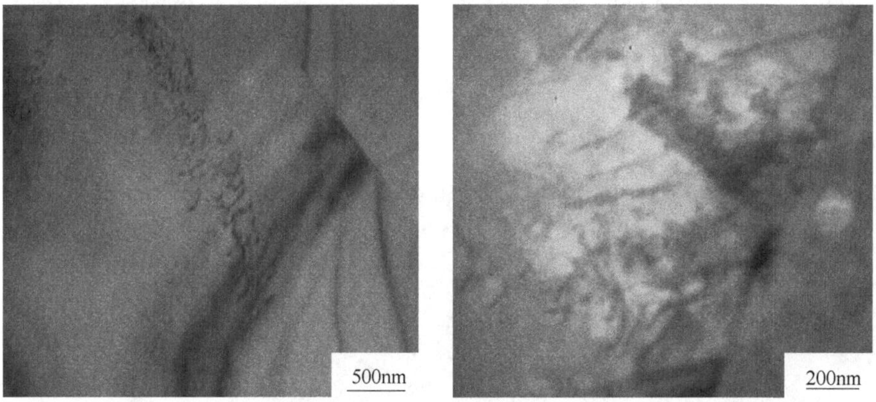

a　　　　b

图 6-28　变形初期的位错和孪晶

a—位错塞积；b—形变孪晶

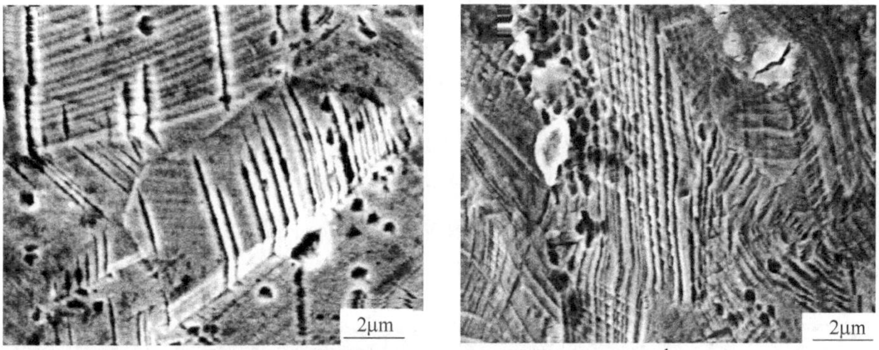

a　　　　b

图 6-29　形变孪晶

a—孪晶改变取向；b—二次孪晶

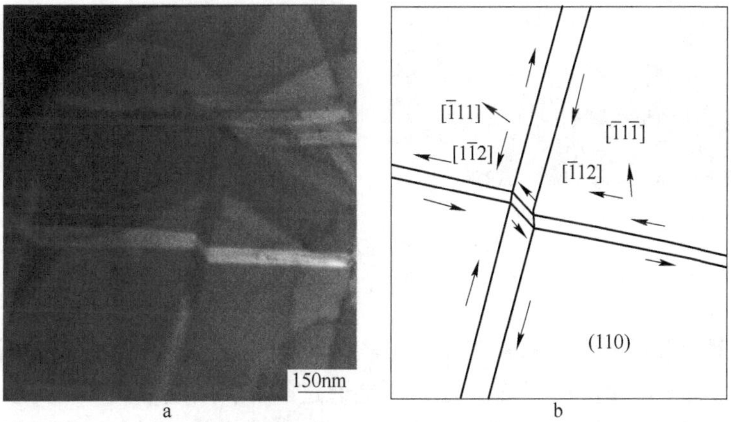

a　　　　b

图 6-30　孪晶和孪晶相遇

a—孪晶相遇的 TEM 照片；b—示意图

图 6-31 是变形过程开动的两套孪晶系统。Schmid 给出了拉伸时转变为孪晶产生的应变理论值[21]，结果表明孪生变形从理论上可以产生超过 40% 的应变量。如果发生二次孪生或多次孪生，则应变量会更大，因此，相当大的塑性应变是来自二次或多次孪晶的产生。

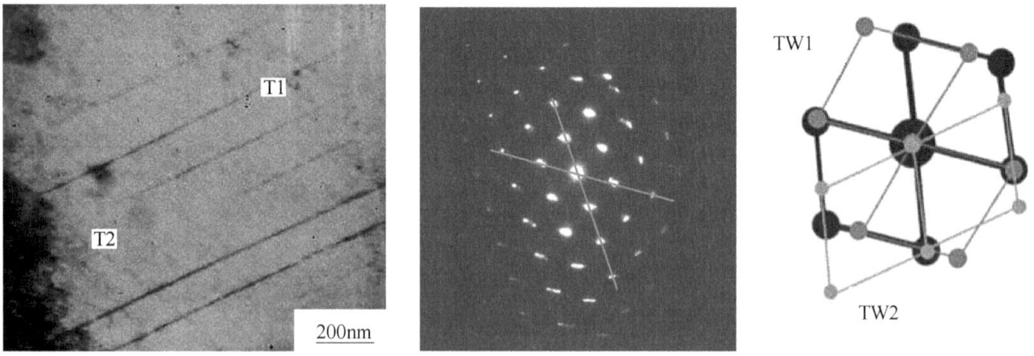

a b c

图 6-31 变形过程中开动了两套形变孪晶系统

a—两套孪晶系统；b—孪晶选区衍射；c—两套孪晶谱示意图

孪晶作为一种亚晶界会阻碍位错运动（图 6-32），引起的高度应力集中是裂纹产生的重要形核点。变形过程中孪晶将金属基体分割为许多部分，这种作用类似于晶粒的细化（或碎化），使位错被封锁，将位错限制在很狭小的范围内甚至难以运动，从而使金属得到较高程度的强化。

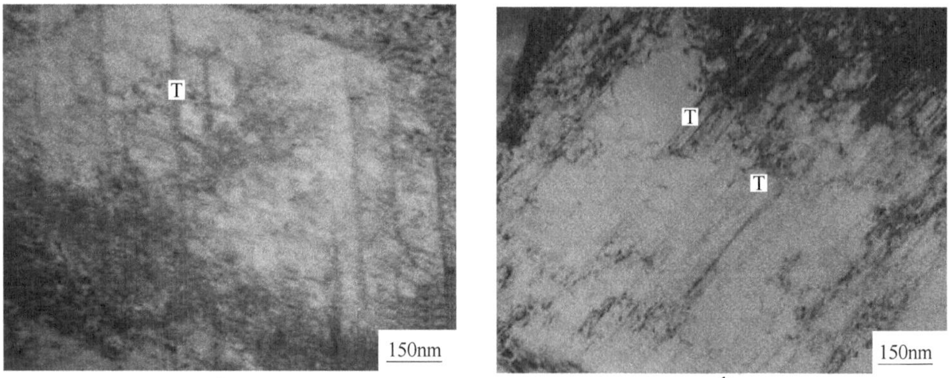

a b

图 6-32 孪晶对位错的阻碍

a—30%；b—50%

在 TWIP 钢变形过程中，随着变形量的增大，当孪晶片层间距随应变逐渐减小到一定程度后，片层密度达到饱和，孪晶片层内不能通过晶粒转动或细化继续变形，同时位错受到孪晶界阻碍几乎无法开动，从而沿拉伸 53°方向[22]发生剪切形变，出现剪切带，即发生剪切带诱导塑性——SIP（shear induced plasticity）效应（图 6-33），将奥氏体孪晶细化为奥氏体亚晶，使材料具有优异的强塑性。

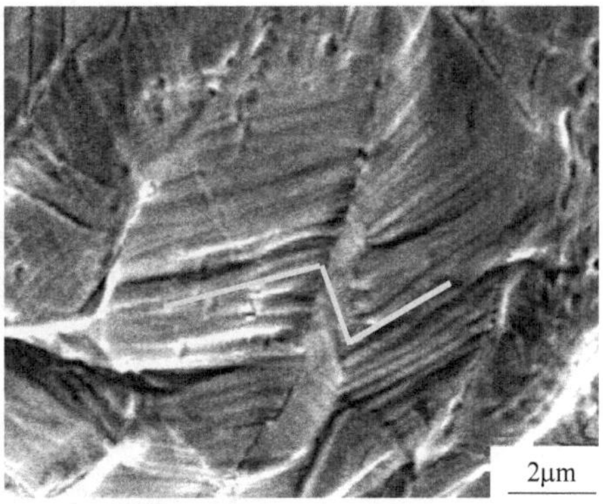

图 6-33 剪切带

孪晶和孪晶相交的地方形成裂纹（图 6-34）。因为形变孪晶呈片层状，片和片之间的撞击作用促使微裂纹的形成。裂纹扩展临界应力往往要比裂纹形核应力低。因此裂纹形核后沿各自的片层很容易扩展。仔细观察微裂纹萌生处可以看出，微裂纹产生于晶界与孪晶交界处，而且晶界有缺陷，断裂时裂纹可以沿孪晶界扩展。

图 6-35 是当裂纹和孪晶片层垂直时，裂纹扩展受阻，因为孪晶与奥氏体基体的共格作用，高界面能不利于裂纹的扩展。图 6-35b 所示为在受阻的主裂纹前端和裂纹平行的片层间微裂纹形核，随着应力的增加，微裂纹和主裂纹连接，主裂纹以与片层孪晶成一定的角度（大约 45°）穿过和主裂纹垂直的形变孪晶，主裂纹继续扩展。

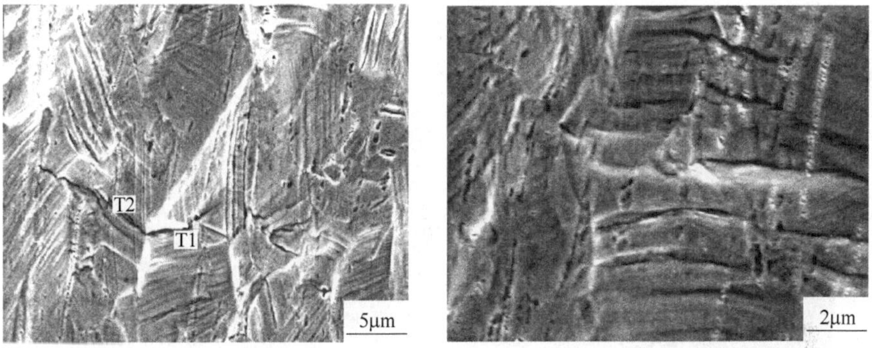

a　　　　　　　　b

图 6-34 微裂纹在孪晶处形核

a—孪晶与孪晶交界；b—孪晶片层之间

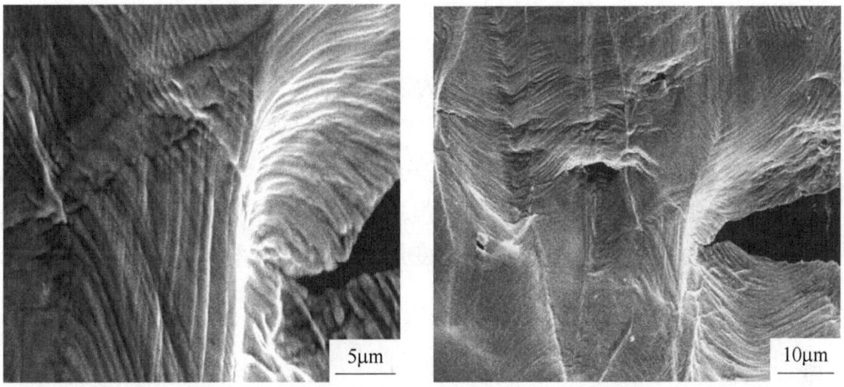

a　　　　　　　　b

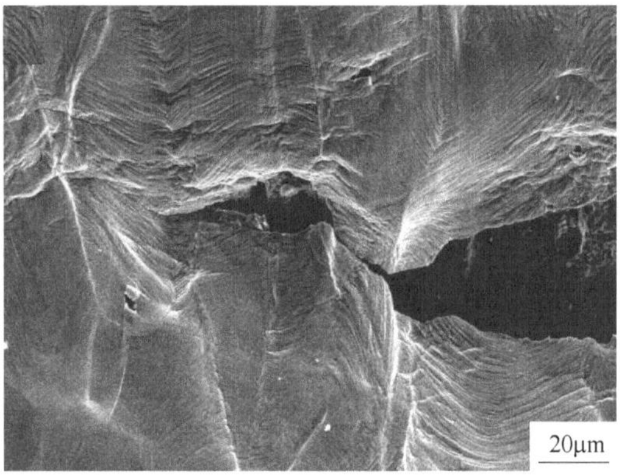

c

图 6-35　当裂纹和孪晶垂直时裂纹的扩展

a—裂纹在孪晶前受阻；b—越过孪晶在和裂纹平行的孪晶处产生裂纹；c—裂纹连接

图 6-36 是裂纹沿孪晶的形核和扩展，孪生位错在孪晶边界上产生的外应力集中足以使晶体沿解理面分开，产生一个解理裂缝。当厚度超过几微米的孪晶一旦终止在晶体中时就产生微裂纹（图 6-36b 的 A 区域产生微裂纹），因此裂纹容易沿着垂直于切应变的孪晶边界扩展。

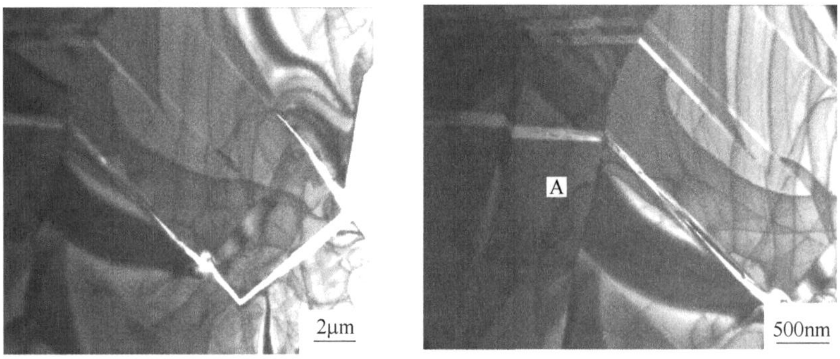

a　　　　b

图 6-36　裂纹沿孪晶扩展

a—裂纹在孪晶中连续扩展；b—微裂纹在孪晶和晶界处形核

孪生及孪晶在 TWIP 钢中的作用可归纳为以下几点[3]：（1）孪生作为一种变形机制，提供附加的独立滑移系，提高塑性变形能力。（2）改变晶粒取向，促进持续变形。（3）孪晶之间相互作用，发生二次或高次孪生，提高合金的塑性。（4）释放局部应力，减小裂纹形核，钝化裂纹尖端，阻碍裂纹的扩展。虽然孪晶可能成为裂纹源，但它并不是裂纹产生的必要条件，因此总的来说，孪生对塑性变形的作用是有利的。

参考文献

[1] Mi Zhenli, Tang Di, Yan Ling, et al. High-strength and High-plasticity TWIP Steel for Modern Vehicle [J]. Mater. Sci. Technol, 2005, 21 (4): 451 ~ 454.

[2] 代永娟. Fe-Mn-C 系 TWIP 钢的制备工艺及强塑性机理研究 [D]. 北京：北京科技大学，2009.
[3] 米振莉. 新一代汽车用高强度高塑性 TWIP 钢的研究与开发 [D]. 北京：北京科技大学，2007.
[4] Spitzer K H. Direct Strip Casting (DSC)-An Option for the Production of HSD(r) Steel Grades [C]. 1st International Conference for Super-high Strength Steel, Italy Roma, 2005: 46 ~ 58.
[5] Scott C, Allain S. The Development of a New Fe-Mn-C Austenitic Steel for Automotive Applications [J]. L Revue de Metallurgie-CIT, 2006 (6): 293 ~ 302.
[6] 张增志. 耐磨高锰钢 [M]. 北京：冶金工业出版社，2002：29 ~ 40.
[7] 宋维锡. 金属学 [M]. 北京：冶金工业出版社，1989：31 ~ 38.
[8] Oh B W, Cho S J, Kim Y G, et al. Effect of Aluminium on Deformation Mode and Mechanical Properties of Austenitic Fe-Mn-Cr-Al-C Alloys [J]. Materials Science & Engineering, 1995, 19 (17): 147 ~ 156.
[9] 孙珍宝. 合金钢手册 [M]. 北京：冶金工业出版社，1984.
[10] Frommeyer G, Grassel O. High Strength TRIP/TWIP and Superplastic Steels: Development, Properties, Application [J]. La Revue de Metallurgie-CIT, 1998 (10): 1299 ~ 1310.
[11] 于燕，孙艳坤，刘相华. 高强度钢板强化机制的探讨 [J]. 长春工业大学学报（自然科学版），2005，26 (12)：280 ~ 282.
[12] 冷启明. 新一代汽车用钢——高强度含磷钢板 [J]. 工艺与材料，1997 (6)：20 ~ 21.
[13] 余永宁，毛为民. 材料的结构 [M]. 北京：冶金工业出版社，2001.
[14] 张旺峰，陈瑜眉，朱金华. 低层错能奥氏体钢的变形硬化特点 [J]. 材料工程，2000 (2)：25 ~ 28.
[15] Reed-Hill R E. The Inhomogeneity of Plastic Deformation [M]. Ohio: ASM, Metals Park, 1971.
[16] Drobnjak D J, Parr J G. Deformation Substructure and Strain-hardening, Characteristics of Metastable Fe-Mn Austenite [J]. Metall Trans, 1970 (1): 759 ~ 764.
[17] 朱文英. 汽车轻量化与高强度钢板的开发进展 [J]. 上海金属，2003，7 (14)：11 ~ 15.
[18] 葛列里克 S S. 金属和合金的再结晶 [M]. 仝建民，译. 北京：机械工业出版社，1985.
[19] 吴彦欣. TWIP 钢的疲劳行为及延迟断裂研究 [D]. 北京：北京科技大学，2015.
[20] 杨林. 汽车用 TWIP 钢钨极氩弧焊及激光焊研究 [D]. 北京：北京科技大学，2012.
[21] Schmid E. Contribution to the Physics and Metallography of Magnesium [J]. Z Elektrochem, 1931, 37 (819): 447 ~ 459.
[22] Serra A, Bacon D J, Pond R C. Twins as Darriers to Dasal Slip in Hexagonal-close-packed Metals [J]. Metallurgical and Materials Transactions A, 2002, 33 (3): 809 ~ 812.

7 中 锰 钢

中锰钢作为新一代先进高强度钢，具有高强度的同时也拥有高塑性。近年来中锰钢越来越受各国学者关注。早在1968年，Grange提出一种硬化材料，成分为0.1C-6Mn，在室温下基本为完全马氏体结构，具有超高的强度，但塑性很差。Miller等人对此材料进行回火处理后得到相当高的残余奥氏体体积分数和超细尺寸的晶粒。这种在马氏体基体中形成的奥氏体称为“逆转变的奥氏体”[1]。美国的Morris教授在20世纪80年代研究高韧性钢时发现，可以通过奥氏体逆转变在锰的质量分数为5%的低碳钢中获得大量的奥氏体和超细晶的铁素体组织[2]。2007年，Merwin等人将在Mn元素含量在5%~7%的马氏体板条结构中生成的“逆转变奥氏体”的思想引入冷轧钢中，发展了中锰钢[3]。在国内，2009年，钢铁研究总院首先采用了新型中锰合金化和逆转变奥氏体退火的技术思路研制成功第三代先进高强钢，其强塑积超过30GPa·%[4]。2010年，北京科技大学高效轧制中心也相继研发成功了高强度高塑性中锰钢，该钢板可获得1000MPa以上的抗拉强度和30%以上的断后总伸长率，强塑积不小于30GPa·%[5]。

7.1 中锰钢的特点与发展

7.1.1 中锰钢的特点

中锰钢在化学成分上的主要特点是低碳低合金，主要合金元素以C、Si、Mn元素为主。C、Mn元素是奥氏体稳定元素，C、Mn元素的增加，尤其是Mn元素的增加能够使奥氏体区扩大并影响相变和最终组织，并通过影响残余奥氏体中的碳含量来影响残余奥氏体的稳定性。通常残余奥氏体中碳含量高时，残余奥氏体的稳定性越好，相反，当碳含量低时残余奥氏体的稳定性也低[6]。

从微观组织结构上来讲，热成型高强度乃至超高强度马氏体钢是低合金钢，基本上全部为硬相（马氏体），没有残余奥氏体相。虽然通过高温成型可以解决其成型问题，其强度可以达到超高强度钢的标准（22MnB5热成型马氏体钢的抗拉强度为1500MPa，伸长率为7%），但其强塑积仅在10GPa·%的水平，无法满足未来汽车用材料高安全性、高塑性的要求。第一代高强钢材料包括IF钢、DP钢和TRIP钢等低合金钢的高强高塑性材料，微观组织结构基本上是以铁素体（软相）为主要基体，另外含有少量贝氏体以及5%~15%的残余奥氏体甚至不含。其抗拉强度水平（≤1000MPa）无法达到某些汽车部件对超高强度的要求，而且其较低的强塑积（≤30GPa·%）也无法适应高安全性和汽车用钢成型发展的要求。第二代超级先进高强钢中的TWIP钢和奥氏体不锈钢相比于低合金范畴的第一代高强钢，属于高合金钢的范畴，其微观组织结构主要是软相奥氏体。利用具有面心立方晶体结构奥氏体的TWIP效应将钢的强度提高到800~1000MPa，塑性达到50%~80%，因而其强塑积达到50~70GPa·%的水平[7,8]。

通过以上的分析可以看出，传统汽车用钢基体基本上是以 BCC 为其组织结构，而第二代超级先进高强钢基本上是以 FCC 为组织结构。那么第三代先进高强钢具有怎样的微观组织结构呢？从 IF 钢、双相钢和马氏体钢等钢种没有残余奥氏体或亚稳奥氏体，TRIP 钢具有 5%~15% 的残余奥氏体，纳米贝氏体钢含有约 30% 的亚稳奥氏体，到第二代超级先进高强钢的 TWIP 钢含有 100% 奥氏体，它们的强塑积也从 10 ~ 15GPa · %、20 ~ 25GPa · %、40 ~ 50GPa · % 变化到 50 ~ 70GPa · %。即随着钢中奥氏体含量的增加，钢材的强塑积增加明显，并且几乎是线性增加。所以提高钢中奥氏体组织（即 FCC 相）的含量，是提高汽车用钢的塑性和强塑积的一个有效措施。另外第三代先进高强钢要求具有高的抗拉强度。对于抗拉强度不小于 1500MPa 的高强度钢，意味着钢材基体材料的强度应该很高，只有这样才能保证材料整体的抗拉强度不小于 1500MPa。因此中锰钢的基体组织首先应该是具有高强特点的马氏体、退火马氏体组织或者超细晶、纳米晶组织或者沉淀强化的 BCC 相，另外还要具备较高组分的超细晶残余奥氏体的 FCC 相的复合组织。

由于其特殊的组织结构特点，中锰钢具有较好的力学性能和加工工艺性能。从力学性能上来讲，目前世界各国都在投入大量的人力、物力和财力研发高强高塑第三代汽车钢，但由于第三代先进高强钢的研发还处于开始阶段，对其性能要求尚没有明确的界定和统一，因此需要从传统汽车用钢和第二代超级先进高强钢的对比分析中得到第三代先进高强钢的性能定位。我们知道，在第一代先进高强钢中，TRIP 钢的抗拉强度在 600 ~ 800MPa 之间，塑性在 20%~30% 之间。热成型马氏体汽车用钢的抗拉强度在 1500MPa 级别，塑性在 10% 的级别。IF 钢的强度在 300MPa 左右，塑性在 40%~50% 之间。而在第二代超级先进高强钢中，奥氏体不锈钢和 TWIP 钢的抗拉强度在 800 ~ 1000MPa，塑性在 50%~80% 范围内。所以第三代先进高强钢的抗拉强度应该以超过 TRIP 钢（800MPa），达到超高强的马氏体钢（1500MPa）作为目标，塑性应该以超过 TRIP 钢，达到或接近 IF 钢（40%~50%）和 TWIP 钢（50%~80%）为目标。因此，第三代先进高强钢的力学性能指标可以大致界定在抗拉强度为 800 ~ 1400MPa，塑性达到 25% ~ 40%。因而第三代先进高强钢的强塑积应该在 30 ~ 40GPa · % 的级别。这一性能远远超过第一代先进高强钢强塑积 10 ~ 20GPa · % 的水平。第三代先进高强钢的强塑积指标相当于第一代先进高强钢的两倍，并且接近第二代超级先进高强钢强塑积指标，弥补了两者结合处的空白[9]。

7.1.2 中锰钢的发展

中锰钢的室温组织中残余奥氏体的体积分数需要达到 20%~30%，这要求的合金化元素是具有奥氏体区扩大化和稳定化作用，同时扩散速率慢的元素，来保证残余奥氏体的形成及基体的超细化，同时需抑制退火过程中马氏体板条的过分粗大，因此应该选用置换原子而不是纯粹的间隙原子来进行合金化设计，这就需要提高 Mn 元素的含量。目前对于中锰钢中 Mn 含量的研究集中在 3%~12%（质量分数）之间[10~12]。Grajcar 等人对比 Mn 含量为 3% 和 5% 的两种中锰钢发现，材料的硬度随着 Mn 含量的增加而上升，但较多的 Mn 含量会使残余奥氏体的 C 含量和晶格常数降低，同时不利于得到较多的残余奥氏体[13]。而 Aydin 等人对 5%、7%、10% 三种 Mn 含量的中锰钢研究认为，提高 Mn 元素含量能使奥氏体内的堆垛层错能降低，并有利于力学性能的提升，同时 Mn 元素含量的增加能够得到更多的残余奥氏体[14]。另外，微合金元素也是中锰钢化学成分研究的重点。Han 等人发现在低碳中锰马氏体钢中加入 0.15% 的 Ti 能够使晶粒尺寸显著减小，TiC 颗粒越细小弥散越能够使块状组织得到细化并使材料的弹性模量增大[15,16]。Suh 等人认为 Al 元素的加入能够抑制高温下奥氏体的形成，高铝成分的冷轧组织几乎能够实现完全再结晶，从而抑制了奥氏体逆转变的进行，并得到强度为 1GPa 和伸长率超过 25% 的优良力学性能[17]。徐海峰研究了 0.2C-5Mn 和 0.2C-5Mn-1.5Al 的中锰钢，认为添加 Al 元素能够提高钢的屈服强度、断后伸长率和冲击韧性，但 Al 元素使抗拉强度与强塑积大幅下降[18]。

轧制过程是制备中锰钢的一个重要环节，也引起了广大学者的关注。Cai 等人分别做了成分为 0.2C-11Mn-4Al 的热轧和冷轧中锰钢，对比发现热轧中锰钢具有较高的抗拉强度，但伸长率低于冷轧中锰钢[19]。李振等人对成分为 0.1C-5Mn 的中锰钢做了热轧和冷轧对比，发现热轧后最终组织中的残余奥氏体的形貌多为长条状而冷轧后的形貌为块状，并且热轧中锰钢的力学性能优于冷轧中锰钢[20]。Zhang 等人发展了对中锰钢进行两相区轧制的工艺，该工艺能够抑制铁素体和奥氏体的再结晶，从而细化铁素体和奥氏体的晶粒，在伸长率基本不变的情况下使屈服强度和抗拉强度大幅度升高[21]。Zhan 等人研究了轧制压下率对组织和性能的影响，发现随着压下率的增大，铁素体和奥氏体的晶粒会明显细化，并且板条结构由无取向逐渐变为平行于轧向的薄膜状结构。在 80% 压下率时，能够得到最优的力学性能[22]。

中锰钢中 20%~30% 的残余奥氏体是在热处理过程中形成的，热处理过程中奥氏体的逆转变是最终马奥复合组织形成的关键，因此热处理过程是中外学者研究中锰钢的热点。李楠等人对 Mn 含量为 5% 的中锰钢研究发现，在 550 ~ 650℃ 退火时，随着退火温度的升高，残余奥氏体的含量不断增加，但在 700℃ 退火时，残余奥氏体的稳定性较低[23]。Shi 等人研究了 0.1C-5Mn 成分的中锰钢在两相区退火时的组织演变规律，发现冷轧后进行两相区退火可以得到由铁素体和奥氏体组成的双相结构组织，并且奥氏体容易在大角度晶界处形核并迅速长大，如图 7-1 所示[24]。Wang 等人对退火时间进行了研究，发现在退火初期，有 M_3C 型碳化物出现在马氏体基体上，随着退火时间的延长碳化物逐渐溶解，较长的保温时间有利于残余奥氏体体积分数的增加，并提高中锰钢的力学性能[25]。Gibbs 将 0.1C-7Mn 成分的中锰钢分别在 600℃ 和 650℃ 退火 168h，发现在 600℃ 退火后，残余奥氏体的稳定性较高，拉伸时屈服是由铁素体的局部塑性变形控制的；650℃ 退火后，残余奥氏体的稳定性不足，在相变后才开始塑性变形[26]。Nakada 等人对 0.1C-5Mn 钢中 $\gamma \rightarrow \alpha$ 和 $\alpha' \rightarrow \gamma$ 转变进行研究，发现在转变温度 T_0 处，$\gamma \rightarrow \alpha$ 的转变速度较慢，而 $\alpha' \rightarrow \gamma$ 的转变速度快，因此有较多的奥氏体形成。采用 DICTRA 软件计算出，中锰钢中奥氏体能够快速形成可归因于初始组织为板条马氏体结构，该结构一方面能够使奥氏体的形核率增加，另一方面能够使 C、Mn 元素的扩散较快[27]。

图 7-1　0.1C-5Mn 钢中的铁素体和残余奥氏体

中锰钢中 C、Mn 元素是扩大奥氏体区和稳定奥氏体的合金元素，特别是 Mn 元素对奥氏体的稳定性具有相当强的作用，在热处理过程中，Mn 元素的再次配分将对奥氏体的稳定性起到重要的作用，因此对临界区退火过程中 C、Mn 元素的扩散规律进行研究是十分必要的。罗海文[28,29]对 5Mn 钢退火过程中奥氏体的形成过程做了大量的实验和数值模拟，如图 7-2 所示，图 7-2a 和图 7-2b 分别对应不同退火时间下 C 和 Mn 元素在相界面的浓度梯度。奥氏体转变过程由两个阶段组成。第一阶段是 C 元素扩散控制的初始转变阶段，奥氏体形成于马氏体板条边界处，生长非常迅速，如图 7-2a 所示。而此时图 7-2b 中 Mn 元素几乎没有浓度梯度，这说明此阶段相界面的移动只由 C 元素扩散决定。第二阶段是 Mn 元素控制的转变阶段，这时 C 元素在相界面处几乎没有浓度梯度，而 Mn 元素的浓度梯度越来越大，此阶段奥氏体的长大过程主要由 Mn 元素扩散决定。

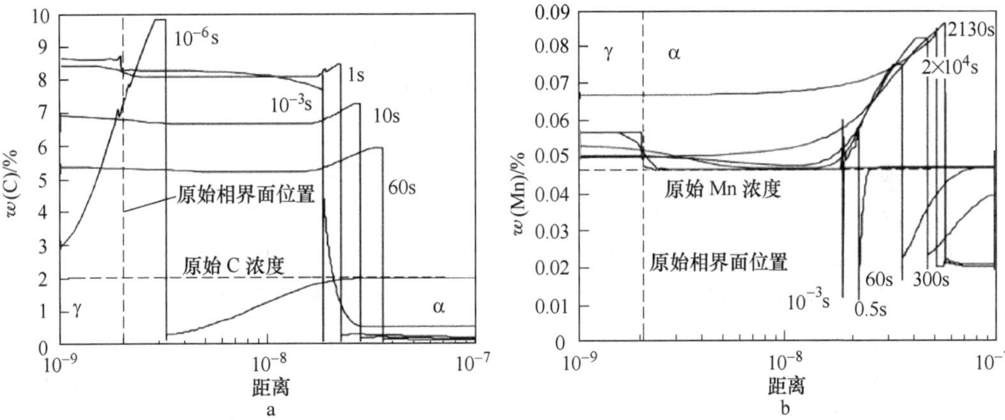

图 7-2 0.22C-5Mn 钢中奥氏体的形核长大过程

a—碳浓度梯度；b—锰浓度梯度

Moor 等人对临界区 Mn 元素在奥氏体中的富集做了相关研究，建立了一个在平衡状态预测奥氏体的稳定性的模型[30]。Lee 等人采用 TEM、EDS 和热膨胀仪研究了 0.05C-6Mn 钢在退火过程中 Mn 元素在超细奥氏体中的配分规律，结果表明 Mn 可以较快地完成配分[31,32]。

7.2 中锰钢的制备

7.2.1 中锰钢的化学成分体系和连续冷却相变规律

中锰钢作为一种基于 TRIP 效应而研发的第三代先进高强钢，要求在最终组织中得到大量的残余奥氏体，而 C、Mn 元素的选择是获得大量残余奥氏体的关键。

在低碳 Si-Mn 系 TRIP 钢中，能最有效地稳定奥氏体的元素是 C 元素。C 元素作为主要的间隙固溶强化元素，对淬火马氏体的强度起决定性作用，奥氏体中 C 含量是影响其 M_s 点的主要因素。在 Fe-C 合金中，每增加 1% 的 C 可降低 M_s 点 320℃。同时，由相图可推知，随着低碳 Si-Mn 系 TRIP 钢中 C 含量的提高，其在临界温度范围内退火时所形成的奥氏体体积分数也提高，由此可见增加钢中 C 元素的含量，可显著提高显微组织中残余奥氏体含量。通过 C 元素的配分可以调控残余奥氏体的稳定性、数量、尺寸和分布。但 C

元素质量分数过高将恶化钢的性能，应控制在 0.01%~0.50% 范围内。

Mn 元素具有提高钢的淬透性的作用。Mn 为扩大奥氏体区元素，并降低 A_{c3} 与 A_{c1} 温度，同时使 B_s、M_s 点降低，1% 的 Mn 元素可降低 M_s 点约 30℃。Mn 元素可明显地影响低碳 Si-Mn 钢临界区退火时奥氏体形成动力学，它主要影响奥氏体生成后向铁素体长大的过程以及奥氏体与铁素体的最终平衡。提高 Mn 元素的含量，有利于在最终显微组织中保留较多的残余奥氏体。为保证钢的高强度和高塑性，钢中 Mn 元素质量分数应控制在 3.5% ~9.0%。

在此基础上，还可根据不同的性能要求添加部分微合金化元素。例如，可以添加 Ni、Mo、Cr、B 等进一步提高钢的淬透性或低温冲击韧性；添加 Nb、V、Ti 等细化原奥氏体晶粒；添加 Cu、V 等通过析出强化提高钢的强度；添加 Si 等提高强度和抑制碳化物析出等；添加 N 调节奥氏体稳定性等。

由于 Mn 元素含量的提高，中锰钢的 A_{c1} 和 A_{c3} 温度降低，并且淬透性增强，可以进行 CCT 曲线的测定得到中锰钢连续冷却过程中的相变规律。

图 7-3a 和 b 分别为 w(C) = 0.1%、w(Mn) = 5% 和 w(C) = 0.1%、w(Mn) = 7% 的两种成分中锰钢的连续冷却 CCT 曲线。Mn 元素的添加使 A_{c1} 和 A_{c3} 温度降低：当 w(Mn) = 5% 时，A_{c1} 温度为 603℃，A_{c3} 温度为 780℃；当 w(Mn) = 7% 时，A_{c1} 温度为 540℃，A_{c3} 温度为 736℃。A_{c1} 温度降低使低温临界退火成为可能，在低温临界退火过程中，可以通过合理地控制回复和再结晶过程得到超细晶组织。另外，Mn 元素的添加使钢的淬透性增强，使 C 曲线明显右移，马氏体转变温度降低。当 w(Mn) = 5% 时，仅在慢冷速时出现贝氏体，而当 w(Mn) 增至 7% 时，即便是在慢冷速下也只出现马氏体转变，各冷却速度下均无铁素体和珠光体出现。这有利于在后续的热处理过程中通过合理的工艺控制得到较多的残余奥氏体，以提高材料的力学性能。

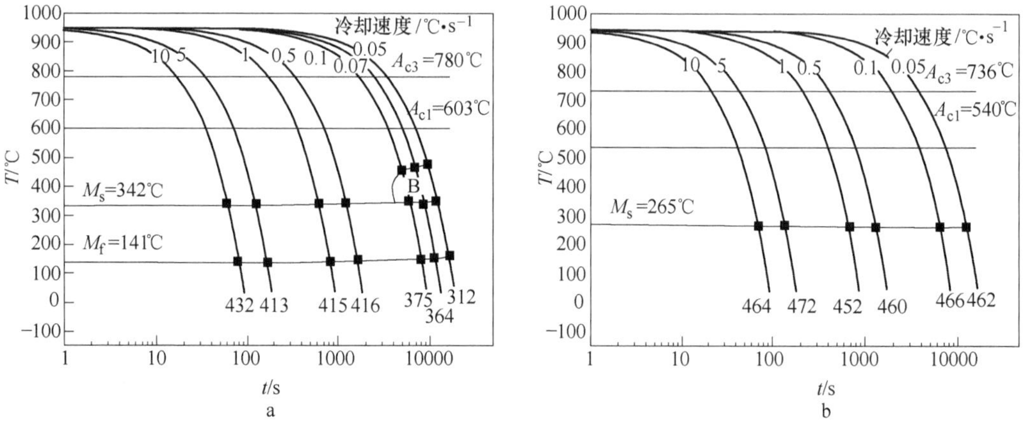

图 7-3　中锰钢的连续冷却 CCT 曲线

a—w(Mn) = 5%；b—w(Mn) = 7%

7.2.2　中锰钢的制备工艺

中锰钢的制备过程一般包括炼钢、轧制和热处理三部分。中锰钢的最终组织由铁素体相和残余奥氏体相组成。通过合理的控轧控冷技术及低温临界退火工艺，提高奥氏体的

C、Mn 含量，并在室温下获得足够体积分数和稳定性的残余奥氏体是制备中锰钢的关键，也是中锰钢进行轧制和热处理控制的最终目的。中锰钢的制备流程如图 7-4 所示。

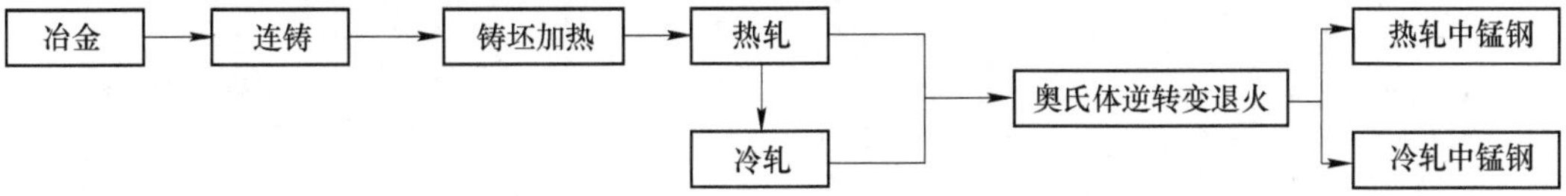

图 7-4 中锰钢的制备流程

中锰钢的冶炼与凝固适用于转炉、电炉和感应炉冶炼，采用连铸生成铸坯或模铸生成铸锭。在实验室研发中锰钢时受连铸条件的限制，将铸锭锻造后进行轧制，其锻造工艺为：加热到 1150℃，保温 2h 后开锻，开锻温度为 1100℃，锻造温度为 1050～1100℃，终锻温度不低于 1000℃。将铸坯经 1100～1250℃加热，由粗轧机进行 5～20 道次轧制，热轧到 30～50mm 厚度规格，由热连轧机组进行 5～7 道次精轧，轧制后在 500～700℃进行卷取成钢卷。若采用锻坯，则将锻坯经 1200℃保温 1h 后开轧，开轧温度为 1150℃，经若干道次粗轧精轧后轧制成 3.0mm ±0.2mm 的薄板，终轧温度为 900℃，轧制后在 500～700℃进行卷取成钢卷，钢卷冷却后可以得到 70% 以上的马氏体。

将钢卷或钢板装入退火炉中，加热到临界区退火保温，实现奥氏体的逆转变和控制奥氏体的稳定性，完成热轧中锰钢的制备。

还可以将热轧钢卷或钢板进行酸洗、冷轧，得到冷轧钢板。为实现冷轧钢板的高强度和高韧性，利用钢厂现有的连续退火生产线，进行连续退火，或将冷轧后的钢板装入退火炉进行不同温度和时间的罩式退火，最终完成冷轧中锰钢的制备。退火制度也可分为一段式退火和二段式退火。

7.3 热轧中锰钢

7.3.1 热轧中锰钢的关键制备技术

热轧低碳中锰钢的主要生产工艺过程包括炼钢、热轧和热处理工艺。获得足够体积含量和稳定性的残余奥氏体是生产中锰钢的关键，也是对中锰钢进行热处理的最终目的。对于热轧中锰钢，通过合理的临界区退火温度与等温时间控制热处理方法，可以向奥氏体中增碳、增锰，从而提高奥氏体的碳、锰含量，使其能稳定地存在于室温下形成残余奥氏体，保证 TRIP 钢组织中含有所需的残余奥氏体含量。当变形发生时，组织中的部分残余奥氏体在应力作用下发生相变转变为马氏体，获得 TRIP 效应，得到高强度、高塑性的性能特点。当材料的合金元素成分确定后，紧接着是与材料化学成分相匹配的热处理参数的选取。对热轧中锰钢而言，临界区退火温度和等温时间是很重要的工艺参数，在实际生产中影响其他热处理参数的选择。

$w(C)=0.1\%$、$w(Mn)=5\%$ 和 $w(C)=0.1\%$、$w(Mn)=7\%$ 两种成分的中锰钢热轧后的显微组织如图 7-5 所示。当 $w(Mn)=5\%$ 时，热轧后原始奥氏体晶界清晰可见，沿轧向呈拉长状分布，显微组织为大量的贝氏体和部分马氏体呈带状间隔分布，另外在贝氏体上弥散分布着大量的细小碳化物。当 $w(Mn)=7\%$ 时，显微组织中贝氏体组织几乎不可见，表现为完全马氏体组织，并且碳化物的析出也减少，在马氏体板条间观察不到碳化物。

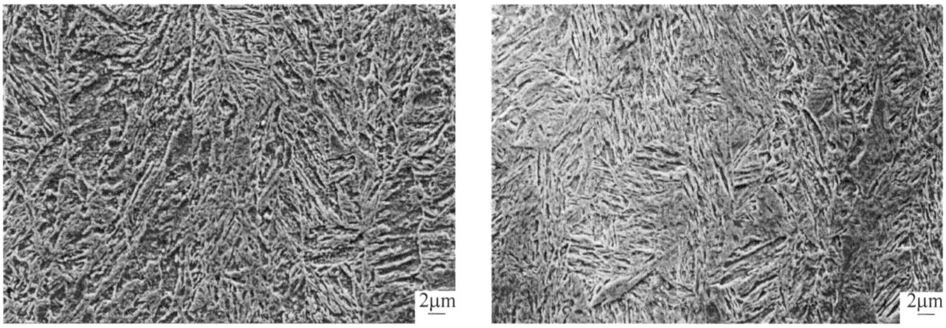

a　　b

图 7-5　热轧钢板的微观组织
a—w(Mn) =5%；b—w(Mn) =7%

在 w(C) =0.1%、w(Mn) =7% 的中锰钢热轧后透射照片中（见图 7-6）还可以看到马氏体板条的宽度在 100 ~ 200nm，此细小的马氏体板条宽度为热处理后能够形成细小的长条状奥氏体提供了良好的条件。此外，从照片中还可以发现板条之间存在大量的位错。当热轧钢板经临界区退火后，C、Mn 元素向奥氏体中配分，奥氏体具有足够高的碳、锰含量能够抵御随后的冷却，保留到室温形成残余奥氏体而不是发生马氏体相变。试样组织最终为退火后的马氏体和残余奥氏体的两相组织。在不同的热处理阶段，钢板内各相的组成和分布显著变化。

图 7-6　w(C) =0.1%、w(Mn) =7% 的中锰钢热轧钢板的透射照片

7.3.2　升温阶段的微观组织演变

将 w(C) =0.1%、w(Mn) =5% 和 w(C) =0.1%、w(Mn) =7% 两种成分的中锰钢分别在 590℃、630℃、650℃、680℃保温 18h，观察升温阶段的微观组织变化。图 7-7 所示为热处理后的微观组织。图中，凹下去的部分为残余奥氏体，其具有明显的层错特征；凸起的部分是经过配分之后的板条马氏体。在退火温度较低（590℃）时，凹下去的部分也就是残余奥氏体已经形成，并且随着锰含量的增加，残余奥氏体的含量不断增加。随着退火温度的升高（630 ~ 650℃），残余奥氏体的含量还在增加，并且残余奥氏体的晶粒尺寸不断长大，薄膜状残余奥氏体变宽。当退火温度达到 680℃时，随着退火温度升高，残余奥氏体的量增加，奥氏体中的平均碳、锰含量减少，残余奥氏体不够稳定，在随后的冷却过程中再次转变为高碳马氏体（针状马氏体），其中针状马氏体周围凹进去的组织还是残余奥氏体，如图 7-8 所示。

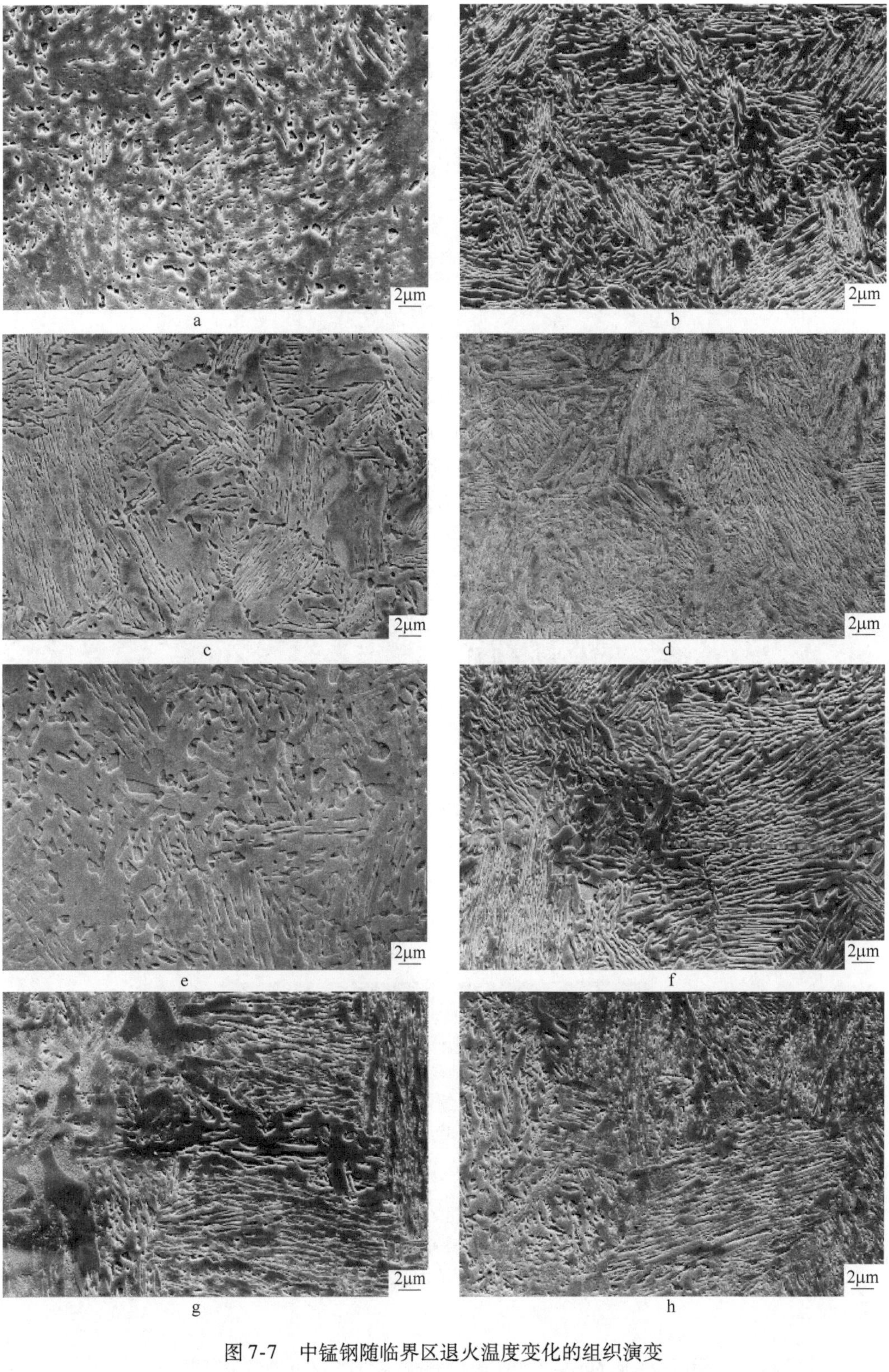

图 7-7 中锰钢随临界区退火温度变化的组织演变

a—590℃，$w(\mathrm{Mn})=5\%$；b—590℃，$w(\mathrm{Mn})=7\%$；c—630℃，$w(\mathrm{Mn})=5\%$；d—630℃，$w(\mathrm{Mn})=7\%$；e—650℃，$w(\mathrm{Mn})=5\%$；f—650℃，$w(\mathrm{Mn})=7\%$；g—680℃，$w(\mathrm{Mn})=5\%$；h—680℃，$w(\mathrm{Mn})=7\%$

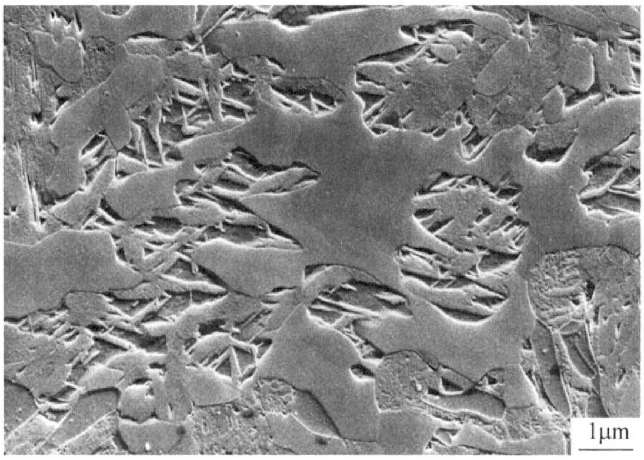

图 7-8　$w(\mathrm{Mn})=5\%$ 的中锰钢 680℃时的退火组织

从以上分析的微观组织演变发现，$w(\mathrm{Mn})=5\%$ 的中锰钢在 590℃退火时，奥氏体的尺寸较小，处于形核阶段。而 $w(\mathrm{Mn})=7\%$ 的中锰钢在 590℃退火时，奥氏体已经形成，并开始长大。为更好地了解 $w(\mathrm{Mn})=7\%$ 的中锰钢中残余奥氏体临界区退火开始形成时的形貌组织，根据其临界区相变温度，也就是临界区开始转变温度 A_{c1}，进行 530℃、550℃、570℃等温 1.5h 的热处理，观察其微观组织形貌，如图 7-9 所示。

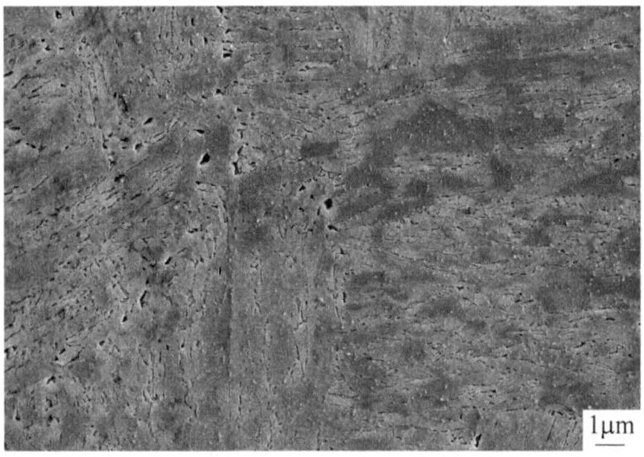

a

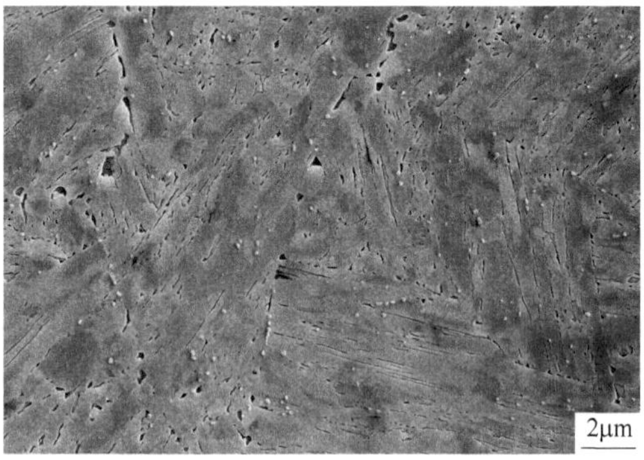

b

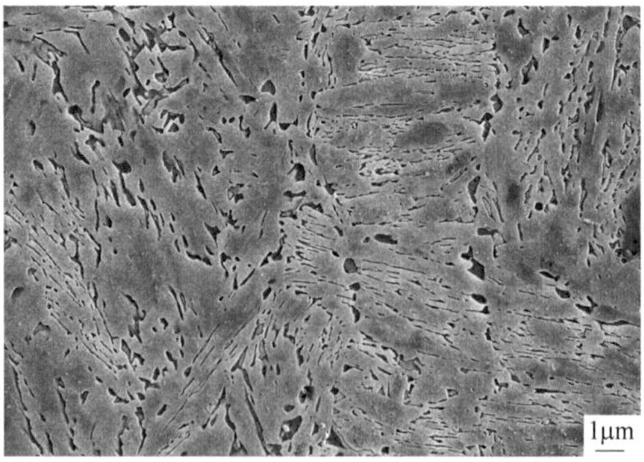

c

图 7-9　$w(\mathrm{Mn})=7\%$ 的中锰钢各温度保温 1.5h 的微观组织

a—530℃；b—550℃；c—570℃

可以看出在略高于A_{c1}温度区间内，随着临界区退火温度的升高，中锰钢微观组织具有相同的变化趋势，即随着退火温度的升高，逐渐有颗粒状碳化物从马氏体板条间析出，如图7-10所示，具有明显的沿马氏体板条晶界析出的特征，同时也有大量的奥氏体核心形成。

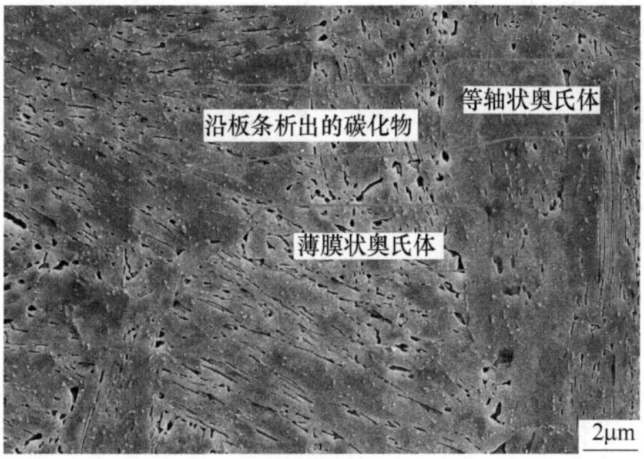

图7-10 $w(\mathrm{Mn})=7\%$ 的中锰钢升温时碳化物的析出特征

分析中锰钢的组织演变过程为：在略高于临界区的长时间保温过程中，马氏体中的碳充分析出，但是马氏体并没有发生再结晶，板条马氏体的特征依然存在。随着保温时间的进一步延长，将首先在板条的条界上有碳化物的地方形成残余奥氏体的核心。核心形成后，沿马氏体板条界长成长条状残余奥氏体（也有的称为针状奥氏体），与尚未转变的马氏体组成层片状的类似珠光体组织。长条状残余奥氏体的大小最终与马氏体板条宽度相当，且在同一板条束内所形成的残余奥氏体具有相同的空间取向。这个阶段对应图7-9所示的组织演变阶段。随着退火温度的升高，时间进一步延长，碳化物不断溶解、消失，逐渐配分到残余奥氏体中，使残余奥氏体不断长大。当同一板条束内的长条状奥氏体彼此相遇时，由于空间取向相同，将合并成一个粗大的、与板条束尺寸相同的等轴的奥氏体。由于淬火时一个奥氏体往往只转变成一束马氏体或几束马氏体，故板条束的尺寸与原奥氏体的尺寸属同一数量级。因此，由长条状奥氏体合并而形成的等轴状奥氏体的尺寸，将与原奥氏体晶粒的尺寸大致相当。

为了更好地分析其微观组织的精细结构，采用透射电镜对 $w(\mathrm{Mn})=7\%$ 的中锰钢退火组织结构进行了表征，如图7-11所示。可以看出，其基体组织为大量退火后的板条马氏体和具有明显层错结构特征的残余奥氏体组织。还可看出，其组织非常细小，其奥氏体晶粒尺寸基本在50～200nm范围内，马氏体板条宽度基本在100～200nm范围内。残余奥氏体晶粒越细小，它的稳定性就越好。分析原因可能有以下两方面：

（1）细小的奥氏体周围便于马氏体的形核；

（2）奥氏体晶粒越细小，其总的界面面积越大，它向马氏体转变时使界面活性与应变能增加更多，这样就降低了奥氏体向马氏体转变所需要的驱动力（自由能的变化），更便于形变诱导相变过程的发生，钢材的塑性就越好。

TRIP效应的产生主要取决于残余奥氏体向马氏体的转变，而影响残余奥氏体稳定性的因素有很多，主要包括残余奥氏体的化学成分、晶粒尺寸、分布情况以及残余奥氏体的

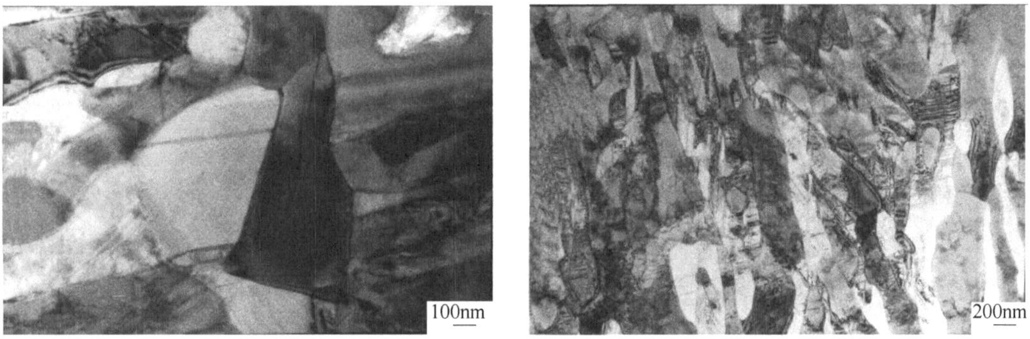

a　　　　b

图 7-11　$w(\mathrm{Mn})=7\%$ 的中锰钢在 630℃等温 18h 后的透射组织

机械稳定性。残余奥氏体的机械稳定性是指如果残余奥氏体中包含有相当数量的位错，那么它就可以有效抑制马氏体的转变动力[32]。因此有必要对残余奥氏体的晶粒尺寸以及分布情况进行表征。采用电子背散射衍射（EBSD）技术对 590℃、630℃、650℃退火后的微观组织进行分析，如图 7-12 所示。在各温度退火后，$w(\mathrm{Mn})=7\%$ 的中锰钢残余奥氏体的体积分数明显高于 $w(\mathrm{Mn})=5\%$ 的中锰钢，并且随着退火温度的升高，两种中锰钢中残余奥氏体的体积分数都在增加。

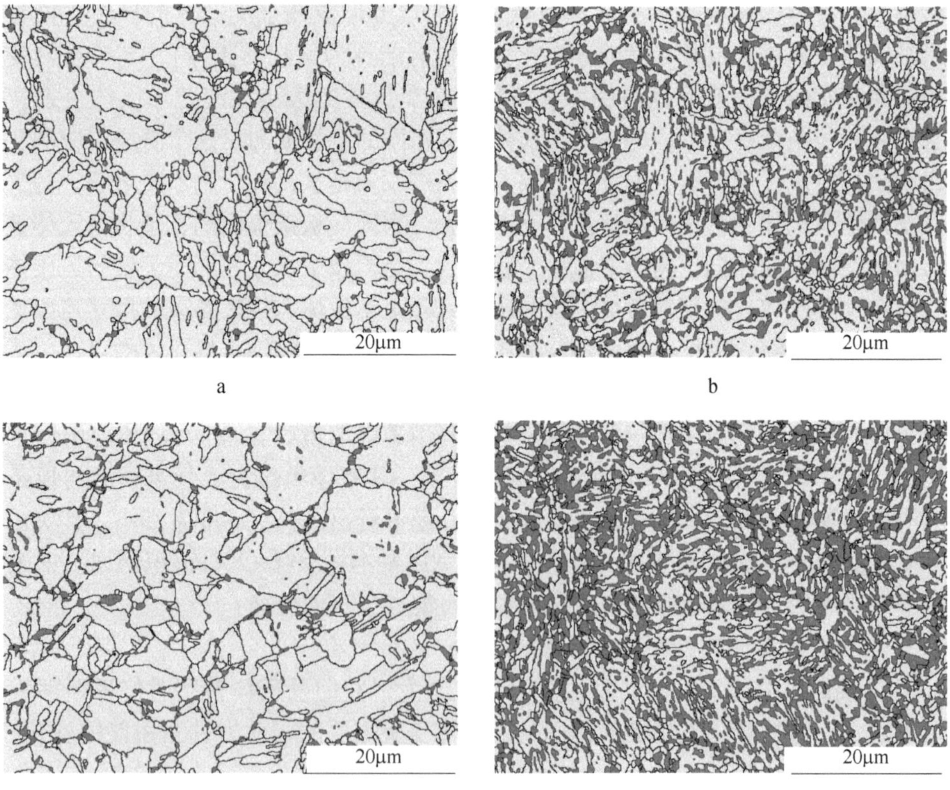

a　　　　b

c　　　　d

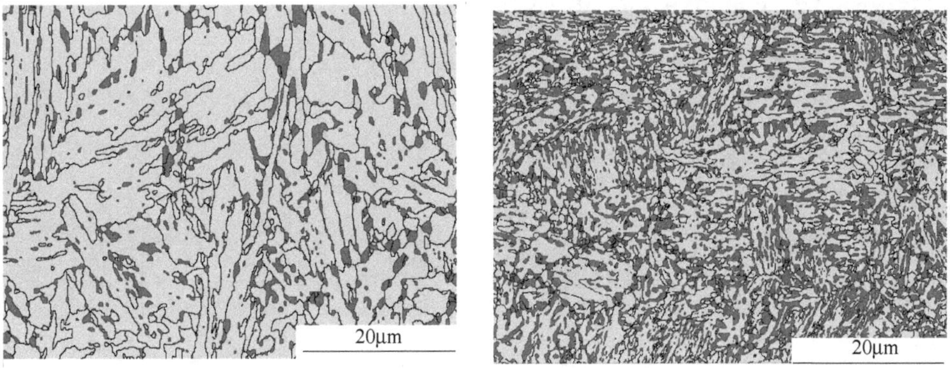

e　　f

图 7-12　中锰钢不同退火温度下 EBSD 两相分布图

a—590℃，$w(Mn)=5\%$；b—590℃，$w(Mn)=7\%$；c—630℃，$w(Mn)=5\%$；
d—630℃，$w(Mn)=7\%$；e—650℃，$w(Mn)=5\%$；f—650℃，$w(Mn)=7\%$

7.3.3 临界区保温阶段的微观组织演变

对 $w(Mn)=5\%$ 和 $w(Mn)=7\%$ 的中锰钢热轧板试样在 630℃分别保温 0.5h、1h、3h、6h、12h、18h 和 24h，观察在临界区保温阶段的微观组织演变。保温不同时间后的微观组织如图 7-13 所示。可以看出，在退火时间较短时(0.5h)，奥氏体开始形核，但 $w(Mn)=5\%$ 的中锰钢中奥氏体初始形核点相对较少，并且多为等轴状残余奥氏体。而 $w(Mn)=7\%$ 的中锰钢主要形成的是长条状的残余奥氏体，肉眼观察初始形成的残余奥氏体分布更加弥散、均匀，晶粒尺寸更加细小。该阶段并没有观察到大量的碳化物析出，分析原因为，即使退火时间只有 0.5h，碳化物也已经消失、溶解到残余奥氏体中了。当退火时间延长至 1h 时，$w(Mn)=5\%$ 的中锰钢残余奥氏体无论是在形貌上还是在尺寸上都变化不大。对 $w(Mn)=7\%$ 的中锰钢而言，可以看出退火时间延长到 1h 后，原来的奥氏体已经开始长大，因此这个阶段残余奥氏体的增加相当迅速，说明这时候残余奥氏体含量的增加主要还是因为形成了大量的残余奥氏体核心。

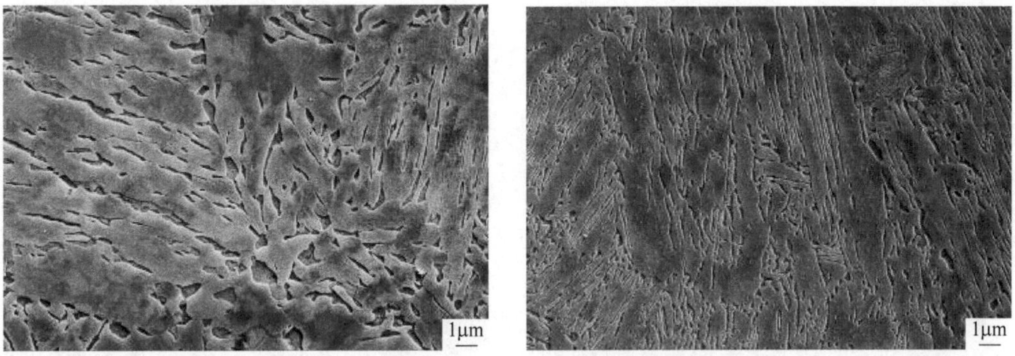

a　　b

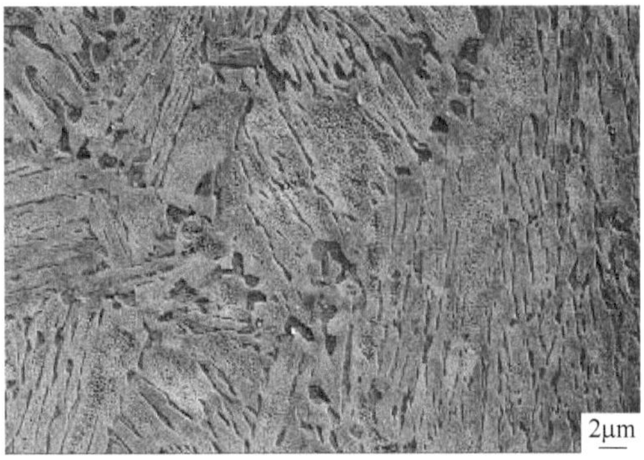

c

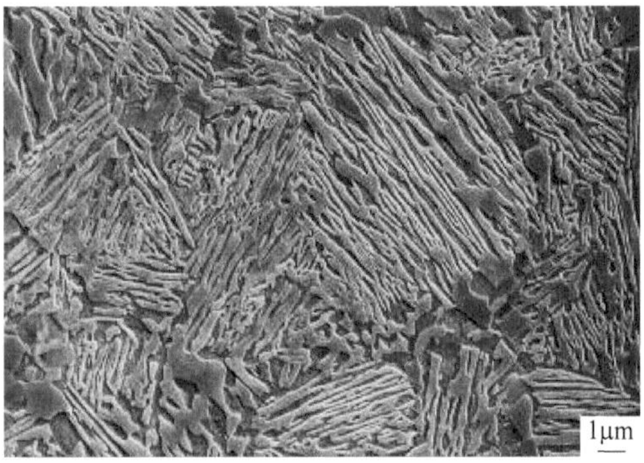

d

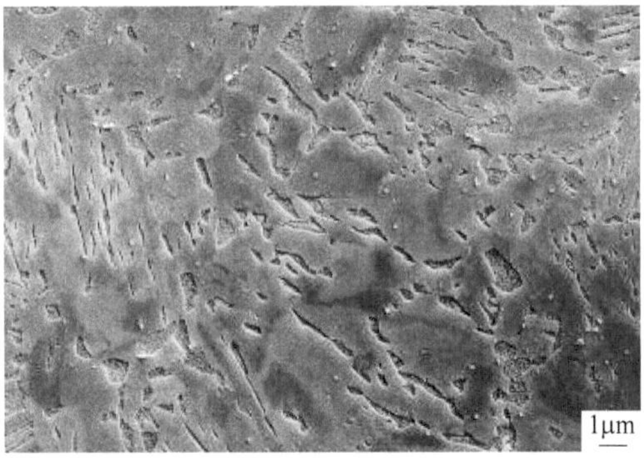

e

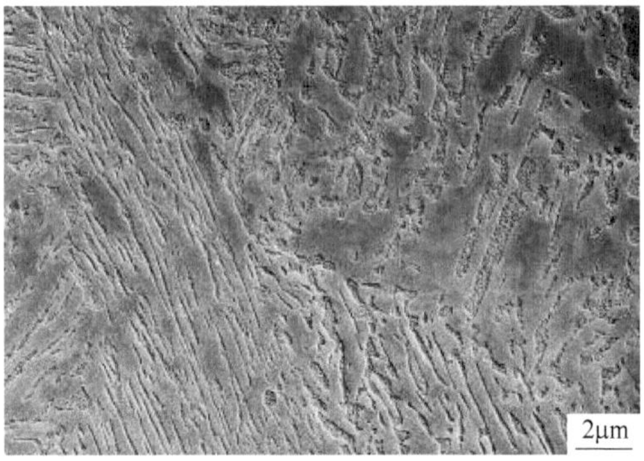

f

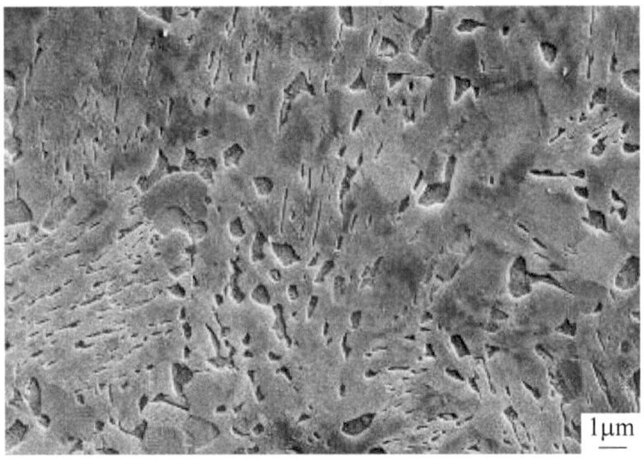

g

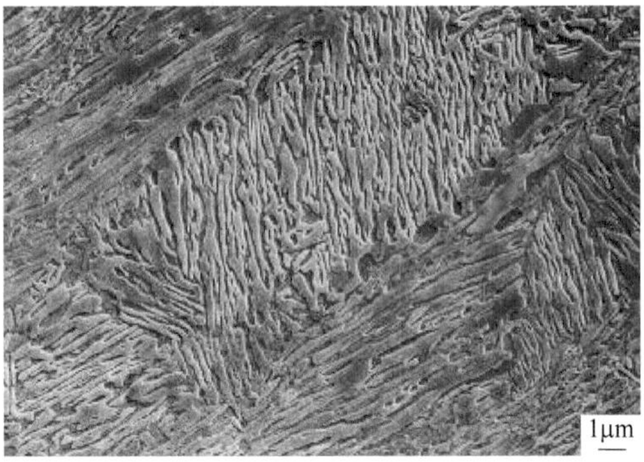

h

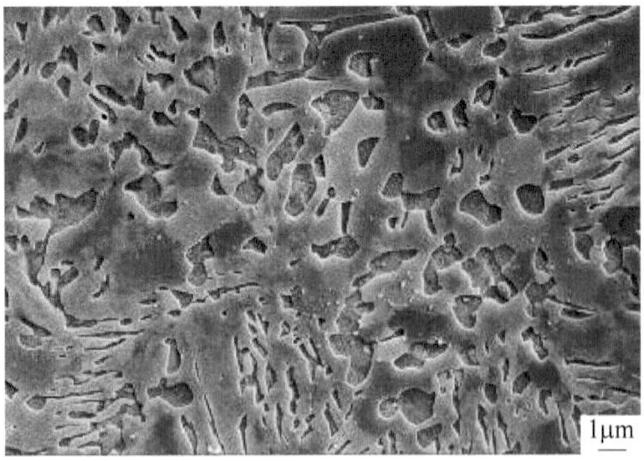

i

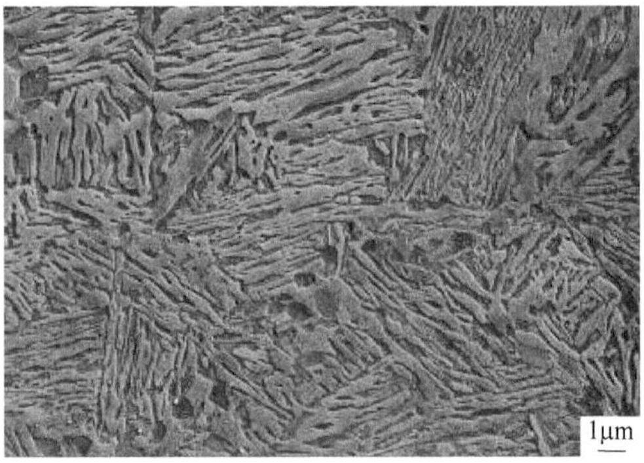

j

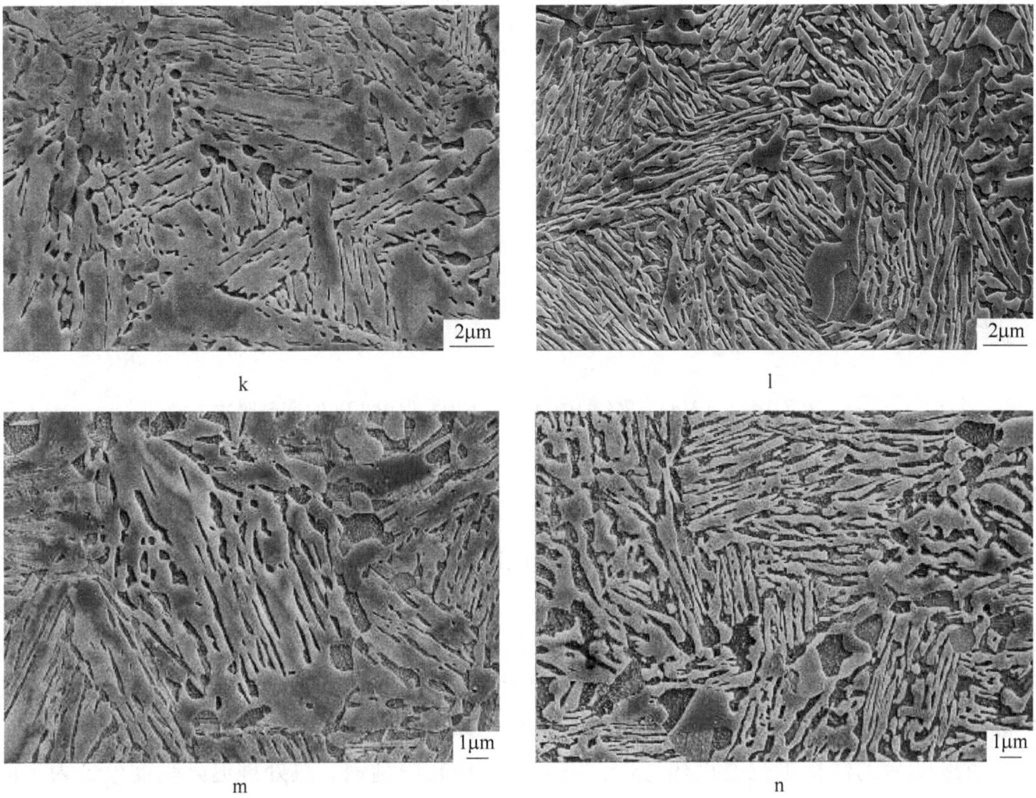

图 7-13 中锰钢在临界区保温阶段的微观组织演变

a—0.5h，w(Mn)=5%；b—0.5h，w(Mn)=7%；c—1h，w(Mn)=5%；d—1h，w(Mn)=7%；
e—3h，w(Mn)=5%；f—3h，w(Mn)=7%；g—6h，w(Mn)=5%；h—6h，w(Mn)=7%；
i—12h，w(Mn)=5%；j—12h，w(Mn)=7%；k—18h，w(Mn)=5%；l—18h，w(Mn)=7%；
m—24h，w(Mn)=5%；n—24h，w(Mn)=7%

随着退火时间的进一步延长（6h），无论是残余奥氏体还是退火后马氏体组织都逐渐粗化。w(Mn)=5%的中锰钢中块状残余奥氏体明显增加，分析原因应该是同一马氏体板条束中的长条状残余奥氏体不断长大，当它们彼此相遇时，由于空间取向相同，将合并成一个粗大的与板条束尺寸相同的等轴的奥氏体。因此w(Mn)=5%的中锰钢残余奥氏体的形貌既有等轴状的，也有长条状的。对于w(Mn)=7%的中锰钢，将保温时间延长至6h后，组织变化不明显，残余奥氏体增加也不明显，基本还是长条状的残余奥氏体和退火后的板条马氏体。因此可以考虑再延长w(Mn)=7%的中锰钢的保温时间，以观察其与w(Mn)=5%的中锰钢微观组织演变是否具有同样的变化趋势。

为了更好地分析其微观组织的精细结构，采用透射电镜对Mn7钢退火组织结构进行表征，如图7-14所示。从图7-14a可以看出，其退火后马氏体板条宽度非常细小，马氏体板条之间存在具有明显层错特征的长条状残余奥氏体；从图7-14b可以看到，还有部分相对纯净的等轴状铁素体组织。

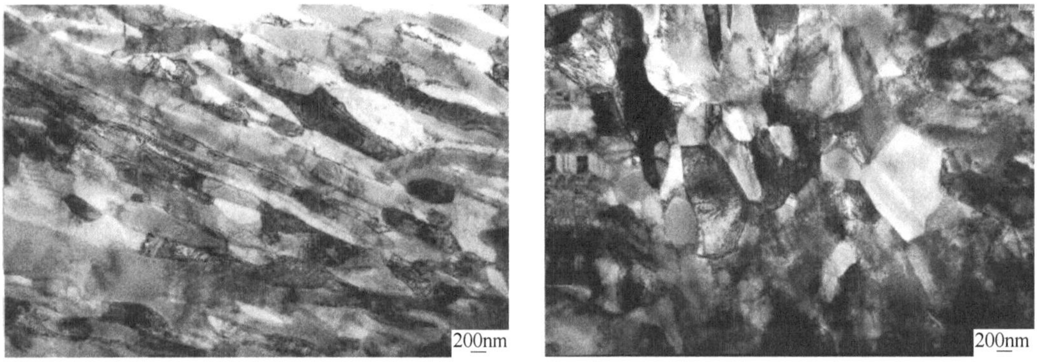

a　　　b

图 7-14　$w(Mn) = 7\%$ 的中锰钢在 630℃ 保温 12h 的透射照片

7.4　冷轧中锰钢

汽车用钢大多是以高精度和高表面质量的冷轧钢板为主，因此有必要开发高强度、高塑性冷轧低碳中锰钢。冷轧中锰钢的主要生产工艺过程包括炼钢、热轧、酸洗、冷轧和热处理工艺。中锰钢冷轧后、热处理之前的微观组织如图 7-15 所示，基本为变形后纤维状的板条马氏体组织，进行 XRD 测量发现组织中基本没有残余奥氏体存在，热轧后含有的少部分残余奥氏体在冷轧过程中均转变为了马氏体组织。

对冷轧后的薄板进行退火热处理，可以得到冷轧中锰钢。热处理退火制度可分为一段式退火和二段式退火，退火方式分为罩式退火和连续退火。

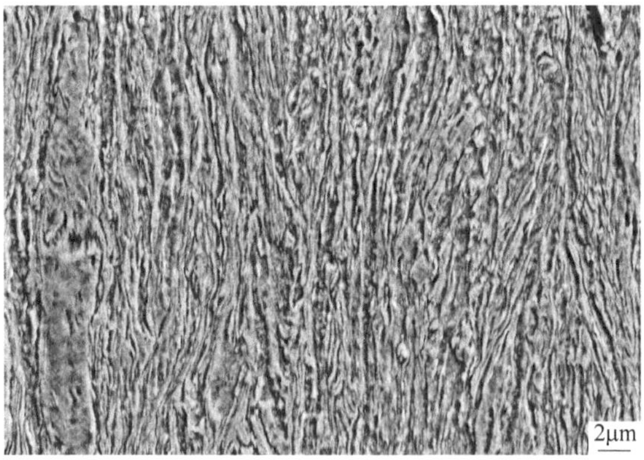

图 7-15　冷轧后热处理之前的微观组织

7.4.1　一段式罩式退火冷轧中锰钢

以马氏体为基体的冷轧钢板经临界区退火后，碳、锰元素通过热处理向奥氏体中配分。奥氏体具有足够高的碳、锰含量能够抵御随后的冷却，保留到室温形成残余奥氏体而不是发生马氏体相变。

7.4.1.1 升温阶段的微观组织演变

将冷轧后 $w(C)=0.1\%$、$w(Mn)=5\%$ 和 $w(C)=0.1\%$、$w(Mn)=7\%$ 两种成分的中锰钢分别在590℃、630℃、650℃、680℃、710℃和730℃保温18h，观察升温阶段的微观组织变化，如图7-16所示。当退火温度较低为590℃时，凹下去的部分也就是残余奥氏体

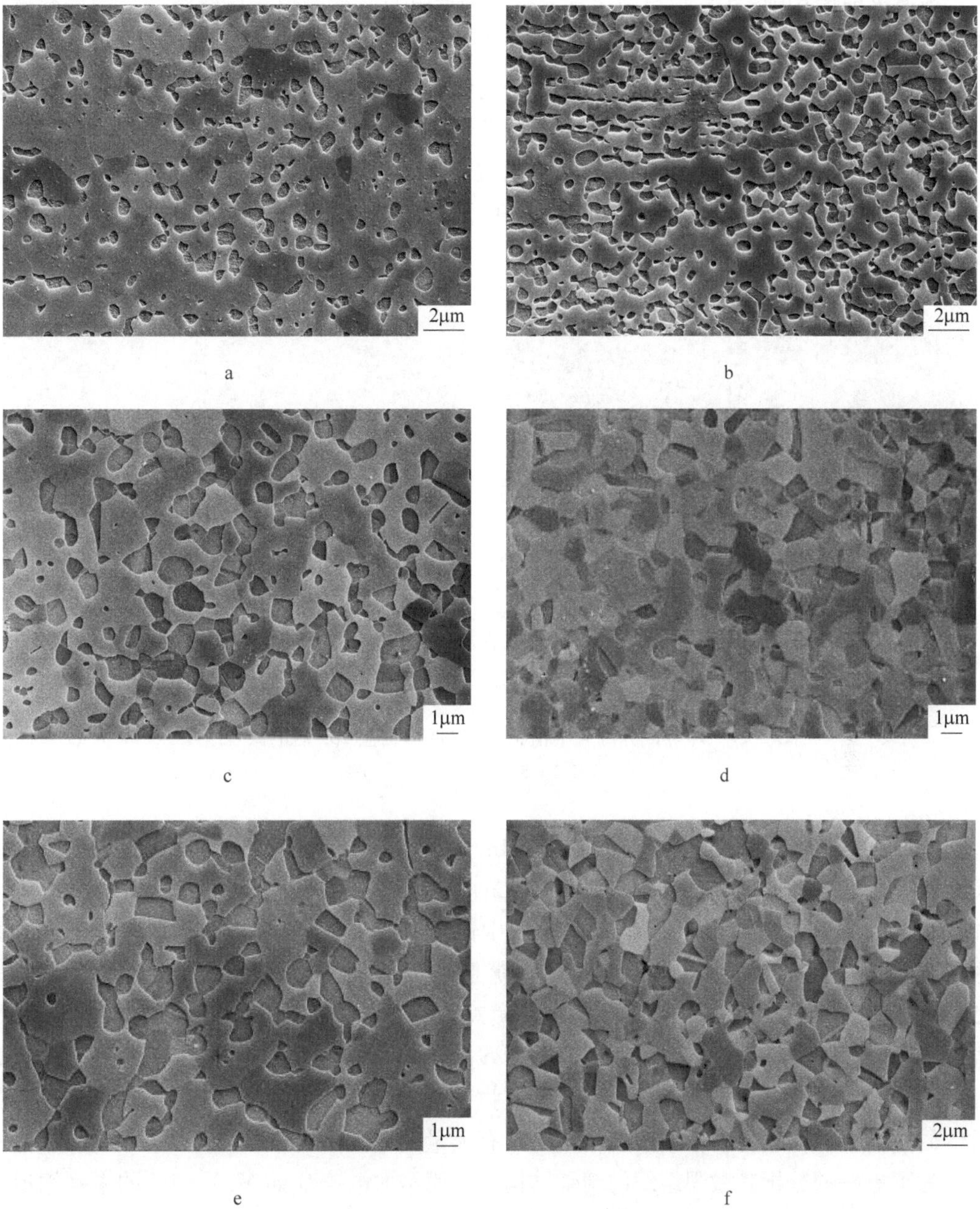

图7-16 两种成分冷轧中锰钢升温阶段的微观组织

a—590℃，$w(Mn)=5\%$；b—590℃，$w(Mn)=7\%$；c—630℃，$w(Mn)=5\%$；d—630℃，$w(Mn)=7\%$；e—650℃，$w(Mn)=5\%$；f—650℃，$w(Mn)=7\%$

已经形成，并且随着锰含量的增加，残余奥氏体的含量也在不断增加。与热轧中锰 TRIP 钢所不同的是，临界退火形成的残余奥氏体主要是等轴状晶粒，只有 $w(Mn)=7\%$ 的中锰钢的个别位置才会出现长条状残余奥氏体。随着退火温度的升高（630～650℃），残余奥氏体的含量还在增加，并且残余奥氏体的晶粒尺寸明显长大，薄膜状残余奥氏体逐渐消失。当退火温度达到 680℃以上时，随着退火温度升高，残余奥氏体继续长大，残余奥氏体的量继续增加，但奥氏体中的平均碳、锰含量减少，晶粒尺寸不够细小，导致残余奥氏体不够稳定，在随后的冷却过程中再次转变为低碳马氏体（板条马氏体），部分位置还能明显看到碳化物沿马氏体板条界析出，如图 7-17 所示。与热轧中锰 TRIP 钢所不同的是，临界退火形成的残余奥氏体主要是等轴状晶粒。这是由于冷轧后钢板内部的畸变能较高，马氏体基体能够较早地发生再结晶，使板条的形貌消失，从而奥氏体在形成时不必受到板条边界的限制，长大为等轴状。

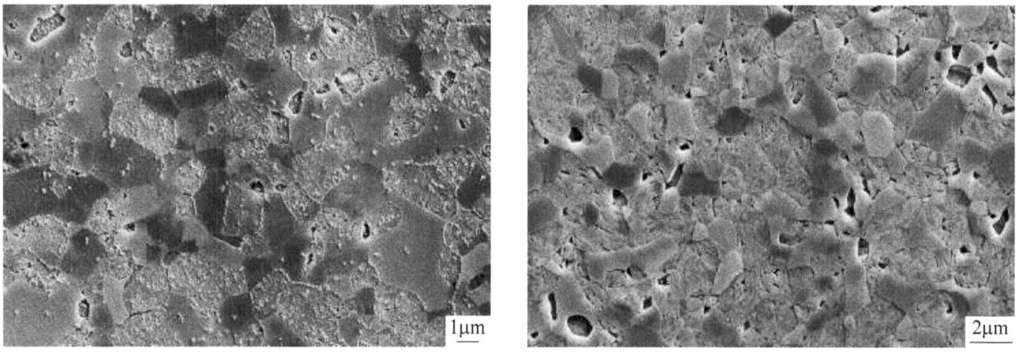

a　　　　b

图 7-17　两种成分冷轧中锰钢后在 680℃保温 18h 后的微观组织

a—$w(Mn)=5\%$；b—$w(Mn)=7\%$

从以上微观组织演变的分析发现，$w(Mn)=5\%$ 的中锰钢在 590℃退火时，奥氏体的尺寸较小，处于形核阶段；而 $w(Mn)=7\%$ 的中锰钢在 590℃退火时，奥氏体已经形成，并开始长大。为更好地了解 $w(Mn)=7\%$ 的中锰钢中残余奥氏体临界区退火开始形成时的形貌组织，根据其临界区相变温度，也就是临界区开始转变温度 A_{c1}，进行 530℃、550℃、570℃等温 1.5h 的热处理，观察其微观组织形貌，如图 7-18 所示。在略高于 A_{c1} 温度区间内，随着临界区退火温度的升高，残余奥氏体具有相同的变化趋势，即随着退火温度的升高，逐渐有颗粒状碳化物析出，有弥散析出的，也有成直线析出的。随着残余奥氏体的逐渐增加，碳化物不断溶解，同时又有大量的奥氏体核心形成。

为了更好的分析其微观组织的精细结构，采用透射电镜对 $w(Mn)=5\%$ 的中锰钢退火组织结构进行表征，如图 7-19 所示。可以看出，其基体组织为铁素体组织和具有明显层错结构特征的块状残余奥氏体组织，等轴状的残余奥氏体可以在铁素体晶界形核长大，也可以在铁素体内部形核长大；并且组织中还有含有大量的位错团的铁素体组织，也有较纯净的铁素体组织。

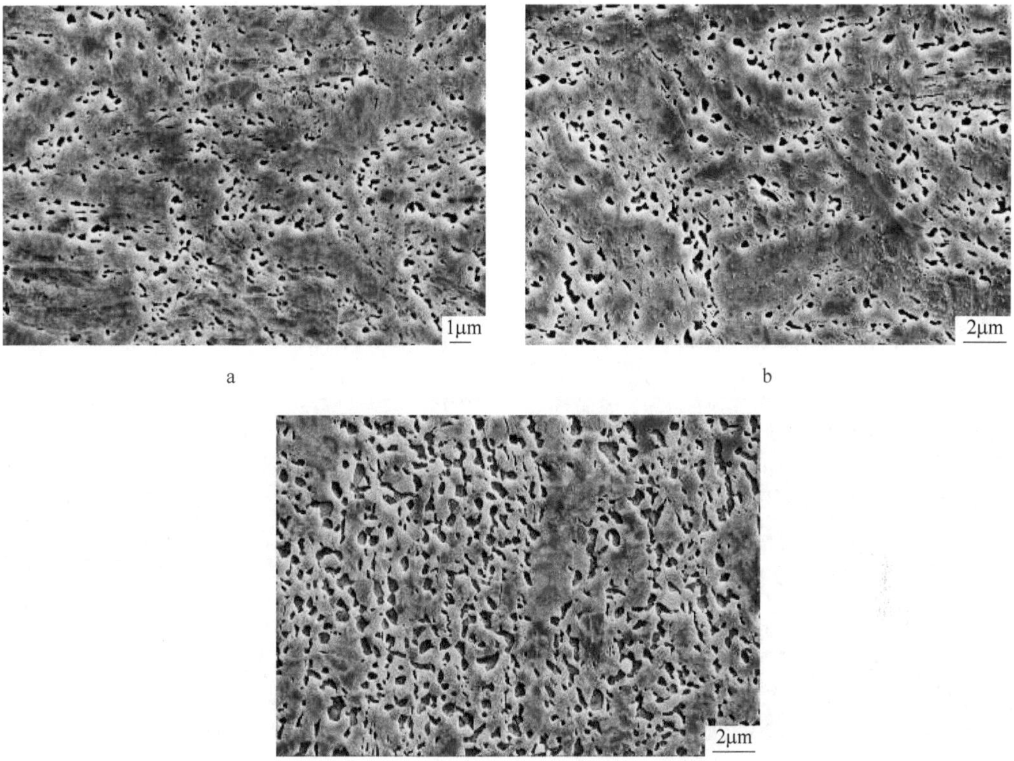

a b c

图 7-18 $w(Mn)=7\%$ 的中锰钢各温度保温 1.5h 的微观组织

a—530℃；b—550℃；c—570℃

图 7-19 $w(Mn)=5\%$ 的中锰钢在 650℃ 保温 18h 的微观透射电镜照片

7.4.1.2 临界区保温阶段的微观组织演变

对 $w(Mn)=5\%$ 和 $w(Mn)=7\%$ 的中锰钢热轧板试样在 590℃ 下分别保温 0.5h、1h、3h、6h、12h、18h 和 24h，观察在临界区保温阶段的微观组织演变。保温不同时间后的微观组织如图 7-20 所示。可以看出，在退火时间较短时（0.5h），$w(Mn)=5\%$ 的中锰钢奥

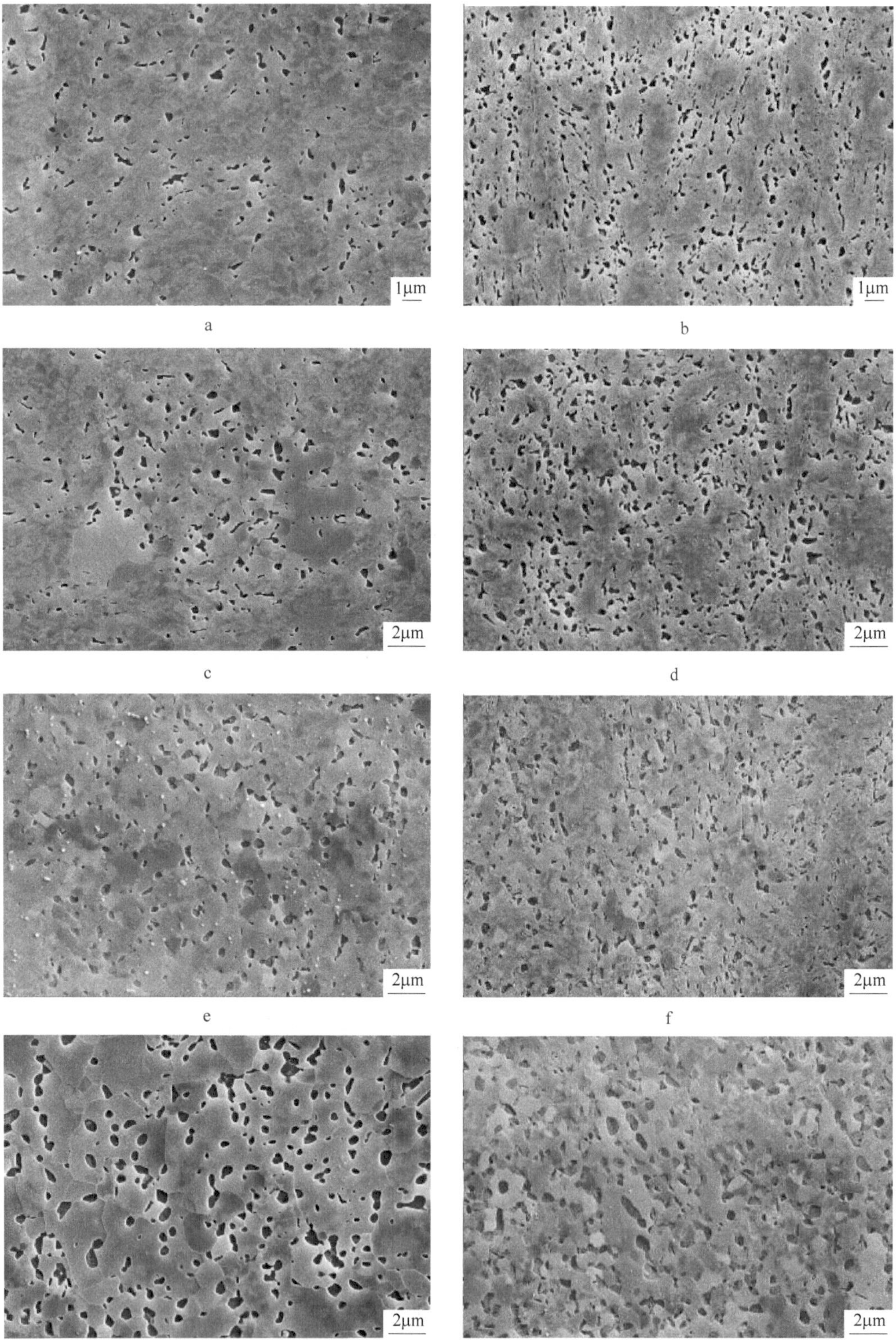

a　b　c　d　e　f　g　h

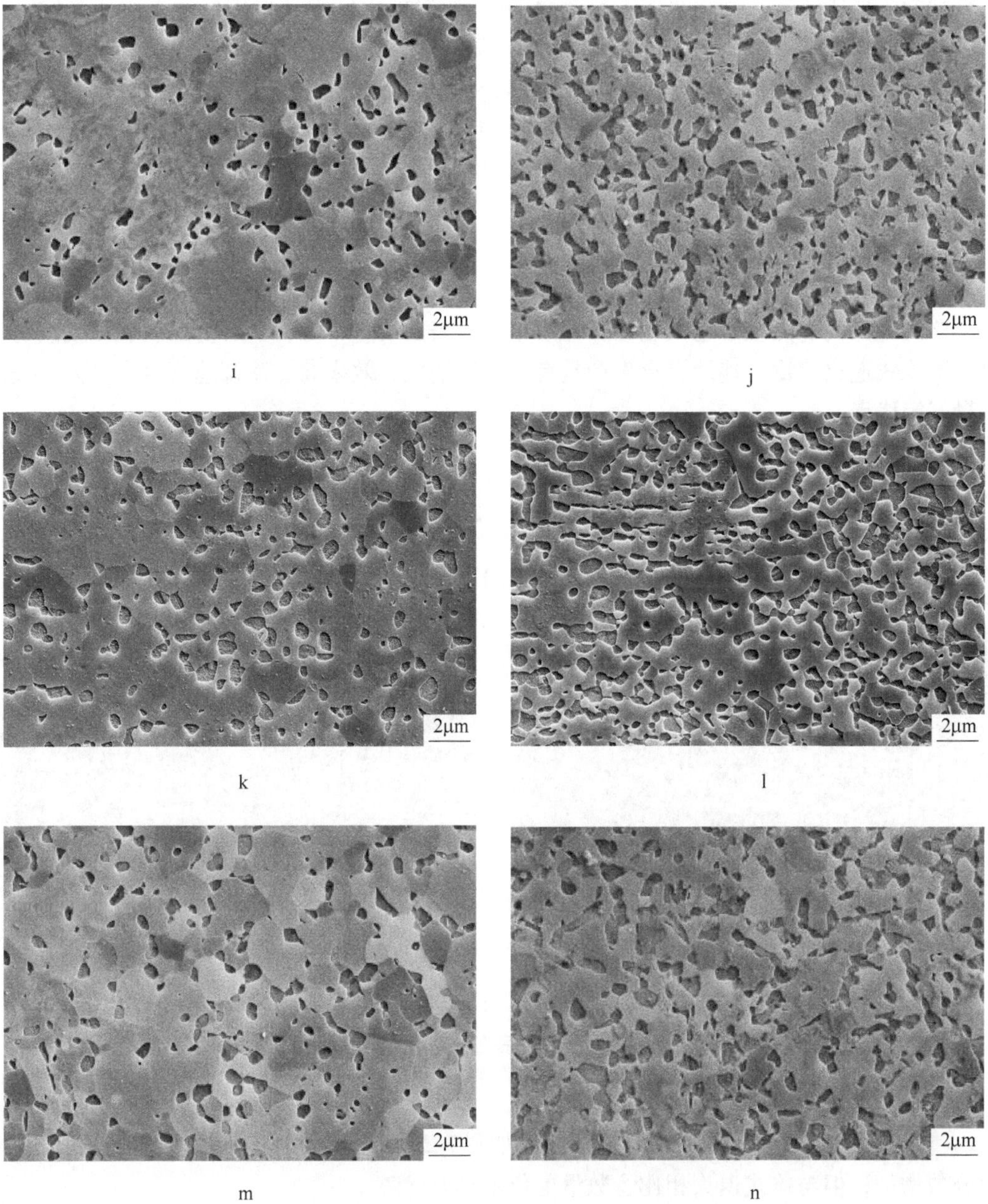

图 7-20 冷轧中锰钢在临界区保温阶段的微观组织演变

a—0.5h，w(Mn)=5%；b—0.5h，w(Mn)=7%；c—1h，w(Mn)=5%；d—1h，w(Mn)=7%；e—3h，w(Mn)=5%；f—3h，w(Mn)=7%；g—6h，w(Mn)=5%；h—6h，w(Mn)=7%；i—12h，w(Mn)=5%；j—12h，w(Mn)=7%；k—18h，w(Mn)=5%；l—18h，w(Mn)=7%；m—24h，w(Mn)=5%；n—24h，w(Mn)=7%

氏体初始形核点相对较少。w(Mn)=7%的中锰钢主要形成的是等轴状的残余奥氏体，肉眼观察初始形成的残余奥氏体分布更加弥散、均匀，晶粒尺寸非常细小。该阶段也并没有观察到大量的碳化物析出，分析原因为，即使退火时间只有 0.5h，碳化物也已经消失、溶解到残余奥氏体中。当退火时间延长至 1h 时，两种成分中锰钢中残余奥氏体无论是在形貌上还是在尺寸上都变化不大。退火时间进一步延长至 6h 时，残余奥氏体明显长大，其中 $w(Mn)=7\%$ 的中锰钢中部分块状残余奥氏体已经相遇，形成了更大的残余奥氏体。试验钢退火时间延长至 6h 后，组织变化不明显，残余奥氏体增加也不明显，基本还是等轴状的残余奥氏体和铁素体。同样也可以考虑，再延长两种成分中锰钢的保温时间，观察其保温时间对微观组织的影响。

7.4.2 一段式连续式退火冷轧中锰钢

罩式退火的优点在于退火均匀，但成本高，表面质量不好，且容易出现表面脱碳的现象。同罩式退火相比，连续退火生产具有生产周期短、效率高、冷却速度自由度大、表面质量好等优点。

图 7-21 所示为 $w(C)=0.1\%$、$w(Mn)=5\%$ 和 $w(C)=0.1\%$、$w(Mn)=7\%$ 两种成分的中锰钢在 590℃保温 3min 后的微观组织。由于连续退火的保温时间较短，而 Mn 原子较大，扩散速度慢，因此在 590℃保温 3min 后，仅有少量的奥氏体核心生成，在基体上存在有大量的碳化物析出，因此需要提升退火温度。

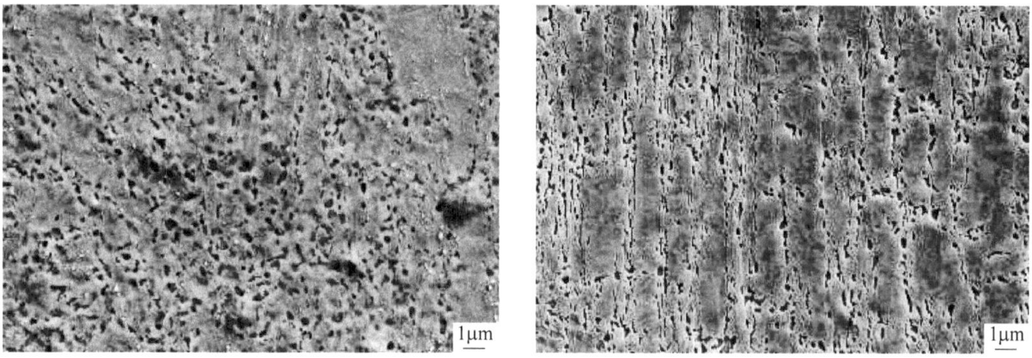

a　　　　b

图 7-21　两种成分中锰钢热轧后在 590℃保温 3min 后的微观组织
a—$w(Mn)=5\%$；b—$w(Mn)=7\%$

将退火温度提升至 650℃时，微观组织如图 7-22 所示，此时奥氏体晶粒尺寸长大，体积分数增加，但与罩式退火相比，数量上仍不具有优势。

7.4.3 二段式罩式退火冷轧中锰钢

一段式罩式退火是将轧制后的钢板直接加热至临界区等温退火，向奥氏体中增 C、增 Mn，从而得到在室温下稳定存在的残余奥氏体。在 7.4.1 节中的中锰钢在冷轧后直接加热至 590℃保温 18h，可获得最优的力学性能，其抗拉强度为 815MPa，断后伸长率为 38%，强塑积为 30.92GPa · %。冷轧后试验钢的初始组织为严重变形的板条马氏体，当重新加热至两相区时，首先发生马氏体基体的回复和再结晶及碳化物的析出，之后在碳化物处形成奥氏体核心并长大，所获得的最终显微组织如图 7-23a 所示。由于采用 20% 的高氯酸酒精溶液电解抛光，因此在显微组织中凹下去的部分为残余奥氏体，内部具有明显的

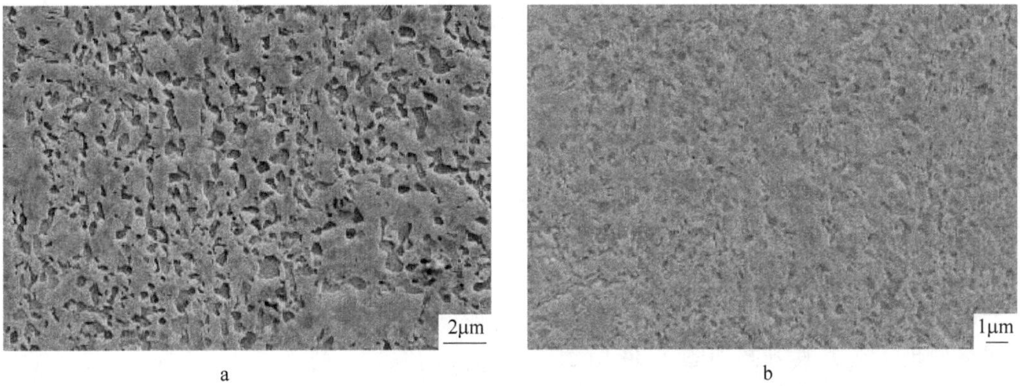

图 7-22 两种成分中锰钢热轧后在 650℃保温 3min 后的微观组织

a—w(Mn)=5%；b—w(Mn)=7%

层错特征，凸起的部分是经由配分之后的马氏体。可以看出，常规退火后显微组织由多边形铁素体和块状残余奥氏体组成，晶粒尺寸统计如图 7-23b 和 c 所示，铁素体基体的晶粒尺寸基本在 2μm 以下，残余奥氏体的晶粒尺寸基本小于 1μm。

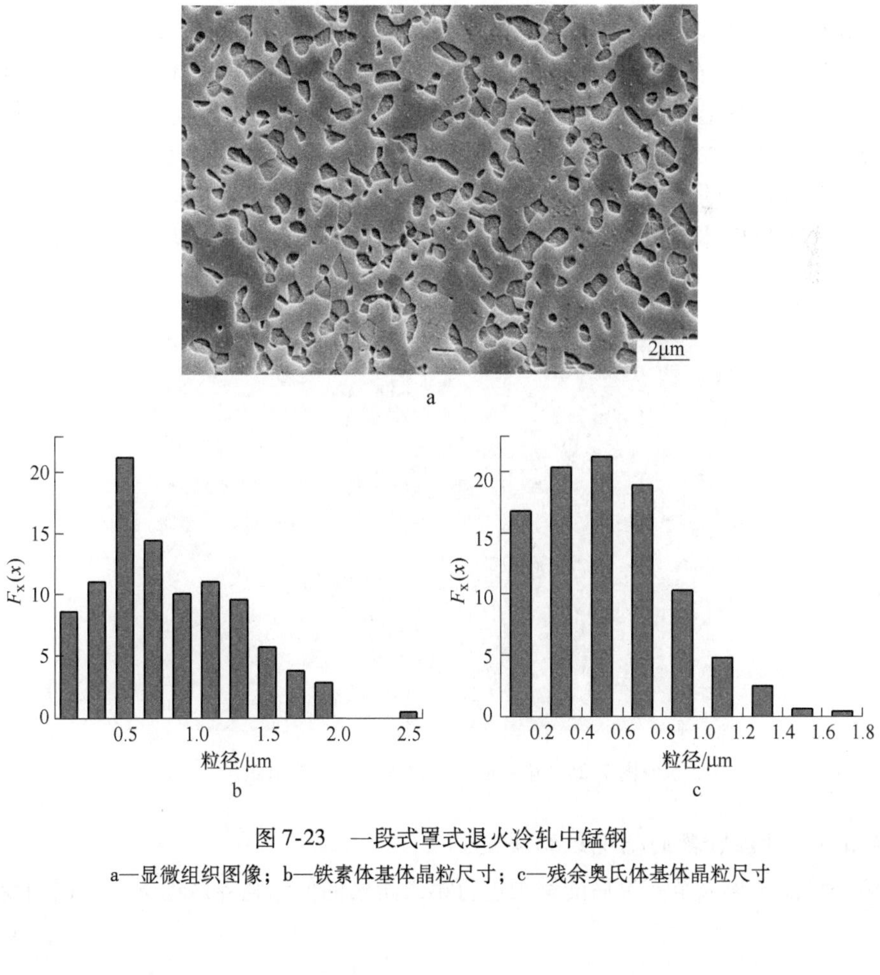

图 7-23 一段式罩式退火冷轧中锰钢

a—显微组织图像；b—铁素体基体晶粒尺寸；c—残余奥氏体基体晶粒尺寸

近年来，日本学者 Sugimoto 等人[33,34]发展了一种退火马氏体基体的 TRIP 钢，在传统 TRIP 钢的两相区退火前进行一次完全奥氏体化保温和淬火处理，先得到完全的马氏体组织，然后再进行传统的 TRIP 钢退火工艺。此方法可以得到薄膜状的残余奥氏体，其稳定性高于传统 TRIP 钢中的块状残余奥氏体，从而使抗拉强度和伸长率得到大幅度的提高。将这种思想引入中锰钢的制备过程中，在中锰钢临界区退火前进行一次预淬火处理，发展出对中锰钢的二段式热处理工艺，其方案如图 7-24 所示。考虑到在淬火后能够在马氏体板条间得到少量的残余奥氏体，以作为后续两相区退火时奥氏体的核心，第一阶段将钢板加热至略低于 A_{c3} 温度，随后水淬至室温。第二阶段与中锰钢的常规退火工艺相似，仍然采用低温临界区退火，退火温度为略高于 A_{c1} 温度，但退火时间相对于一段式罩式退火工艺要短。

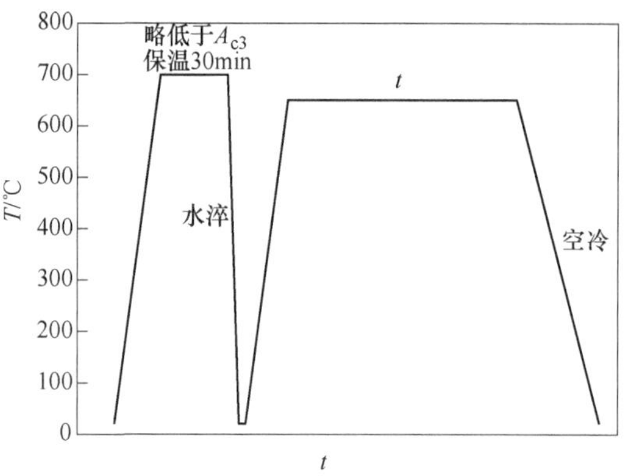

图 7-24　二段式退火工艺线路图

图 7-25 所示为中锰钢经 700℃保温 30min 后水淬至室温后的微观组织。当钢板加热至 700℃保温时，由于接近完全奥氏体化温度，因此奥氏体相所占的比例较高，其平均 C、Mn 元素的含量不足，在淬火过程中，绝大部分奥氏体转变为马氏体。因此显微组织基本为淬火态马氏体，其上弥散分布着细小的铁素体和淬火过程中保留至室温的奥氏体。采用 XRD 技术对该试样进行残余奥氏体含量的检测，结果表明残余奥氏体的体积分数为 5.37%。此部分细小的弥散分布于马氏体基体之上的残余奥氏体可以在后续的第二阶段退火的过程中作为奥氏体的核心，从而有利于奥氏体的形成，提高试验用钢残余奥氏体的最终含量。

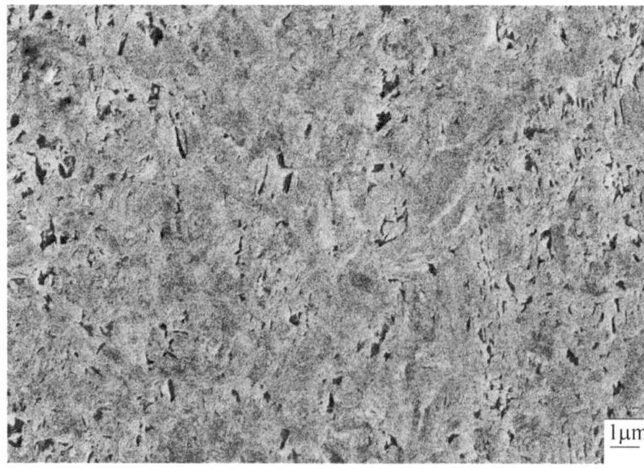

图 7-25　第一阶段预淬火后的显微组织

7.4.3.1　升温阶段的微观组织演变

将第一阶段预淬火至室温后的钢板进行第二阶段的低温临界区退火，根据相变规律的研究保温温度分别为580℃、600℃、625℃和650℃。考虑淬火后的组织为板条马氏体结构，内部存在大量的位错和晶格缺陷及板条界，能够为C、Mn元素的扩散提供快速通道，因此，将等温时间设定为8h，低于一段式罩式退火的等温时间，观察在升温阶段的微观组织演变规律。图7-26所示为w(C)＝0.1%、w(Mn)＝7%的冷轧中锰钢在第二阶段升温过程中的微观组织。微观组织形貌由凸起和凹陷的两部分组成，凸起的部分是经过配分之后的退火马氏体相，即铁素体。凹下去的部分中具有明显层错特征的为残余奥氏体相。可以观察到，在580℃保温8h后即有大量的奥氏体核心形成，并且有部分核心已经开始长大。奥氏体的形貌主要有两种，一种是长条状的奥氏体，另一种是块状的奥氏体。此外，在铁素体基体上，还可以观察到大量弥散分布的碳化物。随着退火温度的升高，在600℃保温8h后，长条状奥氏体变长、变宽，同一板条束之间的长条状奥氏体出现相遇、合并的现象；块状奥氏体也开始长大；并且在退火马氏体基体上依然存在着弥散分布的碳化物，说明C、Mn元素向奥氏体内的配分不完全，需要继续升高退火温度。当退火温度升高到625℃时，碳化物完全溶解、消失，长条状奥氏体变得更宽，同一板条束内相同取向的长条状奥氏体长大遇到彼此会合并成一个块状的奥氏体。块状奥氏体长大，并且数量增多。当退火温度达到650℃时，长条状奥氏体基本全部变宽、合并成块状的奥氏体。在TRIP钢中，残余奥氏体含量多且稳定性高则抗拉强度、伸长率和强塑积高。580℃和600℃保温时，钢中的残余奥氏体含量较少，残余奥氏体发生TRIP效应引起的加

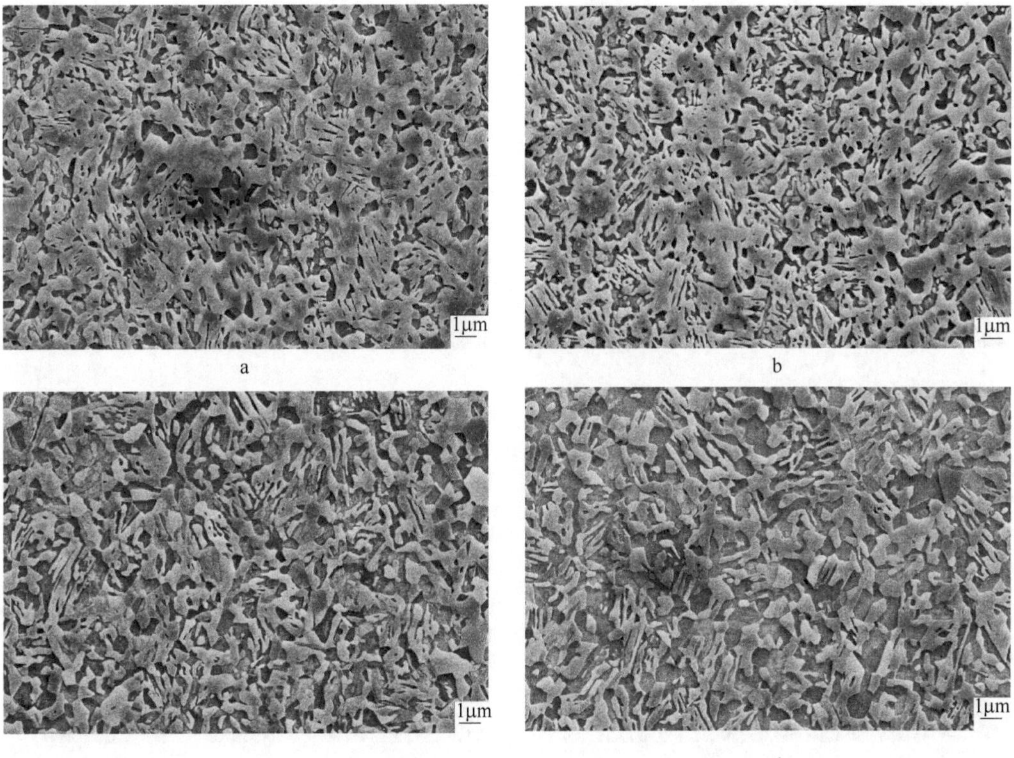

图7-26 w(Mn)＝7%的冷轧中锰钢在第二阶段升温过程中的微观组织

a—580℃；b—600℃；c—625℃；d—650℃

工硬化作用较弱，因此抗拉强度较低。但同时铁素体基体作为软相，对伸长率也有贡献，它使得试验钢具有较好的伸长率。在650℃保温时，虽然残余奥氏体的含量较高，但平均C、Mn含量低，稳定性差的残余奥氏体只能过早转变为马氏体，虽然增加材料的强度，但对伸长率却是不利的。而625℃保温时，残余奥氏体的体积分数和稳定性都较高，因此具有最佳的力学性能。

对于 $w(Mn)=7\%$ 的中锰钢，残余奥氏体的形貌主要有两种，一种是长条状残余奥氏体，一种是块状残余奥氏体，两种残余奥氏体的形成方式不同。在第一阶段加热至接近 A_{c3} 温度保温时，晶粒接近完全奥氏体化，随后水淬至室温，显微组织基本为淬火态板条马氏体相，其上弥散分布着细小的、保留至室温的铁素体相和奥氏体相，在马氏体板条间分布着细小的薄膜状残余奥氏体，而在板条束的交界处有细小的块状残余奥氏体。第二阶段临界区退火过程中，当加热至较低温度或短时间保温时主要有两方面的变化，一方面为淬火后板条马氏体间的细小奥氏体开始沿板条界长大，成为长条状奥氏体，少量的块状奥氏体也开始长大；另一方面有大量的碳化物沿马氏体板条界或原奥氏体晶界析出。随着加热温度的升高或保温时间的延长，长条状奥氏体开始变宽、合并，碳化物逐渐溶解并成为块状奥氏体的核心。随后冷却过程中，由于奥氏体中C、Mn元素较多，两种形貌的奥氏体均被保留至室温。

图7-27所示为 $w(C)=0.1\%$、$w(Mn)=5\%$ 的冷轧中锰钢在第二阶段升温过程中的

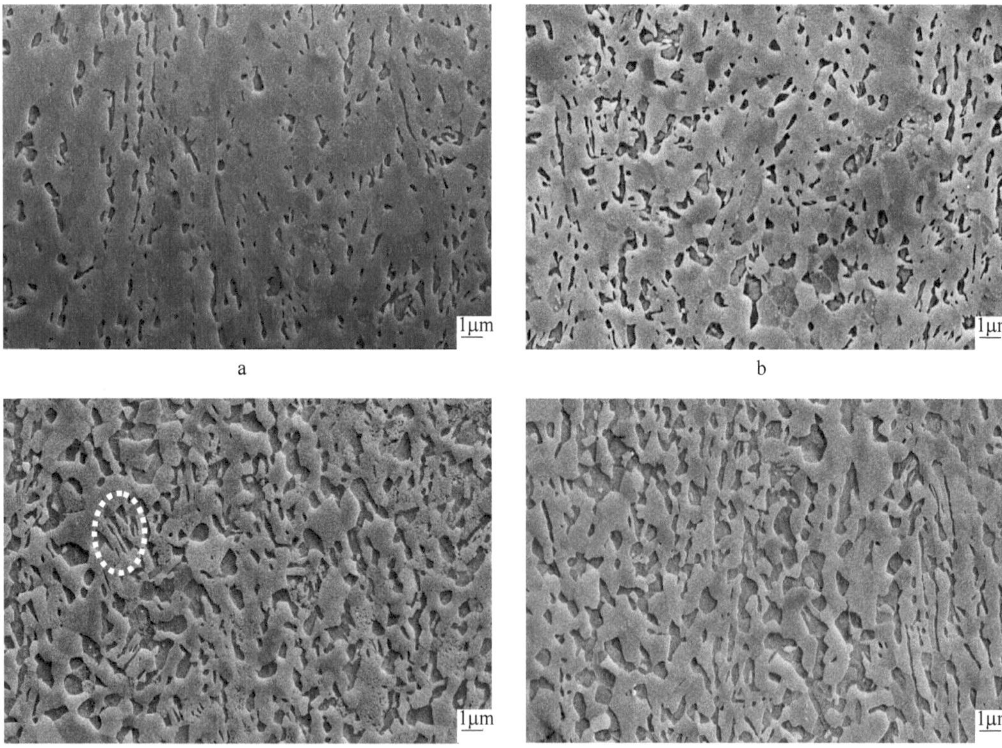

a b c d

图7-27 $w(Mn)=5\%$ 的冷轧中锰钢在第二阶段升温过程中的微观组织

a—580℃；b—600℃；c—625℃；d—650℃

微观组织。可以发现，Mn 元素含量降低后，显微组织发生明显变化。580℃和 600℃保温 8h 后，只有弥散细小的奥氏体核心出现，几乎没有长大的现象，并且马氏体中的碳充分析出，在铁素体基体上沿原马氏体板条形成大量的碳化物。当退火温度升高至 625℃和 650℃时，碳化物完全溶解，奥氏体才开始长大，体积分数明显增多。纵观 15Mn5 钢和 10Mn5 钢各温度退火后，残余奥氏体大多数为块状，仅有少量的长条状残余奥氏体出现，在图 7-27c 中以白色虚线圈标出。推测这是由于 $w(\mathrm{Mn})=5\%$ 的钢 A_{c3} 温度较高，700℃预淬火后，铁素体和残余奥氏体的体积分数较大，没有形成完全的淬火马氏体组织所致。

采用 XRD 技术对两种成分中锰钢各温度退火后的样品进行残余奥氏体体积分数的测量，结果见表 7-1。可以发现，Mn 元素含量的增加可以显著提高各退火温度下残余奥氏体的体积分数。这主要是由于 Mn 为扩大奥氏体区和稳定奥氏体元素，Mn 元素含量较高时，两相区保温过程中会有较多的奥氏体生成，并且 C、Mn 元素在奥氏体内富集使 M_s 点降低，冷却至室温后会有较多的奥氏体保留下来。各成分下残余奥氏体的体积分数随退火温度的变化是一致的，在退火温度较低时残余奥氏体的体积分数相对较低，而在退火温度由 600℃升高至 625℃时残余奥氏体的体积分数出现大幅度的上升，但继续升高退火温度，残余奥氏体的体积分数略有下降。对于 Mn 含量较低的两种试验钢，残余奥氏体含量的变化和材料的伸长率是一致的，残余奥氏体的体积分数较小时伸长率较低，随着残余奥氏体体积分数的增加伸长率也上升。但对于 Mn 含量较高的两种试验钢，残余奥氏体含量的变化和材料的伸长率并不一致，当退火温度为 650℃时，残余奥氏体的体积分数与 625℃退火时基本相同，但伸长率却最低。这是由于在 650℃保温时，有大量的奥氏体生成，在冷却的过程中部分奥氏体转变为硬相马氏体，而保留至室温的残余奥氏体的平均 C、Mn 含量低，稳定性不足。此时需要综合考虑残余奥氏体相变诱导塑性的影响和新生马氏体及软相铁素体之间的相互协调变形作用和对力学性能的贡献。

表 7-1 两种成分中锰钢保温阶段残余奥氏体的体积分数

温 度/℃		580	600	625	650
残余奥氏体的体积分数/%	$w(\mathrm{Mn})=7\%$	24.37	26.51	38.15	39.15
	$w(\mathrm{Mn})=5\%$	7.76	10.59	20.89	20.31

采用 XRD 测量 $w(\mathrm{Mn})=5\%$ 的冷轧中锰钢于 700℃预淬火后残余奥氏体的体积分数为 13.87%，这是由于 $w(\mathrm{Mn})=5\%$ 的钢 A_{c3} 温度较高，700℃保温时，铁素体相比例较大，而生成的奥氏体内 C、Mn 含量高，在冷却至室温时淬火马氏体组织少。因此将 $w(\mathrm{Mn})=5\%$ 的冷轧中锰钢的预淬火温度至 720℃和 740℃。经 XRD 检测计算，在 720℃预淬火后，残余奥氏体的体积分数为 6.23%；经 740℃预淬火后，残余奥氏体的体积分数为 4.89%。将第一阶段预淬火温度提高至 720℃和 740℃，并在第二阶段退火温度 625℃保温 8h，最终的显微组织如图 7-28 所示。可以发现，720℃预淬火后得到的最终组织更加细小均匀，而 740℃退火后组织较粗大。另外还可以发现，长条状残余奥氏体和块状残余奥氏体间隔分布，这可以归因于材料中的偏析，虽然经过第一阶段的预淬火，消除了冷变形的畸变能，但由于淬火马氏体内位错密度较高，在第二阶段加热过程中也能发生回复再结晶。在 Mn 元素聚集的高锰区，奥氏体的形核和长大温度较低，能够早于马氏体的再结晶而形核，最终沿着马氏体板条生长，成为长条状。而在 Mn 元素较少的低锰区，奥氏体形核和

长大温度高，所以会先发生回复和再结晶，马氏体板条组织被破坏，有利于块状奥氏体的形成。

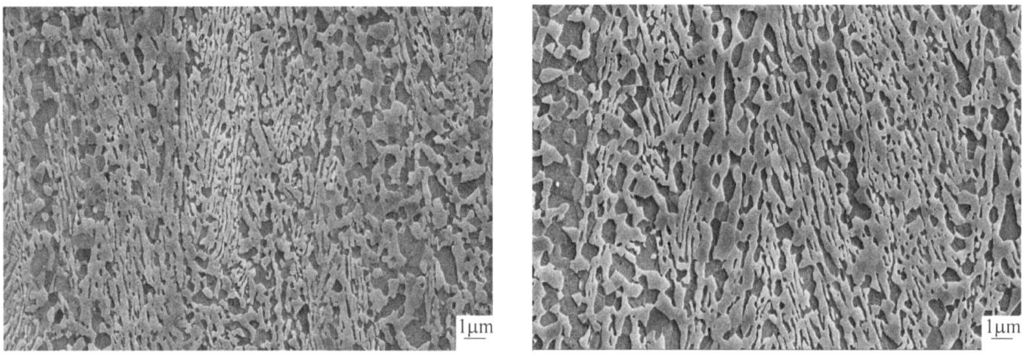

a b

图 7-28 w(Mn) =5% 的冷轧中锰钢提高预淬火温度后的微观组织
a—预淬火温度为 720℃；b—预淬火温度为 740℃

7.4.3.2 临界区保温阶段的微观组织演变

w(Mn) =7% 的中锰钢经第一阶段淬火后，在 625℃ 分别保温 1h、2h、4h、6h、8h、10h、12h 和 18h，观察在临界区保温阶段的微观组织演变。保温不同时间后的微观组织如图 7-29 所示。依据退火时间，显微组织大体可以分为三个阶段，第一个阶段为退火时间

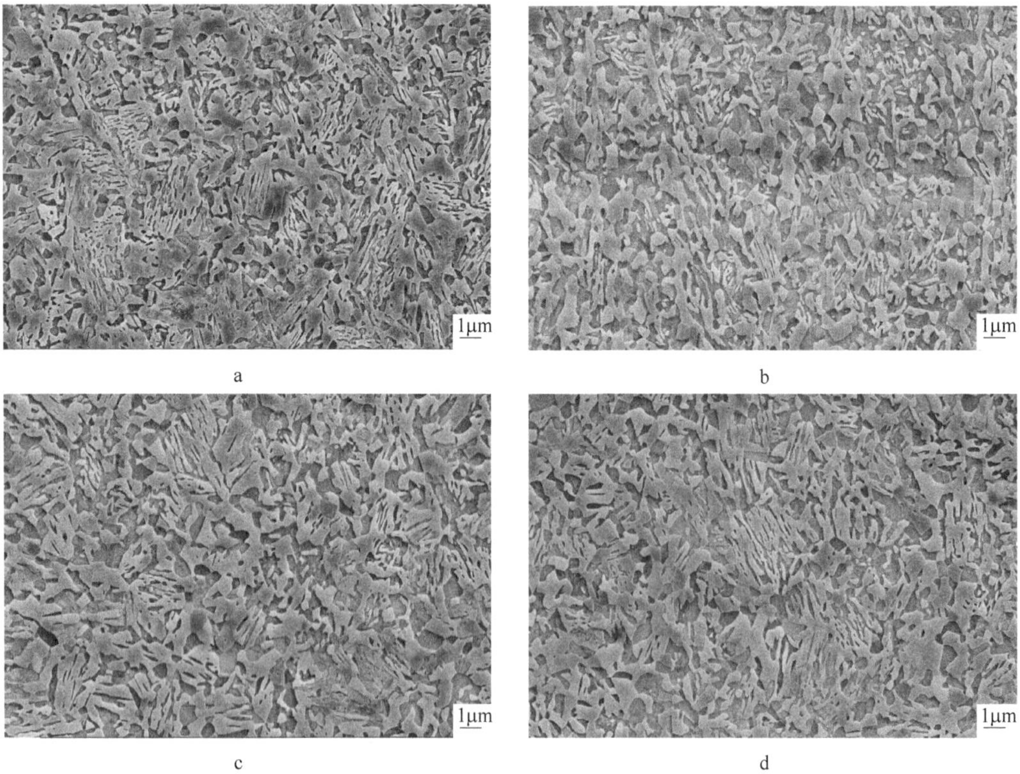

a b

c d

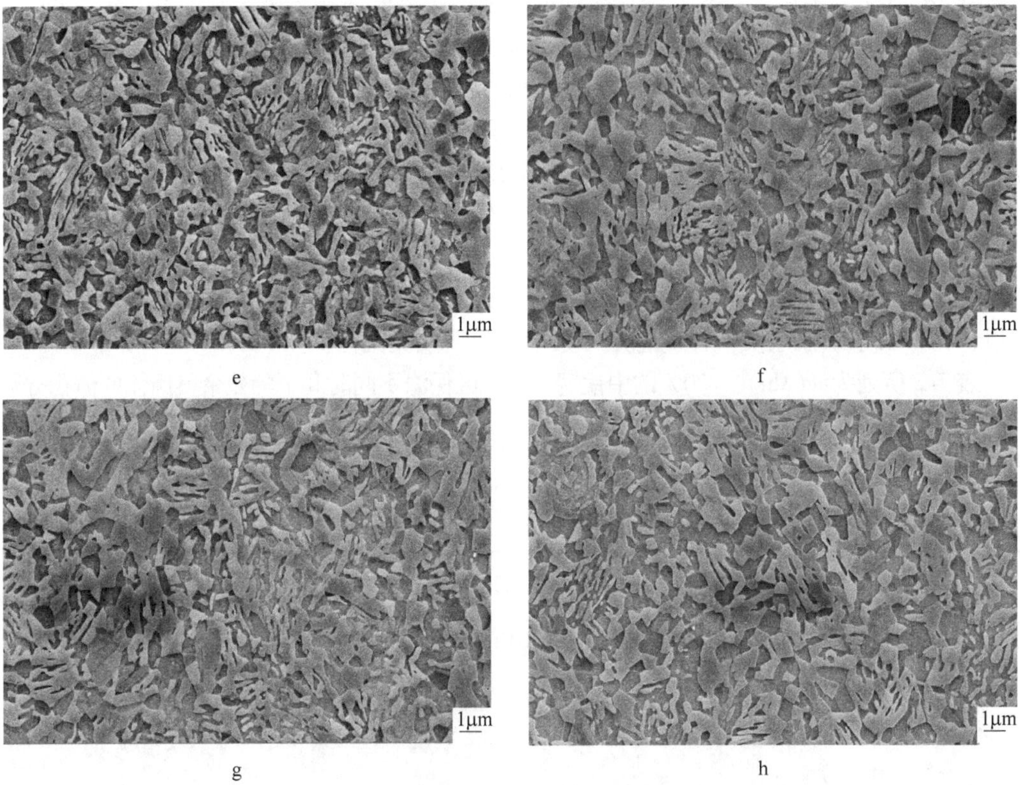

图 7-29 w(Mn) =7% 的中锰钢于临界区保温时的微观组织

a—1h；b—2h；c—4h；d—6h；e—8h；f—10h；g—12h；h—18h

在 1~2h 时，由于退火时间较短，奥氏体处于形核和长大的初期阶段，尤其是 1h 保温后，长条状奥氏体的长度短，有很多圆形的块状奥氏体核心。当退火时间为 2h 时，长条状奥氏体变长，圆形的核心已经几乎消失，块状奥氏体的尺寸变大，说明此时奥氏体形核结束开始进入长大阶段。第二阶段为退火时间在 4~8h 时，块状奥氏体的尺寸基本不变，主要为长条状奥氏体变长、变宽，并且彼此相遇合并。当到达第三个阶段，退火时间超过 10h 时，块状奥氏体也开始长大，并且大量的长条状奥氏体合并成为块状。

采用 XRD 技术对 w(Mn) =7% 的中锰钢在 625℃退火不同时间后的材料进行残余奥氏体体积分数的测量，检测结果如表 7-2 和图 7-30 所示。可以看出，w(Mn) =7% 的中锰钢在 625℃ 退火时，随退火时间的延长，残余奥氏体的体积分数总体趋势是增加的。即便是保温 1h，试验钢中也有 27.54% 的残余奥氏体。当保温时间增加至 2h 时，残余奥氏体的体积分数迅速增加并超过 30%。当退火时间增加至 4h 时，残余奥氏体的体积分

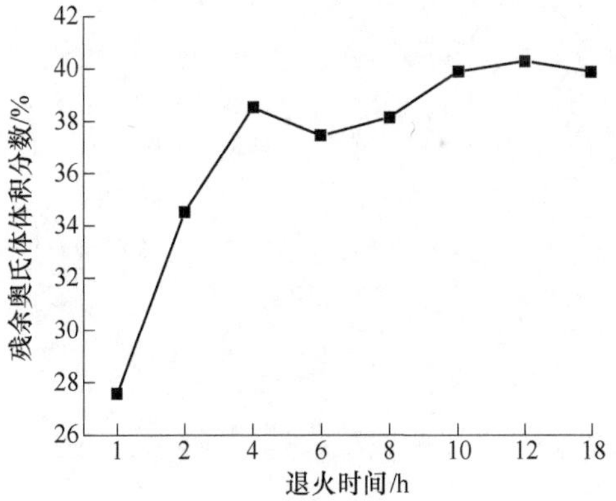

图 7-30 w(Mn) =7% 的中锰钢于临界区保温不同时间下的残余奥氏体的体积分数

数达到38.51%。随后继续延长退火时间，残余奥氏体的体积分数出现波动，但总的体积分数保持在38%~40%。因此可以判断，当退火时间为4h时，试验用钢中的残余奥氏体含量基本饱和。根据拉伸试验的结果，当退火时间为4~8h时中锰钢强塑积均在35GPa·%左右，此时残余奥氏体的体积分数并不是最大值。这说明并不是残余奥氏体越多力学性能越好，中锰钢的力学性能还与残余奥氏体的稳定性和晶粒尺寸有关。由各保温时间后的显微组织照片发现，在4~8h之间退火时残余奥氏体多以长条状存在，块状残余奥氏体所占比重较小。而当退火时间超过10h时，块状残余奥氏体长大，并且同一板条束内的长条状残余奥氏体也合并为一个块状残余奥氏体，残余奥氏体的晶粒尺寸偏大稳定性较弱。因此可以认为，长条状残余奥氏体的稳定性大于块状残余奥氏体。

表7-2所列为*w*(Mn) =70%的中锰钢于临界区保温不同时间下的残余奥氏体的体积分数。

表7-2　*w*(Mn) =7%的中锰钢于临界区保温不同时间下的残余奥氏体的体积分数

保温时间/h	1	2	4	6	8	10	12	18
残余奥氏体的体积分数/%	27.54	34.52	38.51	36.44	38.15	39.89	40.29	39.87

利用EBSD技术对10Mn7钢在625℃等温4h、8h、12h和18h后的微观组织进行表征，结果如图7-31所示。其中浅色部分为BCC结构，在本章中为铁素体基体相；深色部

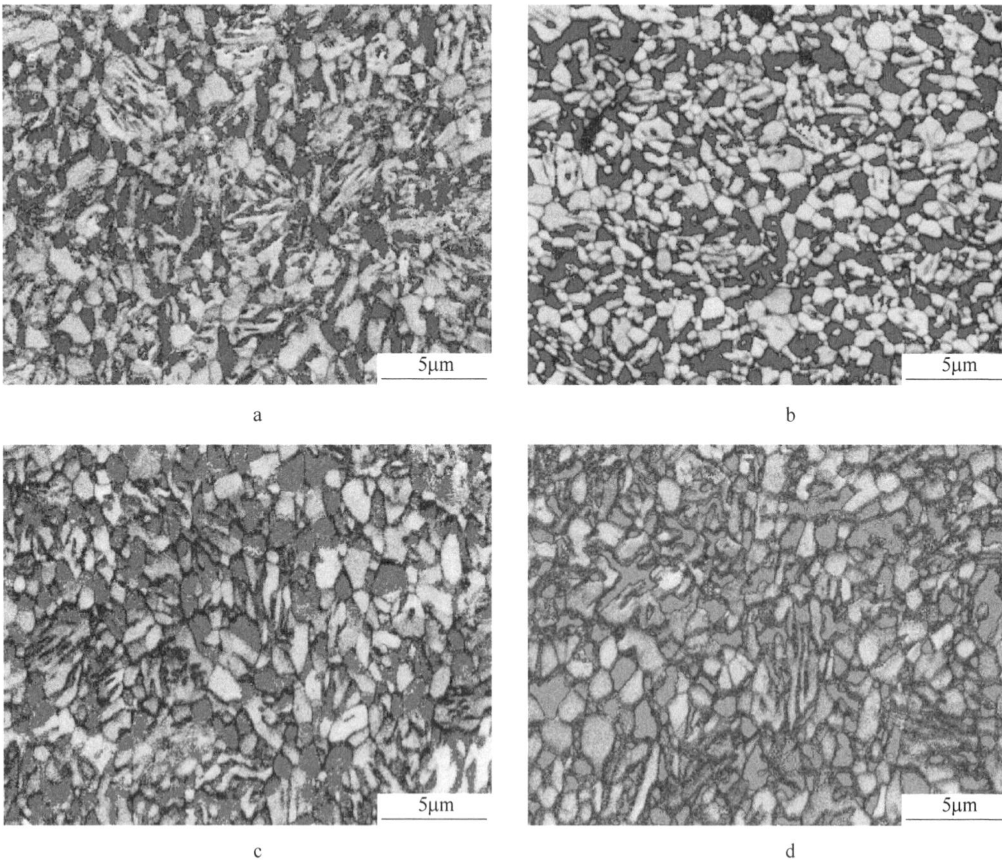

图7-31　*w*(Mn) =7%的中锰钢于临界区保温不同时间后的相分布

a—4h；b—8h；c—12h；d—18h

分为 FCC 结构，在本章中为残余奥氏体相。由于 EBSD 设备受到步长等参数的限制不能完全分辨出尺寸细小的长条状残余奥氏体，因此检测到的长条状残余奥氏体较少。由图可以看出，4h 退火后块状残余奥氏体的晶粒尺寸较小，而 8h 退火后，原有的块状奥氏体没有出现长大的迹象，但同一板条束内取向相同的长条状残余奥氏体逐渐合并为块状残余奥氏体。随着退火时间延长至 12h 和 18h，基体组织和残余奥氏体的晶粒尺寸都明显变大。

利用 EBSD 技术对 10Mn7 钢 625℃ 等温 4h 后的晶粒尺寸进行表征，并采用透射电镜观察其精细结构，结果如图 7-32 和图 7-33 所示。通过统计发现，10Mn7 钢退火后具有超细的晶粒尺寸，铁素体基体的晶粒尺寸基本都在 1μm 以下，而残余奥氏体的晶粒尺寸基本小于 0.5μm。观察 TEM 图像发现，块状残余奥氏体的晶粒尺寸相对较大，直径最大可达 0.5μm，而长条状残余奥氏体的宽度小于 0.2μm。

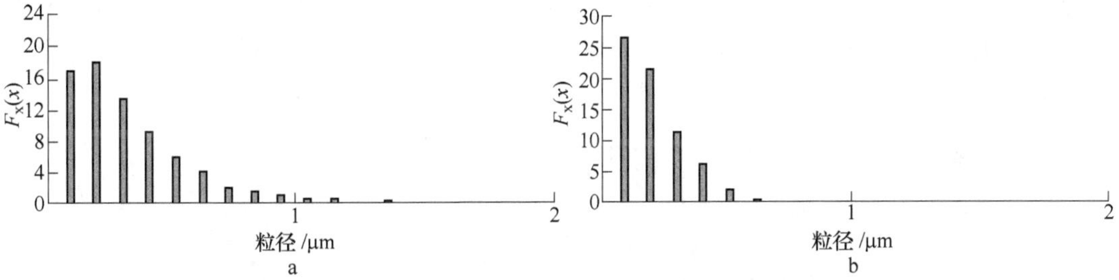

图 7-32 $w(\mathrm{Mn})=7\%$ 的中锰钢于临界区保温 4h 后晶粒尺寸统计

a—铁素体基体；b—残余奥氏体

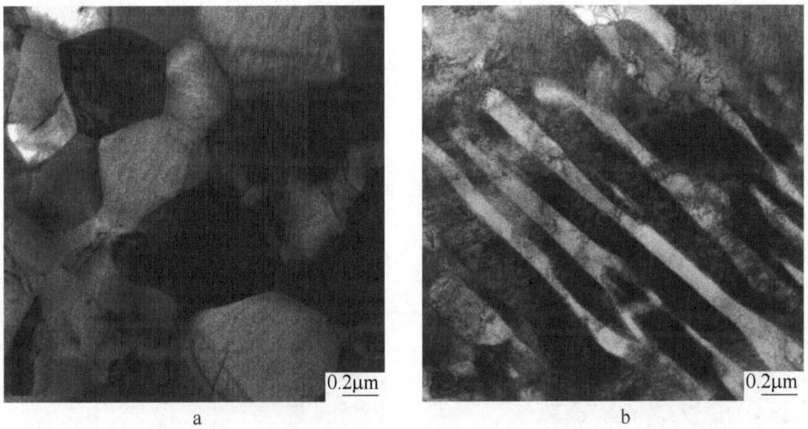

图 7-33 $w(\mathrm{Mn})=7\%$ 的中锰钢于临界区保温 4h 后的 TEM 图像

a—块状残余奥氏体；b—长条状残余奥氏体

7.4.4 退火过程中的组织演变规律

在中锰钢中，Mn 元素对奥氏体的稳定性具有相当强的作用，Mn 元素的再次配分和在奥氏体中的富集是中锰钢组织演变的关键。因此本章采用 EPMA 技术对 $w(\mathrm{Mn})=7\%$ 的中锰钢在制备过程中各阶段 Mn 元素的分布进行检测，分别测得 $w(\mathrm{Mn})=7\%$ 的中锰钢在轧制后、一段式罩式退火后、二段式退火预淬火后及第二阶段退火后第一阶段预淬火后Mn元素的分布图，从而观察Mn元素在制备过程中的配分情况，如图7-34所示。可以看出，轧制后Mn元素存在严重的偏析，随后进行常规的低温临界区退火，由于温度较低，Mn元素的扩散速度较慢，同时，严重的偏析使得Mn元素需要进行长程扩散，这都需要较长的时间，因此在常规退火工艺下一般所需时间较长，而且退火后偏析现象虽得到改善但依然较明显，如图7-34b所示。Mn元素的偏析一方面会导致显微组织分布不均匀恶化力学性能，另一方面会引起钢中Mn含量低的区域残余奥氏体稳定性不足，变形时过早地转变为马氏体，而Mn含量高的区域残余奥氏体稳定性太高，变形时无法发生马氏体相变而失去TRIP效应的作用。由图7-34c发现，经第一阶段的加热和淬火处理，由于加热温度较高，Mn元素扩散速度较快，因此在保温30min后Mn元素的偏析现象即得到很大的改善。随后再进行低温临界区退火时，Mn元素所需的扩散距离变短，同时预淬火后的组织基本为板条马氏体结构，内部有大量的位错和晶格畸变，又为Mn元素的扩散提供了快速通道，因此第二阶段临界区退火所需时间较短，并且退火后Mn元素的偏析现象得到较好的改善。

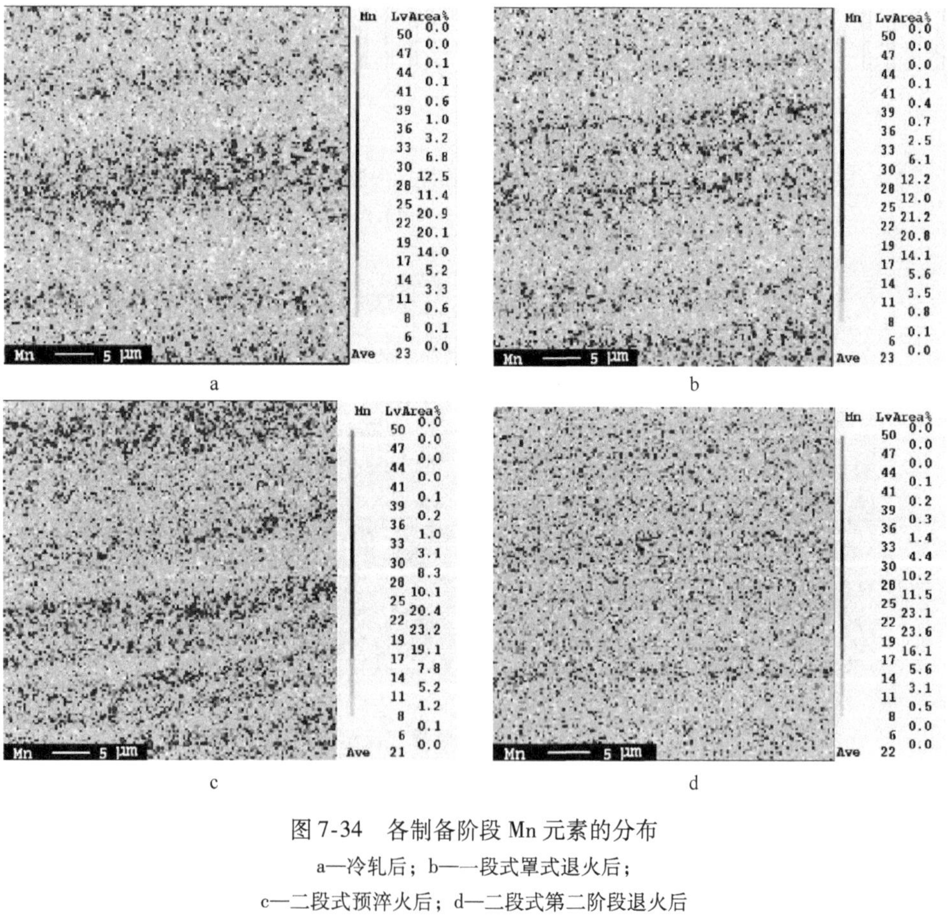

图7-34 各制备阶段Mn元素的分布

a—冷轧后；b—一段式罩式退火后；

c—二段式预淬火后；d—二段式第二阶段退火后

经二段式退火工艺处理后的试验钢中残余奥氏体的形貌主要有两种，一种是长条状残余奥氏体，另一种是块状残余奥氏体。两种残余奥氏体的形成方式不同，最终的晶粒尺寸也必然不同。而晶粒尺寸又是影响残余奥氏体稳定性的一个关键因素，并最终影响 TRIP 效应和力学性能。因此有必要对两种形貌的残余奥氏体的形成方式进行分析研究。

图 7-35 所示为在 TEM 下观察到的 10Mn7 钢经最优工艺退火后组织中的残余奥氏体。组织还保留着原马氏体的板条形态。可以看出，长条状残余奥氏体沿原马氏体板条界分布，同一板条束内的长条状残余奥氏体保持平行；而在马氏体板条界的边缘，主要分布着块状残余奥氏体。

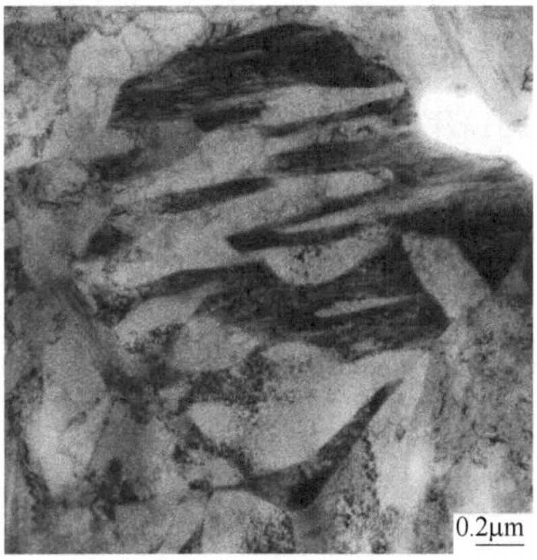

图 7-35 中锰钢中沿马氏体板条长大的残余奥氏体

结合升温阶段和临界区保温阶段的组织演变规律，可以将富 Mn 区残余奥氏体的形成和长大过程用图 7-36 所示的示意图表示，在第一阶段加热至接近 A_{c3} 温度保温时，晶粒接近完全奥氏体化，如图 7-36a所示。随后水淬至室温，显微组织基本为淬火态板条马氏体相，其上弥散分布着细小的保留至室温的铁素体相和奥氏体相，由于铁素体相并非研究重点，因此可将显微组织图简化为图 7-36b 所示的示意图，在马氏体板条间分布着细小的薄膜状残余奥氏体，图中黑色区域标出，而在板条束的交界处有细小的块状残余奥氏体，图中用灰色区域标出。第二阶段临界区退火过程中，当加热至较低温度或短时间保温时主要有两方面的变化，如图 7-36c 所示，一方面为淬火后板条马氏体间的细小奥氏体开始沿板条界长大，成为长条状奥氏体，见图中黑色区域，少量的块状奥氏体也开始长大，见图中灰色区域；另一方面有大量的碳化物沿马氏体板条界或原奥氏体晶界析出，在图中以小空圆圈（○）标出。随着加热温度的升高或保温时间的延长，微观组织的变化可用图 7-36d 表示，长条状奥氏体开始变宽、合并，碳化物逐渐溶解并成为块状奥氏体的核心。随后冷却过程中，由于奥氏体中 C、Mn 元素较多，两种形貌的奥氏体均被保留至室温。

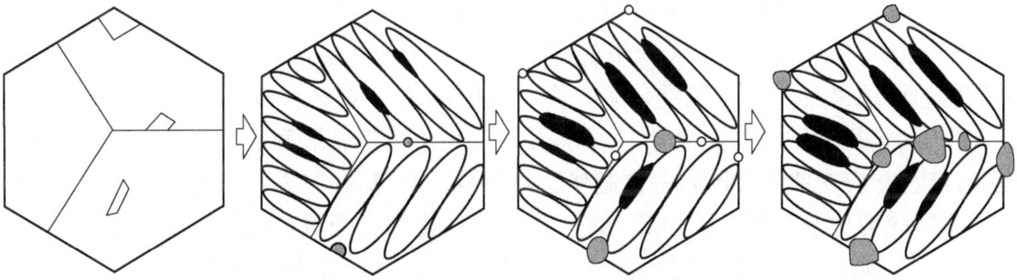

图 7-36 两种形貌的残余奥氏体形核和长大示意图

a—A_{c3} 温度保温；b—水淬至室温；c—低温临界保温较短时间；d—低温临界保温较长时间

7.5 中锰钢的力学性能与形变微观机理

7.5.1 中锰钢的力学性能

由于中锰钢最终退火后微观组织存在大量的残余奥氏体，这些残余奥氏体在应力的作用下会发生马氏体相变，产生 TRIP 效应，从而使中锰钢具有优良的综合力学性能。w(C)=0.1%、w(Mn)=7%的中锰钢经不同的制备工艺后的力学性能见表 7-3。可以看出，冷轧后二段式罩式退火后的中锰钢具有最优的力学性能，强塑积为 36.39GPa · %，其次为热轧后退火的中锰钢，强塑积为 32.25GPa · %，这两种中锰钢中残余奥氏体的体积分数较多，并且大多数以长条状存在，此种形貌的残余奥氏体具有较高的稳定性。

表 7-3　w(Mn)=7%的中锰钢经不同的最佳制备工艺后的力学性能

制备工艺	退火温度/℃	退火时间	抗拉强度/MPa	伸长率/%	强塑积/GPa · %
热轧后退火	630	8h	1023	31.54	32.25
冷轧后罩式退火	590	8h	803	35.10	28.19
冷轧后连续退火	650	3min	1329	21.26	28.25
冷轧后二段式罩式退火	625	4h	1177	30.92	36.39

图 7-37 所示为 w(C)=0.1%、w(Mn)=7%的中锰钢冷轧后罩式退火的真应力-真应变曲线。从真应力-真应变曲线上观察，钢板没有明显的屈服平台。钢铁材料的屈服是塑性变形的开始，是位错运动的结果。在实际的多晶体中，由于晶体位向的差别，使得各个晶粒不可能同时发生塑性变形。只有较多的晶粒产生塑性变形时，在宏观的应力-应变曲线上才呈现屈服。屈服时首先要使滑移系启动，发生位错运动，一方面，需要拆散若干 C-Mn 原子对强键，消耗更多的能量，因而 Fe-Mn-C 原子团偏聚区对滑移系启动的强烈阻滞效应和对位错运动的阻碍作用是造成屈服现象不明显的可能原因之一；另一方面，细晶强化的作用也会使得加工硬化率升高，屈服现象不明显。当真应变达到 0.075 以上时，曲线上出现明显的锯齿状起伏。资料介绍这是由于生成形变孪晶造成的，每当产生一片孪晶，应力-应变曲线伴随着一次起伏，每形成一片孪晶会发生一定的应力松弛。由于孪生需要的应力比滑移高，因而形变时一般先发生滑移，当滑移受阻碍时，才在应力集中处萌发孪晶。而现在随着研究的深入，认为这是一种与孪晶有关的 PLC（Portevin- Le Chatelier）效应。这种现象被认为与位错滑动及固溶原子迁移之间的动态作用有关（或者说可动位错与障碍或者溶质原子间的相互作用有关），即动态应变时效机制。有文献指出这种机制是由位错心部的 C-Mn 对的钉扎强化引起的，即应变时必然发生位错运动，溶质原子受到与位错周围歪扭的原子结构伴生的高应变能的影响，被吸引到该处形成气团，使系统的应变能降低并对位错运动起钉扎作用。在外力作用下，可动位错将以热激活的方式重新大规模开动。微观上可动位错被“钉扎”继而“脱钉”这两个行为的反复发生，在宏观上表现为锯齿形流变现象。

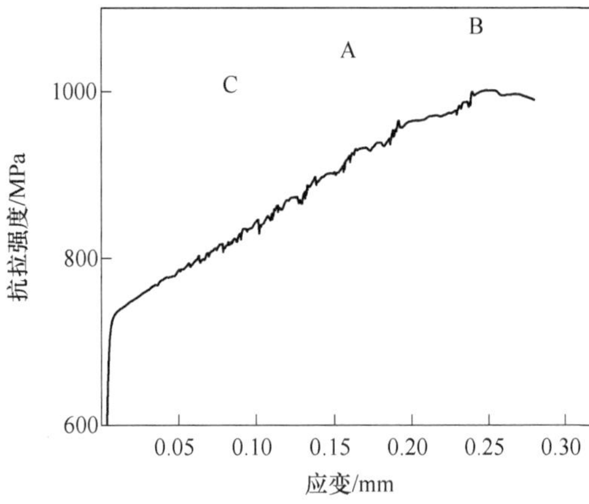

图 7-37　中锰钢冷轧罩式退火后的真应力-真应变曲线

图 7-38 所示为 w(C)=0.1 %、w(Mn)=7%的中锰钢冷轧后罩式退火的真应变-瞬时

n 值曲线。同时，选用两种高强钢 n 值曲线作对比，其中 TRIP 钢的抗拉强度为 870MPa，断后伸长率为 32%；DP 钢的抗拉强度为 930MPa，断后伸长率为 20.3%。通过对比可以看出，三种钢的瞬时 n 值随真应变变化曲线明显不同。其中 DP 钢的加工硬化指数 n 值变化情况，如图中的粗实线，随应变的增加呈现先增加后减小的趋势，直到断裂，高强 TRIP 钢的加工硬化指数 n 值变化情况，如图中的虚线。可以看出应变开始阶段 n 值上升，原因是应变初期，铁素体首先变形，大量位错在铁素体晶粒内堆积，产生一定的应变硬化。积累的应变能提供了残余奥氏体的应变诱发相变的力学驱动力。n 值达到 0.3 左右后一直处于稳定阶段，该阶段钢中大量残余奥氏体在变形过程中持续不断发生马氏体相变，直至真应变为 0.22 时才开始下降，原因是在应变后期没有足够的残余奥氏体发生马氏体相变，TRIP 效应弱，瞬时 n 值降低。从图中细实线可以看出，中锰钢加工硬化指数 n 值随着应变的增加可以分为三个阶段，在 $0<\varepsilon<0.025$，加工硬化指数 n 值呈下降趋势。这个阶段加工硬化的效果主要是由铁素体与奥氏体中的位错强化引起的，因此随着应力的增加，加工硬化的效果越来越小，n 值呈现下降的趋势。在 $0.025<\varepsilon<0.175$，加工硬化指数 n 值升高，并达到峰值 0.75 左右。这个阶段是残余奥氏体、铁素体和马氏体共同作用的结果，它的加工硬化主要是来自于不断转变成的马氏体以及发生形变的马氏体。当 $\varepsilon>0.175$ 后，加工硬化指数 n 值逐渐下降，该阶段大量的残余奥氏体已经完成向马氏体的转变，加工硬化的效果逐渐减弱，因此 n 值呈现下降的趋势。通过对比三者高强钢的加工硬化指数 n 值可以发现，中锰钢的 n 值明显高于 DP 和 TRIP 钢，可达 0.75。并且还可以看出中锰钢的加工硬化指数 n 具有锯齿状效应，这种锯齿效应在 TWIP 钢中也会出现，而传统的高强 TRIP 钢（残余奥氏体含量 5%~15%）中并不会出现这种现象，因此可以初步推断当残余奥氏体达到一定时（大于 25%~30% 时），将会产生锯齿效应。

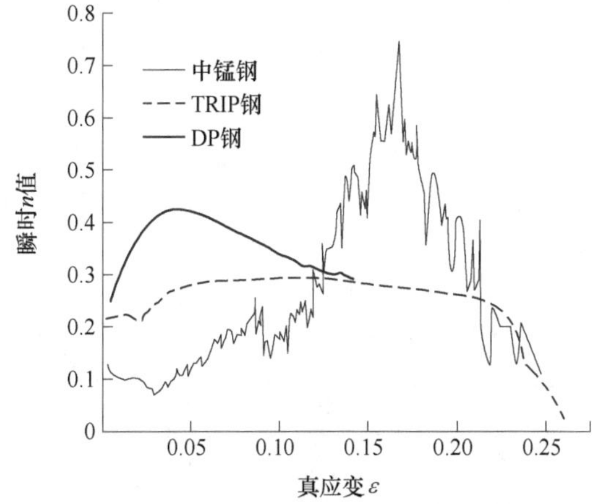

图 7-38 中锰钢与其他高强钢瞬时 n 值对比图

7.5.2 中锰钢的形变微观机理

低碳中锰钢所具有的良好的强度和塑性，与变形过程中微观组织的变化密切相关。图 7-39 所示为 $w(C)=0.1\%$、$w(Mn)=7\%$ 的中锰钢热轧退火后的微观组织，其组织为板条马氏体组织与残余奥氏体组织。

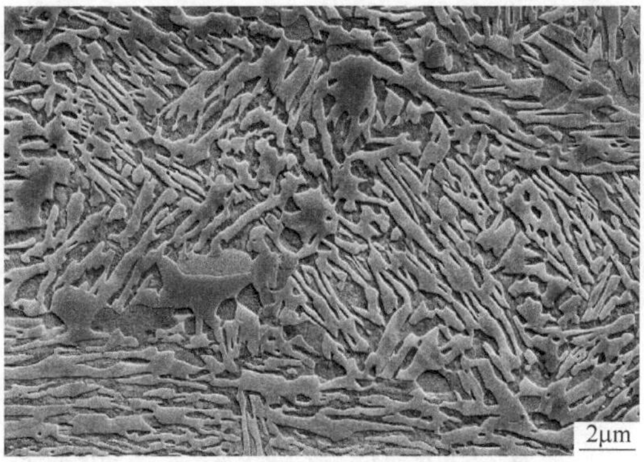

图 7-39 热轧中锰钢的微观组织

对其进行 5%、15% 的拉伸变形，并利用 EBSD 对变形前后的试样进行分析，结果如图 7-40 所示。其中图 7-40a 为拉伸变形前 EBSD 两相分布图；图 7-40b 为拉伸变形 5% 时 EBSD 两相分布图；图 7-40c 为拉伸变形 15% 时 EBSD 两相分布图。利用 XRD 对拉伸变形前后残余奥氏体含量进行测量，结果见表 7-4。随着变形量的增加，残余奥氏体的体积分数逐渐减小，这种现象可以证实，在外力的作用下有大量的残余奥氏体发生了马氏体转变。需要说明的是：XRD 测量值与 EBSD 有较大出入，这里应该以 XRD 测量值为准，因为 EBSD 只是反映了该视场范围内的残余奥氏体分布情况，具有局限性。

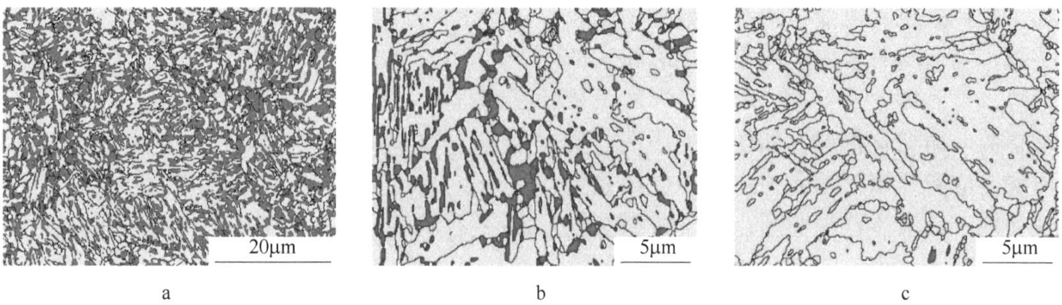

图 7-40　热轧 Mn7 钢拉伸前后 EBSD 两相分布图

a—形变量 0%；b—形变量 5%；c—形变量 15%

表 7-4　不同形变量后残余奥氏体的体积分数

形变量/%	0	5	15
残余奥氏体含量/%	51. 17	32. 17	8. 15

分别将上面 EBSD 图中大、小角度晶界表示出来，如图 7-41 所示，其中图 7-41a、b

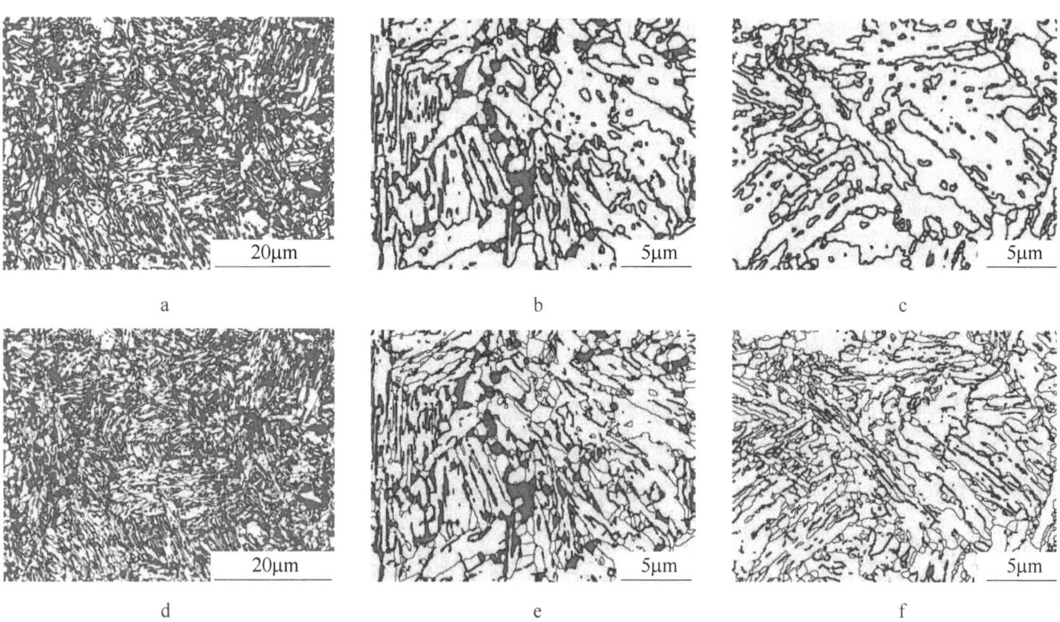

图 7-41　热轧中锰钢在不同拉伸情况下 EBSD 图大、小角度晶界分布情况

a—大角度晶界，形变量 0%；b—大角度晶界，形变量 5%；c—大角度晶界，形变量 15%；
d—小角度晶界，形变量 0%；e—小角度晶界，形变量 5%；f—小角度晶界，形变量 15%

和c中的粗黑线为大角度晶界，图7-41d、e和f中的粗黑线为小角度晶界，为更好地区分大、小角度晶界，将铁素体基体组织改为白色。通过对比分析可以看出，随着拉伸的变形的增加，大角度晶界的残余奥氏体更稳定，小角度晶界的残余奥氏体首先转变。

图7-42为热轧中锰钢经过不同形变量后晶界取向差分布图。随着形变量的增加，小角度晶界变化趋势并不明显，位错运动滑移变形一直都在进行；当形变量达到一定程度时，大角度晶界增多，说明存在晶界的扭转或切变，大量晶粒发生了变形。

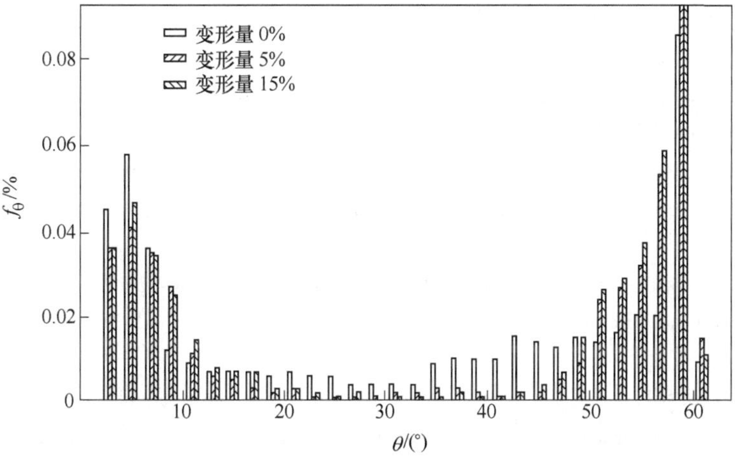

图7-42 热轧中锰钢不同形变量晶界取向差分布图

参 考 文 献

[1] Miller R L. Ultrafine-grained microstructures and mechanical properties of alloy steels [J]. Metallurgical & Materials B, 1972, 3 (4): 905 ~ 912.

[2] Niikura M, Morris J W. Thermal Processing of Ferritic 5Mn Steel for Toughness at Cryogenic Temperatures [J]. Transactions A, 1980, 11 (9): 1531 ~ 1540.

[3] Merwin M J. Evolution of artificially induced slab imperfections through hot and cold rolling [J]. Iron & steel technology, 2007, 4 (10): 68 ~ 80.

[4] 董瀚，王毛球，翁宇庆．高性能钢的M3组织调控理论与技术［J］．钢铁，2010，45（7）：1～6.

[5] Li Z, Zhao A M, Tang D, et al. Microstructure and Mechanical Properties of Hot-rolled Low-carbon Medium-manganese TRIP Steels [J]. Advanced Materials Research, 2011, 194-196: 127 ~ 133.

[6] Sakuma Y, Matsumura O, Akisue O. Influence of Carbon Content and Annealing Temperature on Microstructure and Mechanical Properties of 400 deg C Transformed Steel Containing Retained Austenite [J]. ISIJ International, 1991, 31 (11): 1348 ~ 1353.

[7] Cugy P, Hildenbrand A, Bouzekri M, et al. A Super-High Strength Fe-Mn-C Austenitic Steel with Excellent Formability for Automotive Applications [M]. Italy: Associazione Italiana Di Metallurgia, 2005.

[8] 王存宇．30GPa%级超高强度马奥组织钢的研究［D］．北京：钢铁研究总院，2010.

[9] Han H N, Oh C S, Kim G, et al. Design method for TRIP-aided multiphase steel based on a microstructure-based modelling for transformation-induced plasticity and mechanically induced martensitic transformation [J]. Materials Science & Engineering A, 2009, 499 (1): 462 ~ 468.

[10] Moor E D, Speer J G, Matlock D K, et al. Effect of Carbon and Manganese on the Quenching and Partitioning Response of CMnSi Steels [J]. ISIJ International, 2011, 51 (1): 137 ~ 144.

[11] Suh D W, Ryu J H, Joo M S, et al. Medium-Alloy Manganese-Rich Transformation-Induced Plasticity Steels [J]. Metallurgical and Materials Transactions A, 2013, 44 (1): 286 ~ 293.

[12] 李楠，时捷，陈为亮，等. 碳含量对冷轧中锰钢双相区退火组织和力学性能的影响 [J]. 热加工工艺，2012 (02): 5 ~ 8.

[13] Grajcar A, Kwasny W. Microstructural study on retained austenite in advanced high-strength multiphase 3Mn-1.5Al and 5Mn-1.5Al steels [J]. Journal Achievements in Materials and Manufacturing Engineering, 2012, 54 (2): 168 ~ 177.

[14] Aydin H, Essadiqi E, Jung I, et al. Development of 3rd generation AHSS with medium Mn content alloying compositions [J]. Materials Science and Engineering: A, 2013, 564: 501 ~ 508.

[15] Han Y, Shi J, Xu L, et al. Effects of Ti addition and reheating quenching on grain refinement and mechanical properties in low carbon medium manganese martensitic steel [J]. Materials & Design, 2012, 34: 427 ~ 434.

[16] Han Y, Shi J, Xu L, et al. TiC precipitation induced effect on microstructure and mechanical properties in low carbon medium manganese steel [J]. Materials Science and Engineering A, 2011, 530: 643 ~ 651.

[17] Suh D W, Park S J, Lee T H, et al. Influence of Al on the microstructural evolution and mechanical behavior of low-arbon, manganese transformation-induced-plasticity steel [J]. Metallurgical and Materials Transactions A, 2010, 41 (2): 397 ~ 408.

[18] 徐海峰. 0.2C-5Mn 钢中奥氏体稳定性调控及力学性能的研究 [D]. 武汉：华中科技大学，2012.

[19] Cai Z H, Ding H, Misra R D K, et al. Austenite stability and deformation behavior in a cold-rolled transformation-induced plasticity steel with medium manganese content [J]. Acta Materialia, 2015, 84: 229 ~ 236.

[20] 李振，赵爱民，唐荻，等. 低碳中锰热轧 TRIP 钢退火工艺及组织演变 [J]. 北京科技大学学报，2012, 34 (2): 132 ~ 136.

[21] Zhang R, Cao W Q, Peng Z J, et al. Intercritical rolling induced ultrafine microstructure and excellent mechanical properties of the medium-Mnsteel [J]. Materials Science and Engineering: A, 2013, 583: 84 ~ 88.

[22] Zhan W, Cao L Q, Hu J, et al. Intercritical Rolling Induced Ultrafine Lamellar Structure and Enhanced Mechanical Properties of Medium-Mn Steel [J]. Journal of Iron and Steel Research International, 2014, 21 (5): 551 ~ 558.

[23] 李楠. 冷轧中锰钢逆转变退火及力学性能研究 [D]. 昆明：昆明理工大学，2011.

[24] Shi J, Hu J, Wang C, et al. Ultrafine Grained Duplex Structure Developed by ART-annealing in Cold Rolled Medium-Mn Steels [J]. Journal of Iron and Steel Research International, 2014, 21 (2): 208 ~ 214.

[25] Wang C, Cao W Q, Han Y, et al. Influences of Austenization Temperature and Annealing Timeon Duplex Ultrafine Microstructure and Mechanical Properties of Medium Mn Steel [J]. Journal of Iron and Steel Research International, 2015, 22 (1): 42 ~ 47.

[26] Gibbs P J, De Cooman B C, Brown D W, et al. Strain partitioning in ultra-fine grained medium-manganese transformation induced plasticity steel [J]. Materials Science and Engineering A, 2014, 609: 323 ~ 333.

[27] Nakada N, Mizutani K, Tsuchiyama T, et al. Difference in transformation behavior between ferrite and

austenite formations in medium manganese steel [J]. Acta Materialia, 2014, 65: 251 ~ 258.

[28] Luo H. Comments on "Austenite stability of ultrafine-grained transformation-induced plasticity steel with Mn partitioning" [J]. Scripta Materialia, 2012, 66 (10): 829 ~ 831.

[29] Luo H, Shi J, Wang C, et al. Experimental and numerical analysis on formation of stable austenite during the intercritical annealing of 5Mn steel [J]. Acta Materialia, 2011, 59 (10): 4002 ~ 4014.

[30] De Moor E, Matlock D K, Speer J G, et al. Austenite stabilization through manganese enrichment [J]. Scripta Materialia, 2011, 64 (2): 185 ~ 188.

[31] Lee S, Lee S J, De Cooman B C. Austenite stability of ultrafine-grained transformation-induced plasticity steel with Mn partitioning [J]. Scripta Materialia, 2011, 65 (3): 225 ~ 228.

[32] Lee S, Lee S J, De Cooman B C. Mn partitioning during the intercritical annealing of ultrafine-grained 6% Mn transformation-induced plasticity steel [J]. Scripta Materialia, 2011, 64 (7): 649 ~ 652.

[33] Sugimoto K, Kanda A, Kikuch R, et al. Ductility and formability of newly developed high strength low alloy TRIP-aided sheet steels with annealed martensite matrix [J]. ISIJ International, 2002, 42 (8): 910 ~ 915.

[34] Sugimoto K, Fiji D, Yoshikawa N. Fatigue strength of newly developed high-strength low alloy TRIP-aided steels with good hardenability [J]. Procedia Engineering, 2010, 2 (1): 359 ~ 363.

8 淬火配分钢

8.1 冷轧 Q&P 钢的特点与发展现状

8.1.1 Q&P 钢概述

Q&P（Quenching and Partitioning）钢，即淬火配分钢，是通过控制室温下的富碳残余奥氏体与马氏体的体积分数得到的一种具有 TRIP 效应、高强度与高塑性配合的马氏体钢。2003 年美国柯州矿校 Speer J G[1~3]受 TRIP 钢在贝氏体相变时碳会向奥氏体扩散，形成无碳化物贝氏体[4]的工作启示，提出了淬火配分工艺，并研制出性能优于普通淬火-回火工艺的 Q&P 钢。

8.1.1.1 Q&P 热处理工艺

Q&P 热处理工艺曲线如图 8-1 所示。热处理工艺一共分为四部分：首先将钢加热到奥氏体化温度并等温一段时间；随后快速冷却到 M_s ~ M_f间的淬火温度并保温，得到一定比例的马氏体和奥氏体；第三步加热到 M_s点以上的配分温度并保温一段时间进行配分处理，使碳由马氏体向奥氏体扩散，从而提高奥氏体的稳定性，使之在室温下稳定存在；第四步冷却到室温，该过程中，如奥氏体的稳定性不够，将进一步转变为马氏体，从而将减少室温下获得的奥氏体量。

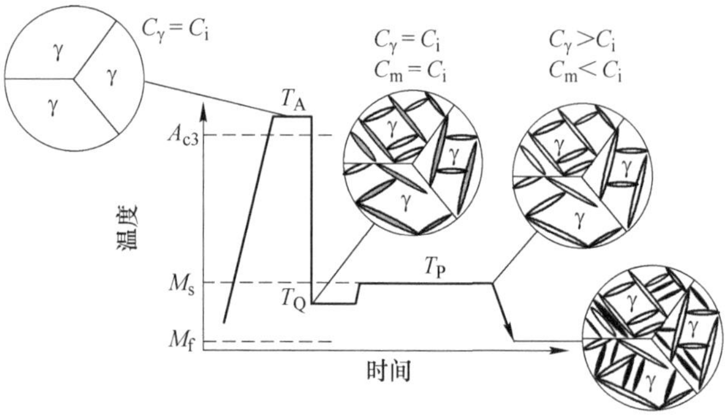

图 8-1 Q&P 热处理工艺

C_i—合金初始碳含量；$C_γ$—奥氏体中碳含量；C_m—马氏体中碳含量；

T_A—奥氏体化温度；T_Q—淬火温度；T_P—配分温度

8.1.1.2 Q&P 钢组织

Q&P 钢本质上是一种马氏体钢，室温组织主要取决于热处理工艺，当完全奥氏体化加热时，主要包含马氏体与残余奥氏体组织，其中马氏体呈板条状，薄膜状残余奥氏体夹在马氏体板条间；当两相区加热时，除马氏体、奥氏体外，还包含铁素体组织。

图 8-2 是 0.54C-0.846Mn-0.149Cr-0.916Si 钢加热至 900℃，保温 100s，淬火至

150℃，保温 20s 的金相与扫描组织，图 8-2a 中深暗色的为马氏体组织，亮白色的为奥氏体[5]。

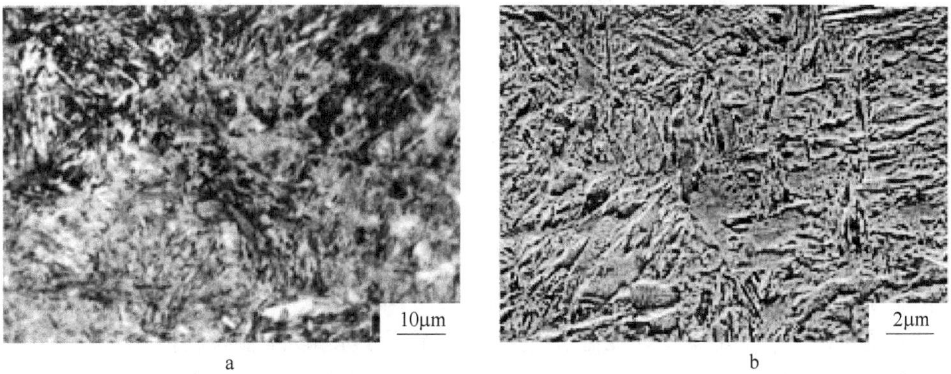

图 8-2 Q&P 钢的金相与扫描组织[5]
a—金相组织；b—扫描组织

图 8-3 为 0.19C-1.59Mn-1.63Si 钢[6]经两相区退火，获得 25% 铁素体，然后淬火到 260℃，在 400℃保温 100s 后的透射照片，图 8-3a 是明场像，马氏体呈板条状，图 8-3b 是暗场像，亮白色的为薄膜状残余奥氏体。

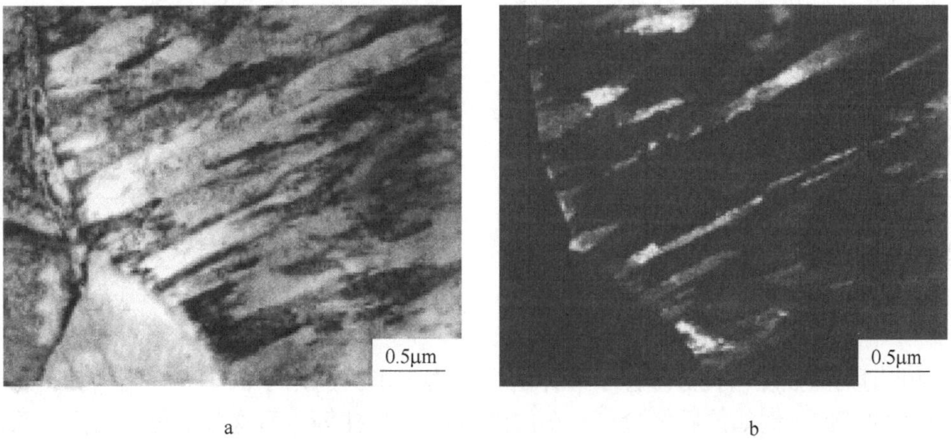

图 8-3 Q&P 钢的透射组织[6]
a—明场像；b—暗场像

8.1.1.3 Q&P 钢中合金元素作用

作为高强钢，首先要保证有高的强度，而 Fe-C 合金最经济有效的强化方法是碳的固溶强化[7,8]。然而，含碳量过高会降低塑性与韧性：当碳含量升到 1.3% 时，钢的韧性几乎为零；当钢中含碳量大于 0.3% 时，钢在淬火后不可避免地出现较多的孪晶亚结构[9]，有可能增加淬火裂纹的倾向并有损韧性[10]。碳含量升高还会影响材料的焊接性。因此，选取的含碳量一般为 0.1%~0.2%，同时借助 Mn、Si、Al 等合金元素实现钢的强化。

Q&P 钢中合金元素的作用如下：

（1）Mn。Mn 作为奥氏体稳定化元素，在临界区退火时会向奥氏体中扩散，使得 Mn、C 同时在奥氏体中富集，改变奥氏体在随后冷却过程中的稳定性和珠光体的形成。Mn 元素能够提高钢铁的淬透性，随着 Mn 含量的提高可以有效降低马氏体临界转变速率。

（2）Si。作为非碳化物形成元素，Si 在碳化物中的溶解度极低，在配分阶段能够强烈抑制 Fe_3C 的形成，使更多的碳扩散至奥氏体中而不生成碳化物，提高残余奥氏体的稳定性。有效抑制渗碳体所需要的 Si 含量至少为 0.8%，但高含量的硅元素会使钢板的热轧性能降低，在钢板表面形成稳定的氧化物 Mn_2SiO_4。在 Q&P 钢中，一般 Si 含量为 1.0%~1.5%。

（3）Al。C-Mn-Si 系 TRIP 钢里的高 Al 含量导致高的 C 富集在残余奥氏体中[13]。Al 的晶体结构与奥氏体相似，是面心立方晶体，它固溶于 Fe 中，使奥氏体相区强烈缩小，提高 M_s 点温度[14]，形成 γ 相。在配分过程中，Al 元素能够抑制渗碳体的析出[15]，作用与 Si 元素类似，但是 Al 的固溶强化效果比 Si 弱，而且稳定奥氏体的能力也较 Si 弱[16]，所以可用 Al 代替部分 Si，以解决高 Si 带来的表面质量问题。

8.1.1.4　Q&P 钢力学性能

作为第三代先进高强度钢，Q&P 钢本质上是一种马氏体钢，但是它区别于传统的回火马氏体钢。在同等强度下与回火马氏体钢相比，塑性大幅度提高[17]。钢经 Q&P 处理后得到的室温组织为马氏体和残余奥氏体，如果为两相区加热还有铁素体组织。大量马氏体的存在保证了钢具有较高的强度，抗拉强度可达 1000～1400MPa，而其中 4%~15% 残余奥氏体的存在又增加了钢的塑性，伸长率可达到 15% 左右，Q&P 钢的力学性能范围[18,19]如图 8-4 所示。

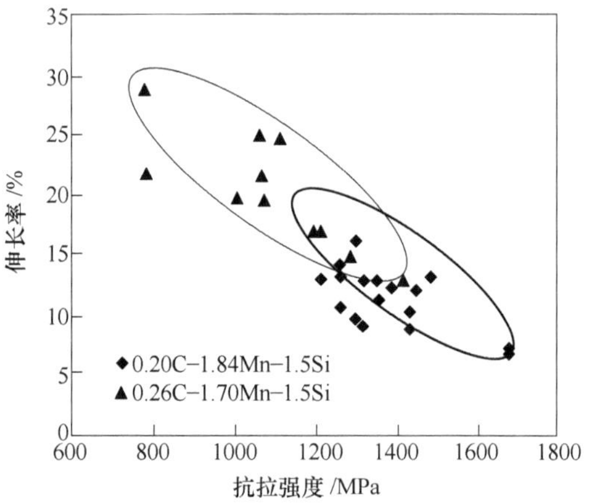

图 8-4　Q&P 钢的力学性能范围

Q&P 钢集高强度与良好塑性于一体的特性决定了其适用于汽车安全结构件，特别是防止侵入的部位，例如前后保险杠、车门防撞杆和 B 柱等，而这些部位目前主要采用马氏体钢和热冲压成型钢。与马氏体钢相比，Q&P 钢的高塑性使其在冷成型工艺方面更具优势，它一方面可以降低产品的冲裂率，另一方面还能够实现形状复杂件的成型。热冲压成型虽然可以解决马氏体钢成型方面的缺点，但是其生产工序多、模具不断加热冷却带来的寿命降低等问题提高了生产成本，限制了其广泛应用。因此，采用 Q&P 钢板经冷成型生产车门防撞杆、保险杠及 B 柱等零件将具有较强的竞争力。

8.1.2　Q&P 钢中碳分布及残余奥氏体

图 8-5 所示为 Clarke[20] 利用原子探针（Atom Probe Tomography，APT）对 0.19C-1.59Mn-1.63Si-0.036Al 钢 Q&P 处理后碳原子分布检测结果。经过碳配分以后平均的碳含量为 0.73%，而经过 XRD 测试得到的碳含量为 1.1%，图中最低的碳含量区域（0.1%）表示的是贫碳的马氏体，高碳区域为残余奥氏体，或者是配分后淬火新生成的马氏体。通

过原子探针显示出的碳原子分布，充分证明了在 Q&P 工艺中奥氏体的确会富碳。

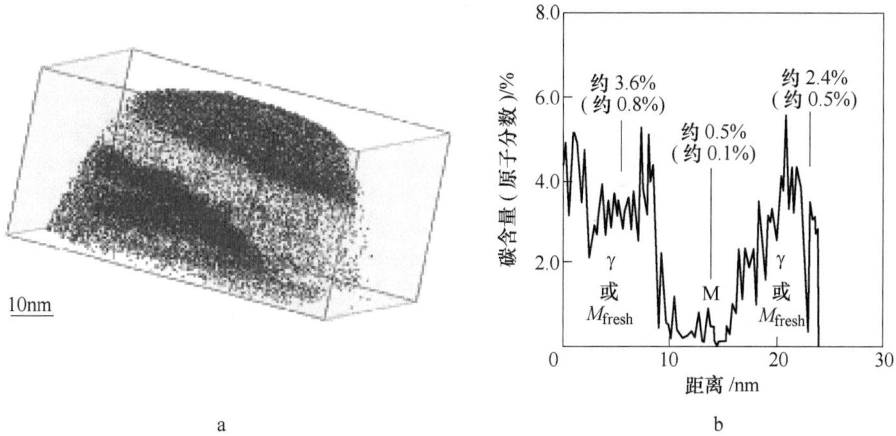

图 8-5 Q&P 处理的碳原子分布图[20]

（图中数据上面为原子分数，下面括号中为质量分数）

Q&P 钢中残余奥氏体受加热温度、淬火温度、配分温度和配分时间影响很大。加热温度和淬火温度决定了最初马氏体与奥氏体的量，进而决定了最终马氏体与残余奥氏体的量；配分温度和配分时间不仅影响残余奥氏体的量，而且还影响残余奥氏体的形貌。图 8-6 是江海涛[21]对 0. 17C-1. 41Si-1. 48Mn 钢经不同的配分温度和配分时间得到的形貌图，发现残余奥氏体有两种不同形貌，一种以薄膜状存在于马氏体板条之间，另一种以块状形式存在于晶界处。

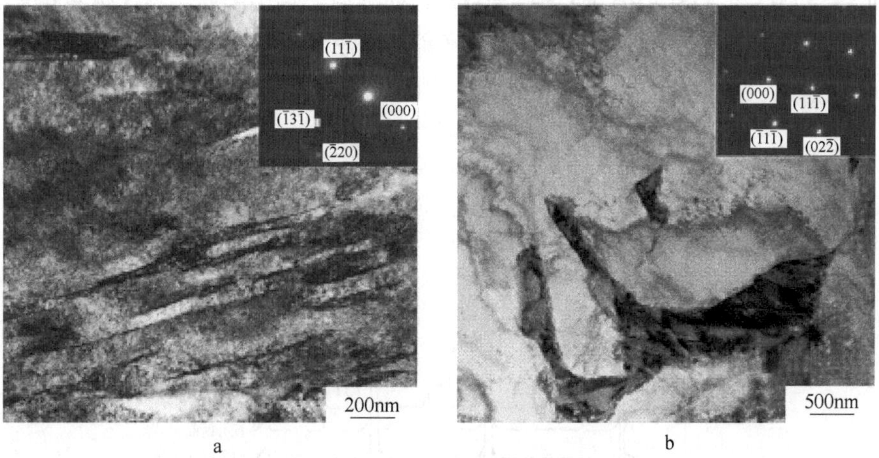

图 8-6 0. 17C-1. 41Si-1. 48Mn 经过 Q&P 处理后残余奥氏体形貌[21]

a—薄膜状残余奥氏体；b—块板残余奥氏体

残余奥氏体的稳定性与材料的性能有密切关系。一般而言，残余奥氏体的稳定性包括机械稳定性和热稳定性，这里所指的稳定性主要是残余奥氏体的机械稳定性或者力学稳定性，通常指的是奥氏体在应变状态下抵抗诱发马氏体相变的能力；而奥氏体的热稳定性是指奥氏体在不同回火状态下，抵抗回火转变的能力，它与室温下获得残余奥氏体多少有关。图 8-7[22]反映了拉伸过程中真应变与残余奥氏体的关系，随着变形量的增大，残余奥氏体的量逐渐减少，转变为马氏体，提高伸长率。

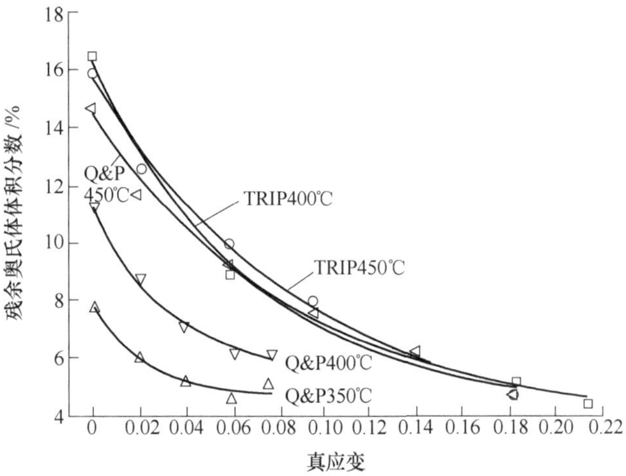

图 8-7 残余奥氏体的机械稳定性[22]

8.1.3 Q&P 钢的发展现状

钢经 Q&P 处理后，达到了塑性与强度的良好结合。由于具有优良的综合性能，自 2003 年 Speer[3]提出 Q&P 工艺以来，各国学者对 Q&P 钢进行了研究。

Shu Yan 等人[23]通过 EBSD 和 XRD 对进行了 Q&P 处理和传统的 Q&T 处理后的 Fe-0. 20C-1. 57Mn-1. 55Si 钢分析发现：经 Q&P 处理后，钢中的残余奥氏体量远比 Q&T 处理多（见图 8-8）；Q&P 处理后钢的拉伸强度稍低，总伸长率更高，其强塑积远高于 Q&T 处理的钢。

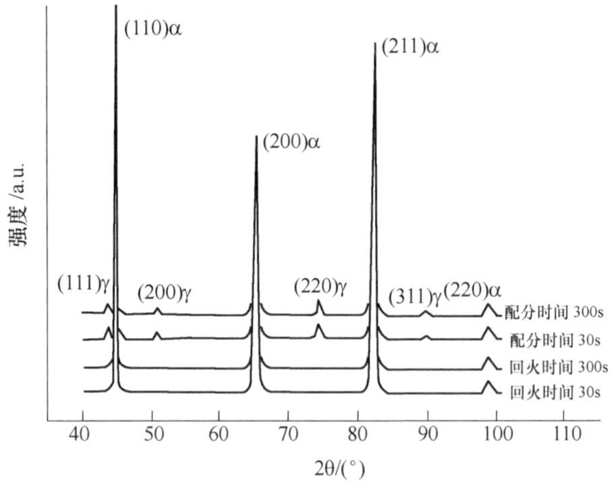

图 8-8 配分和回火过程残余奥氏体的含量[29]

Gerdemann[24]将 0. 6C-0. 95Mn-1. 96Si 钢经 900℃ ×15min 加热保温后，淬火至 150～210℃的锡-铋浴中，保温 120s；再在 250～500℃的熔盐中进行 10～3600s 配分处理，最后

冷却至室温，得到大于6%（体积分数）的残余奥氏体，而直接淬火后其残余奥氏体量小于2%。由此说明钢经 Q&P 处理后，残余奥氏体量增加。

Rao 和 Thomas 以高分辨点阵象[25]、Sarikaya 和 Thomas 以场离子显微镜和原子探针[26]测定了残余奥氏体中的碳含量，证明在马氏体相变过程中存在碳的扩散。马氏体相变同时碳原子扩散进入奥氏体中使其富碳，降低了 M_s点，引起奥氏体化学稳定化。徐祖耀[27]较精确地计算了碳原子从马氏体扩散到奥氏体中的时间为 10^{-7}s 数量级，此结果表明马氏体和富碳的奥氏体几乎可以同时形成。基于上述理论可以进行 Q&P 钢制备工艺的开发。

Edmonds 等人[28]发现，配分温度下停留时间较长时将出现 ε 碳化物。对此，Edmonds 等人认为合金元素 Si、Al 尽管能够有效抑制 θ 型碳化物（渗碳体）的析出，但不能有效抑制其他类型碳化物（如过渡碳化物）的析出。碳化物析出消耗了供奥氏体富集的碳，影响奥氏体的稳定性。该研究结果有助于选择获得最大残余奥氏体的最低配分温度。

Riming Wu 等人[29]将 Fe-0.2C-2Mn-1.5Si 钢加热到 860℃保温 5min，然后再淬火到 280℃，再加热到 350℃保温 10s，然后冷却到室温，研究 Q&P 处理后亚稳态残余奥氏体对断裂抗力的影响，发现体积分数为 8% 的亚稳态奥氏体转变为马氏体能多吸收 22%~35% 的断裂功。

Eun Jung Seo 等人[30]通过 FE-TEM、3D-APT 发现 Fe-0.21C-4Mn-1.6Si-1Cr 钢在 Q&P 工艺处理时，Mn 和 Si 会在马氏体-奥氏体界面附近发生配分。他们通过数值模拟结合配分动力学方程给出了论证。

8.2 冷轧 Q&P 钢的生产工艺和组织演变过程

8.2.1 Q&P 钢的生产工艺及其对力学性能的影响

Q&P 钢生产工艺中，当奥氏体化温度 T_A 高于 A_{c3} 时，称为完全奥氏体化 Q&P 处理，当 T_A 在 $\alpha+\gamma$ 区间时，称为 $\alpha+\gamma$ 的 Q&P 处理或两相区 Q&P 处理。当 $T_Q=T_P$ 时，称作一步法；当 $T_Q\neq T_P$（通常情况下，$T_P>T_Q$）时，称作两步法[31]。生产工艺参数还包括加热温度、淬火温度、配分工艺，不同的工艺参数得到不同的力学性能。

8.2.1.1 一步法与两步法的影响

一步法在配分前与两步法工艺相同，仅仅是配分温度与淬火温度不同。一步法的配分温度低于两步法，温度低在配分过程中碳原子扩散的动力就小，造成残余奥氏体量少，最终影响钢的力学性能。

图 8-9 为一步法、两步法与直接淬火钢抗拉强度的对比。四个加热温度下，两步法所得到的抗拉强度均低于一步法。这是因为在配分阶段，一方面初生马氏体的碳向残余奥氏体中扩散，另一方面初生马氏体也发生自回火，配分温度越高，马氏

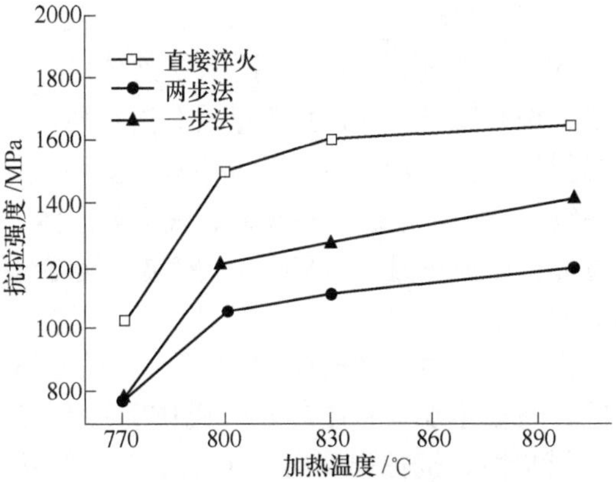

图 8-9 一步法与两步法对抗拉强度的影响

体中的碳损失得越多，使马氏体强度降低。

一步法与两步法对伸长率的影响如图 8-10 所示，两步法工艺下的伸长率大于一步法。这是因为配分温度高，碳向奥氏体中扩散的动力大，使更多的碳转移至奥氏体中，最终室温下得到的残余奥氏体量就多，伸长率高。

从反映钢铁综合力学性能的强塑积分析，如图 8-11 所示，两步法下的强塑积远远高于一步法与直接淬火钢，一步法与直接淬火钢的强塑积相差不大，所以一步法 Q&P 工艺效果不如两步法。

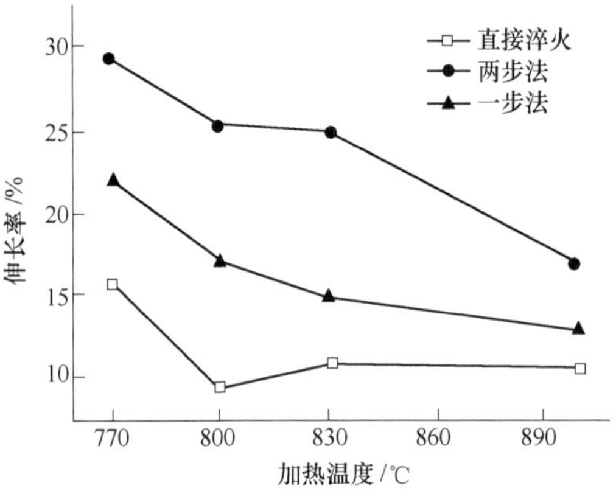

图 8-10 一步法与两步法对伸长率的影响

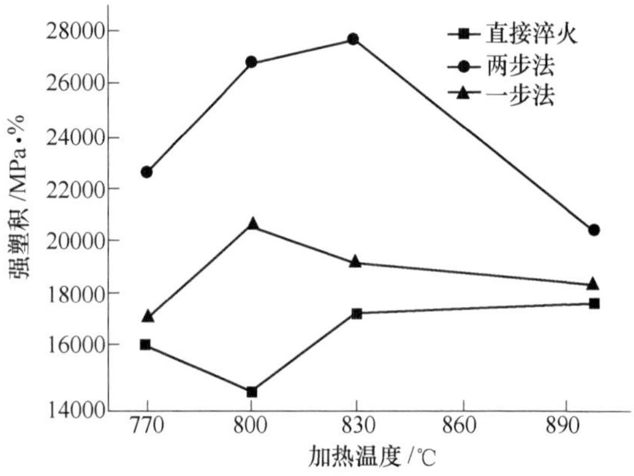

图 8-11 一步法与两步法对强塑积的影响

8.2.1.2 加热温度的影响

图 8-12 反映了加热温度与力学性能的关系。当加热温度为 770℃时，整体强度低，伸长率高，集中在图 8-12 的左上方；最高抗拉强度为 1051MPa，伸长率仅为 13%；当伸长率为 33% 时，抗拉强度仅为 668MPa。当加热温度为 900℃时，集中在图 8-12 的右下方，强度高（抗拉强度范围为 1000 ~ 1400MPa），伸长率低（约 15%）。加热温度主要控制铁素体的含量，铁素体塑性好，其含量最终决定材料的伸长率。当加热温度为 770℃，室温下最终组织为铁素体、马氏体、残余奥氏体，铁素体含量约为 77%（体积分数），造成强度过低；而加热温度为 900℃，室温下最终组织为马氏体与残余奥氏体，总体上抗拉强度高，伸长率低。

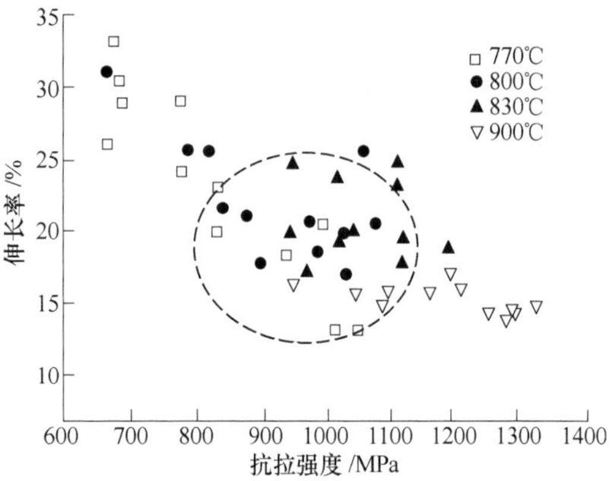

图 8-12 加热温度对力学性能的影响

当加热温度为 800℃、830℃时，铁素体含量分别为 47%、25%，介于 770 ~ 900℃之间，室温组织为铁素体、马氏体、残余奥氏体，基本位于图 8-12 中上部，表示出良好的强塑性，抗拉强度大于 1000MPa，伸长率大于 20%，作为汽车用高强度钢实际意义重大。

图 8-13 所示为加热温度对抗拉强度、伸长率的影响规律。由图 8-13 可以看出，随着

加热温度升高，平均抗拉强度升高，平均伸长率降低。这也说明了加热温度决定了铁素体的含量，进而决定了最终力学性能。由图8-13还可以发现，随着加热温度的升高，伸长率变化范围减小，说明随着加热温度的升高，配分工艺对伸长率的影响减小。

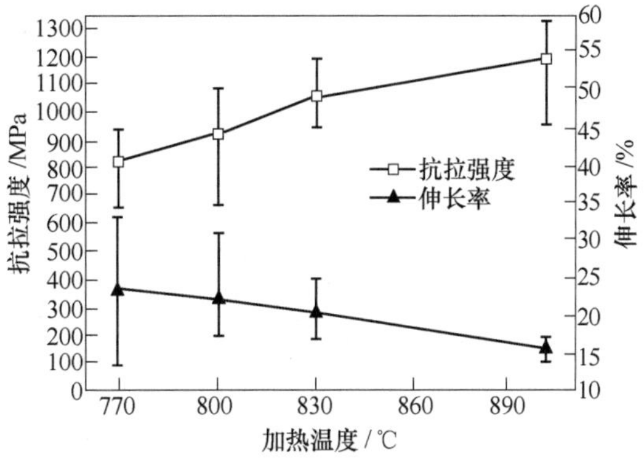

图8-13 加热温度对力学性能的影响趋势

强塑积是表征钢铁强韧性水平的综合性能指标，图8-14所示为加热温度对强塑积的影响。当加热温度为770℃时，虽然铁素体多，塑性好，但抗拉强度低，所以强塑积低(强塑积范围为14～23GPa·%)；同理，完全奥氏体化后得到的马氏体多，抗拉强度高，但塑性低，所以强塑积低（强塑积范围为16～20GPa·%）。当加热温度为800℃、830℃时，强塑积高，最高可达28GPa·%。从图8-14可看出，800℃与830℃的强塑积范围相差不大，当加热温度为830℃时得到的强塑积整体略好于800℃。

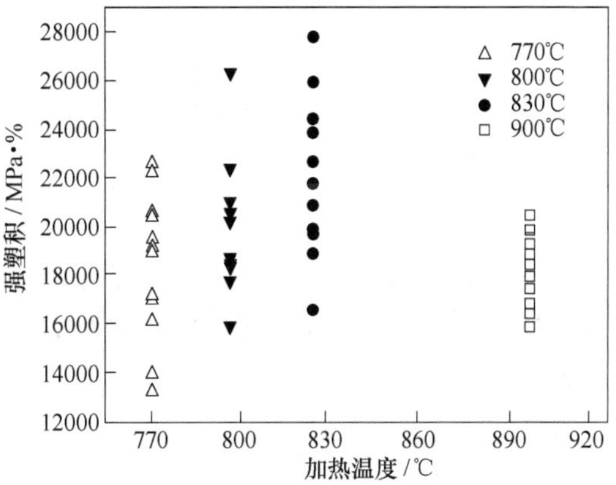

图8-14 加热温度对强塑积的影响

以上分析可知，加热温度决定铁素体的含量，当铁素体的含量在25%～50%（体积分数）时，可得到良好的力学性能。

8.2.1.3 淬火温度的影响

图8-15所示为加热温度为800℃，配分温度为400℃，配分时间分别为10s、60s、300s、1000s时，不同淬火温度对力学性能的影响。当淬火温度为220℃时，不同配分工艺下的伸长率大于21%，抗拉强度在950～1150MPa之间；淬火温度为260℃、280℃时，不同配分工艺下力学性能的分布范围较大。

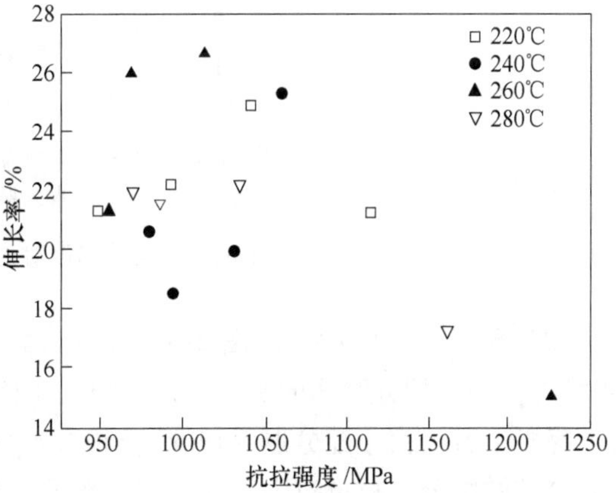

图8-15 不同淬火温度对力学性能的影响

当加热温度一定时（800℃），只有在最佳淬火温度的前提下，通过改变不同的配分工艺，才能得到尽可能多的残余奥氏体量，进而得到最佳力学性能。不同淬火温度对强塑积的影响如图8-16所示，当淬火温度为240℃、260℃时，得到的最大强塑积高于淬火温度为220℃、280℃时的最大强塑积。这表明淬火温度为240℃、260℃时，能达到更好的综合力学性能。

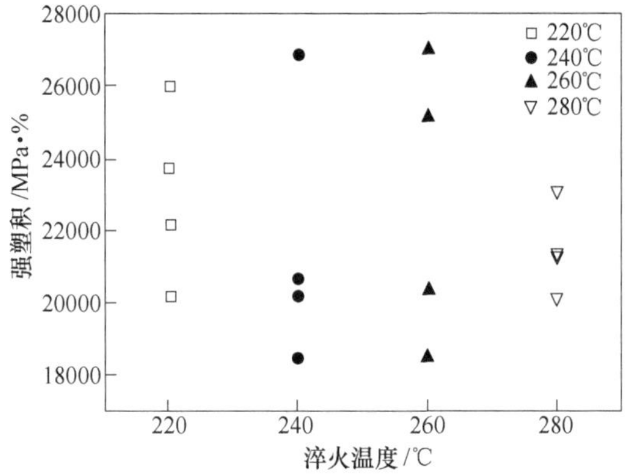

图 8-16　不同淬火温度对强塑积的影响

8.2.1.4　配分工艺的影响

配分工艺决定残余奥氏体的含量，进而决定最终力学性能。配分工艺的影响主要包括配分温度与配分时间的影响。

（1）配分温度的影响。图 8-17 所示为配分温度对平均强度与平均伸长率的影响。随着配分温度的升高，抗拉强度降低，伸长率也降低。分析认为 350℃时，就可以完成碳的配分，随着温度的升高，马氏体回火程度加剧，导致强度下降，并且残余奥氏体发生分解，使得伸长率降低。

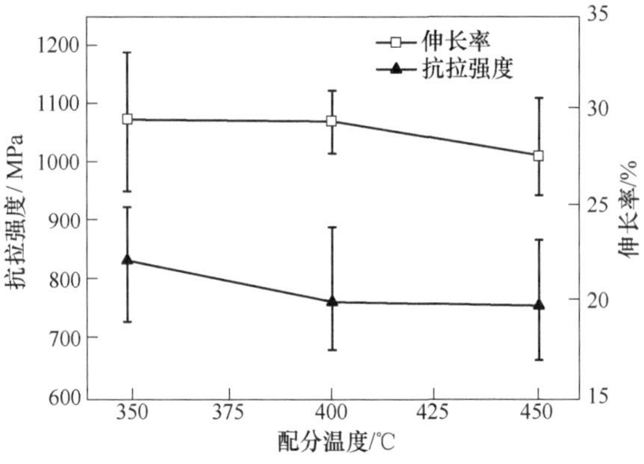

图 8-17　配分温度对力学性能的影响趋势

（2）配分时间的影响。图 8-18 所示为配分时间对力学性能的影响。当配分温度为 350℃时，随着配分时间的延长，抗拉强度下降，屈服强度先上升后下降，伸长率先上升后下降再上升。由于配分温度较低（350℃），碳原子扩散困难，当配分时间为 10s 时，没有完成碳的配分，故抗拉强度高，伸长率低；当配分时间达到 60s 时，碳原子已经完成了配分，此时得到的残余奥氏体最多，故伸长率最高。在整个配分阶段，马氏体中的碳含量逐渐减少，并且发生自回火，所以抗拉强度降低[32]。虽然有 Si 元素抑制渗碳体的生成，但在配分过程不可避免地会发生碳化物的生成。当碳化物生成时，会阻碍位错的运动，提高屈服强度。

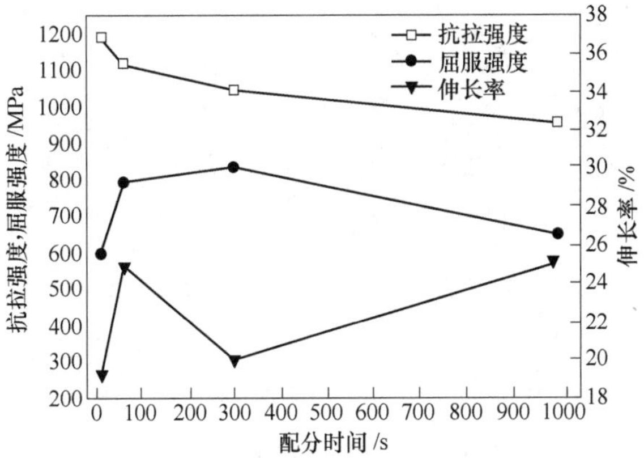

图 8-18 配分时间对力学性能的影响（配分温度为 350℃）

在 350℃时只需要 60s 就完成了碳分配，所以配分时间达到 300s 时，会发生残余奥氏体的分解，室温下得到的残余奥氏体减少，宏观上造成伸长率下降；而当达到 1000s 时，伸长率反而又上升。研究认为这是因为伸长率不是由残余奥氏体单独决定的，而是由马氏体的回火程度与残余奥氏体量共同决定。当配分时间达到 1000s 时，残余奥氏体减少，引起塑性降低，而马氏体发生回火使塑性提高，当马氏体发生回火的程度抵消了由于残余奥氏体量减少带来的塑性下降，则宏观表现出伸长率升高。

8.2.2 Q&P 钢的组织演变过程

Q&P 工艺步骤大致可以分为四步，每一步都会产生不同的组织。第一步是加热阶段，如果两相区保温，则最终组织中会产生铁素体，而完全奥氏体化保温则没有铁素体组织；第二步是淬火阶段，从第一步得到的奥氏体部分转变为马氏体，在此称为初生马氏体；配分过程是第三步，在此阶段发生碳的扩散，未转变奥氏体得到碳原子，使之能够在室温下稳定存在；最后一步是快速冷却阶段，稳定的奥氏体保存下来，不稳定的奥氏体又会转变为马氏体，为了区别初生马氏体，此阶段产生的马氏体称为后生马氏体。

8.2.2.1 加热温度对组织的影响

当配分温度、配分时间一定时（400℃、60s），不同加热温度下 SEM 照片如图 8-19 所示。由图 8-19 可知，两相区加热得到的组织为铁素体、马氏体及残余奥氏体。通过软件 Image Pro plus 6.0 计算出在 770℃、800℃、830℃加热温度下金相组织中铁素体含量（体积分数）分别为 77%、45%、26% 左右。当加热温度为 770℃时，铁素体组织占多数，晶粒大小为 2μm 左右，加热过程中多边形铁素体从原奥氏体中析出并长大，未转变的奥氏体位于先共析铁素体的晶界处及内部，接下来的淬火过程中这部分奥氏体一部分转变为马氏体（如图 8-19a 中标出的 M + RA 位置），一部分由于碳含量高未发生转变（如图 8-19a 中标出的 RA 位置），晶界处有亮条处，并且发现有块状组织。当加热温度为 800℃时，马氏体形貌明显，呈板条状，如图 8-19b 所示，并且块状组织减少。当加热温度为 830℃，马氏体量越来越多，并且能清楚地观察到原奥氏体形貌，如图 8-19c 所示。完全奥氏体化后得到的组织主要为马氏体组织，呈板条状，如图 8-19d 所示。组织的不同也就决定了力学性能的差异。

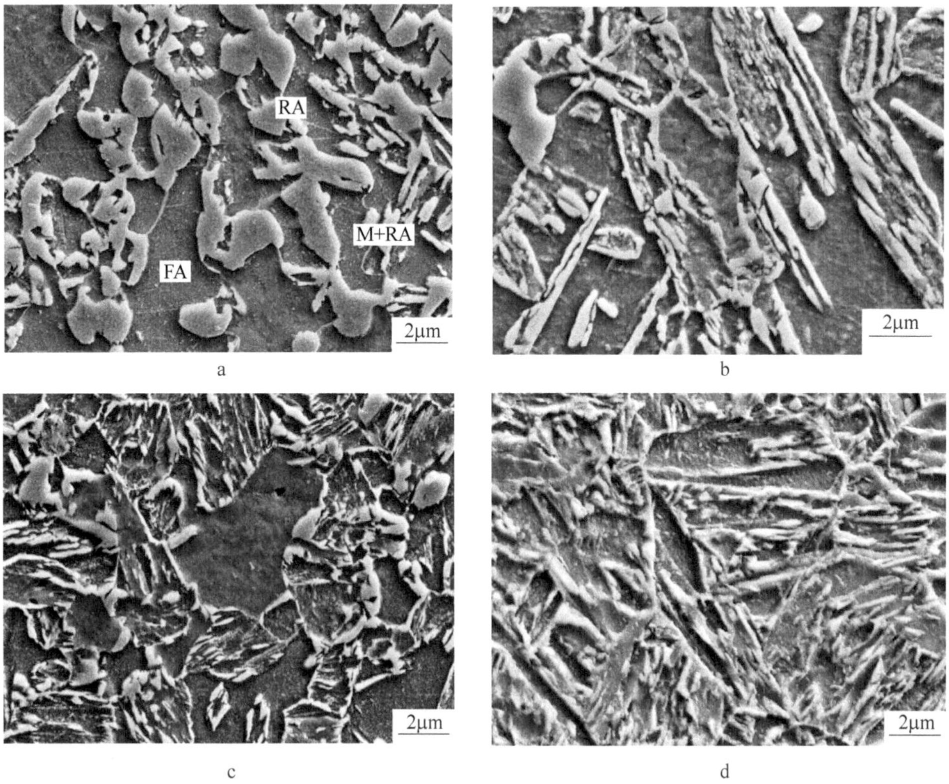

图 8-19　配分温度为 400℃，配分时间为 60s，不同加热温度对微观组织的影响

a—770℃；b—800℃；c—830℃；d—900℃

8.2.2.2　配分工艺对组织的影响

加热温度为 830℃，配分时间为 60s 时，不同配分温度对微观组织的影响如图 8-20 所示。当配分温度为 350℃时，马氏体边界较明显；当配分温度为 400℃时，微观组织变化不大；当配分温度达到 450℃时，马氏体边界模糊，回火现象明显，并且有小颗粒状的渗碳体析出，在变形过程中阻碍位错的运动，提高了强度。

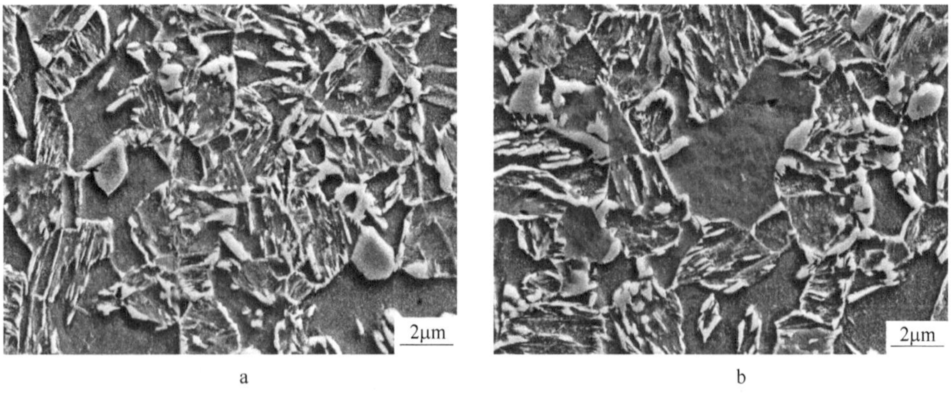

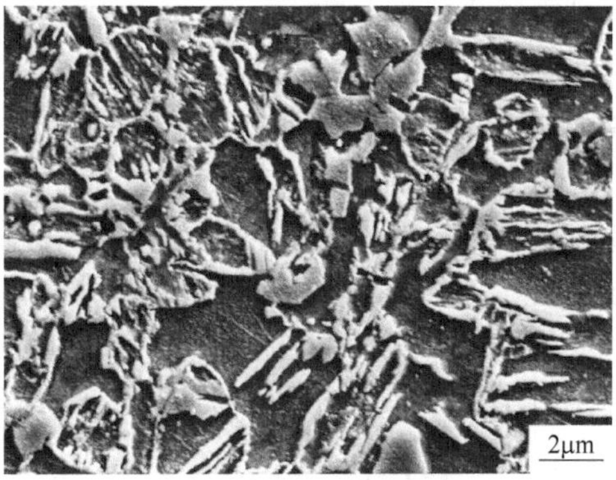

c

图 8-20 加热温度为 830℃，配分时间为 60s，不同配分温度对微观组织的影响

a—350℃；b—400℃；c—450℃

加热温度为 830℃，配分温度为 400℃时，不同配分时间的微观组织如图 8-21 所示。当配分时间为 10s 时，马氏体呈现板条状，板条边界明显；随着配分时间的延长，马氏体板条边界变得模糊，并且板条间出现粒状物质；当配分时间达到 300s 时，马氏体板条更加模糊，并且伴有大量粒状物生成；当配分时间达到 1000s 后，马氏体板条基本消失。

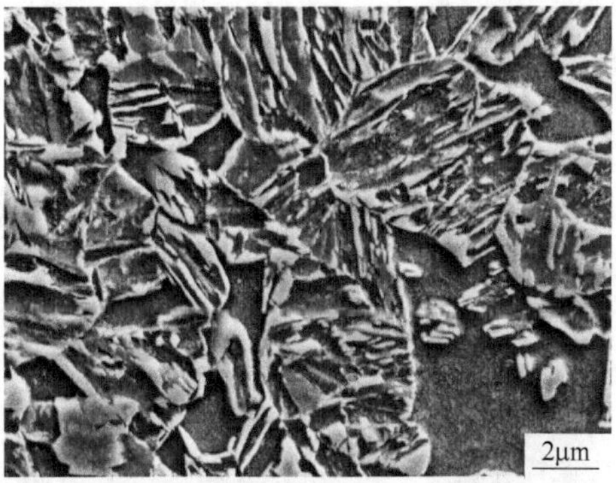

a

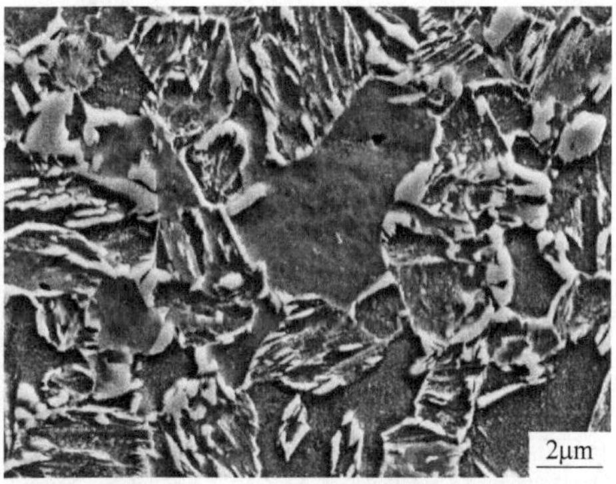

b

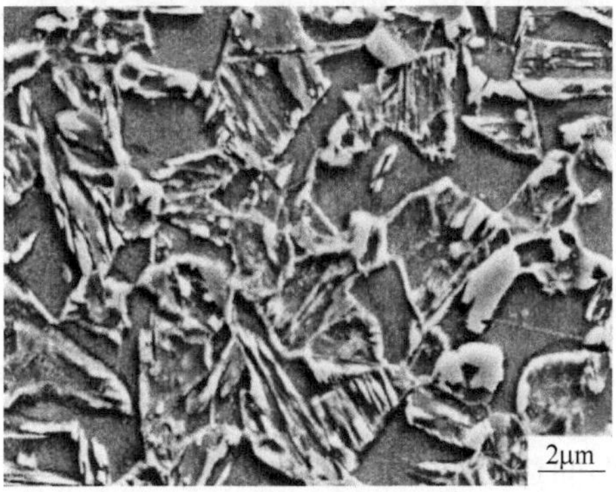

c

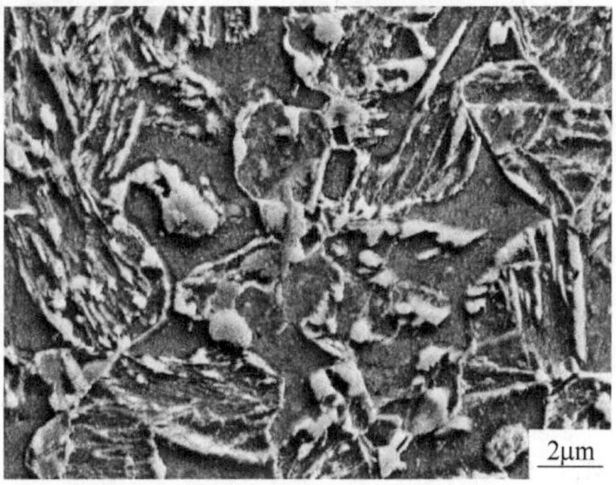

d

图 8-21 加热温度为 830℃，配分温度为 400℃，配分时间对微观组织的影响

a—10s；b—60s；c—300s；d—1000s

8.2.2.3 Q&P 钢组织转变机理分析

A 完全奥氏体化 Q&P 工艺组织演变机理

图 8-22 是 0.2C-1.51Si-1.84Mn 钢在 920℃-240℃-400℃ ×10s 工艺下的透射组织照片。从图中可知，完全奥氏体化 Q&P 工艺下马氏体组织呈现典型的板条状，如图 8-22a 所示，板条宽度为 100 ~ 300nm，马氏体板条内存在大量高密度位错和位错缠结，板条马氏体具有良好的强度与韧性。Q&P 钢中的残余奥氏体，分布在板条马氏体间，呈薄膜状，宽度为 20 ~ 50nm，长度小于 1μm，如图 8-22d、e、f 所示。对选区进行电子衍射标定，如图 8-22a 所示，马氏体与残余奥氏体之间的取向关系符合 Nishiyama-Wasserman 关系：$[001]_M \parallel [110]_A$，$(011)_M \parallel (\bar{1}\bar{1}1)_A$。

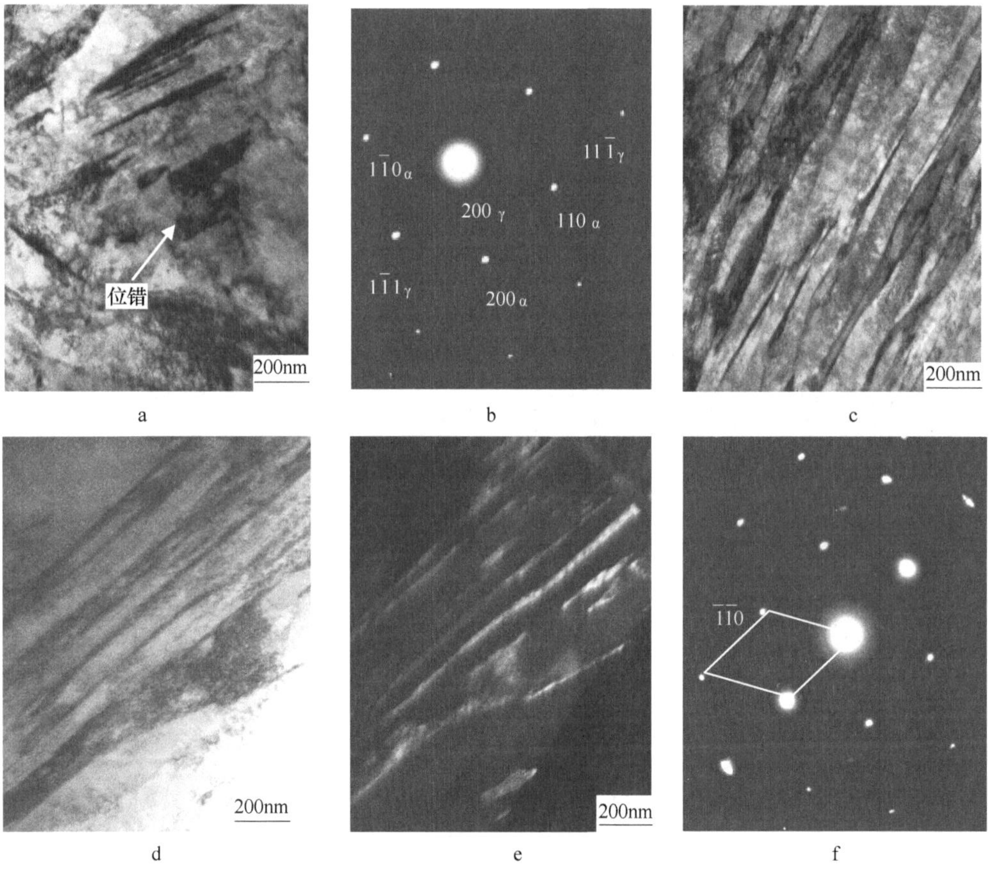

图 8-22 试验钢在 900℃-240℃-400℃ ×10s 工艺下的 TEM 形貌像

a，b—板条状马氏体及衍射花样；c—孪晶马氏体；d ~ f—残余奥氏体明场相、暗场相及衍射花样

图 8-23 是 0.2C-1.51Si-1.84Mn 钢在 900℃-240℃-400℃ ×60s 工艺下的透射照片。由图可见，板条之间析出有碳化物，可见当配分时间达到 60s 时，奥氏体在高温下变得不稳定，会发生分解，由于奥氏体与马氏体都是不稳定态，所以在加热过程中碳会向稳定的碳化物转变。试验钢中的 Si 虽然能够抑制渗碳体的析出，但随着配分时间的延长，抑制作用减小。

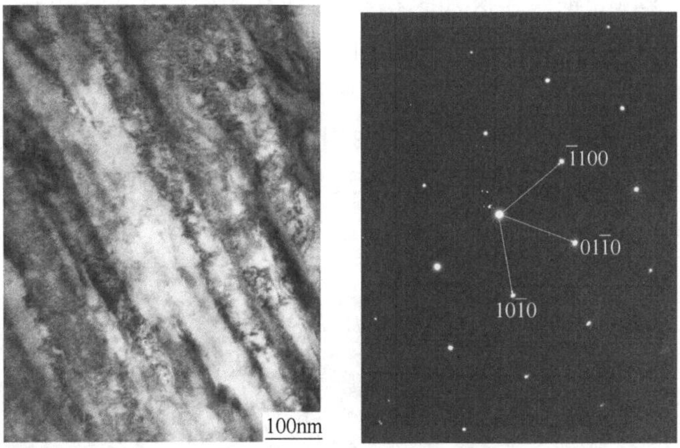

a　　　　　　　　b

图 8-23　试验钢在 900℃-240℃-400℃ ×60s 工艺下的 TEM 形貌像

a—板条间析出碳化物；b—碳化物衍射花样

Q&P 钢的工艺处理过程中组织转变如图 8-24 所示。试验钢经完全奥氏体化后，组织为全部的奥氏体。

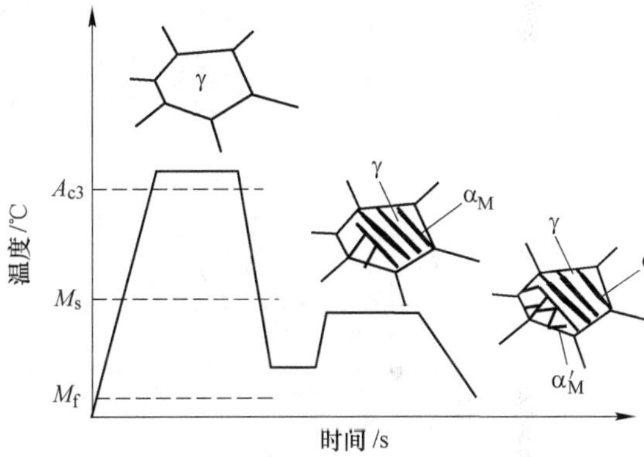

图 8-24　Q&P 钢工艺中组织转变过程

第一阶段冷却到 T_Q 温度时部分奥氏体转变为马氏体，未转变奥氏体有两种形态：一种为马氏体条间奥氏体，另一种为晶界处没有发生马氏体转变的块状奥氏体。发生的转变式为：

$$\gamma \longrightarrow \alpha \text{（马氏体）} + \gamma \text{（贫碳）}$$

第二阶段为未转变奥氏体的富碳和马氏体的贫碳过程，即未转变奥氏体的稳定化过程。发生的转变式为：

$$\alpha \text{（马氏体）} \longrightarrow \alpha \text{（贫碳马氏体）}$$

$$\gamma \text{（贫碳）} \longrightarrow \gamma \text{（富碳）}$$

第三阶段，在配分温度较高且保温时间较长的情况下，未转变的部分富碳奥氏体由于碳含量低，在最后冷却时会转变为马氏体，即图 8-24 中的 α'_M，在冷却过程中一直未发生转变的奥氏体即为室温下稳定存在的残余奥氏体。发生的转变式为：

$$\gamma \text{（富碳）} \longrightarrow \alpha \text{（马氏体）} + \gamma \text{（残余奥氏体）}$$

B　两相区保温 Q&P 工艺组织演变机理

当两相区保温时，会生成先共析铁素体，先共析铁素体的碳含量低，最高为 0.0218%（727℃时），所以，当生成先共析铁素体时，奥氏体中的碳较原始成分高，相当于发生了一次碳配分，提高了奥氏体中的碳含量。两相区保温时，铁素体的存在使得奥氏体分布在铁素体晶界处，在随后的淬火-配分时奥氏体由于晶界多，更加容易得到碳原子，而碳含量对残余奥氏体的稳定性至关重要。

两相区保温后得到的组织与完全奥氏体化加热后得到的组织相类似。图 8-25 所示为 0.2C-1.51Si-1.84Mn 钢两相区加热得到的 TEM 组织。由图 8-25a、b 可知，马氏体呈现板条状，板条宽厚为 200nm 左右，马氏体板条之间存在薄膜状奥氏体，宽为 10nm 左右。除了薄膜状奥氏体外，还发现块状奥氏体，分布在几个晶粒之间的晶界处，大小为 200nm 左右，如图 8-25d、e 所示。两相区保温使得奥氏体的含碳量高，并且奥氏体分布在铁素体的边界处，在淬火过程中边界处的奥氏体稳定，碳含量高，最后以块状形式保留至室温。

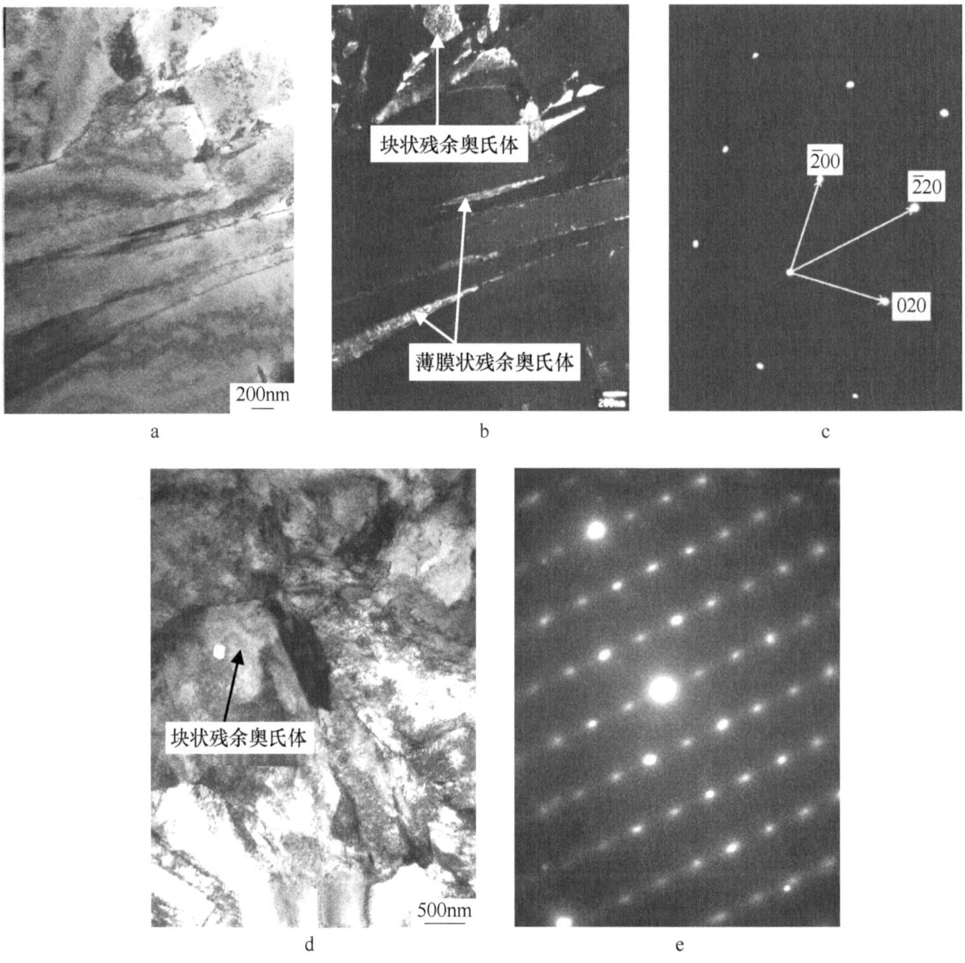

图 8-25　试验钢经 800℃-240℃-400℃ ×10s 工艺后得到的 TEM 形貌像
a ~ c—残余奥氏体明、暗场像及衍射花样；d，e—块状奥氏体的明场像及衍射花样

8.3　Q&P 钢中残余奥氏体及碳扩散机理研究

钢淬火后的室温组织有马氏体和残余奥氏体，两者都是亚稳相，加热时会自发地向稳定相铁素体和渗碳体转变[32]。Q&P 钢通过添加 Si 元素抑制渗碳体的析出，在配分阶段碳原子从马氏体向未转变奥氏体扩散，使未转变奥氏体富碳，提高残余奥氏体的稳定性，从而在室温下得到尽可能多的残余奥氏体，最终组织为马氏体与残余奥氏体。

8.3.1 Q&P 工艺对残余奥氏体量的影响

将0.2C-1.51Si-1.84Mn 钢进行 Q&P 工艺处理后，利用 XRD 计算不同工艺条件下残余奥氏体含量和残余奥氏体中的碳含量，见表8-1。

表 8-1 Q&P 工艺处理后的残余奥氏体量及残余奥氏体中的碳含量

试样号	加热温度/℃	淬火温度/℃	配分温度/℃	配分时间/s	残余奥氏体量/%	残余奥氏体中碳含量/%
D1	800	240	400	10	13.39	1.33
D2	800	240	400	60	10.52	1.25
D3	800	240	400	300	6.77	1.11
D4	800	240	400	1000	4.49	1.06
D5	900	240	400	10	5.23	1.45
D6	900	240	400	60	4.49	1.38
D7	900	240	400	300	4.06	1.23
D8	900	240	400	1000	0.80	1.48
D9	800	240	—	10	6.86	1.07
D10	800	240	—	60	5.66	1.19
D11	800	240	—	300	5.05	1.13
D12	800	240	—	1000	3.24	1.11

从表8-1可以看出，两相区保温 Q&P 工艺可得到更多的残余奥氏体，在800℃-240℃-400℃×10s时，残余奥氏体最高含量达到13.39%（体积分数），残余奥氏体中碳含量为1.33%；将0.2C-1.51Si-1.84Mn 钢加热至800℃后直接淬火至室温，只得到6.86%的残余奥氏体，残余奥氏体中碳含量为1.07%。由此可见，经 Q&P 热处理工艺后可得到较多的残余奥氏体。与表8-1相对应的热处理工艺对残余奥氏体及碳扩散的影响趋势如图8-26所示。

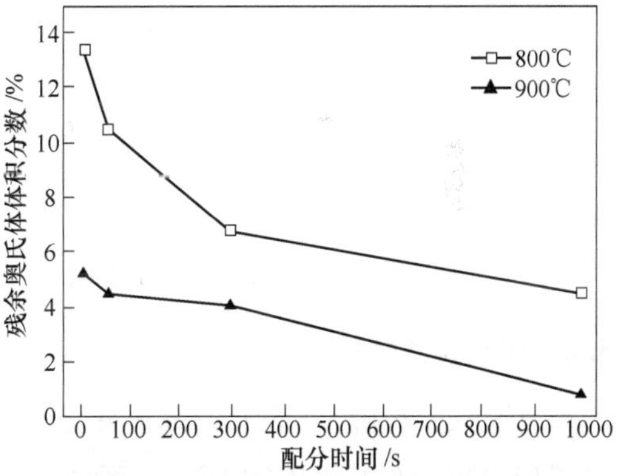

图8-26 试验钢在不同热处理工艺得到的残余奥氏体量

（淬火温度240℃，配分温度400℃）

（1）加热工艺对残余奥氏体量的影响。由图8-26可以看出，两相区加热比完全奥氏体化加热得到的残余奥氏体多。两相区加热时，热轧生成的先共析铁素体不完全转变成奥氏体，而铁素体的含碳量非常低（727℃下铁素体含碳量最高，为0.0218%），0.2C-1.51Si-1.84Mn 钢中的碳基本存在于奥氏体中，这相当于对奥氏体第一次增碳，在随后配分阶段又进行第二次增碳，提高了室温下残余奥氏体的量。而完全奥氏体化加热的 Q&P 工艺只在配分阶段对奥氏体增碳，因此，最终所得残余奥氏体量比两相区加热的少。

（2）淬火温度对残余奥氏体量的影响。淬火温度对残余奥氏体和碳扩散的影响如图8-27所示，通过220℃、240℃、260℃、280℃四个淬火温度下不同配分工艺所能得到的最高残余奥氏体量对比，发现 240℃ 为理论最佳淬火温度。庄宝潼等人[18]用简化 CCE 平衡公式计算，表明在 240℃温度下淬火，得到的马氏体中含碳量正好可以满足未转变奥氏体在室温下稳定存在所需的碳，使室温下得到的残余奥氏体量最多。

（3）配分时间对残余奥氏体量的影响。图 8-25 显示无论是完全奥氏体化加热还是两相区加热，0. 2C-1. 51Si-1. 84Mn 钢在配分时间为 10s 时，残余奥氏体量最多。随着配分时间的延长，残余奥氏体的量减少，说明配分时间为 10s 时，就完成了碳的扩散。随着时间的延长，奥氏体发生分解，析出碳化物（其中 ε 碳化物在伴随着初生马氏体的回火过程就开始析出）或者转变成贝氏体，减少残余奥氏体的碳含量，降低残余奥氏体的稳定性，最终导致室温下残余奥氏体量减少。

（4）工艺类型对残余奥氏体量的影响。相同的加热温度（800℃）、淬火温度（240℃）下，不同的 Q&P 工艺后得到的残余奥氏体量也不同。图 8-28 所示一步法与两步法对残余奥氏体量的影响。一步法配分温度与初始淬火温度相同，在该温度下碳原子扩散的速度明显低于两步法的扩散速度，而延长配分时间则会使碳化物析出，奥氏体分解，也会降低室温下残余奥氏体量。

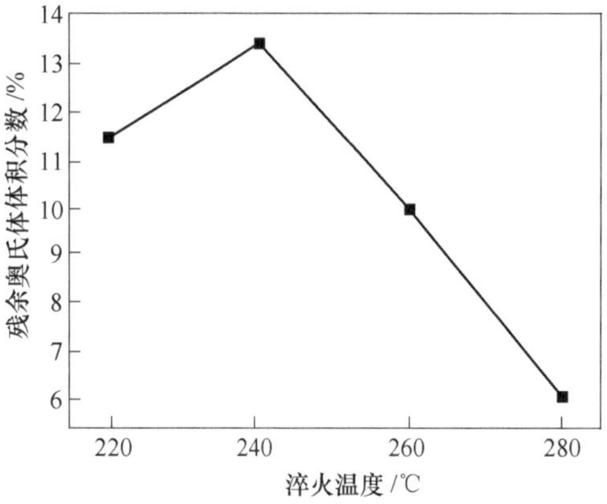

图 8-27　淬火温度对残余奥氏体量的影响

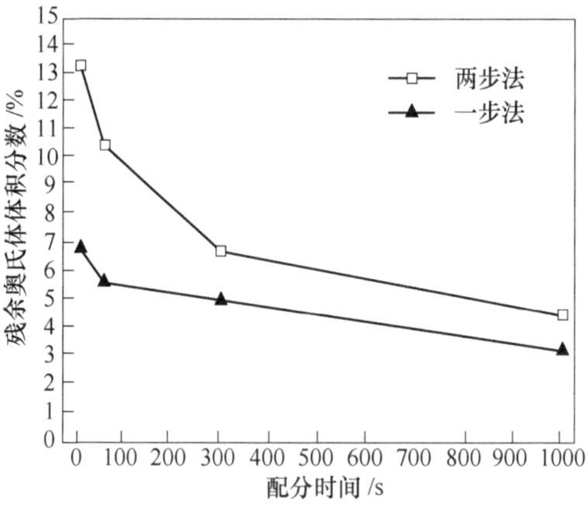

图 8-28　工艺类型对残余奥氏体量的影响

8.3.2　残余奥氏体的分布

通过 EBSD 分析 0. 2C-1. 51Si-1. 84Mn 钢中残余奥氏体的分布情况。两相区加热 Q&P 工艺得到的相分布如图 8-29 所示。图中灰色表示体心立方结构，即铁素体和马氏体；红色代表面心立方结构，即残余奥氏体。如图 8-29a 所示，当配分时间为 10s 时，残余奥氏体分布于晶界处，铁素体晶体内部很少有残余奥氏体，并且界面越密集，残余奥氏体越多；当配分时间 60s 时，残余奥氏体的分布与配分时间 10s 时的相似；而当配分时间为 300s 时，残余奥氏体量明显减少，且奥氏体存在于多晶界处，如图 8-29c 所示；当配分时间达到 1000s 时，由于大部分残余奥氏体发生分解，仅观察到少量零星点状的奥氏体。

完全奥氏体化加热后的相分布如图 8-30 所示。由于是完全奥氏体化加热，所以没有铁素体的存在，第一次淬火时马氏体在原奥氏体内形成，通过 Q&P 处理后，残余奥氏体大部分分布在板条马氏体之间，原奥氏体晶界处也有少量残余奥氏体，如图 8-30a 所示。随着配分时间的延长，残余奥氏体量减少。当配分时间达到 1000s 时，残余奥氏体基本分解殆尽，如图 8-30d 所示。

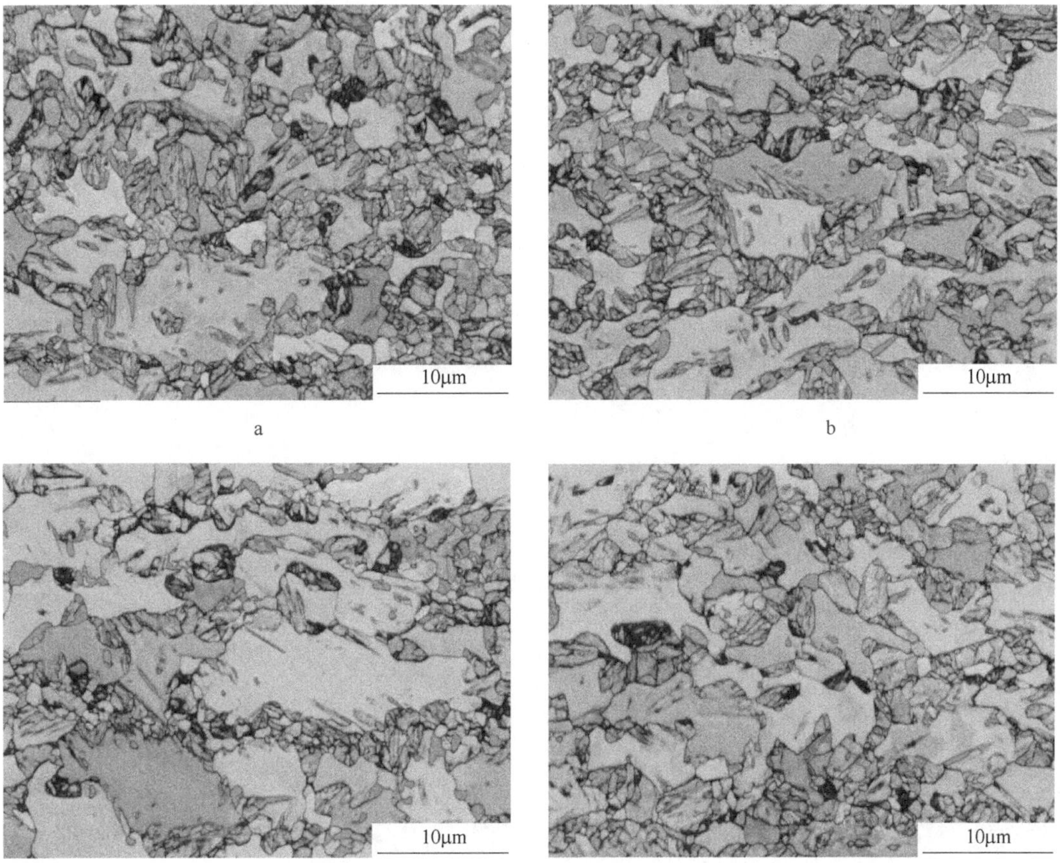

图8-29 0.2C-1.51Si-1.84Mn钢两相区Q&P工艺下的EBSD相分布图
a—配分时间10s；b—配分时间60s；c—配分时间300s；d—配分时间1000s

8.3.3 配分过程中碳扩散机理研究

XRD测量残余奥氏体含量是一定范围内的平均值，而残余奥氏体中的碳含量是通过奥氏体晶格常数计算得出的，因此其不能反映某个具体奥氏体中的碳含量。表8-1显示，配分工艺并不能使残余奥氏体无限地增碳，推测其有个极限值，当超过这个极限值时，奥氏体可能以发生分解析出渗碳体等碳化物的形式而降碳。配分过程中CCE模型适用于要求除碳原子发生扩散外，其余的原子不发生扩散的情况，故需利用三维原子探针测定碳及其他合金元素分布。

8.3.3.1 配分10s时碳及其他合金元素分布

0.2C-1.51Si-1.84Mn钢在900℃-240℃-400℃×10s工艺下的TEM组织如图8-31所示。由图可以观察到马氏体板条与薄膜状奥氏体，马氏体板条宽度100~200nm，奥氏体薄膜宽度为20nm左右。图8-32所示为通过三维原子探针LEAP 3000 HR™获得的针尖处78nm×76nm×177nm大小的空间原子分布。从图8-32a看出存在碳原子的聚集区与贫碳区，碳原子聚集区的宽度大约为10nm，两个聚集区之间的贫碳区宽度约为100nm，而图

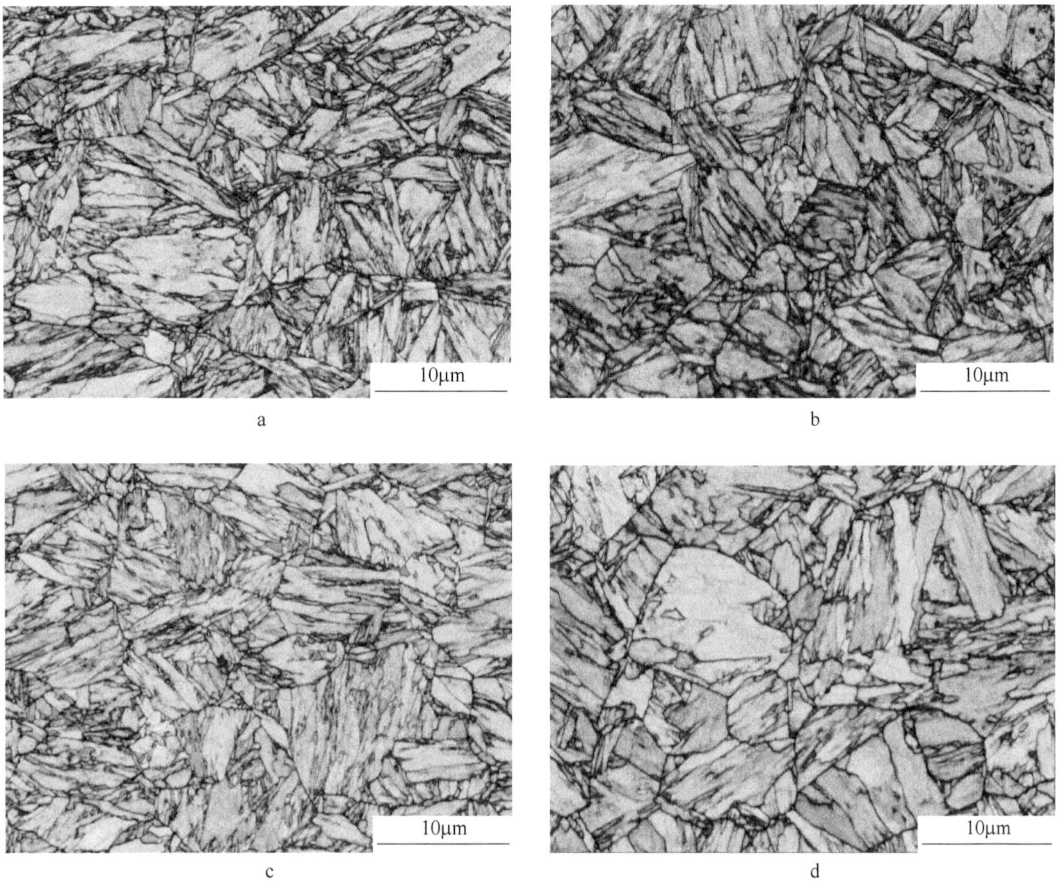

图 8-30　0.2C-1.51Si-1.84Mn 钢完全奥氏体化 Q&P 下的 EBSD 相分布图

a—配分时间 10s；b—配分时间 60s；c—配分时间 300s；d—配分时间 1000s

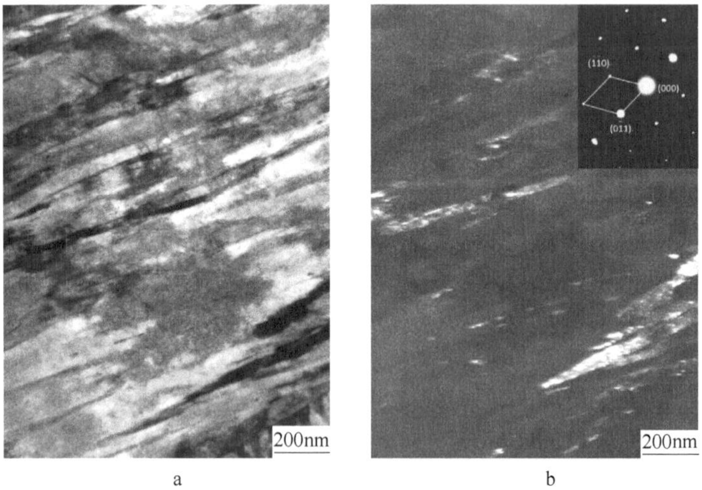

图 8-31　三维原子探针处透射形貌像

a—明场像；b—暗场像

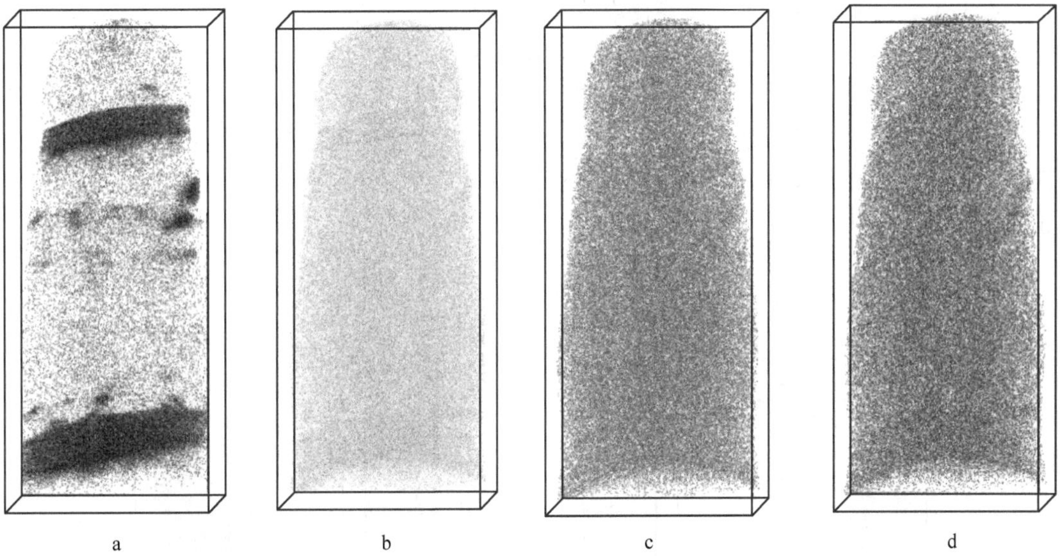

图 8-32 0.2C-1.51Si-1.84Mn 钢合金原子空间分布（配分时间 10s）
a—C 原子空间分布；b—Mn 原子空间分布；c—Fe 原子空间分布；d—Si 原子空间分布

8-32b、c 和 d 中却并未发现 Mn、Fe 和 Si 原子的偏聚，因此认为配分过程中仅存在碳原子的扩散。

在图 8-32a 中选取 10nm×10nm×150nm 长方体选区，通过 APT 自带仪器，精确测量出长方体选区中沿着长度方向的每种元素的原子分布，如图 8-33 所示。图中碳原子出现两条峰值，每条峰值宽度为 15 ~ 20nm，与透射电镜观察到的残余奥氏体的宽度相当，两个峰值之间的宽度为 100nm 左右，与透射电镜下观察到的马氏体宽度相当，推出碳聚集区为奥氏体，贫碳区为马氏体，残余奥氏体中碳原子数分数为 5%~6%，并且发现残余奥氏体中碳原子的分布不均匀，呈现两边高中间低的特点。配分过程中马氏体中的碳越过晶界进入奥氏体，400℃时碳在马氏体中扩散系数是奥氏体中的 2 倍，所以碳从马氏体向奥氏体转移所用的时间少，但均匀化需要的时间长。因此，当配分时间短时（10s），残余奥氏体中的碳没有完成均匀化，产生晶界处的碳浓度高于内部的现象。

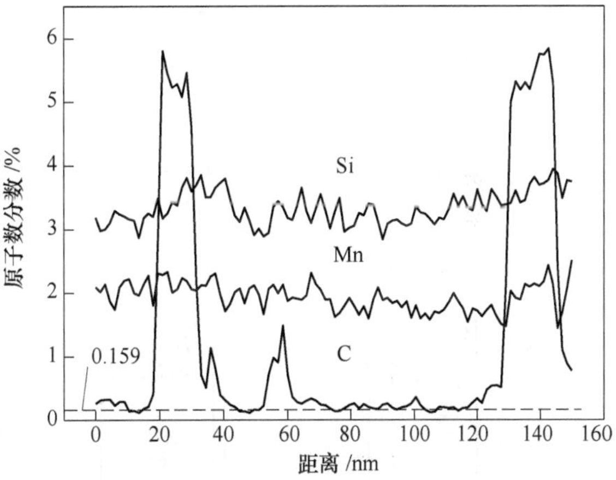

图 8-33 长方体选区中的元素分布情况

通过三维原子探针可知，Q&P 钢在配分过程中发生了碳原子的配分。用三维原子探针能够精确测量出残余奥氏体与马氏体中的碳含量，残余奥氏体中碳含量可达 1.2353%，与 XRD 测量结果（见表 8-1）相差不大。可以认为配分温度 400℃、配分时间 10s 时，马氏体中的碳已经完全扩散到残余奥氏体中。Mn、Si、Fe 元素在各组织的含量不变。

8.3.3.2　配分 60s 时碳及其他合金元素分布

图 8-34 所示为 0.2C-1.51Si-1.84Mn 钢在 900℃-240℃-400℃ ×60s 工艺下合金元素的空间分布，空间大小为 36nm×37nm×172nm，图 8-34a 为碳原子的空间分布图，碳原子集中于一薄膜层中，薄膜层两侧碳原子稀少，结合尺寸分析可推断出薄膜层应该为残余奥氏体，两侧为板条状马氏体，并且奥氏体薄膜中碳原子的分布不均匀，所以对奥氏体不同位置进行成分分析，如图 8-35 所示。

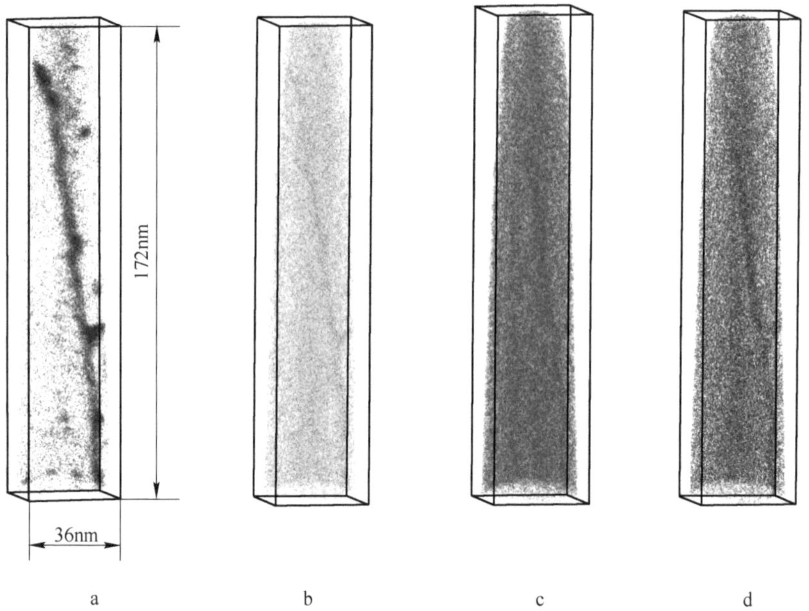

图 8-34　0.2C-1.51Si-1.84Mn 钢合金原子空间分布（配分时间 60s）
a—C 原子空间分布；b—Mn 原子空间分布；c—Fe 原子空间分布；d—Si 原子空间分布

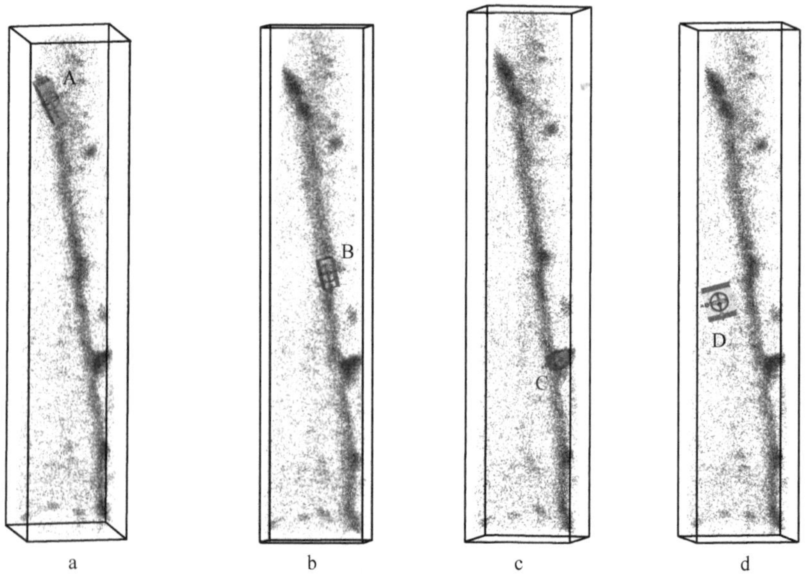

图 8-35　薄膜层不同位置的测量选区

图 8-35 中 A、B、C 为残余奥氏体薄膜层中不同位置的选区，D 为马氏体中选区。四个选区的成分结果见表 8-2。

由表 8-2 知，B 区的碳含量为 1.063%，在这一薄膜层中存在碳原子密集处，推断整个薄膜层为富碳的残余奥氏体。A、C 区的碳含量分别为 3.0488%、2.8285%，远远高于残余奥氏体中的碳含量（碳在奥氏体中理论含量最高为 2.11%）。当配分 10s 时，奥氏体中的碳含量为 1.2353%，配分 60s 后，碳含量降至 1.063%，说明随配分时间过长，碳原子在微观缺陷处偏聚，所以在残余奥氏体与马氏体之间的晶界处开始出现碳原子的聚集，这种偏聚也为析出碳化物及渗碳体做准备。B 区中的碳含量低于没有发生碳原子偏聚时残余奥氏体中的碳含量，当增加配分时间时，残余奥氏体中的碳含量小于室温下使其稳定存在的临界值，在随后的淬火过程中，残余奥氏体就会转变为马氏体。

表 8-2 配分时间为 60s 不同位置合金成分测量结果 （%）

元素	选区质量分数			
	A	B	C	D
Fe	92.5401	95.2399	92.9821	97.2923
Mn	1.8756	1.8684	1.8881	1.8640
C	3.0488	1.0630	2.8285	0.0354
Si	1.6064	1.5695	1.5647	1.5842
Cr	0.1291	0.0592	0.0367	0.0241

8.3.3.3 配分过程中碳扩散机理分析

热力学中扩散的动力为化学势和浓度梯度[33]。奥氏体化后初次淬火时，马氏体与未转变奥氏体中碳原子浓度相同，不存在浓度梯度；而碳原子在马氏体的化学势高于在奥氏体中，因此碳会从高化学势的马氏体“转移”到低化学势未转变奥氏体中，即实现了 Q&P 钢的碳配分。

当奥氏体中的碳含量逐渐增多，马氏体中的碳含量逐渐减少，就会出现浓度梯度。浓度梯度与化学势梯度相反，并且随着碳原子的不断转移。浓度梯度的逐渐增大，化学势梯度越小，也就是说促使碳扩散到奥氏体中的动力越小。当这两种梯度所能提供的“动力”相同时，碳原子停止扩散。由表 8-2 可知 D 处的碳含量仅为 0.0354%，这说明当配分完成时化学势与浓度平衡所提供的动力相差较大，能够抵消浓度梯度的影响，可以使碳几乎全部转移至奥氏体中。

8.4 冷轧 Q&P 钢的形变特点及其微观机理

8.4.1 冷轧 Q&P 钢的形变特点

图 8-36 所示为 0.2C-1.5Si-1.84Mn 钢在不同 Q&P 工艺处理后得到的典型应力-应变曲线。完全奥氏化后的强度高，伸长率低，没有出现屈服平台。两相区加热工艺下强度降低，伸长率提高，当加热温度为 770℃时，拉伸曲线出现屈服平台，而 800℃时没有出现屈服平台。

将 Q&P 钢（处理工艺为 800℃-240℃-400℃ ×60s）与类似性能的 TRIP 钢、DP 钢做

对比，三种钢加工硬化指数-真应变关系如图 8-37 所示。Q&P 钢与 DP 钢的加工硬化指数都随着真应变的增加先升高再降低。在变形初始阶段，当变形量为 1% 左右，n 值达到最大。这是因为小应变时，位错运动受阻，滑移困难，位错硬化机制占主导作用。之后随着应变的增大 DP 钢的 n 值快速下降，直至最后断裂。这是因为虽然 DP 钢中硬相马氏体的存在提高了强度，但由于软相铁素体的存在，马氏体不能有效阻碍 n 值的降低。Q&P 钢的 n 值下降速度缓慢，当真应变达到 8% 后，Q&P 钢 n 值出现一段平台。这是由于钢中的残余奥氏体发生 TRIP 效应，转变为马氏体，减缓了 n 值的降低。真应变到达 17% 后残余奥氏体转变完成，n 值又开始下降。而 TRIP 钢硬相组织为贝氏体，所以一开始 n 值比 DP、Q&P 钢低，由于变形过程中残余奥氏体发生 TRIP 效应，硬化曲线出现平台。

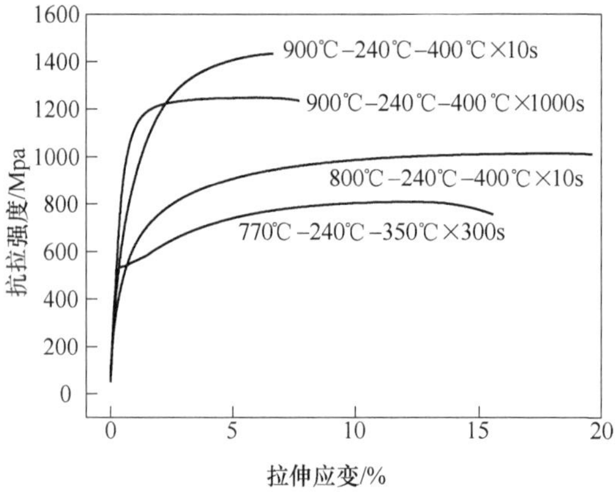

图 8-36　不同 Q&P 工艺下的 0.2C-1.5Si-1.84Mn 钢的应力-应变曲线

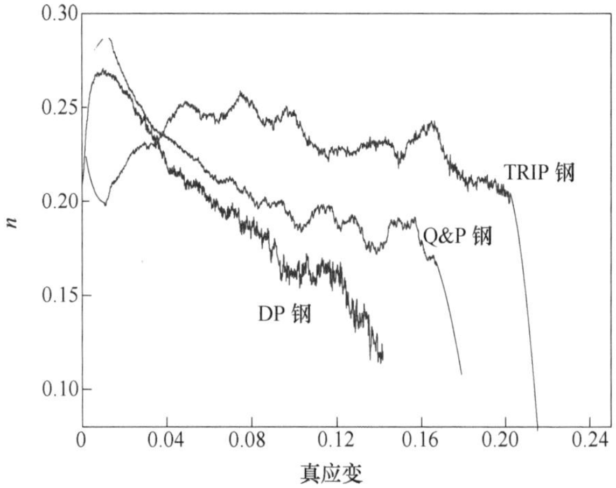

图 8-37　不同钢种的 n 值随真应变的变化关系

两相区 Q&P 工艺得到的铁素体，在拉伸过程中优先变形协调钢的硬相组织，这与完全奥氏体化 Q&P 工艺得到的钢不同。图 8-38 为两种工艺下加工硬化曲线，完全奥氏体化工艺为 900℃-240℃-400℃ ×60s，两相区 Q&P 工艺为 800℃-240℃-400℃ × 60s。由图可知，完全奥氏体化 Q&P 工艺 n 值最大值达到 0.345，两相区 Q&P 工艺得到的 n 值最大为 0.287。

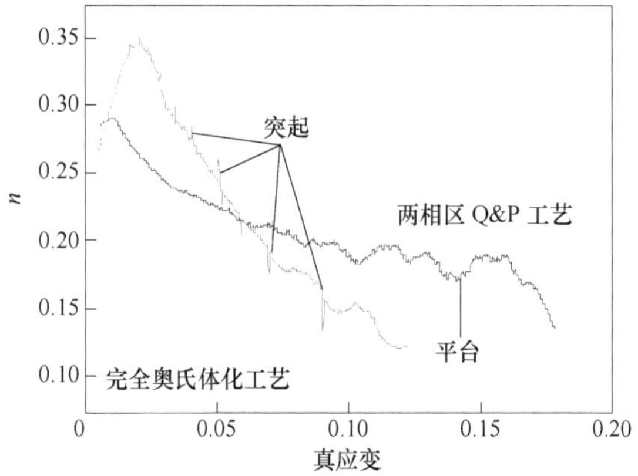

图 8-38　完全奥氏体化与两相区 Q&P 工艺下 n 值变化关系

图 8-38 中完全奥氏体化 Q&P 工

艺的硬化曲线在变形过程中有突起，即 n 值在瞬间会发生提高。这是由于在变形过程中残余奥氏体发生了 TRIP 效应，转变成马氏体，从而提高 n 值，由于残余奥氏体总量过少，所以总体上没能放缓 n 值下降的趋势。而两相区 Q&P 工艺由于得到的残余奥氏体量多，发生 TRIP 效应能显著阻止 n 值下降，所以在变形过程中出现平台。

8.4.2 残余奥氏体含量对形变的影响

图 8-39 所示为 0.2C-1.51Si-1.84Mn 钢在不同配分工艺下得到的残余奥氏体与伸长率的关系。其具体工艺为：加热至 800℃，之后冷却 240℃ 淬火并保温 10s，配分温度为 350℃，配分时间为 10s、60s、300s、1000s。从图 8-39 可以看出，配分时间小于 300s 时，钢板的伸长率与残余奥氏体量的增减变化相一致，都是先升高再降低；当配分时间达到 60s 时，伸长率与残余奥氏体量最高；当配分时间超 300s 时，伸长率提高，而残余奥氏体量继续下降。分析认为，在配分阶段碳的扩散在一定时间内完成。当配分时间为 10s 时，还没有完成碳的配分；当配分时间达到 60s 时，完成了碳的配分，残余奥氏体量最高，伸长率主要由残余奥氏体量决定，因此残余奥氏体量也达到最高；当配分时间达到 300s 时，残余奥氏体发生分解，析出碳化物，降低了残余奥氏体中的碳含量，最终室温得到的残余奥氏体量下降，伸长率也下降；当配分时间达到 1000s 时，残余奥氏体量继续减少，伸长率反而升高。分析认为淬火后配分阶段一方面初生马氏体中的碳向残余奥氏体中扩散，另一方面初生马氏体也发生自回火现象。此时初生马氏体碳含量降低，弹性畸变能下降，并且初生马氏体发生分解，致使强度下降，塑性提高。由于长时间配分，残余奥氏体分解，在此后的淬火过程中后生马氏体量极少，也造成了强度下降，伸长率上升，所以在宏观上表现为残余奥氏体量减少，伸长率增大。由此可见，伸长率与残余奥氏体量及初生马氏体的回火程度有关。

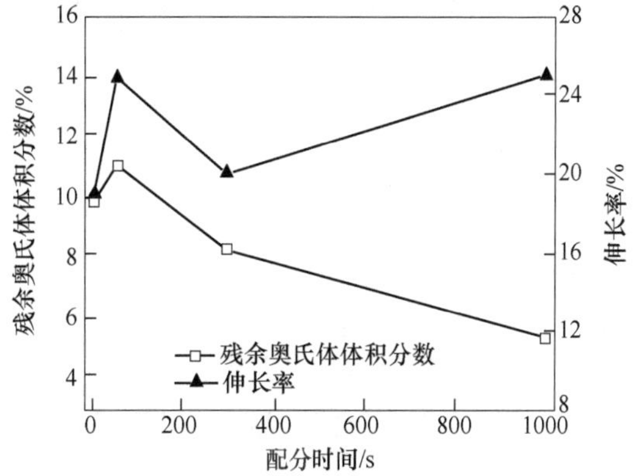

图 8-39 不同配分时间下 Q&P 钢残余奥氏体含量与伸长率的关系

8.4.3 残余奥氏体的机械稳定性

图 8-40 所示为残余奥氏体量与应变大小的关系。随着变形量的增大，残余奥氏体量减少，并且发现在变形初始阶段，残余奥氏体减少速度很快，当应变量为 2% 时，残余奥氏体转变了 44%，当应变量为 5% 时，残余奥氏体转变了 69%。当变形大于 5% 时，残余奥氏体减少速度放缓。

残余奥氏体的稳定性可以用式[34]（8-1）来表示。

$$\lg f_{\gamma} = \lg f_{\gamma 0} - K\varepsilon \tag{8-1}$$

式中 $f_{\gamma 0}$——应变前的残余奥氏体量；

f_{γ}——应变 ε 后的残余奥氏体量；

ε——应变量；

K——残余奥氏体稳定系数。

式（8-1）变形可得式（8-2）：

$$K = -\frac{\ln(f_\gamma/f_{\gamma0})}{\varepsilon} \tag{8-2}$$

通过式（8-2）可以得出残余奥氏体稳定系数与应变的关系，如图 8-41 所示。

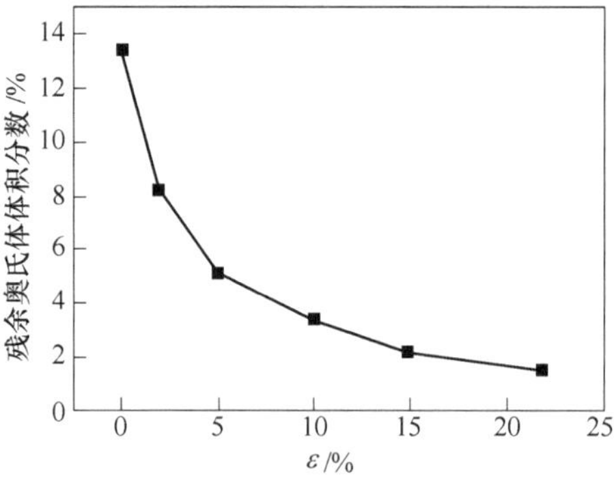

图 8-40　残余奥氏体与工程应变的关系

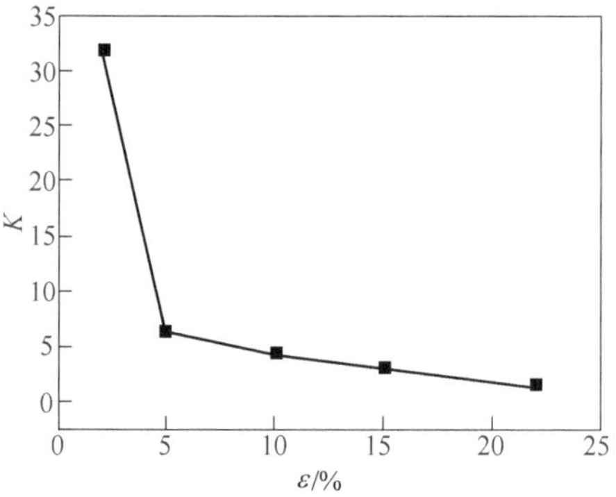

图 8-41　残余奥氏体稳定系数 K 与应变之间的关系

K 值越高，说明残余奥氏体越不稳定；反之，K 值越小，残余奥氏体稳定性越好。图 8-41 指出，当应变量小于 5% 时，残余奥氏体的稳定性越差，变形时越容易发生马氏体转变，当应变量大于 5% 时，K 值较低，并且变化趋于平缓。

8.4.4　Q&P 钢变形过程中的微观组织变形行为

两相区加热 Q&P 工艺得到的材料，伸长率高，残余奥氏体含量高；完全奥氏体化 Q&P 工艺得到的材料，强度高，伸长率相对较低，残余奥氏体含量少。所以有必要研究两种不同 Q&P 工艺的微观组织行为。

试验钢成分 0.2C-1.51Si-1.84Mn，热处理工艺分为两种：一种为两相区加热，具体为 800℃-240℃-400℃ ×10s；另一种为完全奥氏体化加热，具体为 900℃-240℃-400℃ × 10s。两种工艺得到的残余奥氏体量（体积分数）分别为 13.39%、4.49%。

8.4.4.1　两相区 Q&P 钢动态拉伸研究

A　裂纹产生前

拉伸前的组织如图 8-42a 所示，铁素体呈等轴状，大小为 5 ~ 10μm，马氏体分布于铁素体晶界处。拉伸过程中，由于软相铁素体的存在，组织之间在变形过程中相互协调，铁素体晶粒沿着拉伸方向被拉长，如图 8-42a、b 中 A、B、C 所示，对应的三个圈中铁素体明显的被拉长，并且发现分布在铁素体基体上的硬相组织（马氏体）随着铁素体的被拉长而发生“倾转”。铁素体被拉长的微观表现为铁素体晶粒内部出现滑移带，如图 8-42c 所示，滑移带的产生有利于塑性。

B　裂纹产生过程

随着样品变形量的增加，缺口处由于产生应力集中，开始出现裂纹，如图 8-42d 中 A 所示，并且在 A 附近区域，出现孔洞，如图 8-42d 中 B 所示。产生的微孔洞是由于受到拉应力的作用而形成的，主要分布在铁素体与其他硬质相的边界处。这是由于铁素体的塑性满足不了周围组织变形所要求的能力，或是由于材料内部晶界处出现位错塞积，产生应力集中。当位错塞积造成的应力集中达到材料的理论强度，同时铁素体与周围硬相组织的结合力相对较弱，在应力作用下便开始形成显微孔洞。随着应变的增加，显微孔洞发生相互吞并而逐渐长大[35,36]，图 8-42d 中的 B 位置就是软相铁素体组织被上下两个硬相组织（马氏体）拉断所致。当变形量继续增大，缺口处的裂纹继续扩展。由于裂纹扩展前沿与之呈 45°的两个平面上切应力最大，因此微裂纹实际上是先沿其中一个 45°方向的平面扩展[37]。

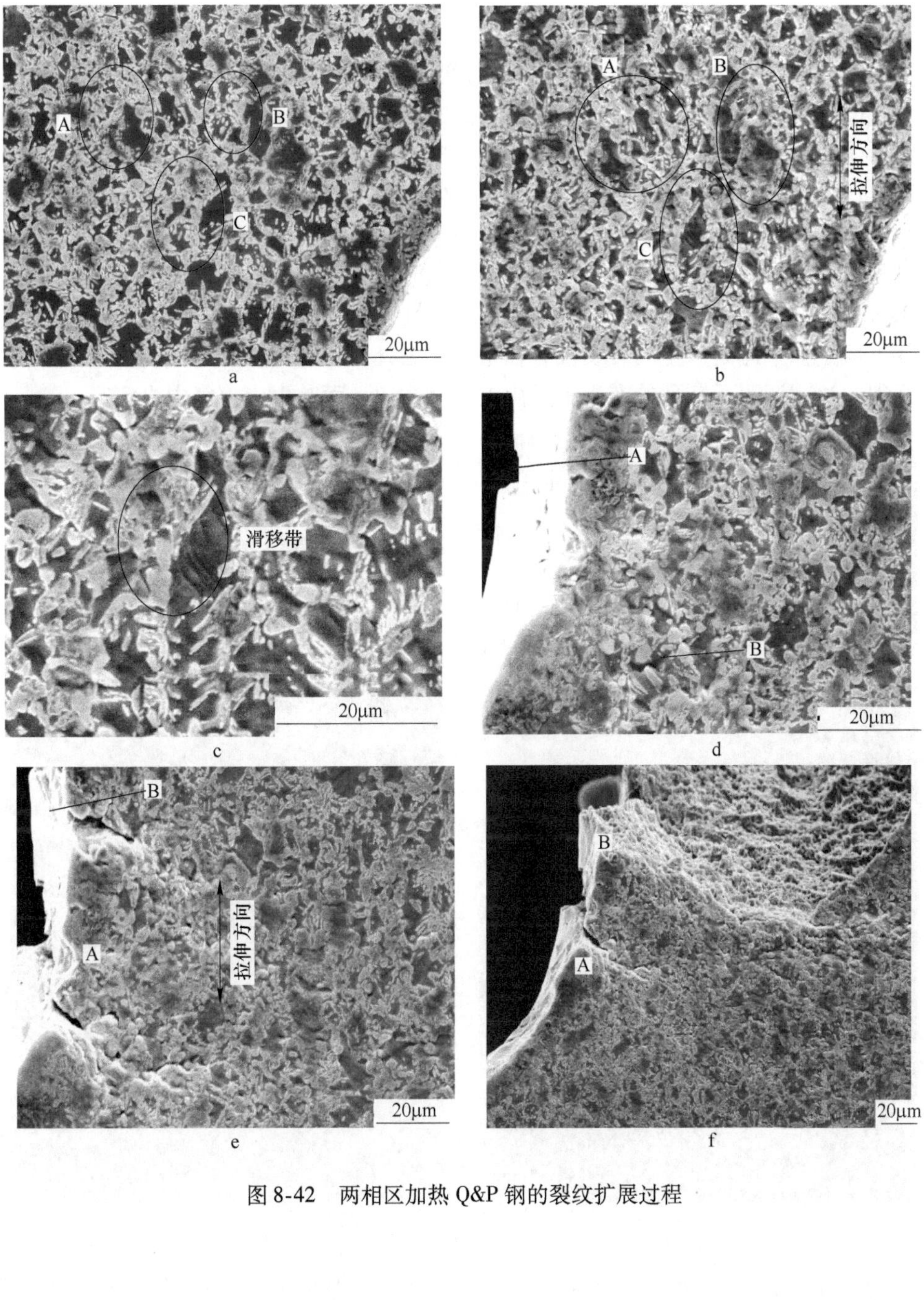

图 8-42 两相区加热 Q&P 钢的裂纹扩展过程

C　裂纹扩展过程

裂纹产生后，裂纹前端在应力场的作用下沿着铁素体晶界继续向前扩展。在扩展过程中遇到马氏体组织时，裂纹会绕过这些组织，沿其边缘继续前进。由于试样存在残余奥氏体，当裂纹前端遇到残余奥氏体时，应力集中导致残余奥氏体转变为强度较高的马氏体，从而松弛该处的应力集中，产生裂纹处的钝化，重新聚集增大的应力导致裂纹扭折转向继续扩展，如图 8-42e 中 A 所示，或从其他应力集中处产生裂纹，如图 8-42e 中 B 所示。图 8-42f 说明最后试样断裂是由于残余奥氏体发生 TRIP 效应导致后种情况的发生。

8.4.4.2　完全奥氏体化 Q&P 钢动态拉伸研究

完全奥氏体化后的 Q&P 钢由于没有软相铁素体的协调作用，所以裂纹的产生不同于两相区 Q&P 钢。在拉伸过程中，试样组织的变形不明显，随着拉伸长度的增加，由于应力增大，出现图 8-43a 所示的形貌。试样表面发生变形，出现不平的现象，可以明显观察缺口处所受应力情况，此时发现局部有小裂纹的产生，如图 8-43b 所示。由于残余奥氏体发生变形产生 TRIP 效应转变为马氏体，马氏体的产生使小裂纹前端钝化，阻碍了小裂纹的继续前行，在较软处又有新的裂纹源的产生，所以裂纹有种“随机”出现的分布。在拉伸过程中一般认为夹杂物为裂纹源，实验中发现有夹杂物的地点也出现了局部裂纹，如图 8-43c 所示。但最后的开裂并没有出现在此裂纹处，说明虽然夹杂物为裂纹的产生创造了条件，但是如果此处产生的裂纹没有在最大应力处，也就是没有与主裂纹连接，就不会发生开裂。这就证明了断裂的产生不是由夹杂物决定，而是由应力集中决定。

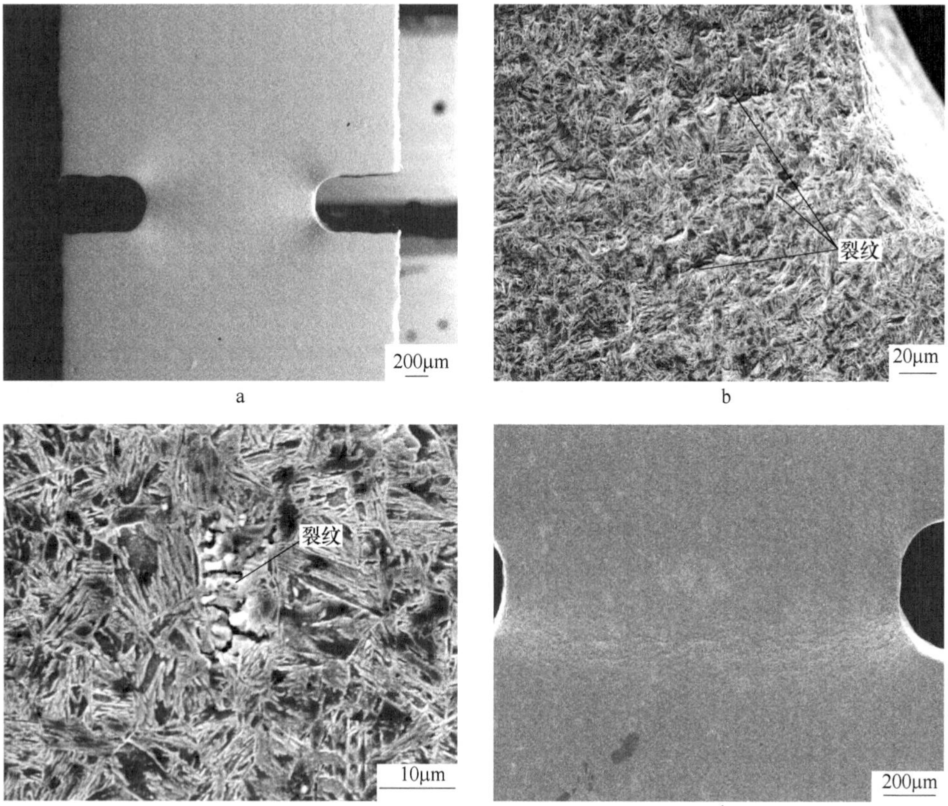

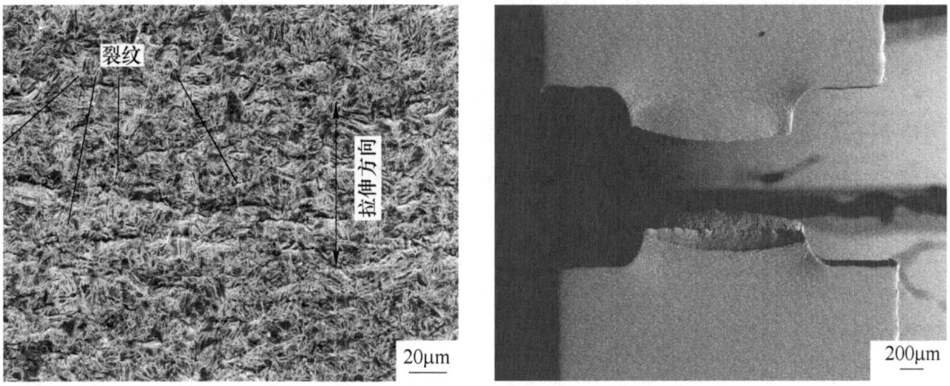

e　　　　f

图 8-43　完全奥氏体化加热 Q&P 的裂纹扩展过程

随着变形量的增加，在板宽范围内明显地观察到一条条短裂纹，如图 8-43d 所示。放大后发现小裂纹基本分布在一条线上，如图 8-43e 中箭头所示。这条线就是拉伸过程中试样所受应力最大处，当这些小裂纹连在一起后就形成了主裂纹，并且快速导致材料的断裂(图 8-43f)。

与两相区 Q&P 钢不同的是，完全奥氏体化后的 Q&P 钢裂纹的产生并不是从缺口处开始的，而是在应力集中区域产生一系列的裂纹，最后这些裂纹连在一起导致材料的断裂。

8.4.4.3　两种工艺下的断口形貌

图 8-44 所示为两种工艺下的断口形貌。无论是两相区 Q&P 工艺还是完全奥氏体化 Q&P 工艺，断口都呈现韧窝状，这是塑性断裂的特征。一般当应力超过材料的屈服强度时，应力集中使得晶体缺陷处产生显微孔洞，并且相互吞并，进而长大，形成韧窝。从韧窝的形成原理可知，大的韧窝表明塑性好，而小的韧窝塑性相对较低，因为显微孔洞形成后还没来得及长大进而吞并就发生了断裂。由于两相区条件下有大量铁素体存在，在韧窝产生、长大的过程中，铁素体变形被拉长，所以韧窝越大，塑性越好。

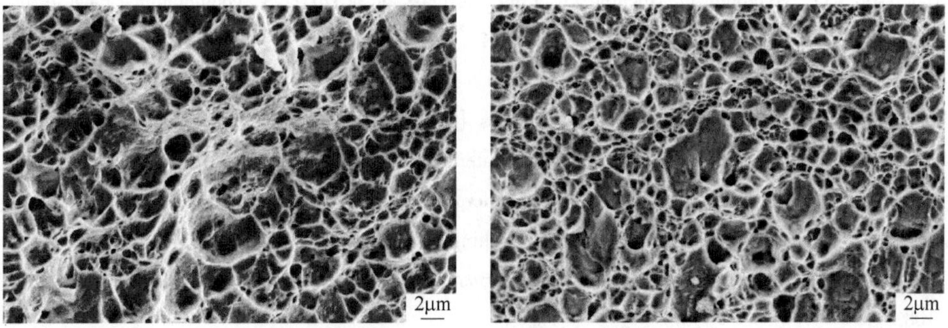

a　　　　b

图 8-44　两种工艺下的断口形貌
a—两相区 Q&P 工艺；b—完全奥氏体化 Q&P 工艺

Q&P 钢中奥氏体的存在，使得 Q&P 钢具有 TRIP 效应，大大地提升了钢的塑性，因此 Q&P 钢可以适应汽车板对冲压性能的要求，是一种很有前景的汽车用钢。但 Q&P 钢是一种亚稳平衡，其最终得到的组织状态是亚稳的，在汽车的制造与使用过程中，可能会经历高温的过程，比如喷漆后的烘烤环节，汽车拼装过程中的焊接等，都有可能造成 Q&P 中残余奥氏体的分解，从而降低 TRIP 效应，所以残余奥氏体的稳定性还需要很多的研究。

参 考 文 献

[1] Speer J G, Edmonds D V, Rizzo F C, et al. Partitioning of carbon from supersaturated plates of ferrite, with application to steel processing and fundamentals of the bainite transformation [J]. Current Opinion in Solid State and Materials Science, 2004, 8 (3): 219 ~ 237.

[2] Speer J G, Streicher A M, Matlock D K , et al. Quenching and partitioning: a fundamentally new process to create high strength trip sheet microstructures [C]. Symposium on the Thermodynamics, Kinetics, Characterization and Modeling of: Austenite Formation and Decomposition, 2003: 505 ~ 522.

[3] Speer J G, Rizzo F C, Matlock D K. The "quenching and partitioning" process: background and recent progress [J]. Materials Research, 2005, 8 (4): 417 ~ 423.

[4] Santofimia M J, Zhao L, Petrov R, et al. Characterization of the microstructure obtained by the quenching and partitioning process in a low- carbon steel [J]. Materials Characterization, 2008, 59 (12): 1758 ~ 1764.

[5] Nayak S S, Anumolu R, Misra R D K, et al. Microstructure-hardness relationship in quenched and partitioned medium-carbon and high-carbon steels containing silicon [J]. Materials Science and Engineering A, 2008, 498 (1-2): 442 ~ 456.

[6] Howe J M, Laughlin D E, Lee J K, et al. Solid-Solid Phase Transformations in Inorganic Materials [C]. International Conference on Solid to Solid Phase Transformations, 2005.

[7] Borgenstam A, Höglund L, Ågren J, et al. DICTRA, a tool for simulation of diffusional transformations in alloys [J]. Journal of Phase Equilibria, 2000, 21 (3): 269 ~ 280.

[8] Andersson J O, Helander T, Höglund L, et al. Thermo-Calc & DICTRA, computational tools for materials science [J]. Calphad, 2002, 26 (2): 273 ~ 312.

[9] Rizzo F C, Edmonds D V, He K, et al. In Carbon Enrichment of Austenite and Carbide Precipitation During The Quenching And Partition (Q&P) Process [C]. Proceedings Of And International Conference On Solid-Solid Phase Transformations In Inorganic Materials 2005, 2005: 535 ~ 544.

[10] Clarke A J, Speer J G, Matlock D K, et al. Microstructure and carbon partitioning in a 0. 19% C-1. 59% Mn-1. 63% Si trip sheet steel subjected to quenching and partitioning (Q and P) [C]. Proceedings of an International Conference on Solid-Solid Phase Transformations in Inorganic Materials 2005, 2005, 2: 99 ~ 108.

[11] Covarrubias O, Guerrero M P, Colas R, et al. Transformation behavior of Si and Mn bearing low carbon steels [C]. International Conference on TRIP-Aided High Strength Ferrous Alloys, GRIPS, Aachen: Mainz, 2002: 220 ~ 230.

[12] Kim S J, Lee C G, Choi I, et al. Effects of heat treatment and alloying elements on the microstructures

and mechanical properties of 0. 15 wt pct C transformation-induced plasticity-aided cold-rolled steel sheets [J]. Metallurgical and Materials Transactions A, 2001, 32 (3): 505 ~ 514.

[13] Maki J, Mahieu J, De Cooman B C, et al. Galvanisability of Silicon Free C-Mn-Si TRIP Steels [J]. Materials Science and Technology, 2003, 19 (1): 125 ~ 131.

[14] Mahieu J. Contribution to the physical metallurgy of crash-resistant galvanized TRIP-assisted steel for automotive structures [D]. PHD thesis, Ghent University, Belgium, 2004.

[15] Gallagher M F, Speer J G, Matlock D K, et al. Microstructure development in TRIP sheet steels containing Si, Al, and P [C]. 44th Mechanical Working and Steel Processing Conference and the 8th International Rolling Conference and International Symposium on Zinc-Coated Steels, 2002, 153 ~ 172.

[16] Moor E D, Lacroix S, Samek L, et al. Dilatometric Study of the Quench and Partitioning Process [C]. The 3rd International Conference on Advanced Structural Steels, 2006: 873.

[17] Chandra T, Tsuzaki K, Militzer M, et al. Microstructural Features of "Quenching and Partitioning": A New Martensitic Steel Heat Treatment [J]. Materials Science Forum, 2007, 539-543: 4819 ~ 4825.

[18] 庄宝潼. Q&P 钢组织演变规律与碳配分研究 [D]. 北京: 北京科技大学, 2012.

[19] 蒯振, 陈银莉, 赵爱民, 等. 低碳 Si-Mn 系 Q&P 钢不同配分时间的热处理工艺 [J]. 金属热处理, 2012, 11: 95 ~ 99.

[20] Clarke A J, Speer J G, Miller M K, et al. Carbon partitioning to austenite from martensite or bainite during the quench and partition (Q&P) process: A critical assessment [J]. Acta Materialia, 2008, 56 (1): 16 ~ 22.

[21] 江海涛, 唐荻, 米振莉, 等. 配分工艺对低碳 Q&P 钢中残余奥氏体的影响 [J]. 材料科学与工艺, 2011, 19 (1): 99 ~ 103.

[22] Moor E D, Lacroix S, Clarke A J, et al. Effect of Retained Austenite Stabilized via Quench and partitioning on the Strain Hardening of Martensitic Steels [J]. Metallurgical and Materials Transactions A, 2008, 39 (11): 2586 ~ 2595.

[23] Shu Yan, Xianghua Liu, Wayne J Liu, et al. Comparison on mechanical properties and microstructure of a C-Mn-Si steel treated by quenching and partitioning (Q&P) and quenching and tempering (Q&T) processes [J]. Materials Science & Engineering A, 2015: 58 ~ 66.

[24] Gerdemann F L H. Microstructure and Hardness of 9260 Steel Heat-Treated by the Quenching and Partitioning Process [D]. Thesis, Aachen University of Technology (RWTH), Germany, 2004.

[25] Rao B V G, Thomas G. Proc of the Int Conf on martensitic Transformations ICOMAT 1979, Cambridge, Massachusetts, USA.

[26] Sarikaya M, Thomas G, Steeds J W, et al. Solute element partitioning and austenite stabilization in steels [C]. Proceedings of an International Conference on Solid to Solid Phase Transformations, ed. H. I Aaronson, Warrendale, PA: TMS; TMS-AIME, 1982: 1421 ~ 1425.

[27] 徐祖耀, 李学敏. 低碳马氏体形成时碳的扩散 [J]. 金属学报, 1983, 19 (2): 83 ~ 88.

[28] Edmonds D V, He K, Rizzo F C, et al. Quenching and partitioning martensite-A novel steel heat treatment [J]. Materials Science and Engineering A, 2006, 438-440: 25 ~ 34.

[29] Riming Wu, Junwan Li, Wei Li, et al. Effect of metastable austenite on fracture resistance of quenched andpartitioned (Q&P) sheet steels [J]. Materials Science & Engineering A, 2016, 657: 57 ~ 63.

[30] Eun Jung Seo, Lawrence Cho, Bruno C De Cooman, et al. Kinetics of the partitioning of carbon and substitutional alloyingelements during quenching and partitioning (Q&P) processing of medium Mn steel [J].

Acta Materialia, 2016, 107: 354 ~ 365.

[31] 陈家泳. 中锰 Q&P 钢变形机制研究 [D]. 北京：北京科技大学，2015.

[32] 郑红红. 中锰钢的 Q&P 处理及其变形机制 [D]. 北京：北京科技大学，2013.

[33] 宋维锡. 金属学 [M]. 北京：冶金工业出版社，2007.

[34] Sugimoto K, Usui N, Kobayashi M, et al. Effects of Volume Fraction and Stability of Retained Austenite on Ductility of TRIP-aided Dual-phase steels [J]. ISIJ international, 1992, 32 (12): 1311 ~ 1318.

[35] 冶金工业部钢铁研究院，北京钢厂，齐齐哈尔钢厂. 合金钢断口分析金相图谱 [M]. 北京：科学技术出版社，1979.

[36] Zener C. The micro-Mechanism of Fracture [C]. Fracturing of Metals. Cleveland: American Society of Metals, 1948: 3.

[37] 钟群鹏，赵子华. 断口学 [M]. 北京：高等教育出版社，2005.

9 热成型钢

9.1 热成型钢概述

热成型钢是一种适用于热成型工艺生产的高强度特殊合金钢，主要为锰硼钢。热成型后钢板的屈服强度不小于1000MPa，抗拉强度不小于1500MPa，伸长率不小于5%，具有强硬度和高耐磨性，无开裂，无回弹，尺寸精度高，能够进行复杂零部件加工，在一定程度上弥补了超高强钢板冷成型的不足[1]。目前在汽车车身上应用最为广泛的热成型钢为22MnB5钢，主要应用在汽车前后保险杠、A/B/C柱、车顶构架、车底框架以及车门内板、车门防撞杆等对碰撞要求较高的部件，并且其使用量占车身的比例逐年增多，部分替代了高强TRIP钢和DP钢的使用[2]。如图9-1所示，在未来钢质汽车项目（FSV）中，高强度钢板将占整体车身用材的97%，这些材料主要包括双相钢（DP）、相变诱导塑性钢（TRIP）、孪晶诱导塑性钢（TWIP）、复相钢（CP）和热成型钢（HF）等，其中热成型钢将占11%以上[3]。

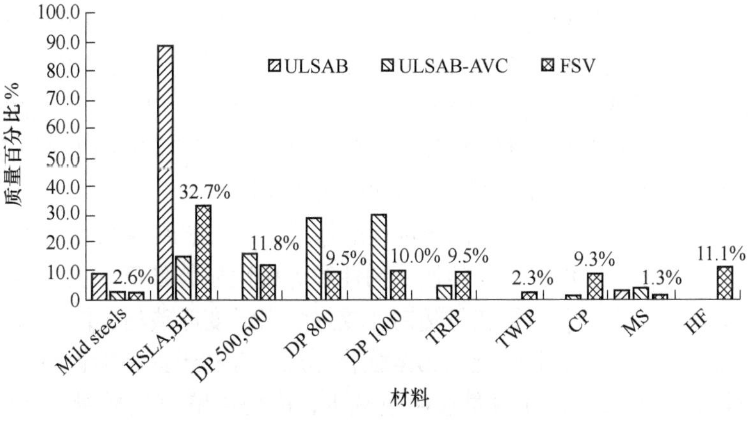

图9-1 高强度钢板占整体车身中的比例

1977年，瑞典的Plannja公司研发并申请了一项关于热成型技术的专利（GB 1490535）[4,5]。初期，该技术主要用于锯条、割草机等耐磨刀具的生产。随着该技术的逐渐发展，1984年，Saab汽车公司在其设计的Saab 9000型轿车上首次采用了利用热成型技术生产的汽车零部件，成为了世界上第一家在汽车车身上使用热成型钢板的汽车制造商[6]。从此，热成型钢板在汽车车身上的应用与日俱增，从1987年至1997年，利用热成型钢生产的汽车零部件从300万件/年上升至800万件/年。进入21世纪之后，更多的热成型零部件被应用于汽车车身上，如图9-2所示，并且在2007年，年产量突破1亿件，使得热成型技术的发展进入了一个崭新的阶段[7]。

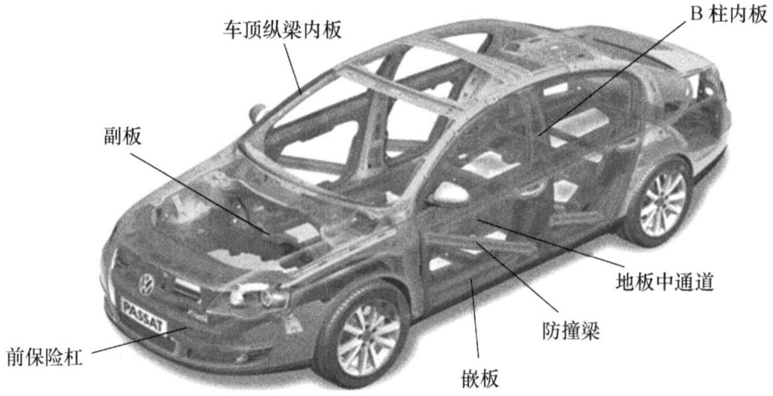

图9-2 热成型零部件在汽车车身上的应用

目前针对热成型技术和热成型钢的研究已经进入了一个相对成熟的阶段，很多企业已经能够稳定地生产热成型钢，并将其加工成汽车零部件应用在汽车车身上。但随着汽车工业的发展，人们对热成型汽车零部件的综合性能也提出了更高的要求，在保证车身零部件超高强度的同时，热成型件的塑韧性、氢致延迟断裂等问题正逐渐受到人们的关注[8,9]。

9.1.1 热成型钢的化学成分

适用于热成型技术的钢板是一种含有硼元素的特殊合金钢。这是由于B元素在奥氏体晶界的偏聚，可以有效地抑制铁素体在奥氏体晶界的非均匀形核，提高奥氏体稳定性，降低临界冷却速度，显著提高钢板的淬透性，使其在较小的冷却速度下就能够得到完全马氏体组织，从而保证热成型零部件的超高强度，因此热成型钢也可以称为含硼钢或锰硼钢。除了B元素外，其他元素也起到了至关重要的作用。

（1）C：能够起到固溶强化和提高淬透性的作用，是影响钢板强度的主要元素。随着C含量的增加，硬度和强度增加，但塑性、韧性和焊接性显著降低。因此热成型钢中的C含量控制在0.2%~0.3%，目的是获得塑韧性较好的高强度低碳马氏体组织。

（2）Si：在钢板中主要起到一定的固溶强化作用，有利于提高钢板的强度。但对于具有表面镀层的热成型钢来说，Si含量应尽量减少，以免影响镀层质量，造成漏镀点等镀层缺陷。

（3）Mn：是典型的奥氏体稳定元素，可以提高淬透性，延迟珠光体和贝氏体转变，而且也有固溶强化的作用，但随着Mn含量的增加，塑性和焊接性降低，应控制在1.0%~2.0%范围内。

（4）Cr：是中强碳化物形成元素，能提高钢的淬透性，可以有效地抑制珠光体和贝氏体的生成。加入适量的Cr，替代部分的Mn和Si，既可以满足淬透性又可以满足可镀性的要求。

（5）Mo：是碳化物形成元素，提高钢的淬透性，对珠光体转变的抑制作用非常明显，对推迟贝氏体转变影响作用不大，但可以显著降低B_s温度。

目前被广泛应用于汽车车身的热成型钢板主要为22MnB5热成型钢，其化学成分范围见表9-1。

表9-1 22MnB5热成型钢的成分体系（质量分数） （%）

22MnB5	C	Si	Mn	S	P	Cr	Mo	Ti	Al	B	N
最小	0.22	0.20	1.20	—	—	0.11	—	0.02	0.02	0.002	—
最大	0.25	0.30	1.40	0.005	0.020	0.20	0.1	0.05	0.05	0.005	0.005

9.1.2 热成型钢的显微组织和力学性能

9.1.2.1 热成型前原始板料的显微组织和力学性能

热成型钢的原始材料分为热轧态和冷轧退火态两种类型。热成型前原始板料热轧态和冷轧退火态的典型显微组织如图9-3所示，主要由70%铁素体和30%珠光体组成。热轧态22MnB5钢的屈服强度为400～500MPa，抗拉强度为500～700MPa，伸长率为20%～25%；冷轧退火态22MnB5钢的屈服强度为300～400MPa，抗拉强度为400～600MPa，伸长率为25%～30%。因此，热成型前原始板料的力学性能表现为强度低，塑性好，具有较好的切削加工性和成型性等。

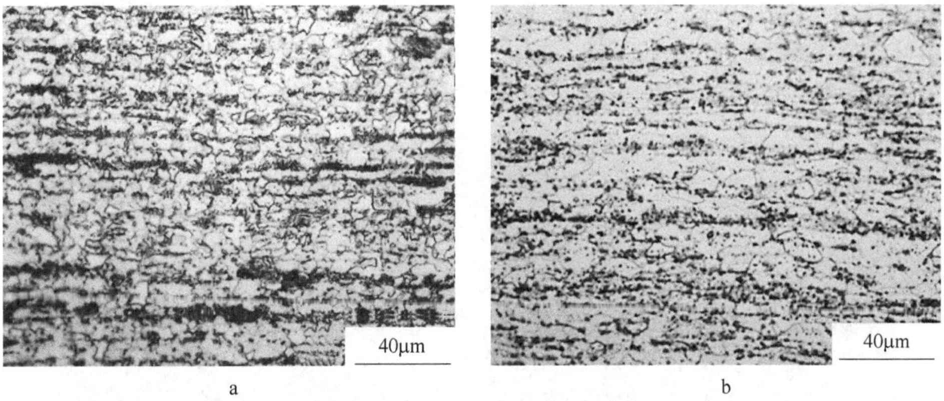

图9-3 热成型钢热成型前原始材料的显微组织
a—热轧态；b—冷轧退火态

9.1.2.2 奥氏体化后的材料特性

22MnB5热成型钢在成型前，需要在加热炉内完成充分奥氏体化，此时材料的力学性能发生了根本变化，直接影响热成型工艺参数的制定和控制。保温一段时间后，在空气中输送的过程中，温度降低至600～900℃。在不同温度区间成型，材料的变形抗力也不同。图9-4为22MnB5热成型钢奥氏体化后在不同温度和应变速率下变形时的应力-应变曲线[10]。

22MnB5钢在相同应变速率下，随着变形温度的降低，变形抗力逐渐升高，650℃时屈服强度为900℃的近3倍。因此，在热成型过程中，材料的力学性能强烈依赖于温度的变化。准确分析热成型过程及对其进行数值模拟，需对材料奥氏体组织的各个温度区间进行力学性能测试，并给出准确的表达式。同样，在相同温度下变形时，材料的力学性能对应变速率的变化也很敏感。

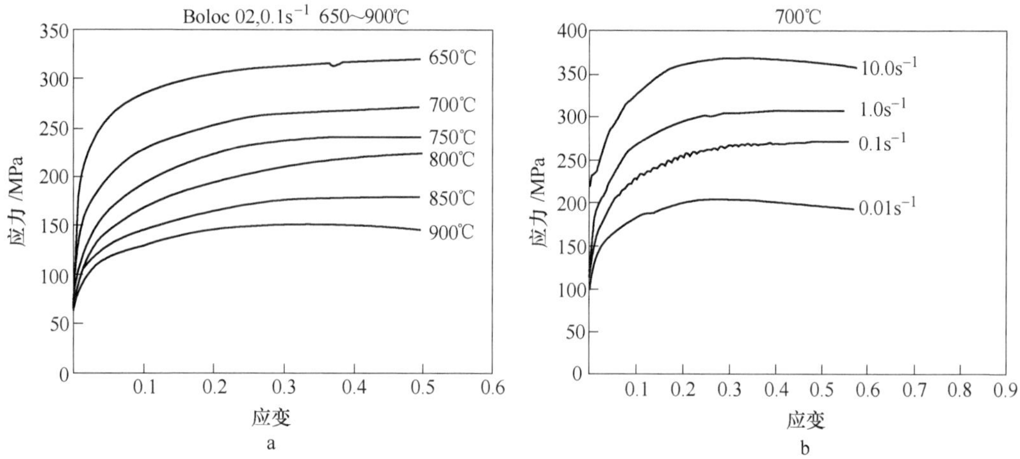

图 9-4 22MnB5 热成型钢不同变形参数下的应力-应变曲线

a—变形温度；b—应变速率

9.1.2.3 热成型后的显微组织和力学性能

当板料完成热成型后，在模具内需要保压一段时间。这个过程中，奥氏体转变为均匀的板条马氏体，板条宽度约 200nm，如图 9-5 所示。热成型后 22MnB5 钢的屈服强度为 1286MPa，抗拉强度为 1550MPa，伸长率为 6.5%，马氏体的洛氏硬度为 49HRC[11]。

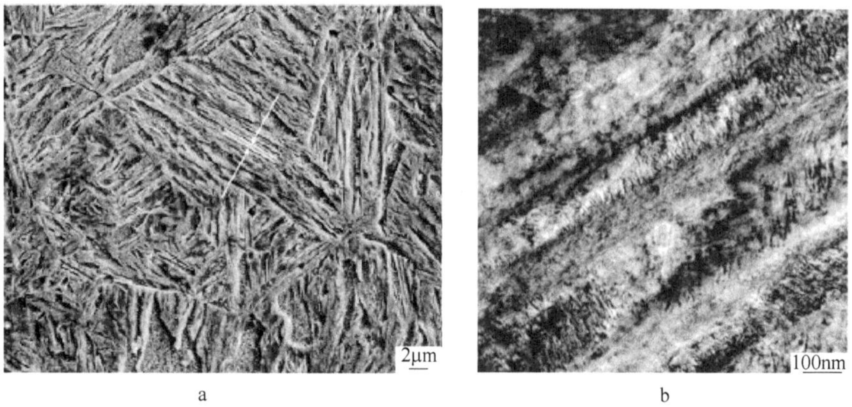

图 9-5 22MnB5 热成型钢热成型后零部件的显微组织

a—SEM 显微组织；b—TEM 显微组织

9.1.3 热成型钢的现状及发展

热成型钢按成分体系可以分为 Mn-B 系（宝钢热成型钢）、Mn-Mo-B 系（北美、欧洲等生产的热成型钢）、Mn-Cr-B 系（高淬透性的热成型钢）、Mn-Cr 系（部分马氏体的热成型钢）、Mn-W-Ti-B 系（韩国浦项开发的高烘烤硬化细晶粒热成型钢）。

瑞典是发展热成型钢较早的国家，其 SSAB 公司开发并生产了 Domex 和 Docol 系列的热轧和冷轧可淬硼钢板，主要包括 20MnB5、22MnB5、27MnCrB5、30MnB5、33MnCrB5、38MnB5 等，可供板材的厚度为 1.00～12.0mm，板材宽度为 800～1600mm，长度为 1500～

13000mm。热成型前板材的屈服强度为400MPa，抗拉强度为600MPa，热成型后的抗拉强度为1480～2050MPa。热成型钢主要作为耐磨材料和高强度结构钢应用于不同领域，其中22MnB5钢为目前应用最为广泛的热成型钢，其他高强度热成型钢主要应用在农业器械和矿山机械领域[12]。

热成型钢按有无镀层可分为带镀层的热成型钢板和不带镀层的热成型钢板。目前，全球规模最大的钢铁制造集团Arcelor公司开发并批量生产了带镀层的热成型钢板Usibor 1500，拥有Al-Si镀层热成型钢板的生产专利。其特点是在轧制后，材料组织为均匀的铁素体及珠光体的混合组织，屈服强度为280～400MPa，抗拉强度为大于450MPa。经过热处理后，其组织为均匀的马氏体，屈服强度可达1200MPa，抗拉强度可达1600MPa，为普通钢板强度的3～4倍。该钢板的显著特点是具有Al-Si镀层，这使得钢板的表面能够避免生成氧化铁皮，具有较高的表面质量[13]。

德国蒂森克虏伯索菲迪特SAS部门在20世纪90年代末，就已经成功开发了热镀铝热成型钢，牌号为MBW 1500+AS，其淬火后最高强度可达1600MPa。

美国西渥斯托公司和戴姆-克莱斯勒公司共同开发出了热成型硼钢，用于制作载重车架横梁，不仅可以减轻质量，而且还可以提高耐疲劳性能。对汽车大梁钢的研究表明，由硼钢制成的零件比原有模式制成的零件更加耐用，零件质量减轻了20%。此外，日本的新日铁、神户制钢和韩国的浦项等钢厂也能批量生产热成型钢，并在大力开发具有更高性能的高强度热成型钢板[14]。

国内，宝钢集团经过多年的研发，于2006年成功开发出不带镀层的热成型钢板（热轧BR1500HS、冷轧B1500HS），并实现批量供货，是国内第一家热成型钢供应商。经测试，冷轧B1500HS的屈服强度为340MPa，抗拉强度为500MPa，水淬后抗拉强度可达1700MPa，模具冷却后的抗拉强度在1400MPa以上，基本满足热成型钢的使用性能[2]。另外，首钢、武钢等大型钢铁企业最近也完成了热成型钢的研发和试制，并实现小批量的供货。北京科技大学、钢铁研究总院等已熟练掌握22MnB5钢的冶炼和生产工艺，并正在研究具有更高强韧性的超高强热成型钢。

刘和平和惠卫军等人研究了Si-Mn系热成型零件的力学性能及微观组织，发现组织中含有一定含量的残余奥氏体，在变形过程中能够产生TRIP效应，使综合性能提高[15]。德国蒂森在对淬火-回火的厚坯研究中提到，微量铌元素的应用可以提高热成型钢的韧性。易红亮等人通过添加Al元素，扩大奥氏体+铁素体两相区，最终得到铁素体+马氏体混合组织的双相热成型钢，大大提高了钢板的均匀伸长率。

9.1.4 热成型技术的关键技术与设备

热成型技术是一项将传统热锻造技术、热处理技术和冷冲压技术相结合的最新制造工艺，是专门用于成型高强度冲压件的先进制造技术。如图9-6所示，高强钢板热成型技术的原理是，先将板料放入均热炉，加热到完全奥氏体化温度以上保温一段时间后，迅速送入带有冷却系统的模具内进行冲压变形，成型后需要保压一段时间使零件形状尺寸趋于稳定，期间模具接触钢板表面使变形和冷却同时发生，保压定型期间组织发生相变，由奥氏体转变成均匀的马氏体组织，从而得到具有超高强度的零部件，抗拉强度可提高到初始值的2.5倍以上。热成型工艺的技术优势是：能够成型强度高达1500MPa以上的零部件，可

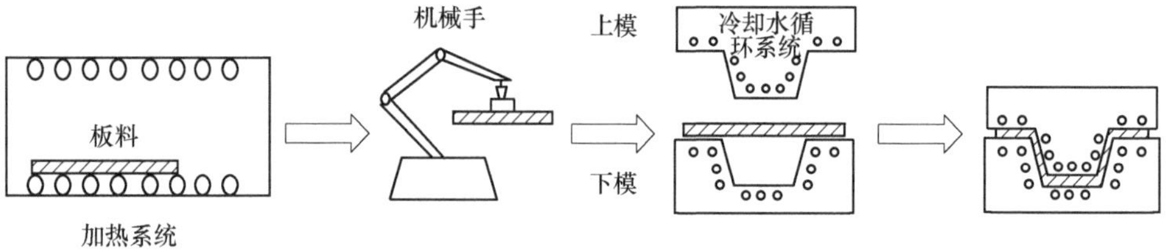

图 9-6　热成型工艺

组焊成高强度驾乘单元，承受 6t 以上的静压而不损；能够减轻 18%～35% 的汽车重量，实现轻量化，并节约材料消耗；在高温条件下，材料具有较好的塑性和成型性，能够一次性冲压形状复杂的汽车零部件；成型后零件无回弹，无开裂，尺寸精度高，成型质量好等。

热成型工艺主要分为直接热成型和间接热成型两种[16,17]。直接热成型工艺如图 9-7 所示，即将板料直接放入均热炉内加热至奥氏体化温度以上保温一段时间，然后放入具有冷却系统的模具内进行一次成型和热处理，也可称为热成型一步法。

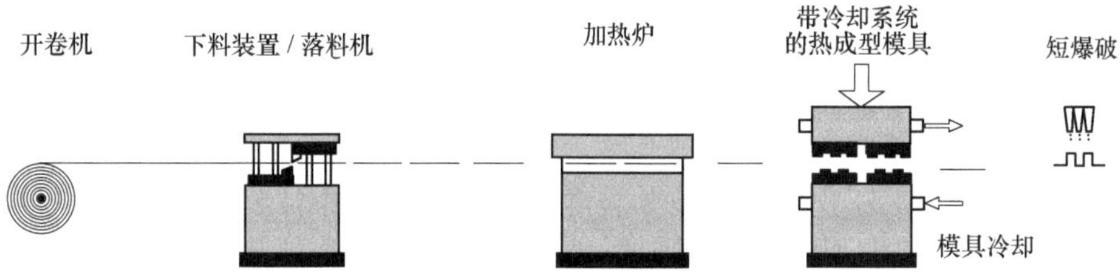

图 9-7　直接热成型工艺

间接热成型工艺如图 9-8 所示，即先将板料进行 90%～95% 的冷冲压预成型，然后再放入均热炉加热至奥氏体化温度以上，保温一段时间后放入具有冷却系统的模具内进行最终成型和热处理，也可称为热成型多步法，具体的预成型次数视零件形状的复杂程度而定[18]。

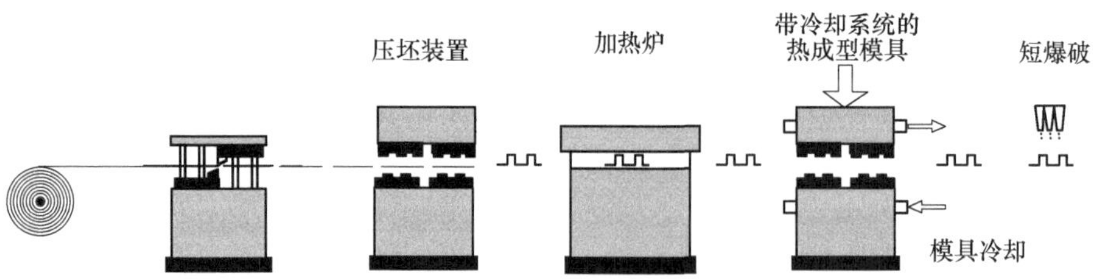

图 9-8　间接热成型工艺

整条热成型技术生产线主要由钢板落料机、连续加热炉、快速传送装置、高速液压机、带有水冷系统的冲压模具、在线快速检测控制装置、激光切边及喷丸等设备组成，有的还带有高温防氧化脱碳涂料设备。由于该技术需要在热成型的同时，给予足够的冷却速度进行淬火，因而对设备和模具方面都有特定的要求。

（1）连续加热炉。热成型技术中的加热工艺直接影响板料热成型后的质量和力学性能，因此连续加热炉的设计和使用要求都非常严格。应保证板料在设定时间内加热至设定的温度，完成充分奥氏体化，同时要避免没有防氧化涂层或镀层板料的高温氧化脱碳，而且要保证板料整体温度分布的均匀性。

如图 9-9 所示，根据加热系统和方式的不同，加热炉大致可以分为三种，分别为辊底式加热炉、传导式加热炉和感应式加热炉[19]。

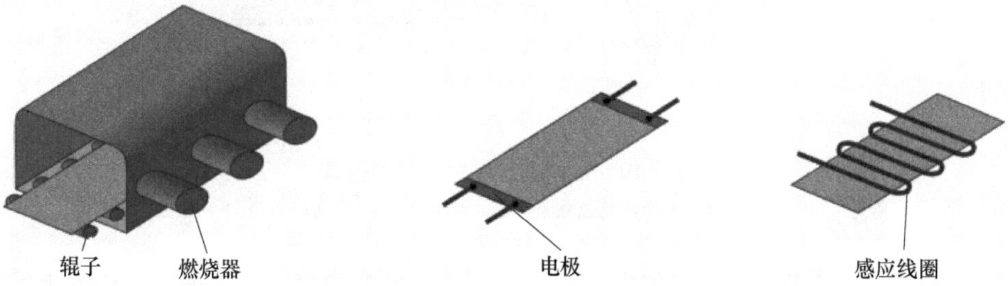

图 9-9 不同加热系统的加热炉

a—辊底式加热炉；b—传导式加热炉；c—感应式加热炉

辊底式加热炉目前在工业生产中的应用较为广泛，使用方便，设备长度在 30～40m。但由于辊底式加热炉的加热速度较慢，若需要完全奥氏体化，则板料在加热炉内的时间较长，延长了生产周期。传导式和感应式加热炉具有加热速度快、减短生产周期、节约能源等优点，但目前尚处于研发阶段，未广泛投入实际生产中。

（2）输送装置。对于冷成型而言，可以采用机器人带吸盘的方式抓取板料，并将钢板输送到模具上。而对于热成型工艺而言，板料经加热奥氏体化后，温度在 800～1000℃ 之间，无法采用吸盘，其输送装置只能采用针对特定板料形状设计的夹持器，并依靠机械手的动作，将高温状态的板料输送到模具上。夹持器的设计必须考虑板料在高温状态下的膨胀效应，同时既要考虑平稳地抓取板料，又要尽可能地减小夹持点处板料的局部温降。为了尽量减少板料表面的氧化铁皮，并减小板料热成型之前的温降，输送时间必须尽可能地减短，采用高速机械手是最佳的选择。

（3）带冷却系统的热成型模具。热成型模具一方面要完成冲压成型，另一方面要完成对板料成型过程中的淬火冷却。当高温板料与模具接触时，模具的温度会显著升高，减小板料与模具之间的温度差，这使板料在后续冷却过程中的冷速降低。当冷速小于临界冷速时，将得不到完全马氏体组织，降低热成型后的零件强度。因此，模具内部必须设计有冷却系统。现在投入工业生产的热成型模具一般使用的是水循环冷却，如图 9-10 所示。模具是用特殊模具材料制造的，具有耐高温、耐磨损、耐疲劳等优良性能。模具内部具有通过优化设计压力和流量可伺服控制的冷却系统，通过研究高可靠性的冷却装置及控制系统，确保零部件在成型的同时按设计要求进行均匀冷却淬火或者部分冷却淬火，进而确保材料组织均匀性、高马氏体转化率等[20,21]。

（4）高速液压机。板料的热成型压机要具备快速合模冲压并保压的功能。显然，目前用于冷冲压的压机不适用于钢板热冲压工艺，因为传统的液压机不具备快速合模及冲压的功能和保压功能。

热成型用高速液压机，采用电子液压一体化控制技术和高速液压比例伺服系统，具有

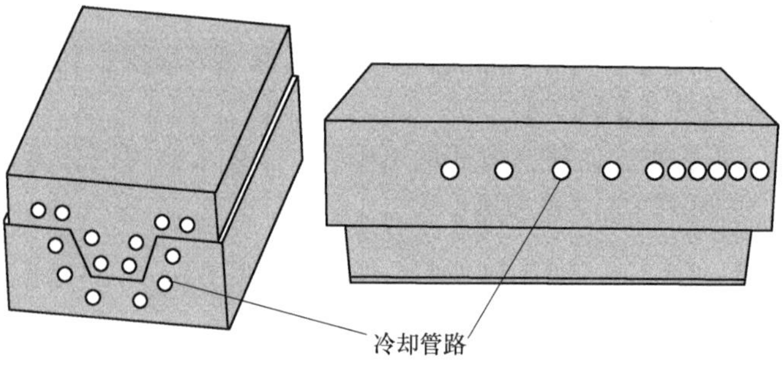

图 9-10　带冷却系统的热成型模具
a—均匀的冷却管路布局；b—非均匀的冷却管路布局

比例调压、四角比例调压、压边比例滑块四角调压、变压力控制等功能；采用速度比例控制技术，减少速度转换时的冲击，压机运动速度可达到 700mm/s，工作速度在 70 ~ 250mm/s 之间，可以伺服调速。高速液压机带有自动循环冷却系统，可以满足对热成型工艺节拍和效率的要求。

（5）后续喷丸、切边和冲孔设备。对于没有防氧化涂层或镀层的板料，完成加热后，在输送及成型过程中，将在表面形成一层薄的氧化层。为了保证汽车零部件的表面质量，需要对热成型后的零部件进行喷丸处理以除掉高温产生的氧化铁皮。喷丸处理工艺要求在除掉表面氧化铁皮达到表面质量要求的同时，还要保证不影响零部件的尺寸精度。

对于冷冲压而言，可以在压机上利用模具来批量进行切边和冲孔处理。但对于热成型件来说，由于成型后零部件的硬度非常高，因此经常采用激光切割的办法进行切边和冲孔。国外企业也有采用大吨位压机和特殊材料制作的模具来批量进行切边和冲孔。另外，国外学者针对在一定温度下进行切边和冲孔的工艺进行了相关研究，而国内在这方面的研究还比较欠缺[22]。

9.1.5　热成型技术的发展

欧洲对于热成型技术的研究相对较早，主要集中在德国和瑞典两个国家。2008 年，这两个国家的相关学者联合成立了高性能钢热成型研究中心，并组织召开了第一届国际高性能钢热成型研讨会[23]。Bergman 和 Oldenburg 对热成型过程数值模拟方面的研究较早[24]，对热成型材料的温度和应变速率相关性进行了实验研究。Naderi、Bleck 和 Merklein 分别对热成型硼钢在高温下的流动准则及材料参数进行了研究[25~27]，主要研究内容集中在材料高温力学性能、热成型工艺模拟及微观组织演变规律和数值模拟等方面。Hyunwoo 等人重点研究了热成型后的切边和冲孔工艺，提出了经济可行的加工方法，并提高了模具使用寿命和产品质量。

日本 Mori 等人通过电阻加热的方法对热成型过程进行了研究[28,29]，并研究了热成型过程中钢板的防氧化技术。Yanagida 等人通过简化实验对热成型过程中板料的摩擦系数进行了测试和数值模拟，并研究了不同润滑条件下 Al-Si 镀层 22MnB5 钢的摩擦行为[30,31]；韩国的 Lee 和 Kim 等人利用有限元模拟研究了热成型过程，并考虑了相变的影响[32,33]。

近些年，我国的相关学者及科研院所针对热成型技术展开了系统性研究，主要包括材料轧制生产工艺、热成型模拟、设备设计及加工、水冷模具、数值模拟等方面，对一些构型相对简单的试件进行了热成型实验研究。

李辉平等人研究了热冲压硼钢 B1500HS 高温时的流变力学行为[34]。高云凯等人对超高强度钢车身 B 柱加强板热成型中的冲压速度、压边力、摩擦因数、板料初始温度及工具初始温度进行了工艺参数正交分析，并运用模糊数学中的综合评判法，对成型后的最大减薄率和危险点的主应变均值两个目标值进行了综合分析[35]。程俊业等人研究了 22MnB5 钢的低温临界区退火工艺，并利用 SEM、TEM 和 EBSD 等技术研究了不同回火温度对 30MnB5 钢组织性能和晶体结构的影响[46]。

林建平和王立影等人对高强度钢热冲压钢板的高温热流变行为、板料高温散热及组织转变等进行了研究[36]。谷诤巍等人对热成型中加热参数进行研究和优化[37]，并制备了一种 22MnB5 钢的耐高温防氧化保护涂层[38]。郭幼丹和程晓农考察了热冲压成型的传热特征，推导出热冲压成型传热数学模型的基本方程，提出了热冲压成型模具冷却系统设计相关技术问题；并研究了冷却速率对回弹和相变的影响，提出了热冲压成型模具冷却系统设计相关的技术问题[39,40]。刘红生等人研究了影响 22MnB5 超高强钢板热冲压成型中回弹的因素，并采用 ABAQUS 软件对高温下 22MnB5 高强钢板沟槽形件冲压成型进行了数值模拟研究，建立了基于热力耦合的弹塑性有限元模型和热成型下的材料模型[41,42]。崔俊佳等人对高强钢板热冲压工艺中的相变进行了模拟，将流体力学引入热成型工艺中，建立了热-流-力-相多场耦合平台[41]。

马宁和胡平等人基于自主开发的国内第一条拥有自主知识产权热成型批量生产线，对热成型过程进行了理论分析、数值模拟及实验研究，提出了新的方法用于热成型模具设计及工艺过程分析，建立了热成型过程中热、力、相变耦合本构关系，并在 KMAS 的基础上成功地开发出高强度钢板热成型数值模拟 CAE 模块，同时提出了热成型复合材料的概念[42~45]。

对于热成型生产线，目前全球已有 140 多条热冲压生产线，主要分布在欧洲和美洲。瑞典 AP&T 公司和德国的舒勒公司都能够提供全套的高强度钢板热冲压成套设备。目前国内的量产生产线多为国外进口：宝钢引进瑞典 AP&T 公司的生产线；德国本特勒在我国的两家子公司，长春长瑞本特勒和上海汇众本特勒分别拥有一条生产线，基本上是一模两件，产能较高；西班牙海斯坦普在昆山已经建成一条生产线，并推出相应产品；加拿大麦格纳卡斯玛在上海建成一条热冲压生产线，基本是一模三件，甚至是一模四件。大连理工大学与长春伟孚特汽车零部件有限公司从 2006 年开始，开展了高强度钢板热成型技术、装备与工艺的综合研究。经过多年的不懈努力，在国内率先设计、研制出具有完全自主知识产权的节能型高强度钢板热冲压成型成套技术和生产线。机械科学研究总院先进制造技术研究中心承担并完成了国家重大科技专项“超高强钢热成型及点焊连接技术”、北京市“超高强钢热冲压成套技术及自动化中试线研制”等科研任务，通过 TS16949 认证，进入北汽福田供应商序列，完成 500 辆新能源车型的配套。

9.2 热成型钢的成分设计和相变规律

9.2.1 成分设计和相变点理论计算

虽然目前热成型钢的成分体系不尽相同，但整体的设计理念与 22MnB5 热成型钢类似，均是利用 B 元素在奥氏体晶界的偏聚，可以有效地抑制铁素体在奥氏体晶界的非均匀形核，提高奥氏体稳定性，并结合其他合金元素，例如 Mn、Cr、Mo 等，降低临界冷却速度，显著提高钢板的淬透性，使其在较小的冷却速度下即能够得到完全马氏体组织，从而保证热成型零部件的超高强度，因此该类热成型钢也可以称为含硼钢或锰硼钢。典型 1700MPa 级热成型钢的化学成分如表 9-2 所示。

表 9-2 1700MPa 级热成型钢的成分设计 （%）

编 号	化学成分（质量分数）										
	C	Si	Mn	P	S	Al	Cr	B	Ti	Nb	N
30MnCrB5	0.30	1.46	1.00	0.007	0.004	0.036	1.00	0.002	0.037	0.036	0.003

根据经验公式，可以计算出 30MnCrB5 钢理论的相变点，对成分体系的设计起到一定的优化作用，如式（9-1）~式（9-8）所示。

$$A_{c1} = 723 - 14 \times w(\mathrm{Mn}) + 22 \times w(\mathrm{Si}) - 14.4 \times w(\mathrm{Ni}) + 23.3 \times w(\mathrm{Cr}) \quad (9\text{-}1)$$

$$A_{c3} = 854 - 180 \times w(\mathrm{C}) - 14 \times w(\mathrm{Mn}) + 44 \times w(\mathrm{Si}) - 17.8 \times w(\mathrm{Ni}) - 1.7 \times w(\mathrm{Cr}) \quad (9\text{-}2)$$

$$M_s = 539 - 423 \times w(\mathrm{C}) - 30.4 \times w(\mathrm{Mn}) - 17.7 \times w(\mathrm{Ni}) - 12.1 \times w(\mathrm{Cr}) - 7.5 \times w(\mathrm{Mo}) \quad (9\text{-}3)$$

$$M_f = 100\%M = M_s - (215 \pm 15) \quad (9\text{-}4)$$

$$M_f = 90\%M = M_s - (103 \pm 12) \quad (9\text{-}5)$$

$$M_f = 50\%M = M_s - (47 \pm 9) \quad (9\text{-}6)$$

$$M_f = 10\%M = M_s - (10 \pm 3) \quad (9\text{-}7)$$

$$B_s = 830 - 270 \times w(\mathrm{C}) - 90 \times w(\mathrm{Mn}) - 37 \times w(\mathrm{Ni}) - 70 \times w(\mathrm{Cr}) - 83 \times w(\mathrm{Mo}) \quad (9\text{-}8)$$

热成型钢的临界冷却速度是钢板的重要参数，直接决定钢板热成型后的显微组织和力学性能。热成型钢板的冷却主要是靠工件和模具之间的界面接触热传导和空气的热辐射及热对流等，其冷却速度受到了一定限制，若临界冷却速度过大，则在冷却过程中，实际冷速小于临界冷却速度，奥氏体转变首先转变为非马氏体组织，从而得不到完全马氏体组织，导致强度的下降。式（9-9）和式（9-10）分别为计算钢板临界冷却速度和淬火组织为马氏体硬度的经验公式，均未考虑 B 的影响。

$$\lg v_M = 9.81 - 4.62 \times w(\mathrm{C}) - 1.10 \times w(\mathrm{Mn}) - 0.54 \times w(\mathrm{Ni}) - 0.50 \times w(\mathrm{Cr}) - 0.60 \times w(\mathrm{Mo}) - 0.00183 \times P_A \quad (9\text{-}9)$$

式中 P_A——奥氏体化参数（加热时间×加热温度，此处加热时间为 1h）；

v_M——奥氏体转变为完全马氏体的临界冷却速度，℃/h。

$$\mathrm{HV}_M = 127 + 949 \times w(\mathrm{C}) + 27 \times w(\mathrm{Si}) + 11 \times w(\mathrm{Mn}) + 8 \times w(\mathrm{Ni}) + 16 \times w(\mathrm{Cr}) + 21 \times \lg v_M \quad (9\text{-}10)$$

式中 HV_M——钢淬火组织为马氏体时的维氏硬度；

v_M——奥氏体转变为完全马氏体的临界冷却速度，℃/h。

将表 9-2 所列的实际成分含量，代入式（9-1）~式（9-10），计算出 30MnCrB5 钢的理论相变点、临界冷却速度及马氏体硬度值，见表 9-3。

表 9-3 30MnCrB5 钢的理论相变点和重要参数

热成型钢	A_{c1}/℃	A_{c3}/℃	M_s/℃	M_f/℃	B_s/℃	v_M（未考虑 B）/℃·s^{-1}	v_M（考虑 B）/℃·s^{-1}	HV_M（未考虑 B）
30MnCrB5	764	849	369	169	589	41	7	512

通过式（9-9）计算的临界冷却速度为未考虑 B 元素的影响。B 显著提高淬透性的机理与其他元素不同，B 在奥氏体晶界处的平衡偏聚和非平衡偏聚，降低了奥氏体晶界的界面能，抑制了铁素体和贝氏体的形核，从而稳定了奥氏体，使在较小的冷速下即能得到完全马氏体组织。因此，当考虑 B 元素的影响时，钢板的临界冷却速度将进一步减小。从文献［40］可以看出，22MnB5 热成型钢的临界冷速为 25℃/s，利用经验公式计算 22MnB5 热成型钢的临界冷速为 143℃/s，可以看出，B 的作用使临界冷速降低至计算值的 1/6。按此规律估算，30MnCrB5 钢考虑 B 后的临界冷速为 7℃/s。淬火组织为马氏体时的维氏硬度如表 9-3 所示，30MnCrB5 钢在 500HV 以上，能够保证足够的强度。以上通过经验公式计算出点的理论数值与实际数据存在一定的误差，仅供成分设计优化时参考，在设计轧制、热处理和热成型工艺时，以实际测得的数值为准。

9.2.2 连续冷却过程中的相变规律

根据热膨胀曲线、显微组织、显微硬度的观察和测量结果，绘制 30MnCrB5 钢和 22MnB5 钢的 CCT 曲线，如图 9-11 和图 9-12 所示。30MnCrB5 钢中，由于 Cr、Si 等元素的作用，贝氏体相变被显著抑制，铁素体相变驱动力略有增加，在中温区间，奥氏体比较稳定，不发生转变，当温度冷至 M_s点以下时，发生马氏体转变；22MnB5 钢中，Cr 含量较少，抑制贝氏体相变的作用减弱，但也不存在完全贝氏体区间，当冷却速度大于 5℃/s 时，即有马氏体组织出现。相对于 22MnB5 热成型钢，30MnCrB5 钢具有更好的淬透性，有利于在较低的冷却速度下得到完全马氏体组织，为模具及模具内冷却系统的设计提供了很大的空间。并且，完全马氏体组织时的硬度在 600HV 左右，换算成抗拉强度则在 1900MPa 以上，通过合理的工艺控制，能够保证热成型后钢板的强度在 1600～1800MPa。

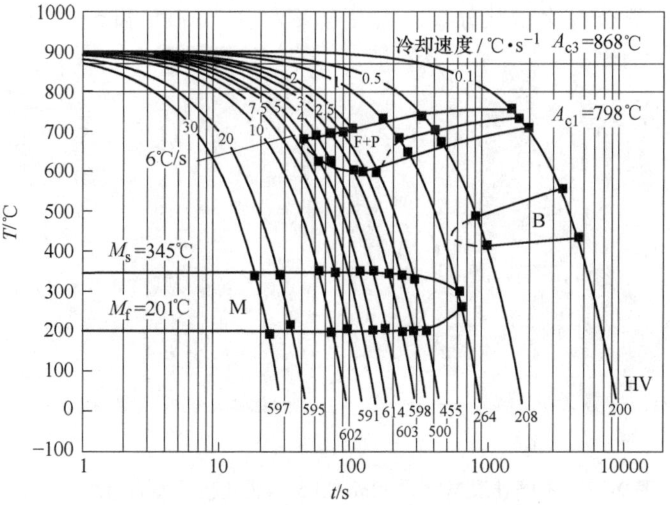

图 9-11 30MnCrB5 钢的 CCT 曲线

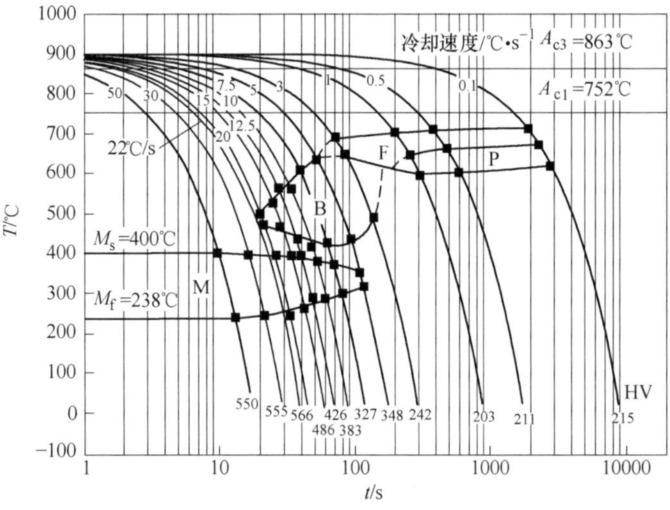

图 9-12　22MnB5 钢的 CCT 曲线

9.3　热成型钢的关键制备工艺及组织性能

热成型钢的制备工艺一般分为两部分，即热成型前和热成型工艺。热成型前，主要通过冶炼、连铸、轧制和退火热处理等工艺生产热成型前的热轧板或冷轧退火板，在生产过程中，钢板中的显微组织和力学性能发生显著的变化。热成型工艺主要是将热成型前的钢板基板通过加热、保温、成型、冷却等过程，完成热成型钢的成型和热处理工艺，最终得到尺寸精度、形状和力学性能符合要求的汽车零部件。

9.3.1　卷取温度对热成型钢组织和性能的影响

不同卷取温度下热成型钢的显微组织和力学性能如图 9-13 ~ 图 9-15 和表 9-4 所示。不同温度卷取后热轧板的显微组织都主要由多边形铁素体和片层状珠光体组成，铁素体晶粒大小分布均匀，珠光体呈带状分布，均占 66% 左右。660℃和 630℃卷取后的铁素体晶

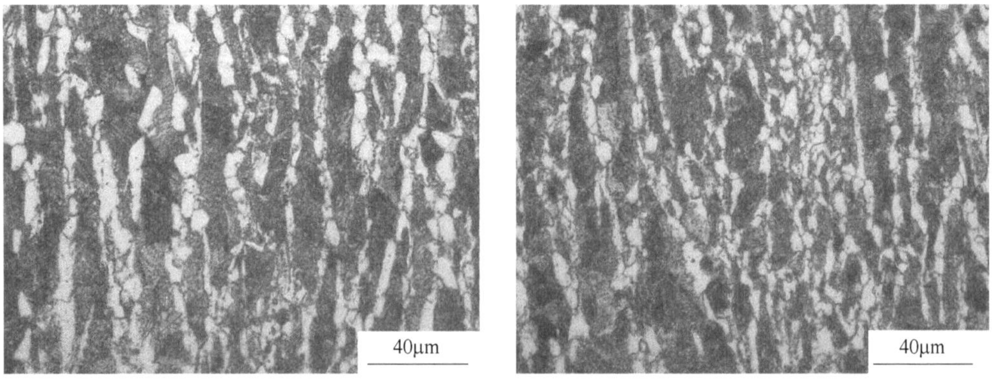

a　　　　b

图 9-13　不同卷取温度的 30MnCrB5 钢热轧板的显微组织（OM）

a—660℃；b—630℃

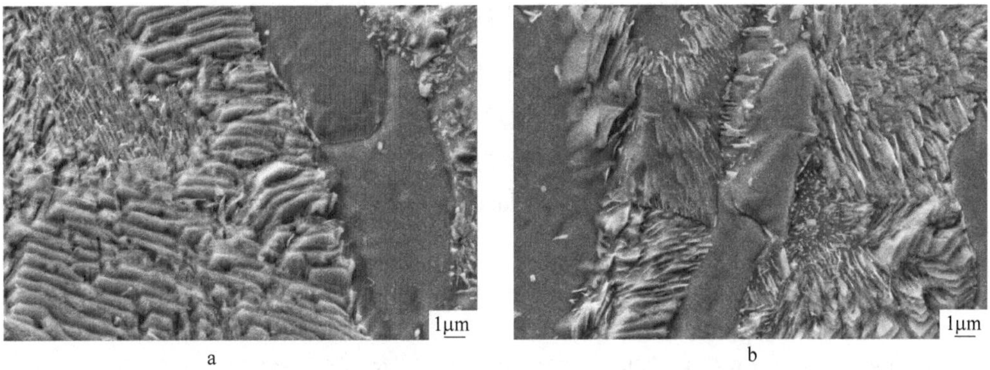

图 9-14 不同卷取温度的 30MnCrB5 钢热轧板的显微组织（SEM）
a—660℃；b—630℃

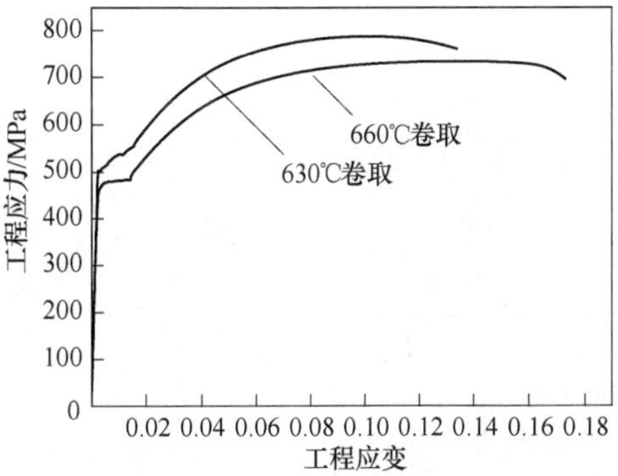

图 9-15 不同卷取温度的 30MnCrB5 钢热轧板的工程应力-应变曲线

表 9-4 30MnCrB5 钢热轧板的力学性能、铁素体晶粒度统计和各相百分比

编号	卷取温度/℃	屈服强度/MPa	抗拉强度/MPa	伸长率 A_{50}/%	铁素体晶粒度	铁素体平均晶粒尺寸/μm	各相百分比/%
870-660	660	477 ±2	734 ±2	26 ±1	9.0 级	15.9	66 ±2 珠光体 +34 ±2 铁素体
870-630	630	499 ±2	788 ±2	21 ±1	10.0 级	11.2	66 ±2 珠光体 +34 ±2 铁素体

粒度分别为 9.0 级和 10.0 级，对照 GB/T 6394—2002，平均晶粒尺寸分别为 15.9μm 和 11.2μm。并且从表 9-4 所列的力学性能数据可以看出，630℃卷取后钢板的强度较 660℃卷取的高，这主要是由于低温卷取时，晶界迁移速度较慢，易得到晶粒细小的铁素体，同时片层状珠光体内的渗碳体片层也较细，增加了对位错运动的阻力，从而提高了钢板的强度，但塑性显著下降。热轧板的屈服强度为 470～490MPa，抗拉强度为 730～790MPa，伸长率为 21%～26%。随着卷取温度的升高，热轧板的强度降低，塑性升高，铁素体和珠光体的含量基本不变，但铁素体的晶粒度会明显增大，珠光体片层间距增加。

9.3.2 不同退火工艺下热成型钢的组织和性能

图9-16所示为30MnCrB5钢经75%压下率冷轧后钢板的显微组织。可以看出，经过75%变形后，多边形铁素体被拉长，呈纤维状分布，珠光体片层发生变形和不规则弯曲。根据渗碳体的形态特征，冷轧变形后的珠光体组织可分为以下3种类型[49]。

（1）不规则弯曲层型（irregularly bent lamella，IBL），即变形后的渗碳体与轧制方向呈大角度偏离且不规则弯曲的珠光体。

（2）带有剪切带的粗大片层型（coarse lamella with shear band，CLS），即被渗碳体剪切带分开且变形轻微的珠光体片层。

（3）精细片层型（fine lamella，FL），即与轧制方向平行排列、片间距细小（20～30nm）、渗碳体严重变形的珠光体片层。

在退火保温过程中，珠光体将向奥氏体转变，不同形态冷轧珠光体的转变速率不同，IBL和FL型有利于渗碳体的溶解，CLS型的渗碳体溶解相对较慢，这对奥氏体的均匀化程度有一定的影响。

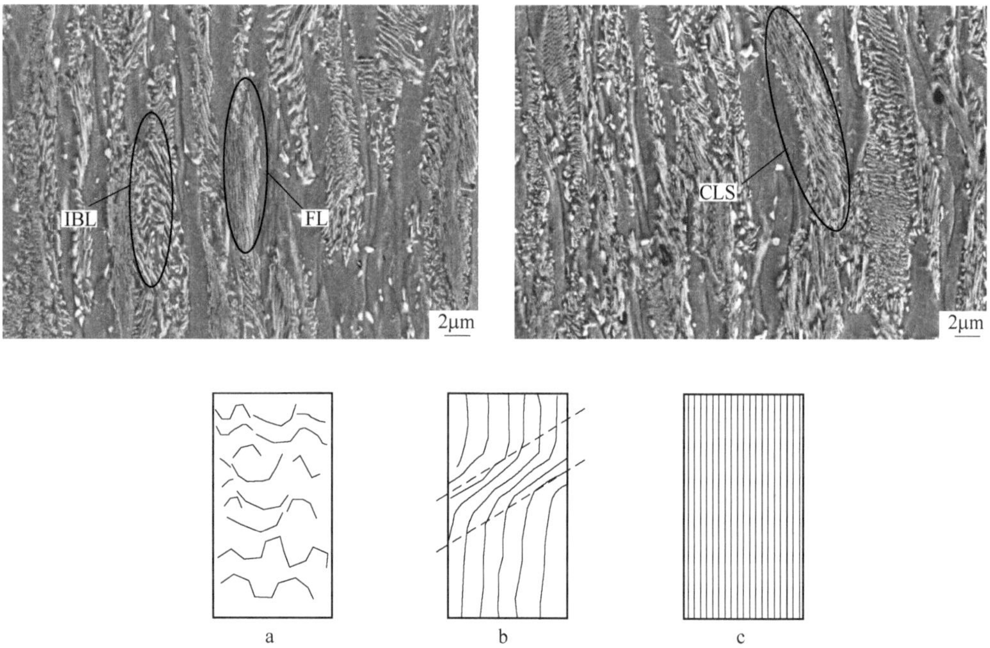

图9-16 30MnCrB5钢冷轧珠光体形貌及示意图

a—IBL；b—CLS；c—FL

9.3.2.1 连续退火工艺中退火温度的影响

比较退火温度为740℃、760℃、780℃、800℃、820℃和840℃的连续退火工艺，连续退火工艺路线如图9-17所示，主要分为预热段、加热段、保温段、缓冷段、快冷段、时效段及终冷段。

不同退火温度模拟后钢板的显微组织如图9-18所示。退火温度不同，钢板最终得到的显微组织存在明显的差异。在退火过程中，主要发生了铁素体的回复和再结晶、渗碳体的溶解和析出以及奥氏体的相变等。当退火温度为740℃时，铁素体发生了一定程度的回复，大部分仍保持伸长状或扁片状。但原珠光体领域内的铁素体和渗碳体发生了显著变化，经冷轧严重变形的棒状或片状渗碳体消失，逐渐转变为界面能较低的椭圆或球形渗碳体，且尺寸非常小，为50～150nm，分布不均匀，呈带状分布在原珠光体领域内。原珠光体领域内的铁素体形成了极为细小的等轴状亚晶，平均直径为500nm左右。当退火温度为760℃时，再结晶铁素体的数量增多，原珠光体领域内的铁素体和渗碳体的变化与740℃

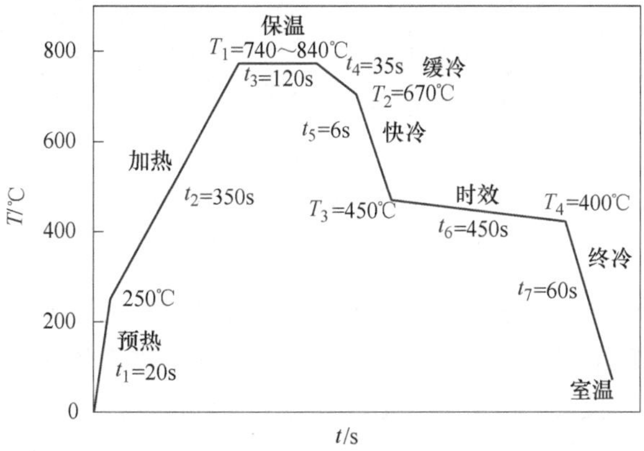

图9-17 30MnCrB5钢连续退火工艺路线

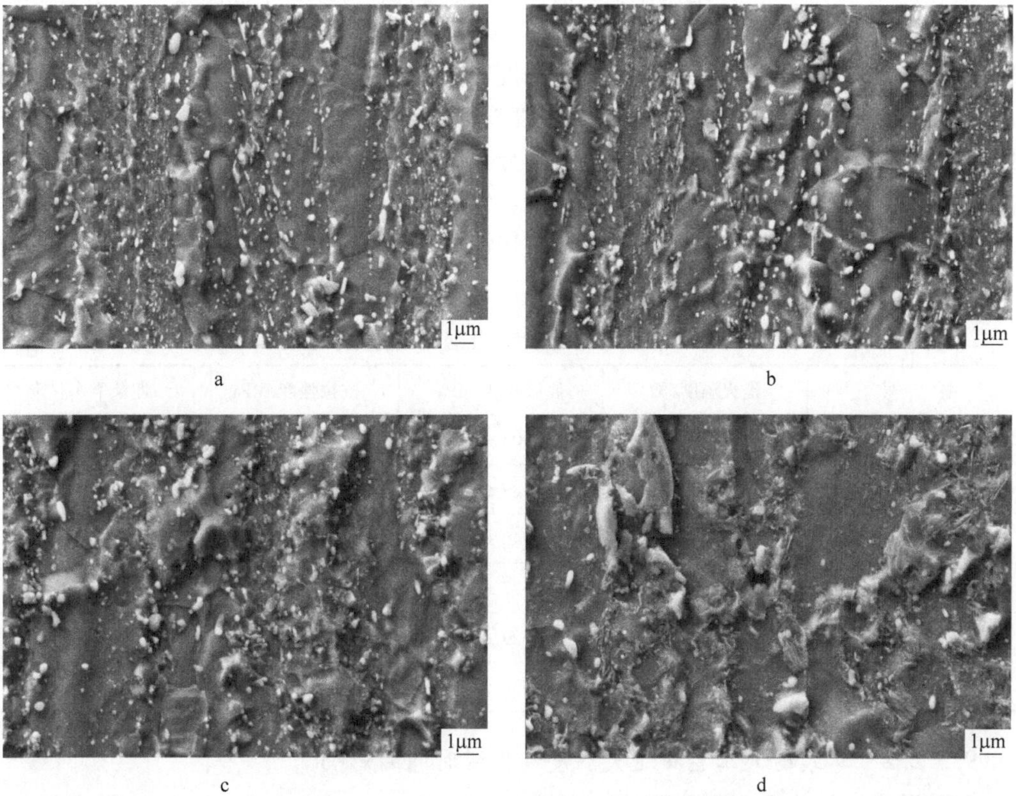

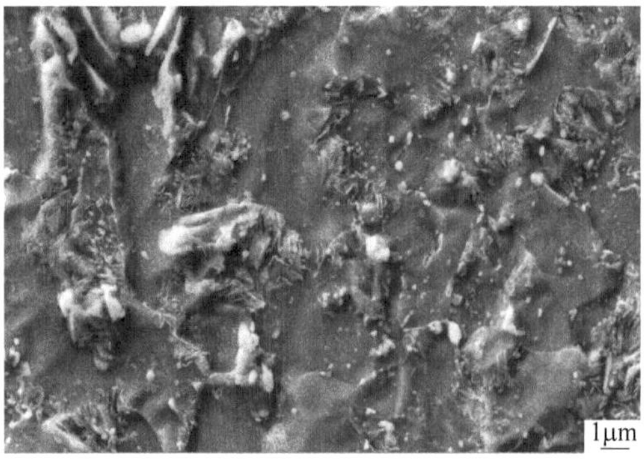

e

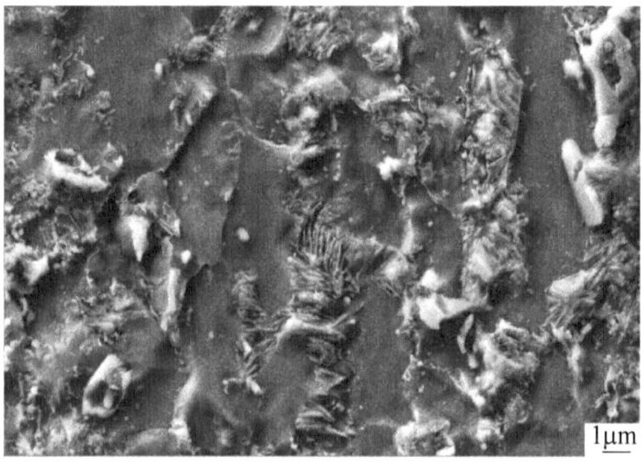

f

图 9-18　不同退火温度冷轧退火板的显微组织

a—740℃；b—760℃；c—780℃；d—800℃；e—820℃；f—840℃

退火后的类似，渗碳体有一定的粗化。随着退火温度的进一步升高，当退火温度为 780℃时，铁素体的再结晶程度进一步提高，原珠光体领域内的铁素体亚晶合并长大，细小的渗碳体逐渐消失，有聚集长大的趋势。当退火温度为 800℃时，铁素体继续发生再结晶，原珠光体领域内的铁素体亚晶消失，渗碳体形貌发生改变，出现了短棒状或片层状渗碳体。当退火温度为 820℃和 840℃时，这种现象更为明显，大量片层状渗碳体出现。

表 9-5 所列为不同连续退火温度后钢板的力学性能。导致力学性能显著不同的主要原因是钢板的微观组织构成和形貌。在 740℃退火时，铁素体再结晶程度不够，内部位错密度较高，残余应力未得到充分释放，导致强度较高。随着退火温度的升高，铁素体再结晶程度逐渐完全，位错开动的阻力减小，强度降低。当退火温度高于 800℃时，进入两相区，在保温过程中有部分奥氏体生成，该部分奥氏体在冷却过程中转变为片层状珠光体，对位错运动的阻力增加，导致抗拉强度增加。低温退火后钢板塑性较低的主要原因可能是由于保温时间较短，铁素体未充分再结晶，内部存在较高密度的位错，为裂纹提供了有利的扩展通道，从而导致钢板的过早断裂。

表 9-5　不同退火温度冷轧退火板的力学性能

编　号	退火温度/℃	屈服强度/MPa	抗拉强度/MPa	伸长率 A_{50}/%
870-660-1.5-740	740	604 ± 2	760 ± 2	19 ± 1
870-660-1.5-760	760	589 ± 2	742 ± 2	21 ± 1
870-660-1.5-780	780	540 ± 2	727 ± 2	21 ± 1
870-660-1.5-800	800	527 ± 2	781 ± 2	19 ± 1
870-660-1.5-820	820	529 ± 2	808 ± 2	20 ± 1
870-660-1.5-840	840	530 ± 2	810 ± 2	21 ± 1

9.3.2.2　罩式退火工艺中退火温度和保温时间的影响

比较退火温度为 760℃和 780℃，保温时间为 10min、30min 和 60min 的罩式退火工艺。工艺路线如图 9-19 所示，主要分为加热段、保温段和冷却段。

图 9-20 和表 9-6 分别为 760℃保温不同时间后冷轧退火板的显微组织形貌和力学性能。可以看出，不同保温时间后的显微组织均由铁素体和颗粒状渗碳体组成。保温 10min 后的铁素体发生了一定程度的再结晶，但渗碳体分布不均匀，呈带状分布；保温 30min 和 60min 后的铁素体形貌基本相同，渗碳体的形态分布略有不同：保温 30min 后的碳化物分布比较均匀，且尺寸细小弥散，而保温 60min 后的渗碳体有长大趋势，相对 30min 的尺寸偏大。随着保温时间的延长，抗拉强度逐渐降低，伸长率逐渐升高。

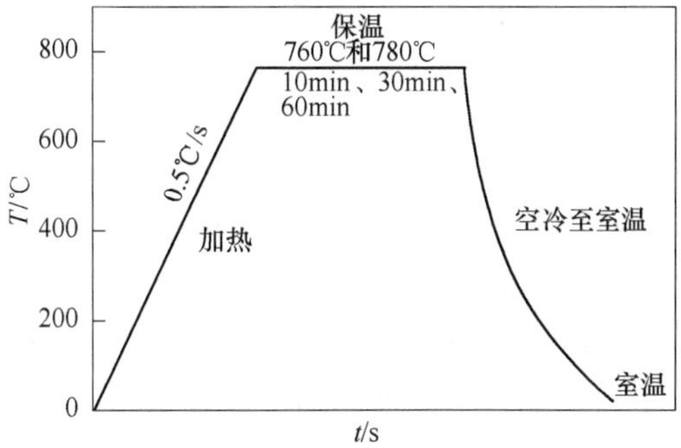

图 9-19 30MnCrB5 钢罩式退火工艺路线

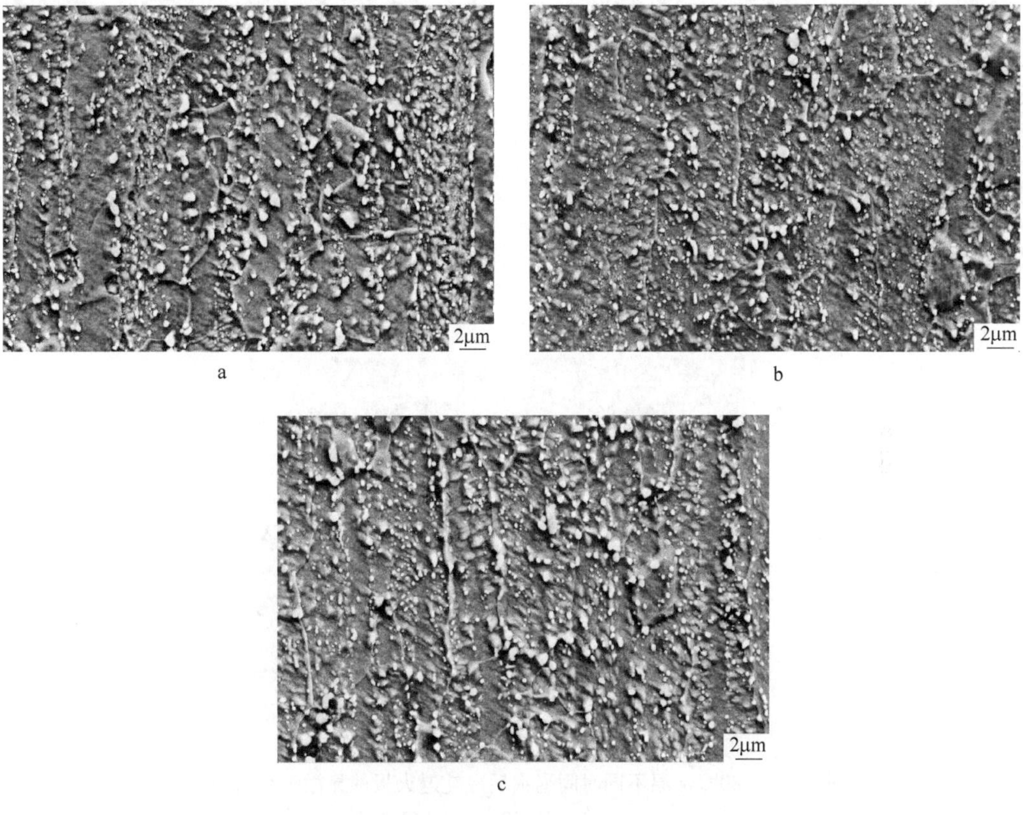

图 9-20 760℃保温不同时间退火后冷轧退火板的显微组织

a—10min；b—30min；c—60min

表 9-6 760℃保温不同时间退火后冷轧退火板的力学性能

编号	保温时间/min	屈服强度/MPa	抗拉强度/MPa	伸长率 A_{50}/%
870-660-1.5-760-1	10	515 ±2	696 ±2	22 ±1
870-660-1.5-760-2	30	487 ±2	675 ±2	24 ±1
870-660-1.5-760-3	60	475 ±2	669 ±2	26 ±1

图 9-21 和表 9-7 分别为 780℃保温不同时间后冷轧退火板的显微组织形貌和力学性能。可以看出，不同保温时间后的显微组织主要由铁素体、片层状珠光体和颗粒状渗碳体组成，可能存在少量贝氏体组织。

随着保温时间的延长，颗粒状渗碳体的数量逐渐减少，主要为多边形铁素体和片层状珠光体。这说明当在 780℃保温时，30MnCrB5 钢则已经进入了 α + γ 两相区，随着保温时间的延长，奥氏体晶核逐渐增多，且成分逐渐趋于均匀化，渗碳体逐渐溶解，在随后的冷却过程中，奥氏体转变为铁素体和片层状珠光体，少量奥氏体可能发生贝氏体转变。与 760℃保温后的力学性能相反，在 780℃保温时，随着保温时间的延长，抗拉强度逐渐升高，伸长率逐渐降低，这主要是由于长时间保温后，钢板中的片层状珠光体逐渐增多，甚至出现贝氏体组织导致的。

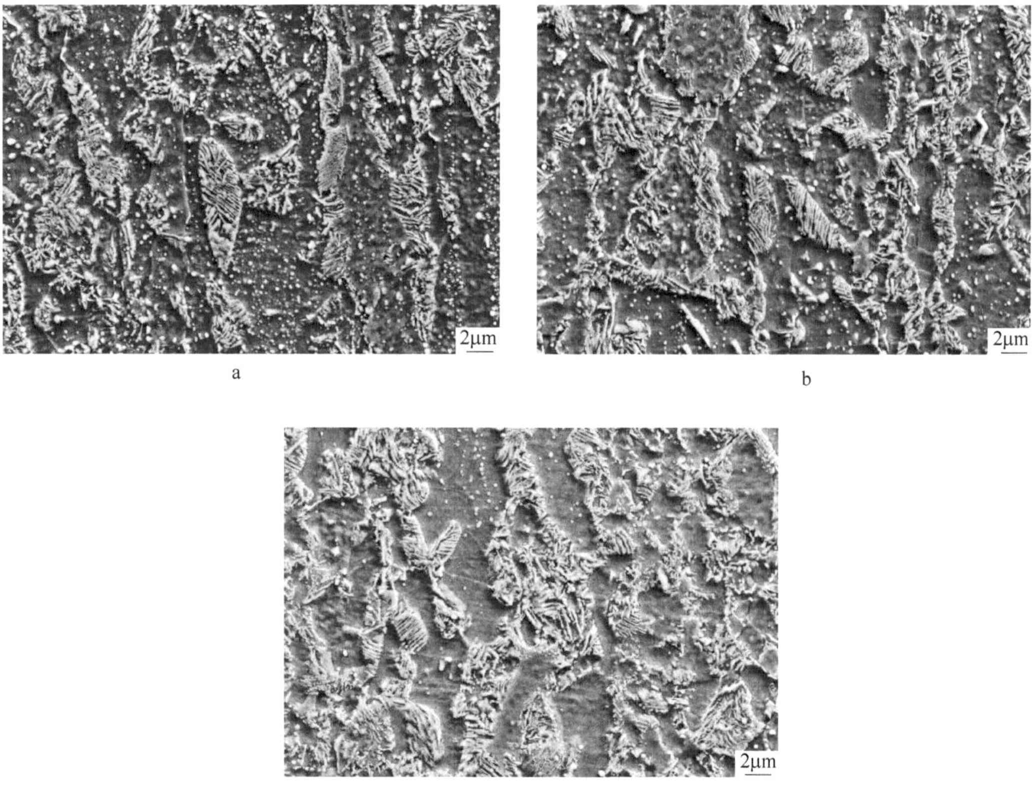

图 9-21　780℃保温不同时间退火后冷轧退火板的显微组织（SEM）
a—10min；b—30min；c—60min

表 9-7　780℃保温不同时间退火后冷轧退火板的力学性能

编　号	保温时间/min	屈服强度/MPa	抗拉强度/MPa	伸长率 A_{50}/%
870-660-1.5-780-1	10	500 ± 2	724 ± 2	18 ± 1
870-660-1.5-780-2	30	502 ± 2	740 ± 2	16 ± 1
870-660-1.5-780-3	60	504 ± 2	759 ± 2	15 ± 1

9.3.2.3 等温退火工艺中退火温度的影响

模拟退火温度为 760℃和 780℃的等温退火工艺，分别加热至 760℃和 780℃后保温 30min，然后冷至 700℃保温 1h 后空冷至室温，工艺路线如图 9-22 所示，主要分为加热段、保温段、等温段和冷却段。

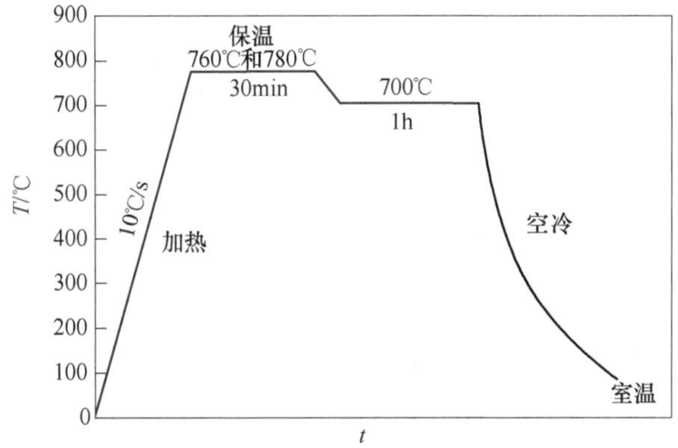

图 9-22 30MnCrB5 钢等温退火工艺路线

图 9-23 和表 9-8 分别为等温退火工艺中，不同温度退火后冷轧退火板的显微组织形貌和力学性能。可以看出，退火温度不同导致显微组织存在显著的差别。当退火温度为 760℃时，钢板的显微组织特征为铁素体基体上均匀分布颗粒状渗碳体；而当退火温度为 780℃时，钢板的显微组织特征为多边形铁素体 + 片层状珠光体，可能存在少量的贝氏体，铁素体晶粒内比较纯净，没有明显的渗碳体颗粒。力学性能也存在明显差异，760℃退火后的抗拉强度为 653MPa，低于 780℃退火；而伸长率为 26%，高于 780℃退火。760℃保温 30min + 700℃等温 1h 退火后所得钢板的抗拉强度略低于 760℃保温 1h 罩式退火后所得钢板，伸长率相当。

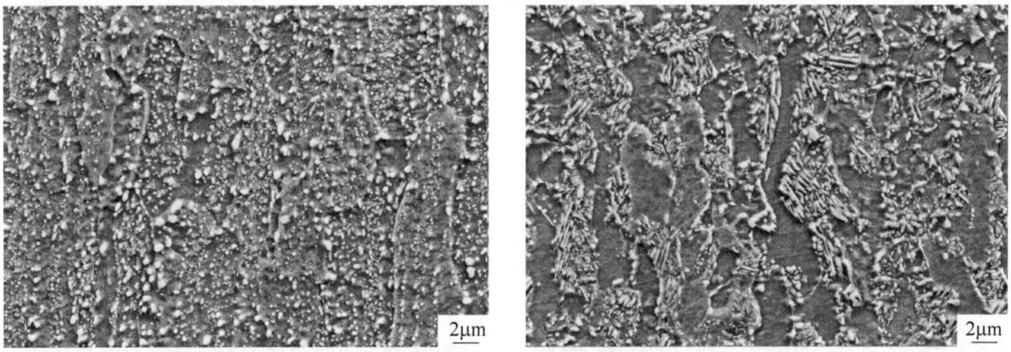

a　　　　b

图 9-23 不同退火温度等温退火后冷轧退火板的显微组织（SEM）

a—760℃ ×0.5h + 700℃ ×1h；b—780℃ ×0.5h + 700℃ ×1h

表 9-8 不同退火温度等温退火后冷轧退火板的力学性能

编 号	退火温度/℃	等温温度/℃	屈服强度/MPa	抗拉强度/MPa	伸长率 A_{50}/%
760-0.5h-700	760	700	453 ±2	653 ±2	26 ±1
780-0.5h-700	780	700	504 ±2	727 ±2	23 ±1

9.4 热成型工艺的影响因素

经退火后的热成型钢板为进行热成型工艺前的基板。在直接热成型工艺中，热成型前只需对基板进行形状的裁剪和切削加工即可直接进行热成型工艺；而在间接热成型工艺中，在热成型之前，需对基板进行90%~95%变形量的冷冲压成型，然后再进行热成型工艺，完成最终变形。热成型过程中的关键工艺参数直接影响热成型后零部件的组织性能，主要有加热温度、保温时间、应变量、应变速率、冷却速度、工件/模具表面接触情况、摩擦与润滑等。

9.4.1 热成型关键工艺参数的影响

研究热成型工艺中不同工艺参数对热成型钢在非等温变形过程中相变规律的影响，主要包括加热温度、保温时间、应变量、应变速率和冷却速度。

9.4.1.1 加热温度

选择加热温度为850℃、900℃、950℃和1000℃，控制保温10min，应变量（真应变）为0.4，应变速率为$0.1s^{-1}$，冷却速度为50℃/s。

图9-24所示为不同加热温度热成型后的显微组织。从图中可以看出，随着加热温度的增加，铁素体含量逐渐减少，马氏体/贝氏体含量增加。当加热温度为850℃时，30MnCrB5钢处于高温$\alpha+\gamma$两相区，在保温过程中存在少量的铁素体，该部分铁素体在热成型过程中被保留下来，如图9-24a所示；当加热温度为900℃时，进入低温奥氏体区，

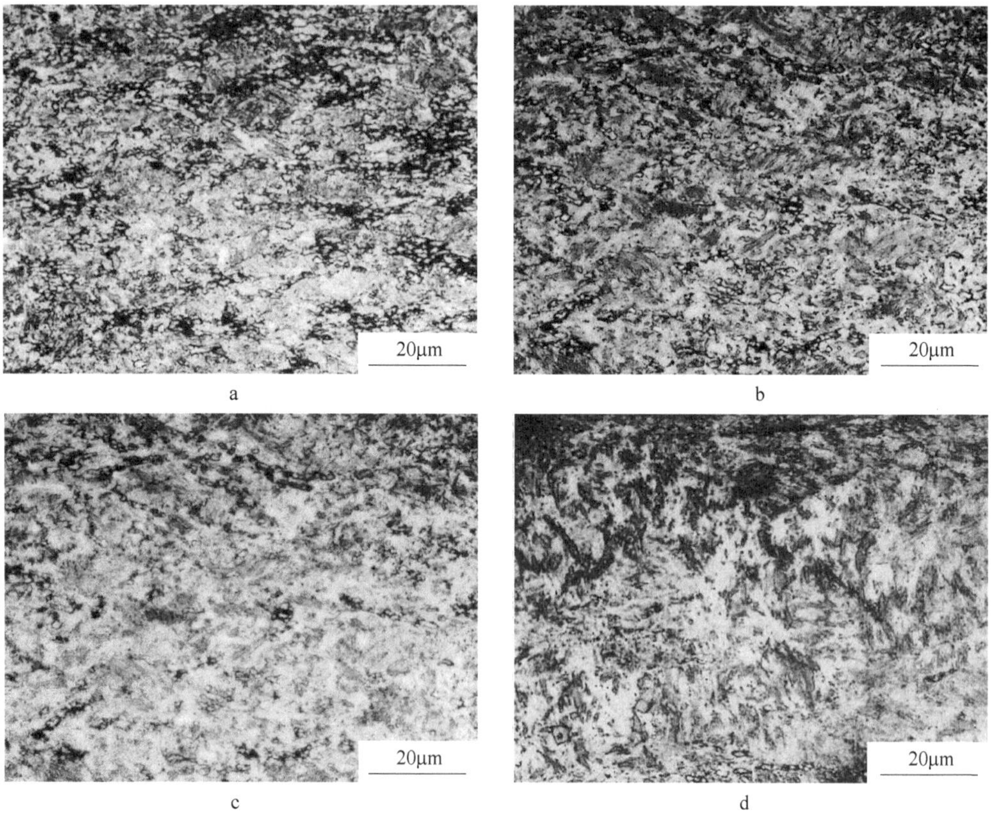

图9-24　不同加热温度热成型模拟后试样的显微组织（OM）

a—850℃；b—900℃；c—950℃；d—1000℃

经保温和热成型工艺后，钢板中发现少量的铁素体组织，并且该部分铁素体十分细小，其余为马氏体组织，如图9-24b所示；当加热温度为950℃时，经保温和热成型工艺后，钢板中也存在少量的铁素体，但含量略有减少；当加热温度为1000℃时，则无明显铁素体组织，基本为马氏体组织。

加热温度直接影响原始奥氏体晶粒的大小，间接影响铁素体和马氏体相变。加热温度越高，原始奥氏体晶粒的尺寸越大，界面总面积减少，提高了奥氏体的稳定性，抑制了铁素体相变。但在短时间的保温过程中，晶粒越大，奥氏体晶粒内的化学成分均匀性越差，降低了奥氏体的稳定性，促进了铁素体相变，并且热变形也促进了铁素体相变。这些因素的综合作用，使热成型过程中的相变规律变得相对复杂。

9.4.1.2 保温时间

选择保温时间分别为1min、3min、5min和10min，其他变量为恒值，具体为950℃加热，应变量（真应变）为0.4，应变速率为$0.1s^{-1}$，冷却速度为50℃/s。

图9-25所示为不同保温时间热成型后的显微组织。当保温时间为1min时，热成型后钢板中存在明显的铁素体组织，铁素体晶粒尺寸为2～5μm；当保温时间为3min时，晶粒尺寸较大的铁素体消失，出现小尺寸的铁素体晶粒，为1～2μm；此后随着保温时间的进一步延长，显微组织形貌无明显变化。

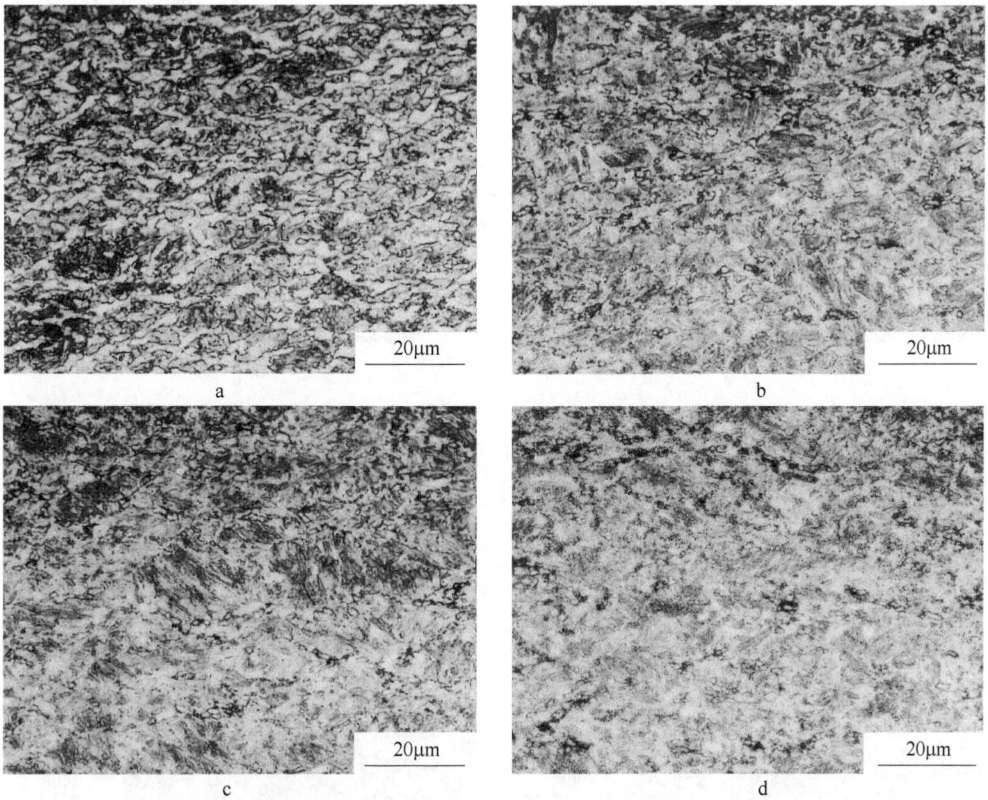

图9-25 不同保温时间热成型模拟后试样的显微组织（OM）

a—1min；b—3min；c—5min；d—10min

保温时间主要影响奥氏体的晶粒大小和成分均匀化。刚加热到950℃时，形成的奥氏体晶粒细小，由于加热速度较快，还有部分铁素体和渗碳体未溶解；在保温阶段的初期，奥氏体晶粒逐渐长大，吞噬铁素体和溶解渗碳体，达到完全奥氏体状态。随着保温时间的延长，进入保温阶段中期，奥氏体内的化学元素进行均匀化扩散。在保温阶段的后期，奥氏体晶粒停止长大，内部的化学成分相对均匀，不再发生较大的改变，处于相对稳定的阶段。

9.4.1.3 应变量

选择真应变量为0、0.1、0.2、0.3、0.4和0.5，其他变量为恒值，具体为950℃加热，保温10min，应变速率为$0.1s^{-1}$，冷却速度为50℃/s。

图9-26所示为不同应变量热成型后的显微组织。未变形（$\varepsilon=0$）时，直接冷却至室温后的组织为完全马氏体组织，未明显观察到第二相，如图9-26a所示；当$\varepsilon=0.1$和$\varepsilon=0.2$时，组织未发生明显变化，可能存在贝氏体组织，如图9-26b和c所示；当$\varepsilon=0.3$时，出现十分细小的多边形铁素体，如图9-26d所示；随着应变量的增加，当$\varepsilon=0.4$和$\varepsilon=0.5$时，铁素体含量逐渐增加，并且主要沿原始奥氏体晶界分布，如图9-26e和f所示。

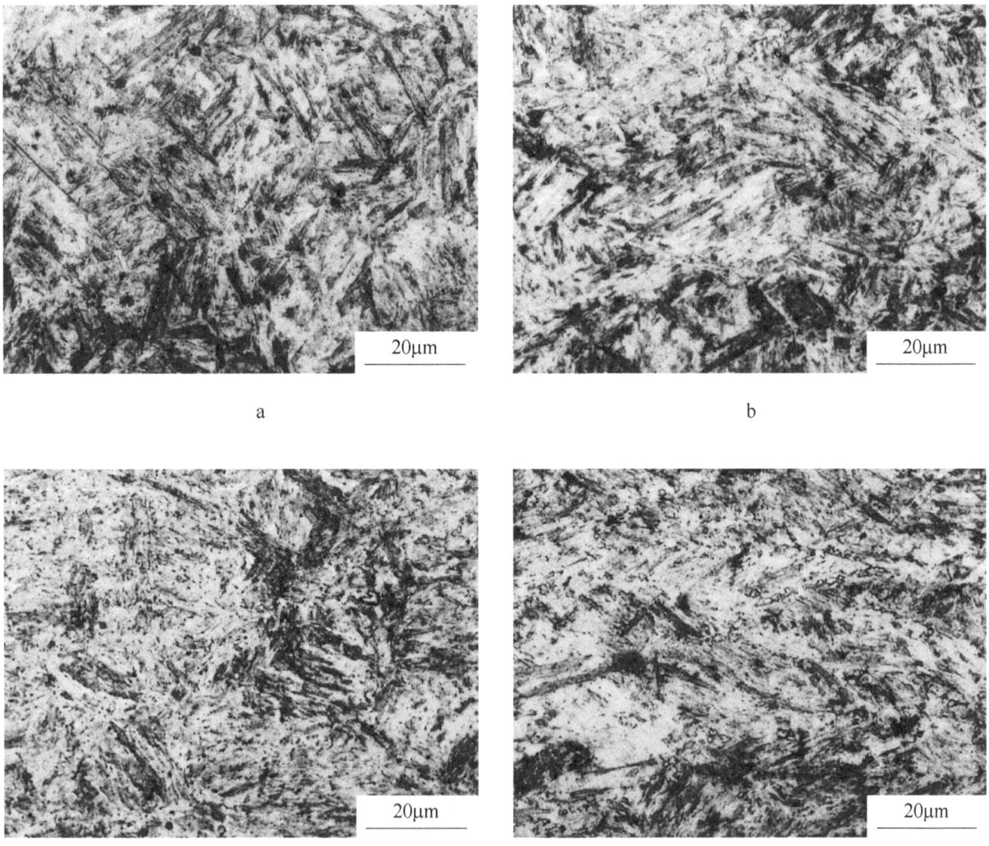

a b

c d

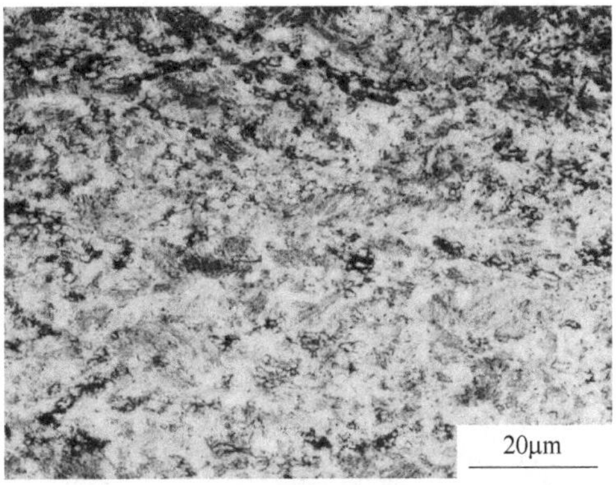

e

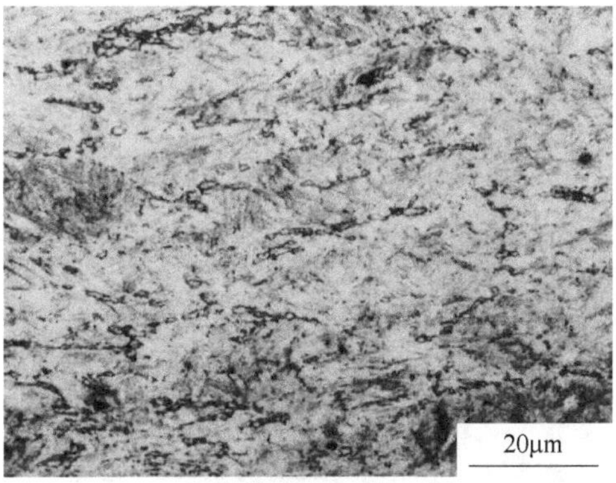

f

图9-26 不同应变量热成型模拟后试样的显微组织（OM）

a—$\varepsilon=0$；b—$\varepsilon=0.1$；c—$\varepsilon=0.2$；d—$\varepsilon=0.3$；e—$\varepsilon=0.4$；f—$\varepsilon=0.5$

应变量主要影响奥氏体晶粒的变形程度。变形程度越大，位错越多，晶体结构扭曲越严重，畸变能越大，从而相变驱动力提高，形核点增多，有利于相变的发生。值得注意的是，应变速率相同、应变量不同导致热成型终了温度的不同，应变量越大，热成型终了温度越低，有可能使变形进入贝氏体区，从而导致相变的复杂性。

9.4.1.4 应变速率

选择应变速率分别为$0.05s^{-1}$、$0.1s^{-1}$、$0.2s^{-1}$、$0.4s^{-1}$和$0.8s^{-1}$，其他变量为恒值，具体为950℃加热，保温10min，应变量（真应变）为0.4，冷却速度为50℃/s。

图9-27所示为不同应变速率热成型后的显微组织。当$d\varepsilon/dt=0.05s^{-1}$时，出现较多的贝氏体组织，并沿原始奥氏体晶界分布，其余为马氏体组织，如图9-27a所示；当$d\varepsilon/dt=0.1s^{-1}$时，贝氏体消失，主要为细小多边形铁素体和马氏体组织，如图9-27b所示；与应变量的影响不同，随着应变速率的增加，铁素体逐渐消失，当$d\varepsilon/dt=0.8s^{-1}$时，多边形铁素体几乎消失，主要为马氏体组织，如图9-27e所示。

应变速率主要影响热成型的变形区间，应变速率越慢，则变形区间越大。当应变速率为$0.8s^{-1}$时，变形区间仅为25℃。通常情况下，应变速率加快，位错增殖速度和位错密度增加，但位错运动的空间有限，位错塞积的进程加快，软化作用减弱。当$d\varepsilon/dt=0.05s^{-1}$时，位错增殖较慢，在经过铁素体区间时，形变量较小，不能诱发铁素体相变，随后进入贝氏体区间进行相变，累积的形变储存能诱导贝氏体相变，如图9-27a所示。随着应变速率的增加，变形区间上移，当$d\varepsilon/dt=0.1s^{-1}$时，变形终了温度为650℃，铁素体区的大量变形诱发了铁素体相变，如图9-27b所示。然而，当$d\varepsilon/dt=0.2s^{-1}$时，变形终了温度为750℃，在铁素体相变开始温度附近，说明在未进入铁素体区就基本完成了热成型工艺，只有很少量的铁素体出现，如图9-27c所示。随着应变速率的进一步增加，在高温段（800~850℃）即全部完成热成型，在后续50℃/s的冷却过程中，铁素体相变被显著抑制。当$d\varepsilon/dt=0.8s^{-1}$时，铁素体几乎消失。

9.4.1.5 冷却速度

比较冷却速度分别为1℃/s、5℃/s、15℃/s、30℃/s和50℃/s的试样，其他变量为恒值，具体为950℃加热，保温10min，应变量（真应变）为0.4，应变速率为$0.1s^{-1}$。

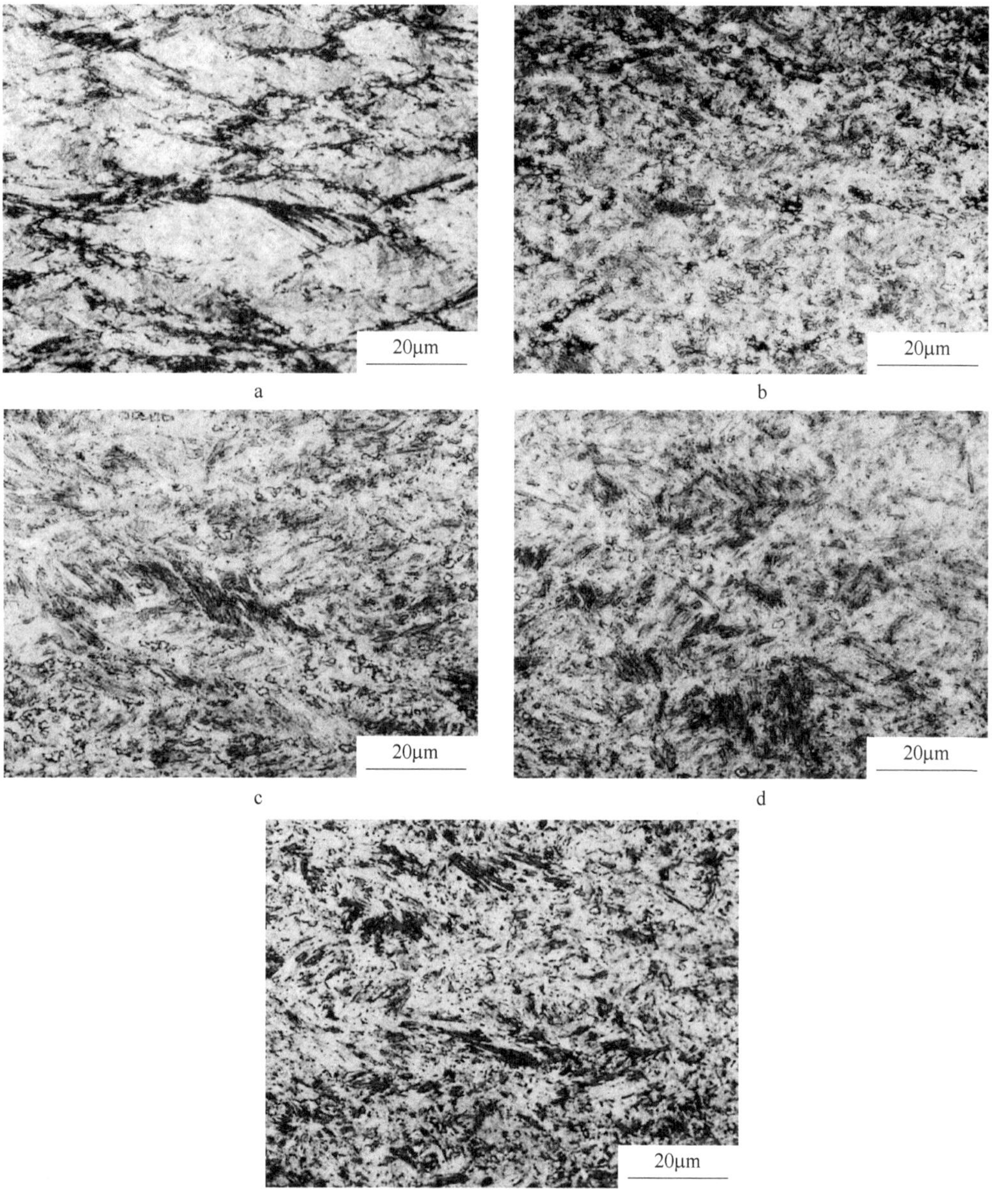

图 9-27　不同应变速率热成型模拟后试样的显微组织（OM）

a—$d\varepsilon/dt=0.05s^{-1}$；b—$d\varepsilon/dt=0.1s^{-1}$；

c—$d\varepsilon/dt=0.2s^{-1}$；d—$d\varepsilon/dt=0.4s^{-1}$；e—$d\varepsilon/dt=0.8s^{-1}$

图 9-28 所示为不同冷却速度热成型后的显微组织。当冷却速度为 1℃/s 时，为多边形铁素体和珠光体组织，如图 9-28a 所示；当冷却速度为 5℃/s 时，出现马氏体组织，仍有一定含量的铁素体和珠光体，如图 9-28b 所示；当冷却速度为 15℃/s 时，珠光体基本消失，主要为铁素体和马氏体组织，如图 9-28c 所示；随着冷却速度的升高，铁素体晶粒变小，如图 9-28d 和 e 所示。

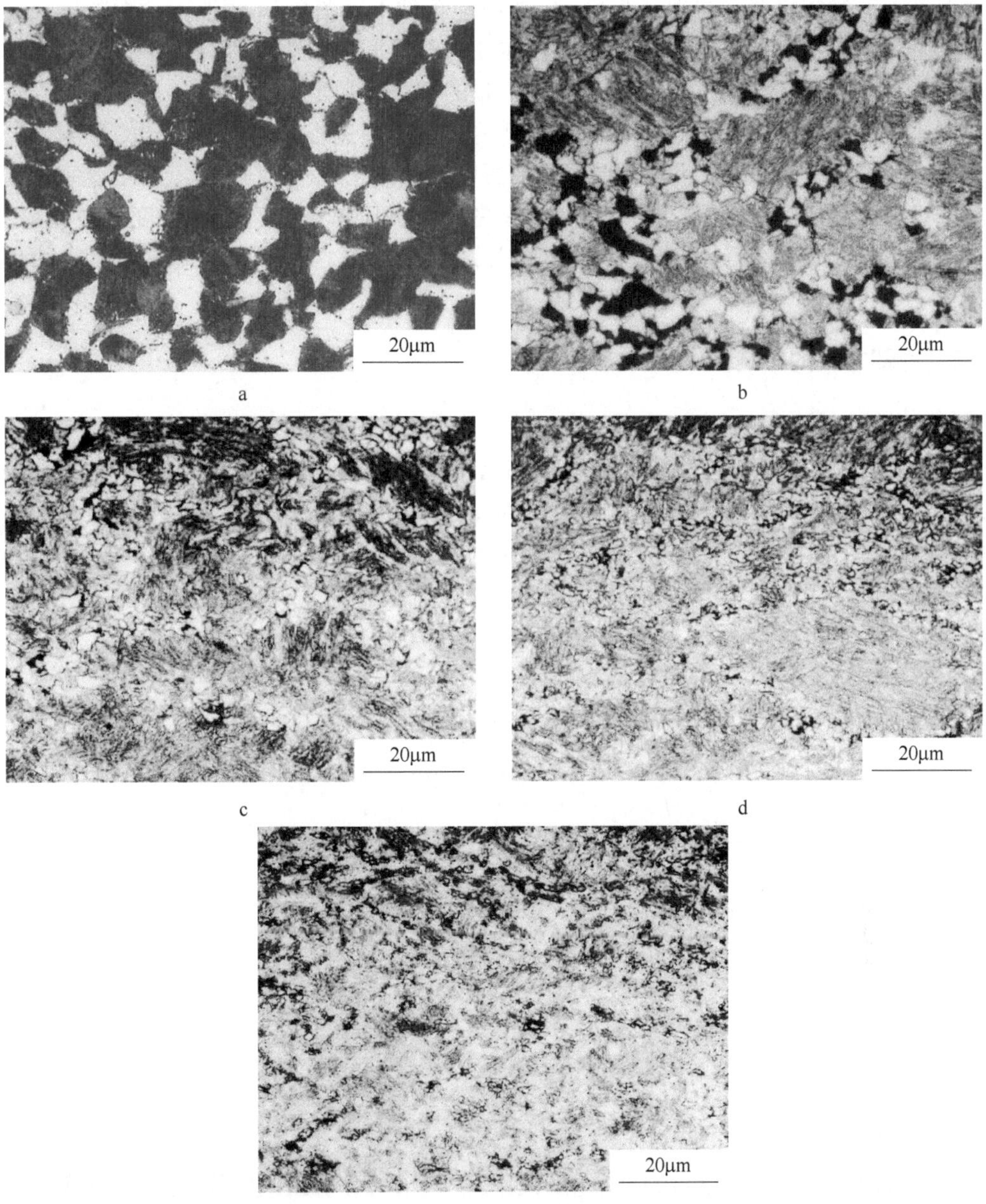

图 9-28 不同冷却速度热成型模拟后试样的显微组织（OM）

a—1℃/s；b—5℃/s；c—15℃/s；d—30℃/s；e—50℃/s

冷却速度对形变奥氏体转变的影响显著，并且不同冷却速度对应的热成型终了温度不同，1℃/s、5℃/s、15℃/s、30℃/s 和 50℃/s 分别对应为 846℃、830℃、790℃、730℃和 650℃。当冷却速度为 1℃/s 时，从图 9-11 的静态 CCT 曲线可以看出，未变形条件下，F_s点和 F_f点分别为 731℃和 649℃，并伴随有少量的马氏体相变；而从图 9-28a 中可以看出，热成型在 846℃结束，F_s点和 F_f点分别为 745℃和 652℃，明显高于未变形的情况，促进了铁素体转变。这主要是由于形变奥氏体内的亚晶界或形变带有利于铁素体的形核，从而促进了铁素体相变。同理，在5℃/s 的冷却条件下，图 9-11 表明未变形的奥氏体主要发生了马氏体相变，而热成型后的奥氏体在高温区间还发生了部分铁素体和珠光体转变，即使在 50℃/s 冷却条件下，仍存在很少量的细小铁素体组织。

热成型过程中的关键工艺参数对热成型钢在热成型过程中组织和性能的影响十分复杂，需综合考虑。加热温度和保温时间主要影响奥氏体化过程，应变量、应变速率和冷却速度直接影响热成型的变形区间和程度，最终导致奥氏体转变产物和硬度的显著差异。总体来说，通过合理控制热成型过程中的关键工艺参数，可以实现组织和性能的良好匹配。

9.4.2 冷却方式的影响

9.4.2.1 淬火-缓冷工艺

淬火-缓冷工艺与实际情况比较相近，属于连续非恒速冷却，具体的工艺参数如图 9-29所示。将退火板加热至 950℃，保温 10min，采用多段冷却速度的方法模拟热成型工艺的冷却过程，其中 850℃冷至 350℃过程中的两个冷却速度 15℃/s 和 6℃/s 均大于等于临界冷却速度，因此可以作为淬火过程的模拟。当温度冷至 300℃时，分别采用空冷和 0.1℃/s 两种不同的缓冷方式冷却至室温。

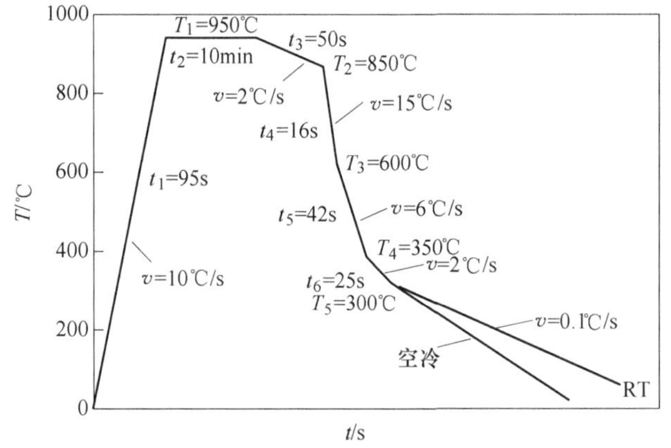

图 9-29 淬火-缓冷工艺路线

不同缓冷方式模拟后钢板的显微组织如图 9-30 所示。从图中可以看出，空冷至室温后得到的马氏体板条很细，并且无明显的碳化物析出，如图 9-30a 所示；而经 0.1℃/s 冷却至室温后得到的马氏体板条明显较宽，并且在板条上有明显的碳化物析出，如图 9-30b 所示，这主要是由于较慢的冷却速度对新生成的马氏体起到一定的自回火作用，马氏体内位错密度降低，板条界面模糊，过饱和碳析出形成碳化物。

表 9-9 所列为不同缓冷方式模拟后钢板的力学性能。从表可以看出低温段较快的冷速有利于提高热成型零件的综合性能。低温段的冷速主要与冷却循环水流速度和保压定型时间有关，冷却循环水流速度越快，模具的温度越低，可以有效地提高零件低温段的冷却速度，而且保压定型时间越短，自回火作用越低，也能够从一定程度上减少强度的损失。

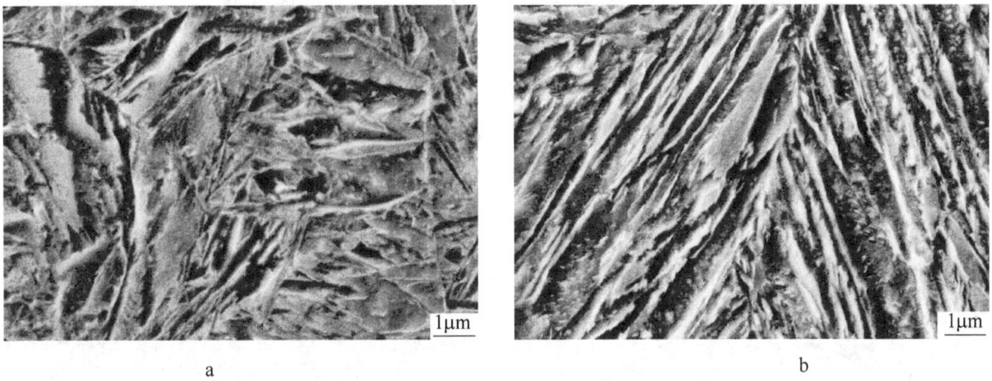

图 9-30 不同缓冷方式的淬火-缓冷工艺模拟后的显微组织（SEM）

a—空冷；b—0.1℃/s 冷却

表 9-9 不同缓冷方式的淬火-缓冷工艺模拟后的力学性能

编 号	缓冷方式	屈服强度/MPa	抗拉强度/MPa	伸长率 A_{50}/%
RCX12	空冷	1029 ±5	1796 ±5	9.5 ±1
RCX13	0.1℃/s 冷却	985 ±5	1536 ±5	9.8 ±1

9.4.2.2 淬火-配分工艺

采用一步法淬火-配分工艺，将退火板加热至950℃，保温10min，用多段冷却速度的方法模拟热成型工艺的冷却过程，当温度冷至300℃时，保温不同时间进行配分，分别为120s、200s、300s 和 600s，具体的工艺参数如图 9-31 所示。

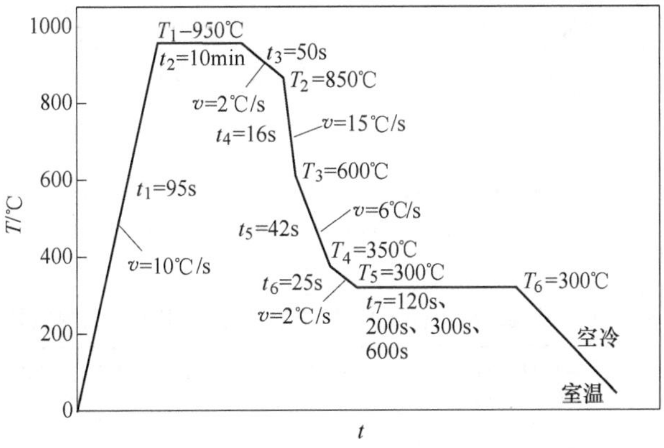

图 9-31 不同配分时间的淬火-配分工艺路线

图 9-32 所示为不同时间配分后钢板的显微组织，从 SEM 图像上看，主要为板条状马氏体，在马氏体板条上分布有细小的碳化物。因此，在配分的过程中，不仅有 C、Mn 等元素向未转变奥氏体的扩散过程，而且还有部分马氏体的回火过程。这两个过程同时进行，决定了最终的显微组织形貌。经 120s 配分后，马氏体板条上的碳化物较少，如图 9-32a所示；随着配分时间的延长，碳化物逐渐增加，马氏体板条也逐渐变宽，当配分时

间为600s时，局部板条合并成较大的晶粒，且在其上分布着细小的碳化物，如图9-32d所示。表9-10所列为不同时间配分后钢板的力学性能，随着配分时间的延长，屈服强度先升高后降低，抗拉强度则一直呈下降趋势。当配分时间不大于300s时，抗拉强度均在1700MPa以上，伸长率为9%~11%，而当配分时间为600s时，抗拉强度却下降至1564MPa，且伸长率也降至8.4%，这说明过长时间的配分反而不利于钢板的综合力学性能。

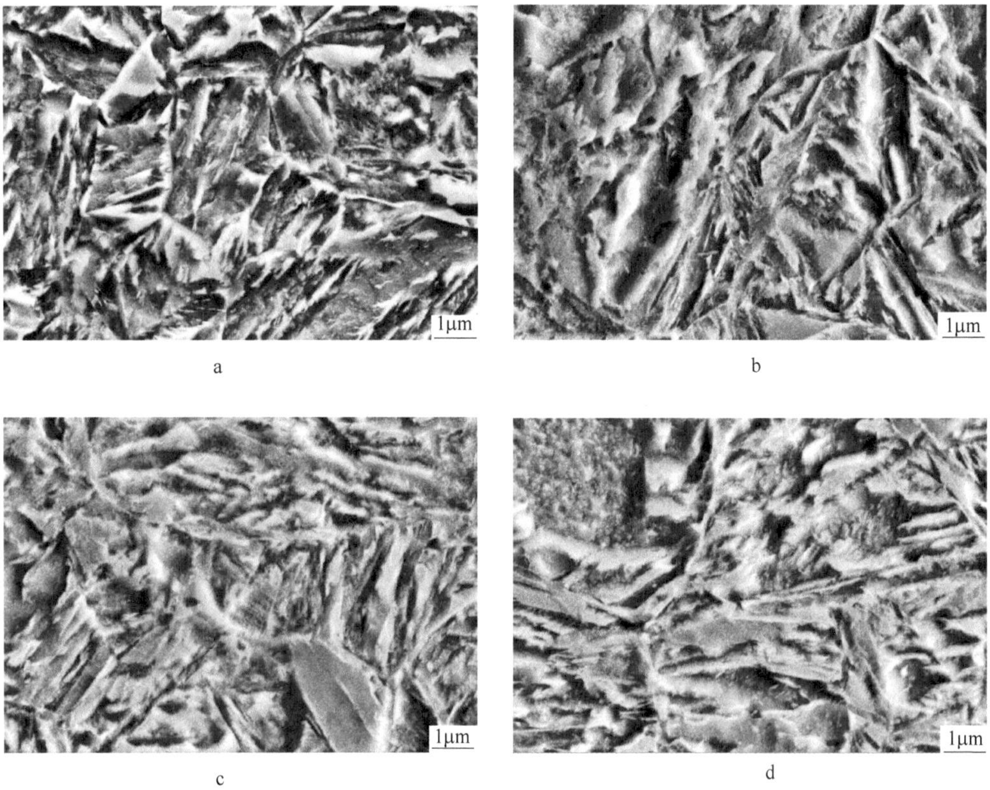

图9-32 不同配分时间的淬火-配分工艺模拟后的显微组织（SEM）
a—120s；b—200s；c—300s；d—600s

表9-10 不同配分时间的淬火-配分工艺模拟后的力学性能

编　号	配分时间/s	屈服强度/MPa	抗拉强度/MPa	伸长率 A_{50}/%
RCX8	120	913±5	1737±5	11.0±1
RCX9	200	1075±5	1729±5	9.5±1
RCX10	300	1148±5	1709±5	10.3±1
RCX11	600	1043±5	1564±5	8.4±1

9.4.2.3 淬火-回火工艺

热成型零件为高位错密度的马氏体组织，存在较大的内应力，通过热成型后的回火工艺观察对组织性能是否有所改善。将退火板加热至950℃，保温10min，采用多段冷却速度的方法模拟热成型工艺的冷却过程，当温度冷至300℃时，采用空冷的缓冷方式冷却至室温，然后加热至200℃，保温10min进行低温回火处理。具体的工艺路线及参数如图9-33所示。

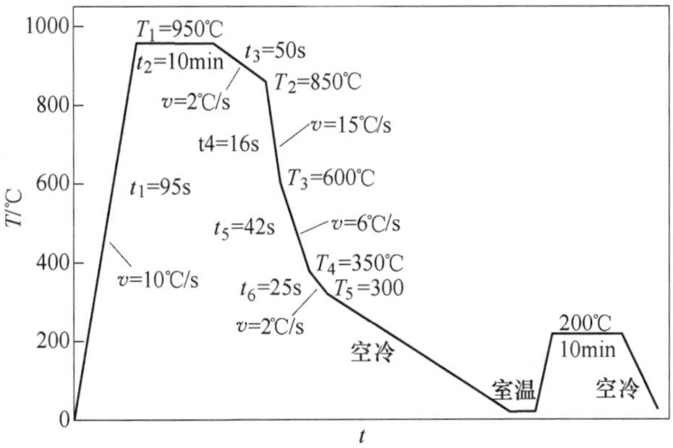

图9-33 淬火-回火工艺路线及参数

图9-34所示为淬火-回火工艺模拟后的显微组织，可以看出，在马氏体基体上存在明显的细小碳化物，低温回火后钢板的抗拉强度为1706MPa，但伸长率却较低，仅为6.1%。由此可以看出，回火工艺虽然能够消除热成型件的内部残余应力，但析出的细小碳化物在1700MPa以上强度的钢板中可能会导致塑性的恶化。表9-11所列为淬火-回火工艺模拟后的力学性能。

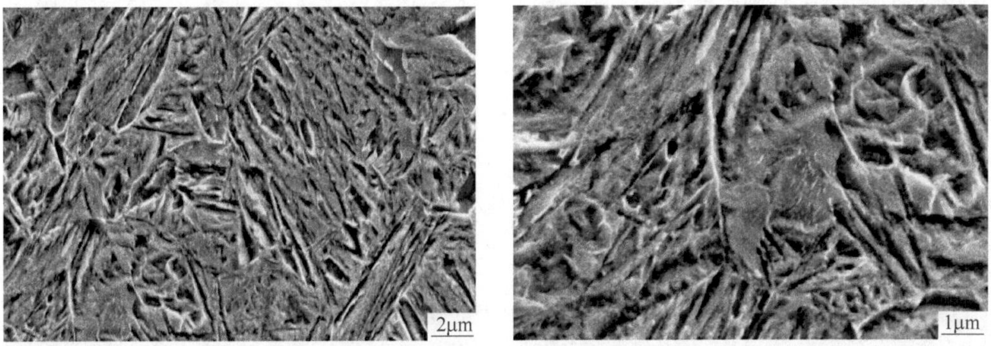

a b

图9-34 淬火-回火工艺模拟后的显微组织（SEM）

a—5000×；b—10000×

表9-11 淬火-回火工艺模拟后的力学性能

编　号	屈服强度/MPa	抗拉强度/MPa	伸长率 A_{50}/%
RCX14	1073±5	1706±5	6.1±1

综上所述，三种冷却方式下，30MnCrB5热成型钢的抗拉强度相差不大，均在1700MPa以上，但淬火-配分后钢板的塑性最好，如图9-35所示。因此，从综合性能的角

度出发，淬火-配分工艺最好，淬火-空冷工艺次之，淬火-回火工艺最差，但从实际工况和应用的角度出发，淬火-空冷工艺的可行性最高。

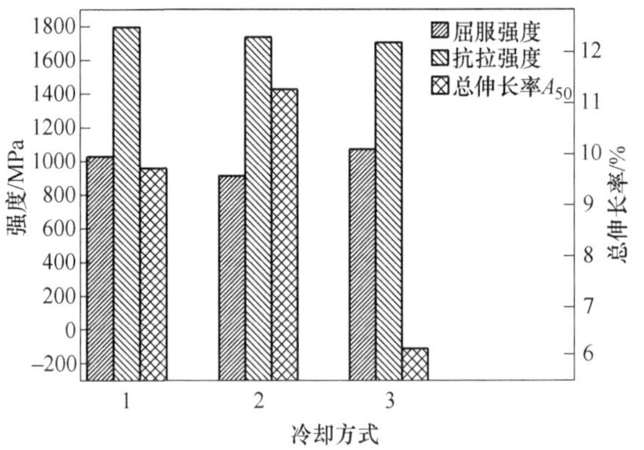

图 9-35 不同冷却方式的热成型工艺模拟后的力学性能对比

1—淬火-空冷；2—淬火-300℃配分 120s；3—淬火-200℃回火 10min

9.4.3 淬火方式的影响

经常采用直接淬火的方法来判定热成型钢板的强度极限，而淬火方式的不同会导致钢板性能的显著差异。在箱式马弗炉内将退火板加热至950℃，保温10min后，采用水淬和油淬两种不同的淬火工艺，直接淬火至室温。如图9-36所示，水淬后的马氏体板条较细，并且无明显碳化物分布；而油淬后的马氏体板条上分布着十分细小的碳化物，这主要是由于油淬在低温段的冷却速度较慢，可以起到一定的回火作用。

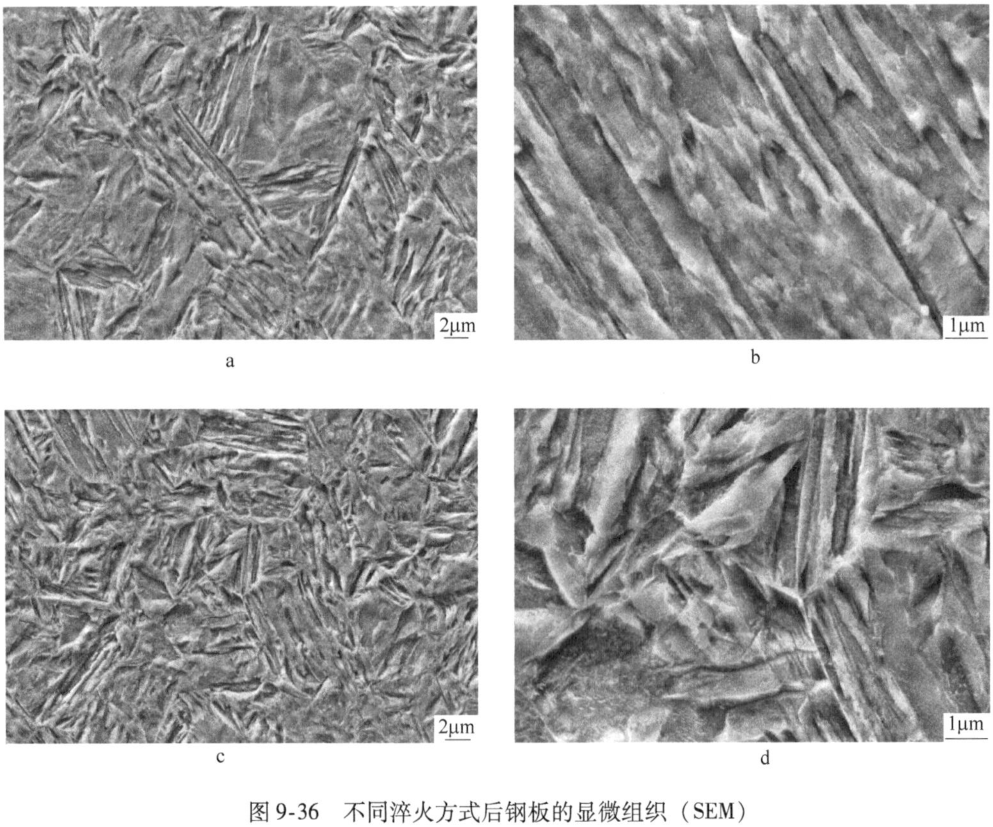

图 9-36 不同淬火方式后钢板的显微组织（SEM）

a—水淬，3000×；b—水淬，10000×；c—油淬，3000×；d—油淬，10000×

表9-12和图9-37所示为不同淬火方式后钢板的力学性能和应力-应变曲线。采用水淬处理后的钢板表现出明显的脆性断裂特征，即抗拉强度在低于钢板最大应力极限时就发生断裂，属于应力脆断，这与水淬处理后钢板内存在较大的内部应力以及马氏体高位错密度有关。而油淬处理后的钢板为韧性断裂，有明显的颈缩现象，伸长率较高。这是由于在油淬过程中，马氏体的内部应力得到了较好的释放，提高了钢板的塑韧性。

表9-12 不同淬火方式后热成型钢的力学性能

编 号	淬火方式	屈服强度/MPa	抗拉强度/MPa	伸长率 A_{50}/%
30MnCrB5-WQ	水淬	—	1574 ±5	1.1 ±1
30MnCrB5-OQ	油淬	1203 ±5	1870 ±5	8.1 ±1

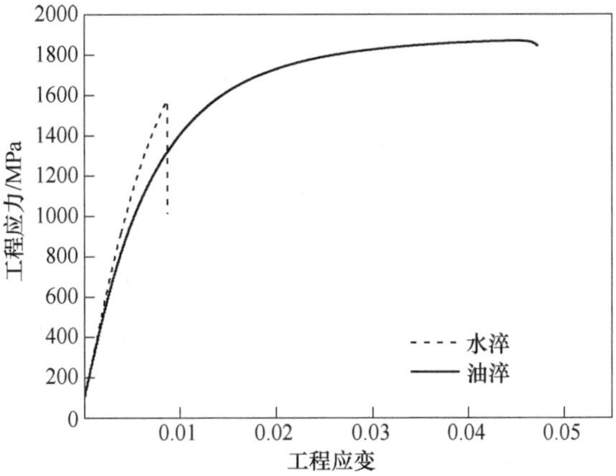

图9-37 不同淬火方式后钢板的工程应力-工程应变曲线

9.4.4 热成型钢中的残余奥氏体

不同冷却方式下热成型30MnCrB5钢板中的残余奥氏体体积分数和碳含量变化如表9-13和图9-38所示。不同的热成型工艺显著影响钢板中残余奥氏体的体积分数，对碳含量则影响不大。

表9-13 不同冷却工艺模拟后30MnCrB5钢板中的残余奥氏体的体积分数及碳含量

试样编号	热成型工艺	残余奥氏体的体积分数/%	残余奥氏体的碳含量/%
RCX-8	950℃加热，300℃配分120s	8.08 ±1	1.26 ±0.1
RCX-9	950℃加热，300℃配分200s	9.56 ±1	1.32 ±0.1
RCX-10	950℃加热，300℃配分300s	9.65 ±1	1.30 ±0.1
RCX-11	950℃加热，300℃配分600s	6.12 ±1	1.28 ±0.1
RCX-12	950℃加热，300℃后空冷至室温	6.90 ±1	1.24 ±0.1
RCX-13	950℃加热，300℃后0.1℃/s冷至室温	8.24 ±1	1.22 ±0.1
RCX-14	950℃加热，300℃后空冷至室温，200℃回火	3.12 ±1	1.21 ±0.1
RCX-OQ	950℃加热，油淬	2.79 ±1	1.22 ±0.1
RCX-WQ	950℃加热，水淬	0.84 ±1	1.21 ±0.1

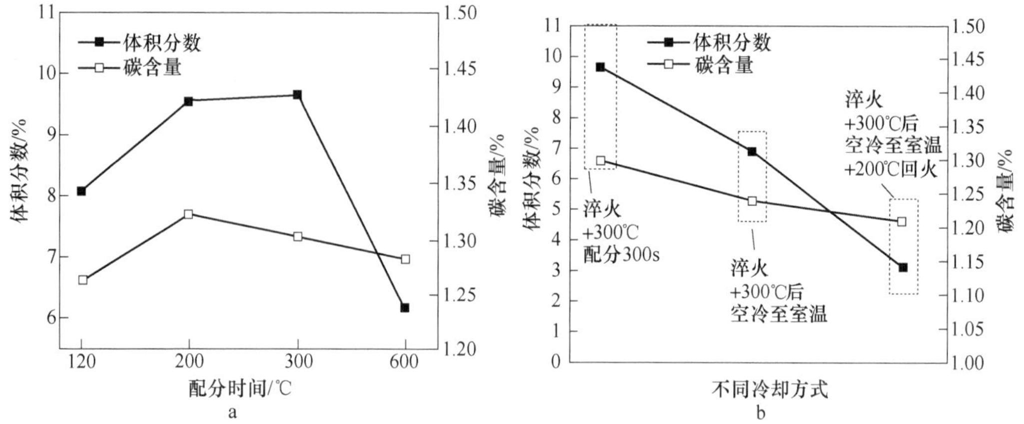

图 9-38 不同热成型工艺参数模拟后30MnCrB5 钢板的残余奥氏体体积分数和碳含量

a—配分时间；b—冷却方式

在淬火-配分工艺中，随着配分时间的延长，残余奥氏体的体积分数逐渐增加，但当配分时间为600s时，残余奥氏体的体积分数却降低至6.12%。残余奥氏体内的碳含量虽然变化不大，但仍呈现先升高后降低趋势。随着配分时间的延长，马氏体的回火过程也逐渐加强，细小的碳化物逐渐在马氏体板条上析出，导致马氏体内的碳原子向未转变奥氏体内扩散的含量减少，从而降低了未转变奥氏体的稳定性，最终降低了残余奥氏体体积分数和碳含量。

在淬火-缓冷工艺中，以0.1℃/s冷却至室温得到的残余奥氏体含量为8.24%，和300℃配分120s后的含量相当，低于配分200s和300s的情况，但要高于空冷后的含量6.9%，碳含量的差别不大。这说明在淬火-缓冷工艺中，同样存在碳原子向未转变奥氏体的扩散和配分过程。

经淬火-回火工艺后所得钢板内的残余奥氏体含量仅为3.12%，说明在回火过程中，部分残余奥氏体发生了转变。

经油淬处理后的钢板具有2.79%的残余奥氏体，碳含量为1.22%，该含量的残余奥氏体在变形过程中对塑性的增加贡献不大；而水淬处理后的30MnCrB5钢几乎没有残余奥氏体。

不同工艺中残余奥氏体中的碳含量变化较小，为1.2%~1.4%。

在等温配分过程中，配分时间影响残余奥氏体的体积分数。从表9-13中还可以发现，残余奥氏体的体积分数还与冷却速度有关。当冷却速度减小时，体积分数增加。水淬时，残余奥氏体的体积分数仅为0.84%，油淬后的含量为2.79%，空冷后的含量为6.90%，而以0.1℃/s冷却的含量为8.24%。这说明当钢板冷却至M_s以下，在连续冷却的过程中，奥氏体转变为马氏体的同时，也伴随着碳原子的扩散，冷却速度越快，则扩散越不充分，最终使残余奥氏体含量急剧减少。

残余奥氏体的形态分布与配分时间和冷却速度无关，均为薄膜状分布在马氏体板条间。薄膜状残余奥氏体的形成如图9-39所示。奥氏体在冷却的过程中，随着温度的降低，部分奥氏体转变为马氏体组织，同时马氏体内的过饱和碳往未转变的奥氏体内扩散，此时未转变的奥氏体主要以板条块或者板条状分布在已转变的马氏体板条块或板条间，如图

9-39b 所示。随着温度的继续降低，未转变的奥氏体继续发生马氏体转变，但由于碳的扩散，使得局部未转变的奥氏体富碳，导致 M_s点降低至室温，最终以薄膜状分布在马氏体的板条间，如图 9-39c 所示，图中黑色为后转变的马氏体组织。

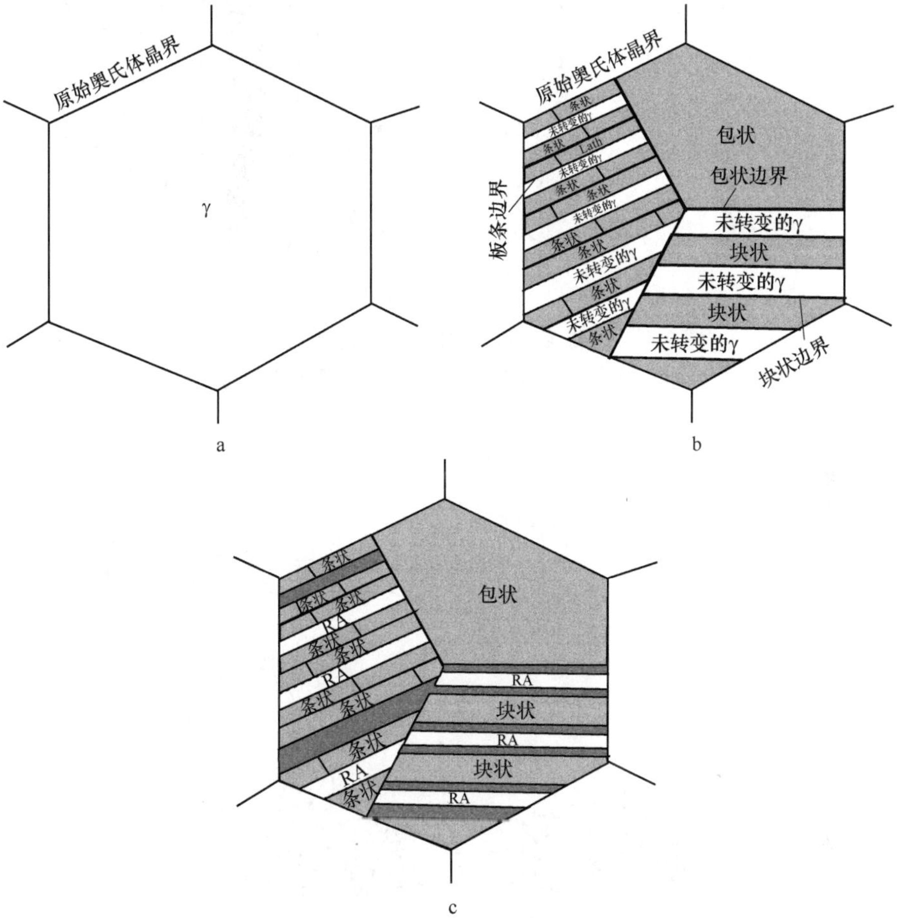

图 9-39 薄膜状残余奥氏体的形成

a—原始奥氏体；b—部分转变为马氏体；c—薄膜状残余奥氏体的形成

等温配分过程和连续冷却过程中薄膜状残余奥氏体的形成过程略有不同。图 9-40 为热成型工艺中等温配分过程中的薄膜状残余奥氏体形成示意图。当钢板温度冷却至 M_s点以下 M_f点以上某一温度进行保温时，合金元素和碳元素在钢板内会发生重新配分的过程。以碳元素为例，马氏体内的碳原子为过饱和状态，能量很高，有往未转变奥氏体内扩散以及形成碳化物的趋势，如图 9-40a 所示。离未转变奥氏体近的碳原子扩散进奥氏体内稳定下来，离未转变奥氏体远的碳原子则以碳化物的形式析出，形成回火马氏体，在这个过程中，没有新生的马氏体板条出现，主要为 C、Mn 等元素的扩散和马氏体的回火过程。在配分结束后，随着温度的进一步冷却，钢板内不稳定的奥氏体继续转变成马氏体组织，稳定的奥氏体则以薄膜状保留至室温，形成薄膜状的残余奥氏体组织，如图 9-40b 所示，图中黑色部分为在配分结束的后续冷却过程中新生成的马氏体组织。

在连续冷却过程中，可以用图 9-41 说明。当钢板冷却至 M_s点以下时，即有板条马氏

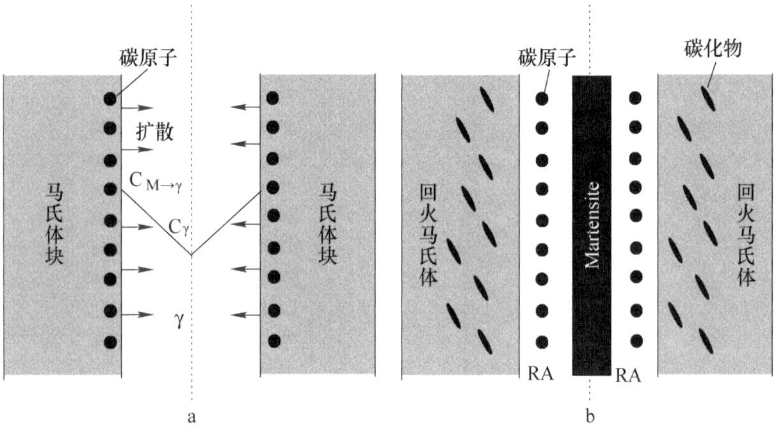

图 9-40　等温配分过程中薄膜状残余奥氏体的形成
a—马氏体内的 C 向未转变的奥氏体内扩散；b—后续冷却过程中的组织转变

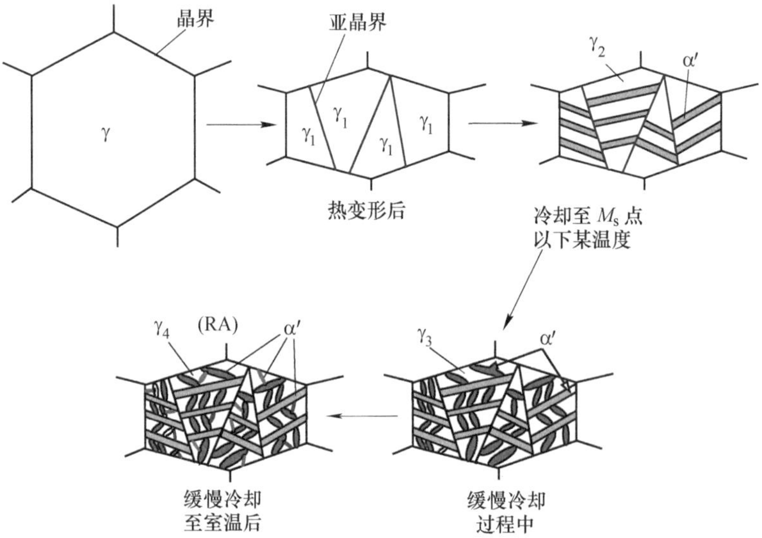

图 9-41　热成型和缓冷工艺对奥氏体晶粒的细化

体形成。与等温配分过程不同的是，由于是连续冷却，马氏体相变会一直发生。与此同时，C、Mn 等元素向未转变的奥氏体内扩散，最终得到的残余奥氏体体积分数和碳含量则与冷却速度有关。在这个过程中，马氏体会发生一定程度的回火，回火程度也与冷却速度有关。

9.5　典型热成型零部件的组织与性能

车门防撞梁是作为车门加强件来抵御侧面碰撞的重要零部件。在侧面碰撞发生的早期，车门防撞梁产生变形并吸收碰撞产生的能量，从而起到减少乘员伤害的目的。W 截面车门防撞梁（见图 9-42）的抗变形能力相对圆截面或矩形截面的车门防撞梁要高，从而被广泛用于车门防撞梁上的使用。

W 截面车门防撞梁热成型零部件制备如图9-43所示。快速液压冲压机为单动四立柱快速液压机，最大载荷 5000kN，工作时最大冲压速度 150mm/s，如图 9-43a 所示，带有冷却系统的水冷模具如图 9-43b 所示。通过制冷循环机的强制制冷，保证每次进入模具中的冷却水温度恒定一致，并且使模具自身的温度保持在相同的水平，保证每次成型前模具状态及冷却水温度一致，使热冲压成型件的质量保持一致。

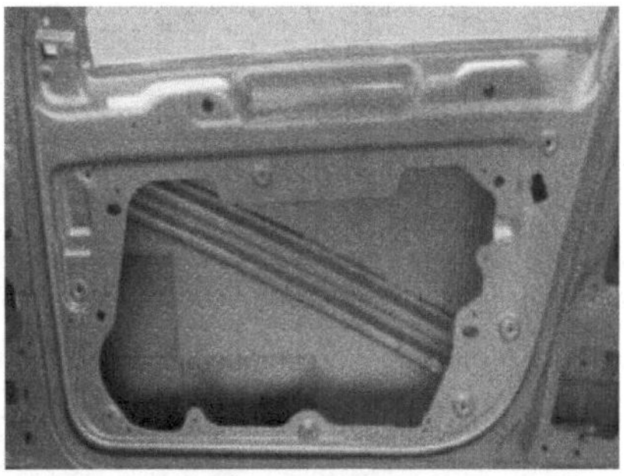

图 9-42 车前门的 W 截面防撞梁实物图

a　　　　　　　　　　　　　　　b

图 9-43 热成型设备实物图

a—5000kN 快速液压冲压机；b—带有冷却系统的水冷模具

将实验钢板加热至 950℃，保温 10min 后，迅速将钢板移至带有冷却系统的热成型模具内，待钢板定位准确后，上模以不低于 100mm/s 的速度进行冲压成型，其中冷却水的水流速度为 64L/min，保压定型 10 ~ 20s 后，取出成型后的实验钢板。热成型工艺流程参见图 9-6。图 9-44 为热成型后的 W 截面车门防撞梁的零件实物图。

9.5.1 显微组织

W 截面车门防撞梁的横截面沿宽度方向不同位置的显微组织如图 9-45 所示。从图中可以看出，经热成型后零件的显微组织主要由细小的板条马氏体组成，并且分布均匀。在底边与法兰边连接的侧壁和圆角处出现很少量的多边形铁素体组织，尺寸为 2 ~ 4μm，这与该位置的变形状态和冷却速度有关，但含量很少，不影响零件最终的使用性能。从显微组织上看，该热成型钢具有很好的淬透性，在实际工况的复杂变形条件下，能够得到 90% 以上的马氏体组织，经过 XRD 检测，组织中存在 7.85% 的残余奥氏体。在热成型后的保压定型过程中，零件的冷却速度缓慢，出模温度仍在 100℃左右，在这个过程中零件可能会发生自回火，从而导致钢板的强度指标有一定程度的下降。

9.5.2 力学性能

根据 ASTM E8/E8M-11，对 W 截面车门防撞梁部分位置进行拉伸实验，如图9-46b

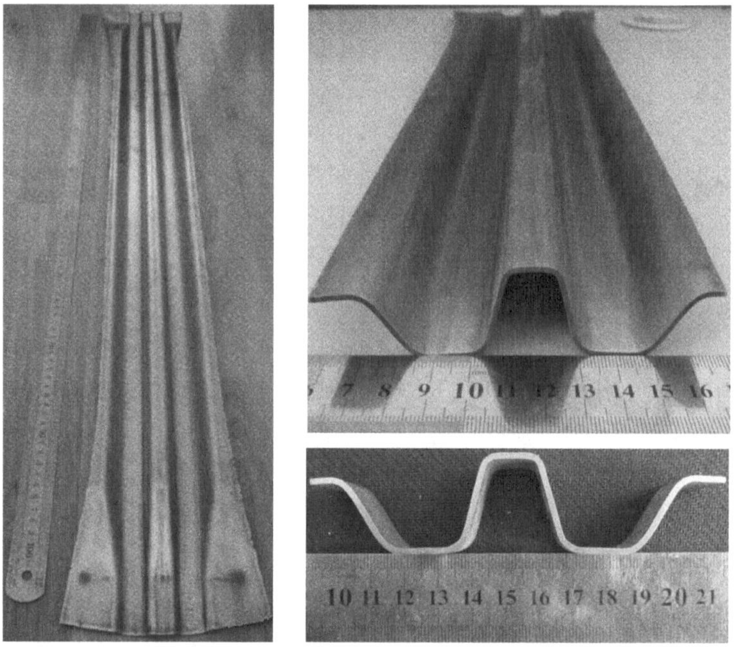

图 9-44　W 截面车门防撞梁的零件实物图

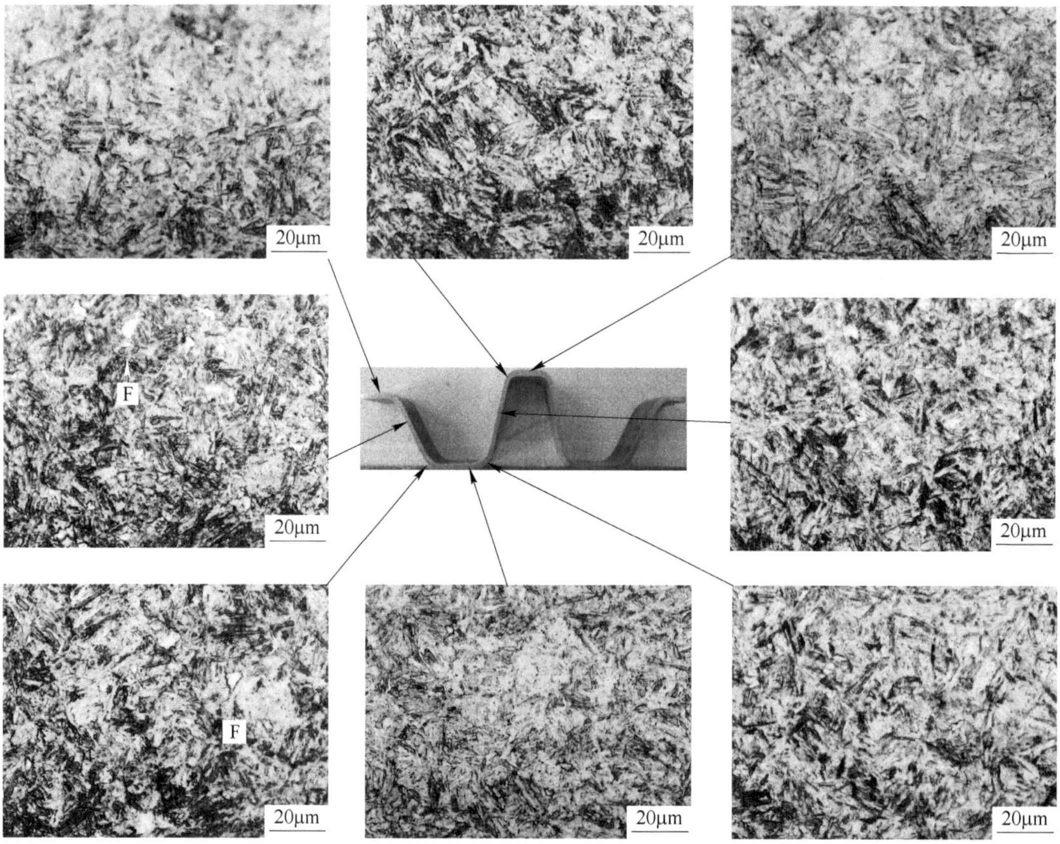

图 9-45　W 截面车门防撞梁不同位置的显微组织（OM）

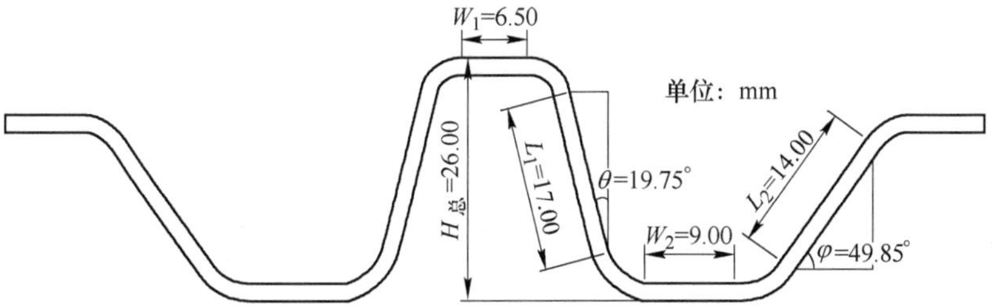

a

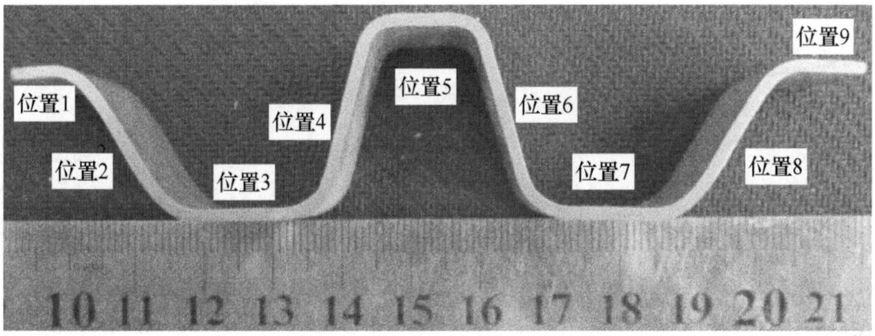

b

图 9-46 W 截面车门防撞梁的横截面

a—设计形状；b—实际形状

所示，选取位置 2、3、4、6、7 和 8 共六个部位进行单向拉伸的力学性能测试。拉伸试样尺寸如图 9-47 所示，其中：标距 G 为 25mm，平行段宽度 W 为 6mm，平行段长度 A 为 42mm，平行段和夹持段的过度圆角半径 R 为 6mm，夹持段长度 B 和宽度 C 分别为 40mm 和 10mm，试样总长度 L 为 130mm。

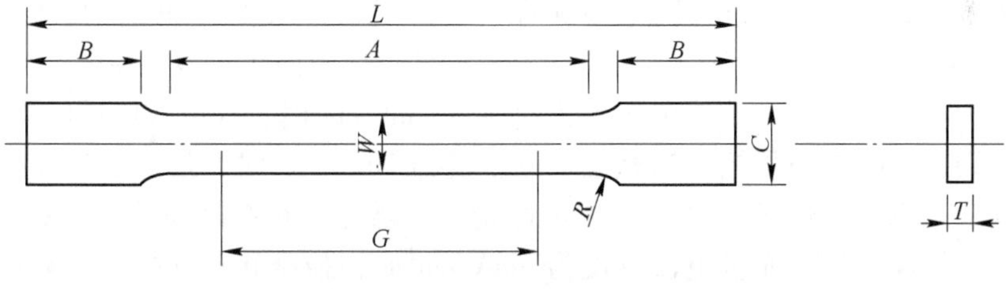

图 9-47 W 截面车门防撞梁的拉伸试样

在电子万能试验机上进行室温单向拉伸试验，拉伸速度为 1mm/min，采用 25mm 的引伸计，力学性能结果如图 9-48 和表 9-14 所示，屈服强度为 1211 ~ 1317MPa，抗拉强度为 1640 ~ 1703MPa，伸长率为 9%~ 11%，综合力学性能较好。

表 9-14 W 截面车门防撞梁部分位置的力学性能

编　号	部　位	屈服强度/MPa	抗拉强度/MPa	伸长率/%
W-1	位置 2	1276 ± 5	1650 ± 5	10 ± 1
W-2	位置 3	1286 ± 5	1663 ± 5	9 ± 1
W-3	位置 4	1211 ± 5	1640 ± 5	11 ± 1

续表 9-14

编　号	部位	屈服强度/MPa	抗拉强度/MPa	伸长率/%
W-4	位置 6	1269 ± 5	1647 ± 5	10 ± 1
W-5	位置 7	1317 ± 5	1684 ± 5	9 ± 1
W-6	位置 8	1314 ± 5	1703 ± 5	10 ± 1

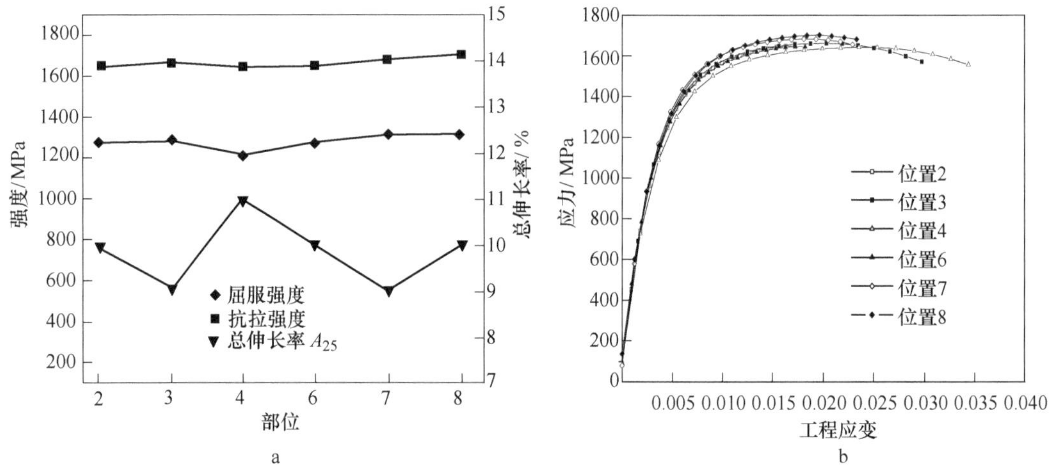

图 9-48　W 截面车门防撞梁部分位置的力学性能对比和应力-应变曲线

a—力学性能对比；b—应力-应变曲线

9.6 热成型钢的氢致断裂敏感性

9.6.1 充氢电流密度的影响

编号为 RCX12 钢在不同充氢电流密度条件下（见表 9-15）拉伸后钢板的强度-位移曲线如图 9-49 所示。从图中可以看出，未充氢试样表现为韧性断裂，并出现明显的颈缩，抗拉强度在 1800MPa 以上。当充氢电流密度为 0.5mA/cm^{2}时，强度与塑性的损失均很少，仍为韧性断裂，有明显的颈缩；当充氢电流密度为 1mA/cm^{2}时，强度和塑性损失迅速增加，分别为 24.3% 和 28.2%；随着充氢电流密度的增加，断裂机理发生改变，逐渐出现准解理断裂和解理断裂，充氢电流密度为 5mA/cm^{2}时，强度和塑性损失的幅度加大，分别为 39.0% 和 46.4%，并且塑性损失增加的幅度大于强度损失增加的幅度；但当充氢电

表 9-15　RCX12 钢的具体充氢实验参数和结果

试样编号	充氢电流密度 /mA · cm^{-2}	应变速率 /mm · min^{-1}	有效长度 /mm	抗拉强度 /MPa	伸长率 /%	强度损失 $S_{损}$/%	塑性损失 $E_{损}$/%
RCX12-0	0	0.002	30	1888 ± 5	9.87 ± 1	—	—
RCX12-1	0.5		26.5	1878 ± 5	9.71 ± 1	0.5 ± 1	1.6 ± 1
RCX12-2	1		23	1430 ± 5	7.09 ± 1	24.3 ± 1	28.2 ± 1
RCX12-3	5		24	1152 ± 5	5.29 ± 1	39.0 ± 1	46.4 ± 1
RCX12-4	15		20	515 ± 5	3.75 ± 1	72.7 ± 1	62.0 ± 1

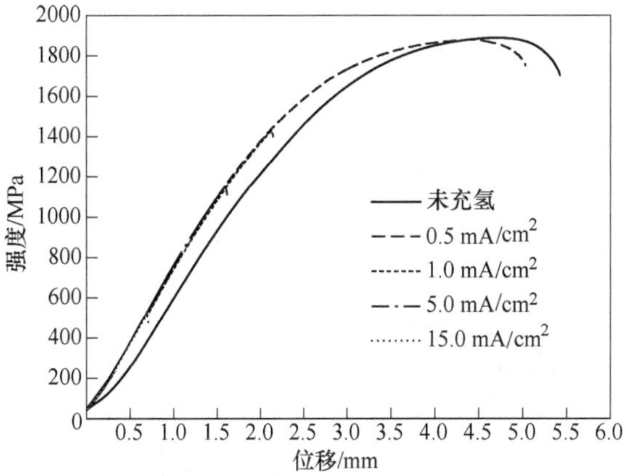

图 9-49 RCX12 钢不同充氢电流密度条件下的强度-位移曲线

流密度为 15mA/cm^{2}时，抗拉强度达到 515MPa 时试样即发生断裂，强度损失急剧上升至 72.7%，大于塑性损失。从图 9-50 中的强度-位移曲线还可以看出，当充氢电流密度不小于 1mA/cm^{2}时，就没有明显的缩颈发生，均属于脆性断裂。

RCX12 钢在不同充氢电流密度条件下拉伸后钢板的断口形貌如图 9-50 所示。图 9-50a 和 b 为未充氢条件下的断口形貌，从断口特征来看，主要为韧性断裂，由韧窝构成，韧窝大小分布在 1~10μm 之间，且韧窝较深；当充氢电流密度为 0.5mA/cm^{2}时，局部出现准解理或解理断裂区域，但大部分仍为韧性断口形貌，如图 9-50c 和 d 所示；当充氢电流密

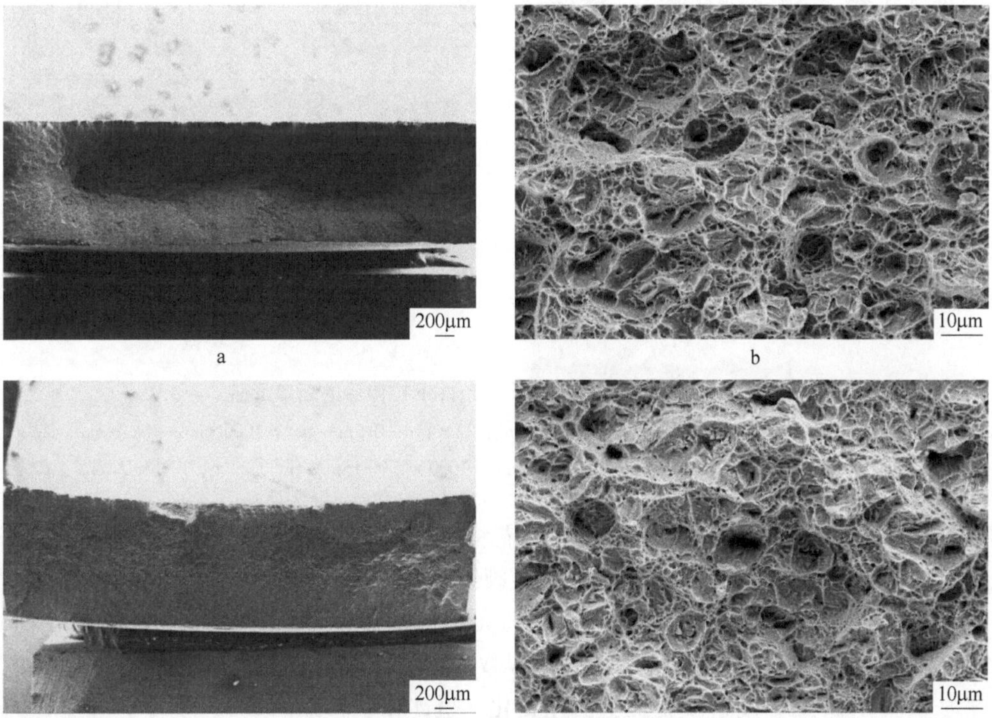

a b c d

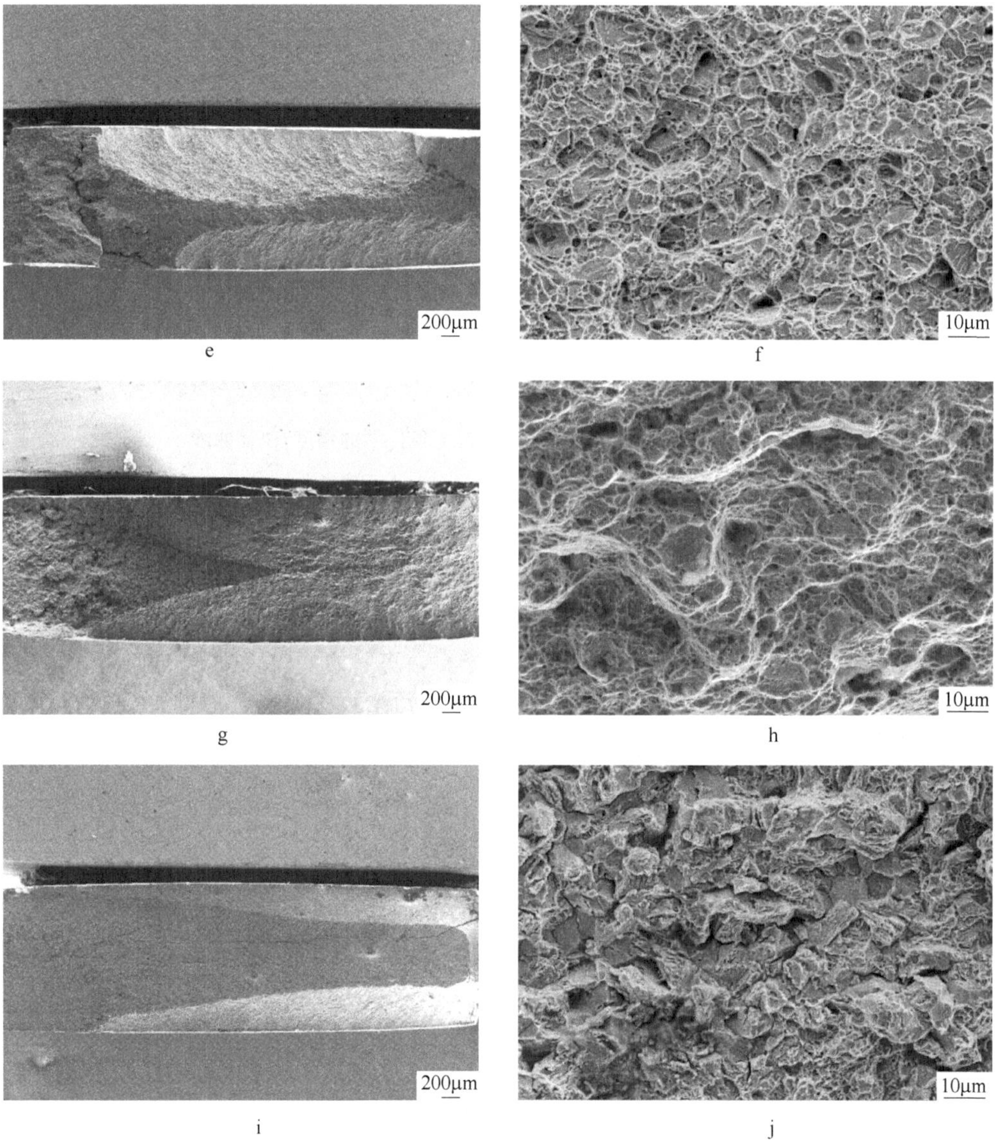

图 9-50　RCX12 在不同充氢条件下拉伸后的断口形貌

a—未充氢，22×；b—未充氢，1000×；c—0.5mA/cm²，22×；d—0.5mA/cm²，1000×；e—1mA/cm²，22×；f—1mA/cm²，1000×；g—5mA/cm²，22×；h—5mA/cm²，1000×；i—15mA/cm²，22×；j—15mA/cm²，1000×

度为 1mA/cm²时，断口出现明显的人字纹花样，如图 9-50e 所示，韧窝相对较浅，且存在少量的微裂纹，这些微裂纹即可能是氢致裂纹萌生并扩展的结果，如图 9-50f 所示。随着充氢电流密度的进一步增加，韧窝基本消失，当充氢电流密度为 5mA/cm²时，断口出现河流花样，这是准解理或解理断裂的基本微观特征，如图 9-50g、h 所示；当充氢电流密度为 15mA/cm²时，断口形貌发生明显变化，呈冰糖状，如图 9-50i 所示，几乎没有韧窝，为沿晶断裂的基本特征，并且在晶界上还存在一些微裂纹，这些微裂纹经扩展后发生合并，容易形成大裂纹，这是导致断裂强度急剧下降的主要原因，如图 9-50j 所示。

9.6.2 不同热成型工艺的影响

采用淬火-空冷、淬火-配分和淬火-回火工艺，工艺参数分别对应图 9-29 中的 RCX12、图 9-31 中的 RCX11 和图 9-33 中的 RCX14，具体充氢实验参数和结果见表 9-16，不同条件下的强度-位移曲线如图 9-51 所示。

与淬火-空冷工艺模拟后钢板的性能对比可得，经 300℃配分 600s 后热成型钢板的抗拉强度显著下降至 1642MPa，伸长率也降低至 8.70%，并且残余奥氏体的含量也略低于淬火-空冷工艺。充氢后，RCX11-1 的强度损失略有增加，而塑性损失却增加至 37.7%。同样，经 200℃回火 600s 后热成型钢板的抗拉强度下降至 1774MPa，伸长率也降低至 7.33%，残余奥氏体的含量很少，仅为 3.12%。充氢后，RCX14-1 的强度损失和塑性损失增加的幅度更大，是 RCX12-1 钢板的 2 倍以上。

表 9-16 不同热成型工艺模拟后钢板的具体充氢实验参数和结果

试样编号	充氢电流密度 /mA·cm^{-2}	应变速率 /mm·min^{-1}	有效长度 /mm	抗拉强度 /MPa	伸长率 /%	残余奥氏体含量/%	强度损失 $S_{损}$/%	塑性损失 $E_{损}$/%
RCX12-0	0	0.002	30	1888 ± 5	9.87 ± 1	6.90 ± 1	—	—
RCX12-1	1		23	1430 ± 5	7.09 ± 1		24.3 ± 1	28.2 ± 1
RCX11-0	0		30	1642 ± 5	8.70 ± 1	6.12 ± 1	—	—
RCX11-1	1		24	1200 ± 5	5.42 ± 1		26.9 ± 1	37.7 ± 1
RCX14-0	0		30	1774 ± 5	7.33 ± 1	3.12 ± 1	—	—
RCX14-1	1		29	878 ± 5	3.17 ± 1		50.5 ± 1	56.8 ± 1

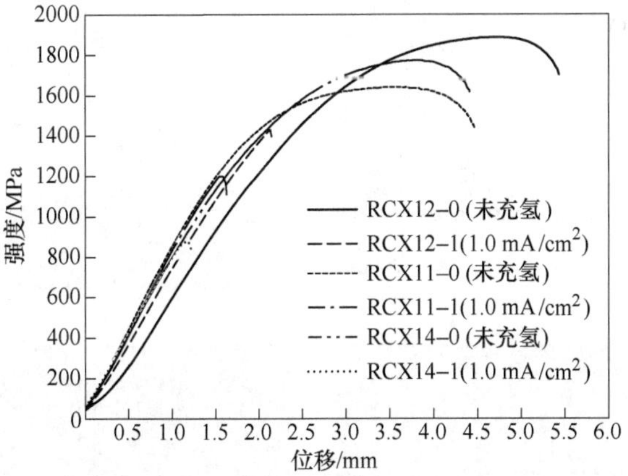

图 9-51 不同热成型工艺模拟后钢板不同条件下的强度-位移曲线

图 9-52 所示为淬火-配分和淬火-回火工艺不同条件拉伸下的断口形貌。对比图 9-52a、b、e 和 f，经淬火-配分后，未充氢试样的断口表现为韧性断口和脆性断口的混合花样，如图 9-52b 所示，充氢后试样断口中较深的韧窝消失，大部分的韧窝都很浅，并且在局部存在准解理或解理断裂，如图 9-52d 所示。同样，经淬火-回火后，未充氢试样主要表现为韧性断裂断口，如图 9-52f 所示，而充氢试样具有典型的人字纹花样，如图9-52g 所示，观察裂纹附近的断口形貌发现，裂纹附近也主要有韧窝构成，都比较浅，这与图

9-52h 中的裂纹形貌相似，但表 9-16 中经淬火-回火试样的氢致塑性损失却高达 56% 以上，这可能与残余奥氏体的含量有关。

30MnCrB5 采用不同的热成型工艺模拟后钢板的氢致断裂敏感性不同，这主要与其对应的显微组织有关。一般认为，氢在面心立方相中的溶解度显著大于在体心立方相中的，因此面心立方相的氢致断裂敏感性小于体心立方相的，而且回火马氏体的氢致断裂敏感性也小于淬火马氏体的。然而，在相同充氢电流密度（1mA/cm^2）条件下，淬火-空冷工艺所得钢板的氢致断裂敏感性最低，淬火-配分工艺次之，淬火-回火工艺最高。如表 9-16 所示，在 300℃经 600s 长时间配分后，所得到的残余奥氏体含量减少，这说明在配分阶段，虽然 C、Mn 等元素会向未转变奥氏体内扩散从而稳定奥氏体，使室温下的残余奥氏

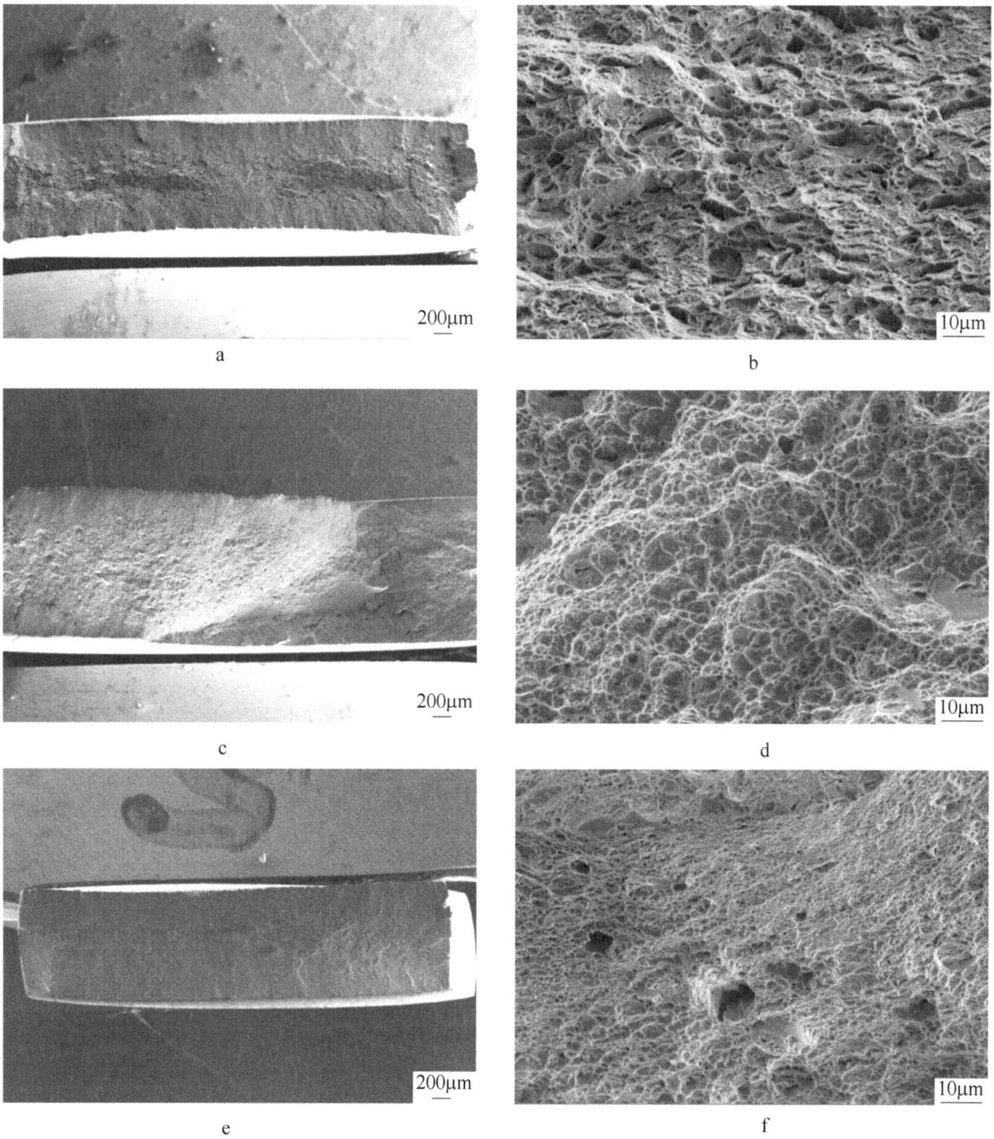

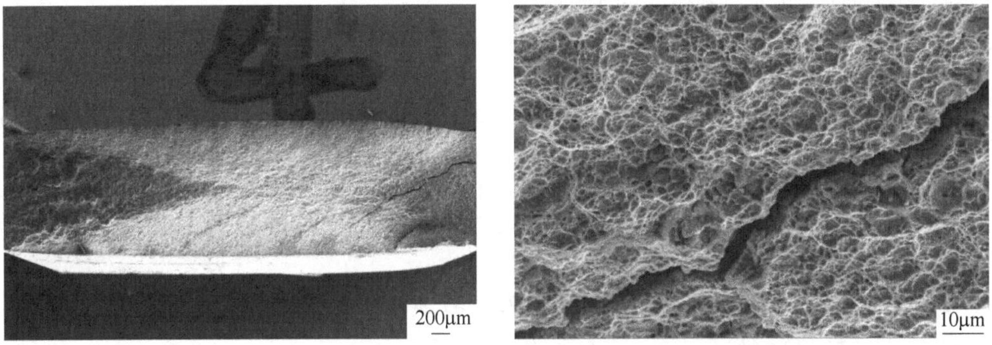

g h

图 9-52 不同热成型工艺模拟后钢板不同条件下的断口形貌

a—RCX11 -0，23 ×；b—RCX11 -0，1000 ×；c—RCX11 -1，23 ×；d—RCX11 -1，1000 ×；
e—RCX14 -0，21 ×；f—RCX14 -0，1000 ×；g—RCX14 -1，19 ×；h—RCX14 -1，1000 ×

体增多，但长时间的保温也会使部分奥氏体分解，这将导致残余奥氏体减少。因此，从研究结果看，600s 配分后的残余奥氏体减少可能是导致氢致断裂敏感性增加的原因之一。

淬火马氏体的回火过程主要表现为板条马氏体的回复和再结晶、基体固溶碳和位错等缺陷的减少以及第二相粒子的形核、长大和粗化等。对于热成型钢的淬火-回火工艺，从图 9-52 可以清晰地看见有细小碳化物颗粒析出，这些碳化物是较强的氢陷阱，在充氢过程中，氢原子容易往碳化物附近扩散，并被碳化物捕捉，失去继续扩散的能力。若碳化物弥散且颗粒状分布，则在一定程度上能够分散氢原子的分布，减弱由于氢原子引起的局部塑性变形程度，从而抑制氢致裂纹的萌生和扩展，有利于改善钢板的氢致断裂敏感性。但是，若碳化物呈针状分布，则在碳化物尖端容易引起氢原子的富集，降低碳化物和基体的结合力，最终萌生微裂纹并扩展开来。并且在外界拉伸的应力作用下，氢原子可以通过应力诱导进行扩散和富集。因此，在 200℃ 的低温回火过程中，析出的碳化物主要以针状分布在马氏体板条上，不仅没有改善钢板的氢致断裂敏感性，反而进一步恶化。

参 考 文 献

[1] Karbasianm H, Tekkaya A E. A Review on Hot Stamping [J]. Journal of Material Processing Technology, 2010, 210 (15): 2103 ~ 2118.

[2] 李辉平，赵国群，张雷，等．超高强度钢板热冲压及模内淬火工艺的发展现状 [J]．山东大学学报 (工学版)．2010，40 (3)：69 ~ 73.

[3] 高永生，杨兵．未来钢质汽车轻量化的有效途径 [J]．汽车工艺与材料，2012，(1)：5 ~ 11.

[4] Patent GB1490535. Manufacturing a hardened steel article, Norrbottens Jaernverk AB, 1977.

[5] Steinmetz, Zhao Yale. Forming Hardening Concepts [C]. 4th International Conference of Metal Form China. Shanghai, 2008.

[6] Berglund G. The History of Hardening of Boron Steel in Northern Sweden [C]. 1st International Conference on Hot Sheet Metal Forming of High-Performance Steel, Kassel, Germany: 2008.

[7] Aspacher J. Forming Hardening Concepts [C]. 1st International Conference on Hot Sheet Metal Forming of

High-Performance Steel, Kassel, Germany: 2008.
[8] Mohrbacher H. Metallurgical Optimization of Martensitic Steel Sheet for Automotive Applications [C]. Proceedings of International Conference on Advanced Steels, Guilin, China: 2010.
[9] Lovicu G, Bottazzi M, D' Aiuto F, et al. Hydrogen Embrittlement of Automotive Advanced High-Strength Steels [J]. Metallurgical and Materials Transactions A, 2012, 43 (11): 4075 ~ 4087.
[10] Eriksson M, Oldenburg M, Somani M C, et al. Testing and Evaluation of Material Data for Analysis of Forming and Hardening of Boron Steel Components [J]. Modelling and Simulation in Materials Science and Engineering, 2002, 10 (3): 277 ~ 294.
[11] 姜超，单忠德，庄百亮，等. 热冲压成形 22MnB5 钢板的组织和性能 [J]. 材料热处理学报，2012，33 (3): 78 ~ 81.
[12] Merklein M, Svec T. Hot Stamping: Manufacturing Functional Optimized Components [J]. Production Engineering Research and Development, 2012 (11): 1 ~ 11.
[13] 高云凯，高大威，余海燕，等，汽车用高强度钢热成型技术. 汽车技术，2010，(8): 56 ~ 60.
[14] 林建平，王立影，田浩彬，等. 超高强度钢板热冲压成形研究与进展 [J]. 热加工工艺，2008，37 (21): 140 ~ 144.
[15] Liu H P, Jin X J, Don H, et al. Martensitic Microstructural Transformations from the Hot Stamping, Quenching and Partitioning Process [J]. Materials Characterization, 2011, 62 (2): 223 ~ 227.
[16] Dong W F, Han S K. A Review of the Physical Metallurgy related to the Hot Press Forming of Advanced High Strength Steel [J]. Steel Research Int, 2009, 80 (3): 241 ~ 248.
[17] Altan T. Hot-stamping Boron-alloyed Steels for Automotive Parts-Part 1: Process Methods and Uses [J]. Stamping Journal, 2006 (12): 40 ~ 41.
[18] Altan T. Hot-stamping Boron-alloyed Steels for Automotive Parts—Part 3: Tool Design and Process Simulation [J]. Stamping Journal, 2007 (2): 25 ~ 28.
[19] Mori K, Maki S, Tanaka Y. Warm and Hot Stamping of Ultra High Tensile Strength Steel Sheets Using Resistance Heating [J]. CIRP Annals-Manufacturing Technology, 2005, 54 (1): 209 ~ 212.
[20] 徐伟力，艾健，罗爱辉，等. 钢板热冲压新技术介绍 [J]. 塑性工程学报，2009，16 (4): 39 ~ 43.
[21] 马宁. 高强度钢板热成形技术若干研究 [D]. 大连: 大连理工大学，2011.
[22] Hyunwoo S, Dennis F, Hartmut H, et al. An Investigation of the Blanking Process of the Quenchable Boron Alloyed Steel 22MnB5 Before and After Hot Stamping Process [J]. Journal of Materials Processing Technology, 2012, 212 (2): 437 ~ 449.
[23] Faderl J, Manzenreiter T, Radlmayr M. Press Hardening of Hot-dip Galvanized 22MnB5: A Stable and Reproducible Process [C]. 1st International Conference on Hot Sheet Metal Forming of High-Performance Steel, Kassel, Germany: 2008.
[24] Bergman G, Oldenburg M. A Finite Element Model for Thermomechanical Analysis of Sheet Metal Forming [J]. International Journal For Numerical Methods In Engineering, 2004, 59 (9): 1167 ~ 1186.
[25] Naderi M, Durrenberger L, Molinari A, et al. Constitutive Relationships for 22MnB5 Boron Steel Deformed Isothermally at High Temperatures [J]. Materials Science and Engineering: A, 2008, 478 (1-2): 130 ~ 139.
[26] Merklein M, Lechler J, Geiger M. Characterisation of the Flow Properties of the Quench enable Ultra High Strength Steel 22MnB5 [J]. CIRP Annals-Manufacturing Technology, 2006, 55 (1): 229 ~ 232.
[27] Merklein M, Lechler J. Investigation of the Thermo-mechanical Properties of Hot Stamping Steels [J]. Journal of Materials Processing Technology, 2006, 177 (1-3): 452 ~ 455.

[28] Mori K, Okuda Y. Tailor Die Quenching in Hot Stamping for Producing Ultra-high Strength Steel Formed Parts having Strength Distribution [J]. CIRP Annals-Manufacturing Technology, 2010, 59 (1): 291 ~ 294.

[29] Mori K. Smart Hot Stamping of Ultra-high Strength Steel Parts [J]. Transactions of Nonferrous Metals Society of China, 2012, 22 (S2): 496 ~ 503.

[30] Yanagida A, Azushima A. Evaluation of Coefficients of Friction in Hot Stamping by Hot Flat Drawing Test [J]. CIRP Annals - Manufacturing Technology, 2009, 58 (1): 247 ~ 250.

[31] Azushima A, Uda K, Yanagida A. Friction Behavior of Aluminum-coated 22MnB5 in Hot Stamping under Dry and Lubricated Conditions [J]. Journal of Materials Processing Technology, 2012, 212 (5): 1014 ~ 1021.

[32] Lee M, Kim S, Han H N. Finite Element Investigations for the Role of Transformation Plasticity on Springback in Hot Press Forming Process. Computational Materials Science, 2009, 47 (2): 556 ~ 567.

[33] Lee M, Kim S, Han H N, et al. Application of Hot Press Forming Process to Manufacture an Automotive Part and its Finite Element Analysis Considering Phase Transformation Plasticity. International Journal of Mechanical Sciences, 2009, 51 (11-12): 888 ~ 898.

[34] 李辉平，赵国群，贺连芳，等. 热冲压硼钢 B1500HS 高温本构方程的研究 [J]. 机械工程学报，2012，48 (8)：21 ~ 27.

[35] 高云凯，邓有志，曹伟. 超高强度钢车身 B 柱加强板热成形工艺参数多目标优化 [J]. 中国机械工程，2011，22 (5)：621 ~ 624.

[36] Min J Y, Lin J P, Tian H B, et al. Investigation on Uniaxial Tensile Instability of USIBOR 1500 Steel Sheets at Elevated Temperature [J]. Chinese Journal of Mechanical Engineering, 2010, 23 (1): 94 ~ 99.

[37] 谷诤巍，孟佳，李欣，等. 超高强钢热成形奥氏体化加热参数的优化 [J]. 吉林大学学报（工学版），2011，41 (S2)：194 ~ 197.

[38] 徐虹，孟佳，谷诤巍，等. 22MnB5 钢热冲压高温防氧化涂层 [J]. 汽车技术，2011 (12)：48 ~ 51.

[39] 郭幼丹，吴春笃，程晓农. 基于相变与回弹的热冲压成形冷却过程控制 [J]. 塑性工程学报，2011，18 (5)：70 ~ 73.

[40] 刘红生，包军，邢忠文，等. 22MnB5 超高强钢板热成形中的回弹机理分析 [J]. 航空学报，2010，31 (4)：865 ~ 870.

[41] 崔俊佳，于海平，李春峰，等. 高强钢板热冲压工艺中的相变模拟 [J]. 塑性工程学报，2013，20 (1)：48 ~ 52.

[42] 马宁，胡平，武文华，等. 高强度钢板热成形本构理论与实验分析 [J]. 力学学报，2011，43 (2)：346 ~ 354.

[43] 马宁，申国哲，张宗华，等. 高强度钢板热冲压材料性能研究及在车身设计中的应用 [J]. 机械工程学报，2011，47 (8)：60 ~ 65.

[44] 马宁，张宗华，胡平，等. 热成形金属复合材料的微观结构及力学行为研究 [J]. 材料工程，2011，(5)：88 ~ 92.

[45] 马宁，胡平，郭威. 高强度钢板热成形成套技术及装备 [J]. 汽车与配件，2009，45 (5)：28 ~ 30.

[46] 程俊业. 1700MPa 级热成形钢的组织演变及强韧机制 [D]. 北京：北京科技大学，2014.

10 高强度钢的新进展

10.1 无碳化物贝氏体钢

10.1.1 TBF 钢的概念与性能特点

无碳化物贝氏体钢又称贝氏体铁素体基相变诱发塑性钢（Transformation Induced Plasticity Aided Bainitic Ferrite Steel），简称 TBF 钢。TBF 钢同时具有很高的强度和韧性，较之同等强度的马氏体钢表现出更高的塑性和韧性。

TBF 钢具有优越的综合强韧性。研究结果显示[1]，TBF 钢拥有 1600～1800MPa 的抗拉强度，同时保持 10% 以上的伸长率，其室温下的韧性可与回火马氏体钢相媲美。研究表明，TBF 钢的综合性能优势主要归功于贝氏体钢中的残余奥氏体在形变过程中的相变诱导塑性（transformation-induced plasticity，TRIP）的效应[2～6]。TRIP 效应的发挥依赖于钢中残余奥氏体形态和含量，残余奥氏体含量越大，TRIP 效应越明显，材料的强韧性也越好[7]。

TBF 钢具有优良的凸缘翻边性。传统的 TRIP 钢板和 DP 钢板一样，虽然具有优良的强塑性指标，但凸缘翻边性差，无法制作对扩孔率有较高要求的部件。TBF 钢即是在 TRIP 钢的原理基础上开发出的具有良好延展性和凸缘翻边性的贝氏体铁素体基相变诱导塑性钢[8]。

10.1.2 国内外研究现状

日本 Sugimoto 等人于 1990 年开始报道一系列相关研究结果。其中，1992 年[9]报道了残余奥氏体体积分数和稳定性对于 TBF 钢延展性的影响，主要针对 0.2C-(1.0～2.5)Si-(1.0～2.5)Mn 系材料，探讨了 Si 和 Mn 元素含量差异对于残余奥氏体的体积分数、碳含量、M_s 点以及转变为贝氏体温度 T_H 的影响，进一步表现为对材料的总延伸和温成型时对应最大伸长率的温度 T_p 的影响。实验结果表明，在钢中添加 Mn 和 Si 元素，可以增加初始残余奥氏体的含量，但同时降低残余奥氏体的碳含量，即增大 M_s。碳含量的减少可以解释为 Mn 降低了 T_0 温度。此外，实验还得到了最大伸长率温度值 T_p 的经验公式：$T_p = 3.04M_s + 187$。

在 2000 年即有关于 0.2C-1.5Si-1.5Mn 成分的冷轧贝氏体高强钢具有优异的拉伸特性[10]的报道。实验发现，钢在 M_s 以上保温处理后，可以得到高达 900MPa 的抗拉强度、15%～20% 的总伸长率和 40%～60% 断面收缩率。研究表明，较高的塑性主要是由于钢中细小均匀的板条结构、初始的奥氏体和残余奥氏体的 TRIP 效应造成的，还有一部分是由于未变形的残余奥氏体薄膜的长程内应力造成的。针对 0.2C-1.5Si-1.5Mn 实验钢，在凸缘翻边性能的研究[11]中发现，当保温温度低于残余奥氏体的 M_s，可以得到的 TBF 钢是具有良好的延伸凸缘性能、良好的拉延成型性的高强钢。钢板的延伸凸缘性能与残余奥氏体的含碳量正相关，与残余奥氏体的含量负相关。TBF 钢具有良好的延伸凸缘性能主要是因为均匀细板条结构和稳定类膜残余奥氏体。它们有助于形成细小的表面缺陷和冲孔时塑性流动。

据 2010 年的报道[12]，往 0.2C-1.5Si-1.5Mn 成分的 TBF 钢中添加质量分数分别为 0.5% 的 Al 和 0.05% 的 Nb，钢的总伸长率和凸缘翻边性能得到增强，特别是贝氏体等温温度低于 M_s 点时。TBF 钢凸缘翻边性能的提高主要是因为 NbC 在奥氏体晶粒的析出以及 TBF 钢中独特的板条结构，以及残余奥氏体的 TRIP 效应。

此外，西班牙的 F. G. Caballero 等人也从 2000 年开展了相关研究，在 2009 年报道了依据相变理论设计的 TBF 钢[13]。根据热力学和动力学模型，通过热轧和两次冷轧的形变热处理过程，使碳质量分数为 0.3% 的无碳贝氏体钢获得了极强的强韧性组合，其抗拉强度为 1500～1800MPa，总伸长率可超过 15%。由于 $w(C)=0.3\%$ 对于材料的焊接性而言仍嫌偏高，他们继而发展了更低碳含量（0.2%）的钢种，最终形成了 0.2C 和 0.3C 两个成分系列 TBF 钢，获得了优良的强韧性指标，如图 10-1 所示。

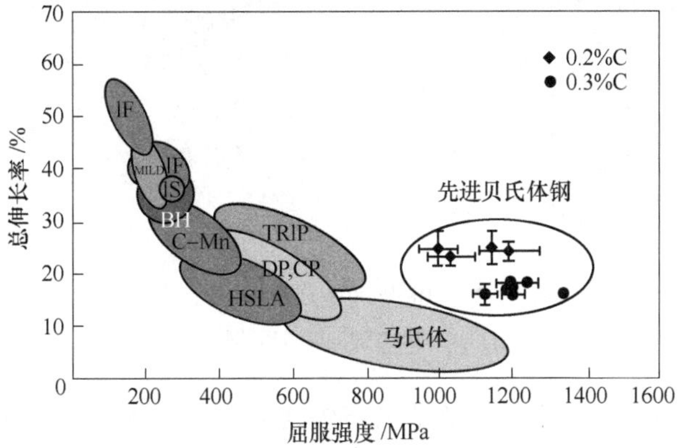

图 10-1 先进贝氏体钢屈服强度和总伸长率与其他钢种比较情况

IF—无间隙原子钢；MILD—软钢；IS—各向同性钢；BH—烘烤硬化钢；TRIP—形变诱导塑性钢；DP—双相钢；CP—复相钢；HSLA—低合金高强钢

日本的鹿岛高弘申请的中国专利[14]——延伸凸缘性优异的高强度钢板，系统研究了热处理条件对最后钢板性能的影响。在元素方面，发现加入微量的 Ca 元素（质量分数 0.0003%～0.002%），可以控制钢中硫化物的形态，从而提高材料的加工性，大幅度提高材料的凸缘翻边性能。该专利系统研究了热处理各个阶段的影响因素，所得钢板机械特性良好，强塑积均大于 50000MPa·%，最佳可以达到 80422MPa·%。

国内方面，清华大学方鸿生等人在 Mn-B 系空冷贝氏体钢的基础上开发出了无碳化物贝氏体/马氏体复相高强钢（强度大于 1500MPa），西北工业大学高宽等人也研制出了显微组织为 BF 板条 + 膜状 Ar 的低合金超高强度贝氏体钢（准贝氏体钢），冲击吸收能比高级马氏体钢 23MnNiCrMo 提高了 3 倍以上。

10.1.3 TBF 钢的组织特征

TBF 钢组织是以板条状贝氏体铁素体组织为基体、以散布于贝氏体板条间的残余奥氏体为第二相构成的。贝氏体板条内存在大量亚结构，富碳残余奥氏体膜除存在于铁素体板条束间，在板条内部的亚单元和超亚单元之间也大量存在。TBF 钢的 TRIP 效应就由这些富碳残余奥氏体产生。由于具有细小均匀的板条结构，TBF 钢拥有良好的延伸凸缘性能和弯曲性能。

图 10-2 显示了 TBF 钢的微观组织与传统 TRIP 钢微观组织的对比。显然，TRIP 钢是以多边形铁素体为基体，以贝氏体和残余奥氏体为第二相和第三相构成的[15]，在光镜下就可以大致分辨其组织构成。而 TBF 钢则是以贝氏体铁素体板条组织为基体，以板条间的残余奥氏体薄膜或微粒为第二相构成的。TBF 钢的亚结构极其微细，需要利用透射电镜才可能观察分辨。图 10-2b 中，α_{bf}为板条状的贝氏体铁素体，γ_R则是残余奥氏体。

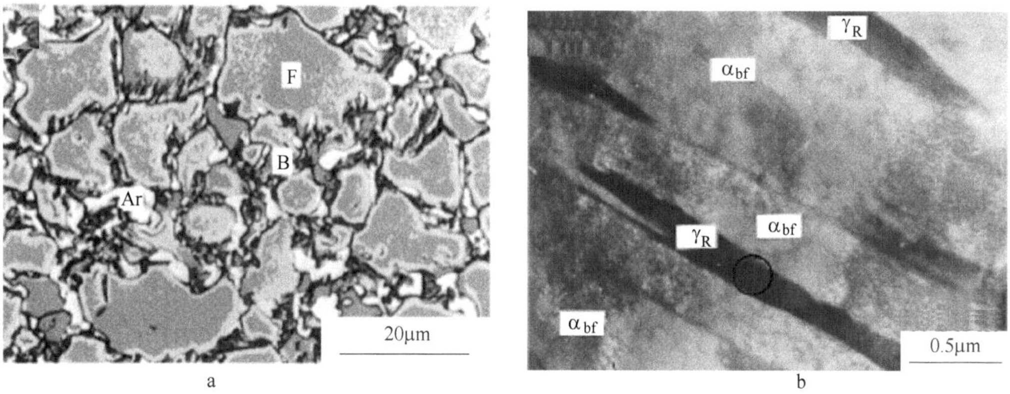

图 10-2 TBF 钢的微观组织 TEM 照片

a—TRIP 钢；b—TBF 钢

与传统 TRIP 钢相比，由于不存在先共析铁素体且贝氏体板条尺寸很小，TBF 钢具有高的流变应力。因此，在成分相同的情况下，只要将 TRIP 钢中原有的铁素体 + 贝氏体 + 残余奥氏体的微观组织改变为含有类膜残余奥氏体的贝氏体组织后，钢就能够在具备更高抗拉强度的同时，获得良好的凸缘翻边性能、韧性和抗疲劳破坏性能。TBF 可用于加工一些形状复杂、对伸长率和扩孔率有较高要求的零部件，例如汽车的结构件（如纵梁、十字构件、车架部件等）、车轮、机械件（如悬挂和齿轮箱零部件等）。

10.1.4 合金元素对组织性能的影响

（1）C。C 元素是 TBF 钢最重要的组成元素，TBF 所有相变过程和最终的显微组织都受到 C 元素的影响。工艺过程中必须通过控制残余奥氏体中的 C 含量来控制奥氏体的稳定性。即 C 元素是为了确保较高的强度，它是得到残余奥氏体所需要的元素。但是如果过量添加，会降低材料的焊接性能。

（2）Si。Si 元素可以有效抑制奥氏体的分解和碳化物的生成。同时 Si 元素对组织基体具有显著的固溶强化作用，有利于提高铁素体和奥氏体的硬度和强度。钢中一般 Si 元素的质量分数应高于 0.8% 以上，但如果过量添加，会使钢的表面质量下降。

（3）Mn。Mn 元素的存在有利于残余奥氏体的形成，也是奥氏体稳定元素，能使奥氏体的相变温度降低，提高钢的淬透性，质量分数一般多高于 1.5%，但是如果过量添加，容易出现铸坯裂纹等不利影响。

（4）Al。Al 元素也是能够有效抑制残余奥氏体分解并抑制碳化物生成的元素，一些文献中也有用 Al 来取代 Si，以改善钢板的表面质量。但是 Al 添加过量容易生成多边形铁素体，导致钢的抗拉强度降低，并提高 M_s 点，这反而会降低残余奥氏体的稳定性，且不能最大程度地提高延伸凸缘性能。

（5）P。P 元素固溶强化效果较强，且作为铁素体形成元素，它与 Si 元素一样能够有效地抑制渗碳体形成，因而可以采用适量 P 元素来替代 Si 元素以改善钢板的表面质量。但是如果过量添加 P 元素，会给钢带来冷脆倾向，影响材料的加工性能。

10.1.5 TBF 钢的制备工艺与组织演变过程

10.1.5.1 热轧 TBF 钢

TBF 钢的热轧工艺一般多为：1000 ~ 1300℃加热保温，确保完全奥氏体化，800 ~ 900℃终轧，以 40 ~ 60℃冷却至 500 ~ 700℃温度进行卷取。

不同的终轧温度条件下所得到的钢板组织和性能也不尽相同。一般认为[16]，当在较高温度终轧时，快速轧制一方面使得原始奥氏体晶粒被反复压扁拉长，变形的奥氏体被分割成若干亚晶，为贝氏体提供有效形核位置，另一方面奥氏体产生大量的变形位错等缺陷，位错发生缠结，分布不均匀，最终组织中贝氏体体积分数较大。当处于 A_{c3} ~ A_{r3} 的较低终轧温度轧制时，得到的组织中铁素体体积分数相较于高温终轧增大，且铁素体晶粒细小均匀。这些铁素体是由低温变形过程中形成的形变诱导铁素体晶粒和先共析铁素体在持续热轧中拉长所构成的。剩余未发生相变的奥氏体一部分在冷却中转变为贝氏体，另外一小部分则由于二次富碳，获得较高的稳定性而保留至室温。

10.1.5.2 冷轧 TBF 钢

制备冷轧 TBF 钢的关键在于退火工艺阶段的控制。退火工艺参数对材料的最终组织和性能有很大的影响。图 10-3 所示为典型的冷轧 TBF 钢连退工艺。首先，将钢板加热到奥氏体区，使钢中碳化物完全溶解。均热阶段的保温时间如果太短，钢板整体的均热效果不充分，最终得到的微细残余奥氏体比例以及贝氏体铁素体的含量会减少。此外，贝氏体等温温度的设定极为重要：如果温度过高，最终得到是粗大的残余奥氏体；如果过低，则无法进行回火。从均热阶段的保温温度到贝氏体等温温度的冷却速率如果过低，则钢中贝氏体铁素体的生成变少，钢中多边形铁素体和准多边形铁素体增多，因此一般应该采用快速冷却的方式。

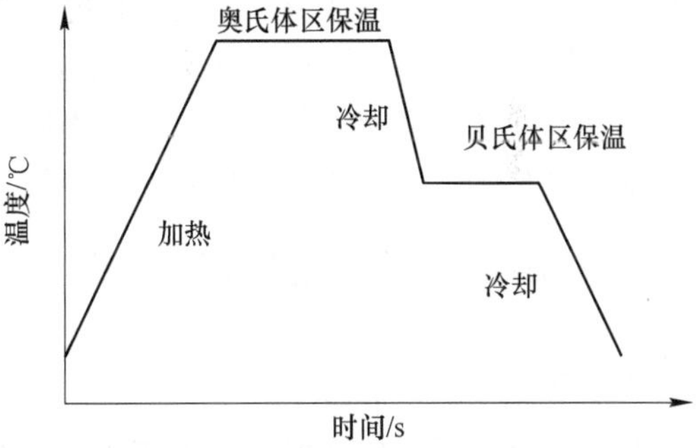

图 10-3 TBF 钢连退工艺

在不同的退火温度下连续退火，铁素体、贝氏体和残奥的体积分数各不相同。随着温度在某一范围的提高，铁素体的体积分数降低，残余奥氏体含量先增加后降低，贝氏体含量增加，此外，抗拉强度随着退火温度的提高而提高，屈服强度降低，断后伸长率和强塑积则与残余奥氏体含量变化相一致，先增加，超过某一温度后降低。其中，抗拉强度与硬相贝氏体的体积分数增加和软相的铁素体体积分数的减少直接关系。退火温度的升高，铁素体的体积分数减少，新生成的奥氏体体积分数逐渐增加，从而导致在随后贝氏体等温过程中形成的贝氏体体积分数增加，这两个方面造成抗拉强度变化。此外，残余奥氏体的尺寸大小、体积分数以及显微特征也与退火温度关系密切。残余奥氏体的体积分数的变化是由组织转变中的二次富碳造成的，其中第一次来自于铁素体的转变，第二次为贝氏体转变富碳。在温度较低时，一次富碳充分，二次富碳较弱；温度过高，则二次富碳充分，一次富碳较弱。在充分富碳的情况下，块状残余奥氏体弥散细小，并且在贝氏体铁素体板条间出现大量的薄膜状残余奥氏体。而这类残余奥氏体由于受到两侧贝氏体排出的碳原子影响，稳定性也较高。在塑性变形中，这类残余奥氏体会由于 TRIP 效应转变为硬相马氏体。

贝氏体等温时间影响最终材料组织的各相转变进程及其形貌特征。初始贝氏体板条基本在以原奥氏体晶粒为基础的块状单元呈不同方向的生成，各贝氏体单元边界较为平直，切变特征明显。等温时间延长至大约 60s，贝氏体块状单元特征仍然明显，但边界板条基本消失，不论是单元内还是边界处都出现较多的细小碳化物或残余奥氏体颗粒，扩散特征显现，原奥氏体晶界处的残余奥氏体大多呈块状分布。进一步增加贝氏体等温时间，可以发现，组织中原奥氏体晶粒为基础的块状单元逐渐合并或消失，出现大量位向混乱的平行贝氏体板条束，并且可以观察到一些模糊合并后的大板条轮廓。在保温超过 180s 之后，可以在透射电镜下观察到贝氏体铁素体的形貌以及薄膜状残余奥氏体的存在。

在力学性能方面，随着贝氏体区等温时间的增加，材料的抗拉强度降低，伸长率和屈服强度提高，同时加工硬化值、各向异性指数、强塑积等都随之提高。这主要是因为在初期贝氏体转变是以切变形式为主，没有足够时间进行扩散，奥氏体富碳不充分、稳定性差，此时硬相的马氏体含量较高，因而材料具有较大的抗拉强度，但屈服强度相对较低。随着时间的延长，奥氏体富碳较为充分，并且稳定性提升，贝氏体和残余奥氏体体积分数增加，马氏体体积分数减少，因而材料抗拉强度下降，屈服强度增大。另外，等温时间的延长，也促使组织有自回火的效果，也就是说贝氏体铁素体基体上出现了少量碳化物析出，从而通过钉扎位错等方式提高了基体强度，造成屈服强度的提高。贝氏体板条出现模糊合并、原奥氏体晶界消失、整体贝氏体单元扩大等特征，这也促进了抗拉强度的降低。

10.2　含 Al 低密度高强度钢

10.2.1　概述

据国家发改委的统计报告，近年来国家规划新增的炼油能力，几乎都被新增汽车耗尽。快速发展的汽车业给我国的能源消耗与环境保护带来空前的压力。由于车身“轻量化”能够直接带来降耗和减排效果，因此十几年来得到国内外汽车行业的高度重视。目前，可用于车身减重的材料有两大类：一类是高强度材料，如高强度钢和高强度不锈钢；另一类是轻质金属，如铝合金、镁合金、铁合金等。统计表明，轻金属在汽车材料领域的版图正不断扩展，图 10-4 所示为西欧白车身用铝合金用量在 1990 年以后的增长趋势[17]。显然，轻金属特别是铝合金材料正对传统钢铁材料在汽车行业的龙头地位产生越来越现实的挑战，市场排挤效应越来越强。

在新的市场形势下，含 Al 低密度高强钢迅速成为钢铁业界产品研发的热点。在化学元素周期表中，虽然有许多元素的密度小于铁，但实际上能够作为合金使用并对减少钢密度具有实际意义的元素并不多。图 10-5 所示为几种常见合金元素对 γ-Fe 密度的影响。由图可见 Al、Si 元素的添加对减轻钢的重量具有重要作用，且二者均为铁素体稳定化元素。Al 原子半径为 0.143nm，Si 的原子半径为 0.134nm，均比铁原子半径（0.127nm）要大，当二者以置换方式进入铁的晶格结构后，晶格常数显著扩大。又由于 Si、Al 的相对原子质量相对 Fe 要小得多，因此当二者大量溶入钢中时，能够有效减轻钢的重量。表 10-1 中的数据表示了钢中 Al 含量与钢密度以及减重率的对应关系[18]。

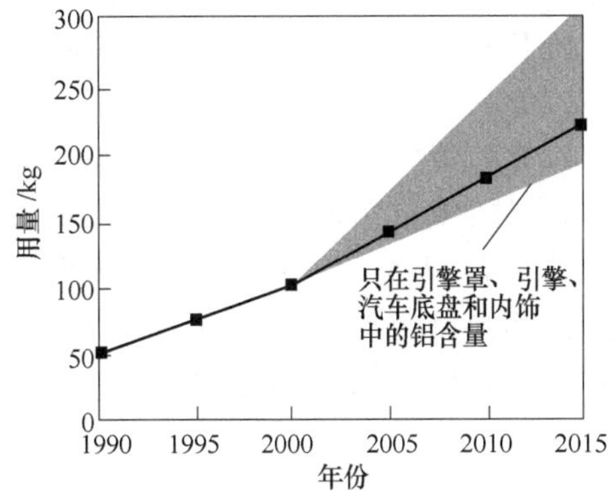

图 10-4 西欧 1990～2015 年轿车白车身的铝合金用量

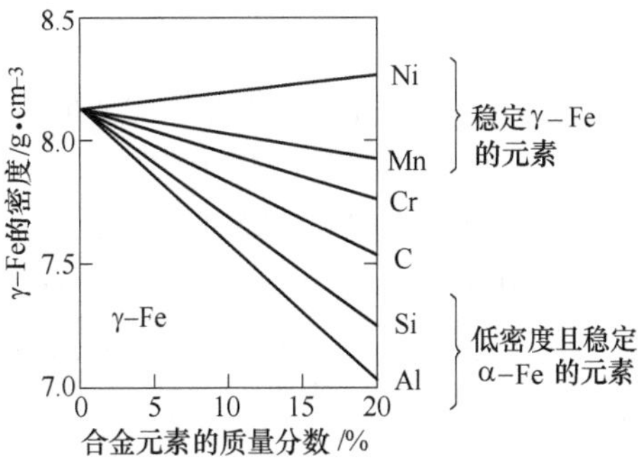

图 10-5 几种常见合金元素对 γ-Fe 密度的影响

表 10-1 Al 质量分数对钢密度和减重率的影响

类 别	Al 质量分数/%	密度/g·cm^{-3}	减重率/%
较高 Al 含量	3.2～6.0	≤7.5	≥4.5
高 Al 含量	7.0～10.0	≤7.2	≥8.3
超高 Al 含量	10.0～32.0	≤6.5	≥17.2

实际上，科研工作也正朝着这一方向开展。目前，研究人员在高强度 Q-P-T 钢中，采用以 Al 代 Si 的思路，开发出了性能优良的低密度钢；通过在 Fe-Al 钢中添加 Mn、Si 等元素，开发出了性能优良的铁素体钢或者铁素体 + 奥氏体双相钢；更重要的是，通过在高锰钢中添加较高含量的 Al 元素（≥5%，质量分数）在实验室条件下研制出了以位错滑移机制为主导的具有高强度、高韧性和优良抗腐蚀性能的汽车用轻质钢。

10.2.2 Fe-Mn-Al 钢

通常将 Mn 含量高于 12% 的钢定义为高锰钢（Mn 含量一般不超过 32%，以避免 β-Mn 的生成）。Mn 作为奥氏体化元素，能扩大 γ 相区。在钢中 C 含量一定时，随着 Mn 含量的增加，钢的组织逐渐由珠光体型变为马氏体型并进一步转变为奥氏体型。Fe-Mn-Al 系高锰钢室温组织一般以奥氏体为主，添加较高含量的 Al 会出现一定量的铁素体。高锰钢中添加的 Al 和 C 等轻质元素具备很好的减重效果。有研究表明：每添加 1% 的 Al，钢的密度下降 0.101g/cm^3，可减重约 1.3%；每添加 1% 的 C，钢的密度下降 0.41g/cm^3，可减重约 5.2%；同时，钢中 1% 的 Mn 含量也可使其密度下降 0.0085g/cm^3，取得约 0.1% 的减重效果。

Fe-Mn-Al 系低密度高锰钢最早是在1958 年由 Ham 等人开发的，当时是为了寻找高成本 Cr-Ni 系不锈钢的替代品，同时提高钢的高温抗氧化性。其中成分为 Fe-34Mn-10Al-0.76C 的钢抗拉强度可达750MPa，伸长率为70%，抗腐蚀性能良好。在我国，Fe-Mn-Al 系低密度高锰钢最早可追溯至20 世纪五六十年代，张彦生和师昌绪在国外学者 Fe-Mn-Al 相图研究成果的基础上进行成分设计与优化，在世界上首次成功开发了以 15Mn26Al4 为代表的低温钢。研究指出，Al 元素提高层错能，使 ε 相的形核趋于困难，从而抑制 ε 马氏体相的形成，提高奥氏体的低温稳定性。之后，研发工作陆续开展，近十几年来在汽车轻量化需求的驱动下，Fe-Mn-Al 系低密度高锰钢成为研究热点。

研究发现[19]，高锰奥氏体钢的变形机制根据堆垛层错能和相变的吉布斯自由能（ΔG）不同，可分为TRIP 效应、TWIP 效应和位错滑移机制。对于高锰钢而言，马氏体转变的吉布斯自由能 $\Delta G_{\gamma}\rightarrow\varepsilon$ 在 110～250J/mol 之间，且层错能约为 $25mJ/m^2$时，奥氏体在应力作用下会发生 TWIP 效应；当 $\Delta G_{\gamma}\rightarrow\varepsilon$ 约为220J/mol 或更低，且层错能低于 $16mJ/m^2$时，奥氏体在应力作用下发生 $\gamma\rightarrow\alpha$ 和 $\gamma\rightarrow\varepsilon\rightarrow\alpha$ 转变，体现出所谓的 TRIP 效应；层错能很高时，变形以位错滑移机制为主。

10.2.3 Fe-Al 钢

Fe-Al 钢的室温组织以铁素体相为主，这主要与 Al 元素稳定 α 相区有关。室温下 Al 元素在铁素体中最大的溶解度约为11%，当 Al 含量超出11%时，形成 Fe_3Al 或 FeAl 有序固溶体。Fe-Al 钢在室温下塑性较差，易于发生脆性断裂。当 Fe-Al 钢含 Al 量大于 10%时，室温下屈服强度一般在 400MPa 左右，抗拉强度在 600MPa 左右，断后伸长率一般为2%～5%，也有达到 8%的情况。研究工作中，主要通过添加合金来改善 Fe-Al 钢性能。

美国宇航局路易斯研究中心研究发现，CrMnCo 和 Ni 等元素在 Fe-Al 合金中产生固溶强化，而 Ta、Nb、Hf 和 Zr 等元素则产生第二相强化，Y、Hf、Ce 和 La 等亲氧元素可以抑制孔洞形成，改善材料的致密性。Ti 元素增强了 α-Al_2O_3 氧化膜在 Fe-Al 合金表面的致密性，从而提高了氧化膜保护性，并改善氧化膜的韧性[20]。作为传统的晶界强化元素，少量的 B 就能产生强化效果，同时还可以改变三组元 Fe-Al-X 中的第二相相貌，通过细晶强化提高低温时的强韧性。C 含量较低的钢中加入合金元素，由于固溶强化而使强度得到提高[21]；C 含量较高的铸态钢中添加 Mn、Cr、Ni 或 Ti 等合金元素，其力学性能没有明显改善。目前，对溶于 Fe-Al 合金中的第三元合金元素的作用形式，特别是 Cr 和 Mn 元素，不同学者存在不同的观点。与传统加工方法不同的是，目前 Fe-Al 钢大多采用轧制工艺生产。Rana 等人对几种不同 Al 含量（分别为 6.8%、8.1%和 9.7%，其他合金元素成分与 IF 基本相同）的 Fe-Al 轻质钢依次进行了冷轧（或温轧）和退火处理，其中温轧是为了避免 Al 含量为 8.1%和 9.7%的 Fe-Al 钢在冷轧中出现断裂。研究发现，Al 含量为 6.8%的 Fe-Al 钢抗拉强度为 465MPa，断后伸长率为 31.1%；Al 含量为 9.7%的 Fe-Al 钢抗拉强度为626MPa，断后伸长率为 12.7%。随着 Al 含量的增加，抗拉强度增加，而断后伸长率降低，杨氏弹性模量也降低。与无 Al 元素的 IF 钢相比，Al 含量为 9.7%的 Fe-Al 钢强度高但塑性低，密度下降 7.5%，杨氏弹性模量也下降 20%；与 DP450 相比，Al 含量为 9.7%的 Fe-Al 钢强度高，塑性指标好，成型性能优良。

一些研究表明，少量 Mn（小于5%）和一定量 C 的加入使 Fe-Al 钢的综合性能得到明显改善。Seol等人通过对Fe-3.5Mn-5.9Al-0.4C钢进行热轧、冷轧、退火和奥氏体等温淬火处理，最终得到奥氏体均匀分布在铁素体基体中的双相组织（奥氏体相体积分数约占30%）。这种钢具有优于双相不锈钢的综合力学性能，其抗拉强度可达906MPa，屈服强度为667MPa，断后伸长率为32%，密度比纯铁低9%。Sohn等人对Fe-3.5Mn-5.8Al-0.3C钢进行了相似的工艺处理，通过设计梯度化工艺参数实验得到了回火温度的最佳范围，其最佳力学性能为：抗拉强度大于800MPa，伸长率大于40%，奥氏体相体积分数为22%~24%。这类钢的优良性能得益于铁素体相的变形协调作用和一部分奥氏体晶粒的TRIP效应。其中，热处理过程中残余的奥氏体相主要靠Mn和C元素来稳定。

伴随着C和Mn元素的添加，Fe-Al钢中通常会出现有争议性的K系碳化物（与高锰钢中的K系碳化物结构相同）。一些研究表明，当Al含量为8.5%~11%、C含量为0.5%~1%时，大量形核并均匀分布在铁素体基体内的K系碳化物在拉伸变形带内充分变形，有利于同时提高强度和塑性。也有研究表明，当Al含量为6%~8%时，沉淀析出的K系碳化物（粗大并且分布在带状边界的碳化物）聚集处，在变形过程中容易产生微裂纹并扩展，使材料发生断裂，对塑性不利，可以将Al含量控制在5%左右或更低来抑制K系碳化物的形成。Baligidad等人研究发现组织中碳化物的颗粒大小、分布和形状对性能起着关键性的作用。Ham等人研究了C含量对成分为Fe-(4~6) Mn-(6~8) Al轻质钢冷轧过程断裂行为的影响，发现当C含量从0.1%提高到0.3%时，细小的薄片状K系碳化物在很大程度上取代了粗大的铁素体带状边界碳化物，对变形的协调能力明显增强，在一定程度上提高了强度和塑性。到目前为止，有关K系碳化物的具体形成机制，以及由K系碳化物和带状回火马氏体组成的显微组织的变形和断裂机理，还有待深入研究。在生产中，对于K系碳化物，应该通过工艺手段避免其产生或者进行消除，如果不能消除，应该控制其体积分数、颗粒大小、分布和形状，防止组织恶化。

铁素体低密度Fe-Al钢既可以用于对强度要求适中的汽车闭合件，也可以用作汽车加强零部件。目前其问题在于研究制取高性能合金的低成本新工艺，并进一步进行成分优化，期待不久应用于汽车上。

10.2.4 生产和使用低密度钢板的问题

生产和使用低密度钢板的问题主要有以下几方面：

（1）冶炼和连铸。高铝钢冶炼时一般伴有严重的Al烧损，同时连铸过程中会出现中间包水口堵塞和连铸裂纹，存在一定的安全隐患。

（2）轧制裂纹及表面质量。热轧过程中由于变形抗力大等原因，存在一定的轧制开裂问题，同时制造过程中存在严重的高温氧化现象，轧后表面质量较差。

（3）成型性和焊接性。与传统汽车用钢相比，加工过程中先进高强钢容易发生冲压回弹和开裂，同时较高含量的碳当量影响了焊接性能，应该通过成分优化和工艺优化进行有效调控。

（4）弹性模量。Al元素的添加使钢的弹性模量降低，添加10%的Al或可降低20%~30%的弹性模量，这会导致加工和使用过程中易出现碰撞凹坑。

（5）成本。低密度钢普遍存在合金元素含量高和成型工艺复杂等问题，这些都会带来成本的提高。在一定的市场经济环境下，汽车厂家对减轻车重而带来成本增加的问题很难接受，这也在很大程度上制约了这些钢的进一步研发与工业化应用。

10.3 退火马氏体基 Q&P 钢

10.3.1 Q&P 钢的发展历程与工艺原理

马氏体钢的传统热处理工艺为淬火和回火。淬火可以使钢件获得高强度的马氏体基体，而回火则使马氏体基体内析出碳化物、残余奥氏体发生分解并消除应力。Matas 和 Hehemann 最先发现钢中碳原子可以由马氏体相分配至残余奥氏体相的现象，后来 G. Thomas 等人通过实验指出在淬火过程中，马氏体条间的残余奥氏体会增碳（碳由马氏体条向条间奥氏体分配）。虽然碳从马氏体向奥氏体分配的现象很早就为人们所知，但是由于初始淬火温度较低以及回火时显著呈现其他相变，如碳化物的析出、残余奥氏体分解等，碳由马氏体向残余奥氏体的分配以稳定奥氏体这一现象一直未能被人们所重视，更没有形成一种相应的在组织中保留适量的残余奥氏体的热处理工艺。直到 21 世纪初，美国 Colorada 州立学校的 Speer 等人将高碳、中碳含硅钢（9260 钢和 0.35C-1.3Mn-0.74Si）进行淬火后，再在 M_s 以上的一定温度进行等温处理，使马氏体中的碳在等温过程中分配至残余奥氏体，以稳定残余奥氏体，使室温下钢件能够获得由马氏体和残余奥氏体构成的微观组织，从而获得较高的强度和塑性及韧性，即良好的综合力学性能。同时，Speer 等人还提出 Q-P 工艺的热力学模型和动力学预测。

淬火-碳分配工艺如图 8-1 所示。含 Si 或（和）Al 的钢件先经奥氏体化后淬火至 $M_s \sim M_f$之间的某一温度，即形成一定数量的马氏体和残余奥氏体，再在该初始淬火温度或者 M_s 以上某一温度停留一段时间，使碳由马氏体向残余奥氏体分配，此时马氏体中的碳含量下降，奥氏体中的碳含量升高，从而使残余奥氏体富碳进而能够稳定至室温，最后获得马氏体 + 奥氏体复合组织。由此可见，Q&P 工艺可以有效地增加残余奥氏体的碳含量和残余奥氏体的体积分数。含 Si 钢经奥氏体化后可直接进行 Q&P 处理；也可以先在 $\alpha + \gamma$ 两相区保温，等形成一定数量的铁素体和奥氏体后，再进行 Q&P 处理。为在名称上将两者加以区分，称前者为均匀奥氏体的 Q&P 处理，后者称为 $\alpha + \gamma$ 的 Q&P 处理，碳分配的温度可以等于初始淬火温度，也可以高于初始淬火温度。将碳分配的温度等于初始淬火温度 Q&P 处理称为一步法处理，将分配温度高于初始淬火温度 Q&P 处理称为两步法处理。

10.3.2 退火马氏体基 Q&P 钢的工艺、组织与性能

通常情况下，材料在进行 Q&P 热处理之前的组织为铁素体和珠光体组织。然而，经过 Q&P 处理后材料的力学性能很大程度上取决于它在热处理前的原始组织。这样，不同的原始组织在经过 Q&P 热处理之后的组织和力学性能就会有很多不同点。Santofimia 在最近的研究中发现[22]，将 Mn 的含量提高到 3.5%，经过热轧和空冷后的组织为马氏体和多边形铁素体，对于这种原始组织应用 Q&P 热处理之后的性能要好于现在的商业生产的第三代高强钢。

10.3.2.1 新型 Q&P 钢的成分设计

研究材料的化学成分见表 10-2。C 和 Mn 对于稳定残余奥氏体来说是非常重要的元素。增加 Mn 元素有利于降低转变温度，这样奥氏体化可能会在相对较低的温度下进行，

就可以使奥氏体和马氏体板条束细化，另外，贝氏体的形成将会被推迟。Si 元素的加入可以阻碍碳化物的析出。

表 10-2 试验钢的化学成分 (%)

C	Si	Mn	P
0.20	1.63	2.01	0.007

10.3.2.2 新型 Q&P 钢的热处理

采用 50kg 真空炉获得钢锭，钢锭热轧到 5mm 的厚度，最终热轧温度为 870℃，在 660℃卷曲 1h，然后空冷。冷轧至 1.5mm 的厚片，随后加热到 900℃保温 15min，然后淬火获得完全的马氏体组织。通过热膨胀仪测得 A_{c1} 和 A_{c3} 的温度分别为 697℃和 853℃，所以比较合适的临界退火温度在 775℃左右，因此临界退火温度选在 760℃、780℃、800℃，其热处理工艺如图 10-6 所示。

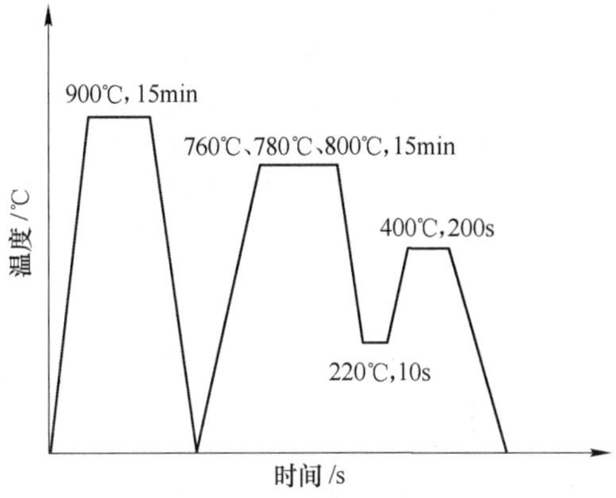

图 10-6 新型 Q&P 钢热处理工艺

10.3.2.3 新型 Q&P 钢的组织

马氏体组织经过退火之后，经过 LePera（2% 偏重亚硫酸钠水溶液和 4% 苦味酸乙醇溶液 1:1 混合）的腐蚀，其金相组织如图 10-7 所示，白色的区域代表残余奥氏体。可以看出有两种形貌的奥氏体存在，图 10-7a 是针状奥氏体，图 10-7b 是块状奥氏体。针状奥氏体形成于马氏体板条的边界，而块状奥氏体主要嵌入在原来奥氏体晶粒的边界，一小部分形成在与板条马氏体的分界边界处[23]。没有发现多边形的铁素体，说明在较短的退火时间内铁素体相很难形核和再结晶。大量的合金元素抑制了马氏体的再结晶，所以其板条状形态被部分保留下来。

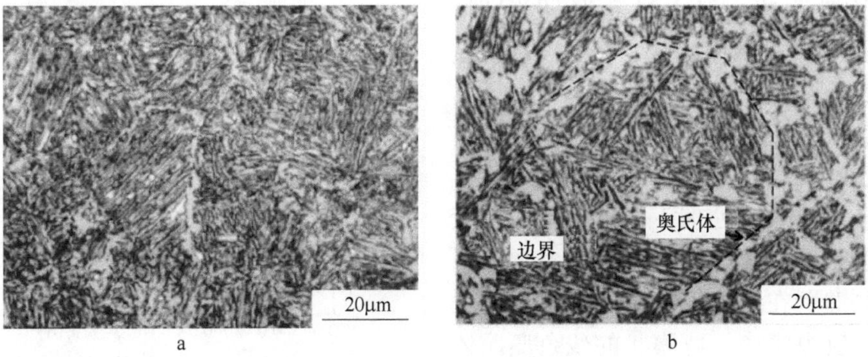

图 10-7 马氏体退火后金相图
a—针状奥氏体；b—块状奥氏体

经过 Q&P 热处理后，其扫描电镜图如 10-8a 所示。经过 780℃退火，马氏体和残余奥氏体的岛状物形成，如图 10-8b 所示，原来的板条状的形貌被破坏，没有发现任何析出物的存在。在两相区加热可以使马氏体迅速恢复，不稳定的渗碳体产生了富碳的、稳定的奥氏体。因为退火前并没有变形，同时因为组织较低的位错密度，马氏体的再结晶很难发生[24]。

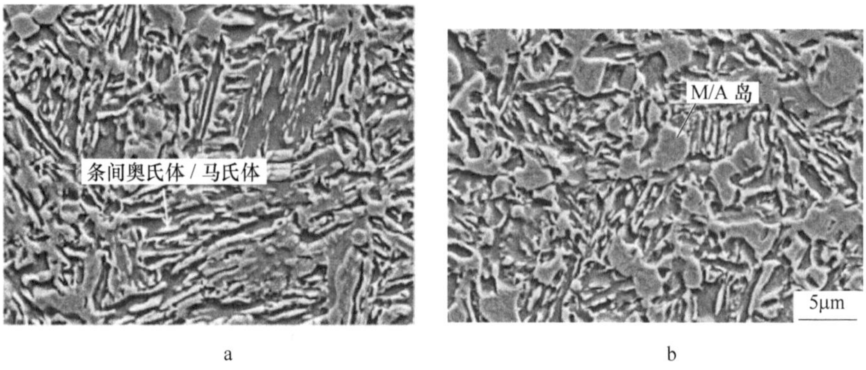

图 10-8　Q&P 热处理后的扫描电镜图

经 780℃ 退火，同时经过 Q&P 热处理后，其组织的透射电镜图如图 10-9 所示，板条间的奥氏体及新生成的马氏体在图中用箭头指出。经过配分和冷却至室温的过程，针状的奥氏体一部分转化成新鲜的马氏体，其余的以板条间的奥氏体保留下来[25]。

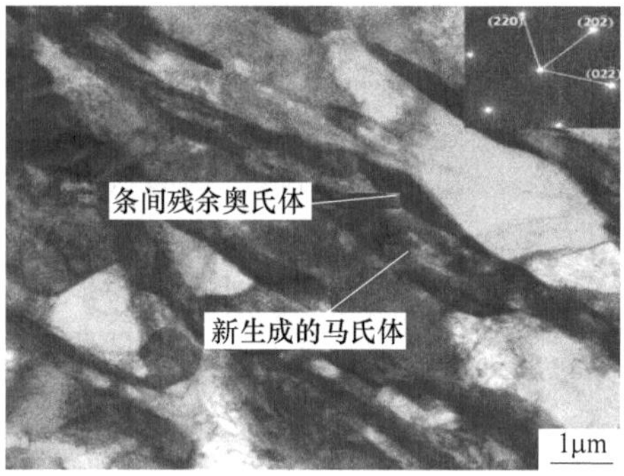

图 10-9　Q&P 热处理后的透射电镜图

10.3.2.4　新型 Q&P 钢的力学性能

如图 10-10 所示，新型 Q&P 钢呈现出非常好的力学性能，其屈服强度随着退火温度的提高而提高。退火温度为 780℃ 时由于较高含量的残余奥氏体而得到了优越的总伸长率、强度及延展性[26]。退火温度为 800℃ 时，由于多余的 M/A 岛而产生了一些较硬的组织，所以屈服强度上升，伸长率下降。

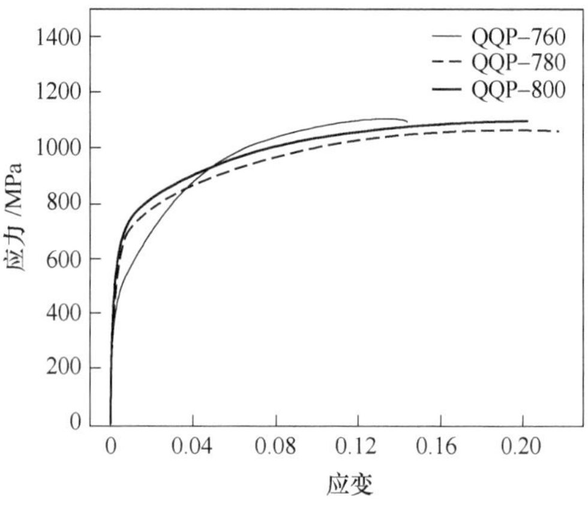

图 10-10　新型 Q&P 钢的应力-应变曲线

新型 Q&P 钢的 EBSD 分析结果如图 10-11所示，奥氏体在图中用深灰色表示出来。在合适的退火处理下，材料得到了大量的板条间奥氏体，这是该组织力学性能良好的关键所在。因为它可以有效地消除板条间的应力集中，薄膜状的残余奥氏体比粗大的奥氏体能更好地抵抗应变诱发的马氏体相变，另外板条间的残余奥氏体可以阻碍微裂纹的传播[27]。较暗的区域是 M/A 岛，因为它有较高的缺陷密度[28]。如图 10-11a 所示，板条间的奥氏体来自于原来与自己有相同晶体取向的奥氏体，经过 Q&P 处理后，因为碳的富集，部分针状的奥氏体就保留下来形成了板条间的残余奥氏体。分布在分界线上 M/A 岛和独立颜色的残余奥氏体确定了它可能就是原来奥氏体的晶界，如图 10-11b 所示。

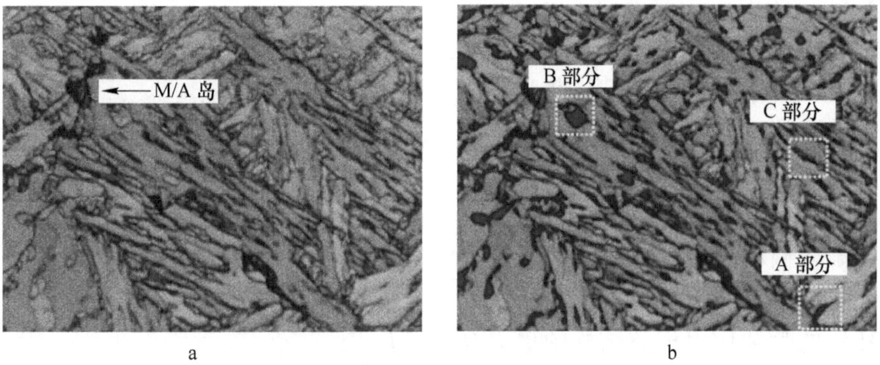

图 10-11 新型 Q&P 钢的 EBSD 图

残余奥氏体是 Q&P 钢中非常重要的组织，它的体积分数、大小、化学组成、形状、分布位置等参数是影响它稳定性的重要因素。目前残余奥氏体对延展性有三种效应，第一种是 TRIP 效应，就是通过转变为马氏体来减少应力集中，第二种是阻碍裂纹扩展效应，第三种是位错吸收效应[29]。

新型 Q&P 钢的微观组织与传统 Q&P 钢的微观组织有些相似，但是除了残余奥氏体加马氏体的组织外，新型 Q&P 钢还有多种多样的组织，如板条状的恢复 α 相、M/A 岛、块状及板条间的残余奥氏体，这样马氏体岛可以看成是一个加强相。在双相区退火前的组织为完全马氏体化的组织更适合在工业中应用。

10.4 退火马氏体基相变诱导塑性钢

10.4.1 传统 TRIP 钢组织及其 TRIP 效应

典型的 TRIP 钢显微组织由 50%~60% 的多边形铁素体、25%~40% 的无碳化物贝氏体和 5%~15% 的残余奥氏体组成[30]。TRIP 钢的热处理工艺为：对冷轧钢板进行临界区退火处理，获得约 50% 的奥氏体后，将钢快速冷却至中温贝氏体区等温，待其中的奥氏体组织生成 25%~40% 的贝氏体后，终冷至室温。

TRIP 效应的基本原理是：当 TRIP 钢在室温下变形时，钢板中的残余奥氏体在塑性变形的作用下诱发马氏体的形核，发生马氏体相变。马氏体相变使钢的局部硬度得到提高，导致继续变形困难，变形向周围组织转移。这一机制有利于延迟钢板颈缩的产生，因而随着相变的不断发展，材料获得了很高的塑性。另外，由于残余奥氏体相变时体积增大，压迫周围的基体，使其发生塑性变形，引起位错密度的增加，产生位错强化，同时相变产生的马氏体为硬相，能够使材料强度有进一步提高。钢板经过相变后，塑性和强度都有所提高，这种现象就被称为相变诱发塑性，简称 TRIP 效应[31,32]。

本节所述退火马氏体基相变诱导塑性钢（TAM 钢），正是利用这一原理，以退火马氏体材料作为基板，进行类似于 TRIP 钢的热处理过程而发展起来的。

10.4.2　TAM 钢的工艺原理与组织构成

TAM 钢是将钢板进行一次淬火处理后，再进行类似于 TRIP 钢的热处理工序。其工艺原理如图 10-12 所示。由于该钢以退火马氏体为基体，又存在残余奥氏体薄膜作为诱导形变塑性的机制，因此钢板兼具了一定的强度和塑性。在国内，北京科技大学高效轧制国家工程研究中心已经率先开展了对这一新型钢种的研发，并获得了良好的实验结果。

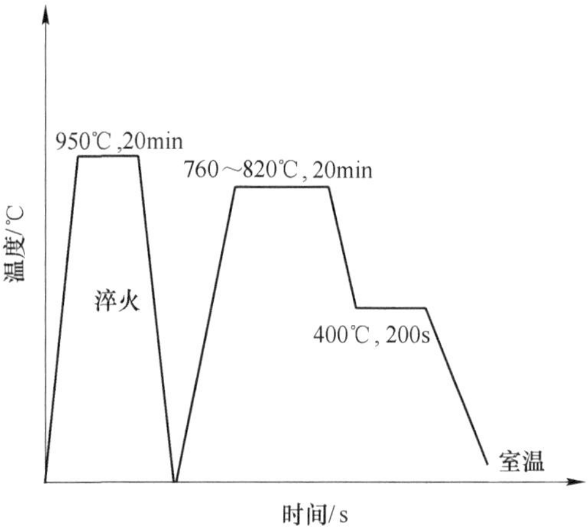

图 10-12　TAM 钢热处理工艺

TAM 钢的微结构由板条结构的退火马氏体基体和板条间的第二相组成，第二相为薄膜状的残余奥氏体和围绕残余奥氏体的无碳化物贝氏体。TAM 钢的具体组织构成为：退火马氏体（70% 以上）+ 残余奥氏体（20% 以下）+ 无碳化物贝氏体。TAM 钢最大的特点是突破了传统 TRIP 钢的多边形铁素体基体或者贝氏体基体组织，使用了板条马氏体在两相区重新加热时形成的退火板条马氏体组织，配合以板条间片状残余奥氏体，获得了优异的力学性能和凸缘翻边性能。

10.4.3　TAM 钢的实验制备及其组织性能

本节以北京科技大学的实验工作为基础，介绍 TAM 钢的制备工艺、微观组织以及力学性能。实验 TAM 钢的主要化学成分（质量分数,%）为：0.15 ~ 0.30C，1.0 ~ 3.0 Si，1.0 ~ 3.0Mn，其余为 Fe 和不可避免的杂质。在实验室采用 50kg 真空冶炼，浇铸成锭，并锻造成 90mm × 140mm × 40mm 的锻坯，锻坯经 1200℃保温 1h 后，经五道次轧制，得到厚度为 5mm 的热轧板坯，终轧温度为 870℃，卷取温度为 660℃。热轧板经酸洗后冷轧，冷轧压下率为 70%，得到厚度为 1.5mm 的冷轧板。将冷轧板加热至完全奥氏体化温度区间，然后淬火得到完全马氏体组织。连续退火工艺在 ULVAC CCT-AY-Ⅱ型板材退火模拟试验机上进行，退火温度分别为 760℃、780℃、800℃和 820℃。

10.4.3.1　TAM 钢的显微组织

TAM 钢经两相区退火工艺之后的显微组织如图 10-13 所示，由退火马氏体板条 + 板条间片状残余奥氏体 + 新生马氏体/贝氏体的混合团状组织组成。实验发现，经 Lepera 浸蚀剂浸蚀以后，退火马氏体板条基体呈现黄褐色（在本书中呈灰黑色），残余奥氏体和马氏体呈白色。

可以看出，残余奥氏体多以板条间片状形态分布。经 780 ℃退火的 TAM 钢的彩色金相照片上出现了较多的团状组织，这种团状组织多分布在淬火前原始奥氏体晶界以及淬火后的马氏体板条束界面上，为两相区退火时新生成的团状奥氏体在冷却过程中形成的新生马氏体/贝氏体混合组织。

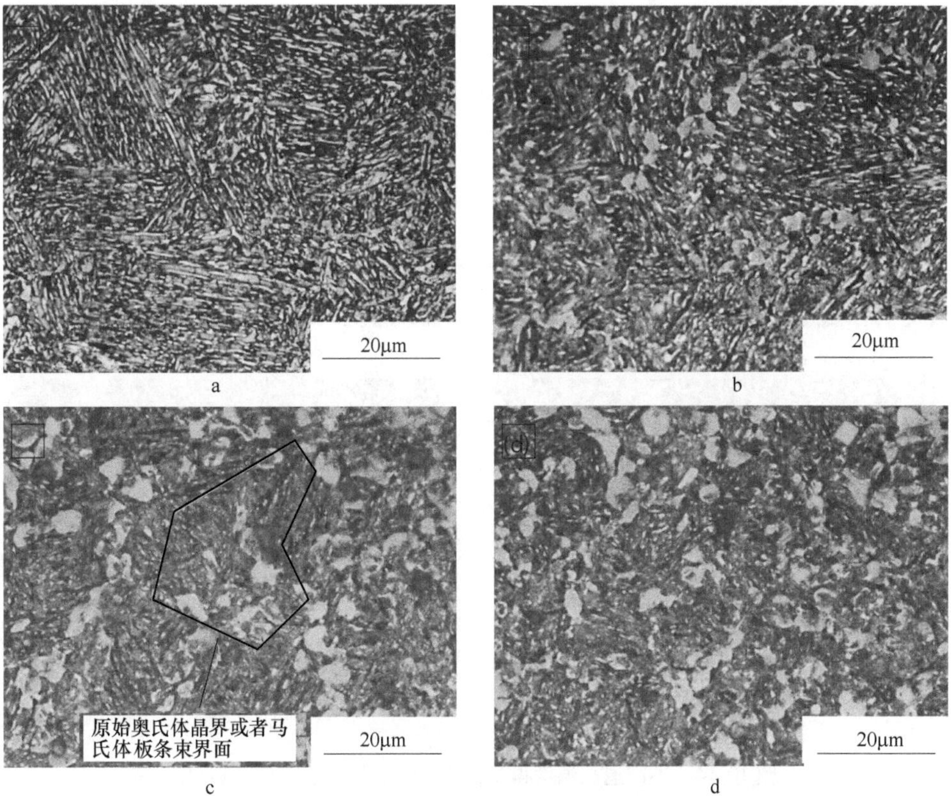

图 10-13 不同退火温度得到的 TAM 钢光学显微镜照片

a—760 ℃；b—780 ℃；c—800 ℃；d—820 ℃

从图 10-14 中可以看出，TAM 钢有着规整的板条组织，退火马氏体板条宽度为 200～500 nm。随着退火温度的提高，退火马氏体基体的板条形态逐渐消失，残余奥氏体＋新生马氏体/贝氏体的团状混合组织逐渐增多，并且该组织有着随退火温度增加而聚集的趋势。这是因为随着退火温度的提高，两相区得到的团状奥氏体的量也逐渐增加，故冷却结束后团状混合组织体积分数逐渐上升，加速了退火马氏体板条形态的消失。

10.4.3.2 TAM 钢的力学性能

图 10-15 所示为不同温度退火后 TAM 钢的力学性能对比。可以看出：随着退火温度的提高，抗拉强度和屈服强度呈逐渐上升趋势，最大达到 1230MPa；而伸长率在退火温度为 780℃时最大，达到 20%，然后逐渐下降；强塑积的变化趋势与伸长率相同，在退火温度为 780℃时最高，达到 22600MPa·%。

图 10-16 所示为经不同温度退火后 TAM 钢的应力-应变曲线。可以看出，随着退火温度升高，TAM 钢的初始加工硬化率也升高，导致更高的抗拉强度和规定非比例延伸强度。其中退火温度为 780℃时 TAM 钢试样保持持续加工硬化的能力最好，得到了最好的总伸长率，这与残余奥氏体的相变增塑效应有关。

由图 10-14 可知，随着退火温度的提高，含有新生马氏体/贝氏体的团状组织逐渐增多，从而导致抗拉强度增加。当退火温度在 780℃时，得到富含合金元素的稳定奥氏体量

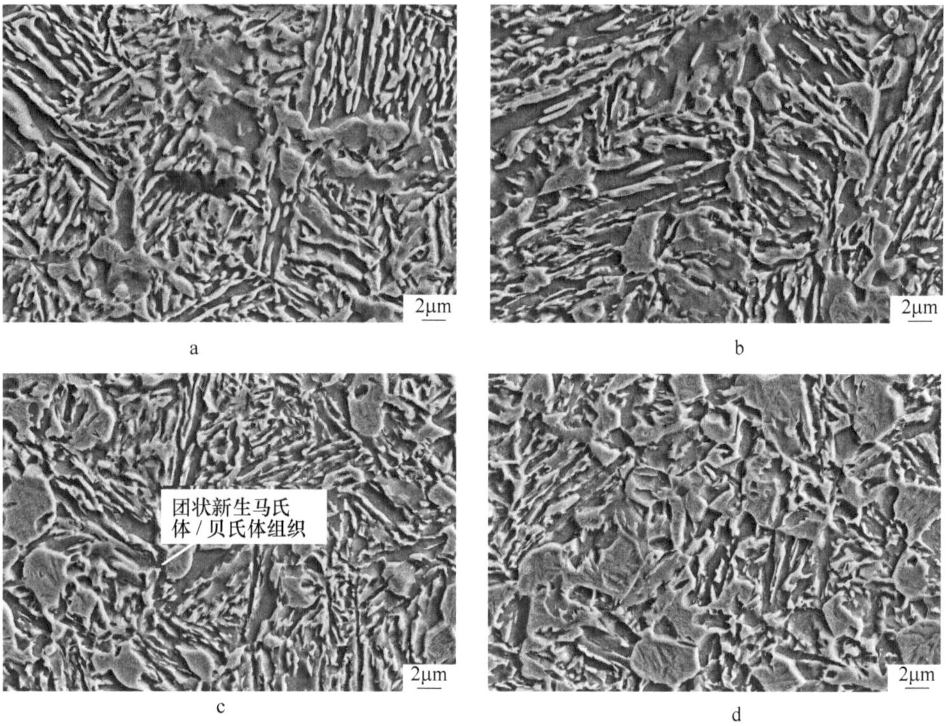

图 10-14 不同退火温度得到的 TAM 钢扫描电子显微镜照片
a—760 ℃；b—780 ℃；c—800 ℃；d—820 ℃

最多，从而得到较多的在室温下稳定存在的残余奥氏体，在变形时通过 TRIP 效应有效减小了应力集中，预防颈缩的过早形成。当退火温度低时，两相区形成的奥氏体量不足；而温度高时，过多的奥氏体分散了合金元素的聚集，得到的残余奥氏体不够稳定，对于均匀变形的贡献较小。

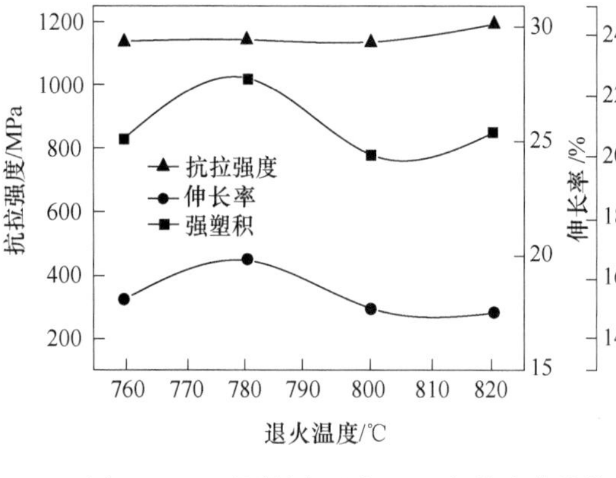

图 10-15 不同退火温度 TAM 钢的力学性能

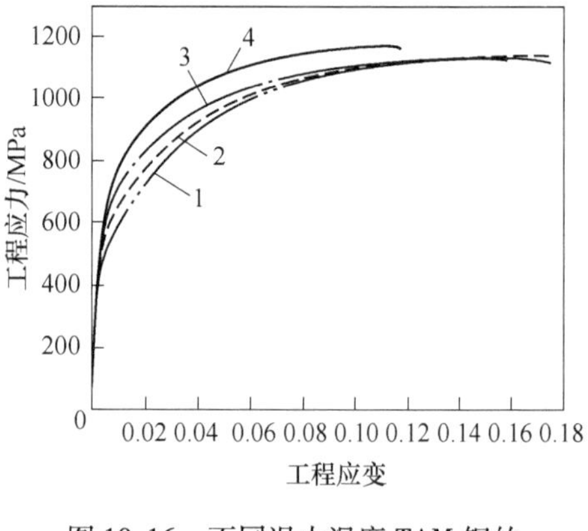

图 10-16 不同退火温度 TAM 钢的工程应力-工程应变曲线
1—760℃；2—780℃；3—800℃；4—820℃

图 10-17 所示为退火温度为 780℃的 TAM 钢的电子背散射衍射表征处理结果。图中白

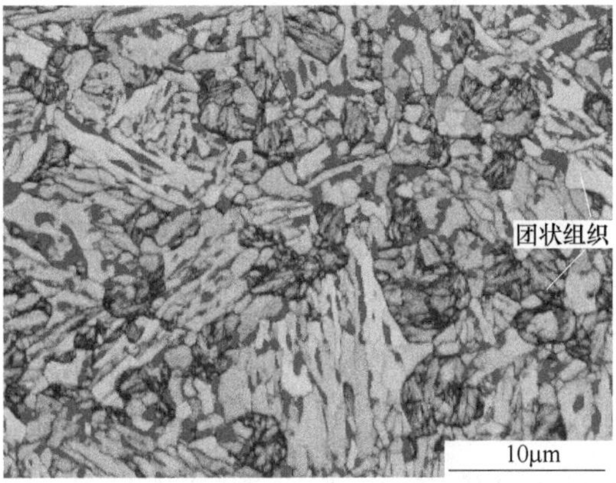

图 10-17　退火温度为 780℃的 TAM 钢的电子背散射衍射表征处理结果

色部分为退火马氏体基体，居于其中的黑条块为残余奥氏体（部分片状残余奥氏体受分辨率影响没有标示出来），深色团聚状区域为团状混合组织，由于内部缺陷较多，故菊池带信号衬度表征结果颜色较深。

由图 10-13 可知，团状混合组织多在原始奥氏体晶界以及马氏体板条束界面上形成。当非平衡相板条马氏体组织重新加热回两相区时，在马氏体板条间形成片状奥氏体（γ_a），在原始奥氏体晶界上形成粒状奥氏体（γ_g）。在较低两相区温度下，γ_a沿马氏体板条逐渐长大，而 γ_g 几乎不变，且形核较少；当在较高两相区温度等温时，γ_g形核增多且逐渐长大，形成块状奥氏体，在随后的冷却过程中大部分变成新生马氏体/贝氏体。故随着退火温度的提高，团状组织呈现增多的趋势[33]。

TAM 钢经两相区连续退火后得到了退火马氏体板条基体以及板条间片状残余奥氏体，如图 10-18 所示。这种板条间片状残余奥氏体的稳定性要优于呈大块状的残余奥氏体[34]，因为处在退火马氏体板条之间的片状残余奥氏体可以通过 TRIP 效应有效缓解周围退火马氏体板条间的应力集中，故局部变形难以在形变过程的早期形成，使均匀变形能够延续到形变的后期。

a　　　　b

图 10-18　退火温度为 780℃的 TAM 钢电子透射显微镜照片
a—电子透射显微镜照片；b—残余奥氏体的衍射斑

由图 10-18 可以看到，基体组织已经发生了部分等轴化，TAM 钢由于马氏体基体在两相区退火的过程中发生了回复以及小部分的再结晶，位错密度大大降低，基体相对于原先的硬质基体发生了软化，降低了基体的硬度以及基体和第二相之间的强度比。故 TAM 钢中高的残余奥氏体稳定性是良好的配分导致的高的碳集中度和适中的第二相相对于基体的强度比等综合的结果，它使 TAM 钢的力学性能得到提高。使用传统的 C-Si-Mn 系成分，就能获得优异的力学性能。

参考文献

[1] Caballero F G, Bhadeshia H K D H, Mawella K J A, et al. Design of novel high-strength bainitic steels [J]. Materials Science and Technology, 2001, 17 (5): 512～516.

[2] 方鸿生，刘东雨，常开地，等. 1500MPa 级经济型贝氏体/马氏体复相钢的组织与性能 [J]. 钢铁研究学报，2001，13 (3)：31～36.

[3] 陈雨来，董长征，蔡庆伍，等. Mo 和 Ni 对高强无碳化物贝氏体钢组织转变与力学性能的影响[J]. 材料工程，2013 (9)：16～21.

[4] 冯莹. 无碳化物贝氏体钢的显微组织、力学性能和疲劳裂纹扩展行为 [D]. 秦皇岛：燕山大学，2013.

[5] Chatterjee D S. TRIP steel [J]. Materials Science and Technology, 2007, 23 (7): 819～827.

[6] 陈祥，李言祥. 高硅铸钢残余奥氏体分布形态及其对力学性能的影响 [J]. 金属报，2007，43 (3)：235～239.

[7] Houman A, Esmaeil E, Ali H. Effect of Retained Austenite Characteristics on Deep Drawability of TRIP-aided Steel Sheet [J]. International Journal of Metallurgical Engineering, 2012, 1 (4): 66～71.

[8] 王泽汉，唐荻，蔡阿云，等. 具有 TRIP 效应低屈强比贝氏体基超高强钢研究 [J]. 热加工工艺，2014 (24)：83～86.

[9] Sugimoto K I, Nakano K, Kobayashi M, Hashimoto S I. Effects of volume fraction and stability of TRIP-aided dual-phase steels [J]. ISIJ International, 1992 , 32 (12): 1311～1318.

[10] Sugimoto K I, Sakaguchi J, Lida T, Kashima T. Stretch-flangeability of a high- strength TRIP type bainitic sheet steel [J]. ISIJ International, 2000 , 40 (9): 920～926.

[11] Sugimoto K I, Nakano K, Song S M, Kashima T. Retained austenite characteristics and stretch-flangeability ofhigh-strength low-alloy TRIP type bainitic sheet steels [J]. ISIJ International, 2002 , 42 (4): 450～455.

[12] Sugimoto K I, Murata M, Song S M. Formability of Al-Nb bearing ultrahigh-strength TRIP-aided sheet steels with bainitic ferrite and/or martensitematrix [J]. ISIJ International, 2010 , 50 (1): 162～168.

[13] Caballero F G, Santofimia M J, Garcia-Mateo C , et al. Theoretical design and advanced mocrostructure in super high strength steels [J]. Materials and Design, 2009 , 30: 2077～2083.

[14] 鹿岛高弘. 延伸凸缘性能优异的高强度钢板：200710091779.2 [P] 2007-12-05.

[15] 王晓东，王利，戎咏华. TRIP 钢研究的现状与发展 [J]. 热处理，2008，23 (6)：8～19.

[16] 侯晓英，许云波，吴迪. 终轧温度对低硅含磷系 TRIP 钢组织性能的影响 [J]. 钢铁研究学报，2011，23 (10)：33～49.

[17] Hirsch J. Automotive Trends in Aluminium —The European Perspective [J]. Materials Science Forum, 2004 (28): 15～23.

[18] 张春雷，王金旗，张兴虎. 汽车轻量化用钢的新思路——低密度钢板 [J]. 鞍钢技术，2006

(341): 10 ~ 13.

[19] 戴起勋，王安东，程晓农. 低温奥氏体钢的层错能 [J]. 钢铁研究学报，2002，14 (14): 34.

[20] 郦定强，徐芸. 钛对 Fe-Al 金属间化合物高温氧化行为的影响 [J]. 材料工程，1998 (9): 14.

[21] Frommeyer G, Drewes E J, Engl B. Physical and mechanical properties of iron - aluminium- (Mn, Si) light weight steels [J]. Revue de Metallurgie, 2000, 97 (10): 1245.

[22] Santofimia M J, Nguyen-Minh T, Zhao L, et al. New low carbon Q&P steels containing film-like intercritical ferrite [J]. Materials Science & Engineering A, 2010, 527 (23): 6429 ~ 6439.

[23] Hara T, Maruyama N, Shinohara Y, et al. Abnormal α to γ transformation behavior of steels with a martensite and bainite microstructure at a slow reheating rate [J]. ISIJ International, 2009, 49 (11): 1792 ~ 1800.

[24] Natori M, Futamura Y, Tsuchiyama T, et al. Difference in recrystallization behavior between lath martensite and deformed ferrite in ultralow carbon steel [J]. Materials Science Forum, 2005, 53 (5): 603 ~ 608.

[25] Podder A S, Lonardelli I, Molinari A, et al. Thermal stability of retained austenite in bainitic steel: an in situ study [J]. Proceeding of the Royal Society A Mathematical physical & Engineering Sciences, 2011, 467 (2135): 3141 ~ 3156.

[26] Ikawa H, Oshige H, Tanoue T. Effect of martensite- austenite constituent on HAZ toughness of a high strength steel [J]. Transactions of the Japan Welding Society, 1980, 11: 87 ~ 96.

[27] Miihkinen V T T, Edmonds D V. Fracture toughness of two experimental high- strength bainitic low- alloy steels containing silicon [J]. Materials science & Technology, 1987, 3 (6): 441 ~ 449.

[28] Santofimia M J, Zhao L, Petrov R, et al. Characterization of the microstructure obtained by the quenching and partitioning process in a low- carbon steel [J]. Materials Characterization, 2008, 59 (12): 1758 ~ 1764.

[29] Zhang K, Zhang M, Guo Z, et al. A new effect of retained austenite on ductility enhancement in high-strength quenching- partitioning- tempering martensiticsteel [J]. Materials Science & Engineering A, 2011, 528 (29): 8486 ~ 8491.

[30] Sugimoto K, Masahiro M, Kobayashi M, et al. Effects of second phase morphology on retained austenite morphology and tensile properties in a TRIP- aided dual- phase steel sheet [J]. Transactions of the Iron & Steel Insitute of Japan, 1993, 33 (7): 775 ~ 782.

[31] Fischer F D, Reisner G, Werner E, et al. A new view on transformation induced plasticity (TRIP) [J]. International Journal of Plasticity, 2000, 16 (7): 723 ~ 748.

[32] 康永林，王波. TRIP 钢板的组织、性能与工艺控制 [J]. 钢铁研究学报，1999，11 (3): 3 ~ 7.

[33] 王传雅. 高强度薄板钢 16Mn 亚温处理后的组织与性能的研究 [J]. 大连铁道学院学报，1985 (3): 74 ~ 84.

[34] Rizzo F C, Martins A R, Speer J G, et al. Quenching and partitioning of Ni- added high strength steels [J]. Materials Science Forum, 2007, 539-543: 4476 ~ 4481.

11 汽车用高强度钢板成型技术

11.1 汽车用高强度钢板成型概述

11.1.1 汽车轻量化带来的板类零件成型挑战

11.1.1.1 汽车轻量化的意义

当今世界环境问题日益突出，温室气体排放导致的全球变暖已成为目前环保所面临的最主要的问题。CO_2是最主要的温室气体，如图 11-1 所示，根据美国环保署的数据，近 1/3 的 CO_2排放与汽车运输有关。同时，随着生活水平的提高，人们对汽车安全性能关注度持续增加。在保证安全的前提下减少汽车的能耗，正成为汽车工业的主要发展方向。

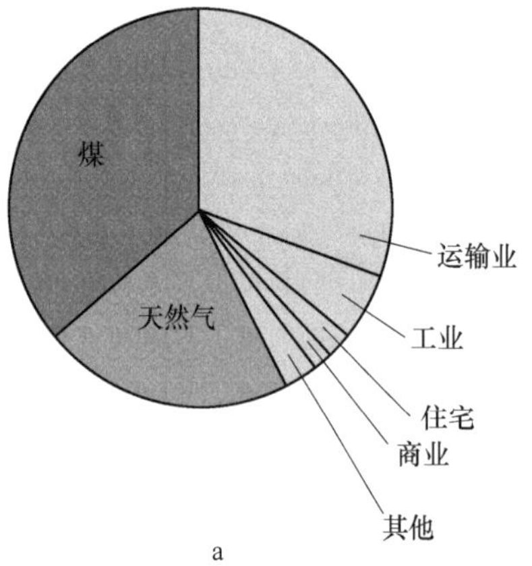

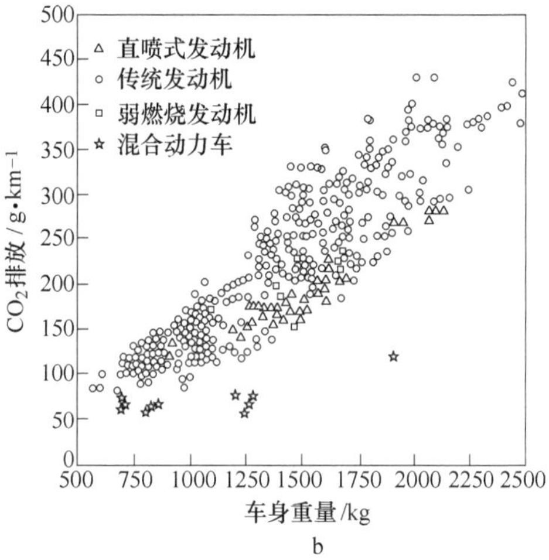

图 11-1 温室气体的来源与排放

a—美国温室气体来源（来源于美国环保署）；b—乘用车质量与 CO_2 排放量的数据[1]

汽车车身重量的减轻（轻量化）是降低油耗的主要途径（约占 50% 以上），也是减少温室气体 CO_2 排放量最有效的对策。数据表明，汽车车重每减轻 1%，燃料可降低 0.6%~1.0%[2]。

目前，钢铁仍然是汽车车体的主体材料，也是性价比最高的材料。高强钢板作为一种优秀的车用轻量化材料，其发展和应用是节能减排的重要途径。随着温室效应的加剧，各国都将执行更严格的汽车排放标准。近年来，汽车用钢板向高强度化发展、减轻汽车重量已经成为大势所趋（见图 11-2）。增加汽车钢板的强度，是减小板厚、减轻汽车整车重量的重要手段。如果钢板强度提高 1.5 ~3 倍，车身至少可以减重 15%。而一辆汽车从制造到报废的整个生命周期中，材料生产能耗约占 10%，车体制造能耗约占 5%，而行驶能耗高达

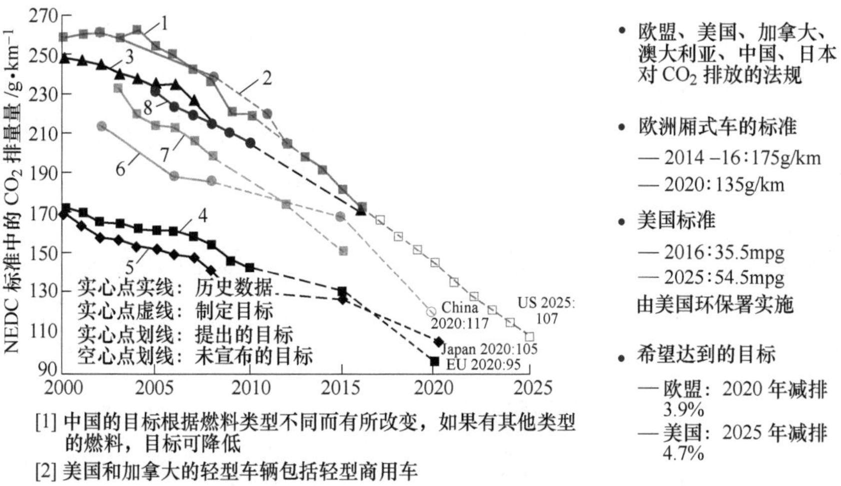

图 11-2 各国轻型车 CO_2 历年排放标准及未来目标[4]

1—美国低碳排放车辆；2—加利福尼亚州低碳排放车辆；3—加拿大低碳排放车辆；4—欧盟；5—日本；6—中国；7—韩国；8—澳大利亚

85%。如果使用高强度钢板，车身板厚由 1.0 ~ 1.2mm 减到 0.7 ~ 0.8mm，可使车身重量减少 15%~20%，节油 8%~15%，抗冲击能力提高 20%，抗扭曲能力提高10%~20%[3]。

11.1.1.2 汽车钢板强度级别的发展

随着社会经济的发展，人们对汽车的安全、节能、环保和美观的要求日益提高，汽车用高强钢板经历了不同的发展阶段。国际钢铁协会根据化学组成、微观组织、形变热处理过程中性能的变化、生产工艺特点等不同，将高强汽车钢板分为传统高强钢（Conventional HSS）和先进高强钢（AHSS）[5,6]。

传统高强钢主要包括烘烤硬化钢（BH）、高强度无间隙原子钢（HSS-IF）和高强度低合金钢（HSLA）等。先进高强钢通常分为三类：第一代汽车高强钢主要指双相钢（DP）、相变诱导塑性钢（TRIP）、马氏体钢（M）、复相钢（CP）、热成型钢（HF）；第二代高强度汽车用钢主要指孪晶诱导塑性钢（TWIP）；第三代汽车用钢目前还处于研发阶段。

如图 11-3 所示，第一代高强度汽车用钢强塑积一般为 15 ~ 20GPa · %，其强度和塑性分布十分广泛，从抗拉强度 300MPa、伸长率 45% 左右的 IF 钢到抗拉强度 2000MPa、伸长率不足 10% 的马氏体钢，具有高的减重潜力、高的碰撞吸收能、高的成型性和低的平面各向异性等优点，其缺点主要是强塑积较低。从组织结构来讲，第一代汽车钢铁材料的组织结构基本上是以软相（铁素体）为主要基体，另外含有少量甚至不含有残余奥氏体（TRIP 钢含有 5%~15% 的残余奥氏体）。其强度水平无法达到某些汽车部件对超高强度的要求，而且其低的强塑积也无法适应汽车钢成型和高安全性的发展要求。热成型高强度乃至超高强度马氏体钢也是低合金钢，它的组织基本上全部为硬相（马氏体），没有残余奥氏体相。虽然通过高温成型可以解决其成型问题，而且其强度也达到超高强度钢的标准，但超高强度热成型马氏体钢的强塑积仅在 10GPa · % 的水平，无法满足未来汽车用材料的

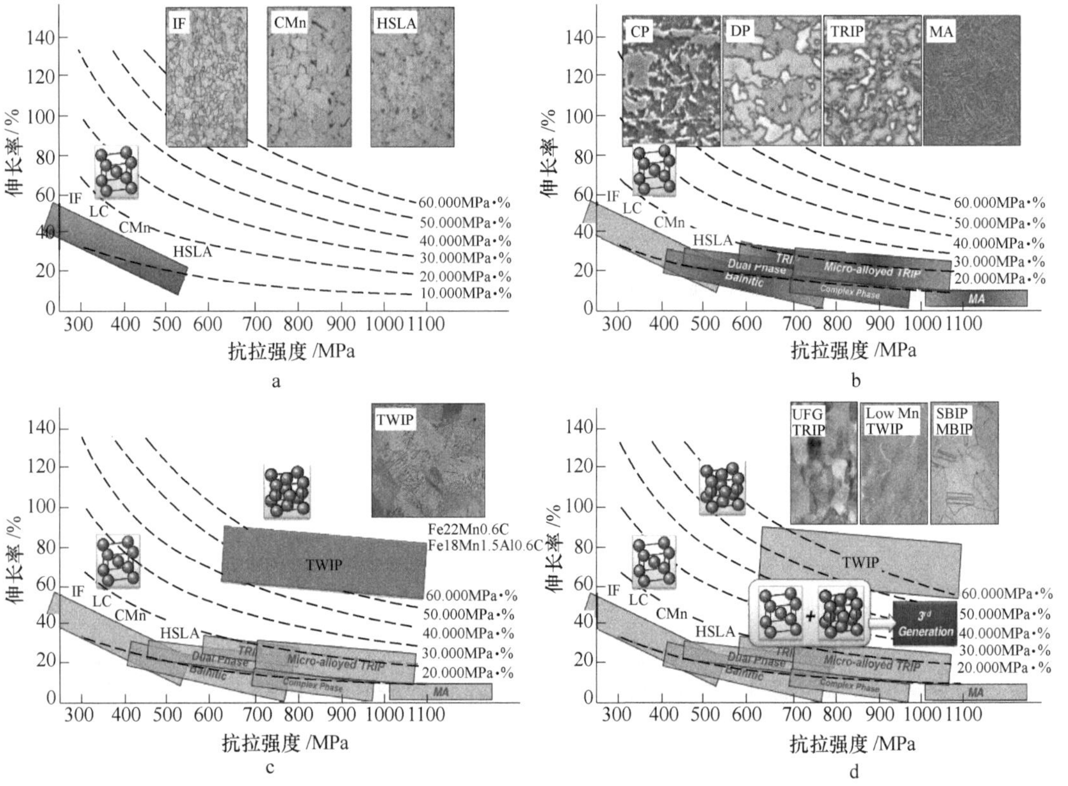

图 11-3 高强汽车钢板的性能分布和组织特征

a—传统汽车钢；b—第一代汽车用先进高强钢；c—第二代汽车用先进高强钢；d—第三代汽车用先进高强钢[7]

高安全性要求。

第二代高强度汽车用钢以 TWIP 钢为代表，其室温下组织为奥氏体，当施加一定的外部载荷后，由于应变诱导出现了机械孪晶，会产生大的无颈缩延伸，因而显示出非常优异的力学性能、高的应变硬化率并具有极高的塑性（60%～90%）和较高的强度（600～1000MPa）。第二代汽车用钢具有非常高的碰撞吸收能力与良好的成型能力。但是第二代汽车用钢添加了大量的 Cr、Ni、Mn、Si、和 Al 等合金元素，其总合金含量高达 25% 以上，导致其成本较高、工艺性能较差及冶金生产困难较大。

目前正在开发的第三代先进高强度汽车用钢兼有第一代和第二代高强度汽车用钢的微观组织特点，并充分利用晶粒细化、固溶强化、析出强化及位错强化等手段来提高其强度，通过应变诱导塑性、剪切带诱导塑性和孪晶诱导塑性等机制来提高塑性及成型性能[8～11]。

11.1.1.3 高强度钢成型技术的协同

在实现汽车轻量化的过程中，为了应对有色金属的竞争，除了发展更高强度的汽车用钢板外，人们也在探索如何更好地利用现有材料强度，降低生产成本。目前人们已在汽车板深加工领域开发了多种成型技术，如激光拼焊、变厚度轧制、液压成型、热成型和辊压成型等。随着这些成型技术日益成熟，在汽车零部件的制造工艺路线上，开始呈现出协同应用的趋势。世界汽车板组织的未来钢质汽车项目依据不同部件的载荷工况，在车型的设计方案中，给出了多种车体零部件成型技术协同应用的优化建议，如图 11-4 所示。

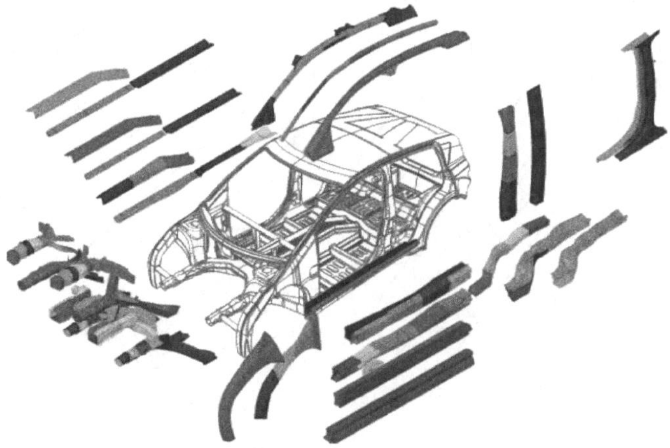

图 11-4 不同车体零部件深加工技术协同应用示意图

图 11-5 所示为门框零件的具体生产方案。可以看出，该零件的原料可以选择普通的汽车钢板，也可以选用激光拼焊板或者连续变厚度板；在加工工艺方面，既可以采用传统的冲压工艺生产，也可以采用热冲压、辊压（冷弯成型）、液压（内高压成型）工艺生产。选择不同的材料和不同的生产方案，减重效果、结构强度刚度、生产成本甚至温室气体排放量都会有所不同，如图 11-6 所示。在深加工领域进一步细化，将材料与成型工艺相结合，可进一步提升汽车轻量化的效果，为汽车生产企业提供更全面的解决方案[12,13]。

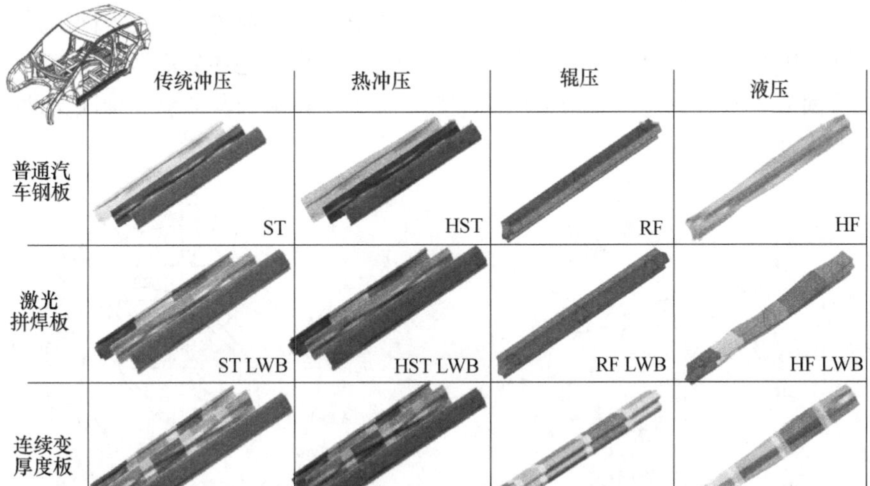

图 11-5 材料深加工技术的组合优化[14]

11.1.2 汽车用高强度钢板成型特点

11.1.2.1 薄板成型应力应变状态

薄板成型工艺包括冲压、弯曲、拉深、胀形、翻边等。冲压成型是板成型最主要的工艺过程。冲压过程中，金属薄板的边部由压边圈夹持，在凸模和凹模的共同作用下，薄板

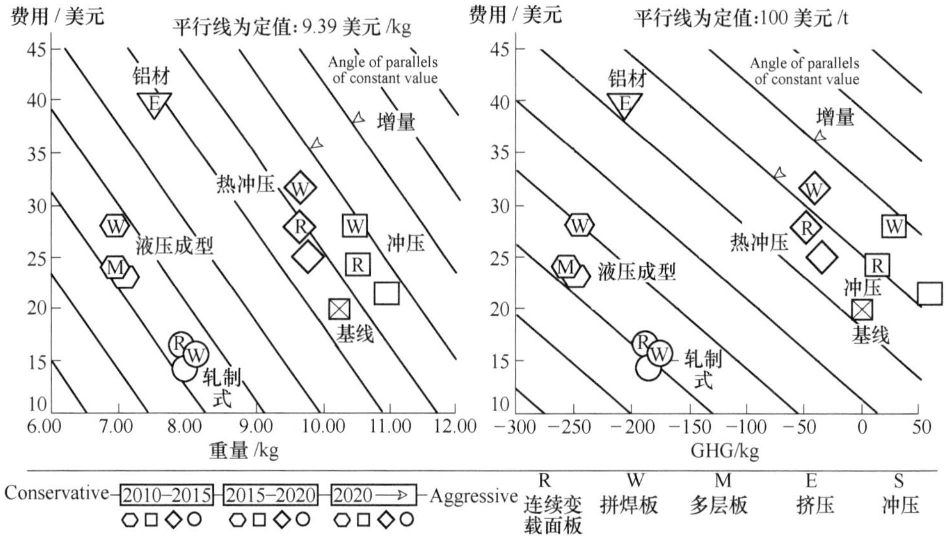

图 11-6　不同加工工艺下车门框零件的 CO_2 排放数据比较（来源于汽车钢联盟）

板料向凹模移动产生塑性变形，从而将平板加工成所需形状的零件[15]。

从本质上看，板料成型就是在力的作用下使板料产生相应的塑性变形，所以变形区内的应力状态和变形性质应该是决定板料成型性质的基本因素。绝大多数的冲压成型，变形区都是处于平面应力状态。通常在板料表面上不受力或受力不大的情况下，可以认为垂直于板面方向上产生的应力为零。使板料毛坯产生塑性变形的是作用于板面方向上相互垂直的两个主应力。由于板厚较小，通常都近似地认为这两个主应力在厚度方向上是均匀分布的。基于这样的分析，可以把所有各种形式的冲压成型中的毛坯变形区的受力状态与变形特点，在平面应力坐标系中与相应的两向应变坐标系中以应力与应变坐标决定的位置来表示，如图 11-7 所示[16,17]。

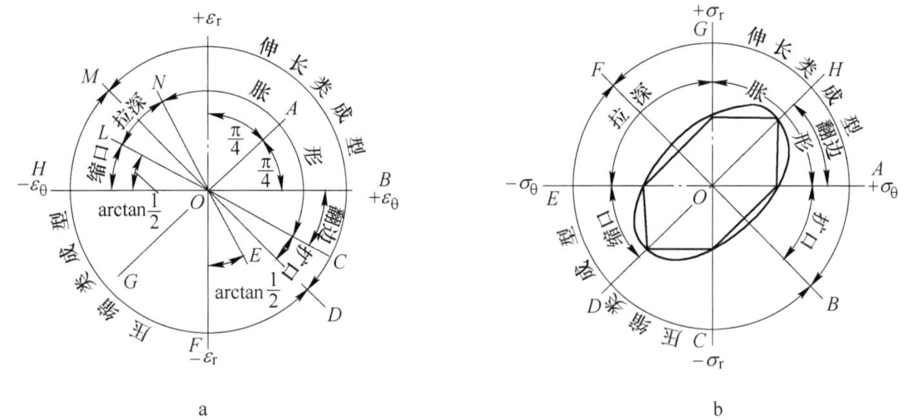

图 11-7　毛坯受力状态与变形特点

a—冲压应变图；b—冲压应力图

将所有冲压变形方式按毛坯变形区的受力情况和变形特点从变形力学理论的角度归纳为以下四种情况，并分别研究它们的变形特点。

（1）冲压毛坯变形区受两向拉应力的作用，在轴对称变形时，有以下两种情况：

1）$\sigma_r > \sigma_\theta > 0$ 且 $\sigma_t = 0$。

2）$\sigma_\theta > \sigma_r > 0$ 且 $\sigma_t = 0$。

这种两种变形情况在板料成型应变图（见图 11-7a）中分别处于 *NOA* 和 *AOC* 范围；而在板料成型应力图（见图 11-7b）中分别处于 *GOH* 和 *AOH* 范围。与此相对应的变形方式是平板毛坯的局部胀形、内孔翻边、空心毛坯的胀形等。

（2）冲压毛坯变形区受两向压应力的作用，在轴对称变形时，可以分为下面两种情况：

1）$\sigma_r < \sigma_\theta < 0$ 且 $\sigma_t = 0$。

2）$\sigma_\theta < \sigma_r < 0$ 且 $\sigma_t = 0$。

这两种变形情况分别处于板料成型应变图（见图 11-7a）的 *EOG* 和 *GOL* 范围内，在板料成型应力图（见图 11-7b）中则处于 *COD* 和 *DOE* 范围。与此相对应的变形方式是缩口变形等。

（3）冲压毛坯变形区受异向应力的作用，而且拉应力的绝对值大于压应力的绝对值，在轴对称变形时，可以分为以下两种情况：

1）$\sigma_r > 0 > \sigma_\theta$，$\sigma_t = 0$ 及 $|\sigma_r| > |\sigma_\theta|$。

2）$\sigma_\theta > 0 > \sigma_r$，$\sigma_t = 0$ 及 $|\sigma_\theta| > |\sigma_r|$。

这两种变形状态分别处于板料成型应变图（见图 11-7a）中的 *MON* 和 *COD* 范围，而在板料成型应力图（见图 11-7b）中处于 *FOG* 和 *AOB* 范围内。与此相对应的冲压变形方式是扩口等。

（4）冲压毛坯变形区受异向应力的作用，而且压应力的绝对值大于拉应力的绝对值，在轴对称变形时，可以分为以下两种情况：

1）$\sigma_r > 0 > \sigma_\theta$，$\sigma_t = 0$ 及 $|\sigma_\theta| > |\sigma_r|$。

2）$\sigma_\theta > 0 > \sigma_r$，$\sigma_t = 0$ 及 $|\sigma_r| > |\sigma_\theta|$。

这两种变形处于板料成型应变图（见图 11-7a）中的 *MOL* 和 *DOE* 范围内，而在板料成型应力图（见图 11-7b）中则处于 *EOF* 和 *BOC* 范围内，与此相对应的冲压变形方式是拉伸等。

这四种变形与相应的冲压成型方法之间是相对应的，对应关系见表 11-1[16]。

表 11-1 板料应力状态与板料应变状态的对照

应力状态		板料应变图中的位置	板料应力图中的位置	在绝对值最大的应力方向上		变形类别
双向受拉 $\sigma_r > 0, \sigma_\theta < 0$	$\sigma_\theta < \sigma_r$	*NOA*	*GOH*	+	+	伸长类
	$\sigma_r < \sigma_\theta$	*AOC*	*HOA*	+	+	伸长类
双向受压 $\sigma_r < 0, \sigma_\theta < 0$	$\sigma_r < \sigma_\theta$	*EOG*	*COD*	−	−	压缩类
	$\sigma_\theta < \sigma_r$	*GOL*	*DOE*	−	−	压缩类
拉压受力 $\sigma_r > 0, \sigma_\theta < 0$	$\|\sigma_r\| > \|\sigma_\theta\|$	*MON*	*FOG*	+	+	伸长类
	$\|\sigma_\theta\| > \|\sigma_r\|$	*LOM*	*EOF*	−	−	压缩类
拉压受力 $\sigma_r < 0, \sigma_\theta > 0$	$\|\sigma_\theta\| > \|\sigma_r\|$	*COD*	*AOB*	+	+	伸长类
	$\|\sigma_r\| > \|\sigma_\theta\|$	*DOE*	*BOC*	−	−	压缩类

根据上述四种受力情况的分析，可以把全部冲压变形分为两大类：伸长类变形和压缩类变形。当作用于毛坯变形区内的拉应力的绝对值最大时，在这个方向上的变形一定是伸长变形，称这种冲压变形方式为伸长类成型。当作用于毛坯变形区内的压应力的绝对值最大时，在这个方向上的变形一定是压缩变形，称这种冲压变形方式为压缩类成型。在表 11-2 列出了几种典型的冲压成型工艺变形区的应变与应力状态和冲压变形类型[17]。

表 11-2　生产中常见的冲压成型变形区的应变与应力

成型名称	简图	应变状态	应力状态	所属类别
拉深	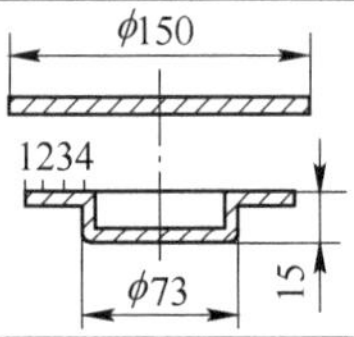	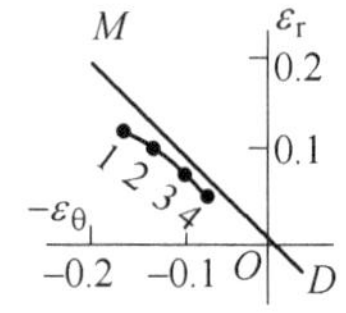	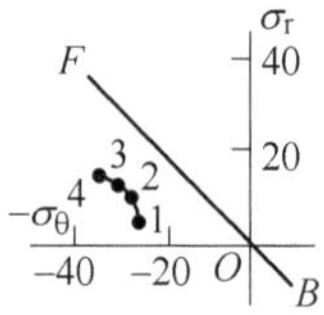	压缩类
翻边	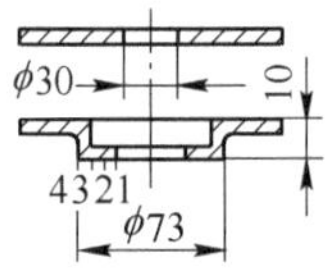	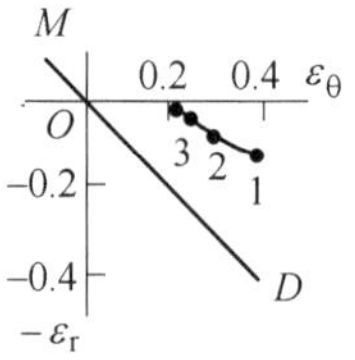	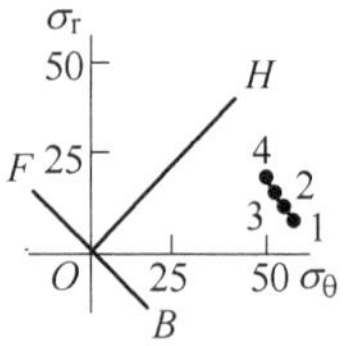	伸长类
扩口	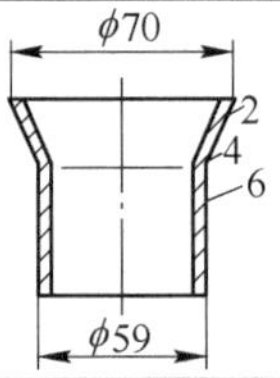	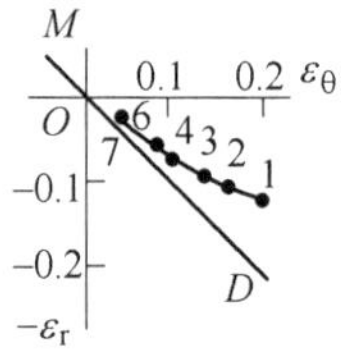	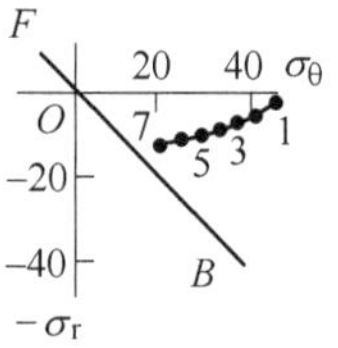	伸长类
缩口	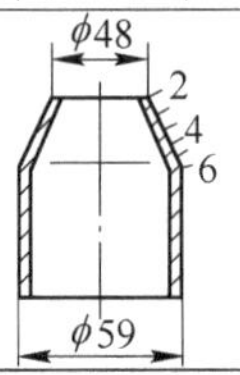	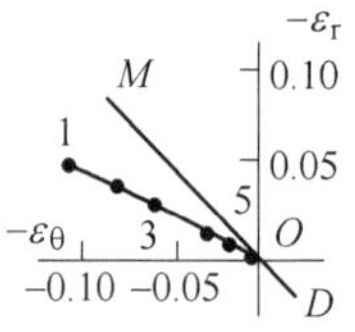	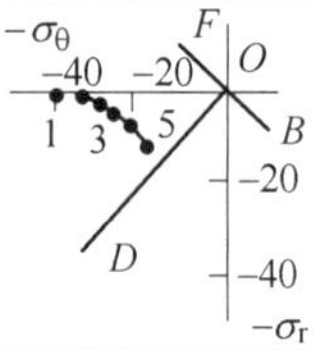	压缩类
	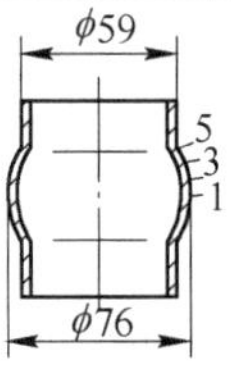	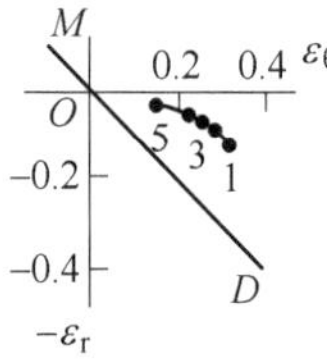	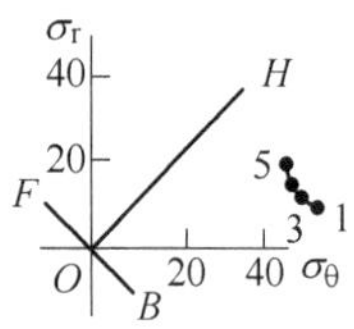	伸长类
胀形	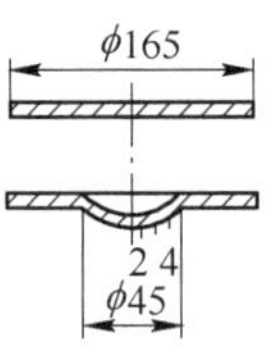	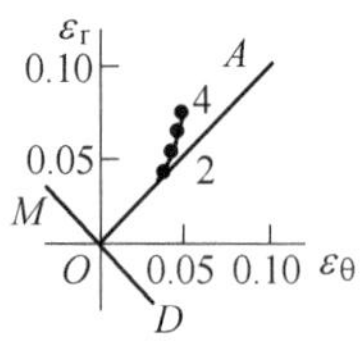	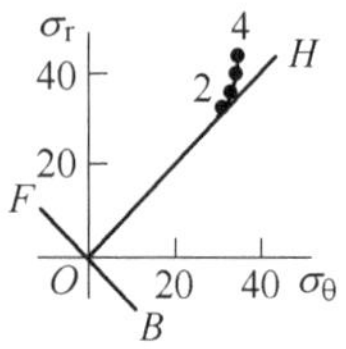	伸长类
	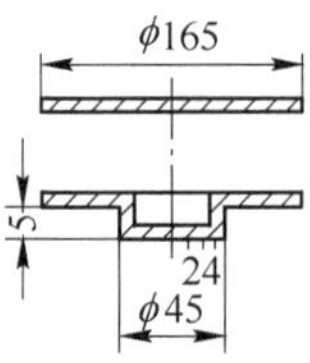	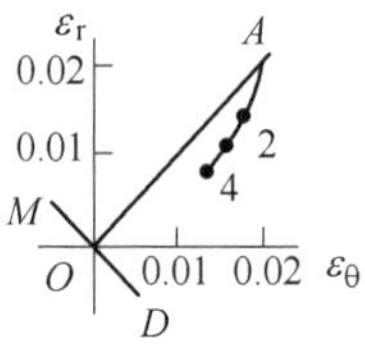	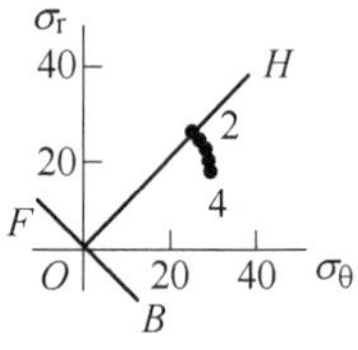	伸长类

11.1.2.2 汽车高强度钢成型问题及缺陷分析

汽车上采用高强钢板主要的效果有：由材料强度提高而提高了安全性；由外板部件（覆盖件）抗凹陷性提高而提高了商品质量（商品性）；由板厚减薄而使汽车轻型化。但同时由普通钢板向高强度钢板转换中也出现了因材料强度增加、塑性下降而产生的成型加工上的问题和不利因素[18]。

板料成型是一个具有几何非线性、材料非线性、边界条件非线性等多重非线性的非常复杂的力学模型。由于影响成型过程的因素很多，因此人们不能精确控制材料的流动。成型过程中会产生各种各样的缺陷，影响零件的几何精度、表面质量和力学性能。总的来说，冲压成型时易出现的问题主要有起皱、破裂和回弹。而高强钢板相对于普通钢板，有强度、硬度较高，塑性、韧性较低的特点，这使得起皱、破裂和回弹的现象有进一步加剧的倾向。下面从理论上分析这三种成型缺陷产生的原因[19]。

（1）起皱。起皱是压缩失稳在薄板成型中的主要表现形式。薄板冲压成型时，为使金属产生塑性变形，模具对板料施加外力，在板内形成复杂的应力状态。由于板厚尺寸与其他两个方向的尺寸相比很小，因此厚度方向是不稳定的。当材料的内压应力使板厚方向达到失稳极限时，材料不能维持稳定变形而产生失稳，此种失稳形式称为压缩失稳。

起皱发生时，皱纹的走向与压应力垂直，但不能简单认为任何起皱都是压应力引起的。在板料冲压成型时产生的起皱是各种各样的，大致可以分为压缩力起皱、剪切力起皱、不均匀拉伸力起皱以及板平面内弯曲力起皱四类，如图 11-8 所示[20]。对于高强钢而言，由于板料的强度更高，加工时所产生的内应力也更大，往往会超过普通钢的临界压边力，起皱现象更容易发生[21]。

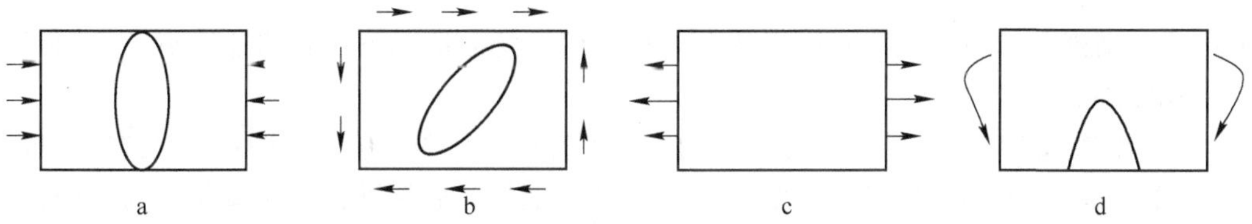

图 11-8　板料起皱类型

a—压缩力起皱；b—剪切力起皱；c—不均匀拉伸力起皱；d—板平面内弯曲力起皱

（2）破裂。破裂是拉深失稳在薄板冲压成型中的主要表现。在板料成型过程中，随着变形的发展，材料的承载面积不断缩减，其应变强化效应也不断增加。当应变强化效应的增加能够补偿承载面积缩减时，变形稳定地进行下去；当两者恰好相等时，变形处于临界状态；当应变强化效应的增加不能补偿承载面积缩减，并越过了临界状态时，板料的变形将首先发生在承载能力弱的位置，继而发展成为细颈，最终导致板料出现破裂现象[22]。

大型冲压件实际成型过程中的破裂现象，往往由于冲压形状复杂而呈现多样性。其分类方法一般有两种：一种是按破裂的部位分类，另一种是按破裂的性质分类。

1）按破裂发生的部位，破裂可分为 5 类：

①凸模端部破裂。此类破裂常出现在胀形成型、拉深-胀形复合成型和拉深成型等过

程中，破裂的部位一般是双向拉应力状态。

②侧壁破裂。此类破裂包括壁裂、伸长类翻边的侧壁破裂和双向拉应力下的侧壁破裂3种。

③凹模圆角部位的破裂。此类破裂主要包括弯曲破裂和拉弯破裂两种。

④法兰部分的破裂。。此类破裂多发生在伸长类翻边的成型工序中，包括外缘破裂和内缘破裂两种。

⑤其他破裂。此类破裂主要有拉延筋作用引起的破裂和由起皱而引起的破裂等。

2）按破裂性质，薄板冲压件的破裂可分为两类：一类是由于材料的强度不够而产生的破裂，称为强度破裂或 A 破裂；另一类是由于材料的塑性不足而产生的破裂，称为塑性破裂或 B 破裂。A 破裂一般发生在传力区，主要与材料的强度极限有关；而 B 破裂一般发生在变形区，板料在最大应变方向上的极限变形程度与变形状态密切相关。加工高强钢时产生的破裂一般属于 B 破裂，其原因主要是由于高强钢的总伸长率 A 值、塑性应变比 r 值和应变硬化指数 n 值较低。

（3）回弹。在板料成型结束阶段，随着变形力的释放或消失，成型过程中存储的弹性变形能要释放出来，引起内应力重组，进而导致零件整体形状改变，这种现象称为回弹。产生回弹的原因主要有两个：一是因为板料内外缘表面进入塑性状态，而板料中心仍处在弹性状态，这时当凸模上升去除外力后板料产生弹性回跳；二是金属塑性变形时总是伴有弹性变形，所以板料弯曲时，即使内外层纤维全部进入塑性状态，在凸模上升去除外力后，弹性变形消失，也会出现回弹。回弹是板料成型中不可避免的现象，它的存在影响零件成型精度，增加试、修模以及成型后校形的工作量，故在生产实际中迫切需要采取行之有效的措施减小回弹。零件的最后回弹是整个成型历史的累积效应，而板料成型过程与模具几何形状、材料特性、摩擦接触等诸多因素密切相关，所以板料成型的回弹问题非常复杂[23]。高强钢的屈服强度和拉伸强度更高，相同变形情况下，其弹性区更大，卸载后的回弹也就更大。

在汽车板成型时，高强度钢板比普通钢板更易产生起皱、破裂和回弹。高强度钢板易发生破裂主要是因为成型性能参数 A 值、r 值和 n 值低。起皱和回弹主要是因为屈服强度和拉伸强度高，在冲压成型后的板内残余应力和回弹大。因此，与软钢板相比，高强度钢板的成型裕度要低。

11.1.3　汽车高强度钢成型解决方案

11.1.3.1　高强度钢冲压改进方案

总的来说，高强钢冲压成型时易出现的问题主要是起皱、破裂和回弹。下面从理论和经验的角度简述高强钢冲压改进方案，以尽量消除这些缺陷。

A　破裂的预防

防范破裂的具体措施有：修改模具参数；降低成型高度，增加成型工序；选择合理的毛坯形状和尺寸；改善毛坯的表面及外缘质量；增加辅助工艺措施（如工艺涂装、工艺孔等）；选择合适的均匀拉伸率 δ。受拉传力区破裂的具体对策有：修正模具参数；选择合理的板料形状和尺寸；改变压边力；改善润滑条件；修正拉延筋的形状、参数以及布局等。

B 回弹的控制

成型的回弹控制一般从两方面着手：一是通过改变成型过程边界条件，如板料形状、压边力、模具圆角、摩擦状态等因素来减少回弹，这类方法为工艺控制法；二是在特定的工艺条件下预测或实测回弹量的大小，然后通过修正模具形状使回弹后的零件形状恰好符合设计要求，该方法为几何补偿法。在实际中，两种方法一般联合使用，以达到最佳效果。

C 起皱的消除

板料成型中一旦产生皱纹，并残留在制件上，不仅会使制件的尺寸精度、表面质量等降低，而且也给加工带来很多问题。因此在板料冲压成型过程中，防止和消除起皱，对获得高质量的产品至关重要。解决起皱的问题可以从产品形状、工序设计、模具设计与制造、冲压技术及材料等方面着手。

(1) 产品形状方面，在不损坏产品的性能和外观的前提下，通过改变产品形状，达到解决起皱的目的。大致可以从以下几个方面考虑：减小制件的拉深深度；避免制件形状的急剧变化；减少平坦的部位；增设吸收皱纹的形状；台阶部分的合理化。

(2) 工序设计及模具设计与制造方面，可采取的措施有改变工序、选择合理的压料面形状及合适的压延筋位置等。具体的方法有：选择最佳毛料形状和尺寸；合理安排工序；适当增加工序数目；确定合适的压料面形式及拉深方向；有效地利用阶梯拉深；选择合理的凹模横断面形状、凹模圆角半径、凸模纵断面形状；设置合适的工艺涂料；对起皱部位进行预压；在行程终点充分加压；减小压边圈预凹模的间隙；合理地选取拉延筋位置、形状；提高模具刚性和耐磨性；进行预弯曲。

(3) 在冲压条件方面有以下措施：提高压边力；均衡压边力；控制润滑；压力机及模具的平行度要好；选择合适的冲压速度[24]。

在高强钢冲压过程中出现的几种常见缺陷中，由于高强钢相对于普通钢强度更高，其回弹也更加明显，因此改进高强钢的回弹是目前研究高强钢冲压成型的热点。下面以高强钢车门外板的冲压回弹控制为例，具体介绍高强钢冲压改进方案，以减小高强钢成型的回弹大小[25]。本案例中模具和板料采用三角形壳单元划分有限元网格，采用有限元软件 Autoform 进行计算，仿真中板坯所用材料为 HC340/590DPD + Z，板料厚度为 0.55mm。

车门外板的冲压有限元模型如图 11-9 所示，采用 Autoform 对其进行拉延、切边及回弹仿真计算后，所得零件回弹前后的对比结果如图 11-10 所示。从零件的中间向上、下两边回弹量逐渐增大，其中回弹量最大的部位位于零件的左上角和右下角，回弹量分别达到 29.7mm 和 23.8mm。

图 11-9 车门外板冲压有限元模型

目前，针对高强钢冲压成型，减小冲压回弹最常见的方法是通过设计合理的模具形状，对冲压成型的回弹量进行补偿。通过对模具形状的修改，零件在冲压成型之后脱模之前与理想零件形状有一定的偏差，而在脱模之后，零件形状发生向理想零部件形状逼近的回弹变形，从而在回弹结束后，实际零件的形状与理想零件形状之间的偏差在允许的范围之内，这种方法称为回弹补偿[26]。以目标零部件为基准，采用修改后的模具加工的零件称为补偿零件。补偿零件与目标零件和首次冲压回弹后的零件对比如图 11-11 所示。

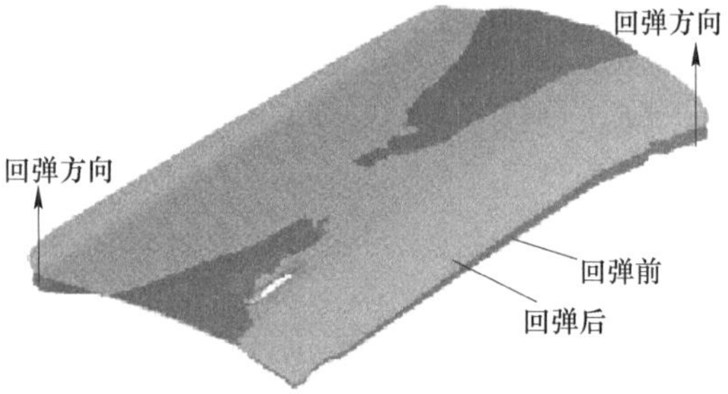

图 11-10 模具改进前零件回弹前后对比

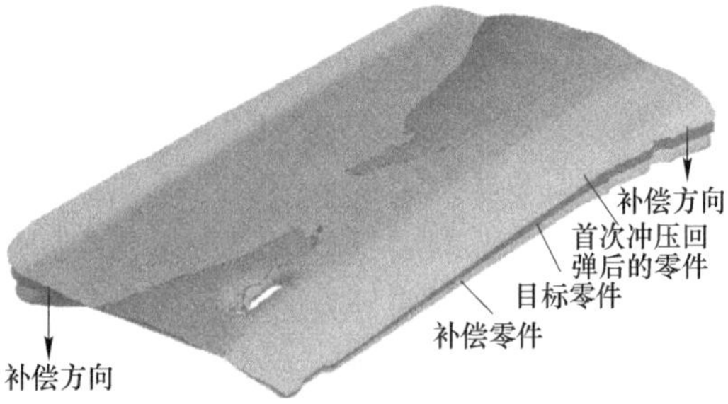

图 11-11 补偿零件与目标零件和首次冲压回弹后零件的对比

在确定补偿零件的形状后，以此零件作为改进模具后冲压成型的目标零件。然后以此补偿零件为基础，重新建立冲压凸模、凹模、压边圈等工具的有限元模型，其冲压结果如图 11-12 所示。与首次冲压的结果（见图 11-10）相比，通过模具回弹补偿后进行第二次冲压回弹后的零件与目标零件形状已经很接近。与首次冲压回弹的模拟结果相同，冲压回弹量由零件的中间向上、下两边缘逐渐增大，回弹量最大的部位位于零件的右下角和左上角。与目标零件的偏差量分别为 6.35mm 和 4.72mm。

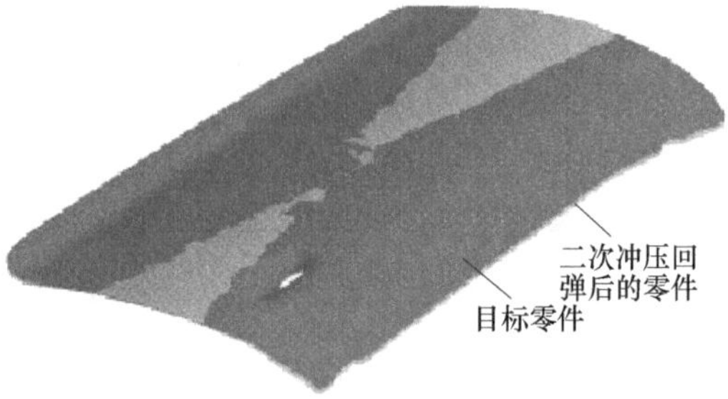

图 11-12 二次冲压回弹后的零件与目标零件的对比

11.1.3.2 汽车板先进成型方法

加工高强度汽车板时使用传统的冲压技术需要的冲压力大，易开裂，回弹大，因而一些新型的成型方法开始在高强汽车板加工时得到应用，常见的有以下几种。

（1）激光拼焊板与连续变截面板技术[27,28]。变截面技术是从材料加工的角度出发，采用新的材料深加工技术，使特殊加工后的汽车板在汽车的轻量化、安全性和结构承载适应性等方面都有显著的提高。用于车身制造的变截面薄板主要分为两种：一种是激光拼焊板（Tailor Welded Blanks，TWB），其通过将高强钢与低强度钢的焊接，达到节省材料、减轻重量且提高车身零部件性能的目的；另一种是通过柔性轧制生产工艺得到的连续变截面板（Tailor Rolling Blanks，TRB），其加工的高强度钢板更加符合汽车板的受力特点，提高了汽车板的结构承载适应性。

（2）内高压成型技术[29]。内高压成型是指利用液体作为传力介质或模具使工件成型的一种塑性加工技术，也称为液力成型。按照使用坯料的不同，内高压成型可以分为板料液压成型、壳体液压成型和管材液压成型三种。板料和壳体液压成型使用的成型压力较低，而管材成型的压力较高，又称内高压成型。一般适用于冷成型的材料均适用于内高压成型工艺[2]，如碳钢、不锈钢、铜合金、铝合金、镍合金及钛合金等都能作为该工艺的成型材料。

(3) 热冲压成型技术[30]。常温时高强钢板的变形范围很窄，所需冲压力大，易开裂，回弹大，因而冷冲压工艺已不能满足未来汽车工业对高强度钢板的制造要求。基于此，一种全新的针对高强钢板的热成型工艺开始崭露头角。其工艺措施是将钢板加热到奥氏体温度区间（约 900℃）进行热冲压，同时在模内对冲压件快速冷却，再进行淬火强化，以此制造抗拉强度不小于 1500MPa 的部件。对于 980MPa 级高强钢板来说，冷冲压会产生大的回弹和翘曲，而热冲压则完全可避免这些问题。

(4) 冷弯成型技术[31]。冷弯成型又称辊弯成型，是通过顺序配置的多道次成型轧辊，把卷材或带材等金属板带不断地进行横向弯曲，制成各种开口、闭口、宽幅断面金属型材的技术。采用冷弯成型技术生产的冷弯型钢可通过改变型材断面形状的方法，用相对较少的钢材承受更大的外载荷，是一种重要的经济断面高效钢材。由于其本身具有断面均匀、产品质量高、能源消耗低和经济效益高等优点，已被广泛应用于汽车行业。高强钢冲压成型具有载荷大、易开裂、回弹量大的缺点，而采用冷弯成型工艺，由于折弯变形量小，更容易加工成型，因此在汽车领域得到更为广泛的推广应用。

此外，一些新型的成型技术，例如百足成型技术、三维冷弯成型技术、分枝成型技术、变等厚辊弯成型技术、局部加热成型技术、热压成型技术也开始逐步应用于高强汽车板成型过程中[32]。

11.2 汽车用高强度钢板的成型性能评价

11.2.1 钢板塑性与成型性指标

成型性能是指金属板材适应各种成型加工的能力，成型性指标是该能力的具体数值体现。国家材料部门经过试验和研究，颁布了一系列标准，便于判断零件成型的可能性，以及决定成型方法。

成型性能试验有关指标分类见表 11-3[33]。

表 11-3 成型性能试验有关指标分类

类 别	成型性能试验		成型指数
基本成型性能	单向拉伸试验	相关指数	F、R_{eL}、R_m、$\delta_{y\cdot p}$
			δ_b、δ_f、$\overline{\varepsilon}_f$、ψ_p
			R_{eL}/R_m、$R_m\cdot\delta_f$、R_{eL}/E
		特定指数	γ 值、$\Delta\gamma$ 值
			n 值、m 值
			x 值
	液压胀形试验		[n] K_z、ε_{tf}
	硬度试验		HV（HBW、HR）值

续表 11-3

类　别	成型性能试验		成型指数
模拟成型性能	弯曲成型	最小弯曲半径试验	R_{min}/t
	扩孔成型	扩孔试验	KWI 值
	拉胀成型	Erichsen 试验	IE 值
		Olsen 试验	IE 值
		瑞典纯拉胀试验	IE 值
	拉深成型	斯威弗特试验	LDR 值
	复合成型	福井锥杯试验	CCV 值
成型极限曲线	局部极限变形能力	中岛试验	FLC
金属学	晶粒大小	晶粒度试验	n 值
成型性能	表面粗糙度	表面粗糙度试验	R_a 值 CIA
特定成型性能	凸耳试验		Z_e 值
	下陷成型试验		$(h/l)_{max}$ 值

11.2.1.1 基本成型性能指标

设计金属薄板制件、选择冲压成型原材料，或协议金属薄板的订货供货，有时需把金属薄板的一些基本性能和性质作为成型性能的基本参数提出要求，或作为参考。根据《金属薄板成形性能与试验方法　第 1 部分：成形性能和指标》（GB/T 15825.1—2008），常用的参数指标分为下述 5 项。

（1）强度性能。强度性能参数包括弹性模量 E、屈服点 σ_s、抗拉强度 σ_b、屈强比 σ_s/σ_b。

1）弹性模量 E。弹性模量 E 是材料的刚度指标。弹性模量 E 越大，在成型过程中抗压失稳能力越强，卸载后弹性恢复越小，有利于提高零件的尺寸精度[34]。

2）屈服点 σ_s。当板材在拉力的作用下成型时，屈服点 σ_s 一般与伸长类成型性能成反比。材料的屈服点 σ_s 越小，越容易屈服，变形抗力小，产生相同的变形所需的变形力就小，即贴模性和定形性好。

3）抗拉强度 σ_b。抗拉强度又称断裂强度，其计算式为：

$$\sigma_b = \frac{F_{max}}{A_0}$$

4）屈强比 σ_s/σ_b：屈强比对板材冲压成型性能有较大的影响，较小的屈强比对几乎所有的冲压成型都是有利的。屈强比 σ_s/σ_b 越小，屈服到破裂阶段时间越长，抗破裂性能越好，同时杯突值 IE 越大，胀形性、抗裂性能越好，而且回弹会越少，则定型性越好。

（2）变形性能。变形性能参数包括屈服点伸长率 δ_s、最大力总伸长率 δ_{gt}、断裂总伸长率 δ、断面收缩率 φ。伸长率和收缩率越大，材料允许的塑性变形程度越大。伸长率越大，抗破裂性越好，表现为扩孔、拉深、胀形性好。均匀伸长率 δ_u 越大，胀形性能越好。

（3）晶粒度。晶粒度级别越高，单位截面积上的晶粒数越多，材料的晶粒就越细，强度越大。晶粒较大时，有利于提高材料的塑性应变比（R），并降低屈强比和屈服伸长。

但晶粒较大时，它们在材料表层取向不同，变形量差异比较明显，材料表面易出现“橘皮”现象。细化晶粒可减轻橘皮现象的发生，但晶粒过细，*R* 值会减小，屈强比和屈服伸长都会增大，不利于成型。

（4）硬度。由于金属材料硬度测定的试验比其他试验方法简便，故硬度试验在板材的冲压加工中也有应用。物体硬度的基本含意是当其他物体压入时，物体对于这种压入变形的抵抗程度。因而，硬度与金属的塑性变形密切相关。有些塑性加工特性（如压缩加工的特性等）与材料硬度的关系更为密切。虽然硬度值与板料冲压性能的直接关系尚不十分明确，但是在生产中也常利用其间的某种间接关系来处理一些问题。硬度试验方法与硬度值有很多种，适用于金属板料的主要有维氏硬度（HV）、布氏硬度（HBW）及洛氏硬度（HRB）等。具体试验方法可参照《金属材料　维氏硬度试验　第 1 部分：试验方法》（GB/T 4340.1—2009）等规定[35]。

（5）表面状态。表面毛化（麻面）钢板的表面由无数微观的凸峰和凹谷组成。这些凹谷可以储存冲压时形成的金属碎屑和润滑油，因而比光面钢板具有更好的成型性能。

11.2.1.2　特定成型性能指标

选择或评定金属薄板冲压成型品级、协议金属薄板的订货供货、设计或分析冲压成型工艺过程时，可对金属薄板的某种（某些）材料特性指标或工艺性能指标提出要求，或参考它们的数据，这些指标统称为特定成型性能指标。特定成型指标目前可分为以下 4 种。

（1）塑性应变比（r 值）或平均塑性应变比（$\bar{r}$ 值）。塑性应变比（r 值）是在单轴拉伸应力作用下，试样宽度方向真实塑性应变和厚度方向真实塑性应变的比，可称板料的塑性厚向异性参数。其测量方法具体参见《金属材料　薄板和薄带塑性应变比（r 值）的测定》（GB/T 5027—2007）中的规定。GB/T 5027—2007 等同 ISO 10113:2006。

$$r = \frac{\varepsilon_b}{\varepsilon_a} = \frac{\ln \dfrac{b}{b_0}}{\ln \dfrac{L_0 b_0}{Lb}}$$

式中　ε_b——宽度方向真实塑性应变；

ε_a——厚度方向真实塑性应变；

b——试样进行指定应变后的宽度；

b_0——试样的原始宽度；

L——试样进行指定应变后的标距；

L_0——原始标距。

对于轧制板材，因平行纤维方向与垂直纤维方向的力学性能不同，故从不同方向所取试样测得的 r 值也就不同。为便于应用，常用下式计算板厚方向性系数的平均值：

$$\bar{r} = \frac{r_0 + r_{90} + 2r_{45}}{4}$$

式中，r_0、r_{90}、r_{45}分别为板材的纵向（轧制方向）、横向及 45°方向上的板厚方向性系数。

$\bar{r}$ 值大，平面方向易变形，不易起皱，拉深力小，传力区不易裂，利于拉深成型，且极限拉深比 LDR 增大，应变速率敏感系数 m 减小。

（2）应变硬化指数（n 值）。拉伸应变硬化指数（n 值）定义为：在单轴拉伸应力作用下，真实应力与真实塑性应变数学方程式（见式（11-1））中的真实塑性应变指数。

$$s = C \times e^{n} \tag{11-1}$$

此方程可以转变成式（11-2）所示的对数方程：

$$\ln s = \ln C + n\ln e \tag{11-2}$$

在双对数坐标平面内的直线斜率即为拉伸应变硬化指数。

应变硬化指数 n 表示材料在冷塑性变形中材料硬化的程度。常用金属材料在常温下的冲压加工属于冷塑性变形，在冷变形过程中要出现加工硬化效应，这是冷变形加工的基本特点。加工硬化效应使决定材料变形抗力的指标（σ_s、σ_b）随变形程度的增大而增大，同时使其塑性指标（主要是伸长率 A）随变形程度的增加而降低。n 值越大，硬化速度越大，使应变分布更趋向均匀化，提高板料成型时的总体成型极限。在以胀形为主的成型工艺中，n 值越大，成型性能越好。在胀形和拉深成分相差不多时，n 值和 r 值同时影响成型性能。

材料的屈强比与应变硬化指数之间有一定的关系。当材料的种类相同，而且伸长率也相近时，σ_s / σ_b 较小，则 n 值较大，所以有时可以简便地用 σ_s / σ_b 代替 n 值来表示材料在伸长变形工艺中的冲压性能。

（3）塑性应变比平面各向异性度（Δr）。低 r 值角度方向，板料变厚，筒壁高度低；高 r 值角度方向，板料厚度基本不变，筒壁高度较高。金属薄板平面内不同方向的塑性性能的差异称为平面各向异性，用试验测定的塑性应变比平面各向异性度（Δr）表征。金属薄板的平面各向异性会影响其面内变形的均匀性。Δr 值越大，则方向性越明显，对冲压成型性能的影响就越大。Δr 计算公式如下：

$$\Delta r = \frac{1}{2}(r_0 + r_{90} - 2r_{45}) \tag{11-3}$$

凸耳的大小与位置与 Δr 有关，如图 11-13 所示。$\Delta r > 0$，凸耳在 0°和 90°出现；$\Delta r < 0$，凸耳在 ±45°处出现；Δr 过大，高 r 值对极限拉深比（LDR）的影响抵消。

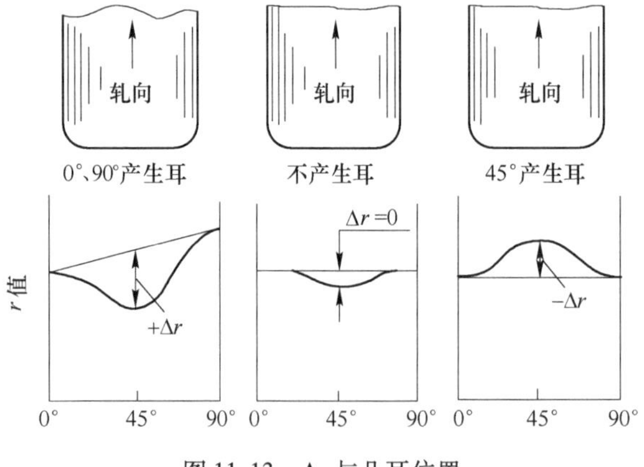

图 11-13　Δr 与凸耳位置

（4）凸耳率（Z_e）。按《金属薄板成形性能与试验方法　第 7 部分：凸耳试验》（GB/T 15825.7—2008）的规定，试验时，将圆片试样压置于凹模与压边圈之间，通过凸模对试样进行拉深，将其成型为一个空心圆形杯体[36]。试验结束后，测定杯口处凸耳的各项特性指标，并计算凸耳率作为评定金属薄板塑性平面各向异性程度的指标，如图 11-14 所示。

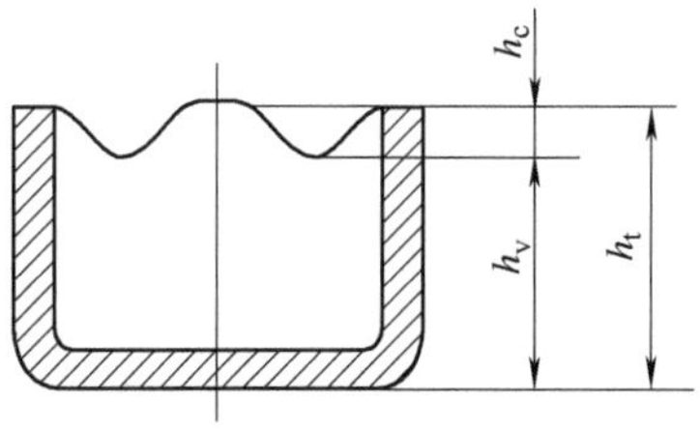

图 11-14 凸耳特征
（拉深杯体截面）

平均凸耳峰高和平均凸耳谷高分别按式（11-4）和式（11-5）计算。

$$\bar{h}_t = \frac{h_{t1} + h_{t2} + h_{t3} + \cdots}{\text{凸耳峰的数量}} \tag{11-4}$$

$$\bar{h}_v = \frac{h_{v1} + h_{v2} + h_{v3} + \cdots}{\text{凸耳谷的数量}} \tag{11-5}$$

平均凸耳高度按式（11-6）计算。

$$\bar{h}_e = \bar{h}_t - \bar{h}_v \tag{11-6}$$

最大凸耳高度按式（11-7）计算。

$$h_{emax} = h_{tmax} - h_{vmin} \tag{11-7}$$

凸耳率（凸耳百分数）按式（11-8）计算。

$$Z_e = \frac{\bar{h}_e}{\bar{h}_v} \times 100\% \tag{11-8}$$

11.2.1.3 模拟成型性能指标

选择或评定金属薄板冲压成型品及时，可对某种（某些）模拟成型性能指标提出要求。设计或分析冲压成型工艺过程，以及设计冲压成型模具时，经常需要参考某种（某些）模拟成型性能指标的数据。常用的模拟成型性能指标分类如下。

（1）胀形性能指标：杯突值 IE。胀形性能是指胀形成型时，金属薄板在双向拉应力作用下抵抗其厚度减薄而引起局部颈缩或破裂的能力[37]，如图 11-15 所示。

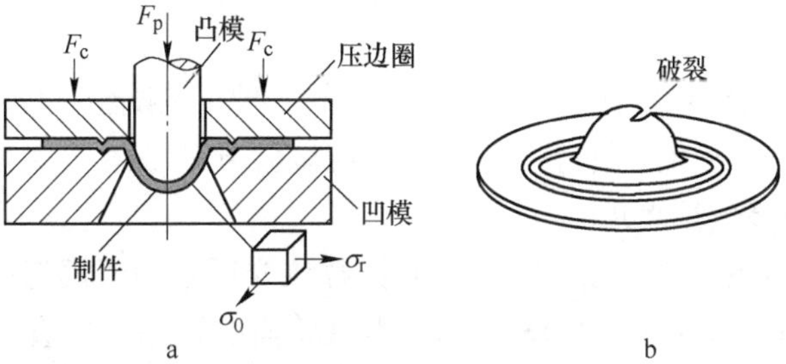

图 11-15 胀形与胀形破裂
a—胀形；b—胀形破裂

胀形性能试验又称杯突试验，是目前广泛采用的工艺试验方法。按 GB/T 4156—2007 的规定，其可测定的薄板厚度为 0.1～0.2mm，宽度不小于 90mm。

杯突试验时试样压入凹模内，直至出现可以透光的裂缝为止，所获取的杯突深度作为试验结果，称为胀形深度或者 Erichsen（埃里克森）试验深度，简计为 IE 值。IE 值为评定板料成型极限的一个板料特性参数。杯突试验模拟的是典型的拉深类的成型工序，因此 IE 值也是评价拉深类成型性能的一个板料特性参数。IE 值越大，拉深类成型性能及胀形性能越好。杯突值示意图如图 11-16 所示[38,39]。

（2）拉深性能指标：极限拉深比 LDR 或载荷极限拉深比 LDR（T）。拉深性能是指拉

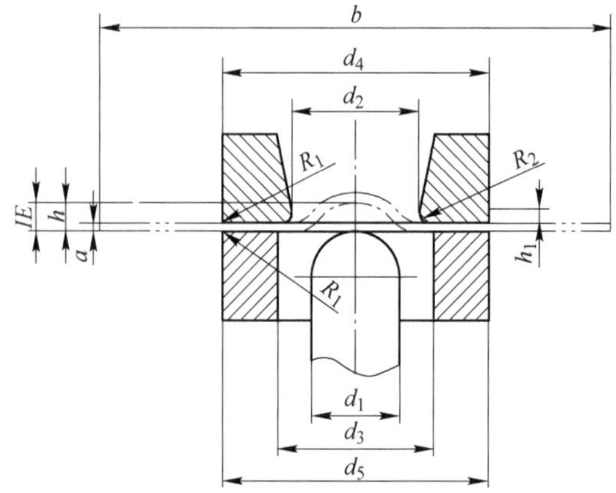

图 11-16　埃里克森杯突值示意图

深成型时，在凸缘主变形区不起皱条件下，金属薄板在凸模圆角附近抵抗破裂的能力，如图 11-17 所示[37]。

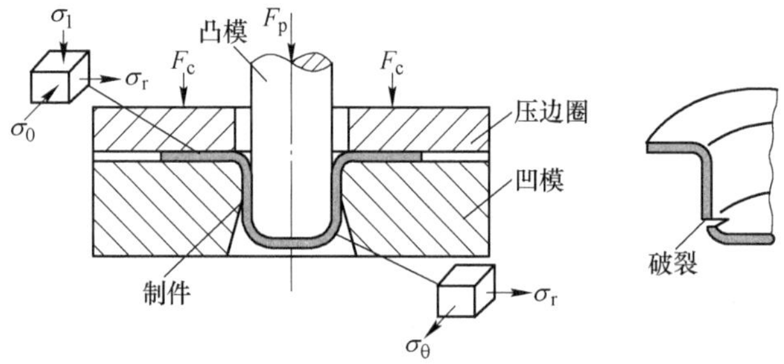

图 11-17　拉深与拉深破裂

拉深性能试验是为确定板材拉深性能而进行的一种工艺试验，包括拉深与拉深载荷试验，所依据的试验标准为《金属薄板成形性能与试验方法　第 3 部分：拉深与拉深载荷试验》（GB/T 15825. 3—2008）。

1）拉深试验。拉深试验方法试验时，将圆片试样压置到凹模与压边圈之间，通过凸模对其进行拉深成型[40]，如图 11-18 所示。本试验需要采用不同直径的试样，并按照逐级改变直径的操作程序进行拉深成型，以测定拉深杯体底部圆角附近的壁部不产生破裂时

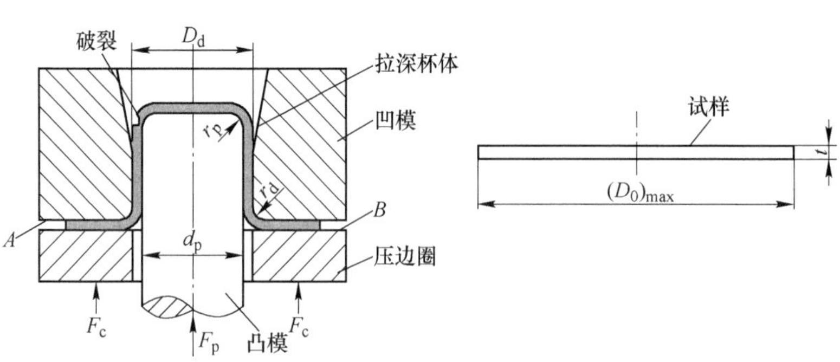

图 11-18　拉深试验方法

允许使用的最大试样直径 $(D_0)_{max}$，试验结束后用 $(D_0)_{max}$ 计算极限拉深比 LDR，见式(11-9)。

$$\text{LDR} = \frac{(D_0)_{max}}{d_p} \tag{11-9}$$

LDR 越大，板材的拉深性越好。拉深试验标准见表 11-4[41]。

表 11-4 拉深试验标准

项 目	标 准
适用板厚	0.45～2.5mm，可适当扩大厚度范围
模具制造要求	凸模、凹模和压边圈硬度不低于 60HRC，其工作表面应磨光，圆角过渡光滑，表面粗糙度 R_a 不大于 0.8μm
压边力	压边圈下面试样不起皱的最小压边力 F_{cmin} ×（1～1.75）
拉深速度	$(1.6～12) \times 10^{-4}$m/s（凸模运动速度）
润滑油	（1）全损耗系统用油 L-AN100； （2）85%L－AN46＋5%油性剂（蓖麻油）＋10%极压剂（氯化石蜡）； （3）固体润滑剂，采用 0.04mm 聚氯乙烯薄膜
试验毛坯	直径极差为 1.25mm，各级试样的外径偏差不大于 0.05mm；按照规定的直径极差分组，组数不少于 2，每组内有效试样数量为 6

LDR 试验能比较直接地反映板材的拉深成型性能，但也受试验条件的影响，使试验结果的可靠性有所降低。

2）拉深载荷试验。拉深载荷试验方法如图 11-19 所示[40]，对圆片状试样进行拉深时，试样直径 D_0 与最大拉伸力 F_{pmax} 具有近似线性关系。利用这种关系，对多种不同直径的试样进行试验测定 F_{pmax} 和极限拉伸力 F_{pf} 以后，可以近似求出拉深杯体底部圆角附近壁部不产生破裂时允许使用的最大试样直径和相应的载荷极限拉深比。用 F_{pmax} 和 F_{pf} 计算拉深潜力指标 T 的公式见式（11-10）。

$$T = \frac{F_{pf} - F_{pmax}}{F_{pf}} \times 100\% \tag{11-10}$$

T 值越大，板材拉深性能越好。

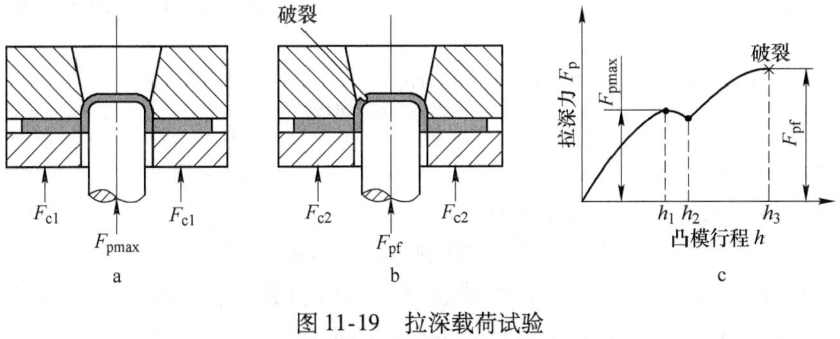

图 11-19 拉深载荷试验

a—拉深；b—极限载荷拉深；c—拉深载荷曲线

通过该试验可计算极限载荷拉深比 LDR(T)。以试样直径 D_0 为横坐标，拉深力 F_p 为纵坐标，绘制拉深载荷试验图，如图 11-20 所示。通过作图或线性回归两种方法求取最大试样直径，按式（11-11）计算载荷极限拉深比 LDR(T)。

$$\mathrm{LDR}(T)=\frac{(D_0)_{\max T}}{d_p} \qquad (11\text{-}11)$$

（3）扩孔（内孔翻边）性能指标：极限扩孔率（平均极限扩孔率）λ（$\bar{\lambda}$）。扩孔（内孔翻边）性能是指扩孔（内孔翻边）成型过程中，金属薄板抵抗因孔缘（竖缘）局部伸长变形过大而发生孔缘（竖缘）开裂的能力，如图 11-21 所示[37]。

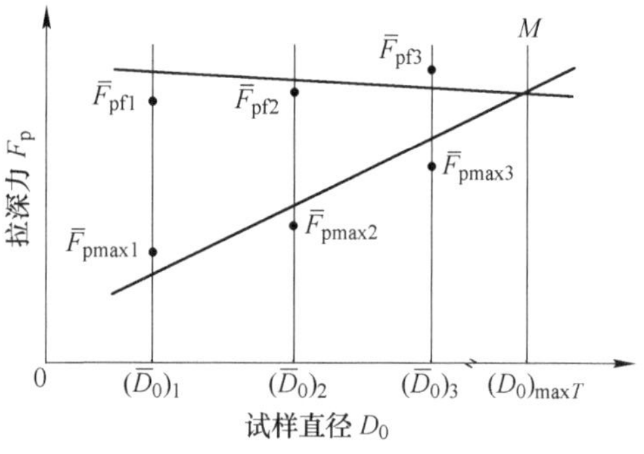

图 11-20　拉深载荷试验图

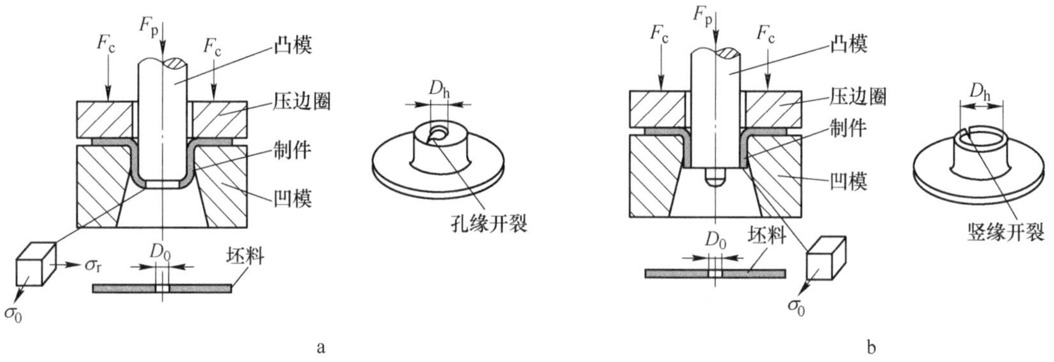

图 11-21　扩孔（内孔翻边）与孔缘（竖缘）破裂

a—扩孔与孔缘破裂；b—内孔翻边与竖缘破裂

按《金属薄板成形性能与试验方法　第 4 部分：扩孔试验》（GB/T 15825.4—2008）的规定，扩孔试验包括冲制试样圆孔和利用锥头凸模压入冲制圆孔两个步骤，即冲孔完毕后，锥头凸模压入冲制圆孔并由试验机对其加力，直至圆孔在凸模作用下孔缘（竖缘）发生开裂停止试验。

对每一次重复试验均计算出试样孔缘（竖缘）开裂时的孔径平均值，计算结果精确到 0.01mm。使用每次重复试验计算出的孔径平均值，按式（11-12）分别计算它们的极限扩孔率。

$$\lambda=\frac{D_h-D_0}{D_0}\times 100\% \qquad (11\text{-}12)$$

式中　λ——极限扩孔率，%；

D_0——试样上冲制圆孔的原始直径，mm；

D_h——试样孔缘（竖缘）开裂时的圆孔直径，mm。

极限扩孔率 λ 值越大，板材翻边性能越好。当材料具有各向异性、扩大的孔变成非圆形状时，需取所有重复试验的 λ 值计算平均极限扩孔率 $\bar{\lambda}$。

（4）弯曲性能指标：最小相对弯曲半径 R_{mm}/t。弯曲性能是指弯曲成型时，金属薄板抵抗变形区外层拉应力引起破裂的能力[37]，如图 11-22 所示。

根据《金属薄板成形性能与试验方法　第 5 部分：弯曲试验》（GB/T 15825.5—

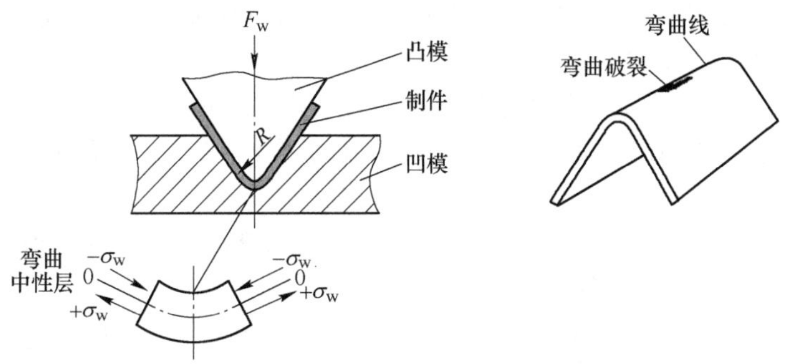

图 11-22 弯曲与弯曲破裂

2008）的规定，弯曲试验采用一系列具有不同底部弧面半径的凸模（或不同厚度的垫模），将试样按照规定的弯曲角成型（见图 11-23、图 11-24）后[42]，检查其变形区外侧表面，将该表面不产生裂纹或显著凹陷时的最小相对弯曲半径作为金属薄板的弯曲成型性能指标。

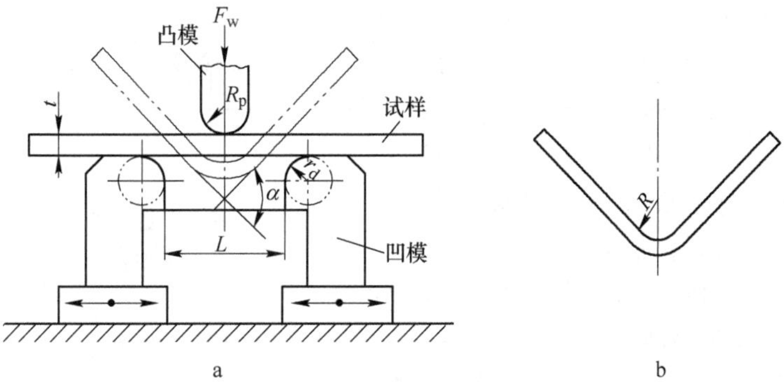

图 11-23 压弯试验
a—模具；b—试样

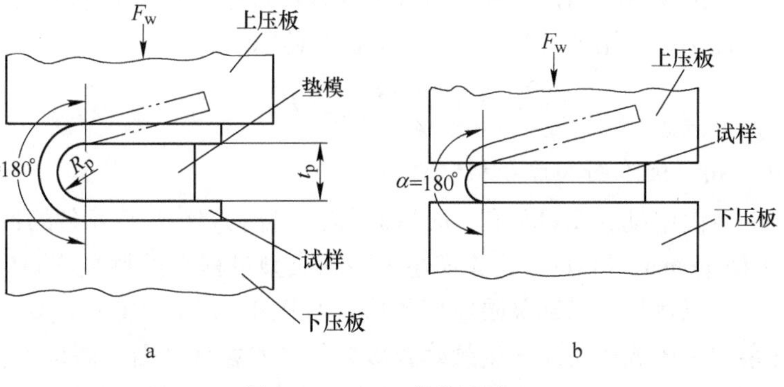

图 11-24 180°弯曲试验
a—带垫模弯曲；b—折叠弯曲

压弯试验或 180°有垫模弯曲试验时，按下式确定最小弯曲半径 R_{min}。

$$R_{min} = R_{pi} + 0.1\text{mm}$$

式中　R_{pi}——试样变形区外侧表面出现裂纹或显著缺陷时所用凸模底部弧面半径或所用垫模厚度的1/2。

180°无垫模弯曲试验时，按下述原则确定最小弯曲半径：

1）试样变形区外侧表面在5倍放大镜下出现裂纹或显著凹陷时，最小弯曲半径 $R_{min}=0.1$mm；

2）试样变形区外侧表面在5倍放大镜下无裂纹或显著凹陷时，最小弯曲半径 $R_{min}=0$。

最小弯曲半径越小，表明板材的弯曲性能越好。

（5）“拉深＋胀形”复合成型性能指标：锥杯值CCV。复合成型性能是指金属薄板在两种或两种以上基本冲压成型方式作用下抵抗破裂的能力，如金属薄板在“拉深＋胀形”复合成型方式下抵抗破裂的能力。

判断板材对于球面形状零件的拉深成型及一些大型覆盖件的加工成型的适应能力，可以采用模拟这种变性特点的试验方法，即球底锥形件的拉深试验法。按《金属薄板成形性能与试验方法　第6部分：锥杯试验》（GB/T 15825.6—2008）的规定，试验时，把圆片试样平放到锥模孔内，通过钢球对试样加压，进行锥杯成型（见图11-25），直到杯底侧壁发生破裂时停机，然后测量锥杯口部的最大外径 D_{max} 和最小外径 D_{min}，并用它们计算锥杯值CCV或相对锥杯值 η 作为金属薄板的“拉深＋胀形”复合成型性能指标。

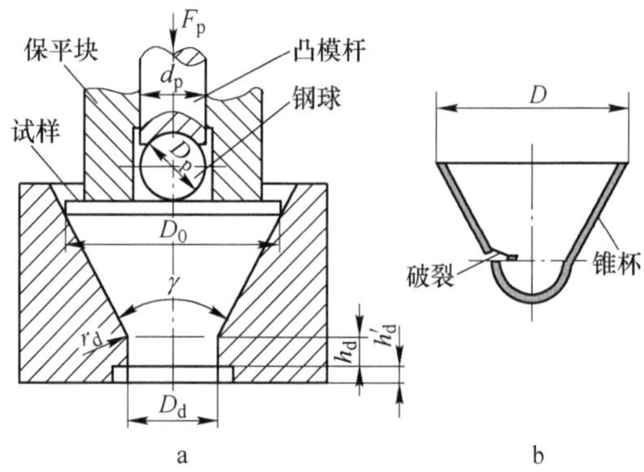

图11-25　锥杯试验
a—模具；b—试样

以锥杯口处相对的两个凸耳峰点为基准测量锥杯口在此处的最大外径 D_{max}，以锥杯口处相对的两个凸耳谷底为基准测量锥杯口在此处的最小外径 D_{min}，如图11-26所示[43]，测量工具的精度不低于0.05mm。

按每个试样实测点数分别计算锥杯口最大外径和最小外径的算术平均值 D_{max} 和 D_{min}，计算结果保留一位小数。用式（11-13）计算锥杯值CCV。

$$CCV=\frac{1}{2}(\overline{D}_{max}+\overline{D}_{min}) \tag{11-13}$$

11.2.1.4　成型极限图和成型极限曲线

20世纪60年代中期，Keeler和Goodwin等人提出并构建了著名的冲压成型极限图（Forming Limit Diagrams，FLD），具体描述了冲压成型过程中板料在不同应变路径下发生颈缩或破裂之前可以达到的局部极限应变数值（见图11-27）。基于FLD不仅可以分析各种几何形态复杂的冲压成型制品发生颈缩或破裂的技术物理动因，而且还能改善和优化它们的冲压成型工艺过程，而且FLD本身亦把冲压成型性能的概念从直观整体几何表达隐显到局部应变数值描述，成为表征冲压板料局部成型性能的重要判据。

根据成型极限图，金属板料的成型区域可划分为安全区、破裂区和临界区三个区域。不同的冲压工艺和工艺参数都会导致板料表面应变量不同，从而可以根据该工艺所处成型极限图的位置，确定板材在冲压成型过程中抵抗局部缩颈或破裂的能力[44]。

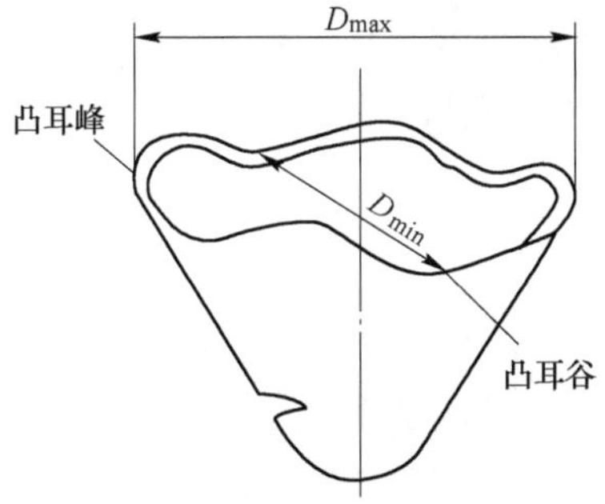

图 11-26 锥杯口直径测量

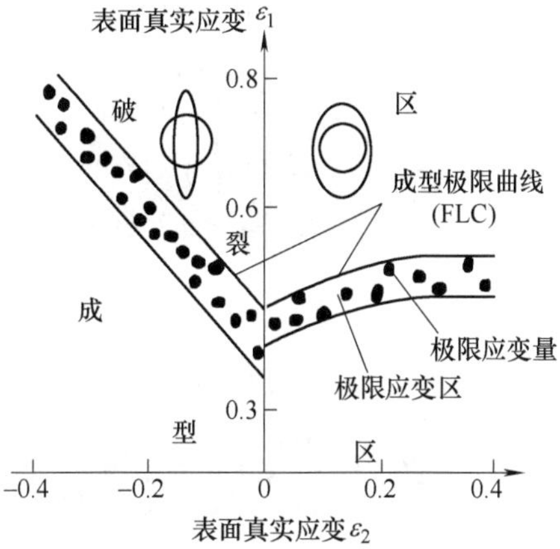

图 11-27 冲压成型极限图

11.2.2 汽车用高强度钢板的成型过程组织演变与成型性分析

汽车用深冲钢板在制作汽车零件时几乎都需要冲压成型。而冲压成型能否成功取决于深冲钢板的成型性，即金属板材在冲压过程中抵抗失效（断裂、瓢曲、起皱、形状扭曲）的能力。除了对先进高强钢本构模型的研究外，试验是研究板料冲压成型性能最基本的手段和方法，其冲压成型性能的优劣程度以冲压成型制品的质量表现出来。冲压成型性能优良，板料在成型过程中以及成型结束脱模之后发生破裂、皱曲和回弹的概率小，容易保证冲压成型质量；反之，板料的冲压成型性能差，在成型过程中以及成型结束脱模之后很容易发生破裂、皱曲和回弹等成型缺陷，冲压成型质量难以保证。评定板料冲压成型性能优劣，需要使用破裂、皱曲和回弹等成型缺陷作为参考，并借助试验研究、理论解析和数值模拟等技术方法[45]。

11.2.2.1 DP 钢

DP（双相）钢具有优良的力学性能和成型性能，是理想的汽车用高强钢板。高强度双相钢是汽车结构中应用最多的品种之一。在国际钢铁协会超轻钢车体计划-先进车概念（ULSAB-AVC）项目中，DP 钢单车用量为 162.25kg，约占整车用先进高强度钢板总质量的 74.3%。目前，我国一些钢厂正在开发和生产 DP 钢，并不断应用于新型汽车，而双相钢的成型性能的研究，也在不断进行中[46]。汪志刚对比分析厚度分别为 1.3mm、1.3mm、1.5mm 和 1.0mm 的 DQ-DP400、DQ-DP450、IF440 和传统 DP450 + Z 钢的力学性能与织构特征，包括抗拉强度、屈强比、断后伸长率、n 值、r 值，着重分析了 DQ-DP 钢在满足成型性能要求上的优势与不足，并从织构角度分析产生差异的原因；通过杯突和锥杯成型试验，对比分析 DP-DP 钢、IF 钢和传统 DP 钢在成型性能上差异。

图 11-28 所示为不同材料的杯突成型试验结果。从图中可以看出，杯突后材料帽顶均出现了微裂纹。从数据结果来看，DQ-DP400、IF440、DQ-DP450 和 DP450 + Z 的 IE 值分别为 11.76mm、10.50mm、10.01mm、9.52mm。DQ-DP 钢的 *IE* 值超过了 IF 钢，说明其胀形能力要明显优于 IF 钢。图 11-29 给出了冲压时的冲压力与凸模行程的关系曲线。在同等厚度的前提下，强度越高的材料，冲压时的杯突力越大，而塑、韧性越好的材料，其凸模行程距离越大。该曲线反映出 DQ-DP400 的胀形能力最好，而 DQ-DP450 与 IF440 较

接近，且都优于传统的 DP450 + Z。

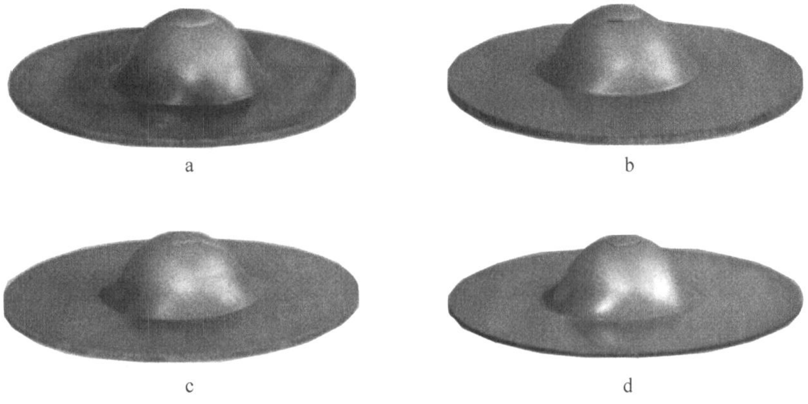

图 11-28　四种材料杯突试验后的实物照片

a—DQ-DP400；b—IF440；c—DQ-DP450；d—DP450 + Z

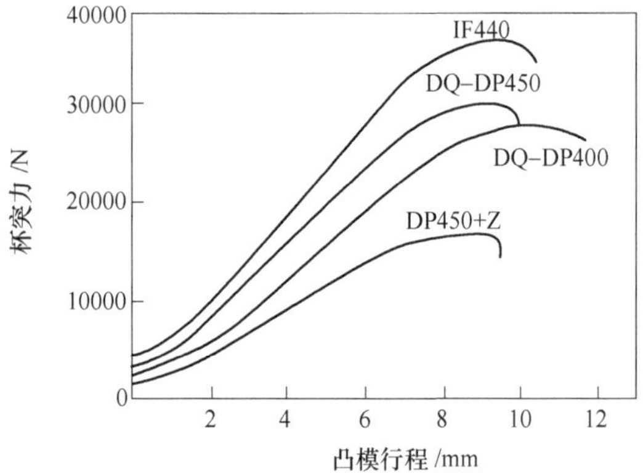

图 11-29　四种材料的杯突力与凸模行程关系曲线

对上述四种不同材料参考 GB/T 15825. 6—2008 进行锥杯试验。表 11-5 给出了相应的结果。从结果可以看出，DQ-DP400 与 IF440 的相对锥杯值 η 是一样的，都要明显高于 DQ-DP450 与 DP450 + Z 的。说明 DQ-DP400 的拉延与胀形的综合性能已经达到了 IF440 的水平。尽管 DQ-DP450 与 IF 钢仍存在一定差距，但是还是能超过 DP450 + Z 的性能。同样从顶压值（凸模行程）上也能反映出 DQ-DP400 和 IF440 的性能优势，其结果与 η 值是一致的。

表 11-5　四种材料的锥杯主要试验结果数据

材　料	DQ-DP400	IF440	DQ-DP450	DP450 + Z
η/%	33. 30	33. 30	21. 70	20. 00
顶压值/mm	37. 22	37. 89	34. 13	33. 50

图 11-30 给出了四种材料的锥杯试验过程中凸模行程与锥杯力的关系曲线。可以看出，随着凸模行程的增加，锥杯力在逐渐增加，直到杯顶开裂时，锥杯力急剧下降。同时，随行程的增加，锥杯力斜率在不同的阶段有一定差异。第一段变化范围在0 ~ 17mm，第二段在 17mm 到行程顶点。这种差异可能与材料的变形机制有关，第一阶段为弹性变形

阶段，第二阶段开始有塑性变形的加入。从两阶段的分界点来看，IF 钢的塑性变形开始发生的分界点有所推迟，因为对于 DP 钢而言，存在一定量的硬质相，包括马氏体、渗碳体或贝氏体，这种硬质相往往更容易导致铁素体进入塑性变形阶段。从凸模行程来看，DQ-DP400 和 IF440 行程位移较接近，且明显超过 DQ-DP450 和 DP450 + Z。材料在锥杯试验过程中的凸模行程位移越大，其形成的杯口直径也越小。图 11-31 给出的实物照片反映出 DQ-DP400 和 IF440 成型后的杯口明显小于 DQ-DP450 和 DP450 + Z 钢。另外，从实物照片中还能发现，四种材料的杯顶部位均存在一定高度的亮色减薄区，DQ-DP400 和 IF440 的减薄区高度明显大于 DQ-DP450 和 DP450 + Z 钢，说明其在拉深过程中抵抗厚度方向的减薄能力也明显优于后面两种钢。总而言之，DQ-DP400 和 IF440 的复合成型能力要优于 DQ-DP450 和 DP450 + Z 钢[47]。

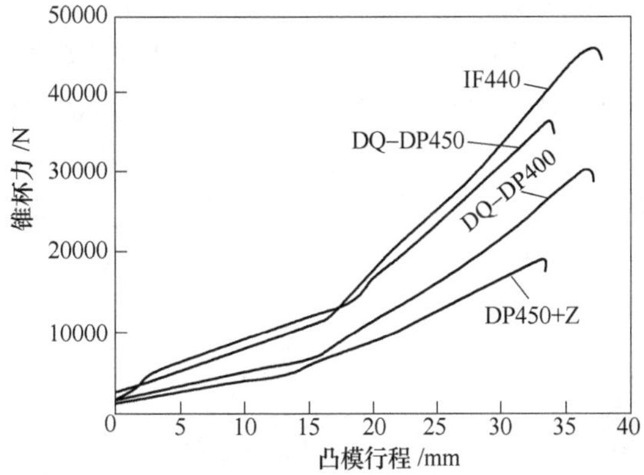

图 11-30　四种材料的锥杯力与凸模行程关系曲线

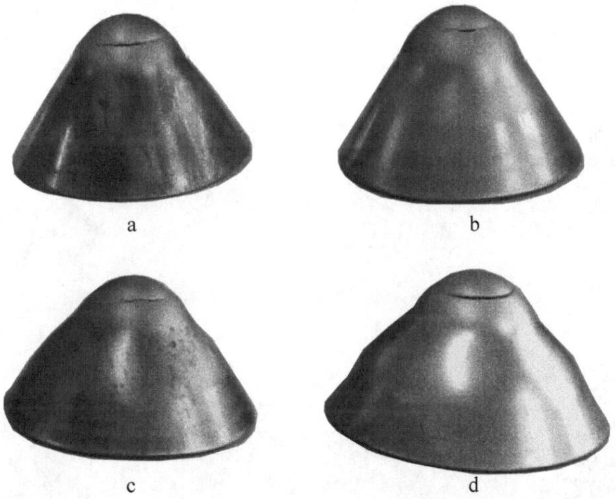

图 11-31　四种材料锥杯试验后的实物照片

a—DQ-DP400；b—IF440；c—DQ-DP450；d—DP450 + Z

11.2.2.2　TRIP 钢

TRIP 钢在具有高强度的同时还具有良好的塑性，即强塑积很高，用于制造汽车可以有效减轻车重而不降低安全性能。国外许多研究机构对 TRIP 钢进行了深入研究并取得了很多成果。近几年来，特别是2000年以后，国内研究机构对TRIP钢进行了深入研究，并取得了很大进步，基本上与国际最新的研究保持同步，有些领域甚至处于国际领先水平。目前国内已经能够生产冷轧TRIP800钢，冷轧TRIP980钢也正在加紧进行工业试制[48]。同时，研究人员对TRIP钢的成型性能也进行了一系列的研究。胡汉江通过拉伸试验对TRIP690的塑性应变比r值进行了测试，并采用成型极限图对其成型性能做了研究。按照国标切取的变形部位宽度分别为20mm、40mm、60mm、80mm、100mm、120mm、140mm、160mm和180mm的试样进行试验。为了避免窄条的矩形试样在拉深筋处开裂，仿效单轴拉伸试样将其两端形状改为圆弧过渡段形式。试验中试样的压边力设定为150kN，凸模的运行速度设定为10mm/min。

试验结果如图11-32所示。由图可以清晰地看出开裂位置，几乎所有的试样的破裂位置都是在试样的最顶部，此部位的应变最大。在成型试验机上试验后的试样在Auto Grid网格应变自动测试系统上进行试样各部位应变测量，经过后期数据处理后得到的TRIP690的FLD如图11-33所示。FLD0点为试样平面应变特征点，是试验材料在平面应变下的应变极限，此时的$e_2=0$。其大小可以反映材料抵抗破裂的能力，也是FLD上的关键点。从图11-33可以看出，TRIP690的FLD0约为34%，主要是由于在此应变状态下，材料受到的应力约束较大，变形过程困难，所以达到的极限应变值最低[49]。

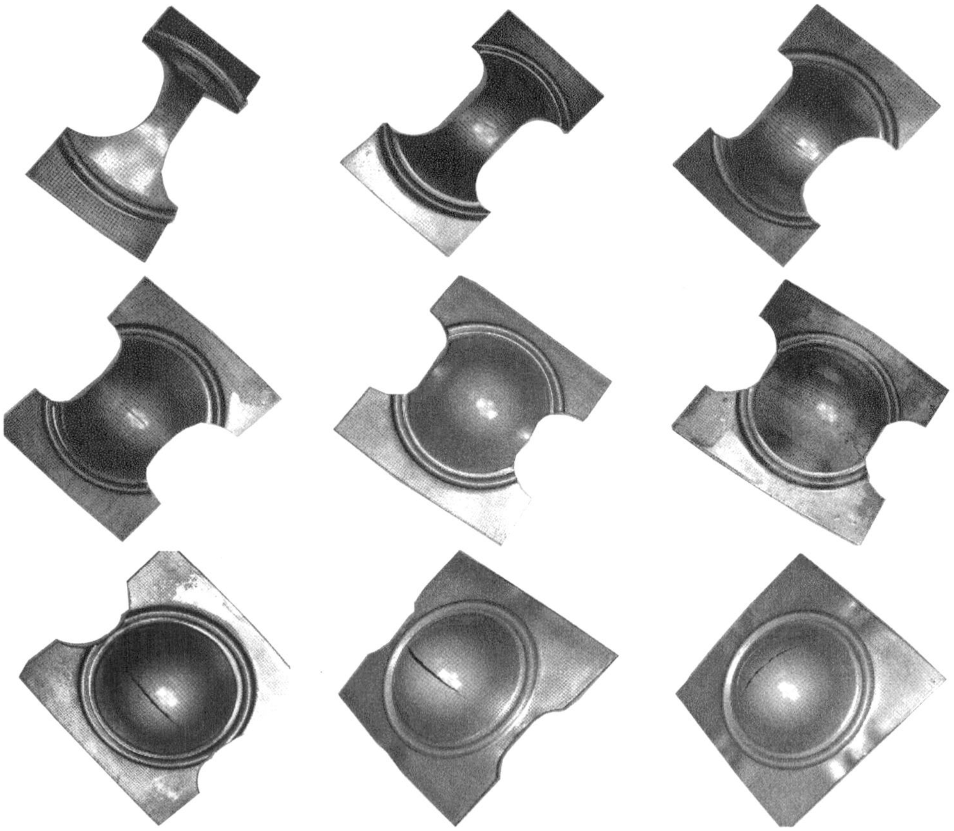

图11-32　TRIP690成型极限试样

滕胜阳对 TRIP 钢成型性过程中马氏体相变特性进行了分析。他在杯突试验中根据截面选取 5 个不同的关键点（节点 $A \sim E$）进行分析，如图 11-34 所示。

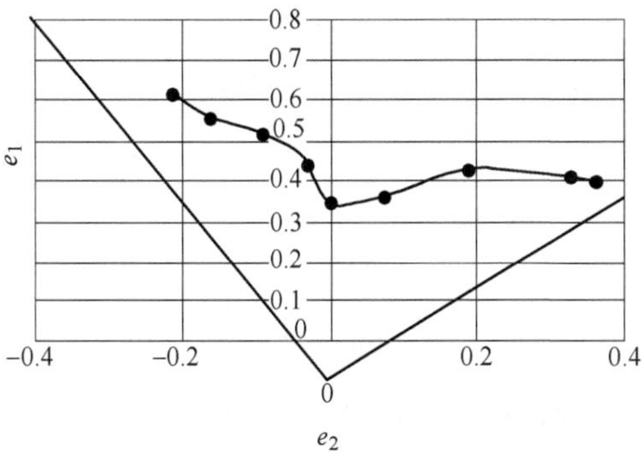

图 11-33 TRIP690 成型极限图

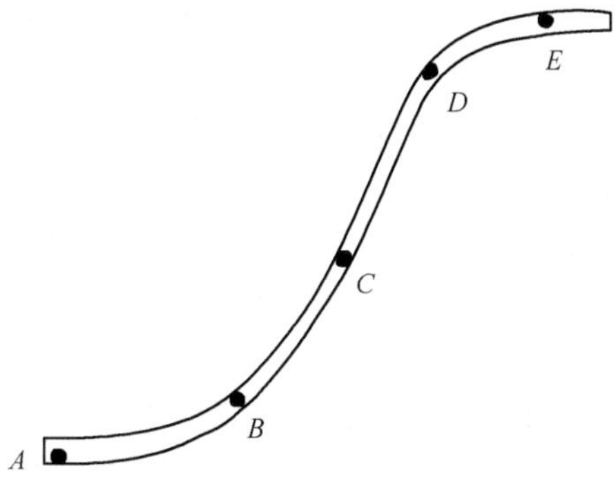

图 11-34 杯突试验截面关键点

对该五个关键点取样进行金相组织观察，如图 11-35 所示。

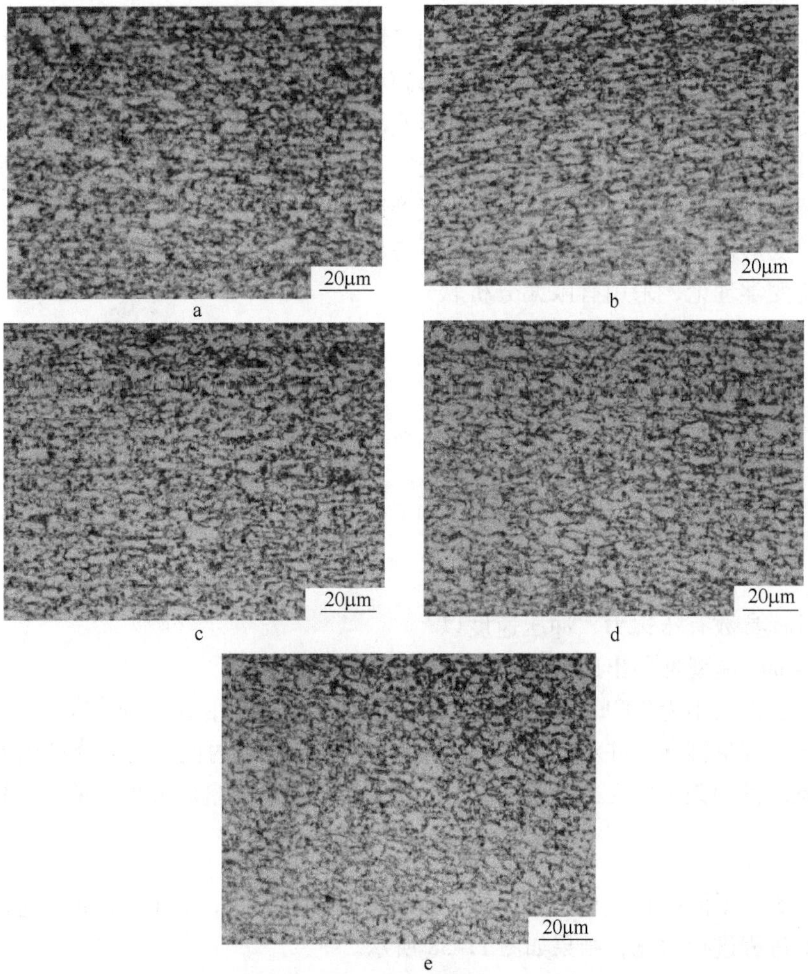

图 11-35 杯突试验 5 关键点金相组织

a—A；b—B；c—C；d—D；e—E

通过对 EBSD 处理对 5 个关键点进行微区分析，得到面心立方结构相的体积分数即残余奥氏体的体积分数，并通过初始残余奥氏体体积分数推导出马氏体体积分数，所得杯突件截面马氏体分布的试验结果如图11-36所示。

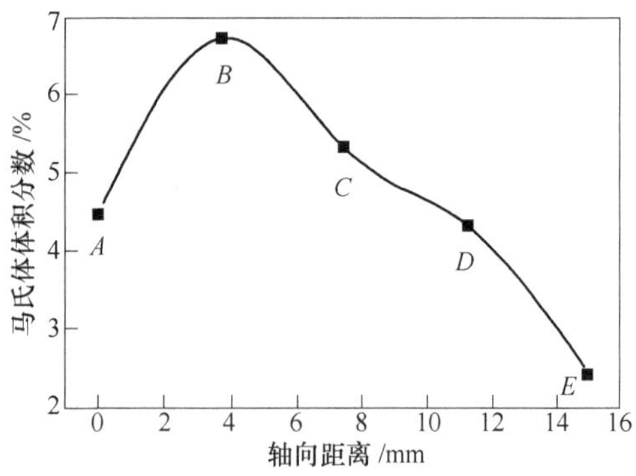

图 11-36 马氏体轴向分布试验结果

如图 11-36 所示，关键点 *A* 处在杯突的顶部，此处的受力状态为双拉状态，塑性形变量较小，因而转变的马氏体量较少；关键点 *B* 处于顶端边缘，形变量最大，转变的马氏体量亦最多，受到压拉两种应力状态；而关键点 *C*、*D* 则发生了从 *E* 点开始塑性流变过程，这个过程受到拉压以及摩擦力的作用。综上可以发现，在冲压过程中不同部位的应力状态并不单一，这导致形变量的差异，进而影响马氏体的转变量。

可以看出，马氏体在冲压成型过程起到了增大变形抗力的作用。在成型过程中形变量越大的部位，马氏体的转变量越多，而作为硬相的马氏体提高了变形区域的强度，从而缓解了变形的进一步发生。然而结合前面变形速率对马氏体转变的影响的研究，不难发现在成型速率过快的情况下，马氏体会过早转变，不但不能起到增强塑性的作用，反而会使板料提前开裂。这恰好与流变理论相吻合，成型速率越大则材料的黏性关联系数 γ 越大，表现出材料的变形抗性减小，从而使得材料更易趋于开裂。

利用流变学理论，采用有限元分析软件 Dynaform 对 TRIP600 塑性成型过程进行模拟仿真，分析不同杯突量的厚度、应力应变关系以及应变速率对成型性的影响，从而合理地解释冲压成型开裂的问题。图 11-37 为计算分析的模拟图形，该模型主要由冲头、压边圈、板料和垫模四部分组成。

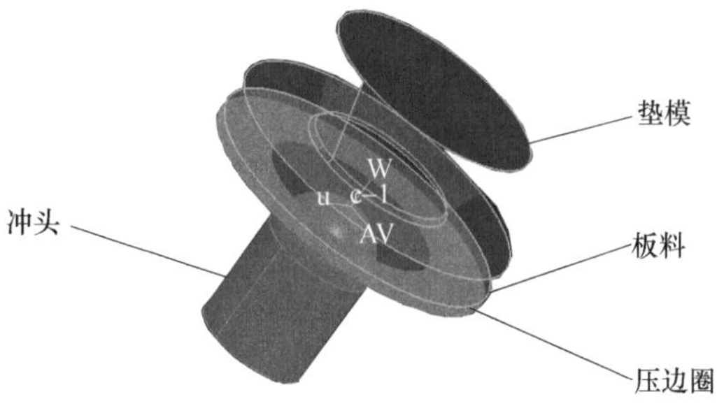

图 11-37 杯突试验模型

模拟过程参数有压边力、冲压速度以及基于 Bingham 模型推导出的应力应变关系，其中压边力大小为 200kN，冲压速度采用 0.1mm/s。采用 Bingham 模型对单向拉伸的蠕变过程进行理论推导，并对蠕变过程的应力 σ、应变 ε、时间 t 三个变量相关的曲线进行拟合，最终得到关于应变速率 $\dot{\varepsilon}$ 、应力 σ、应变 ε 三个变量的方程，见式（11-14）。

$$\sigma = 2.40 \times 10^{3} \varepsilon^{-0.13} \dot{\varepsilon} \tag{11-14}$$

选取了 5 个不同的杯突量：9.1mm、7.7mm、6.1mm、4.3mm、2.1mm 进行模拟，并和实际成型过程进行对比，结果如图 11-38 所示。

可以发现，随着杯突量的增加，材料的等效应变的变化基本能反映真实冲压的基本状况，同时进一步验证了基于 Bingham 模型简化后的本构关系能够反映真实的成型性。

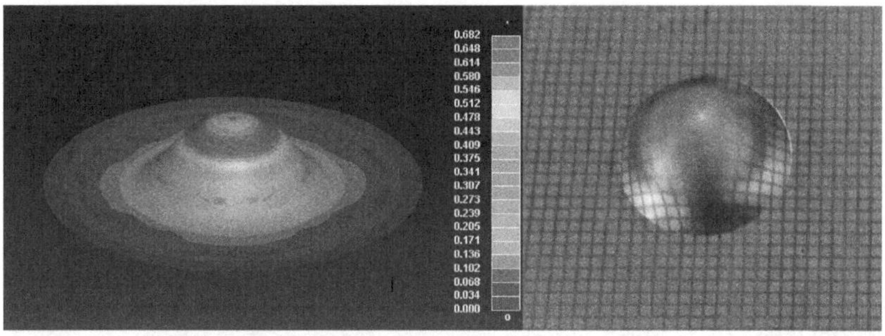
0.682
0.648
0.614
0.580
0.546
0.512
0.478
0.443
0.409
0.375
0.341
0.307
0.273
0.239
0.205
0.171
0.136
0.102
0.068
0.034
0.000

a

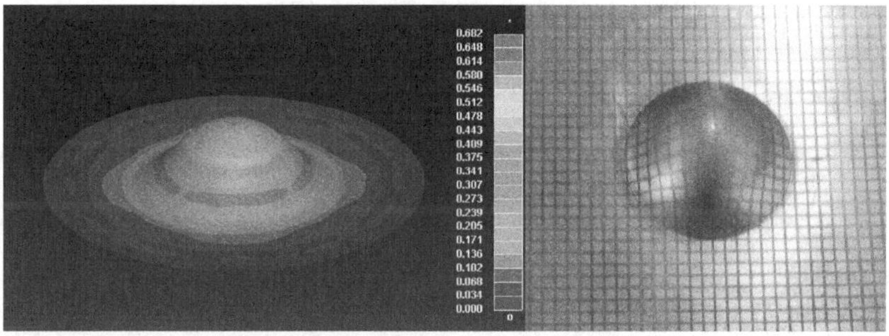
0.682
0.648
0.614
0.580
0.546
0.512
0.478
0.443
0.409
0.375
0.341
0.307
0.273
0.239
0.205
0.171
0.136
0.102
0.068
0.034
0.000

b

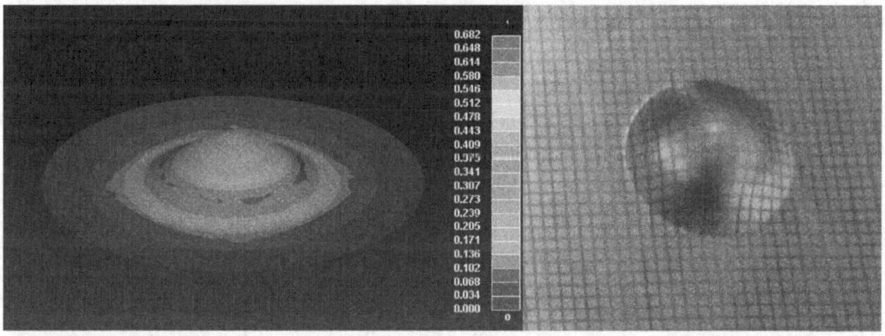
0.682
0.648
0.614
0.580
0.546
0.512
0.478
0.443
0.409
0.375
0.341
0.307
0.273
0.239
0.205
0.171
0.136
0.102
0.068
0.034
0.000

c

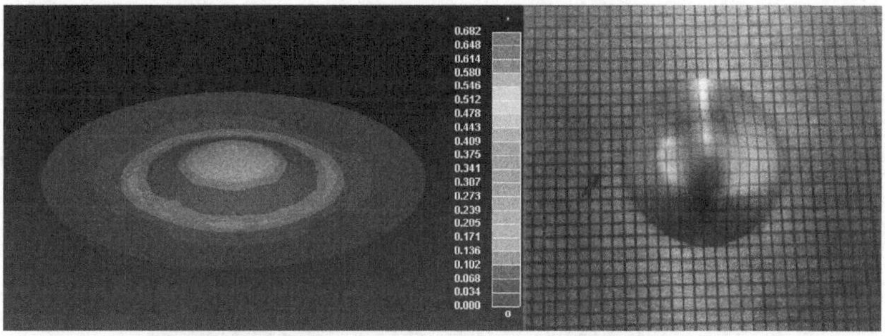
0.682
0.648
0.614
0.580
0.546
0.512
0.478
0.443
0.409
0.375
0.341
0.307
0.273
0.239
0.205
0.171
0.136
0.102
0.068
0.034
0.000

d

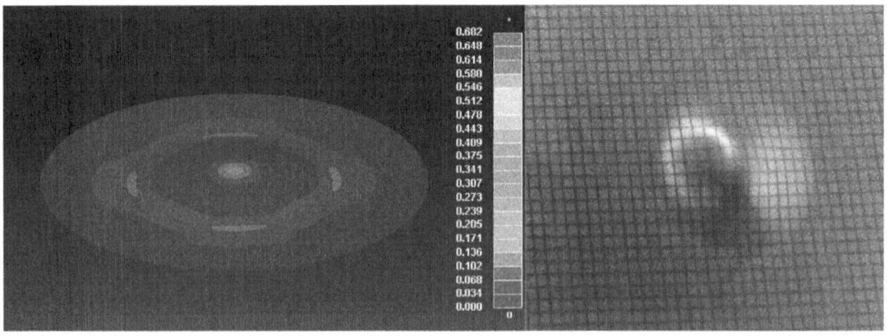

e

图 11-38 不同杯突量下模拟仿真

a—9.1mm；b—7.7mm；c—6.1mm；d—4.3mm；e—2.1mm

在杯突值为 9.1mm 一定的情况下，选取不同的成型速率：0.1mm/s、0.5mm/s、1mm/s、5mm/s、10mm/s，所模拟的结果如图 11-39 所示。

a

b

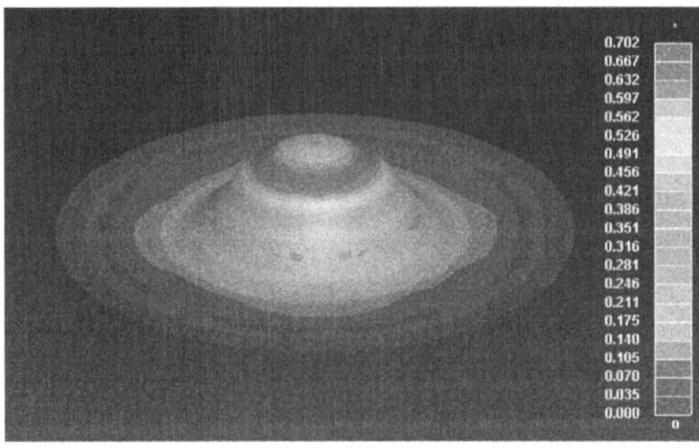

c

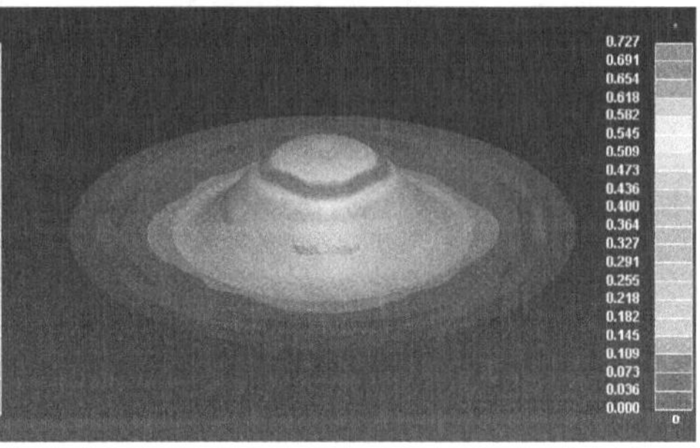

d

e

图 11-39 不同成型速率等效应变模拟仿真

a—0.1mm/s；b—0.5mm/s；c—1mm/s；d—5mm/s；e—10mm/s

从图 11-39 可以看出，不同速率下的等效应变分布基本可以反映材料的变化过程，最大等效应变与成型速率之间的关系如图 11-40 所示。

综上发现，基于 Bingham 本构关系推导出来的应变速率 $\dot{\varepsilon}$ 、应力 σ、应变 ε 三个变量之间的关系可以很好地反映出速率对材料成型性能的影响，即成型速率越大，材料的最大等效应变量越大，从而导致较高的成型下，材料更容易开裂，不易成型[50]。

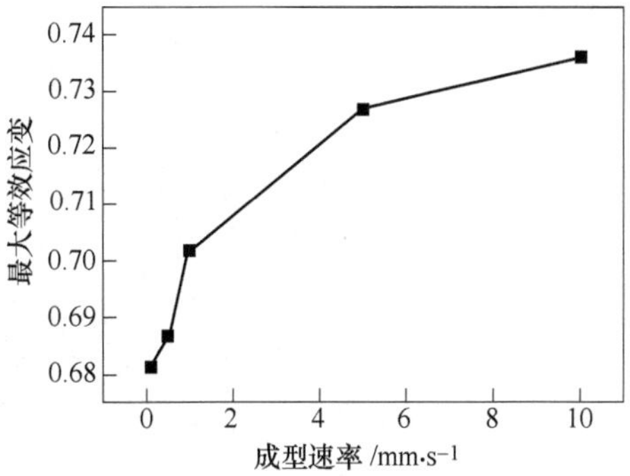

图 11-40 不同成型速率等效应变模拟仿真

11.2.2.3 TWIP 钢

TWIP 钢目前在汽车用钢系列里被认为是强度和塑性总体水平最佳的一种，它具有高强度、高塑性、在室温下为全奥氏体组织、在变形过程中会产生大量的机械孪晶，所以材料有高的强度和塑性。TWIP 钢所体现的高加工硬化能力是由于位错、交滑移、孪晶等多因素共同作用产生的。以下为汽车用 TWIP 钢板变形过程中全流程的微观结构变化[51]。

第一阶段：真应变量在 0 ~ 0.05 时，晶粒内存在着分布不均匀的退火孪晶，孪晶界平直可见，且大部分产生于晶粒的三角交界处。由图 11-41 可观察到少量的退火孪晶、层错和处在孪晶界附近的少量位错，位错未高密度纠缠。在应变量较小的形变初期（ε = 0.02)，形变孪晶尚未产生，而退火孪晶的数量又较少，材料整体的硬化行为并不依赖于孪晶的产生，而在于晶界和退火孪晶对位错的阻碍作用。

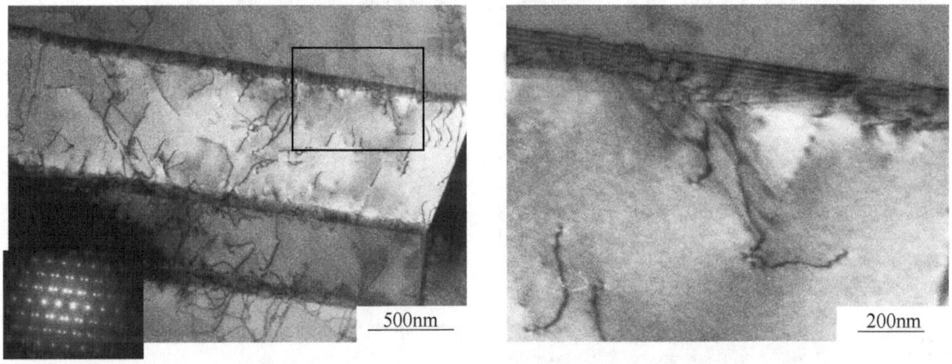

a b

图 11-41 Fe-Mn-Si-Al 系 TWIP 钢形变初期微观形貌（ε = 0.02)

a—孪晶与位错；b—区域放大图

第二阶段：真应变量在 0.05 ~ 0.08 之间，应变硬化速率出现了第一次递增阶段。此时在晶粒内产生了大量的平面位错和层错，如图 11-42 所示。位错数量上的增长和位错之间的交互作用直接导致加工硬化率的递增，大量位错与层错缺陷在晶界处塞积。与第一阶段相似，在此应变区间主要形变机制依旧为位错滑移，TWIP 钢在形变时产生高位错密度，位错纠缠形成高密度位错区，高密度位错区会阻碍位错运动而产生强化效应，从而导致 TWIP 钢的加工硬化，随着应变的不断进行，位错数量增加，加工硬化速率持续加大。

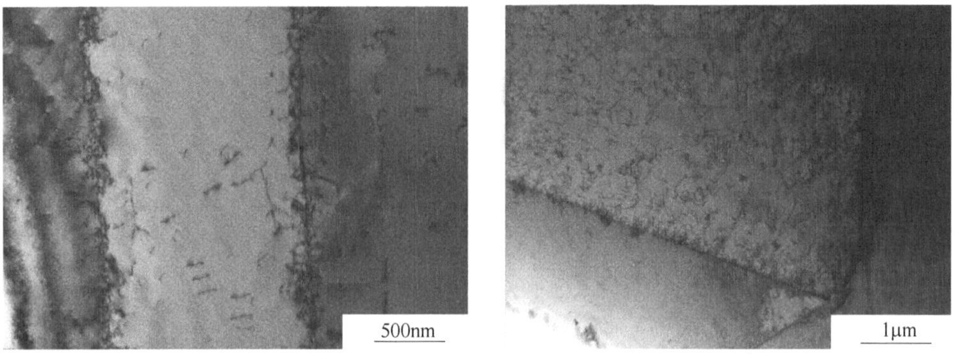

a　　　　b

图 11-42　TWIP 钢形变初期微观形貌（$\varepsilon=0.05$）

a—Fe-Mn-Si-Al 系 TWIP 钢中孪晶界旁的位错聚集；
b—Fe-Mn-C 系 TWIP 钢中孪晶片层间的位错分布形态

第三阶段：真应变量在 0.08～0.13 之间，随着应变的增加，室温拉伸状态下的 TWIP 钢的硬化机理依次存在三种状态：晶体硬化、孪生软化、形变孪晶硬化。小变形量下，如第二阶段，材料的硬化主要是由于位错纠缠引发；而这个阶段是孪生软化效果在起主要效果。真应变量在 0.10 的时候，变形组织中开始出现一定数量的形变孪晶（见图 11-43a），同时也可以观察到高密度的位错区域，如图 11-43 所示。

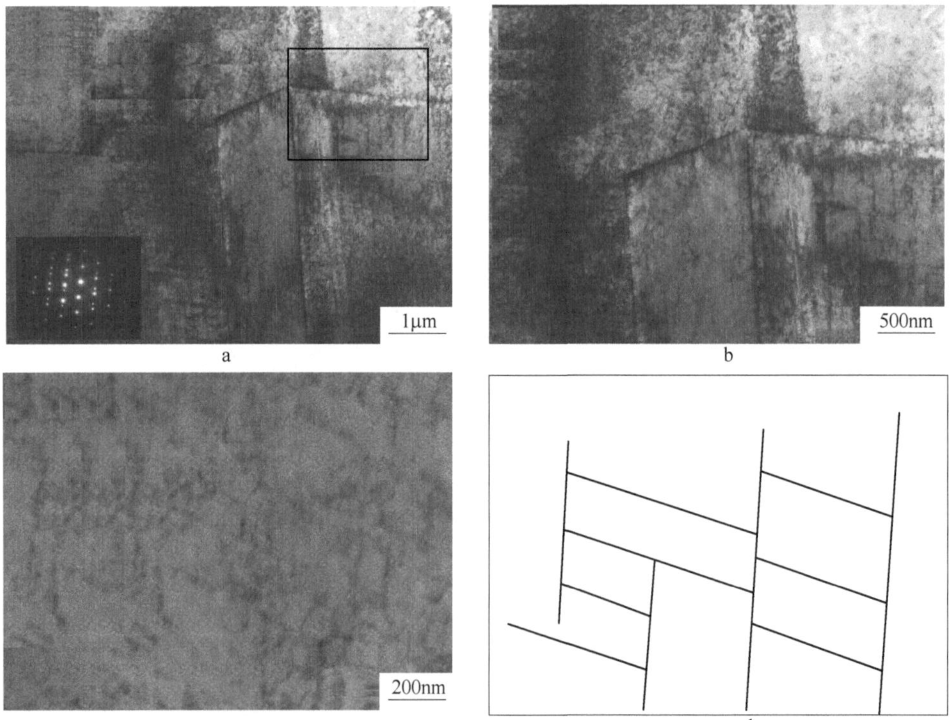

a　　　　b　　　　c　　　　d

图 11-43　Fe-Mn-Si-Al 系 TWIP 钢的微观形貌（$\varepsilon=0.10$）

a—变形区域的微观形貌；b—区域放大图；c—位错和形变孪晶引发的动态平衡；d—c 的模拟图

第四阶段：真应变量在0.13～0.22之间，此时形变孪晶的数量急剧增加，大部分的晶粒内都存在形变孪晶，晶粒在更小尺度上被切割，且与最初形成的孪晶 T_1 呈一定角度的第二位向形变孪晶 T_2 也出现了。如图11-44所示，这个阶段最主要的金相特征是第二位向的形变孪晶的产生和在透射当中能够观察到的高密度位错区域的出现。第二位向形变孪晶 T_2 在第一位向形变孪晶 T_1 的片层间产生。T_1 有时候会贯穿多个孪晶片层，而 T_2 基本都是出现在高位错密度区域。高位错密度区域更有利于形变孪晶的产生，孪晶结构更易释放因形变量增加而不断聚集的应力。两种不同位向的形变孪晶发生碰撞，不断切割晶粒的同时使晶粒发生转动。

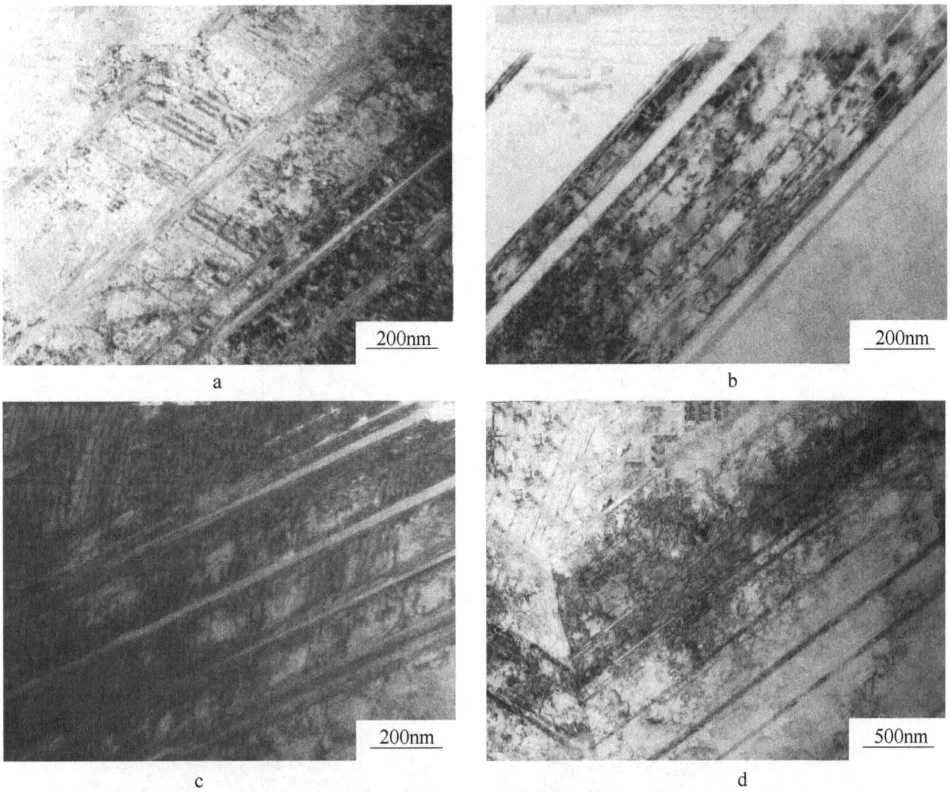

图11-44 TWIP钢的微观形貌

a—ε=0.15时的Fe-Mn-C；b—ε=0.15时的Fe-Mn-Si-Al；
c—ε=0.20时的Fe-Mn-C；d—ε=0.20时的Fe-Mn-Si-Al

第五阶段：真应变量大于0.22，形变孪晶继续产生，Fe-Mn-C系和Fe-Mn-Si-Al系两种TWIP钢当中几乎所有的晶粒都可观测到大量的形变孪晶；孪晶界和晶界旁的高密度位错区域逐渐增多，如图11-45所示。

靖海涛[52]通过扩孔试验、凸耳试验、锥杯试验、杯突试验和成型极限试验将TWIP钢与同级别的其他高强度汽车用钢或汽车深冲用钢板进行横向对比。图11-46所示为冷轧双相钢DP780和冷轧TWIP钢扩孔试验对比。冷轧双相钢DP780和冷轧TWIP钢同属于高强钢，且都具备较高的强塑积，但由于TWIP钢有着更好的断后伸长率，因而其在强塑积上的体现更为明显。TWIP钢的冲孔力在变形初期比DP780小得多，在相同的受力状态

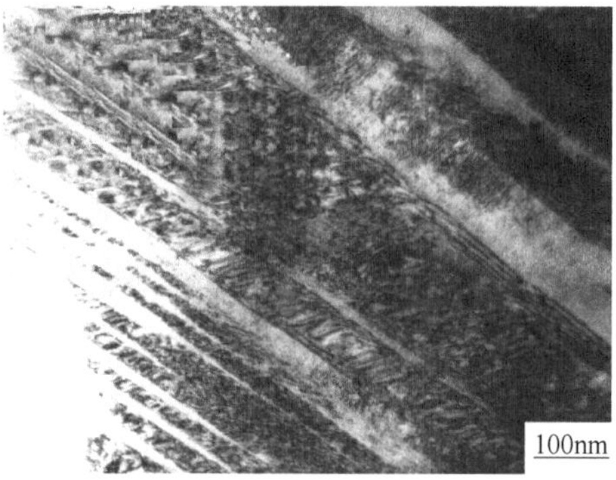

a

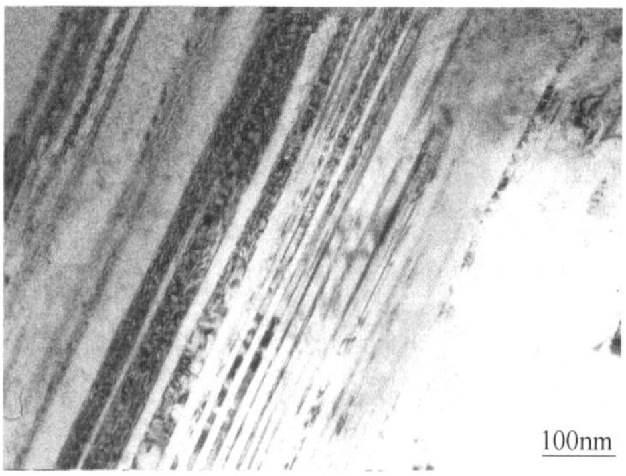

b

图 11-45　高应变状态下 TWIP 钢的微观形貌（$\varepsilon=0.40$）

a—Fe-Mn-C 系 TWIP 钢中的形变孪晶和高密度位错；

b—Fe-Mn-Si-Al 系 TWIP 钢当中均匀细密的形变孪晶

下，TWIP 钢更容易产生塑性变形，且变形过程平缓。到了后期，TWIP 钢需要在更大的施力状态下才能产生变形，且最大冲孔力大于 DP780。

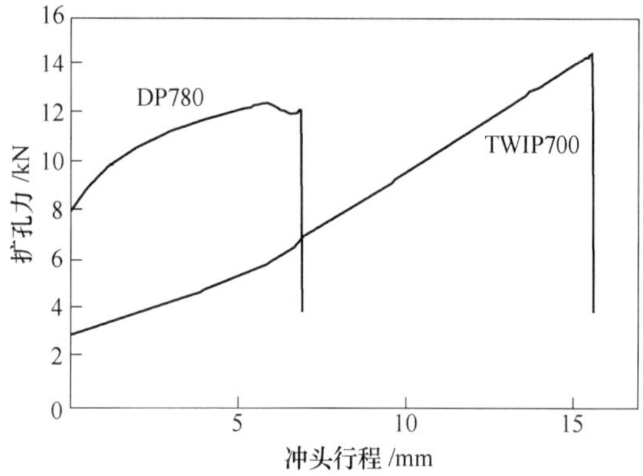

a

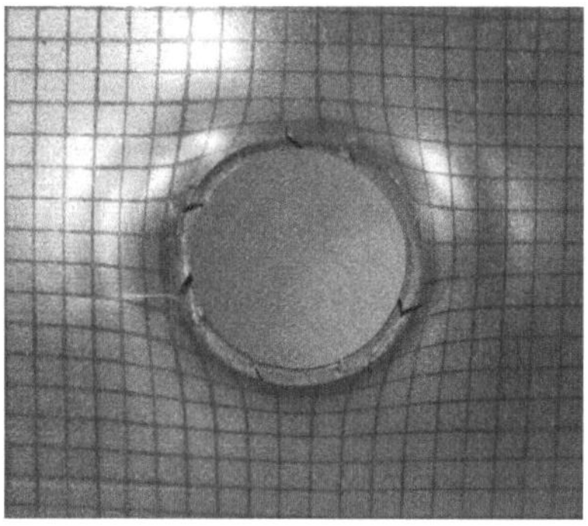

b

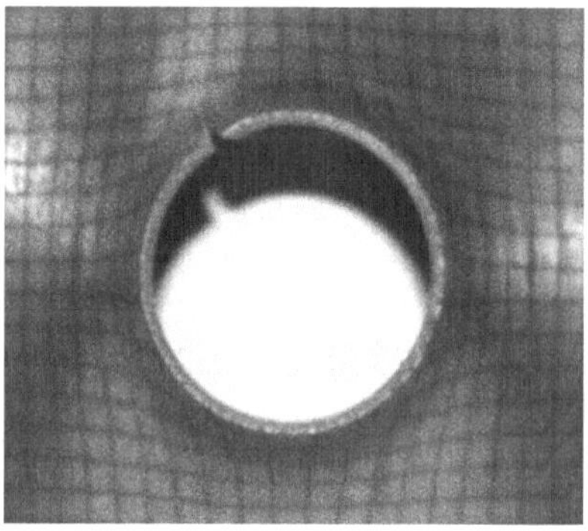

c

图 11-46　DP780 与 TWIP 扩孔试验对比

a—行程曲线；b—DP780 裂纹宏观形貌；c—TWIP 裂纹宏观形貌

由图 11-46 可以看到，TWIP 钢只有一处呈撕裂状的裂纹，且裂纹呈 V 形口；而

DP780 钢的断口在整个孔径周围都有分布，并且不是明显的 V 形口，而是由内向外呈斜切状。冷轧 TWIP 钢在室温下是单一的奥氏体组织，且具有较高的加工硬化能力，因而不存在宏观上的多部位裂纹扩展现象，其裂纹单一且有明显的塑性变形，具有典型的韧性断裂特征。这进一步验证了 TWIP 钢的韧性大大优良于传统的高强汽车用钢的特性。

凸耳试验是评价板料平面各向异性的模拟试验。在凸耳试验中，凸耳率 Z_e 越小，板料的平面各向异性越小。Fe-Mn-C 系和 Fe-Mn-Si-Al 系 TWIP 钢板以及 DC04 的 IF 钢凸耳试验结果如图 11-47 所示。

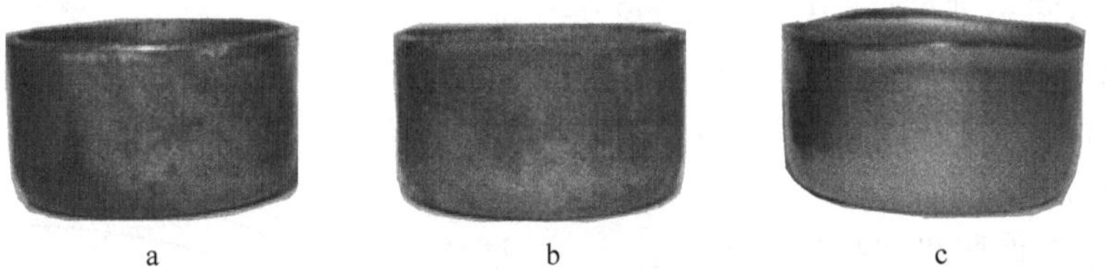

图 11-47 凸耳试验结果对比

a—Fe-Mn-C；b—Fe-Mn-Si-Al；c—DC04 的 IF 钢

凸耳值 Z_e 越大，则板料拉深成型时凸耳的问题越严重。在此次凸耳试验中，无法直接观察到 TWIP 钢的凸耳现象，因此其凸耳值 Z_e 无法测量，可近似地设定为 0。IF 钢板的凸耳率明显大于两种 TWIP 钢板。可见，TWIP 钢板的平面各向异性明显小于 IF 钢板，后者的织构组分多集中在 {111} 周围而其他组分较少，TWIP 钢的织构稍弱，且其织构组分较分散，不容易形成明显的凸耳现象。

锥杯试验是评定金属薄板的拉延与胀形的复合成型性能的常用试验方法，也是进行板料拉深、胀形等成型工艺及模具设计的依据。采用四种不同类型的冷轧板钢板，前三种为各系列 TWIP 钢板，分别为 Fe-22Mn-C、Fe-28Mn-C、Fe-Mn-Si-Al，第四种为无间隙原子钢 DC04 的 IF 钢进行对比，测得的相对锥杯值见表 11-6。

表 11-6 四种试验钢板的相对锥杯值

钢 种	Fe-22Mn-C	Fe-28Mn-C	Fe-Mn-Si-Al	DC04 的 IF 钢
相对锥杯比 η/%	25.6	24.7	24.2	23.3
凸模力/kN	115.97	106.08	52.53	18.36

如图 11-48 所示，DC04 的 IF 钢的断口处呈锯齿状，有明显撕拉断裂的痕迹，试样在

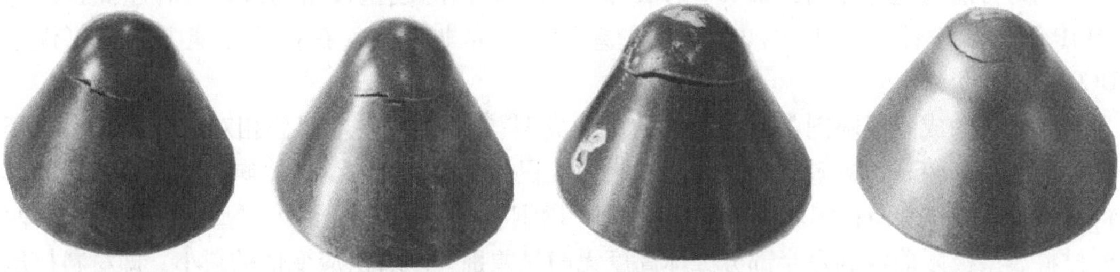

图 11-48 四种试验钢锥杯试验结果

a—Fe-22Mn-C；b—Fe-28Mn-C；c—Fe-Mn-Si-Al；d—DC04 的 IF 钢

断裂处有较大范围的颈缩，断口厚度方向上有明显的减薄，且断裂的方向与拉伸方向角度为45°~60°。三种TWIP钢的拉伸试样断口与DC04的IF钢有明显的差别，断口呈灰白的平直断口，无明显的撕拉痕迹，试样无明显颈缩，断口厚度方向上无明显减薄，且断裂方向与拉伸方向几乎垂直。

杯突试验是用来衡量材料深冲性能的试验方法，是模拟胀形工艺，可以用刚好破裂时的IE值作为材料的胀形成型性能指标。不同系列的TWIP钢板：Fe-22Mn-C、Fe-28Mn-C、Fe-Mn-Si-Al和无间隙原子钢DC04的IF钢的杯突试验结果如图11-49所示。

单从埃里克森杯突试验的结果来看，TWIP钢的胀形能力略好于DC04的IF钢，Fe-Mn-Si-Al系TWIP钢的胀形能力略好于Fe-Mn-C系TWIP钢。

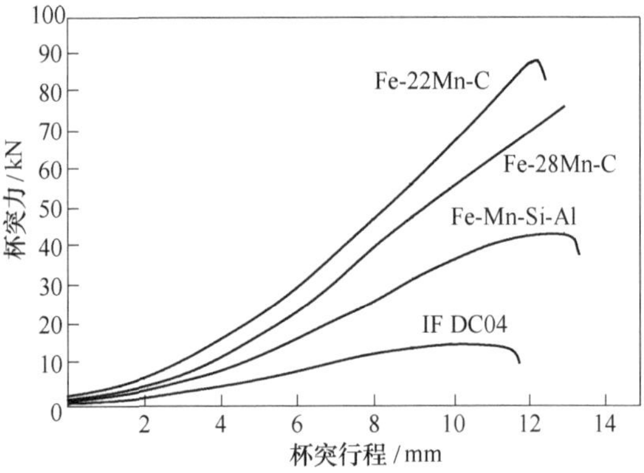

图11-49　杯突试验试样的力与行程图

成型极限图可简便而直观地分析解决冲压成型生产中的破裂等问题，是薄板成型工艺分析和设计的有利工具。无间隙原子钢DC04的IF钢和Fe-Mn-C系TWIP钢（TWIP980）的成型极限图如图11-50所示。

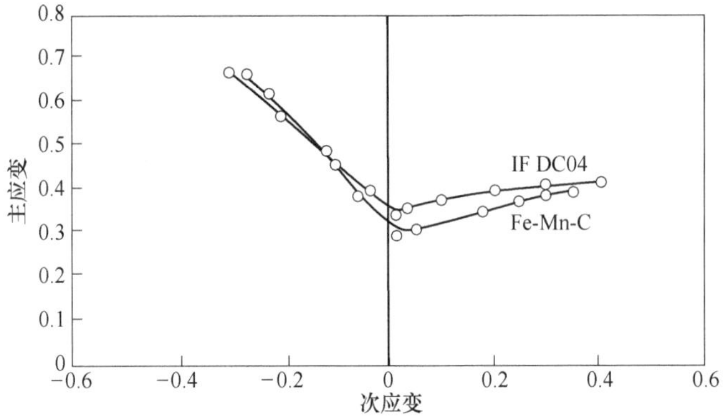

图11-50　DC04的IF钢钢板和TWIP980钢板成型极限图

观察目前的超深冲用钢DC04的IF钢和TWIP钢的成型极限曲线，具有超高强度的TWIP钢的成型性能与DC04的IF钢的差别并不是非常大，在拉延性能上甚至更优于DC04的IF钢。

在材料的成型极限图中，零部件的深冲成型与FLD的左半部分相对应，该区内拉压极限应变水平较高，失效方式主要是起皱和堆积。传统研究认为，影响左半部分曲线的材料参数是r值和总伸长率。观察DC04的IF钢钢板和TWIP980钢板成型极限图可知，两种材料成型极限曲线的左半部分大体高度无明显差别，随着次应变值的减小，即材料拉压程度的提高，TWIP钢的曲线逐渐上扬，从$\varepsilon_2=0$时略低于DC04的IF钢的成型极限曲线发展到$\varepsilon_2=-0.17$时反超DC04的IF钢的成型极限曲线。TWIP钢的r值趋近于1，而

DC04 的 IF 钢的 r 值为 2.0 左右，但是 TWIP 钢的成型极限曲线左半部分却高于 DC04 的 IF 钢，并不遵循 r 值的规律。因而普通软钢和超高强度钢之间的成型性能并不能直接用材料单一特性推定。孪晶诱导塑性钢的平面各向异性指数在此不具有决定作用。

零部件的拉延成型与 FLD 的右半部相对应，由于该区处于双向拉伸应变状态，失效方式主要是延性破裂，因此要求材料具有高的 n 值和总伸长率。观察 DC04 的 IF 钢钢板和 TWIP980 钢板成型极限图可知，TWIP 钢的曲线明显低于 DC04 的 IF 钢，而在材料参数的体现上，TWIP 钢的 n 值和总伸长率明显大于 DC04 的 IF 钢。

11.2.3 高强度钢成型理论

11.2.3.1 高强度钢成型本构关系

汽车用先进高强钢的强度和塑性配合虽然优于普通高强钢，但却具有成型性不理想、回弹现象严重等问题。其成型难的一个重要原因是不具备明确的本构关系方程，导致所施加的外力与预期的变形不协调。因此对先进高强钢本构模型的研究一直是备受关注的重要课题。

国内在 TRIP 钢研究和应用方面，北京科技大学、钢铁研究总院、上海交通大学、上海大学、东北大学、宝钢集团公司、鞍钢集团公司等单位都进行了大量的工作。在 TRIP 钢的变形机理方面，徐祖耀院士、李麟教授都开展了卓有成效的研究，取得了众多成果[53]。

北京科技大学冶金工程研究院孙蓟泉等人讨论对比了用于先进高强钢本构建模研究的模型：OC 模型、S 模型和 TI 模型三种相变动力学模型以及 J-C 模型、Z-A 模型和 K-H 模型。提出基于流变学理论，结合微、细观力学构造 TRIP 钢本构模型[54]的观点。

李双娇等人将流变学模型理论应用于相变诱导塑性钢的本构方程研究中，揭示了高强汽车钢板 TRIP800 变形与时间的相关性，即黏性性质，得到了应力保持不变时应变随时间的变化曲线。他们利用流变学模型 Bingham 模型的本构方程对试验数据进行拟合，由拟合参数值分别求得了 Bingham 模型中表征材料的弹性性质、变形过程中的强化规律以及黏性性质的参数值，结果表明 TRIP 钢的黏性系数是与应力水平相关的[55,56]。

尹衍军等人通过蠕变试验和松弛试验，利用流变学中 Bingham 模型的本构方程对试验数据进行拟合，得到了高强汽车钢板 TRIP60 在蠕变条件下的应变-时间方程以及松弛条件下的应力-时间方程，与板材成型机进行杯突试验的结果较为符合[57]。

如图 11-51 所示，牛闯等人通过单向循环加载试验，建立了高强汽车钢板 TRIP600 和 TRIP800 弹性模量模型，发现随着应变的增大弹性模量呈指数形式递减。将该模型引入数值模拟软件中进行拉弯回弹试验仿真，并通过与实际拉弯回弹试验对比，证明变弹性模量模型比恒定弹性模量模型具有更高的预测精度，其仿真结果与试验值更为吻合[58,59]。

11.2.3.2 复杂路径下成型性能

通常成型极限试验测定的方法主要是 Nakajima 试验或者 Marciniak 试验。这两种试验中材料的应变路径几乎是线性或者准线性的，但是材料在实际成型过程中却经常需要经历非线性的变形路径，特别是多道次的成型过程中，还伴随着复杂的加载、卸载和反向加载条件，这些复杂的加载条件会对材料的颈缩产生很大影响，从而导致根据试验测量提供的成型极限预测失效的失败，这种现象就是成型极限的应变路径相关性。

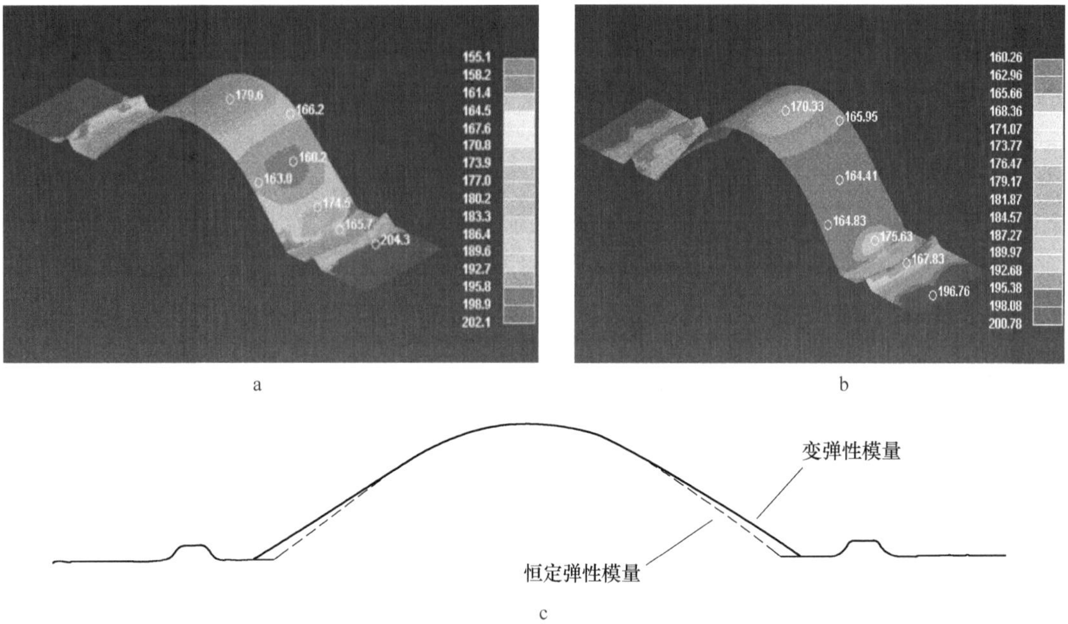

图 11-51　拉弯仿真中两种材料弹性模量值的分布图

a—TRIP600；b—TRIP800；c—仿真所得板材发生回弹后的轮廓示意图

唐荻等人[60]采用国产超深冲钢 08Al，研究了冲压过程中不同应变路径（单向拉伸、等双向拉伸、单拉 + 等双拉、等双拉 + 单拉）和不同应变量下，织构的变化，如图 11-52 ~ 图 11-57 所示。

比较单向拉伸和原始状态的极图，单拉变形造成的织构变化不大，有利于深冲的取向，{111} 基本保持不变，直到接近失稳，这种取向都存在。本来存在很弱的 {100} <001 >取向也完全消失。单向拉伸对后续变形没有不利影响。

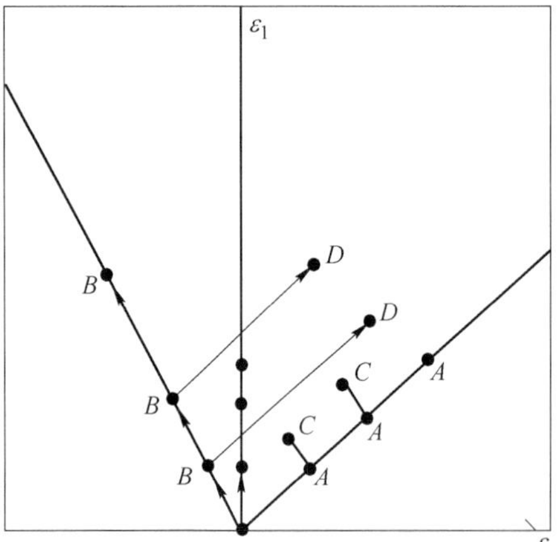

图 11-52　试验方案

A—等双向拉伸；*B*—单向拉伸；*C*—等双拉 + 单拉；*D*—单拉 + 等双拉

图 11-53　原始状态极图

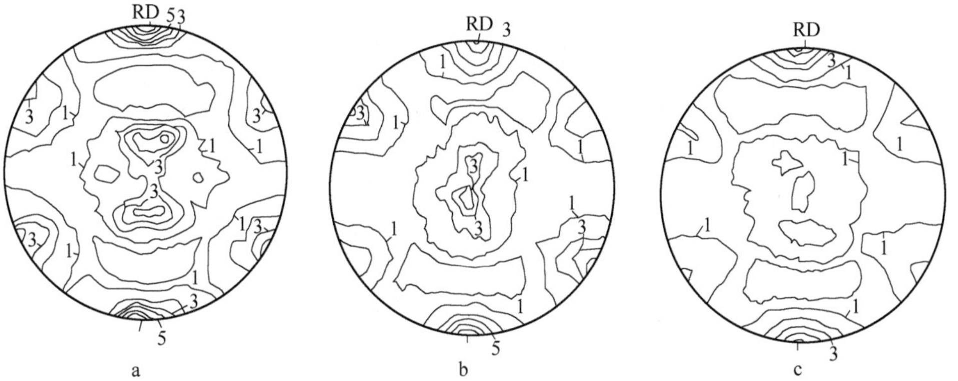

a　b　c

图 11-54　单拉变形

a—15%；b—30%；c—75%

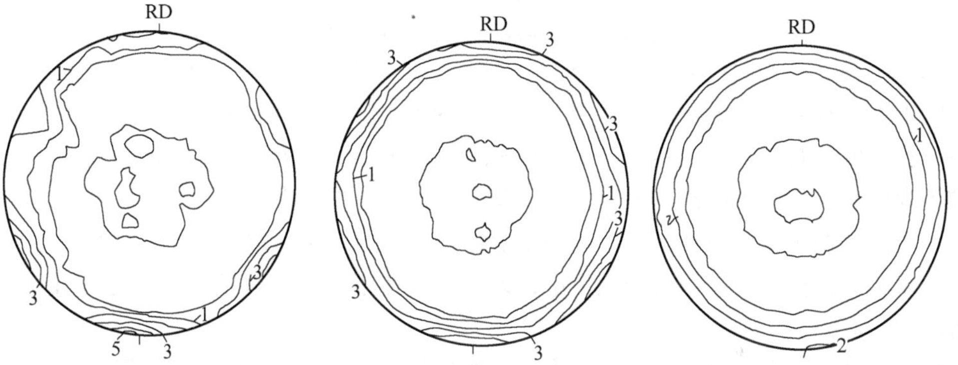

a　b　c

图 11-55　双拉变形

a—15%；b—30%；c—75%

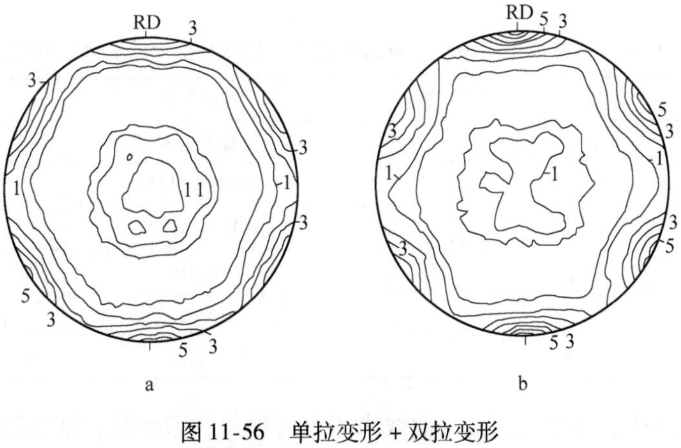

a　b

图 11-56　单拉变形 + 双拉变形

a—单拉变形 15%；b—单拉变形 30%

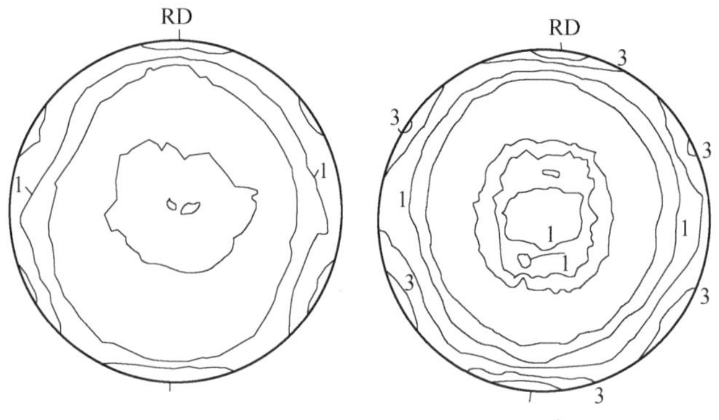

a　　b

图 11-57　双拉变形 + 单拉变形

a—双拉变形 15%；b—双拉变形 30%

等双向拉伸后，原始状态中存在的主要织构逐渐消失，发展成为 {111} 面织构，说明双拉变形可以使织构发生极大变化，其稳定织构是 {111} 面织构。

单向拉伸 + 等双向拉伸变形路径，由于单拉预变形对 {111} <110>织构的强度和转动影响不大，预变形后的织构主要是 {111} <001>和 {111} <uvw>。后续的等双拉变形是在没有发生转动的 {111} <110>基础上发生的。由于没有明显的前阶段对后阶段变形的不利影响，在成型极限图上，这一路径的极限应变未下降。

等双向拉伸 + 单向拉伸路径，两种变形综合作用的结果非常接近等双拉的织构。说明第二阶段单向拉伸造成的织构变化很小，即单向拉伸不能使双拉预先产生的 {111} 面织构再次择优取向。

传统成型极限在轻量化材料的应用中主要存在以下三个突出的相关性问题：各向异性相关性、应变路径相关性、弯曲半径相关性。实际上成型极限这三个相关性的问题在低碳钢等传统材料上也存在，特别是应变路径相关性，但是在高强钢中，这三个问题在轻量化材料的成型制造中表现的更加突出[61]。传统成型极限的简单加载假设和实际成型中的复杂加载对比见表 11-7。

表 11-7　传统成型极限的简单加载假设和实际成型中的复杂加载对比

序　号	相关性问题	传统假设	实际情况
1	各向异性相关性	加载方向不变	加载方向改变
		忽略各向异性	存在各向异性
2	应变路径相关性	线性应变路径	非线性应变路径
		只加载	加载，卸载，反向加载
3	弯曲半径相关性	拉伸变形	拉伸和弯曲变形
		只加载	加载，卸载，反向加载

无论是用应力还是应变成型极限曲线来表示材料的成型极限，都是假定材料在面内是各向同性的。然而实际上钣金材料，特别是冷轧板在面内存在着很大的各向异性，板料面内沿不同方向的塑性存在很大差别。

王辉等人通过试验分析了板料面内的各向异性对板料应力和应变成型极限曲线的影响，研究了利用三维空间的成型极限曲面代替二维坐标下的 FLD 来表示材料整个面内的成型极限的方法，认为板料成型极限面可以为板料成型有限元仿真提供更准确的成型极限判据，如图 11-58 所示。

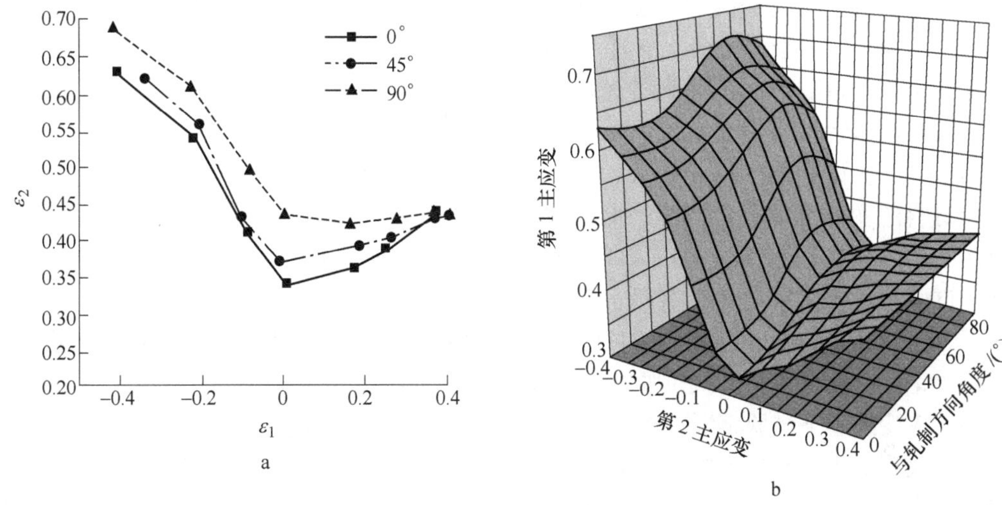

图 11-58 二维与三维 FLD

a—沿不同角度得到的材料的 FLD；b—三维板料成型极限面

从板料的应变成型极限面中可以看到，试件剪取的方向不同，最后得到的 FLD 曲线也不同，其中与轧制方向成 90°的一组试件得到的成型极限曲线最高，0°方向的试件得到的曲线最低，45°方向的处于中间。平面应变点附近主应变差距最大达到了 10%。由于钣金零件在实际成型过程中受力状态很复杂，板料沿各个方向破裂的情况都可能存在，因此用一条 FLD 来表示板料全部的成型极限是不够准确的。

用两个主应变及其与轧制方向的角度这 3 个因素组成一个三维坐标空间中的曲面来表示板料的成型极限，按照试样截取的角度绘制在三维坐标内拟合成曲面就可以得到板料应变成型极限面。这个曲面将整个区域分为安全与破裂两个区域，在进行板料的有限元分析时可以根据零件的两个主应变及其与轧制方向的角度 3 个坐标在曲面以上还是以下，判断这个零件是否达到了缩颈极限[62]。

11.2.3.3 高强度钢动态力学行为的研究

近年来，国外和国内都对高强钢的应用和基础理论进行了细致的研究，同时还对高应变速率条件下高强钢动态力学行为进行了研究。高强钢动态力学行为对高强钢的碰撞吸收能力以及成型性能等诸多方面都有影响。

赵征志等人[63]通过高速拉伸的手段，对强塑积达到 25.57GPa · % 的高强 TRIP 钢的动态力学行为进行了研究。试验钢在不同应变速率下拉伸变形的应力-应变曲线如图11-59所示。从图 11-59 可以看到，在弹性变形阶段，应力随应变的增加而增加；在塑性变形初始阶段，随应变的增加，应力上升到一定值后略有下降，然后上升；在随后的塑性变形阶段，应力随应变的增加有波浪形的起伏，但起伏的幅度不是很大，并且这一阶段持续了较长时间，直至试样断裂。可以看出，试验钢在高速下表现出良好的力学性能，不仅具有很高的强度，而且表现出良好的塑性。

试验钢在高速拉伸下抗拉强度均大于1000MPa，明显高于准静态下的928MPa，在高速拉伸情况下，随着拉伸应变速率的提高，钢中位错运动所需的加速度也随之提高。由经典力学理论可知，加速度越大，运动位错在单位时间内达到的速度就越高，同时位错运动阻力也越大。在准静态变形条件下，试验钢变形速度慢，位错运动与材料的变形基本保持同步，此时位错有足够的时间实现加速过程。因此在准静态下试验钢的抗拉强度相对较低。动态载荷下，应变速率越高，材料中的位错运动速度越快，此时阻碍位错运动的阻力显著增加，试验钢在高速拉伸下的抗拉强度的明显升高。

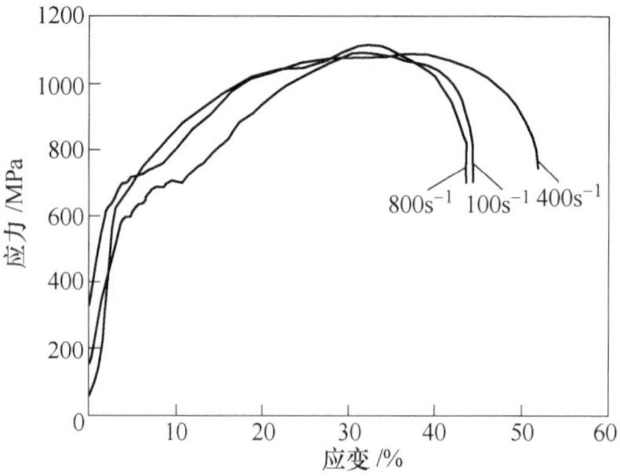

图 11-59　不同应变速率下试验钢拉伸变形的应力-应变曲线

不同应变速率下试验钢断口形貌如图 11-60 所示。可见，在高速拉伸条件下试验钢在宏观上都表现出锥状断口的特征（剪切唇区、放射区、纤维区），说明试验钢在高速拉伸下仍保持良好的韧性特征，这与图 11-60 中试验钢保持高的伸长率是一致的。微观上，图 11-60d ~ f 表现出明显的等轴状韧窝，显示出韧性断裂的特征。试验钢拉伸断口呈现具有

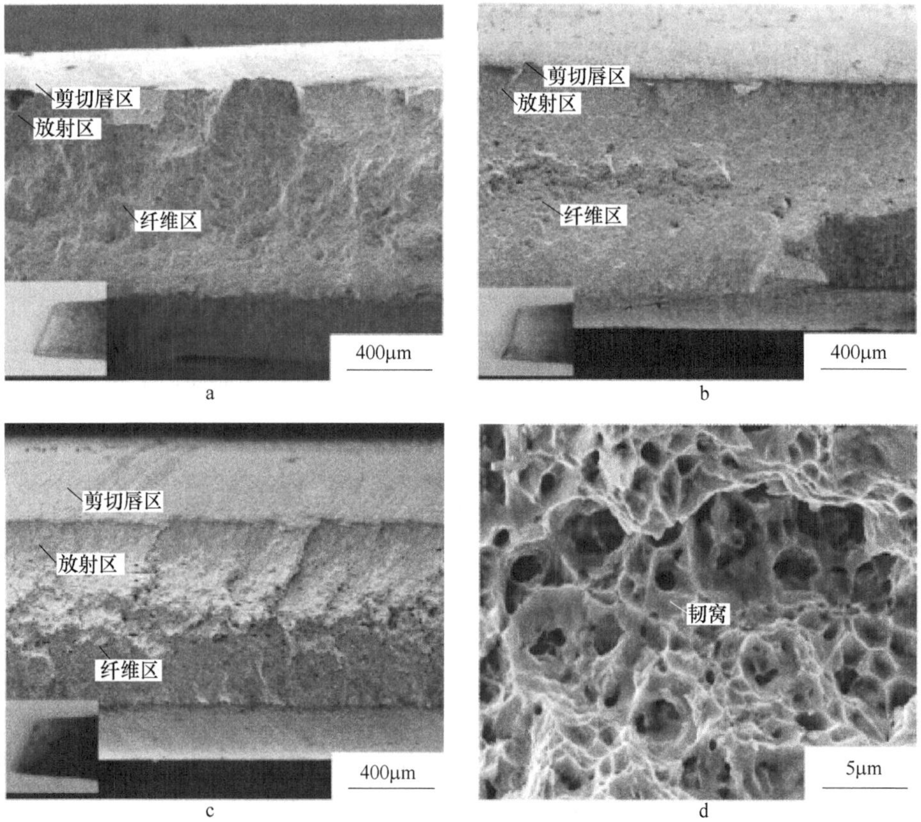

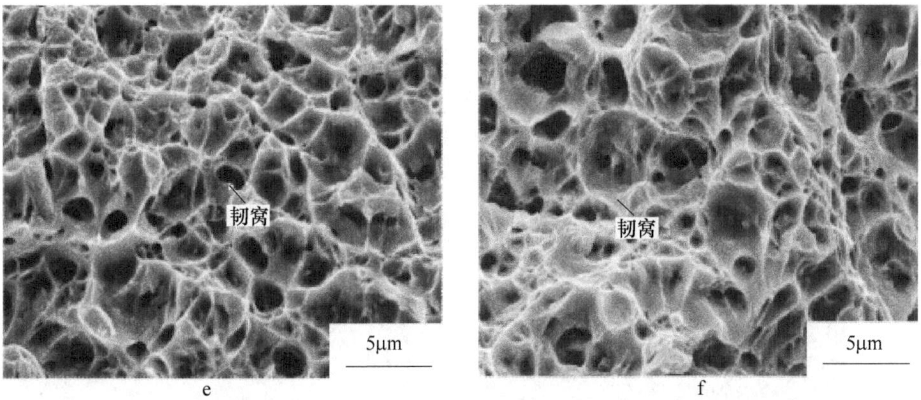

图 11-60 试验钢断口形貌随应变速率的变化

a，d—$1\times10^2 s^{-1}$；b，e—$4\times10^2 s^{-1}$；c，f—$8\times10^2 s^{-1}$

大量韧窝存在的延性断裂特征，韧窝尺寸较小，断口起伏明显，随应变速率的增加，断口韧窝未见明显变化。

11.3 汽车板深加工技术进展

11.3.1 激光拼焊板与连续变截面板技术

变截面技术是从材料加工的角度出发，采用新的材料深加工技术，使得经特殊加工后的汽车板在汽车的轻量化、安全性和结构承载适应性方面都有显著的提高。用于车身制造的变截面薄板主要分为两种，一种是激光拼焊板（TWB），另一种是通过柔性轧制生产工艺得到的连续变截面板（TRB）。

11.3.1.1 TWB 工艺及其特点

1993～1997 年期间，由国际钢铁协会牵头，35 家钢厂和汽车厂联合发起的超轻型车体项目，对白车身结构件中使用激光拼焊技术进行大力推广。目前，汽车用激光拼焊板已在欧洲、美国、日本各大汽车厂商的整车制造中得到广泛使用。目前在全球已建有 100 多条激光拼焊生产线[64]，如图 11-61 所示。

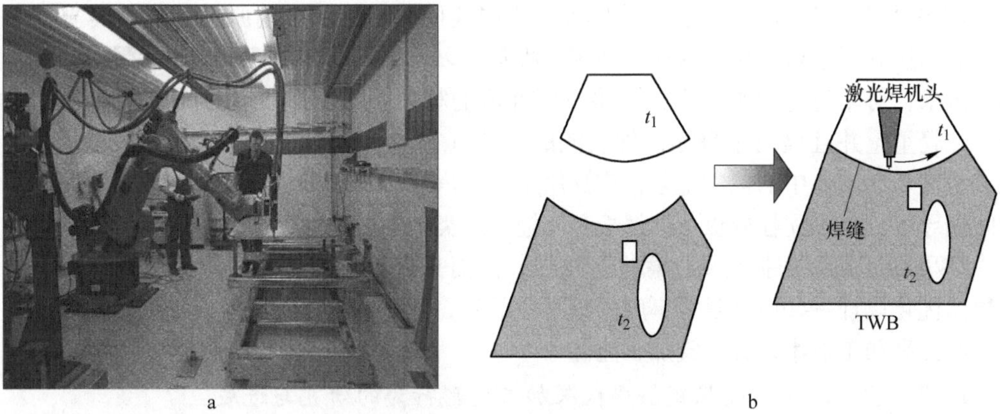

图 11-61 激光拼焊试验现场与工艺

a—AISI 激光拼焊试验现场；b—激光拼焊工艺示意图[64,65]

目前激光拼焊技术已经被广泛运用在纵梁、保险杠、门内板、地板等结构件中。随着汽车工业的发展，激光拼焊板向差厚板方向发展，即将不同厚度的钢板实现拼焊，此时才真正达到不降低轿车结构稳定性的同时减轻车重的目的，如图 11-62 所示。

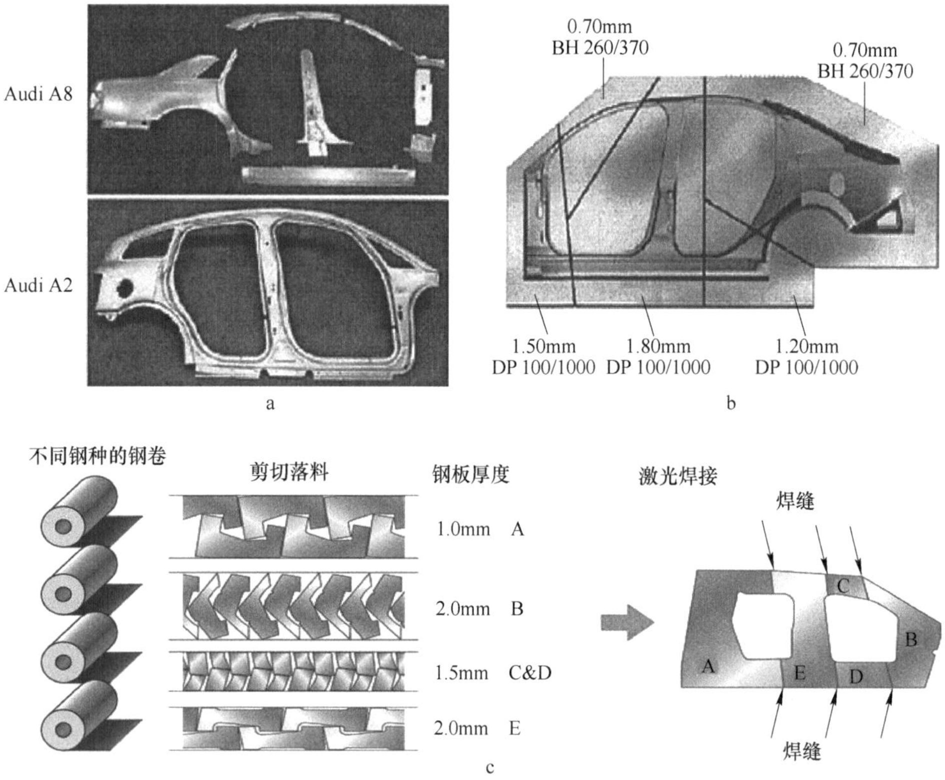

图 11-62　激光拼焊技术

a—奥迪车体激光拼焊示意图；b—不同厚度和类型的钢板通过激光拼焊；c—激光拼焊的工艺流程[66]

11.3.1.2　TWB 工艺及其应用

TWB 采用激光焊接技术把不同厚度、不同表面镀层甚至不同原材料的金属薄板焊接在一起，然后再进行冲压。这样，冲压工程师可以根据车身各个部位的实际受力和变形大小等需求，对车身进行柔性设计，将不同性能的材料用在合适的部位，从而达到节省材料、减轻重量并且提高车身零部件性能的目的（TWB Company，LLC.）。目前，TWB 已经成为汽车制造业中的标准工艺，广泛用于制造汽车车身侧框、车门侧架、车身底盘、电机间隔导轨、中间立柱内板、挡泥板和防撞箱之类的车身零部件。

TWB 由于可以根据需要任意进行拼接，因而具有极大的灵活性，并且能按照等强度的概念优化设计一些原来是等厚度的车身零部件，把它们由原来的锻造加工转换为冲压加工，既提高加工效率，又节省加工能源[67,68]。

11.3.1.3　汽车用高强钢拼焊板深加工变形行为的研究与进展

拼焊板的变形行为与变形预测是其应用的重要前提，也是国内外学者研究的热点所在。拼焊板由于存在焊缝和材料性能与厚度的差异，其变形行为相对于单一板更为复杂。

Kusuda 等人采用拉伸、翻边和深拉研究了不同强度比、不同厚度比的母材拼焊而成的坯料的冲压成型极限情况，认为强度比和厚度比对拼焊钢板的成型极限均有影响，如图 11-63 所示[69]。

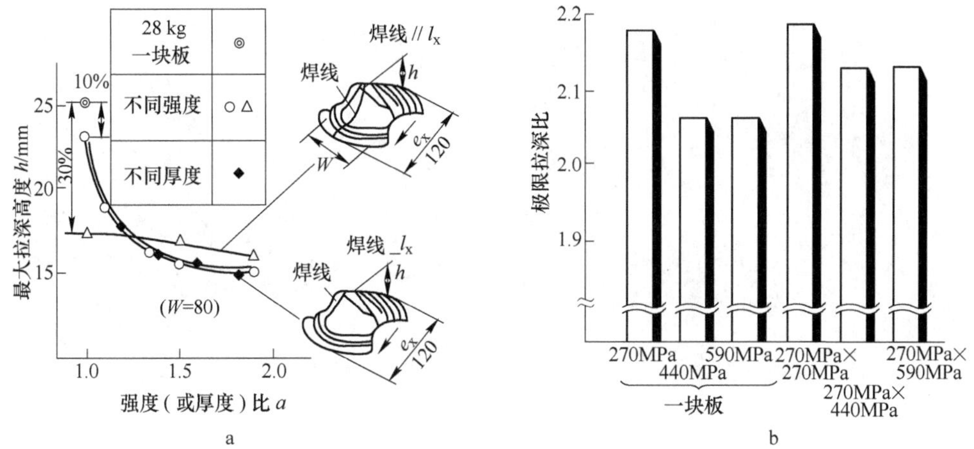

图 11-63 强度比及厚度比对激光拼焊板性能的影响

a—激光拼焊板强度（厚度）比与最大拉深高度的关系；b—不同强度组合的激光拼焊板极限拉深比

M. F. Shi 等人在试验结果的基础上，研究了拼焊板的变形问题，提出用极限厚度比和极限强度比的概念来描述拼焊板。由于焊缝两侧金属的塑性变形不均匀，使得由母材金属确定的极限应变对于拼焊板来说是无效的。由于焊缝处的韧性比基体金属差，为了得到优良的成型性能，焊缝的方向不宜平行于主应变方向。较合理的成型方法是使较厚或强度较高一侧金属有更多的变形，从而避免厚度较薄、强度较低一侧金属的局部集中变形[70]。

米振莉等人对 TWIP 钢和 IF 钢激光拼焊板的组织和成型性能进行了研究，如图 11-64 所示。研究结果表明，焊缝区的成分和组织与 TWIP 钢和 IF 钢母材都不同；拉伸试验均断裂在 IF 钢一侧，TWIP 钢母材及焊缝基本上未发生变形；焊缝的高硬度和组织不均匀性，造成了拼焊板的成型性低于 TWIP 钢和 IF 钢母材[71]。

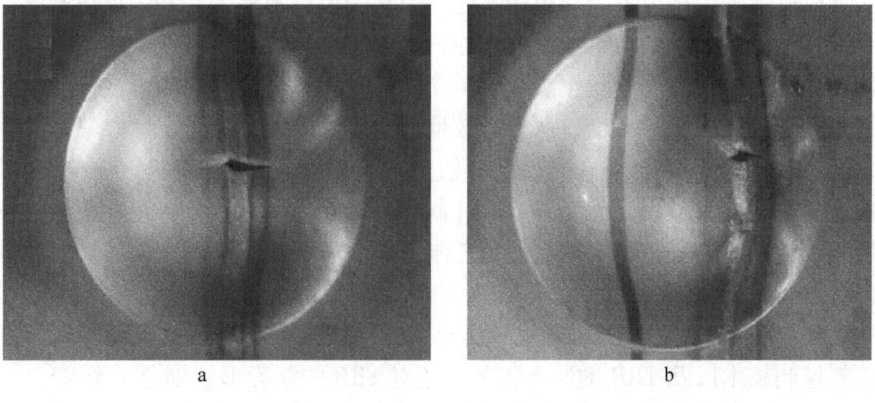

图 11-64 不同厚度的 TWIP 钢和 IF 钢激光拼焊板杯突实验

a—TWIP 钢；b—IF 钢

李辉、江海涛等人对 TWIP 钢激光拼焊板的微观组织及力学性能进行了分析研究，如

图 11-65 所示。研究结果表明：TWIP 钢拼焊板拉伸断裂发生在存在气孔等微小缺陷的焊缝区，拼焊板强度与母材接近，韧性显著降低；拉伸过程中有大量的形变孪晶形成，拉伸前后均为全奥氏体组织[72]。

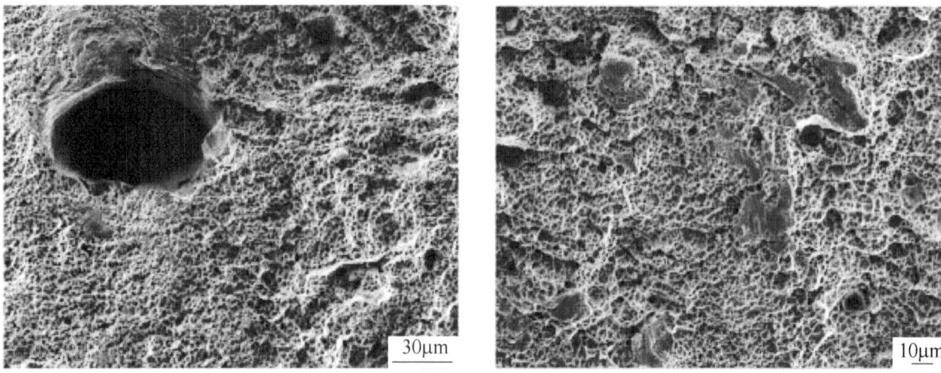

a b

图 11-65 TWIP 钢激光拼焊板拉伸试样断口 SEM 照片
a—孔洞形貌；b—断口形貌

11.3.1.4 TRB 工艺及其特点

TWB 中焊缝的存在和厚度的突变，是其先天不足，这使 TWB 两侧材料性能有跳跃式的差异，影响材料整体的成型性能，而且焊缝在后续的冲压过程中容易产生裂纹。为了克服 TWB 的不足，20 世纪 90 年代后，德国亚琛工业大学金属成型研究所开始研究轧制连续变截面板（差厚板）。TRB（见图 11-66）是通过柔性轧制技术而获得的连续变截面薄板，通过在轧制过程中连续、动态改变辊缝，从而使轧件厚度得到连续改变。在柔性轧制过程中，由计算机对轧机进行实时控制来自动和连续地调整轧辊的间距，从而实现由等厚度板卷到 TRB 板卷的轧制。

在设计车身时可以通过 DFM/DFA（面向制造的设计和面向装配的设计）等手段，预先考虑后续成型加工中钢板各个部位的实际受力和变形以及整个车身的承载情况，在轧制之前选定有利于后续加工的板料型面。比如，事先运用有限元分析或数字模拟技术判断车身覆盖件在冲压过程中可能出现拉裂或材料流动性较大的部位，在车身设计阶段就可以为该部位预先分配较大的板料厚度，从而有效地避免废品的发生。

变厚度轧制技术是 TRB 制造的关键，如图 11-67 所示，研究表明，传统轧制理论不能确切描述变厚度轧制过程。无论是趋厚轧制还是趋薄轧制，其咬入角、接触弧长、中性角、前后滑、轧制压力分布等等均与传统轧制不同，需要建立新的理论和算法。目前国内对此较为缺乏。

IBF 的研究人员 Hauger 和 Kopp 最早提出了一种用于汽车减重的连续变截面板，研究了柔性轧制控制技术以及 TRB 的制备工艺，还对 TRB 的截面形状划分了类型[74,75]。

在国家自然科学基金资助下，北京科技大学高效轧制国家工程研究中心余伟等人，采用数值模拟和实验室轧制相结合的方式，对 TRB 轧制的辊缝设定模型以及控制方法、辊缝变化的非线性规律进行了研究，提出了一种辊缝控制系统结构以及压下位置闭环和负载辊缝闭环的控制公式，为 TRB 的国产化提供了前期的理论研究支持；同时还根据变厚度

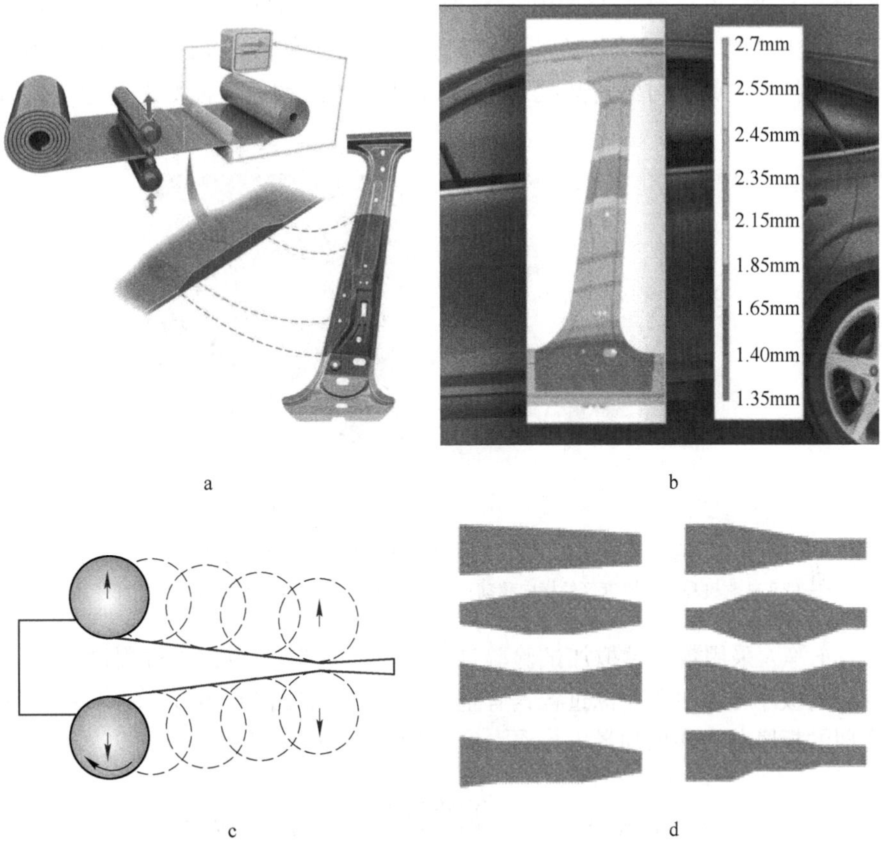

图 11-66 TRB 工艺

a—TRB 的生产及应用示意图（From：RWTH-IBF）；b—TRB 在汽车车身上的应用示例；
c—TRB 的轧制示意图；d—几种典型的热轧 TRB 纵向断面形状

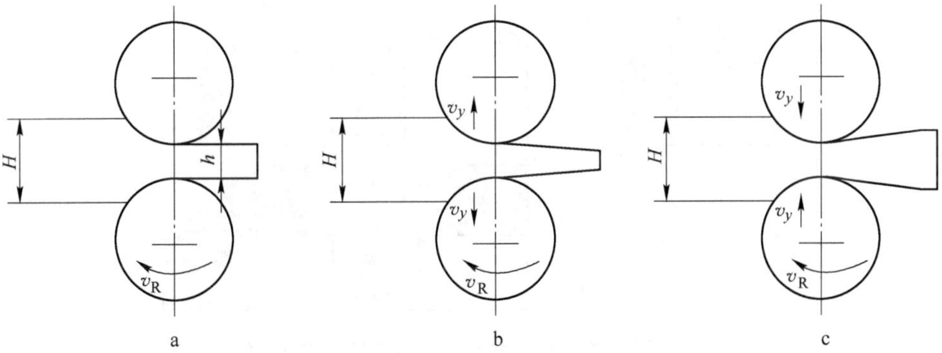

图 11-67 TRB 轧制与普通轧制的比较[73]

a—普通轧制；b—趋厚轧制；c—趋薄轧制

轧制特点和前滑定义，推导了一种变厚度轧制的前滑值的理论模型[76~78]。

TRB 的冲压成型理论与传统等截面的冲压成型理论是不同的，TRB 的变截面厚度只能沿钢板通过压轧时的运动方向变化，无法实现多方向的厚度变化要求，这限制了其应用范围。

R. Kopp、C. Wiedner 等人对 TRB 在胀形过程中的应变问题进行了试验研究，将壳单元引入 TRB 的成型模拟，极大地提高了有限元分析的效率。此外，他们还对 TRB 的拉深过程进行了模拟，尤其针对经过热处理的 TRB 所进行的数值模拟取得了理想的效果[79]，如图 11-68 所示。

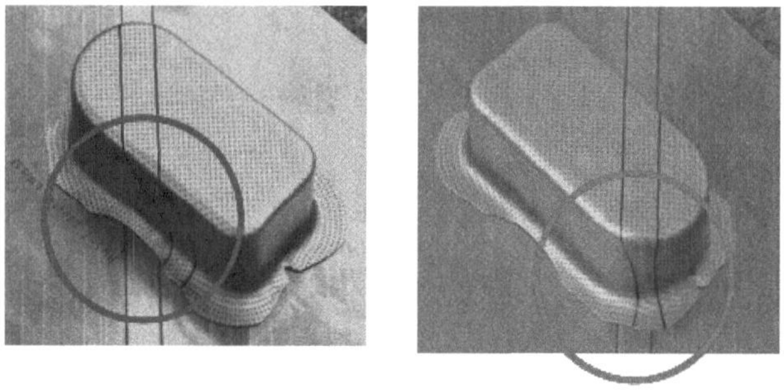

a　　　　b

图 11-68　TRB 板轧制成型过程中变厚度区的变化

a—TRB 轧制过程中变厚度区的横向移动；b—切向压力下 TRB 轧制过程中变厚度区移动

A. Meyer 等人采用数值模拟加试验验证的方式，对 TRB 板拉深过程进行了研究，指出变厚度板的板厚分布对于拉深过程具有重要的影响，如图 11-69 所示，与普通等厚度板相比，合理的板厚分布能增加最大拉深深度（19%）和减少钢板质量（9%）[80]。

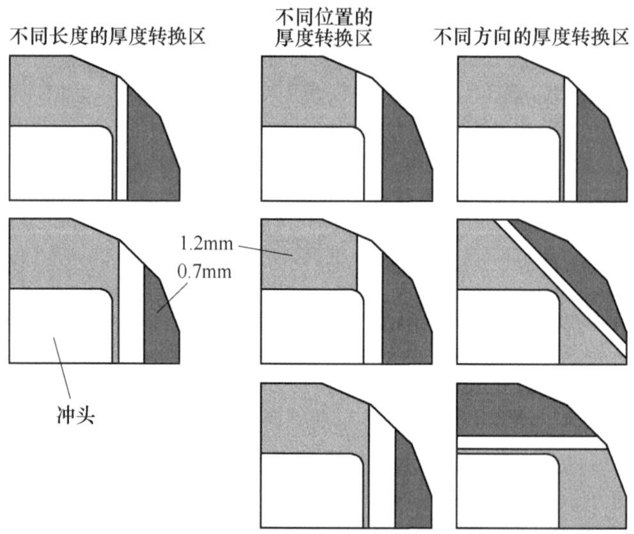

图 11-69　不同变厚度区参数对变厚度板形变分布的影响

东北大学的刘相华等人对 TRB 的轧制和成型技术进行了一系列的研究，对差厚板过渡区位置、过渡区长度、板料厚度、板料尺寸对差厚板拉深成型极限以及厚度减薄率的影响进行了较为系统的研究[81,82]，如图 11-70 所示。

11.3.1.5　TWB 与 TRB 的比较

（1）减重效果。TWB 和 TRB 都是基于工程力学中薄壁梁承载性能的基本理论的应

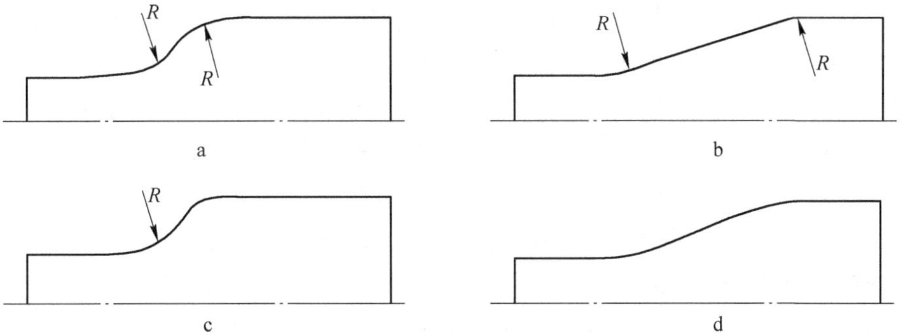

图 11-70 TRB 板过渡区的不同曲线类型

a—双弧主导型过渡曲线；b—直线主导型过渡曲线；c—凹弧主导型过渡曲线；
d—幂函数主导型过渡曲线

用，连续变化的截面形状使得 TRB 具有极佳的减重效果（见图 11-71），即用最少重量的 TRB 材料制成的车身结构件能达到 TWB 及普通板料一样的刚度。

（2）力学性能和应用效果。由于 TWB 存在厚度突变和焊缝，而焊缝与母材在材料特性上存在差异，因此 TWB 在沿长度方向上的硬度会发生跳跃式的变化。TWB 的焊缝从外观上来说无论采用何种涂装措施都无法彻底掩盖，因此它不适宜用作车身外覆盖件材料，一般只用来制作内覆盖件或支承结构件。相比之下，TRB 具有较好的力学性能，其在沿长度方向上的硬度变化比较平缓，没有 TWB 那样的硬度和应力波峰（见图 11-72），具有

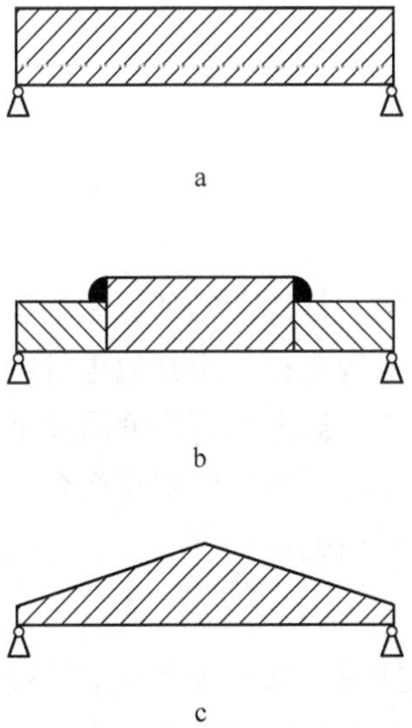

图 11-71 等刚度条件下不同截面厚度的薄板减重效果

a—等厚板梁，减重 0%；b—TWB 梁，减重 20%；c—TRB 梁，减重 40%

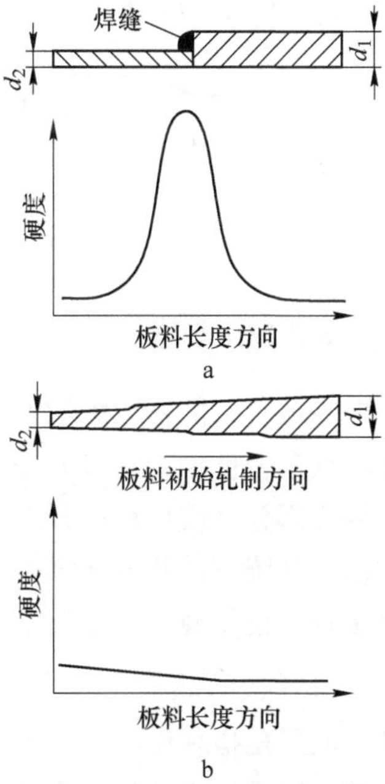

图 11-72 沿板料长度方向 TWB 与 TRB 硬度变化比较

a—TWB；b—TRB

更佳的成型性能；TRB 所制成的零部件厚度连续变化，适应车身各部位的承载要求；其表面变化是连续、光滑的，因而可以制作各种车身外覆盖件。

（3）工艺复杂程度。TWB 可以通过激光焊接工艺进行任意拼接，具有很大的灵活性。但由于它用不同厚度的板材对接或搭接，因此拼接处板料厚度有突变；此外焊缝及其附近会产生局部硬化，需要一道热处理工艺来消除硬化效应，加大了工艺复杂程度。TRB 则是靠柔性轧制工艺在不同厚度的板料之间形成一个连续的、缓变的过渡区，不存在 TWB 的焊缝问题。但它的不足之处是受轧制工艺和轧机设备的限制，其厚度变化只能发生在板料的初始轧制方向上；此外，现有的轧制工艺还无法把不同金属材料的板料“轧制”在一块整板上，即在灵活性上不如 TWB[83~85]。

但是，TRB 并不能完全取代 TWB，也有其局限性：

（1）TRB 的变截面厚度只能发生在板料的初始轧制方向并且厚度变化也只能在一定范围内。

（2）TRB 只能实现同种材质、同种宽度板材的连接。

（3）TRB 宽度受到轧机最大宽度的限制。

变截面板在轻量化方面具有的独特优势，TWB 的制造灵活性更好，但是 TRB 在力学性能、减重、表面质量、成本等方面占优。从综合指标来看，TRB 具有更大的优势。目前，TRB 可以替代同等材质、同等宽度、不同厚度的 TWB，将来的发展趋势是按照负载和结构要求，结合 TRB 和 TWB，设计过渡区的下一代差厚板，制成真正意义上的“任意拼接板”[86]，如图 11-73 所示。

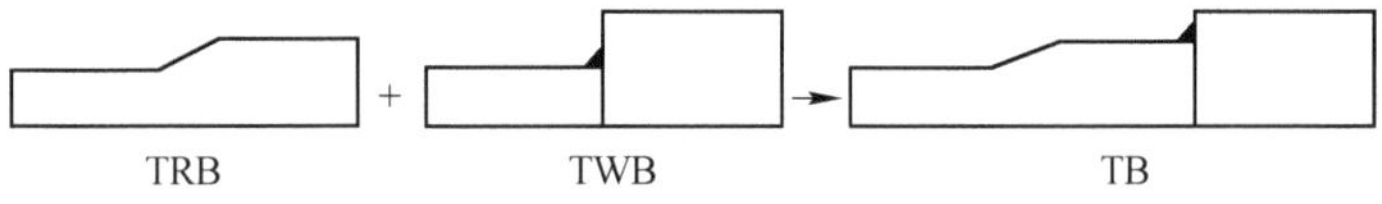

图 11-73 任意拼接板示意图

11.3.2 内高压成型技术

近年来，随着人们环境保护意识的提高，生产重量轻、耗油少的环保型汽车日益成为一个趋势。汽车轻量化的一般方法有 3 种：重新设计车体构造；选用其他重量轻、强度大的新材料替代部分钢铁材料；开发新的汽车零件生产工艺，如采用管件液压成型技术生产汽车用的排气系统零件及支架零件、用一个零件替代多个冲压零件的焊接组合件，从而大幅度减轻重量。目前液压成型技术受到越来越多的汽车厂商的重视[87]。

11.3.2.1 内高压成型技术工艺原理

内高压成型是指利用液体作为传力介质或模具使工件成型的一种塑性加工技术，也称为液力成型。按照使用坯料的不同，内高压成型可以分为板料液压成型、壳体液压成型和管材液压成型三种。

管材内高压成型的原理是以管材作为坯料，通过向管材两端施加轴向力实现密封和补料，同时向管内注入高压液体，把管坯压入模具型腔使其贴合模具成型为所要加工的零件。以金属管材为毛坯，在专用设备和专用模具上通过特殊系统借助液体介质在管坯内产生高压力，一般产生的内压力为100～400MPa，最高能达到1000MPa。在施加高内压的同时，轴向冲头向管坯的两端推进施加轴向推力，实现补料。在内压力和轴向推力的共同作用下，管坯贴合模具型腔内壁，最终得到尺寸符合设计要求的空心零件。内高压成型技术的主要特点是可以整体成型轴线为二维或三维曲线的异形截面空心零件。整个成型工艺过程分三个阶段：填充阶段、成型阶段以及整形阶段[89]。

(1) 填充阶段。如图11-74所示，首先将管材放在下模具内，闭合上模，并施加锁模力，再向管内注满液体，排出气体，用水平冲头将管材的两端密封。

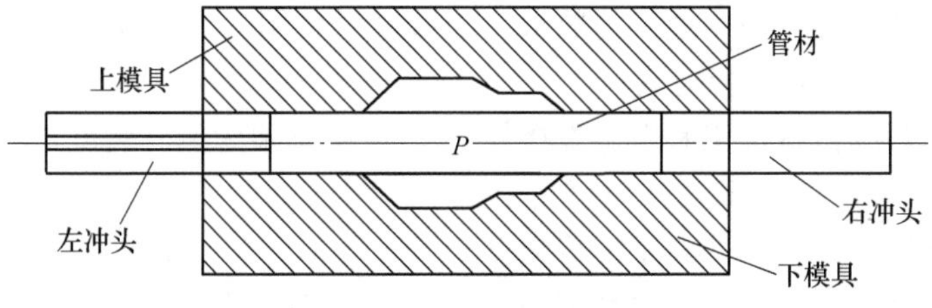

图11-74 填充阶段

(2) 成型阶段。如图11-75所示，对管内液体加压的同时，两端的冲头向内推进实现补料，在轴向补料和内压力的共同作用下，成型区除了过渡圆角外大部分区域已经基本贴合模具型腔，零件基本成型。

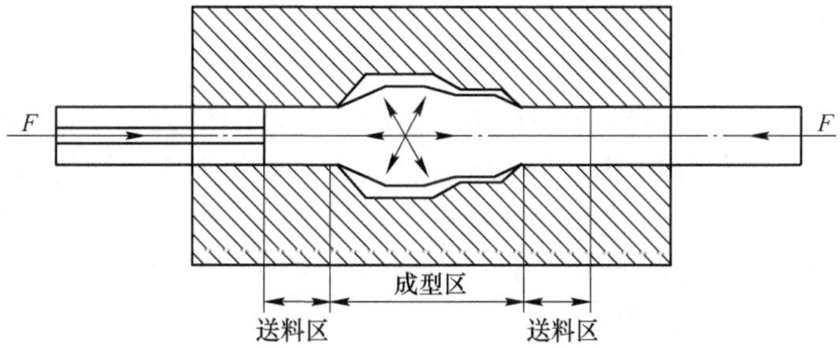

图11-75 成型阶段

(3) 整形阶段。如图11-76所示，进一步提高压力使过渡圆角完全贴合模具型腔，管材成型为所需要的零件，这一阶段基本上不用补料。

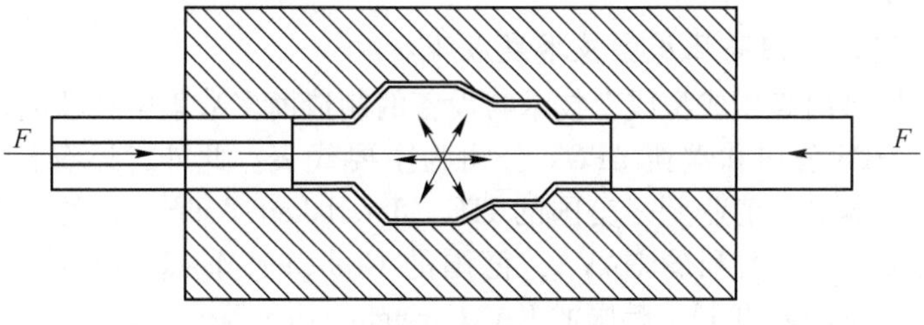

图11-76 整形阶段

11.3.2.2 内高压成型技术的优缺点

内高压成型技术的优势在于：

(1) 减轻质量，节约材料[90]。表11-8是某汽车冲压件与内高压成型件重量对比。总的来说，对于框、梁类结构件，内高压成型件比冲压件减轻 20%~40%；对于空心轴类件可以减轻 40%~50%。

表 11-8　某汽车冲压件与内高压成型件重量对比

名　称	内高压成型件/kg	冲压件/kg	减重百分比/%
仪表盘支架	1.67	3.31	49.5
散热器支架	10.4	15.6	33.3
副车架	8.2	12.3	33.3

（2）减少组装零件和使用模具的数量，降低模具费用。冲压件一般都需要多套模具，而内高压成型件一般只需一套模具。

（3）可减少后续机械加工和组装焊接量[91]。以副车架为例，装配工序从 18 道减少至 9 道，焊点从 146 个减少至 43 个，生产率提高 62%。

（4）提高强度与刚度，尤其是疲劳强度。

（5）材料利用率高。冲压件材料利用率达不到 70%，而内高压成型件的材料利用率可达到 90% 以上[92]。

内高压成型技术的不足在于[93]：

（1）需要大吨位液压机作为合模压力机。

（2）高压源闭环实时控制系统造价高，结构复杂。

（3）零件研发周期长，单一生产过程周期时间较长。

11.3.2.3　内高压成型系统组成与工作过程

内高压成型机由合模压力机、高压源、水平缸（水平压力机）、液压系统、水压系统和计算机控制系统 6 大部分组成。内高压成型机需完成的工作过程包括如下 10 个步骤：闭合模具、施加合模力、快速填充成型介质、管端密封、施加内压和轴向进给、增压整形、卸压、卸载合模力、退回冲头、开模。经过近 10 年的努力，科研人员攻克了超高压建立及高压水介质传输、超高压与多轴位移闭环实时控制、数控系统软件等设备关键技术难题，其中，超高压建立与介质选择最为关键。超高压建立是采用增压器，通过大面积活塞推动小面积活塞，在小面积腔体端建立高压。定义大活塞面积与小活塞面积之比为增压比，当增压比为 25 时，低压腔 25MPa 的液压油在高压腔增压为 400MPa。由于水在超高压下的压缩量小于油的压缩量（见图 11-77），而且水介质对工件及环境无污染，高压腔介质一般选用水作为传力介质[94]。

11.3.2.4　国内外内高压成型技术发展现状

国际上能够提供内高压成型成套技术与设备的制造商多数集中在欧洲，其中，以德国 SCHULER 公司、SPS 公司和瑞典 AP&T 公司为主要代表。此外，还有日本的川崎油工、Amino、Opton、山本水压工业所，美国的 ITC（Interlaken Technology）、HDT（Hydro Dynamics Technologies），意大利的 NAVA，德国的 Grabener Maschinentechnik、S. DUNKES，加拿大的 Valiant Machine&Tool，韩国的 KANG Engineering 等公司。

其中 SCHULER 与客户密切合作，研发和制造复杂的内高压成型生产线，用于生产各种各样的零件。生产线用管子作为起始材料，加工成可准备安装的零件。以下引用的例子涉及用于底盘横梁制造的整个生产线的设计/计划和制造。

该生产线的核心是舒勒提供的一台既具有内高压成型功能也具有预成型功能的 5000t

短行程液压机（见图 11-78）。该压力机装备有双动水压、两个增压器（用于生成所需的高压）以及换模系统。材料借助于两个与自动化处理系统相连接的生产通道的引导，通过生产线。生产步骤包括：折弯、通过润滑施涂装置、预成型、清洗、提取进行热处理。在重新送回到该生产线之后，用内高压成型对横梁进行最终的精整。在通过孔监控站之后，用激光精整，进行第二次清洗，使成品横梁经过校定站，准备进行后续工序。

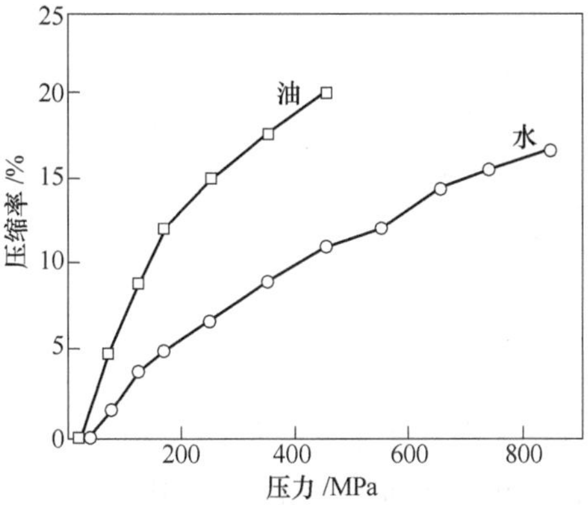

图 11-77 油与水压缩量比较

图 11-78 SCHULER 公司 5000t 液压机

哈尔滨工业大学在获得了设备关键技术的基础上，为国内汽车主机厂及零部件厂研制了多台生产用大型内高压成型机，替代进口设备，用于汽车底盘等关键零件的大批量生产，生产效率为每件 40 ~ 60s。图 11-79 所示为哈尔滨工业大学为国内汽车行业开发的大吨位内高压成型机，最大合模力达到 55MN[94]。

图 11-79 汽车行业用大吨位内高压成型机

近年来，工艺关键技术的创新和大型生产用设备的研制，为自主品牌轿车底盘和车身内高压成型件制造提供了设备与模具，促进了自主品牌轿车整车竞争力的提升。图11-80a所示为一汽奔腾轿车用副车架。该副车架具有三维轴线、18 个不同的异形截面。为成型该零件，通过设计多个花瓣状预成型截面，有效降低了最终的成型压力，壁厚更加均匀。该零件于 2011 年实现批量生产。图 11-80b 所示为 SUV 车型的前支梁。该零件同样具有三维弯曲轴线及变化的矩形截面，所用材料为 440MPa 级高强钢。通过数控弯曲、预成型及液压成型 3 道工序实现该零件成型。图 11-80c 所示为汽车底盘零件，所用材料为 440MPa 级高强钢管。该零件成型的最大难点在于存在一个局部小弯曲半径，通过传统方法难以顺利成型，而通过内高压成型可以较顺利地完成成型。图 11-80d 所示为液压成型扭力梁，该零件截面为 V 形，这使得生产较复杂形状的汽车零件成为可能[94]。

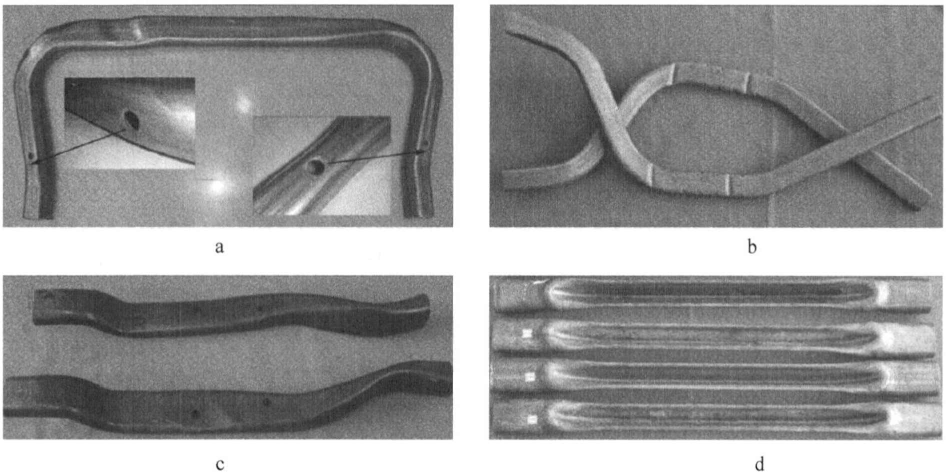

图 11-80　内高压成型典型汽车零件

为了减轻质量及适应空间布置的要求，底盘零件大多设计为空间弯曲轴线的空心变截面构件，截面形状以矩形、梯形和长椭圆形为主，且沿零件轴线截面周长变化。对于弯曲轴线变截面件，需通过弯曲、预成型和内高压成型 3 个工序完成。图 11-81 所示为采用多步法数值模拟给出的克莱斯勒 300C 底盘前梁内高压成型全过程减薄率分布规律。其中，减薄率为负值时表示增厚。弯曲后弯曲段外侧减薄，最大减薄率出现在小弯的外侧，为 2. 6%；弯曲段内侧增厚，最大增厚率出现在小弯的内侧，为 13. 5%。预成型过程壁厚变化不明显。内高压成型后的壁厚分布规律如下：沿轴线方向，最小壁厚位于曲率半径较小

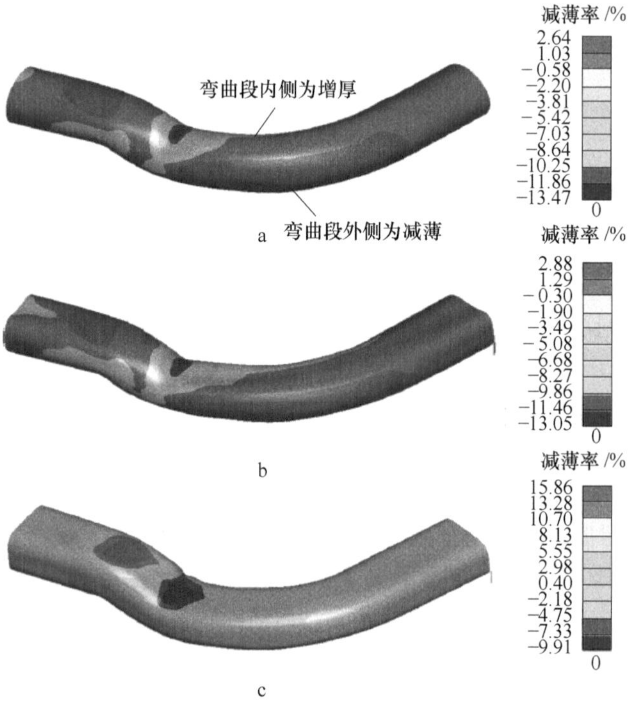

图 11-81　底盘前梁内高压成型过程及减薄率分布

位置处的弯角外侧；沿截面方向，最小壁厚位于截面圆角和直边的过渡区域。最大增厚率仍处于小弯内侧，为10%；最大减薄率仍处于小弯外侧，为16%。C级轿车汽车底盘零件要求减薄率小于20%，所以满足要求[94]。

11.3.2.5 国内外内高压成型技术研究现状

欧美地区内高压成型技术理论研究起步较早，其中德国的F. Dohmann教授对内高压成型进行了广泛而深入的研究。他指出管件与模具型腔的贴附程度和管材壁厚变薄的程度是衡量零件成型质量的主要原则。他对零件的失效形式进行了分类，并对各类失效形式的原因进行了分析，提出了针对每种失效形式的解决方法；指出了模具设计的两种主要形式，分析了两种形式模具的优缺点；对内高压成型的一般工艺过程进行了系统的阐述并对设计过程中相关问题提出解决办法，为后来的管材内高压成型的发展奠定了基础[95]。美国的Stranol和Altan通过对成型过程中管件起皱情况进行同步检测来及时调整液体压力和轴向压力的匹配，通过这种同步的调整来提高零件成型质量。他们采用两种不同的试验方式对管材在模具过渡区与膨胀区之间的摩擦进行研究，对不同成型形状进行理论计算和试验验证，探索了模具型腔表面摩擦因子的测量方法[96,97]。

我国从20世纪90年代才开始内高压成型的研究。哈尔滨工业大学的苑世剑对几类内高压成型的零件的成型机理进行了全面系统的研究[98]。他在大量的试验数据基础之上对内高压成型的机理进行了总结，对内高压成型进行应力应变分析，对摩擦与润滑对成型过程的影响、成型管件的分布规律以及影响因素进行了分析，为主要工艺参数如轴向进给力、合模力、轴向补料量的确定提供了依据。对内高压成型所用的管材选择以及性能检测方面进行了归纳总结，对内高压冲孔进行了探索。此外中国第一汽车集团技术中心、吉林大学、燕山大学、合肥工业大学等也对内高压成型进行了研究[99]。北京科技大学与中国台湾中兴大学合作，用动态显式有限元程序研究了T形管液压成型的最佳加载路径的确定原则以及摩擦、原料尺寸对产品质量的影响[87]。

11.3.2.6 内高压成型技术发展趋势

（1）超高压成型。目前，工业生产中使用的内高压成型机的增压器最高压力一般为400MPa。为了适应更复杂的结构形状和精度、更大壁厚和高强度材料（超高强钢、钛合金和高温合金等），需要更高的内压，将发展到600MPa，甚至1000MPa[93]。

（2）变径管内高压成型技术。变径管内高压成型技术凭借自身的优势在制造汽车进/排系统、飞机管路系统、火箭动力系统、自行车和空调中使用的异形管件和复杂截面管件中的应用也越来越广。

（3）多通道管材内高压成型。随着内高压成型技术在汽车等行业的广泛应用，多通道管材的需求量越来越大。多通道管件的种类很多，有三通管、四通管和五通管以上的多通管，其中三通是多通管中应用最多的结构形式。

（4）热态内高压成型。为了解决高性能铝合金、镁合金等轻金属材料温室塑性低、成型困难的问题，采用加热加压介质成型异形截面零件也成为内高压成型发展的一个重要方向。

（5）超细长管内高压成型。长径比在100以上的零件，若采用补料，只会使管材的两端部增厚，而对于塑性变形较大的中间部位，几乎达不到补料的效果。大长径比管材内高压成型技术一直是管材成型技术中的一个难点问题。目前正在尝试通过镦胀复合、局部镦粗等方法解决此类问题。

11.3.3　热冲压成型技术

生产节能环保的汽车已经成为各大汽车厂商追求的目标。在汽车结构件上采用高强度钢板，可以在保证安全性的前提下，减轻汽车重量，从而降低油耗、减少排放，因此成为汽车轻量化的重要途径。但是800MPa级以上的高强度汽车钢，如果用冷冲压工艺制备汽车零件，主要有两个问题制约其使用，一个是冲裂，一个是回弹[100]。

11.3.3.1　热冲压工艺及其特点

热冲压成型工艺的发明，为解决冷冲压工艺中遇到的问题提供了一条新的思路。热冲压成型工艺是将添加了提高淬透性元素的热成型钢加热到奥氏体温度以上，保温一段时间，待钢板完全奥氏体化以后，将其送至热冲压模具，利用高温下奥氏体良好的成型性进行冲压加工，冲压完成后，模具迅速降温，将钢板淬火至200℃以下，零件室温组织为马氏体，抗拉强度可以达到1000MPa以上，具有优良的力学性能。热冲压成型工艺流程如图11-82所示[100,101]。

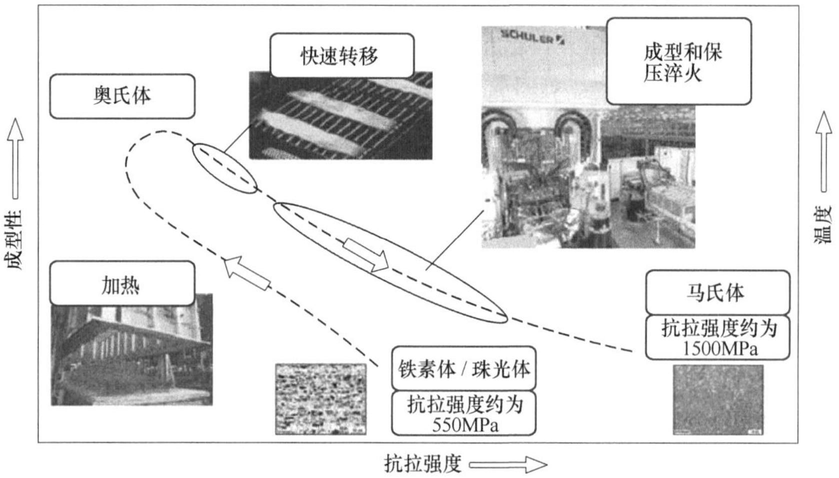

图11-82　热冲压成型工艺流程

在实际生产中，根据零件加工的难易程度及对板料的预处理情况，热成型工艺分为直接成型工艺和间接成型工艺两种。图11-83所示为直接成型工艺，由板料加热、转移、成型和保压淬火等工序组成，可以成型单板坯料、补丁板坯料和拼焊板坯料。该工艺主要用于成型形状简单、变形程度不大的热成型零件。间接成型工艺也称为多步热冲压，如图

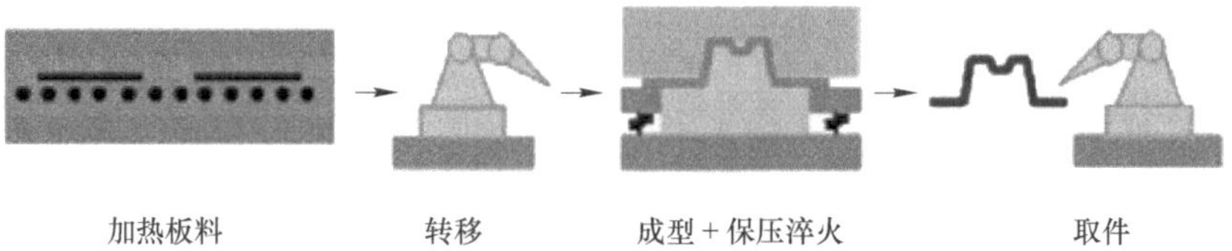

图11-83　直接成型工艺

11-84 所示，就是在钢板未加热之前加设一个预成型工序，对于一些形状复杂或拉深变形较大的工件可以使用该工艺，且一般只对单板坯料。由于间接成型工艺增加了设备成本，因此在实际应用中大多采用直接成型工艺生产[102]。

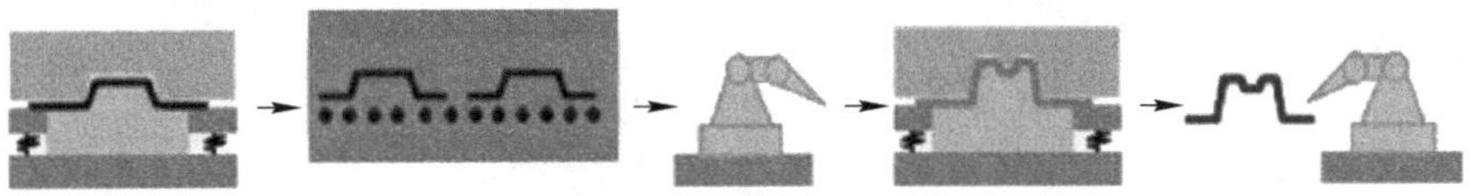

图 11-84 间接成型工艺

与传统冷冲压（零件）相比，热冲压成型技术有其独特的优点，具体表现为：

（1）成型性好。热冲压成型性比较好，而超高强钢（特别是强度 800MPa 以上的钢种）冷冲压对于复杂车身零件就无能为力，极易开裂。

（2）零件尺寸精度高，比较容易满足装配精度要求。

（3）成型所需的压机吨位小。一般而言，800t 的压机就能满足绝大部分车身零件热冲压所需，冲压噪声小。

（4）车型碰撞性能优异，可以实现更高程度零件减薄高强化，在保障车型碰撞特性的前提下有效实现轻量化，降低了汽车油耗和排放。

热冲压成型技术的缺点在于：

（1）生产效率低，生产节拍一般不到冷冲压的 1/2，一般需要后续离散的激光切割工序，产品批量切割定位相对困难；工艺复杂，工艺影响众多，冲压、激光切割和喷丸等工序都会影响零件的尺寸精度，能耗相对较大（需要大功率加热炉）。

（2）模具复杂，设计、加工难度大，制造和调试周期长，模具及其配套工装价格高，维护成本大，单件价格相对较高。

（3）工作环境相对较差。非镀层钢板热冲压会产生氧化皮，对外部气候环境有一定敏感性，特别是样件制作过程[103]。

11.3.3.2 热冲压成型技术的应用

在汽车领域，热冲压零件属于车身零件，典型产品有 A 柱、B 柱、C 柱、前后保险杠、中通道、前围下挡板、车顶加强梁及车门防撞梁（杆）等，如图 11-85 所示。图 11-86所示为欧洲汽车界为提高车型碰撞特性而设计的典型热冲压小总成。图 11-87 所示为日系车型中常用的车门防撞管，其实质也是热冲压成型件的一种。

热冲压技术在欧美，特别是欧洲得到非常广泛的应用，被普遍认为是有效减轻车重、提高碰撞性能和降低车身制造成本的有效手段。大众系列车型中一般有 10%（车身重量的百分比）以上的热冲压零件使用热冲压制造，FIAT 拟在后续新车型中使用 16% 以上热冲压零件，而 Volvo 拟在后续新车型中使用 35% 以上热冲压零件。图 11-88 和图 11-89 所示为全球热冲压汽车零件数量的现状和预测。从中可以看出，近几年热冲压技术在汽车领域的应用日益普及。

纵观 2008 ~ 2010 年欧洲车身会议的相关信息，热冲压零件的使用比例普遍在 4% ~ 15% 之间，其中 B 柱、A 柱、前保险杠是非常典型的热冲压零件。图 11-90 所示为是沃尔沃和宝马车型热冲压零件的使用情况及其占白车身总重量的百分比。

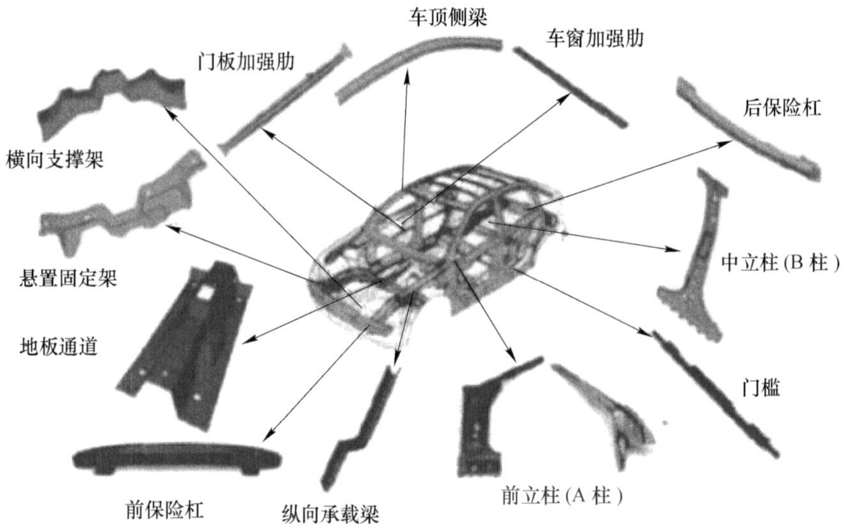

图 11-85　车身中典型热冲压零件及其分布情况

图 11-86　典型热冲压小总成

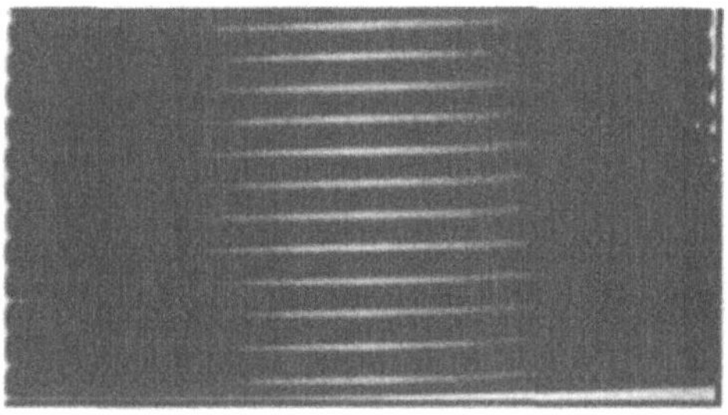

图 11-87　常用的车门防撞管

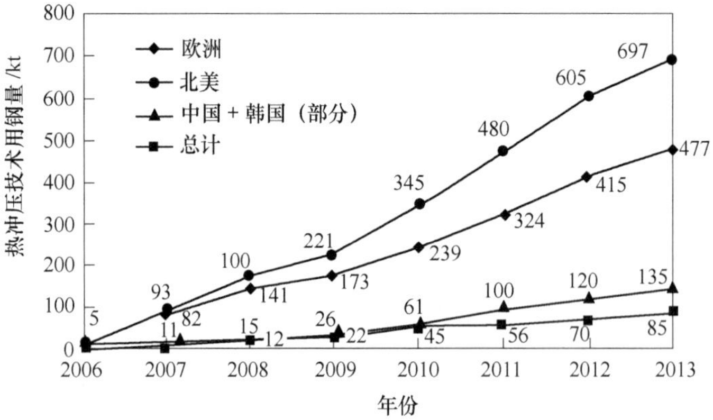

图 11-88　使用热冲压技术用钢量

国内，不仅合资品牌汽车企业，如上海大众、一汽大众、上海通用、长安福特、武汉神龙等在以 CKD 或本土化方式使用热冲压零件，大量自主品牌汽车企业，如奇瑞、上汽、一汽轿车、华晨、广汽长丰、吉利、海马等也在广泛采用热冲压零件，其中三款新车型采

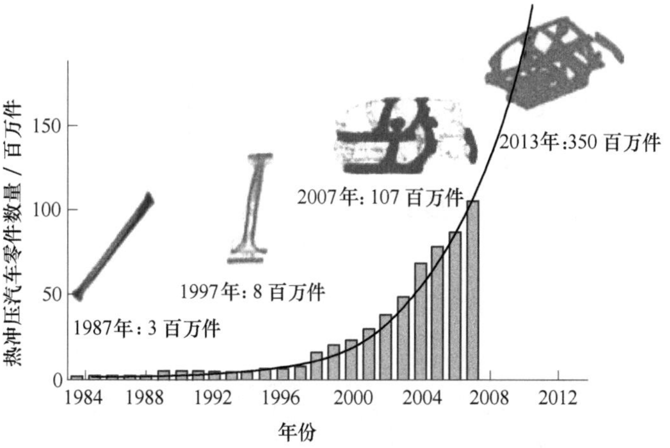

图 11-89 全球热冲压汽车零件数量

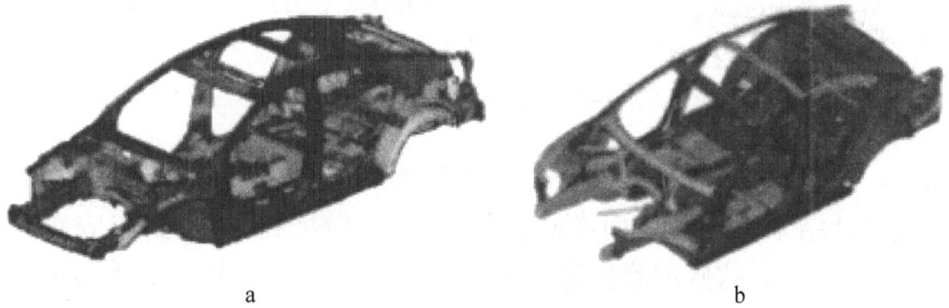

图 11-90 沃尔沃和宝马车型热冲压零件的使用情况

a—沃尔沃 S60（17%）；b—宝马新 5 系（12%）

用宝钢提供的热冲压零件后在欧洲 E-NCAP 测试中均取得历史最好成绩[103]。

由于国外对热冲压生产装备的技术垄断与封锁，国内现有热成型生产线基本从德国 Schuler、瑞典 AP&T、西班牙 Fagor、西班牙 Loire Safe 四家公司进口。这些花巨资引进的昂贵的热冲压生产线外资的管理成本相当高，这使立足于低成本国产设备的、机制灵活高效的民营公司在行业上具有无可争议的低成本的产业化和进入市场的优越条件[104]。

近年来，国内大型钢厂、重点院校、冲压设备制造企业、汽车生产企业在热成型生产装备自主化开发领域方面开展了密切合作，并取得了重大突破。2009 年武汉钢铁（集团）公司与华中科技大学合作，共同开展热成型生产装备与技术研究，并于 2011 年成功开发了国内首条自主化的高效节能电动伺服压力机热成型实验线。2013 年，中国汽车工程研究院、大连理工大学、国家机械装备研究总院、山东大王金泰集团等四家单位也先后完成了高速液压机热成型生产装备的自主化设计与开发。随着我国热成型装备设计和加工制造水平的不断提升，国产自主化热成型生产线将逐步替代国外进口。这将大大降低热成型设备采购和运营成本。

北京科技大学冶金工程研究院自 2009 年以来，一直从事热成型钢钢种开发工作[105]。为了满足热成型钢开发要求，2011 年与机械科学研究总院先进制造技术研究中心合作，开发了一套热冲压成型试验装置，系统主要由四部分组成：加热系统、快速液压冲压机、水冷模具与冷却水循环系统、测温系统，如图 11-91 所示，并在此试验装置上进行了一系列热冲压试验。

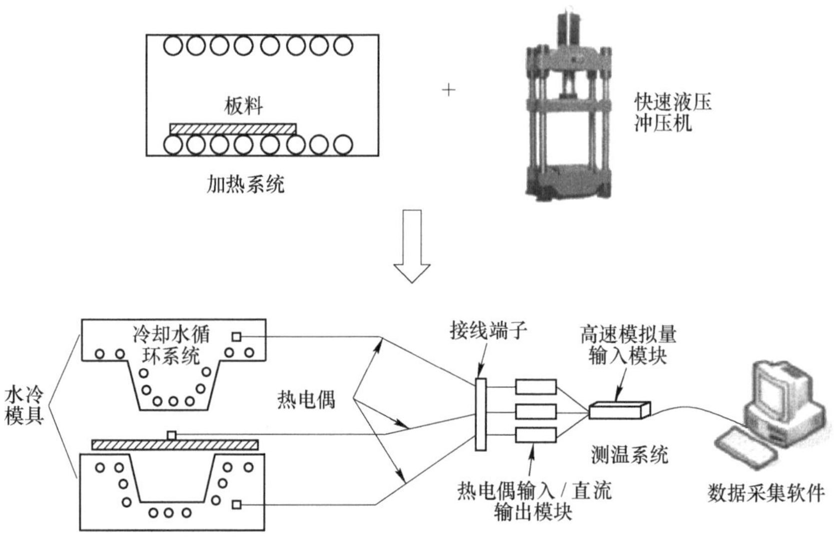

图 11-91 热冲压成型试验装置

模具设计水平是影响热成型零件质量的核心因素。这是由于热成型模具加工制造主要依据 CAE 模具设计结果准确性。而在高温状态下，材料的流动应力与应变、应变速率、摩擦系数三大因素相关，这些因素随温度在不断地发生变化，从而导致热成型 CAE 模拟结果的一致性远低于传统的冷冲压设计。同时，板料与模具间的接触热阻与两者之间的压力和间隙紧密相关，CAE 模拟需充分考虑该影响因素，并依据实际经验，对模具型面进行补偿，以得到尺寸合格的零件[106]。对于外形复杂的零件，需设计局部压边圈，以控制材料流动，确保成型结果。

目前，国内热成型模具主要依赖于国外进口，价格相对昂贵。国内科研院校及零部件制造商一直致力于热成型模具自主化设计与开发工作。武钢-华科大联合实验室、大连理工大学、上海赛科利、宝钢等单位，先后通过热成型产线引进培训及后期经验的积累，培养了自己的模具设计团队，并初步具备简单型面零件的热成型模具设计与制造能力。

11.3.4 冷弯成型技术

冷弯成型又称辊弯成型，是指通过顺序配置的多道次成型轧辊，把卷材或带材等金属板带不断地进行横向弯曲，制成各种开口、闭口、宽幅断面金属型材的技术，其原理如图 11-92 所示。采用冷弯成型技术生产的冷弯型钢可通过改变型材断面形状的方法，用相对较少的钢材承受更大的外载荷，是一种重要

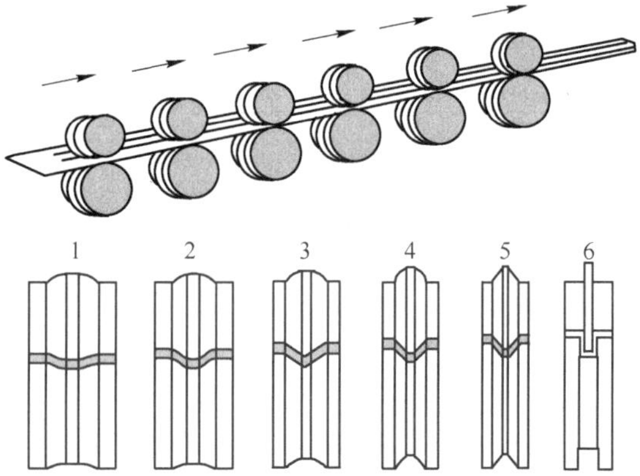

图 11-92 辊压成型基本原理

的经济断面高效钢材。由于其本身具有断面均匀、产品质量高、能源消耗低和经济效益高等优点，冷弯型钢已被广泛应用于汽车行业[107]。

11.3.4.1 力学模型

以槽钢为代表，板带的冷弯成型过程可描述为：开卷后，板材以一初速度向辊缝运动，而上下轧辊以恒定的转速旋转，将板材咬入轧辊，板材进入辊缝后，靠轧辊旋转在板材上产生的摩擦力使板材继续沿纵向运动，轧辊同时对板材施加横向力，使板产生较大的横向变形，经轧辊横向力多道次的作用，板的横向变形逐渐加大，直至完成整个成型过程[108]。

随着进入轧辊的次数的增加，平面钢板逐渐变为槽钢，其成型的部位可分为翼缘、圆角和腹板三个区域，如图 11-93 所示。

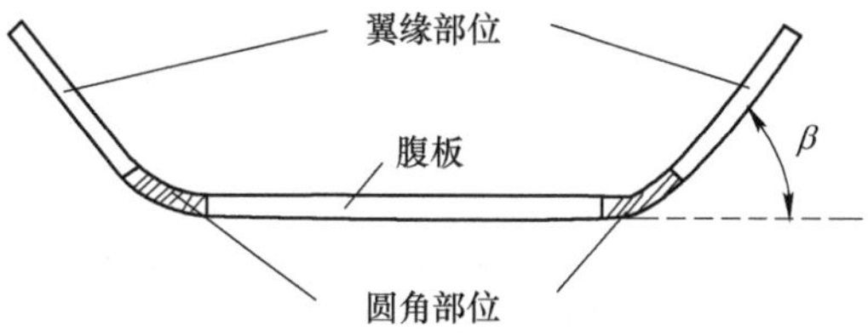

图 11-93 板料区域划分

当板材经过变截面角度为 β 的轧辊时，其横截面的受力模型如图 11-94 所示。图中，q 为下轧辊对钢板的作用力，力的大小可由电测法测得；a 为下轧辊与钢板接触边缘距圆角弯曲形心处的距离；b 为下轧辊力作用于钢板上的范围；腹板部位由于上下轧辊的作用，可认为受到了固定约束，即表明腹板不变形；显然 q 会对圆角处形成力矩：

$$M = qb\left(\frac{1}{2}b + a\right)$$

由上面分析可知：板带在上、下轧辊力的作用下，会在圆角弯曲部位产生弯矩 M。

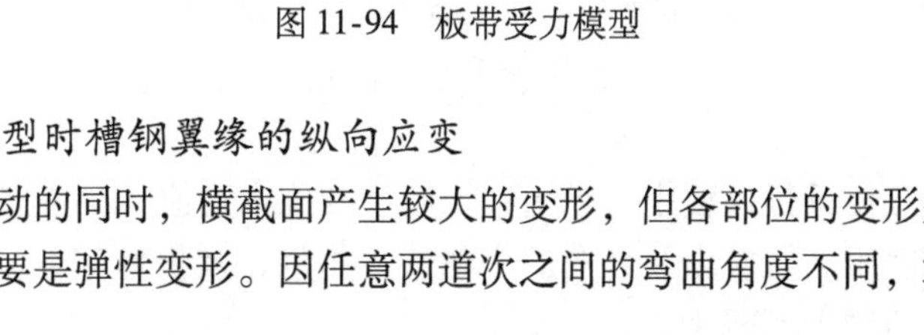

图 11-94 板带受力模型

11.3.4.2 成型时槽钢翼缘的纵向应变

板材沿纵向运动的同时，横截面产生较大的变形，但各部位的变形差异很大。翼缘部分的变形较小，主要是弹性变形。因任意两道次之间的弯曲角度不同，翼缘沿纵向产生拉伸变形。

图 11-95 所示为带钢在两对相邻轧辊间成型时翼缘部位纵向的变形情况：设翼缘 a 与第一对轧辊中心线形成的角度为 ψ，进入第二对轧辊后，翼缘在 ψ 角的基础上又折弯一个角度 α，达到 β 值，折角 $\beta = \psi + \alpha$。弯曲角度 α 是在相邻两轧辊间 AB（L）段逐渐完成的，由于板材两轧辊间相互制约，变形保持连续，故 AB 段也称为平缓过渡段或弯曲过渡段。弯曲变形过程一定时，因与坯料移动方向相垂直的横截面在整个冷弯变形过程中要保持其与轴线垂直，所以折弯角度的不同势必造成翼缘部分受拉。由图 11-95 可看出，

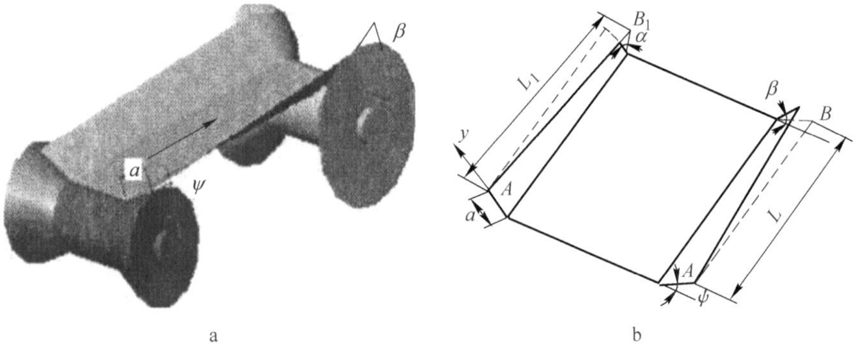

图 11-95 冷弯与翼缘变形

a—板带冷弯变形过程；b—翼缘纵向变形

坯料边缘上的 B 点在边缘 a 折弯一个 α 角度时移到 B_1 点位置，该点仍位于与坯料移动方向相垂直的平面上。由于 $AB_1(L_1)$ 的尺寸大于 AB 边的尺寸，所以边缘 AB_1 部分出现拉伸。拉伸过程中，纵向应变等于：

$$\varepsilon = \frac{L_1 - L}{L}$$

相应产生的拉应力为：

$$\sigma = \varepsilon E = \frac{L_1 - L}{L}E$$

式中 σ——拉应力值；

E——弹性模量。

假设在图 11-95 中所示的折弯边缘 AB 为直线，折弯后的边缘长度为 a，则其纵向应变可写为：

$$\varepsilon = \sqrt{1 + \frac{2a^2(1 - \cos\alpha)}{L^2}} - 1$$

对于整个翼缘部位（即 y 向）来说，由于其在横截面方向主要是弹性变形，故可认为在此方向应力-应变的分布是线性的，即翼缘上任一点的纵向应变为：

$$\varepsilon = \sqrt{1 + \frac{2y^2(1 - \cos\alpha)}{L^2}} - 1$$

可以看出，板带在运行过程中，纵向边缘产生的拉应力值大小主要取决于平缓过渡段的长度 L 及坯料的性质。拉应力及纵向应变随着弯曲角 α 及折弯部分 y 的增大而增大，而随着平缓过渡段 L 的增大而减小。

在实际成型过程，纵向拉应力过大会拉裂板带，过小板带会出现鼓包、翘曲。

因此，了解板带翼缘部位纵向的应力和应变对轧辊辊间距的设计及使用有直接指导意义。

11.3.4.3 成型时槽钢圆角的应力应变分析

随着板带的运行，弯曲角 α 逐渐增大，相应地圆角部位逐步弯曲。弯曲变形时，板带上曲率发生变化的部分称为变形区。通过前面的分析，可以认为槽钢圆角部位是在一外

弯曲力矩 M 作用下弯曲变形的，也可以说圆角部位就是变形区。

在实际生产中，板带的运行速度很快，可以认为板带圆角部位在很短的时间内经历了弹性弯曲变形、弹-塑性弯曲变形和塑性弯曲变形。

（1）弹性弯曲变形。在弯曲开始阶段，外弯曲力矩 M 数值不大，板带仅内部发生弹性弯曲。弯曲变形区内、外层切向应力最大，如图 11-96 所示。外层金属 AB 受拉应力，产生拉应变；内层金属 CD 受压应力，产生压应变；因此中间必有一层金属切向应力为零，称为应力中性层，曲率半径为 ρ_σ ；也必有一层金属切向应变为零，称为应变中性层，曲率半径为 ρ_ε 。在弯曲变形程度较小时，板带的中间层应力、应变为零，这一阶段称为弹性弯曲阶段。此时，应力中性层与应变中性层重合，位于板厚中间，即：

$$\rho_\sigma = \rho_\varepsilon = r + \frac{t}{2}$$

式中　r——板带内侧曲率半径；

t——板带厚度。

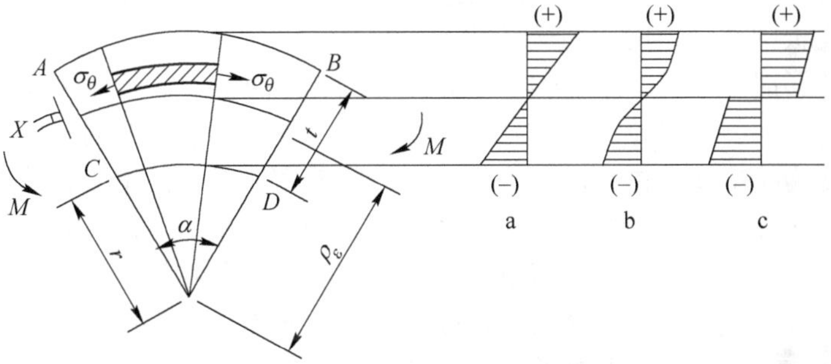

图 11-96　弯曲时板带变形区内切向应力分布

a—弹性弯曲；b—弹-塑性弯曲；c—纯塑性弯曲

板厚不同位置的切向应变值 ε_θ 的变化符合线性规律：

$$\varepsilon_\theta = \frac{(\rho_\varepsilon + x)\alpha - \rho_\varepsilon\alpha}{\rho_\varepsilon\alpha} = \frac{x}{\rho_\varepsilon}$$

式中　α——弯曲角；

x——计算切向应变时的位置与应变中性层之间的距离。

根据应力应变关系，切向应力

$$\sigma_\theta = E\,\varepsilon_\theta = E\,\frac{x}{\rho_\varepsilon}$$

当 $x = \frac{t}{2}$ 时，在板带的内外表面切向应力、应变达到最大值，即

$$\sigma_{\theta\max} = \frac{Et}{2\rho_\varepsilon}$$

$$\varepsilon_{\theta\max} = \frac{\frac{t}{2}}{\rho_\varepsilon} = \frac{t}{2\left(r + \frac{t}{2}\right)} = \frac{1}{2\,\frac{r}{t} + 1}$$

（2）弹塑性弯曲变形。随着弯曲的继续进行，M 数值不断增大，弯曲区变形程度逐

步增大，表层的切向应力首先屈服，$\sigma_{\theta\max}=\dfrac{Et}{2\rho_{\varepsilon}}\geqslant\sigma_s$，此时内、外层表面已经由弹性变形过渡为塑性变形，但板带中心仍然处于弹性变形。这一阶段称为弹-塑性弯曲，如图11-96b所示。

（3）纯塑性弯曲变形。当变形程度继续增大，塑性变形由表面逐步扩展至板带中心。板带内、外层和中心的切向应力全部超过屈服点进入纯塑性弯曲阶段，如图 11-96c 所示。

弯曲时板带变形区内切向应力分布如图 11-96 所示。板带外表面上的变形程度与相对弯曲半径 r/t 大致成反比，所以生产中常用 r/t 表示弯曲变形大小，r/t 越小，表示弯曲变形程度越大。随着 r/t 减小，变形程度增大。当 r/t 减小至一定数值 $\left[\dfrac{1}{2}\left(\dfrac{E}{\sigma_s}-1\right)\right]$ 时，板料的内、外边缘首先屈服，开始塑性变形。如果 r/t 继续减小，板料中屈服的纤维将由表及里逐渐增多，在板料的变形区中，塑性变形部分逐渐增大，直至整个截面全部发生塑性变形。

圆角部位的应力、应变状态与弯曲板料 B/t（B 为板带的宽度）和弯曲变形程度有关。$B/t\leqslant 3$ 的板称为窄板，$B/t>3$ 的板称为宽板。冷弯型钢的板料通常为宽板，这里以宽板为例分析宽板圆角部位的应力应变状态。

宽板弯曲变形时在切向（θ 向）和径向（r 向）的应力、应变状态（见图 11-97）为：变形开始时金属外层受拉应力、在内层受压应力，变形表现为内外层纤维的压缩和伸长，即外层应变为拉应变，内层应变为压应变；随着弯曲变形的继续，曲率半径减小，板带各层金属之间相互挤压，因此在径向内外层金属均属压应力，而外层应变为压应变，内层应变为拉应变；由于在长度方向板带不能自由变形，因此在长度方向外层金属收缩受到阻碍，长度应力为拉应力，内层金属拉伸受到限制，长度应力为压应力。而且由于变形区内外层金属之间相互约束，且受到非变形区金属的制约，金属流动困难，弯曲后长度基本不变，因此在长度方向应变可以认为为零。

所以，宽板弯曲时应力状态为三向应力状态，应变状态为平面应变状态，如图 11-97 所示。

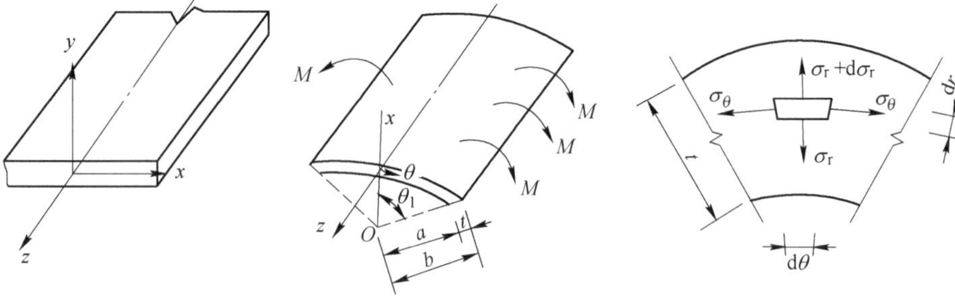

图 11-97　板料弯曲示意图

在变形区内、外层半径 r 处，沿截面厚度方向分别切取一厚度 $\mathrm{d}r$、中心角为 $\mathrm{d}\alpha$、单位宽度的扇形基元体，如图 11-98 所示，根据板带弯曲时的受力情况，利用主应力法进行计算，分析其主应力的分布规律。

对于外层主应力，基元体在厚度方向上的力学平衡方程为：

$$-\sigma_r r\mathrm{d}\alpha+(\sigma_r+\mathrm{d}\sigma_r)(r+\mathrm{d}r)\mathrm{d}\alpha+2\sigma_\theta\mathrm{d}r\sin\frac{\mathrm{d}\alpha}{2}=0$$

以 $\sin\frac{d\alpha}{2}\approx\frac{d\alpha}{2}$ 代入上式，并略去高次项整理得微分方程为：

$$d\sigma_r = -(\sigma_r + \sigma_\theta)\frac{dr}{r}$$

同理可得内层基元体的微分方程为：

$$d\sigma_r = -(\sigma_\theta - \sigma_r)\frac{dr}{r}$$

为方便计算，应力-应变关系式为：

$$\sigma = \sigma_{s0} + K\varepsilon$$

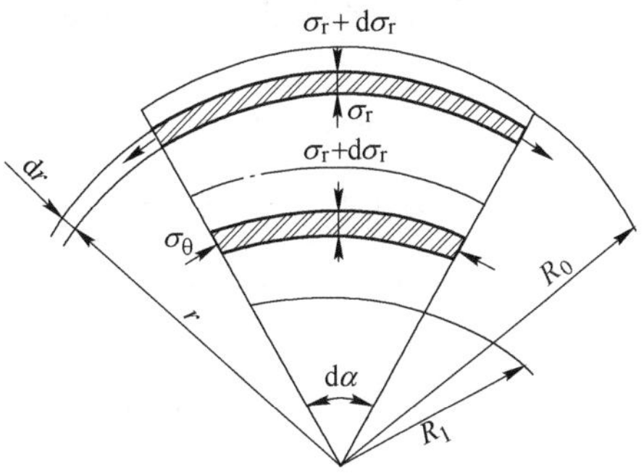

图 11-98 宽板弯曲时基元体上的作用力

式中 K——硬化模数；

ε——对数应变，在半径 r 处，$\varepsilon = \ln\frac{r}{\rho_\varepsilon}$。

对于外层金属，$r > \rho_\varepsilon$，屈服准则为：

$$\sigma_r + \sigma_\theta = 1.155\left(\sigma_{s0} + K\ln\frac{r}{\rho_\varepsilon}\right)$$

对于内层金属，$r < \rho_\varepsilon$，屈服准则为：

$$\sigma_r + \sigma_\theta = 1.155\left(\sigma_{s0} - K\ln\frac{r}{\rho_\varepsilon}\right)$$

可求得外层平衡微分方程为：

$$d\sigma_r = -1.155\left(\sigma_{s0} + K\ln\frac{r}{\rho_\varepsilon}\right) \tag{11-15}$$

内层平衡微分方程为：

$$d\sigma_r = -1.155\left(\sigma_{s0} - K\ln\frac{r}{\rho_\varepsilon}\right) \tag{11-16}$$

对式（11-15）和式（11-16）积分，并与边界条件和平面变形时的主应力关系联立求得板带弯曲时圆角部位的应力分布。

外层的应力分布为：

$$\begin{cases}\sigma_{re} = 1.155\left[\sigma_{s0}\ln\frac{R_0}{r} + \frac{K}{2}\left(\ln^2\frac{R_0}{\rho_\varepsilon} - \ln^2\frac{r}{\rho_\varepsilon}\right)\right] \\ \sigma_{\theta i} = 1.155\left[\sigma_{s0}\left(1 - \ln\frac{R_0}{r}\right) + \frac{K}{2}\left(2\ln\frac{r}{\rho_\varepsilon} - \ln^2\frac{R_0}{\rho_\varepsilon} + \ln^2\frac{r}{\rho_\varepsilon}\right)\right] \\ \sigma_{ze} = 1.155\left[\sigma_{s0}\left(\frac{1}{2} - \ln\frac{R_0}{r}\right) + \frac{K}{2}\left(\ln\frac{r}{\rho_\varepsilon} - \ln^2\frac{R_0}{\rho_\varepsilon} + \ln^2\frac{r}{\rho_\varepsilon}\right)\right]\end{cases}$$

内层的应力分布为：

$$\begin{cases}\sigma_{re} = 1.155\left[\sigma_{s0}\ln\frac{r}{R_1} + \frac{K}{2}\left(\ln^2\frac{R_1}{\rho_\varepsilon} - \ln^2\frac{r}{\rho_\varepsilon}\right)\right] \\ \sigma_{\theta i} = 1.155\left[\sigma_{s0}\left(1 + \ln\frac{r}{R_1}\right) - \frac{K}{2}\left(2\ln\frac{r}{\rho_\varepsilon} - \ln^2\frac{R_1}{\rho_\varepsilon} + \ln^2\frac{r}{\rho_\varepsilon}\right)\right] \\ \sigma_{zi} = 1.155\left[\sigma_{s0}\left(\frac{1}{2} + \ln\frac{r}{R_1}\right) - \frac{K}{2}\left(\ln\frac{r}{\rho_\varepsilon} - \ln^2\frac{R_1}{\rho_\varepsilon} + \ln^2\frac{r}{\rho_\varepsilon}\right)\right]\end{cases}$$

三个主应力沿厚度方向的分布如图 11-99 所示。

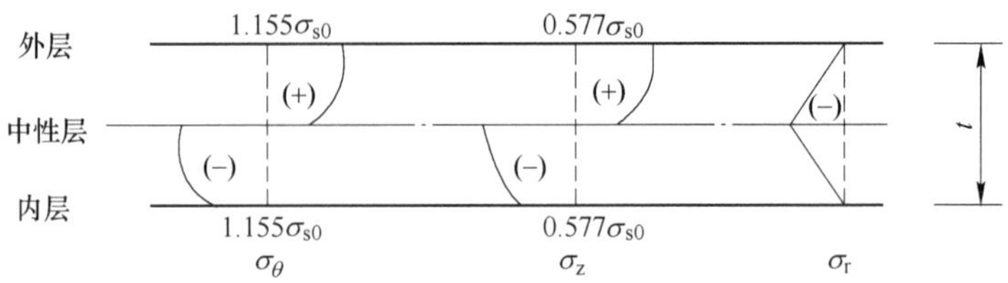

图 11-99　板带弯曲时圆角部位的应力分布

由图 11-99 可以看出：

（1）外层切向应力在外表面最大，为 $1.155\sigma_{s0}$，向中性层逐渐减小；内层的切向应力在内表面最小，为压应力，绝对值为 $1.155\sigma_{s0}$，逐渐向中性层增大。

（2）径向应力在中性层最大。

（3）板料弯曲段上的三个主应力与厚度大小无关，而仅与板料的相对弯曲半径 r/t 有关。

11.3.4.4　冷弯成型过程中的回弹

回弹是弯曲成型时常见的现象，它使型材形状和尺寸与模具形状与尺寸不一致。引起回弹的主要原因是：冷弯成型时，板带和孔型接触，弹性能被存储在板材内，当成型压力移走之后，弹性能被释放出来，导致板带朝着它原始的方向变形。

在弯曲变形时，当外力去掉后，弯曲件由于弹性回复而变化的角度称为回弹角。弯曲时的回弹表现在两方面：一是弯曲半径的改变，由回弹前的弯曲半径 R 变为回弹后的 R_0；二是弯曲角的改变，由回弹前工件弯曲角度 α 变为回弹后工件实际角度 α_0，回弹角 $\Delta\alpha = \alpha_0 - \alpha$。

由于回弹直接影响弯曲工件的尺寸精度与形状误差，因此在模具设计和制造时，必须考虑回弹的影响来修正模具工作部分的尺寸和形状。确定回弹角的方法有理论计算法和经验法两种，这里只介绍理论计算法。

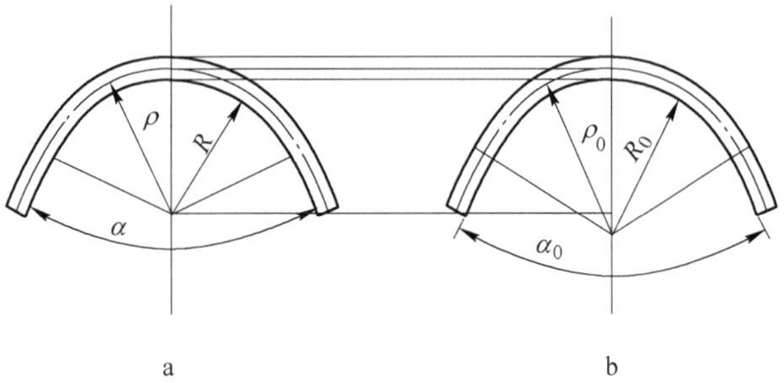

图 11-100　回弹前后的尺寸关系

a—回弹前；b—回弹后

对于弯曲半径 $R \leqslant 10t$ 的自由弯曲，设在外力的作用下，弯曲件的最外层增长了 δ_0，内表层被压缩了 δ_c。回弹前后工件的尺寸关系如图 11-100 所示。

求回弹角主要是求最外层的残余变形，即

$$\delta_{残} = \delta_0 - \delta_{弹}$$

式中　δ_0——回弹前工件最外层的总变形；

$\delta_{弹}$——回弹过程中最外层弹性变形。

最外层的总变形量为：

$$\delta_0 = t/(2\rho)$$

弹性变形量为：

$$\delta_{弹} = M_{弹}/EW$$

式中 $M_{弹}/W$——弹性弯矩作用在外层的拉伸应力；

$M_{弹}$——塑性弯矩，$M_{弹} = mW\sigma_s$；

W——弯曲工件的断面系数；

E——材料的弹性模量。

因此：

$$\delta_{弹} = m\sigma_s/E$$

求回弹后工件表层的残余变形与求总变形的方法相同。

$$\delta_{弹} = t/(2\rho_0)$$

式中 ρ_0——回弹后中性层的曲率半径。

经整理可得曲率半径：

$$\rho = \frac{\rho_0}{1 + 2m\dfrac{\sigma_s}{E}\dfrac{\rho_0}{t}}$$

由回弹前后中性层长度不变的条件，可得回弹角：

$$\Delta\alpha = (180° - \alpha_0)\left(\frac{\rho_0}{\rho} - 1\right)$$

由上面的分析可知，回弹量与材料的力学性能、相对弯曲半径、弯曲角、型材形状和模具结构等因素有关。

由于塑性变形的同时伴随有弹性变形，在实际生产中又有材质及板厚的差别，因此完全消除回弹是不可能的。生产中只能采取某些措施来减少或补偿由于回弹所产生的误差，提高弯曲件的精度。减少回弹的措施为：

(1) 改进弯曲件设计和合理选材。

(2) 校正法：在弯曲终了时，对板料施加一定的校正，迫使弯曲处内层金属产生切向拉伸应变，这样，在卸载后内外层都要缩短，使它们的回弹趋势相反，从而减少回弹量。

(3) 补偿法：它是根据弯曲件的回弹趋势和回弹梁的大小，使板料进行一定的过弯，以使回弹量得到补偿。

(4) 拉弯法：板料在拉力下弯曲，可以改变板料内部的应力状态，使中性层内侧的压应力转为拉应力状态，卸载后内、外层纤维的回弹趋向互相抵消，可以减少回弹。

11.3.4.5 冷弯成型的技术特点

冷弯型钢品种繁多，根据截面结构的不同可以分为开口和闭口两种类，如图 11-101 所示。开口冷弯型钢加工难度比较低，易于成型，其种类主要包括各种角钢、槽钢及型钢等。闭口冷弯型钢的加工难度比较大，主要包括各种形状的空心型钢以及焊接管等。根据尺寸规格又可分为大、中、小型以及宽幅冷弯型钢。大型冷弯型钢一般是指板厚 4～16mm，带坯宽度为 300～1200mm；中型冷弯型钢板厚 2～5mm，带坯宽度为 100～450mm；小型冷弯型钢板厚 0.5～3mm，带坯宽度为 30～200mm；宽幅冷弯型钢板厚 0.6～12mm，带坯宽度为 700～1600mm。

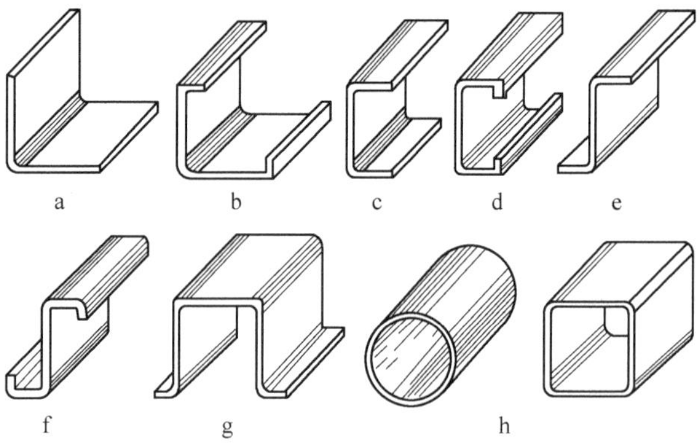

图 11-101 冷弯型钢

a—角钢；b—内卷边角钢；c—槽钢；d—内卷边槽钢；e—Z 形钢；
f—卷边 Z 形钢；g—帽形钢；h—专用型钢

与传统冲压成型相比，辊压成型工艺具有如下优点：

（1）设备投资少，生产效率高，适合大批量生产，成型速度可达 90m/min；制造成本大幅降低。

（2）加工产品的长度基本不受限制，可连续生产。

（3）制件回弹控制方便，产品表面质量好，尺寸精度高，特别适合于高强钢成型。

（4）材料利用率高，与冲压工艺相比，能够节约材料 15%~30%。

冷弯型钢是一种经济断面型材，具有断面形状合理，型钢种类丰富，材质多样化，表面质量好、形位公差低、产品长度尺寸可灵活调整，与冲孔、焊接等联合起来，进行深加工，使产品实现零件化、结构化，能量消耗低等许多优点，在汽车行业得到了广泛的应用，具有广阔的市场发展空间。

英、日、美、德等发达国家对冷弯型钢的生产与应用都非常重视，冷弯型钢的发展要远早于我国，其生产规模、品种、应用范围、产品质量、尺寸精度都达到了一个很高的水平。目前，国外冷弯型钢生产有以下几个特点：

（1）产品生产规模、品种和应用范围日益扩大。

（2）大量采用新技术、新工艺。冷弯成型与冲压、压花、轧边等工艺组成联合生产线，使产品更加接近零部件的要求。

（3）冷弯成型设备生产高速化。目前，法国麦克公司已拥有了成型速度高达 1.5m/s 的机组，并正在制造 2m/s 的高效机组。

（4）以冷弯成型计算机孔型设计技术为中心的研究与开发正在逐步深入和扩大。

11.3.4.6 冷弯成型在汽车行业中的应用

汽车行业是冷弯型钢产品的最主要用户之一。近年来我国汽车产业发展迅猛，乘用车领域更是直线增长，冷弯型钢的需求量很大。在汽车行业中，冷弯型钢主要用在载重汽车及大型客车的车厢边框、墙板、底板、车体框架、底部大梁及车门窗框等零件中，数量比较大。小型客车及轿车的各种导轨、构件及装饰件等零件也使用冷弯型钢，但数量比较小。近几年来，随着汽车轻量化的发展，高强度钢板应用在车辆的承载零件中的比例逐渐增加，但高强钢冲压成型具有载荷大、易开裂、回弹量大的缺点，而采用冷弯成型工艺，由于折弯变形量小，更容易加工成型，因此在汽车领域得到更为广泛的推广应用。图11-102和图11-103所示为奥钢联开发的冷弯成型零件以及AutoSteel公司开发的高强度冷弯型钢，它们都广泛应用于车身结构中[109]。

a　　　　b　　　　c

图11-102　奥钢联冷弯成型零件及其在汽车上的应用

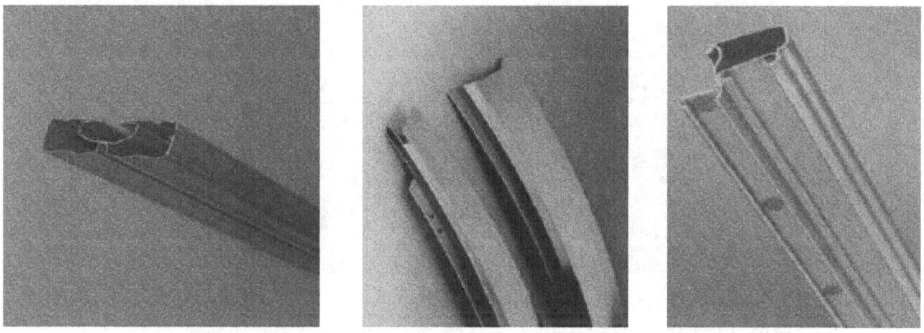

a　　　　b　　　　c

图11-103　AutoSteel公司冷弯成型零件及其在汽车上的应用

武钢开发出客车用薄规格（1.25～3.0mm）高强（$R_{eL}\geqslant 700$MPa）冷弯方矩管产品，目前已成功用于比亚迪客车、宇通客车、中通客车、黄海客车等国内客车制造企业，为客车实现轻量化提供了一个有效的途径。宝钢目前也在从事客车用冷弯型钢的开发工作。

国外的知名商用车生产厂，如沃尔沃、奔驰、斯堪尼亚等，早在20世纪80年代就已广泛采用辊压工艺生产重型商用车车架纵梁及加强梁。东风汽车公司在2000年开始引进此工艺生产重型商用车车架纵梁，是国内第一家采用此工艺的厂家。目前我国有多家主机厂从国外引进了生产线[109]。

福田汽车在福田长沙厂、诸城厂共建设了4条冷弯型钢生产线，生产车架纵梁和车厢边板（见图11-104）实现了一套模具生产18个品种纵梁（板厚4～8mm，宽度160～284mm），一套模具生产8个品种边板（板厚2～6mm，宽度400～1410mm），产品材质为Q345、510L、590L、610L、750L等$\sigma_b\leqslant 900$MPa的平板/卷料，为企业节省了大量模具投入，节省了模具更换和调试时间，提高了生产效率；力丰集团开发了山东华泰60t载重汽车纵梁和挂车车厢全系列冷弯型钢产品（见图11-105），板材材质为Q235、Q345、510L、590L、610L、750L等。

采用高强度钢代替普通强度钢，是汽车轻量化最有效的手段之一。对于汽车安全部件，如保险杠防撞梁、车门防撞梁、前门槛加强板等产品，欧美新型轿车已普遍采用高强

a　　　　　　　　　　b

图 11-104　福田汽车车厢边板车架纵梁冷弯型钢产品

a　　　　　　　　　　b

图 11-105　山东华泰 60t 载重车纵梁车厢冷弯型钢产品

度双相钢板制作，国内汽车还基本上用普碳钢制作。因此，国产轿车在整车质量和安全性能方面还远远落后于国际水平。

畅通车业开发了荣威轿车前后防撞梁（见图 11-106），该前后防撞梁生产线集成了冲孔、冷弯成型、在线焊接、在线弯曲和定尺切断功能，属国内冷弯行业自动化程度较高的生产线之一。荣威 550 防撞梁采用了宝钢产的 B500LA 材料，荣威 750 防撞梁采用了 DP860 材料。

a　　　　　　　　　　b

图 11-106　荣威轿车防撞梁

a—550 前防撞梁；b—750 防撞梁

上海英汇公司开发了标志 B81 轿车门槛加强板和车门防撞梁产品（见图 11-107），该

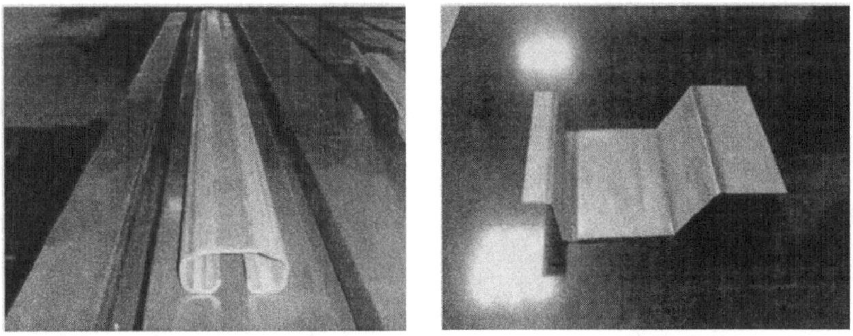

a b

图 11-107 标志 B81 的门槛加强板和车门防撞梁

a—高强度钢辊压轿车车门防撞梁；b—门槛加强板

产品采用超高强度钢 DP1180HY 为原料。众所周知，类似 DP1180HY 的超高强度钢在室温下变形能力很差，回弹严重，材料塑性降低，难以用冷冲压成型技术加工。而辊压成型技术由于具有渐进变形的特点，可以解决高强度钢成型后易出现裂纹的难题。采用过弯也可以解决回弹问题，矫正扭曲和消除两端口面均向外侧张出等回弹缺陷。因此，冷弯成型技术在加工超高强钢方面得到了越来越广泛的应用。

11.3.5 其他成型技术

11.3.5.1 百足成型技术

由于通过传统的材料成型工艺，难以使高强度汽车板穿过设计的优化曲面变形，Ding[110]提出了百足成型法。百足成型的基本原理是使板带沿着设计的最佳转变曲面进行变形，避免产生多余应变，以减少产品内的残余应力从而避免边浪、扭曲、侧弯等缺陷的产生，同时控制材料的回弹。在传统的辊弯成型过程中，转变曲面是由几个阶段性的部分组成的，受材料种类、板带几何参数尺寸（厚度、宽度和产品断面形状）等因素影响。辊弯成型时，可以明显看出材料的变形主要集中于弯辊附近非常小的范围，而在两个机架之间的变形量很少，这大大增加了辊弯设备的长度和占地面积。而且对于辊弯成型来说，如何合理分配、确定每道次的变形量是十分具有挑战性的，目前虽然有一定的经验公式可以参考，并且可以应用 CAD 和有限元仿真技术进行设计，但对于设计断面形状复杂的产品依然没有很好的解决方法。

图 11-108 所示为利用百足成型生产同一种型材的转变曲面。在整个加工过程中，转变曲面逐步由平面变化为成品形状，整个曲面为流线型，避免了材料在某些区域集中变形的情况。通过控制成型工艺参数可以得到不同的转变曲面，材料纵向上的应变非常小，可以认为这种转变曲面就是最优转变曲面。如果板材沿着该曲面进行加工，在纵向上的多余变形可以最大限度地被减少，由此产生的产品缺陷也将大大减少。这样的最优转变曲面可以通过简化后的几何模型或有限元模拟的方法得到。应用百足成型工艺，可以让板料沿着最优转变曲面进行变形。

利用百足成型法进行加工板料的基本步骤是先设计出具有优化转变曲面的一对模具，然后对模具进行切分重组，如图 11-109 所示。两组上、下模具阵列相应地装配在偏心驱

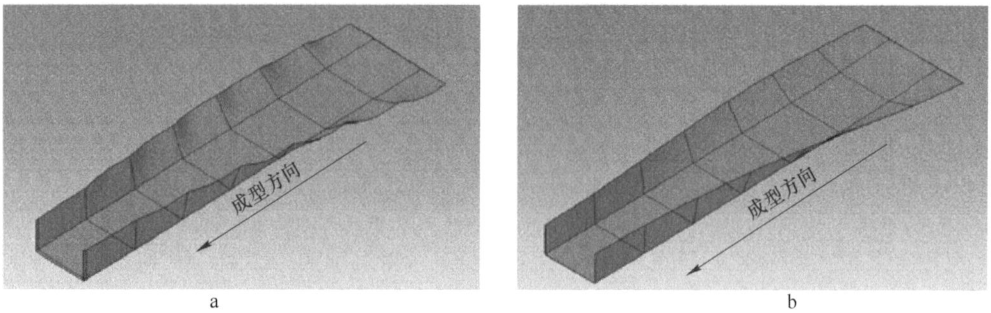

图 11-108 冷弯型材的转变曲面

a—辊弯成型过程中的转变曲面；b—优化后的转变曲面

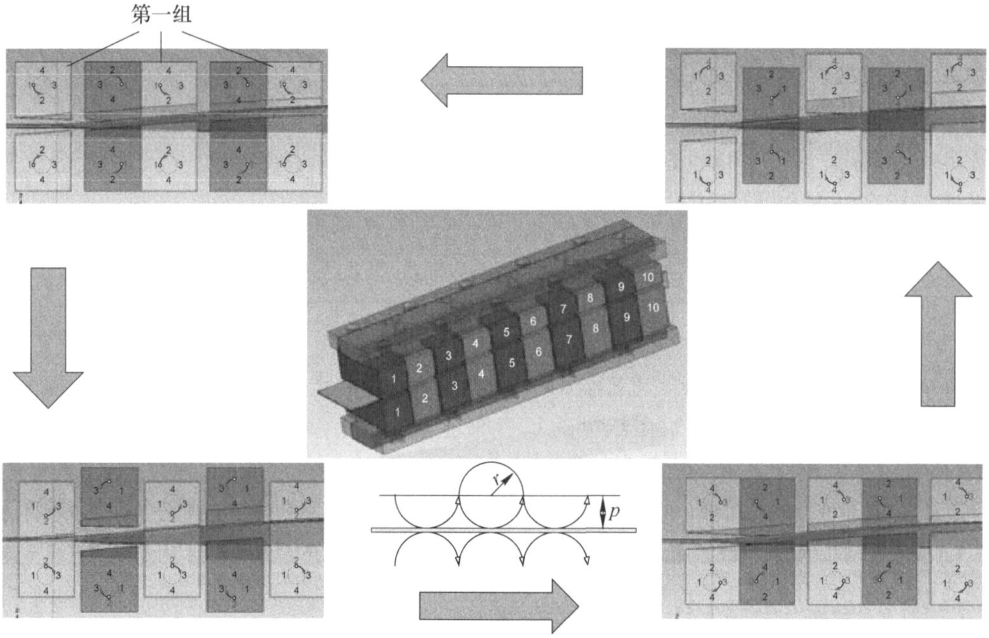

图 11-109 百足成型的工作原理

动轴上，当驱动轴转动时模具块做相应的圆周平动，而相邻的模具块相角差为 180°。当同一组模具阵列进入工作状态，上下模具块逐渐结合，夹在它们之间的板材被压弯，与此同时，向前运动的分量将板材向前推动，此时的另一组模具阵列处于回返状态。当第一组模具阵列的工作阶段完成时，第二组模具阵列进入工作状态，重复上述过程。因为该运动模式类似于百足虫向前爬动，故而得名百足成型。

11.3.5.2 三维冷弯成型工艺

三维成型技术是以轻量化和结构一体化为目的开发的一种变截面经济型断面型材的辊弯成型技术。该技术以机电一体化、有限元模拟技术和计算机控制技术为基础。在三维成型过程中，每个道次需要独立的电机控制轴向运动，如图 11-110 所示。电机由预先编制的程序指令驱动各轧辊调整位置，成型所需的型材[111]。

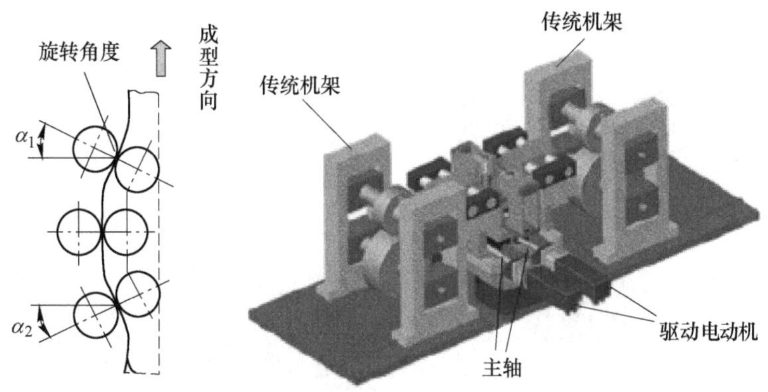

图 11-110 三维冷弯成型设备图

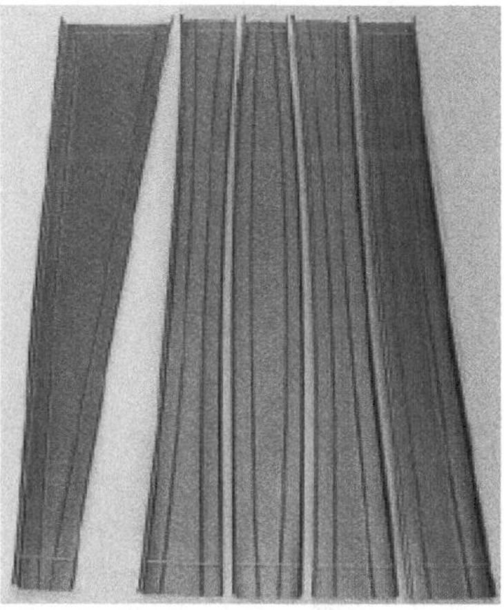

图 11-111 变截面产品

从力学条件来看，通过三维成型可以得到结构优化的型材截面，在相同的刚度要求下，减轻了金属消耗量，达到轻量化目的。从使用环境来看，三维变截面产品（见图 11-111）特别适用于对使用空间有严格限制的汽车、飞机等高端行业。其克服了辊弯件使用的局限性，扩大了辊弯件的使用领域；并且，随着超高强钢的广泛应用，三维变截面辊压件占用率将大大提高[112]。2001 年 ORTIC 公司的 Ingvarsson 教授最早开发三维成型技术，当时的三维成型机只能用来成型锥形轮廓。2002 年，弯曲辊的引入使三维成型技术得到了更深入的发展，型材的曲面和纵向宽度变化成为可能。之后，德国 Darmstadt 大学的 Groche 教授设计了单辊柔性机架整合到传统冷弯成型机[113]，能通过有限元模拟和 CAD 系统控制将边部进行弯曲成型，目前他们试验车间的三维成型机已经可以满足小批量加工的需求。然而，由于技术难度大、投入资金多等原因，三维冷弯成型技术尚未全方位应用于工业上，相关理论还需要进一步深入研究。

11.3.5.3 分枝成型技术

分枝成型技术是在无连接（焊接）、层压和再加热等工艺的条件下，在常温下利用冷弯成型机架逐道次变形而成为整体分枝截面的技术，属于冷弯成型技术的改良技术范畴[114]。分枝成型过程如图 11-112a 所示，该新冷弯成型工艺过程中，钝角撕裂辊和支撑辊逐道次增加工件边部的表面积，而高的静压力使得在变形过程中，局部变形区的材料成型性能提高，并保证局部的大应变。成型完毕后边部材料的力学性能提高了近一倍，工件获得了更高的整体刚度、表面加工硬化和低的粗糙度。图 11-112 中 2mm 板料经过分枝成型得到了边翼为 1.2mm 厚度的工字型钢且连接处的厚度增加保证了型材的刚度。

11.3.5.4 变等厚辊弯成型技术

变等厚板辊弯成型技术是将等厚的板料通过带有变化辊缝的冷弯成型机逐道次成型为非等厚板的一种新型的辊弯成型技术[115]。这些非等厚板料尺寸由受力优化决定。变等厚

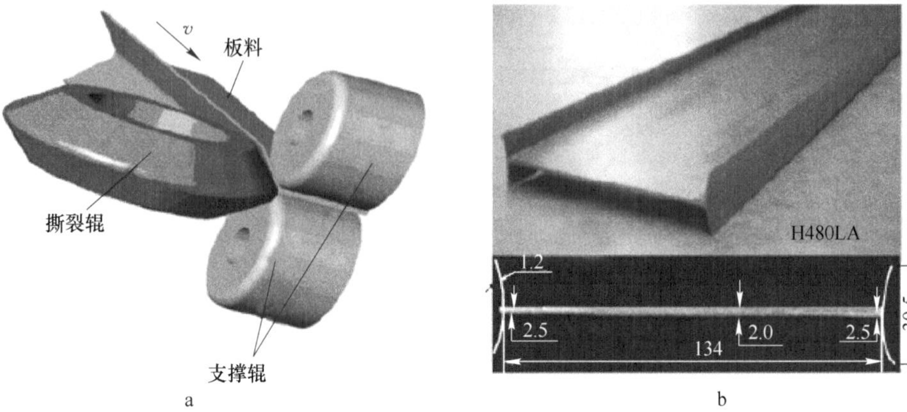

图 11-112　分枝成型过程和样品

a—分枝成型过程；b—分枝成型样品

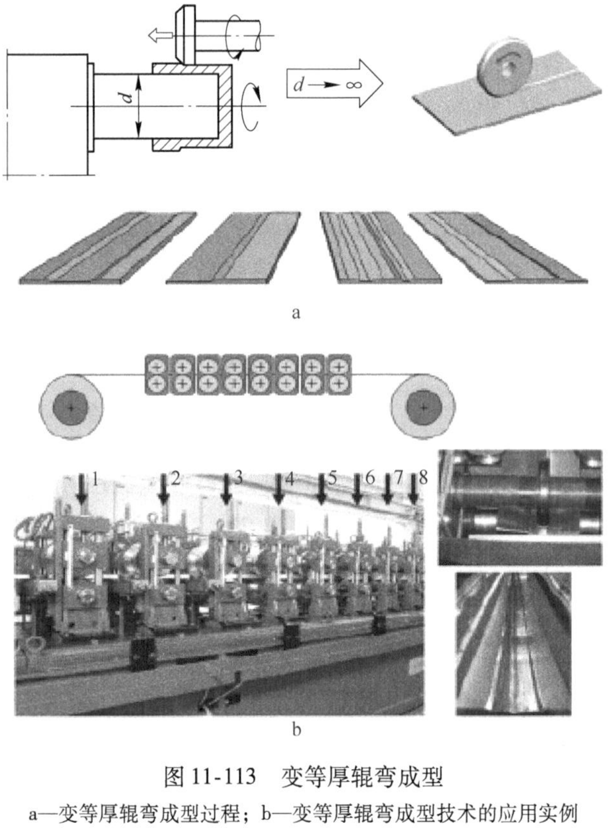

图 11-113　变等厚辊弯成型

a—变等厚辊弯成型过程；b—变等厚辊弯成型技术的应用实例

辊弯成型过程与应用如图 11-113 所示。非等厚板料除能优化受力的优势以外，还能和典型的冷加工的下游工艺连接生产高性能的产品的优势，如冲压、弯曲、热冲压，当然还包括辊压成型。图 11-113 所示是板料经过 8 个道次的成型后，得到的非等厚型材的应用实例。

非等厚板是与来自汽车制造的用户合作开发而成的，设计者以关注变截面工件的重量优化和功能为基础，设计厚度的分配和选择材料。柔性变截面板的不断发展在逐渐开辟新的市场并流入市场。

11.3.5.5 局部加热辊弯成型技术

局部加热辊弯成型技术是在冷弯成型中，对受力巨大、金属变形剧烈的弯曲区域加热到某一温度，以降低材料的强度、提高金属塑性为目的的一种新型辊弯成型技术。该技术特别适合于强度高、伸长率低的高强钢的辊弯成型。通过局部加热辊弯成型，可以获得弯曲半径更小的产品。

该技术的特点是以一种经济的方式加热辊弯成型中板材的弯曲区域，降低因钢材强度升高所产生的对辊弯成型设备的限制，提高材料的塑性，得到弯曲半径更小的产品，使辊压件产品截面形状多样化。

瑞典学者 Lindgren 设计了一套旋转式局部加热装置[116]，如图 11-114a 所示。实验样品为 HyTens 1600 钢，厚度为 0.7mm、宽度为 54mm、屈服强度 1600MPa。旋转加热盘沿弯曲线加热，经过 6 个道次的逐步冷弯变形，V 形钢以内弯曲半径 0.4mm 弯曲 120°，无裂纹产生，而相应的无加热状态下弯曲 60°就会产生裂纹，如图 11-114b 所示。

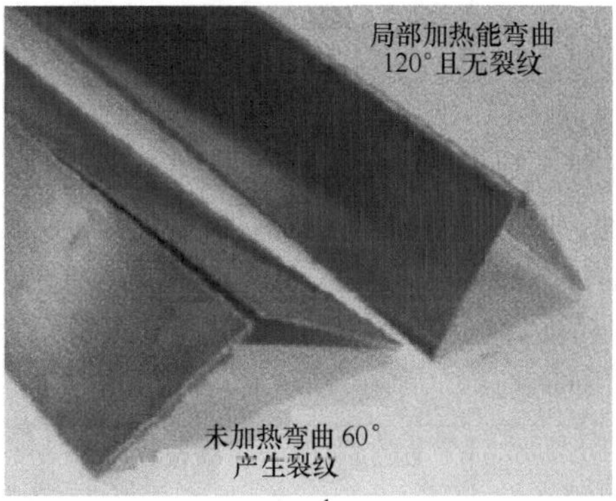

图 11-114 局部加热辊弯成型技术

a—旋转式局部加热装置；b—不同加工条件下的弯曲结果比较

11.3.5.6 热辊压成型技术

热辊压成型技术是辊弯成型技术和淬火工艺集成在同一工序中进行的新型技术，即在钢板进入轧辊前将钢板加热到奥氏体状态，经轧辊成型后进行淬火处理得到均匀马氏体组织。其主要工艺步骤是开卷、感应加热、成型和冷却，其中感应加热后成型称为直接辊弯成型工艺，如图 11-115 所示，感应加热之前成型称为间接辊弯成型工艺。

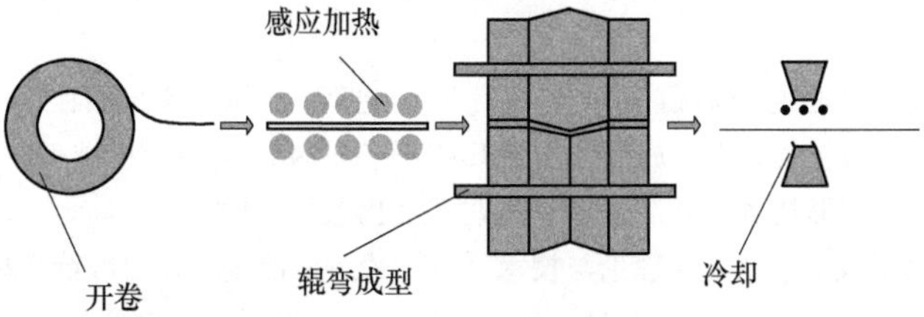

图 11-115 热辊压成型工艺

热辊压成型技术由北京科技大学塑性成型研究室率先提出并开发[117]。热辊压成型技术较之于美国钢铁公司 USS 提出的温辊压成型不仅是成型温度的不同，而且成型材料和成型机理也不同。温辊压成型的温度是结晶温度以下，而热辊压成型的温度是材料达到奥氏体区域温度；温辊压成型是在固有的高强度材料基础上升高温度降低强度成型，而热辊压成型需要的材料是一种特殊的高强钢，这种钢初始抗拉强度是 400 ~ 600MPa，奥氏体化后通过快速淬火处理，可以得到马氏体组织，其强度能达到 1500MPa，甚至更高[118 ~ 120]。

参 考 文 献

[1] 江河隆幸．なぜ高強度鋼板が多用されるのか［J］．塑性と加工 = JOURNAL OF THE JAPAN SOCIETY FOR TECHNOLOGY OF PLASTICITY，2005，46（534）：556 ~ 559.

[2] 栗原雄毅．車両の軽量化技術動向（軽量化 <特集>）［J］．日産技報，1991（29）：16 ~ 24.

[3] 茹铮，唐荻，江社明．我国汽车用钢板的需求与对策［J］．轧钢，1991，4：6 ~ 12.

[4] Kasab J. J. and N. Jackson 2012，Analysis of Greenhouse Gas Emission Reduction Potential of Light Duty Vehicle Technologies in the European Union for 2020—2025，ICCT International workshop，Brussels，1 Feb 2012.

[5] 唐荻，米振莉，陈雨来．国外新型汽车用钢的技术要求及研究开发现状［J］．钢铁，2005，40（6）：1 ~ 5.

[6] Kuziak R，Kawalla R，Waengler S. Advanced high strength steels for automotive industry［J］. Archives of civil and mechanical engineering，2008，8（2）：103 ~ 117.

[7] Bruno Charles De Cooman. Pohang University of Science and Technology，Graduate Institute of Ferrous Technology.

[8] 唐荻，江海涛，米振莉，等．国内冷轧汽车用钢的研发历史、现状及发展趋势［J］．鞍钢技术，2010，1：1 ~ 6.

[9] 韩志勇，张明达，徐海峰，等．高性能汽车钢组织性能特点及未来研发方向［J］．钢铁，2016（2）：1 ~ 9.

[10] 江海涛，唐荻，米振莉．汽车用先进高强度钢的开发及应用进展［J］．钢铁研究学报，2007，8：1 ~ 6.

[11] 董瀚，曹文全，时捷，等．第 3 代汽车钢的组织与性能调控技术［J］．钢铁，2011，6：1 ~ 11.

[12] 李光瀛，唐荻，王先进．汽车板深加工技术的发展［J］．轧钢，2013，01：1 ~ 8.

[13] 张建，赵云龙．从汽车车身进步看汽车板及深加工技术的发展［C］．中国金属学会、中国金属学会金属材料深度加工分会、中国金属学会轧钢分会、河北省冶金学会、天津市金属学会．2014 年全国钢材深加工研讨会论文集，2014：6.

[14] Broek C T. Steel in Automotive：The work of WorldAutoSteel［R］. WorldsteelAssociation，Brussels，October，2013.

[15] 吕雪山，王先进，苗延达．薄板成形与制造［M］．北京：中国物资出版社，1993.

[16] 龚红英，肖海峰，黄桂美．板料成形性能及 CAE 分析［M］．北京：机械工业出版社，2014.

[17] 杨玉英．大型薄板成形技术［M］．北京：国防工业出版社，1996.

[18] 康永林．现代汽车板工艺及成形理论与技术［M］．北京：冶金工业出版社，2009.

[19] 陈文亮．板料成形 CAE 分析教程［M］．北京：机械工业出版社，2005.

[20] 阎洁．基于广义成形理论的汽车覆盖件起皱缺陷研究［D］．大连：大连理工大学，2013.

[21] 孙博，林建平，高雪丽．高强钢冲杯试验起皱研究［J］．热加工工艺，2015（7）：183~186.
[22] 黄晓忠，陈劼实，陈军．板料冲压成形破坏判断准则的研究进展［J］．机械工程学报，2011，47（4）：23~31.
[23] 陈和清．基于汽车高强度板的冲压回弹基础研究［D］．重庆：重庆工学院，2008.
[24] 龚红英．板料冲压成形CAE实用教程［M］．北京：化学工业出版社，2009.
[25] 羊军．超薄高强钢车门外板的设计与制造技术研究［D］．上海：上海交通大学，2014.
[26] 张璐．高强钢回弹预测中材料模型的适用性研究及回弹补偿的自动实现［D］．上海：上海交通大学，2012.
[27] 施志刚，王宏雁．变截面薄板技术在车身轻量化上的应用［J］．上海汽车，2008（8）：36~39.
[28] 朱久发．激光拼焊汽车板的应用现状与发展前景［J］．武钢技术，2011，49（3）：53~56.
[29] 苑世剑，王仲仁．内高压成形的应用进展［J］．中国机械工程，2002，13（9）：783~786.
[30] Alberto T. Investigation of thermal, mechanical and microstructural properties of quenchenable high strength steels in hot stamping operations［D］. Univeraitâdegli Studi di Padova, 1999.
[31] 刘化民，赵振山．冷弯型钢在板材深加工中的应用［C］// 全国钢材深加工研讨会．2014.
[32] 晏培杰，韩静涛，王会凤．开发中的冷弯成形新技术［J］．锻压技术，2012，37（1）：6~9.
[33] 宋拥政，舒鑫源，李中守．航空航天钣金冲压件制造技术［M］．北京：机械工业出版社，2013.
[34] 张信群，胡德云，汪哲能．冲压工艺与模具设计［M］．北京：中国铁道出版社，2012.
[35] 中国机械工程学会塑性工程学会．锻压手册　第2卷　冲压［M］．北京：机械工业出版社，2014.
[36] 全国锻压标准化技术委员会．金属薄板成形性能与试验方法　第7部分：凸耳试验：GB/T 15825.7—2008［S］．北京：中国标准出版社，2008.
[37] 全国锻压标准化技术委员会．金属薄板成形性能与试验方法　第1部分：成型性能和指标：GB/T 15825.1—2008.［S］．北京：中国标准出版社，2008.
[38] 张树艳．冷轧深冲板成形极限的试验研究［D］．天津：天津理工大学，2013.
[39] 全国钢铁标准化技术委员会．金属材料薄板和薄带埃里克森杯突试验：GB/T 4156—2007［S］．北京：中国标准出版社，2007.
[40] 全国锻压标准化技术委员会．金属薄板成形性能与试验方法　第3部分：拉深与拉深载荷试验 GB/T 15825.3—2008.［S］．北京：中国标准出版社，2008.
[41] 龚红英，肖海峰，黄桂美．板料成形性能及CAE分析［M］．北京：机械工业出版社，2014.
[42] 全国锻压标准化技术委员会．金属薄板成形性能与试验方法　第5部分：弯曲试验：GB/T 15825.5—2008［S］．北京：中国标准出版社，2008.
[43] 全国锻压标准化技术委员会．金属薄板成形性能与试验方法　第6部分：锥杯试验：GB/T 15825.6—2008［S］．北京：中国标准出版社，2008.
[44] 杨连发，毛献昌，冯翠云．冲压工艺与模具设计［M］．西安：西安电子科技大学出版社，2014.
[45] 曹宏深．冲压成形性能的基本概念、试验方法与技术物理表达——修订国标《金属薄板成型性能与试验方法》的技术说明（1）［J］．锻压技术，2008，1：158~162.
[46] 田志强，唐荻，江海涛，等．汽车用双相钢的研究与生产现状［J］．机械工程材料，2009，4：1~5.
[47] 汪志刚．微碳深冲DP钢的组织性能研究与织构控制［D］．北京：北京科技大学，2013.
[48] 康永林．近年我国热轧及冷轧板带生产现状分析［J］．鞍钢技术，2013，1：1~5，58.
[49] 胡汉江．高强钢冲压成形特性及其塑性变形机理［D］．北京：北京科技大学，2013.
[50] 滕胜阳．TRIP钢冲压过程中流变成形机制的研究［D］．北京：北京科技大学，2013.
[51] 米振莉，靖海涛，江海涛，等．Fe-Mn-Si-Al系和Fe-Mn-C系TWIP钢加工硬化行为［J］．北京科技大学学报，2013，4：465~473.

[52] 靖海涛．汽车用 TWIP 钢的成形性研究 [D]．北京：北京科技大学，2011.

[53] 李麟．相变塑性钢——原理、性能、设计和应用．北京：科学出版社，2009.

[54] 孙蓟泉，李双娇，尹衍军，等．先进高强钢成形过程中本构模型研究现状与发展 [C]．中国金属学会、中国金属学会金属材料深度加工分会、中国金属学会轧钢分会、河北省冶金学会、天津市金属学会．2014 年全国钢材深加工研讨会论文集，2014：6.

[55] 孙蓟泉，李双娇，尹衍军．高强钢先进成型技术和本构模型研究现状与发展趋势 [J]．鞍钢技术，2014 (5)：1 ~6.

[56] 李双娇，孙蓟泉，尹衍军，等．基于流变模型理论的 TRIP 钢本构方程研究 [C]．中国金属学会、中国金属学会金属材料深度加工分会、中国金属学会轧钢分会、河北省冶金学会、天津市金属学会．2014 年全国钢材深加工研讨会论文集，2014：6.

[57] 孙蓟泉，尹衍军，牛闯，等．基于流变学理论的 TRIP600 钢本构模型研究 [J]．机械工程学报，2016 (10)：1 ~10.

[58] 孙蓟泉，牛闯，滕胜阳，等．相变诱导塑性钢的非弹性回复行为研究 [C]．中国金属学会、宝钢集团有限公司．第十届中国钢铁年会暨第六届宝钢学术年会论文集Ⅱ，2015：6.

[59] 牛闯．基于流变学理论的 TRIP 钢本构模型研究 [D]．北京：北京科技大学，2015.

[60] 唐荻，王先进，任建新．成形路径对钢板织构成形极限的影响 [J]．北京科技大学学报，1991，5：447 ~451.

[61] 何霁．复杂加载下成形极限的理论预测研究 [D]．上海：上海交通大学，2014.

[62] 王辉，高霖，陈明和，等．各向异性板料成形极限面的研究 [J]．南京航空航天大学学报，2007，3：329 ~332.

[63] 赵征志，梁江涛，尹鸿祥，等．高强 TRIP 钢的显微组织及动态力学行为 [J]．材料热处理学报，2016，5：40 ~44.

[64] Body ULSA. ULSAB Final Report [R]. American Iron and Steel Institute, Washington DC, 1998.

[65] Xu F. Topology optimization of an automotive tailor-welded blank door [J]. Journal of Mechanical Design, 2015, 137 (5): 1 ~8.

[66] Avallone U A, Baumeistep Ⅰ H, Sadegp L I M. Standard Handbook or Mechanical Engineers [J]. Manufacturing Processes, 1996, 13: 21.

[67] 施志刚，王宏雁．变截面薄板技术在车身轻量化上的应用 [J]．上海汽车，2008(8)：36 ~39，45.

[68] 朱久发．激光拼焊汽车板的应用现状与发展前景 [J]．武钢技术，2011，49 (3)：53 ~56.

[69] Kusuda H, Takasago T, Natsumi F. Formability of tailored blanks [J]. Journal of Materials Processing Technology, 1997, 71 (1): 134 ~140.

[70] Shi M F, Pickett K M, Bhatt K K. Formability Issues in the Application of Tailor Weldeal Blank Sheets [J]. International Congress & Exposition, 1993.

[71] 米振莉，杨林，江海涛，等．TWIP/IF 激光拼焊板的组织性能与成形性研究 [C]．中国科学技术协会、河北省人民政府．第十四届中国科协年会第 8 分会场：钢材深加工研讨会论文集，2012：5.

[72] 李辉，江海涛，杨林，等．TWIP 钢激光拼焊板的力学性能及微观组织分析 [J]．材料科学与工艺，2014，22 (6)：6 ~9.

[73] 刘相华．变厚度轧制技术与减量化产品研发 [N]．世界金属导报，2014-07-08.

[74] Hauger A, Muhr T, Kopp R. Flexible rolling of tailor rolled blanks [J]. Stahl Und Eisen, 2006, 126 (5): 21 ~23.

[75] Kopp R, Wiedner C, Meyer A. Flexible rolling for load-adapted blanks [J]. International Sheet Metal

Review, 2005, 4: 20 ~ 24.

[76] 余伟，孙广杰．TRB 薄板变厚度轧制中前滑理论模型和数值模拟 [J]．北京科技大学学报，2014 (2): 241 ~ 245.

[77] 余伟，孙广杰，张飞．变厚度区薄板轧制的辊缝设定模型与试验 [J]．材料科学与工艺，2014, 22 (3): 41 ~ 45.

[78] 余伟，孙广杰，徐文婷，等．TRB 轧制辊缝设定与控制 [C]．中国计量协会冶金分会、《冶金自动化》杂志社．中国计量协会冶金分会 2012 年会暨能源计量与节能降耗经验交流会论文集，2012: 3.

[79] Kopp R, Wiedner C, Meyer A. Flexibly rolled sheet metal and its use in sheet metal forming [C]//Advanced Materials Research. 2005, 6: 81 ~ 92.

[80] Meyer A, Wietbrock B, Hirt G. Increasing of the drawing depth using tailor rolled blanks—Numerical and experimental analysis [J]. International Journal of Machine Tools and Manufacture, 2008, 48 (5): 522 ~ 531.

[81] 张华伟，刘相华，刘立忠．轧制差厚板盒形件成形性能研究 [J]．锻压技术，2015, 9: 11 ~ 15.

[82] 刘相华，刘鑫，付书涛，等．变厚度板带材产品及其深加工 [J]．轧钢，2015, 5: 1 ~ 7.

[83] 杜继涛，齐从谦．变截面薄板在车身制造中的应用研究 [C]．中国机电研究院、中国机械工程学会塑性工程学会．第九届全国塑性工程学术年会、第二届全球华人先进塑性加工技术研讨会论文集（一），2005: 5.

[84] 齐从谦．变截面薄板在汽车中的应用 [J]．汽车与配件，2006, 47: 38 ~ 39.

[85] 杜继涛，齐从谦．连续变截面辊轧板及其应用关键 [J]．汽车技术，2005, 9: 33 ~ 35.

[86] 张华伟．轧制差厚板成形性能研究 [D]．大连：大连理工大学，2012.

[87] 苏岚，王先进，唐荻，等．汽车行业中管件液压成形技术的新进展 [J]．金属成型工艺，2002, 20 (1): 1 ~ 3.

[88] 苑世剑，王仲仁．内高压成形的应用进展 [J]．中国机械工程，2002, 13 (9): 783 ~ 786.

[89] Yuan S J, Liu G Z, Wang Z R. Hydroforming of Rectangular-section Structural Components with Relatively Lower Pressure [A]. Proceedings of the TUBEHYDRO 2003, Nagoya, Japan, 2003: 13 ~ 17.

[90] 李洪洋，刘海军，吕海源，等．管材内高压成形国内研究进展及发展趋势 [J]．中国机械工程，2006, 17 (10): 54 ~ 59.

[91] 陈翀宇．内高压胀形机侧缸电液控制系统的建模与控制策略的研究 [D]．上海：上海交通大学，2007.

[92] 苑世剑，王仲仁．内高压成形的应用进展 [J]．中国机械工程，2002, 13: 783 ~ 786.

[93] Koc M, Altan T. An overall review of the tube hydroforming (THF) [J]. Journal of Materials processing Technology, 2011, 108 (3): 384 ~ 393.

[94] 苑世剑，何祝斌，刘钢，等．内高压成形理论与技术的新进展 [J]．中国有色金属学报，2011, 21 (10): 2523 ~ 2533.

[95] Dohmann F, Hartl C H. Hydroforming a method to manufacture light-weight parts [J]. Journal of Materials Processing Technology, 1996 (60): 669 ~ 676.

[96] Ngaile G, Stefan, Jaeger. Lubrication in tube hydroforming (THF) Part Ⅰ. Lubrication mechanisms and development of model tests to evaluate lubricants and die coatings in the transition and expansion zones [J]. Journal of Materials Processing Technology, 2004 (146): 108 ~ 115.

[97] Ngaile G, Stefan, Jaeger. Lubrication in tube hydroforming (THF) Part Ⅱ. Performance evaluation of lubricants using LDH test and pear-shaped tube expansion test [J]. Journal of Materials Processing Technology, 2004 (146): 116 ~ 123.

[98] 苑世剑．现代液压成形技术 [M]．北京：国防工业出版社，2009.
[99] 张宝亮，王智明，谢毅．汽车变径管内高压成形技术 [J]．模具工业，2010，36 (8)：29～31.
[100] 苏岚，程俊业，陈银莉，等．热冲压成形实验装置的开发和实验研究 [C]．钢材深加工研讨会论文集，2012：205～210.
[101] Alberto T. Investigation of thermal, mechanical and microstructural properties of quenchenable high strength steels in hot stamping operations [D]. UniveraitâdegliStudi di Padova, 1999.
[102] 王晨磊．高强度钢板热成型工艺及多物理场耦合分析研究 [D]．长沙：湖南大学，2013.
[103] 徐伟力，艾健，罗爱辉，等．车身零件热冲压技术 [J]．现代零部件，2011 (3)：26～32.
[104] 王辉，葛锐，周少云，等．热冲压成形技术及发展前景 [J]．武汉工程职业技术学院学报，2014，26 (3)：52～55.
[105] 江海涛，唐荻，米振莉，等．工艺参数对热冲压成型钢组织性能及硼偏聚的影响 [J]．材料工程，2010 (2)：69～73.
[106] Garcia A L, Ravier P, Chstel Y. Hot stamping of quenchable steels, material data and process simulation [C]. IDDRG, Proc, 2003: 155～164.
[107] 刘化民，赵振山．冷弯型钢在板材深加工中的应用 [C]// 全国钢材深加工研讨会．2014.
[108] 李春霞．冷弯成型力学理论模拟及实验研究 [D]．昆明：昆明理工大学，2005.
[109] 唐荻，米振莉，苏岚．汽车板深加工技术发展趋势 [J]．轧钢，2015，32 (1)：1～6.
[110] Ding S, Meehan P, Daniel W. A Novel Sheet Metal Forming Method-Millipede Forming [J]. Journal of Materials Processing Technology, 2011, 211 (3): 376～381.
[111] 晏培杰，韩静涛，王会凤．开发中的冷弯成型新技术 [J]．锻压技术，2012，37 (1)：6～9.
[112] Lindgren M, Ingmarsson L O. 3D roll-forming of hat-profile with variable depth and width [R]. Roll-form09 International Congress on Roll Forming, 2009.
[113] Groche P, Breitenbach G V, Joeckel M, et al. New tooling concepts for future roll forming applications [J]. 2003.
[114] Groche P, Ringler J, Shreehah T A. Bending-rolling combinations for strips with optimized cross-section geometries [J]. CIRP Annals—Manufacturing Technology, 2009, 58 (1): 263～266.
[115] Beiter P, Groche P. On the Development of Novel Light Weight Profiles for Automotive Industries by Roll Forming of Tailor Rolled Blanks [J]. Key Engineering Materials, 2011, 473: 45～52.
[116] Lindgren M, Bexell U, Wikström L. Roll forming of partially heated cold rolled stainless steel [J]. Journal of Materials Processing Technology, 2009, 209 (7): 3117～3124.
[117] Yan P J, Han J T, Jiang Z Y, et al. Investigation of High Strength Steel for Automotive Roll-Forming Parts [J]. Advanced Materials Research, 2011, 189: 3001～3006.
[118] Mori K, Saito S, Maki S. Warm and hot punching of ultra high strength steel sheet [J]. CIRP Annals—Manufacturing Technology, 2008, 57 (1): 321～324.
[119] Karbasian H, Tekkaya A E. A review on hot stamping [J]. Journal of Materials Processing Technology, 2010, 210 (15): 2103～2118.
[120] Merklein M, Lechler J, Stoehr T. Characterization of tribological and thermal properties of metallic coating for hot stamping boron-manganese steels [J]. 산업교육연구 2008, 22.